Knaurs Kulturführer in Farbe

Saarland · Sachsen · Sachsen-Anhalt · Schleswig-Holstein · Schwarzwald · Thüringen · Ägypten · Belgien und Luxemburg · China · Dänemark · Estland Lettland Litauen · Finnland · Frankreich · Bretagne · Burgund · Elsaß · Paris und Île de France · Provence und die Côte d'Azur · Tal der Loire · Griechenland

Fortsetzung am Ende des Buches

DEUTSCHLAND

KNAURS
KULTURFÜHRER
IN FARBE
DEUTSCHLAND

Über 1100 farbige Fotos, 160 Zeichnungen,
10 Stadtpläne sowie 12 Seiten Karten

Genehmigte Lizenzausgabe für
Weltbild Verlag GmbH, Augsburg 1998
Vollständige Ausgabe
© Droemersche Verlagsanstalt Th. Knaur Nachf. München 1991
Das Werk einschließlich aller seiner Teile ist urheberrechtlich geschützt.
Jede Verwertung außerhalb der engen Grenzen des Urheberrechtsgesetzes ist ohne
Zustimmung des Verlags unzulässig und strafbar.
Das gilt insbesondere für Vervielfältigungen, Übersetzungen, Mikroverfilmung und die
Einspeicherung in elektronischen Systemen.
Idee: Redaktionsbüro Harenberg (Schwerte)
Gestaltung: von Delbrück, München
Karten: Herbert Winkler, München
Einbandgestaltung: Franz Wöllzenmüller
Umschlagabbildung: Kiene/Kn. Schuster
Satz: DTP ba · br
Druck: Appl, Wemding
Aufbindung: Großbuchbinderei Sigloch, Künzelsau
Printed in Germany
ISBN 3-8289-0703-2

Vorwort

»Knaurs Kulturführer Deutschland« möchte dem Benutzer ein genaueres Bild von den Schätzen deutscher Kunst und Kultur des ganzen Bundesgebietes vermitteln. Deshalb sind in diesem Buch – anders als bei herkömmlichen Kunstführern – die Farbabbildungen gleichrangig mit dem Text behandelt worden: Mehr als 1100 der Kirchen, Schlösser, Burgen, Theater, Museen und Meisterwerke, die in diesem Buch vorgestellt werden, sind auch farbig abgebildet.

Mit dieser Auflage werden erwartungsgemäß die Kunststätten der neuen Bundesländer eingeschlossen. Der Verdruß des Reisenden, der in gewachsener Kulturlandschaft mit zwei Bänden hantieren mußte, hat damit ein Ende. Uralte Kulturschätze im Harzvorland Sachsen-Anhalts, die bunten Kleinstädte Thüringens, das liebenswert ländliche Mecklenburg-Vorpommern, die prunkvollen sächsischen Besuchermagneten sowie die beschaulichen oder preußisch-nüchternen Architekturzeugnisse Brandenburgs sind Fundgruben für den Kunstbeflissenen. So kann sich der Leser von den Sehenswürdigkeiten, die er bei einer Wochenendtour oder während des Urlaubs besichtigen will, im voraus einen zuverlässigen Eindruck verschaffen. Er kann treffsicher auswählen, was ihn interessiert und was er unter Umständen unbeachtet lassen will.

Nach sorgfältiger Überlegung haben sich Verlag und Herausgeber für die ortsalphabetische Anordnung entschieden. Dieses System vermittelt dem Buch die Übersichtlichkeit eines Nachschlagewerks und vermeidet langwieriges Suchen. Die Brücke zwischen mehreren Orten, die geographisch benachbart sind, in diesem Buch jedoch durch das Alphabet getrennt werden, schlägt der Kartenteil Seite 1272 ff. Er führt alle behandelten Orte auf und bietet einen Überblick darüber, welche Orte in der Nachbarschaft eines Zielpunktes liegen und deshalb vielleicht zusätzlich in den Reiseplan einbezogen werden sollten.

Bei jedem Ort sind im Kopf des Artikels die Postleitzahl (5100 Aachen) und ein Hinweis auf die betreffende Karte mit Planquadrat (S. 1276 □ A 9) angegeben. Ein Briefsignet (✉) im Kopf eines Artikels zeigt an, daß der Ort keine eigene Kennziffer im Zustellbereich der Post hat, Teil einer größeren Siedlung ist, eingemeindet wurde oder als Vorort zu einer Stadt gehört.

Innerhalb der Artikel zu den einzelnen Orten werden die verschiedenen Sehenswürdigkeiten einheitlich in der Reihenfolge vorgestellt: zuerst sakrale Bauten, dann profane Bauten, besonders wichtige allgemeine Sehenswürdigkeiten, schließlich Museen, Theater, kunsthistorisch weniger bedeutende Sehenswürdigkeiten (jeweils mit dem Hinweis versehen: »Außerdem sehenswert«) und Zielpunkte in der nächsten Nachbarschaft (Umgebung).

Folgende Doppelseite: Das renovierte Brandenburger Tor in Berlin

Bei größeren Orten vermittelt oft eine kurze Einleitung einen Überblick über die kulturelle Entwicklung und »Rangstelle« der betreffenden Stadt. In diesen Einleitungen finden sich auch Hinweise auf bekannte Persönlichkeiten, die in der jeweiligen Stadt geboren sind oder dort gelebt haben.

Die einzelnen Sehenswürdigkeiten sind jeweils fett gedruckt. Dahinter ist die genaue Straßenbezeichnung vermerkt. Das erleichtert das Auffinden insbesondere solcher Stätten, die nicht unbedingt jedem Einheimischen bekannt sind. Ein Pfeil (→) im Text weist auf ein anderes Stichwort hin.

Im Anhang finden sich drei Register: In einem werden – in alphabetischer Reihenfolge – Fachausdrücke erklärt. Das zweite ist ein Register aller Orte. Das dritte schließlich nennt die Namen der bedeutendsten Künstler, deren Werke in diesem Kulturführer besprochen sind. Und zwar finden sich hier diejenigen Künstler, deren Namen im fortlaufenden Text mit einem Sternchen (*) versehen sind. Umgebungsorte der Rubrik »Umgebung« bei einem anderen Stichwort haben einen Verweis (→) auf das betreffende Hauptstichwort.

Abkürzungen

bayr.	bayrisch	got.	gotisch	N	Norden, Nord-	u. a.	und andere, unter anderem
bes.	besonders	griech.	griechisch	n	nördlich		
christl.	christlich	Hl. hl.	Heilige(r), heilig(e)	O	Osten, Ost-	u. ä.	und ähnliche
d. Ä.	der Ältere			o	östlich	U. L. Frau	Unserer Lieben Frau
d. J.	der Jüngere	ital.	italienisch			urspr.	ursprünglich
d. Gr.	der Große			qm	Quadratmeter		
d. h.	das heißt	Jh.	Jahrhundert			usw.	und so weiter
dt.	deutsch	Jtd.	Jahrtausend				
		jüd.	jüdisch	r	rechts		
ehem.	ehemalig(e)			rest.	restauriert	v.	von, vom (außer an Satzanfängen)
eigtl.	eigentlich(e)	kath.	katholisch	röm.	römisch		
engl.	englisch	kgl.	königlich	roman.	romanisch		
europ.	europäisch	km	Kilometer				
ev.	evangelisch	Kr.	Kreis	S	Süden, Süd-	v. a.	vor allem
				s	südlich	vgl.	vergleiche
franz.	französisch	l	links	sog.	sogenannt(e)	W	Westen, West-
		lat.	lateinisch	span.	spanisch		
gegr.	gegründet	Ldkr.	Landkreis	St.	Sankt	w	westlich
Gem.	Gemeinde			staatl.	staatlich		
gew.	geweiht	m	Meter	städt.	städtisch	z. B.	zum Beispiel
geogr.	geographisch	ma	mittelalterlich	Str.	Straße		
germ.	germanisch			süddt.	süddeutsch	z. T.	zum Teil
gest.	gestorben	MA	Mittelalter				

A

Münster (Münsterplatz): Der Münsterplatz ist die Urzelle der Kaiserstadt Aachen (lat. Aquae Granni: Quellen des keltischen Heilgottes Grannus). Hier befanden sich die heißen Quellen, aus denen später die Thermen der röm. Legionen wurden. Pippin (714–768), der Vater Karls d. Gr., baute das Gelände mit Aula, Königsbad und Kapelle zu einem Hofgut aus. Im Münsterbau seines Sohnes Karls d. Gr. wurden von 936 (Otto I.) bis 1531 (Ferdinand I.), 30 dt. Könige und Kaiser inthronisiert (später wurde Frankfurt Krönungsstadt). Karl d. Gr. und Otto III. sind im Aachener Münster beigesetzt.

Baugeschichte: Von 786 bis um 800 als Pfalzkapelle über dem älteren Bau aus der Pippinzeit v. Karl d. Gr. errichtet. Im 14. und im 18. Jh. wurde der W-Teil durch Aufbau eines Turms mit Fialen stark verändert. Von 1355–1414 Erweiterung der Pfalzkapelle durch eine Chorhalle nach

Aachen, Panorama mit Elisenbrunnen und Münster (links)

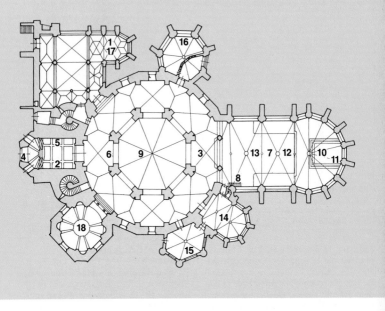

Aachen, Münster **1** Proserpina-Sarkophag, 200 **2** »Wölfin«, römisch, um 200 **3** Hauptaltar, um 800, mit Antependium Pala d'Oro, um 1000–20 **4** Bronzetür, um 800, am Barockportal des Haupteingangs **5** Pinienzapfen, um 900–1000 **6** Thron Karls d. Gr., Ende 8. Jh. **7** Grabplatte Otto III. **8** Ambo, um 1014 von Heinrich II. gestiftet **9** Radleuchter, 1160–70, Stifter Friedrich I. **10** Karlsschrein, 1200–15 **11** Steinfigur Karls d. Gr., um 1414–30 **12** Doppelmadonna, Vorderseite von Jan Bieldesnider, 1524 **13** Sängerpult, 15. Jh. **14** Matthiaskapelle **15** Annakapelle **16** Hubertus- und Karlskapelle **17** Nikolaus- und Michaelskapelle **18** Ungarnkapelle

Osten. Sechs z. T. zweigeschossige Kapellen, die sich knospenartig an den Baukörper anfügen, kamen v. 15. bis zum 18. Jh. hinzu. Das ursprüngliche Zeltdach des Oktogons wurde 1664 durch ein gefaltetes Kuppeldach ersetzt. Nach 1945 Beseitigung der Kriegsschäden. Heute Kathedralkirche des 1930 neu gegr. Bistums Aachen.

Baustil und Baubeschreibung: Die Form des zweigeschossigen Oktogons – Kernstück des heutigen Doms, in den Außenmauern von einem Sechzehneck ummantelt – wurde aus dem Byzantinischen übernommen. San Vitale, die Hofkirche Kaiser Justinians I., und das zweigeschossige Grabmal des Ostgotenkönigs Theoderich (beide in Ravenna) lassen sich als Vorbilder erkennen. Karl d. Gr., der mit dem Münster demonstrieren wollte, daß er sich als Nachfolger der röm. Kaiser betrachtete, ließ für die Bogenöffnungen der doppelten Galerien sogar antike Säulen aus Ravenna und Rom kommen. Um den 31,5 m hohen Mittelbau, der für lange Zeit der höchste Kuppelraum n. der Alpen war, legt sich ein zweigeschossiger Umgang. – Der gesamte Oktogonbau wird v. einer mystisch-theologischen Mathematik beherrscht. – Mit dem got. Hallenchor (1355–1414) wurde der Zentralbau der Kapelle nach O hin aufgebrochen. Diese Erweiterung der alten Pfalzkapelle wurde für die Zeremonien der Kaiserkrönungen und die immer mehr anwachsenden Pilgerströme zum Grabmal des 1165 heiliggesprochenen Kaisers Karl notwendig.

Aachen, Pfalzkapelle mit Radleuchter >

Der Karlsschrein (1200–15) steht in der Mitte des Chorraums im Münster

Büstenreliquiar Karls des Großen in der Schatzkammer des Münsters

Inneres und Ausstattung: Die Bögen der Galerien und Umgänge des Oktogons sind, nach Vorbildern aus Ravenna, in zweifarbigen Quadern gewölbt. Im Obergeschoß sind die Öffnungen mit Bronzegittern aus karolingischen Werkstätten (ehemals vergoldet) abgesichert. Dort steht auch Karls *Kaiserthron,* zu dem 6 Stufen – wie zum Thron König Salomons – hinaufführen. Der Oberteil des Oktogons und die Deckenwölbung sind mit Mosaiken überzogen. Das *Deckenmosaik* (im 19. Jh. erneuert) wurde allerdings unter Kaiser Barbarossa schwer beschädigt, als dieser 1165 den großen *Radleuchter* (Durchmesser 4,20 m) aufhängen ließ. Dieser Leuchter ist an einer 27 m langen eisernen Kette befestigt und symbolisiert mit seinen 16 Zinnen und dem Mauerkranz das Himmlische Jerusalem (Inschrift). – In der Chorhalle zeigt der *Hauptaltar* in seiner Vorderseite, dem Antependium, auf 17 goldgetriebenen Reliefs Christus, die Passionsszenen und die 4 Evangelistensymbole (1020 v. Kaiser Heinrich II. gestiftet). – In der Mitte des Chorraums steht der silbergetriebene *Karlsschrein* (1200–15), den Kaiser Friedrich II. in Auftrag gegeben hat. Der Kaiser selbst bettete bei seiner Krönung zum dt. König in Aachen die Gebeine Karls d. Gr. in den neuen Sarkophag. In den Arkadenbögen des Schreins sind die 8 Nachfolger Karls dargestellt, auf den Dachschrägen Szenen aus dem Leben des Kaisers. (Der röm. Sarkophag aus dem 2. Jh., in dem Karl ursprünglich beigesetzt worden war, befindet sich heute in der Domschatzkammer.) – Eine v. Kaiser Heinrich 1014 gestiftete *Evangelienkanzel* (Ambo), die ursprünglich im Mittelpunkt des Oktogons stand, wurde bei der Ausstattung der neuen Chorhalle als Predigtkanzel dorthin übertragen (über der Sakristeitür). Die vergoldeten Kupferbleche sind mit antiken alexandrinischen Elfenbeinreliefs, orientalischen Schachfiguren und moslemischen Zierstücken aus dem Schatz des Kaisers geschmückt (an Feiertagen und bei Führungen wird der hölzerne Schutzverschlag geöffnet). Im *Chorraum* stehen an den Pfeilern zwischen den Fenstern die Gestalten Karls. d. Gr. (mit dem Modell der Pfalzkapelle im Arm), der

Vergoldete Evangelienkanzel (Ambo) >

Zum Thron Karls des Großen (Ende 8. Jh.) führen sechs Stufen

Marienschrein in der Schatzkammer

Muttergottes und der Apostel (1. Hälfte 15. Jh.). In der *karolingischen Vorhalle* im W des Baus befindet sich die sog. *Wölfin* (röm., 2. Jh.). Der Eingang der Vorhalle hat Türen in Bronze aus der Zeit Karls d. Gr.

In der *Schatzkammer* des Doms sind beachtenswert: das sog. *Lotharkreuz* (um 1000) mit der Augustus-Kammee (röm., 1. Jh.); das *Schatzkammer-Evangeliar* mit der berühmten Miniatur der auf Felsenwolken sitzenden Evangelisten vor ihren Schreibpulten (9. Jh.); das sog. *Jagdhorn Karls d. Gr.* aus Elfenbein (»Olifant« aus der Rolandssage, wohl sizilisch, 11. Jh.). Weitere bedeutende Stücke sind ein *goldener Buchdeckel* (um 1000) mit byzantinischem Elfenbein, ein *Büstenaquamanile* (dargestellt Karl d. Gr. mit in Silber eingelegten Augen, wahrscheinlich im Krönungsjahr 1215 von Friedrich II. gestiftet); der *Marienschrein* in Form einer Kirche mit Querhaus aus Silber, Kupfer und Email (1220–40). Das *Büstenreliquiar*, v. Karl IV. anläßlich seiner Krönung im Jahr 1349 gestiftet, soll die Hirnschale Karls d. Gr. enthalten. Außerdem reiche Bestände an alten Stoffen, Altar- und Kanzeldecken.

Abteikirche/St. Johann Baptist (Abteiplatz): In Aachen-Burtscheid auf dem Johannisberg gelegen, 997 v. Otto III. gegr. Benediktinerabtei, 1220 Zisterzienserinnenabtei. Nach mehreren Vorgängerbauten v. dem Aachener Baumeister J. J. Couven[*] unter Mitwirkung von J. C. Schlaun[*] (Münster) 1730–54 errichtet. Die Abtei wurde 1802 aufgehoben, die Gebäude wurden abgerissen. Heute Pfarrkirche.

Rathaus (Markt): Errichtet auf den Grundmauern v. Karls Palastaula, v. der auch der karolingische Granusturm erhalten ist.

Im 14. Jh. erwarb die Stadt die Aula und baute sie im got. Stil zum zinnenbewehrten Rathaus mit reichem Figurenschmuck um. Im Obergeschoß der Reichssaal für das Krönungsmahl der dt. Könige. Barocke Veränderungen der Fassade im 19. Jh. beseitigt (Regotisierung). – Der Karlszyklus A. Rethels (1816–59) im Reichssaal ist die bedeutendste historische Wandmalerei der dt. Kunst des 19. Jh. Von den 8 Wandbildern (1840–51) noch 5 vorhanden. Be-

Augustus-Kammee aus dem Lotharkreuz

kannt ist v. a. »Otto III. eröffnet die Gruft Karls d. Gr.«.

Elisenbrunnen (Friedrich-Wilhelm-Platz): 1822 Grundsteinlegung, nach Überarbeitung eines älteren Entwurfs Schinkels 1825–27 erbaut, nach dem Zweiten Weltkrieg rest.

Museen: *Suermondt-Ludwig-Museum* (Wilhelmstraße): Genannt nach den Aachener Sammlern Suermondt und Ludwig. Das mehrstöckige Palais (Haus Casalette) birgt got. Altäre, Plastiken, Geräte, v. a. Elfenbeine, flämische und holländische Gemälde des 17. Jh., aber auch impressionistische und moderne Gemälde v. Liebermann, Slevogt, Beckmann, Heckel bis hin zu Klee, Picasso, Poliakoff, Antes u. a. Grundstock der Sammlung modernster Kunst sind Leihgaben aus dem Aachener Ludwig Forum für Internationale Kunst (Jülicher Str.) – *Couven-Museum* (Hühnermarkt 17): Möbel und Einrichtungsgegenstände aus der Zeit v. 1740–1840. –

Das *Heimat-Museum* (in der Burg Frankenberg) zeigt in erster Linie stadthistorische Sammlungen. – *Internationales Zeitungsmuseum* (Pontstraße 13): 100 000 Zeitungen aus aller Welt, insbes. Erst-, Letzt-, Jubiläums- und Sondernummern.

Theater: *Stadttheater* (Kapuzinergraben): Erbaut in den Jahren 1822–25, nach einem Entwurf von J. P. Cremer*, der v. K. F. Schinkel* verbessert wurde. Umbau 1900. Nach Zerstörung 1943 wurde die Fassade mit Säulenportikus und Giebelfeld wiederhergestellt. 895 Plätze. – *Werkstattbühne:* 99 Plätze. – *Grenzlandtheater des Landkreises Aachen* (Friedrich-Wilhelm-Platz 5/6): Das 1950 erbaute Theater hat 199 Plätze und ein eigenes Schauspiel-Ensemble. – Die *Stadtpuppenbühne* (Kalverenden) zeigt Theater mit rheinischen Stockpuppen.

Außerdem sehenswert: Stadtbefestigung mit *Marschiertor* und *Ponttor* (erbaut um 1300), Pfarrkirche *St. Michael* in Aachen-Burtscheid (18. Jh.); Minoritenkirche *St. Nikolaus* (14. Jh.), *Fronleichnamskirche* (1930).

73430–34 Aalen
Baden-Württemberg

Einw.: 65 700   Höhe: 433 m   S. 1282 ☐ I 13

Die ehem. Reichsstadt am Kocher zeigt enge Verbindungen zu den Siedlungen der Römerzeit (→ Limes-Museum).

Pfarrkirche: Die Kirche ist in den Jahren 1765–66 erbaut. Das Deckengemälde (Auferstehung, Himmelfahrt und Jüngstes Gericht) v. A. Wintergerst wird darin zum beherrschenden Schmuck (1767). Die Stuckierung ist v. M. Winnenberg.

Fachwerkhäuser: Im Gebiet der Altstadt sind viele schöne Fachwerkhäuser aus dem 16.–18. Jh. erhalten.

Museen: *Limes-Museum* (St.-Johann-Str. 5): Dieses in seiner Art einzigartige

< Die Fassade des gotischen Rathauses ist mit Standbildern deutscher Könige geschmückt

Museum in Deutschland dokumentiert die Besetzung Deutschlands durch die Römer. Es wurde über einem röm. Kastell errichtet. – *Heimat- und Schubartmuseum* (Marktplatz 2): Fayence- und Porzellansammlung sowie Exponate zur Stadtgeschichte und zum Leben F. D. Schubarts (1739–91).

74740 Adelsheim
Baden-Württemberg

Einw.: 5200   Höhe: 226 m   S. 1281 ☐ G 12

Ev. Jakobskirche: Der schlichte Bau aus dem späten 15. Jh. ist v. besonderem Interesse durch die im S ausgebaute Grabkapelle der Herren v. Adelsheim. Keines der dort aufgestellten Grabmäler ist ein kunstgeschichtlich herausragendes Werk, doch läßt sich an ihrer Folge von 61 Steinen die Entwicklung dieses Epitaphtyps vom 14. bis zum 18. Jh. ablesen. Höhepunkt der Reihe sind die Gräber des Stifters der Kapelle und die Ritterfigur des Christoph v. Adelsheim, beides Werke des »Meisters v. Adelsheim«, der wahrscheinlich mit H. Eseler aus Amorbach identisch ist.

53518 Adenau
Rheinland-Pfalz

Einw.: 2900   Höhe: 290 m   S. 1276 ☐ B 10

Die Nürburg: 1160 erbaut v. Graf Ulrich v. Are, ab 1290 kurkölnischer Amtssitz, seit der Zerstörung durch die Franzosen 1689 verfallen. Eigentümer ist heute das Land Rheinland-Pfalz. – Die Ruine Nürburg überragt mit ihrem spätroman. Bergfried und Resten einer Burgkapelle Adenau um 320 m und ist eine der höchstgelegenen Burgen der Eifel. Das Waldgebirge wurde durch die 1925–27 v. O. Creutz angelegte und später weiter ausgebaute Autorennstrecke, den *Nürburgring* (Gesamtlänge der Schleifen 30 km), weltbekannt.

Außerdem sehenswert: Kath. Pfarrkirche (Kern 10. Jh., um 1200 erweitert) mit Johanniterkomturei; *Heimatmuseum* und *Fachwerkhäuser* am Marktplatz.

Ruine der Nürburg bei Adenau

Das Schloß zu Ahaus

48683 Ahaus
Nordrhein-Westfalen

Einw.: 32 100   Höhe: 50 m   S. 1276 ☐ C 6

Schloß (Sümmermannplatz): Als Bischofssitz 1689–95 erbaut v. dem Münsteraner Bischof F. C. v. Plettenberg. Baumeister war der Kapuzinermönch A. v. Oelde. Nach der Beschießung im Siebenjährigen Krieg wurde das Schloß 1766/67 v. dem bischöflichen Hofarchitekten J. C. Schlaun* (1695–1773) wiederhergestellt. Nach dem Brand im Jahre 1945 wurde es bis 1955 wiederaufgebaut.
Das in Backstein erbaute Schloß ist ein Typus der alten westfälischen Wasserburgen.

Umgebung

Vreden (16 km w): Die *Ehem. Stiftskirche St. Felicitas* (1060–1180) mit *Hallenkrypta* und *spätroman. Stufenportal* (um 1240) wurde im 15. Jh. gotisiert. Trotz schwerer Bombenschäden 1945 konnte die Kirche gerettet werden. – In der *Kath. Pfarrkirche St. Georg*, einer ebenfalls getroffenen spätgot. Hallenkirche, sind ein großer *Antwerpener Schnitzaltar*, eine *Katharinenfigur* (beide 16. Jh.) und 5 spätgot. *Apostel* v. Interesse.

59227–29 Ahlen
Nordrhein-Westfalen

Einw.: 54 500   Höhe: 83 m   S. 1276 ☐ D 7

St. Bartholomäus: Von der alten Taufkirche aus dem 9. Jh. ist außer der Sakramentsnische an der S-Seite nichts mehr vorhanden. Der heutige Bau wurde in der Spätgotik aufgeführt: eine Hallenkirche mit reizvollem Maßwerk an den breiten Fenstern (sog. Fischblasenornamente). Das Sakramentshäuschen mit Figürchen im Untergeschoß und einem turmartigen Gitterbaldachin wurde v. dem Münsteraner Meister B. Bunickman geschaffen (1512).

Heimatmuseum (Wilhelmstr. 12): Das Museum zeigt Beiträge zu den Themen bürgerliches und bäuerliches Wohn- und Kulturgut aus dem sö Münsterland.

22926 Ahrensburg
Schleswig-Holstein

Einw.: 27 600   Höhe: 40 m   S. 1273 ☐ J 3

Woldenhorner Kirche / Schloßkirche (am Markt): In den Jahren 1594–96 gleichzeitig mit dem Schloß erbaut. Der Name »Woldenhorn« geht auf das ehem. Dorf Woldenhorn zurück. Die Kirche ist eine lange rechtwinklige Predigtscheune mit einer schönen Kassettendecke. Originell sind die sog. *Gottesbuden* an den Seiten der Kirche: eine Art »Sozialwohnungen« der Renaissance für die Armen der Gemeinde.

Schloß (Lübecker Str. 1): Die Renaissance im Norden Deutschlands ist kühl und zurückhaltend. Das weiße Schloß von Ahrensburg mit seinen 4 Ecktürmen, verwandt dem → Glücksburger Schloß, ist dennoch voller Charme und Grazie. Es ist um 1595 unter P. Rantzau entstanden und ist das letzte Zeugnis der Rantzau-Epoche. Ein Treppenhaus, die Vertäfelung des Speisesaals (französische Arbeit um 1760) und die Decken im Rokokostil sind die künstlerisch wertvollsten Teile im Innern, das um die Mitte des 19. Jh. noch einen Festsaal erhielt. Heute Museum.

Außerdem sehenswert: Verschiedene Bürgerhäuser am Markt (Nr. 10, 12, 15) aus dem 18. Jh.

Ahrweiler
✉ 53474 Bad-Neuenahr-Ahrweiler
Rheinland-Pfalz

Einw.: 25 300   Höhe: 104 m   S. 1276 ☐ C 9

Pfarrkirche St. Laurentius (Marktplatz): 1269 in Anlehnung an die Liebfrauenkirche in → Trier begonnen. 1300 vollendet. Das früheste Beispiel einer Hallenkirche, bei der Hauptschiff und Seitenschiff gleich hoch sind, links des Rheins. Eine Besonderheit sind die schräg nach innen gestell-

Das weiße Schloß von Ahrensburg mit seinen vier Turmbauten

St. Laurentius in Ahrweiler gilt als die früheste Hallenkirche links des Rheins

ten Apsiden der Seitenschiffe. Ungewöhnlich ist auch der Einbau von Emporen in den 3 w Jochen, die durch die nach innen offene Turmhalle untereinander verbunden sind. Das frühe Datum der Entstehung läßt trotz des got. Hallentypus noch das Schwere, Massige roman. Baugesinnung spüren.

Reste alter *Wandmalereien* aus dem 14. und 15. Jh., z. T. ergänzt (Jüngstes Gericht, Gnadenstuhl), sind wertvollster Teil der Innenausstattung. Neben dem *barocken Orgelgehäuse* (1720) und einer schmiedeeisernen *Kommunionbank* (1779) ist die *Grabplatte* des Coen Blankkart (1561) beachtenswert, außerdem die Sakristeitür (Anfang 16. Jh.).

Ahrgau-Museum (Altenbaustr. 5): Vor- und Frühgeschichte, christl. Kunst v. 11.–15. Jh.; wird bis Anfang 1992 renoviert, derzeit nicht zugänglich.

Außerdem sehenswert: *Stadtbefestigung* aus dem 13. Jh., *Kloster Kalvarienberg* (15. Jh.). – *Römerzeitl. Villa* (an der B 267, Abfahrt Ahrweiler-Zentrum), 2.–4. Jh., größte und besterhaltene Römervilla n der Alpen; Ende 1990 freigelegt.

Aken, Stadtkirche St. Marien

Aken, Nikolaikirche

06385 Aken		
Sachsen-Anhalt		
Einw.: 10 000	Höhe: 589 m	S. 1278 □ M 7

Stadtkirche St. Marien: Die im 13. Jh. aus Back- und Werksteinen erbaute spätroman. Pfeilerbasilika wurde nach einem Stadtbrand (1485) in baulicher Anlehnung an die Nikolaikirche spätgot. erneuert. Das Westwerk der Pfarrkirche wird durch ein Glockenhaus zwischen kurzen Oktogonaltürmen bekrönt. Im Inneren mit Flachdecke sehenswerter *Schnitzaltar* (Mitte: Muttergottes, die hll. Elisabeth und Barbara, Flügel: je 6 Heilige: alle um 1500) und darüber ein restauriertes spätgot. *Triumphkreuz* (um 1460).

Nikolaikirche: Die mehrfach erneuerte Pfarrkirche war urspr. eine flachgedeckte spätroman. Pfeilerbasilika (um 1200), v. der 2 säulengeschmückte Rundbogenportale erhalten sind, so das skulpturengeschmückte *S-Portal* mit unterteiltem Bogenfeld. Aus der Zeit kurz vor oder nach 1300 stammt der wuchtige Westbau mit gedrungenen Achtecktürmen und got. Hauptportal. Im flachgedeckten Innenraum massiges got. *Taufbecken* aus Sandstein.

Rathaus: Spätgot. Neubau v. 1490, der 1609 im Stil der Renaissance vergrößert wurde. An der s Seite schmückt ein Backstein-Ziergiebel aus der Zeit der Erbauung das Haus.

Heimatmuseum: Exponate zur Stadtgeschichte und zur Elbschiffahrt.

94501 Aldersbach
Bayern

Einw.: 3800 Höhe: 350 m S. 1283 □ P 13

Ehem. Klosterkirche Mariae Himmelfahrt: Von der ursprünglichen Gründung, einem Augustiner-Chorherrenstift des späten 11. Jh., das 1146 v. den Ebracher Zisterziensern übernommen wurde, sind nur die Turmfundamente erhalten.
1617 Chorbau, Langhaus 1720 vollendet v. D. Magzin, Fassade mit Turm Mitte 18.

Jh., Sakramentskapelle spätes 18. Jh. Während der Chor (wie in der Gotik) noch Strebepfeiler hat, ist die Fassade spätbarock konzipiert – mit reichem Skulpturenschmuck um das Portal, über dem in einer Nische die Immaculata thront. Der Hochaltar des Passauer Meisters J. M. Götz, die Seitenaltäre, Kanzel, Türen, Chorgestühl und Tabernakel sind von hohem künstlerischem Wert.
Höhepunkt sind jedoch die Dekorationen der Brüder Asam* aus München, die der Abt Theobald I. für die Ausschmückung der Kirche verpflichtet hatte. E. Quirin, der Stukkateur, überzog die Stichkappengewölbe mit schwingenden Akanthus- und Blattwerkgirlanden, die Pfeiler und Kapitelle mit mehr stilisierten Formen aus italienischer Tradition; C. D. Asam malte in den Fresken an der Langhausdecke, den Wänden und im Chor, einem himmlischen Theater gleich, Szenen aus der Heilsgeschichte: Mariä Verkündigung, Christi Geburt, Passion, Auferstehung und Himmelfahrt sowie Evangelisten und Kirchenväter.
Durch einen Kreuzgang kommt man von der Kirche in die *Klostergebäude* mit reich dekorierter Bibliothek, dem Fürsten- oder Salomosaal, einer Kapelle am Torhaus sowie einem *Brauereimuseum*.

Aldersbach, Ehem. Klosterkirche Mariae Himmelfahrt

31061 Alfeld an der Leine
Niedersachsen

Einw.: 22 500   Höhe: 93 m   S. 1277 ☐ H 7

Alte Lateinschule/Altes Seminar: An allen 4 Seiten ist das freistehende, in Sichtziegeln aufgeführte, bes. schöne Fachwerkhaus v. 1610 mit farbigen Schnitzereien verziert, die am Untergeschoß und ersten Stock in einem Fries unter den Fenstern entlanglaufen. Auf diesen, in einzelne Felder aufgeteilten geschnitzten Bändern wird höchst originell der Lehrstoff der Schule symbolisiert. In bunter Folge sind u. a. röm. Feldherren und christl. Evangelisten dargestellt, Szenen aus dem Alten Testament, die Musen, die Künste und die Tugenden. Ein *Renaissanceportal* führt in das heutige städt. *Heimatmuseum.*

Fagus-Werk Karl Benscheidt: Die Schuhleistenfabrik ist die erste moderne, dazu künstlerisch durchgeformte Fabrikanlage dieser Art und wurde richtungsweisend für die spätere Industriebau-Architektur. In den USA fand diese Richtung ihren Eingang als »German Architecture«. – In dem 1911–14 v. W. Gropius* und A. Meyer errichteten Bau ermöglicht eine Stahlskelettkonstruktion breite Fensterwände und damit eine ungewöhnliche Lichtfülle für die Arbeitssäle.

Heimatmuseum (Kirchhof 4/5) in einem alten Fachwerkhaus (1610) mit erstklassig geschnitzten Fensterbrüstungen: Stadtgeschichte, Tierpräparate.

Außerdem sehenswert: *St. Nicolai-Kirche* (Am Kirchhof): Heutiger Bau vom 15.–16. Jh., Triumphkreuz, 13. Jh., Taufstein, 14. Jh. – Das *Rathaus* am Marktplatz: Erbaut 1584–86, schöner Ziergiebel.

Allerheiligen
✉ **77728 Oppenau im Schwarzwald**
Baden-Württemberg

Einw.: 40   Höhe: 600 m   S. 1280 ☐ E 13

Ruine der Klosterkirche: Zwischen den Tannen eines einsamen Schwarzwaldtals ragen die steinernen Pfeiler und Bögen der Ruine als frühestes Zeugnis der Gotik in Mittelbaden auf. Das ehem. Prämonstratenserkloster wurde v. Herzogin Uta v. Schauenburg Ende des 12. Jh. gegr. W-Eingang mit Vorhalle, dem sog. Paradies, noch roman., Hauptbau frühgot. um 1260–70. Um 1470 wurde das Kirchenschiff nach einem Brand zur Hallenkirche umgestaltet. In den erhaltenen und wiederhergestellten Teilen der Klostergebäude, 1803 säkularisiert, ist heute ein Gastronomiebetrieb untergebracht. – Die Formen der frühen Gotik sind kräftig gerundet. Romanisches klingt noch nach. Die Verbindung zur Bauhütte des Straßburger Münsters jenseits des Rheins wird aus manchen Details deutlich (z. B. dreiteilige Arkadenbögen im Hauptchor).

06542 Allstedt
Sachsen-Anhalt

Einw.: 3800   Höhe: 134 m   S. 1278 ☐ L 8

Burg: Die strategisch günstig auf einem an 3 Seiten vom Flüßchen Rohne umflossenen Felsrücken gelegene Höhenburg wurde im 9. Jh. erstmals urkundlich erwähnt. Durch einen got. *Torturm* mit Renaissancegiebel gelangt man in die beiden polygonalen Innenhöfe der *Vorburg* und über eine Brücke zur mehrfach umgebauten w *Kernburg*, ebenfalls mit got. Portal und Innenhof. Die Räume der an 3 Seiten angrenzenden Burggebäude beherbergen heute das örtliche *Kreisheimatmuseum* mit vor- und frühgeschichtlichen Funden. Im Obergeschoß des ö Palas findet man die *Schloßkapelle* (restauriert), in der Thomas Müntzer am 13.7.1524 seine »Fürstenpredigt« hielt.

Müntzerturm: In dem Turm (um 1200), der den Rest der roman. Wigbertikirche (9./10 Jh.) vorstellt, erinnert die Thomas-Müntzer-Gedenkstätte an den hier 1523–24 wirkenden Pfarrer, der als kampfesmutiger und sprachgewaltiger Bauernführer Geschichte machte.

Außerdem sehenswert: Neben der *Stadtkirche St. Johannes* (1775) mit Doppelemporen, stuckverziertem Kanzelaltar und ebenfalls barockem Orgelprospekt ist das *Renaissance-Rathaus* (16./17. Jh.) v. Interesse, das ein spätgot. Erdgeschoß mit einbezieht.

72275 Alpirsbach
Baden-Württemberg

Einw.: 6900	Höhe: 441 m	S. 1280 □ E 14

Ehem.   Benediktiner-Klosterkirche (Ambrosius-Blarer-Platz): Die roman. Basilika, heute ev. Pfarrkirche, ist eines der interessantesten Beispiele des Hirsauer Bautyps (→ Hirsau). Im spätgot. Kreuzgang finden in den Sommermonaten *Konzerte* statt. 1095 v. 3 Adeligen gestiftet, 1099 gew., ca. 1125 vollendet, 1879 und 1957 renoviert. Der kreuzförmige Grundriß und die flache Decke bestimmen den streng gegliederten Innenraum. Wuchtige Säulen tragen das Mittelschiff; die O-Kapitelle zeigen Motive aus dem Physiologus. Der burgartige Turm ist in den Untergeschossen ebenfalls roman., trägt jedoch got. Aufbauten und Zutaten der Renaissance. Sakristei, Klostergebäude und Kreuzgang wurden erst später angebaut. – Von der roman. Ausstattung sind Reste der Wandmalerei in den Chornischen, die

Altarnische, eine Bank v. altem Chorgestühl und das Beschlagwerk der W-Tür mit bronzenen Löwenköpfen erhalten. Tympanon (1130) mit Christus als Weltenrichter. Der *Flügelaltar* mit der Marienkrönung (um 1520) stammt aus der schwäbischen Malerschule, er wird Syrlin[*] d. J. zugeschrieben. Das *Refektorium* wurde 1956 zur Pfarrkirche ausgebaut.

Marktplatz und Rathaus: Die bürgerliche Siedlung Alpirsbach erhielt ab 1500 städtische Rechte. Aus dieser Zeit stammen mehrere gut erhaltene Häuser, darunter das Rathaus (1566).

36304 Alsfeld
Hessen

Einw.: 17 600	Höhe: 264 m	S. 1277 □ G 9

Walpurgiskirche (Kirchplatz): Der Walpurgiskirchturm beherrscht das Stadtbild des Ortes, der durch seine Lage an der Verbindungsstraße von Hessen nach Thüringen einstmals Bedeutung hatte und noch heute zu den schönsten dt. Fachwerkstädtchen gehört.
Die Kernanlage ist frühgot. und hat die Gestalt einer fast quadratischen Basilika

Roman. Innenraum der Klosterkiche

Alpirsbach, Klosterkiche

Alsfeld, Marktplatz mit Weinhaus

(Mitte 13. Jh.), Neubau 1393; im Mittelschiff wurden 1971/72 Fundamente einer roman. 3-Apsiden-Basilika freigelegt. Häufige Veränderung und Erhöhung des Langhauses, zuletzt 1732. Heute ev. Stadtkirche. – Vom frühgot. Bau blieben die Langhauspfeiler, Ansätze eines Mittelschiffgewölbes, einige Obergadenfenster und die s Seitenschiffaußenwand erhalten. Die verschiedenen Stile, die bei den vielen baulichen Veränderungen der Kirche mitwirkten, sind im Äußeren und Inneren deutlich abzulesen. Der Kontrast zwischen dem niedrigen, dunklen Kirchenschiff und dem viel höheren, hellen Chor ist reizvoll (in der Regel ist das Verhältnis dieser beiden Bauteile umgekehrt). – Von der Ausstattung sind noch einzelne *spätgot. Wandbilder* erhalten, so z. B. ein großer Christophorus (Anfang 16. Jh.) an der O-Wand des n Seitenschiffs und eine Verkündigung an der Empore (um 1500). Seltene Stücke sind die roman. *Taufstein*, ein spätgot. *Triumphkreuz*, ein *Schnitzaltar* des 16. Jh. mit Kreuzigung.

Rathaus (am Markt): Das Rathaus v. Alsfeld ist einer der bedeutendsten Fachwerkbauten SW-Deutschlands. Es wurde 1512–16, die Fachwerkobergeschosse 1514, v. Meister Johann gestaltet (1910–12 rest.). Das steinerne Erdgeschoß mit Spitzbogenöffnungen bildet eine Halle, darüber liegen 2 Fachwerkgeschosse mit 2 durchgehenden, v. spitzen Helmen bekrönten Erkern und steilem Satteldach. An bautechnischen Einzelheiten erkennt man den Renaissancebau, die äußere Form dagegen ist spätgot. Der *Ratssaal* hat noch die alte Ausmalung v. 1577 und 1655, die Gerichtsstube eine schöne Intarsien-Prunktür.

Marktplatz und Altstadtstraßen: Das *Weinhaus*, ein dreigeschossiger Steinbau zwischen Gotik und Frührenaissance (im 19. Jh. durch Rundbogenfenster entstellt), steht auf dem berühmten Marktplatz mit seinen vielen interessanten Häusern direkt neben dem Rathaus. Das *Hochzeitshaus* ist ein Renaissancebau (1564–71) mit hohen geschweiften Giebeln und einem zweige-schossigen Eckerker.

Sehenswert sind auch die v. Marktplatz ausgehenden, verwinkelten Straßen der alten *Innenstadt*, so die Rittergasse mit dem *Minnigerode-* (1687) und *Neurathhaus* v. 1688 (Nr. 3–5; heute *Regionalmuseum*), das *Stumpfhaus* (1609) mit reichen Schnitzereien und dem Bildnis des Bauherrn. An den Fachwerkhäusern kann man die Entwicklung des Fachwerkbaus v. 14.–19. Jh. ablesen.

Außerdem sehenswert: Die *Dreifaltigkeitskirche* am Roßmarkt, ehemals Klosterkirche des Augustinerordens (14./15. Jh.); ganz in der Nähe liegt die *Altenburg* (12. Jh.; 18. Jh.) mit Schloßkirche aus dem 18. Jh.

06425 Alsleben/Saale
Sachsen-Anhalt

| Einw.: 2800 | Höhe: 70 m | S. 1278 ☐ M 7 |

Schloß: 1698 auf dem Gelände des ehem. Nonnenklosters und der Burganlage erbaut. Die urspr. Barockanlage wurde im 18. Jh. verändert. Hervorzuheben ist die feine Pilastergliederung des rechteckigen Gebäudes.

Stadtkirche St. Cäcilia: Im romanisierenden Kirchenschiff befinden sich ein offener Dachstuhl und eine Hufeisenempore. Der spätroman. w Querturm mit gekuppelten zugespitzten Schallöffnungen erhielt 1662 eine barocke Haube.

St.-Gertrud-Kirche: Der einschiffige, kreuzförmige Feldsteinbau ist roman. Ursprungs und wurde später barock umgebaut. Lang- und Querschiff sind mit einem hölzernen Tonnengewölbe ausgestattet, Chor und Apsis in got. Stil gewölbt. Beachtenswert ist der Taufstein (1532) mit runder Kuppa auf prächtig ornamentiertem Schaft.

Außerdem sehenswert: Das einfache barocke *Torhaus* des Saaltores ist neben einigen Mauerresten der einzige erhaltene Teil der ehemaligen mittelalterlichen Stadtummauerung.

Umgebung

Plötzkau (6 km n): Das *Schloß*, das herausragend auf einem Felsrand über den Saaleauen liegt, wurde 1049 erstmals erwähnt. Mehrfach umgestaltet, überstand es den Dreißigjährigen Krieg fast unbeschädigt: Noch heute vermittelt es den Charakter eines Renaissanceschlosses der damaligen Zeit mit seinen zahlreichen Wohnräumen und Festsälen. Von der Saaleaue aus bietet der Bau mit seinen vielen Giebeln einen reizvollen und malerischen Anblick.

Von den repräsentativen Fürstenzimmern in den Hauptgebäuden ist der ehem. Fürstensaal mit seinem eindrucksvollen Sandsteinkamin v. 1566–67 (errichtet v. dem Torgauer Bildhauer G. Schröter) erhalten geblieben. Sehenswert sind ferner der Bergfried und der Treppenturm.

Seit 1980 werden die Gebäude als Depot für die Sammlung des Landesmuseums für Vorgeschichte in Halle eingerichtet.

90518 Altdorf bei Nürnberg
Bayern

| Einw.: 14 000 | Höhe: 446 m | S. 1282 ☐ L 12 |

Ehem. Universität: Die Stadt Altdorf, am Steilrand der Frankenalb gelegen, war v. 1575–1809 Sitz einer Hohen Schule v. europ. Rang. Diese ging zurück auf ein v. Nürnberger Rat in der Reformationszeit gegr. Gymnasium, das 1575 in das damals zum Territorium der Reichsstadt Nürnberg gehörige Altdorf verlegt, 1578 zur Akademie und 1622 zur Universität erhoben wurde. Hier studierte 1599–1600 Wallenstein; 1666 wurde in Altdorf Leibniz zum Doktor promoviert. 1809 wurde die Universität aufgehoben, ihre wertvollen Bibliotheken kamen größtenteils nach Erlangen. *Baugeschichte und Baubeschreibung:* 1571–82 erbaut. 3 in glatten Quaderflächen aufgeführte Trakte umgeben einen viereckigen Innenhof, den n Abschluß bildet eine Mauer mit Torhaus. Der dreigeschossige Hauptbau hat ein durch rundbogige Arkaden offenes Erdgeschoß und einen hohen Uhrturm. Mittelpunkt des Hofes ist der kunstvolle, v. einem Acht-

Altdorf bei Nürnberg, Ehem. Universität

eckgitter eingeschlossene *Bronzebrunnen* (Minervabrunnen) des Nürnbergers G. Labenwolf (1585) mit Widderköpfen und wasserspeienden Delphinen, bekrönt v. der Minervastatue auf einer Balustersäule.

Außerdem sehenswert: Ev. Pfarrkirche *St. Laurentius* (Chor und Turm 14. Jh.; Langhaus 18. Jh.); ehem. *Pflegschloß* (1588), ein stattlicher Quaderbau, ist jetzt Polizeiinspektion; *Rathaus* (1565); Friedhof mit Kirche des 18. Jh. und Grufthalle v. 1641.

Umgebung

Grünsberg (2,5 km s): Die 1235 erstmals erwähnte Ministerialenburg gelangte 1504 in den Besitz Nürnberger Geschlechter und wurde im 16. und 18. Jh. zum Herrensitz ausgebaut. Sehenswerte Stukkaturen im Hauptgebäude sowie im Tor- und Turmzimmer.

58762 Altena
Nordrhein-Westfalen

Einw.: 24 200   Höhe: 170 m   S. 1276 ☐ D 8

Burg (Fritz-Thomee-Str. 80): Die ma Burg ist durch ihre ausgedehnte Anlage interessant: Durch den Zwinger kommt man über den unteren Burghof, ein mittleres und oberes Tor zum Bergfried und auf einen oberen Burghof. – Baubeginn vermutlich im frühen 12. Jh., Verfall im 18. Jh., Wiederaufbau 1907–16. – Die *Burgkapelle* beherbergt got. Altäre aus Nachbargemeinden. Im neuen Bau befindet sich das *Märkische Schmiedemuseum* mit Geräten aus Zinn, Bronze, Kupfer, Messing und Schmiedeeisen. Der alte Bau enthält eine *Waffensammlung*. Das *Dt. Drahtmuseum* ist im ehem. Kommandantenhaus untergebracht. (Das Gebiet um Altena war das Land der »Drahtzieher«.) – Das dt. *Jugendherbergswerk* nahm v. dieser Burg aus seinen Anfang.

Altenberg

✉ **51519 Odenthal**

Nordrhein-Westfalen

| Einw.: 220 | Höhe: 80 m | S. 1276 ☐ C 8 |

Altenberger Dom/»Bergischer Dom«:
Ehemals Klosterkirche einer Zisterzienserabtei, im Waldtal der Dhünn des Bergischen Landes gelegen, gilt als eine der größten Kostbarkeiten got. Baukunst auf dt. Boden. Seit 1400 war das Münster Ziel einer großen Wallfahrt, der sog. Altenberger Gottestracht.

Haus Altenberg ist das Zentrum des Bundes der Dt. Kath. Jugend.

Baugeschichte: 1133 schenken die Grafen v. Berg ihre alte Burg Berge an die burgundischen Zisterzienser. Nach Einsturz der ersten roman. Kirche durch Erdbeben 1222 Neubau des jetzigen Doms 1259–1379. 1803 Säkularisation, Übergang des Klosters in Privatbesitz und Umwandlung in eine Fabrik; Zerstörung durch Brand, danach Verwendung als Steinbruch. Auf Veranlassung des späteren Königs Friedrich Wilhelm IV. 1835–46 Restaurierung des Doms, 1895 vollständige Wiederherstellung. Heute Simultankirche für ev. und kath. Gottesdienst.

Baustil und Baubeschreibung: In seiner Schlichtheit ist der »Bergische Dom« ein gutes Beispiel für die Zisterzienserarchitektur: eine dreischiffige Basilika mit Querschiff und leichter, schmuckloser Verstrebung. Einfache Säulen tragen anstelle got. Bündelpfeiler den Obergaden, nur die Kapitelle im Chor sind mit Blattwerk verziert. Die grauen Mönche verzichteten auf Türme und begnügten sich mit einem Dachreiter für das Geläut. Vorbild für den Altenberger Dom war die Zisterzienserkirche in Royaumont nw v. Paris.

Inneres und Ausstattung: Wertvollster Teil der Ausstattung sind die Grisaillefenster im Chor und eine *Verkündigungsgruppe* aus dem 14. Jh., die ursprünglich über dem w Eingang stand. *W-Fenster* (Himmlisches Jerusalem) v. 1400–20; *Mariä-Krönungs-Altar*, süddt., 2. Hälfte 15. Jh.; Sakramentshaus 1490; Altarkreuz um 1500; flämische Doppelmadonna ca. 1530; Herzogenchor und andere Grabmäler bergischer Fürsten. Seit 1980 Klais-Orgel mit 82 Registern und 6034 Pfeifen. Die im Barock umgestalteten *Klostergebäude* enthalten die Markuskapelle (13. Jh.).

01773 Altenberg

Sachsen

| Einw.: 3600 | Höhe: 750 m | S. 1279 ☐ Q 9 |

In dem heute als Sommerfrische und Wintersportort bekannten Städtchen, das nur 4 km von der tschechischen Grenze im östlichen Erzgebirge liegt, erinnert eine *Postmeilensäule* (1772) an seine Bedeutung als Station zwischen Dresden und Prag.

Bergbauschauanlage: Hier wird dem Besucher die Geschichte des hiesigen Zinnbergbaues (seit 1400) und der Stadt A. (seit 1451) vermittelt. Den technischen Ablauf der Zinnaufbereitung veranschaulicht das historisch-technische Museum. Höhepunkte sind ein intaktes *Pochwerk*, ein Spitzenkasten mit *Schöpfrad* und die noch funktionierenden »Freiberger Langstoßherde«, alles Einrichtungen zur Zerkleinerung und zum Herauswaschen des Zinns.

04600 Altenburg

Thüringen

| Einw.: 47 200 | Höhe: 180–230 m | S.1278 ☐ N 9 |

Zu Füßen einer 976 erstmals erwähnten Burg, die unter den Staufern zur *Kaiserpfalz* erhoben wurde, entwickelte sich im 12./13. Jh. eine von niedersächsischen Kaufleuten besiedelte Stadt (1205 erwähnt) mit einem trapezförmig erweiterten *Straßenmarkt*. Nach der Stauferherrschaft gelangte sie in die Hand der Meißener Markgrafen. Im 17. und 19. Jh. war sie Residenzstadt der Herzöge von Sachsen-Altenburg. Kartenspielern ist Altenburg als *die* Skat-Stadt bekannt, denn hier wurde 1810–17 das beliebte Spiel entwickelt.

Schloß: Auf jäh abbrechendem Bergsporn thront das *Altenburger Schloß*, dessen Gebäude sich um einen polygonalen Innenhof aneinanderreihen. Zu ihm gelangt man durch einen Triumphbogen (1742–44),

Maßwerkfenster im Altenberger Dom

Altenberger Dom

Altenburg, Schloß

über die mit figurenbesetzten Obelisken
(Herkules und Minerva, um 1725) geschmückte *Auffahrt* und durch das spätgot.
äußere Torhaus sowie den inneren Torturm (15. Jh.). Von der roman. Vorgängerburg sind der w *Hausmannsturm* (10. Jh.)
und der gleichermaßen über kreisförmigem Grundriß erbaute n *Mantelturm* (11.
Jh.) erhalten. *Wohngebäude*, vorwiegend
aus dem 17./18. Jh. G. Moosdorf* schuf die
Fresken (Amor und Psyche) im *Festsaal*
(1869). Die Deckengemälde im sog. *Bachsaal* illustrieren die Geschichte der Wettiner. Die spätgot. *Schloßkirche* wurde nach
einem Brand (1444) wohl v. Moyses von
Altenburg* erneuert. Die Winkelhakenkirche setzt sich aus einem zweischiffigen
Langhaus und einem netz- und sterngewölbten Chor zusammen. Neben dem
spätgot. Chorgestühl und dem Bronzeepitaph der Margarethe Kurfürstin v. Österreich (gest. 1486) verdient auch die *Barockausstattung* (Mitte 17. Jh.) mit Emporen, Logen, Hochaltar und aufwendiger
Orgel (1735–38, restauriert) v. G. H.
Trost* Beachtung.

Das *Schloßmuseum* dokumentiert die Vor-
und Frühgeschichte der Gegend, die Baugeschichte des Schlosses und umfaßt auch
eine Trachtensammlung. Ein Paradies der
»Zocker« ist dagegen das *Spielkartenmu-
seum* (das umfassendste seiner Art) mit
histor. Tarock- und Skatblättern (u. a.
handkolorierte Holzschnittkarten, 15. Jh.)
sowie einer Kartenmacherwerkstatt (um
1600).

Im bereits 1593 erwähnten Schloßpark,
der seit 1827 als Landschaftsgarten angelegt ist, stehen noch das innen mit Stuckarbeiten und Deckenfresken geschmückte
Teehaus und die *Orangerie* (1712), die
J. H. Gengenbach* für den damaligen Barockgarten schuf. – Am unteren Ende des
Schloßparks findet man das nach dem Gelehrten B. A. v. Lindenau benannte *Lindenaumuseum* mit einer kostbaren Sammlung griech. und etruskischer Vasen (7.–4.
Jh. v. Chr.) sowie einer Pinakothek mit der
stattlichsten außerital. Kollektion v. Tafelbildern (13.–16. Jh.) der ital. Vor- und
Frührenaissance, u. a. v. Fra Angelico*,
Sandro Botticelli*, Bernardo Daddi*, Fi-
lippo Lippi*, Simone Martini* und Luca
Signorelli*, ferner mit Skulpturen und Gemälden (16.–20. Jahrhundert) u. a. v. Ernst

*Lindenaumuseum Altenburg, Max Klinger,
Landschaft an der Unstrut*

*Lindenaumuseum Altenburg, Louis Ferdinand
von Rayski, Bildnis eines Mädchens*

Barlach[*], Lucas Cranach[*], Otto Dix[*], Käthe Kollwitz[*], Max Liebermann[*] und Auguste Rodin[*].
Im benachbarten *Mauritianum* finden sich naturkundliche Sammlungen.

St. Bartholomäi: Die im 2. Viertel des 12. Jh. gegr. Stadtkirche wurde nach ihrer Zerstörung (1430) durch die Hussiten Ende des 15. Jh. zur dreischiffigen Hallenkirche umgestaltet und erhielt dabei ihr Kreuzrippengewölbe über achteckigen Pfeilern. Vom roman. Ursprungsbau stammt die kreuzgratgewölbte Krypta (unter dem s Seitenschiff) mit schlichten Figuren- und Blattkapitellen. Seit 1669 ersetzt der w Barockturm die ehem. got. Doppelturmfassade. 1878 wurde die Kirche neugot. restauriert.

Marienkirche: Die Größe der beiden »roten Spitzen«, 2 mächtige Backsteintürme (12./13. Jh.), lassen die einstige Bedeutung der 1172 geweihten ehem. Augustinerchorherrenkirche ahnen. Bekanntester Förderer des sog. *Berger-Klosters* war Kaiser Friedrich I. Barbarossa.
Außer den Türmen blieb v. der roman. Stiftskirche nach einem Brand (1588) lediglich ein Fragment des Langhauses übrig.

Außerdem sehenswert: Der *Brühl* oder *Alte Markt* mit seinem *Skatbrunnen* wird beherrscht vom *Renaissance-Rathaus* (1562–64) mit reliefgeschmückten Eckerkern und einem mit welscher Haube bekrönten Treppenturm. Bemerkenswert sind am Brühl auch die 1604 umgebaute *Renaissance-Kanzlei* (15./16. Jh.) und das *Senckendorffsche Palais* (1724) aus dem Barock. – Die *Brüderkirche* am Neumarkt ist eine Zutat des 19. Jh. – Von der im 16. Jh. abgerissenen roman. *Nikolaikirche* steht noch der 1609 achteckig bekrönte Glockenturm. – Das *Landestheater* (Theaterplatz) wurde 1871 erbaut.

Umgebung

Borna (18 km n): H. Witten[*] schuf die ausgezeichneten Schreinfiguren (Heimsuchung, 1511) im spätgot. Flügelaltar der *Katharinenkirche* (15. Jh.). – Die roman.

Kunigundenkirche (um 1190) bewahrt im basilikalen Inneren roman. und spätgot. Wandgemälde, darunter ein hl. Christophorus aus dem 15. Jh.
Ziegelheim (11 km sö): Als Wallfahrtskirche geplant, liegt die *Dorfkirche* (1508–17) außerhalb des Ortes. Im kurzen, netzund sterngewölbten Langhaus, das an einen viergeschossigen Turm (innen Loge mit Maßwerkbrüstung) angebaut ist, findet sich eine kostbar geschnitzte Barockausstattung, so die Emporenbrüstungen und der reiche Altaraufbau (um 1750–80).

86972 Altenstadt (bei Schongau)
Bayern

Einw.: 3100   Höhe: 725 m   S. 1282 □ K 15

Pfarrkirche St. Michael: In der durchweg barocken Umgebung stellt diese einzige vollständig erhaltene roman. Gewölbebasilika Oberbayerns eine Besonderheit dar. Ungewöhnlich für eine ländliche Pfarrkirche sind auch Größe und Großartigkeit des Gotteshauses, das zum Ziel großer Wallfahrten wurde. Die erste Taufkirche war vermutlich ein Holzbau.
Baunachrichten aus der frühen Zeit fehlen, das Datum der Fertigstellung liegt vermutlich um 1200. 1826 wurde der Bau unter König Ludwig I. rest. Letzte Renovierung 1961 ff. Heute kath. Pfarrkirche.
Die auf einem Hügel liegende Kirche aus Tuffsteinquadern ist v. einer Wehrmauer umgeben und hat mit ihren wuchtigen, stumpf gedeckten Türmen ausgesprochen wehrhaften Charakter. Sie ist eine dreischiffige Basilika mit O-Türmen und 3 Parallelapsiden. Einziger Schmuck der schweren Mauern sind schön profilierte Kranzgesimse, Rundbogenfriese und Ecklisenen.
Bei der schlichten Gestaltung des Innenraums fallen die mit Ornamenten, stilisiertem Blattwerk, Palmetten und Sternen verzierten flachen *Würfelkapitelle* auf. Der *roman.* Taufstein zeigt auf der Außenwand Reliefs mit Darstellungen Johannes' des Täufers, der Taufe Christi, der Muttergottes und des hl. Michael. Eine kunsthistorische Sensation birgt das Mittelschiff: eines der wenigen noch existierenden roman. »Triumphkreuze« aus Holz (in der origina-

len Bemalung). Der »Große Gott v. Altenstadt« trägt statt der Dornenkrone eine Königskrone, der Corpus ist nach roman.
Schema streng der Kreuzform angeglichen. In seiner Überlebensgröße von 3,21
m Höhe und 3,20 m Spannweite beherrscht
er den sonst fast schmucklosen Innenraum.
Die dazugehörigen Assistenzfiguren Maria und Johannes befinden sich schon seit
längerer Zeit im Bayerischen Nationalmuseum in → München.

85250 Altomünster
Bayern

Einw.: 6000   Höhe: 518 m   S. 1282 □ L 14

Birgitten-Klosterkirche: Um 750 gründete hier der Einsiedler Alto ein Benediktiner-Kloster. Das Männerkloster ging
in der Ungarnzeit unter. Die Welfen errichteten es um 970 neu und verpflanzten
dorthin 1056 Benediktinerinnen aus Weingarten. 1496/97 übernahm der Birgitten-
orden das Kloster. Nach der Säkularisation
1803 eröffnete man es im Jahr 1842 wieder. Es ist heute das einzige Birgitten-
kloster in Deutschland. Seine Kirche gilt
als letztes Werk des großen Barockarchi-
tekten J. M. Fischer*.

Chor Anfang 17. Jh., Neubau zweier Zen-
tralräume zwischen Chor und dem roman.
W-Turm, durch Fischer 1763 begonnen,
nach dessen Tod 1766–73 v. seinem Polier
vollendet.
Die Lage am Abhang des Hügels und die
Bestimmung als Doppelkloster führten zu
einem höchst originellen Kirchenbau mit
Abstufungen des Fußbodens und 2 Empo-
rengeschossen. – Im Sinne des späten Rokoko sind die Dekorationen maßvoll, z. T.
schon streng, trotzdem jedoch graziös. Sie
stammen v. Augsburger Stukkateur J.
Rauch. Außer den reichen Deckenbildern
verdienen die Altäre des Laienschiffs (St.
Augustin und Alto) besondere Beachtung.
Es sind Spätwerke des Münchner Meisters
J. B. Straub* und seiner Werkstatt, ebenso
die Apostelfiguren wie auch der obere
Hochaltar und die Altäre im Zwischenchor.

84503 Altötting
Bayern

Einw.: 11 400   Höhe: 404 m   S. 1283 □ O 14

Heilige Kapelle (Kapellplatz): Die Kapelle gehört zu den ältesten Kirchen in
Deutschland. Das Haus Wittelsbach und

Altötting, Kapellplatz und Gnadenkapelle   *Altötting, das Innere der Heiligen Kapelle >*

darüber hinaus ganz Bayern sind mit dem Gnadenort Altötting eng verbunden. Hier sind die Herzen v. 6 Königen, 2 Königinnen und 2 Kurfürsten in den Wandschränken gegenüber dem Gnadenbild beigesetzt, ebenso das Herz des Feldherrn Tilly. Alljährlich besuchen mehr als 1 000 000 Pilger die Marienwallfahrtsstätte. Die Kapelle wird erstmals 877 erwähnt, dürfte jedoch schon Anfang des 7. Jh. als frühchristl. Taufhaus entstanden sein. Ende des 15. Jh. wurde der Zentralbau der alten Kapelle zum Wallfahrtsheiligtum. Das wundertätige Gnadenbild, ein rußgeschwärztes Schnitzwerk (daher »Schwarze Madonna«), wurde um 1300 geschaffen und stammt wahrscheinlich aus Lothringen. Seit dem 17. Jh. hat man die 65 cm hohe Figur mit einem prachtvollen Brokatornat bekleidet. Schwarz sind auch die Innenwände des achteckigen Raums. Vor diesem schwarzen Grund des Raums steht silberschimmernd das Tabernakel mit dem Gnadenbild in der Mitte. Rechts davor kniet lebensgroß Prinz Maximilian v. Bayern. Sein Vater hat die Figur als Dank für die Errettung des Zehnjährigen aus schwerer Krankheit gestiftet. – Für die Flut der Weihegaben gestaltete die Pfarrkirche St. Philipp und Jakob ihre Sakristei zur *Schatzkammer* um. Unter den kunsthandwerklichen Kostbarkeiten, die hier aufgestellt sind, steht das sog. *Goldene Rößl* an erster Stelle, eine franz. Arbeit aus Gold, Silber, Elfenbein und Juwelen (um 1400).

Städt. Wallfahrts- und Heimatmuseum (Kapellplatz 4): Sammlungen zur Frühgeschichte, außerdem umfangreiche Sammlungen, die in Verbindung mit der Wallfahrt entstanden sind (u. a. Votiv- und Andachtsbilder).

Außerdem sehenswert: *Stiftskirche St. Philipp und Jakob* (Kapellplatz): Erbaut 1499–1511, mit der Grabkapelle des Grafen Tilly, und sehenswerter Schatzkammer. – *Ehem. Jesuitenkirche St. Magdalena* (16.–18.Jh.). – *St.-Anna-Basilika* (Konventstraße): 1910–13 im Neubarock erbaut. – *Panorama Kreuzigung Christi* (Gebhard-Fugel-Weg 10): Ein Rundblickgemälde des 19. Jh.

55232 Alzey
Rheinland-Pfalz

Einw.: 16 600   Höhe: 173 m   S. 1280 □ E 11

Ehem. St.-Nikolai-Kirche (Obermarkt): Die Kirche wurde auf dem Fundament einer alten Königshofkapelle 1432–99 als spätgot. Hallenkirche erbaut. Das Langhaus wurde nach einem Brand 1689 sehr verändert. 1844–48 wurde die Kirche regotisiert und sogar mit Gewölben versehen, jedoch ersetzte die Restaurierung v. 1905 die Rippengewölbe wieder mit einer flachen Decke. – In der Turmvorhalle steht die Gruppe einer *Grablegung Christi*: 5 lebensgroße Sandsteinfiguren (um 1430).

Burg (Schloßgasse 32–34): Volker v. Alzey, der legendäre Sänger aus dem Nibelungenlied, war nicht der Herr dieser erst im 12. Jh. gegründeten Reichsburg. Als Vasall seines Königs Gunther hatte er allerdings im Jahre 406 mitgeholfen, das um 365 angelegte Römerkastell Alzey zu erobern. Der Bau der Hohenstaufenfürsten wurde in den Wirren des Interregnums (1254–73) als »Raubnest« zerstört (1260). Beim Wiederaufbau im 15. und 16. Jh. entstand eine Nebenresidenz der Heidelberger Pfalzgrafen. In den verschiedenen Gebäuden sind heute Behörden untergebracht. – Ein Quadrat v. je 61 m Seitenlänge mit 3–4 m dicken Mauern markiert die alte Wasserburg, die bei Erweiterung durch verschiedene Bauherren an den Ekken Turmeinbauten mit Wohngebäuden und Wehrgängen erhielt. Die Vorburg, die heute noch in Resten erhalten ist, war in früherer Zeit einmal unmittelbar mit den Befestigungsmauern der Stadt verbunden.

Museum Alzey-Worms (Antoniterstr. 41): Das Museum ist im *ehem. Spital*, einem Barockbau mit einem Renaissanceturm (1597), untergebracht. Es umfaßt eine Archäologische, Volkskundliche und Geologische Abteilung.

Außerdem sehenswert: Das *Rathaus* (Fischmarkt 3): Erbaut 1586. – *Wartbergturm* (Auf dem Wartberg): Reste der ma Stadtbefestigung. – *Ehem. Römerkastell* (Jean-Braun-Straße).

Amberg, Marmorgrab des Martin Merz in der Pfarrkirche St. Martin

92224 Amberg
Bayern

Einw.: 43 200 Höhe: 374 m S. 1283 □ M 12

Die alte Erzbergbaustadt, einst Oberpfälzer Residenz der Pfalzgrafen bei Rhein, präsentiert sich noch heute als eine wehrhafte Stadt mit Toren, vielen Türmen, kurfürstlichem Kanzleigebäude, altem und neuem kurfürstlichen Schloß, mit Rathaus und vielen alten Bürgerbauten. Gotik, Renaissance und Barock finden sich hier unmittelbar nebeneinander.

Pfarrkirche St. Martin (Marktplatz): 1421 Baubeginn, 1483 Einwölbung, 1509–34 und im 18. Jh. Ausbau des Turms. Die Strebepfeiler tragen – Vorbild im damaligen Hallenkirchenbau – eine durchgehende Empore. Die spätgot. Kirche ist nach dem Dom in → Regensburg die größte Hallenkirche in der Oberpfalz.

Abgesehen v. einem bronzenen Taufbecken stammt die Ausstattung aus dem 19. Jh. Von Bedeutung ist dagegen das frühere Hochaltarbild von C. de Crayer, einem Rubensepigonen (Marienkrönung mit Schutzheiligen, 1658), das seitwärts über der Sakristei hängt. Bemerkenswert sind die Grabtumba des Pfalzgrafen Ruprecht Pipan (gest. 1397) hinter dem Hochaltar (15./16. Jh.) und das Tafelbild *Kreuzauffindung durch die hl. Helena* v. J. Pollak (um 1500).

Außen, vor der N-Wand beim ö Portal, finden sich 2 got. Figuren aus Sandstein (Maria mit Verkündigungsengel), Kopien der im rückwärtigen Teil der Kirche sichergestellten Originale (13./14. Jh.). Erwähnenswert ist auch noch das Epitaph für den Büchsenmacher Martin Merz (gest. 1501) aus rotem Marmor.

St. Georg (Malteserplatz): Das wehrhafte Äußere mit mächtigem W-Turm kontrastiert zum spätbarock stukkierten Innenraum. Die Vorgängerkirche wird 1094 zum erstenmal erwähnt, der got. Basilikabau stammt jedoch v. 1359. In der Gegenreformation übernahmen die Jesuiten die Kirche v. den Protestanten und bauten seitlich 2 Kapellen dazu (1675/76). Der Schöpfer der Stukkaturen ist ein Wessobrunner Meister gewesen (Johann Baptist Zimmermann). Die Bilder der Seitenaltäre stammen ebenfalls v. de Crayer (1668). Hinter dem Chor liegt der langgestreckte Bau des *ehem. Jesuitenkollegs* mit einem schönen Rokokobibliothekssaal im 2. Stock.

Dt. Schulkirche (Schrannenplatz): Kloster und urspr. ovale Kirche. Ende des 17. Jh. erbaut v. W. Dientzenhofer*. Sein Gepräge erhielt der Bau jedoch erst seit 1757 mit einer prunkvoll heiteren Rokokoausstattung und den Deckenfresken v. G. B. Götz. Ein üppiges Portal mit den Giebelfiguren des hl. Augustin und des Franz von Sales umrahmt eine reichgeschnitzte Holztür.

Der beschwingte Orgelprospekt mit einer tulpenartig gestalteten Chorempore darunter, die Kanzel und ein breites schmiedeeisernes Rankengitter, das den Kirchenraum nach W abschließt, sind Höhepunkte der prächtigen Ausstattung.

Die »Stadtbrille«, Befestigungsmauer über die Vils in Amberg

Amberg, Rathaus >

Wallfahrtskirche Maria-Hilf: Auf dem Hügel oberhalb der Stadt entstand nach einer Pest im Jahr 1634 als Votivkapelle ein kleiner Rundbau. An seiner Stelle erbaute 1697–1703 W. Dientzenhofer* eine größere Kirche.

Die Stuckausstattung (ab 1702) stammt v. Italiener G. B. Carlone* und dessen Schüler P. d'Aglio. Auf Gesimsen und vor Pfeilern stehen große Heiligen- und Prophetenfiguren. Höhepunkte der Innendekoration sind die Deckenfresken v. C. D. Asam* mit der Geschichte der Amberger Wallfahrt (1718), an die auch das jährliche Bergfest erinnert.

Rathaus (Marktplatz): Der schlanke hohe Giebel, vertikal mit Spitzbogenblenden gegliedert, ist reinste, reife Gotik und wurde 1356 errichtet. Im Inneren dieses Rathauses, eines der schönsten seiner Art in Deutschland, ist neben dem großen Ratssaal v. a. der kleine Saal mit Renaissance-Täfelung sehenswert.

Stadtbild: Ehem. pfalzgräfliche Bauten waren das heutige Landratsamt, das seine Gestalt als *Residenz der Pfalzgrafen* durch den Heidelberger Baumeister J. Schoch erhielt (1602), und das heutige *Landgericht*, in seinen Renaissanceformen 1544–47 als *Regierungskanzlei* aufgeführt. Von der *Stadtbefestigung* sind noch große Teile erhalten, so z. B. 4 der ehemals 5 *Stadttore.* Originell ist, wie die Befestigungsmauer auf 2 Brückenbögen über die Vils geführt worden ist. Sie werden wegen des Spiegelbilds im Wasser im Volksmund »*Stadtbrille*« genannt.

Sehenswert sind auch das ehem. *Kurfürstliche Zeughaus* (15. Jh.), die *Ratstrinkstube* (18. Jh.) und eine Reihe v. alten *Wohnhäusern* des 15. bis 18. Jh. Außerdem die *Frauenkirche* (15. Jh.) mit einer got. Verkündigungsgruppe am Seitenportal (durch Kopien ersetzt, Originale in St. Martin), die ehem. *Franziskanerkirche* (15. Jh., seit 1803 *Stadttheater*) und die *Dreifaltigkeitskirche* (16./18. Jh.).

Stadtmuseum (Zeughausstr. 18): Sammlungen zur Geschichte der Stadt, u. a. »Amberger Liedertisch«, und Zweigmuseum der Prähistorischen Staatssammlung ab 1991 (Eichenforstgasse 12).

Umgebung

Ensdorf an der Vils (14 km s): An der barocken Neugestaltung der ehem. Benediktinerklosterkirche St. Jakob (1123 gew.) waren u. a. P. J. Schmuzer* (Stuckzier) und C. D. Asam* (Deckenfresken) beteiligt.

37643 Amelungsborn
Niedersachsen

Einw.: 122   Höhe: 90 m   S. 1277 ☐ H 7

Ehem. Kloster: Auf einer leichten Anhöhe entstand im 12. Jh. eines der ältesten Zisterzienserklöster auf dt. Boden. Aus der Gründerzeit sind das roman. Langhaus der Klosterkirche und kleinere Teile in anderen Bauabschnitten erhalten. Der Rest kam im wesentlichen in der Gotik hinzu. – A. war Ausgangspunkt für weitere Klostergründungen, so u. a. in Riddagshausen bei → Braunschweig.

63916 Amorbach
Bayern

Einw.: 4400   Höhe: 166 m   S. 1281 ☐ G 11

Ehem. Benediktinerabteikirche St. Maria: Nach der Legende vom hl. Abt Amor 734 gegr. und wenig später v. Bonifatius gew. – Mitte des 9. Jh. monumentaler Neubau. W-Türme 12. Jh. 1742 Abbruch der alten Basilika mit Ausnahme der W-Türme. Neubau der spätbarocken Kirche durch den Mainzer Baumeister M. v. Welsch*. 1747 vollendet, 1803 säkularisiert. Heute ev. Pfarrkirche im Eigentum des Fürsten v. Leiningen.
Eindrucksvoll sind die in ihrer alten Form erhaltenen, wuchtigen roman. Vierecktürme mit Rundbogenfenstern in 3 Ge-

< Amberg, Nabburger Tor

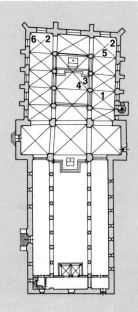

Amelungsborn, ehem. Klosterkirche 1 Tumba des Grafen Hermann v. Everstein und seiner Gemahlin, 1375 **2** Roman. Piscinen **3** Dreisitziger Levitenstuhl **4** Figur des hl. Bernhard mit Reliefs auf der Rückseite, 3. Viertel des 14. Jh. **5** Taufstein, 1592 **6** Grabstein des Abtes Steinhover (1588 gest.)

schossen (beim Neubau durch Aufsetzen geschwungener Hauben harmonisch der vorgeblendeten barocken Fassade angeglichen). Eine repräsentative Freitreppe führt zu dieser durch Pilaster und reichen Figurenschmuck gegliederten und v. einem Volutengiebel gekrönten Westfront und betont den schloßartigen Charakter. Der Bau ist als kreuzförmige Pfeilerbasilika angelegt, die ehem. Apsis wurde zum Langchor erweitert.
Die Rokokoausstattung ist in ihrem Rang den berühmten Spätbarockkirchen Frankens und Oberbayerns ebenbürtig. Die Ornamente an Wand und Decke stammen v. den Wessobrunner Stukkateuren J. G. Übelhör* und J. M. Feuchtmayer*, einem der bedeutendsten südd. Rokokodekorateure. Er und seine Schule schufen auch den Hochaltar und verschiedene Seitenaltäre. Die prachtvolle Kanzel stammt v.

dem Würzburger Hofbildhauer J. W. van der Auvera*. M. Günther malte das Hochaltarbild und die Deckenfresken. – Sehr schön sind das schmiedeeiserne Gitter (1749–52) zwischen Langhaus und Querschiff und die *Orgel* (1774–82) aus der Gebrüder Stummschen Werkstatt. – Im 1786 angelegten, an der Südseite der Kirche entlanglaufenden *Kirchgang* sind Arkadensäulen des roman. Kreuzgangs eingebaut. – Die *Klostergebäude* an der S-Seite der Kirche sind aus dem 17./18. Jh. Der Festsaal im Konventsgebäude, nach seiner Grundfarbe *Grüner Saal* genannt, ist mit strengen klassizistischen Stukkaturen geschmückt. Originelle gußeiserne Öfen stehen unter der Musikempore. Klassizistisch ausgestattet mit kunstvollen Ornamenten an Treppengeländern und Balustrade ist auch die *Bibliothek*.

Man sollte schließlich nicht versäumen, sich die alte *Klostermühle* mit dem steilen Treppengiebel aus dem Jahr 1448 anzusehen.

Kath. Pfarrkirche St. Gangolf: Die dreischiffige Halle wurde nach einem Entwurf des Mainzer Baumeisters Anselm Franz Ritter zu Gruenesteyn 1752–54 erbaut. Die Fresken sind v. Joh. Zick* (1753), die 4 Statuen des Hochaltars stammen v. J. Keilwerth aus Würzburg.

Museum: Fürstlich Leiningensche Sammlungen Amorbach (Kellereigasse): Heimatgeschichte, ma Töpferkunst, Sammlung v. Andachtsbildern.

Außerdem sehenswert: *Fürstlich Leiningensches Schloß* (1724–27), *Rathaus* (15. Jh.), *Altes Stadthaus* (15. Jh.), *Templerhaus* (1291), *Kirchenruine* (17. Jh.) auf dem Gotthardsberg.

Umgebung

Amorsbrunn (2 km w): Das 1565 angelegte Heilwasserbecken der Wallfahrtskapelle Amorsbrunn (1273 erstmals erwähnt) geht auf ein wohl frühmittelalterliches Quellheiligtum zurück. Beachtenswerte Ausstattung (16.–18. Jh.),

< *Amorbach, Abteikirche*

Amorbach, Luftansicht

darunter eine seltene Steinfigur des hl. Amor (um 1460).

Wildenberg (8 km s): Die Burgruine, um 1200 als Festung der Herren v. Durn errichtet, war eine der bedeutendsten Burgen der Stauferzeit und spielte vielleicht eine Rolle im Leben Wolframs v. Eschenbach.

82346 Andechs

Bayern

| Einw.: 2800 | Höhe: 699 m | S. 1282 ☐ L 15 |

Wallfahrtskirche Mariae Verkündigung und Kloster: Das Benediktinerkloster Andechs, das nicht zuletzt wegen des beliebten Biers aus der Klosterbrauerei (1455) zahlreiche »Pilger« anzieht, war schon im 12. Jh. ein vielbesuchter Wallfahrtsort. Der hl. Rasso lebte als Graf v. Andechs auf Bayerns 720 m hohem »Heiligen Berg« mit den 3 Reliquien, die er 952 von einer Pilgerfahrt aus Jerusalem mitgebracht haben soll. Die Wiederauffindung der verlorengegangenen »3 heiligen Hostien« im Jahr 1388 wurde Anlaß zum Bau der spätgot. Kirche (1420 Beginn, 1458 vollendet). 1669 starke Schäden durch Blitzschlag; daraufhin neue Einwölbung v. Langhaus und Chor, Erweiterung der Fenster und Umbau im Rokokostil, angeblich nach Plänen J. M. Fischers*, 1759 Aufstellung des neuen Choraltars. 1803 Säkularisation, 1846 Ankauf des ganzen Klosterkomplexes und Rückgabe an die Benediktiner durch König Ludwig I. von Bayern. Die Kirche auf dem aussichtsreichen Bergrücken ist eine schlichte dreischiffige Hallenkirche mit got. W-Turm, der beim Umbau mit barocker Haube bekrönt wurde. – Die Erneuerungsbewegung des 18. Jh. beschränkte sich auf die Ausschmückung des alten spätgot. Baukörpers mit einer prachtvollen Dekoration: Blattranken, Akanthus und Rocaillen überspielen Wände, Pfeiler und Decken, eine elegant in Wellen schwingende Empore umzieht den ganzen Raum. J. B. Zimmermann* aus Wessobrunn ist der Schöpfer der Stukkaturen und der Deckenfresken (Bilder aus dem Leben des hl. Benedikt, Rassos Sieg über die Ungarn, Wallfahrtsszenen). Mittelpunkt der Wallfahrten – früher waren es mehr als 400 Gemeinden, die daran teilnahmen –

sind das Gnadenbild der Muttergottes (um 1500) im unteren Hochaltar und die Immaculata 1608/09 des oberen Altars. Die Figuren der Elisabeth v. Thüringen und des hl. Nikolaus stammen v. J. B. Straub*. An der W-Wand hängen interessante Votivtafeln. Von der Empore aus betritt man die *Hl. Kapelle*, in der sich die Reste des vor der Säkularisation reichen Andechser Klosterschatzes befinden. Als wichtige Stücke sind die *Dreihostienmonstranz* aus der Mitte des 15. Jh., das *Siegeskreuz Karls d. Gr.* aus dem 12. Jh., das *Brustkreuz* der hl. Elisabeth v. Thüringen und deren *Brautkleid* zu nennen.

56626 Andernach
Rheinland-Pfalz

Einw.: 28 600   Höhe: 65 m   S. 1276 □ C 10

Der Runde Turm (Dr.-Konrad-Adenauer-Allee): Dieses Stück der Stadtbefestigung, die z. T. noch Fundamente der alten röm. Stadtmauer benutzte, ist das Wahrzeichen Andernachs und erinnert an die große geschichtliche Vergangenheit des Ortes. Der ursprüngliche Name der Stadt, Antunnacum, deutet auf eine keltische Siedlung, in der Drusus im Jahr 12 v. Chr.

Andechs, Wallfahrtskirche   *Andernach, Ungarnkreuz* >

ein befestigtes Landkastell errichtete. Hier kreuzte die röm. Rheinstraße mit einer Straße aus der Eifel. Im MA und auch später war Andernach wichtiger Umschlagplatz. – Der Runde Turm wurde 1448–52 gebaut, er ist 56 m hoch, mißt 15 m im Durchmesser und hat eine Mauerstärke von 5 m. Meister Philipp, der als Baumeister genannt wird, gestaltete den einfachen Wehrturm zu einem Kunstwerk. Heute ist eine Jugendherberge darin untergebracht. Mit anderen Teilen der Mauer blieben auch der 1340 erwähnte *Schuldturm* und das *Rheintor* mit seinen roman. Figuren erhalten.

Liebfrauenkirche (Kirchstraße): Die Kirche *Mariae Himmelfahrt*, so der offizielle Name, gilt als eine der schönsten roman. Kirchen des Rheinlands. Mit ihrem Bau dürfte um 1200 begonnen worden sein (1877–99 rest.). Heute kath. Pfarrkirche. Ihren Ruf verdankt die viertürmige Basilika der W-Fassade, an der jedes der 3 Geschosse in der ganzen Breite mit Rundbogenarkaden aufgelockert ist. Die spitzen Rautendächer weisen bereits auf got. Einflüsse hin. Auch im Inneren gibt es got. Elemente, so die spitzbogigen Gurtbögen und die hölzernen Schlußsteine mit Bischofs-, Stadt- und Reichswappen. – Die *Kanzel* mit reichen Schnitzereien (18. Jh.) stammt aus Maria Laach, ebenso die barocke *Kommunionbank*. In der Sakristei befindet sich ein spätgot. *Sakramentsschrein* (um 1500). Von Bedeutung ist das *Astkruzifix*, ein sog. Ungarn- oder Pestkreuz (14. Jh.). Sehenswert ist auch das *Heilige Grab* mit überlebensgroßen Figuren (1524).

Stadtmuseum (Hochstr. 97): Sammlungen zur Vor-, Stadt- und Heimatgeschichte.

Außerdem sehenswert: *Ehem. Minoritenkirche* (14./15. Jh.); *Stadtkran* (16. Jh.); *Rathaus* (15/18. Jh.); *Ruine* (17. Jh), Burg der Erzbischöfe von Köln.

16278 Angermünde
Brandenburg

| Einw.: 11 100 | Höhe: 20 m | S. 1275 □ Q 4 |

Die Siedlung wurde v. den Askaniern Mitte des 13. Jh. in der Uckermark gegr., sie ist seit 1284 Stadt.

Stadtkirche St. Marien: Sie liegt auf der höchsten Erhebung des Stadtgebietes nw

Anklam, Pfarrkirche St. Marien

des Marktes und bewahrt vom frühgot. Granitquaderbau den massigen, längsrechteckigen *W-Turm*, dessen wehrhafter Charakter durch schmale, schießschartenähnliche Fensterschlitze betont wird. Seine treppengiebelbekrönten Backsteinobergeschosse stammen aus dem 15. Jh., als die Kirche im N um Marienkapelle und Sakristei erweitert wurde und Sterngewölbe im Langhaus und im neuen Chor erhielt. Neben den *Renaissancereliefs* (Letztes Abendmahl, Kreuzigung und Jüngstes Gericht; alle 16. Jh.) und dem barocken *Orgelprospekt* (1742–44) lohnt vor allem ein v. 3 männliche Tragefiguren gestützter *Bronzetaufdeckel* mit zartlinearen Hochreliefs (Muttergottes und Heilige, frühes 14. Jh.) eine Besichtigung des Inneren der dreischiffigen Hallenkirche.

Außerdem sehenswert: Ein schönes N-Portal besitzt die ehem. *Klosterkirche der Franziskaner* (13./14. Jh., heute Lagerhaus). – Das spätbarocke *Rathaus* (1923 erweitert) erhielt 1822 seine klassizistische Bauzier. – Der zinnen- und spitzhelmbekrönte *Pulverturm* und Reste der ehem. *Stadtmauer* zeugen v. der einstigen Stadtbefestigung, ein Tor- und ein Eckturm v. der spätroman. *Burg* (12./13. Jh.). – *Heimatmuseum* (Brüderstr. 14), frühgeschichtliche Sammlung und Lapidarium.

Anholt
✉ **46419 Isselburg**
Nordrhein-Westfalen

Einw.: 2   Höhe: 23 m   S. 1276 □ A 7

Wasserschloß: Dicht an der holländischen Grenze gelegen (Autobahnausfahrt Bocholt/Rees/Isselburg), stellen sich Burg und Vorburg Anholt als eine Art Inselreich dar. – Der runde Bergfried stammt aus dem 12. Jh.; Flügel und Treppenturm aus dem 14. und 15. Jh. Ab Mitte des 17. Jh. im Stil des holländischen Barock verändert. Der Park ist im 18. Jh. angelegt worden und wurde im 19. Jh. durch einen engl. Park erweitert.
1699 entstand das Treppenhaus im Hauptbau mit einem monumentalen Treppenlauf in Holz. Der Paradesaal mit seinen reichen Stukkaturen wird v. Wandteppichen ausgekleidet, die der Brüsseler Künstler L. van Schoor entworfen hat. Wandteppiche mit Bauernszenen nach Bildern des Genremalers D. Teniers d. J. schmücken den Speisesaal. – Bemerkenswert ist die große *Kunstsammlung* mit rund 800 Bildern (darunter ein früher Rembrandt, »Diana und Aktäon«), kostbaren Tapisserien und zahlreichen Porzellanen.

17389 Anklam
Mecklenburg-Vorpommern

Einw.: 18 600   Höhe: 5 m   S. 1275 □ Q 3

Das ehem. Hansestädtchen liegt am Unterlauf der Peene, auf der man mit dem Boot zur *Menzliner Düne* mit freigelegten Wikingergräbern fahren kann.

Pfarrkirche St. Marien: Die dreischiffige got. Hallenkirche mit polygonal geschlossenem dreischiffigem Chor, fünfgeschossigem SW-Turm, einer dem Langhaus querrechteckig vorgelagerten zweischiffigen Kapelle, einer sö Sakristei und weiteren s Kapellenanbauten ist in mehreren Bauetappen entstanden. Vom Vorgängerbau, einer möglicherweise vor der Mitte des 13. Jh. errichteten dreischiffigen Hallenkirche und einem wohl in einer Apsis endenden Chor mit Gewölben blieben u. a. die Chorlängswände mit Ecklisenen und Rundbogenfries und zeichenhaft-einfachen Männerköpfen am Gewände der aten Priesterpforte erhalten.
Am Ende des 14. Jh. wurde das dreischiffige Hallenlanghaus mit blendengegliederten Giebeln im O und W und Kreuzrippengewölben auf schlanken Achteckpfeilern erneuert; gleichzeitig entstand der SW-Turm; den Giebel der Chor-O-Wand gliedern schlanke Maßwerkblenden und Fialtürmchen. Es folgte die auf das Jahr 1488 datierte Fertigstellung der Marienkapelle, einer zweischiffigen Halle mit 4 Kreuzrippengewölben. Wohl im Anschluß daran wurden die s Langhausseitenkapellen errichtet, und am Anfang des 16. Jh. schloß der Bau der sö Sakristei die Arbeiten an der got. Kirche ab.
Die Pfeiler und Arkadenlaibungen des Langhauses wurden im letzten Viertel des 14. Jh. reich mit ornamentaler, figürlicher

und szenischer *Wandmalerei* geschmückt.
Im Altaraufsatz sind ein um 1500 entstandenes *Kruzifix* und die *Szenen aus dem Marienleben* darstellender Flügel des im Anfang des 16. Jh. geschaffenen Hochaltares der zerstörten Anklamer Nikolaikirche vereinigt worden. Als Einzelstücke erhalten blieben auch 2 Flügel v. ehem. Sippenaltar aus dem Ende des 15. Jh. mit den Bildern der Geburt Christi und der Anbetung und zweier Kirchenväter; die darunter gesetzten Predellengemälde entstanden im 17. Jh. Der kelchförmige *Taufstein* entstand um 1320, mehrere Chorgestühlwangen mit zum Teil sehr qualitätsvollem figürlichem Reliefdekor im 14. und 15. Jh. Porträtbildnisse aus dem 17.–19. Jh., eine Apostelfigur und ein Kruzifix aus dem 15. Jh. sowie die ehem. Altarschranke v. 1674 gehören ebenso zur alten Ausstattung der Kirche. Unter den *Grabplatten* sind die um 1570 aus Bronze gegossene für das Ehepaar Wolde sowie das 1585 in der Werkstatt des niederländischen Bildhauers Philipp Brandin geschaffene *Epitaph* für A. Ribe beachtenswert.

Ruine der Pfarrkirche St. Nikolai: Die an der Stelle eines älteren Vorgängerbaus in der 2. Hälfte des 14. Jh. errichtete dreischiffige Hallenkirche wurde am Ende des 2. Weltkrieges zur Ruine. An den achteckigen Langhauspfeilern, den Scheidbogenlaibungen und der Schiff-S-Wand blieben Reste figürlicher und szenischer *Wandmalerei* v. Ende des 14. Jh. erhalten.

Außerdem sehenswert: Wahrzeichen von Anklam ist das sog. *Steintor* (14. Jh., 32 m hoch) mit Blendarkaden und Treppengiebel. – Der mittelalterliche *Pulverturm* (20 m hoch) ist letzter Zeuge der ehemaligen Stadtbefestigung. – An den hier geborenen Flugpionier *Otto Lilienthal* (1848–96) erinnert in der Peenestr. eine Gedenkstätte.

Umgebung

Quilow (12 km nw): Das doppelgeschossige *Renaissance-Wasserschloß* stammt aus dem 16. Jh.

Anklam, Steintor >

Relzow (5 km nö): Der sog. *Vierpott* wurde als Fachwerkhaus mit offener Feuerstelle und Reetdach errichtet.

Stolpe (10 km w): Interessanter als die spärlichen Zeugen des ehem. *Benediktinerklosters* (1153) sind das *Peenefährhaus* und die alte *Dorfschmiede*.

09456 Annaberg-Buchholz
Sachsen

Einw.: 24 400 Höhe: 530–700 m S.1279 ☐ O 9

Nach Silberfunden am Schreckenberg wurde der erzgebirgische Bergbauort 1496 gegründet. Die rasch wachsende Stadt *St. Annaberg* – über 300 Erzgänge machten sie zu einer der wohlhabendsten Städte Deutschlands – und ihre Pfarrkirche *St. Anna* erhielten ihren Namen nach der Schutzpatronin der Bergleute. Gegen Ende des 16. Jh. waren die Silbervorkommen fast ausgebeutet, und die etwa 50 Jahre zuvor eingeführte Spitzenklöppelei wurde Haupterwerbszweig. Nach 1945 wurden die beiden Bergbauorte *Annaberg* und *Buchholz* zu *Annaberg-Buchholz* fusioniert und 1952 zur Kreisstadt erhoben. Berühmtester Bürger Annabergs war der durch sein Rechenbuch bekannte *Adam Riese* (1492–1559), der hier starb.

St.-Annen-Kirche: Die kurze Bauzeit (1499–1525) und die kostbare Ausstattung dieser v. C. Pflüger[*] geplanten und durch Peter v. Pirna[*] und J. Heilmann[*] mit Kreuzrippen- und Schleifensterngewölben errichteten größten sächsischen Hallenkirche spiegeln den Reichtum der Bürger A.s in der Übergangszeit v. der Spätgotik zur Renaissance wider; ebenso die doppelgeschossige Fensterordnung und die reiche Bauskulptur, so u. a. die 1577 v. der nw Franziskanerkirche hierherversetzte nw *Schöne Pforte* v. H. Witten[*] mit prächtigem Tympanon (Erscheinung des hl. Franz v. Assisi, 1512) und das rechteckig gerahmte sö *Renaissanceportal* (1518) der *Alten Sakristei*. An der *Ausstattung* waren maßgeblich beteiligt H. Witten[*] (Taufstein, 1515; Portalschlußstein der Neuen Sakristei, um 1521; Kreuzigungsrelief an der s Langhauswand, um 1524), F. Maidburg[*] (Kanzel mit figürlichen Reliefs,

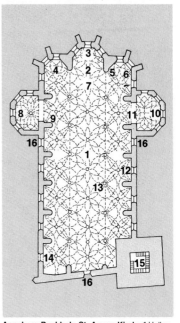

Annaberg-Buchholz, St.-Annen-Kirche **1** Hallenraum mit Schleifenstern- und Schlingrippengewölben, mit Prophetenbüsten v. Chr. Walther d. Ä. im Seitenschiff **2** Hochaltar v. A. Daucher, 1522 **3** Altartafeln mit Gemälden v. H. Hesse **4** Altar der Bergknappschaft mit Gemälde v. H. Hesse auf der Rückseite (1521) **5** Münzeraltar v. Chr. Walther d. Ä. **6** Bäckeraltar v. Chr. Walther d. Ä., 1515 **7** Taufstein von H. Witten, 1515 **8** Sakristei, darüber Psallierchor **9** Schlußstein v. H. Witten, 1520 **10** Alte Sakristei, darüber Psallierchor **11** Portal v. F. Maidburg, 1518 **12** Umlaufende Empore, aufgelegt auf die nach innen gezogenen Strebepfeiler, mit 100 Brüstungsfeldern v. F. Maidburg, 1520–22 **13** Kanzel v. F. Maidburg, 1516 **14** Schöne Tür v. H. Witten, 1512 **15** Turm **16** Portale

1516; Brüstungsreliefs der Emporen, 1522), Ch. Walther d. Ä.[*] (Propheten- und Königsfiguren an den Seitenschiffsgewölben, Bäckeraltar mit Kreuzabnahme, 1515; Münzeraltar mit Muttergottes, 1522) und der Augsburger Bildhauer A. Daucher[*] (Renaissance-Hochaltar mit Wurzel-Jesse-Darstellung, 1522).

Besondere Beachtung verdienen der sog. *Bergmannsaltar*, ein doppelter Flügelaltar, dessen Rückseite H. Hesse[*] um 1520 mit Szenen des Bergmannslebens bemalte,

sowie hinter dem Hauptaltar ein weiterer *Flügelaltar*, dessen Mitte (Jesus und die Ehebrecherin, um 1522) ein Cranach-Schüler und dessen Flügel (Mondsichel-Madonna und hl. Katharina, um 1522) H. Hesse[*] mit Bildern schmückte. – Weitere Altargemälde v. H. Hesse bewahrt die Friedhofskapelle der *ehem. Katharinenkirche* (im Ortsteil Buchholz).
Vor der St.-Annen-Kirche steht ein *Lutherdenkmal*.

Außerdem sehenswert: Am *Marktplatz* sind das spätgot. *Gasthaus Wilder Mann* (um 1500; kostbare Holzbalkendecke sowie Zellengewölbe), das 1751 erneuerte *Renaissance-Rathaus* und die *Bergkirche St. Marien* (16./17. Jh.; dreischiffige Hallenkirche) mit einem intarsierten Renaissancestuhl im Inneren v. Interesse. – Das in einem spätgot. Bürgerhaus (Große Kirchgasse 6) eingerichtete *Erzgebirgemuseum* dokumentiert den ma Bergbau, die Spitzenklöppelei und die Volkskunst im oberen Erzgebirge. – Am Köselitzplatz alte *Postenmeilensäule* und Denkmal für den Rechenmeister *Adam Riese*. – Die *Dorfkirche* im Ortsteil *Kleinrückerswalde* birgt einen spätgot. Muttergottesaltar. – Die *Kät*, ein bekanntes erzgebirgisches Volksfest, wird am 2. Wochenende nach Pfingsten begangen, die *Große Bergparade der erzgebirgischen Bruderschaften* findet am 3. Dezembersonntag statt.

Umgebung

Ehrenfriedersdorf (8 km n): Die *Pfarrkirche St. Nikolai* ist ein zweischiffiges spätgot. Bauwerk mit Kreuzrippengewölben. Der Chor, über dem sich ein mächtiger Turm erhebt, wurde vermutlich Anfang des 15. Jh. errichtet, das Langhaus im 15. Jh. Die Ausstattung besteht u. a. aus einem spätgot. sechsflügeligen Schnitzaltar (1507), vermutlich v. Hans Witten[*] und dem Maler Hans v. Köln[*] geschaffen. Im Schrein sieht man zwischen den Hll. Katharina und Nikolaus die Marienkrönung.– Im *Greifensteinmuseum* (Greifensteinstr. 12) wird der Zinnbergbau im 16.–19. Jh. dokumentiert.

< *Annaberg-Buchholz, St.-Annen-Kirche*

Frohnau (2 km nw): *Frohnauer Hammer*, ein Hammerwerk (17.–20. Jh.).
Großrückerswalde (10 km nö): Spätgot. *Dorfkirche.*
Jöhstadt (12 km sö): 1667 vollendete *Stadtkirche.*
Markersbach (16 km sw): Teils spätgot. *Dorfkirche.*

06925 Annaburg
Sachsen-Anhalt

Einw.: 3700   Höhe: 77 m   S. 1279 ☐ P 7

Schloß: Im S des Landstädtchens sö von Jessen ließ sich August I. von Sachsen in der Annaburger Heide an der Stelle eines abgebrannten ma Jagdschlößchens 1572–75 ein neues Renaissance-Jagdschloß errichten und benannte es nach seiner Gemahlin (Anna v. Dänemark) Annaburg. Das noch heute bewohnte Schloß läßt einen stark befestigten *Vorderbau* mit kräftigen runden Wehrtürmen und die zum Innenhöfchen mit Lauben geöffnete und durch Mittelrisalite betonte *Vierflügelanlage* des hinteren Baukomplexes erkennen.

Außerdem sehenswert: Neben der urspr. got., später barockisierten einschiffigen *Pfarrkirche* mit harmonischer Ausstattung (u. a. gefaßte Kassettendecke) aus der Bauzeit verdienen das ehemalige *Amtshaus* und die *Försterei*, beides Fachwerkhäuser des 16./17. Jh., besondere Beachtung.

76855 Annweiler am Trifels
Rheinland-Pfalz

Einw.: 7100   Höhe: 183 m   S. 1280 ☐ D 12

Das Dorf Annweiler wurde 1219 durch Staufenkaiser Friedrich II. zur Reichsstadt erhoben, und aus dieser Zeit stammt die enge Bindung an den Trifels, den Felsen über der Stadt.

Reichsburg Trifels (6 km v. Annweiler entfernt): Die Burg (schon 1081 Reichsburg) erhebt sich auf einem Felsenriff aus Buntsandstein über den grünen Bergkegeln des Pfälzer Waldes. Im flachen Ka-

Schloß Annaburg

Reichsburg Trifels bei Annweiler

pellenerker an der O-Seite der Burg waren 1124–1274 der Reichsschatz und 1195 auch der Normannenschatz verwahrt, heute befinden sich dort Nachbildungen der Reichskleinodien. Die feste Burg, die nie eingenommen wurde, sicherte die wichtige Straße von Metz an den Rhein. Sie fungierte auch als Prominentengefängnis: Der engl. König Richard Löwenherz saß hier 1192–94 als Gefangener Kaiser Heinrichs VI. (1193/94). Und auch Friedrich II. sperrte seinen meuternden Sohn König Heinrich hier ein (1235). Im 30jährigen Krieg war der Fels Fluchtburg der Bevölkerung. – 1602 wurden große Teile durch Blitzschlag zerstört. Der Wiederaufbau (seit 1935) hat den Bergfried um ein Stockwerk erhöht. Der Palas mit Rittersaal wurde stilgerecht ausgebaut.

In der Nähe befinden sich 2 weitere Burgruinen: Burg Anebos (12. Jh.) und Burg Scharfenberg (um 1200).

91522 Ansbach, Mittelfranken
Bayern

| Einw.: 38 400 | Höhe: 402 m | S. 1282 □ K 12 |

Ansbach, Orangerie mit Hofgarten

Ansbach, Spiegelkabinett

Ehem. Stiftskirche St. Gumbertus (Johann-Sebastian-Bach-Platz): In einigen Teilen stammt die Kirche aus dem 13. Jh., zahlreiche Umbauten, Erweiterungen und Ergänzungen haben jedoch das heutige Bild erst im Laufe der Jahrhunderte entstehen lassen. 1738 kam als letztes großes Bauteil das Langhaus des neuen Saalbaus hinzu. – Mit ihren 3 Türmen ist die Kirche zum Wahrzeichen der Stadt geworden. Ihre Bedeutung erlangte sie v. a. durch ihre Verbindung zum Schwanenritterorden. 11 Grabsteine erinnern an Ritter dieses Ordens. Der Kanzelaltar (nach Angaben P. A. Biarelles) stammt aus den Jahren 1738/39.

Markgräfliches Schloß/Residenz (am Schloßplatz): Das Schloß ist die Hauptsehenswürdigkeit in der fränkischen Residenzstadt. Teilweise auf den Grundmauern eines Renaissancebaus wurde das Schloß ab 1713 nach Plänen des aus Graubünden stammenden Baumeisters G. de Gabrieli* errichtet. Weitergeführt haben es die »Kavalier-Architekten« J. W. und K. F. v. Zocha und L. Retti* (1731–41).

Baustil und Baubeschreibung: Die langgestreckte Front hat 21 Fensterachsen und
geht auf Gabrieli zurück, der auch die wesentlichen Teile des Hofes mit den abge-
schrägten Ecken und den offenen Säulenarkaden im Erdgeschoß geschaffen hat.
Die sö Fassade stammt von K. F. v. Zocha.
Die Außenfassaden der 3 Flügel sind das
Werk v. L. Retti*.
Inneres und Ausstattung: L. Retti*, dem
die Dekorationen zugeschrieben werden,
zählt zu den großen Dekorateuren seiner
Zeit. Alles ist angehaucht von der vornehmen, dem Klassizistischen zuneigenden
Kühle des franz. Rokoko. Mittelpunkt ist
der Große Saal, der durch 2 Geschosse
aufsteigt und an der Längsseite eine Musikempore besitzt. Das Deckenfresko von
C. Carlone* verherrlicht den jungen Markgrafen Carl Wilhelm Friedrich. Zu den
sehenswertesten Räumen gehört das *Spiegelkabinett* (1739/40), in dem rund um die
Spiegel auf vielfach gestuften Konsolen-
rahmen Porzellangruppen und -vasen aufgebaut sind, Kostbarkeiten aus den europ.
Manufakturen. Ansbach selbst hatte seit

*Ansbach, Arkadenhof im Markgräflichen
Schloß*

1709 eine Fayencefabrik, aus der die fast
3000 Fliesen, mit denen der Speisesaal
ausgekleidet ist (1763/64), stammen. – Ö
der Residenz, jedoch nicht in direkter Verbindung dazu, schließt der *Hofgarten* an.
Seine erste Anlage geht auf das 16. Jh.
zurück, seine heutige Form erhielt er jedoch erst in der ersten Hälfte des 18. Jh.
Die *Orangerie* (um 1726–43) ist ein 102 m
langer Bau im N des Hofgartens.

Außerdem sehenswert: *Ehem. markgräfliche Kanzlei* (1594); *Stadthaus* (um
1532); *Rathaus* (1623); *Prinzenschlöß-
chen* (1699–1701; in Privatbesitz). Ansehen sollte man sich auch die ev. Pfarrkirche *St. Johannis* (15. Jh.). – Ferner:
Friedhofskapelle *Hl. Kreuz* (15. Jh.); Synagoge (18. Jh.); *Karlshalle* (kath., 18. Jh.);
Gymnasium *Carolinum* (18. Jh.); viele
schöne Wohnhäuser aus dem 16. und 18.
Jh.; Markgrafenmuseum (Schaitbergstr.
10).

des angeschlossenen *Glockenmuseums* belegen eine 300jährige Geschichte. – Im selben Gebäude befindet sich auch eine Sammlung zur Apoldaer Strickerei und Wirkerei.

Außerdem sehenswert: Am Markt das zweigeschossige *Renaissance-Rathaus* (1559) mit barock bekröntem Treppenturm.

Umgebung

Großromstedt (6 km s): Umfangreiches germanisches *Gräberfeld.*
Kapellendorf (7 km sw): In der urspr. dreischiffigen *Basilika* des ehem. Zisterzienserinnenklosters (13.–17. Jh.) Taufstein und Grabmäler aus der Spätgotik. – In der restaurierten *Wasserburg* (12.–16. Jh.) sind die fünfgeschossige Kemenate (14. Jh.), die Burgküche und das *Burgmuseum* mit umfassender Sammlung zu Thüringens Burgen sehenswert.
Oßmannstedt (6 km w): Einen prachtvollen Taufstein (um 1610) birgt die barock umgestaltete *Dorfkirche.* – Das ehem. *Rittergut* gehörte um 1800 Ch. M. Wieland.

Ansbach, Herrieder Tor

99510 Apolda
Thüringen

Einw.: 25 900   Höhe: 175 m   S. 1278 □ L 8

Die bereits 1119 urkundlich erwähnte Stadt liegt im hügeligen ö Randgebiet des *Thüringer Beckens.* Sie erlebte im 17./18. Jh. eine wirtschaftl. Blüte durch die örtliche Strumpfmanufaktur und die noch tätige Glockengießerei.

Glockengießerei (Bahnhofstr. 41): In der seit 1722 betriebenen *Apoldaer Glockengießerei* wurden Turmglocken in einer Technik des hohen MA (Mantelabhebeverfahren) hergestellt. Aus ihr stammen sowohl die größte dt. Glocke (1923) für den Kölner Dom als auch die gigantische, mit Stacheldrahtreliefs überzogene Turmglocke des Buchenwaldmahnmals auf dem Ettersberg bei → Weimar. – Die Exponate

39619 Arendsee
Sachsen-Anhalt

Einw.: 3100   Höhe: 33 m   S. 1274 □ L 5

Reizvoll gelegene Kleinstadt in der Altmark am gleichnamigen See.

Kloster: Die Stiftung des Benediktinernonnenklosters im Jahre 1183 geht auf Markgraf Otto I., Sohn Albrechts des Bären, zurück; der daraufhin errichtete und bis heute bestehende Kirchenbau wurde 1208 fertiggestellt. Die n anschließenden, malerisch über dem hohen Seeufer gelegenen Klostergebäude sind spätmittelalterlich. Das Kloster bestand nach der Reformation, 1540, als adliges Damenstift noch bis 1812. Die spätroman. kreuzförmige Pfeilerbasilika beeindruckt durch die Sorgfalt des Backsteinbaus und ihre reiche Bauzier. Das Innere ist mit kuppeliger Kreuzgratwölbung versehen, die Empore im S-Seitenschiff wurde im 15. Jh. eingebaut. Zutat der Instandsetzung des 19. Jh. ist u. a. der Dachreiter über der Vierung. Die *Ausstattung* umfaßt bedeutende Stükke: Über dem Altar des 13. Jh. ein Aufsatz aus der Zeit um 1370–80 mit dem zentralen Motiv der Marienkrönung; die Außenseiten der ersten Wandlung mit gemalten Szenen aus dem Leben Christi. Berühmter noch ist der *Kruzifixus* aus Eichenholz, entstanden um 1240. Vorzüglich ist auch das originale Trägerkreuz mit den Evangelistensymbolen an den Kreuzenden erhalten; als Holz des Lebens hat das untere Kreuz kräftige Blätter »ausgetrieben«. Ein spätroman. Taufstein, einzelne Schnitzfiguren, Geräte, Epitaphe und Grabsteine vervollständigen die Ausstattung (z. T. aus Kirchen der Umgebung). – *Heimatmuseum* ö der Klausur.

55288 Armsheim in Rheinhessen
Rheinland-Pfalz

Einw.: 1900   Höhe: 140 m   S. 1280 □ E 11

Ehem. Wallfahrtskirche zum Hl. Blut: Auf älteren Grundmauern als dreischiffige Hallenkirche ab 1431 erbaut. Westturm Ende 15. Jh. Nach einem Brand 1852 wiederhergestellt. – Der 70 m hohe W-Turm beherrscht weithin die alte Keltenstraße Worms–Bingen. Die spätgot. Kanzel (um 1500, aus dem Umkreis Riemenschneiders) ist mit den Evangelisten-Symbolen und den Marterwerkzeugen Christi geschmückt. Bis 1982 umfangreiche Renovierung.

59755–823 Arnsberg
Nordrhein-Westfalen

Einw.: 76 300   Höhe: 230 m   S. 1276 □ E 8

Propsteikirche St. Laurentius: Von der 1173 gegr. und 1803 aufgehobenen Prämonstratenserabtei Wedinghausen ist nur noch die Kirche erhalten. Die Turmanlage stammt noch aus dem 12. Jh. Der frühgot. Chor wurde 1253 gew. Der Ausbau zur jetzigen Kirche zog sich bis ins 16. Jh. hin. – Von der Ausstattung sind v. a. der frühbarocke Hochaltar aus Marmor und Alabaster (eigtl. Epitaph des Landdrosten Kas-

par von Fürstenberg) v. H. Gröninger zu erwähnen, außerdem das Grabmal Friedrichs v. Fürstenberg (um 1680) und die Doppelgrab-Tumba des Grafen Heinrich und seiner Gemahlin Ermengard v. Arnsberg (14. Jh.) sowie die Kanzel und die Beichtstühle (um 1740). Im S der Kirche sind Reste der *ehem. Klostergebäude* erhalten.

Außerdem sehenswert: *Hirschberger Tor* (1753) bei der Propsteikirche, *Altes Rathaus* (1710), *Marktbrunnen* (1779), *Landsberger Hof* (1605; darin jetzt das *Sauerlandmuseum*) und zahlreiche sehr schöne alte Fachwerkhäuser in der Altstadt.

Umgebung

Herdringen (10 km w): Urspr. als barocke Schloßanlage geplant, v. der nur die *Unterburg* (1723) vollendet wurde, errichtete E. F. Zwirner das neugot. *Schloß Herdringen* (1848–52) im Stil der engl. Gotik. **Oelinghausen** (12 km w): In der *Kath. Kloster-, Pfarr- und Wallfahrtskirche St. Peter* (14. Jh.) ist v. a. die Ausstattung interessant, von der u. a. eine *spätroman. Madonna* (mit modernem Jesuskind), der *Hochaltar* und die qualitätvollen Apostelstatuen v. W. Spilthofen (1712/13) sowie der *Orgelprospekt* v. 1714–17 ganz besondere Beachtung verdienen.

99310 Arnstadt
Thüringen

Einw.: 28 400   Höhe: 280 m   S. 1278 □ K 9

Arnstadt ist wegen seiner urkundlichen Erwähnung um 704 (unter dem Namen *Arnestati*) einer der ältesten Orte in Deutschland; wenngleich ihr das Stadtrecht erst 1226 verliehen wurde.
Bekannt ist dieses »Eingangstor zum Thüringer Wald« hauptsächlich als *Bach-Stadt*, denn hier machten Caspar, Heinrich, Johann Christoph und allen vorweg Johann Sebastian Bach über mehrere Generationen hinweg deutsche Musikgeschichte.

Arnstadt, Oberkirche >

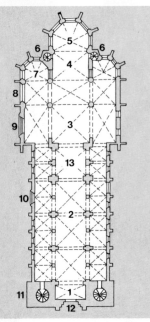

Arnstadt, Liebfrauenkirche 1 Doppeltürmiger W-Bau, um 1240 **2** Langhaus **3** Vierung **4** Staffelchor (um 1275–1300) mit figürlich geschmücktem spätgot. Flügelaltar (Marienkrönung, seitlich Passionsbilder, 1498) **5** Polygonalapsis mit figürlichen Konsolen **6** Treppentürmchen **7** Nördlicher Nebenchor mit Tumba Günthers XXV. v. Schwarzburg und Gemahlin (um 1382) **8** Prachtfenster der N-Seite **9** Querhausfassade mit Fensterrose und Giebelrosette **10** N-Portal mit Tympanon (Kreuzigung) **11** NW-Turm mit nach 1300 vollendeten Obergeschossen **12** W-Portal, um 1240 **13** Neugot. Glockenturm

Liebfrauenkirche: Die nach 1956 v. neugot. Zutaten befreite Basilika (13./14. Jh.) vereint spätroman. Bauteile wie die Untergeschosse der beiden oktogonal bekrönten W-Türme und das dreischiffige Langhaus mit solchen aus der Frühzeit der Gotik, etwa der Bauzier des Außenbaues und dem breiten *Hallenchor*, der in 3 polygonalen Apsiden endet. Am Außenbau verdienen die beiden *N-Portale* und das Kruzifixus-Relief (zwischen Kaiser Otto und Bischof) im Bogenfeld des einen Beachtung, im schlicht-kühlen Inneren mit hohen, schlanken Bündelpfeilern der spätgot. *Vierflü-*

gelaltar, Schöne Madonna (um 1415), die Glasmalereien des ma *Passionsfensters* und mehrere *Grafengrabmäler* (14. Jh.) aus der Parler-Werkstatt.

Oberkirche: Den spätgot. N-Turm dieser Kirche des ehem. Franziskanerklosters (um 1250–1350) ziert eine Barockhaube (1746). Der einschiffige Innenraum wurde 1725 mit einer Holztonne eingewölbt und birgt neben einigen interessanten Renaissance-Grabmälern (16. Jh.) farbig bemalte Emporenbrüstungen (um 1580) und eine Barockausstattung (Altarretabel, Kanzel und Taufe, alle 2. Viertel 17. Jh.) v. B. Röhl*.

Bachkirche: Die urspr. spätgot. Kirche (1444) erhielt bei der Barockisierung (1676–83) ihre hölzernen Emporen im schlichten Inneren. – Johann Sebastian Bach war hier 1703–07 Organist.

Haus zum Palmbaum: In dem im 17. Jh. erbauten Renaissance-Wohnhaus (Markt 3), dessen Hauptraum eine Stuckdecke ziert, sind heute die *Johann-Sebastian-Bach-Gedenkstätte* mit einer Sammlung zur Musikerdynastie Bach und mit dem Orgelspieltisch J. S. Bachs sowie das *Stadtgeschichtsmuseum* eingerichtet.

Schloßmuseum: Teils im Rokoko-, teils im Empirestil gehalten, sind die Säle im *Piano Nobile* des doppelgeschossigen Neuen Palais (1728–32), dessen erhöhter Mittelrisalit in einem Frontispiz gipfelt. Ausstellung von Gläsern, Gobelins, Porzellan, Fayence; bes. reizvoll die *Puppenstadt Monplaisir* mit mehr als 400 Wachsfiguren aus der Zeit um 1690–1750. *Gemäldegalerie* (18. Jh.).

Außerdem sehenswert: Von der ehem. *Stadtbefestigung* zeugen noch das wohl bis auf das 14. Jh. zurückgehende *Riedtor* und das *Neutor* (18. Jh.). – Am *Markt* liegen das 1581–83 übereck erbaute dreigeschossige *Renaissance-Rathaus* mit got. Nischenfiguren sowie ö der zur gleichen Zeit entstandene ehem. *Tuchhändlergaden.* – Im *Alten Friedhof* bei der barocken *Gottesackerkirche* (um 1740) findet man die Grabdenkmäler für 2 Dutzend Mitglieder der Familie Bach.

Umgebung

Dornheim (3 km ö): In der *Dorfkirche*, in der J. S. Bach wirkte und auch heimlich getraut wurde, steht ein spätgot. Flügelaltar aus der 1. Hälfte des 15. Jh.
Drei Gleichen (11 km nw): Hinter der Bezeichnung »Die Drei Gleichen« verbergen sich die ma *Wachsenburg* (heute Hotel), die Ruinen der *Burg Gleichen* und der durch G. Freytags »Nest der Zaunkönige« bekannten *Mühlburg*, der vielleicht ältesten Burg (704 erwähnt) Thüringens.

97450 Arnstein
Bayern

Einw.: 8000   Höhe: 228 m   S. 1281 □ H 11

Das 839 erwähnte unterfränkische Städtchen an der Wern (Stadtrechte 1317) erstreckt sich um einen zentralen Schloßhügel. Seiner Rundung folgt die Marktstraße, die sich zum Marktplatz mit dem *Rathaus* (16. Jh.) erweitert.

Kath. Pfarrkirche St. Nikolaus: Oberhalb des Rathauses wurde 1617 eine got. Kapelle (Reste im Chor) erweitert. 1722–25 vergrößerte man das Schiff und errichtete eine neuen Turm. S. Urlaub malte die *Deckengemälde* im Chor (1726), die frühklassizistischen *Seitenaltäre* schuf G. Winterstein (1790). Reich dekorierte *Orgel* (1710) v. J. Hofmann, reiche *Kanzel* (um 1700).

Kath. Wallfahrtskirche Maria Sondheim (am s Stadtrand): Anstelle einer älteren Kirche erbaute man 1440 eine einschiffige Kirche, die urspr. dreischiffig geplant war, wie eine den Raum halbierende *Dreierarkade* belegt. Neben dem Deckengemälde im Chor v. P. Rudolf (1770, Maria über der Schlacht v. Lepanto) sind die bemalten *Chorfenster* (r: um 1480; l: 1513), die *Kanzel* mit Reliefs (um 1520) und eine v. 2 spätgot. *Holzfiguren* flankierte *Pietà* (um 1420) in der n Kapelle v. Interesse. Ferner verdienen eine *Sandsteinmadonna* (um 1310) und die stattliche Anzahl v. 32 *Epitaphen* (15./16. Jh.) Beachtung. Von den 26 Epitaphen der v. Hut-

ten sind jene für Ludwig v. Hutten (1517), Konrad v. Hutten (gest. 1502) und Philipp v. Hutten (gest. 1546 in Venezuela) bes. qualitätsvoll. Weitere 9 *Epitaphe* am Außenbau, *Ölbergkapelle* am n Chorschluß.

Schloß: Nach der Zerstörung im Bauernkrieg 1540–44 als fürstbischöfliches *Jagdschloß* z. T. wiederaufgebaut. In die umliegenden Häuser sind Reste der ehem. *Ringmauer* verbaut.

Spital: Der langgestreckte zweiflügelige 1713–30 v. Greising errichtete Bau basiert auf einer Stiftung Moritz v. Huttens (1546) und birgt einen *Rokoko-Altar* mit dem Gemälde v. J. M. Wolcker (1748).

Arnstein ✉ 56379 Obernhof
Rheinland-Pfalz

Einw.: 500   S. 1276 □ D 10

Ehem. Prämonstratenserabtei St. Maria und Nikolaus: Ludwig III. der letzte Graf v. Arnstein oder Arnoldstein (gest. 1185), gründete in seiner Burg ein Prämonstratenserkloster (1139), in das er später selbst als Mönch eintrat. Die Abtei erlebte einen raschen Aufstieg und wurde in der Folgezeit baulich stark erweitert. Die Klosterkirche, 1208 geweiht, und das schlichte roman. Refektorium blieben erhalten. Umbau 1359, barocke Innenausstattung Mitte des 18. Jh., 1803 Säkularisation. – Die Abteikirche ist eine kreuzförmige dreischiffige roman. Pfeilerbasilika (eingewölbt) mit 2 Chören und 2 Turmpaaren, die ö frühgot. Türme sind achteckig, die w vierseitig mit Rautendächern. Von der Ausstattung zu erwähnen sind der *Hochaltar* (1760), die *Kanzel* (1757) und die *Grabplatte Ludwigs IV.* (um 1320).

94424 Arnstorf
Bayern

Einw.: 5900   Höhe: 397 m   S. 1283 □ O 13

Oberes Schloß: Dieses Schloß gehört zu den wenigen bayr. Wasserburgen. Die ältesten Teile stammen vermutlich aus dem

15. Jh. Größere Ausbauten im 17. und frühen 18. Jh. – Die Erdgeschoßräume und die Schloßkapelle, barock stuckiert, stammen noch aus der spätgot. Bauperiode, die oberen Stockwerke zeigen barocke Dekorationen. Vor allem die Ausmalung des Festsaals, des *Kaisersaals*, durch M. Steidl (1714) ist v. hohem künstlerischen Rang. Auch der schöne *Theatersaal* aus der Zeit um 1700 ist sehenswert.

Außerdem sehenswert: *Unteres Schloß* (17./18. Jh.); *Pfarrkirche St. Georg* (15./16. Jh.); Alt-Arnstorf-Haus (Vorderer Berg 2) mit *Heimatmuseum.*

34454 Arolsen
Hessen

| Einw.: 15 600 | Höhe: 290 m | S. 1277 □ G 8 |

Schloß (Schloßstr. 27): Die Anlage ist dem Schloß v. Versailles nachempfunden. Da die ganze Stadt nach fürstlichem Willen auf dem Reißbrett entstand, ergibt sich eine Einheitlichkeit v. Schloß, Kirche und Bürgerhäusern.

Fürst Friedrich Anton Ulrich v. Waldeck (1711 zum Reichsgrafen erhoben) gründete mit der Grundsteinlegung zum Schloß 1713 auch gleichzeitig die neue Stadt. Baudirektor Major J. L. Rothweil und dessen Sohn Franz Friedrich entwarfen die Pläne für das Schloß und für die meisten Häuser der Stadt. Der Schloßbau war 1720 im wesentlichen beendet, während die innere Ausstattung und die Ausbauten sich bis 1811 hinzogen.

Das Schloß, mit Ehrenhof angelegt, zeigt im Grundriß Hufeisenform. Von dem Rondell, das gegenüber als Abschluß eines Paradeplatzes geplant war, wurde nur ein Teilbogen fertig. Die weit ausgreifend projektierte Anlage mußte infolge finanzieller Schwierigkeiten Fragment bleiben.

Der Bau ist eine stilreine spätbarocke Anlage. Treppenhaus, Gartensaal, Kapelle und der (in einem konventionellen Klassizismus dekorierte) Große Saal sind die räumlichen Sammelpunkte in den einzelnen Trakten. Hier beherrschen die kraftvoll beschwingten Stukkaturen v. A. Gallasini* (1715–19) das Bild.

Zur Ausstattung der Räume aus verschiedenen Jahrhunderten (v. Aldegrever, Meytens, Querfurt und J. H. Tischbein) gehören auch die bekannten Büsten Goethes und Friedrichs d. Gr., die A. Trippel (1789) geschaffen hat; außerdem Plastiken v. C. D. Rauch, der 1777 in Arolsen geboren wurde.

Arolsen, Schloß

Museen: *Kaulbach-Museum* (Kaulbachstr. 3) im Geburtshaus W. v. Kaulbachs mit Erinnerungsstücken der Künstlerfamilie. – *Christian-Rauch-Gedenkstätte* (Rauchstr. 6) im Geburtshaus des Bildhauers (1777–1857). – *Barock-Palais Schreiber* (Schloßstr. 24).

Außerdem sehenswert: Regierungsgebäude und Marstall (1749–61); Orangerie und Gärtnerei (1819–22); Neues Schloß (1763–78/1853); ev. Pfarrkirche (18. Jh.); Bürgerhäuser; ehem. Palais v. Canstein (1743; jetzt Bankgebäude).

06556 Artern
Thüringen

Einw.: 7300   Höhe: 127 m   S. 1278 ☐ L 8

Marienkirche: In dem Bauwerk sind roman., got. und Renaissance-Bauformen zusammengefaßt. Sie wurden Anfang des 17. Jh. barockisiert.

Außerdem sehenswert: Die 1230/40 errichtete spätroman. *Veitskirche,* eine über dem lat. Kreuz erbaute Anlage mit Vierungsturm.

63739–43 Aschaffenburg
Bayern

Einw.: 64 500   Höhe: 138 m   S. 1281 ☐ G 11

Die Stadtansicht v. der Mainseite her wird v. dem burgartigen viertürmigen Schloß Johannisburg aus Buntsandstein beherrscht.

Stiftskirche St. Peter und Alexander (Stiftsplatz): Erste urkundliche Erwähnung im späten 10 Jh., erster Bau um 950 v. Otto v. Schwaben (in der Kirche beigesetzt); im frühen 12. Jh. Neubau des heutigen Langhauses als Pfeilerbasilika; W-Portal und 2 Nebenportale an der N-Seite Anfang 13. Jh.; O-Chor, Querschiff und Kreuzgang, spätroman.-frühgot. um 1230/40; 1415 Beginn des N-Turms (1480/90 fertiggestellt); 1516 an der N-Seite *Maria-Schnee-Kapelle* (Meister Nikolaus); 1618 Einbau v. 16 roman. Säulen der Stauferburg Babenhausen als Träger einer W-Empore. Heute Pfarrkirche. – *Inneres und Ausstattung:* Das roman. Langhaus mit den kurzen runden Bogenläufen kontrastiert zu den Spitzbogen des frühgot. Chors und Querarms. Die Blätterkapitelle an den Säulen der W-Empore stammen aus der gleichen Werkstatt wie das *Tympanon* mit dem thronenden Christus am W-Portal. In der Zeit um 1200 wurde der archaisch strenge *Holzkruzifixus* geschnitzt (Seitenwand des Mittelschiffs). Von M. G. Nithardt (M. Grünewald*), der viele Jahre in Aschaffenburg und im benachbarten Seligenstadt gelebt hat, stammt eine *Beweinung Christi,* die Predella eines verlorengegangenen Altars (Grünewald schuf für die Maria-Schnee-Kapelle jenen Altar, dessen Teile sich heute in → Stuppach und → Freiburg i. Br. befinden).

Bronzegüsse aus der Nürnberger Vischer-Werkstatt waren Aufträge des Kardinals Albrecht v. Brandenburg in Mainz, der während der Reformationsunruhen nach Aschaffenburg auswich. Sehenswerte Kleinodien finden sich außerdem in der *Schatzkammer.* Der spätroman. *Kreuzgang* birgt eine Anzahl v. bedeutenden Grabdenkmälern.

Aschaffenburg, Stiftskirche St. Peter und Alexander

Aschaffenburg, Schloß Johannisburg

Schloß Johannisburg (Schloßplatz): Festungsbaumeister G. Ridinger aus Straßburg hat 1605–14 um den ma Bergfried herum das wuchtige Renaissanceschloß mit 4 quadratischen Türmen an den Ecken und der *Schloßkirche* im N-Flügel erbaut. Die Johannisburg ist die erste dt. Schloßanlage der Renaissance, bei der die Repräsentation der Macht an die Stelle des Wehrhaften tritt. Das Schloß war im 2. Weltkrieg stark zerstört worden. Im Inneren hat eine bedeutende Filialgalerie der *Bayerischen Staatsgemäldesammlungen* Unterkunft gefunden.

Pompejanum (Pompejanumstraße): Nw v. Schloß, hinter dem sog. Schloßgarten, hat König Ludwig I. v. Bayern 1842–49 durch seinen Hofarchitekten F. Gärtner[*] nach dem Vorbild des Hauses des Castor und Pollux in Pompeji das turmartige neoantike Gebäude des Pompejanums errichten lassen.

Friedhof (Lamprechtstraße): Hier findet man die Gräber v. Wilhelm Heinse (1746–1803), dem Stürmer, Dränger und Verfasser des »Ardinghello«, und v. Clemens Brentano (1778–1842), dem Dichter und Herausgeber v. »Des Knaben Wunderhorn«.

Museen: *Staatsgemäldesammlung und städt. Staatsgemäldesammlung und städt. Schloßmuseum* (im Schloß Johannisburg): Hier befinden sich Exponate zur Stadtgeschichte sowie Kunsthandwerk (16.–20. Jh.), Malerei und Graphik (17.–20. Jh.). – *Stiftsmuseum* (ehem. Stiftskapitelhaus am Stiftsplatz): Vor- und Frühgeschichte, röm. Funde, kirchliche Kunst.

Umgebung

Schönbusch (w v. Nilkheim): Der *Park* (18. Jh.) geht auf die Mainzer Kurfürsten zurück, das *Lustschlößchen* wurde 1778/79, die Pavillons im Park in der Folge bis 1800 v. E. J. d'Herigoyen errichtet.

83229 Aschau im Chiemgau
Bayern

Einw.: 4300   Höhe: 615 m   S. 1283 □ N 15

Burg Hohenaschau: Die mächtigste Wehrburg des Chiemgaus thront auf einem Fels hoch über der Landschaft. Einer der Grafen v. Freyberg, in deren Besitz Hohenaschau seit Ende des 14. Jh. war, verwandelte um 1561 die Burg in ein weitläufiges Renaissanceschloß, das unter den Grafen Preysing, die es v. 1608–1853 bewohnten, im Stil des Barock umgebaut wurde.

Hauptburg mit Ringmauer und Bergfried stammen aus dem ausgehenden 12. Jh., die Vorburg wohl aus dem 13. Jh., 1561 erfolgte der Umbau zu einer bastionartigen Befestigung. Umgestaltungen waren auch noch im 17. und 20. Jh. zu registrieren. Die Kapelle wurde auf ma Mauern 1637–39 aufgeführt. Dekoration der Hauptburg-Innenräume 1672–86. Rokokoausstattung der Kapelle 17. Jh.

Faszinierend ist die monumentale Ahnengalerie im repräsentativen Festsaal der Hauptburg: 12 überlebensgroße Stuckstandbilder der Preysingschen Vorfahren auf Konsolen. Auch die Decke und die Wände über den Türen und dem Marmorkamin sind mit üppiger Stuckdekoration überzogen. Der frühbarocke ital. Hochaltar aus Verona kam erst im 20. Jh. in die Kapelle. Sehenswert sind die beiden Rokoko-Seitenaltäre mit Gemälden und Stuckumrahmungen von J. B. Zimmermann[*] und 2 Holzstatuetten (1766) v. I. Günther[*].

Außerdem sehenswert: St. Mariae Lichtmeß, Pfarrkirche (15. Jh., 18. Jh.), und Kreuzkapelle (1753).

06449 Aschersleben
Sachsen-Anhalt

Einw.: 31 600   Höhe: 116 m   S. 1278 □ L 7

A. entwickelte sich seit etwa 900 zum Marktflecken; Stadtrecht 1266. Das »Tor zum Ostharz« liegt inmitten ländlicher Umgebung.

Frose (Aschersleben), St. Stephani und Sebastiani

Stephanikirche: Spätgot. Hallenkirche (1406–1507). Neben der Bronzetaufe (1464) sind der Petrialtar (Apostel Petrus und Heilige, um 1500) und der *Marienaltar* (Muttergottes zwischen den Aposteln Johannes und Andreas, um 1520/30) aus der Werkstatt v. Lucas Cranach d. Ä.[*] und einige Altargemälde aus der Zeit um 1450–1550 sehenswert.

Kreisheimatmuseum: Das 1788 erbaute Gebäude (Markt 21) der ehem. Freimaurerloge *Zu den 3 Kleeblättern* beherbergt heute eine Sammlung zur Früh- und Stadtgeschichte. Besondere Beachtung verdienen die *Quenstedter Kammacherwerkstatt* und ein vollständig eingerichtetes *Biedermeierzimmer*.

Außerdem sehenswert: Das einschiffige Innere der mehrfach veränderten frühgot. *Marktkirche* birgt einen barocken Orgelprospekt (1738), die Barockkanzel (1703) und ein Grabmal (um 1725) für Louis de

Ferac. – In der urspr. got. *Margaretenkirche* (14.–18. Jh.) mit gedrungenem NW-Turm und gewölbter Holzdecke finden sich gute Ausstattungsstücke aus dem 16. (Taufe), 17. (Altargemälde und Kruzifix) und 18. Jh. (Kanzel). – Neben mehreren einfachen *Renaissance-Bürgerhäusern* und dem *Rathaus* (1518) verdient der z. T. frühgot. Häuserkomplex *Grauer Hof* (1309) Beachtung.

Umgebung

Frose (7 km nw): Die spätroman. *Stiftskirche St. Stephani und Sebastiani* wurde in der 2. Hälfte des 12. Jh. über einer schon 959 erwähnten Vorgängerin errichtet.

57439 Attendorn
Nordrhein-Westfalen

Einw.: 22 900   Höhe: 225 m   S. 1276 □ D 8

Altes Rathaus (Alter Markt 1): Das offene Erdgeschoß dieses Baus aus dem 14. Jh. diente als Kaufhalle, das Obergeschoß war zugleich Rats- und Tanzsaal. Die Treppengiebel an den Seiten und die offene Arkadenhalle mit dem got. Spitzbogenmotiv in beiden Geschossen geben dem Bau, der zu den ältesten Rathäusern in Westfalen gehört, das Gepräge. Heute ist das Innere modernisiert *(Heimatmuseum)*.

St. Johannes: In der got. Hallenkirche aus dem 14. Jh. ist der quadratische W-Turm von einem älteren roman. Bau übernommen.
In der Nähe v. Attendorn befindet sich die Höhenburg *Schnellenberg* aus dem 17. Jh.

93089 Aufhausen, Oberpfalz
Bayern

Einw.: 1500   Höhe: 350 m   S. 1283 □ N 13

Wallfahrtskirche Mária Schnee: Die Stiftskirche s v. Regensburg steht weithin sichtbar in der Landschaft, ein Werk des bayr. Maurermeisters und Architekten Johann Michael Fischer*, v. dem im süddt. Raum 32 Kirchen und 23 Klosterbauten erhalten sind.
Ehemals eine Wallfahrtskapelle in Holz, 1672 Bau einer Kirche in Stein, 1736–51 Neubau der Stiftskirche durch Fischer. Nach den schlichten äußeren · Wänden überraschen die vielfach gebrochenen Baulinien im Inneren mit der Mittelrotun-

< Aschersleben, Stephanikirche

Attendorn, Altes Rathaus

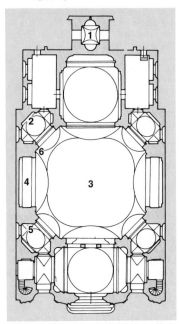

Aufhausen, Oberpfalz, Wallfahrtskirche Maria Schnee 1 Marienstatue (Gnadenbild), gestiftet v. Herzog Wilhelm V. v. Bayern **2** Marienbild nach Entwurf Dürers **3** Deckengemälde nach Entwurf Asams **4** Seitenaltar »Tod des hl. Benedikt« **5** Holzrelief Mariae Opferung, Nürnberger Schule, spätgot. **6** Pieta

de, den Kapellennischen und dem rundkuppelüberdachten Vor- und Chorraum. In der Rotunde schließt eine Galerie den hochschießenden Raum nach oben kranzartig ab. Graziöse Stukkaturen akzentuieren die Kapitelzonen der Doppelpilaster und die Rahmungen der anspruchsvollen Deckenfresken.

86150–99 Augsburg
Bayern

Einw.: 260 000 Höhe: 496 m S. 1282 ☐ K 14

Augsburg ist eine der ältesten Städte in Deutschland; ihre Geschichte reicht mehr als 2000 Jahre zurück. Der Name geht auf das röm. *Augusta Vindelicorum* zurück (15 v. Chr.). Augsburg war 500 Jahre lang Freie Reichsstadt; seit dem 8. Jh. ist es als Bischofssitz belegt. 1806 wurde es eine Provinzstadt des neugegr. Königreichs Bayern; seit 1909 Großstadt.

Dom St. Maria (Frauentorstr. 1): An der Stelle der ersten Römersiedlung (Augusta Vindelicorum) entstand im 10. Jh. ein Dombau unter Bischof Ulrich dem Heiligen. Man hat eine spätröm. Taufgrube gefunden und Mauern der alten Taufkirche des Doms (abgetragen 1808) freigelegt.
Baugeschichte: Neuanlage als dreischiffige roman. Pfeilerbasilika mit flankierenden Seitentürmen unter Bischof Heinrich II. (1047–63). Ab 1320 Gotisierung und Verbreiterung auf 5 Schiffe. Gleichzeitig wurde der O-Teil abgebrochen und durch einen got. Hallenchor mit 7 Kapellen ersetzt (Weihe 1431).
Baustil und Baubeschreibung: Das Äußere des Doms wird v. Kontrast zwischen dem langgestreckten niedrigen roman. W-Teil und dem hochgestelzten got. Chorbau bestimmt. Die *Chorhalle*, mit der die Kirche auf 113 m verlängert wurde, schob sich über die Fernstraße »Via Claudia«, zu deren Schutz hier das erste Römerlager angelegt war. Die beiden Portale an S- und N-Seite des Chors, die gleichsam noch einmal den alten Straßenzug markieren, sind Marienportale, zweiflügelig mit Pfeilermadonna in der Mitte, 1343 (im N) und 1456 (im S) datiert. Das dritte Portal zeigt die berühmten roman. Bronzereliefs (um 1060).
Inneres und Ausstattung: Im Inneren ergeben sich durch die Zweiteilung des Baus unterschiedliche Raum- und Lichtverhältnisse. Unter dem überhöhten W-Chor befindet sich die roman. *Krypta* (1060). Der gleichen Epoche entstammen die 5, in größere Fenster eingesetzten Glasgemälde im s Mittelschiff (mit den 5 archaischen Gestalten Jonas, Daniel, Hosea, Moses und David). Es ist der *früheste Glasfensterzyklus* Mitteleuropas. Ein Stück monumentaler Innenarchitektur ist der steinerne, auf 2 Löwen ruhende *Bischofsthron* (wohl um 1100). Die Wand des s Querschiffs ist mit einem 15 m hohen Christophorus bemalt (1491). Höhepunkt der reichen Ausstattung sind die Gemälde v. H. Holbein* d. Ä. zum Marienleben aus dem Jahr 1493 (Mit-

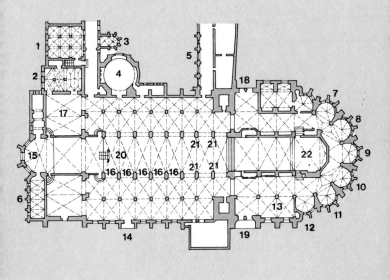

Augsburg, Dom 1 Kapitelsaal 2 Blasiuskapelle 3 Katharinenkapelle 4 Marienkapelle 5 Kreuzgang 6 Andreas-Hilaria-Kapelle 7 Wolfgangkapelle 8 Augustinkapelle 9 Gertrudkapelle 10 Konradkapelle 11 Annakapelle 12 Antoniuskapelle 13 Lukaskapelle 14 Bronzetür, aus den Türen des roman. Domes zusammengesetzt 15 Bischofsthron, um 1100 16 Farbfenster mit Prophetendarstellungen, um 1140 17 Tumba für Konrad und Afra Hirn, 1423 18 Nordportal, 1343 19 Südportal, 1360 20 Altartafeln v. Jörg Stocker, 1484 21 Altartafeln v. Hans Holbein d. Ä., 1493 22 Hochaltar, Kreuzigungsgruppe v. Josef Henselmann, 1962

telschiffpfeiler), der Schmerzensmann v. G. Petel (um 1630, dritter nördlicher Pfeiler im Mittelschiff) sowie die Bronzegrabplatte des Bischofs Wolfhart Rot, gest. 1302 (im Umgang an der Konradskapelle). *Ferner:* Blasiuskapelle (15. Jh.) an der N-Seite; Andreas- und Hilariakapelle am s Querschiff (14. Jh.); Marienkapelle im Kreuzhof (18. Jh.); Katharinenkapelle (16. Jh.); Kreuzgang und Kapitelsaal.

St. Ulrich und Afra (Ulrichsplatz 19): Als Gegenpol zum Dom, am anderen Ende der Altstadt, liegt die Baugruppe der beidèn Kirchen mit ihren Zwiebelhauben. Ehemals weit außerhalb der Stadt gelegen, ist der Komplex heute Abschluß der Maximilianstraße nach S.

Über dem Grab der hl. Afra (Märtyrertod 304) entstand der erste Bau. 973 wurde Bischof Ulrich hier begraben. Spätgot. Neubau von 1467–1526 (Baumeister waren V. Kindlin, B. Engelberg* und H. König). Kaiser Maximilian I. legte 1500 den Grundstein zum Chor. Der in Stadtrichtung vorgelagerte Predigtsaal wurde 1710 im barocken Stil als ev. St.-Ulrichs-Kirche ausgebaut.

Der steile Innenraum (30 m hoch, 93 m lang) wird durch die 3 mächtigen Altäre im Chor beherrscht. Der Meister, J. Degler d. Ä. aus Weilheim, hat hier die Weihnachtskrippe in den theaterhaften Schaurahmen eines Altars übertragen. Auch die beiden Außenaltäre erinnern an spätgot. Figurenschreine. Zeitgleich mit Degler stellte H. Reichle* seinen Kreuzaltar – 4 monumentale freistehende Bronzefiguren – in der Vierung auf (1605), ein Meister-

werk des frühen Barock. In den verschiedenen Seitenkapellen befinden sich die Grabstätten von einigen Angehörigen der Familie Fugger. Nach W zu schließt ein Gitter das Schiff in voller Breite ab. Die Arbeit in Schmiedeeisen und Holz nennt einen unbekannten Kunstschmied und Bildhauer E. B. Bendel als Schnitzer. – Im Chorraum unter dem rechten Seitenaltar führen die Stufen zur *Gruft* des hl. Ulrich, des streitbaren Bischofs v. Augsburg. P. Verhelst stattete sie in heiterstem Rokoko aus (1762). Daneben bildet die einfache *Afragruft* mit dem spätröm. Sarkophag einen starken Kontrast.

St.-Anna-Kirche mit Fugger-Grabkapelle (Annaplatz):

Die ehem. Karmeliterklosterkirche ist äußerlich unscheinbar, aber bedeutend durch die daran angebaute *Fugger-Grabkapelle*, den ersten Renaissancebau auf dt. Boden. 1321 gegr., 1487–97 umgebaut und vergrößert, 1602–16 Restaurierung durch E. Holl[*] (v. a. am Turm ist Hollsche Konzeption sichtbar), 1747–49 Innenausstattung mit Rokokodekoration. Die Fuggerkapelle wurde 1509 v. Jakob und Ulrich Fugger gestiftet, 1518 geweiht; 1944 schwere Kriegsschäden, 1947 Erneuerung der Gewölbe und Ergänzung an den Grabreliefs.

Die urspr. Anlage wurde durch den barocken Umbau neu gestaltet. Nur im O-Chor mit seiner kräftigen Verstrebung ist noch die spätgot. Bauweise sichtbar. Die Fuggerkapelle ist als W-Chor der Kirche im Stil der Florentiner und venezianischen Renaissance angebaut worden. – Blickpunkt und bedeutendstes Kunstwerk der Kapelle ist die spätgot. Gruppe der »Beweinung Christi« v. H. Daucher im Altarraum. S. Loscher hat die 4 Reliefs der Wand hinter dem Altar geschaffen. J. Breu d. Ä. malte die Flügel für die Orgel, die einzigen Überbleibsel des 1944 vernichteten wertvollen alten Musikinstruments. Die Vorlagen für die Reliefs der Gräber v. Jakob und Ulrich Fugger wurden v. A. Dürer[*] entworfen. Sehenswert sind auch die *Goldschmiedekapelle* (15. Jh.) an der N-Seite und der Kreuzgang.

Ehem. Dominikanerkirche St. Magdalena

(Dominikanergasse): 1513–15 als zweischiffige Hallenkirche mit Kapellenreihen zu beiden Seiten errichtet. 1716–24 in feinen, eleganten Rokokoformen ausgestuckt (F. X. und J. M. Feuchtmayer[*]). 4 Bronzetafeln an der Längswand (für Kaiser Maximilian I., dessen Sohn und 2 Enkel) verweisen auf Augsburg als die Lieblingsstadt der Habsburger während der Re-

< Augsburg, St. Ulrich und Afra

Augsburg, Rathaus

Augsburg, Zeughaus

naissancezeit. Heute sind in den Räumen Funde der Vorgeschichte und aus der Römerzeit ausgestellt.

Rathaus (Ludwigsplatz): Erbaut zu Beginn des 30jährigen Krieges. Baumeister war »Stadtwerkmeister« E. Holl (Richtfest 1618). Die Innenausstattung (mit dem *»Goldenen Saal«* als Mittelpunkt) ist das Werk v. M. Kager (bis 1626); sie ging im 2. Weltkrieg völlig zugrunde. – Der Bau am Ludwigsplatz hat 7 Geschosse und wird von den Pinienzapfen, dem Augsburger Wappen, bekrönt. Ihn rahmen die beiden achteckigen, aus dem Bauwürfel herauswachsenden Türme mit ihren grünspanüberzogenen Zwiebeldächern.

Zeughaus (Zeughausplatz): Als repräsentatives Waffenarsenal der Stadt erbaut unter der Leitung v. E. Holl (1602–07), Fassade v. J. Heinz. – Das Zeughaus ist noch vor dem strengen Rathaus entstanden und gilt als frühestes Beispiel einer barocken Fassade auf dt. Boden. Künstlerischer Mittelpunkt der schweren Architekturzüge ist H. Reichles* Bronzegruppe über dem Portal mit Michael, dem Satansbezwinger (1603–06), bei der er sich an die Michaelskirche in München anlehnt.

Rotes Tor (Eserwallstraße): Mauer und Vortor aus der Mitte des 16. Jh. Der Befestigungsturm wurde v. E. Holl in den ersten Jahren des 30jährigen Krieges erbaut (1621/22). Der Turm ist aus Ziegel und mit Schießscharten für Artillerie und Feuerwaffen versehen. Als »Kulisse« ist er oft in die sommerlichen *Opernfreilichtspiele* im Wallgrabengelände mit einbezogen.

Schaezler-Palais (Maximilianstr. 46): Das Schaezler-Palais, in den Jahren 1765–67 im Auftrag des Bankiers B. A. Liebert v. Liebenhofen erbaut, ist der schönste Rokokobau der Stadt. Baumeister war der kurbayr. Hofarchitekt K. A. v. Lespilliez. Das Palais wird beherrscht v. Festsaal, für den P. Verhelst das Schnitzwerk und F. Xaver und S. Feuchtmayer die Stuckarbeiten geschaffen haben. Auf dem großen ovalen Plafond malte G. Guglielmi, der auch das Dekor des Festsaals entworfen hat, eine figurenreiche Allegorie. Sie stellt die Beglückung der Künste und Wissenschaften durch den gutgehenden Handel dar.

Brunnen (Ludwigsplatz und Maximilianstraße): Der Augustusbrunnen vor dem Rathaus, der Merkurbrunnen und Herkulesbrunnen in der Maximilianstraße setzen die Akzente im repräsentativen Straßenzug der Stadt. Der *Augustusbrunnen* v. H. Gerhard*, dem Leiter der Erzgießerwerkstatt am Münchner Hof, wurde zur 1600-Jahr-Feier zu Ehren des Stadtgründers Kaiser Augustus aufgestellt. Am Beckenrand lagern 4 allegorische Bronzegestalten, die Verkörperung der Augsburger Wasserläufe Lech, Wertach, Brunnenbach und Singold (1589–94). Mit dem *Merkurbrunnen* feiert die Handelsstadt den Gott ihres Hauptgewerbes. Die Figur ist eine Kopie (v. Adriaen de Vries) nach der Florentiner Merkurgruppe von Giovanni da Bologna. Der *Herkulesbrunnen* ebenfalls v. de Vries (1595–1602).

Augsburg, Rotes Tor >

Fuggerei (Jakobsplatz): In der Jakobervorstadt, unterhalb des Rathauses, befindet sich die sog. Fuggerei, die erste Altensiedlung. Jacob Fugger der Reiche hat sie gestiftet (1516–25). Die rechtwinklig angelegte Siedlung von 53 Häusern mit 106 Wohnungen ist durch 3 Tore zu betreten, die um 22 Uhr geschlossen werden. Die Miete beträgt seit 1521 (Stiftungsurkunde) »einen rheinischen Gulden« pro Jahr, in moderner Währung 1,71 DM.

Museen: *Staatsgalerie* (Maximilianstr. 46): u. a. Bilder v. Holbein d. Ä., Burgkmair und Dürer. – *Barockgalerie* (Maximilianstr. 46): Rokoko-Festsaal. – *Maximilian-Museum* (Philippine-Welser-Str. 24): Feuerwaffen Kaiser Karls V., Baumodelle v. E. Holl. – *Mozartgedenkstätte* (Frauentorstr. 30): Originalnotenmaterial, Steinflügel, auf dem Mozart gespielt hat.

Theater: *Stadttheater* (Kennedyplatz 1): Oper, Operette. 994 Plätze. – *Schauspielhaus* (Vorderer Lech): Schauspiel. 325 Plätze. – *Augsburger Puppenkiste* (Spitalgasse 15): Weltbekanntes Marionettentheater.

09573 Augustusburg

Sachsen

Einw.: 2100	Höhe: 493 m	S. 1279 □ P 9

Rund 15 km ö von Chemnitz liegt die wuchtige Renaissance-Anlage Augustusburg.

Schloß: Der sächsische Kurfürst August I. ließ sich 1568–72 dieses *Lust- und Jagdschloß* (restauriert) unter der Leitung des Leipziger Baumeisters H. Lotter[*] errichten. Die 4 quadratischen, turmartig erhöh-

ten Eckgebäude geben zusammen mit den schmalen Seitentrakten der Vierflügelanlage dem Innenhof die Form eines griech. Kreuzes. Eine technische Sehenswürdigkeit ist der *Schloßbrunnen* mit Göpelwerk. Ein Glockenturm thront über dem Portal des S-Trakts. Die ö gelegene *Schloßkapelle* entstand nach Plänen von E. van der Meer[*] mit zwei- und dreigeschossigen Renaissance-Emporen und eigenwillig gefeldertem Tonnengewölbe. Lucas Cranach d. J.[*] schuf die Gemälde für *Altar* (Kruzifixus mit der Familie Kurfürst Augusts, 1572) und *Kanzelbrüstung* (Marienleben und Kreuzigung, 1573), der Salzburger W. Schreckenfuchs[*] das Altarretabel. – Wandgemälde v. H. Göding[*] zieren den *Venussaal* und den *Hasensaal* (Hasen, die Menschen jagen). – In den übrigen Räumen des Schlosses sind heute eine Jugendherberge, eine Gaststätte (mit historisierenden Gemälden), ein *Jagdwild- und Vogelkundemuseum* und ein *Zweitakt-Motorrad-Museum* untergebracht. – Im w Stallgebäude findet man überdies eine stattliche Anzahl historischer *Kutschen* aus Beständen des Dresdner Hofes.

21521 Aumühle

Schleswig-Holstein

Einw.: 3400	Höhe: 50 m	S. 1273 □ I 3

Bismarck-Mausoleum: Im Park v. Friedrichsruh wurde 1898 für Bismarck und seine Familie ein Mausoleum errichtet, ein zweigeschossiger neuroman. Zentralbau mit staufischen Architekturformen, in dem die Marmorsarkophage aufgestellt sind. *Friedrichsruh*, der ehem. Ruhesitz Otto von Bismarcks, ist heute *Museum* mit Erinnerungsstücken an den »Großen Alten aus dem Sachsenwald«.

B

64832 Babenhausen
Hessen

Einw.: 15 300   Höhe: 126 m   S. 1281 ☐ F 11

Ev. Pfarrkirche (Marktplatz): Die Kirche, Ersterwähnung 1262, wurde mehrfach umgestaltet. Bedeutend ist der spätgot. Schnitzaltar im Chor (1515–18), in dessen reichverziertem Mittelteil die ungefaßten überlebensgroßen Holzfiguren des Papstes Cornelius und der Heiligen Nikolaus und Valentin stehen, die Flügel zeigen weitere Heilige im Relief. Der Altar gilt als Werk der Mainzer Backoffen-Werkstatt, andere Forscher haben Matthias Grünewald* genannt, der in den erwähnten Jahren im benachbarten Aschaffenburg gearbeitet hat. An der Chorwand und im s Seitenschiff Malereien aus der Zeit um 1400, 1480 und 1520.

Schloß (Schloßweg 1): Der Bau wurde als Wasserburg angelegt. Der alte O-Flügel – eine offene Arkadenhalle – stammt aus der Stauferzeit (um 1210). Die bildhauerisch bemerkenswerten Kapitelle sind erneuert.

Burgruine Stahleck bei Bacharach

Außerdem sehenswert: Die *Schöne Eiche* im Stadtteil Harreshausen; alte Fachwerkhäuser; der *Hexen-* und der *Breschturm.*

55422 Bacharach
Rheinland-Pfalz

Einw.: 2400   Höhe: 80 m   S. 1276 □ D 10

Der röm. Name *Baccaracum*, zu deutsch *Altar des Bacchus*, der urspr. keltischen Siedlung rührt v. einem Altarstein im Rhein her, der bei der Rheinregulierung 1850 weggesprengt wurde.
Bacharach mit seinen malerischen Fachwerkhäusern und den Resten der Stadtbefestigung ist das meistbesungene Städtchen am Rhein (Heine, Ricarda Huch, Victor Hugo u. a.).

Burgruine Stahleck: Eine Vorstellung v. der ehem., schon 1135 erwähnten Burg erhält man heute nur aus alten Stichen. Die Reste der mit ihrem Bergfried, dem Palas und starken Befestigungen stattlichen Anlage sind 1925/26 zu einer *Jugendherberge* ausgebaut worden. 1194 haben sich hier die verfeindeten Fürstenhäuser der Welfen und Hohenstaufen durch Heirat v. Agnes v. Stahleck und Heinrich dem Welfen ausgesöhnt.

Ev. Pfarrkirche St. Peter (Marktplatz): Auffallend an dieser dreischiffigen spätroman. Basilika (1220–69) ist der wuchtige Turm, der auf seinem got. Obergeschoß (15. Jh.) einen Zinnenkranz mit spitzem Helm trägt und damit einen burgartigen Eindruck erweckt. Im Inneren beeindruckt der kraftvolle, harmonische, in Deutschland seltene viergeschossige Aufbau im Stil der franz. Frühgotik. Umfassende Renovierung nach dem Stadtbrand v. 1872. Ausmalung anhand alter Reste 1970 wiederhergestellt.

Werner-Kapelle: 1289 begann man mit dem Bau, 1337 fand die Weihe des Chores statt, 1426 wurde weitergebaut. Das kleine Kunstwerk aus rotem Sandstein und einem Grundriß in Kleeblattform ist jedoch nie vollendet worden. Das reichentwickelte Fenstermaßwerk blieb unverglast.

Außerdem sehenswert: *Altes Haus* (1568) und *Altkölnischer Saal* am Marktplatz; *Alter Posthof* mit Renaissance-Fassade (1593–94).

71522 Backnang
Baden-Württemberg

Einw.: 32 300   Höhe: 271 m   S. 1281 □ G 13

Rathaus (Markt): Auf einem steinernen Untergeschoß sind 2 Fachwerketagen mit einem hohen Giebeldach errichtet. Besonders schön sind die in Stein geschlagenen Maskenkonsolen. Das Rathaus ist um 1600 erbaut und v. monumentaler Einfachheit.

Außerdem sehenswert: Ev. Stadtkirche/ehem. Stiftskirche *St. Pankratius* mit roman. und got. Elementen. Chor der ehem. *St.-Michaels-Kirche* (13. Jh.) und das *Schloß* auf dem Schloßberg (1605, nicht zu Ende geführt), *Heimatmuseum* im Helferhaus (Stiftshof 8).

48455 Bad Bentheim
Niedersachsen

Einw.: 14 000   Höhe: 50 m   S. 1276 □ C 6

Fürstliches Schloß (Schloßstraße): Romantisch und malerisch steht die Burg, einst Sitz der Grafen v. Holland, mit 3 zinnengekrönten Türmen auf dem steil abfallenden Felsen. Die ausgedehnte Anlage umfaßt Bauten aus dem 13. bis 19. Jh. Der Bergfried und ein Rundturm an der SW-Ecke sind got., die sog. *Kronenburg* im W, in der sich auch der durch neugot. Umbauten veränderte Wohnturm und die Kemenate aus dem 12. und 13. Jh. befinden, ist im Gesamtbild neugot. Auf der Treppenanlage der S-Terrasse ist der berühmte *Herrgott v. Bentheim* aufgestellt, ein Sandsteinkreuz mit bekleideter Christusfigur aus dem 12. Jh. Man hat es in der Nähe der Burg gefunden. Das *Schloßmuseum* zeigt einheimische Plastiken; sehenswerter *Schloßpark.*

Herrgott v. Bentheim >

Umgebung

Rheine (23 km ö): Neben der *St.-Dionysios-Kirche* sind der *Falkenhof* mit dem *Heimatmuseum* sowie *Schloß Bentlage* v. Interesse.

76887 Bad Bergzabern
Rheinland-Pfalz

Einw.: 7700   Höhe: 168 m   S. 1280 □ E 12

Ehem. Herzogliches Schloß: Das ehem. Schloß der Herzöge v. Zweibrücken ist aus einer ma Wasserburg hervorgegangen. – Von der ausgedehnten Vierflügelanlage um einen rechteckigen Hof ist der S-Teil der älteste (1530), die 3 anderen Flügel wurden 1561–79 dazugebaut. Sein heutiges Gesicht erhielt der Monumentalbau bei Umbauten v. 1725–30 (geschwungene Hauben, barocke Fenster). Der Treppenturm an der Hofseite, an dessen Portal man die Jahreszahl 1530 lesen kann, ist ein interessantes spätgot. Relikt aus der Entstehungszeit des Schlosses.

Gasthaus zum Engel: Das ehem. Herzoglich-Zweibrückische Amtshaus gilt als das schönste Renaissancehaus der Pfalz. Das dreigeschossige Gebäude (1556–79) mit 3 durch Voluten und Obelisken belebten Giebeln, einem reichverzierten Erker an jeder Ecke, dazu einem prächtig ausgestatteten Hoftor und 2 Treppentürmen, ist auch das Glanzstück unter den vielen schönen alten Wohnhäusern der Stadt, die ebenfalls Beachtung verdienen.

Außerdem sehenswert: *Marktkirche* (nach 1321, Umgestaltung 1772, Restaurierung 1896); *Ev. Schloßkirche* (1720–30); *Lustschlößchen Zickzack* (17. Jh., Änderungen 19. Jh.); *Rathaus* (1705) und die Türme (Dicker Turm und Storchenturm), die v. der Stadtbefestigung erhalten sind.

99438 Bad Berka
Thüringen

Einw.: 5400   Höhe: 275 m   S. 1278 □ L 9

Altes Kurhaus: Die Goethe-Stube in dem 1825 in Anwesenheit Goethes eingeweihten Gebäude dokumentiert das Wirken des Dichters in dem Heilbad.

Außerdem sehenswert: Zentralklinik für Herz- und Lungenkrankheiten. Oberhalb

Bad Bergzabern, Ehem. Herzogliches Schloß

des Ilmtales, am Beginn ausgedehnter Wälder 1951–58 als Tbc-Heilstätte erbaut. Großzügige, mehrflügelige Anlage mit Innenhöfen; der Mitteltrakt mit turmartigem Aufbau und der Eingang in Form der Propyläen sowie das Kulturhaus sind typische Beispiele für die Architektur der sechziger Jahre im Stile der »Nationalen Traditionen« als ein Neoklassizismus. – In der Nähe die Heilstätte München, die 1898 als Lungenheilstätte in Fachwerk erbaut wurde. Elemente der Heimatkunst mischen sich mit konstruktivistischer Bauweise.

57319 Bad Berleburg
Nordrhein-Westfalen

Einw.: 20 900   Höhe: 450 m   S. 1276 □ E 8

Schloß: In die großzügige Dreiflügelanlage sind Reste einer im 13. Jh. angelegten Höhenburg einbezogen. Der n Erweiterungsbau aus dem 16. Jh. hat ein schönes Renaissanceportal mit Wappen und Muschelbekrönung. Auch der *Rote Turm*, ein niedriger Rundturm, stammt aus dieser Zeit. Der barocke, dreigeschossige Mittelflügel wurde 1731–33 gebaut, der als Marstall dienende S-Flügel Ende des 18. Jh. In seiner ursprünglichen Form erhalten blieb der reich stukkierte barocke *Musiksaal* mit umlaufender Empore. Zu besichtigen ist auch die *Fürstliche Kunstsammlung* mit Möbeln des 17. und 18. Jh., Kunstgewerbe und Familienbildern. Schöne Parkanlagen mit Lusthaus und Gartenplastik schließen sich im W und N an das Schloß an. – *Heimatmuseum* mit Exponaten zu Geschichte und Handwerk im Raum Bad Berleburg und Wittgenstein.

06647 Bad Bibra
Sachsen-Anhalt

Einw.: 2200   Höhe: 166 m   S. 1278 □ M 8

Das Städtchen nw von Naumburg geht auf ein Benediktinerkloster, das Hermann Billung 963 stiftete, zurück.

Stadtkirche: Sie steht an der Stelle der ehem. Klosterkirche. Der got. w Turm geht auf das Jahr 1402 zurück, die Kirche selbst wurde 1868–71 in der heutigen Gestalt errichtet. Im Inneren befinden sich Teile eines Schnitzaltars vom Ende des 15. Jh. und zwei Grabsteine aus dem 16. Jh., v. denen einer an Herzog Hermann Billung erinnern soll. Ein großer roman. Taufstein in Rundform steht auf dem Friedhof.

Ehem. Badehaus: Der Gesundbrunnen hat seinen Ursprung zu Anfang des 17. Jh., das Haus ist Ende des 17. Jh. vollendet worden. Nahebei die sog. »Heilandsquelle«, eine hübsch ausgearbeitete Brunnennische.

Umgebung

Klosterhäseler (6 km sö): Das mehrfach veränderte und umgebaute *Schloß* geht auf ein Nonnenkloster der Zisterzienser zurück. Es wurde nach 1239 gegr. und 1540 aufgelöst. Erhalten ist ein ehem. Unterbau der Nonnenempore: ein vierjochiger Raum mit quadratischem Mittelpfeiler. Am Boden befindet sich der Grabstein eines Propstes (gest. 1378). – Die *Dorfkirche* wurde 1766 an der Stelle der früheren Klosterkirche erbaut. Sie besitzt eine Spiegeldecke und eine doppelgeschossige Empore in U-Form sowie eine Marmortaufe in Kelchform.

07422 Bad Blankenburg
Thüringen

Einw.: 7900   Höhe: 207 m   S. 1278 □ L 9

Fröbel-Museum: Im *Haus über dem Keller* (Johannisgasse 4) realisierte der Pädagoge und Pestalozzi-Schüler Heinrich Fröbel 1839 eine *Spiel- und Beschäftigungsanstalt* für Kinder, die als »Kindergarten« international Schule machen sollte. Seit seinem 200. Geburtstag (1982) sind in dem Haus Exponate zum Leben und Wirken Fröbels ausgestellt, darunter auch v. ihm für die unterschiedlichen Altersgruppen der Vorschulkinder entwickelte Spielsachen.

Außerdem sehenswert: Neben der teils roman., teils got. erbauten *Burgruine Greifenstein* (restauriert) mit Burgkapelle und

Palas (Sammlung zur Burggeschichte und Burggaststätte) verdienen das *Rathaus* (18. Jh.) und die *Pfarrkirche* (14.–18. Jh.) mit gewölbter Holzdecke eine Erwähnung.

Umgebung

Schwarzburg (10 km s): Ferienort in waldreicher Umgebung. Das Schloß sollte 1940 zum »Reichsgästehaus« umgestaltet werden; es ist seither eine Ruine.

18209 Bad Doberan
Mecklenburg-Vorpommern

Einw.: 12 000   Höhe: 11 m   S. 1274 □ M 2

Die Mecklenburgischen Landesherren gründeten 1186 das Zisterzienserkloster am heutigen Ort. Es entwickelte sich zum wohlhabendsten sowie politisch und kulturell einflußreichsten Kloster des Landes, bis es 1552 durch Herzog Johann Albrecht I. aufgehoben und zum Amt umgewandelt wurde. Einen erneuten Aufschwung nahm D. seit 1793, als unter dem späteren Großherzog Friedrich Franz I. am benachbarten Hl. Damm Einrichtungen zum Bad in der Ostsee geschaffen und D. zum exklusiven Erholungsort mit neuen Wohn-, Kur- und Gesellschaftsgebäuden wurde.

Ehem. Zisterzienserkloster: Den früheren Klosterbereich umgibt noch heute die um 1285 errichtete Klostermauer mit dem w Tor. Nördlich von der Kirche steht das um 1280 gebaute *Beinhaus* des Mönchsfriedhofes mit einer 1870 v. Carl Andreae rekonstruierten ma Ausmalung.

Pfarrkirche (ehem. Klosterkirche): Das 1232 vollendete erste Kirchengebäude, eine roman. kreuzförmige Pfeilerbasilika, ließ Abt Johannes v. Dahlen nach 1291 durch einen 1368 v. Bischof Friedrich II. v. Bülow geweihten got. Neubau ersetzen, der seitdem zu den schönsten und architektonisch reifsten Werken der ma Backsteinarchitektur in N-Deutschland zählt. Die später mit der Bezeichnung »Münster« gewürdigte dreischiffige Basilika mit einem

< Blick auf Schloß Schwarzburg

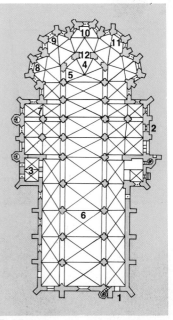

Bad Doberan, ehem. Klosterkirche 1 Reste des roman. Vorgängerbaues **2** neugot. S-Portal (Haupteingang) **3** Bülow-Kapelle **4** Hochaltar **5** Sakramentsturm **6** Kreuzaltar/Triumphkreuz **7** Grablege Fürst Pribislaw **8** Grabmal S. v. Behr **9** Grabtumba Königin Margarethe v. Dänemark **10** Grabkapelle Herzog Adolf Friedrich und Anna-Maria von Ostfriesland **11** Grabtumba König Albrecht v. Schweden und Richardis **12** Oktogon

für die Zisterzienserkirchen typischen mächtigen Fenster in der W-Wand des Langhausmittelschiffes und einem zwischen Seitenkapellen gelegenen zweischiffigen Querhaus erhielt nach dem durch die Marienkirche in Lübeck vermittelten Vorbild n-französischer und flandrischer Kathedralen einen v. Kapellen begleiteten Chorumgang. Über dem Querhaus erhebt sich ein schlanker Dachturm, da nach den Zisterzienserregeln der Bau w Glockentürme verboten war. Im Inneren werden das Mittelschiff des Langhauses und der im O polygonal endende Chor zu den Seitenschiffen und dem Chorumgang

hin durch vor den Querhausflügeln vorbei-
geführte spitzbogige Pfeilerarkaden begrenzt, deren Eckstäbe und Dienstbündel
blattgeschmückte Konsolen und Kapitell-
bänder tragen. Die Farbigkeit der Architektur und die aus gemalten Maßwerkarka-
den gebildeten Triforiengalerie unter den
Fenstern des Obergadens entsprechen dem
Zustand von 1368.

Ausstattung: Noch v. Vorgängerbau
stammt u. a. der um 1280 entstandene
Kelch- oder *Reliquienschrank;* eine Bekrönung mit der Reliefbüste des Weltenrichters kam nach 1300 hinzu. Am Ende des
13. Jh. wurde eine im 15. Jh. in ein Leuch-
tergehäuse gestellte *Madonnenfigur* mit-
teldeutscher Herkunft und ein Teil des
Chorgestühls mit vielfältig verzierten seitlichen Wangen geschaffen. Der wohl aus
einer Lübecker Schnitzwerkstatt stammende *Holzaltar* ist einer der ältesten deutschen Flügelaltäre, deren Mittelschrein
noch als Reliquienschrank diente. Ebenso
nach der Mitte des 14. Jh. entstand unter
dem unmittelbaren Einfluß der Werkstatt
Meister Bertrams v. Minden der im Lang-
hausmittelschiff den Mönchsbereich v.
dem der Laien trennende *Kreuzaltar.* Aus
dieser Zeit stammt auch das hohe *Sakramentshaus,* ein in Maßwerkarchitektur
aufgelöster schlanker Turm mit Figurenschmuck. Von großer kunstgeschichtli-
cher Bedeutung sind auch der *Corpus-
Christi-Altar* v. 1320–30, der *Fronleich-
namaltar* aus der Zeit um 1340 und der um
1400 geschaffene *Mühlenaltar;* sehr beachtenswert sind die jetzt in 2 Seitenschiff-
fenstern zusammengestellten Reste der
Glasmalerei v. Anfang des 14. Jh. Zahlreiche Grabplatten und Grabmonumente be-
zeugen, daß hier über die Jahrhunderte neben den Äbten des Klosters mehrere mecklenburgische Fürsten und Ritter mit ihren
Frauen bestattet wurden. Vom Grabmal
der Königin Margarethe v. Dänemark
blieb die am Ende des 13. Jh. wohl in einer
mitteldeutschen Werkstatt geschaffene *Figur* der liegend dargestellten Verstorbenen
erhalten, das *Doppelgrabmal* für Albrecht,
König v. Schweden, mit Frau Richardis
entstand zu Anfang des 15. Jh. Franz Julius
Döteber und Daniel Werner sind die Meister der um 1630 in Auftrag gegebenen

< Bad Doberan, Klosterkirche

Grabkapelle für Herzog Adolf Friedrich I.
und seine Frau Anna Maria. Wenig früher
hatten die gleichen Meister schon das
Grabmonument des unter einem Architek-
turbaldachin lebensgroß zu Pferd sitzenden Kanzlers Samuel v. Behr geschaffen.
Das über einer Gruft zwischen den ö
Chorpfeilern stehende »Oktogon« v. Anfang des 15. Jh. besitzt neben roman. Säu-
lenspolien reichen architektonischen und
figürlichen Dekor. Zudem tragen mehrere
Chorpfeiler Statuen oder Wandbilder
mecklenburg. Herzöge aus dem 15. und
16. Jh., Tafelbilder und Gemälde aus dem
16. und 17. Jh. mit den Bildnissen weiterer
mecklenburg. Fürsten hängen in den Lang-
hausseitenschiffen und im Querhaus. O-
Flügel des Kreuzganges erhalten. Die
ehem. *Wirtschaftsgebäude* dienen heute
als Molkerei, das ehem. *Kornhaus* beherbergt eine Schule.

Außerdem sehenswert: Der klassizistische *Große Pavillon* (heute Café), der
1810–13 v. C. Th. Severin[*] über elliptischem Grundriß mit umlaufender Säulenhalle mitten auf dem *Kamp* (englischer
Garten) erbaut wurde, ist mit gemalten
Chinoiserien geschmückt. – Weitere klassizistische Bauwerke v. Severin, meist mit
Mittelrisalit, sind das *Salongebäude am
Kamp* (1801/02), der achteckige *Kleine
Pavillon* (1808/09, heute Bibliothek), das
ehem. *Palais am Kamp* (1806–10), das
Eisenmoorbad (1825), *Severins Wohnhaus* (1821/22) und benachbarte *Wohngebäude.* – Im restaurierten Haus (1887,
Beethovenstr. 8) des Hofbaurates G. L.
Möckel ist heute das *Kreisheimatmuseum*
mit Dokumentationen zur Stadt- und Klostergeschichte eingerichtet. – Beachtung
verdienen auch mehrere *Rokoko-Fach-
werkhäuser* v. J. Ch. H. v. Seydewitz[*],
z. B. der *Kammerhof* (1785) und das *Amtshaus* (1795). – Ein unter Denkmalschutz
stehendes Kuriosum ist die älteste *Pferderennbahn* (1807) auf dem europäischen
Kontinent.

Umgebung

Heiligendamm (6 km nw): 1. deutsches
Seebad, 1793 v. den Mecklenburger Herzögen gegr. Neben dem klassizistischen

Kurhaus (1814–16) v. C. Th. Severin[*] tragen auch die »Cottages«, spätklassizistische *Landhäuser* (1830–70), zum altmodischen Flair des Seebades bei.

Parkentin (8 km sö): Dreischiffige got. Backstein-Hallenkirche mit roman. Chor, spätgot. Fresken und spätgot. Vierflügelaltar, 1. Hälfte des 16. Jh.

Steffenshagen (5 km w): Dreischiffige got. *Dorfkirche*, Backstein-Hallenkirche mit Kreuzrippengewölben mit spätroman. Granittaufbecken, einer Muttergottes im Strahlenkranz am spätgot. Flügelaltar und einer spätgot. Triumphkreuzgruppe.

04849 Bad Düben
Sachsen

Einw.: 8600   Höhe: 92 m   S. 1279 □ O 7

Burg Düben: Die 981 erwähnte Burg (restauriert) kontrollierte den Handelsweg v. Wittenberg nach Leipzig, der hier über die Mulde-Brücke führte. Erhalten sind neben dem *Palas* mit Kellergewölben und dem *Luginsland* mit »Gerichtszimmern« auch Reste des *Berings* aus sog. Eisenstein, der ma *Torturm* mit Fachwerkobergeschoß und die ehem. *Wachtstube.* Die Burg beherbergt heute das *Landschaftsmuseum der Dübener Heide* mit Sammlungen zu Landschaft, Geologie, Brauchtum und Handwerk der Gegend sowie zur Burg- und Stadtgeschichte, v. a. zum Prozeß (1532) gegen den durch H. v. Kleists Erzählung bekannten Michael (Hans) Kohlhaas, der 1540 gerädert wurde (im Sommer Aufführungen in der Freilichtbühne im Burggarten), sowie zu Gustav Adolf und Napoleon, die hier vor der Schlacht bei Breitenfeld bzw. der Völkerschlacht bei Leipzig Quartier bezogen hatten. Am Wallgraben im Burggarten steht die letzte erhaltene *Schiffsmühle* (restauriert) der Mulde.

Außerdem sehenswert: Die klassizistische *Nikolaikirche* (1810–17) gilt als Bauwerk v. C. I. Pozzi[*]. – Markt mit *Marktbrunnen* aus der Spätrenaissance, *Rathaus* (1719), stuckverziertem barockem *Patrizierhaus* und mehreren *Fachwerkbauten* (17. Jh.). – Am Friedhof *Renaissanceportal* (1577).

67098 Bad Dürkheim
Rheinland-Pfalz

Einw.: 17 600   Höhe: 132 m   S. 1280 □ E 12

Wald und Reben, Bade- und Trinkkuren haben Bad Dürkheim schon zu Zeiten der Römer Bedeutung verschafft. Alljährlich im September wird der »Dürkheimer Wurstmarkt«, das größte Weinfest der Welt, gefeiert.

Ehem. Schloßkirche St. Johannes/Ev. Stadtpfarrkirche: Die dreischiffige Anlage stammt in ihren wesentlichen Teilen aus dem 14. Jh. (neugot. Turm v. 1865/66). Besonders hervorzuheben sind die verschiedenen Grabdenkmäler, unter ihnen das für Graf Emich IX. und dessen Gemahlin.

Außerdem sehenswert: Auf dem Kästenberg bei Bad Dürkheim finden sich Reste eines keltischen *Ringwalls* (»Heidenmauer«). An einen röm. Felsbruch erinnern die Felszeichnungen des *Kriemhildenstuhls* (am O-Rand des Berges). – Heimatmuseum (Römerstr. 20).

06567 Bad Frankenhausen
Thüringen

Einw.: 9400   Höhe: 132 m   S. 1278 □ L 8

Der Kur- und Erholungsort erstreckt sich im Frankenhäuser Tal am Fuße des waldigen Kyffhäusers. Man unterscheidet eine um die seit 998 gewinnbringende Salzquelle erbaute *Oberstadt* und eine zwischen ihr und dem älteren Dorf Frankenhausen (9. Jh.) gelegene *Unterstadt.* Zahlreiche Fachwerkbauten verleihen der *Altstadt* ma Gepräge.

Schloß (s der Altstadt): Das »Renaissanceschloß« zeigt heute als Rekonstruktion (1975) den Zustand der Anlage vor dem Schloßbrand v. 1689. Das darin eingerichtete *Heimatmuseum* ist Regionalmuseum, und als Bauernkriegsmuseum (mit einem sehenswerten Zinnfiguren-Diorama) do-

Bad Doberan, Klosterkirche >

Tilleda (Bad Frankenhausen), Rätselhafter Rundbau in der Unterburg der Reichsburg Kyffhausen

kumentiert es die dt. Bauernkriege, bes. die Schlacht v. 1525.

Unterkirche: Das 1215 als *Zisterzienserinnen-Klosterkirche* erbaute Gotteshaus wurde später erst kath. Pfarrkirche (St. Jakob), dann ev. *Predigerkirche.* Dies spiegelt auch die heutige Einrichtung der 1691–1701 barockisierten dreischiffigen Basilika mit ihrer leicht gewölbten Holzdecke wider, v. a. Kanzel, Taufe (1701), *Seitenschiffemporen* (mit Logen) und die Barockorgel. Beachtung verdienen auch der stuckierte Altaraufbau (um 1700), ein got. *Kruzifixus* (um 1300) und mehrere Grabmäler (16.–18. Jh.), die z. T. aus der ehem. *Liebfrauenkirche* (Oberstadt, heute Ruine) hierhergebracht wurden.

Bauernkriegsgedenkstätte »Panorama« (Schlachtberg 9): Der *Schlachtberg* n v. F. hat seinen Namen v. der »Schlacht bei F.« am 15. 5. 1525, der letzten Schlacht des aufständischen Bauernheeres unter der Führung v. Thomas Müntzer, der im Falle

eines Sieges seine Vorstellung einer radikal-christl. Ordnung verwirklichen wollte. Martin Luther enttäuschte die Bauern hingegen mit seiner Verurteilung »Wider die räuberischen und mörderischen Rotten der Bauern«.

Die marxistisch geprägte Forschung sah in der verlorenen Schlacht das tragische Ende einer beispielhaften »frühbürgerlichen Revolution« und feierte die durch die Vereinigten Streitkräfte v. Landgraf Philipp v. Hessen und Herzog Johann v. Sachsen geschlagenen 6000 Bauern, Bürger und Tagelöhner seit 1975 mit einer gigantischen *Gedenkstätte* (1974–87). Der zylindrische Rundbau wurde innen v. Werner Tübke* mit dem monumentalen *Schlachtgemälde* »Frühbürgerliche Revolution in Deutschland« (123 m x 14,5 m, Acryl auf Leinwand) bemalt.

Außerdem sehenswert: In der Chorapsis (12. Jh.) der *Altstädter Kirche* findet man Reste ma Wandmalereien (um 1300), am rechten Kämpfergesims des Chorbogens

ornamentale und figürliche Bauplastik. –
Ein malerisches Relikt der ehem. Stadtmauern ist der *Hausmannsturm* (12.–16.
Jh.). – Die *Angerapotheke* ist ein Fachwerkhaus v. 1490–95. – Noch älter ist
das 1840 renovierte spätgot. *Rathaus*
(1448).

Umgebung

Rottleben (8 km nw): In der SW-Flanke
des *Kyffhäuser*-Gebirges (n des Ortes) ist
die *Barbarossahöhle* sehenswert. Ein Ein-
gangsstollen führt ins verzweigte Innere.
Zentrum ist der sog. Barbarossathron. Er
erinnert an die Kyffhäusersage.
Tilleda (24 km nö): Fundamentreste der
ehem. *Kaiserpfalz* (10.–13. Jh.). Ehem.
Reichsburg Kyffhausen.

16259 Bad Freienwalde
Brandenburg

Einw.: 10 800   Höhe: 14 m   S. 1275 ☐ Q 5

Der Kurort an der Oder geht auf eine deutsche Siedlung zurück, die unter den Askaniern Anfang des 13. Jh. entstanden war,
erste Erwähnung 1316.

Schloß: In einem Park (1795) des schon
seit 1684 wegen seiner Mineralquellen ge-
schätzten Moorbades und späteren Rheu-
makurortes ließ sich die Witwe Friedrich
Wilhelms II. v. Preußen 1798/99 in reizvoller Hanglage v. D. Gilly* ein zweigeschossiges klassizist. Schlößchen mit zentralem *Treppenhaus* als Alterswohnsitz erbauen, das im 19./20. Jh. Veränderungen
erfuhr (Rathenau-Gedenkstätte).
Im *Park*, den J. P. Lenné* 1822 in größe-
rem Umfang als englischen Garten neu
gestaltete, steht ein reizvolles *Teehäus-
chen* (1795).
Am Kurpark liegt auch ein von C. G. Langhans* erbautes klassizistisches *Landhaus*
(1789/90) mit interessantem Mittelportal
(Kassettenkalotte).

Außerdem sehenswert: Neben der urspr.
aus Granit erbauten *Stadtkirche St. Nikolai*
(13./15. Jh.) mit spätgot. Taufe, dreistök-
kigem Altaraufbau und einer Kanzel v.

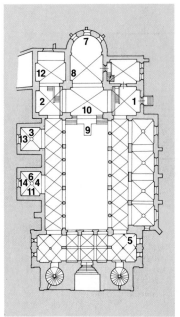

Bad Gandersheim, Stiftskirche 1 Stephanskapel-
le **2** Marienkapelle **3** Andreaskapelle **4** Antoniuskapelle **5** Relief mit segnender Hand Gottes **6** Stifter-
plastik Herzog Lindolfs, um 1300 **7** Fünfarmiger
Leuchter, Anfang 15. Jh. **8** Bartholomäusaltar, um
1490 **9** Dreikönigsaltar, Ende 15. Jh. **10** Grabdenkmal für 2 mecklenburgische Äbtissinnen, 1686
13 Sarkophag der Äbtissin Elisabeth Ernestine Antonie v. Joh. Kaspar Käse, 1748 **14** Roswithafenster

1623 lohnt die barocke *Georgenkirche*
(1696), heute Konzerthalle, einen Besuch.
– Im *Oderlandmuseum* (Uchtenhagenstr.
2) werden vor- und frühgeschichtliche
Funde (germanische Grabbeigaben) sowie
Exponate zur Volkskunst des Oderbruchs
gezeigt.

37581 Bad Gandersheim
Niedersachsen

Einw.: 11 300   Höhe: 133 m   S. 1277 ☐ I 7

Bad Gandersheim ist die Stadt Roswithas
v. Gandersheim (um 935 bis nach 973), der
ersten dt. Dichterin, die hier als Nonne im

Bad Gandersheim, Münster

Bad Gandersheim, Münster, Dreikönigsaltar

Stift gelebt hat und lat. geistliche Dramen, Epen und Legenden schrieb.

Münster/Ehem. Kanonissenstiftskirche St. Anastasius und Innocentius (Wilhelmsplatz): Das Stift wurde 852 v. Liudolf, dem Großvater Heinrichs I., gegr. und nach verschiedenen Bränden immer wieder aufgebaut. Ihr unverwechselbares Aussehen bezieht die Stiftskirche aus den beiden achteckigen Türmen, die zusammen mit einem Mittelbau die Frontseite bilden. Die Türme sind wahrscheinlich in Verbindung mit Veränderungen im 15. Jh. entstanden, als 5 got. Kapellen dem urspr. Bau aus dem 11. Jh. hinzugefügt worden sind. Wertvollste Teile der reichen Innenausstattung sind der *Bartholomäusaltar* (um 1490), der *Marienaltar* (1521), der *Dreikönigsaltar* (15. Jh.) und ein fünfarmiger *Bronzeleuchter* (um 1425). Ein *Schrein* für Herzog Liudolf (um 1300); in der Andreaskapelle ein *Sarkophag* für die Fürstäbtissin Elisabeth Ernestine Antonie (Mitte 18. Jh.) und in der Marienkapelle *Grabdenkmäler* für 2 Äbtissinnen. – Im O schließt sich im Münster die *Michaelskapelle* an, die um 1050 entstanden ist und jetzt als kath. Kirche dient. W v. dieser Kapelle entstanden um 1600 die Abteigebäude im Stil der Renaissance. In einem um 1730 hinzugefügten Flügel ist der *Kaisersaal* besonders sehenswert. Er ist reich mit Stuckarbeiten und Bildern geistlicher und weltlicher Würdenträger geschmückt.

Georgskirche (am w Stadtrand): Die Kirche ist in ihrer urspr. Form lange vor der Stadtgründung entstanden. Wesentliche Teile stammen allerdings aus dem 15. Jh., der Fachwerkchor aus dem 16. Jh. – Eigenwillig ist die Ausgestaltung des dreischiffigen Innenraums, der mit bäuerlich-derbem Rankenwerk ausgemalt ist. Hochaltar v. 1711. Eine lebensgroße Holzplastik zeigt den hl. Georg (15. Jh.).

Rathaus (am Markt): Das Rathaus, eines der schönsten Renaissance-Rathäuser in Niedersachsen, hat die Moritzkirche, ursprünglich Filialkirche für die außerhalb des Stadtgebiets gelegene Georgskirche, in den Neubau (nach einem Brand 1580) einbezogen. Der w anschließende Teil ergänzt den Bau. – Rings um den Markt finden sich schöne, gut erhaltene Fachwerkhäuser (u. a. Markt 8 und 9). In einem davon ist heute das *Heimatmuseum* (Markt 10) untergebracht.

Ehem. Benediktinerklosterkirche St. Maria und Georg (Stadtteil Clus): Von dem ehem. Benediktinerkloster, das 1596 aufgehoben wurde, ist die dreischiffige *Basilika* erhalten. Im Mittelpunkt der Innenausstattung steht der Lübecker *Altar* (1487). Er zeigt in reichen Schnitzereien die Marienkrönung.

Gandersheimer Domfestspiele: Jeweils im Juni finden seit 1959 die Gandersheimer Domfestspiele vor dem roman. W-Werk des Münsters statt.

Umgebung

Brunshausen (1 km w): Auf einem Hügelausläufer w der Gande liegt das älteste Kloster S-Niedersachsens (780), das 1134 dem nahen Kloster Clus unterstellt und noch vor 1200 in das *Benediktinerinnenkloster Brunshausen* umgewandelt wurde. Der heute wirtschaftlich genutzte Bau läßt noch den kreuzrippengewölbten querrechteckigen *Chor* (15. Jh.) und die roman. s *Nebenapsis* erkennen.

76332 Bad Herrenalb
Baden-Württemberg

Einw.: 7200   Höhe: 367 m   S. 1280 □ E 13

Ehem. Zisterzienserklosterkirche: Das Kloster Herrenalb ist als Pendant zum benachbarten Frauenalb gegründet worden. Vom alten Bau aus der Zeit um 1200 sind die Münstersakristei, die alte Zehntscheuer und die Vorhalle, das *Paradies*, erhalten geblieben. 1462 wurde auf die Eingangsseite ein steiler *Giebel* mit got. Fenster und kleinem Dachreiter aufgesetzt. Im roman. Paradies sind neben dem abgetreppten Portal im W die freistehenden *Säulengruppen* bemerkenswert. Von der Kirche selbst im 15. Jh. verändert worden, sind nur noch der *Chor* (1427) und die dazugehörende *Nebenkapelle* erhalten. Der Turm und das Langhaus v. 1739. Seitwärts, im got. Chor,

Bad Herrenalb, Ehem. Zisterzienserkloster-kirche

Tumba des Markgrafen Bernhard von Baden in der ehem. Zistersienserklosterkirche

befindet sich der *Kenotaph* des Markgrafen Bernhard v. Baden (1431), der wahrscheinlich v. Künstlern des Straßburger Raums geschaffen worden ist. Exponate zur Geschichte des Klosters und eine Sammlung ma handgeformter *Dachziegel* sind samstags (10–12 Uhr) in der *Heimatstube* (Städt. Kurverwaltung) zu sehen.

36251 Bad Hersfeld
Hessen

Einw.: 30 400   Höhe: 209 m   S. 1277 □ H 9

Stiftsruine: Es war eine glückliche Idee, alljährlich im Sommer die *Hersfelder Festspiele* in der 1000jährigen Stiftsruine zu veranstalten (jetzt wettersicher). – Stünde die Kirche noch, so wäre sie heute der größte roman. Kirchenbau in Deutschland. Nachdem die mehrfach erweiterte alte Kirche einem Brand zum Opfer gefallen war, begann man um 1040 mit der Errichtung der riesigen Säulenbasilika mit weit ausladendem Querschiff. 1761 wurde die Kirche im Siebenjährigen Krieg von den Franzosen niedergebrannt. Sie ist seit dieser Zeit Ruine. – In einem ehem. *Klostergebäude* des 16. Jh. befindet sich heute das *Städt. Museum.* Im ehem. Kapitelsaal werden ständig wechselnde Ausstellungen gezeigt. – Im *Katharinenturm* (12. Jh. erbaut, im 19. Jh. restauriert) ist noch Deutschlands älteste Glocke, die 900jährige Lullusglocke, zu besichtigen.

Rathaus: Der ursprünglich got. Bau wurde 1597 zu einer repräsentativen dreigeschossigen Zweiflügelanlage umgebaut. Große Steingiebel in den Formen der Weserrenaissance verdecken das hohe Dach. Der *Ratssaal* enthält eine schöne Stuckdecke und eine reich mit Intarsien geschmückte Tür.

Altstadt: Vom alten Stadtkern sind noch einige Steinbauten der Gotik und Renaissance sowie viele *Fachwerkhäuser* (15.–19. Jh.) erhalten.

Außerdem sehenswert: Die got. *ev. Stadtkirche St. Vitus und Antonius* (1330 bis um 1500), welche nach einem Brand (1952) gründlich rest. wurde.

Schloß (Schloßplatz): Als Ergänzung zum kleinen ma Stadtkern gründete Landgraf Friedrich II. v. Homburg eine Neustadt für die aus Frankreich geflüchteten Hugenotten. Er selbst bewohnte das neue Schloß, das er 1678 anstelle der alten Burg errichten ließ. Von der urspr. Anlage des 14. Jh. ist noch der frei stehende Bergfried, der *Weiße Turm*, erhalten. Das Schloß ist ein weitläufiger Komplex v. bescheidenen Formen. Einziger Schmuck sind die 3 reichen *Portale*. In einer Nische des Portals zum Archivgebäude steht eine v. A. Schlüter[*] 1704 modellierte *Bronzebüste* Friedrichs II., der Kleist für seinen »Prinzen v. Homburg« als historisches Vorbild diente. – An der W-Seite des oberen Hofes befindet sich eine 1900 angefügte Halle, in die 10 *Doppelsäulen* aus dem 12. Jh. eingebaut wurden. Sie stammen aus einem abgebrochenen Kreuzgang des Klosters Brauweiler.

Ev. Erlöserkirche (Dorotheenstr. 1): Das Hauptportal des in neuroman. und neubyzantinischen Formen 1902–08 errichteten zentralen Kuppelbaus wurde dem von St-Gilles bei Arles nachgebildet. Der Innenraum ist nach dem Vorbild der Markuskirche in Venedig gestaltet. Goldmosaiken und Marmorarbeiten gehören zur kostbaren Innenausstattung.

Limeskastell Saalburg: 7 km nw v. Bad Homburg liegt das besterhaltene röm. Limeskastell in Deutschland. Es wurde um 120 n. Chr. zur Sicherung eines wichtigen Taunuspasses angelegt und konnte eine Kohorte (ca. 500 Mann) aufnehmen. Die anfänglichen Holzbauten wurden Anfang des 3. Jh. durch ein Steinkastell ersetzt. 1898–1907 stellte man im Zuge des Historismus unter Förderung Kaiser Wilhelms II. den letzten röm. Bauzustand wieder her: eine steinerne Ringmauer mit 4 Toren, in der Lagermitte das Hauptgebäude mit 2 Höfen, Verwaltungsräumen und Fahnenheiligtum. Anstelle des Magazins und Getreidespeichers steht jetzt ein *Museumsbau* mit Ausgrabungsfunden. Im Umkreis des Kastells findet man noch Reste des Lagerdorfs und des Kastellbades.

Außerdem sehenswert: Das *Heimat- und Hutmuseum* (Luisenstr. 120) und spätklassizistische *Wohn- und Kurbauten*.

Bad Hersfeld, Stiftsruine

Bad Iburg, Schloß und Benediktinerkloster

49186 Bad Iburg

Niedersachsen

Einw.: 10 600   Höhe: 126 m   S. 1276 □ E 6

Bischöfliches Schloß und Benediktiner-kloster: Schloß und Kloster bilden eine Doppelanlage. Auf dem einzigen Bergke-gel am S-Hang des Teutoburger Waldes ließ Benno II., Bischof v. Osnabrück, im 11. Jh. die Reste einer vorgeschichtlichen Burg zu einer mächtigen Residenz ausbau-en und gründete das Kloster Iburg. Dem ausgedehnten Komplex – bischöfliches Schloß im W, Klosteranlage im O, in der Mitte die Klosterkirche – ist ein Turnier-platz (Klotzbahn) vorgelagert. – Das *bi-schöfliche Schloß* hat burgartige Dimen-sionen, und im Laufe der Zeit wurde der wehrhafte Charakter noch betont (Bischof Konrad v. Rietberg, 1482–1508, hat den Bergfried erhöhen lassen). Hauptanzie-hungspunkt im Schloß ist heute der *Ritter-saal,* der nach Plänen v. J. Crafft ab 1656

entstanden ist und für den der ital. Maler A. Aloisi eines der ersten perspektivischen Deckenbilder in Deutschland geschaffen hat. – Die *Klosterkirche* stammt in ihren wesentlichen Teilen ebenfalls aus dem 11. Jh. Letzte Veränderungen waren im 13. Jh. und (nach einem Brand 1349) im 15. und 16. Jh. zu verzeichnen. Aus der Ausstat-tung ist der barocke *Sandsteinsarkophag des Stifters* Benno II. hervorzuheben. Kunsthistorisch bedeutender sind die *Grabsteine* für Gottschalk von Diepholz (12. Jh., im n Arm des Querschiffs) und das Epitaph für Ritter Amelung v. Varendorf und dessen Gattin (14. Jh.). – Die *Kloster-gebäude* mit der dreiflügeligen Schauseite zur Stadt hin sind in ihrer heutigen Form und Ausdehnung 1751–53 nach Plänen von J. C. Schlaun[*] entstanden. Kirche und Klostergebäude sind durch den Kreuzgang verbunden. Überlebensgroße Sandstein-figuren (hl. Clemens und Benno II.) schmücken die Fassade. Die schönen Stuckdecken stammen v. J. Geitner. Se-henswert ist die *Kapelle,* die Ernst August

Rittersaal im Schloß von Bad Iburg

v. Braunschweig-Lüneburg, der erste ev.-luth. Bischof, 1665–67 errichten ließ. Über den Gründer, Fürstbischof Benno II., hat Abt Norbert v. Iburg die Biographie »Vita Bennonis II.«, die zu den wichtigsten Bischofsbiographien dieser Zeit gehört, geschrieben.

Außerdem sehenswert: Abseits v. Schloß liegt das kleine *Jagdschloß Freudenthal*, das 1594 fertiggestellt wurde. – *Kath. Fleckenskirche* aus dem 13./14. Jh. mit einem Taufstein aus dem 13. Jh. sowie ma Plastiken und Epitaphen aus dem 17. Jh.

34385 Bad Karlshafen
Hessen

Einw.: 4800   Höhe: 110 m   S. 1277 □ G 7

Karlshafen, an der Mündung der Diemel in die obere Weser, wurde 1699 v. Landgraf Carl v. Hessen-Kassel als Weserhafen gegr. und mit Hugenotten und Waldensern besiedelt. Es ist die besterhaltene planmäßig angelegte Barockstadt in Hessen. Landgraf Carl soll die Pläne für Karlshafen mit seinem Hugenotten-Architekten Paul du Ry[*] eigenhändig entworfen haben. – Das rechteckige Hafenbecken bildet das Stadtzentrum, an dessen Längsseiten große rechteckige Häuserblocks mit schlichten zweigeschossigen Wohnhäusern anschließen.

Rathaus: An der S-Seite des Hafens steht das Rathaus (1715–18), ehemals Packhaus und landgräfliches Absteigequartier, das einen Festsaal mit schönen Stukkaturen hat.

Weitere Häuser aus der ehem. Stadtanlage: Das *Invalidenhaus* (1704–10), sö v. Hafen gelegen, ist in 3 Geschossen angelegt und umgibt einen schönen Binnenhof. Gegenüber liegt das *Freihaus* (1723). Im NO ist das *Thurn- und Taxissche Postgebäude* (1768) Abschluß der Altstadt. Dar-

Bad Karlshafen, Rathaus

Bad Kösen, Zisterzienserkloster Pforta >

Krukenburg bei Bad Karlshafen

über hinaus sind zahlreiche weitere Bauten aus der Gründerzeit erhalten. Im Stil sind sie alle der Gesamtkonzeption untergeordnet.

Umgebung

Helmarshausen (3 km s): Auf einer Anhöhe liegt die Ruine der *Krukenburg*, die um 1220 v. Erzbischof Engelbert v. Köln errichtet wurde. Der hohe runde *Bergfried*, große Teile der *Ringmauer* mit den mächtigen Flankentürmen sowie der mehrgeschossige *Wohnturm* v. Anfang des 15. Jh. stehen noch. Als Ruine ist auch die *Johanniskapelle*, ein roman. Zentralbau, erhalten. Der urspr. v. einem Kuppelgewölbe überdeckte Bau mit den 4 niedrigen tonnengewölbten Kreuzarmen geht auf nahöstliche Vorbilder zurück (Grabeskirche in Jerusalem). – Die *ehem. Benediktiner-Reichsabtei St. Maria und Petrus* (10. Jh.) war im 11.–13. Jh. für ihre Klosterwerkstätten bekannt (Goldschmiedekunst, Buchmalerei) und ist heute nur noch in Resten, u. a. einem sandsteingedeckten O-Flügel der Abteigebäude mit 2 Biforenfenstern (Kapitelle der Mittelsäulchen um 1130) sowie einer ö angebauten Kapelle mit Rundapsis und Grabgewölbe erhalten.

06628 Bad Kösen

Sachsen-Anhalt

Einw.: 5100   Höhe: 120 m   S. 1278 ☐ M 8

Seit 1731 wird hier Sole gefördert und dient noch heute dem Kurbetrieb.

Romanisches Haus (Loreleypromenade): Das älteste erhaltene profane Bauwerk der »neuen Bundesländer«, das sog. *Romanische Haus*, wurde im 11. Jh. erbaut und war ab 1138 Teil eines ehem. Wirtschaftshofes des Klosters Pforte. Das im Haus eingerichtete *Heimatmuseum* besitzt Exponate zur Klostergeschichte (1138–1540), zur Geschichte der Sächsischen Landesschule Schulpforta (1544–1935) und ihrer berühmtesten Zöglinge (u. a. F. G. Klopstock, J. G. Fichte, R. Lepsius, K. Lamprecht) sowie zur 1912 in Kösen gegr. *Puppenwerkstatt* v. Käthe Kruse.

Umgebung

Bad Sulza (10 km sw): Das *Solebad* mit Solefreibad wurde 1847 eröffnet.

Eckartsberga (13 km w): Die *Burgruine Eckartsburg* ist eine weitläufige roman. Anlage.

Rudelsburg (2 km s): Die v. Franz Kugler (»An der Saale hellem Strande stehen Burgen stolz und kühn«; 1822) romantisch besungene *Ruine* der 1172 erbauten Burg.

Saaleck (3 km s): Wie später die Rudelsburg wurde Saaleck 1050 etwa 170 m oberhalb der Saale auf steilem Kalkfelsen zur Kontrolle der Handelsstraßen v. Merseburg nach Leipzig und v. Frankfurt nach Leipzig errichtet.

Schulpforta (4 km ö): Die Kirche des 1136 gegr. ehem. *Zisterzienserklosters* Pforta liegt noch allein in der schönen Landschaft des Saaletals. Der got. Kirchenneubau begann mit der Erneuerung des Chors (1251–68), wurde im kreuzrippengewölbten Langhaus (ab 1269) fortgesetzt und mit dem Neubau der 2 westlichsten Langhausjoche (um 1300) und der *W-Fassade* abgeschlossen. Von der roman. Ausstattung sind der blendarkadenverzierte steinerne Blockaltar und ein *Triumphkreuz* (bemaltes Eichenholz; um 1240–50) erhalten. Sehenswerte Zutaten der Gotik sind die *Epitaphe* für Heinrich Varch (gest. 1294) und ein bürgerliches Ehepaar (um 1320–30), ein Dreisitz (um 1350/60), die *Tumba* für Markgraf Georg v. Meißen (gest. 1402) sowie der 1510 v. H. Tropher[*] geschaffene mehrflügelige *Dreikönigsaltar* und ein spätgot. *Schmerzensmann* aus der 1. Hälfte des 16. Jh. – Beachtung verdienen auch eine *Betsäule* (1521) und eine *Friedhofslaterne* (1268) sö des Chorhauptes. – Spätroman. *Kapitelle* (um 1230) in der Art der Bauhütte v. Maulbronn bewahrt die *Abtskapelle* der durch den Bau des *Renaissance-Fürstenhauses* (1575) stark veränderten ehem. Klosurgebäude. Das heute im Kloster eingerichtete Gymnasium hat in der 1544 eingerichteten Sächsischen Landesschule eine bedeutende Vorgängerin.

Saale mit Rudelsburg und Saaleck >

07586 Bad Köstritz
Thüringen

Einw.: 3300   Höhe: 185 m   S. 1278 ☐ M 9

Heinrich-Schütz-Gedenkstätte (Thälmannstr. 1): Der größte deutsche Komponist vor Johann Sebastian Bach wurde 1585 in der kleinen Ortschaft geboren (gest. 1672). Er wurde u. a. mit der 1627 uraufgeführten Oper »Daphne« bekannt. Das Museum ist im ehem. Gasthaus Goldener Kranich, einem Barockbau aus der 2. Hälfte des 18. Jh., untergebracht.

Außerdem sehenswert: Das barocke *Schloß*, eine Vierflügelanlage, die 1689–1704 errichtet wurde. – Der Landschaftspark. – Der Ort ist auch bekannt für das Köstritzer Schwarzbier, das seit 1543 hier gebraut wird.

55543–45 Bad Kreuznach
Rheinland-Pfalz

Einw.: 41 500   Höhe: 104 m   S. 1280 ☐ D 11

Ev. Pauluskirche (auf dem Wörth): Die Reste ma Vorgängerbauten gestaltete 1768–81 P. Hellermann zur einschiffigen Saalkirche. Von der got. Kirche (1311–32) sind Chor, Querhaus und die W-Front erhalten, Langhaus und Turm stammen aus dem Barock. Im Chor sind *Bildnisgrabsteine* (14./15. Jh.), im Langhaus der *Altar* (1777) und die *Kanzel* sehenswert.

Kath. Pfarrkirche St. Nikolai: Die Karmeliter übernahmen 1281 eine 1266 errichtete spätroman. Kapelle und vergrößerten sie zu einer dreischiffigen frühgot. Basilika (1308 gew.). Innen mächtige Rundpfeiler und Kreuzrippengewölbe. Sehenswert das vergoldete silberne *Kreuzreliquiar* im Kirchenschatz, dessen Aufsatz um 1390 und dessen Fuß 1501 v. H. v. Reutlingen geschaffen wurde.

Nahe-Brücke: Zwischen der Badeinsel und dem Nahe-Ufer hat sich ein Teil der ehem. achtbogigen Brücke mit 2 *Brückenhäusern* (1495 erwähnt, heute städt. Wahrzeichen) erhalten.

Burgruine Kauzenburg: Die um 1200 erbaute Burg wurde 1689 v. franz. Truppen gesprengt und 1971/72 v. G. Böhm neu gestaltet. Mit der Burggaststätte (Spezialität: Essen nach ma Rezepten) ist die Burg heute wieder ein beliebtes Ausflugsziel.

Kurhaus: 1913 v. Emanuel v. Seidl errichtet, war das neubarocke Gebäude im 1. Weltkrieg großes Hauptquartier und 1958 Begegnungsort Adenauers und de Gaulles (heute Hotel).

Karl-Geib-Museum (Kreuzstr. 69): Seit 1968 ist im städt. Museum das *Gladiatorenmosaik* aus der röm. *Villa* (Huffelsheimer Straße), die man 1893 entdeckte, zu sehen. Das Mosaik zeigt Kämpfe v. Gladiatoren untereinander und mit wilden Tieren.

Außerdem sehenswert: Das *Salinental* mit Gradierwerken und ma Häusern für die Salzgewinnung zieht sich über mehrere Kilometer hin.

99947 Bad Langensalza
Thüringen

Einw.: 16 100   Höhe: 186 m   S. 1278 ☐ K 8

Die Entdeckung einer schwefelhaltigen Quelle 1811 führte dazu, daß sich die bereits 1000 Jahre alte Stadt zum Heilbad entwickelte.

Marktkirche St. Bonifatius: Es handelt sich um eine dreischiffige spätgot. Hallenkirche, mit deren Bau 1395 begonnen wurde. Ihre Stern- und Netzgewölbe waren 1521 fertiggestellt. Der Chor hat eine flache Holzdecke. Der Renaissanceaufsatz des Turms wurde 1592 vollendet. Das N-Portal ist mit einer Darstellung der Kreuzigung geschmückt, das W-Portal mit einer Darstellung des Jüngsten Gerichts.
Mit dem Bau der Bergkirche *St. Stephan*, ebenfalls einer dreischiffigen spätgot. Hallenkirche, wurde ein Jahr früher (1394) begonnen. Sie hat einen Turm mit einem neugot. Aufsatz v. 1860. Im Inneren finden sich ein Altar v. 1684 und eine Kanzel v. 1590.

Bad Langensalza mit St. Bonifatius

Außerdem sehenswert: Das *Rathaus* ist ein dreistöckiger Barockbau v. 1742–51. Vor dem Rathaus steht ein *Marktbrunnen* v. 1582. – Im ehem. Augustinerkloster ist das *Heimatmuseum* untergebracht. Erinnert wird auch an den Schriftsteller Friedrich Gottlieb Klopstock, der v. 1748–50 Hauslehrer in Bad Langensalza war und in der Salzstr. 3 (Gedenktafel) wohnte, sowie an den Arzt Christoph Wilhelm Hufeland, der im Jahre 1762 am Kornmarkt 8 geboren wurde. Goethe und Schiller gehörten zu seinen Patienten. – Sehenswert ist auch das *Haus zum Herkules*, ein Renaissancebau v. 1688 (Vor dem Schlosse 20), der mit einer hölzernen Herkulesstatue geschmückt ist. – Der *Mauerring*, der Bad Langensalza umgibt (13. und 14. Jh.), ist fast vollständig erhalten. Er wird v. 10 (v. urspr. 24) Wehrtürmen und dem Klagetor unterbrochen.

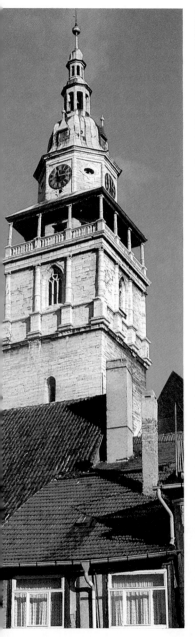

< *St. Bonifatius*

06246 Bad Lauchstädt
Sachsen-Anhalt

| Einw.: 4000 | Höhe: 116 m | S. 1278 □ M 8 |

Der nach der Entdeckung einer Heilquelle ab 1730 um einige Kuranlagen bereicherte Hallesche Ausflugsort erlebte 1775–1810 als Modebad des sächs. und thüring. Adels eine Blüte und sah als Kurgäste Friedrich Schiller und Johann Wolfgang v. Goethe. Ganze Gebäudegruppen stehen als *Ensembles* unter Denkmalschutz.

Quellenensemble: Die 1776–80 v. J. W. Chryselius[*] geplante Baugruppe umfaßt den wegen seiner größtenteils erhaltenen Ausstattung mit Fresken v. A. Pellicia[*] (1823; Entwürfe v. K. F. Schinkel) sehenswerten *Kursaal*, der zu Goethes Zeiten als Ball- und Speisesaal diente, einen *Dusch-* und einen *Badpavillon* sowie den *Quellbrunnen* mit dem sog. *Teichgarten.* – Die Herzöge v. Merseburg erbauten den *Herzogspavillon* (1735), dessen Spielsalon mit erhaltener Rokoko-Ausstattung Einblick in das Kurleben des 18. Jh. gewährt.

Goethetheater: Unter der Leitung Goethes erbaute H. Gentz[*] das klassizistische *Theater* (1802), dessen renovierter Zuschauerraum (mit Umgang und hängendem Leinwandplafond) antike Vorbilder ahnen läßt. Zum Theatergebäude zählen auch die Eingangshalle und das Bühnenhaus mit immer noch funktionierender Maschinerie.

Außerdem sehenswert: Das aus einer Wasserburg (14. Jh.) hervorgegangene *Schloß* (15.–18. Jh.) diente erst den Merseburger Bischöfen und später den sächsischen Herzögen und Kurfürsten, die auch die Parkanlagen und die Kolonnaden (1785) entlang der Laucha anlegen ließen, als sommerliche Residenz. – Die 1684 barock erneuerte *Pfarrkirche* birgt ein v. knienden Engelsfiguren getragenes Taufbecken (um 1686) und einen frühbarocken, v. H. Schau[*] geschnitzten Hochaltar.

36448 Bad Liebenstein
Thüringen

| Einw.: 3800 | Höhe: 324 m | S. 1278 □ I 9 |

Schloß Altenstein: Die Herzöge v. Sachsen-Meiningen bauten im 19. Jh. den Badeort für Herz- und Kreislaufkranke zum noblen Modebad aus; die mehrfach erneu-

Bad Langensalza, St. Bonifatius, Tympanon des Westportals

erte ehem. *Raubritterburg* (13./14. Jh.) nahmen sie zu ihrem eigenen Domizil (1889). Von der urspr. Wehranlage sind Reste des Bergfrieds erhalten. – Der aussichtsreich angelegte *Park* (1798–1803) ist berühmt für seine seltenen Baumarten.

Außerdem sehenswert: Als *Eselskopf* wird jene Stelle im sog. *Luthergrund* bezeichnet, an der Martin Luther am 3. 5. 1521 im Auftrag v. Friedrich dem Weisen, Kurfürst v. Sachsen, zum Schein überfallen (und danach in die sichere Wartburg gebracht) wurde. – Die Ruine der *Burg Liebenstein* (14.–17. Jh.) läßt neben Zwinger und Torbauten noch den got. Palas aus dem 14. Jh. erkennen.

04924 Bad Liebenwerda
Brandenburg

Einw.: 5800   Höhe: 89 m   S. 1279 □ P 7

Schloß Liebenwerda: Das *Renaissanceschloß* (1578–79) an der Schwarzen Elster bewahrt vom Vorgängerbau (einer dem Erzbischof v. Meißen unterstellten Wasserburg des 12./13. Jh.) den sog. *Lubwart*. Dieser in Backstein errichtete got. Bergfried, den man besteigen kann, ist das Wahrzeichen des heute für sein Eisenmoorbad bekannten Städtchens. Die Wohngebäude wurden nach einem Schloßbrand im 18. Jh. erneuert und beherbergen nun das örtliche *Kreismuseum*. Beachtliche Exponate der vor- und früh-, burg- sowie stadtgeschichtlichen Sammlungen sind der sog. *Wahrenbrücker Münzfund* (16./17. Jh.), das *Mühlberger Richtschwert* (1687), Möbel und Kleinkunst aus dem 18. und 19. Jh., eine Dokumentation zum hier beheimateten Korbmacherhandwerk und eine originalgetreu rekonstruierte *Drogerie* von 1910.

Außerdem sehenswert: Klassizistisches *Rathaus* von 1800 mit zentralem Fassadenerker; spätgot. Schmerzensmann und ein Triumphkreuz (15. Jh.) in der *Nikolaikirche* (14.–16. Jh.).

*Mühlberg (Bad Liebenwerda),   >
Kloster, Westfassade*

Umgebung

Doberlug-Kirchhain (21 km nö): Ehem. *Zisterzienserklosterkirche* (urspr. Backsteinbasilika; 1220) mit 2 Flügelaltären.
Herzberg (23 km nw): Spätgot. *Nikolaikirche* (1377–1430) mit böhmisch beeinflußten *Malereien* der Netz- u. Sterngewölbe.
Mühlberg (16 km sw): Einschiffige Backsteinkirche (13.– 14. Jh.) des ehem. *Zisterzienserinnenklosters Güldenstern* birgt 2 got. Triumphkreuzgruppen, einen Flügelaltar mit Abendmahlsdarstellung (1569) des Dresdners H. Göding d. Ä.* und eine Kanzel v. 1621. Mit reichem Maßwerkschmuck versehen sind die Giebel der spätgot. *Neuen Propstei* (w der Klosterkirche), in der heute das *Stadtmuseum* mit interessanten Exponaten untergebracht ist, darunter ma Lästersteine für Raufbolde und Schwätzerinnen und kirchliche Bauplastik (16. Jh., im Keller).

97980 Bad Mergentheim
Baden-Württemberg

Einw.: 21 700   Höhe: 200 m   S. 1281 □ H 12

Bad Mergentheim, Schloß

Die Hoch- und Deutschmeister des Deutschordens haben die Entwicklung der Stadt und die Entstehung wichtiger Bauten entscheidend beeinflußt. Von 1525 bis 1809 war M. Residenz des Ordens. Die Regelmäßigkeit der Stadtanlage ist in ihren wesentlichen Teilen erhalten geblieben und läßt die beiden von N nach S und O nach W verlaufenden Achsen gut erkennen.
Zu den bekanntesten Persönlichkeiten, deren Namen sich mit M. verbinden, gehört Eduard Mörike, der hier Margarete v. Speeth, die Tochter seines Hauswirts heiratete. – Seine heutige Bedeutung als Heilbad verdankt M. den 1826 entdeckten Heilquellen.

Kath. Münster St. Johannes (Kirchstraße): Das Münster wurde 1250–70 v. den Johannitern gebaut und 1554 v. Deutschorden übernommen. Die Wölbung erfolgte 1584, der Fürstenchor kam 1607 hinzu. Hervorzuheben ist das Marmorrelief, das als Grabmal für den Deutschordenskomtur Marquard v. Eck im 17. Jh. errichtet wurde.

Ehem. Dominikanerkirche St. Maria (Hans-Heinrich-Ehrler-Platz): Die Kirche, deren Bau 1312 begonnen wurde und die 1388 vollendet war, hat durch einen Umbau im neugot. Stil (1879) außerordentlich verloren. *Eck'sche Kapelle* v. 1607. Von Interesse ist heute eigentlich nur noch das *Bronzeepitaph* für den Hochmeister Walther von Cronberg (gest. 1543). Als Meister dieses bedeutenden Kunstwerks wird H. Vischer aus Nürnberg vermutet. In der s angrenzenden Marienkapelle sind *Fresken* (14. Jh.) zu erwähnen, die Themen aus der Dominikaner-Mystik zeigen.

Schloß: Die ehem. Wasserburg ist seit dem 13. Jh. im Besitz des Dt. Ordens. Die Anlage in ihrer heutigen Form geht auf einen Um- und Erweiterungsbau in den Jahren 1565–70 zurück. Die verschiedenen Türme – der Eingangsturm aus dem Jahr 1626, Blaser- und Zwingerturm des Hauptgebäudes aus dem 16. Jh. und der NW-Turm aus dem Jahr 1574 – bestimmen diesen sehr unterschiedlich gestalteten Komplex. Beachtenswert ist die feine Spindeltreppe im nw Turm, die zum größten Teil reich verziert ist. Über diese Treppe erreicht man den Saal im 2. Obergeschoß, den F. S. Bagnato* 1778–82 im Stil des Frühklassizismus ausgestattet hat. Im Schloß befindet sich heute das *Heimatmuseum* (siehe unten). – An der Entstehung der *Schloßkirche* (heute ev. Kirche) waren F. J. Roth, B. Neumann* und F. Cuvilliés* beteiligt (Neumann und Cuvilliés allerdings nur mit einigen Entwürfen). Aus der Innenausstattung sind die Fresken des Münchner Malers N. Stuber (1734) hervorzuheben. Eine Gruft birgt die Grabdenkmäler verschiedener Ordensfürsten.

Marktplatz mit Rathaus: Der Marktplatz, der v. zahlreichen sehr schönen alten Wohnbauten umstanden ist, wird durch das Rathaus (1564) in einen oberen und einen unteren Teil unterteilt. Neben dem Rathaus sind die Engelapotheke und das Gasthaus »Straußen« (heute Bank) hervorzuheben.

Deutschordens- und Heimatmuseum (im Schloß): Im w Teil des Schlosses, der im Stil der Renaissance erbaut wurde, befindet sich in den früheren Wohnräumen des Hochmeisters das Museum. Neben den Sammlungen (u. a. Puppenstubensammlung, Erinnerungsstücke an den Dichter Eduard Mörike) sind die Stukkaturen der Ausstellungsräume von F. Cuvilliés bemerkenswert.

Bad Münstereifel, Fachwerkbauten

53902 Bad Münstereifel

Nordrhein-Westfalen

Einw.: 16 600   Höhe: 290 m   S. 1276 □ B 9

Ehem. Stiftskirche St. Chrysanthus und Daria (Langenhecke): Der aus dem 10. Jh. erhaltene Bau (im 19. Jh. rest.) hat seinen Schwerpunkt im mächtigen W-Werk. Das Langhaus der roman. Pfeilerbasilika ist mit schlichten Arkaden gestaltet. Im Inneren sind die Krypta, das Grab der Kirchen-

patrone Chrysanthus und Daria sowie das Sakramentshäuschen, das F. Roir 1480 geschaffen hat, und das Hochgrab für Gottfried v. Bergheim (gest. 1335) hervorzuheben. Der Taufstein (1619) und die aus Holz geschnitzte Muttergottes (14. Jh.) sind 2 weitere bedeutende Einzelstücke der reichen Ausstattung.

Rathaus (Marktstraße): Der aus 2 unterschiedlichen Teilen zusammengewachsene Bau (im l Teil Treppengiebel und Erkertürme, im r dreijochige Laube mit Mansardendach) stammt aus dem 15. und 16. Jh. (allerdings mit Ergänzungen und Erneuerungen).

Außerdem sehenswert: Haus *Windeck* (Orchheimer Straße): Das 1644 erbaute Fachwerkhaus ist eines der bedeutendsten und schönsten im Rheinland. – *Stadtbefestigung:* Die Bauten aus dem 13. und 14. Jh. sind z. T. sehr gut erhalten. Unter den 4 Stadttoren steht das *Werthertor* im NO an der Spitze. *Roman. Haus* (12. Jh.) mit dem *Toni-Hurten-Heimatmuseum:* Stadtgeschichte, ma Kunsthandwerk und Möbel (14.–16. Jh.).

Umgebung

Iversheim (4 km n): In diesem Stadtteil v. Bad Münstereifel ist eine restaurierte Kalkbrennerei mit mehreren Brennöfen in einer Halle zu besichtigen.

02953 Bad Muskau
Sachsen

Einw.: 4200 Höhe: 110 m S. 1279 ☐ S 7	

1361 wird der Ort erstmals urkundlich genannt. Nach vielen Besitzwechseln geriet er 1785 an die Grafen von Pückler. Prinz Heinrich der Niederlande kaufte 1846 den Besitz und veranlaßte den Neubau des Schlosses im Renaissancestil (im Frühjahr 1945 durch Brandstiftung zerstört und seitdem Ruine). M. war bekannt als Sitz von keramischer und Glasindustrie sowie als Moor- und Mineralbad.

Landschaftspark: Berühmtheit erlangte der Ort durch den großzügig gestalteten Park, den der Reiseschriftsteller und Gartenkünstler Hermann Fürst v. Pückler-Muskau 1815–45 anlegen ließ. Der Park in der Neißeaue wurde in der 2. Hälfte des 19. Jh. durch einen Schüler Pücklers, den Gartenbauarchitekten C. E. Petzold, weiter ausgebaut. In der ca. 200 ha großen Parkanlage (urspr. 545 ha und 55 km Wegenetz) verdienen das *Alte Schloß* (14. Jh., 1965–80 wiedererrichtet), die *Bergkirche* (Ende 18. Jh.), das *Hermannsbad* (1823) und die *Orangerie* (1840 nach einem Plan v. G. Semper) mit dem *Tropenhaus* besondere Beachtung. – Das *Museum* im Alten Schloß informiert über die Muskauer Keramik, die Geschichte des Ortes und die der Familie v. Pückler-Muskau. – Hermann Fürst v. Pückler-Muskau gilt als eine der schillerndsten Persönlichkeiten seiner Zeit. Wegen seiner liberalen und antikirchlichen Anschauungen, die er u. a. in dem Buch »Briefe eines Verstorbenen« (1830 anonym erschienen) publizierte, wurde er vom damaligen konservativen Adel heftig kritisiert. In seinem Buch »Andeutungen über die Landschaftsgärtnerei« (1834) schrieb er: »Der Park soll nur den Charakter der freien Natur und der Landschaft haben, die Hand des Menschen also wenig darin sichtbar sein.«

Umgebung

Kromlau (6 km w): 1842 entstanden hier aus einem Gut ein *Schloß* und ein großer *Park*. Sehenswert sind neben den großartigen Azaleen- und Rhododendronbeständen die Rakotzbrücke und das Kavaliershaus v. 1850.

61231 Bad Nauheim
Hessen

Einw.: 28 700 Höhe: 144 m S. 1277 ☐ F 10	

Bereits in keltischer Zeit wurde im Bereich der heutigen Stadt Salz gewonnen. Ab 1905 entstand im Zuge einer großzügigen Stadtplanung die wohl größte einheitliche Bauanlage des Jugendstils in Deutschland.

Kurhaus: Die 1905–11 v. W. Jost errichtete Anlage ist ein gutes Beispiel für die Jugendstilarchitektur (mit neubarocken

Bad Nauheim, Sprudelhof

Bad Muskau, Schloß

Bad Orb, St. Martin

Zutaten). Sie besteht aus 2 großen Gebäudeflügeln mit 16 kleinen, unterschiedlich gestalteten und teilweise reichverzierten *Binnenhöfen*. Um den großen *Sprudelhof* ziehen sich offene Arkaden. Im *Kurpark* steht der *Rabenturm* (1742–45).

Außerdem sehenswert: Auf dem 268 m hohen *Johannisberg* findet man Reste eines röm. Signalturms (2. Jh.) sowie Mauern des achteckigen W-Turms (13. Jh.) einer Kirche. Heute befindet sich auf dem Johannisberg eine *Sternwarte*. – Das *Salzmuseum am Großen Teich* zeigt Beiträge zur antiken und ma Salzgewinnung sowie zur Stadtgeschichte.

63619 Bad Orb
Hessen

Einw.: 9400   Höhe: 189 m   S. 1277 □ G 10

Bad Orb, das heute als Solbad für Herz-, Kreislauf- und Rheumaleiden bekannt ist, liegt in einem waldreichen Spessarttal. Seine Salzquellen verhalfen dem Ort schon früh zu wirtschaftlicher Bedeutung. Die Stadt ist um den Marktplatz gewachsen. Eine Fülle v. *Fachwerkbauten* (17. bis 19. Jh.), darunter »Hessens schmalstes Fachwerkhaus« in der Kirchgasse, verleihen dem Ort sein eigenes Gepräge.

Kath. Pfarrkirche St. Martin (Pfarrgasse): Die Bedeutung dieser 1983 durch Brand beschädigten Kirche beruhte auf dem mittleren Gemälde (um 1440) des *Altartriptychons* v. Meister der Darmstädter Passion, das ebenso wie die anderen Kunstwerke zerstört wurde. Seit 1985 wiedereröffnet.

Burg (Burgring 26): Das hohe Gebäude ist der Palas der einstigen Burg. Nach Restaurierungsarbeiten 1986–88 befindet sich hier das *Museum Bad Orb* u. a. mit einer Spessart-Abteilung; im Kellergewölbe wird eine Ausstellung über die ehem. *Saline* gezeigt.

Außerdem sehenswert: Interessant sind die zahlreichen Hinweise auf die einstige Salzgewinnung, z. B. Gradiersteine im Burghof. Das Salinengelände mit seinem Gradierwerk ist heute *Kurpark*.

83435 Bad Reichenhall
Bayern

Einw.: 16 900 Höhe: 470 m S. 1283 ☐ O 15

Schon im vorröm. Zeit besiedelt (reiche Salzlager), gehört Bad Reichenhall zu den bedeutendsten Kurbädern Deutschlands. Starke Solequellen (Sole-Hallenbad) haben den Ort in seiner Struktur geprägt.

Münsterkirche St. Zeno: 1208 war die Kirche in ihren wesentlichen Teilen vollendet (1228 gew.). Sie ist die größte roman. Kirche in Oberbayern. Man betritt sie durch das bemerkenswerte W-Portal aus rotem und grauem Marmor, das sich in seiner Gestaltung sehr stark an oberital. Portale (Trient, Verona) anlehnt. 2 urtümliche Löwen tragen das äußere Säulenpaar. Im Tympanon Maria mit dem Jesuskind zwischen den Heiligen Zeno und Rupert. Das Innere wurde nach einem Brand zu Beginn des 16. Jh. v. P. Intzinger neu gestaltet. Die typische roman. Gliederung ging dabei weitgehend verloren.
In den angrenzenden *Klostergebäuden* ist (sonntags 11–12 Uhr) der roman. *Kreuzgang* besichtigenswert. An einer der Säulen ist in einem Relief Kaiser Friedrich I. Barbarossa, ein Förderer des Klosters, dargestellt. Ein anderes Relief zeigt die Fabel v. Fuchs, Wolf und Kranich (Symbolisierung der Undankbarkeit).

Heimatmuseum (Getreidegasse 4): Stadtgeschichte, Sammlungen zur sakralen Kunst, Volkskunst und bäuerlichen Wohnkultur.

Außerdem sehenswert: Alte Saline und Kuranlage, Pfarrkirche *St. Nikolaus,* 1181 erbaut und 1861–64 nach W hin erweitert, sowie *St. Ägid,* nach 1159 entstanden, 1834 neugot. eingewölbt.

Bad Säckingen, St. Fridolin >

79713 Bad Säckingen

Baden-Württemberg

Einw.: 15 600　Höhe: 290 m　S. 1280 □ D 15

Der »Trompeter von Säckingen«, ein
Versepos v. Victor v. Scheffel (1854), hat
der Stadt literarischen Ruhm gebracht.
Scheffel, der in den Jahren 1849–51 als
Rechtspraktikant in Säckingen gelebt hat,
schildert in seinem Epos die Liebe des
Bürgersohnes Franz Werner Kirchhofer zu
der adligen Maria Ursula v. Schönauw. An
die Geschichte, die sich im 17. Jh. in
Säckingen zugetragen hat, erinnert ein
Grabstein am Fridolinmünster.

Ehem. Nonnenstiftskirche St. Fridolin
(Steinbrückstraße): Ursprung der Entwicklung ist die Missionszelle, die der
Alemannenapostel Fridolin im Jahre 522
auf der ehem. Rheininsel gegr. hat. Der
heutige Bau ist trotz barocker Zutaten eine
got. Anlage und entstand im 14. Jh. (Langhaus erst im 15., Türme im 16. Jh. fertiggestellt). Mehrere Brände zwangen zu er-
heblichen Erneuerungen, die auch mit
Veränderungen verbunden waren.
Berühmt ist das Münster wegen seiner reichen Rokoko-Ausstattung, die im Anschluß an den Brand des Jahres 1751
v. J. M. Feuchtmayer* (Stuck) und F. J.
Spiegler (Fresken) geschaffen wurde. Den
Hochaltar hat J. P. Pfeiffer gestaltet
(1721). Hervorzuheben sind einige sehr
schöne Grabdenkmäler (17. und 18. Jh., an
der Außenwand des Chors), ferner das
Chorgestühl (1682) und ein reicher Kirchenschatz (u. a. mit dem Reliquienschrein
des hl. Fridolin, Augsburger Silberarbeit v.
1764). Der Kirchplatz ist v. Resten der
alten Stiftsgebäude umstanden.

Schloß Schönau/»Trompeterschlößle«
(Schönaugasse): In diesem Schloß, das um
1500 entstanden ist (als Folgebau einer
urspr. roman. Anlage) und im 18. Jh. umgestaltet wurde, spielte jene Romanze, die
Victor v. Scheffel als Vorlage für sein
Epos »Der Trompeter von Säckingen« gedient hat. – Im Schloß befindet sich heute
das *Heimatmuseum.*

Rathaus (neben dem Münster): Der Bau
stammt aus dem Anfang des 19. Jh. Es
schließen mehrere Wohnbauten an, die zumeist nach dem Stadtbrand und der anschließenden Plünderung 1678 entstanden
sind. Das bedeutendste erhaltene Wohnhaus ist das Haus in der Rheinbrücken-
straße 15 mit Fassadenstukkatur des 18. Jh.

Reinharz (Bad Schmiedeberg), Schloß

Rheinbrücke: Die ganz überdachte Brücke ist 200 m lang und die älteste erhaltene Holzbrücke der Welt.

Hochrheinmuseum (Schloßplatz): Das Museum befindet sich im »Trompeterschlößle«. Die Schwerpunkte sind Exponate zur Ur-, Vor- und Frühgeschichte, außerdem lokale und regionale kulturgeschichtliche Sammlungen, darunter sehenswerte Trompeten- und Uhrensammlungen, sowie Erinnerungsstücke an V. v. Scheffel.

06905 Bad Schmiedeberg
Sachsen-Anhalt

Einw.: 4300   Höhe: 90 m   S. 1279 □ O 7

Pfarrkirche: Sie ist ein großer spätgot. Hallenbau des mittleren 15. Jh. Reste eines spätroman. Vorgängerbaus belegen, daß der erst 1332 genannte Ort schon zuvor eine gewisse Bedeutung hatte. Vermutlich hat der Stadtbrand v. 1637 auch die Kirche beschädigt. Ihr Gewölbe, 1640 eingestürzt, wurde nicht wiederhergestellt, vielmehr begnügte man sich bei der Instandsetzung im Jahre 1666 mit einer flachen Decke und deutete damit den Raum zusammen mit der Ausstattung im barocken Sinne um.

Rathaus: Der Renaissancebau wurde 1570 errichtet und später nur unwesentlich verändert. Aus dieser Zeit sind auch noch die Portale einiger Wohnhäuser vorhanden – die Nähe zur Elbe hat offenkundig den Bezug vorgefertigter Werksteine aus Obersachsen gefördert.

Stadtbefestigung: Von ihr ist das hübsche Au-Tor (16. Jh.) erhalten.

Umgebung

Kemberg (12 km nw): Die *Marienkirche*, in spätmittelalterlicher Zeit Archidiakonatskirche, ist ein Bau, der im 2. Viertel des 14. Jh. als wohlräumige hochgot. Halle entstand – der frei stehende Turm wurde (nach Einsturz des Vorgängerturmes) 1859 erbaut. Bedeutend ist die Ausstattung des 15.–18. Jahrhunderts, u. a. die spätgot. Wandmalerei und das fein skulptierte Sakramentshaus, vor allem aber der v. Lucas Cranach d. J. gemalte Flügelaltar v. 1565 mit der Taufe Christi in typologischer (vergleichender) Darstellung. – Der hübsche Bau des *Rathauses* entstand im 16. Jh. und war 1609 fertiggestellt.

Pretzsch (5 km nö): Das an einem Elbübergang entstandene Städtchen wurde schon 981 genannt. Bedeutung erlangte es, seitdem die Ortsherrschaft 1689 an die Kurfürsten v. Sachsen gefallen war und Christiane Eberhardine, die Gemahlin Augusts des Starken, seit 1721 hier – fernab vom Dresdner Hof – residierte. In dieser Zeit war Matthäus Daniel Pöppelmann v. Amts wegen hier tätig. Das regelmäßige Grundrißsystem der Stadt entstand wohl nach einem Brand im Jahre 1673. – Die stattliche, ausgedehnte *Schloßanlage* auf einer Anhöhe über der Elbe ist durch den Neubau des Jahres 1571 (prächtiges Portal!) bestimmt. Veränderungen des später als Waisenhaus und Kinderheim genutzten Baus sind nicht zu übersehen. Auch der Park, wohl v. Pöppelmann angelegt und mit einem Gondelhafen geplant, ist nur in den Grundzügen seiner der Elbe folgenden Hauptachse erhalten. – Der spätgot. Saalbau der *Kirche* erfuhr mehrere Veränderungen. Nach 1720 wurde er zur Hofkirche der (hier auch 1727 begrabenen) Kurfürstin nach Plänen Pöppelmanns umgestaltet: Der Turmaufsatz (1723) und die prächtige Hofloge gehen auf seine Entwürfe zurück.

Reinharz (5 km w): Das inmitten der Dübener Heide gelegene Dorf besitzt mit seinem *Schloßbau* (1690–1701) ein Juwel der sächs. Schlösserlandschaft: Der dreigeschossige, v. einem Wassergraben umfaßte Bau besitzt einen für barocke Verhältnisse überaus hohen Turm, der dem Hausherrn, Hans v. Löser, Minister Kurfürst Augusts des Starken, als astronomischer Beobachtungsstand dienen sollte. Im Erdgeschoß befinden sich trotz mancher Eingriffe noch mehrere Räume, die in der Mitte des 18. Jh. fertiggestellt gewesen sein dürften; u. a. Bildnisse der Familie Kurfürst Augusts II.
Sehenswert ist auch die um 1700 entstandene *Dorfkirche* mit ihrer alten Ausstattung.

88427 Bad Schussenried
Baden-Württemberg

Einw.: 7800   Höhe: 570 m   S. 1281 □ H 14

Ehem. Prämonstratenserkloster mit Klosterkirche: Die Klostergründung geht auf das Jahr 1183 zurück, jedoch ist aus dieser Zeit so gut wie nichts erhalten. Die urspr. Kirche wurde wiederholt umgebaut, zerstört und dann durch einen Neubau ersetzt. Die vorhandene Ausstattung erfolgte in den Jahren 1710–46. – Den beherrschenden Eindruck im Inneren vermittelt das *Langhausfresko* v. Joh. Zick (1745). Es zeigt Szenen aus dem Leben des Ordensheiligen Norbert. Besondere Aufmerksamkeit verdient das *Chorgestühl* an den Wänden des Mönchschors (1715–17). In überquellendem Formenreichtum wird ein theologisches Programm abgehandelt (die Weltordnung, beginnend mit Tieren und Pflanzen und endend mit Heilsfiguren). Außer dem *Hochaltar* ist eine oberschwäbische *Marienstatue* (um 1450) im s Seitenschiff hervorzuheben. – Der ehem. *Klosterkomplex* ist v. a. wegen seines *Bibliotheksaals* berühmt (1754–61). Er entstand nach den Plänen v. D. Zimmermann*. Den Saal umschließen v. Säulen getragene Emporen. Die Rokokoausstattung wird v. vorzüglichen Stuckarbeiten und einer reichen Grisaille- und Freskenmalerei geprägt. Vor den Säulen sind Apostelfiguren plaziert, die sich mit Puttengruppen auseinandersetzen, eine symbolische Darstellung der Irrlehren. Die Bücherrücken hinter dem Glas sind gemalte Attrappen.

Bauernhausmuseum (im Ortsteil Kürnbach): Beiträge zur Ortsgeschichte und zur bäuerlichen Wohnkultur. – **Bierkrug-Museum** (Hauptstr.) mit ca. 1000 Exponaten.

23795 Bad Segeberg
Schleswig-Holstein

Einw.: 14 900   Höhe: 38 m   S. 1273 □ I 3

Das Sol- und Moorbad liegt am Großen Segeberger See. Seit 1952 sind die Karl-May-Festspiele vor der Kulisse einer Felswand alljährlich Anziehungspunkt für insgesamt rund 100 000 Zuschauer.

Marienkirche/Ehem. Klosterkirche der Augustinerchorherren (Kirchplatz): Der Baubeginn dieser bedeutenden Backsteinkirche – eine der ältesten überhaupt – geht bis in die 60er Jahre des 12. Jh. zurück. In

< Bad Schussenried, Klosterkirche   *Bad Schussenried, Bibliothekssaal im Kloster*

Bad Segeberg, Panorama mit Freilichttheater

Bad Urach, Kanzel in der Stiftskirche >

Bad Segeberg, Schnitzaltar in der Augustinerchorherrenkirche

der wechselvollen Geschichte dieses Baus wurden zwar wesentliche Veränderungen und Erweiterungen vorgenommen, trotzdem ist der Rang der Kirche als eines der ehrwürdigsten Denkmale der Backsteinbaukunst im n Europa ungeschmälert geblieben. Interessant sind die Kapitelle, Kämpfer und Bogenrahmen, die schon in früher Zeit aus dem Gips, den der nahe Kalkberg geliefert hat, gestaltet wurden. Herzstück der Ausstattung ist der vielfigurige *Schnitzaltar* mit der ausdrucksvollen Passion Christi. Der Altar ist um 1515 entstanden. Das darüber hängende *Triumphkreuz* stammt v. Anfang des 16. Jh., die *Kanzel* kam 1612 hinzu. – An das einstige *Kloster* erinnert heute nur noch ein zweischiffiger Raum, der n am Chor erhalten geblieben ist (schönes Kreuzrippengewölbe).

Alt-Segeberger Bürgerhaus (Lübecker Str. 15): Zu den Bürgerhäusern, die der Lübecker Straße bis heute den reizvollen Charakter einer alten Straße bewahrt haben, gehört auch dieses Fachwerk-Giebelhaus v. 1616, in dem sich jetzt das *Heimatmuseum* befindet.

Umgebung

Altfresenburg (14 km s): Neben dem v. C. Hansen 1791 gebauten Herrenhaus des *Gutes Altfresenburg* ist der sog. *Fresenburger Wallberg* an der Trave, Überreste eines slawischen Ringwalls, v. Interesse.
Bad Oldesloe (16 km s): In der *ev. Kirche St. Petrus* (18./19. Jh.) ist ein Altar v. H. Heidtrider (1634) mit Eichenholzreliefs zu sehen.

72574 Bad Urach
Baden-Württemberg

Einw.: 12 500   Höhe: 464 m   S. 1281 ☐ G 14

Ehem. Stiftskirche St. Amandus/Ev. Pfarrkirche: Der Kern des Baus stammt aus den Jahren 1477–1500, als P. v. Koblenz* im Auftrag des Grafen Eberhard im Bart eine spätgot. Basilika errichtete. Der Turm erhielt seine endgültige Höhe aller-

dings erst im 19. Jh., die Ausmalung des Chorbogens erfolgte im 20. Jh.
Bedeutender ist die aus der Entstehungszeit erhaltene *Ausstattung*. Aus dem Jahr 1472 stammt der mit reichem Schnitzwerk versehene *Betstuhl des Grafen Eberhard*. Kurz nach Fertigstellung wurde die *Kanzel* eingebracht, die später noch ihren Schalldeckel erhielt (1632). Die Kanzel zeigt im Unterteil mehrere Heiligenfiguren, das Corpus trägt Kirchenväter. Darüber ist dichtes Schlingwerk geflochten – eine bedeutende Steinmetzarbeit des 16. Jh. Die *Chorkanzel* muß man im Zusammenhang mit dieser Hauptkanzel sehen. Beachtenswert ist trotz einiger Erneuerungen auch das Chorgestühl. Den Taufstein (1518) in der Taufkapelle zwischen Chor und Seitenschiff schuf der Bildhauer Christoph v. Urach. Glasgemälde im s Seitenschiff (15. Jh.).

Residenzschloß (Bismarckstraße): Das seit 1443 erbaute Schloß dient heute als Zweigmuseum des Württembergischen Landesmuseums in → Stuttgart. Im 2. Obergeschoß befindet sich der »Goldene Saal«, der im Jahre 1474 unter Herzog Eberhard im Bart geschaffen wurde, jedoch erst im 16. und 17. Jh. seine heutige Ausstattung erhalten hat. Die Balkendecke wird v. 4 korinthischen Säulen getragen, die Türen sind reich umrahmt. Schöner Kachelofen.

Rathaus und Marktplatz: Der schöne Fachwerkbau wird v. frei stehenden Holzstützen getragen. Der Bau ist 1562 fertig gewesen. Noch älter ist der davor stehende Marktbrunnen (1495–1500), der v. einer Figur des hl. Christophorus bekrönt wird (Kopie).
Auch die übrigen Häuser, die den großen Marktplatz umstehen, haben sich ihr Fachwerk erhalten.

Albvereins- und Historisches Museum (Schloß): Im Residenzschloß zwei Dauerausstellungen: Graf Eberhard im Bart; höf. Jagd in Württemberg. Sehenswerte Innenräume.

Bad Waldsee, >
Georg I. Truchseß von Waldburg,
in St. Peter

| 88339 Bad Waldsee |
| Baden-Württemberg |

Einw.: 17 000   Höhe: 587 m   S. 1281 ☐ H 15

| 34537 Bad Wildungen |
| Hessen |

Einw.: 17 200   Höhe: 273 m   S. 1277 ☐ G 8

Ehem. Augustiner-Chorherrn-Stiftskirche St. Peter: Die Kirche, die 1479 entstanden ist, ist im Baukörper bis heute erhalten, v. den damaligen Formen ist jedoch kaum noch etwas zu erkennen. Der Bau wurde im 18. Jh. so durchgreifend umgestaltet, daß er als ein Werk dieser Zeit gelten kann. Diesen Eindruck unterstreichen die beiden übereck gestellten Türme, die eine schön geschwungene W-Fassade einrahmen. Lediglich im Inneren sind spätgot. Züge zu erkennen. Aber auch hier dominiert das Barock. Höhepunkt der reichen Ausstattung ist der v. D. Zimmermann* geschaffene Hochaltar v. 1715, dem prächtige Nebenaltäre zur Seite stehen (Schnitzfiguren zwischen 1720–30). Das bedeutendste Stück ist die Bronzegrabplatte für Georg I. Truchseß v. Waldburg (gest. 1467), die eine der Höchstleistungen spätgot. Bildkunst darstellt.

Rathaus (am Markt): Das Rathaus (Baubeginn 1426) wurde mehrmals renoviert, zuletzt 1975–77. Den Fassadengiebel mit spitzbogigen Blendnischen und Maßwerkgalerie bekrönt ein barocker Glockengiebel v. 1657. Im Inneren sind der Ratssaal (Holzkassettendecke) und das Ratszimmer (Freskenreste v. 1526) eine Besichtigung wert. – Dem Rathaus gegenüber steht das im 15. Jh. erbaute *Kornhaus.*

Schloß (Schloßhof 7, w der Stiftskirche): Die einstige, um 1550 angelegte Wasserburg wurde 1745 wesentlich erweitert. Bedeutendster Teil ist die Schloßkapelle.

Museen: *Städt. Heimatmuseum* (Kornhaus): Plastik des 14.–18. Jh. Beiträge zur Wohnkultur des 18. und 19. Jh. – *Kleine Galerie* im Elisabethen-Bad: Malerei und Plastik.

Außerdem sehenswert: *Frauenbergkapelle.* – In den Stadtteilen: Franziskanerinnenkloster Reute (Altarblatt vom Kremser Schmied); barocker Klosterhof in Haisterkirch; Leutkirche des Haistergaus.

Ev. Stadtkirche St. Maria, Elisabeth und Nikolaus (Am Markt): Der Baubeginn geht in die erste Hälfte des 14. Jh. zurück, fertig war der Bau jedoch erst gegen Ende des. 15 Jh. 1505 kam die an den Turm anschließende Grabkapelle hinzu. Der Turm erhielt seine Haube 1811. In der Halle mit fast quadratischem Grundriß wird das Kreuzrippengewölbe v. schlanken Rundpfeilern getragen. Berühmt ist die Kirche wegen des Wildunger Altars, den Konrad v. Soest (vgl. auch Marienkirche in → Dortmund) geschaffen hat. Mit diesem Bild-Zyklus hat Konrad v. Soest eines der bedeutendsten Bildwerke dt. Malerei geschaffen (entstanden in den ersten Jahren des 15. Jh.). Im geschlossenen Zustand zeigt der Flügelaltar die Heiligen Katharina, Johannes d. T., Elisabeth und Nikolaus. Im geöffneten Zustand (er erreicht dann eine Breite v. annähernd 6 m) sind Kindheit, Passion, Auferstehung, Himmelfahrt Christi, Pfingstwunder und Jüngstes Gericht dargestellt. Weitere sehenswerte Details: Grabmäler (u. a. für

Bad Wildungen, Stadtkirche

Graf Samuel v. Waldeck, das A. Herber 1579 schuf). Spätgot. Kruzifixus über dem Altar (1518), Schmid-Orgel (1982).

Außerdem sehenswert: Schönes Stadtbild mit zahlreichen gut erhaltenen bzw. renovierten Fachwerkbauten (siehe insbesondere Brunnen-, Hinter- und Lindenstraße sowie Altstadt-Fußgängerzone). – *Schloß Friedrichstein* (in Alt-Wildungen): Schloß, das in seinen Anfängen auf eine Burg um 1200 zurückgeht, dessen vorzügliche barocke Innenausstattung aus der Mitte des 18. Jh. stammt. Im Schloß ein Jagd- und Militärmuseum. – Gründerzeitl. Kurviertel. – *Kurmuseum* (Brunnenallee).

Umgebung

Bergfreiheit (10 km s): Ein altes *Kupferbergwerk ist* wiederhergerichtet worden und ermöglicht einen guten Einblick in den einstigen Kupferabbau in diesem Gebiet.

74206 Bad Wimpfen
Baden-Württemberg

Einw.: 6400   Höhe: 195 m   S. 1281 □ G 12

Wimpfen, an der Mündung der Jagst in den Neckar gelegen, war in röm. Zeit Kastell. Seit dem 9. Jh. gehörte es den Bischöfen v. Worms. Die Staufer errichteten hier eine ihrer größten Pfalzen auf dt. Boden. Von etwa 1350–1803 war Wimpfen Freie Reichsstadt.

Ehemalige Kaiserpfalz: Um 1180 auf dem Altenberg errichtet; eine typ. Abschnittsburg mit Palas und herrlichen Arkaden sowie einem Saal für Hof- und Gerichtstage. Daneben das got. Steinhaus, die Wohnung des Burggrafen. Sehenswert die Pfalzkapelle mit Kaiserempore. Im W der Blaue Turm aus Blaustein. Die Ringmauer der Anlage ist in wesentlichen Abschnitten noch zugänglich.

Außerdem sehenswert: Ev. *Stadtpfarrkirche St. Maria*, 1234 urkundlich erwähnt; große spätgot. Hallenkirche, der Unterbau der Osttürme roman.; *Benediktinerklosterkirche St. Peter*, der W-Bau mit 2 Türmen roman., Langhaus und O-Teile aus dem 13. Jh. (letztere vielleicht v. Erwin v. Steinbach, dem Meister des Straßburger Münsters); bemerkenswerte alte Ausstattung; malerische *Altstadt* mit Bürgerhäusern des 15. und 16. Jh., hübsche Brunnen; Museum im *Steinhaus*.

Umgebung

Gundelsheim (10 km n): Im *Schloß Horneck* (16.–18. Jh.) ist neben dem *Heimatmuseum* das *Siebenbürgische Museum* mit einer interessanten Trachten-, Zinn- und Schmucksammlung untergebracht. **Mosbach** (20 km n): Die Altstadt v. Mosbach besitzt noch zahlreiche *Fachwerkbauten* (15.–19. Jh.), darunter das *Palm'sche Haus* (1610) und das *Rathaus* (1558/59). In der *Friedhofskapelle* (15. Jh.) ausgedehnte Zyklen spätgot. *Wandmalerei* (1496).

88410 Bad Wurzach
Baden-Württemberg

Einw.: 13 100 Höhe: 650–800 m S.1281 □ H 15

Kath. Pfarrkirche St. Verena: Das dreischiffige flachgedeckte Langhaus (1775–77) ist v. franz. Klassizismus beherrscht. Neben dem *Deckengemälde* mit Gestalten aus der Bibel und zeitgenössisch gekleideten Fürsten verdient der *Hochaltar* mit einer Figurengruppe J. A. Feuchtmayers[*] in der oberen Nische besondere Beachtung.

Kloster Maria Rosengarten (neben der Pfarrkirche): Im 16. Jh. von der Truchsessin zu Waldburg gestiftet, interessiert der Bau heute v. a. wegen seines hübschen *Treppenhauses* (1764) und der kleinen *Rokokokapelle*.

Ehem. fürstliches Schloß: Das *Alte Schloß* beherbergt eine *Kapelle* aus dem 18. Jh., die in einen modernen Kirchenraum überleitet. Das *Neue Schloß*, eine Dreiflügelanlage mit Ehrenhof, wurde 1723–28, möglicherweise v. J. C. Bagnato, errichtet. Bes. hervorgehoben zu werden verdient in dem mit einem kurvenreichen Giebelaufsatz bekrönten Mittelpavillon

das »schönste Treppenhaus Oberschwabens«, das sich anmutig in doppelläufigen Absätzen um einen dreipaßförmigen Kernraum mit reichem, aber leichtem Schmuck bis zum Deckenfresko, der Apotheose des Herkules, hinaufschwingt. Als Entstehungszeit wird die Mitte des 18. Jh. angenommen; die Ausführenden aber sind unbekannt.

Außerdem sehenswert: Das *Hl.-Geist-Spital v.* 1695 und das *Leprosenhaus,* ein Fachwerkbau v. 1696. – Barocke *Wallfahrtskirche Hl. Kreuz* auf dem Gottesberg (1709–13). – *Naturschutzgebiet Wurzacher Ried:* Größtes zusammenhängendes, noch intaktes Hochmoor in Mitteleuropa (16 km^2).

Veranstaltungen: *Wurzacher Blutritt,* Wallfahrt hoch zu Pferd zum Gottesberg (2. Freitag im Juli).

Umgebung

Arnach (7 km s): *Kath. Pfarrkirche St. Ulrich und Margaretha:* Ein J. G. Fischer zugeschriebener Saalbau v. 1744–49 mit spätgot. Turm v. Vorgängerbau (Barockhelm v. 1761) und schönen Altären (Kreuzigungsgruppe v. J. F. Sichelbein im Hochaltar v. 1700). Stuck und Bemalung stammen zum großen Teil v. 1930.

76530–34 Baden-Baden
Baden-Württemberg

| Einw.: 52 500 | Höhe: 183 m | S. 1280 □ E 13 |

Schon der röm. Kaiser Caracalla soll hier in den Kaiserthermen v. »Aquae Aureliae« im Jahr 213 gebadet haben. Im 19. Jh. wurden sie Treffpunkt der Pariser Society und der europ. und russischen Aristokratie. Dostojewskis Roman »Der Spieler« ist aus dem Erlebnis an der Baden-Badener Spielbank entstanden, Gogol und Turgenjew dichteten hier, und hier weilte auch Honoré de Balzac mit seiner ein Leben lang fast nur aus der Ferne geliebten Madame Hanska. Mark Twain hat die Modekurstadt und

< Bad Wurzach, Treppenhaus im Schloß

Baden-Baden, Zisterzienserinnenabtei Lichenthal

deren Betrieb in seinem Buch »Bummel durch Europa« glossiert. – Schon um 1500 gab es hier 12 Badehäuser und 389 Einzelbadkästen, und Paracelsus, der große Arzt, rettete im Jahr 1526 mit den Heilquellen den badischen Markgrafen Philipp I. vor dem Tode.

Ehem. Stiftskirche Unserer Lieben Frau/St. Peter und Paul (Marktplatz): Über den verfallenen röm. Thermen wurde eine Kirche errichtet. 987 erstmals erwähnt. Von diesem ersten Bau ist nur noch der untere Teil des Turms erhalten. Die Kirche ist in der Mitte des 15. Jh. zu einer weiten Hallenkirche mit hohem Mittelschiff umgestaltet worden. Um 1460 war an das n Seitenschiff ein Chor angesetzt worden, zu dem man – 200 Jahre später – am s Seitenschiff ein Pendant, diesmal in gotisierenden Formen, gesellte. Der Turm erhielt nach dem Stadtbrand 1689 seine Obergeschosse. Das Innere wird beherrscht v. einem 5,60 m hohen *Sandstein-*

Baden-Baden, Zisterzienserinnenabtei Lichenthal

Baden-Baden, Ruine eines römischen Bades

kruzifixus, der v. Alten Friedhof nach hier gebracht wurde. Es ist ein Werk des spätgot. Naturalismus, geschaffen v. Nikolaus Gerhaert v. Leyden. Auch die figürliche Plastik des *Sakramentshäuschens* kommt aus der gleichen Werkstatt. Aus der langen Reihe der *Grabdenkmäler* im Chor ragt das Prunkepitaph für Markgraf Ludwig Wilhelm (Türkenlouis) heraus. Der Feldherr steht, den Marschallstab in der Hand, auf seiner Grabtumba und ist umgeben v. Allegorien, Trophäen und Emblemen, die den Türkenbesieger verherrlichen. Wessobrunner Stukkateure sind die Schöpfer dieses Werkes (1753). Ein anderes bedeutendes Kunstdenkmal ist das Nischengrab Philipps I.: Der Markgraf liegt in Ritterrüstung auf dem Sarg.

Neues Schloß (Schloßstr.): 1479 Residenz der Markgrafen v. Baden, die nach der Zerstörung Baden-Badens im Pfälz. Erbfolgekrieg (1689) ihren Sitz nach → Rastatt verlegten. Der Ausbau des spätgot. Schlosses erfolgte im 16. Jh. unter Markgraf Philipp II. Um eine unregelmäßig viereckigen Hof gruppieren sich der sog. *Kavalierbau* (1709 wiederhergestellt), der *Küchenbau* (ab 1572) mit zweigeschossiger Loggia und einem im 19. Jh. aufgesetzten Fensterstockwerk. Mittelpunkt ist das Hauptschloß, der sog. *Renaissance-Palast*, mit Portal und Thermalbädern im Erdgeschoß. Der Baumeister dieses 67 m langen, rationell durchdachten Traktes war K. Weinhart aus München (1573–75). Von den vielen Türmen, die Merians Kupferstich von 1643 von dem prächtigen Renaissanceschloß zeigt, sind nur noch 2 erhalten. Im Marstallgebäude sind heute die *Stadtgeschichtlichen Sammlungen* (Römerfunde!) untergebracht.

Zisterzienserinnenabtei Lichtenthal (Hauptstr. 40): Ein wenig außerhalb liegt das Kloster Lichtenthal, das v. der Enkelin Heinrichs des Löwen, Irmingard, 1243 gegründet wurde und noch heute der alten Bestimmung dient. Der Bau selbst stammt aus dem 14. und 15. Jh. Im Frauenchor liegt Stifterin Irmingard begraben. Den Grabstein (um 1350) hat der Straßburger Meister Wölfelin v. Rufach geschaffen. In einer Grabnische im Chor findet man got. Wandmalereien (um 1330). In der *Für-*

stenkapelle (n v. der Kirche) werden die Flügel des Annenaltars (1496) gezeigt. Die 3 Sandsteinfiguren über dem Kapelleneingang (um 1300) stammen aus dem Schwarzwaldkloster → Allerheiligen.

Kurhaus: Mit Beginn des 19. Jh. entwikkelte sich der Ort zum Modebad. F. Weinbrenner[*] aus Karlsruhe, ein strenger klassizistischer Architekt, baute das Promenadenhaus aus dem 18. Jh. zum Kurhaus mit heiterer Säulenhalle um (1821–24). Er hat auch das Kapuzinerkloster, das der Verleger Cotta nach der Säkularisation kaufte, umgebaut (heute *Badischer Hof*) und das *Palais Hamilton* (jetzt Stadtsparkasse) im Jahr 1808 errichtet.

Theater: Das *Theater Baden-Baden* (Goetheplatz): Das Theater, das 1862 nach Plänen von Derchy und Couteau erbaut wurde, wird v. einem eigenen Schauspiel-Ensemble bespielt. 512 Plätze.

Außerdem sehenswert: Altes Schloß Hohenbaden (12.–15. Jh., seit 1590 Ruine), das Jagdhaus Fremersberg (1716–21) und die ev. Kirche am Fremersberg aus dem Jahr 1958.

Casino (Kaiserallee 1): Größte und älteste Spielbank Deutschlands.

79410 Badenweiler
Baden-Württemberg

Einw.: 3700   Höhe: 426 m   S. 1280 □ D 15

Burgruine: Von der alten Stauferburg aus dem 12. Jh. sind noch einige Teile erhalten (Palas, Schildmauer). Die Burg wurde 1678 zerstört und ist wegen des weiten Blicks in die Rheinebene noch heute ein Anziehungspunkt.

Ruine des Römerbades (im Kurpark): Die Thermalquellen in Badenweiler sprudelten schon in röm. Zeit. Die Ruinen des Römerbades wurden 1784 zufällig entdeckt. Das Zentrum des 3000 qm großen Bades bildeten 4 Badehallen, umgeben v. Nebenräumen, die durch eine Bodenheizung gewärmt wurden. Die Größe des Bades läßt auf eine große *Römersiedlung*

Badenweiler, Ruine der ehemaligen Stauferburg

schließen. Nur bei Führungen Di. und So. zugänglich.

Außerdem sehenswert: *Kurhaus* (1972) in Terrassenbauweise, am Hang des Burgberges. – *Kurmittelhaus* (1875; 1906–08, 1954–58 und 1979–81 erweitert). – In der *ev. Kirche* (1892–98) Fresken aus dem 14. Jh. (Legende v. den 3 Lebenden und den 3 Toten). – *Kath. Pfarrkirche St. Peter* (1960) mit interessanter Architektur (ellipt. Grundriß, frei stehender Turm). – *Im Kurpark* (älteste Teile 1758) Gedenkstein für den russischen Dramatiker und Erzähler A. P. Tschechow, der 1904 hier starb.

Baldern ✉ **73441 Bopfingen**
Baden-Württemberg

Einw.: 400   Höhe: 628 m   S. 1282 ☐ I 13

Schloß: Die Ursprünge des Baus gehen zwar bis in die Mitte des 12. Jh. zurück, heute präsentiert sich das Schloß jedoch in seinen wesentlichen Teilen als ein Werk des Spätbarock. Höhepunkt ist die 1725 gew. *Schloßkirche*, für die G. Gabrieli* (der auch die 3 Altäre entworfen hat) die entscheidenden Anregungen gab. Ausgeführt wurden die Stukkaturen durch die Degginger Künstler J. Jakob und U. Schweizer. Innerhalb des Schlosses ist v. a. der *Fürstenbau* zu erwähnen, der ebenfalls reich mit Stukkaturen versehen ist.

Im Schloß befinden sich heute eine bemerkenswerte *Sammlung historischer Waffen* sowie Keramiken und Fayencen.

72336 Balingen
Baden-Württemberg

Einw.: 32 400   Höhe: 517 m   S. 1281 ☐ F 14

Ev. Stadtkirche: Die Kirche aus dem 15./16. Jh. imponiert durch ihren mächtigen Turm, der dem Vorbild in → Rottweil nachempfunden ist. Im Inneren ist die

Schloß Baldern

steinere *Kanzel* von Meister Franz (Anfang 16. Jh.) hervorzuheben. Den Schalldeckel hat S. Schweizer aus Balingen geschaffen.

Außerdem sehenswert: Das *Zollernschlößchen* aus dem 15. Jh. wurde 1935–1938 abgebrochen und nach altem Vorbild wieder errichtet. Heute befindet sich darin das *Museum für Waage und Gewicht;* ab 1993 wird es in die *Zehntscheuer* verlegt – dort auch das *Heimatmuseum.*

06493 Ballenstedt

Sachsen-Anhalt

Einw.: 7900   Höhe: 217 m   S. 1278 □ L 7

Schloß: Neben der verschwundenen *Alten Burg* (11. Jh.) der Grafen v. Ballenstedt, die besser als Stammburg der Askanier bekannt ist, stand auf dem Schloßberg vom 11.–16. Jh. eine roman. *Stiftskirche,* die ab dem 12. Jh. zum *Benediktinerkloster* er-

weitert und im Bauernkrieg (1525) beschädigt wurde. Aus der Klosterruine ging nach 1700 die Dreiflügelanlage des *Barockschlosses* der Fürsten v. Anhalt-Bernburg hervor, die seit dem 18. Jh. v. einem weitläufigen *Park* umgeben ist, den P. J. Lenné* zum ital. Terrassengarten (1859) umgestaltete.

In die Schloßgebäude (heute Fachschule) integriert sind Teile der alten Stiftskirche, so Reste des einst zweitürmigen Westwerks, des Refektoriums und der roman. Krypta mit dem Grab des Askanierfürsten Albrecht der Bär (gest. 1170).

Das *Schloßtheater,* an dem F. Liszt und A. Lortzing wirkten, entstand 1788.

Außerdem sehenswert: Streckenweise erhalten ist die *Stadtmauer* (1551) mit dem *Markt-, Ober-* und *Unterturm.* – Aus spätgot. Zeit stammen der stattliche *Oberhof* (um 1480), das frühere *Amtshaus* (um 1490) und die im 17. und 19. Jh. veränderte *Nikolaikirche* (um 1500). – Am alten *Fachwerkrathaus* (1682) prangt das ehem.

Balingen, Zollernschlößchen

Ballenstedt, Schloß v. W

Obertorwappen v. 1551. – In einem barocken Bürgerhaus informiert das *Städtische Heimatmuseum* über die Stadtgeschichte, das örtliche Handwerk und das Brauchtum des Harzvorlandes.

58802 Balve
Nordrhein-Westfalen

Einw.: 11 500   Höhe: 546 m   S. 1276 □ D 8

Kath. Pfarrkirche St. Blasius (Am Kirchplatz): Die schlichte dreijochige Hallenkirche mit Quergiebeldächern ist typisch für die südwestfälische Romanik. Leider beeinträchtigt der übergroße neuroman. Anbau von 1910 im Norden das Gesamtbild der Anlage. Das Querhaus und der Chor entstanden Ende des 12. Jh., die Halle mit W-Turm und Sakristei gegen Mitte des 13. Jh. Bei den Stufenportalen sind die Außenwände ganz ohne Gliederung und plastischen Schmuck. Auch im Inneren wirkt die Kirche mit den schweren quadratischen Pfeilern und den Kuppelgewölben im Mittelschiff streng und ernst. In den Apsiden findet man noch Reste *spätroman. Wandmalerei* aus der Mitte des 13. Jh. (Christus als Weltenrichter mit Heiligen und Aposteln) und jüngere got. Malereien (datiert 1334, z. T. stark erneuert).

Zur Ausstattung der Kirche gehören die stehende Madonna, ein roman. Rauchfaß, ein spätgot. Kruzifixus (Ende 15. Jh.) und ein hl. Blasius (Anfang 16. Jh.), der Kirchenpatron.

Balver Höhle (1 km n an der B 229): In dieser größten Kulturhöhle Deutschlands fand man Werkzeuge der Steinzeit. Sie werden heute zusammen mit Funden aus der Bronze- und Eisenzeit im Prähistorischen *Museum Balve* gezeigt.

Luisenhütte: Älteste (funktionstüchtige) Hochofenanlage Deutschlands mit Kohlenmeiler und sozialgeschichtl. Ausstellung, Bergbaustollen.

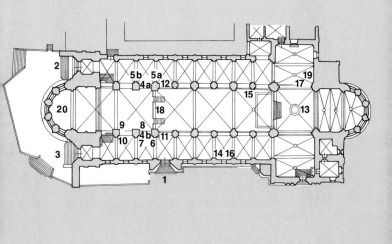

96047–52 Bamberg

Bayern

Einw.: 70 700   Höhe: 269 m   S. 1282 □ K 11

Bamberg, der Sitz des Grafengeschlechts der Babenberger, wurde unter Kaiser Heinrich II. (973–1024) Bischofsstadt und Vorort der Missionierung nach O. Mit dem Dom erhielt es sein architektonisches und geistiges Zentrum. Den Engpaß zwischen Bischofsstadt und Bürgerstadt bildet seit dem 14. Jh. das Rathaus, heute ein barokker Torturm mit Gebäudemassen zu beiden Seiten. Aus dem Giebelwirrwarr spitzer Ziegel- und blauer Schieferdächer ragen die Türme der vielen Kirchen heraus – ein in dieser Unversehrtheit einmaliges Stadtbild, das auch im letzten Krieg verschont blieb.

Dom (Am Domplatz): Auf dem Grundriß eines alten Doms, den Kaiser Heinrich II. erbaut hatte, erstand im 13. Jh. der heutige

Bamberg, Dom 1 Fürstenportal **2** Adamspforte, um 1215–20 **3** Gnadenpforte **4** Schranken des Georgenchores, 13. Jh., a) Apostel, b) Propheten **5** Figuren v. Fürstenportal, 13. Jh., a) Ekklesia, b) Synagoge **6** Dionysius, 13. Jh. **7** Lachender Engel, 13. Jh. **8** Maria **9** Elisabeth **10** Grabbild Clemens II., 13. Jh. **11** Reiter **12** Verkündigungsrelief **13** Grabtumba Papst Clemens II. im Peterschor, 13. Jh. **14** Grabmal des Fürstbischofs Friedrich v. Truhendingen, 1366 **15** Grabmal des Fürstbischofs Friedrich v. Hohenlohe, 1352 **16** Grabmal des Fürstbischofs Albert v. Wertheim, 1421 **17** Grabmal des Fürstbischofs Phillipp v. Henneberg, 1487 **18** Grabmal der Heiligen Heinrich und Kunigunde v. Tilman Riemenschneider, 1499 ff. **19** Marienaltar v. Veit Stoß, 1523 **20** Ausmalung des Georgenchores v. K. Caspar, 1928

Dom, der v. a. wegen seiner Figurenzyklen (Bamberger Reiter) und der Portale berühmt ist.

Baugeschichte: Der alte Dom war burgartig nach allen Seiten hin abgeschlossen. Der Neubau der Stauferzeit (1215–37) wandelte den Plan ab und errichtete 4 Türme. Die Aufstockung der beiden Obergeschosse der Osttürme und die Bemalung

aller 4 Türme führte J. M. Küchel[*] durch (1766–68), ein Schüler B. Neumanns[*].

Baustil und Baubeschreibung: Der Dom ist mit seinen 4 Türmen und der dreischiffigen Basilika eine typische roman. Anlage. Auch die got. Teile folgen noch eindeutig dem roman. Plan. Daß der Kirchenraum im O und W mit Chören abgeschlossen wird, ist ein Charakteristikum der dt. Romanik (vgl. → Speyer, → Worms).

Inneres und Ausstattung: Der O-Chor hat über den Fenstern eine leere Kalotte, die mit einem Fresko v. K. Caspar (1928) ausgeschmückt ist. Im W-Chor und dem W-Querschiff sind die Gewölbe mit tief eingeschnittenen Kreuzgewölben zerteilt. Unter dem O-Chor liegt eine dreischiffige *Krypta.*

Ein besonderer Schmuck sind die Portale an der O-Seite (die *Adamspforte* und das *Marienportal,* das auch *Gnadenpforte* genannt wird) und an der n Längsseite (Fürstenportal mit Jüngstem Gericht), ebenso der Zyklus mit den Apostelpaaren an den Wänden des Georgenchors. Auch der berühmte *Bamberger Reiter* (l v. Aufgang zum Georgenchor), Maria, der »lachende« Engel, die nonnenhafte Elisabeth, der hl. Dionysius und die Statuen von *Ecclesia* und *Synagoge* haben wohl urspr. ihren Platz an Außenportalen gehabt. Das altertümlichste der Portale ist die *Adamspforte.* Die Gestalten v. Kaiser Heinrich, Kaiserin Kunigunde, St. Stephanus, Petrus und Adam und Eva – die ersten plastischen Akte des MA! –, die zeitweise hier standen, befinden sich im *Diözesanmuseum* (Domplatz 5). Vor dem O-Chor liegt der *Doppelsarkophag* für Kaiser Heinrich und Kaiserin Kunigunde, ein Hochgrab aus Solnhofener Schiefer, mit dem Kaiserpaar auf der Deckplatte und Reliefs an den Seiten. Es ist ein Werk Riemenschneiders[*] (1499–1513) im Faltenstil der Spätgotik. Am letzten Pfeiler (l v. Peterschor) steht die überschlanke Greisengestalt des Bischofs Friedrich v. Hohenlohe, ein Werk des Würzburger Wolfskeelmeisters (1352). Im Seitenschiff dahinter an der Abschlußwand nach W steht jetzt der *Bamberger Altar* v. V. Stoß[*] (1520–25), ein Marienaltar mit der Geburt Christi und Reliefs in den Flügeln, alles ungefaßt in

< *Bamberg, Dom*

Bamberger Reiter

Kaiserin Kunigunde, Kaisergrab

Naturholz. Die dritte bedeutende Plastik im W-Chor des Doms ist der *Kreuzaltar* v. J. Glesker* (1648–53) mit goldgefaßten überlebensgroßen Figuren im Stil des Hochbarock. Ferner verdient das *Chorgestühl* aus dem späten 14. Jh. besondere Beachtung. – Die *Schatzkammer* besitzt u. a. die Kaisermäntel Heinrichs II. und der Kaiserin Kunigunde, die Kaiserdalmatika und die kostbar gefaßten Schädel v. Kaiser Heinrich und Kaiserin Kunigunde.

Alte Hofhaltung und Neue Hofhaltung (Domplatz 8): An die N-Seite des Doms schließt die Alte Hofhaltung an; an gleicher Stelle hatte Kaiser Heinrich II. im Jahr 1020 zusammen mit dem Dombau seine Pfalz errichtet. Die Fachwerkflügel im Hof, die den Eindruck eines ländlichen Gutshofs vermitteln, stammen aus dem 15. Jh. Der *Ratsstubenbau* (1570–77) hat schön geschweifte Giebelstücke und einen reich gearbeiteten Erker. – Dem Renaissancebau gegenüber liegt die barocke *Neue Hofhaltung* (auch *Residenz* genannt). Sie wurde im wesentlichen v. J. L. Dientzenhofer* gebaut (1697–1703). Im Inneren haben eine Filialgalerie der *Bayerischen Staatsgemäldesammlungen* und die *Staatsbibliothek* Unterkunft gefunden. Dem Bau ist nach NO auf einer Gartenterrasse das *Rosarium* vorgelagert.

St. Michael (Michaelsberg): Von Kaiser Heinrich II. kurz nach dem Dom gegründet (1015). 1117 durch Erdbeben zerstört. Neubau 1121 durch Bischof Otto den Heiligen; roman. Apsis im Jahr 1570 durch einen schlanken Chor in spätgot. Formen ersetzt. 1610 wurden auch die oberen Turmgeschosse im Stil der Spätgotik aufgestockt. J. L. Dientzenhofer legte vor das Turmpaar 1696 die W-Fassade. 1723 wurde davor noch die breite Freitreppe mit Balustradenterrasse aufgeführt. – Die Flachdecke wurde 1610 durch ein Gewölbe ersetzt, auf das der »Botanische Garten« aufgemalt ist – mehr als 600 einheimische und fremdländische Pflanzenarten. Die Grabtumba des hl. Otto (gest. 1189) steht unter dem Chor mit einem »Tunnel« zum Hindurchkriechen für fromme Verehrer des Heiligen. An den Wänden des schma-

Fürstenportal des Bamberger Doms >

len Chorraums stehen r und l Sitze und Vertäfelung eines schönen Rokokogestühls v. H. E. Kempel und Servatius Brickard.

St. Martin (Grüner Markt): Mit tief eingeschnittenen Bogennischen haben G. Dientzenhofer und sein Bruder Johann Leonhard die Schaufassade der Kirche nach dem röm. Vorbild v. »Il Gesù« gegliedert. Der Bau ist 1686–91 entstanden. Die Ausstattung haben Italiener übernommen. Das Mittelgewölbe ist mit einer architektonischen Steinkuppel bemalt. Das an die Kirche anschließende Jesuitenkolleg (1696–1711) war eine Zeitlang Universität und barg die *Staatsbibliothek* (heute in der Neuen Residenz) mit Handschriften und Handzeichnungen.

Obere Pfarrkirche (Unterer Kaulberg): Der mächtige Chor (mit Umgang) ragt, v. Strebebögen gestützt, über die vielmals gebrochenen Dachflächen des Kapellenkranzes heraus. Zuerst erwähnt im 11. Jh.; hochgot. Neubau (ab 1338) im Stil der Bettelordenkirchen; Chor 1375–87; Einwölbung bis 1421. Von der N-Seite her betritt man das Innere durch die sog. Ehepforte, ein Portal mit den klugen und törichten Jungfrauen, der Himmelfahrt und der Krönung Mariens (um 1360). Bis auf das Gnadenbild der Muttergottes im Hochaltar (um 1330) stammt die Ausstattung im wesentlichen aus dem 18. Jh. In der sechsten Kapelle des Chorumgangs findet man ein feines *Sakramentshäuschen* aus Sandstein mit Reliefschmuck (1392).

Barockbauten: Aus der Menge der barocken Bürgerhäuser der Altstadt ragen einige besondere Bauten heraus. *Rathaus* (Obere/Untere Brücke): Die erste Brücke an dieser Flußübergangsstelle entstand 1157, der erste Torturm 1321. Der heutige Rathausbau wurde bereits 1467 auf einem Pfahlrost errichtet und 1744–56 v. J. M. Küchel* in barocke Gestalt gebracht. Das geschweifte Mansardendach mit der durchbrochenen Laterne und die reichen Balkone an beiden Seiten sind mainfränkisches Rokoko höchsten Ranges. – Das *Palais Concordia* (Concordiastraße) wurde 1716–22 wohl v. J. Dientzenhofer für Geheimrat Böttinger gebaut (heute Staatl. Forschungsinstitut für Geochemie). 2 rechtwinklige Flügel bilden nach der Regnitzseite hin ein Gartenparterre mit Tor zum Wasser. – Das *Böttinger-Haus* (Judengasse), 1707–13 für den gleichen Bauherrn wie das Palais Concordia errichtet, ist mit seinem überquellenden Dekor mei-

Tympanon des Marienportals

sterlich in den engen Straßenwinkel eingepaßt. – Sehenswert auch das *Raulino-Haus* (1709–11) und der *Ebracher Hof* (1764–66), in dem sich heute die Oberjustizkasse befindet. – *Klein-Venedig* wird eine Reihe alter Fischerhäuser mit geraniengeschmückten Holzbalkonen genannt; man findet sie v. Rathaus regnitzabwärts. In diesem Viertel schenken alte Kneipen das berühmte Bamberger Rauchbier (»Schlenkerla«) aus.

E. T. A.-Hoffmann-Haus (Schillerplatz 26): E. T. A. Hoffmann war hier 1808–14 Kapellmeister am Theater (Gedenkstätte im Haus Schillerplatz 26). Diese Tradition setzen die *Bamberger Symphoniker* fort, die als »Dt. Philharmoniker« aus Prag nach B. übersiedelten.

Museen: Neben dem *Erzbischöflichen Diözesanmuseum* mit Domschatz (im Kapitelhaus des Doms, siehe dort) besitzt Bamberg noch weitere Museen: *Neue Residenz* (Domplatz 8): Die Neue Residenz wurde 1599–1610 als letzte Residenz der Fürstbischöfe zu Bamberg durch J. Wolf d. Ä. erbaut und 1697–1703 durch J. Dientzenhofer vollendet. In diesem Baudenkmal werden Beispiele für die Wohnkultur des Spätbarock, Rokoko und Klassizismus gezeigt. Ebenfalls in der Neuen Residenz befindet sich die *Staatsgalerie Bamberg*, eine Abteilung der Bayerischen Verwaltung der Staatl. Schlösser, Gärten und Seen. Gezeigt wird europ. Malerei v. 15.–18. Jh. – *Historisches Museum* (Domplatz 7): Hier werden Kunst und Kunsthandwerk und Beiträge zur Volkskunde gesammelt. – *Karl-May-Museum* (Hainstr. 11): In Verbindung mit dem in Bamberg ansässigen Karl-May-Verlag ist dieses Museum als Gedächtnisstätte für den Schriftsteller Karl May entstanden (1960). U. a. werden das Arbeitszimmer und die Bibliothek Karl Mays gezeigt. – *Gärtner- und Häckermuseum* (Mittelstr. 34): Zeugnisse der Geschichte und Frömmigkeit der Bamberger Ackerbürgerstände, Trachtensammlung.

Theater: *E. T. A.-Hoffmann-Theater* (Schillerplatz 7): Nach der Zerstörung im 2. Weltkrieg wurde das Theater 1958 neu eröffnet. Es besitzt ein eigenes Schauspiel-Ensemble. 465 Plätze.

Königin von Saba, Chorgestühl des späten 14. Jh., Bamberger Dom

Ratsstubenbau (1570–77) in der Alten Hofhaltung in Bamberg

Außerdem sehenswert: In Bamberg gibt es noch eine Reihe weiterer schöner Kirchen, so *St. Jakob* (um 1070 gegründet und 1111 geweiht; Änderungen im 13. und 15. Jh., auch im 18. und 19. Jh.); *St. Stephan* (1020 gew., verschiedentlich Änderungen, heutiger Bau geht auf das 17. Jh. zurück), seit 1807 ev. Pfarrkirche; die *Karmelitenkirche* (13. Jh., barocker Umbau v. J. L. Dientzenhofer), St. Gangolf (1063 Weihe; Erweiterung im 15. Jh. und weitere Umgestaltungen danach) und die *ehem. Dominikanerkirche* (1310, mit verschiedenen späteren Umgestaltungen), die heute als Konzertsaal dient. – Ferner: Das *ehem.* fürstliche Schloß *Geyerswörth* (1587) auf der Regnitzinsel.

| **Banz** ✉ 96231 Staffelstein |
| Bayern |
| Einw.: 1200   Höhe: 416 m   S. 1278 ☐ K 10 |

Ehem. Benediktinerkloster: Weithin sichtbar präsentiert sich die schloßartig barocke Klosteranlage aus gelbem Sandstein mit der zweitürmigen Kirche auf einem Tafelberg hoch über dem Main, nicht zufällig gegenüber der auf der anderen Mainseite gelegenen Wallfahrtskirche → Vierzehnheiligen. 1069 Gründung eines Benediktinerklosters in der Grenzfestung der Markgräfin Alberada v. Schweinfurt; 1071 Übergabe an den Bischof v. Bamberg; 1114 Weihe einer Kirche, Zerstörung im Dreißigjährigen Krieg, 1695 Beginn des Klosterneubaus durch J. L. Dientzenhofer[*]; 1710–19 Kirchenbau des bekannteren Bruders J. Dientzenhofer[*]; Torflügelbau des großen Hofes 1752 nach Plänen B. Neumanns[*].

Man kommt v. der Mainseite durch ein mit Rokokoranken und bewegten Figuren verziertes Tor, r und l flankiert v. zweistöckigen Gebäuden mit Eckpavillons als äußerem Abschluß nach den Plänen v. B. Neumann. Über den Wirtschaftshof steigt man zum Abteibau hinauf, dahinter liegt, wieder etwas höher, der Konventsbau. So entsteht eine reizvolle Stufung der verschiedenen Dachpartien. Der Schwerpunkt bei der äußeren Gestaltung der Kirche lag in der vorgewölbten Fassade zwischen den beiden mächtigen Türmen mit den hohen geschwungenen Hauben. Heiligenfiguren mit pathetischen Gebärden stehen in den Nischen der einzelnen Geschosse und als Balustradenaufsatz am Turmgeschoß. Die Fassadenplastik stammt v. B. Esterbauer (1713).

Trotz des rechteckigen Grundrisses der

< Bamberg, Altes Rathaus mit Brücke

Bamberg, St. Michael

Banz, Benediktinerkloster

Kirche scheint der Innenraum aus einem länglichen Oval zu bestehen. Die prunkvolle Ausstattung geht z. T. auf Entwürfe Dientzenhofers zurück. Hervorzuheben sind die *Stuckarbeiten* und die *Deckenfresken*, das hervorragende *Chorgestühl* sowie *Hochaltar*, *Choraltar* und *Kanzel*. Im Kloster sind noch die *Abtskapelle* und der *Kaisersaal* zu sehen.

39249 Barby
Sachsen-Anhalt

Einw.: 5300   Höhe: 54 m   S. 1278 ☐ M 7

Ehem. Franziskanerkirche St. Johannis: Sie entstand in der 2. Hälfte des 13. Jh. als Klosterkirche der Franziskaner. Der frühgot., einschiffige Bau birgt eine in der Art v. H. Witten geschnitzte Mondsichelmadonna (um 1510) und mehrere Epitaphe (13.–17. Jh.) der Grafen v. B., z. T. farbig bemalt, die den Innenraum ausschmücken.

Stadtkirche St. Marien: Eigtl. frühgot. Bau aus der Zeit um 1280. 1683 wurde die urspr. einschiffige Kirche um 2 niedrige Seitenschiffe erweitert. Der große spätgot. w Turm wurde 1505 begonnen und 1711 mit einer Kuppelhaube versehen. Der Altaraufsatz mit hölzernen Säulen datiert aus dem Jahre 1728, die geschnitzte Kanzel v. 1722. Zur prächtigen Barockausstattung des 18. Jh. gehört auch die Orgelempore.

Schloß: Ende des 17. Jh. wurde die alte Burg zum größten Teil abgetragen und durch einen großen Barockbau v. G. Simonetti nach Entwürfen v. J. A. Nehring ersetzt (1687–1715). Außer einem Portal ist v. der alten Anlage nichts mehr erhalten. Brände 1737 und 1917 beschädigten das Gebäude stark. – Das *Schloßgut* wurde um 1670 errichtet. Vorn ist ein übergiebelter Mittelrisalit mit Balkon aus Sandstein zu sehen.

Außerdem sehenswert: An der *Friedhofskapelle befinden* sich eine polygone

Außenkanzel und der Zugang zu einer Grabkapelle aus dem Jahre 1591. – Von der ehem. Stadtmauer sind noch zwei Türme erhalten, im NW der sog. »Prinz«, im NO das sog. »Prinzeßchen«.

Umgebung

Dornburg/Elbe (10 km n): Das dreigeschossige barocke *Schloß* wurde 1751–53 v. F. J. Stengel* erbaut. 1945 brannte es aus. Seit der Restaurierung Archiv.

21357 Bardowick
Niedersachsen

| Einw.: 4700 | Höhe: 16 m | S. 1273 □ I 4 |

Ev. Pfarrkirche St. Peter und Paul (Dom): Nach der Zerstörung dieses einstmals bedeutenden Handelsplatzes im Jahr 1189 durch Heinrich den Löwen wurde die Stiftskirche St. Peter und Paul gebaut (v. den Einheimischen »Dom« genannt). Von der 1220–30 entstandenen spätroman. Anlage sind noch der W-Bau aus hellem Quaderstein, eine Zweiturmanlage mit Zwischenhalle und die Empore erhalten. Das Langhaus wurde 1380 abgerissen und durch eine got. Backsteinhalle ersetzt, die sich mit breitem kreuzrippengewölbtem Mittelschiff und schweren Rundpfeilern bruchlos den älteren Teilen anpaßt. Der zweiflügelige Schnitzaltar von 1425 steht im Blickpunkt des schlichten, mit hohen Fenstern sehr hellen Innenraums. Drei Lüneburger Meister haben das eichene Chorgestühl mit Heiligenreliefs geschnitzt.

18356 Barth
Mecklenburg-Vorpommern

| Einw.: 11 100 | Höhe: 6 m | S. 1275 □ O 2 |

Das Fischereistädtchen am *Barther Bodden* war einst zweitgrößter preußischer Seehafen und ist mit den vorgelagerten Halbinseln *Darß* und *Zingst* über den *Bresewer Damm* verbunden.

Stadtkirche St. Marien: Stattlicher Backsteinbau des 13. bis 15. Jh. Ältester

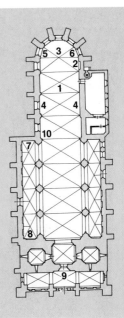

Bardowick, Dom 1 Bronzefünte (Taufe), 1367 **2** Grabplatte des Dekans Hermann Schomaker, 1406 **3** Schnitzaltar, 1425, Sockel um 1405 **4** Chorgestühl, Ende 15. Jh. **5** Sakramentshaus, spätgot. **6** Epitaph für Jakob Schomaker v. Albert v. Soest, 1579 **7** Epitaph des Dr. Wilhelm v. Cleve (gest. 1600) **8** Epitaph des Johannes Förster (gest. 1547) **9** Stufenportal, um 1170 **10** Kanzel

Teil ist der zweijochige Rechteckchor des späten 13. Jh., mit großem O-Fenster und Blendengiebel, daran schon Anfang des 14. Jh. die dreischiffige, sechsjochige Halle angefügt, ihr O-Giebel mit steigenden Blenden, die Portale mit tiefen, reich profilierten Gewänden. Im 15. Jh. die N-Sakristei und der v. zweijochigen Seitenhallen begleitete quadratische W-Turm angefügt, seine Obergeschosse und die Schildgiebel mit Blendengliederung. Der Dachreiter über dem O-Giebel des Schiffes barock, der Turmhelm v. 1870. Im Inneren Kreuzrippengewölbe, im Langhaus auf Achteckpfeilern.

Dammtor: Backstein-Torturm mit spitzbogig geschlossener Durchfahrt aus der Mitte des 15. Jh., reizvoll die Dachlösung

Bardowick, St. Peter und Paul

Bassenheimer Reiter

mit übereck gestellten Zwerchhäusern am Ansatz des Pyramidendaches. Von der übrigen Stadtbefestigung ist nur der zylindrische *Fangelturm* (Sternwarte) aus dem 14. Jh. im sö Teil der Innenstadt erhalten.

Umgebung

Kenz (5 km s): *Ehem. Wallfahrtskirche:* Schlichter fünfjochiger Backsteinbau mit polygonalem O-Schluß, errichtet zu Anfang des 15. Jh. Das weiträumig angelegte Innere mit Kreuzrippengewölben. – *Ausstattung:* Von bes. Bedeutung ist die *Glasmalerei* in den Chorfenstern aus dem 1. Drittel des 15. Jh., der größte geschlossene Bestand ma Glasmalerei in Vorpommern. Ebenfalls ungewöhnlich ist das *Grabmal* für Herzog Barnim VI. v. Pommern-Wolgast (gest. 1405), ein hölzerner Schrein mit satteldachähnlichem, nach beiden Seiten aufklappbarem Deckel, innen die geschnitzte Liegefigur des Verstorbenen, entstanden in der 1. Hälfte des 15. Jh. Altaraufbau (1697) v. Thomas Phalert aus Stralsund mit Gemälden v. Abendmahl und Kreuzigung, gleichzeitig wohl auch die Kanzel mit Moses als Trägerfigur; spätgot. Kruzifix; Kalksteintaufe (16. Jh.).
Prerow (16 km nw): Ganz im Zeichen der christl. Seefahrt stehen die Votivgaben (v. a. Segelschiffmodelle) im Inneren und die Friedhofsgrabsteine (Schiffreliefs) der barocken *Seemannskirche* (1728). – Das *Darßer Heimatmuseum* im *Deichhaus* illustriert Darßer Geschichte und Fischerei.

15837 Baruth
Brandenburg

Einw.: 1900   Höhe: 100 m   S. 1279 □ P 6

Wohl schon in slawischer Zeit ein Wegepaß am nördlichen Rand des Niederen Flämings, seit dem 12. Jh. im Besitz des Erzbistums Magdeburg. Nahe der Burg bildete sich eine Marktsiedlung, die 1616 das Stadtrecht besaß. Ende des 16. Jh. kam sie in den Besitz der Grafen Solms.

Pfarrkirche St. Sebastian: Backsteinbau als dreischiffige Hallenkirche mit polygonaler O-Endung vermutlich aus dem frü-

hen 16. Jh. Nach Zerstörung durch einen Brand wurde sie 1671 erneuert, ohne Gewölbe, die flache Holzdecke v. 1678, nur der n Anbau sterngewölbt. Im Untergeschoß befindet sich die Solmssche Gruft. Hinweise auf die Patronatsherrschaft der Grafen Solms finden sich an fast allen Ausstattungsstücken aus der Erneuerungszeit um 1680, deren stilistische Kennzeichen das Knorpelwerk und das Ohrmuschelornament sind. Die Farbigkeit wird durch eine delikate Schwarz-Grau-Marmorierung bestimmt, v. der sich die Gemälde am Altar, an der Kanzel und am Gestühl leuchtend abheben.

Außerdem sehenswert: Ö der Stadt erstreckt sich ein großer *Landschaftspark*, der nach einem Entwurf von Peter Joseph Lenné gestaltet (durch einen Plan aus dem Jahre 1838 überliefert) wurde. – Das *Schloß* ist stark verändert, geht aber im Kern noch auf das 17. Jh. zurück.

56220 Bassenheim
Rheinland-Pfalz

Einw.: 2600   Höhe: 190 m   S. 1276 □ C 10

Kath. Pfarrkirche: In dieser 1899 bis 1900 erbauten, neuroman. Kirche steht auf dem n Nebenaltar eines der schönsten Werke der dt. ma Plastik, der *Bassenheimer Reiter*, ein fast vollplastisches Relief aus weißlichgrauem Mainsandstein (1,13 m x 1,14 m). Es stellt den hl. Martin dar, der seinen Mantel mit dem Bettler teilt. Erst 1935 wurde das Relief v. der Kunstgeschichte entdeckt. Man stellte fest, daß es 1683 aus Mainz (urspr. als Teilstück des Westlettners im Dom eingeweiht) nach B. gebracht worden war. Es wurde als Frühwerk (1239) des Naumburger Meisters identifiziert.

27211 Bassum
Niedersachsen

Einw.: 14 100   Höhe: 40 m   S. 1272 □ F 5

Stiftskirche: Die Kirche gehört zu dem ev. Damenstift, das sich heute mit Gebäuden des 18. Jh. an das Gotteshaus anschließt. Das ehem. Kanonissenstift wurde v. dem berühmten Erzbischof v. Bremen und Hamburg, Ansgar, um die Mitte des 9. Jh. gegr. Die heutige Backsteinkirche wurde jedoch erst 1351 gew. Die roman. Grundhaltung wird noch aus den gedrungenen Baukörpern, v. a. aber an dem schweren Vierungsturm deutlich. Rein got. sind dagegen die Zierformen am O-Giebel und an den Schallöffnungen des Turms. Im Innenraum beeindrucken das weiträumige Querhaus und der helle Chor.

Baumburg (Chiemgau)
✉ 83352 Altenmarkt
Bayern

Einw.: 70   Höhe: 530 m   S. 1283 □ O 15

Ehem. Augustiner-Chorherren-Stifts-kirche St. Margarethen:

Weithin sichtbar steht auf steil abfallender Uferhöhe an der Stelle, an der früher eine Burg der Chiemgaugrafen stand, die zweitürmige Kirche mit ihren originellen, spitz ausgezogenen Zwiebelhauben. Der erste Bau wurde 1023 gew., die jetzige Kirche ist ein Neubau von 1754–57 über den roman. Grundmauern. In dem äußerlich schmucklosen Bau vermutet man kaum die Üppigkeit der Innendekoration: Stuckarbeiten der → Wessobrunner Schule in den feinsten Rokoko, schöne Schnitzereien an Altären, Kanzel und Chorgestühl sowie – über die ganze Kirche verteilt – Putten. Die Deckengemälde stammen v. einem böhmischen Hofmaler und zeigen im Langhaus Szenen aus dem Leben des Ordensheiligen Augustinus (1756/57). Der imposante Hochaltar im Stuckmarmor zählt mit seinen 4 überlebensgroßen Heiligenfiguren zu den besten süddt. Barockaltären. – Im Sommer werden in der Kirche *Konzerte* veranstaltet (geistliche Musik).

02625 Bautzen
Sachsen

Einw.: 47 100   Höhe: 219 m   S. 1279 □ R 8

Die als Gefängnisort bekannte Stadt (seit 1213) am Oberlauf der Spree wurde 1002 unter dem Namen *Budissin* erstmals ge-

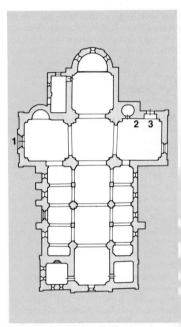

Bassum, Stiftskirche 1 Hauptportal, sog. »Brautpforte«, Anlage des 19. Jh. mit Teilen des 13. Jh. **2** Grabmal der Äbtissin Anna Gräfin v. Hoya (gest. 1585) **3** Figur des hl. Mauritius, 19. Jh.

nannt und 1144, während der deutschen Ostbesiedlung, von den Markgrafen von Meißen mit dem Bau der *Ortenburg* zu einer der Grenzfesten in der Oberlausitz gemacht.

Ortenburg: Die 1483–86 und nach dem Dreißigjährigen Krieg erneuerte Burg thront auf steilem Granitfelsen hoch über der Spree. Der zinnenbewehrte nö *Torturm* (1486) zeigt über dem Durchgang als *Relief* die Sitzfigur des Ungarnkönigs Matthias Corvinus. Die dreigeschossigen spätgot. *Wohngebäude* erhielten 1698 für die damalige Zeit veraltete Renaissancegiebel und wurden in den Jahren zuvor durch E. Eckhardt[*] barockisiert. Prunkraum im Herrengeschoß ist der v. ital. Künstlern mit Deckenstukkaturen (Szenen aus der Lausitzer Geschichte u. a.; 1662) geschmückte *Audienz- und Festsaal*.

In der *Kapelle* im Obergeschoß darüber

interessante got. Maßwerkloge. Die 3 Querbauten der Gebäudefassade mit ansehnlichem Baudekor sind Zutaten aus dem Jahre 1649.

Domkirche St. Petri: Dreischiffige Hallenkirche mit got. Netzgewölben, wurde 1293–1497 über einem eigenwillig abgeknickten Grundriß erbaut. Das Westwerk erhielt den knapp 85 m hohen, seit 1664 barock bekrönten *S-Turm* einer neu geplanten Doppelturmfassade. Der Dom ist seit 1524 *Simultankirche* (im Chor kath. und im Langhaus ev. Messe). *Ausstattung: Hochaltar* (1722–24) v. G. Fossati* im Chor; Altargemälde (Schlüsselübergabe an Petrus) v. G. A. Pellegrini*. Im Seitenschiff s des Chors geschnitzter *Kruzifixus* (1714) v. B. Permoser*. Das Langhaus wurde 1674 um die *Fürstenloge* bereichert. Im sterngewölbten 2. Seitenschiff (1456–63) s des Langhauses sind die got. *Maßwerkfenster* erhalten. – Ein barock dekoriertes Hauptportal besitzt das (n) *Domstift* (1683).

Altstadt: Am *Hauptmarkt,* der von *Patrizierhäusern* umgeben ist, steht das durch J. C. Naumann* barockisierte dreigeschossige *Rathaus* (1732) mit einem rückwärtigen Treppenhaus sowie einem barock bekrönten und mit einer Ritterfigur (1576) geschmückten Turm vor der Fassade. – In der *Lauenstr.* und *Reichenstr.* aufwendig gestaltete *Bürgerhäuser.* – Der *Reichenturm* (1490–92), wegen seiner Neigung auch »Schiefer Turm v. B.« genannt, wurde 1715–18 v. Naumann um die prächtigen Obergeschosse erhöht. – Dem sächsischen Kurfürsten Johann Georg I. ist auf dem *Fleischmarkt* ein Denkmal (1865) gesetzt.

Stadtbefestigung: Die größtenteils mit den ma *Toren* erhaltenen *Stadtmauern* beziehen auch die beiden Ruinen der got. *Mönchskirche* (um 1300) und der zweischiffigen spätgot. *Nikolaikirche* sowie die erhaltene spätgot. *Michaelskirche* ein, in deren netzgewölbter Halle ein kunstvoll dekorierter Taufstein (1597) steht. – Die benachbarte *Alte Wasserkunst* (aus der Zeit um 1560; heute als technisches Museum eingerichtet) versorgte die Stadt bis nach 1960 über ein Schöpfwerk mit Wasser.

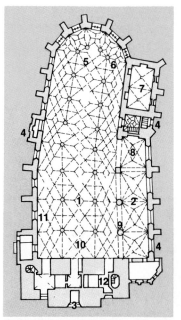

Bautzen, Domkirche St. Petri 1 Vierschiffige Halle mit Abknickung **2** 4. S-Schiff **3** W-Portal **4** Portale **5** Hochaltar v. G. Fossati, 1722–24 **6** Kruzifixus v. B. Permoser, 1714 **7** Kath. Sakristei, darüber Sängerchor **8** Ev. Altar, 1644 **9** Fürstenloge, 1674 **10** Orgelprospekt v. F. Schumacher **11** Empore v. F. Schumacher **12** Ausgebauter S-Turm

Stadtmuseum: Sammlungen zu Geschichte, Handwerk und Volkskunst der Stadt und der Oberlausitz; *Gemäldegalerie* mit Werken v. Lucas Cranach d. Ä.*, Anton Graff*, Max Liebermann*, Antoine Pesne*, Max Slevogt* u. a.

Außerdem sehenswert: Eine interessante Bibliothek mit Stichen und Erstdrucken birgt das *Museum des Sorbischen Schrifttums* im Sorbenhaus (Postplatz). – Gottfried Semper* entwarf die Alte Kaserne (1843).

Umgebung

Gaußig (12 km sw): Um 1800 wohl v. C. F. Schuricht* für den Grafen Brühl (der hier jene bedeutende Gemäldesammlung

zusammentrug, die später der Grundstock der Leningrader Eremitage werden sollte) klassizist. umgestaltetes *Barockschloß* mit *engl. Garten.*

Wilthen (10 km s): Barockes *Herrenhaus* (um 1700); *Heimatstube* des Weinbrennerdorfes mit Oberlausitzer Weberstube (19. Jh.).

95444–48 Bayreuth
Bayern

Einw.: 73 000   Höhe: 341 m   S. 1283 ☐ M 11

Die v. den Grafen v. Andechs gegründete Siedlung wird 1194 erstmals erwähnt und erhielt 1231 Stadtrechte. Rasch erholte sie sich v. der Zerstörung durch die Hussiten (1430) und stieg Anfang des 17. Jh. zur markgräflichen Residenz auf. Markgraf Friedrich der Vielgeliebte und seine Gemahlin Wilhelmine, die Lieblingsschwester Friedrichs d. Gr., schmückten die Stadt im 18. Jh. mit herrlichen Barockbauten, was jedoch zu einer finanziellen Überbelastung führte und wohl auch mitverantwortlich war für den nun folgenden Niedergang. Neuen Glanz verlieh Richard Wagner der 1810 an Bayern gefallenen Stadt, als er sie 1872 zu seinem Wohnsitz machte und ihr die alljährlichen weltberühmten Festspiele schenkte.

Ev. Stadtpfarrkirche Hl. Dreifaltigkeit (Kanzleistraße): Sie zählt zu den eindrucksvollsten spätgot. Kirchen in Oberfranken und wurde in ihrer heutigen Form 1611–14 durch M. Mebart unter weitgehender Wahrung alter Stilelemente wiederaufgebaut. Das Langhaus der dreischiffigen Basilika ist durch Strebepfeiler und -bogen gegliedert. Die Treppentürme haben barocken Charakter, Bauweise und Details des Chors lassen den Einfluß der Parler-Nachfolger vermuten. Die beiden in mächtigen Würfelgeschossen aufsteigenden Türme gehören mit ihrem nachgot. Brückenkranz und der Verbindungsbrücke zu den Wahrzeichen der Stadt. Von den 5 Portalen ist die aus der Zeit der Renaissance stammende *Sakristeitür* die schönste: Das reich behandelte Portal wird flankiert v. Pilastern und überspannt v. einem dreieckigen Giebel mit Obelisk. Im Inneren trennen spitzbogige Arkaden auf achteckigen Pfeilern die Schiffe. Hohe maßwerkverzierte Fenster sorgen für gleichmäßige Lichtverhältnisse. Die barocke Ausstattung fiel größtenteils den Stilreinigern des 19. Jh. zum Opfer. Der *Hochaltar* entstand um 1615 nach Plänen H. Werners,

< Bautzen, alte Wasserkunst   *Bayreuth, Festspielhaus*

Bayreuth, Villa Wahnfried

der zusammen mit V. Dümpel auch die Schnitzereien ausführte (Tafelbilder 19. Jh.). Von Werner stammen auch die Reliefs am neugot. Taufstein. – Zahlreiche schöne Grabdenkmäler.

Villa Wahnfried (Richard-Wagner-Str. 48): Wagner ließ das große würfelförmige Gebäude 1874 v. J. Wölfel im spätklassizistischen Stil errichten. Vor dem Eingang die Büste v. Wagners Gönner Ludwig II. Im Park die Gräber Richard und Cosima Wagners.

Richard-Wagner-Festspielhaus (Festspielhügel): G. Semper errichtete das Gebäude 1872–76 auf dem Grünen Hügel nö der Stadt. Das Innere ist nach dem Vorbild klassischer Amphitheater gestaltet. Der Raum bietet Platz für ca. 1900 Personen und zeichnet sich durch eine erstklassige Akustik aus.

Markgräfliches Opernhaus (Opernstraße): Das alte Barocktheater gab Wagner die erste Anregung, Bayreuth als Wohnsitz zu wählen, um hier seinen Festspielgedanken zu verwirklichen. Das Theater diente einer Hofgesellschaft zur Selbstdarstellung und war das Gegenteil des demokratischen Theaters, das Wagner wollte. Der Bau, eingeklemmt zwischen Bürgerhäuser, ist v. außen unansehnlich (gebaut 1745–48 v. J. St. Pierre auf Anregung der Markgräfin Wilhelmine). Das Innere, das die beiden berühmten ital. Theaterarchitekten G. und C. Galli Bibiena gestalteten, überwältigt durch seinen schweren Prunk in Rot, Braun, Grün und Gold. Interessant ist die Perspektivbühne mit den Kulissen der Galli Bibiena v. mehr als 30 m Tiefe. – Im *Theater* gastiert im Sommer die Bayr. Staatsoper mit Opern-, Ballett- und Schauspielaufführungen.

Altes Schloß (Maximilianstraße): Das weithin sichtbare Erkennungszeichen des Alten Schlosses ist der achteckige Turm, der als Fahr- und Reittreppe angelegt ist (1565/66). Man hat v. hier eine schöne

Aussicht. Die Fassade des dreiflügeligen Baus, der im 17. Jh. in mehreren Etappen entstand, ist mit originellen Büstenmedaillons geschmückt, geschaffen 1691 v. dem Regensburger E. Räntz. Dem Komplex des Schlosses fügte J. St. Pierre 1753–56 an der Ostseite die *Schloßkirche* an (seit 1813 kath. Kirche). Es ist ein saalartiger Bau mit heiteren Rokokostukkaturen, in dem sich auch die Sarkophage der Markgräfin Wilhelmine und ihres Mannes befinden.

Neues Schloß (Ludwigstr. 21): Der Brunnen vor dem Schloß ist ebenfalls v. F. Räntz geschaffen (1698). Das Neue Schloß wurde im Auftrag der Markgräfin v. J. St. Pierre gebaut (1753/54). Die Räume des Neuen Schlosses sind nach dem Geschmack Wilhelmines mit Naturmotiven ausgestattet. Palmen, Zedern, Vögel, Insekten und Drachen im Stil der Chinamode jener Zeit. Im Erdgeschoß deuten Grottenzimmer in Tuffstein, Gartenlauben und Blumenrabatten an den Wänden auf die kokett-sentimentale Naturschwärmerei des 18. Jh. – Im Neuen Schloß befindet sich eine Filialgalerie der *bayr. Staatsgemäldesammlungen* (Malerei des 16.–18. Jh.).

Eremitage (im NO der Stadt): Auf dem Gelände eines alten Tiergartens wurde die erste »Eremitage« gebaut, das *»Alte Schloß«*, in dem die Hofgesellschaft nach französischem Vorbild Schäferleben und Eremitendasein mimte – eine neue Form des Gesellschaftsspiels im 18. Jh. Im Damenflügel ist das Musikzimmer eine der gelungensten Raumgestaltungen des Rokoko. Die Anlage ist in mehreren Etappen zwischen 1715 und 1750 entstanden. Die schöpferischen Ideen gingen auch hier v. Wilhelmine aus, die 1749–53 in unmittelbarer Nähe noch zusätzlich das *»Schloß der Eremitage«* bauen ließ. Der *Sonnentempel*, der eine vergoldete Quadriga trägt, ist in seiner klassizistischen Strenge einer der schönsten Rundbauten des ausgehenden Rokoko. Im Park findet man neben dem Naturtheater, einer Drachenhöhle (1743) und Wasserkaskaden auch eine Einsiedlerkapelle. Nicht weit davon steht das Grab, das Wilhelmine ihrem Hund Folichon in Form einer antiken Ruine errichten ließ.

Museen: *Stadtmuseum* (Kanzleistr. 1). *Gemäldesammlung* → Neues Schloß. – *Dt. Freimaurermuseum* (im Hofgarten 1) mit umfassender Realiensammlung und Bibliothek zur Geschichte der dt. Freimaurer. – *Richard-Wagner-Museum* (Villa Wahnfried) mit Sammlungen und Archiv zum Leben und Werk Richard Wagners.

Außerdem sehenswert: Der Ort mit seinen vielen schönen *Patrizierhäusern* (v. a. in der Maximilianstraße und der Friedrichstraße) hat den Reiz der altfränkischen Stadt erhalten. – *Ferner:* Das Schlößchen *St. Georgen* (1725) an einem See n der Stadt und das Jagdschloß *Thiergarten* (1715–20) s der Stadt.

Umgebung

Creußen (9 km s): Berühmt ist das ma Städtchen (gegr. im 11. Jh., 1358 Stadtrecht), dessen Mauern und Türme der *Stadtbefestigung* (15. Jh.) gut erhalten sind, für sein Creußener Steinzeug, das man im *städt. Krügemuseum* (im Hinteren Tor) bewundern kann. In der barockisierten *ev. Stadtkirche* (1474–77) sind einige *Schnitzfiguren* (1703–09) des Bayreuther Hofbildhauers E. Räntz an Kanzel und Orgel sehenswert.

Lindenhardt (16 km s): Der Bau der *ev. Pfarrkirche* vereint Elemente verschiedener spätgot. Bauphasen. Sehenswert ist der 1687 v. Bindlach gestiftete Choraltar mit Frühwerken (1503) v. M. Grünewald*; die *Temperagemälde* zeigen die *14 Nothelfer* (Flügelinnenseiten) und den *Schmerzensmann* (Schreinrückseite). Ferner ist ein Bildgrabstein mit Porträts des Pfarrerehepaars Degen (um 1703) v. E. Räntz im Chor v. Interesse.

59269 Beckum
Nordrhein-Westfalen

Einw.: 37 100   Höhe: 110 m   S. 1276 □ E 7

Kath. Propsteikirche St. Stephanus: Unter der heutigen Kirche hat man die Grundmauern v. 3 Vorgängerbauten ausgegraben. Die jetzige got. Hallenkirche, Ende des 13. Jh. begonnen und 1516 voll-

Beckum, Prudentia-Schrein

endet, übernahm v. roman. Bau den W-Turm, der in das Mittelschiff einbezogen wurde. Zur Ausstattung gehören: ein achtseitiger *Taufstein* aus dem 13. Jh., er zeigt Reliefdarstellungen in strenger roman. Monumentalität. Eine Kostbarkeit ist der *Prudentia-Schrein*, bestehend aus einem Holzkern, der mit getriebenem Silber überzogen, vergoldet und reich geschmückt ist. An den Seiten des Schreins stehen unter dem Satteldach zwischen Doppelsäulen mit kleeblattförmigen Arkaden Christus, Maria und die 12 Apostel (um 1230).

50181 Bedburg
Nordrhein-Westfalen

| Einw.: 22 100 | Höhe: 80 m | S. 1276 □ B 9 |

Wasserschloß: Die fast quadratische Anlage mit Innenhof und Ecktürmen war eine der frühesten Backsteinburgen des Rheinlands und ist trotz unterschiedlicher Bauperioden eine Einheit (Bauzeit v. 1300–1600). Als architektonische Meisterleistung gelten die zweigeschossigen Säulenarkaden, die den Innenhof begrenzen.

Außerdem sehenswert: *Alt-Kaster* (2 km nw): Vollständig erhaltenes ma Gesamtensemble.

15848 Beeskow
Brandenburg

| Einw: 8800 | Höhe: 47 m | S. 1279 □ R 6 |

Schloß: Die unter Einbeziehung v. Überresten der Vorgängerin, einer frühgot. Wasserburg (13. Jh.), in den Jahren 1519–24 erbaute spätgot. *Backsteinburg* wurde im 18.–20. Jh. renoviert. Von der älteren Anlage sind Mauerfragmente und der ma *Bergfried* (darin Dokumentation zur Stadt- und Wirtschaftsgeschichte) erhalten. In der jüngeren wieder aufgebauten Burg, deren sog. *Großer Saal* die herrschaftliche

Beilngries, Schloß Hirschberg

Balkendecke v. 1524 bewahrt, ist heute das *Biologische Heimatmuseum.*

Außerdem sehenswert: In der Sakristei der *Stadtkirche St. Marien* (15. Jh.; restauriert), einer spätgot. Backstein-Hallenkirche, sind ein spätgot. Hieronymusfresko und ein Altarschrein aus dem 16. Jh. v. Interesse. – Die gut erhaltene *Stadtbefestigung* bewahrt streckenweise den zinnenbesetzten ma Wehrgang und mehrere Wehrtürme. – Zahlreiche *Fachwerkhäuser*, eines der ältesten der Mark (16. Jh.) steht zwischen Markt und Kirchplatz (schmale Gasse).

92339 Beilngries
Bayern
Einw.: 7600   Höhe: 370 m   S. 1282 ☐ L 12

Schloß Hirschberg (3 km nw): Zwei spätma Tortürme mit Folterkammer und Verlies eröffnen die Anlage, dahinter aber zeigt sich mit der einstigen Sommerresidenz der Fürstbischöfe v. Eichstätt heiteres Rokoko. Fürstbischof Anton v. Strasoldo ließ die Feste 1760–64 v. M. Pedetti umbauen. Hinter dem Rokokogitter tut sich ein Ehrenhof mit 2 langen Flügeln auf, den ein Portalbogen mit witzigen Gnomenfiguren schmückt. Kaisersaal, Schreibkabinett, Erkerzimmer u. a. sind mit lockeren Stuckspielereien versehen. Der zweigeschossige *Rittersaal* ist mit dem Bild des Erbauers und Gemälden v. den wichtigsten Orten der Diözese ausgestattet. An der Decke hat der Erbauer ein Fresko mit der Opferung Iphigenies anbringen lassen (1774 v. M. Franz). – Das Schloß ist Exerzitienheim der Diözese Eichstätt.

Außerdem sehenswert: Die *Ringmauer* (aus dem 15. Jh.) und 9 *Wehrtürme* sind noch großenteils erhalten. Die *Frauenkirche* ist 1683 erbaut und 1753 vergrößert worden, das ehem. *Franziskanerkloster* wurde 1763 erbaut, und die *Friedhofskirche St. Lucia* stammt aus den Jahren 1469–

76. In *Köttingwörth* sind *Fresken* (um 1300) in der Taufkapelle der kath. Pfarrkirche St. Vitus sehenswert.

56814 Beilstein
Rheinland-Pfalz

Einw.: 150   Höhe: 86 m   S. 1276 ☐ C 10

Kath. Pfarrkirche (am Josefsberg): Fast 50 Jahre wurde an der dreischiffigen Hallenkirche gebaut, bis sie 1738 endlich fertiggestellt war. Hervorzuheben ist das schöne *Barockinventar*.

Burg Metternich: Die Burg, die in der Zeit v. 12.–15. Jh. entstanden ist, fiel 1637 an den Freiherrn v. Metternich, einen Ahnherrn des Fürsten und österreichischen Kanzlers, der nach den Napoleonischen Kriegen der Erneuerer Europas wurde. Seit der Zerstörung im Jahre 1689 ist nur noch eine Ruine vorhanden. Über das ganze Ausmaß der Burganlagen informiert ein interessanter Kupferstich Merians aus dem Jahr 1640.

04874 Belgern
Sachsen

Einw.: 3400   Höhe: 112 m   S. 1279 ☐ P 8

Bartholomäuskirche: Die 1509–12 in verputztem Backstein errichtete spätgotische *Stadtpfarrkirche* besitzt einen massigen, querrechteckigen W-Turm mit spitzbogigen Blendarkaden und vorhangbogigen Fensteröffnungen. Im einschiffigen sterngewölbten Inneren wurden im 17. Jh. doppelte *Emporen* eingebaut. Die kunstvoll geschnitzten Prospekte stammen wie die Brüstungen aus dem Jahre 1635. Den frühbarocken *Altaraufbau* (um 1660) ziert ein interessantes Kreuzigungsgemälde. – Das *Pfarrhaus* ist in einem turmbewehrten Gebäude des ma *Klosterhofes* untergebracht, das frühgot. Granitmauerwerk (1258) und spätgot. Backsteinmauern in sich vereint.

Außerdem sehenswert: Riesige *Rolandsfigur* (1610) vor dem *Renaissance-Rathaus* (1574).

83671 Benediktbeuern
Bayern

Einw.: 3100   Höhe: 640 m   S. 1282 ☐ L 15

Ehem. Benediktinerkloster: Das Kloster Benediktbeuern, eine Barockanlage vor dem Hintergrund der Benediktenwand, erregte nicht nur Aufsehen als architektonische Leistung von Rang, sondern auch als Kulturzentrum. Hier entdeckte man 1803 die Texte der *Carmina Burana* (13. Jh.), die Carl Orff 1937 vertonte. Seit 1930 ist Benediktbeuern Kloster und Hochschule der Salesianer. Im Sommer finden Konzerte statt.

Kirche St. Benedikt: Kirche und Kloster gelten als die älteste Gründung des Benediktinerordens in Oberbayern. Der jetzige frühbarocke Bau, 1680–86 entstanden, steht an der Stelle einer spätgot. Anlage (1490). Das Langhaus ist eine breite, etwas gedrungen wirkende Wandpfeilerhalle mit flachem Tonnengewölbe, tiefen Seitenkapellen und niedrigen Emporen darüber. Schon am Bau der Kirche spürt man ital. Einfluß, stärker aber an der reichen, Pilaster, Bögen und Gewölbe überziehenden Stuckdekoration. H. G. Asam, der Vater der berühmten Brüder Asam[*], schuf die Deckenfresken, das Bild des Antonius-Altars malte sein Sohn Cosmas Damian. Ein Kleinod barocker Architektur ist die n des Altarraums angebaute ovale *Anastasiakapelle* von J. M. Fischer[*] (1750–58). Je 2 durch Gesimse verbundene Stuckmarmorpilaster verschaffen dem kleinen Raum monumentale Wirkung. Die Seitenaltäre werden I. Günther[*] zugeschrieben. Das silbervergoldete Büstenreliquiar der hl. Anastasia ist eine Arbeit E. Q. Asams[*]. Von den vielen reichstuckierten Räumen des Klostergebäude wurden einige v. J. B. Zimmermann[*] dekoriert.

Museum: *Historische Fraunhofer-Glashütte* (Don-Bosco-Str. 1): Die Sammlungen dokumentieren Entwicklungen in der optisch-feinmechanischen Industrie.

Belgern, Bartholomäuskirche >

Benediktbeuern, Ehem. Benediktinerkloster

Bensberg
✉ **51429 Bergisch-Gladbach**
Nordrhein-Westfalen

Einw.: 11 000   Höhe: 162 m   S. 1276 ☐ C 9

Neues Schloß (Schloßstraße): Der heute zu einer belgischen Internatsschule umgewandelte Bau war ehemals ein Jagdschloß. Kurfürst Johann Wilhelm v. der Pfalz ließ es 1705–16 v. seinem Hofbaumeister, Graf M. Alberti*, nach dem Vorbild v. Versailles errichten. Die große symmetrische Anlage mit den locker zueinander geordneten Gebäuden war früher weiß verputzt. Anstelle der nüchternen zweistöckigen Zweckbauten v. 1838, in der Höhe der preußischen Wachhäuser gelegen, standen eingeschossige Pavillons. Von der alten Innenausstattung sind nur wenige Stukkaturen und Malereien erhalten.

Alte Burg (Engelbertstraße): Nach der Errichtung des neuen Schlosses verfiel die alte Burg aus dem 12. und 13. Jh., einstmals Lieblingsaufenthalt und Witwensitz der Grafen von Berg. 3 Türme dieses roman. Baus und Teile der Umfassungsmauern wurden geschickt in den modernen Rathauskomplex einbezogen und zu einer burgähnlichen Anlage umgestaltet.

Bergisches Museum (Burggraben 9–21; Nähe Rathaus Bensberg): Ausstellungen und Vorführungen zu Bergbau, Handwerk und Gewerbe.

64625 Bensheim
Hessen

Einw.: 35 500   Höhe: 110 m   S. 1281 ☐ F 11

Ersterwähnung 765 als *Basinheim,* 956 Marktrecht, 1320 Stadt.

Kath. Pfarrkirche St. Georg: 1826–30 nach Plänen v. Georg Moller erbaute klassizist. Pseudobasilika, 1952 mit moderner

Doppelturmfront und romanisierten Chor-flankentürmen wiederaufgebaut. Wertvolles Altargerät.

Bürgerhäuser: Bes. erwähnenswert *Haus Fleck*, ein spätgot. Fachwerkbau, sowie weitere Fachwerkhäuser des 16.–18. Jh.

Auerbacher Schloß und Fürstenlager (im Stadtteil Auerbach): Die Burg wurde v. Kloster Lorsch im 13. Jh. angelegt. Sie wurde nach einem franz. Angriff 1674 Ruine; 1903 rest. Die ehem. Kuranlage (»Fürstenlager«) entstand um eine 1738 entdeckte Heilquelle.

Museum der Stadt Bensheim (Marktplatz): Vor- und Frühgeschichte, Stadtgeschichte, bäuerl. Wohnkultur, Handwerk u. a.

Außerdem sehenswert: Reste der Stadtbefestigung, z. B. der *Rote Turm* (16. Jh.). – Ehem. Adelshöfe, wie der *Walderdorffer Hof* (heute Weinstube).

Umgebung

Heppenheim (5 km s) hat sich mit seinen vielen *Fachwerkhäusern* (15.–18.Jh.), darunter den ehem. *Mainzer Amtshof* (Amtsgasse 5; 13. Jh.) mit dem *Volkskundemuseum für Odenwald, Bergstraße und Ried*, sein ma Aussehen bewahrt. Auch die *sog. Schindersburg* (Siegfriedstr. 122–124; 1577) und das *Rathaus* (1551) sind stattliche Fachwerkbauten.

92334 Berching
Bayern

Einw.: 7800   Höhe: 383 m   S. 1282 ☐ L 12

Im Tal der Sulz ist dieses »oberpfälzische Rothenburg« mit seinem fast unversehrten ma Stadtbild ein touristische Anziehungspunkt ersten Ranges, dem auch das neugegründete *Heimatmuseum* Rechnung trägt. Die *Stadtbefestigung* blieb bis heute vollständig erhalten. Sogar die Eichentüren der 4 *Stadttore* existieren immer noch. Unter den 9 *Befestigungstürmen* nimmt der *Chinesische Turm* eine Sonderstellung ein.

Pfarrkirche Mariae Himmelfahrt: Die frühgot. Teile dieser 1983/84 renovierten Kirche wurden v. dem Eichstätter Hofbildhauer M. Seybold in den Jahren ab 1756 wesentlich erweitert. Die *Deckengemälde* v. J. M. Bader und reiche *Rocaille-Stukkaturen* (1758) bestimmen das Innere des Baus. Neben den *Altären* ist aus der Ausstattung ein *Epitaph* zu erwähnen.

St.-Lorenz-Kirche: Die Mauern des Langhauses liefern Hinweise auf einen Vorgängerbau aus dem 11. Jh. Der *Turm* stammt in seinen unteren Teilen aus dem 13. Jh. Das heutige Gesicht der Kirche wird durch die Umbauten bestimmt, die um 1680 einsetzten (1982 renoviert). Zur Innenausstattung gehört der *Hochaltar* mit Schnitzarbeiten aus der Zeit um 1500–20 (nach Nürnberger Vorbild). In den *Seitenaltären* ist auf erstklassigen *Tafelgemälden* die Laurentius-Legende dargestellt.

Wallfahrtskirche Mariahilf (an der Straße zum 8 km entfernten → Beilngries): Der heutige Bau entstand 1796 anstelle einer alten Feldkapelle. In der Kirche fällt eine *Schmerzensmanngruppe* auf, die um 1480–90 entstanden sein dürfte.

83471 Berchtesgaden
Bayern

Einw.: 7900   Höhe: 573 m   S. 1283 ☐ P 15

Ehem. Augustinerchorherren-Stiftskirche St. Peter und Johannes (Schloßplatz): Die erste Kirche wurde 1122 St. Petrus und Johannes d. T. geweiht. Der zweite Bau, der im W-Teil und im Kreuzgang noch vorzüglich erhalten ist, folgte Anfang des 13. Jh. 1283–1303 kam unter Propst Johannes der schlanke frühgot. Chor dazu. Um 1470 wurde das roman. Langhaus abgerissen und durch eine Pfeilerhalle ersetzt. – Die nach ital.-roman. Manier in rötlichgrauen Quadern errichteten Türme (Anfang 13. Jh.) wurden im 19. Jh. neu aufgebaut; die spitzen Helme sind jedoch stilfremd. Neben den schweren Formen des Turmpaars und der dazwischen eingeklemmten Vorhalle mit dem Rundbogenportal im Innern (einige Stufen hinab) überrascht die weite got. Langhaushalle mit ihren Rundsäulen und dem gratigen Netzgewölbe. Der Hochchor steigt am Ende des Langhauses auf, ein einzigartiges Beispiel früher Gotik in Bayern. – Von den Portalen, die zum Kircheninneren führen, ist eines roman. (im W), das andere got. (im N).

Erwähnenswert sind die verschiedenen Grabsteine der Fürstpröpste in rotem Untersberger Marmor, insbesondere die Tumba des Propstes P. Pienzenauer (1432) neben dem W-Eingang. Eine besondere Kostbarkeit ist das Chorgestühl mit seinen wild verflochtenen Tiergestalten an den Wangen (1436–43). Nach der Seite des Stiftsgebäudes hin sind schwalbennestartig Andachtslogen im Rokokostil plaziert (um 1750).

Stift/Residenz: Das Stiftsgebäude, später Residenz (heute Wittelsbacher Besitz), ist um den Klosterhof und auf roman. Grund aufgebaut. Es hat im Laufe der Jahrhunderte verschiedene Veränderungen erfahren. Nach dem Residenzplatz zu wurden die Fassaden im 18. Jh. stuckiert. Im Inneren ist der roman. *Kreuzgang* einer der besterhaltenen in seiner Art. Das Dormitorium, der Schlafraum der Chorherren (um 1410), gehört heute zum *Museum*, das im wesentlichen die vorzügliche Kunstsammlung

Bergen, Königsstuhl auf Rügen

des ehem. Kronprinzen Rupprecht präsentiert (der lange hier gewohnt hat).

Museen: Neben dem *Schloßmuseum* (siehe Stift/Residenz) ist ein Besuch im *Heimatmuseum* zu empfehlen (Schloß Adelsheim). Die Bestände des Museums sind zum großen Teil aus dem Fundus der Fachschule für Holzschnitzerei entstanden. – *Salzmuseum* (Bergwerkstr. 83): In diesem Spezialmuseum, das in enger Verbindung mit dem seit 1517 in Betrieb befindlichen Salzbergwerk Berchtesgaden steht, werden Sammlungen v. der Entwicklung der Salzgewinnung bis zum Brauchtum der Bergwerksleute gezeigt. – Ferner: *Brennerei-, Gerbereimuseum*.

Außerdem sehenswert: Frauenkirche am Anger (16. Jh.), Wallfahrtskirche Maria-Gern (1709) n von Berchtesgaden und die Wallfahrtskirche Kunterweg w der Stadt (1731–33). Zahlreiche Häuser in Salzburger Hausform.

18528 Bergen
Mecklenburg-Vorpommern

Einw.: 18 900   Höhe: 40 m   S. 1275 □ P 2

Inmitten der Ostseeinsel Rügen gelegene Stadt.

Ehem. Klosterkirche St. Marien: Um 1180 begonnener Bau. Im kräftig gewölbten zweigeschossigen W-Turmriegel wurde eine zum Kirchenraum offene Herrschaftsempore angelegt, die über ein ö vorgelagertes Treppenjoch zugänglich war. 1193 zur Kirche eines damals gestifteten Benediktiner- (seit ca. 1250 Zisterzienser-) Nonnenklosters bestimmt, mag der roman. Bau danach nur provisorisch fertiggestellt worden sein. Die Form seiner kreuzförmigen Pfeiler mit vorgelegten Halbsäulen und Trapezkapitellen sowie die Gestalt ihrer Basen deuten auf den Einfluß dänischer Bauleute. Von diesem Bau blieben der Chor und das Querhaus, das ö Joch des Langhaus-Mittelschiffes und die Außenwand des s Seitenschiffes mit den (zugesetzten) Rundbogenfenstern sowie der zweigeschossige W-Turmriegel erhalten, als im 14. Jh. das Langhaus zur dreischiffigen got. Hallenkirche mit hohen Spitzbogenfenstern und achteckigen Pfeilern ausgebaut wurde und der gesamte Raum Kreuzrippengewölbe erhielt. Damals wurde über dem W-Turmriegel ein mittlerer Turm errichtet, dessen Helm und bekrönende Balustrade im 17. Jh. entstanden. – Von der überwiegend barocken Ausstattung verdient neben der mächtigen *Altarrückwand* mit Bild- und Figurenschmuck die 1775 v. Jakob Freese in Stralsund geschaffene *Kanzel* mit lebhaft bewegten Evangelistenfiguren am Korb bes. Beachtung. Selten nur sind ein mit Szenen aus einem Ritterepos besticktes *Leinentuch* um 1300 und der roman. Kelch aus dem Kirchenschatz zu sehen.

Außerdem sehenswert: Slawischer *Burgwall* »Rugard« mit dem einen weiten Ausblick bietenden Ernst-Moritz-Arndt-Turm aus der Zeit um 1870. – Fast an allen Straßen ältere Wohnhäuser, eingeschossige *Fachwerkhäuser*, am Stadtrand überwiegend *Traufenhäuser* aus dem 18. Jh.

Umgebung

Gingst (11 km nw): Eine qualitätsvolle Barockausstattung (1725) mit beachtenswerten Deckenstukkaturen besitzt die *Pfarrkirche*, eine Backstein-Hallenkirche (um 1400).

Glowe-Spyker (18 km n): *Schloß Spyker* liegt am S-Ufer des Spykerschen Sees (Renaissanceschloß; 16. Jh.).

Lancken-Granitz (16 km sö): Das 1836 im Auftrag v. »Fürst« Malte v. Putbus auf dem Tempelberg erbaute neugot. *Jagdschloß* umgibt als Vierturmanlage einen Innenhof mit dem nach Plänen K. F. Schinkels* errichteten Aussichtsturm (1844, 38 m hoch).

Putbus (8 km s): Die (1805–45) sog. *Weiße Stadt* ist ein Paradebeispiel für ein planmäßig angelegtes spätklassizistisches Städtchen. Die Entwürfe für das Mausoleum, die Kirche, das Theater und die Pavillons im Schloßpark stammen u. a. v. K. F. Schinkel, J. G. Steinmeyer* und F. A. Stüler*.

Ralswiek (8 km n): Im Sommer wird das Schauspiel »Klaus Störtebeker« auf der Freilichtbühne gezeigt.

Waase (20 km w; auf der Insel *Ummanz*): In der spätgot. *Dorfkirche* des einigermaßen unverfälscht erhaltenen Fischerdorfes überraschen ein figurenreich geschnitzter Antwerpener Altar und Reste spätgot. Wandmalereien, die um 1470–80 entstanden sind.

Glowe-Spyker (Bergen), Schloß Spyker

99837 Berka/Werra
Thüringen

Einw.: 1600   Höhe: 220 m   S. 1277 ☐ I 9

Pfarrkirche: Das Gotteshaus besteht aus einem spätgot. Chor (Baubeginn 1439) mit Kreuzrippengewölbe, über dem sich der massive Turm mit Spitzhelm und 4 Erkern erhebt, und einem Renaissance-Langhaus v. 1616 mit einem kassettierten Tonnengewölbe. Die Ausstattung besteht aus einem Kruzifix aus der Zeit um 1500, einem Taufstein v. ca. 1530, einer Kanzel v. 1634, einem Orgelprospekt v. 1667 und Chorgestühl aus dem 17. Jh.

10115–14199 Berlin Hauptstadt
der Bundesrepublik Deutschland
Berlin

Einw.: 3 400 000   Höhe: 37 m   S. 1275 ☐ P 5

Überblick

Berlin liegt im norddeutschen Tiefland zwischen Oder und Elbe sowie zwischen den Mittelgebirgen und der Ostsee. Seit Jahrhunderten Kreuzungspunkt wichtiger Fernhandelswege, ist die Stadt heute Drehscheibe für Verkehr und Wirtschaft sowie Standort renommierter wissenschaftlicher und kultureller Einrichtungen.

GESCHICHTE

Erster Ansatz zur Stadtentwicklung dürfte eine Kaufmannssiedlung gewesen sein, die an der Straßengabelung nach Leipzig,

Das renovierte Brandenburger Tor >

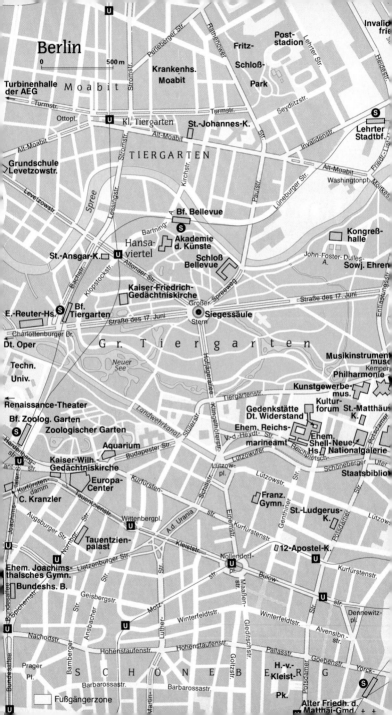

Spandau und Frankfurt/Oder um den Molkenmarkt und die Nikolaikirche wohl in der 2. Hälfte des 12. Jh. entstand, während sich gleichzeitig auf der Spreeinsel die Marktsiedlung Cölln bildete. Die ersten urkundlichen Nennungen von Cölln (1237) und Berlin (1244) zeigen beide Städte mit bestehender Kirchen- und Stadtverfassung und einem für beide zuständigen Schultheißen. Trotz getrennter innerer Verwaltung gab es seit 1307 einen gemeinsamen Rat mit dem Rathaus auf der Langen Brücke zwischen beiden Städten. Bald nach 1300 wurden beide Städte ummauert. Im Bunde mit Frankfurt/Oder und Brandenburg konnte Berlin seit 1308 seine politische Stellung weiter ausbauen, seit 1359 ist es als Mitglied der Hanse bezeugt. Im Norden von Cölln entstand seit 1443 das neue Kurfürstliche Schloß, in dem die Kurfürsten seit 1470 ständig residierten, so daß Berlin-Cölln nun zur Hauptstadt des aufstrebenden brandenburgischen Territorialstaates wurde. Kurz vor Einführung der Reformation 1539 wurde das Dominikanerkloster (gegr. 1297) in ein Domstift umgewandelt, in dem der Kurfürst 1613 das reformierte Bekenntnis annahm. Unter dem Großen Kurfürsten Friedrich Wilhelm begann nach dem Dreißigjährigen Krieg der großzügige Ausbau, der nach der Erhebung Preußens zum Königreich (1701) noch forciert wurde. 1674 wurde längst der Allee Unter den Linden n die *Dorotheenvorstadt*, s der Linden ab 1688 die *Friedrichstadt* angelegt. Alle Erweiterungen des Barock wurden 1709 unter Einschluß der Vorstädte vereinigt. In den 30er Jahren des 18. Jh. wurde das Stadtgebiet durch eine Zollmauer umgeben, die folgende Stadtteile umschloß: *B., Cölln, Friedrichswerder, Dorotheenstadt, Friedrichstadt, Spandauer Vorstadt, Königstadt, Stralauer Vorstadt, Luisenstadt* und *Friedrich-Wilhelm-Stadt*. Nach dem Siebenjährigen Krieg erfolgte unter Friedrich d. Gr. die planmäßige Verschönerung des Stadtbildes durch Repräsentativbauten (*Forum Fridericianum, Gendarmenmarkt* u. a.).

Im Jahre 1825 trat Berlin in eine überaus rasche Industrialisierung ein. Während die Innenstadt durch den Architekten Schinkel neue klassizistische Bauwerke erhielt, entstanden seit 1815 vor den Toren der Stadt die Betriebe des Maschinen-, des Lokomotiv- und des Dampfmaschinenbaus, später der Elektrotechnik, verbunden mit Namen wie August Borsig und Werner von Siemens. Mit dem Anwachsen der Industrie stieg auch durch dauernden Zuzug die Zahl der Arbeiter. Mietskasernen wurden aus dem Boden gestampft. Die preußische Hauptstadt entwickelte sich immer mehr zum wissenschaftlichen Zentrum, das mit dem Berliner Kongreß von 1878 in den Mittelpunkt der europäischen Politik rückte. Bereits 1911 hatten sich unterdessen die Umgebungssiedlungen und insgesamt 7 Städte zu einem Zweckverband zusammengeschlossen, im Jahre 1920 wurden diese mit 59 Landgemeinden und 26 Gutsbezirken zur Gemeinde Groß-Berlin vereinigt, zur größten Stadt Deutschlands und viertgrößten der Welt.

Als Hochburg der Sozialdemokratie war Berlin 1918 Zentrum der Kämpfe während der Novemberrevolution. Mit der Verschlechterung der politischen und wirtschaftlichen Situation (Weltwirtschaftskrise 1929) wuchs das Heer der Arbeitslosen. Aus den Reichstagswahlen vom Jahre 1930 ging die KPD als stärkste Partei in Berlin hervor. Nach der nationalsozialistischen Machtergreifung am 30. 1. 1933 und nach dem Reichstagsbrand am 27. 2. 1933

Die Mauer in Kreuzberg

wurden sowohl KPD als auch SPD verboten. Berlin wurde zum Zentrum des antifaschistischen Widerstandes. Seit dem Jahre 1940 hatten 363 Bombenangriffe englischer und amerikanischer Flugzeuge die Stadt schwer getroffen. Ende April 1945 erreichten sowjetische Truppen den östlichen Stadtrand, am 2. 5. 1945 war die ganze Stadt besetzt, am 8. 5. 1945 wurde in Berlin-Karlshorst die bedingungslose Kapitulation Deutschlands unterzeichnet. Im Juli 1945 wurde Berlin von der Interalliierten Militärkommandantur übernommen und als Sitz des Alliierten Kontrollrats für Deutschland in 4 Sektoren aufgeteilt.

Der Bau der Mauer am 13. 8. 1961 quer durch die Stadt war einer der Höhepunkte des »Kalten Krieges«, im Herbst 1989 fiel diese Betonbarriere, und seit dem 3. Oktober 1990 ist Berlin wieder eine ungeteilte Stadt. Am 2. Dez. 1990 fand die 1. Gesamtberliner Wahl statt.

INNENSTADT

Die Siedlungen *(Alt-)B.* und *Cölln* entstanden an der Spreefurt zwischen den Hochflächen des Teltow und Barnim.
Zentrum der Marktsiedlung Cölln war die (heute zerstörte) *Petrikirche.* Hauptstraßen waren die *Brüder-* und die *Breite Str.* 1297 wurde das *Dominikanerkloster* gegr. Die Hauptstraßen von Alt-B. – ebenfalls eine Marktsiedlung (Molkenmarkt) – waren *Post-*, *Spandauer, Rosen-/Jüden-* und *Klosterstr.*; in der Klosterstraße lag das *Hohe Haus*, die markgräfliche Residenz. Hauptkirchen waren *St. Nikolai* und *St. Marien*; 1249 ist das *Franziskanerkloster* (Graues Kloster) erstmals erwähnt worden.

SAKRALBAUTEN DER INNENSTADT

Dom (Marx-Engels-Platz; Mitte): Den 117 m langen und 73 m tiefen Zentralbau – er diente den Hohenzollern als Hof- und Grabkirche – errichtete 1893–1905 Julius Raschdorff[*] im pompösen Stil der Wilhelminischen Ära an der Stelle des 1747–50 v. Johann Boumann d. Ä.[*] erbauten friderizianischen Doms, der um 1820 umgebaut und 1893 abgerissen worden war. Das als »Hauptkirche des preußischen Protestantismus« und als »Peterskirche des Nordens« apostrophierte Werk, das im 20. Jh. v. vielen Kritikern als »protzig« abgelehnt wurde, ist eines der monumentalen Bei-

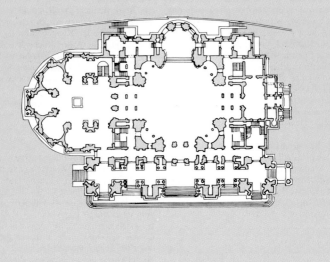

Dom Der v. Raschdorf errichtete Berliner Dom ist
ein Zentralbau der Wilhelminischen Ära

spiele des spätgründerzeitlichen Historismus im ausgehenden 19. Jh. Nach Zerstörung im Krieg 1975–80 Wiederaufbau.
An der Ausstattung, soweit sie nicht aus
dem Vorgängerbau übernommen wurde,
waren die früheren Künstler der Zeit Wil-
helms II. beteiligt (Max Baumbach*, Karl
Begas d. J.*, Adolf Brütt*, Alexander Ca-
landrelli*, Woldemar Friedrich*, Johannes
Goetz*, Ernst Herter*, Gerhard Janensch*,
Otto Lessing*, Ludwig Manzel*, Friedrich
Pfannschmidt*, Fritz Schaper*, Walter
Schott*, Anton v. Werner*, Wilhelm Wi-
demann*). Von den Sarkophagen und
Grabmälern in der Hohenzollerngruft sind
hervorzuheben: die *Prachtsarkophage* der
Königin *Sophie Charlotte* (gest. 1705), des
Königs *Friedrich I.* (gest. 1713) und des
Prinzen *Friedrich Ludwig* (gest. 1708), al-
le v. Andreas Schlüter*, sowie der *Sar-
kophag* des Kurfürsten *Johann Cicero*
(gest. 1499) aus der Werkstatt Peter Vi-
schers d. Ä.*, ausgeführt 1530 v. Johannes

Vischer*. Ferner die *Prachtsarkophage*
des Großen Kurfürsten *Friedrich Wilhelm*
(gest. 1688) und seiner zweiten Frau *Dorothea v. Holstein-Glücksburg* (gest.
1689), beide v. Johann Michael Döbel*.

Franziskanerkirche und **Graues Kloster**
(Kloster-/Grunerstr.; Mitte): Die Franziskanerkirche und das Graue Kloster zählen
zu den bedeutendsten Bauten der Gotik in
B. Das Langhaus entstand um 1260; gegen
1300 wurde das Chorpolygon angefügt.
Während die 1945 zerstörte Kirche als
Ruine erhalten ist, wurden die Trümmer
des traditionsreichen Grauen Klosters –
eine Eliteschule (humanistisches Gymnasium) – abgetragen. – Das Graue Kloster
beherbergte auch die erste *Buchdruckerei*
und *Schriftsetzerei* v. B., eingerichtet v.
dem Schweizer Alchimisten Leonhard
Thurneysser (1530–96). Berühmte Schüler des Grauen Klosters waren u. a. Turnvater Friedrich Ludwig Jahn, Otto v. Bismarck, Gottfried Schadow, Karl Friedrich
Schinkel und der Philosoph Friedrich Daniel Ernst Schleiermacher.

Marienkirche (Karl-Liebknecht-Straße/ Neuer Markt; Mitte): Die Marienkirche, eine dreischiffige Hallenkirche im Stil der norddt. Backsteingotik, zählt zu den älteren erhaltenen Kirchen v. B. Der bestehende Bau wurde als 2. Pfarrkirche v. B. (neben der Nikolaikirche) um 1270 begonnen. 1294 wird er erstmals urkundlich erwähnt (vermutlich Fertigstellung des Chors); sie war damals das Zentrum des Neuen Markts, auf dem sich die Berliner Richtstätte befand. Beim Wiederaufbau nach dem Brand v. 1380 wurden große Teile der frühgot. Halle wiederverwendet (Längsmauern). Der W-Turm wurde erst im 16. Jh. vollendet und erhielt 1789/90 seine neugot. Bekrönung nach einem Entwurf v. Carl Gotthard Langhans d. Ä.* Bemerkenswert ist v. a. die reiche Innenausstattung: Das erst 1860 freigelegte *»Totentanz«-Fresko* in der Turmhalle – es zeigt in 28 Szenen den Tod mit Vertretern der verschiedenen Stände – entstand um 1485 im Zusammenhang mit einer Pestepidemie; es gilt als bedeutendstes Zeugnis ma Darstellungen dieses Themas in Norddeutschland und als Hauptwerk der niederdt. geprägten spätgot. Wandmalerei in Berlin. – Ältestes Stück ist die 1437 datierte *Bronzetaufe* im Chor, vermutlich ein Werk Hinriks v. Magdeburg*. – Als bedeutendstes Werk der Ausstattung gilt die *Barockkanzel* v. Andreas Schlüter* (1703). – Ferner zahlreiche Gemälde, Grabsteine, darunter das bedeutende *Grabmal* des brandenburgischen Generalfeldmarschalls *Graf Otto v. Sparr*, ein Werk des Niederländers Artus Quellinus*, 1662. – Das Kalksteinkreuz (Nachbildung aus dem 18. Jh.) vor dem Hauptportal ist das *Sühnekreuz* für den Mord an Propst Nikolaus v. Bernau 1325.

Nikolaikirche (Am Molkenmarkt; Mitte): Die um 1230 – zur Zeit der Verleihung des Stadtrechts an B. – aus Granitquadern errichtete älteste Kirche v. B. wurde – nach mehreren Umbauten – während des 2. Weltkrieges zerstört und wieder aufgebaut (1979–87). Museale Nutzung durch das Märkische Museum (u. a. Ausstellungen zur Berliner Stadtgeschichte 13.–17. Jh.). Vom urspr. Bau, einer dreischiffigen Pfeilerbasilika, ist der Unterbau der beiden W-Türme erhalten.

Dom

Die überaus reiche Ausstattung der Nikolaikirche ist auf die Marienkirche, auf Westberliner Kirchen und auf das Märkische Museum verteilt. – Der ev. Kirchenlieddichter Paul Gerhardt (»O Haupt voll Blut und Wunden«) war 1657 bis zu seiner Entlassung als Gegner des Großen Kurfürsten 1667 Diakon an der Nikolaikirche.

Parochialkirche (Kloster-/Parochialstr.; Mitte): Die Parochialkirche ist der 1. bedeutende Sakralbau des Barock in B. und gilt zugleich als reifstes Werk v. Johann Arnold Nering* (1659–95), nach dessen Tod sie v. Martin Grünberg* in vereinfachtem Stil vollendet wurde. 1698 stürzte die Kuppel ein; 1703 fand die Weihe statt. 1713/14 stockte Philipp Gerlach* den Turm nach Entwürfen v. Jean de Bodt* auf. In diesem Aufbau ließ König Friedrich Wilhelm I. ein holländisches Glockenspiel mit 37 Glocken installieren. Im Kriegsjahr 1944 brannte die Kirche bis auf die Umfassungsmauern ab.

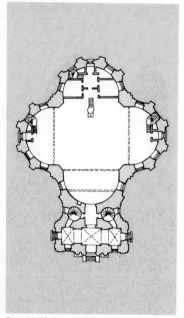

Parochialkirche (1695) Der erste bedeutende Sakralbau des Barock in Berlin gilt als reifstes Werk Johann Arnold Nerings

Sophienkirche (Sophienstr.; Mitte): 1712 v. Königin Sophie Luise, der dritten Frau Friedrichs I., als Pfarrkirche der damaligen Spandauer Vorstadt gestiftet. Barockturm aus der Zeit v. 1723–34 v. Johann Friedrich Grael*; Neubarockisierung des Inneren im Jahre 1892.

WEITERE SAKRALBAUTEN

Deutsche Kirche (Platz der Akademie; Mitte): 1701–08 v. Giovanni Simonetti* nach Entwürfen v. Martin Grünberg* am Gendarmenmarkt, dem ehem. Hauptmarkt der Friedrichstadt, errichteter Zentralbau, konzipiert als Gegenstück zu der am selben Platz liegenden Französischen Kirche; wie diese mit Turm nach Entwurf v. Carl v. Gontard*; Kirche umgebaut 1881/82.

Französische Kirche (Platz der Akademie; Mitte): 1701–05 v. Louis Cayard* und Abraham Quesnay* für hugenottische Glaubensflüchtlinge aus Frankreich errichteter Saalbau, Gegenstück zu der ebenfalls am Platz der Akademie liegenden Deutschen Kirche; umgebaut 1905. – Im Turm neben der Kirche ist das *Hugenottenmuseum.* Der Turm wurde ebenso wie der paarweise angeordnete Turm neben der Deutschen Kirche 1780–85 nach einem Entwurf v. Carl v. Gontard* errichtet. Glockenspiel, Aussichtsbalustrade.

Friedrich-Werdersche Kirche (Werderstraße; Mitte): Der 1824–30 v. Karl Friedrich Schinkel* im Stil der Neugotik errichtete Bau (1945 zerstört; wieder aufgebaut) leitete die Vorherrschaft der Backsteingotik im 19. Jh. ein. Ursprünglich hatte Schinkel eine Kirche in der Form eines röm. Tempels geplant. Heute *Schinkel-Museum.*

Hedwigskathedrale (Bebelplatz; Mitte): Die Hedwigskathedrale ist seit 1929 die Kirche des kath. Bistums Berlin. Der nach dem Vorbild des Pantheons in Rom ab 1747 nach Plänen von Friedrich d. Gr., Georg Wenzeslaus v. Knobelsdorff*, Jean Laurent Legeay* und Johann Boumann d. Ä. errichtete kreisrunde Zentralbau (Fertigstellung der südlichen Rundkapelle 1777/78) brannte 1943 aus. Das barocke Äußere wurde bis 1962 wiederhergestellt, das Innere nach Plänen von Hans Schwippert* modern gestaltet, wobei die urspr. als Grabkirche gedachte Krypta durch eine Treppe mit dem Hauptraum verbunden wurde.

Kaiser-Wilhelm-Gedächtniskirche (Breitscheidplatz am Zoo): Um die 1891–95 im Stil der Spätromanik erbaute Kirche, v. der nach den Bombennächten des 2. Weltkriegs nur noch die Ruine des W-Turms als Mahnmal geblieben ist, hat sich die neue City entwickelt. Der Neubau der Gedächtniskirche (1961–63) stammt v. E. Eiermann* – ein flaches Oktogon aus blauen Glasziegeln.

Kath. Kirche Maria Regina Martyrum (Heckerdamm): Nicht weit von der Hinrichtungsstätte im Zuchthaus Plötzensee wurde diese Kirche zum Gedächtnis der Opfer der Hitlerdiktatur 1960–63 erbaut

Blick über Berlin mit Französischer und Deutscher Kirche

(Architekten H. Schaedel und F. Ebert). Die Anlage umfaßt einen großen Hofbezirk, ein Gemeindezentrum, ein turmartiges Betongerüst mit Glockenstuhl und den riesigen Block, der Ober- und Unterkirche in sich birgt. In der Unterkirche befinden sich 3 Gedächtnisgräber für die Blutzeugen, in der Oberkirche ein Fresko v. G. Meistermann*, das die Apokalypse darstellt.

Matthäus-Kirche (Tiergarten, neben der neuen Nationalgalerie): Der Erbauer der Kirche, F. Stüler, war ein Schüler K. F. Schinkels*. Die dreischiffige, 1846 fertiggestellte Kirche wurde nach der Zerstörung im 2. Weltkrieg als ein feinfühliges Zeugnis historisierender Baukunst originalgetreu wiedererrichtet. Die farbigen Ziegelsteinstreifen und die 3 Apsiden im Osten erinnern an ravennatische und frühchristl. Bauten.

Neue Synagoge (Oranienburger Straße 29/30; Mitte): 1859–66 nach Plänen v. Eduard Knoblauch* in maurischem Stil errichtet; in der Reichskristallnacht 1938 zerstört, im 2. Weltkrieg durch Bomben erneut beschädigt; heute *Jüdisches Museum.*

DORFKIRCHEN

In Berlin, wo beim Zusammenschluß zu Groß-Berlin (1920) u. a. 59 Landgemeinden zusammengefaßt wurden, sind zahlreiche Dorfkirchen erhalten. Die *St.-Annen-Kirche* (Königin-Luise-Straße) in Dahlem wurde schon 1300 erwähnt. Das Gebäude ist aus großen rohen Backsteinen über einem Feldsteinsockel im 13. Jh. und später errichtet. Auf dem Türmchen des Kirchengiebels richtete man 1832 die ersten Übermittlungsstation für optische Telegraphie zwischen Berlin und Koblenz ein. *Tempelhof* erhielt seinen Namen nach dem Templerorden, von dem in diesem Bezirk noch 2 Kirchen erhalten sind. Gegenüber dem Bezirksrathaus im Park liegt

die erste Ordenskirche, ein schmuckloser niedriger Granitbau mit roman. Apsis, 13. Jh. Die Kirche ist heute der älteste Bau Berlins. Anfang des 13. Jh. ist die *Templerordenskirche in Marienfelde* entstanden, eine rechteckige Halle mit W-Turm. Die Kirche gilt als typische märkische Dorfkirche der Stauferzeit. Ähnliche Dorfkirchen oder kleinstädtische Gemeindekirchen gibt es in vielen Teilen Berlins – in Steglitz, Zehlendorf, Schöneberg, Lichterfeld, Rudow, Britz, am Stölpchensee und in Lübars, um nur einige Ortsteile zu nennen.

Erwähnenswert sind auch die aus Feldsteinen errichteten Dorfkirchen aus dem 13. und 14. Jh. in *Blankenburg, Blankenfelde, Lichtenberg* und *Mahlsdorf*. Einige weisen romanische Formen auf (*Karow*) oder verfügen über beachtliche historische Ausstattung (*Hohenschönhausen, Stralau*). Zum Teil stehen sie noch gut erhalten inmitten der urspr. Dorfangers, aber sie haben meistens für das 19. Jh. charakteristische Veränderungen erfahren, wie in *Pankow,* wo F. A. Stüler 1858/59 der ma Dorfkirche 2 stattliche neugotische Türme hinzugefügt hat.

Eine Stadtkirche von größeren Dimensionen ist die *St.-Nikolai-Kirche in Spandau* (Carl-Schurz-Straße). Diese märkische Backsteinkirche der Hochgotik (um 1400) beherbergt einen got. Taufkessel, eine barocke Kanzel und einen sehenswerten steinernen Renaissancealtar (über der Familiengruft des Festungsbaumeisters Rochus zu Lynar, der den Altar gestiftet hat, 1582, und auf den Tafeln mit seiner Familie dargestellt ist).

FRIEDHÖFE

Alter Jüdischer Friedhof (Große Hamburger/Oranienburger Straße; Mitte): Jetzt Parkanlage mit Gedenkgrab des im Jahr 1786 in Berlin verstorbenen Philosophen *Moses Mendelssohn.* Der im Jahre 1672 angelegte Friedhof wurde 1943 v. der Gestapo zerstört.

Alter Jüdischer Friedhof (Schönhauser Allee 23–25; Prenzlauer Berg): Grabstätte

< *Kaiser-Wilhelm-Gedächtniskirche*

des impressionistischen Malers *Max Liebermann* (gest. 1935) und seiner Frau.

Dorotheenstädtischer und Friedrich-Werderscher Friedhof (Chausseestr. 126; Mitte): Der 1762 angelegte Friedhof und der benachbarte Französische Friedhof – beide mit einer Reihe vorzüglicher Denkmäler – sind die letzte Ruhestätte zahlreicher Prominenter des 19./20. Jh. »… so viel erloschene Fackeln auf einmal trifft man wohl nur in Paris auf dem Père-Lachaise wieder zusammen«, notierte Friedrich Hebbel in sein Tagebuch, als er die Friedhöfe 1851 besuchte. Hier befinden sich u. a. die Grabmäler und letzten Ruhestätten der Philosophen *Georg Wilhelm Friedrich Hegel* (gest. 1831) und *Johann Gottlieb Fichte* (gest. 1814), der Bildhauer *Christian Daniel Rauch* (gest. 1857) und *Johann Gottfried Schadow* (gest. 1850), des Baumeisters *Karl Friedrich Schinkel* (gest. 1841), der Architekten *Friedrich August Stüler* (gest. 1865) und *Johann Heinrich Strack* (gest. 1880), des Kriminalisten und Literaten *Julius Eduard Hitzig* (gest. 1849) und seiner Familie, des Politikers *Rudolf v. Delbrück* (gest. 1903), des Graphikers *John Heartfield* (gest. 1968), v. *Bertolt Brecht* (gest. 1956) und

Dorotheenstädtischer Friedhof
Grabmal Johann Gottfried Schadow

Helene Weigel (gest. 1971), der Schriftsteller *Johannes R. Becher* (gest. 1958)
und *Heinrich Mann* (gest. 1950).

Ehrenfriedhof der Märzgefallenen
(Friedrichshain; im SO des Volksparks
Friedrichshain): Der Friedhof wurde noch
im Revolutionsjahr 1848 für die während
der Barrikadenkämpfe der Märzrevolution
Gefallenen angelegt. 1918 wurden hier
auch 9 gefallene kommunistische Matro-
sen beigesetzt.

**(Kreuzberger) Friedhöfe vor dem Hal-
leschen Tor** (zwischen Mehringdamm
und Zossener Straße, gegenüber der
Yorckstraße; Kreuzberg): Die 1735 zunächst als Armenfriedhof angelegten,
1766, 1798 und 1819 (jenseits des 1739
gegründeten Dreifaltigkeitsfriedhofs) erweiterten Friedhöfe der *Dreifaltigkeitsge-
meinde*, der *Jerusalem-* und *Neuen Kir-
chengemeinde*, der *Böhmischen* und der
Brüdergemeinde mit zahlreichen künstlerisch wertvollen Grabmälern (Lagepläne
am Eingang Mehringdamm) aus Barock,
Klassizismus, Biedermeier und Jugendstil
gehören zu den historisch bedeutendsten
Friedhöfen in B. Die ältesten Gräber aus
der Zeit Friedrich d. Gr. liegen im nö Bereich.

Künstlerisch besonders sorgfältig gestaltet
sind v. a. die Jugendstil-Grabmale für die
1899 gestorbene *Emy Bennewitz v. Loefen*
und den 1895 gestorbenen Landschaftsma-
ler *Karl Wilhelm Bennewitz v. Loefen*, die
Marmortafeln für die Schauspielerin *Friederike Bethmann-Unzelmann* (1768–
1815) und ihren, durch Holzschnitte bekannt gewordenen Sohn *Friedrich Unzel-
mann* (1797–1854), das Grab des Dichters
Adelbert v. Chamisso (1781–1838) und
seiner Gemahlin, »*Eben's Begräbniß
1798*« (Gruftgewölbe mit Giebel, Relief,
Eisentür), das Grab des 1835 gestorbenen
Erzherzogs *Leopold Ferdinand v. Österreich*, das von Johann Gottfried Schadow*
entworfene marmorne Urnengrabmal für
den Schauspieler *Johann Friedrich Ferdinand Fleck* (1737–1801), die Urnengrab-
mäler für den 1789 gestorbenen Kriegsminister Friedrichs d. Gr. *Leopold Otto v.
Gaudi* und dessen Tochter *Marie v. Gaudi*
(1768–86), das ausgefallene Grabmal des
Architekten *David Gilly* (1748–1808;
wahrscheinlich v. Gilly selbst entworfen),
eine Granitstele mit Marmorbildnis für den
Schriftsteller *Adolf Glaßbrenner* (1810–
76), die Grabmäler für den Generalstabs-
arzt *Carl F. v. Graefe* (1787–1840; Marmorbüste v. F. Drake) und dessen Sohn,
den Augenarzt *Albert v. Graefe* (1828–70),

Dorotheenstädtischer Friedhof, Grabmal Bertolt Brecht

das Grab des Arztes *Ernst Ludwig Heim* (1747–1834), das Grab der Salonniere *Henriette Hertz* (1764–1847) mit einem von Schinkel* entworfenen gußeisernen Kreuz, das Grab des Komponisten und Malers *E. T. A. Hoffmann* (1776–1822), die Tafel für den Schauspieler und Theaterleiter *August Wilhelm Iffland* (1759–1814), das Grabmal des 1869 gestorbenen Theaterarchitekten *Carl Ferdinand Langhans* (mit roter Stele), das Grab des 1785 gestorbenen Landjägermeisters *Friedrich Wilhelm v. Lüderitz* mit einer wappenverzierten Urne, ein schlichter Gedenkstein für den Baumeister Friedrichs d. Gr. *Georg Wenzeslaus v. Knobelsdorff* (1699–1753), die Gräber der Komponisten *Felix Mendelssohn-Bartholdy* (1809–47), seiner Eltern *Abraham* (1776–1835) und *Lea Mendelssohn-Bartholdy* sowie seiner 1847 gestorbenen Schwester *Fanny* und deren Ehemann, des 1861 gestorbenen Malers *Wilhelm Hensel*, das Wandgrab des Leibarztes Friedrichs d. Gr. *Carl Wilhelm Moehsen* (1722–95), mit Sarkophag in hoher Nische, das Grab einer 1927 gestorbenen *Josefa Müller* mit einer Skulptur »Das Leid« v. G. Eberlein*, die Grabsteine des Theologen *August Neander* (1789–1850) und des Naturforschers *Petrus Simon Pallas* (1741–1811), der Gedenkstein für den Hofmaler Friedrichs d. Gr. *Antoine Pesne* (1683–1757), das Urnengrab für den Kammergerichtsrat *Justus Dietrich Schlechtendall* (1744–86) mit Inschrifttafel, das von Joseph Uphues* geschaffene, hohe Grabmal für den Organisator der Post und Erfinder der Postkarte *Heinrich v. Stephan* (1831–97) mit Marmorfigur, Relief und schmiedeeisernem Gitter, die Gräber für den Schriftsteller *Karl August Varnhagen v. Ense* (1785–1833) und seine in den Berliner Salons berühmte, von Heinrich Heine sehr verehrte Frau *Rahel* (1771–1833) sowie die Erbbegräbnisse der Familien v. *Johann Heinrich Weidinger* (1774–1837) und *Zimmermann* (1836).

Invalidenfriedhof (Scharnhorststr.; Mitte): Der stark vernachlässigte Friedhof wurde 1748 für die Insassen des nahen Invalidenhauses und im Krieg Gefallene angelegt, erhielt jedoch bald die Funktion einer letzten Gedächtnisstätte für hochdekorierte Offiziere. Das bedeutendste

Denkmal ist das des preußischen Generals und Heeresreformers *Gerhard Johann David v. Scharnhorst* (gest. 1813), entworfen v. Karl Friedrich Schinkel*.

Jüdischer Friedhof (Herbert-Baum-Straße 45; Weißensee): Größtes jüdisches Geschichts- und Kulturdenkmal in Deutschland in dieser Art sowie bedeutendes Erinnerungsmal der Verfolgung und des Todes von Juden in den Konzentrationslagern 1933–45. Der Friedhof 1880 angelegt nach Entwurf von Hugo Licht, mit Trauerhalle in Form eines Zentralbaus im ital. Renaissancestil. Zwei Denkmale erinnern insbesondere an die Zeit von 1933–45, ein Inschriftenstein an die Ermordung der Juden sowie ein Grabstein an die 1938 während des Pogroms geschändeten Thorarollen. Die Gesamtanlage ist über 40 ha groß, gitterförmig und radialförmig gegliedert und in Felder unterteilt, die einzelnen Abteilungen alphabetisch angeordnet. Anlage einer Ehrenreihe für Persönlichkeiten der jüdischen Gemeinde, der Religion, Wissenschaft und Kultur, darunter z. B. *Karl Emil Franzos* (Schriftsteller, 1848–1904), *Lesser Ury* (Maler, 1861–1931), der Sarkophag für *Hermann Cohen* (Philosoph, 1842–1918) sowie Gedenkstein für *Herbert Baum* (geb. 1912) und 27 Mitglieder seiner Widerstandsgruppe, die alle 1942/43 hingerichtet wurden. Außerhalb der Ehrenreihe auch die Grabarchitekturen und Steine für *Rudolf Mosse* (Verleger, 1843–1920), *Samuel Fischer* (Verleger, 1859–1934), *Hermann Tietz* (Warenhausbegründer, 1837–1907). – Viele Grabdenkmäler und Erbbegräbnisse in repräsentativen Architekturanlagen unter Verwendung aufwendiger Materialien, immer unter Verzicht bildlicher Darstellungen. Die Ausführung in historisierenden Mischformen von Spätromanik, Renaissance oder in Formen des Jugendstils, der Neurenaissance (z. B. dorischer Tempel für den Kammersänger *Josef Schwarz*, gest. 1926), der neuen Sachlichkeit oder des Kubismus (z. B. Grabmal *Mendel*, 1924, entworfen von Walter Gropius).

Zentralfriedhof (Gudrunstr.; Lichtenberg-Friedrichsfelde): Auf dem 1881 angelegten Friedhof werden traditionsgemäß prominente Vertreter der politischen Lin-

Schloß Bellevue

Schloß Charlottenburg

ken beigesetzt, aber nicht nur aus dem Bereich Politik: *Käthe Kollwitz* (gest. 1945) ruht hier ebenso wie ihr Malerkollege *Otto Nagel* (gest. 1967). Nahe dem Haupteingang befindet sich die »Gedenkstätte der Sozialisten«, 1951 v. einem Kollektiv entworfen. Das 1926 enthüllte *Mahnmal* Mies van der Rohes[*] für die 1919 ermordeten *Rosa Luxemburg* und *Karl Liebknecht* wurde 1934 zerstört.

SCHLÖSSER

Schloß Bellevue (Spreeweg): Das Schloß wurde zusammen mit dem schönen Schloßpark für den jüngsten Bruder des Alten Fritz, Prinz Ferdinand v. Preußen, v. P. M. Boumann[*] geplant und ausgeführt (1785–86). Der Bau mit seinen Flügeln um den Ehrenhof davor zeigt bereits die Kühle des frühen Klassizismus. Das Haus hat einst als Fürstenwohnung, Museum und Gästehaus der Regierung gedient; heute dient es dem Bundespräsidenten als Sitz in Berlin.

Schloß Charlottenburg (Spandauer Damm): In der Achse der Schloßstraße ragt beherrschend der mächtige Mittelturm des Schlosses über den weiten Ehrenhof und die niedrigen Flügel des langgestreckten Baus. Der Schloßpark auf der Rückseite zieht sich an der Spree entlang nach N. Das Hauptschloß wurde in mehreren Etappen gebaut. Die urspr. Anlage – Mittelbau ohne den hohen Turmaufbau – ließ Kurfürst Friedrich III. (ab 1701 König Friedrich I.) für seine Gemahlin Sophie Charlotte, die Freundin des Philosophen Leibniz, 1695 bauen. Erst später kamen die Flügel durch den schwedischen Baumeister E. v. Göthe hinzu (1701–07). Er veränderte auch den Mittelbau, dem er den gewaltigen Tambour mit der Dachkrone und der Fortunafigur aufsetzte. Beim Wiederaufbau 1950 wurde die Figur (v. R. Scheibe neu geschaffen) zur »Wetterfahne« umfunktioniert. Nach dem Tod der Königin wurde der W-Flügel (Orangerie) zu Ende gebaut und das Schloß »Charlottenburg« benannt. Friedrich der Große trieb sodann den weiteren Ausbau voran. Für ihn baute G. W. v. Knobelsdorff[*] 1740–43 im O das Gegenstück zur Oran-gerie, einen langgestreckten zweigeschossigen Flügel, den sog. *Knobelsdorff-Bau* mit der »Goldenen Galerie« als Hauptraum (Rokoko-Ausstattung). Im Erdgeschoß des Knobelsdorff-Flügels befindet sich das bedeutende *Kunstgewerbemuseum* (u. a. Welfenschatz). Im Ehrenhof steht das Denkmal des Großen Kurfürsten zu Pferde (s. unter Denkmäler). Der Park hat 3 architektonische Anziehungspunkte: das *Belvedere*, ein dreigeschossiges, frühklassizistisches Schlößchen (Ende des 18. Jh. erbaut v. G. Langhans[*], dem Schöpfer des Brandenburger Tors). Ein weiterer Anziehungspunkt ist gleich ö hinter dem Hauptportal der *Schinkel-Pavillon*. Er ist im Stil eines Sommerhauses, wie es Auftraggeber Friedrich Wilhelm III. in Neapel gesehen hatte, 1824 nach den Entwürfen v. K. F. Schinkel[*] errichtet: ein einfacher Kubus mit umlaufendem Balkongitter und Mittelloggien im Obergeschoß. An der W-Seite des Parks liegt das *Mausoleum*. Der Bau (v. H. Gentz 1810 errichtet) erfuhr durch Schinkel und noch einmal im Jahr 1841 Veränderungen. Die Sarkophage mit Königin Luise und Friedrich Wilhelm III. stammen v. dem Bildhauer C. D. Rauch (1842–46).

Schloß Friedrichsfelde → Parks und Ausfluggebiete (Tierpark).

Jagdschloß Grunewald (am Grunewaldsee, Pücklerstraße): »Zum grünen Wald« nannte Kurfürst Joachim II. Hektor (1505–71), der im Jahre 1539 die Reformation in seinem Kurfürstentum einführte, das kleine Jagdschloß, das er 1542 v. C. Theiss[*] erbauen ließ. Im 18. Jh. bekam das Schlößchen sein heutiges Aussehen. Im Innern schöne Sammlung v. a. niederländischer Gemälde des 17. Jh.

Schloß und Park Klein-Glienicke (n der Königstraße; Zehlendorf-Wannsee): Das bereits 1764 für die Tapetenfabrikanten Joel erbaute, 1814 von Staatskanzler Fürst Karl August v. Hardenberg erworbene und erweiterte Landschlößchen wurde 1824–26 von Karl Friedrich Schinkel[*] als Sommersitz des neuen Eigentümers Prinz Karl v. Preußen, dem Sohn König Friedrich Wilhelms III. und Königin Luises, umgebaut. Bereits 1816, noch zur Zeit des Für-

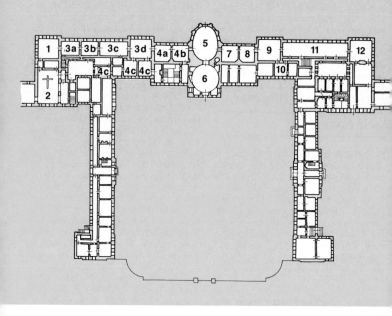

Schloß Charlottenburg 1 Porzellankabinett **2** Kapelle **3** Räume Friedrichs I., a) Schlafzimmer, b) Schreibzimmer, c) Tressenzimmer, d) Audienzraum **4** Räume Sophie Charlottes, a) Audienzraum, b) Vorraum, c) Wohnräume **5** Gartensaal **6** Vestibül **7** Vorzimmer **8** Gläsernes Schlafgemach **9** Audienzraum **10** Mecklenburger Zimmer **11** Eichengalerie **12** Getäfelter Eckturm

sten Hardenberg, hatte Peter Joseph Lenné* begonnen, um das Schloß einen *Garten* mit leichten Anhöhen, »Schluchten«, Brücken, Teichen, Buchenwäldern und Wegen anzulegen. Aus der Zusammenarbeit des Gartengestalters Lenné mit den Baumeistern Schinkel, Ludwig Persius* und Ferdinand v. Arnim* (von denen die um das Schloß gruppierten Bauten stammen) entstand bis 1850 einer der schönsten und in seiner harmonischen Verschmelzung von Architektur und Landschaft reizvollsten europäischen Parks. Der 1934 von der Stadt Berlin erworbene, seitdem für die Bevölkerung zugängliche und (auch) »Volkspark« genannte Schloßpark wurde anläßlich des 200. Geburtstags v. Schinkel 1981 samt seinen Gebäuden in großem

Umfang (und mit hohem Kostenaufwand) restauriert. Durch den s Haupteingang, das sog. *Johannitertor* v. 1862 mit den beiden auf Pfeilern stehenden Greifen (r ein Pförtnerhaus mit klassizist. Vorbau), gelangt man – vorbei an dem 1843–45 v. Persius* erbauten *Wirtschaftshof* (lockere Anordnung von Wohnhäusern, Scheune und Stall), Stibadium und Löwenfontäne – unmittelbar an das 1824–26 von Schinkel* in strengen spätklassizist. Formen umgestaltete, um den nö Flügel zu einer Dreiflügelanlage erweiterte zweigeschossige *Schloß* mit flachem Dach und einem von 4 reliefverzierten Pfeilern gebildeten Mittelrisalit an der sw Hauptfront. Der Eingang und ein 1840 von Persius erbautes Tempelchen befinden sich auf der Rückseite, in deren Wände zahlreiche antike Fragmente (Sarkophagplatten, Kentaurenkopf, Teile eines dionysischen Frieses, ein Löwenkopf aus dem 6. Jh. v. Chr., eine Frau mit Widder, verschiedene Inschriften u. ä.), die Prinz Karl v. Preußen von seinen Reisen mitbrachte, eingemauert sind. Das sich n anschließende *Kavalierhaus* mit einer Doppelarkade (v. Persius) und 2 großen (röm.) Marmormasken am Obergeschoß sowie dem 1832 von Schinkel erbauten, 1865 um ein Geschoß erhöhten Turm wurde – ebenfalls von Schinkel – durch ein Pergola-Querhaus mit der Rückfront des Schlosses verbunden. Im *Gartenhof* (zwischen Schloß und Kavalierhaus) befindet sich ein Renaissancebrunnen mit einer Kopie (1828) der antiken »Ildefonso-Gruppe«, im *Stallhof* (n hinter dem Kavalierhaus) mit Remisen v. Schinkel ein Brunnen v. 1745 mit einer Neptunstatue Ernst Rietschels[*] (1838). Das vom s Haupteingang über eine verdeckte Treppe erreichbare *Stibadium* (unmittelbar s des Schlosses) wurde 1840 von Persius gebaut; dorische Säulen (vorne eine Ceres-Figur als Stütze) tragen das nach pompejanischem Muster bemalte hölzerne Zeltdach. – Schinkels *Löwenfontäne* (1837/38) liegt w des Stibadiums unmittelbar vor dem Mittelteil des Schlosses. Das runde Becken ist zum Schloß hin von einer Balustrade umrahmt; die beiden auf seitliche Podeste mit je 4 dorischen Säulen gesetzten, vergoldeten Löwen sind denen der Villa Medici in Rom nachgebildet. – Die tempelartige »Kleine Neugierde« (w der Löwenfontäne, an der Straße), ein 1825 von Schinkel veränderter Teepavillon, ist in Vorhalle und Teezimmer unterteilt; bemerkenswert sind hier einige pompejanische Bilder, Sarkophagfragmente aus dem 3.–5. Jh. (O-Wand), Inschriften, Teile von Mosaiken und eine florentinische Marmorarkade aus der Zeit der Renaissance (Eingangswand). – 1835–37 erbaute Schinkel an der SW-Ecke des Parks (w der »Kleinen Neugierde«, in der Nähe der → *Glienicker Brücke*) die »Große Neugierde«: Das auf kleine dorische Säulen gesetzte Dach dieses erhöht gelegenen Rundbaus ist dem Lysikrates-Denkmal (334 v. Chr) in Athen nachgebildet. – Weiter n liegt auf einem terrassierten Hügel (am Ufer) mit Pergola das 1824/25 von Schinkel aus einem ehem. Rokoko-Billardhäuschen umbaute zweistöckige *Kasino*, ein origineller, aus 3 gegeneinander verschobenen Kuben (flacher Mittelrisalit, 2 vorgesetzte ö Seitenrisalite) gebildeter Bau; erwähnenswert sind hier 2 antike Säulen (an der Hauswand) und der Saal mit Stuckmarmorverkleidung, 2 Torsen und röm. Skulpturenköpfen. – Über das n

des Kasinos gelegene, 1842 von Persius erbaute *Hirschtor* (am Durchgang befinden sich 2 Pfeiler mit Hirschfiguren v. Christian Daniel Rauch[*]) gelangt man – nw in Richtung Schloß zurückgehend – an den 1850 von F. v. Arnim erbauten, außen sehr wuchtig wirkenden, innen durch 3 Arkadenreihen aufgelockerten *Klosterhof* mit ma Spolien (aus älteren Kulturen übernommene und wiederverwendete Bauteile oder Kunstwerke); im Vorhof findet man eine Säule mit Markuslöwe, ein Portal mit Doppelsäulen (13. Jh.) aus S. Andrea bei Venedig, außerdem ein Wandgrab des 1316 gestorbenen Philosophen Pietro d'Abana aus Padua sowie eine Säule (um 1200) mit einem Atlanten aus dem 13. Jh. – Das weiter n gelegene flache *Maschinenhaus* mit quaderförmigem Wasserturm wurde 1836–38 von Persius erbaut; es ist durch einen bogenförmigen Gang mit dem *Gärtnerhaus* verbunden. Gleichfalls von Persius stammen das 1840 erbaute schlichte *Matrosenhaus* mit kurzem Dachturm (in einem nö Tal), die in hohen Bögen über eine Schlucht gespannte *Teufelsbrücke* (1838) und das *Jägertor* (im N) v. 1842, das in den 1828 von Schinkel im Stil der engl. Gotik errichteten *Jägerhof* (Wohnhaus mit einer aus 3 Giebeln gebildeten Front, Hundezwinger mit Erker) führt. – Sehenswert sind außerdem das von Persius erbaute *ehem. Forsthaus* (heute Gasthaus Moorlake; nö hinter dem Jägerhof) und die 1842 von Arnim[*] erbauten 2 *Pförtnerhäuser* an der w Grenze des Parks.

Schloß Köpenick mit Kunstgewerbemuseum (Schloßinsel; Köpenick): Auf dem s Zipfel der Köpenicker Altstadtinsel liegt Schloß Köpenick, der bedeutendste profane Barockbau der Mark Brandenburg aus der Zeit vor Andreas Schlüter. In dem farbig gefaßten Putzbau seit 1963 das bedeutende *Kunstgewerbemuseum* mit dem Schwerpunkt Möbel untergebracht, eine einzigartige Sammlung in Deutschland. Die Köpenicker Schloßinsel war schon in vorgeschichtlicher Zeit besiedelt; in slawischer Zeit war sie durch einen Burgwall gesichert. An der Stelle des späteren Schlosses stand ab Mitte des 13. Jh. eine askanische Burg, die unter Kurfürst Joachim II. von Wilhelm Zacharias[*] zum kurfürstlichen Jagdschloß im Stil der Renaissance umgebaut wurde (nach 1571 vollendet). Kurprinz Friedrich III., der spätere erste König in Preußen, plante eine barocke Dreiflügelanlage, von der bis 1705 der dreigeschossige Trakt am Dahme-Ufer und der Wirtschaftsflügel mit der Schloßkapelle zur Ausführung gelangten: Architekten waren Rutger van Langevelt* (Wohnflügel = jetziges Schloß; 1677–81) und Johann Arnold Nering* (Schloßkapelle; 1682–85). Bes. sehenswert im Inneren ist der Wappensaal.

In Schloß Köpenick hielt 1730 das Kriegsgericht, das über den Kronprinzen Friedrich d. Gr. und seinen Freund Leutnant v. Katte urteilte, seine Sitzungen ab (Katte wurde hingerichtet). Im Oktober 1760 wurde Köpenick während des Siebenjährigen Kriegs von den Russen geplündert.

Schloß Niederschönhausen (Ossietzkystr.; Pankow-Niederschönhausen): In den 60er Jahren des 18. Jh. als Landsitz der Gräfin Dohna errichtet; Umbau um 1700 durch Johann Arnold Nering* und dann nochmals im Jahre 1704 durch Johann Friedrich Eosander v. Göthe* zur repräsentativen Dreiflügelanlage.

Schloß und Kavaliersbau auf der Pfaueninsel (Wannsee): Das Schloß, 1794–97 im sentimentalen Ruinenstil der frühen Romantik gebaut, hatte Friedrich Wilhelm II. als sommerliche Buen Retiro für sich und Gräfin Lichtenau in Auftrag gegeben. Der große Saal ist mit wertvollen Hölzern ausgelegt und zeigt klassizistischen Schloßkomfort. An der Decke eine Kopie des berühmten Gemäldes v. Guido Reni »Apollo auf dem Sonnenwagen«. Der *Kavaliersbau,* 1804 in schicklicher Entfernung v. Lustschloß errichtet, wurde v. K. F. Schinkel 1824–26 erneuert und als Prinzenwohnung eingerichtet. Die got. Fassade, die Schinkel dem Bau vorgeblendet hat, stammt v. einem abgerissenen Danziger Patrizierhaus (um 1400).

STRASSEN UND PLÄTZE,
BEDEUTSAME BAUTEN UND
DENKMÄLER

Alexanderplatz mit Parkanlage am Fernsehturm (Mitte): Der nach den Zerstörungen des 2. Weltkriegs im Rahmen des Wiederaufbaus um das Vierfache vergrößerte Alexanderplatz, ein ehem. Markt- und Exerzierplatz, der damals noch vor den Toren v. B. lag, wurde benannt nach dem russischen Zaren Alexander I. anläßlich seines Besuchs im Jahre 1805. Heute ist der Platz Fußgängerzone, während der Autoverkehr durch einen Tunnel geleitet wird. Die Wandlungen, die das Bild dieses Platzes in zweieinhalb Jh. durchgemacht hat, veranschaulichen 8 Porzellanbilder im Fußgängertunnel am Hotel »Stadt Berlin«. Weltberühmt wurde der Platz durch *Alfred Döblins* Roman »Berlin Alexanderplatz« (1929), der die abenteuerliche Geschichte des Transportarbeiters Franz Bieberkopf erzählt, am der »Alex« Zeitungen verkauft. In der v. Neubaukomplexen flankierten weiträumigen *Parkanlage* zwischen Alexander- und Marx-Engels-Platz erhebt sich auch das neue Wahrzeichen O-Berlins, der mit Antenne 365 m hohe *Fernsehturm,* 1965–69 v. einem Kollektiv errichtet nach einer Idee v. Hermann Henselmann*. Aussichtsgeschoß in 203 m Höhe, darüber Drehcafé. Die Parkanlage bezieht auch die *Marienkirche* (→ Sakralbauten), das *Rote Rathaus* (1861–69 von Hermann Waesemann) und den dazwischen liegenden *Neptun-Brunnen* mit ein, ein Werk v. Reinhold Begas*, zur Zeit seiner Aufstellung (1891) der größte Brunnen der Welt.

Karl-Marx-Allee: Die ca. 2 km lange Karl-Marx-Allee – urspr. *Große Frankfurter Str./Frankfurter Allee,* bis 1961 *Stalinallee* – ist die Hauptausfallstraße nach O. Sie gilt als die »erste sozialistische Straße« v. B. und spiegelt in ihrer Bebauung den Wandel des offiziellen Architekturstils der Ära Stalin (historisierend) und der nachfolgenden Periode unter Chruschtschow (funktionell) wider. Wohnhochhäuser v. 1959–65 zwischen Alexander- und Strausberger Platz. Am Strausberger Platz und weiter ö stehen Bauten der Stalin-Ära. Die Häuser s der Allee nahe U-Bahnhof Marchlewskistr. datieren noch aus der Zeit um 1949, teilweise geplant v. Hans Scharoun*.

*Alexanderplatz, Fernsehturm mit >
Interhotel »Stadt Berlin«*

Blick über Berlin

Platz der Akademie, Schauspielhaus >

Blick vom Fernsehturm zum Palast der Republik und zum Dom

Marx-Engels-Platz (Mitte): Am Marx-Engels-Platz, dem ö Abschluß der Prunkstraße Unter den Linden, liegen der *Dom* (→ Sakralbauten), die *Schinkelsche Granitschale* und das *Alte Museum* (→ Museen). Bis 1951 hieß der Marx-Engels-Platz *Schloßplatz,* benannt nach dem *Berliner Stadtschloß,* der Residenz der preußischen Könige und dt. Kaiser aus dem Hause Hohenzollern. 1950/51 wurde der im 2. Weltkrieg schwer beschädigte Bau (192 x 116 m), eines der Hauptwerke des norddeutschen Barock, gesprengt und abgetragen; heute steht an seiner Stelle der *Palast der Republik* (1973–76). Eine Nachbildung des Schloßportals, v. dem aus Karl Liebknecht während der Novemberrevolution 1918 die Sozialistische Republik ausrief, befindet sich an der N-Front des 1962–64 errichteten ehem. *Gebäudes des Staatsrats der DDR.*

Platz der Akademie, *ehem. Gendarmenmarkt:* Anläßlich der 250-Jahr-Feier der an der O-Seite des Platzes gelegenen *Deutschen Akademie der Wissenschaften* wurde der Gendarmenmarkt – so benannt nach dem Wachgebäude des Kürassierregiments »Gens d' Armes« – 1950 in »Platz der Akademie« umgetauft. Architektonisch geprägt wird der barocke Platz v. der *Französischen Kirche* im N und der *Deutschen Kirche* im S (→ Sakralbauten), beide von einem Turm flankiert, sowie dem *Schinkelschen Schauspielhaus.*

Schauspielhaus: In der Zeit v. 1818–21 errichtete Karl Friedrich Schinkel* das im Grundriß querrechteckige Gebäude, das als eines seiner Hauptwerke gilt, an der Stelle des 1817 abgebrannten Vorgängerbaus v. Carl Gotthard Langhans d. Ä.* Plastischer Schmuck v. Christian Friedrich Tieck* nach Entwürfen Schinkels.

Unter den Linden: Die sich zwischen Brandenburger Tor und Marx-Engels-Platz (früher Schloßplatz) erstreckende Prachtstraße *Unter den Linden* ist seit gut 250 Jahren eines der Schaufenster v. B. und gilt als die schönste Straße der früheren Reichshauptstadt. Der Große Kurfürst Friedrich Wilhelm ließ 1647 den Weg zwischen Tiergarten und Hundebrücke (Schloßbrücke) mit 6 Reihen von Linden

und Nußbäumen bepflanzen, die jedoch knapp 10 Jahre später im Zuge des neuen Befestigungssystems wieder gefällt wurden. Als Friedrich Wilhelm 1674 der nach seiner zweiten Ehefrau benannten *Dorotheenstadt* vor dem Neustädtischen Tor die Rechte einer Stadtgemeinde verlieh, wurde die sechsreihige Lindenallee die Hauptstraße dieser 4. städtischen Gründung an der Spree. S der Linden entstand ab 1688 die *Friedrichstadt.* Der Ausbau zur Prunkstraße begann unter Friedrich d. Gr. 1742 mit der Eröffnung des *Opernhauses Unter den Linden.* Das Opernhaus war der 1. Bau des v. König und Georg Wenzeslaus v. Knobelsdorff* geplanten *Forum Fridericianum* (Bebelplatz), einer weitläufigen repräsentativen Platzanlage. Wegen der Kriege, die Friedrich bis 1763 führte, verzögerte sich der Ausbau; erst um 1780 war das Forum – mit *Hedwigskirche, Bibliothek, Prinz-Heinrich-Palais* – annähernd vollendet.

Brandenburger Tor (Pariser Platz): Das in den Jahren 1788–91 errichtete Brandenburger Tor bildet den architektonischen Abschluß der Linden. Bei der Einweihung 1791 erhielt es den Namen »Friedenstor«. Carl Gotthard Langhans* errichtete diese monumentale, v. 2 Flügelbauten eingefaßte Sandstein-Toranlage dorischer Ordnung nach dem Vorbild der Propyläen in Athen und leitete damit den Berliner Klassizismus ein. Das Brandenburger Tor ist das einzige erhaltene der urspr. 18 Stadttore v. B. (die Stadtmauer samt Toren wurde im 18. und 19. Jh. abgerissen). Auf dem Dach des Torbaus erhebt sich die 1789 (im Jahr der Französischen Revolution) v. Johann Gottfried Schadow* entworfene *Quadriga:* die eichenlaubbekränzte Siegesgöttin *Viktoria* (urspr. nackt) in einem antiken Kampfwagen, der von einem Viergespann gezogen wird. Napoleon hatte die Quadriga 1807 nach Paris überführen lassen; nach dem Ende der Befreiungskriege war sie 1814 an ihren angestammten Platz zurückgekehrt.

Feldherrendenkmäler (Unter den Linden): An der S-Seite der Linden erstreckt

Alexander-von-Humboldt-Denkmal >
vor der Humboldt-Universität

ALEXANDER
von
HUMBOLDT

AL SEGUNDO DESCUBRIDOR DE CUBA
LA UNIVERSIDAD DE LA HABANA 1939

Reichstagsgebäude

sich zwischen der Deutschen Staatsoper und dem ehem. Prinzessinnenpalais (jetzt Operncafé) eine *Grünanlage* mit 1822–55 v. Christian Daniel Rauch* geschaffenen Feldherrendenkmälern, die als Hauptwerke der Berliner Plastik im 19. Jh. gelten: *Gerhard v. Scharnhorst, Ludwig Graf Yorck v. Wartenburg, Gebhard Leberecht Fürst Blücher, August Graf Neidhardt v. Gneisenau.*

Neue Wache (Unter den Linden): Zwischen der Humboldt-Universität und dem Zeughaus liegt im sog. *Kastanienwäldchen* – Spielplatz der Kinder Bettinas v. Arnim, laut Christian Morgenstern der »liebste Fleck« in Berlin – die innen zu einem Mahnmal umfunktionierte (1960–69) Neue Wache, die 1816–18 v. Karl Friedrich Schinkel* als Königswache erbaut worden war und ein Hauptwerk des Berliner Klassizismus darstellte. Das Bauwerk ist einem röm. Castrum nachgebildet; der Hauptfront ist ein dorischer Säulenportikus vorgelagert.

Zeughaus (Unter den Linden 2): Der doppelgeschossige Vierflügelbau – begonnen 1695 von Arnold Nering*, fortgeführt von Martin Grünberg* und Andreas Schlüter*, 1706 vollendet v. Jan de Bodt* – war der 1. Monumentalbau des Königreichs Preußen und ist zugleich das bedeutendste Barockbauwerk v. B. Bezeichnenderweise handelt es sich bei diesem 1. Prunkbau des jungen Königreichs um ein militärisches Bauwerk: Es diente als Waffenarsenal und Kriegsmagazin. Hier war das 1952 gegründete *Museum für Deutsche Geschichte* untergebracht (mit Exponaten seit 1789). Von hervorragender Bedeutung ist der von Andreas Schlüter geschaffene *Skulpturenschmuck* des quadratischen *Innenhofs* mit den 22 Masken sterbender Krieger, eine Allegorie des Todes auf dem Schlachtfeld.

Zitadelle Spandau: Der Italiener Graf Rochus v. Lynar hat die alte Wasserburg an der Stelle, an der die Spree in die Havel mündet, 1578–94 umgebaut. Einbezogen in die neue Anlage (ein Quadrat von je 320 m Seitenlänge mit 4 Bastionen) wurden das Herrenhaus (1512) und der alte, noch aus dem frühen 14. Jh. stammende Bergfried (»Juliusturm«), der von 1874 bis 1919 den »Reichskriegsschatz« von 120 Millionen in Goldstücken barg.

Reichstagsgebäude (Platz der Republik): »Modern« war dieser Bau, als er 1884–94 im pompösen Hochrenaissancestil v. P. Wallot[*] aufgeführt wurde, ein imponierender Monumentalbau, der Macht und Größe des neuen Reichs symbolisieren sollte. Das Haus brannte 1933 z. T. aus und erlitt 1945 schwere Zerstörungen. Ohne die gläserne Riesenkuppel über dem Mittelbau wurde das Haus wieder aufgebaut und dient derzeit Fraktions- und Ausschußsitzungen.

Turbinenhalle der AEG (Huttenstr. 12–16): Peter Behrens (1868–1940), Architekt und Industriedesigner, wurde 1906 künstlerischer Berater der AEG und schuf mit der Turbinenhalle (urspr. 110 m lang) einen der ersten modernen Industriebauten. Die langen Seiten sind in Glas aufgelöst und werden optisch nur noch durch die schweren gefugten Betonpfeiler an den Ecken zusammengehalten.

Druckhaus Tempelhof (Mariendorfer Damm): Im S des Flughafens Tempelhof ragt der 72 m hohe Büroturm des Druckhauses auf. Die durch 6 Stockwerke gezogenen Fensternischen und die aufgesetzten Rippen an Turm und Gebäude haben dem mit Klinker überzogenen Druckgebäude des ehem. Ullstein-Verlags (heute Axel Springer) den Namen »Zeitungskathedrale« gegeben. Das Gebäude wurde 1926/27 nach den Plänen v. E. Schmohl errichtet.

Shell-Haus (Reichpietsch-Ufer/Hitzigallee): Das Haus, in dem sich heute die BEWAG befindet, wurde 1926–31 v. dem Düsseldorfer Architekten E. Fahrenkamp gebaut. Das aus 8 gestaffelten hohen Türmen zusammengesetzte Gebäude zieht sich mit seinen abgerundeten Ecken wie ein Faltschirm am Landwehrkanal entlang. Es war das erste Stahlbetonhochhaus in Deutschland.

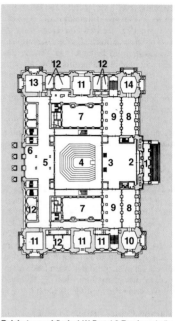

Reichstagsgebäude 1 W-Portal **2** Empfangshalle **3** Plastik v. B. Heiliger **4** Plenarsitzungssaal **5** O-Vorhalle **6** Triptychon v. A. Camaro **7** Lichthof **8** Repräsentationsraum **9** Wandelhalle **10** Ruheraum **11** Sitzungssäle **12** Büroräume **13** Empfangssaal **14** Lesesaal

Olympiastadion (Heerstraße/Jesse-Owens-Allee): Das Stadion, das für die XI. Olympischen Spiele 1936 auf dem »Reichssportfeld« gebaut wurde, faßt 100 000 Menschen. Die ganze Anlage (mit Schwimmstadion, Maifeld, Reiterstadion, Waldbühne u. a.) ist mit plastischen Bildwerken reich ausgestattet. Erbauer war Werner March, dessen Vater, Otto March, im Jahr 1913 an gleicher Stelle das »Dt. Stadion« in Berlin erbaut hatte.

Corbusier-Haus (Jesse-Owens-Allee/Heerstraße): Nach dem Modell seiner Unité d'habitation in Marseille baute der französische Architekt Le Corbusier[*] als Beitrag zur Internationalen Bauausstellung 1957 in Berlin dieses auf Betonstützen stehende Haus v. ungewöhnlicher Größe (135 m lang, 56 m hoch, 17 Geschosse, 530 Wohnungen, 1400 Menschen).

Hansaviertel (Altonaer Straße/Bartning-straße): Für die Internationale Bauausstellung 1957 tat sich eine Gemeinschaft von 48 in- und ausländischen Architekten zusammen und bebaute das Terrain des vernichteten Hansaviertels (aus der Zeit um 1901) mit modernen Hochwohnhäusern. Trotz der verschiedenartigen Persönlichkeiten – unter ihnen die Architekten W. Gropius, O. Niemeyer, A. Aalto und H. Luckhardt – entstand der erste moderne Stadtteil, der Vorbild und Anregung für den Bau moderner Satellitenstädte lieferte.

Kongreßhalle (John-Foster-Dulles-Allee): Als Beitrag Amerikas zur Bauausstellung 1957 wurde die Kongreßhalle errichtet. Über eine rechteckige Sockelzone, die Konferenzsäle, Restaurant, Postamt, Bibliothek, Büroräume usw. umfaßt, erhebt sich ein großer, 1300 Menschen fassender Kongreßsaal in ovaler Form. Er wird v. einem kühn ausschwingenden Dach überdeckt, das dem Bau den Spitznamen *Schwangere Auster* eingetragen hat.

Europa-Center (Breitscheidplatz, am Zoo): An der Stelle des ehem. »Romanischen Cafés« entstand das 20stöckige (1963–65) Europa-Center mit Kinos, Geschäftshöfen und -passagen in mehreren Stockwerken, das v. den Berlinern nach seinem Bauherrn K. H. Pepper »Peppers Manhattan« getauft wurde.

Internationales   Kongreß-Zentrum »ICC« (Messedamm): Dieses modernste Berliner Kongreßzentrum liegt gegenüber Funkturm und Messegelände, mit dem es durch eine überdachte Brücke verbunden ist. Seit 1979 finden hier neben Kongressen und Tagungen Konzerte, Theateraufführungen und Shows statt.

Großer Kurfürst (vor dem Charlottenburger Schloß): Das Denkmal, das ehemals auf der Langen Brücke am Stadtschloß an der Spree stand, durch Kriegsumstände aber in den W der Stadt kam, steht jetzt im Ehrenhof am Schloß Charlottenburg. Das Monument ist eines der großen Reiterdenkmäler der europ. Kunst, modelliert v. dem Baumeister und Bildhauer Schlüter*, gegossen 1700 v. J. Jacoby.

Kreuzberg-Denkmal   (Viktoriapark): Das gußeiserne Denkmal in gotisierenden Formen wurde v. K. F. Schinkel zur Erinnerung an die Befreiungskriege 1813–15 auf dem Kreuzberg aufgestellt.

Zitadelle Spandau

Zille-Denkmal

Siegessäule (Großer Stern): Zur Erinnerung an die Kriege und Siege v. 1864, 1866 und 1870/71 wurde in den Jahren 1872/73 die Siegessäule vor dem (später gebauten) Reichstag errichtet. Über einer Säulenplattform ragt die 68 m hohe begehbare Steinsäule auf, die an ihrer obersten Spitze mit einer vergoldeten Siegesgöttin bekrönt ist (Bildhauer F. Drake).

Lilienthal-Denkmal (Lichterfelde-O, Lilienthal-Park): Im S Berlins ist 1914 auf dem aufgeschütteten Hügel, v. dem herab Otto Lilienthal ab 1891 seine ersten Flugversuche machte, ein Denkmal für den Flugpionier aufgestellt worden: 8 Stützen tragen ein breites flaches Runddach, zu dem eine Bruchsteintreppe führt.

Luftbrückendenkmal (Platz der Luftbrücke): Zur Erinnerung an die Berlin-Blockade durch die Sowjets im Winter 1948/49 errichtete die Stadt ein Mahnmal, das der Bildhauer E. Ludwig schuf.

PARKS UND AUSFLUGS-
GEBIETE

Grunewald (ö der Havel, zwischen Heerstraße im N und Wannsee im SW; Wilmersdorf und Zehlendorf): Die erst seit dem 19. Jh. auch in der Amtssprache verwendete Bezeichnung *»Grunewald«* (davor *»Spandauer Forst«*) für den ca. 3200 ha großen Forst geht auf Kurfürst Joachim II. zurück, der sich 1542 (unmittelbar am Grunewaldsee ein → *Jagdschloß Grunewald* (*»Zum gruenen Wald«*) erbauen ließ. Noch im 19. Jh. Jagdgebiet des preuß. Hofes, entwickelte sich der Grunewald seit dem späten 19. Jh. zu einem der beliebtesten Ausflugs- und Erholungsgebiete der Berliner. Gegen Ende des Zweiten Weltkrieges und in den kalten Nachkriegswintern (bis zur Berlin-Blockade 1948) verlor der Wald fast 70 % seines Baumbestandes. Die notwendige Aufforstung (mit Kiefern, aber auch Birken, Buchen, Eichen, Kastanien und Linden) war 1953 weitgehend abgeschlossen. Von NO nach SW verläuft eine etwa 10 km lange Seenkette als Rest eines eiszeitlichen Stromes: *Halen-, Koenigs-, Hertha-* und *Dianasee* (im Bereich der Koenigsallee), *Grunewaldsee* (17,5 ha), *Krumme Lanke* (15,5 ha), *Schlachtensee* (43 ha) und der kleine *Nikolassee*. Das etwa 10 km lange Havelufer mit *Pichelswerder, Schildhorn,* dem 78,5 m hohen *Karlsberg* (→ *Grunewald-Turm*), der Insel *Lindwerder* und → *Schwanenwerder* bildet die w Grenze. Zu

Bismarck-Denkmal im Tiergarten

dem insgesamt 111 ha umfassenden Naturschutzgebiet innerhalb des Grunewaldes gehören *Teufels-, Pech-* und *Barssee* (mit der sog. *Saubucht*), mehrere ehem. Hochmoore und Fennflächen (u. a. *Hundekehlefenn, Langes Luch* und *Riemeisterfenn* sowie das Gebiet w des 115 m hohen → *Teufelsbergs*).

Humboldthain (Wedding): Der nach dem Naturforscher *Alexander v. Humboldt* (1769–1859) benannte Park wurde 1869–75 von Gartenbaudirektor Gustav Meyer*, einem Schüler Peter Joseph Lennés*, als erster Volkspark im Gebiet Wedding-Gesundbrunnen angelegt (zweiter Volkspark nach dem Ostberliner Friedrichshain). Nach der Zerstörung im Zweiten Weltkrieg wurde er 1948–51 nach Plänen v. Günther Rieck* auf Trümmerschutt neu gestaltet.
Eine *Gedenkstele* mit Relief v. Karl Wenke* erinnert an den Begründer der Wissenschaft von der Pflanzengeographie, der durch seine Forschungen fast alle naturwissenschaftlichen Gebiete der damaligen Zeit gefördert hat.

Köllnischer Park (Am Köllnischen Park; Mitte): In der 2. Hälfte des 19. Jh. angelegte Grünanlage neben dem *Märkischen Museum*. Zahlreiche Skulpturen und Baufragmente, darunter Teile vom *ehem. Berliner Schloß* (Kompositkapitell vom Eosanderportal um 1710; Sandsteinrelief v. Kaspar Theiß*), die urspr. auf der Herkulesbrücke über dem Königsgraben stehende Sandsteingruppe »*Herkules und der Nemeische Löwe*« v. Conrad Boy* nach Entwurf v. Johann Gottfried Schadow* (1792). Ferner *Heinrich-Zille-Denkmal* v. Heinrich Drake* (1965). *Bärenzwinger* (1930). Der Backsteinrundturm mit Rüstungstrophäe, der sog. *Wusterhausische Bär*, stammt v. der barocken Festungsanlage der Städte B., Cölln und Friedrichswerder, die Johann Gregor Memhardt* 1658–83 errichtete.

Müggelsee (Köpenick): Mit 7,5 km^2 der größte See v. B., schöne Wanderwege rund um den See und über die *Müggelberge* (Müggelturm zwischen Wendenschloß und Müggelheim); Waldlehrpfad im S des Sees.

Tiergarten mit Großem Stern (Tiergarten): Der Tiergarten – die hier liegenden wichtigsten Sehenswürdigkeiten sind *Schloß Bellevue* (→ Schlösser), die *Siegessäule* auf dem Großen Stern und die *Kongreßhalle* (→ Straßen, Plätze …) – war urspr. kurfürstliches Jagdgebiet. 1717 wurden die ihn umgebenden Zäune beseitigt; der Park wurde damit für alle Berliner zugänglich. In 20jähriger Arbeit war bis dahin das Grünrevier vor den Toren der Stadt zu einer Parkanlage im Stil des Barocks umgestaltet worden, mit dem Großen Stern, an dem sich die Alleen kreuzten, als Mittelpunkt.
In der Folgezeit wurde systematisch der Ausbau des Volksparks für alle Schichten fortgesetzt, und 1831 heißt es in dem Berlin-Führer »*Berlin, wie es ist*«: »Alles strömt nach dem Tiergarten … Er ist der einzige Vergnügungsort, der von allen gleich gern aufgesucht wird, und allen Ständen gemeinsam, ist er es vorzüglich, der die verschiedensten Bilder des Volkslebens in sich vereinigt. Kaffeehäuser für die Reichen und Wohlhabenden, für die Vornehmen und die Bürger des mittleren Standes, das Lustschloß Bellevue, das Fasaneriegehege, die sog. Zelten [hier steht heute die *Kongreßhalle*], die herrliche

Moltke-Denkmal im Tiergarten

Kunststraße nach Charlottenburg [heute *Straße des 17. Juni*], dies alles sind Gegenstände, die der Berliner ohne Ermüdung aufsucht und die jeden Fremden um so mehr interessieren müssen, da der Tiergarten eigentlich der einzige Ort ist, welcher in der an Naturschönheiten so armen Umgebung Berlins eine so große Mannigfaltigkeit bietet.« 1833–39 gestaltete Peter Joseph Lenné* den Tiergarten teilweise um, wobei er sich an der engl. Gartenbaukunst orientierte und auf bildhafte Wirkung abzielte. Ab der Mitte des 19. Jh. wurden zahlreiche Denkmäler patriotischen Gehalts errichtet, darunter die *Siegessäule* und die *32 Standbilder an der Siegessäule* mit Statuen der Fürsten v. Brandenburg und Preußen, wobei jedem dieser Herrscher zwei in der jeweiligen Zeit bedeutende Männer beigesellt waren. 1947 wurden die Statuen, die den Krieg überstanden hatten, auf Beschluß der Siegermächte entfernt.

Im Zweiten Weltkrieg wurde der Park völlig zerstört. »Eine baumlose Steppe mit den bekannten Kurfürsten, umgeben von Schrebergärten. Einzelne Figuren sind armlos, andere mit versplittertem Gesicht. Einer ist offenbar vom Luftdruck gedreht worden und schreitet nun herrisch daneben. Anderswo ist es nur noch ein Sockel mit zwei steinernen Füßen, eine Inschrift – der Rest liegt im wuchernden Unkraut«, schreibt Max Frisch 1947 in seinem Tagebuch. Die Wiederaufforstung und Wiederherstellung des Parks begann 1949.

Siegessäule auf dem Großen Stern: Die 1869–73 nach einem Entwurf v. Heinrich Strack* errichtete 68 m hohe Sandsteinsäule mit der 10 m hohen vergoldeten *Viktoria* v. Friedrich Drake* wurde als Denkmal der siegreichen Feldzüge v. 1864 (Dänischer Krieg), 1866 (Deutscher Krieg) und 1870/71 (Deutsch-Französischer Krieg) ursprünglich vor dem Reichstag aufgestellt; ihren jetzigen Platz auf dem Großen Stern erhielt sie erst 1938 (dabei wurde die Säule um 6,5 m erhöht). In dem Rundbau auf quadratischem Granitsockel befindet sich ein Mosaik nach einem Entwurf v. Anton v. Werner*.

Denkmäler am Großen Stern: Nationaldenkmal *Otto v. Bismarck* v. Reinhold Begas* (1901), Generalfeldmarschall *Helmuth v. Moltke* v. Joseph Uphues* (1904),

Kriegsminister *Albrecht v. Roon* v. Harro Magnussen* (1904).

Weitere Denkmäler im Tiergarten: Denkmal für *Haydn, Mozart* und *Beethoven* v. Rudolf Siemering* (1904); Denkmal für *König Friedrich Wilhelm III.* v. Friedrich Drake* (1849); *Kaiser Wilhelm I. als Prinz* v. Adolf Brütt* (1904); *Goethedenkmal* v. Fritz Schaper* (1880); *Herkules als Musenführer* v. Georg Franz Ebenhecht* (1745); *Lessingdenkmal* v. Otto Lessing* (1890); *Lortzing-Denkmal* v. Gustav Eberlein* (1906); *Wagnerdenkmal* v. Gustav Eberlein* (1903); *Löwengruppe* v. Wilhelm Wolff* (1878); *Amazone* v. Louis Tuaillon* (1906).

Tierpark mit ehem. Schloß Friedrichsfelde (Lichtenberg-Friedrichsfelde): Der 1955 eröffnete Tierpark war urspr. der *Park des Schlosses Friedrichsfelde*, Ende des 17. Jh. angelegt in der Art holländischer Gärten mit Mittelachse, Parterres und Umfassungskanälen (Lustgarten im N, Hintergarten im S, daran anschließend ein Tiergarten). Peter Joseph Lenné* gestaltete die Anlage in den 20er Jahren des 19. Jh. in einen Landschaftsgarten um. – Im ganzen Tierpark zahlreiche *Zoo-Plastiken*. – Sehenswert ist auch das Alfred-Brehm-Haus (Vögel, Tiere, tropische Vegetation).

Das wiederhergestellte *Schloß* ließ sich Benjamin Raule, der damalige Generaldirektor der kurfürstlichen Marine, Ende des 17. Jh. vermutlich durch Johann Arnold Nering* als Lusthaus in der Art eines holländischen Landhauses erbauen. Martin Heinrich Böhme* erweiterte es 1719 für den Markgrafen Albrecht Friedrich v. Brandenburg-Schwedt zum jetzigen Umfang.

Treptower Park mit Sowjetischem Ehrenmal und Archenhold-Sternwarte (Treptow): Einer der schönsten Berliner Volksparks des 19. Jh. (Naherholungsgebiet), begonnen 1876 nach Plänen v. Johann Gustav Meyer* als Landschaftspark, umgestaltet 1896 als Gelände für die Große Berliner Gewerbeausstellung, danach als Park rekonstruiert. Anläßlich der Gewerbeausstellung wurde die v. dem Astronomen Friedrich Simon Archenhold gegr. *Sternwarte* errichtet, deren »Riesenfernrohr« mit 21 m Brennweite damals der längste Refraktor der Welt war (1909 umgestaltet).

Das 1946–49 v. Jewgeni Wutscheritsch[*] und Jakow Belopolski[*] errichtete monumentale *Sowjetische Ehrenmal*, Hauptzeugnis der Kunst der Stalin-Ära in Berlin, ist die Gedenkstätte für die im Jahre 1945 beim Kampf um Berlin gefallenen sowjetischen Soldaten.

Volkspark Friedrichshain (Friedrichshain): Der Friedrichshain war der 1. »Volks«-Park v. B. Peter Joseph Lenné[*] gestaltete 1846–48 den w Teil, Johann Gustav Meyer[*] 1874–76 den ö Teil. Hauptsehenswürdigkeit ist der nach Plänen v. Ludwig Hoffmann[*] 1913 errichtete *Märchenbrunnen* mit Märchenplastiken v. Ignatius Taschner[*].

Wannsee, Strandbad (am Wannseebadweg; Zehlendorf-Nikolassee): Das am ö Ufer des *Großen Wannsees* gelegene, 1907 eröffnete Strandbad ist mit seinem 80 m breiten und ca. 1300 m langen Sandstrand und den größtenteils 1929/30 entstandenen Bauten (u. a. Umkleideräume, Duschkabinen, Läden, Bootsverleih, Lokale, Restaurant Wannseeterrassen) – als größtes europäisches Binnenseebad – das beliebteste Erholungsziel der Westberliner.

Der Große Wannsee geht im N in die *Havel*, im S in die (zusammenhängenden) Seen *Kleiner Wannsee, Pohlesee, Stölpchensee* und *Griebnitzsee* über. – Der Zehlendorfer Ortsteil *Wannsee* wurde 1898 aus dem bereits 1299 urkundlich erwähnten Dorf *Stolpe* (NO-Ufer des Stölpchensees), der im frühen 19. Jh. gegr. Kolonie um *Kohlhasenbrück* und der 1863 gegr. Kolonie *Alsen* gebildet.

Zoologischer Garten mit Aquarium (Hardenbergplatz; Tiergarten): Der Zoologische Garten wurde 1844 als erster Zoo in Deutschland auf dem Gelände der *Fasanerie* eröffnet. Heute besitzt er den größten Tierbestand aller zoologischen Gärten der Welt. 1869 wurde das erste Berliner *Aquarium Unter den Linden* von dem Zoologen Alfred Brehm gegründet; 1913 wurde es auf dem Gelände des Zoologischen Gartens neu eröffnet.

THEATER- UND KONZERT-BAUTEN

Berliner Ensemble (Bertolt-Brecht-Platz; Mitte): 1891/82 von Heinrich Seeling[*] als *Neues Theater am Schiffbauerdamm* errichtet.

Am 19.3.1954 erlebte Bertolt Brecht die Einweihung des Schiffbauerdamm-Theaters als eigenes Haus der v. ihm und seiner Frau Helene Weigel 1949 im Deutschen Theater gegr. Theatergruppe »*Berliner Ensemble*«. Das Berliner Ensemble brachte v. a. Modellinszenierungen v. Stücken Brechts (»Mutter Courage«, »Herr Puntila und sein Knecht Matti«). Auf der Bühne des Neuen Theaters wurde 1892 Gerhart Hauptmanns Drama »Die Weber« uraufgeführt; im Jahre 1928 begann hier mit der Uraufführung v. Bertolt Brechts »Dreigroschenoper« eine neue Epoche des Theaters.

Deutsche Oper (Bismarckstraße): Als Ersatz für das im 2. Weltkrieg zerstörte Deutsche Opernhaus entstand 1961 an gleicher Stelle das Haus der Deutschen Oper v. F. Bornemann (1900 Plätze). Die fensterlose, mit Flußkieseln überzogene Fassade bewitzelt der Berliner Humor mit dem Titel »Sing-Sing«.

Deutsche Staatsoper (Unter den Linden 7/Bebelplatz): Georg Wenzeslaus v. Knobelsdorff[*] errichtete die Oper 1741–43 als ersten der 3 v. Friedrich d. Gr. geplanten Monumentalbauten des Forum Fridericianum; der Bau wurde noch vor der Vollendung am 7. 12. 1742 mit Carl Heinrich Grauns »Caesar und Cleopatra« eröffnet. Dreimal brannte das Gebäude ab bzw. wurde durch Bomben zerstört (1843, 1943, 1945), aber immer wieder wurde es in Anlehnung an die Pläne Knobelsdorffs neu aufgebaut. 1955 fand die Eröffnung des jetzigen Baus statt mit einer Aufführung v. Richard Wagners »Die Meistersinger von Nürnberg«.

Das Repertoire der Oper (Spielzeit: Ende August bis Anfang Juli) pflegt neben den gängigen Balletten und Opern v. a. die Werke des zeitgenössischen Musiktheaters. Das Theater bietet 1432 Personen Platz.

Die Philharmonie im Tiergarten

Deutsches Theater mit Kammerspielen
(Schumannstr. 13; Mitte): 1850 v. Eduard
Titz* als *Friedrich-Wilhelmstädtisches
Theater* errichtet; mehrere Umbauten. –
Als 1883 das als klassische Operettenbüh-
ne bekannte Friedrich-Wilhelmstädtische
Theater in die Chausseestr. verlegt wurde,
übernahm es der erfolgreiche Volksstück-
autor *Adolph L'Arronge* (»Mein Leo-
pold«). Ab 1894 machte es *Otto Brahm* zu
einem Sprachrohr des Naturalismus (Auf-
führungen von Arno Holz und Gerhart
Hauptmann). Weltberühmt wurde das
Theater unter der Intendanz v. *Max Rein-
hardt* 1905–20 und 1925–32.
Die benachbarten *Kammerspiele des
Deutschen Theaters* schuf William Müller* 1906 für Max Reinhardt durch den
Umbau des Friedrich-Wilhelmstädtischen
Casinos. »Lebensfries« v. Edvard Munch*
(1906/07) im Foyer.

Friedrichstadtpalast (Friedrichstr.; Mitte): Der *neue Friedrichstadtpalast* an der
Friedrichstr. zwischen dem S-Bahnhof

und dem Oranienburger Tor ist mit mehr
als 2200 Plätzen das größte Revue- und
Varieté-Theater; er wurde 1984 eröffnet,
nachdem der *alte Friedrichstadtpalast* am
Bertolt-Brecht-Platz (urspr. die 1. Berliner
Markthalle, 1865–68 v. Friedrich Hitzig*
erbaut; ab 1873 als Zirkusgebäude genutzt;
1918/19 v. Hans Poelzig* für Max Reinhardt zum *Großen Schauspielhaus* umgestaltet; expressionistische Lichtarchitek-
tur) 1980 wegen zunehmender Gefähr-
dung seiner auf feuchtem Untergrund
ruhenden Fundamente geschlossen werden mußte. – Das von Max Reinhardt im
Souterrain des alten Friedrichstadtpalasts
eröffnete Kabarett *»Schall und Rauch«*
war beliebter Treffpunkt der Expressionisten und Dadaisten.

Kammerspiele des Deutschen Theaters
→ *Deutsches Theater.*

Komische Oper, *ehem. Metropoltheater*
(Behrenstr. 55–57; Mitte): Das 1891/92 v.
dem Wiener Architekten Ferdinand Fell-

ner* als »*Theater unter den Linden*« errichtete Schauspielhaus erlangte unter
dem Namen »*Metropoltheater*« Weltruhm
als Operettenbühne. Während das Innere
(Zuschauerraum) weitgehend in seiner
urspr. Gestalt erhalten geblieben ist, wurden große Teile des im 2. Weltkrieg z. T.
zerstörten Äußeren verändert (1966/67).

Maxim-Gorki-Theater, *ehem. Singaka-
demie* (Am Festungsgraben 2; Mitte): Der
in der Form eines Tempels 1825–27 v. Carl
Theodor Ottmer* für die *Berliner Singaka-
demie* errichtete klassizistische Rechteckbau ist der älteste Konzertsaalbau in Berlin. Das Äußere ist erhalten geblieben; das
Innere wurde modernisiert.

Philharmonie (Tiergarten, am Kemper-
platz): Als erster Bau eines geplanten
Kunst- und Kulturzentrums entstand die
neue Philharmonie, ein asymmetrisches,
zeltartiges Gebäude v. H. Scharoun (1960–
63). Der Konzertsaal ist ein verschobenes
Fünfeck mit ringsum unregelmäßig ansteigenden Logenterrassen (über 2300 Sitze).
Das Orchester hat im Zentrum des Raums
seinen Platz. Die akustischen Probleme
dieser ungewöhnlichen Form wurden mit
gebauschten Stoffflächen bewältigt. Die
Philharmonie ist Heimstatt der Berliner
Philharmoniker.

Renaissance-Theater (Hardenbergstr. 6)
Das Theater wurde v. O. Kaufmann, einem
bekannten Theaterarchitekten, erbaut, der
in Berlin außerdem die *Volksbühne* und die
Komödie (Kurfürstendamm 206/7) geschaffen hat.

Volksbühne (Luxemburgplatz; Mitte):
1913–15 v. Oskar Kaufmann* für die *Freie
Volksbühne* errichteter Theaterbau mit
monumentaler Eingangsfront; vereinfa-
chender Wiederaufbau 1954 nach Zerstörung im 2. Weltkrieg.

Neben den Theatern, die in Verbindung
mit architektonischen Leistungen genannt
wurden, verfügt Berlin über eine Vielzahl
weiterer Theater. *Schiller-Theater* (Bismarckstraße 110), *Schiller-Theaterwerk-
statt* (Rückgebäude), *Schloßpark-Theater*

Büste der Nofretete im Ägyptischen Museum >

Nationalgalerie

Pergamon-Museum, Detail aus der Prozessionsstraße aus dem Babylon des Nebukadneza II.

(Schloßstr. 48): Diese 3 Theater werden v. den Staatl. Schauspielbühnen Berlins bespielt. Das Schiller-Theater, das im 2. Weltkrieg zerstört und 1951 wieder eröffnet wurde, hat 1186 Plätze. Das Schloßpark-Theater, nach den Zerstörungen im 2. Weltkrieg schon 1945 wieder eröffnet, faßt 479 Zuschauer. – *Freie Volksbühne Berlin* (Schaperstr. 24): Hier finden Schauspielaufführungen statt (eigenes Ensemble). 1017 Plätze. – *Hansa-Theater* (Alt-Moabit 47). 570 Plätze. Schauspiel. – *Theater am Kurfürstendamm* (Kurfürstendamm 209): Hier werden Boulevard-Stücke aufgeführt. 785 Plätze. – *Theater des Westens* (Kantstr. 12): Hier sind Operette und Musical zu Hause. 1400 Plätze. – *Tribüne* (Otto-Suhr-Allee 18–20): Schauspiel, Lustspiel. 313 Plätze. – *Berliner Kammerspiele/Theater der Jugend* (Alt-Moabit 99): vorwiegend Aufführungen für die Jugend. 420 Plätze. – *Schaubühne am Lehniner Platz* (Kurfürstendamm 153): progressives Theater (Schauspiel). 450 Plätze. – *Vaganten-Bühne* (Kantstr. 12a): modernes und Nachwuchs-Theater (Schauspiel). 100 Plätze. – *GRIPS-Theater* (Altonaer Str. 22): Kindertheater. 360 Plätze.

MUSEEN

Die reichen Kunstschätze sind auf mehrere Stellen verteilt: Die älteste und traditionsreichste Stätte ist die *Museumsinsel* in der Innenstadt n des Lustgartens. Das 1824–28 von Karl Friedrich Schinkel erbaute und 1830 eröffnete *Alte Museum* (Kupferstichkabinett, Zeichnungen und Abteilung 20. Jh. der Alten Nationalgalerie) ist neben der Münchener Glypothek der älteste Museumsbau Deutschlands und zugleich eines der bedeutendsten Bauwerke des Klassizismus. Das *Neue Museum,* entstanden 1843–55 nach Entwürfen von August Stüler, war seit dem 2. Weltkrieg Ruine und wird seit 1986 wiederaufgebaut. Die *Alte Nationalgalerie,* ebenfalls nach Plänen von Stüler 1866–76 durch Johann Heinrich

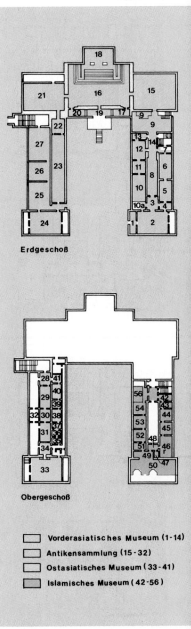

Erdgeschoß

Obergeschoß

☐ **Vorderasiatisches Museum (1-14)**
☐ **Antikensammlung (15-32)**
☐ **Ostasiatisches Museum (33-41)**
■ **Islamisches Museum (42-56)**

Pergamon-Museum, Raumpläne der Sammlungen: Vorderasiatisches Museum (1–14), Antikensammlung (15–32), Ostasiatische Sammlung (33–41), Islamisches Museum (42–56)

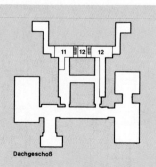

Dachgeschoß

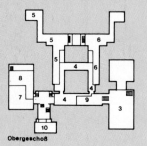

Obergeschoß

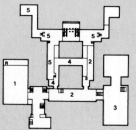

Erdgeschoß

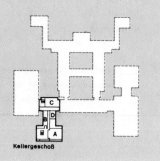

Kellergeschoß

Strack errichtet, zeigt Gemälde und Skulpturen aus dem 19. Jh. aus europäischen Ländern. In dem 1912–30 durch Ludwig Hoffmann nach Plänen von Alfred Messel erbauten *Pergamon-Museum* – Kernstück ist der Zeusaltar von Pergamon – sind die Antiken-Sammlung, das Museum für Volkskunde, das Vorderasiatische Museum, das Islamische Museum und die Ostasiatische Sammlung untergebracht. Das *Bodemuseum* an der Spitze der Spreeinsel, das nach dem Kunsthistoriker Wilhelm von Bode benannt ist, wurde 1897–1904 von Ernst von Ihne im Stil des wilhelminischen Barocks errichtet und enthält heute das Ägyptische Museum, die Papyrussammlung, die frühchristlich-byzantinische Sammlung, die Skulpturensammlung, die Gemäldegalerie, das Münzkabinett und das Museum für Ur- und Frühgeschichte. Durch die erst nach der Teilung der Stadt erfolgte Rückführung der im Kriege verlagerten Kunstschätze war es zu einer Verdoppelung der Berliner Museums-Institutionen gekommen. So finden wir zur Zeit noch die gleichen Sammlungen ein zweites Mal in Berlin. In Dahlem sind in den Gebäuden Arnimallee 23–27 *Gemäldegalerie, Skulpturensammlung* und das weltberühmte *Kupferstichkabinett* sowie in der Lansstr. 8 das *Völkerkundemuseum,* das *Ostasienmuseum* und das *Museum für Indische und Islamische Kunst* untergebracht. Das zweite Zentrum befindet sich rund um das Charlottenburger Schloß. In einem Nebenbau im W ist das *Museum für Vor- und Frühgeschichte* untergebracht. In den Pa-

< Museum Dahlem
Erdgeschoß
1 Museum für Indische Kunst **2** Museum für Völkerkunde (Alt-Amerika) **3** Museum für Völkerkunde (Südsee) **4** Skulpturengalerie **5** Gemäldegalerie
Obergeschoß
3 Museum für Völkerkunde (Südsee, Fortsetzung) **4** Skulpturengalerie (Fortsetzung) **5** Gemäldegalerie (Fortsetzung) **6** Museum für Völkerkunde (Afrika) **7** Museum für Islamische Kunst **8** Museum für Ostasiatische Kunst **9** Museum für Völkerkunde (Südasien) **10** Sonderausstellungen
Dachgeschoß
11 Kupferkabinett **12** Museum für Völkerkunde (Ostasien)
Kellergeschoß
A Vortrags-, Leseraum **B** Junior-Museum **C** Cafeteria **D** Blinden-Museum

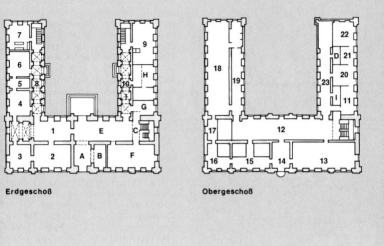

Erdgeschoß

Obergeschoß

Berlin-Museum A Eingangshalle **B** Garderobe **C** Treppenhaus **D** Lager **E** Große Halle **F** Vortragssaal **G** Verwaltung **H** Direktion **I** Toiletten
Erdgeschoß
1 Berlin v. der Zeit des Großen Kurfürsten bis ins frühe 18. Jh. **2** Stadtmodell und Ansichten Berlins bis Ende 18. Jh. **3** Potsdam und Umgebung **4** Kunstgewerbe, Bilder und Möbel des 18. Jh. **5** Chodowiecki **6** Kunstgewerbe 17./18. Jh. **7** Berliner Bierstube **8** Karten, Pläne **9–10** Wechselausstellungen
Obergeschoß
11 Stadtansichten frühes 19. Jh. **12** Stadtansichten 19./20. Jh. **13** Kunstgewerbe, Stadtansichten 19. Jh. **14** Möbel; Ansichten aus der Schinkel-Zeit **15** Biedermeier **16** Gründerzeit **17** Jugendstil **18** Porträts 17.–20. Jh. **19** Landschaften 19./20. Jh. **20** Persönlichkeiten des 19. Jh. **21** Hosemann, Krüger, Menzel **22** Theater bis ca. 1850 **23** Berlin-Geschichte

villonbauten (ehemals Kaserne) am Ende der Schloßstraße, gegenüber dem Schloß, stellt das *Antikenmuseum* v. a. antike Kleinkunst aus (die Großplastiken der alten Sammlung befinden sich auf der Museumsinsel). Das *Ägyptische Museum* im ö Pavillon ist weltberühmt durch den Kopf der Nofretete und Porträtplastiken aus der Armanazeit. Im dritten Kunstkomplex ist

mit der *Nationalgalerie* (Potsdamer Str. 50), dicht bei der Philharmonie und Staatsbibliothek, der erste Bau des neuen Museumszentrums erstellt worden. Hier ist in einer unterirdischen Anlage aus vielen Räumen und einem Freilichthof für Plastik die Kunst des 19. und 20. Jh. zu sehen. Der originelle Bau v. Ludwig Mies van der Rohe (1965–68), der ursprünglich für eine mittelamerikanische Tabakkompanie als Verwaltungshaus geplant war, hat über dem Sockelgeschoß (90 m x 90 m) einen hangarartigen Glaspavillon (50 m x 50 m), der für Wechselausstellungen moderner Kunst vorgesehen ist.
Neben der Philharmonie ist das *neue Kunstgewerbemuseum* nach einem Entwurf von Rolf Gutbrodt erbaut und 1895 eröffnet worden. Ein *zweites Kunstgewerbemuseum,* dessen Bestände aus den alten Sammlungen herrühren und dessen Ruhm die Möbelkollektion ausmacht, ist im Schloß Köpenick eingerichtet worden. Nach Aufhebung der Teilung Berlins sollen die gesamten Museumsbestände neu geordnet werden, so daß in Zukunft mit

einer völlig anderen Verteilung der Kunstschätze über die Stadt zu rechnen ist.

Weitere Museen: Das *Berlin-Museum* in
Kreuzberg (Lindenstr. 14), untergebracht
im Barockbau des ehem. Kammergerichts,
zeigt die Geschichte der Stadt in Dokumenten (außerdem hat es eine Porträtgalerie und graphische Arbeiten Menzels). –
Hugenottenmuseum im Französischen
Dom. – Das *Märkische Museum* am Köllnischen Park, 1874 gegr. und 1901–07
nach Plänen von Ludwig Hoffmann gebaut
als eine Sammlung brandenburgischer Architektur, zeigt den kulturgeschichtlichen
Werdegang Berlins in den Hauptabteilun-
gen Ur- und Frühgeschichte, Stadtgeschichte vom MA bis zur Gegenwart,
Kunst und Kunsthandwerk sowie Berliner
Theatergeschichte. – Das *Museum für Naturkunde* (Invalidenstraße) gehört zu den
bedeutendsten seiner Art in Deutschland
(50 Millionen Objekte) und ist vor allem
seiner Dinosaurier wegen berühmt. – Das
Otto-Nagel-Haus am Märkischen Ufer ist
dem Berliner Maler Otto Nagel (1894–
1967) gewidmet. – Das *Postmuseum* in der
Leipziger Straße ist eine Gründung des
Reichspostmeisters v. Stephan von 1872.
Die Briefmarkenausstellung umfaßt Post-
wertzeichen der deutschen Staaten von
1849 bis 1871 sowie die Marken und Erst-
tagsbriefe der DDR.
Neben den zuvor genannten Museen gibt
es eine Reihe v. Spezialmuseen, v. denen
hier nur einige aufgeführt werden sollen:
*Botanischer Garten und Botanisches Mu-
seum* (Königin-Luise-Str. 6–8): Der Botanische Garten in Berlin-Dahlem wurde
1897–1909 v. A. Engler eingerichtet. Er
wird heute durch zahlreiche wissenschaftliche Sammlungen ergänzt. – *Brücke-Mu-
seum* (Bussardsteig 9): Das Museum in
Dahlem wurde 1966/67 gegründet und
zeigt Arbeiten v. Künstlern der 1905 in
Dresden gegr. Gruppe »Die Brücke«. –
Berliner Post- und Fernmeldemuseum (An
der Urania 15): Postgeschichte, Berliner
Postwesen, Fernsehen, Briefmarken. –
Deutsches Rundfunkmuseum (Ham-
marskjöldplatz 1): Technik und Geschichte des dt. Rundfunks und Fernsehens seit

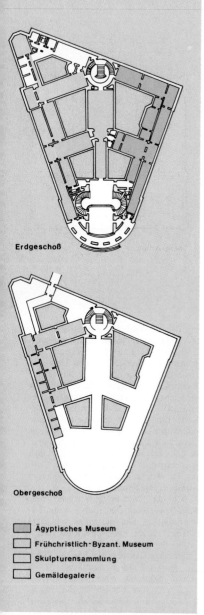

Erdgeschoß

Obergeschoß

☐ **Ägyptisches Museum**
☐ **Frühchristlich-Byzant. Museum**
☐ **Skulpturensammlung**
☐ **Gemäldegalerie**

< **Bode-Museum** Das Museum zeigt Exponate
von der Antike bis zur Gegenwart

1923. – *Museum für Verkehr und Technik* (Trebbiner Str. 9): Dampfmaschinen und Roboter, Fahrräder und Kraftfahrzeuge, Flugzeuge und Motoren, Schiffsmodelle und Schiffahrtswege, Schreibmaschinen und Drucktechnik, Geschichte des Rechnens und Speicherns, Grundlagen der Physik und Technik. – *Staatliche Porzellanmanufaktur* (Wegelystr. und Budapester Str. 48): Sammlung historischer Porzellane und Führung durch die berühmte Berliner Manufaktur.

16321 Bernau
Brandenburg

Einw.: 19 100   Höhe: 71 m   S. 1275 ☐ Q 5

Um 1230 gegr., ma anmutende Stadt auf dem Höhenzug Barnim.

Marienkirche: Spätgot. Hallenkirche, deren mächtiges Dach das Stadtbild auch in der Fernsicht beherrscht. Der Gründungsbau des 13. Jh. war ein Feldsteinbau mit w Querturm (dieser erst im 19. Jh. durch den jetzigen Backsteinturm ersetzt). Um 1400 erfolgte die 1. entscheidende Erweiterung durch die beiden n Seitenschiffe, im Verlauf des 15. Jh. wurden dann auch das Mittelschiff und das s Seitenschiff neu gebaut und der Hallenumgangschor angefügt. Laut Inschrift waren die Arbeiten erst 1519 abgeschlossen, vielleicht bezieht sich das Datum aber auch auf die einheitliche Ausmalung. Auch am Außenbau reichere Terrakottazierformen, die Giebel der Anbauten im S und N mit Zierrippenmustern in den Sichtachsen der Straßen. Die Ausstattung ist in malerischer Vielfalt er-

Berlin, Märkisches Museum
Lageplan der Räume:
Erdgeschoß
1–4 Ur- und Frühgeschichte **5–7** Stadtgeschichte 1648–1815
1. Obergeschoß
8 Berlin-brandenburgische Fayencen **9–13** Berliner Theatergeschichte, 18.–20. Jh. **14** Stadtgeschichte v. 1815 bis zur Gegenwart **15** Steinplastiken **16** Eingangshalle
2. Obergeschoß
17–18 Sonderausstellungen **19** Automatophone **20–21** Berliner Kunst vom Barock bis zur Gegenwart **22–28** Berliner Kunsthandwerk und Manufakturen

2. Obergeschoß

1. Obergeschoß

Erdgeschoß

☐ **Ausstellungsräume**

Bernau, Steintor und Pulverturm

halten, Gestühl und Emporen mit Brüstungsmalereien des 17. Jh. im Langhaus, im Chor noch die spätgot. Triumphkreuzgruppe und der *Hochaltar* aus der Zeit um 1520. Letzterer gehört zu den bedeutendsten Werken spätmittelalterlicher Plastik und Malerei in der Mark Brandenburg. Bemerkenswert das gemauerte *Sakramentshaus* neben dem Altar mit Malereien an den Wänden (Schmerzensmann und Gregorsmesse, um 1485) und auf den Türflügeln, ferner ein *Ölbergrelief* an der O-Wand des n Seitenschiffs. Besichtigenswert ist auch die Sakristei mit der originell gestalteten Mittelstütze ihrer Gewölbe.

Stadtbefestigung: Die aus Feld- und Backsteinen errichtete *Mauerumgürtung* (14. Jh.) der Stadt schließt den kegeldach- und zinnenbekrönten sog. *Pulverturm*, mehrere *Wiekhäuser* und das 1752 mit einem barocken Mansarddach bekrönte spätgot. *Steintor* (15. Jh). mit ein. – *Heimatmuseum*: ma Rüstkammer und Dokumentationen zur örtlichen Seidenweberei

und -wirkerei. Das Steintor bildet mit dem benachbarten und mit ihm über eine Mauer mit Wehrgang verbundenen zylindrischen *Hungerturm* (ehem. Kerker) ein pittoreskes Ensemble.

Außerdem sehenswert: *Georgshospital* (Fachwerkbau 1738) mit spätgot. Kapelle. – *Rathaus* an der S-Seite des Marktes (1805). – 5 km nw an der Straße nach Wandlitz die ehem. *Bundesschule des ADGB* (1928–30) v. Hannes Meyer, ein Musterkomplex v. Lehr-, Wohn- und Wirtschaftsgebäuden in Stahlbetonskelettbauweise mit Klinkerverblendmauerwerk, in der Wirkung durch Erweiterungsbauten v. 1960 und ab 1976 beeinträchtigt. – *Heimatmuseum* im Steintor und im Henkerhaus (Hussitenmuseum).

Umgebung

Basdorf (11 km w): Malerisches Dorfbild, die *Kirche* auf dem ummauerten Friedhof ein spätgot. Saal mit dreiseitigem O-Schluß, der W-Turm mit breitem verbrettertem Aufsatz und Schweifhaube v. 1737.

06406 Bernburg
Sachsen-Anhalt

Einw.: 39 000   Höhe: 61 m   S. 1278 □ M 7

Bernburg wuchs beiderseits der Saale aus *Alt-*, *Neu-* und *Bergstadt* im Schatten einer schon 1138 erwähnten Burg der Askanier zusammen, die später zum *Schloß* erweitert, den Fürsten und Herzögen von Anhalt-Bernburg als Residenz diente. Mit ihrer gut erhaltenen *Stadtmauer* (15.–17. Jh.), dem *Hasenturm* und dem *Nienburger Torturm* (um 1410) sowie der *Neustädter Brücke* (15.–18. Jh.) bewahren die im Tal gelegenen Stadtteile Alt- und Neustadt viel von ihrem ma Gepräge.

Schloß: Das auf hohem Sandsteinfelsen thronende *Renaissanceschloß* erhielt seine heutige Gestalt um 1540–70 v. A. Günther* und N. Hofmann*, die roman., früh- und spätgot. Gebäudeteile (*Bergfried »Eu-*

Bernburger Schloß >

lenspiegel«, sog. *Blauer Turm* und *Altes Haus),* aber auch die (sw) roman. *Kapelle* (12. Jh.) der ma Burg wurden in die unregelmäßige, mehrflügelige Anlage mit einbezogen. Am N- und W-Flügel und am s Zugang reiche Barockportale. Die im 19. Jh. im Innern klassizistisch veränderten *Wohngebäude* beherbergen heute das *Kreismuseum* mit Sammlungen zur Vor- und Frühgeschichte, zum historischen Mühlen- und Salzbergbaugewerbe im unteren Saaletal sowie eine umfangreiche Kollektion v. *Bauplastik* aus dem MA, der Renaissance und dem Barock. – Eine Rarität stellt die (sö) barocke *Reitbahn* (1756) dar. – Auf dem Gelände des ehem. *Schloßparks* mit Mauerresten aus dem 17. und 18. Jahrhundert steht heute ein Gymnasium.

Außerdem sehenswert: Neben den 3 Stadtteil-Pfarrkirchen, der frühgot. *Nikolaikirche* (Neustadt), der spätgot. *Marienkirche* (Altstadt) und der barocken *Ägidienkirche* (Bergstadt) mit einer roman. Krypta, die den Askaniern als Grablege diente, verdienen die zahlreichen erhaltenen *Parizierhäuser* aus Renaissance und Barock eine Erwähnung.

Umgebung

Nienburg (5 km n): In der Sakristei der als frühgot. Basilika begonnenen und als hochgot. Hallenkirche vollendeten *Schloßkirche* (ehem. Benediktinerklosterkirche) steht eine interessante frühgot. Säule, die mit den Personifikationen der 12 Monate geschmückt ist. Daneben lohnt das Kreuzigungsgemälde v. Lucas Cranach d. J.* einen Besuch.

54470 Bernkastel-Kues
Rheinland-Pfalz

Einw.: 7000   Höhe: 110 m   S. 1280 ☐ C 11

Kath. Pfarrkirche St. Michael (s v. Bernkastel): Neben der *Burgruine Landshut,* neben schönen *Fachwerkhäusern,* neben dem *Michaelsbrunnen* und dem zierlichen *Renaissance-Rathaus* gehört St. Michael zu den Sehenswürdigkeiten des Moselstädtchens: Der schwere Turm aus Bruch-

stein (Anfang 14. Jh.; einst Teil der Stadtmauer) gleicht mit seinen 8 kleinen, erkerartigen Seitentürmen einem Wehrturm. Im 17. Jh. wurde das Mittelschiff der Kirche erweitert. Aus dieser Zeit stammt auch die barocke Fassade (1968 wiederhergestellt). Von der reichhaltigen Ausstattung sind die Triumphkreuzgruppe mit lebensgroßen Holzfiguren (um 1440), der Marienaltar mit Figuren und Reliefs aus Alabaster (1750), der Orgelprospekt und das Chorgestühl (18. Jh.) hervorzuheben.

St.-Nikolaus-Hospital (Stadtteil Kues): Kues wurde berühmt durch Nicolaus Cusanus, Kardinal, Philosoph und Theologe, der 1447 seinem Geburtsort das Hospital für 33 alte bedürftige Männer stiftete. Nach seinem Tod wurde sein Herz in der Kapelle beigesetzt, sein Körper ruht in Rom. Die spätgot. Anlage des Hospitals besteht aus einem Kreuzgang um einen quadratischen Hof, die Zellen schließen im S und W an, das Refektorium im N und die Kapelle im O. Im Chor der Kapelle liegt die Grabplatte des Nikolaus v. Kues, daneben der bes. schöne spätgot. Grabstein seiner Schwester (gest. 1473). Über der Sakristei befindet sich die Bibliothek mit über 400 Handschriften (u. a. v. Cusanus) und Inkunabeln. Im *Hospital* ist heute auch ein Weinmuseum eingerichtet. Das Geburtshaus Nikolaus' v. Kues – auch *Kardinalshaus* genannt – zeigt eine ständige Dokumentation zu seinem Leben und Werk.

74354 Besigheim
Baden-Württemberg

Einw.: 10 100   Höhe: 202 m   S. 1281 ☐ G 12

Das einzigartige Stadtbild mit der alten Enzbrücke (1581) und den bunten Dächern ist durch die Bilder des schwäbischen Malers G. Schönleber bekannt geworden. Auf dem Bergsporn zwischen Neckar und Enz sind im N und S noch zwei mächtige Rundtürme (um 1230) und das Steinhaus als Reste der hochma Stadtanlage erhalten.

Ev. Stadtkirche: Am Langhaus dieser Kirche aus dem 14./15. Jh. findet sich ein Passionszyklus aus dem Jahr 1380. Im Chor steht der Hochaltar, ein Schrein mit geschnitzten Figuren, Büsten und einer Figurszene in der Mitte. Alles wird umwuchert v. einem Blattrankenwerk, aus dem die Figuren wie aus einer Laube herausschauen. Dargestellt sind die beiden Johannes, in der Mitte eine Wundertat des hl. Cyriacus. Schrein und Flügel v. Christoph v. Urach (1520), einem Bildschnitzer der Gotik und Renaissance.

Außerdem sehenswert: Das Rathaus (1459), Marktbrunnen (spätes 16. Jh.) und die ehem. Bannkelter mit Zehntscheuer (1591/92), heute Stadthalle.

37327 Beuren
Thüringen

Einw.: 1300 Höhe: 333 m S. 1277 □ I 8

Ehem. Zisterzienserinnenkloster: Das 1208 im *Eichsfeld* gegr. Nonnenkloster wurde nach einer Blüte in der Gegenreformation (noch heute ist die Bevölkerung des früher kurmainzischen Eichsfeldes überwiegend kath.) erst 1810 säkularisiert. Das Innere der urspr. roman. im 13. Jh. nach O vergrößerten *Klosterkirche* wurde um 1672 nach Entwürfen des ital. Baumeisters A. Petrini* barockisiert und erhielt

schließlich die barocken *Deckenfresken* (Legenden v. Zisterzienserheiligen; 1718). Nach Plänen Petrinis wurden 1673–79 auch der S- und der O-Trakt der *Klausurgebäude* (heute Altersheim) barock umgestaltet, der W-Trakt 1702.

Außerdem sehenswert: *Dorfkirche* mit spätgot. Flügelaltar.

Umgebung

Scharfenstein (1 km s): Eine 138 m hoch über dem Leinetal auf einem Felssporn des Düns thronende *Burg.*

88631 Beuron
Baden-Württemberg

Einw.: 900 Höhe: 600 m S. 1281 □ F 14

Benediktiner-Abtei St. Martin und Maria: Überragt v. den Kalkfelsen der Schwäbischen Alb, liegt das Kloster Beuron in einer Schleife des Donautals. Es ist heute Erzabtei der Beuroner Benediktinerkongregation, die im Geist der alten Ordensregeln sich um die Erneuerung der Liturgie verdient gemacht hat und – im

Bernkastel-Kues, Marktplatz

Beuron, Deckengemälde in St. Martin

Beuron, St. Martin

Gegensatz zum barocken Aufwand der eigenen Klosterkirche – in Anlehnung an frühchristl. und roman. Stilelemente eine neue religiöse Formsprache suchte. Interessantes Ergebnis der »Beuroner Kunst« ist die 3 km entfernte *St.-Maurus-Kapelle*, 1868–70 v. Pater D. Lenz errichtet. An der barocken Abteikirche wurden 1732–38 schwerwiegende Eingriffe vorgenommen, die dem Gotteshaus ein altkirchliches Gepräge geben sollten. Unterdessen haben Restaurierungen den mit Pfeileremporen versehenen Bau wiederhergestellt. Der 1872 bei der »Reinigung« ebenfalls umgewandelte Hochaltar v. J. A. Feuchtmayer* konnte in seiner urspr. Pracht nicht wiederhergestellt werden. Die 1898 an die N-Seite der Kirche angefügte *Gnadenkapelle* mit einer Pietà aus dem 15. Jh. repräsentiert beispielhaft die Kunstbestrebungen Neu-Beurons. In der weitläufigen neuen Klosteranlage sind neben dem *Bibelmuseum* eine theologisch-wissenschaftliche Hochschule und Forschungsinstitute untergebracht.

88400 Biberach an der Riß
Baden-Württemberg

Einw.: 30 100   Höhe: 530 m   S. 1281 ☐ H 14

In Biberach (genauer: in Oberholzheim) ist der Dichter Christoph Martin Wieland (1733–1813) geboren. Er hatte während seiner Weimarer Zeit engen Kontakt zu Goethe und Schiller. Im Garten des Hauses Saudengasse 10/1 steht noch immer sein Gartenhäuschen.

Stadtpfarrkirche St. Martin (Kirchplatz/Am Marktplatz): Die got. Basilika ist in ihren wesentlichen Teilen im 14./15. Jh. entstanden. Der Innenraum wurde 1746–48 barock umgestaltet. Hervorzuheben sind das große *Fresko* im Langhaus (Joh. Zick, 1746), der *Hochaltar* (1720) mit einem Gemälde v. J. G. Bergmüller, das filigranhafte *Chorgitter* (1768) und die *Kanzel* (1511). J. Esperlin hat die *Ölgemälde* im Hochschiff geschaffen.

Bürgerhäuser: Viele der alten Bürgerhäuser, meist mit sehr massivem Unterbau und vorspringendem Fachwerkaufsatz, haben die Jahrhunderte überdauert und bestimmen jetzt das Stadtbild. Erwähnt seien hier die Häuser aus dem 16. Jh. *Markt 15* (ehem. Eichstelle), *Markt 22* (ehem. Salzstadel), *Markt 4* (ehem. Kaufhaus).

Stadtbefestigung: Die gut erhaltene Stadtbefestigung wurde 1782 zu großen Teilen abgetragen. Erhalten geblieben sind u. a. das mächtige *Ulmer Tor*, das 1410 entstanden ist und die Stadt gegen O absichern sollte, aber auch der *Gigelturm* und der *Weiße Turm* (beide wurden teilweise erneuert).

Museen: *Städt. Sammlungen/Braith-Mali-Museum* (Museumstr. 6): Das Museum bezieht das *Alte Spital* (neu aufgebaut 1519) ein. Gezeigt werden: vor- und frühgeschichtliche Sammlungen, Stadtgeschichte und Kunsthandwerk, Plastik des 15.–20. Jh. Nachlaß und Atelier des Tiermalers A. Braith (1836–1905) und v. Ch. Mali (1832–1906). – *Wieland-Museum* (Marktplatz 17).

Stadthalle mit Theater: (Theaterstr. 8).

Bielefeld, Turm

98631 Bibra
Thüringen

Einw.: 600 Höhe: 340 m S. 1277 ☐ I 10	

Dorfkirche: In dem spätgot. Bauwerk, das nach 1494 errichtet wurde, findet sich eine ungewöhnlich kostbare Ausstattung. Sie wurde um 1500 in der Würzburger Werkstatt v. Tilman Riemenschneider gefertigt und umfaßt eine Kilianstatue, den Kirchenväteraltar im Chor, den Verkündigungsaltar mit kurvigem Gesprenge s des Chorbogens, den Apostelaltar sowie das Epitaph für Hans v. Bibra.

Außerdem sehenswert: Die Burg oberhalb des Ortes geht auf das 12. Jh. zurück; 1525 im Bauernkrieg zerstört. Erhalten sind die innere Wehrmauer mit 8 Türmen sowie die Kemenate, die Hans v. Bibra 1526 v. der Entschädigung bauen ließ, die ihm die Bauern gezahlt hatten.

Umgebung

Bauerbach (8 km nw): Schiller fand 1782–83 im ehem. *Wolzogenschen Haus* Unterschlupf, nachdem er sich aus der Württemberger Karlsschule abgesetzt hatte. In den heute mit historischem Mobiliar eingerichteten Räumen vollendete er sein Werk »Kabale und Liebe«.

33602–739 Bielefeld
Nordrhein-Westfalen

Einw.: 322 100 Höhe: 118 m S. 1277 ☐ F 6	

Neustädter Marienkirche (Kreuzstr.): Kunstgeschichtlich bedeutendstes Bauwerk von B. 1330 vollendet, im 2. Weltkrieg schwer beschädigt. Der Kirchenraum mit den 3 Schiffen setzt sich klar gegen den schmalen, langen Chor ab. Dieser ist im O rechteckig abgeschlossen und mit einem reichen Maßwerkfenster licht

Bielefeld, Flügelaltar in der Neustädter Marienkirche

Bingen, Mäuseturm

geöffnet. Im Chor steht ein *Flügelaltar*, eines der Hauptstücke der got. Malerei Westfalens in der Zeit des sog. Weichen Stils (11 der 18 fehlenden Flügeltafeln befinden sich in dt. und ausländischen Sammlungen). Der Altar ist ein Werk des »Meisters des Berswordt-Altars«, der auch den Kreuzigungsaltar in der Marienkirche in → Dortmund gemalt hat. Das Gesims des Altars wird bekrönt v. 15 Sandsteinfiguren v. ehem. Lettner der Kirche (um 1320).

Dieser Meister hat wohl auch das Grabdenkmal Ottos III. v. Ravensberg mit Gemahlin und Kind (an der N-Seite des Chors) geschaffen, ein Werk, das zu den bedeutendsten der dt. Bildhauerkunst des 14. Jh. zählt.

Altstädter Nicolaikirche (Altstädter Kirchstr.): Glanzstück dieser Kirche aus den Jahren 1330–40 ist ein got. Schnitzaltar (16. Jh.) aus einer Antwerpener Werkstatt mit 250 plastischen Figuren.

Sparrenburg (Am Sparrenberg): Die Stadt Bielefeld, durch die Hanse und den Leinenhandel groß und bekannt geworden, stand einst unter dem Schutz der Sparrenburg, deren Befestigungsanlagen die Stadt im 30jährigen Krieg geschützt haben. Graf Ludwig v. Ravensberg ließ die Burg zwischen 1240 und 1250 bauen. Hauptanziehungspunkt sind heute ein 37 m hoher Aussichtsturm und die 285 m langen unterirdischen Gänge der Befestigungsanlagen.

Museen: *Kunsthalle Bielefeld* (Artur-Ladebeck-Str. 5): Das neue Gebäude wurde 1966–68 durch P. Johnson erbaut. Sammelgebiete sind internationale Malerei, Graphik und Plastik des 20. Jh. – *Kulturhistorisches Museum* (Welle 61): Kunst- und Kulturgeschichte in Ost-Westfalen-Lippe, Kunstgewerbe. – *Bauernhaus-Museum* (Dornberger Str. 82).

Theater: *Stadttheater* (Niederwall 27): 1904 mit bemerkenswerter Jugendstilfassade erbaut.

Außerdem sehenswert: Der *Alte Markt*, Bielefelds histor. Altstadtkern mit dem *Crüwell-Haus* (Staffelgiebel).

48727 Billerbeck
Nordrhein-Westfalen

Einw.: 10 300 Höhe: 138 m S. 1276 ☐ C 7

Kath. Pfarrkirche St. Johannes: Der hl. Ludger, der erste Bischof v. Münster, der 809 in Billerbeck gestorben ist, las in der vor 800 gegr. Johanniskirche seine letzte Messe. Ein späterer Bau wurde 1074 gew., v. ihm stammen noch die Untergeschosse des W-Turms an der heutigen Kirche, die man um 1234 errichtete. Sie gilt als bedeutendes Beispiel der spätroman. münsterländischen Hallenkirchen. Im Gegensatz zu diesen ist sie jedoch im Äußeren nach rheinischem Vorbild reicher behandelt. So fällt neben den schmückenden Rundbogenfriesen v. a. die Betonung des N-Portals auf. 1425, in got. Zeit, wurden Veränderungen vorgenommen, u. a. erhielten einige Fenster Maßwerk, auch der Spitzhelm stammt wohl noch aus dieser Bauperiode. Im Inneren findet man ebenfalls reiche Schmuckformen. Von der Ausstattung sollte man v. a. den achteckigen spätgot. *Taufstein* (1497) beachten, eine hängende spätgot. *Doppelmadonna*, die *Renaissancekanzel* (1581) und die Steinplastiken der Muttergottes und des Salvators (1618).

Ludgerus-Brunnen-Kapelle (Ludgeristr.): Auf einem v. Linden umstandenen Platz bei der Quelle, die als Taufbrunnen des hl. Ludger gilt, ist ein kleiner offener Ziegelbau mit reicher Sandsteingliederung (laut Inschrift 1702) erbaut, darin die liegende Figur des hl. Ludger.

55411 Bingen
Rheinland-Pfalz

Einw.: 24 300 Höhe: 77 m S. 1280 ☐ D 11

Mäuseturm (im Rhein): Die Sage, daß der böse Bischof Hatto v. Mainz in dem Turm auf den Klippen mitten im Rhein durch Mäuse ein schreckliches Ende gefunden habe, hat ihren Ursprung vermutlich in einer Sprachklitterung: Der Zollturm, mit dem Bischof Hatto den Rheinverkehr für sich lukrativ machte, hieß »Mautturm«, der Dialekt machte »Mäuseturm« daraus.

Rochuskapelle bei Bingen

Burg Klopp (über Mariahilfstraße): Seit dem 13. Jh. saß hier eine Besatzung der Mainzer Erzbischöfe, die die Rheinpassage und den Naheübergang kontrollierte. Seit 1438 residierte als Herr über Bingen ein Mainzer Domherr. Oft wurde die Burg eingeäschert, zuletzt 1711 gesprengt. Der Neubau, bei dem Fundamente alter roman. Teile verwendet wurden, stammt aus den Jahren 1875–79. Der Burgturm beherbergt heute das einen Besuch lohnende *Heimatmuseum.*

Kath. Pfarrkirche/Ehem. Stiftskirche St. Martin (Zehnthofstraße): Der heutige Bau stammt aus dem Anfang des 15. Jh. Unter dem O-Teil des Langhauses liegt eine Krypta aus der Zeit der Salier (11. Jh.). Außerdem ist noch die spätgot. Halle v. architektonischer Bedeutung. Die 2 Figuren in den Seitenaltären des Mittelschiffs (hl. Barbara und hl. Katharina) sind Werke des sog. Weichen Stils (um 1420).

Außerdem sehenswert: Die *Rochuskapelle* (1895; Vorgängerbauten aus den Jahren 1666 und 1814 waren zerstört) oberhalb v. Bingen, der *Rheinkran* (16. Jh.), die *Drususbrücke* mit Brückenkapelle (10. oder 11. Jh.; nach 1945 teilrenoviert) über die Nahe, *Wohnhäuser* aus dem 17. und 18. Jh. und Reste der *Stadtbefestigung.*

63633 Birstein
Hessen

| Einw.: 6300 | Höhe: 250 m | S. 1277 □ G 10 |

Schloß: Das Schloß liegt hoch über einem südlichen Ausläufer des Vogelsbergs. Die ältesten Teile der verschachtelten Anlage gehen bis in das Jahr 1279 zurück. Eindrucksvollster Teil ist heute das im Jahre 1764 errichtete *Neue Schloß* (nicht zu besichtigen!), das jetzt einen großen Teil der älteren Gebäude verdeckt. Es ist einheitlich im Stil des Barock gebaut und besitzt kostbare Dekorationen in den prächtigen *Innenräumen* (Stuck, Malereien).

66132 Bischmisheim
Saarland

Einw.: 1700 Höhe: 200 m S. 1280 □ C 12

Ev. Pfarrkirche: Die Kirche, ein acht-eckiger, symmetrisch gegliederter Zentral-bau, ist ein Beispiel nüchterner Zweckar-chitektur des Klassizismus. Er wurde 1822 nach einem Entwurf des großen Berliner Architekten K. F. Schinkel* gebaut. Über dem Oktogon faßt ein Pyramidendach mit Laterne den Baukörper zeltartig zusam-men. Für den Bau war die Pfalzkapelle in → Aachen Vorbild. Das Innere zeigt eine typisch protestantische Predigtkirche, in der sowohl der Altar, die Kanzel als auch die Orgel in einer Achse übereinander an-geordnet sind.

01877 Bischofswerda
Sachsen

Einw.: 12 400 Höhe: 288 m S. 1279 □ R 8

Die von den Meißner Bischöfen im 12. Jh. urspr. auf einer Flußinsel (= Werder) der Wesenitz gegr. Siedlung entwickelte sich an der Handelsstraße von Dresden nach Breslau, Warschau und Krakau rasch zur ansehnlichen Stadt mit schachbrettartigem Straßenraster und zentralem Marktplatz.

Altstadt: Nach einem verheerenden Stadt-brand während der Napoleonischen Krie-ge wurde die *Altstadt* nach dem Bauge-schmack der Zeit wieder aufgebaut. So sind es v. a. klassizistische Bauten wie das 1818 v. G. F. Thormeyer* errichtete dop-pelgeschossige *Rathaus* mit großzügiger Treppenanlage, die urspr. spätgot., aber 1815/16 klassizistisch erneuerte *Marien-kirche* (heute Christuskirche) und viele *Patrizierhäuser*, die der Stadt noch heute ihr eigenes Gepräge verleihen, so auch das ehem. Gasthaus Goldener Löwe (Bautze-ner Str.) mit dor. Säulenportikus.

Außerdem sehenswert: Im einschiffigen Inneren der *Kreuzkirche*, der 1815 erneu-erten ehem. *Begräbniskirche* (1615), fin-det sich ein großes Kruzifix (um 1535) aus Sandstein und eine v. H. Walther* mit Re-liefs geschmückte Kanzel (um 1550). – *Heimatmuseum* mit kunsthandwerklichen Sammlungen der Oberlausitz.

Umgebung

Rammenau (5 km nw): In den klassizist. ausgestatteten Räumen des 1721–37 nach Entwürfen von J. C. Knöffel* errichteten *Barockschlosses* sind im *Museum* mit Do-kumentationen zur Schloßgeschichte und zum hier 1762 geborenen Dichter J. G. Fichte sowie kunsthandwerkl. Sammlun-gen (Glas, Zinn, Meißner Porzellan) und eine Bildergalerie eingerichtet. Reizvolle Räume (u. a. das chines. Zimmer).

38889 Blankenburg
Sachsen-Anhalt

Einw.: 18 200 Höhe: 212 m S. 1278 □ K 7

Am Nordrand des Harzes gelegene Stadt mit einem Mineral-Heilbad.

Schloß: Auf dem Blankenstein 1705–18 erbaute Anlage mit ma Resten.
Kleines Schloß: Barockes Fachwerk-Gar-tenschloß mit *Heimatmuseum.*
Außerdem sehenswert: *Pfarrkirche St. Bartholomäus* (13.–19. Jh.). – *Renais-sance-Rathaus. – Burgruine Regenstein* (3 km n): Rest einer Raubritterburg und einer geschleiften Festung. – *Kloster Mi-chelstein:* Ehem. Zisterzienserkloster. Ro-man. Anlage v. 1160–70.

89143 Blaubeuren
Baden-Württemberg

Einw.: 11 600 Höhe: 500 m S. 1281 □ H 14

Ehem. Klosterkirche: Unterhalb der be-waldeten Kalkfelsen der Blaubeurer Alb, dicht neben dem Blautopf, dem tiefblauen Quelltopf der Blau, liegt die äußerlich kah-le Kirche mit ihren zahlreichen *Kloster-gebäuden.* Vom Gründungsbau der Hir-sauer Benediktiner (11. Jh.) sind nur noch Teile des Turms erhalten. Im ganzen ist die Anlage ein spätgot. Neubau v. seltener Einheitlichkeit (1491–99 durch P. v. Ko-

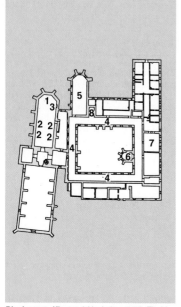

Blaubeuren, Kloster 1 Hochaltar, 1493; Tischlerarbeit v. Jörg Syrlin d. J.; Figuren v. Gregor Erhart **2** Chorgestühl v. Jörg Syrlin d. J., 1493 **3** Dreisitz v. Jörg Syrlin d. J., 1496 **4** Kreuzgang **5** Kapitelsaal **6** Brunnenkapelle **7** Refektorium **8** Margarethenkapelle

blenz*). Der Hochaltar (1493) gehört zu den großen Dokumenten spätgot. dt. Schnitzkunst. Das Kloster ist noch heute ev.-theologisches Seminar.
Inneres und Ausstattung: Durch das Untergeschoß des Turms ist der Innenraum der Kirche zweigeteilt, nur in der Mitte ehemals durch Bogenöffnungen in 2 Geschossen miteinander verbunden. Das *Langhaus* – heute total abgeschlossen – ist Gemeindesaal. Architektonisch wichtigster Teil ist der *Chor* mit seinem aufsteigenden Rippensystem, das sich (heute zu bunt bemalt) über dem Raum zusammenschließt. Zwischen den Fenstern beschirmen Baldachine die Gestalten der 12 Apostel. Ein kostbar geschnitztes *Chorgestühl* mit z. T. ergänzten Büsten v. dem Ulmer »Schreinermeister« Syrlin d. J.* (1493) schließt den Chorraum hufeisenförmig nach W ab: Alle Sitze blicken auf den Chor

mit dem großen Hochaltar, der die ganze Breite des schmalen Chors einnimmt und bis zu den Gewölberippen hinaufreicht. Es handelt sich um einen doppelten *Wandelaltar* mit reliefierten Innen- und beidseitig gemalten Außenflügeln. Die 5 überlebensgroßen Figuren des Mittelschreins hat der Bildschnitzer G. Erhart* geschaffen (1493); die Muttergottes auf der Mondsichel in der Mitte ist in der Farbgebung völlig original erhalten.

Außerdem sehenswert: Heimatmuseum (Im Klosterhof), Ev. Pfarrkirche (frühes 15. Jh.), Spital (spätes 16. Jh.) mit urgeschichtlichem Museum, Historische Hammerschmiede (18./19. Jh.) und Rathaus (1593).

46395–99 Bocholt
Nordrhein-Westfalen

Einw.: 70 000   Höhe: 26 m   S. 1276 □ B 7

Kath. Pfarrkirche St. Georg (Kirchstraße): Mit seinem erhöhten Mittelschiff ist der Bau ein Beispiel für jene Stufenkirchen, die im Münsterland häufiger anzutreffen sind. Die hohe barocke Turmhaube, die einst das Stadtbild bestimmt hat, wurde im Krieg zerstört.
Baubeginn 1415 an der Stelle einer spätroman. Kirche, Fertigstellung 1486. Die spätgot. Hallenkirche hat 5 Joche, ein kurzes Querschiff und einen Chor mit fünfseitigem Abschluß. Die w Turmseite bildet mit dem riesigen, bis zum Boden herabgezogenen sechsteiligen Maßwerkfenster eine prächtige Fassade. In der Kunstkammer ein spätgot. Kreuzigungsbild vom Kölner Meister des Marienlebens (Anmeldung erforderlich).

Rathaus (Marktplatz): Das Rathaus gehört zu den schönsten dt. Renaissancebauten. Es wurde 1618 begonnen und zeigt v. a. an der Fassade einen großen Formenreichtum. Die beiden Obergeschosse sind in Ziegelbauweise aufgeführt und mit korinthischen Halbsäulen und Pilastern geschmückt. Das Erdgeschoß hat die Form einer Arkadenhalle, das erste Stockwerk wird von dem reichverzierten Erker geprägt. Das Rathaus wurde nach der Zerstö-

Blaubeuren, ehem. Klosterkirche, Holzbüste am Chorgestühl

rung im 2. Weltkrieg originalgetreu wiederaufgebaut.

Außerdem sehenswert: Die *Herrschaftshäuser Efing* (1665) und *Woord* (1792–95), ersteres mit einem achteckigen Treppenturm.

44787–894 Bochum
Nordrhein-Westfalen

Einw.: 399 000   Höhe: 83 m   S. 1276 □ C 8

Propsteikirche St. Peter und Paul (Brückstraße): Die Kirche gehört zu den wenigen Bauten, die an das ehem. Ackerbürgerstädtchen, das noch im Jahre 1850 nur 5000 Einwohner hatte, erinnern. Aus der ersten Bauzeit (14. Jh.) stammt der Turm. Das Langhaus hat die Form einer spätgot. Hallenkirche (Baubeginn um 1517). Von der Ausstattung blieb ein roman. Taufstein (Ende 12. Jh.) mit Szenen aus dem Leben Jesu im Relief. Eine Beweinungsgruppe stammt aus der Zeit um 1520.

Museen: *Dt. Bergbaumuseum* (Am Bergbaumuseum): Das Museum zeigt Sammlungen zur Geschichte des Bergbaus und seine Darstellung in der Kunst v. Jahr 150 n. Chr. bis heute. Besondere Attraktion ist ein Anschauungsbergwerk mit alten Maschinen, in das die Besucher einfahren können. – *Kunstsammlungen der Ruhr-Universität* (Universitätsstraße 150): Antikensammlungen, Münzen, Malerei und Plastiken des 20. Jh. – *Museum Bochum* (Kortumstr. 147): Interessante Kunstsammlung und Wechselausstellungen v. nach 1945 entstandenen Werken. – *Wasserburg Haus Kemnade* (an der Kemnaderstr.): Bemerkenswerte Kamine, Stuckdecken. – *Stadthistor. Sammlung.*

Theater: *Schauspielhaus/Kammerspiele* (Königsallee 15): Das 1919 gegr. Schauspielhaus gehört zu den bedeutendsten deutschsprachigen Bühnen (900 Plätze).

Bocholt, Renaissance-Rathaus

Bochum, Propsteikirche, Beweinungsgruppe

53111–229 Bonn
Nordrhein-Westfalen

Einw.: 296 000 Höhe: 64 m S. 1276 □ C 9

Die Stadt, die einst aus dem Römerkastell Castra Bonnensia hervorgegangen ist und als befestigter Ort viele Stürme und Zerstörungen erlebt hatte, wurde im 18. Jh. zur Barockresidenz der baulustigen und verschwenderischen Kurfürsten aus dem Hause Wittelsbach. Der Charakter der Stadt wird in wesentlichen Teilen v. den Anlagen jener Zeit bestimmt. Nachdem Bonn 1949–91 Hauptstadt der Bundesrepublik war und noch immer Regierungssitz ist, geben Regierungsgebäude der Stadt ein neues Gepräge.

Münster St. Martin, früher Stiftskirche St. Cassius und Florentinus (Münsterplatz): Der Legende nach ist die hl. Helena, die Mutter Konstantins d. Gr., Gründerin einer kleinen Stiftskirche gewesen, auf deren Resten das Münster errichtet wurde, das heute noch Mittelpunkt der kath. Gottesdienste in Bonn ist.
Um 1065–75 Bau einer dreischiffigen kreuzförmigen Basilika mit Krypten und 2 Türmen; nach dem Brand v. 1239 Neubau.

Anbau der O-Apsis, der O-Türme und des Kreuzgangs. Nach 1200 entstand das heutige Querschiff. (1883–89 und 1934 rest.) Nach Bombenschäden allgemeine Wiederherstellung. Das Münster ist in der Vielgestaltigkeit des Baukörpers ein gutes Beispiel rheinischer Spätromanik. 5 Türme v. unterschiedlicher Höhe und Form betonen die Vertikale. Die spitzen Turmhelme, die später für die urspr. vorhandenen Faltdächer aufgesetzt wurden, geben ein eindrucksvolles Bild. Die offenen Strebebögen des Langhauses gehören zu den ältesten in Deutschland. – Zur urspr. Anlage aus den Jahren 1060–70 gehört der w Teil der *Krypta.* Von den steinernen *Chorstuhlwangen* des frühen 13. Jh. sind die Figuren des schreibenden Engels und des Teufels mit der Schriftrolle erhalten (wahrscheinlich Werke des Samsonmeisters aus → Maria Laach). Im Chor steht ein hohes Renaissance-*Sakramentshäuschen,* im w Mittelschiff eine Bronzefigur der hl. Helena v. H. Reichle* (1600–10). Die Reste der *Wandmalerei* des 13. und 14. Jh. sind stark rest. An der S-Seite der Kirche schließen sich die 3 Flügel des zweigeschossigen *Kreuzgangs* an.

Ramersdorfer Kapelle (Bornheimer Straße): Die ehem. Deutschordenskapelle,

Bonn, Poppelsdorfer Schloß

gegen 1250 erbaut, stand urspr. in Ramersdorf am Fuß des Siebengebirges. Um sie vor dem Abbruch zu retten, wurde sie 1846 auf dem Bonner Alten Friedhof wieder errichtet. Der Bau zeichnet sich durch seine anmutige Leichtigkeit – schlanke Säle mit Schaftringen und ornamentierten Kapitellen – aus.

Alter Friedhof (Bornheimer Straße): Der Friedhof wurde im 18. Jh. als Soldaten- und Fremdenfriedhof angelegt und ist später zur Begräbnisstätte vieler bedeutender Persönlichkeiten geworden (u. a. E. M. Arndt, A. W. Schlegel, Tieck, Beethovens Mutter, Schillers Frau Charlotte und sein Sohn Ernst, Adele Schopenhauer und Robert und Clara Schumann).

Namen-Jesu-Kirche (Bonngasse): Die heutige kath. Universitätskirche wurde während der Franzosenzeit als Pferdestall benutzt. In dieser Zeit wurde die alte Einrichtung zerstört. – Der Bau wurde 1686 begonnen, 1692 die Fassade vollendet, 1717 Weihe.
Die Kirche ist das Werk eines späten Manierismus. Die fünfjochige Hallenkirche ist in ihrer Grundordnung der ma Hallenkirche nachempfunden. Die prächtige Fassade wird von 4 mächtigen Strebepfeilern mit korinthischen Kapitellen getragen und v. einem Aufsatz mit der Statue des Salvators gekrönt. Die beiden fünfgeschossigen Türme werden v. welschen Hauben abgeschlossen. – Von der urspr. Ausstattung blieb nur die Kanzel v. 1698 erhalten. Die Altäre stammen aus anderen Kirchen.

Rathaus (Markt): Zu den Bonner Barockbauten aus der Zeit der Wittelsbacher Kurfürsten gehört das Rathaus. Es wurde 1737/38 nach Plänen v. M. Leveilly gebaut. Die Fassade wurde nach dem Krieg wiederhergestellt. Eine doppelläufige Freitreppe mit bes. schönem Eisengitter führt zum Portal hinauf. Ein Wappenaufsatz und eine Uhr bekrönen das Mansardendach.

Kurfürstliche Residenz mit Hofgarten (Am Hofgarten): Der repräsentativste Bau der Stadt ist das barocke Schloß (heute

Bonner Rathaus >

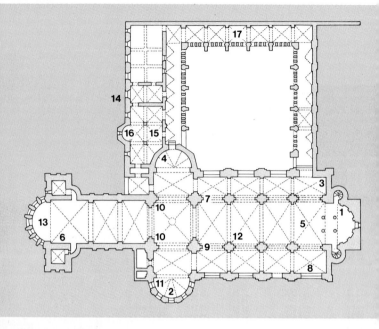

Bonn, Münster und Pfarrkirche St. Martin 1 Grabplatte des Engelbert v. Falkenburg, letztes Viertel des 14. Jh. **2** Grabmal des Ruprecht v. der Pfalz (gest. 1480) **3** Maria-Magdalena-Altar, um 1600 **4** Sakramentsaltar, 1608 **5** Hl. Helena, um 1620 **6** Sakramentshaus, 1619 **7** Geburt-Christi-Altar, 1622 gestiftet **8** Dreifaltigkeitsaltar, 1704 **9** Dreikönigsaltar, 1713 **10** Seitenaltäre v. Johannes Damm und Josef Metzler, 1735 **11** Allerseelenaltar, 1699, Antependium, 1761 **12** Kanzel **13** Hochaltar, 1863 **14** Kapitelhaus **15** Kapitelsaal **16** Cyriakuskapelle **17** roman. Kreuzgang

Universität). Kurfürst Joseph Clemens ließ 1697–1705 seine Residenz an der Stelle einer 1689 zerstörten Anlage aus dem 13. und 16. Jh. durch E. Zuccalli* aus Graubünden erbauen. 1715 Umgestaltung nach Plänen v. R. de Cotte, dem Oberbaudirektor Ludwigs XIV. Nach dem Brand v. 1777 folgte der Bau der Schloßkapelle. 1818 Umwandlung zur *Rheinischen Landesuniversität*. Kern der Anlage ist ein geschlossener Barockbau nach dem Modell ital. Stadtpaläste. Die mehrgeschossige Vierflügelanlage gruppiert sich mit ihren Ecktürmen um einen größeren Hof und einen Ehrenhof. Durch die seitlichen Anbauten v. 1715 wurde die Anlage in ein nach SO eröffnetes, dreiflügeliges Schloß umgestaltet. – Zur Baugruppe der Residenz gehört auch das Koblenzer Tor, als früherer Sitz des Michaelsordens auch Michaelstor genannt.

Poppelsdorfer Schloß/Kurfürstliches Schloß/Schloß Clemensruhe: Das kleine Schloß gehörte früher zur kurfürstlichen Residenz und war mit ihr durch die Poppelsdorfer Allee verbunden. Nach der Zerstörung im 2. Weltkrieg wurde es nur z. T. und vereinfacht wiederaufgebaut. Von dem 1753 vollendeten Bau des franz. Baumeisters R. de Cotte blieb nur die Vierflügelanlage mit Rundhof und rundbogigem Arkadenumgang erhalten. Aus dem barocken Zier- und Nutzgarten wurde im 19. Jh. der *Botanische Garten*. – Der Schloßbau beherbergt das *Mineralogisch-Petrologische Institut* der Universität.

Kreuzbergkirche (Bonn-Poppelsdorf): Das Interessante an dieser Wallfahrtskir-

Bonn, Kurfürstliche Residenz

Bonn, Palais Schaumburg

che, die 1714 erneuert wurde, ist das »Haus des Pilatus« mit der »Hl. Stiege«, das nach dem Vorbild der »Scala Sancta« in Rom errichtet und an den Chor angebaut wurde. Es geht wahrscheinlich auf einen Entwurf v. B. Neumann* zurück. Der mittlere Treppenlauf darf nur kniend erstiegen werden. Auf dem Balkon über dem mittleren der 3 Portale stehen die Figuren v. Christus, Pilatus und einem Kriegsknecht. Auch an der barocken Innenausstattung der Kirche hat Neumann mitgearbeitet, so stammt z. B. der doppelseitige Hochaltar mit dem betenden Kurfürsten wahrscheinlich v. ihm.

Beethoven-Haus (Bonngasse 20): Das Bürgerhaus aus dem 18. Jh., in dem Beethoven 1770 geboren wurde und bis zu seinem 22. Lebensjahr gewohnt hat, ist seit 1889 Museum und enthält die größte und wertvollste Beethoven-Sammlung der Welt: Erinnerungsstücke, ein Beethoven-Archiv und eine Bibliothek mit ca. 20 000 Bänden.

Villa Hammerschmidt (Adenauerallee): In der rheinaufwärts gelegenen Villenvorstadt an der Adenauerallee, die nach 1949 Regierungsviertel wurde, liegt die Villa Hammerschmidt (1863–65, nach dem Industriellen gleichen Namens, der die Villa bewohnte); jetzt Sitz des Bundespräsidenten. Die Räume sind mit wertvollen Gemälden vom 18. Jh. bis zur Moderne ausgestattet.

Palais Schaumburg (Adenauerallee): Das Palais, in dem bis 1976 das Bundeskanzleramt untergebracht war, war früher Wohnsitz der Prinzessin Victoria zu Schaumburg-Lippe, der Schwester Wilhelms II. Es wurde in der Zeit von 1858–60 in Stil der Renaissance gebaut.

Doppelkapelle Schwarzrheindorf: Bonn gegenüber, auf der anderen Rheinseite, stand auf einer leichten Anhöhe eine röm. Wachstation. An dieser Seite wurde die Doppelkapelle gebaut, die zu den schönsten Werken roman. Architektur im Rheinland gehört. Heute ist sie die *kath. Pfarrkirche St. Klemens* in Schwarzrheindorf.

< *Die »Heilige Stiege« in der Kreuzbergkirche*

Der Bau wurde als Burgkapelle unter Graf Arnold v. Wied, dem späteren Erzbischof v. Köln, begonnen und 1151 gew. 1173 Erweiterung, nach Beschädigungen 1747–52 Wiederherstellung unter Clemens August. 1803 säkularisiert (als Stall und Scheune benutzt). 1832 erfolgte die Rückgabe des Obergeschosses, 1865 die des Untergeschosses an die Kirche.
Die Form der Doppelkapelle (2 übereinander liegende Räume, durch eine Öffnung in der Mitte verbunden) war bei roman. Burgkapellen verbreitet. Für den Burgherrn war die Oberkirche bestimmt, die Unterkirche für das Gefolge.

Museen: *Rheinisches Landesmuseum* (Colmantstr. 16): Eines der größten Museen im Rheinland. Es gibt einen Überblick über alle Epochen röm.-rheinischer Provinzialkunst und zeigt u. a. frühgeschichtliche Funde, röm. Waffen und Altäre, christl. Kunst, niederländische Tafelmalerei des 16. Jh., modernste Malerei und Plastik. – *Museumsmeile Bonn: Kunst- und Ausstellungshalle der Bundesrepublik Deutschland* (Friedrich-Ebert-Allee 4): Am 19. Juni 1992 eröffnetes Haus für den Dialog zwischen Kunst, Kultur, Wissenschaft und Politik (Architekt G. Peichl, Wien); – *Kunstmuseum Bonn* (Friedrich-Ebert-Allee 2): Am 17. Juni 1992 eröffneter Neubau (Architekt A. Schulte) des städt. Kunstmuseums; bietet u. a. einen umfassenden Einblick in die Kunst des 20. Jh., bes. der Rheinischen Expressionisten um August Macke (u. a. Der Seiltänzer), Maler der Gruppen »Die Brücke« (Erich Heckel, E. L. Kirchner, K. Schmidt-Rottluff) und des »Blauen Reiters« (W. Kandinsky), Max Ernst. – *Ernst-Moritz-Arndt-Haus* (Adenauerallee 79): Wohn- und Sterbehaus Ernst Moritz Arndts (1769–1860), Stadtansichten v. Bonn und den Rheinlandschaften. – *Museum Alexander König* (Adenauerallee 150): bedeutendes zoolog. Museum. – *Frauen-Museum* (im Krausfeld 10): zeigt, seit 1981, Kunst und Kultur von Frauen. – *Akademisches Kunstmuseum der Universität Bonn* (Am Hofgarten): Dieses älteste systematische Universitätsmuseum in Deutschland wurde 1819 gegründet. Es zeigt u. a. Abgüsse antiker Plastiken, antikes Kunsthandwerk sowie Münzen und Gläser. – *Postwertzeichen-Museum* (Adenauerallee 81) mit Sammlungen v. Neuerscheinungen der Deutschen Bundespost.

Theater: *Oper der Stadt Bonn* (Am Boeselagerhof 1); *Kammerspiele Bad Godesberg* (Am Michaelshof 9); *Schauspielhalle Beuel* (Siegburger Str. 42); *Werkstattbühne Bonn* (Rheingasse 1); *Theater der Jugend* (Hermannstr. 50); *Kleines Theater Bad Godesberg* (im Stadtpark) und andere.

Godesburg (Bonn-Bad Godesberg, Am Burgfriedhof): Christl. Missionare errichteten auf dem Basaltkegel zunächst eine dem hl. Michael gew. Kapelle, im Jahr 1210 entstand dann eine typische Gipfelburg auf ovalem Grundriß. 1583 wurde die Burg bei einer Belagerung gesprengt und ist seitdem Ruine. Nur die Umfassungsmauern des roman. Palas mit rundem Treppenturm, die Ringmauer und der etwas später gebaute, frei stehende Bergfried sind erhalten. Die *Michaelskapelle* hat v. alten Bestand noch den roman. Chorschluß. Das barocke Langhaus wurde 1697–99 gebaut und mit reicher Stuckdekoration an den Gewölben versehen. Hervorzuheben ist der Hochaltar mit der vergoldeten Figur des hl. Michael.

Bonn-Bad Godesberg, Godesburg

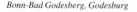

Außerdem sehenswert: *Redoute*, die 1790 für Kurfürst Max Franz aus Köln erbaut wurde. Die alte kath. *Martinskirche* (12. Jh., Umbau 1746) in Muffendorf, der *Turmhof* (12. Jh., Umgestaltung 18. Jh.) in Friesdorf.

73441 Bopfingen
Baden-Württemberg

Einw.: 12 100	Höhe: 468 m	S. 1282 □ I 13

Ev. Stadtkirche (Kirchplatz 1): Dieser roman. Bau mit flachgedecktem Schiff und rechteckigem got. Chor aus dem 13./14. Jh. deutet auf zisterziensische Vorbilder. Der Turm ist in den unteren Geschossen frühgot. und endet in barocken Formen. Die Gemälde (1472) am Hochaltar, einem spätgot. Schnitzaltar mit Madonna und Heiligenfiguren, stammen laut Signatur v. dem Nördlinger Maler F. Herlin.
Unter den Grabmälern ist das des Wilhelm v. Bopfingen (1287), eine hervorragende Arbeit aus der Mitte des 14. Jh., das bedeutendste. Im Langhaus und Chor gibt es Reste der alten Wandmalerei, in der Sakristei ein gut erhaltenes Freskobruchstück mit Frauen und Engeln am Grabe (spätes 14. Jh.).

Boppard, St.-Severus-Kirche

Bordesholm, Bronzegrab in der Stiftskirche

Außerdem sehenswert: Das Rathaus (1586) mit Pranger und die Wallfahrtskirche auf dem Flochberg (1741–47 erbaut); *Seelhaus* (1505).

56154 Boppard
Rheinland-Pfalz

Einw.: 15 900   Höhe: 70 m   S. 1276 □ D 10

St.-Severus-Kirche (Marktplatz): Das spätröm. Kastell *Baudobriga*, erbaut um 370 n. Chr. unter Kaiser Valentian, ist in Resten der Kastellmauer erhalten (neue Grabungen 1990). Anfang 12. Jh. roman. Bau, um 1200 Verblendung der Türme und Einbezug in einen Neubau, 1225 Weihe. Unmittelbar danach erweiternder Umbau: Erhöhung des Mittelschiffs, 1236 Verlängerung der Apsis zum Chor, 1605 spitze Turmhelme. Zwischen Langhaus und Chor schieben sich die beiden eng beieinanderstehenden mächtigen Türme, so daß sie im Außenbau wie ein Querschiff wirken. Die W-Front enthält ein roman. Portal. Besonders reich gegliedert ist der Chor: Blenden auf schlanken Säulen, darüber eine Zwerchgalerie. – In den Ansätzen der kühn geführten spitzbogigen Gewölbe sind Rosettenfenster angebracht, während die unteren Teile des Langhauses in den Arkaden und Emporen die schweren Formen der Romanik bewahrt haben. Außer der Bemalung, die 1890 freigelegt wurde, sind v. der Ausstattung noch eine thronende Madonna (1280–1300) und ein Triumphkreuz aus der ersten Hälfte des 13. Jh. erhalten.

Ehem. Karmeliterkirche: Das Kloster wurde bereits 1265 gegr. (jetziger Klosterbau v. 1730), mit dem Bau der Kirche aber erst 1319 begonnen. Erweiterungsbauarbeiten v. 1439–44. Bedeutung hat die äußerlich schlichte Kirche v. a. durch die wertvolle Ausstattung: das *Chorgestühl* (um 1460), der barocke Hochaltar (1699), Renaissance-Wandgräber (16. Jh.) im Chor und ein Wandgemälde (1407).

Museen: *Städt. Heimatmuseum* (alte kurfürstliche Burg): Vor- und Frühgeschichte, Funde aus röm. Gräbern, geologische und mineralogische Sammlungen sowie Waffen-, Maß-, Münz- und Schmucksammlungen. – *Thonetmuseum* (Burgstr.): Sammlung von Möbeln der Biedermeier- bis Gründerzeit v. Michael Thonet.

Umgebung

Kamp-Bornhofen (3 km ö, am r Rheinufer): Über der 1224 erwähnten Franziskanerkloster- und Wallfahrtskirche in *Bornhofen* liegen die als »feindliche Brüder« bezeichneten Burgruinen Liebenstein und Sterrenberg aus dem 13. Jh. Im Von-der-Leyen'schen Hof (1594) in *Kamp* ist ein *Flößer- und Schiffahrtsmuseum* eingerichtet.

24582 Bordesholm
Schleswig-Holstein

Einw.: 6700   Höhe: 36 m   S. 1273 □ I 2

Stiftskirche/Ehem. Klosterkirche der Augustinerchorherren: Die Kirche auf einer Halbinsel im Bordesholmer See wurde im MA wegen ihrer Reliquien und der Grabstätte Bischof Vizelins v. vielen Wallfahrern besucht. Ab 1322 Entstehung einer Marienkirche (Einweihung 1332), v. 1450–52 Einziehung der Mittelschiffsgewölbe und Verlängerung um ein einjochiges Hallenschiff, 1490–1509 nochmals um 2 Hallenjoche vergrößert. – Der schlichte, nur von einem Dachreiter bekrönte Ziegelbau ist typisch für die norddeutsche Gotik. Chorhaupt und Wände sind ohne besonderen Schmuck und nur durch Fenster und flache Wandstreifen gegliedert. – Der Herrenchor bestimmt den O-Teil. Auch die Emporen waren urspr. für die Chorherren bestimmt. Nach W schließt sich die spätgot. Laienkirche an. In der Sakristei, der sog. *Russenkapelle*, steht der Sarkophag Herzog Karl Friedrichs (Vater v. Zar Peter III.). Das berühmteste Stück der ehem. Ausstattung, der *spätgot. Schnitzaltar* v. H. Brüggemann[*] (1514–21), kam 1666 in den Dom v. Schleswig. Der jetzige Hochaltar ist barock (1727). Erhalten blieben das got. *Chorgestühl*, das bedeutende *bronzene Freigrab* der Herzogin Anna v. 1514 sowie ein Altar mit Gemälden (niederländisch beeinflußt).

46325 Borken
Nordrhein-Westfalen

Einw.: 36 800   Höhe: 30 m   S. 1276 □ B 7

Kath. Propsteikirche St. Remigius (Mühlenstraße/Remigiusstraße): An diesem Treffpunkt einstmals wichtiger Straßen hat schon in karolingischer Zeit eine Kirche gestanden. Von einer um 1150 errichteten steinernen Saalkirche sind noch die unteren Geschosse des W-Turms erhalten. 1433 entstand der heutige Bau; in der Folgezeit wurden die zahlreichen Kapellen angebaut. Der Wiederaufbau in alter Form nach schweren Zerstörungen im letzten Krieg war 1954 beendet.
Die berühmtesten Stücke der reichen Ausstattung sind ein roman. *Taufstein* (um 1200) mit Menschen- und Tiergestalten, ein *Gabelkruzifix* (14. Jh.), 2 *Darstellungen der Anna selbdritt* und eine *Grablegung* (15. Jh.).

Umgebung

Gemen (2 km n): Auf 4 Inseln entstand die Anlage der Burg Gemen im 15. Jh. Die Hauptburg wurde im Jahre 1411 fertiggestellt.

23715 Bosau
Schleswig-Holstein

Einw.: 3100   Höhe: 25 m   S. 1273 □ I 2

Vizelinkirche: Im Jahr 1150 begann der Wendenmissionar Bischof Vizelin am Plöner See mit dem Bau einer kleinen Bischofskirche. Als man bald danach den Bischofssitz nach Oldenburg und später nach Lübeck verlegte, wurde die Anlage zur spätroman. Dorfkirche mit Chor und Halbrundapsis umgebaut. Die Kirche wurde im 19. Jh. stark überarbeitet. – In der Apsis sind Reste der *got. Ausmalung* erhalten. Aus der 1. Hälfte des 14. Jh. stammen ein *Figurenaltar* und ein got. *Triumphkreuz.*

Das got. Triumphkreuz >
in der Vizelinkirche in Bosau

46236–244 Bottrop
Nordrhein-Westfalen

Einw.: 118 900   Höhe: 60 m   S. 1276 □ B 7

Heilig-Kreuz-Kirche: Die Kirche, die 1957 v. R. Schwarz erbaut wurde, gilt als gelungenes Beispiel moderner Kirchenarchitektur. Die Stützen sind aus Stahlbeton, die Mauern aus Sichtziegeln. Das Ganze basiert auf einem parabelförmigen Grundriß. Farbige Glaswand ist v. G. Meistermann*.

Heimatmuseum (Im Stadtgarten 20): Das Museum zeigt Sammlungen zur Vor-, Stadt- und Landesgeschichte (Ruhrgebiet).

14770–76 Brandenburg
Brandenburg

Einw.: 88 800   Höhe: 36 m   S. 1279 □ O 6

Auf einer von der Havel umflossenen Insel zwischen Plauer, Beetz- und Breitlingsee befand sich seit dem 6. Jh. eine slawische Burg *(Brennabor)*, die im 9. Jh. zum Hauptsitz des Hevellerstammes avancierte. Offenbar war sie schon Ziel deutscher

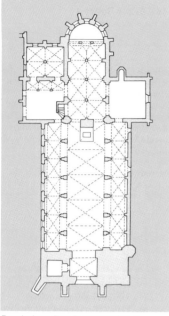

Brandenburg, Dom St. Peter und Paul

Dom von Westen

Vorstöße in slawisches Gebiet in karolingischer Zeit, doch erst Heinrich I. gelang es 928 dort, die deutsche Herrschaft zu errichten, Otto I. gründete 948 ein Bistum. Die 983 beim Aufstand der Slawen verlorengegangene Insel konnte erst durch Albrecht den Bären, der 1134 mit der späteren Mark Brandenburg durch Kaiser Lothar III. belehnt worden war, 1150–57 wiedergewonnen werden. Der letzte Hevellerfürst, Pribislaw-Heinrich, war bereits Christ und hatte sein Herrschaftsgebiet dem Askanier als Erbe vermacht. Er hatte in der Inselsiedlung eine Kapelle (St. Petri?) und im Suburbium Parduin, aus dem die Altstadt Brandenburg hervorging, St. Gotthard als Prämonstratenserstiftskirche (dort seit 1161 das Domkapitel) zu bauen begonnen. Seinen Sitz auf der Dominsel nahm der Bischof erst 1165 wieder ein. Zur gleichen Zeit kam es auf dem Südufer der Havel zur planmäßigen Anlage der *späteren Neustadt* Brandenburg, deren Straßennetz von einem Kreuz bestimmt wird, dem sich die übrigen Straßen,

vom Steintor im Westen strahlenförmig ausgehend, gitterförmig einordnen.

Dom St. Peter und Paul: 1165 begonnen und um 1220–40 als dreischiffige Pfeilerbasilika mit Querschiff, Chorjoch mit Apsis und w Turmbau vollendet; unter Chor und Vierung weiträumige *Hallenkrypta* (bedeutende Kapitellornamentik), an der N-Seite doppelgeschossige »Bunte Kapelle«. 1377 bis Mitte 15. Jh. Erhöhung und Wölbung v. Chor und Schiff; aus dieser Zeit auch das *W-Portal* (Tierfabeln, u. a. Fuchs predigt den Gänsen) und der aufwendige *Staffelgiebel* an der N-Seite des Querhauses.

1834–36 Erneuerungen, der N-Turm, dessen achtseitige Dachpyramide die Dominsel überragt, nach Schinkels Entwurf. Reiche Ausstattung: *Böhmischer Altar* (um 1375), urspr. Hochaltar. Kleiner *Marienaltar* am Lettner (um 1410). Der jetzige *Hochaltar* (ehem. in Lehnin, datiert 1518) angeblich aus einer Leipziger Werkstatt. Im Chor ferner *Sakramentshaus* in Form

eines Fialenturmes (um 1375), *Triumphkreuzgruppe* (um 1430), rückseitig
bemalt. Ferner beachtenswert: frühgot.
Levitensitz, Sitzmadonna (um 1310), spätroman. Kruzifix, 2 Leuchterengel (Messing; 1441), Taufstein (Ende 14. Jh.), Kanzel (1691).

Dommuseum: u. a. *Gründungsurkunde
des Bistums* v. 948; *»Hungertuch«*, eine
Leinenstickerei des ausgehenden 13. Jh.
mit 26 Szenen der Heilsgeschichte, *Brandenburger Evangelistar* (Perikopenbuch);
reiche Sammlung ma Textilien.

Gotthardkirche: Die Kirche des Subur-
biums Parduin, der Altstadt B., besitzt aus
dem 12. Jh. den granitenen W-Bau mit
später aufgeführtem und mit einer barok-
ken Haube (1767) bekröntem Turm, ist
aber im wesentlichen eine langgestreckte
Hallenkirche aus Backstein (7 Joche) mit
einem Umgang, dem niedrige Kapellen
angefügt sind, erbaut 1456–75.
Ausstattung: Zahlreiche Epitaphe aus der
Reformationszeit, spätroman. *Bronzetaufe*, spätgot. *Triumphkreuzgruppe.*

Katharinenkirche: Die Hauptpfarrkirche
der Neustadt ist eine dreischiffige Hallenkirche aus Backstein, siebenjochig und
mit Umgang, Parallelrippen-Netzgewölbe
nach böhmischem Muster (Prager Dom-
chor) gedeckt. Entstanden in 2 Bauphasen
nach 1401 (Baumeister Hinrik Brunsberg
aus Stettin); der Turm über älterem W-Bau
1592 mit Renaissancehaube versehen. Bemerkenswert die Kapellenanbauten im N
(Fronleichnamskapelle) und im S (Schöp-
penkapelle) mit sehr reichen dekorativen
Giebeln, Maßwerkrosetten, Wimpergen,
Fialen sowie die Ausgestaltung, die bestimmt ist durch Backe, mit glasierten Ter-
rakottadetails verzierten Lisenen, während
die Strebepfeiler nach innen genommen
sind. *Ausstattung: Sandsteinretabel* (um
1420; Madonna und Heilige); *vierflügeliger Schnitzaltar* (1474 v. Gerard Weger),
Hedwigsaltar (um 1480); *Bronzetaufe* (um
1430) v. Dietrich Molner aus Erfurt. Im
Chorscheitelfenster *Glasmalereien* aus der
Dominikanerkirche (Mitte 14. Jh.), typologischer Zyklus. 1912 Entdeckung und
Freilegung ma Wand- und Gewölbemalerei im Chor und in den Seitenkapellen

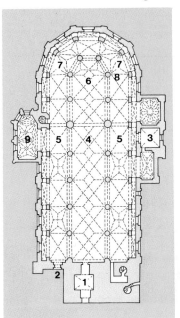

Katharinenkirche 1 W-Turm, 13.–16. Jh. **2** W-Portal (Nebenportal) **3** S-Vorhalle zwischen 2 S-Kapel-
len mit hochgot. Maßwerk (v. a. Drei- und Vierpäs-
se) **4** Langhaus, 1401, mit Netzgewölbe **5** Seitenschiffe mit Kreuzgrat- und Sterngewölben sowie
internem Strebewerk **6** Polygonchor **7** Chorumgang
8 Fronleichnamskapelle, 1401–34, mit hohem
Schmuckgiebel **9** Hedwigskapelle mit spätgot. Hedwigsaltar, um 1480

(15. Jh.). Renaissance- und Barock-Grab-
denkmäler.

Dominikanerkloster: Die Kirche ist eine
dreischiffige Halle von 6 Jochen mit langgestrecktem einschiffigem Chor ($^5/_8$-
Schluß), um 1340 vollendet, der Dormi-
toriumsflügel im O ist in 3 Geschossen
kreuzrippengewölbt.

Nikolaikirche: Roman. Pfeilerbasilika
ohne Querschiff mit W-Turm. Alle 3
Schiffe sind mit halbkreisförmigen Apsiden geschlossen, der Chor und das 1. Langhausjoch gewölbt. Bauform und Dekor
dieses 1170 begonnenen und gegen Mitte
des 13. Jh. vollendeten Backsteinbaus weisen auf urspr. höhere Bedeutung hin.

< Brandenburg, Altstädtisches Rathaus

| **56338 Braubach** |
| Rheinland-Pfalz |
| Einw.: 3600   Höhe: 71 m   S. 1276 ☐ D 10 |

Marksburg: Diese einzige unzerstörte Burg am Rhein erhebt sich auf einem 170 m hohen Burgberg über der Stadt. Im sog. Kaiser-Heinrichs-Turm, in dem sich der Sage nach Kaiser Heinrich IV. auf der Flucht vor seinem Sohn verborgen haben soll, befand sich seit 1437 eine Kapelle für den Evangelisten Markus, v. dem die Burg ihren Namen hat. – Die stark befestigte Anlage besteht in der Hauptsache aus Hochburg, Bergfried, Palas und »Rheinbau«: 3 Flügel (12.–14. Jh.) umgeben einen dreieckigen Hof, in dem der quadratische *Bergfried* (13. Jh.) steht. Durch einen Torbau, mehrere Zwinger und 3 weitere starke Tore kommt man in den inneren Burghof mit *got. Palas*, dem bedeutendsten Teil der Burg, und dem *Kaiser-Heinrich-Turm*. Die Ringmauern der *Hochburg* stammen noch aus dem 13. Jh., v. 15.–17. Jh. wurden zahlreiche Mauern, Wehrgänge, Rundtürme und Basteien dazugebaut. Der *sog. Rheinbau* besteht aus Fachwerkbauten des 18. Jh. – Die Burg ist Eigentum der Dt. Burgen-Vereinigung und gleichzeitig deren Sitz. Sie ist als *Museum* eingerichtet und kann von jedermann ganzjährig besichtigt werden.

Rathaus der Altstadt: Zweigeschossiger Backsteinbau von 1470–80, Außendekor aus charakteristischem Maßwerkfiligran.

Stadtbefestigung: Bedeutende Reste einiger Weichhäuser und die Türme des *Rathenower* und des *Plauer Tors* in der Altstadt sowie der *Mühlentorturm* und der *Steintorturm* in der Neustadt.

Heimatmuseum: Vor-, früh- und stadtgeschichtliche Sammlungen; Werke des Bildhauers August Wredow (1804–91).

Umgebung

Golzow (15 km s): Die *Dorfkirche* ist ein achteckiger Zentralbau v. 1750.
Ketzür (10 km nö): *Dorfkirche,* urspr. ein Oktogon mit Apsis aus dem 13. Jh., im 15. Jh. durch Turm ergänzt, 1599 ein stattliches Schiff im O angefügt, Schweifgiebel über der O-Wand. Herausragend das Epitaph für die Familie v. Brösicke v. Christoph Dehne aus Magdeburg, 1611–13.

| **35619 Braunfels** |
| Hessen |
| Einw.: 10 600   Höhe: 236 m   S. 1276 ☐ E 9 |

Schloß: Die ehem. Burg der Grafen v. Solms-Braunfels wurde im 30jährigen Krieg mehrmals eingenommen und durch 2 große Brände zerstört. Das heutige Bild wird weitgehend von den Ausbauten des 19. Jh. bestimmt. – An der N-Ecke der vermutlich 1260 gegr., aber erst im 15. Jh. ausgebauten Anlage liegt die Kernburg mit rechteckigem dreigeschossigem *Palas* und dem etwas älteren *Friedrichsturm.* An der O-Seite bestimmt ein *halbrunder Turmbau* aus dem 15. Jh. die Anlage. Der ehem.

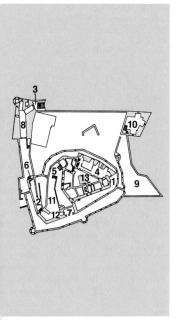

Braubach, Marksburg 1 Kapellenturm, 1. Hälfte 13. Jh. **2** Innerer Zwinger, um 1300 **3** Zugbrücken-tor, 1. Hälfte 15. Jh. **4** Palas, Ende 14. Jh. **5** Eiserne Pforte, Ende 14. Jh., im 17.–18. Jh. verändert **6** Fuchstor, Ende 14. Jh. **7** Geschützhaus, 16. Jh. **8** Tunnelgang, 1643–45 **9** Scharfes Eck, 1643–45 **10** Pulvereck, 1643–45 **11** Kleine Batterie, 1643–45 **12** Große Batterie n Teil, 1643–45 **13** Bergfried

Hauptturm hat einen spätgot. Aufbau (der heutige Hauptturm wurde 1884 errichtet). An der S-Seite des Haupthofs schließt sich ein spätgot. *Saalbau* mit Bogenfries aus dem 15. Jh. an. Der *Küchenbau* wurde 1710–12 errichtet. Durch die Ringmauern und Wehrgänge gelangt man durch 4 spätgot. Tore zum Schloß. Im Palas ist heute ein *Museum* eingerichtet, das eine Sammlung v. Plastiken und Malerei des 14.–18. Jh. zeigt, außerdem zahlreiche alte Waffen und Möbel.

Waldmuseum (Hecksbergstr.): Herbarien, interessante Waldfunde u. a.

Außerdem sehenswert: Einheitliches Stadtbild. Interessant sind die zahlreichen

Fachwerkbauten und bes. die *Fürstliche Rentkammer* (um 1700). Burgruine Philippstein (14. Jh.).

38100–126 Braunschweig
Niedersachsen

Einw.: 259 100   Höhe: 72 m   S. 1278 □ K 6

Das Gesicht der Welfenstadt ist durch Heinrich den Löwen (1129–95) geprägt worden, dessen Wirkung noch bis ins 13. Jh. ausstrahlte. Der Ort, v. 2 Armen der Oker umflossen, entstand aus einer Reihe kleiner Siedlungsbezirke, die unter Heinrich dem Löwen vereinigt und weiter ausgebaut wurden. Die Kernzelle ist das bereits 1031 erwähnte Dorf Brunesiwk. Im Jahr 1260 wurde Braunschweig Hansestadt. Alle wichtigen weltlichen und kirchlichen Bauten sind im 12. bis 14. Jh. entstanden. Für die ehemals 7 Pfarrkirchen der Stadt (heute über 60) hat der Dom Heinrichs des Löwen mehr oder weniger deutlich Modell gestanden. Typisch braunschweigisch sind die am Rathaus über den Fenstern aufgesetzten Giebel mit ihrem reichen Maßwerk. Die Altstadt wurde im 2. Weltkrieg zu 90 % zerstört. Einer völligen Wiederherstellung standen die Bedürfnisse einer modernen Großstadt entgegen; immerhin sind die wichtigsten der alten Bauten wiederaufgeführt worden.

Dom/Ehem. Kollegiatsstiftskirche St. Blasius (Burgplatz): Von Heinrich dem Löwen 1173 begonnen, 1195 weitgehend vollendet (Heinrich starb im selben Jahr und wurde hier beigesetzt). Zwischen die achteckigen Obertürme der W-Front wurde 1275 ein got. Glockenhaus gesetzt. Im 14. Jh. erhielt das Seitenstift im S eine got. Giebelreihe. Eine zweischiffige Halle ersetzte im späten 15. Jh. das roman. Seitenschiff im N. In seinen ö Außenteilen ist der Bau vorzüglich erhalten.
Inneres und Ausstattung: Das Überraschende und für die damalige Zeit und die Landschaft Neue ist die *Einwölbung des Mittelschiffs* (durch lombardische Meister?). Unter dem O-Teil ist eine *Krypta* erhalten, die seit der Rückkehr der Welfen v. Wolfenbüttel nach Braunschweig (18.

Jh.) als Fürstengruft dient. Erst im 19. Jh. hat man entdeckt, daß die Wände und Gewölbe der Kirche ehemals mit einem großen theologischen Bildprogramm ausgeschmückt waren. Restaurierungsarbeiten nach dem 2. Weltkrieg haben die ganze Schönheit und Einzigartigkeit dieser 1226 fertiggestellten Malereien, die an vergrößerte Buchminiaturen erinnern, sichtbar werden lassen. – Aus der Stiftskirche, die Heinrichs Dom vorausgegangen ist, wurde ein archaisch strenger *Kruzifixus* (um 1160) mit der Inschrift am Gürtel »Imervard me fecit« (Imerward hat mich gemacht) übernommen. Der siebenarmige *Leuchter* im Chor wurde v. Heinrich dem Löwen gestiftet. Der Herzog selbst ist mit seiner Gemahlin, Herzogin Mathilde, überlebensgroß auf der *Grabplatte* im Mittelschiff dargestellt – Idealporträts im Stil der ritterlichen Stauferzeit. Interessant ist die Wiedergabe des Dommodells in der Hand des Herzogs (um 1250).

Burg Dankwarderode (Burgplatz): Der Platz um den Dom war ehemals eine Wasserburg der Vorgänger Heinrichs, der hier neben dem Dom seine Burg Dankwarderode errichtete, v. der Originalteile in den stilgetreuen Wiederaufbau einbezogen wurden. Die Burg hatte im 17. Jh. als Zeughaus und nach weiteren Umbauten später als Kaserne gedient. Erst Ende des 19. Jh. wurde sie als historisches Gebäude weiterer Zerstörung entzogen. – Auf dem Burgplatz mit Blick nach O steht eine Kopie des berühmten Braunschweiger Löwen (Original in der Burg), den Heinrich der Löwe im Jahr 1166 als Machtsymbol auf hohem Sockel hat aufstellen lassen. Der ehemals vergoldete, monumentale Löwe ist das älteste Beispiel einer freistehenden Denkmalsplastik in Deutschland.

Ev. Pfarrkirche St. Martini (Altstadtmarkt): Nur wenige Jahre nach dem Dom begonnen (1180), nimmt die Hauptpfarrkirche der Altstadt dessen Formen und Baugliederung fast kopierend auf. Ebenso wie der Dom wurde auch St. Martin später v. einer Basilika zur Hallenkirche umgestaltet. Über den Jochen der Seitenschiffe got. Maßwerkgiebel, z. T. mit reichem plastischen Schmuck nach dem Vorbild des Doms (um 1320–30). Die Maßwerkgiebel an der ganzen O-Seite wurden in Anpassung an das got. Altstadtrathaus aufgesetzt. Von der Ausstattung ist ein spätgot. *Taufkessel* in Bronze zu erwähnen, der von 4 Männern, die die Paradieses-Ströme per-

Braunfels, Schloß der Grafen von Solms-Braunfels

*Braunschweig, Dom, >
nördliches Seitenschiff*

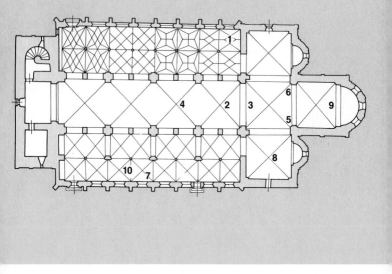

Braunschweig, Dom 1 Imerward-Kruzifix, um 1160 **2** Hochaltar, 1188 gew. **3** Bronzeleuchter, Stiftung Heinrichs des Löwen **4** Grabplatte Heinrichs des Löwen und der Herzogin Mathilde, um 1250 **5** Albrecht der Fette (gest. 1318) **6** Heinrich III., Bischof v. Hildesheim (gest. 1362) **7** Herzog Otto der Milde und Herzogin Agnes, 1346 **8** Martersäule **9** Heiliger Blasius und Johannes der Täufer, Anfang 16. Jh. **10** Grabmal des Herzogs Ludwig Rudolf (gest. 1735) und der Herzogin Christine Louise, Zinnfiguren v. H. M. Vetten

sonifizieren, getragen wird (1441 v. B. Sprangken).

Ev. Pfarrkirche St. Katharina (Hagenmarkt): In der Siedlung Hagen, die unter Heinrich dem Löwen der neuen Welfenresidenz einverleibt wurde, entstand um 1200 nach dem Vorbild der Martinskirche (und indirekt auch des Doms) die Katharinenkirche. Auch sie wurde um 1275 aus einer Basilika in eine Hallenkirche umgewandelt. Zwischen die achteckigen Türme wurde um 1300 ein großes Glockenhaus mit got. Maßwerk eingespannt.

Ev. Pfarrkirche St. Andreas (Wollmarkt): Auch diese Ende des. 12. Jh. erbaute Kirche folgt dem Vorbild des Doms und der Kirche St. Martin und wurde Ende des 13. Jh. zu einer Hallenkirche umgebaut. Ähnlich wie am Dom über den Fenstern der neuen Seitenschiffe Giebel.

Ev. Kirche St. Magni (Am Magnitor): Die alte Kirche des ehem. Dorfes Bruneswiek mußte 1252 einem Neubau weichen, der gleich als Hallenkirche geplant war. Die Wiederherstellung nach dem letzten Krieg folgte modernen Gesichtspunkten. – Auf dem *Magnifriedhof* liegt *G. E. Lessing* begraben (1729–81).

Ehem. Benediktinerkirche St. Aegidien (Aegidienmarkt): Nach einem Brand im Jahre 1278 (die Klosterkirche war 1115 gew. worden) wurde die Kirche in ihren O-Teilen bis Ende des 13. Jh. wiederaufgebaut, der W-Teil war jedoch erst 1437 fertiggestellt, und die Weihe fiel ins Jahr 1478. Der Turm, der unvollendet war, wur-

Braunschweig, Dom, Grabplatte

de 1817 abgerissen. Der *Innenraum* macht den Bau zur »schönsten Hallenkirche Braunschweigs«. V. a. der hohe Chor mit seinen got. Fenstern und einer kleinen Galerie darüber ist ausdrucksvoll geformt. Die *Kanzel* zeigt in barocker Rahmung flache Figurenreliefs des großen spätgot. Bildhauers Hans Witten*, dessen Hauptwerke im Harzraum und in Sachsen stehen.

In der Kirche befand sich 1906–45 das Braunschweigische Landesmuseum für Geschichte und Volkstum (heute teilweise in der Paulinerkirche).

Konventsgebäude: Sakristei, Kapitelsaal, Parlatorium und Brüdersaal aus dem 12. Jh. – alle im O-Flügel – sind erhalten.

Ehem. Zisterzienserkirche Braunschweig-Riddagshausen: Die typische Zisterzienserkirche zeichnet sich durch einfache, asketisch strenge Bauformen aus. Sie hat keinen Chor, sondern einen geraden Abschluß. Um diesen Abschluß liegen 14 kleine Kapellen für Einzelandachten und Bußübungen. Für die Fenster, die paarweise angebracht sind, ist jeder Maßwerkschmuck verboten, ebenso jede bildhauerische und malerische Arbeit. Der Orden war gegen allen Prunk, er verbot auch repräsentative Turmbauten, weshalb Riddagshausen nur einen (in der Renaissance erneuerten) Dachreiter über der Vierung besitzt. Bedeutend ist die Länge der Kirche (83 m). Im Inneren ist v. der alten Ausstattung nichts mehr vorhanden.

Altstadtrathaus (Altstadtmarkt): Als »Traditionsinsel« hat man nach den Verwüstungen des 2. Weltkriegs den *Altstadtmarkt* wieder hergerichtet. Das steinerne Spitzenwerk der Giebel des Rathauses (nur die Fassade ist im Original erhalten) über den offenen Laubengängen (14. und 15. Jh.) bestimmt das Bild des Platzes. Zwischen den Öffnungen der Galerie stehen im Obergeschoß unter Baldachinen die steinernen Statuen von verschiedenen Welfenfürsten, sächs. Kaisern und Königen.

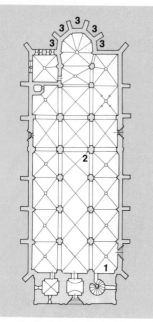

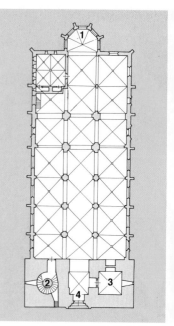

Braunschweig, Katharinenkirche 1 Grabmal für Jürgen v. der Schulenburg (gest. 1619) und seine Frau Lycia, v. J. Röttger und L. Bartels **2** Kanzel, 1890 **3** Chorfenster v. H.-G. v. Stockhausen, 1959

Braunschweig, Ev. Pfarrkirche St. Andreas 1 Chorraum mit Hochaltar **2** N-Turm **3** S-Turm **4** W-Portal

Gewandhaus (Altstadtmarkt): Das Kaufhaus der Schneider, das bereits 1303 erwähnt wird, erhielt Ende des 16. Jh. neue prächtige Giebel. Die prunkvolle Giebelfassade (in Richtung Kohlmarkt) entwarf der Generalbaumeister der Stadt, H. Lampe (1590–91). Die 8 Geschosse haben mit der Stockwerkeinteilung dahinter nichts zu tun, sie sind reine Schaufassaden. Über Laubengängen, deren Korbbogenmotiv in der Reihe der immer kleiner werdenden Mittelfenster wiederkehrt, wird die Giebelspitze des Baus, der als Lager und Verkaufshalle für Tuchhändler diente, von einer Justitia bekrönt. Heute befindet sich im Kellergeschoß ein Speise- und Weinlokal.

Bürgerbauten: Trotz der Verluste durch den Krieg – es wurden über 800 Stein- und Fachwerkhäuser vernichtet – sind in der Altstadt einige Häuser erhalten oder wiederhergestellt worden. Erwähnung verdienen v. a. das *Huneborstelsche Haus* (Burgplatz 2 a) und dicht daneben das klassizistische Haus *Vieweg* (Burgplatz 1). Vom gleichen kargen klassizistischen Stil ist das Haus *Salve Hospes* (Lessingplatz 12), in dem heute der Kunstverein seinen Sitz hat.

Schloß Richmond (Wolfenbütteler Str.): Erbaut im Jahr 1768/69 für Herzogin Augusta durch K. C. W. Fleischer auf einer Terrasse über dem Auental der Oker in strengem, dem Klassizistischen zuneigenden späten Barock (Louis-seize). Der quadratische Bau hat die Zugänge und Treppenplattformen ungewöhnlicherweise an den Ecken. Der Grundriß bietet eine originelle Mischung aus runden, ovalen bzw. unregelmäßigen Räumen.

Museen: *Herzog-Anton-Ulrich-Museum* (Museumstraße 1): Neben dem Kunst-

Braunschweig, Portal der ev. Pfarrkirche St. Martin

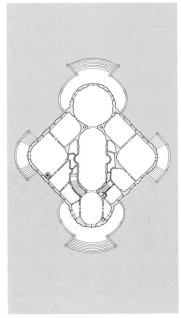

Braunschweig, Schloß Richmond

gewerbe ist hier eine bedeutende Gemäldegalerie untergebracht. Das berühmteste Stück ist das »Familienbild« v. Rembrandt, das bedeutendste Werk des Malers auf dt. Boden. Außerdem Bilder v. Rubens, van Delft, van Dyck, Steen u. a. – *Staatl. Naturhistorisches Museum* (Pokkelstr. 10 a): In diesem ältesten, der Öffentlichkeit zugänglichen naturwissenschaftlichen Museum reichen die Bestände bis auf die Sammlungen des Welfenhauses zurück. Das Museum wurde 1754 gegr. – *Städt. Museum* (Am Löwenwall): Schwerpunkt der Sammlungen sind Beiträge zur Kulturgeschichte der Stadt und ihrer Umgebung. – *Wilhelm-Raabe-Gedächtnisstätte* (Leonhardstraße 29 a): Erinnerungen an das Leben und Werk Wilhelm Raabes (1831–1910) in dessen Wohnhaus. – *Landesmuseum für Geschichte und Volkstum* (Mönchstraße 1 und Burgplatz) mit Sammlungen zur Landes-, und Kulturgeschichte sowie Volkskunde.

Theater: *Großes Haus* (Am Theater): Die Braunschweiger Theatertradition geht bis auf die Gastspiele engl. Komödianten im 17. Jh. zurück. Das ehem. Große Haus wurde im 2. Weltkrieg zerstört, die Wiederherstellung war im Dezember 1948 abgeschlossen. Oper, Operette und Schauspiel sind hier zu Hause. 1186 Plätze. – *Kammerspieltheater Kleines Haus* (Grünewaldstraße): Hier wird ausschließlich Schauspiel geboten. 350 Plätze.

Brauweiler ✉ **50259 Pulheim**
Nordrhein-Westfalen

| Einw.: 110 | Höhe: 50 m | S. 1276 ☐ B 9 |

Ehem. Benediktinerabteikirche (Ehrenfriedstraße): Der Bau steht an der Stelle einer röm. Ansiedlung, auf der die Schwester Kaiser Ottos III. mit ihrem Mann Ezzo 1024 ihr pfalzgräfliches Hauskloster mit Kirche gründete. 1048 wurde der Grund-

Braunschweig, Altstadtrathaus, im Vordergrund der Marienbrunnen

Braunschweig, Gewandhaus >

Braunschweig, Burg Dankwarderode, im Vordergrund der Braunschweiger Löwe

stein für ein neues Kloster mit Kirche gelegt. 1061 Weihe der Oberkirche; W-Bau, Dreiturmgruppe und Langhaus 1. Hälfte 12. Jh.; Türme unvollendet, erst im 19. Jh. zusammen mit den urspr. geplanten achtseitigen Vierungsturm fertig gebaut. Hoher Turmhelm 1629, neue Einwölbung mit Kreuzrippengewölbe 1514.

Imposant ist der dreitürmige W-Bau mit Mittelturm. Die langgestreckte Vorhalle ist 1780 datiert. In der reichen Gliederung des Baukörpers, in der einheitlichen Verteilung v. Fenstern und schmückenden Zutaten ist Brauweiler ein Musterbeispiel roman. Architektur.

Das *Hauptportal* des W-Baus mit seinen ornamentalen Tierfiguren stammt vermutlich v. einem lombardischen Meister. Das *S-Portal* hat 2 Löwen als Wächter. Über den Türen zu den Nebenchören Tympanonfiguren der Stifter Ezzo und Mathilde.

Als besondere Kostbarkeit gilt der Zyklus figürlicher *Reliefplatten* im Lapidarium, der v. einem Vorgängerbau stammt (1065–84; z. T. Abgüsse). Zur *reichen Ausstattung* der Kirche gehören die Chorschranken (1174 und 1201), die Stiftertumba (um 1200), ein bedeutendes steinernes Altarretabel mit Madonna und Heiligen (um 1190), 2 Frührenaissance-Altäre und die Holzfigur des thronenden Nikolaus, des Patrons der Kirche (spätes 12. Jh.). Außerdem Beichtstühle (18. Jh.) und Orgelgehäuse (18. Jh.).

58339 Breckerfeld
Nordrhein-Westfalen

Einw.: 8500   Höhe: 420 m   S. 1276 ☐ C 8

Ev. Jakobuskirche (Schulstraße): Die Kirche, die dem Pilgerheiligen St. Jakobus geweiht ist, lag an der Pilgerstraße von Norddeutschland nach Santiago de Compostela in Spanien.

Sie wurde im 14. Jh. erbaut, erhielt ihr Hauptschmuckstück jedoch erst in den Jahren der Reformation: einen *Schnitzaltar* in Eichenholz mit Maria, dem hl. Jacobus und Christophorus im Mittelschrein. Es ist das Werk eines hervorragenden Lübecker Meisters, vielleicht aus der Werkstatt des B. Dreyer.

79206 Breisach
Baden-Württemberg

Einw.: 10 900   Höhe: 200 m   S. 1280 ☐ D 14

Stephansmünster: Das auf felsiger Anhöhe hoch über dem Ort gelegene Münster hat unzählige Kriege und politische Veränderungen erlebt und überstanden. Nach 1945 mußte es vollständig wiederaufgebaut werden.

Langhaus mit Querschiff und O-Türmen um 1200, S-Turm, Chor und W-Joch gegen 1300–30, Einwölbung, Sakristei und Innenausstattung im 15. Jh. – Die verschiedenen Bauperioden sind an der Kirche deutlich abzulesen, selbst das symmetrische Turmpaar unterscheidet einen rein roman. und einen got. aufgelockerten Teil. Um 1300 wurde mit dem Chor die gesamte Anlage zur Hallenkirche umgestaltet.

Der Umbau des 15. Jh. kehrte got. Elemente hervor. Im roman. Langhaus sind oberital. Einflüsse deutlich. Ein spätgot. *Lettner* (um 1500) trennt den Chor v. Langhaus: schlanke Arkaden mit Maßwerk, Baldachinen und Wimpergen umrahmen die Muttergottes, die zwischen Josef und den 3 Königen sowie dem Kirchenpatron Stephanus in der Mitte steht. Die W-Halle

Breckerfeld, Schnitzaltar in der Pfarrkirche

wird v. einem monumentalen *Fresko* v. M. Schongauer* (Weltgericht, um 1490) bestimmt. Kostbarstes Teil der Innenausstattung ist der Hochaltar, der berühmte *Breisacher Altar* des Meisters HL (entstanden 1523–26). Auf dem Mittelschrein des Schnitzaltars erscheint die Muttergottes zwischen Gottvater und Christus. Die spätgot. Formen sind schon barock bewegt. Auf einem Flügel des Altars sind die Märtyrer Stephanus und Laurentius dargestellt, auf dem anderen die Stadtpatrone Gervasius und Protasius (deren Gebeine in einem Silberschrein ruhen, der im Kirchenschatz aufbewahrt wird).

Breitenburg ✉ 25524 Itzehoe
Schleswig-Holstein

| Einw.: 1100 | Höhe: 7 m | S. 1273 □ H 3 |

Schloß: Der Bau geht in seinen Grundmauern bis in die Gotik zurück. Im 16. Jh. erweiterte der Staatsmann, Gelehrte und berühmte Kunstsammler Heinrich v. Rantzau das Schloß und machte es zu einem Zentrum des Humanismus im N. Diese Anlage wurde im 30jährigen Krieg v. den Soldaten Wallensteins beschädigt. Die Neubauten stammen im wesentlichen aus

dem 19. Jh. An den urspr. Bau erinnert nur der schmiedeeiserne *Ziehbrunnen* (1592). Sehenswert ist die *Schloßkapelle* mit ihrer reichen Ausstattung. Aus der *Kunstsammlung* sind neben dem Silberrelief Heinrich Rantzaus (1577) v. a. die Gemälde v. L. Cranach*, H. Holbein d. J.*, Herkules Seghers, J. Owens und Abgüsse nach Werken v. Thorwaldsen zu nennen. Das Schloß wurde nach 1948 wiederhergestellt, es untersteht einer Gutsverwaltung.

98597 Breitungen
Thüringen

| Einw.: 5800 | Höhe: 297 m | S. 1277 □ I 9 |

Herren-Breitungen: Das 1149 erwähnte *Benediktinerkloster*, eine Dreiflügelanlage mit zylindrischen Ecktürmen, erfuhr in der 2. Hälfte des 16. Jh. eine Profanierung, die Klausurgebäude wurden als *Schloß* mit *Fürstenhaus* im O-Flügel benutzt und weltlich ausgestattet. Die ehem. *Klosterkirche* (1112 geweiht), eine beeindruckende frühroman. Basilika mit Flachdecke, einseitigem(s) Stützenwechsel und eingebautem roman. *W-Turm*, diente fortan als Schloßkirche. Nach einem Brand (1662) wurde sie 1842 teilweise erneuert. – Im

Breisach, Altar im Stephansmünster

einschiffigen Inneren der barocken *Dorf-kirche* (1731) mit Holztonne und doppel-stöckigen Emporen schöne Kanzel und Or-gelprospekt aus den 30er Jahren des 18. Jh. – Die dreigeschossige *Fachwerk-Kapelle* (1733) an der Brücke über den Farnbach hat ein älteres Sockelgeschoß aus Sand-stein.

Außerdem sehenswert: Der Ortsteil *Frauen-Breitungen* bewahrt außer gut er-haltenen *Fachwerkhäusern* (17.–19. Jh.) einige Renaissancebauten: Das ehem. *Amtshaus* und der ehem. *Edelhof* (beide 1606) besitzen Fachwerkobergeschosse. Die einschiffige *Pfarrkirche* (1615) be-zieht einen roman. W-Turm mit Fach-werkobergeschoß ein und birgt im ein-schiffigen Inneren einen kostbaren Flügel-altar (1518).

28195–779 Bremen
Bremen

| Einw.: 552 700 | Höhe: 5 m | S. 1272 ☐ F 4 |

Der alten Freien und Hansestadt, die sich auf einem Landrücken dem r Weserufer entlangzieht, wurde erst 1646 ihre Reichs-unmittelbarkeit anerkannt, doch gehörte

Breitungen, Schloß Herren-Breitungen

sie seit 1358 zum Hansebund und hatte in jahrhundertelangen schweren Kämpfen mit den landesherrlichen Erzbischöfen ihre demokratische Selbständigkeit als zweitälteste europ. Republik schon vorher errungen. – Erzbischof Ansgar, »Apostel des Nordens«, der im 9. Jh. das Bistum v. Hamburg nach Bremen verlegte, und Adalbert v. Bremen, der Bremen im 11. Jh. zum »Rom des Nordens« machen wollte, haben das äußere Bild der Altstadt wesent-lich beeinflußt. Sie verbindet noch heute den Anspruch der Bischofsstadt mit dem Glanz und Reichtum der Bürger- und Han-sestadt. »Roland der Riese am Rathaus zu Bremen«, dem Dom zugewandt, symboli-siert die bürgerliche Freiheit. Berühmt sind die »Bremer Stadtmusikanten«, eine Plastik v. G. Marcks auf dem Kirchhof U. L. Frauen. Die »Phantasien im Bremer Ratskeller«, mit denen Wilhelm Hauff der Hansestadt seine Reverenz erwiesen hat (1826), wurden v. M. Slevogt in den Räu-men dieses Kellers mit Wandbildern illu-striert.

Dom St. Peter (Marktplatz): Dom und Rathaus stehen nebeneinander am glei-chen Platz mit dem gleichen Anspruch. Der Dom wurde im Jahr 1042 begonnen, aber erst im 13. Jh. mit der eindrucksvollen W-Fassade und ihren Türmen fertigge-stellt. Das Seitenschiff im S erhielt im 14. und 15. Jh. vorgelagerte Kapellen, das n Seitenschiff wurde in der Spätgotik v. C. Poppelken erhöht und umgestaltet. Nach Zerstörungen und Verfall im 16. und 17. Jh. erhielt der wiederaufgebaute N-Turm eine barocke Bekrönung. Von 1888–1901 wurde der Dom mit großer Einfühlung »roman.« rest., v. a. das Äußere erhielt markante Stilmerkmale – allerdings auch die unpassende Vierungskuppel. Heute ist der Dom v. St. Peter Bremens ev. Haupt-kirche.
Baustil und Baubeschreibung: Bestimmt wird der äußere Eindruck des Baus durch die W-Türme im Stil der frühen Gotik (am ausdrucksvollsten in den oberen Geschos-sen). Die beiden Krypten im W und O gehen auf die ersten Baujahre zurück und erinnern daran, daß der urspr. Bau (im roman. Stil) noch zweichörig geplant ge-

Bremer Dom, Fassade >

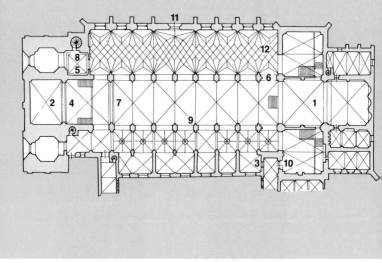

Bremen, Dom St. Peter 1 O-Chor, darunter Krypta mit kirchlichen Kunstschätzen **2** W-Krypta (unter der Orgelempore) mit Taufe, um 1220 **3** Wangen v. Chorgestühl, um 1400 **4** Orgelempore **5** Heilige Sippe, um 1512 **6** Madonna mit Kind, um 1512 **7** Reliefs an der Orgelbrüstung, 1518 **8** Epitaph des Kanonikus Klüver (gest. 1570) **9** Kanzel, 1638 **10** Grabplatte des Freiherrn v. Knigge (gest. 1796) **11** Brautportal, um 1890 **12** Bachorgel

wesen ist. Die W-Krypta wurde durch die späteren Turmbauten verkleinert, die O-Krypta ist mit ca. 23 m Länge und 11 m Breite eine feierliche Unterkirche. Die rein roman. Pfeilerbasilika, die urspr. flach gedeckt gewesen ist, bekam 1230–40 jenes Gewölbe, für das ein vielfältiges System v. Pfeilern und Halbpfeilern mit Kapitellen entwickelt werden mußte. Im s Seitenschiff sind die wulstigen Rippen und die vorgelagerten Halbsäulenordnungen besonders eindrucksvoll. Das Seitenschiff im N ist in der Spätgotik erneuert und mit einem feinen Netzgewölbe versehen worden.

Die Ausmalung geht auf die Restaurierung im späten 19. Jh. zurück.

Inneres und Ausstattung: Das älteste und bedeutendste Stück ist der *Thronende Christus* in der O-Krypta (um 1050). In der W-Krypta (heute Taufkapelle) steht ein *Bronzetaufbecken*, ein arkaden- und figurengeschmückter Kessel, getragen von 4 Männern, die auf Löwen reiten. Es ist ein Meisterwerk aus der Zeit um 1220–30, entstanden in der Tradition der großen Bronzegießkunst der Harzgegend. Neben den 9 fast 5 m hohen Eichenholzwangen, Resten eines 1828 zerstörten *Chorgestühls* (um 1400), ist die *Orgelempore* mit ihren Figuren der bildnerische Hauptschmuck des Mittelschiffs (eine Arbeit des Münsteraners H. Brabender, »Beldensnyder« genannt). Das 1518 vollendete Werk zeigt in den Sandsteinnischen Karl d. Gr. (mit dem Dommodell) und den Domerbauer in der Mitte, r und l Chorherren, Stifter und Ritter. Diese Anordnung stellt die letzte große Repräsentation kirchlicher Macht vor dem Ausbruch der Reformation dar. Vom gleichen Bildhauer ist auch die Steinmadonna am letzten Pfeiler des n Seitenschiffs vor der Vierung.

Bremer Rathaus und Dom

Bremen, Ostkrypta im Dom

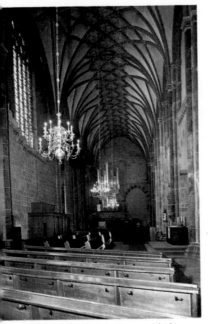

Bremen, Dom St. Peter, Innenansicht des Nordschiffs

Rathaus (Marktplatz): Das got. Rathaus, das 1405–10 als eine Art Bürgerburg mit Zinnen und einem Wehrgang ringsum gebaut wurde, veränderte sein Gesicht, als die Spannung zwischen Bürgerschaft und Bischof mit der Reformation zu Ende gegangen war. Die Fassade nach dem Platz hin wurde durch hohe Fenster geöffnet, das Dach bekam 3 Giebel und eine Gesimsbalustrade. Den ehem. Wehrgang ersetzt an der Schauseite ein fast ital. heiterer Laubengang mit einem überreichen steinernen Balkongitter darüber (1608–12). Die 7 Kurfürsten mit Karl d. Gr. und je 4 Figuren (Propheten und Weise) an den Schmalseiten des Hauses sind aus der Entstehungszeit erhalten (um 1410, aus der Parler*-Schule), passen jedoch unter ihren Baldachinen rhythmisch gut in das neue Bild. Der vorgezogene Mittelgiebel, der bis auf den Laubengang hinunterreicht, ist ein Meisterwerk jener »Weser-Renaissance«, die ihre Motive und Anregungen aus Holland geholt hat.

Inneres und Ausstattung: Von den beiden übereinander liegenden Hallen ist die untere – bis auf die Türen und Wendeltreppe – ein rein got. Raum, der ehemals als Markt- und Versammlungshalle diente. Auch Theatergruppen traten hier auf. Im *Oberen Saal* verbinden sich – v. a. in den Fenstern – Gotik und Renaissance. Das kostbarste Ausstattungsstück dieses ratsherrlichen Festsaals ist die eingebaute *Güldenkammer*, ein einst mit goldenen Ledertapeten ausgestattetes Kabinett für vertrauliche Sitzungen mit einer verglasten Empore (für Musiker). Eine Fülle v. Figuren, Sinnbildern, Ornamenten, Kartuschen und Säulen sind hier zur reichsten Holzbildhauerarbeit der norddeutschen Renaissance vereint. Die allegorischen Fresken auf der gegenüberliegenden Längsseite (mit dem »Salomonischen Urteil«, das dem Maler B. Bruyn zugeschrieben wird) stammen aus dem Jahr 1532. – Der *Ratskeller* ist mit seinen riesigen bemalten Fässern aus dem 18. Jh., den eingebauten »Trinklauben«, aber auch wegen der 400 verschiedenen Weine, die hier ausgeschenkt werden, besuchenswert.

Roland (Marktplatz): Unmittelbar zum Rathaus und zur Bremer Bürgerschaft gehört die fast 10 m hohe Roland-Steinfigur, die 1404 aufgestellt wurde und einen hölzernen Roland ersetzen mußte, der v. den Leuten des Erzbischofs verbrannt worden war. Das Symbol bürgerlicher Freiheit, dem die übrigen Rolande im norddeutschen Raum nachgebildet worden sind, drückte zugleich dem landesherrlichen Erzbischof gegenüber den Anspruch auf Reichsunmittelbarkeit aus. Die Wendung der Rittergestalt vor dem Rathaus frontal gegen die Fassade des Doms bedeutet Protest und Widerstand. Der Roland wurde v. der Bremer Bürgerschaft als »Palladium und weltliches Heiligtum« verehrt. Das Gerichtsschwert in der Hand betont die eigene Rechtshoheit, eine plattdeutsche Umschrift auf dem Schild spricht v. der Freiheit, die »Karl« (der Kaiser) dieser Stadt gegeben hat.

Pfarrkirche Unserer Lieben Frauen (an der NW-Seite des Rathauses): Die Hallenkirche wird durch die 3 durchgehenden Giebeldächer über dem Schiff charakteri-

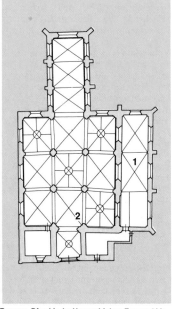

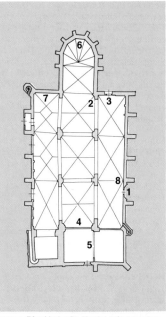

Bremen, Pfarrkirche Unerer Lieben Frauen **1** Malerei des 14. Jh., übermalte Reste im Seitenschiff (jetzt Gemeindehaus) **2** Kanzel, 1709

Bremen, Pfarrkirche St. Martini **1** Christus-Tympanon, 13. Jh. **2** Kanzel v. H. Wulf, 1597 **3** Epitaph für Bürgermeister Zobel, 1598 **4** Orgelprospekt v. H. Wulf, 1603 **5** St.-Martins-Relief, 1626 **6** Chorfenster v. E. Steinecke, 1959 **7** St.-Martins-Fenster **8** Neanderfenster

siert. Die untersetzten, verschieden hohen Türme legen Zeugnis v. Bauablauf ab: Der s Turm ist roman. (um 1130) und wurde 1229 in die neue Doppelturmanlage im W einbezogen. Die dreischiffige Hallenkirche besitzt schöne Maßwerkfenster (heute in blankem Backstein, ehemals ausgemalt). Heute ist U. L. Frauen ev. Pfarrkirche.

Pfarrkirche St. Martini (Martinistraße): Unmittelbar an der Weser gelegen, ist die Kirche mit ihrer Schauseite und den 4 Giebeln dem Fluß zugekehrt. Urspr. war die Kirche eine dreischiffige Basilika, sie wurde jedoch im späten 14. Jh. nach schweren Hochwasserschäden zur Hallenkirche umgebaut. Als »Ollermannskerken« diente sie der bremischen Kaufmannschaft. Nach dem 2. Weltkrieg ist sie wiederaufgebaut worden. Von der Ausstattung sind die

Kreuzigungsreliefs und ein Fresko aus dem 14. Jh. v. Interesse. Das Neanderfenster erinnert an den bekannten Liederdichter (»Lobe den Herren«). Turmglockenspiel. Mit der Kirche verbunden ist das Neanderhaus.

Stadtwaage (Langenstraße): Der dreigeschossige Bau steigt nach oben noch mit einem fünfgeschossigen Treppengiebel weiter auf. Er wurde 1587/88 errichtet, im 2. Weltkrieg total zerstört, 1958–61 jedoch wiederaufgebaut.

Schütting (Marktplatz): Dem Haus des Rates gegenüber liegt – der Bedeutung dieses Standes für die Stadt entsprechend – das Haus der Kaufleute, der »Schütting« (ein plattdeutsches Wort für »Geld zusammentun«). Die noble Hausfront mit ihren steilen Fensterachsen ist 1536–38 v. Ant-

werpener Baumeister Johann den Busche-
neer aufgeführt worden. Ziergiebel (mit
einer Hansekogge) und Gesimsbalustra-
den kamen 1594 hinzu. Der ö Seitengiebel
(aus dem Jahr 1565) ist v. dritter Hand: ein
Stufengiebel, wie er auch bei der Stadtwaage zu sehen ist. Das schwerfällige Portal mit Aufgang und Balustrade wurde Ende des 19. Jh. hinzugefügt und paßt wenig
zu der aristokratischen Steifheit und Vornehmheit der Schauseite.

Schnoor (nahe der Weser im ö Teil der
Altstadt): Der »Schnoor«, ein kleinbürger-
liches Wohnquartier mit malerisch niedrigen Häusern und Höfen, wurde ehemals v.
Fischern und Handwerkern bewohnt. Die
Häuser stammen aus den letzten 4 Jahrhunderten und haben Namen wie »Hinter
der Holzpforte«, »Wüste Stätte« oder
»Marterburg«. Der Schnoor ist das einzige
zusammenhängend erhalten gebliebene
Stadtviertel Bremens.

Böttcherstraße: Der Name ist ein Bremer
Kulturbegriff. Hier ließ der Kaffeekauf-
mann und Kunstfreund Ludwig Roselius
in den Jahren 1926–31 eine alte Straße v.
modernen Künstlern in einer Verbindung
aus ma und expressionistischen Stilformen
neu gestalten. An den Fassaden der im

Bremen, Roland (Detail)

2. Weltkrieg z. T. schwer beschädigten
Häuser finden sich Plastiken v. B. Hoetger.
Mittelpunkt ist das *Roselius-Haus* mit der
Kunstsammlung Roselius.

Villa Ichon (Goetheplatz): Das um 1842
errichtete Bürgerhaus wurde im Jahre
1871–72 im Stil des Historismus renoviert.
1982 übernahm eine Gruppe Bremer Kaufleute und Architekten das seit 1965 allmählich verfallende Haus und rest. es
weitgehend im urspr. Stil. Seit Okt. 1982
beherbergt die Villa verschiedene Kultur-
vereine, außerdem finden viele kulturelle
Veranstaltungen statt. Ständig wechselnde
Kunstausstellungen gehören zum Wir-
kungskreis der Institution. Ein Kultur-
Friedenspreis der Villa Ichon wird seit
1983 vergeben.

Museen: *Kunsthalle* (Am Wall): In der
Gemäldesammlung finden sich Werke
v. a. v. Delacroix, Corot, Manet, Monet,
Leibl und den dt. Impressionisten. Die
Graphiksammlung mit rund 200 000 Blatt
(Handzeichnungen und Druckgraphik) gehört trotz schwerer Kriegsverluste zu den
bedeutendsten in Deutschland. Sehenswerte Skulpturen-Sammlung. – *Focke-
Museum* (Schwachhauser Heerstr. 240):
Der Neubau entstand nach den Plänen v.
Prof. Bartmann 1964. Die Bestände des
Historischen und des Gewerbemuseums
wurden in diesem Neubau zusammengefaßt. – *Übersee-Museum* (Bahnhofs-
platz 13): In diesem 1896 gegr. Museum
sind u. a. Nachbildungen japanischer und
chinesischer Häuser sowie japanische
Tempelgärten zu sehen. Außerdem Beiträge zur Völkerkunde. Innerhalb des Über-
see-Museums gibt es ein *Kindermuseum*,
das vorrangig die einheimische Tierwelt
zeigt. – *Bleikeller im St.-Peter-Dom* (Am
Markte): Durch die Einlagerung v. Blei-
platten sind ca. 500 Jahre alte Mumien
erhalten. – *Dt. Schiffahrtsmuseum* im Mu-
seumshafen v. Bremerhaven (60 km n).

Theater: *Theater am Goetheplatz:* Oper,
Operette, Schauspiel, Musical und Tanztheater: 989 Plätze. – *Schauspielhaus:*
Schauspiel, Musical. 400 Plätze. – *Concordia* an der Schwachhauser Heerstraße:
Raumbühne für modernes und experimen-
telles Theater. 100 Plätze.

Brenz an der Brenz
✉ **89567 Sontheim**
Baden-Württemberg

Höhe: 440 m   S. 1282 ☐ I 13

Die *ev. Pfarr-* und *ehem. Stiftskirche St. Gallus,* eine roman. Pfeilerbasilika, deren Vorläufer bis ins 7. Jh. nachgewiesen sind, besitzt einen querrechteckigen Chor (8. Jh.) mit Apsis, Seitenschiffe mit Nebenapsiden und ein 1631 erhöhtes W-Werk (1170–90) mit seltenen 3 *Türmen.* Eine Fülle v. figürlichem und ornamentalem *Baudekor* an Konsolsteinen und Bogen der Bogenfriese am Außenbau sowie am Tympanon (lehrender Christus zwischen Maria und Johannes) und an den Säulenkapitellen der roman. kreuzgratgewölbten *Paradiesvorhalle* macht den Bau interessant. Neben den *Säulenkapitellen* (13. Jh.) sind im Inneren ma *Grabplatten* und ein *Christus in der Mandorla* (um 1250) an der S-Apsis-Kalotte sehenswert.

Bronnbach
✉ **97877 Wertheim**
Baden-Württemberg

Höhe: 160 m   S. 1281 ☐ H 11

Ehem. Zisterzienserklosterkirche St. Maria: Die jetzige kath. Pfarrkirche im Taubertal ist eine der interessantesten frühen Zisterzienserkirchen in Deutschland. Sie läßt provenzalisch-burgundischen Einfluß sichtbar werden. 1157 Baubeginn, 1166 Umbau, 1222 Weihe der Kirche, 17.–18. Jh. barocke Ausstattung. – Der äußere Bau verrät die Sparsamkeit der zisterziensischen Bauweise: Die langgestreckte, kreuzförmige Basilika mit ihren 3 Schiffen ist schmucklos, nur mit einem Dachreiter über der Kreuzung. Die hohen Seitenschiffe haben noch spätroman. Rundbogenarkaden, das Tonnengewölbe des Mittelschiffs ist gekennzeichnet v. got. Spitzbogen. Die üppigen *Barockaltäre* mit den gedrehten Säulen passen nicht zu der herben, streng zisterziensischen Architektur, haben jedoch künstlerische Qualität. Den Hochaltar und die 4 Nebenaltäre sowie die Kanzel schufen 1712 der Würzburger Meister B. Esterbauer und der Maler O. Onghers. Aus dem 17. Jh. sind der ehem. Hochaltar und der Magdalenenaltar erhalten. – Sehenswert sind auch die *Klostergebäude* mit Kreuzgang (um 1230), Kapitelsaal (12. Jh.; mit spätroman. Kreuzrippengewölbe auf 4 Säulen) und Josephssaal (1727).

76646 Bruchsal
Baden-Württemberg

Einw.: 39 100   Höhe: 115 m   S. 1281 ☐ F 12

Schloß (Schönbornstraße): Bauherr dieser großartigen Schloßanlage war einer der Fürstbischöfe v. Schönborn, auf deren Initiative weitere hervorragende Barockbauten in dieser Diözese zurückgehen. Sie hatten ein besonderes Fingerspitzengefühl in der Wahl der besten Architekten, Bildhauer, Maler und Stukkateure ihrer Zeit. Das Schloß enthält eine der bedeutendsten Raumschöpfungen des europäischen Barock, B. Neumanns* *Bruchsaler Treppe.* Die Schloßanlage, bestehend aus 50 Einzelgebäuden, wurde 1945 bei einem Luftangriff völlig zerstört und ist mit großen Schwierigkeiten in jahrelanger Kleinarbeit unter Mitwirkung namhafter Künstler meist in der urspr. Form wiederentstanden. Im Louis-seize-Kammermusiksaal finden alljährlich die bekannten *Bruchsaler Schloßkonzerte* statt.
1722 Baubeginn des dreiflügeligen Ehrenhofs mit Corps de logis, Kammerflügel und Kirchenflügel, 1730 Ausschmückung der Kirche unter Mitwirkung des Freskomalers C. D. Asam* (zerstört), Treppenhaus 1731, Glockenturm 1738, Innendekorationen bis 1760, Kammermusiksaal 1776.
Die hufeisenförmige Anlage wird nach der Straße durch Verbindungsbauten abgeschlossen. Beachtlich die 2 Eckpavillons und das Torwärterhaus, letzteres v. Neumann entworfen. Der Weg durchs Tor führt direkt auf die repräsentative säulen- und pilastergeschmückte Neumannsche Fassade zu.
Inneres und Ausstattung: Hinter der prächtigen Fassade befindet sich das *Treppenhaus.* In kühnem Bogen schwingt sich die Treppe aus einem Grottenraum mit ovalem

Bruchsal, Schloß

Grundriß zur Plattform empor, die von einer weiten Kuppel überwölbt ist. Reizvoll ist der Lichtwechsel v. der dunkleren Grotte zum hellen, stuckverkleideten Obergeschoß unter der strahlenden Kuppel mit dem Fresko v. J. Zick (es zeigt Szenen aus der Baugeschichte und der Geschichte des Bistums). Von der Plattform kommt man in den originalgetreu rekonstruierten *Fürstensaal* mit Bildnissen der Speyrer Bischöfe und einem allegorischen Dekkenfresko. Wandteppiche, Gemälde und Möbel, die den Zerstörungen des Krieges entgingen, findet man in den Schausammlungen des *Corps de Logis*, außerdem Porzellane, Fayencen, Jagdwaffen, Goldschmiedearbeiten u. a.
Der im W an das Schloß anschließende *Hofgarten* ist im strengen franz. Stil angelegt.

Badische Landesbühne (Klosterstr. 6): Das Schauspiel-Ensemble bespielt neben der Bruchsaler Bühne (380 Plätze) weitere Städte der näheren Umgebung.

Museen: Neben dem *Städt. Museum* (im Schloß) mit Exponaten zur Vor- und Frühgeschichte sowie zur ma und neuzeitlichen Plastik und Malerei ist das *Heimatmuseum Heidelsheim* (Merianstr. 16) zur Stadtgeschichte und zum Handwerk v. Interesse.

31033 Brüggen
Niedersachsen

Einw.: 1100   Höhe: 85 m   S. 1277 □ H 6

Schloß: Der prächtige Barockbau mit anschließendem engl. Park wurde größtenteils zwischen 1686 und 1716 für einen braunschweig-lüneburgischen Hofmarschall gebaut. Von der großzügig angelegten Eingangshalle führt eine doppelläufig ansetzende Treppe ins Obergeschoß. Der dortige *Festsaal* ist geschmückt mit Pilastern und korinthischen Kapitellen, Stuckdekorationen und Putten. Das Mittelbild auf der flachen Decke zeigt »Apoll über dem Ring der Jahreszeiten« (1705).

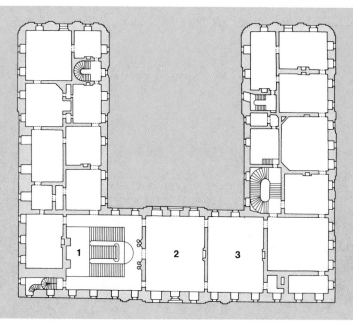

Brühl, Schloß Augustusburg 1 Treppenhaus **2** Gardensaal **3** Speise- und Musiksaal

50321 Brühl

Nordrhein-Westfalen

Einw.: 42 200   Höhe: 60 m   S. 1276 ☐ B 9

Schloß Augustusburg: Das Lust- und Jagdschloß des Kurfürsten Clemens August ist auf den Fundamenten einer wehrhaften, 1689 in die Luft gesprengten Wasserburg gebaut und sollte urspr. den Charakter eines Wasserschlosses bewahren, wurde aber in der zweiten Bauperiode durch den bayr. Hofarchitekten E. de Cuvilliés* im Stil des bayr.-franz. Rokoko umgestaltet.

Heute dient das Schloß, »die bedeutendste Leistung des Rokoko in den Rheinlanden«, der Bundesregierung als Repräsentations- und Empfangsgebäude. 1725 Grundsteinlegung und Baubeginn unter J. C. Schlaun* aus Münster; 1728–40 Umbau durch Cuvilliés, Beseitigung der Türme und Gräben, Überarbeitung der Fassade, Anlage einer breiten Terrasse. 1754–70 Vollen-

dung des Baues schon mit klassizistischen Anklängen. 1961 Abschluß der Behebung der Kriegsschäden. Von O gesehen zeigen die 3 Flügel des Schlosses noch die barocke Konzeption von Schlaun. Cuvilliés machte die S-Seite zur neuen Schauseite und verwandelte die Anlage mit seiner großzügigen Terrasse in ein modernes Gartenschloß.

Die Eingangshalle wird v. dem *Treppenhaus* bestimmt, das B. Neumann* entworfen hat. Der grau-grünblau und rosa schimmernde Stuckmarmor der Säulen und Architrave ergibt mit dem Weiß der Figuren, dem goldgetönten schmiedeeisernen Geländer und den hellen Stukkaturen auf farbigem Grund ein faszinierendes Zusammenspiel der Farben. An das Treppenhaus schließt sich der *Gardensaal* im leichten, franz., schon klassizistisch gefärbten Rokoko an. Im N-Flügel befinden sich weitere Repräsentationsräume, so das *Blaue Winterquartier* (18. Jh.), darüber das *Gelbe Appartement* mit dem Cuvilliés-Speisezimmer.

Brühl, Schloß Augustusburg

Bückeburg, Stiftskirche >

Bückeburg, Vierflügelanlage des Wasserschlosses

Bücken, Schnitzaltar in der Stiftskirche

Außerdem sehenswert: Das Jagdschlöß-chen *Falkenlust* (1729–40 nach Plänen Cuvilliés' erbaut). Ehem. Kloster- und Hofkirche *Maria zu den Engeln* (1491; um 1735 umgebaut).

31675 Bückeburg
Niedersachsen

Einw.: 20 300   Höhe: 63 m   S. 1277 □ G 6

Ev. Stadtkirche (Lange Straße/Schulstra-ße): Diese Kirche der ehemals Schaum-burg-Lippeschen Residenz gehört zu den frühesten protestantischen Großbauten. Hier predigte einst der v. 1771–76 in Bückeburg als Oberprediger amtierende Herder. An ihn erinnert ein Denkmal. Die Kirche (1611–15) entfaltet ihre ganze Pracht an der *Fassade*, die v. glatten Sok-kel zunehmend reicher gegliedert und ver-ziert aufsteigt. Verschiedenste Stilelemen-te wirken hier zusammen. Der als prote-stantische Predigtkirche gebaute Raum hat an allen Seiten umlaufende hölzerne Em-poren, Kreuzrippengewölbe wie eine got. Hallenkirche und hohe schlanke Säulen mit korinthischen Kapitellen. Von der ba-rocken Ausstattung, deren Farben erneuert wurden, war die Orgel besonders wertvoll. Sie wurde nach einem Brand im Jahr 1962 unter Verwendung der alten Schnitzereien rekonstruiert. Reich geschnitzt ist auch die *Kanzel*, mit einer eleganten Fürstenloge an der W-Wand. Berühmt ist das *Bronzetauf-becken* v. A. de Vries (1615).

Schloß: Aus einer um 1300 v. Graf Adolf v. Schaumburg errichteten und 1370–1404 umgebauten Wasserburg entstand das heu-tige Schloß, das noch den Bergfried und die Kapelle der alten Anlage enthält. Sei-nen Renaissancecharakter erhielt das Schloß bei einem gründlichen Umbau (1560–63), der es zu einer Vierflügelanla-ge mit rechteckigem Hof, Treppenturm und Hofgalerie an 2 Seiten werden ließ. Noch einschneidender waren die barocken Veränderungen. Das *Schloßtor*, ein ba-

rocker Triumphbogen in den Architekturformen der Stadtkirche, betont den Hang
zur Repräsentation. In die barocke Fassade
wurde der alte *Bergfried* einbezogen. In
der im N-Flügel gelegenen Schloßkapelle
sind der v. 2 Engeln getragene Altartisch,
die Fürstenloge und das Gestühl mit seinem reichen Schnitzwerk besonders zu erwähnen. Die üppigen Dekorationen machen den Raum zu einem Schmuckstück
des Barock. Eine Besichtigung wert ist
auch der üppig ausgestaltete Goldene Saal
(Kassettendecke v. 1605).

Museen: *Schaumburg-Lippisches-Mu-
seum* für Geschichte, Landes- und Volkskunde (Lange Str. 22): Das 1905 gegr.
Museum zeigt u. a. Dokumente zur Geschichte des ehem. Fürstentums Schaumburg-Lippe sowie bürgerliche und bäuerliche Wohnkultur, Trachtensammlungen. –
Weitere Sammlungen siehe *Schloß.*

27333 Bücken
Kreis Grafschaft Hoya
Niedersachsen

Einw.: 2100	Höhe: 21 m	S. 1273 ☐ G 5

Ev. Stiftskirche: Bei dieser zweitürmigen
roman. Basilika lassen sich die 3 Bauperioden v. 11.–13. Jh. auch am verwendeten
Material ablesen. Beim Erstbau wurde
Sandstein benutzt, beim zweiten Bauabschnitt Bruchstein und Granit, beim dritten
Ziegel. – Zu der wertvollen Ausstattung
gehört das 5 m hohe *Triumphkreuz* (1270).
Die *Glasgemälde* (1220; mit Darstellungen aus dem Leben Jesu und aus Heiligen-
legenden) sind frühgot. Ein spätgot.
Schnitzaltar, die steinerne *Kanzel* aus dem
13. Jh., das *Chorgestühl*, 14. Jh. sowie ein
10 m hohes *Sakramentshäuschen* in Sandstein (15. Jh.) sind sehenswert.

63654 Büdingen
Hessen

Einw.: 18 700	Höhe: 135 m	S. 1277 ☐ G 10

Schloß: Ein gutes Beispiel für eine alte,
eng zusammengedrängte Herrenburg ist
das Schloß der Fürsten zu Ysenburg und

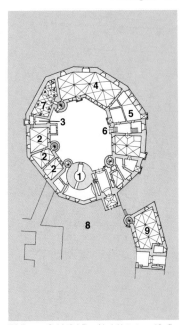

Büdingen, Schloß 1 Bergfried, Unterturm 13. Jh.,
Oberturm 15. Jh. **2** Palas **3** Kapelle, Anfang 13. Jh.
4 Krummer Saalbau, 15. Jh. **5** Küchenbau **6** Barockportal v. Bartholomäus Schneller, 1673 **7** Schloßkapelle, 1495–97, a) Chorgestühl v. Peter Schantz und
Michel Silge, 1497–99, b) Grab des Johann v. Ysenburg und der Sophie v. Wertheim, um 1400, c) Pieta,
Ende 15. Jh., d) Kanzel v. Konrad Büttner, 1610 **8**
Vorburg **9** Wachtbau

Büdingen, eine ehem. Wasserburg, die mit
dem Städtchen und seinen noch gut erhaltenen ma *Befestigungen* eine malerische
Einheit bildet. Die Kernburg, die früher
mit der Vorburg zusammen v. einem breiten, teilweise doppelten Graben umgeben
war, hat die ungewöhnliche Form eines
unregelmäßigen Vielecks v. 13 Seiten. Die
Umfassungsmauern aus Buckelquadern
sind bis zu 2 m stark. Überall sieht man
noch Reste der roman. Anlage, so an den
Hof- und Außenmauern des *Palas* (große
Rundbogenöffnungen der ehem. Fenster,
Reste eines Rundbogenfrieses). Aus roman. Zeit stammen das Untergeschoß der
Kapelle und der urspr. frei stehende *Bergfried;* dazu ein got. *Torbau* mit spätgot.
Vorhalle. Den Gesamteindruck bestim-

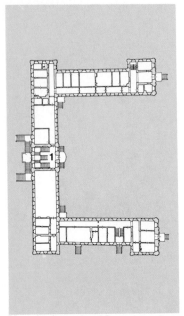

Büren, Jesuitenseminar 1 Treppenhaus mit geschnitzter Treppe, 1727

men die Bauten der späteren Bauperioden (Spätgotik und Renaissance). Neben einigen kreuzgewölbten Sälen und Räumen der Burg (z. T. gut erhaltene Wandmalereien des 16. Jh.) sind v. a. die Ausstattung der spätgot. Kapelle (1495–97) und die Ausstellungsstücke des *Schloßmuseums* interessant.

33142 Büren

Nordrhein-Westfalen

Einw.: 19 000   Höhe: 240 m   S. 1277 □ F 7

Ehem. Jesuitenkirche Maria Immaculata: Eine Seltenheit in Westfalen ist diese Barockkirche süddt. Prägung, an der bayr. und Tiroler Künstler mitgearbeitet haben. Ungewöhnlich ist auch, daß der Chor im W und die Fassade im O liegt. – Der Kölner Kurfürst Clemens August, der zugleich Bischof v. Paderborn war, sandte seinen Bonner Hofbaumeister Roth nach Büren

und ließ ihn den Plan entwerfen. 1754–60 wurde die Kirche gebaut. J. G. Winck, ein Schüler des bayr. Rokokokünstlers C. D. Asam*, schuf die Deckengemälde. 1767–71 entstanden die Stukkaturen, etwas später war die Bildhauerarbeit abgeschlossen.

Neben der reichgegliederten, üppig geschmückten *Fassade* ist die Vierung mit ihrer mächtigen *Kuppel* eindeutiger Schwerpunkt des Baues. – Im Innenraum fasziniert die Pracht der *Stukkaturen*, die sich wirkungsvoll v. den rosafarbenen und blauen Tönen der Wände abheben. Die *Deckenmalerei* zeigt Szenen aus dem Marienleben.

39288 Burg

Sachsen-Anhalt

Einw.: 25 600   Höhe: 54 m   S. 1278 □ M 6

Oberkirche Unserer Lieben Frauen: Die *Hallenkirche* wurde anstelle einer roman. Vorgängerkirche, v. der der zweitürmige Westbau erhalten blieb, mit dem Bau des kreuzrippengewölbten hochgot. Chors begonnen und 1455 spätgot. vollendet. Von der Ausstattung im dreischiffigen Inneren sind neben dem vom Bildhauer M. Spies* skulptierten *Renaissance-Retabel* (1607) des Hauptaltars auch die vielleicht ebenfalls v. ihm geschaffene *Kanzel* (1608) und der *Taufstein* (1611) v. Interesse.

Unterkirche St. Nikolai: Die wohl in der 2. Hälfte des 12 Jh. aus Feldsteinen über dem lat. Kreuz erbaute *Pfeilerbasilika* mit w Zweiturmfassade erhielt im 14. Jh. ihren kreuzrippengewölbten Chor und wurde 1606 mit einer *Holztonne* eingewölbt. M. Spies* schuf die elegante *Kanzel* (um 1600–10).

Außerdem sehenswert: Ebenfalls ein roman. Feldsteinbau ist in der *Petrikirche* (1691 barockisiert) erhalten. – Einen Backstein-Treppengiebel bewahrt die got. *Magdalenenkapelle* (1350).

Im *Kreisheimatmuseum* wird eine interessante Sammlung v. Keramiken aus Walternieburg, Molkenberg und → Bernburg gezeigt.

07616 Bürgel
Thüringen

Einw.: 1700   Höhe: 254 m   S. 1278 ☐ M 9

Keramisches Museum (Eisenberger Str. 23): Merkmal der Bürgeler Keramik sind weiße Tupfen auf blauem Grund. Sie ist in reicher Auswahl in dem Museum ausgestellt, das im Badertor v. 1234 mit Fachwerk-Torhaus (nach 1754) untergebracht ist. Eine ca. 1 m hohe Bodenvase erhielt bei der Weltausstellung in Paris 1900 eine Goldmedaille. In der Töpfergasse 14 steht ein Brennofen aus dem 17. Jh., der bis 1935 in Betrieb war.

Außerdem sehenswert: Von der urspr. spätgot. *Pfarrkirche* ist nur das spätgot. Hauptportal mit Spätrenaissance-Einfassung bemerkenswert.

Umgebung

Thalbürgel (über Bürgel; 14 km sw): Die *Klosterkirche* des 1133 eingerichteten Benediktinerklosters, eine roman. Flachdeckenbasilika aus dem 12. Jh., wurde, nachdem sie nach der Aufhebung des Klosters 1525 dem Verfall preisgegeben war, 1863–90 restauriert. Im Inneren finden sich der Rest eines Lettners aus dem 12. Jh., spätgot. sind ein Viersitz und Vesperbild (um 1500).

84489 Burghausen
Bayern

Einw.: 17 300   Höhe: 368 m   S. 1283 ☐ O 14

Burg: Auf schmalem Bergrücken zwischen Salzach und Wöhrsee zieht sich auf 1100 m Länge die sechsgliedrige Wehranlage hin. Sie entstand v. 13. bis zum 15. Jh. Nach N verläuft das Gelände flach, geschützt durch zahlreiche Gräben, Tore und Höfe. Der letzte Hof ist eine enge Schlucht. Der S-Trakt steht wie der Bug eines hohen Schiffs über den Dächern v. B. Hier liegt der dreigeschossige *Dürnitzstock* mit seiner zweischiffigen Vorratshalle. Darüber, gleichfalls zweischiffig,

Burg, Unterkirche St. Nikolai

der heizbare *Speisesaal*, beide mit schönen Kreuzgewölben (15. Jh.). Das Obergeschoß war ehemals Tanzsaal für die zahlreichen Burgbewohner. Die *Burgkapelle* St. Elisabeth ist in ihrem Chorraum genau an der Grenze v. Romanik und Gotik entstanden (um 1255), das Langhaus mit seinem Netzgewölbe um 1475. – Im Fürstenbau der Burg der bayr. Herzöge befindet sich heute eine Filialgalerie der *Bayr. Staatsgemäldesammlungen.*

Außerdem sehenswert: Rathaus (14. Jh.), Regierungsgebäude (16. Jh.), Mautnerschloß (14. Jh.), städt. Fotomuseum am Burgeingang, städt. Heimatmuseum im Innenhof der Burg. Häuser des Innviertels.
Pfarrkirche St. Jakob (1360, mit mehreren Umbauten), Spitalkirche Hl.-Geist (1. Hälfte, 14 Jh., Umbau 16. Jh., Barockisierung 18. Jh.) und etwas außerhalb der Stadt Heiligkreuz (Tittmoninger Straße; derzeit – 1991 – wegen Restaurierungsarbeiten geschlossen) aus dem 15. Jh.

93133 Burglengenfeld
Bayern

Einw.: 10 600	Höhe: 355 m	S. 1283 □ N 12	

Burg: Von der Wittelsbacher Burg, die sich bis in die Zeit um 1100 zurückverfolgen läßt, sind beträchtliche Teile erhalten geblieben (*Ringmauer, Bergfried, Friedrichsturm*). Mehrere Anbauten kamen zur Zeit der Gotik im 12. Jh. hinzu.

St. Veit: In der kleinen Kirche, die im Stil des Rokoko umgestaltet wurde, verdient v. a. das *Epitaph*, das L. Hering für Bernhard v. Hyrnheim (gest. 1541) geschaffen hat, Beachtung.

Bürresheim ✉ 56727 Mayen
Rheinland-Pfalz

Einw.: 24	Höhe: 250 m	S. 1276 □ C 10	

Burg: Das Schloß ist z. T. bewohnt, die übrigen Gebäude sind im Besitz des Landes Rheinland-Pfalz und dienen als *Museum*. Bei der Anlage ist das stetige Wachsen einer Burg v. ma Wehrbau zum got. und barocken Wohnbau gut zu verfolgen. Der älteste Teil, die sog. Kölner Burg im W der Anlage, zeigt noch einen hohen rechteckigen *Bergfried* (12. Jh.), der zusammen mit den anderen Bauten einen Hof umschließt. Schloß aus dem 15.–17. Jh. mit *Innenräumen* aus dem 18. Jh.

Burghausen, Burg

Bürresheim, Burg

99628 Buttstädt
Thüringen

Einw.: 3150	Höhe: 192 m	S. 1278 □ L 8	

Michaeliskirche: Das spätgot. Bauwerk brannte 1684 aus. Danach wurde es mit einem hölzernen Tonnengewölbe versehen, das der Florentiner Maler Francesco Dominico Minetti 1728 barock ausmalte.

Außerdem sehenswert: Das 1501 begonnene *Rathaus* vereinigt Formen der Spätgotik und der Renaissance. – Im ehem. *Vogtshaus* (1604–06) ist das Heimatmuseum untergebracht.

35510 Butzbach
Hessen

Einw.: 22 800   Höhe: 199 m   S. 1277 □ F 10

Auch Butzbach erhebt Anspruch darauf, Goethe als Vorlage für das Epos »Hermann und Dorothea« gedient zu haben. – Das Stadtbild weist eine Vielzahl schöner Fachwerkhäuser auf, die vor dem 30jährigen Krieg entstanden sind.

Markuskirche (Kirchplatz): In den Bau aus dem 14./15. Jh. wurde die später errichtete Michaelskapelle (1433–35) einbezogen. Aus der Innenausstattung ist das *Baldachinepitaph* für Landgraf Philipp von Hessen-Butzbach (1622) hervorzuheben. *Orgel* v. 1614.

Rathaus und Marktplatz: Das *Rathaus* (1560) bekam 1630 die bis heute erhaltene *Uhr*. Am Marktplatz gehören die *Alte Post* (1636) und der *Goldene Löwe* (1709) zu den schönsten Bauten.

Ehem. Landgrafenschloß: 1945–91 US-Kaserne, danach wahrscheinl. wieder zugänglich.

Heimatmuseum (Griedelerstr. 18–20).

Außerdem sehenswert: Erhaltene Stadtmauerteile.

18246 Bützow
Mecklenburg-Vorpommern

Einw.: 10 200   Höhe: 7 m   S. 1274 □ M 3

Das Land »Butissowe« wird bereits 1171 erwähnt, die dt. Stadt ging um 1200 aus einer an der Warnow-Furt entstandenen Siedlung hervor. Ab 1239 war B. Residenz der Bischöfe v. Schwerin, 1248 Erhebung der Kirche zur Kollegiatstiftskirche. 1703 Gründung einer reformierten Gemeinde durch französische Refugiés.

Stiftskirche St. Maria, Johannes Ev. und Elisabeth: Dreischiffige Hallenkirche aus Backstein mit Binnenchor, Chorumgang mit Kapellenkranz und vorgesetztem W-Turm. Baubeginn einer geplanten Basilika um 1250, bereits um 1280 Planänderung zugunsten einer fünfjochigen, gegen 1300 vollendeten Hallenkirche. Zwischen 1364 und 1375 Chorumbau nach dem Vorbild des Lübecker Doms. Am sö Strebepfeiler Sonnenuhr v. 1785. Im Inneren Kreuzrippengewölbe, an den ältesten Pfeilern Kelchkapitelle mit Weinlaubde-

Bützow, Stiftskirche, ehem. Hochaltar, Malflügel

Tarnow (Bützow), Dorfkirche

Buxtehude, Petrikirche

kor und Kämpfer mit Tier- und Menschen-
masken. – *Ausstattung:* Ehem. *Hochaltar*
v. 1503. Auf den 4 Flügeln szenische und
Figuren-Tafelmalerei; *Bronzetaufbecken*
v. 1474; *Kanzel* mit reichem Spätrenais-
sanceschnitzwerk, 1617 v. H. Peper aus
Rendsburg; zwei Epitaphe v. Ende des 16.
Jh., *Almosenbrett* v. 1504.

Reformierte Kirche: Putzbau v. 1765–71
mit Mansarddach und Pilastergliederung.

Schloß: Hervorgegangen aus der im 13.
Jh. errichteten bischöflichen Burg, davon
im EG des S-Baues die kreuzrippengewölbte ehem. Kapelle *(Heimatmuseum)*
erhalten. Vom Umbau zum Renaissanceschloß (Mitte 16. Jh.) stammt der 1555
datierte *Fries* aus Terrakottaplatten der
Werkstatt des Statius v. Düren am heutigen S-Bau. – Die sö vorgelagerten Wirtschaftsgebäude vielfach verändert, im
Krummen Haus (Gedenkstätte) aus dem
15./16. Jh. älteres Mauerwerk erhalten.

Bürgerbauten: In der Innenstadt zahlreiche *Fachwerkhäuser* aus dem 16.–19. Jh.,
einzelne mit schön geschnitzten Haus-
türen, z. B. Markt 2.

Umgebung

Rühn (4 km sw): *Ehem. Zisterzienserinnenkloster.* 1232 gegr., die Kirche als einschiffiger, langgestreckter Backsteinbau
errichtet. – *Ausstattung:* Altaraufsatz,
1578 v. Cornelis Crommeny.

Tarnow (8 km s): *Dorfkirche* (1. Hälfte
14. Jh.) mit reicher Ausstattung: Schnitzaltar v. Ende des 15. Jh. mit Kreuzigungsgruppe im Schrein, seitlich bemalte Doppelflügel; Kalksteinfünte 14. Jh.; Kanzel
1674; Gemälde mit Tod und Auferstehung
auf Prismengrund (17. Jh.); Logen und
Emporen v. 1680 bis 1686 mit emblemati-
schen Malereien.

21614 Buxtehude

Niedersachsen

Einw.: 32 600   Höhe: 25 m   S. 1273 □ H 4

Buxtehude war ehemals Hafen- und Hansestadt. Von den starken Befestigungen ist
nur noch der *Marschtorzwinger* erhalten
(Stadtwappen 1539).

Ev. Petrikirche (Kirchenstraße): Die Petrikirche, wahrscheinlich Mitte bis Ende
des 14. Jh. erbaut, ist ein typisches Beispiel
norddeutscher Backsteingotik. Die dreischiffige Basilika wurde allerdings im 19.
Jh. neu verkleidet, der Turmoberbau erneuert (jedoch in enger Anlehnung an den
alten Bestand). Bes. schön ist der Innenraum mit reich profilierten Spitzbogenarkaden, sechsseitigem Rippengewölbe und
hohen, hellen Fensterwänden.
Von der ehem. Ausstattung befindet sich
das berühmteste Stück, der *Buxtehuder
Altar* (Ende des 14. Jh.), ein Marienaltar
des Meisters Bertram*, als Leihgabe in
der Hamburger Kunsthalle. Der *Hochaltar* entstand 1710, die Kanzel 1674,
in den Seitenschiffen reichgeschnitztes
Gestühl.

Außerdem sehenswert: Das *Benediktine-
rinnenkloster* (Altkloster) v. 1197 ist in
den Grundmauern freigelegt und rekon-
struiert. – Alte Hafenanlage (Fleth) und
Teile der früheren Stadtbefestigung wie
Wassergraben (Viver) und Wehrturm
(Zwinger). Bedeutende Baudenkmale ma
Baukunst wie Haus Fischerstr. Nr. 3,
Abtstr. Nr. 6, Bürgerhaus Lange Str. Nr.
25.

Heimatmuseum (Petriplatz 9): Umfangreiche Sammlung Buxtehuder Exponate.
Altländer Filigran, Madonnenfigur und
Passionsaltar (flämische Holzschnitz-
arbeit).

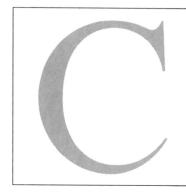

C

90556 Cadolzburg
Bayern

Einw.: 8650　Höhe: 351 m　S. 1282 ☐ K 12

Zollernburg (über Marktstraße und äußeres Burgtor): Die Burg wurde zum erstenmal 1157 erwähnt, sie reicht in ihren Anfängen jedoch vermutlich weiter zurück. Umbauten v. 16. bis zum 19. Jh. haben die Anlage stark verändert. – Die typischen Merkmale der ma Dynastenburg sind trotz der zahlreichen Veränderungen und der Zerstörung bei Kriegsende gut zu erkennen. Vorburg, Türme, Tore und Torbefestigungen vermitteln den Eindruck der hochma Veste. – Die weitläufige Anlage war einst Residenz der Grafen v. Zollern, der Burggrafen v. Nürnberg, und war v. 1415–56 Sitz der Kurfürsten v. Brandenburg. Albrecht Dürer hat den Burghof der Zollernburg in 2 Aquarellen festgehalten.

39240 Calbe
Sachsen-Anhalt

Einw.: 13 400　Höhe: 59 m　S. 1278 ☐ M 7

St.-Stephans-Kirche: Beim Bau der spätgot. *Pfarrkirche St. Stephan*, einer dreischiffigen Hallenkirche, fanden Teile eines spätroman. Vorgängerbaus Verwendung. Die Vorhalle an der S-Seite wurde 1494–95 aus Backstein errichtet. Die sächs., geschlossene Fassade mit 2 Türmen ist v. schlanken Holzhelmen gekrönt. Die urspr. Ausstattung, u. a. ein spätgotischer Flügelaltar (im Schrein Anna selbdritt) aus dem frühen 16. Jh. und eine Kanzel v. 1562 sowie ein Taufstein v. 1561, die von Urban Hachenberg aus Aderstedt geschaffen wurden, ist z. Zt. nicht zu sehen.

Laurentiuskirche: Die auf dem Friedhof der ehem. Bernburger Vorstadt stehende Kapelle ist ihrem Kern nach spätroman. (12. Jh.). Der einschiffige Innenraum wurde 1890 restauriert. Die Ausstattung enthält u. a. ein spätgot. Kruzifix aus Holz.

Calbe, Roland am Markt

Außerdem sehenswert: Am Markt v. C. stehen einige schöne *Renaissance-* und *Barockbauten* aus dem 17. und 18. Jh., auf dem Platz befindet sich das Standbild des *Roland.*

Von der *Stadtbefestigung* sind noch einige Mauerreste und Türme erhalten, so der *Hexenturm* hinter dem Rathaus.

In der *Heimatstube* (Markt 13) wird über Agrar- und Handwerksgeschichte informiert.

Caldern ✉ **35094 Lahntal**
Hessen

	Höhe: 220 m S. 1277 ☐ F 9

Ev. Pfarrkirche: In der Mitte des 13. Jh. ist die heutige Pfarrkirche in Verbindung mit dem kurz zuvor gegr. Zisterzienserkloster entstanden. Der Bau ist v. den typischen Merkmalen einer spätroman. Anlage geprägt.

Der *Fußboden* ist, wie zu jener Zeit in den Dorfkirchen des Dillkreises üblich, im Raum vor dem Hochaltar mit Kieselsteinen im Fischgrätmuster ausgelegt. Das *Kruzifix* stammt aus der 1. Hälfte des 14. Jh. Die reichverzierte *Orgel* ist um 1700 hinzugefügt worden.

Calw, unterer Marktplatz

75365 Calw
Baden-Württemberg

Einw.: 23 400 Höhe: 347 m S. 1281 ☐ F 13	

Calw ist die Geburtsstadt Hermann Hesses (1877–1962). Sein Geburtshaus steht am Marktplatz. An ihn erinnern eine Gedenktafel und eine Gedenkstätte im Museum. Unter dem Titel »Gerbersau« hat Hesse alle Erzählungen zusammengefaßt, die in Calw und in Schwaben spielen.

Nagoldbrücke mit Nagoldkapelle (über die Nagold): Über dem mittleren Pfeiler der malerischen Brücke wurde im 14. Jh. die got. Brückenkapelle St. Nikolaus errichtet.

Marktplatz (Markt): Das Rathaus (1673) legt Zeugnis ab v. der Wohlhabenheit, die Calw als ma Treffpunkt der Tuchhändler aus ganz Europa geprägt hat. Die Obergeschosse wurden 1726 hinzugefügt.

Zum Stadtbild gehören zahlreiche, ebenfalls gut erhaltene *Fachwerkbauten*, die meist nach dem großen Stadtbrand 1692 entstanden sind.

Der *Marktbrunnen* wurde im Jahre 1686 errichtet.

Heimatmuseum und Hermann-Hesse-Gedenkstätte (Bischofstr. 48): Gezeigt werden Volkskunst, Trachten, Bauernmöbel, Zinn, kirchliche Kunst, alte Möbel sowie Erinnerungsstücke an den Dichter Hermann Hesse.

Cappenberg 🖂 59379 Selm
Nordrhein-Westfalen
Einw.: 1000   Höhe: 80 m   S. 1276 □ D 7

Als Sühne für seine Teilnahme an dem Feldzug des Sachsenherzogs Lothar, der 1121 die Stadt Münster eroberte und dabei auch den Dom in Brand gesteckt hatte, wandelte Gottfried v. Cappenberg mit seinem Bruder Otto die Burg in ein Prämonstratenserkloster um. Die westfälische Dichterin Annette v. Droste-Hülshoff hat »Die Stiftung Cappenbergs« in einer Ballade beschrieben.

Kath. Pfarrkirche St. Johannes (Am Schloß): Die Kirche gehört mit ihrer *reichen Ausstattung* zu den bedeutenden sakralen Sehenswürdigkeiten in Westfalen. – Nachdem die Burg Cappenberg 1122 in eine »Heimstatt der Armen Christi« umgewandelt worden war, begann der Bau v.

Cappenberg, Doppelgrabmal in St. Johannes

Kirche und Kloster (1149 vollendet). 1803 wurde die gesamte Anlage säkularisiert und 1816 v. Freiherrn v. Stein erworben, der hier 1831 gest. ist. Der urspr. Zustand wurde durch spätere Umbauten verändert. – Die dreischiffige und urspr. flachgedeckte Pfeilerbasilika erhielt um 1387 ein got. Gewölbe. Sie wird v. einem für diese Zeit typischen kreuzförmigen Grundriß bestimmt. Die Außenmauern sind schmucklos, was der Strenge und dem Geist der Prämonstratenser entspricht. – Das Innere wird trotz der got. Gewölbe von roman. Elementen geprägt. – Hervorzuheben ist das sog. *Cappenberger Kruzifix* im Querschiff (12. Jh.), ein bedeutendes Werk der spätroman. Plastik in Deutschland. – Im Chor findet sich als Meisterwerk der Hochgotik das *Doppelgrabmal* der beiden Stifter, Gottfried und Otto v. Cappenberg (v. unbekannten westfälischen Meistern um 1330). Gemeinsam tragen sie das Modell der Kirche. – Das *Chorgestühl* (16. Jh.) ist mit reichen Schnitzereien versehen. Im s Querschiff befindet sich eine *Grabplatte* mit der überlebensgroßen Darstellung des (später heiliggesprochenen) Ritters Gottfried v. Cappenberg.

Schloß: Die ehem. Propstei wurde 1708 erbaut (der S-Flügel bereits 1684, die beiden Torhäuser 1840). Eine Eichenallee führt auf das Schloß zu. – Im Inneren befindet sich heute das *Freiherr-v.-Stein-Archiv*. – Der *Park*, der das Schloß umgibt, ist in seinen wesentlichen Teilen v. Freiherrn v. Stein angelegt worden. E. M. v. Arndt war hier oft zu Gast.

97355 Castell
Bayern
Einw.: 850   Höhe: 318 m   S. 1282 □ I 11

Untere und obere Burg (auf dem Herrenberg/Schloßberg): Die beiden Schloßruinen sind die Reste der Stammburgen des Grafengeschlechts der Castells. Die obere Burg wurde schon 1258 aufgeführt, geht in ihrem Kern aber wahrscheinlich auf das frühe 9. Jh. zurück. Die untere Burg wurde im Jahre 1497 vollendet.

Cappenberg, Kopfreliquiar in St. Johannes >

Das Schloß in Celle, ein Meisterwerk der Renaissance in Deutschland

Neues Schloß (n der Ortschaft): Das neue Schloß, das v. Barock geprägt ist, entstand ab 1687 und war bis 1806 Residenz der Grafen Castell. Die dreiflügelige Anlage wurde aus rohem Bruchstein errichtet.

Ev. Pfarr- und Schloßkirche: Die Kirche (erbaut 1780–92) zählt zu den bedeutendsten Werken protestantischer Architektur in Bayern. Die Innenausstattung läßt das ausklingende Rokoko deutlich werden. Die harmonisch eingefügten Holzemporen schließen auch den Chor ein.

29221–29 Celle
Niedersachsen

Einw.: 72 600   Höhe: 40 m   S. 1273 ☐ I 5

Die Stadt unweit der Lüneburger Heide liegt am Zusammenfluß der Flüsse Fuhse und Aller. Ihr Gepräge erhält sie durch viele Fachwerkbauten.

Schloß: Das am Westrand der Altstadt gelegene Schloß ist von alten, im 19. Jh. parkartig umgestalteten Festungsgräben umgeben. Es ist seit dem 13. Jh. als Wehrburg nachweisbar und war Ausgangspunkt für die 1292 neugegründete Stadt Celle. Die jetzige Vierflügelanlage des Schlosses mit großem Innenhof erhielt ihre Form durch die Umgestaltung unter dem letzten (1665–1705) in Celle regierenden Herzog Georg Wilhelm. Gegenüber den N-, W- und S-Seiten mit ihren barocken Gesimsen und Fensterrahmungen hat die O-Seite ihre früheren Renaissancegiebel und Fenstergliederungen erhalten. Die ältesten zugänglichen Räume, wohl aus dem frühen 14. Jh., liegen mit der got. Halle und dem darunter befindlichen Keller im NO. Die Kapelle im SO, gew. 1485, wurde 1565-70 durch flämische Manieristen, vor allem durch den Maler Marten de Vos, neu gestaltet und mit zahlreichen Gemälden, unter denen der Altar mit dem Stifterpaar Wilhelm d. J. und dessen Gemahlin Dorothea von Dänemark hervorragt, ausgestattet und dem neuen protestantischen Glauben angepaßt.

Die Kapelle ist in Deutschland die einzige noch vollkommen erhaltene Schloßkapelle dieser frühen Epoche der Reformation.

Schloßtheater: Ende des 17. Jh. vollendet, hat trotz der Erneuerungen in den 30er Jahren unseres Jh. seinen urspr. barocken Charakter erhalten. Es ist heute mit seinen 330 Plätzen das älteste in Deutschland bespielte Theater. Hinzu kommt eine Studiobühne mit 55 Plätzen, untergebracht in einem Raum des Schlosses mit barocker Stuckdecke. Beide Bühnen werden von einem eigenen Schauspielensemble betreut. Die anschließenden *Staatsgemächer* des Herzogs aus dem 17. Jh. wurden in den 80er Jahren des 20. Jh. restauriert. Im Originalzustand haben sich nur die reichen Stuckdecken nordital. Stukkateure erhalten. Das Mobiliar des späten 17. und Anfang 18. Jh. sowie die Gemälde wurden in den 30er Jahren erworben.

Stadtkirche (An der Stadtkirche): Der wohl kurz nach Neugründung der Stadt im frühen 14. Jh. errichtete Bau wurde im 17. Jh. erneuert und bildet heute einen reich stuckierten, mit Figuren und Malereien ausgestatteten tonnengewölbten dreischiffigen Kirchenraum. Nur im Chor sind noch die gotischen Grundformen mit Kreuzrippengewölbe erkennbar. Bemerkenswert sind die zahlreichen Epitaphien der Welfenfürsten aus dem 16. und 17. Jh. sowie der Altar von 1613 und die Fürstengruft.

Altstadt: Sie wird bestimmt durch das im 14. Jh. angelegte und im 16. Jh. erweiterte Straßennetz mit seinen meist giebelseitigen Fachwerkhäusern und durch die Marktplätze. An den geschnitzten Ornamenten und Datierungen lassen sich Häuser vom frühen 16. Jh. bis zum 19. Jh. nachweisen. Charakteristische Straßen und Plätze sind: die Zöllner-, Schuh- und Neue Straße, der Große und Kleine Plan. Zu erwähnen sind auch der 1731 schloßartig angelegte dreiflügelige Zuchthausbau und die Adelshäuser aus dem 18. Jh. an der Trift.

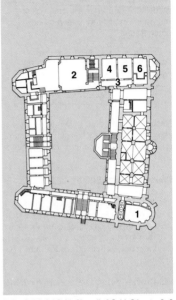

Celle, Schloß 1 Schloßkapelle **2** Schloßtheater **3–6** Herzogliche Staatsgemächer

Altes Rathaus (Am Markt): Wohl gleichzeitig mit der Stadtkirche im frühen 14. Jh. begonnen, wurde es v. 1561–79 erweitert und umgebaut. Erhalten haben sich aus dieser Zeit der reichgeschmückte N-Flügel und die O-Seite mit ihren Erkern. Die für Norddeutschland ungewöhnliche und äußerst selten erhaltene Wandmalerei v. 1697 wurde seit 1984 freigelegt. Der schlichtere S-Teil des Rathauses, ursprünglich als »Hochzeitshaus« 1580 aufgebaut, wurde später verändert und in heutiger Zeit nach S erweitert.

Bomann-Museum (Am Schloßplatz 7): Es zählt zu den größten Museen Niedersachsens. Auf ca. 3500 m^2 (ab 1992 ca. 5000 m^2) Ausstellungsfläche gibt es dem Besucher Einblick in die ländliche Kultur Niedersachsens, die Landesgeschichte und städtische Kulturgeschichte Celles. Hervorzuheben sind u. a. ein in das Gebäude integriertes Bauernhaus des 19. Jh., eingerichtete bäuerliche Wohnstuben, Dauerausstellungen zu den Themen des historischen Handwerks, der Hauswirtschaft, Biedermeierkultur sowie eine der umfassendsten Textilsammlungen im norddeutschen Raum.

93413 Cham

Bayern

Einw.: 17 200   Höhe: 374 m   S. 1283 □ O 12

Rathaus (Marktplatz): Das Rathaus aus dem 15. Jh. wurde mehrfach verändert und erhielt 1875 einen neugot. Erweiterungstrakt.

Pfarrkirche St. Jakob (Stadtplatz): Alle Unterbauten und Türme gehen auf das 13. Jh. zurück. Verschiedene Umbauten des Langhauses sind bis 1900 durchgeführt worden. Die schöne *Stukkatur* sowie die *Bemalung* und das *Tabernakel* (in der Sakristei) gehen auf die Zeit um 1760 zurück.

Stadtbefestigung: Die ältesten Teile der gut erhaltenen Befestigung sind Zeugen des 13. Jh. Sehenswert ist das *Burgtor* mit seinen 4 massiven Rundtürmen.

Außerdem sehenswert: Im ehem. Armenhaus (Schützenstr. 7) sind Gemälde der modernen *Künstlergruppe Spur* ausgestellt; es handelt sich um Werke, die sich auf Cham und die Oberpfalz beziehen.

09111–31 Chemnitz

Sachsen

Einw.: 287 500   Höhe: 297 m   S. 1279 □ O 9

Chemnitz, v. 1953–90 Karl-Marx-Stadt, ist die drittgrößte Stadt Sachsens, Zentrum des sächsischen Maschinenbaus, Sitz einer Technischen Universität und Verwaltungszentrum des gleichnamigen Regierungsbezirks. Es liegt im erzgebirgischen Becken, das in einem breiten Tal von dem Flüßchen Chemnitz (slawisch *chamenitza*, »Steinbach«) durchflossen wird.
An der Kreuzung der Salzstraße von Halle nach Böhmen mit der Frankenstraße gründete Kaiser Lothar 1136 ein reichsunmittelbares Benediktinerkloster auf der Höhe oberhalb des Tales der Chemnitz. Die Äbte galten als Reichsfürsten. Das ihnen 1143 übertragene Fernhandelsmarktrecht führt um 1165 zur Gründung der Stadt Chemnitz im Bereich um den heutigen Markt sö des Klosters. Sie erhielt den Status einer freien Reichsstadt, der ihr, mit kurzzeitigen Einschränkungen, bis 1308 erhalten blieb.
Schon im Mittelalter prägte neben dem Fernhandel die Tuchmacherei und Leinweberei, verbunden mit einem Bleichmonopol, die wirtschaftliche Bedeutung der Stadt. Die großen Zerstörungen des Dreißigjährigen Krieges brachten dem Hauptort der sächsischen Textilherstellung jedoch schwere Rückschläge. Mit der Gründung v. Manufakturen ab 1770 und dem Aufstellen der ersten Spinnmaschinen 1782 aber begann der Aufstieg der Stadt zum »sächsischen Manchester«. 1945 wurde die Stadt weitgehend zerstört. Der Wiederaufbau veränderte die Stadtstruktur sehr stark im Sinne einer »sozialistischen« Großstadt.

Schloßkirche: Das ehem. Benediktinerkloster liegt auf einer Anhöhe am Schloßteich und ist weithin sichtbar. Es wurde 1136 gegr. Die ehem. Klosterkirche St. Marien, eine spätgot. obersächsische Hallenkirche, stammt aus dem späten 15., frühen 16. Jh. Chorquadrat, Seitenchöre und s Querschiff stammen v. einem roman. Vorgängerbau, die Türme datieren aus dem 19. Jh. In den Chorgewölben befinden sich spätgot. *Malereien* (ca. 1530), die die Evangelisten darstellen. Das viergeschossige Hauptportal wurde 1505–25 v. Hans Witten[*] geschaffen. Abgebildet sind u. a. das kaiserliche Stifterpaar Lothar und Richenza mit 2 Äbten und die Marienkrönung mit den beiden Johannesjüngern. Zudem schuf H. Witten die *Geißelsäule* im Chor (um 1515). Stilmäßig gehört sie zur letzten repräsentativ-naturalistischen Phase der dt. Gotik. Ein Kruzifix und ein Marienbild stammen vermutlich vom nicht erhaltenen Lettner. 2 Gemälde (Maria mit Heiligen, Marter des hl. Jakobus) v. 1518–20 schuf Lucas Cranach d. Ä.[*]

Chemnitz, Schloßbergmuseum, >
Heiliges Grab

Chemnitz, St. Maria

Die ehem. Klostergebäude, die teilweise aus dem 13. Jh. stammen, wurden nach 1546 in das kurfürstliche Schloß umgebaut. Hier ist das *Schloßbergmuseum* untergebracht (u. a. spätgot. Plastiken von H. Witten und Bauernmöbel).

Stadtkirche St. Jakobi: Das Gotteshaus wurde ab 1165 als königliche Marktkirche errichtet. Das dreischiffige spätgot. Langhaus der heutigen Kirche stammt aus der 2. Hälfte des 14. Jh., der Hallenumgangschor aus dem frühen 15. Jh. Die Jugendstilfassade entstand in den Jahren 1911–12. Im Chor stehen der Altar, den Peter Breuer[*] 1505 geschaffen hat, eine Kanzel v. 1612 und ein Taufstein aus dem 17. Jh.

Johanniskirche: Sie war einst eine vor dem Altstadtring gelegene Vorstadtkirche, ein Bauwerk mit Substanz aus verschiedensten Zeiten, weitgehend jedoch geprägt durch den Jugendstilumbau v. 1913. Nur der spätgot. Chor bewahrte beim Wiederaufbau nach 1945 weitgehend seine histo-

rischen Formen. Bemerkenswert ist der Taufstein v. 1565.

Altes Rathaus: Es wurde 1496–98 errichtet, mit dem Turm v. 1486 zu einer Einheit verbunden und trennt riegelartig den Markt vom Kirchplatz. Umgestaltungen erfuhr das Bauwerk 1556–57 sowie 1617–19. Das nach der Zerstörung 1945 wieder aufgebaute Alte Rathaus bekam auch wieder die rekonstruierte sterngewölbte Ratsherrenstube (1557), die jetzt als Trauzimmer dient. Das Renaissanceportal am Turm (mit den Figuren Judith und Lukrezia) stammt v. 1559. Östlich schließt das *Neue Rathaus*, 1907–11 v. Richard Möbius entworfen, an. Bemerkenswert ist die Jugendstilausstattung (Fresken im Treppenhaus, im Ratssaal Gemälde v. Klinger).

Siegertsches Haus (am Markt): Es wurde 1737–41 v. Johann Christoph Naumann entworfen und zeigt heute eine im Erdgeschoß veränderte Rekonstruktion der Fassade des barocken Bauwerks. Durch dieses Haus als Modellfall sollte wenigstens am Markt der Maßstab des alten C. wiederaufgenommen werden. Noch stärker ist ö des Marktes der Bruch mit der Tradition zu erkennen. Eine breite Verkehrsstraße mit Parkplätzen tangiert den Markt und beläßt das historische Innenstadtareal vom Rathaus bis zur ehemaligen Stadtmauer, v. der nur der *Rote Turm* (untere Geschosse 12. Jh., Backsteinaufsatz 15. Jh., nun einbezogen in eine Gaststätte) wieder aufgebaut worden ist, unbebaut.

Neues Stadtzentrum: Die Stadthalle, in engem Zusammenhang mit dem Hotel »Kongreß« sowie staatlichen Verwaltungsgebäuden, bildet das bis 1974 geschaffene architektonische Grundgerüst des Platzes, das hier in besonderem Maße durch Werke der bildenden Kunst ergänzt wurde, die C., das damalige Karl-Marx-Stadt, als Zentrum der Arbeiterbewegung deklarieren sollten: Blickfang ist der überdimensionale Marx-Kopf v. Leuw Kerbel (1971 geschaffen). Einige Gedenkstätten, wie die Fritz-Heckert-Gedenkstätte, die Gedenkstätte »Der Kämpfer« sowie die Karl-Marx-Gedenkstätte, hatten dieses Programm des öffentlichen Straßenraumes zu ergänzen.

Theaterplatz: Ein weiteres stadtbild-
prägendes Ensemble und ein kultureller
Anziehungspunkt ist der zu Beginn des
Jahrhunderts entstandene Theaterplatz mit
der v. Hans Enger 1885–88 errichteten
neugot. *Petrikirche,* dem *Opernhaus,* erbaut 1906–09 v. Richard Möbius (1947–
51 verändert wieder aufgebaut), den *Städtischen Museen* sowie dem Hotel »*Chem-
nitzer Hof*«. Die Städtischen Museen
vereinigen verschiedene Sammlungen in
einem Hause.

Städtische Kunstsammlungen (Thea-
terplatz 1): Die Sammlungen umfassen ca.
16 000 Exponate (Malerei, Aquarell- und
Zeichenkunst, Druckgraphik sowie Pla-
stik). Besondere Beachtung verdient die
Malerei des 19.–20. Jh. Hier sind u. a.
vertreten: Caspar David Friedrich, Carl
Gustav Carus, Georg Friedrich Kersting,
Carl Spitzweg, Ludwig Richter, Max Klin-
ger, Ferdinand Hodler, Max Liebermann,
Lovis Corinth, Karl Hofer und der 1854 in
Rottluff bei C. geborene Karl Schmidt-
Rottluff.
Neben Plastiken der dt. Bildhauer wie
Franz Lehmbruck, Ernst Barlach und Ger-
hard Marcks findet man Skulpturen der
französischen Künstler Auguste Rodin,
Aristide Maillol und Edgar Degas.

Museum für Naturkunde: Verschiedene
Ausstellungen zeigen Minerale, Gesteine
und Fossilien. Eine besondere Attraktion
ist der 250 Millionen Jahre alte versteiner-
te Wald.

Außerdem sehenswert: Im *Rosarium* am
Schloßteich steht die überlebensgroße
Sandsteingruppe »Die vier Jahreszeiten«
v. Johannes Schilling[*], die in den Jahren
1863–65 geschaffen wurde, sowie die
Bronzefigur »Morgenröte« v. Richard
Scheibe[*]. – Das *Warenhaus Zentrum*
(ehem. Tietz; Otto-Grotewohl-Str.) wurde
1912–13 nach Plänen v. Wilhelm Kreis[*]
errichtet. Beim Wiederaufbau (1958–62)
des neoklassizistischen Bauwerks verändert. – Das *Warenhaus* (ehem. Schocken)
wurde 1929–30 v. Erich Mendelsohn[*] erbaut. – In der Nähe des Parks, in der
Parkstr. 58, steht das *Haus Esche*, eine
Jugendstilvilla, die 1902–03 nach Plänen
v. Henry van de Velde[*] erbaut wurde.

Chemnitz, Siegertsches Haus

Eingemeindete Orte

Chemnitz-Ebersdorf (nö): *Stiftskirche
Zu Unserer Lieben Frauen.* Die für das
Dorf recht bedeutende Kirche, eine zweischiffige Halle mit im O angefügtem, langgestrecktem, polygonal endendem Chor
und einem in die SW-Ecke der Halle ein-
bezogenen Turm, ist begründet durch die
Nutzung als Wallfahrtsstätte im späten
MA, was notwendigerweise um 1410–20
zu einem ausgedehnteren Neubau anstelle
der vorhandenen roman. Saalkirche führte.
Mit der Wallfahrt war eine größere Anzahl
v. Klerikern verbunden, die hier stiftsähn-
lich zusammenlebten.
Die überkommene Ausstattung ist noch
sehr reich und qualitätvoll. Eine Sitzmadonna (ca. 1320) könnte das Gnadenbild
der Wallfahrt gewesen sein. Hans Witten
schuf kurz nach 1500 den Grabstein des
Dietrich v. Harras. Vom selben Meister
sind auch noch der überlebensgroße Kruzifixus sowie die beiden Pulthalter (Engel

Chemnitz-Rabenstein, Burg Oberrabenstein

und Diakon), um 1513 entstanden, zu nennen.

Chemnitz-Rabenstein (w): Die *Burg Oberrabenstein,* eine unregelmäßige Anlage auf einem ovalen Grundriß, lag einst an der alten Straße Chemnitz–Altenburg und ist durch einen Wassergraben geschützt. Die ältesten Teile stammen aus dem 12. Jh.

Umgebung

Hainichen (23 km nö): Die *Trinitatiskirche* wurde v. G. L. Möckel 1896–99 auf dem Grundriß eines griech. Kreuzes in neugot. Formen errichtet. Aus der alten Stadtkirche wurden 2 Flügelaltäre, etwa 1515 entstanden, überführt. Der lebensgroße Kruzifixus des 17. Jh. ziert heute den Altar. – Das *Rathaus* ist ein klassizistischer Bau v. J. T. Heinig. – Im *Gellert-Museum* wird des Dichters Christian Fürchtegott Gellert gedacht, der am 4.7.1715 als Sohn des Pfarrers in Hainichen geboren worden

ist. Zu sehen sind neben Erstausgaben seiner Werke auch Briefe, Porträts und persönliche Erinnerungsstücke. – Ein *Gellert-Denkmal* (1865) steht auf dem Marktplatz.

Höfchen (28 km n): Die *Burg Kriebstein* (Kreismuseum), hoch über dem Zschopautal auf einem Felsen gelegen, wurde 1382 erstmals erwähnt. Der mächtige Wohnturm, der die gut erhaltene Burg beherrscht, ist charakteristisch für den Burgenbau zur Zeit Karls IV. In der teilweise in den Felsen gehauenen Burgkapelle sind Wand- und Deckenmalereien aus der Zeit um 1410 zu sehen. Eine Kostbarkeit des Museums ist der Anfang des 16. Jh. gemalte Alexiusaltar (die Thematik ist in Sachsen einmalig).

Lichtenwalde (9 km nö): Im *Schloß* (Bildungsstätte) sind v. der bereits im 13. Jh. existierenden Burg am Steilhang der Zschopau nur geringe Reste erhalten. Die umfangreichsten ma Bauteile besitzt die Schloßkapelle (östlich des N-Flügels), die im Kern aus dem 15. Jahrhundert stammt. Deren einschiffiges Langhaus ist kreuzrippengewölbt, der Chor hat nur eine Flachdecke. Die Ausstattung (Altar und Taufstein) wurde im 18. Jh. zugefügt. Das Schloß selbst wurde als bedeutende dreigeschossige Dreiflügelanlage 1722–26 errichtet.

16230 Chorin

Brandenburg

Einw.: 500 Höhe: 80 m S. 1275 □ Q 5

Ehem. Zisterzienserkloster: Es liegt im landschaftlich überaus reizvollen sog. Choriner Endmoränenbogen um den Parsteiner See. Auf einer Insel im See, Pehlitzwerder (10 km ö), gründeten die Markgrafen Johann I. und Otto III. nach der Teilung ihres Landes 1258 als Tochterkloster v. Lehnin die neue Zisterzienserniederlassung Mariensee. Es wurde dort auch mit dem Bau einer großen dreischiffigen, an der O-Seite gerade geschlossenen Kirche begonnen (Grundmauern ausgegraben), aber nicht vollendet. Zwischen 1270 und 1273 kam es zur Verlegung der Niederlassung nach dem jetzigen Ort an den damals Koryn genannten See (heute Amtssee) und zum Baubeginn v. Kirche und Klausur nach abgeändertem Plan: dreischiffige Gewölbebasilika mit Querschiff und einschiffigem, polygonal geschlossenem (7/12-)Chor, charakteristisch die doppelgeschossigen Nebenkapellen im Winkel zwischen Querschiff und Chor nach dem Vorbild der Kirche des Mutterklosters.
Die W-Wand des Langhauses ist als grandioser *Schaugiebel* gestaltet: 2 zu Treppentürmen ausgebaute Strebepfeiler fassen den Abschluß des Mittelschiffes mit 3 schlanken Spitzbogenfenstern zwischen 2 niedrigen Strebepfeilern ein. Diesen vertikal akzentuierten Abschnitt der Fassade schließt ein Plattenfries mit Weinlaubmuster und ein Sägeschnitt darüber ab. Die eigtl. Giebellattika wird gebildet v. 3 gestaffelten Wimpergen, geschmückt mit einer mittleren Rosette, der 3 Sechspässe einbeschrieben sind, seitlich begrenzt durch die über Dreiecksgiebeln ins Achteck übergehenden Aufsätze der Strebepfeiler-Treppentürme. Das Ganze widerspiegelt in flächiger Komposition eine

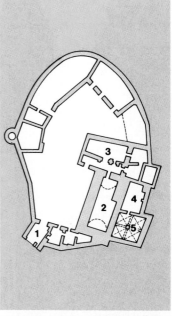

Höfchen (Chemnitz), Burg Kriebstein 1 Torhaus **2** Wohnturm **3** Küchenhaus **4** Halle **5** Kapelle

Dreitürmigkeit, wie sie sonst nur bei Westwerken anzutreffen ist. Tatsächlich scheint ein entsprechender Bedeutungszusammenhang vorzuliegen: In den beiden 1. Langhausjochen hinter der W-Fassade befand sich eine Herrscherempore, singulär in einer Zisterzienserkirche. Auf einen landesherrlichen Anteil an der Gestaltgebung zu schließen liegt deshalb nahe. C. war das Haus- und Begräbniskloster der johanneischen Linie der askanischen Markgrafen v. Brandenburg. Ein nachweisbarer Raum eigens für den Landesherrn, der *Fürstensaal*, befand sich am W-Ende des s Seitenschiffes (mit Wandmalereien: Salomons Urteil und Anbetung der Könige). Wie die Kirche sind auch die Klausurgebäude mit reichgestalteten Giebeln versehen, so daß der Eindruck entsteht, daß Bild einer Stadt als Abbild des himmlischen Jerusalem sei das baukünstlerische Ziel der Gesamtgestalt gewesen. Das Kloster wurde nach der Reformation 1542 aufgehoben und fiel an die kurfürstliche Domänenkammer. Die

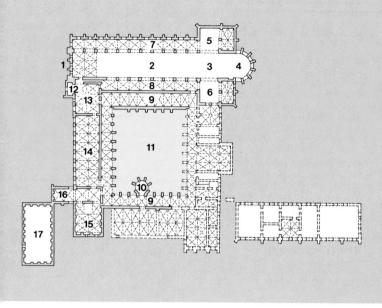

Gebäude dienten landwirtschaftlichen Zwecken. Als Ruine wurden Kloster und Kirche in der Zeit der Romantik wieder entdeckt und durch Karl Friedrich Schinkel (30 Handzeichnungen in der Nationalgalerie Berlin-Ost) zum Denkmal nationaler Geschichte erhoben.

Cismar ✉ 23743 Grömitz
Schleswig-Holstein

Einw.: 750   Höhe: 15 m   S. 1273 □ K 2

Ehem. Benediktinerkloster und Kirche: Durch ein erzbischöfliches Edikt mußten Benediktinermönche, die in Lübeck durch einen unsoliden Lebenswandel aufgefallen waren, in das abgelegene Cismar (heute Ortsteil v. Grömitz) ausweichen. Von der umfassenden Klosteranlage aus dem 13. Jh. sind heute nur noch Reste vorhanden, die jedoch in neuere Bauten einbezogen wurden und kaum noch zu erkennen

< *Chorin, Klosterkirche, W-Fassade*

Chorin, Zisterzienserkloster 1 W-Fassade mit Wimperg-Abschluß, um 1310 **2** Langhaus, um 1310, mit Flachdecke **3** Vierung, um 1300 **4** Chor mit 7/12-Schluß, um 1290 **5** n Querhausarm mit ö angrenzendem zweigeschossigem Nebenchor **6** s Querhausarm mit ö angrenzendem zweigeschossigem Nebenchor **7** n Seitenschiff mit Kreuzgewölben **8** s Seitenschiff mit Kreuzgewölben **9** Kreuzgang mit Kreuzgewölben **10** Brunnenhaus mit achteckigem Grundriß **11** Klosterhof **12** Klosterpforte **13** Warteraum **14** Konversenrefektorium **15** Fürstensaal **16** ehem. Küche **17** ehem. Brauhaus

sind. Erhalten ist die einschiffige Backsteinkirche, die um 1250 fertiggestellt war, später jedoch mehrfach erweitert und umgebaut wurde. Im Inneren läßt sich erkennen, daß die Marienkirche in → Lübeck als Vorbild gedient hat. Wichtigstes Stück der Innenausstattung ist der geschnitzte *Altar* (1310–20), der mit großer Wahrscheinlichkeit aus einer Lübecker Werkstatt stammt. Die Reliefs zeigen Szenen aus dem Leben Christi und andere Bilder in den urspr. Fassungen. Die Flügel illustrieren die Legenden des Evangelisten Johannes und des hl. Benedikt.

38678 Clausthal-Zellerfeld

Niedersachsen

Einw.: 17 200   Höhe: 560 m   S. 1277 □ I 7

Ev. Pfarrkirche zum Hl. Geist (Hindenburgplatz): Die 1642 fertiggestellte Kirche aus Fichtenholz (Turm aus Eiche) gehört zu den größten Holzkirchen Europas. *Kanzelkorb* und *Altar* (1641), der *Messingkronleuchter* (1660), sehr schöne *Grabplatten* aus dem 17. Jh. und die *Orgel* (1770) bestimmen das Innere des Baus.

Oberharzer Museum (Bornhardtstr. 16): Das Museum ist der Geschichte des Harzer Bergbaus gewidmet. Zum Museum gehören auch ein Untertagestollen, Pferdegöpel und viele andere interessante alte Bergwerkseinrichtungen.

49661 Cloppenburg

Niedersachsen

Einw.: 24 000   Höhe: 32 m   S. 1272 □ E 5

Museumsdorf (Museumstr. 13): Der Cloppenburger Heimatforscher H. Ottenjann hat 1934 den Grundstein für das heute größte Freilichtmuseum dieser Art in Deutschland gelegt. Auf einer Fläche v. 15 ha sind niedersächsische Bauernhäuser aus dem 16.–19. Jh. in Cloppenburg naturgetreu wiederaufgebaut und originalgetreu eingerichtet worden. Insgesamt 80 Gebäude gehören heute zu der vielbesuchten Anlage. – Der *Quatmannshof* (1805) gehört mit einer ausdrucksvollen Fachwerkfassade und dem weit vorragenden Giebel zu den schönsten Häusern innerhalb des Museumsdorfes.

96450 Coburg

Bayern

Einw.: 44 700   Höhe: 297 m   S. 1278 □ K 10

Zu denen, die in Coburg gelebt haben, zählen u. a. Martin Luther (1530 beeinflußte er von hier aus über 6 Monate lang die Verhandlungen des Augsburger Reichstags), Friedrich Rückert (v. 1820 bis zu seinem Tod im Jahre 1866) und Jean Paul (1803/04 als herzoglicher Legationsrat). Für 3 Tage beehrte 1782 auch J. W. v. Goethe die Stadt.

Veste Coburg (Veste): Die Veste zählt zu den größten Burgen in Deutschland und

Cismar, Benediktinerklosterkirche

Clausthal-Zellerfeld, Pfarrkirche

gilt als »fränkische Krone«. Sie liegt über dem Tal der Itz und bietet Ausblick nach Thüringen und Franken.

Baugeschichte: Die Anordnung auf einem Bergvorsprung, der zu 3 Seiten hin steil abfällt, sollte den Bau für Angreifer uneinnehmbar machen. Die Kapelle St. Peter und Paul läßt auf einen Baubeginn bereits im 11. Jh. schließen. Im 12./13. Jh. kamen der heutige Fürstenbau mit anschließendem Küchenbau und die Steinerne Kemenate, die später durch Luther berühmt werden sollte, hinzu. Im 16. und 17. Jh. wurde die ma Burg zur Landesfestung ausgebaut.

Baustil und Baubeschreibung: Viele Veränderungen, Erneuerungen und Hinzufügungen lassen keinen einheitlichen Baustil erkennen. Spätroman. Merkmale weist der *Blaue Turm* auf, spätgot. ist das *Hohe Haus* mit seinen Erkern, v. der Renaissance ist der *Ziehbrunnen* geprägt. Ein teilweise dreifacher Mauerring umschließt mehrere Binnenhöfe. Um den Osthof gruppieren sich der *Fürstenbau,* die *Steinerne Kemenate* und der neue Gästebau.

Inneres und Ausstattung: Die Veste birgt heute umfangreiche *Kunstsammlungen* aus 9 Jahrhunderten europ. Kunst und Kultur. Schwerpunkte sind die hier zusammengetragenen Gemälde L. Cranachs, die umfassendste Waffensammlung der Bun-

Museumsdorf Cloppenburg

desrepublik sowie ein Münzkabinett mit rund 20 000 Münzen und Medaillen. Die Sammlung v. Kupferstichen und Graphiken (300 000 Blatt) ist weltberühmt. – In der Steinernen Kemenate erinnert die *Lutherstube* an den Aufenthalt Luthers im Jahre 1530.

Ev. Pfarrkirche St. Moriz (Pfarrgasse): Die Pfarrkirche beherbergt bedeutende Kulturdenkmäler der Renaissance. – Der Baubeginn geht bis ins 12. Jh. zurück, große Teile wie z. B. die beiden ungleichen Türme kamen zu Beginn des 15. Jh. hinzu. Das Langhaus ist wahrscheinlich erst im 16. Jh. fertig geworden. Das Innere wurde im 18. Jh. im Stil des Barock umgestaltet. – Wesentliche Teile der Kirche tragen die Kennzeichen der Spätgotik. Auffallend sind die 2 ungleichen Türme, v. denen der eine viereckig und fast schmucklos ist (abgesehen von der barocken Haube und dem got. Türmchen im Dachgeschoß). Er wird v. zweiten Turm, der durch Balustraden und Fialen aufgelockert wird, weit überragt. – Das Innere wird v. einem *Alabaster-Grabmal* (1598) für Herzog Johann Friedrich II. des Thüringer Bildhauers N. Bergner bestimmt. Es erstreckt sich in 5 Geschossen bis zu einer Höhe von 12 m und gehört zu den bedeutendsten Prunkdenkmälern der Renaissance in Deutschland. Die Statuen im Hauptgeschoß stellen Mitglieder der herzoglichen Familie dar, das mittlere Relief zeigt die Überführung Josephs in das kanaanäische Grab. – Aus dem MA ist der hervorragend gelungene *Grabstein* des Ritters Bach erhalten, der sich im Untergeschoß des Turmes befindet.

Schloß Ehrenburg (Schloßplatz): Der Name des Baus geht auf einen Besuch Kaiser Karls V. (1547) zurück.

Herzog Johann Ernst ließ das urspr. Franziskanerkloster v. 1543–47 zu einem Stadtschloß ausbauen. 1586 gab Herzog Johann Casimir den Befehl zu einer wesentlichen Neugestaltung und Erweiterung. Nach einem Brand erfolgten im 17. und 18. Jh. nochmalige Veränderungen und Erweiterungen. – Von dem Renaissanceschloß, das Herzog Johann Ernst errichten ließ, ist heute nur noch der Flügel zur Steingasse hin erhalten. Nach dem

Brand wurde der Hauptteil des Schlosses neu erbaut und ist nun mit seiner repräsentativen, in wesentlichen Zügen v. Barock bestimmten Fassade nach N gerichtet (Teilbereiche sind v. der Neugotik bestimmt). – Im W-Flügel ist, v. außen kaum zu erkennen, die *Hofkirche* integriert. Sie war 1701 fertiggestellt und wird v. üppigen Stuckdekorationen sowie einer nur einmal kurz unterbrochenen Empore bestimmt. Im Geschoß über der Kirche befindet sich der *Riesensaal*, der nach den 28 Riesen (in schwerem ital. Stuck) benannt wurde. Auch der *Weiße* Saal (im 2. Obergeschoß des Mitteltraktes), das *Rote Zimmer* und das *Gobelinzimmer* zeigen reichen Dekkenstuck. Ein anderer Teil der Räume ist in seiner Dekoration klassizistisch, am typischsten der *Thronsaal* im O-Flügel. – Große Teile des Schlosses sind heute als *Museum* eingerichtet (Stadtgeschichte, Wohnkultur des 19. Jh., Barockteppiche).

Rathaus (Marktplatz): Das Rathaus geht in seiner heutigen Form auf einen Neubau des 16. Jh. zurück. Um 1750 wurde dieser mit den anderen Bauteilen vereinheitlicht. Der doppelgeschossige *Erker* an der SO-Ecke des Baus zeigt den Stadtheiligen St. Moriz. Darunter ist – in einer kleineren Figur – der *Baumeister* H. Schlachter dargestellt. Er hält ein Schildchen in den Händen, auf dem das Meisterzeichen und seine Namensinitialen zu erkennen sind. – Im Obergeschoß des Rathauses befindet sich der *Große Saal* mit einer schweren Balkendecke.

Stadthaus und Bürgerhäuser: Die *Cantzley*, das 1600 erbaute herzogliche Verwaltungsgebäude, findet sich an der N-Seite des Marktplatzes. Bemerkenswerte Bürgerhäuser sind u. a. erhalten in der Ketschengasse (*Münzmeisterhaus* im Haus Nr. 7), am Bürglaß *(Hahnmühle)* und in der Steingasse (u. a. *Hofapotheke*). Ferner die Häuser 4 (Fremdenverkehrsamt) und 17 in der Herrngasse sowie das *Gymnasium Casimirianum*.

Landestheater (Schloßplatz 6): In dem 1840 eröffneten Theater (550 Zuschauerplätze) sind heute Musiktheater und Schauspiel mit jeweils eigenem Ensemble zu Hause.

56812 Cochem
Rheinland-Pfalz

Einw.: 5600   Höhe: 86 m   S. 1276 □ C 10

Reichsburg Cochem (Schloßstraße): Die Anlage wurde 1072 erbaut und im 14. Jh. erweitert, im 17. Jh. zerstört und in der Zeit v. 1869–77 wiederaufgebaut; die Beschädigungen aus dem 2. Weltkrieg sind heute beseitigt. Vom ursprünglichen Bau ist nur noch das achteckige Untergeschoß des Bergfrieds erhalten. Der heutige Baukomplex ist in seinen wesentlichen Elementen neugot.

Kath. Pfarrkirche St. Martin (Kirchplatz): Die Kirche geht auf eine fränkische Gründung zurück. Zum Neubau der Gesamtanlage kam es um das Jahr 1500. Im 2. Weltkrieg wurden jedoch große Teile zerstört; erhalten blieben der Chor und die S-Wand des Langhauses. Von der bemerkenswerten Ausstattung verdient die *Reliquienbüste* des hl. Martin (um 1500) ganz besondere Beachtung.

Alte Wohnhäuser: An der *Moselpromenade* sind einige Häuser v. den »Modernisierungen« verschont geblieben (Häuser Nr. 12, 36). Sie erinnern an die bewegte Geschichte der Stadt, die im 9. Jh. als Reichsgut zum ersten Mal genannt wird. Schöne alte Häuser findet man auch am *Marktplatz* (dort auch das Rathaus, das 1739 errichtet worden ist).

48653 Coesfeld
Nordrhein-Westfalen

Einw.: 33 300   Höhe: 81 m   S. 1276 □ C 7

St.-Lamberti-Kirche (Marktplatz): Ursprung des heutigen Baus war eine spätroman. Hallenkirche, die in den Jahren 1473–1524 spätgot. umgebaut und ausgestaltet wurde. Die W-Seite und der Turm ersetzten 1703 eingestürzte Teile des alten Baus. – Neben den spätgot. Elementen zeigt sich am *Turm* (Sandstein mit Backsteinverblendung) der Einfluß des holländischen Klassizismus. – Wichtigstes Teil der Ausstattung ist das lebensgroße *Gabel-*

Veste Coburg

Reichsburg Cochem

kruzifix, das aus Holz gearbeitet ist (Anfang 14. Jh.). Die 11 lebensgroßen *Apostelbilder* an den Pfeilern (1506–20) stammen v. J. Düsseldorp. Außerdem *Gemälde* aus der Antwerpener Schule sowie *Schmiedeeisenarbeiten*.

Kath. Pfarrkirche St. Jakobi (Jakobikirchplatz): Die spätroman. Hallenkirche, die sich bis ins Jahr 1195 zurückverfolgen ließ, wurde im 2. Weltkrieg zerstört und durch einen modernen Neubau ersetzt. Erhalten blieb das berühmte und reichverzierte *Portal*, das charakteristisch für die münsterländischen Stufenportale ist (13. Jh.). Von der alten Ausstattung der spätroman. *Taufstein* (um 1240) und der flandrische *Schnitzaltar* (um 1520).

Münsterländische Bürgerhäuser: Die schönen Bürgerhäuser wurden im 2. Weltkrieg größtenteils zerstört. Einige Beispiele noch in der *Mühlenstr.* (u. a. Häuser 3 und 15), in der *Süringstr.* (Häuser 9, 14) und in der *Walkenbrückenstr.* (Häuser 4 und 29).

Außerdem sehenswert: Das *Walkenbrücken-Tor* (Mühlenplatz), das nach dem Krieg wiederhergestellt worden ist und das Stadtmuseum sowie die städt. Turmgalerie beherbergt, und der *Pulverturm* (Schützenwall) erinnern an die einst mächtige *Stadtbefestigung* (14. Jh.).

04680 Colditz			
Sachsen			
Einw.: 6200	Höhe: 150 m	S. 1279 □ O 8	

Kleinstadt an der Zwickauer Mulde.

Stadtkirche St. Ägidien: Sie hat einen spätgot. Chor mit Netzgewölbe aus der 1. Hälfte des 15. Jh. und ein Langhaus sowie einen W-Turm, die vermutlich aus dem 14. Jh. stammen. Die Ausstattung besteht u. a. aus einem Altar (1598) und 2 im gleichen Jahre gearbeiteten Alabasterreliefs, die die Geburt und Taufe Jesu zeigen.

Friedhofskirche St. Nikolai: Ein einschiffiger roman. Bau aus dem 12. Jh. mit tonnengewölbtem Chor und Apsis. Auf der N-Seite des Langhauses ein roman. Portal. – Das *Alte Rathaus* ist ein Renaissancebau v. 1540, der 1650–57 erneuert wurde. 3 Seiten des dreigeschossigen Bauwerks haben reiche Volutengiebel. Die Portalanlage wurde 1936 wiederhergestellt. Im Inneren gibt es zahlreiche Frührenaissancedetails.

Außerdem sehenswert: *Schloß* (jetzt Krankenhaus): Eine ausgedehnte, unregelmäßige Anlage um 2 Innenhöfe, die in der alten Substanz im wesentlichen 1578–91 im Renaissancestil unter Verwendung älterer Bauteile errichtet wurde. – In der Kurt-Böhme-Str. 1 ist das *Städtische Museum Colditz* untergebracht. Das Barockgebäude entstand 1730. Es besitzt Kreuzgewölbe sowie eine Spindeltreppe aus Rochlitzer Porphyr. – W der Stadt liegt der 1700 ha große Colditzer Forst.

Comburg ✉ **74523 Schwäbisch Hall**			
Baden-Württemberg			
Einw.: 80	Höhe: 340 m	S. 1281 □ H 12	

Ehem. Kloster Groß-Comburg: Das ehem. Kloster liegt am sö Stadtrand v. Schwäbisch Hall im Kochertal. Die Klosterburg gehört zu den bedeutendsten Anlagen dieser Art in Deutschland. Begründet v. den fränkischen Grafen v. Rothenburg im 10. Jh., wurde vermutlich 1087 ein Neubau fertiggestellt. Die Gesamtanlage ist eine Mischung v. Bauten aus 8 Jahrhunderten.

Klosterkirche St. Nikolaus: Auf Fundamenten eines älteren Baus und unter Verwendung von erhaltenen Teilen (W-Turm und Chortürme) entstand der heutige Bau in den Jahren 1707–15. Den verhaltenen Teilen des älteren Baus steht die barocke Pracht des Neubaus gegenüber. Der Einfluß Würzburger Künstler der Zeit ist unverkennbar (Baumeister Joseph Greising). *Inneres und Ausstattung*: Die langgestreckte Halle ist reich an barocken Kunstschätzen. Der *Hochaltar* stammt v. Würzburger Meister B. Esterbauer (1713–17). Bedeutender als der Hochaltar selbst ist das *Antependium*, das aus einer Holztafel mit vergoldetem Kupferblech besteht (um

Kloster Comburg, Kapitelsaal

Comburg, Antependium in der Klosterkirche St. Nikolaus

1140). Wie dieses stammt vermutlich auch der gewaltige *Radleuchter* aus der Comburger Werkstatt. Der Ring symbolisiert die Mauer des zwölftürmigen Jerusalems, die Laternen haben die Gestalt von Torhäusern. Apostel und Propheten sind in getriebenen Medaillons dargestellt. Ähnliche Leuchterkronen gibt es im → Aachener Münster und im → Hildesheimer Dom. Roman. ist auch das *Grab des Stifters* Burkhard II. (um 1220) im Mittelschiff. Das *Epitaph* für Propst Neustetter wurde 1570 errichtet und ist ein Meisterwerk der Renaissance.

Klosteranlage: Die Anlage ergibt nach zahlreichen Ergänzungen und Veränderungen kein einheitliches Bild mehr. Bedeutendster Teil ist die sechseckige *Erhardskapelle*, ein wuchtiger Bau, der sich in seinen Anfängen bis 1230 (bzw. bis ins 12. Jh.) zurückverfolgen läßt. Das dritte der 3 *Tore* (ein roman. Torbau aus dem Anfang des 12. Jh.) beherbergt die *Michaelskapelle*.

Klein-Comburg: Das vermutliche Frauenkloster ist auf dem Groß-Comburg gegenüberliegenden Talhang in der 1. Hälfte des 12. Jh. errichtet worden. Mittelpunkt ist die ehem. *Klosterkirche St. Ägidius*, ein sehr ausgewogener Bau, in dem nur der Chor ein Gewölbe trägt. Reste der Ausmalung aus dem 12. Jh. sind erhalten; der größere Teil wurde im 19. Jh. ergänzt.

Corvey ✉ 37671 Höxter
Nordrhein-Westfalen

Einw.: 200	Höhe: 90 m S. 1277 ☐ G 7

Ehem. Benediktinerabtei Corvey: Nach einer fehlgeschlagenen Niederlassung namens *Hethis* im Jahr 815 gründeten die Brüder Adalhard, Abt v. Corbie, und Wala, beide Vettern Karls d. Gr., im Jahre 822 im Weserbogen die Benediktinerabtei *Corvey*. Das Kloster wurde bald zu einem geistigen Zentrum. Hier hat Widukind seine Sachsengeschichte geschrieben. In der reich ausgestatteten *Klosterbibliothek* be-

< Corvey, Blick vom Westwerk-Untergeschoß in die Klosterkirche

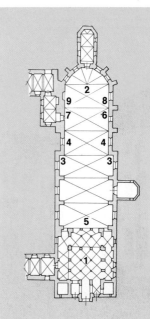

Corvey, ehem. Abteikirche St. Stephanus und Vitus **1** W-Werk **2** Hochaltar, um 1675, Entwürfe v. Johann Georg Rudolph, Schnitzer Johann Sasse **3** Nebenaltäre, um 1675 **4** Chorgestühl, um 1675 **5** Orgel, Werk v. Andreas Schneider, 1681, Prospekt Sasse zugeschrieben **6** Epitaph des Abtes v. Bellinghausen (gest. 1696) **7** Epitaph des Abtes v. Velde (gest. 1714) **8** Epitaph des Abtes v. Horrich (gest. 1721) **9** Epitaph des Abtes v. Blittersdorf (gest. 1737)

fanden sich noch die erhaltenen Annalen des Tacitus und mehrere Werke Ciceros. Viel später, als Corvey längst in weltlichem Besitz war, wirkte hier v. 1860–74 der Dichter Hoffmann v. Fallersleben an der Schloßbibliothek des Fürsten v. Corvey. Sein Grab befindet sich auf dem Klosterfriedhof. – Nach der Zerstörung im 30jährigen Krieg wurde die Anlage im Stil des Barock neu errichtet. Der großzügige Gebäudekomplex hat die Form eines langgestreckten Rechtecks, das man durch ein steinernes Tor erreicht. Von den einstmals vorhandenen Gräben und Zugbrücken ist heute nichts mehr zu sehen. Erhalten blieb die Klostermauer im O, an der ein Weg entlangführt.

Cottbus, Marktplatz mit Oberkirche und Schloßturm

Ehem. Klosterkirche: An der Stelle der heutigen Pfarrkirche St. Stephanus und Vitus befand sich einst eine dreischiffige Basilika mit Außenkrypta, die 822–44 erbaut worden ist und im 30jährigen Krieg ebenfalls zerstört wurde. – Der heutige Bau, ein gotisierender Saalbau, entstand in den Jahren 1667–71. Einbezogen wurde das W-Werk des urspr. Baus, das alle Kriegswirren überstanden hat. Auch in den Maßen folgte man weitgehend dem Vorgängerbau. Im O des Chors befindet sich die *Benediktuskapelle* (1727), in der S-Seite des Langhauses die ebenfalls später hinzugefügte *Marienkapelle* (um 1790). Nach dem 2. Weltkrieg wurde die Kirche insgesamt renoviert. Das W-Werk, zwischen 873 und 885 errichtet, diente als Gastkirche der dt. Könige, v. der aus sie dem Gottesdienst der Mönche beiwohnten (24 Besuche bezeugt bis zur Mitte des 12. Jh.).
Die Funktion des W-Werkes entsprach genau der → Aachener Kaiserkapelle. Der bes. große Mittelbogen war die *Kaiser-*loge. Die kleineren Arkaden waren für das Gefolge bestimmt. – An das W-Werk (bedeutendster Teil der Klosterkirche in Corvey) schließt der von 1667–71 errichtete got. Neubau an.
Inneres und Ausstattung: Die Ausstattung der Kirche wird v. sog. Paderborner Barock bestimmt. Er ist in den Formen pompöser und derber als im S Deutschlands. *Hochaltar* und beide *Nebenaltäre* sind leuchtend rot gehalten, das *Chorgestühl* zeigt reiche Schnitzereien. An der W-Wand wird die *Orgel* v. 4 Engeln getragen. Ein stark beschädigtes *Fresko* im W-Werk aus der Gründungszeit zeigt den Kampf des Odysseus mit Skylla.

Schloß: Das Schloß, hervorgegangen aus der ehem. Abtei, entstand v. 1699–1721. Es umschließt den *Kreuzgang* und einen zweiten großen *Binnenhof*. Die *W-Fassade* ist 200 m lang und besitzt 5 verschie- den große Portale.
Im *Kaisersaal* finden alljährlich die *Corveyer Festwochen* statt.

Cottbus, Theater

03042–55 Cottbus
Brandenburg

| Einw.: 123 300 | Höhe: 76 m | S. 1279 □ R 7 |

Als Burgward schon im 10. Jh. zum Schutze eines Spreeübergangs der Salzstraße vermutet, 1156 wird ein Burggraf in *Chotibuz* erstmals genannt, noch im 12. Jh. entstand eine Kaufmannssiedlung als Suburbium, dann im 13. Jh. planmäßige Anlage und Erweiterung nach Westen (Neumarkt), Norden (Franziskanerkloster um 1290) und Süden sowie Gesamtummauerung (von der Backsteinmauer des 15. Jh. noch Teile im Westen und Norden erhalten mit einem Wiekhaus, dem Münzturm und dem Spremberger Turm). Die Herren von Cottbus verkauften 1445 und 1455 ihre Herrschaft an Brandenburg, bei dem es auch verblieb. Das Schloß wurde im 19. Jh. beseitigt, nur der Schloßturm (Amtsturm), der in den unteren Teilen auf einen Bergfried aus der Zeit um 1300 zurückgeht,

steht noch mit seinem historisierenden Aufsatz von 1876 beherrschend im Stadtbild. Die Hauptstraße in O-W-Richtung gabelt sich mit der von S kommenden Spremberger Straße am großen Markt, darauf stand bis 1945 das Rathaus. Ö davon, am Fuße des Schloßberges, die Oberkirche. Cottbus, sorb. *Chosebuz*, liegt in der Niederlausitz inmitten eines Energiebezirks.

Oberkirche St. Nikolai: Mit dem Wiederaufbau der dreischiffigen spätgotischen Backstein-Hallenkirche wurde nach einem Stadtbrand v. 1486 begonnen. Anfang des 16. Jh. war sie einschließlich der Sterngewölbe und der Anbauten mit Staffelgiebeln fertiggestellt. Von der Inneneinrichtung und Ausstattung ist der *Altaraufbau* (1661 v. Andreas Schultze aus Torgau) erhalten geblieben. Die urspr. Polychromie wurde freigelegt, das ikonographische Programm hat das Glaubensbekenntnis zum Inhalt, begleitet v. typologischen Vorbildern.

*Creglingen, Herrgottskapelle, Details aus
dem Marienaltar v. Tilman Riemenschneider
oben: Geburt Jesu; unten: Johannes*

Franziskaner-Klosterkirche (N-Rand der Altstadt): Nach 1537 Pfarrkirche für die zum Kloster gehörigen Dörfer als sog. *Wendische Kirche* dienend, ein langgestreckter (10 Joche), rechteckiger Saal, nur an den mittleren 4 Jochen im S ein Seitenschiff angefügt, um 1300 begonnen und sukzessive erweitert. Im Stadtbild bestimmend ein schlanker Turm mit spitzer, achtseitiger Helmpyramide aus Stein. Die Gewölbe im Inneren aus dem 15. Jh., Emporen 17. Jh., Altaraufbau v. 1750, Kanzel 17. Jh., Taufstein unter Verwendung eines ma Sakramentshauses. Bes. wertvoll der *Doppelgrabstein* für Fredehelm und Adelheit v. Cottbus aus dem frühen 14. Jh. und ein überlebensgroßer *Kruzifixus* aus Holz (um 1320–30).

Schloßkirche: Einschiffiger Barockbau für die reformierte Gemeinde.

Friedhofskapelle (alter Friedhof): Das Bauwerk in Form eines dorischen Tempels mit niedrigen seitlichen Säulengängen wurde um 1835 v. Carl Gottlieb Kahle* nach Angaben v. Schinkel erbaut.

Theater: 1908 nach Entwürfen des Berliner Architekten Bernhard Sehring errichtet (1981–86 restauriert), ein führender Bau des späten, neoklassizistisch verblockenden Jugendstils. Große glatte Flächen wechseln mit detailreichen, plastisch gegliederten Zonen ab, runde und eckige Bauteile durchdringen sich.

Außerdem sehenswert: Von der Stadtbefestigung sind Teile der *Backstein-Stadtmauer* aus dem 15. Jh. erhalten, im W auch einige *Wiekhäuser.* Der *Rundturm* am ehem. Spremberger Tor wurde 1823–25 v. Schinkel unter Benutzung älterer Teile errichtet. – In der Nähe des Münzturms an der NO-Ecke der Stadtmauer steht der *Tuchmacherbrunnen,* der 1930 von R. Kuöhl* geschaffen wurde. – Mehrere *Bürgerhäuser* legen Zeugnis ab v. dem einstigen Wohlstand der Stadt. *Nr. 14* (1763) und *16* (um 1675) am *Altmarkt* sind barock, *Nr. 15* (ca. 1793) am gleichen Platz ist klassizistisch. Weitere barocke und klassizistische Bauten finden sich in der *Sandower Straße* (*Nr. 20* und *54* barock, *Nr. 50* klassizistisch) und in der *Mönchsgasse* (*Nr. 1* klassizistisch).

Umgebung

Branitz, Schloß (2 km ö): Der zweigeschossige Barockbau v. 1772 wurde v. Gottfried Semper* um 1850 für Hermann Fürst v. Pückler-Muskau (1785–1871) umgebaut, der hier etwa zu dieser Zeit seinen Wohnsitz nahm. Hier ist heute das *Bezirksmuseum* mit einer Blechen-Gedenkstätte eingerichtet. Blechen gilt als Wegbereiter der realistischen Landschaftsmalerei in Deutschland. Der herrliche *englische Landschaftspark* wurde v. Fürst v. Pückler-Muskau* in den Jahren 1844–71 angelegt. Pückler-Muskau ließ auch die beiden Erdpyramiden anlegen, die in Europa einzigartig sind. Die in einem Tumulusteich gelegene dient als seine Grabstätte.

74564 Crailsheim
Baden-Württemberg

Einw.: 28 600   Höhe: 413 m   S. 1282 □ I 12

Stadtkirche St. Johannes Baptist: Eine Inschrift am Turm nennt das Jahr 1398 als Baubeginn, urkundliche Nachrichten erwähnen den Bau aber schon 1289. Die Vollendung zog sich bis in die Mitte des 15. Jh. hin. – Die spätgot. Kirche folgt dem Typ der → Rothenburger Franziskanerkirche. – Höhepunkt der Ausstattung ist der *Hochaltar* von 1486. Sehenswert sind das *Sakramentshäuschen* (1499) und die *Barockorgel* (1709). Unter den zahlreichen *Grabdenkmälern* verdienen das Grabmal des Wendel von Schrotzberg (an der S-Wand im Kirchenschiff) und das Grabmal der Anna Ursula v. Braunschweig und Lüneburg (an der W-Wand) besondere Beachtung.

Fränkisch-Hohenlohesches Heimatmuseum (Spitalstr. 2): Das Museum in der ehem. Spitalkapelle zeigt Sammlungen zur Stadtgeschichte, Kunsthandwerk, Violinen und Fayencen.

97993 Creglingen
Baden-Württemberg

Einw.: 4900   Höhe: 277 m   S. 1282 □ I 12

Herrgottskapelle: An der Stelle eines Hostienwunders (ein Bauer hatte beim Pflügen eine Hostie gefunden) ließen die Herren v. Brauneck s der Stadt Creglingen 1399 eine Herrgottskapelle bauen, die im Spät-MA zu einer vielbesuchten Wallfahrtskirche wurde. Schiff und Chor sind in dieser einräumigen Kapelle unter einem Dach zusammengefaßt. Der urspr. Bau zeigt sich dank erstklassiger Restaurierungen in seiner urspr. Schönheit.
Inneres und Ausstattung: Bes. sehenswert ist der *Marienaltar*, der sich im Schiff über einer steinernen Altarplatte genau am Ort des Hostienwunders erhebt. T. Riemenschneider* hat dieses Hauptwerk der unterfränkischen Schule in den Jahren 1502–05 geschaffen. Es ist vergleichbar mit dem Hl. Blutaltar in der → Rothenburger St.-Jakobs-Kirche, jedoch dank der günstigeren Aufstellung diesem noch überlegen. Der Mittelschrein zeigt Maria, die v. den Engeln gen Himmel getragen wird. Unter ihr sind die Apostel zu erkennen. Die Flügel zeigen Szenen aus dem Marienleben. Im Sprengwerk ist die Marienkrönung dargestellt, darüber schwebt der Heiland. Die einzelnen Figuren sind entweder gar nicht oder nur ganz leicht getönt. Die Rückwände des Mittelschreins und der Marienkrönung sind durchbrochen, so daß das Licht durchdringen kann und so ein eigenwilliges Schattenspiel entsteht. – Die beiden *Seitenaltäre* entstanden um 1460, der *Hochaltar* um 1510. Der Boden der gesamten Kirche ist mit *Grabplatten* bedeckt.

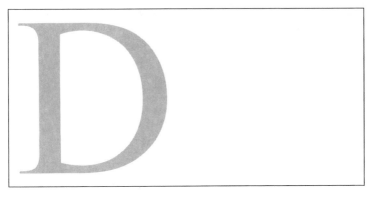

85221 Dachau

Bayern

Einw.: 35 900   Höhe: 505 m   S. 1282 ☐ L 14

Ludwig Thoma, der v. 1893–97 als »erst-
ansässiger Advokat« in Dachau lebte
(Augsburger Str. 13), bescheinigte der
Stadt in seinen Bauerngeschichten eine
»derb zugreifende, altbayerische Lebensfreude«.

Schloß (Schloßstr.): Vorgängerbau des
heutigen Schlosses war eine Burg aus dem
11. Jh., die unter Herzog Ernst 1546–73
durch einen Neubau ersetzt wurde. 1715
erfolgte ein Umbau im Auftrag v. Max
Emanuel. Nach Verfall 1806–09 blieb nur
der SW-Trakt erhalten. – Der Renaissancebau hat seinen Höhepunkt im *alten
Festsaal* mit prächtiger Holzkassettendek-
ke, zu dem ein bemerkenswertes Treppenhaus führt (v. J. Effner, der auch den Umbau plante). Im Festsaal ist der 1567 v. H.
Thonauer gemalte Grisaillefries zu sehen.

Hofgarten: Die urspr. barocke Gartenanlage ist nur in Teilen erhalten. Sie führte
urspr. in großflächigen Abstufungen bis
ins Ampertal hinab.

Pfarrkirche St. Jakob: Erbaut v. 1584–
1629, Kriegsschäden v. 1648 beseitigt,
später mehrere Anbauten, Erhöhung der
Türme. Wichtigstes Stück der Ausstattung
ist eine silbergetriebene Jakobsfigur v.
1690.

KZ-Gedenkstätte (Alte Römerstr. 75) mit
Exponaten zur Geschichte des Konzentra-
tionslagers und der nationalsozialistischen
Verfolgung.

Dachauer Gemäldegalerie (Konrad-
Adenauer-Str.): In den Räumen der ehem.
Sparkasse werden Werke aus der *Dachau-
er Malerschule* gezeigt (19./20. Jh.).

64283–97 Darmstadt

Hessen

Einw.: 140 000   Höhe: 146 m   S. 1281 ☐ F 11

Darmstadt, ab 1567 Residenz der Landgra-
fen v. Hessen-Darmstadt, wurde im 2.
Weltkrieg zu großen Teilen zerstört. Be-
deutende Leistungen der Architektur und
des Städtebaus gingen verloren. – Die
Stadt war spätestens seit dem 18. Jh. ein
geistiges Zentrum in Hessen. Karoline v.
Hessen-Darmstadt – v. Goethe »Große
Landgräfin« tituliert – pflegte Kontakte zu
den geistigen Größen ihrer Zeit: Goethe,
Herder, Wieland, Friedrich d. Gr. u. a.
Darmstadt ist aber auch mit Namen wie
Georg Büchner (v. 1816–21 und 1834–35
in Darmstadt), Matthias Claudius (1776),
Ferdinand Freiligrath (1841–42) und
Theodor Heuss (Ehrenbürger der Stadt)
verbunden. Um die Jahrhundertwende entstand auf der Mathildenhöhe eine Künstlerkolonie. Darmstadt ist Sitz der Dt. Akademie für Sprache und Dichtung. Alljährlich wird hier der wichtigste dt. Literatur-
preis, der Georg-Büchner-Preis, vergeben.

Dachau, Schloß

Darmstadt, Ernst-Ludwig-Haus

Schloß (Marktplatz): Im Schloß befindet sich heute die Landes- und Hochschulbibliothek, das Staatsarchiv, das Schloßmuseum sowie einige Hochschulinstitute. Anfänge des heutigen Baus lassen sich bis zum Jahr 1331 zurückverfolgen. Nach einem Brand 1546 begann der Wiederaufbau 1577. 10 Jahre später wurde der Ausbau zum Residenzschloß eingeleitet. Die Ausgestaltung zur repräsentativen Barockanlage plante L. R. Delafosse. 1944 brannte der gesamte Schloßkomplex aus, wurde jedoch originalgetreu wiedererrichtet.

Die Anlage ist gegliedert in das Altschloß und das sog. Neuschloß. Das Altschloß ist geprägt v. schlichten unregelmäßigen (meist dreigeschossigen) Bauten, die an 3 Binnenhöfen gelegen sind. Ältester Teil ist der Herrenbau, der aus dem Palas des 14. Jh. hervorgegangen ist (Veränderungen bis ins 20. Jh.). S schließt sich der *Weißesaalbau* an (1501–12, 1716 verändert). Abschluß nach S ist der *Kaisersaalbau* (1595–97). Die O-Seite ist v. Kirchenbau bestimmt (1595–97 im Stil der Renaissance).

Das Kirchenportal zur Hofseite hin wurde 1709 nach Entwürfen v. Delafosse neu gestaltet. Nach N wird das Altschloß durch den *Paukergang* begrenzt (1595–97). Über der Tordurchfahrt sehr schöne Doppelbogenloggien in beiden Obergeschossen. Die Verbindung zum Neuschloß stellt der *Glockenbau* dar (1633–71). Der viergeschossige, quadratische Treppenbau birgt in seiner Laternenhaube das 1670 von S. Verbeek geschaffene Glockenspiel. – Das *Neuschloß* sollte nach den Plänen Delafosses zu einer mächtigen Schloßanlage ausgebaut werden, das Vorhaben wurde jedoch nur zum Teil verwirklicht. Das Neuschloß umgibt die alte Schloßanlage mit 2 langgestreckten, monumental wirkenden Flügeln im S und SW. Architektonischer Mittelpunkt ist der Eingangsrisalit zur Marktseite.

Inneres und Ausstattung: Der Gedanke, das Schloß nach dem Wiederaufbau als Archiv, Bibliothek, Museum und für einige Hochschulinstitute zu nutzen, ließ die Frage nach der urspr. Ausstattung in den Hintergrund treten. Die Atmosphäre der einstmaligen Residenz wird jedoch im *Schloßmuseum* wach (mit der »Darmstädter Madonna« v. Holbein d. J. als bedeutendstem Besitz). Das Hessische *Landesmuseum* (Eingang Friedensplatz) vereint Kunst und Naturwissenschaften unter einem Dach.

Herrengarten mit Prinz-Georg-Palais (Schloßgartenstraße): Der ehem. Schloß-

Darmstadt, Hochzeitsturm, Portal

Darmstadt, Russische Kapelle

park erlebte – parallel zum sich wandelnden höfischen Geschmack – die Umgestaltung zum franz. Lustgarten (1681 unter Elisabeth Dorothea) und zum engl. Garten (1766). Im Herrengarten steht das Prinz-Georg-Palais, das vermutlich um 1710 v. Delafosse als höfische Sommerwohnung errichtet wurde (seit 1907 *Porzellanmuseum*). Dem schlichten Barockbau vorgelagert sind – als isolierte Flügel – die Orangerie und Remise.

Mathildenhöhe (v. der Stadtmitte aus über die Dieburger Straße): Die Mathildenhöhe, eine 1830 v. Großherzog Ludwig II. angelegte und nach seiner Schwiegertochter Mathilde benannte Parkanlage, wurde 1901 zur Künstlerkolonie und mit einer aufsehenerregenden Ausstellung eröffnet. In Zusammenhang mit dieser und den folgenden Kunstausstellungen wurde Darmstadt zu einem Zentrum des Jugendstils in Deutschland. Namhafte Künstler bauten auf der Mathildenhöhe. Der Wiener Josef Maria Olbrich, der die Leitung des Ausbaus der Mathildenhöhe zur Künstlerkolonie hatte, entwarf das *Ernst-Ludwig-Haus* (heute Museum der Künstlerkolonie). Am Alexandraweg baute der Hamburger Peter Behrens sein Wohnhaus. Zur Ausstellung des Jahres 1904 entstand die Dreihäusergruppe Olbrichs am Prinz-Christian-Weg. Der *Hochzeitsturm*, eines der Wahrzeichen der Stadt, wurde – v. Olbrich entworfen – zur Ausstellung des Jahres 1908 fertiggestellt. – Auf der Mathildenhöhe befindet sich außerdem die *Russische Kapelle,* die 1899 geweiht wurde.

Rosenhöhe (nahe dem O-Bahnhof): Ehemals herrschaftlicher Weinberg, entstand zu Beginn des 19. Jh. ein Park. Inmitten des Parks befindet sich das *Mausoleum* für Prinzessin Elisabeth (1826 v. G. Moller[*] geschaffen). In Verbindung mit einer Ausstellung Darmstädter Künstler im Jahr 1914 fertigten A. Müller und B. Hoetger das *Löwentor* (urspr. Mathildenhöhe), das in veränderter Form auf der Rosenhöhe wieder aufgestellt worden ist.

Luisenplatz: Kennzeichen des Luisenplatzes im Zentrum der Stadt ist die 28 m hohe *Ludwigssäule* aus dem Jahr 1844,

Denkmal für Großherzog Ludwig I. – Das *Kollegienhaus* (1777–80) wurde nach der Zerstörung im 2. Weltkrieg wiederhergestellt. Einst als Verwaltungsgebäude konzipiert, ist es heute Sitz des Regierungspräsidenten. – Dem *neuen Rathaus* ist die Kongreßhalle angeschlossen.

Ev. Stadtkirche (Kirchstraße): Von der ursprünglichen Marienkapelle aus dem 13. Jh. ist nur noch der fünfgeschossige W-Turm erhalten (das oberste Geschoß 1627–31, Laterne mit Glockenstuhl 1953). Der langgestreckte Chor entstand wahrscheinlich 1419–31. Das spätgotische Langhaus aus den Jahren 1685–87 wurde 1844–45 umgebaut. Nach den Zerstörungen im 2. Weltkrieg Wiederaufbau (1952–53) bei teilweisen Veränderungen. – Die Kirche besitzt einzigartige Renaissancegrabmäler. Das bedeutendste ist das (dreigeschossige) Epitaph in Altarform, das Landgraf Georg I. und seine Gemahlin Magdalena zur Lippe zeigt. Es wurde 1588–89 v. P. Osten geschaffen und ist neben dem Denkmal für Philipp den Großmütigen in Kassel das älteste Monumentalgrabmal aus der Zeit nach der Reformation in Hessen.

Kath. St.-Ludwigs-Kirche (Wilhelminenplatz): Hinter dem Denkmal für Groß-

Darmstadt, ev. Stadtpfarrkirche

herzogin Alice steht der große Rundbau, der in den Jahren 1822–38 nach einem Entwurf v. G. Moller (1820) entstanden und nach der völligen Zerstörung im 2. Weltkrieg durch C. Holzmeister (Wien) wiederaufgebaut wurde. Der Bau entstand in Anlehnung an das röm. Pantheon und gilt als typischer Bau des Klassizismus in Deutschland. 28 Säulen sind im Inneren zu einem Kranz zusammengeschlossen. Die Kuppel ist 14 m hoch und hat einen Durchmesser v. 28 m.

Theater: *Altes Landestheater* (zwischen Schloß und Hofgarten): 1818–19 v. G. Moller als Hoftheater erbaut, nach einem Brand im Jahr 1871 von 1875–79 leicht verändert wiederaufgebaut, 1944 ausgebrannt. Der Säulenportikus ist erhalten. – Der Neubau des *Staatstheaters* wurde im Oktober 1972 eingeweiht. – *Großes und Kleines Haus mit Werkstattbühne* (Auf dem Marienplatz) sind in einem Neubau v. R. Prange (Oper und Schauspiel) unter einem Dach vereint. Das Große Haus hat 956, das Kleine 482, die Werkstattbühne 150 Plätze. – *Theater am Platanenhain* (Bessingerstr. 125).

Museen: *Hessisches Landesmuseum* (Friedensplatz 1): In dem 1896–1906 v. A. Messel erbauten Museum werden u. a. Malerei, Plastik und Kunsthandwerk gepflegt. – *Hessisches Staatsarchiv* (im Schloß): In der Schausammlung werden wertvolle Inkunabeln, Handschriften, Musikhandschriften und Musikerbriefe gezeigt. – *Schloßmuseum* (Residenzschloß): Wohnkultur und Gemälde des 17.–20. Jh., Galawagen, Kleider und Uniformen. – *Großherzogliche Porzellan-Sammlung* (im Prinz-Georg-Palais im Schloßgarten): Europ. Porzellan und Fayencen des 18./19. Jh. – *Kunsthalle* (Steubenplatz): Wechselausstellungen moderner und alter Kunst. – *Museum Künstlerkolonie Darmstadt* (Mathildenhöhe): Jugendstil.

Umgebung

Kranichstein (8 km nö): 1572 im Auftrag v. Landgraf Georg I. durch Jakob Kesselhut als dreiflügeliges Schloß im Stil der Renaissance errichtet. Auffallend ist der

Darmstadt, kath. St.-Ludwigs-Kirche

kräftige Rundturm an der NW-Ecke. 1863 Hinzufügung eines Querbaus. Heute *Jagdmuseum* und Hotel – bis 1992 wegen Renovierung geschlossen.

56132 Dausenau
Rheinland-Pfalz

Einw.: 1400   Höhe: 88 m   S. 1276 ☐ D 10

Ev. Pfarrkirche Maria und St. Kastor: Die Kirche ist 1319 zum erstenmal erwähnt. Der Turm ist roman., das kurze Langhaus ist als got. Hallenbau des 14. Jh. konzipiert. Der Dom zu → Trier diente als Vorbild für diese im Mittelrhein- und Lahngebiet häufiger anzutreffende Art der Emporenhallen. Von der Ausmalung aus dem 14. Jh. sind im Hauptchor, im s Nebenchor und am Gewölbe des s Seitenschiffs Reste erhalten. Der spätgot. Flügelaltar (um 1500) zeigt im dreiteiligen Schrein die Muttergottes, auf den Flügeln Szenen aus dem Marienleben.

Deggingen, Hl. Kreuz

Brunnen aus dem 16. und 18. Jh. – *Wallfahrtskirche zur Schmerzhaften Muttergottes* (Geyersberg) aus dem 15. Jh.

73326 Deggingen
Baden-Württemberg

Einw.: 5800   Höhe: 500 m   S. 1281 □ H 13

Pfarrkirche Hl. Kreuz: Unter Einbeziehung des got. Turms aus dem 14. Jh. entstand der Neubau der Kirche 1700. Der mächtige Hochaltar stammt v. der einheimischen Bildhauerfamilie Schweizer. Im Mittelpunkt steht die Kreuzigungsszene (mit Longinus zu Pferde und trauernden Frauen). Die seitlichen Figuren stellen Helena und Konstantin dar. Im oberen Teil Gottvater mit den Aposteln Johannes, Petrus, Paulus und Jakobus sowie den himmlischen Heerscharen.

Außerdem sehenswert: *Wallfahrtskirche Ave Maria* (1716–18) mit ungewöhnlichem Altar der Bildhauerfamilie Schweizer sowie einem guten Gnadenbild (15. Jh.).

94469 Deggendorf
Bayern

Einw.: 30 400   Höhe: 314 m   S. 1283 □ O 13

Pfarrkirche Mariae Himmelfahrt: Der Bau, dessen Ursprünge auf eine roman. Anlage zurückgehen (1240 niedergebrannt), wurde vielfach verändert. Ein Tympanonrelief befindet sich heute an der Wand der *Wasserkapelle* (1242–50, neben der Pfarrkirche). Der Hochaltar ist als Baldachinanlage gestaltet. Der Altar war 1749 urspr. für den Eichstätter Dom geschaffen (v. M. Seyboldt), kam dann aber 1884 nach Deggendorf.

Außerdem sehenswert: *Hl.-Grab-Kirche:* Eine dreischiffige Basilika aus der Zeit der Gotik (1360). – *Bürgerspitalkirche St. Katharina:* Sehenswerte Deckenbilder v. F. A. Rauscher. – *Rathaus* (Marktstraße) v. 1605 mit Martinskapelle (1296). – Auf dem Marktplatz stehen 2

67146 Deidesheim
Rheinland-Pfalz

Einw.: 3600   Höhe: 117 m   S. 1280 □ E 12

Deidesheim, ein im frühen MA gegr. Städtchen an der Weinstraße, ist voller Geschichten um den Wein, der hier seit dem 8. Jh. kultiviert wird. Daran erinnert nicht nur die berühmte »Geschichte des Weinbaus«, jenes Standardwerk v. Friedrich Armand v. Bassermann-Jordan, sondern auch das Weinmuseum im Rathaus der Stadt.

Kath. Pfarrkirche (Marktplatz): Die für den pfälzischen Raum bedeutsame spätgot. Kirche wurde 1440–80 in der Manier der Bettelordenskirchen des 14. Jh. errichtet. Nach Zerstörung 1689 wurden Dachstuhl und Turmhelm erneuert. In der dreischiffigen Basilika finden sich einige wertvolle Ausstattungsstücke: *Kruzifixus* aus der Zeit um 1510. Erhalten ist auch ein wertvolles *Relief des hl. Georg* (um 1480),

Dargun (Demmin), Ruine des frühgot. Langhauses der Klosterkirche

das in das n Chorgestühl eingelassen ist. Hl. Anna (um 1500) am r Seitenaltar sowie auferstandener Christus (um 1500) an einem Chorpfeiler.

Rathaus (Marktplatz): Der feingliedrige Bau wird v. einer doppelläufigen Freitreppe (1722) mit einem v. Rundsäulen getragenen Baldachin geprägt. Die Treppe führt v. (offenen) Untergeschoß (16. Jh.) in das später aufgesetzte Obergeschoß aus dem 18. Jh. – *Museum für Weinkultur:* In ihm wird seit 1984 die Geschichte des Deidesheimer Weinbaus gezeigt.

Heidenlöcher (nw v. Deidesheim): Die frühmittelalterliche Fliehburg wurde wahrscheinlich aus Anlaß der Normannen- oder Ungarngefahr errichtet. Heute sind neben dem 450 m langen *W-Wall* nur noch Reste v. 65 Häusern und v. Toren zu erkennen.

Außerdem sehenswert: *Spitalkirche* (Weinstraße): Kapelle 1496 gestiftet, an-

grenzende Spitalgebäude aus dem 16.–18. Jh. – *Michaelskapelle* (Kirchberg): Spätgot. Bau (1470), 1663/64 wiederaufgebaut und erweitert. – Museum für moderne Keramik (Stadtmauergasse 17). – Museum für Foto- und Kinotechnik, Weinstr. 33.

04509 Delitzsch
Sachsen
Einw.: 25 500   Höhe: 98 m   S. 1278 □ N 7

Hier befand sich bereits in slawischer Zeit eine Kult- und Gerichtsstätte. Von der Stadtbefestigung, die um 1400 angelegt wurde, sind große Teile der *Mauer* sowie der *Breite Turm* und der *Hallische Turm* erhalten. Im Breiten Turm befindet sich eine Ausstellung über die Baudenkmäler des Orts.

Pfarrkirche St. Peter und Paul: Eine dreischiffige Backstein-Hallenkirche wurde 1404 begonnen und Ende des 15. Jh.

fertiggestellt. Am Chor ist eine Ölberggruppe mit lebensgroßen Figuren angebracht, die um das Jahr 1410 geschaffen wurde.

Pfarrkirche St. Marien: In der Neustadt, ebenfalls eine Backstein-Hallenkirche (Baubeginn 1518). Besondere Beachtung verdienen das reiche W-Portal und der spätgot. Flügelaltar im Inneren aus dem frühen 16. Jh., der v. der Schusterinnung gestiftet wurde.

Spitalkirche: In ihr (begonnen 1516) finden sich ein spätgot. Altar mit doppelten Flügeln (im Schrein Maria und 2 Heilige; um 1520) und ein kleinerer Schnitzaltar (im Schrein Anna selbdritt; um 1500).

Schloß: Mit einem Hauptportal v. 1692 datiert im wesentlichen aus dem 16. Jh. Hier befindet sich das *Kreisheimatmuseum*. Zu sehen sind u. a. historische Möbel sowie Taschen- und Standuhren aus dem 17.–19. Jh.

17109 Demmin
Mecklenburg-Vorpommern

Einw.: 15 800   Höhe: 10 m   S. 1275 ☐ O 3

Die Kreisstadt liegt an der Stelle, wo sich die Flüsse Peene, Trebel und Tollense vereinigen. Bereits um die Jahre 1170 wird D. von Adam von Bremen als ein bedeutender Ort in Liutizenland erwähnt. 1249 erhielt er Lübecker Stadtrecht. Wichtige Wirtschaftszweige waren Handel und Schifffahrt.

Stadtpfarrkirche St. Bartholomäus: Einem im 13. Jh. errichteten Vorgängerbau folgte im 14. Jh. die stattliche Hallenkirche mit den – trotz der v. Blenden gegliederten O-Giebels – polygonalen O-Abschlüssen der 3 Schiffe, mächtiger W-Turmfront mit reichem Blendenschmuck und seitlichen Hallen sowie zum Teil jüngeren Kapellenanbauten nach N und S. Auch das äußere Erscheinungsbild ist jetzt durch die 1853–57 nach Plänen der Architekten Bartholomäus Weber und Friedrich August Stüler durchgeführte umfassende Restaurierung der Kirche bestimmt.

Außerdem sehenswert: Der um 1800 am Peenehafen aus Fachwerk errichtete schlanke und hohe *Speicher* mit Mansarddach und Aufzugsvorrichtung. Von diesen »Lübecker Speichern« gibt es noch einige jüngere Exemplare am Hafen.
Die klassizistische *Kapelle* auf dem ehem. Marienfriedhof ist ein verputzter achteckiger Zentralbau. Unweit davon der *Grabstein* des um 1800 verstorbenen Ehepaares Lobeck v. Johann Gottfried Schadow.

Umgebung

Nossendorf (8 km nw): Die im 13. Jh aus Feldsteinen errichtete *Dorfkirche* erhielt im 14. Jh. einen polygonalen Chorschluß aus Backstein; das blendengegliederte Obergeschoß des Turmes wurde 1880 erneuert. – Dominierendes Ausstattungsstück ist der hohe barocke Kanzelaltar mit seitlichen Schranken. Der Taufstein aus dem 13. Jh. und eine gemalte Kreuzigungsgruppe aus der Zeit um 1360 auf der Innenseite der Tür zur Sakramentsnische sowie die Grabplatte für den 1364 ermordeten Gerard de Lynden mit den eingeritzten Bildnissen des Toten und seiner Mörder sind die sehenswerten ma Ausstattungsstücke der Kirche.

73770 Denkendorf
Baden-Württemberg

Einw.: 10 200   Höhe: 274 m   S. 1281 ☐ G 13

Ehem. Klosterkirche: Der Bau geht in seinen wesentlichen Teilen auf das 12./13. Jh. zurück. Das schwere Kreuzgewölbe der Vorhalle ruht auf 2 mächtigen Pfeilern. Massige Pfeiler stützen auch die flachgedeckte Basilika.
23 Stufen unterhalb des Kirchenbodens liegt die *Krypta* mit Wandmalereien (1515). Sie gilt als Hinweis auf den Heiliggrabkult, der zur Zeit der Kreuzzüge entstanden ist. In der Vorhalle und im s Seitenschiff befinden sich beachtenswerte Grabdenkmäler.

Außerdem sehenswert: Friedhofskirche (um 1500).

Denkendorf, ehem. Klosterkirche

36466 Dermbach
Thüringen

Einw.: 3400   Höhe: 380 m   S. 1277 □ I 9

Katholische Pfarrkirche: Der einschiffige Barockbau wurde 1732–35 v. dem fürstäbtlichen Bauinspektor Andrea Galasini[*] errichtet. An der O-Fassade finden sich über dem Wappenportal 4 Statuen: Christus mit Maria und Josef, darunter der hl. Franziskus. Die reiche Ausstattung im Innenraum mit mehreren Altären datiert aus der Entstehungszeit.

Evangelische Pfarrkirche: Der Barockbau wurde 1714 unter Benutzung älterer Teile, u. a. eines spätgot. W-Turms, errichtet. Die Ausstattung ist – mit Ausnahme eines spätgot. Abendmahlreliefs v. 1475 – barock.

Außerdem sehenswert: Das *Schloß*, ein schlichtes Barockgebäude v. 1707. – *Gast-*haus *»Sächsischer Hof«*, stattlicher zweistöckiger Fachwerkbau v. 1623. – *Heimatmuseum* in der Bahnhofstr. 16 mit für die Rhön typischen Schnitzarbeiten und der Werkstatt eines Pfeifenkopfdrehers.

Umgebung

Zella (7 km s): Die barocke *Propsteikirche* ist einschiffig. Andrea Galasini[*] erbaute sie 1715–32. Beachtung verdient die reiche Fassade über einem geschweiften Grundriß. Sie ist mit Statuen und Figurengruppen geschmückt. Zu sehen sind die Himmelfahrt Mariens und die Heiligen Bonifatius, Valentin, Benedikt und Sturmius (bis 779 Bischof v. Fulda). Die Einrichtung der Kirche ist barock. – Das *Propsteigebäude* wurde 1718 errichtet.

06842–49 Dessau
Sachsen-Anhalt

Einw.: 95 100   Höhe: 64 m   S. 1278 □ N 7

Dessau liegt an beiden Ufern der Mulde, die hier in die Elbe mündet. Der Ort wird 1213 erstmals als *Dissowe* urkundlich erwähnt und erhielt vermutlich 1298 Stadtrechte. Seit 1341 besaßen die Fürsten von Dessau hier einen festen Sitz, ein kleines Schloß. Von 1474 bis 1863 war Dessau Residenz des Fürstentums Anhalt-Dessau. Die erste Blütezeit fällt in die Regierung von Herzog Leopold Friedrich Franz (1758–1817). In diese Ära fällt auch die Gründung des Philanthropinum (1774) durch den Hamburger Pädagogen Johann Bernhard Basedow. Es handelt sich um eine »Schule der Menschenfreundlichkeit«. 1863–1918 war Dessau Residenz des Herzogtums Anhalt. – Im 19. Jh. starke Industrialisierung. 1925 zog das Bauhaus unter Leitung von Walter Gropius[*] von Weimar nach Dessau und bestand hier bis 1932. Bei einem Bombenangriff am 7. 3. 1945 wurde Dessau zu 95 % zerstört.

Georgenkirche: Bei der Kirche handelte es sich urspr. um einen barocken Zentralbau mit elliptischem Grundriß aus den Jah-

Dessau, Schloß Georgium >

ren 1712–17, der 1818–21 v. Carlo Ignazio Pozzi* zu einer kreuzförmigen Anlage erweitert wurde. Das Bauwerk wurde nach 1945 ohne die Kreuzarme wieder aufgebaut und ist innen modern.

Johanniskirche: Der einschiffige Barockbau, den 1688–93 Martin Grünberg* errichtete, wurde 1945 stark beschädigt. 1953–55 rest.

Schloß- und Stadtkirche St. Marien: Die dreischiffige spätgot. Backstein-Hallenkirche (1506–23) ist seit 1945 Ruine.

Historischer Friedhof: Der Friedhof wurde 1787–89 nach Vorbild der ital. Camposanti angelegt. Das Eingangsportal und das Aufseherhaus wurden nach Entwürfen v. Friedrich Wilhelm v. Erdmannsdorff* errichtet. Erdmannsdorff (1736–1800), der Baumeister v. Fürst Leopold Friedrich Franz, ist hier auch begraben, ebenso der Dichter Wilhelm Müller (1794–1827). Volkslieder wie »Am Brunnen vor dem Tore« und »Das Wandern ist des Müllers Lust« machten ihn bekannt.

Rathaus: Der Neurenaissancebau wurde 1899–1901 errichtet. Er hat einen weithin sichtbaren Turm. Die beiden Renaissanceportale im Hof (1563 und 1601) stammen vom Vorgängerbau.

Residenzschloß: Urspr. handelte es sich um eine Dreiflügelanlage. Erhalten ist jedoch nur noch der W-Flügel, der sog. Johannbau, der 1531–35 in den Formen der Renaissance errichtet und 1812–13 um ein Stockwerk erhöht wurde.

Schloß Georgium: Der zweigeschossige klassizistische Bau wurde 1781 v. Friedrich Wilhelm v. Erdmannsdorff* errichtet und 1893 durch 2 seitliche Anbauten erweitert. Hier ist die *Staatliche Galerie* untergebracht, mit Gemälden u. a. v. Hans Baldung, genannt Grien*, Pieter Bruegel*, Peter Paul Rubens*, Jan van Goyen*, Franz Hals* und Adriaen van Ostade*. Die graphische Sammlung umfaßt etwa 30 000 Blätter. Der das Schloß umgebende *Park* – Georgengarten – wurde in den Jahren nach 1780 v. Johann Friedrich Eyserbeck* angelegt. Die Nachbildungen antiker Bau-

werke (röm. Ruinen, Rundtempel) entstanden nach Entwürfen Erdmannsdorffs.

Staatliches Bauhaus (Thälmannallee): Das Bauhaus, eine Kunstgewerbeschule, war 1906 vom Großherzog v. Sachsen-Weimar in Weimar gegr. worden. Bis 1919 stand sie unter der Leitung v. Henry van de Velde*, anschließend unter der v. Walter Gropius* (bis 1928). 1925 zog das Bauhaus nach D. um. Das v. Walter Gropius entworfene Schulgebäude wurde 1925–26 errichtet. Die Mitarbeiter des Bauhauses begründeten den Funktionalismus, mit dem die historisierende Nachahmung überwunden wurde. Das Bauhaus wurde 1932 aus politischen Gründen geschlossen. Die nahe gelegenenen »Meisterhäuser« wurden 1926 ebenfalls nach Entwürfen v. Walter Gropius erbaut. – Der einzige weitere Gropius-Bau in D. ist das *Arbeitsamt* am August-Bebel-Platz, ein Stahlskelettbau v. 1928–29.

Museum für Naturkunde und Vorgeschichte (August-Bebel-Str. 32): Die Sammlungen sind im ehem. Leopolddankstift, einem Barockbau v. 1746–50 (Obergeschoß und Turm nach Vorbild v. S. Spirito in Rom; 1847), untergebracht. Zu sehen sind vor- und frühgeschichtl. Funde, Stiche zur Stadtgeschichte.

Außerdem sehenswert: Das 1936–39 erbaute *Landestheater* (Friedensplatz) rühmt sich einer der größten Bühnenmaschinerien der Welt. – Die *Stadtbücherei* ist in einem klassizistischen Gebäude untergebracht, das 1792–95 v. Friedrich Wilhelm v. Erdmannsdorff* errichtet wurde. Sie besitzt u. a. den Nachlaß des klassizistischen Modeautors Friedrich Matthisson, der 1781–84 Lehrer am Philanthropinum war, außerdem Teile des Nachlasses v. Wilhelm Müller.

Umgebung

Haideburg (3 km s): Das 1782–83 errichtete *Jagdschloß*, eines der frühesten und interessantesten Zeugnisse der Neugotik, stammt vielleicht v. Erdmannsdorff. Im Ortsteil *Törten* die *Bauhaus-Siedlung* (1926–30).

Dessau, Staatliches Bauhaus

Mosigkau (Dessau), Schloß mit Gartensaal

Mosigkau (9 km sw): Die Entwürfe für das zweigeschossige *Rokokoschloß* (1754–56) stammten vermutlich v. Georg Wenzeslaus Knobelsdorff[*].

32756–60 Detmold
Nordrhein-Westfalen

Einw.: 71 000   Höhe: 134 m   S. 1277 ☐ F 7

»Es war eine hübsche, reinliche Stadt«, schwärmte Malwida v. Meysenburg in ihren »Memoiren einer Idealistin« (1876), »an einem der malerischsten Punkte des nördlichen Deutschland gelegen, von Hügeln, mit herrlichen Buchenwäldern bedeckt, umgeben, an die sich historische Erinnerungen ferner Vorzeit knüpfen.« Diese Erinnerungen gelten v. a. dem Cheruskerfürsten Armin, der 9 n. Chr. mit seinem Sieg über das Heer des röm. Statthalters Varus, vermutlich hier, ganz in der Nähe v. Detmold, die Vorherrschaft der Römer gebrochen hat. Zu den berühmten Söhnen der Stadt gehören Christian Dietrich Grabbe (1801–36), Ferdinand Freiligrath (1810–76), Georg Weerth (1822–56) und Theodor Althaus (1822–52). Von 1826–33 hat hier Albert Lortzing gelebt.

Residenzschloß (Ameide): Eine ma Wasserburg (der mächtige Bergfried ist erhalten), die nur gelegentlich als Residenz der Edelherren zur Lippe gedient hatte, wurde 1528–36 zur stärksten lippischen Landesfestung ausgebaut.

1549 entwarf der Tübinger Schloßbaumeister J. Unkair[*] den vierflügeligen Bau mit den charakteristischen Treppentürmen, der erst 1621 vollendet wurde. Der SW-Flügel kam 1670 hinzu. Trotz der nicht immer einfühlsamen Veränderungen gilt das Residenzschloß als eines der bedeutendsten Werke der sog. Weser-Renaissance. Das Schloß war urspr. stark befestigt, Teile des Walls und der Wassergräben wurden jedoch beseitigt. Nach den Plänen v. J. Unkair wurde der Bau v. C. Tönnis, dem Meister der Weser-Renaissance, vollendet.

Wertvollste Stücke der reichen Ausstattung sind die 8 *Gobelins* an den Wänden des Königszimmers. Sie zeigen einen Alexanderzyklus und wurden um 1670 v. Jan Frans van den Hecke in dessen Brüsseler Werkstatt gefertigt. – Mehrere Salons und Wohngemächer sind mit der urspr. Ausstattung erhalten. Die *Kunstsammlungen* sind im Rahmen des *Schloßmuseums* zugänglich.

Detmold, Residenzschloß der Edelherren zu Lippe

Hermannsdenkmal auf der Grotenburg im Teutoburger Wald

Lippisches Landesmuseum und Heimathaus (Ameide 4): In den historischen Fachwerkhäusern Zehntscheune und Kornhaus, die durch eine Überführung miteinander verbunden sind, befindet sich heute das Lippische Landesmuseum. Die beiden Häuser wurden im Kloster Falkenhagen bzw. auf dem Hof der Domäne Schieder abgebrochen und hier neu errichtet. Das Museum bietet v. a. Beiträge zur kunsthistorischen Entwicklung des Lippe-Landes.

Westfälisches Freilichtmuseum (Krummes Haus, am s Stadtrand): Bauernhäuser und Gehöfte aus Westfalen wurden hierher überführt und originalgetreu wieder aufgebaut.

Landestheater (Theaterplatz 1): Oper, Schauspiel, 676 Plätze.

Außerdem sehenswert: Marktplatz; ref. Marktkirche (16. Jh.); Neues Palais (1706–18).

97337 Dettelbach		
Bayern		
Einw.: 6450	Höhe: 201 m	S. 1282 □ I 11

Dettelbach, Portal der Wallfahrtskirche Maria im Sand

Dettelbach, kath. Pfarrkirche

Wallfahrtskirche Maria im Sand (Wallfahrtsweg): Ein Vesperbild, seit 1505 wundertätig, war Ausgangspunkt für eine Wallfahrt. Julius Echter, baulustiger Fürstbischof v. Würzburg, gab den Auftrag zum Bau (1608–13) der heute noch viel besuchten Wallfahrtskirche in Mainfranken. Der Chor der urspr. kleineren Kirche wurde in den Bau einbezogen. Er gilt als typisches Werk des sog. Juliusstils, der auf eine Verbindung zwischen Elementen der Spätgotik, der Renaissance und des Barock zielt. Charakteristisch für diesen Stil sind die W-Fassade und das aufwendige Portal, das M. Kern geschaffen hat. Im Inneren beansprucht der Gnadenaltar mit seinen ungewöhnlichen Ausmaßen die Aufmerksamkeit des Betrachters. Die Baldachinanlage aus Stuckmarmor stammt v. A. Bossi (1778–79). Die Kanzel, die im Jahre 1626 ebenfalls v. M. Kern geschaffen wurde, gilt als eine der bedeutendsten Steinplastiken der Renaissance.

Kath. Pfarrkiche: Haupt- und runder Treppenturm sind durch eine Holzbrücke verbunden und ergeben ein ungewöhnliches Bild. Teile stammen aus dem Jahr 1489, andere Passagen wurden 1769 neu aufgeführt. Der Turm ist v. 8, rundbogig zum O-Chor, geöffneten Kapellennischen umstellt.

Stadtmauer und Rathaus: Als der Ort 1484 zur Stadt ernannt wurde, begann man mit dem Bau einer Stadtmauer, die zu großen Teilen erhalten ist. Das dreigeschossige Rathaus (1484–1512) ist mit seinem Giebel und einer Freitreppe an der Schauseite sehenswert.

64807 Dieburg

Hessen

Einw.: 14 000   Höhe: 144 m   S. 1281 □ F 11

Wallfahrtskirche St. Maria: Der heutige Bau erhielt seine bestimmenden Formen bei einem Erweiterungsbau 1697–1715 im Stil des Barock. Die Ursprünge des Gotteshauses lassen sich bis in die vorkarolingische Zeit verfolgen. Bemerkenswert ist die Ausstattung, deren Höhepunkt ein mittelrheinisches Vesperbild ist (um 1420). Es ist in den Hochaltar v. J. P. Jäger (1749) einbezogen, der sich beim Entwurf des Säulenaufbaus an das v. ihm selbst geschaffene Vorbild v. St. Quintin in → Mainz gehalten hat. Das Gnadenbild besteht aus Leder, Mörtel und Leinwand – eine nur selten zu findende Technik.

06386 Diesdorf

Sachsen-Anhalt

Einw.: 1900   Höhe: 70 m   S. 1274 □ K 5

Stiftskirche: Ein großes, 1170 gestiftetes Augustiner-Chorfrauenstift bestand nach der Reformation als Damenstift fort; dieses wurde 1810 aufgehoben. Von dem Stift Marienwerder ist im wesentlichen nur die große dreischiffige Backsteinbasilika erhalten, vorzüglich in der Klarheit ihres Grund- und Aufrisses, zudem der erste umfassend gewölbte Bau in der Altmark (Kreuzgratgewölbe). Veränderungen ge-

genüber der Architektur des frühen 13. Jh. sind die Stiftsdamenempore im o Querhaus, später erweitert in das n Seitenschiff hinein, und die 1872 hergestellten Obergeschosse des w Turmes, mit dem eine umfassende Wiederherstellung des Baus ihren Abschluß fand. Der Kirche fehlt seit dieser Renovierung ihre nachmittelalterliche Ausstattung. Vorhanden sind eine spätgot. Triumphkreuzgruppe und der Schrein eines Heiligen Grabes; die Grabkapelle ist im N-Seitenschiff eingebaut. Grabplatte mit Ritzfigur eines Grafen v. Lüchow aus der Familie der Stifter (gest. 1273).

Heimatmuseum: Seit 1927 besteht in der Nähe der Kirche ein Freilichtmuseum mit einer Reihe hierher versetzter altmärkischer Bauernhäuser.

86911 Dießen am Ammersee

Bayern

Einw.: 9100   Höhe: 577 m   S. 1282 □ L 15

Ehem. Augustiner-Chorherren-Stiftskirche St. Maria (jetzt Marienmünster, oberhalb des Ortes): Dem heutigen Bau sind die Gründung des Frauenklosters St. Stephan (um 1100) und des Augustiner-Chorherrenstifts (um 1122–32) vorausgegangen. Mit dem Bau der heutigen Anlage wurde 1720 begonnen. Nachdem der Rohbau schon fast fertig war, wurde wieder abgerissen und mit dem Neubau nach Plänen des Münchner Barockbaumeisters J. M. Fischer[*] begonnen (fertiggestellt 1739).
Der Bau ist der erste einer Kette, die später → Fürstenzell, → Zwiefalten und → Ottobeuren einbezieht. Die ausgewogene Fassade endet in einem fein geschwungenen Giebel. In der Nische unter dem Auge Gottes ist der Ordensheilige Augustinus zu erkennen. Die urspr. Obergeschosse des Kirchturms wurden zerstört und im neugot. Stil ersetzt (1846–48).
Inneres und Ausstattung: Die Kirche gehört zu den bedeutendsten Barockbauten in Bayern. Fischer war bei seinen Planun-

Mittelrheinisches Vesperbild (um 1420) >
in der Wallfahrtskirche St. Maria in Dieburg

Dießen am Ammersee, Stiftskirche

Schwebender Engel in der Stiftskirche

gen zwar eingeengt durch die Auflage, er möge die vorhandenen Fundamente weitgehend übernehmen, hat aber trotzdem sein System der zentralen Raumgruppierung verwirklicht.

Das Innere zeigt einen Saal im Wandpfeilertyp. Zwischen den mächtigen weiten Pfeilern sind die Altäre zu einer Prozessionsstraße angelegt. An der Innenausstattung haben die besten Künstler jener Zeit mitgearbeitet: Als Stukkateure waren die Brüder F. X. und J. M. Feuchtmayer[*] sowie J. G. Übelhör[*] aus → Wessobrunn beteiligt. Die Skulpturen wurden u. a. nach Entwürfen v. François de Cuvilliés[*] und durch dessen Mitarbeiter J. Dietrich[*] geschaffen. Glanzstück ist der Hochaltar, der durch Treppen noch zusätzlich erhöht wird. 4 Kirchenväter umstehen die Mensa des Altars. Das versenkbare Altarbild zeigt die Himmelfahrt Mariens. Hinter dem Altarbild v. B. A. Albrecht (1738) befindet sich eine Bühne, die – den Festtagen entsprechend – mit wechselnden Bildern ausgestattet werden kann (theatrum sacrum).

Auch an den Seitenaltären haben berühmte Künstler gearbeitet wie E. Verhelst[*], F. X. Schmädl, G. B. Pittoni, G. B. Tiepolo[*], J. G. Bergmüller und J. B. Straub[*] (v. dem die Kanzel stammt).

Der schwebende Engel in einer Seitenkapelle über dem Taufstein gehörte urspr. nicht zur Ausstattung dieser Kirche. Er wird dem Kreis um I. Günther[*] (um 1760) zugeschrieben. Fresken v. Bergmüller (1736).

St. Georgen (am w Stadtrand): Der Bau aus dem 15. Jh. wurde 1750 erweitert. Unter den Künstlern, die den Innenausstattung schufen, finden sich berühmte Namen: F. X. Feuchtmayer (Stukkaturen), J. Zitter (Freskomalerei), M. Günther (Teile des Altars).

Außerdem sehenswert: Friedhofskirche St. Johannes. – Ausstellung zu Leben und Werk Carl Orffs im *Rinkhof;* der Komponist verbrachte hier die letzten 25 Jahre seines Lebens

Die Stiftskirche in Dießen gehört zu den bedeutendsten Barockbauten in Bayern

Dietkirchen ⊠ **65553 Limburg**
Hessen

Höhe: 115 m   S. 1276 □ E 10

Ehem. Stiftskirche St. Lubentius und Juliana: Die Kirche ist in malerischer Lage auf einem Kalksteinfelsen im Lahntal errichtet. Teile des bedeutenden roman. Bauwerks stammen aus der Mitte des 11. Jh., so die Türme der Querhauswände. Das Langhaus wurde im 12. Jh. verbreitert. Restaurierungen 1958 haben einige Veränderungen zugunsten des urspr. Zustands beseitigt. – Die Kirche gehört zu den wenigen roman. Bauwerken, die in ihrer urspr. Architektur bis in unsere Zeit hinein erhalten geblieben sind. Typisch sind die enggestellten Türme, die bis zur Höhe des Schiffs ungegliedert sind.
Inneres und Ausstattung: Die Gedrungenheit der Stützen und Gewölbe ist bezeichnend für die Zeit der Romantik. Von der Ausstattung sind die frühgot. *Taufstein*

(um 1220) und das Renaissance-Grabmal für Philipp Frey v. Dehrn (16. Jh.) hervorzuheben. Der Kirchenschatz enthält ein beachtenswertes Kopfreliquiar des hl. Lubentius (Kopf vermutlich um 1270, die Büste um 1447).

83623 Dietramszell
Bayern

Einw.: 4600   Höhe: 685 m   S. 1283 □ M 15

Ehem. Augustiner-Chorherren-Stiftskirche: Die Kirche gehört zu den bedeutendsten Barockkirchen in Oberbayern. Zu Beginn des 19. Jh. wurde Dietramszell Sammelkloster für Nonnen, die durch die Säkularisation obdachlos geworden waren. – Die heutige Klosterkirche entstand als Neubau in den Jahren v. 1729–41 (Weihe 1748). Der Tegernseer Mönch Dietram hatte an gleicher Stelle im 12. Jh. eine Martinskapelle mit angefügtem kleinen Kloster gegründet. Das Äußere der Kirche

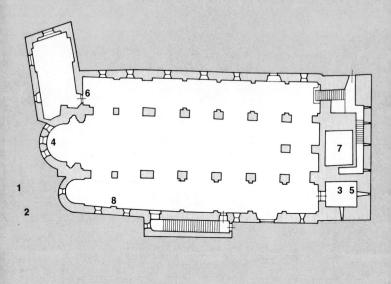

Dietkirchen, ehem. Stiftskirche 1 Dreifaltigkeitskapelle **2** Michaelskapelle **3** Steinsarg des hl. Lubentius, Inschrift des 10. Jh. **4** Malerei der Vierungs-
gewölbe, 2. Viertel 13. Jh. **5** Kopfreliquiar des hl.
Lubentius, Kopf um 1270, Brustteil 1447 **6** Eisenbe-
schlag und Türklopfer der Sakristeitür (Abguß), Original 13. Jh., im Domschatz **7** Orgelprospekt, um
1695 **8** Grabmal des Philipp Frey v. Dehn (gest.
1550)

steht in keinem Verhältnis zur reichen
Ausstattung. Der Bau wurde nach den Plä-
nen eines unbekannten Meisters errichtet.
Ihren Rang bezieht die Kirche aus den
feinen Stukkaturen und pastellfarbigen
Fresken J. B. Zimmermanns*. Mittelpunkt
des mächtigen Hochaltars ist ebenfalls ein
Werk Zimmermanns: das Gemälde der
Himmelfahrt Mariens (1745). Auch die
Gemälde in 3 Seitenaltären stammen v.
ihm.

Kirche St. Martin: Die Kirche (1722
gew.) ist im N an die Stiftskirche angebaut
und kann v. ersten Langhausjoch aus betreten werden. Stuckarbeiten und Gemälde
stammen ebenfalls v. J. B. Zimmermann.

Wallfahrtskirche St. Leonhard (n v.
Dietramszell): Der Bau, 1774 gew., steht
im Zeichen des Spätrokokos. Er ergibt vor
dem Hintergrund der Berge ein besonders
romantisches Bild. Bemerkenswert die
Ausstattung.

65582 Diez
Rheinland-Pfalz

Einw.: 9500   Höhe: 111 m   S. 1276 □ E 10

Schloß Oranienstein (auf einem Felshang
n der Stadt): Prinzessin Albertine Agnete
v. Oranien ließ das Schloß 1672–84 erbau-
en. Die fünfflügelige Schloßanlage gruppiert sich um einen nach S geöffneten Ehrenhof. Für einen Umbau (1697–1709)
wurde D. Marot, Architekt am niederländischen Hofe, herangezogen. Heute
wird das Schloß v. der Bundeswehr genutzt. Die reiche Ausstattung hat in den
Stuckdecken v. E. Castelli und bemerkenswerten Deckengemälden ihre Höhepunkte.

Im ö Seitenflügel befindet sich die *Schloß-kapelle.* Ungewohnt in diesem Raum ist die Anordnung der Orgel über der Kanzel.

Schloß Diez: Über der Stadt, auf Felsen errichtet, ist die Burg an ihrem urspr. Bergfried (der Helm ist mit 4 got. Ecktürmen geziert) weithin zu erkennen. Der urspr. Bau aus der 2. Hälfte des 11. Jh. wurde im 14. Jh. erweitert und 1732 umgebaut.

Außerdem sehenswert: *Diezer Heimatmuseum* und *Nassau-Museum* im *Schloß Oranienstein:* Erinnerungen an die Familie Nassau-Oranien, Vorgeschichte, Geologie, Volkskunde. – Schöne Fachwerkhäuser und Reste der Stadtmauern. *Ev. Stiftskirche* (13. Jh.).

> ## Umgebung

Balduinstein (6 km sw): Malerische Ruine der einst trutzigen Burg oberhalb der Lahn.

35683–90 Dillenburg
Hessen

Einw.: 24 600   Höhe: 230 m   S. 1276 □ E 9

Dillenburg hat mit jenem Platz unter der immer noch grünen »Wilhelmslinde« (Schloßberg) historischen Boden zu bieten: Hier wurde Wilhelm v. Oranien im Jahr 1568 die Führung im Befreiungskampf gegen Spanien angetragen. In der Literatur ist Wilhelm v. Oranien ein Denkmal in Goethes Drama »Egmont« gesetzt.

Ev. Pfarrkirche (Kirchberg): In der 1491 geweihten Kirche befinden sich 15 Gräber des Hauses Nassau-Oranien, aus dem das heutige niederländ. Königshaus hervorgegangen ist.
Der Raumeindruck wird v. den doppelten Emporen bestimmt, die an 3 Seiten den Innenraum umgeben. Sie sind v. den Formen der Spätrenaissance geprägt. Im Chor befindet sich das Epitaph für das Herz des Grafen Johann v. Nassau (gest. 1475). Bes. sehenswert ein kunstvoll rest. Orgelprospekt (1719).

Dietkirchen, ehem. Stiftskirche

Außerdem sehenswert: Der *Wilhelmsturm* (auf dem Hof des ehem. Schlosses): 1872–75 errichtetes Wahrzeichen Dillenburgs. Vom 1240 erbauten Schloß sind nur Ruinen erhalten. Die unterird. Kasematten wurden teilweise wieder freigelegt. – *Altes Rathaus* (Hauptstraße): Neubau nach 1723, 2 Steingeschosse und ein Fachwerkgeschoß. Im gesamten Stadtgebiet sind viele schöne Fachwerkhäuser aus dem 16.–18. Jh. erhalten. – Im *Oranien-Nassauischen Museum* (im Wilhelmsturm) werden Sammlungen zur Frühgeschichte sowie Keramik, Porzellan, Zinn, Graphik und Waffen gezeigt.

89407 Dillingen an der Donau
Bayern

Einw.: 16 800   Höhe: 430 m   S. 1282 □ I 13

Die ma Burgstadt gewann im 15. Jh. an Bedeutung, als sich Augsburg der Herrschaft der Bischöfe entzogen hatte: Bis

Dietramszell, Augustiner-Chorherren-Stiftskirche

Diez, Schloß Oranienstein

zum 18. Jh. war Dillingen nun Residenz und Sitz der Verwaltung des ehem. Bistums Augsburg. Mit dem Studienkolleg, das 1549 v. Kardinal Otto Truchseß v. Waldburg gegründet und 1554 zur Universität erhoben wurde, entwickelte sich Dillingen zu einem geistigen Zentrum der Gegenreformation in Deutschland.

Studienkirche Mariae Himmelfahrt (Kardinal-v.-Waldburg-Straße): Die Kirche ist eingefügt in die Gesamtanlage der Konvents- und Universitätsbauten. Sie entstand v. 1610–17 und wurde 1750–68 im Stil des Rokoko umgestaltet. In ihren Grundzügen ist die Kirche mit St. Michael in → München zu vergleichen, im Sinne des sog. Vorarlberger Wandpfeilerschemas, wie es sich auch in → Ellwangen und → Obermarchtal findet, sind jedoch Emporen, Querhaus und Hallenchor weggelassen worden. Reicher Stuck und leuchtende Fresken geben der ansonsten feierlichen Atmosphäre eine heitere Note. Der Hochaltar wurde v. den einheimischen Künstlern J. M. Fischer (als Bildhauer) und J. Hartmuth (als Schreiner) geschaffen. Das Altargemälde zeigt die Himmelfahrt Mariens und stammt v. J. G. Bergmüller. Auch das Bild im sö Nebenaltar ist v. Bergmüller (1756).

Päpstl. Basilika St. Peter (seit 1979; Klosterstraße): J. Alberthal aus Graubünden schuf die dreischiffige Hallenkirche (1619–28). 1643 wurde sie in eine Wandpfeileranlage umgewandelt. Die Stuckarbeiten stammen v. J. Feistle (1734).

Konvents- und Universitätsbauten (Kardinal-v.-Waldburg-Straße): Hierzu sind der Alte Regentiebau des ehem. Priesterseminars (1619–21), die ehem. Universität (1688/89) mit dem »Goldenen Saal«, der 1713–38 seine prunkvolle Rokokoausstattung erhielt, und das ehem. Jesuitenkolleg (1713–38) mit seinem barocken Bibliotheksaal zu rechnen. Zu dem Komplex gehört auch das *Gymnasium* (1724) gegenüber.

Schloß (Schloßstraße): Die einstmalige Burg wurde zunächst nur als Stätte der Zuflucht jener Bischöfe genutzt, die aus

Dillingen an der Donau, St. Peter

Augsburg verdrängt wurden. Nach einem Brand im Jahre 1595 begann der Wiederaufbau mit zahlreichen Erweiterungen. Im 18. Jh. erhielt die Anlage das jetzige großzügige, schloßartige Bild.

Außerdem sehenswert: *Spitalkirche Hl. Geist* (um 1500, Änderungen 1687), die *St.-Wolfgangs-Kapelle* (1536, umgebaut 1591 und 1725) auf dem ehem. Friedhof und die *Franziskanerinnen-Klosterkirche Mariae Himmelfahrt* (an St. Peter angrenzend) v. J. G. Fischer[*] mit einem Kruzifixus aus der Zeit um 1520. – Interessant ist auch das *Stadtbild* mit einer Fülle bemerkenswerter Bürgerhäuser.

Umgebung

Lauingen (5 km w): In der ma Stadt ist die *Kath. Pfarrkirche St. Martin*, eine der spätesten got. Hallenkirchen (1518 vollendet), mit Freskenresten und Grabdenkmälern v. Bedeutung.

84130 Dingolfing

Bayern

Einw.: 16 000   Höhe: 364 m   S. 1283 □ O 13

Pfarrkirche St. Johannes: Der Backsteinbau war gegen 1502 vollendet
(Grundsteinlegung 1467). Er gehört zu den
schönsten erhalten gebliebenen got. Kirchen in Bayern. Aus der einst reichen Ausstattung sind nur noch Teile vorhanden, so
2 Schnitzfiguren (sie sind um 1520 entstanden) und ein großes Kruzifix.

»Herzogsburg« (Obere Stadt): Der rechteckige Backsteinbau (15. Jh.) war Stadtschloß der bayr. Herzöge, er besticht durch
seinen reich verblendeten Stufengiebel.
Heute beherbergt das Schloß das *Museum
Dingolfing*.

91550 Dinkelsbühl

Bayern

Einw.: 11 300   Höhe: 441 m   S. 1282 □ I 12

Im frühen MA erhielt Dinkelsbühl wegen
seiner günstigen geogr. Lage Bedeutung.
Es erhielt an der Wende zum 14. Jh. die
Rechte einer freien Reichsstadt.
Als Goethe 1797 hier kurz Station machte,
war Dinkelsbühl ein »Kuhdorf«. J. P. He-
bel hat der Stadt mit seiner Geschichte
»Zwei Postillione« ein Denkmal gesetzt.
Kasimir Edschmid verglich Dinkelsbühl
mit Rothenburg, »jedoch ohne Trompe-
tenklang in der Luft, ohne das Drama des
Blutes, ohne den Spuk der Geschichte …«

Kath. Münster St. Georg (Marktplatz):
Vater und Sohn Nikolaus Eseler[*] haben
diesen bedeutenden Bau der Gotik v.
1448–99 geplant und erbaut. Die dreischiffige Halle, 76,88 m lang, 22,48 m breit,
wird beherrscht v. den schlanken Pfeilern,
die in das dichte Netzgewölbe auslaufen.
Die Ausstattung stammt in ihren wesentlichen Teilen aus der Entstehungszeit. Barocke Elemente wurden bis auf das Gestühl (1686) wieder entfernt. In den neugot. Hochaltar (1892) wurde eine spätgot.
Kreuzigungstafel eingearbeitet. Dagegen
stammt der Baldachin-Altar am Chorein-

gang aus der Zeit um 1470, aber auch das
Sakramentshaus, die Taufe und der Taufstein stammen aus der Entstehungszeit.

Mittelalterliche Fachwerkhäuser (Segringer und Nördlinger Straße): Das Stadtbild ist aus dem 12.–15. Jh. beinahe unberührt erhalten geblieben. Von der einstigen
Stadtbefestigung sind die 4 Tore, Wörnitz-
tor (im O), Nördlinger (S), Segringer (W)
und Rothenburger Tor (N), noch erhalten.
In den vorbildlich erhaltenen Fachwerkbauten sind fränkische und schwäbische
Elemente gemischt. Das *Dt. Haus* (am
Marktplatz), erbaut 1440, gilt als eines der
schönsten Fachwerkhäuser im süddt.
Raum. Ansehen sollte man sich auch die
ehem. *Ratstrinkstube* (16. Jh.), das *Kornhaus* (1508) und die *Schranne* (um 1600).
Zwischen diesen altdeutschen Bürgerhäusern zeigt sich das *Palais des Dt. Ordens*,
als Deutschordenshaus in den Jahren
1761–64 errichtet, als Ausnahme. – Von
den Kirchen sind die ev. *Hl.-Geist-Kirche*
(Ausstattung 18 Jh.), die *Kapuzinerkirche*
(17. Jh.) und die *Dreikönigskapelle* (14.
Jh., 19. Jh. profaniert) zu erwähnen.

Historisches Museum (Dr.-Martin-Lu-
ther-Str. 6): Sammlungen zur Stadtgeschichte, zum Kunsthandwerk und Volkstum.

Museum dritte Dimension (Nördlinger
Tor): u. a. Holographien.

01744 Dippoldiswalde

Sachsen

Einw.: 6500   Höhe: 360 m   S. 1279 □ Q 9

Die Stadt mit ihrem großen, rechteckigen
Marktplatz entstand zusammen mit einer
markgräflichen Burg (das Schloß), die auf
einem Bergsporn oberhalb der Roten Wei-
ßeritz angelegt war. Die im Tal gelegene
roman. Nikolaikirche läßt aufgrund ihres
Patroziniums aber vermuten, daß davor
schon eine Kaufmannssiedlung in der Niederung existierte. Heute ist D. ein Wirt-
schafts- und Verwaltungsmittelpunkt
(Kreisstadt) dieses Teils des Erzgebirges.

Dinkelsbühl, Deutsches Haus >

Dippoldiswalde, Schloß

Stadtkirche St. Marien und Laurentius:
Die Kirche ist der ehem. Burg ö vorgelagert. Ihr ältester erhaltener Bauteil ist der
massive roman. W-Turm (2. Viertel 13.
Jh.) mit dem W-Portal. Dem Turm schließt
sich die spätgot. Kirche (um 1500) mit
ihrer dreischiffigen Kurzhalle und dem
einschiffigen, polygonal endenden Chor
an. Nördlich des Chors liegt die Sakristei
mit darüber befindlicher Sängerempore
(jetzt abgetrennt). Der Altaraufsatz v. 1670
rahmt ein Kreuzigungsgemälde v. J. Fink,
Kanzel und Taufstein stammen aus der
Mitte des 17. Jh. Die gotisierende malerische Fassade des Langhauses (um 1850)
wurde 1975 freigelegt.
Das Stadtbild wird beherrscht v. der Turmhaube, die W. C. v. Klengel 1685 auf die
ma Geschosse aufgesetzt hat.

Friedhofskirche St. Nikolai: Die dreischiffige Basilika mit Chorquadrat und
Apsis (außen polygonal gebrochen) ist gut
erhalten und in der weiteren Umgebung

einmalig. Die Verbindung v. Rundbogen
(z. B. Obergadenfenster) und Spitzbogen
(z. B. Arkaden) verweist auf eine Entstehung kurz vor 1250. Das Äußere ist durch
Lisenen, Rundbogen- und Kleeblattfriese
gegliedert. Der Chor ist kuppelig kreuzrippengewölbt, das Langhaus hat flache
Holzdecken. Zur Ausstattung gehören ein
hl. Nikolaus (2. Hälfte 14. Jh.), eine Kreuzigungsgruppe (Anfang 15. Jh.) sowie Al-
tarreste (um 1520), die zu einem Flügelaltar zusammengestellt wurden.

Außerdem sehenswert: *Schloß* (Verwaltungsgebäude). Der heutige Bau geht auf
das 2. Viertel des 16. Jh. und die 2. Hälfte
des 17. Jh. zurück. – Das *Rathaus* ist im
Kern spätgot. (Ende 15. Jh.). Das O-Portal
(1543) und der N-Giebel (nach 1540) wurden jedoch in Renaissanceform hinzugefügt. Beachtenswert ist das spätgot. Ratssitzungszimmer. – Unter den Wohngebäuden ist vor allem Markt 8 (am Portal
bezeichnet 1543) herauszuheben. – Die
ehem. *Lohgerberei* (Freiberger Str. 18) ist
nun *Kreismuseum.*

04720 Döbeln
Sachsen

Einw.: 26 200   Höhe: 171 m   S. 1279 ☐ P 8

Die Kreisstadt entstand bei einer Burg, die
vor 981 auf einer Insel der Freiburger Mulde errichtet worden war. Die Siedlung erhielt Anfang des 14. Jh. eine städtische
Verfassung. – Am 31.7.1883 wurde hier
der expressionist. Maler Erich Heckel
(gest. 1970) geboren.

Stadtkirche St. Nikolai: Das Bauwerk
wurde 1333 als frühgot. Basilika begonnen
und – nach einem Brand – nach 1479 als
dreischiffige, vierjochige spätgot. Hallenkirche mit Stern- bzw. Kreuzgewölben
fertiggestellt. Bemerkenswerte Baudetails
sind das W-Portal (um 1370) sowie das
Portal im Inneren der Marienkapelle auf
der S-Seite. Bedeutendstes Ausstattungsstück ist der 11 m hohe, sechsflügelige
Altar, den 1520 der Meister des Döbelner
Hochaltars schuf. Die Kanzel wurde in
dem Jahr 1599 v. David Schatz[*] aus Colditz geschaffen, der Taufstein 1603 v.

Donaueschingen, Schloß

Hans Köhler d. J.[*]. Beachtung verdient auch ein Abendmahlsrelief aus der Zeit nach 1500.

Außerdem sehenswert: In die *Gottesakkerkirche* v. 1857 wurde eine Felderdecke aus dem Vorgängerbau aus dem 17. Jh. übernommen, die Christian Weise[*] 1685 mit bibl. Szenen bemalt hatte. – *Rathaus* v. 1910–12 in Neurenaissance- und Jugendstilformen.

78166 Donaueschingen

Baden-Württemberg

Einw.: 20 000   Höhe: 400 m   S. 1280 □ E 15

Die Stadt, in der sich Brigach und Breg zur Donau vereinen (»Donauquelle« im Schloßhof), verdankt ihre kulturelle Bedeutung den Anregungen der Fürsten zu Fürstenberg. Eine Sonderstellung hat die Hofbibliothek mit ihren rund 130 000 Bänden. Von 1857–59 war der Dichter Joseph Victor v. Scheffel hier Bibliothekar. – Jeweils im Herbst finden die Donaueschinger *Musiktage* statt.

Kath. Pfarrkirche St. Johannes Bapt./ Johanneskirche (Karlstr. 71): Der zweitürmige Barockbau (1724–47) imponiert mit seiner Fassade und einer reichen Innenausstattung. Im Langhaus 12 Apostelbilder. Bedeutendstes Stück ist eine Madonna (1525–30; den Meistern des → Breisacher Altars zugeschrieben).

Schloß (Fürstenbergstr. 2): Die schlichte Barockanlage aus den Jahren um 1723 wurde durch einen Umbau (1893–96) stark verändert und im Inneren wesentlich umgestaltet. Neben dem Schloß liegt die Donauquelle, für die A. Weinbrenner ein Brunnenrondell mit allegorischer Marmorgruppe geschaffen hat. Bedeutend sind die *Sammlungen* zu Wohnkultur und Kunstgewerbe der Renaissance und des Barock. Die Fürstlich Fürstenbergischen Sammlungen befinden sich im *Karlsbau* hinter dem Schloß. Ihr Höhepunkt ist die *Gemäldegalerie* altdt. Meister (H. Holbein d. Ä.*, Lucas Cranach d. Ä.* und d. J., B. Strigel, B. Beham u. a.).

Hofbibliothek (Haldenstr. 3): Ihr wertvollster Bestand ist ein Exemplar des Nibelungenliedes (Hohenemser Handschrift C, 1. Hälfte des 13. Jh.).

Umgebung

Neudingen (8 km sö): Die fürstenbergische Gruftkirche, ein über dem griechischen Kreuz errichteter Zentralbau mit schlanker Kuppel, wurde 1853–56 v. T. Diebold erbaut.
Pfohren (5 km sö): Die Entenburg, eine kubische Wasserburg mit 4 mächtigen runden Ecktürmen, wurde 1471 v. den Grafen v. Fürstenberg errichtet (seit 1989 in Privatbesitz).

93093 Donaustauf
Bayern

Einw.: 3600   Höhe: 410 m   S. 1283 □ N 12

Burg: Von der früheren Burg (914–30 errichtet) sind nach der Zerstörung 1634 nur Reste erhalten, so Teile der Kapelle (11. Jh.) und der Palas. Die Geschichte der Burg ist mit Namen wie Friedrich Barbarossa (1156) und Heinrich der Löwe (1161) verbunden.

Walhalla (oberhalb Donaustauf): Ludwig I. v. Bayern hat den Bau aus weißem Marmor den »rühmlich ausgezeichneten Teutschen« gewidmet. Bei der Eröffnung am 18. 10. 1842 konnte der König 96 Büsten vorstellen. – Der Tempel, v. Leo v. Klenze* 1830–42 erbaut, ist den Griechentempeln nachempfunden. Der 125 x 50 m große Bau wird in seinem Oberbau v. 52 dorischen Säulen getragen.
Zu den von Ludwig gestifteten Büsten gehören Erasmus v. Rotterdam, Goethe, Hutten, Kant, Klopstock, Lessing, Luther, Schiller, Wagner, Wieland und Winckelmann; außerdem 6 Walküren; 1890 wurde das Marmorstandbild Ludwigs I. hinzugefügt.

86609 Donauwörth
Bayern

Einw.: 17 800   Höhe: 417 m   S. 1282 □ K 13

Die günstige Verkehrslage im Einzugsgebiet v. Schwaben, Franken und Bayern hat Geschichte und Kultur der Stadt geprägt. Die gut erhaltene Stadtanlage aus dem 13. Jh. wurde 1945 stark zerstört, jedoch zum großen Teil wieder aufgebaut. Mittelpunkt ist die berühmte Reichsstraße, Teil der Verbindungsstraße zwischen Nürnberg und Augsburg. An ihr liegen die Stadtpfarrkirche, der Reichsstadtbrunnen (1977, Prof. Wimmer), das Rathaus, der Stadtzoll, mehrere sehenswerte Fachwerkhäuser und das Fuggerhaus. – Noch im 19. Jh. war die Donau nur bis hierher schiffbar. Im Ortsteil Auchsesheim wurde 1901 der Komponist Werner Egk geboren. Sein Grab befindet sich im städt. Friedhof.

Stadtpfarrkirche Zu Unserer Lb. Frau (Reichsstraße): Die Kirche wurde 1444–67 als spätgot. Hallenkirche errichtet. Ihr mächtiger Turm überragt alle Dächer der Stadt. Im Mittelpunkt der reichen Ausstattung (Wandmalereien aus dem 15. Jh.) steht das *Sakramentshaus*, das v. Augsburger Steinmetzen um 1500 geschaffen wurde. Es ist eine Baldachinanlage im Stil der Spätgotik, deren Relieffiguren v. großer Natürlichkeit sind. In der *Sakristei* ein Gemälde der Donauschule (1515).

Ehem. Benediktinerklosterkirche Hl. Kreuz (Hl.-Kreuz-Straße): Der Barockbau gründet auf einen Bau aus dem 12. Jh., v. dem die Untergeschosse des Turms noch erhalten sind. J. Schmuzer* aus → Wessobrunn hat den Bau 1717–20 errichtet. Es handelt sich um eine Wandpfeileranlage mit schönen Emporen. Im Mittelpunkt der Innenausstattung steht der Hochaltar von F. Schmuzer* (1724). Sehenswert sind aber auch die Seitenaltäre und die Gruftkapelle (unter der Orgelempore). Die wesentlichen Gemälde stammen v. J. G. Bergmüller* (so auch das Gemälde des Hochaltars).

Fuggerhaus (Reichsstraße): In diesem berühmten Haus, 1543 v. den Augsburger

Walhalla bei Donaustauf

Fuggern errichtet, waren u. a. Schweden-
könig Gustav Adolf (1632) und Kaiser
Karl VI. (1711) zu Gast. Sehenswert an
dem schönen Renaissancebau ist die großzügige Vorhalle.

Gerberhaus mit Heimatmuseum (Im
Ried 103): In einem der ältesten Fachwerkhäuser der Stadt, dem Gerberhaus
(15. Jh.), befindet sich das Heimatmuseum
mit Ausstellungsstücken der bürgerlichen
und bäuerlichen Wohnkultur, Votivtafeln
und Hinterglasmalerei.

Außerdem sehenswert: Reste der Stadtbefestigung mit dem *Riedertor* und dem
Färbertor (Schauseiten zur Donau), das
Tanzhaus (Reichsstraße) mit dem Archäologischen Museum, das *Rathaus* (Reichsstraße), das Elemente verschiedener Stilepochen zeigt, das ehem. *Deutschordenshaus* (Kapellstraße) im klassizistischen
Stil (das die Werner-Egk-Begegnungsstät-
te beherbergt), zahlreiche alte Häuser sowie der *Fischerbrunnen* im Ried.

07778 Dornburg/Saale
Thüringen

Einw.: 1100   Höhe: 138 m   S. 1278 ☐ M 8

Schlösser: Auf einem Felsen, 90 m über
der Saale und oberhalb des Ortes, liegen
die 3 Schlösser, die u. a. dadurch bekannt
wurden, daß sich Goethe zwischen 1776
und 1828 über zwanzigmal dort aufhielt.
Die Anlage geht auf eine 937 erstmals
urkundlich erwähnte Reichsburg und Königspfalz zurück. Das n der 3 Schlösser,
das *Alte Schloß*, ist eine unregelmäßige
Dreiflügelanlage mit roman. und got. Bauteilen. Es dient heute als Altersheim. Das
mittlere, das *Rokokoschloß,* wurde 1736–
47 v. dem Weimarer Baumeister Gottfried
Heinrich Krohne[*] für Herzog Ernst August
errichtet. Die Speise-, Fest- und Wohnräume haben Rokoko-Stuckdekorationen.
Hier ist Porzellan ausgestellt. Beim *s
Schloß* handelt es sich um einen zweistök-
kigen Renaissancebau v. 1539 mit einem

Treppenturm mit Portal v. 1608. Hier hielt sich Goethe nach dem Tod v. Herzog Carl August vom 7. 7. bis 11. 9. 1828 auf (»Dornburger Gedichte«). Das Goethe-Gedenkzimmer erinnert an den Dichter. Die 3 Schlösser sind v. einer alten Parkanlage umgeben.

26553 Dornum
Niedersachsen

Einw.: 2000 Höhe: 0,5 m S. 1272 □ C 3	

Wasserschloß: Der Vierflügelbau aus dem Barock (1668–1717) ersetzte eine sog. Häuptlingsburg aus dem 14. Jh. Der Bau liegt im Park neben der Beningaburg im Ortskern und ist als einzige von urspr. 3 Häuptlingsburgen erhalten (heute Realschule).

Ev. Pfarrkirche/Bartholomäuskirche: Die Kirche ist im 13. Jh. (wie rund 100 ostfriesische Einraumkirchen) nach niederländischem Vorbild aus Backstein errichtet worden. Die Grabsteine und Epitaphien an den Wänden im Inneren zeigen die enge Verbindung zu dem Häuptlingsgeschlecht. Sehenswert sind die Kanzel mit reichem Figurenschmuck (um 1660), der Taufstein (um 1270) sowie der Altar (1683). Das Kreuzigungsbild ist eine Kopie des berühmten Gemäldes v. A. van Dyck. Das Grabmal vor dem Altar zeigt Gerhardt II. v. Kloster (1594).

Windmühle: Die Windmühle (1626, eine sog. Ständermühle) ist die letzte erhaltene Bockwindmühle in Ostfriesland.

44135–388 Dortmund
Nordrhein-Westfalen

Einw.: 601 000 Höhe: 87 m S. 1276 □ C 7	

Dortmund ist wirtschaftliches und kulturelles Zentrum des ö Ruhrgebietes. Das Dienstleistungs- und Handelszentrum Westfalens war einst Mitglied der Hanse und freie Reichsstadt. Der Hellweg, als Westen- und Ostenhellweg heute Haupt-

< Dornburg/Saale, Renaissanceschloß

Dortmund, Reinoldikirche

einkaufsstraße, gehört zu den berühmten Heer- und Handelsstraßen (Karl d. Gr. zog auf dem Hellweg v. Niederrhein zur Weser). – Nach 1945 hat die Dortmunder *Gruppe 61* Probleme des Ruhrgebietes in schriftstellerischen Arbeiten dargestellt. 1961 hat die Stadt Dortmund den *Nelly-Sachs-Preis* gestiftet, einen der bedeutendsten dt. Kulturpreise.

Reinoldikirche (Ostenhellweg/Friedhof): Die Kirche, ein großräumiger Basilikabau (1260–80), ist dem Stadtpatron Reinoldus geweiht. Als er nach der Legende v. Kölner Steinmetzen beim Bau einer Kirche erschlagen worden ist, sollen alle Kirchen v. selbst geläutet haben, und sein Leichenwagen sei v. allein nach Dortmund gerollt. Eine Holzfigur (15. Jh.) am Pfeiler des Triumphbogens stellt ihn dar. Das Pendant zeigt Karl d. Gr., der als Gründer der Stadt bezeichnet wird. – Der spätgot. Chor entstand 1421–50, der 100 m hohe W-Turm (einst »Wunder Westfalens« und Wahrzeichen der Stadt) wurde in seiner heutigen

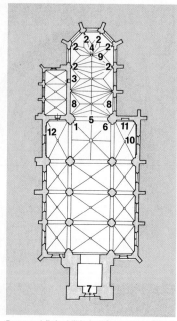

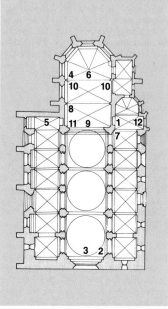

Dortmund, Reinoldikirche 1 Statue des hl. Reinoldus, Anfang 14. Jh. **2** Apostelfiguren an den Chordiensten, um 1420–30 **3** Muttergottes **4** Altar, wahrscheinlich burgundisch, um 1430–40 **5** Lesepult, Belgien, um 1450 **6** Statue Karls d. Gr., Mitte 15. Jh. **7** Glasfenster mit den 4 Kirchenvätern, Mitte 15. Jh. **8** Chorgestühl, um 1470 **9** Taufbecken v. J. Winnenbrock, 1469 **10** Kruzifix, 2. Hälfte 15. Jh. **11** Tafelbild »Kreuzschleppung«, Anfang 16. Jh. **12** »Jüngstes Gericht«, Studie v. Volterra, Anfang 16. Jh.

Dortmund, Marienkirche 1 Roman. Chorsäule **2** Thronende Madonna, um 1230 **3** Erzengel Michael, 1320 **4** Sakramentshäuschen, Ende 14. Jh. **5** Berswordtaltar, um 1390 gestiftet **6** Marienaltar v. Conrad v. Soest, um 1420 **7** Madonna, um 1430 **8** Gottvater als Weltenrichter, um 1470 **9** Triumphkreuz, um 1520 **10** Chorgestühl, 1523 **11** Pultadler, um 1550 **12** Taufe, 1687

Form 1701 vollendet. – Von der reichen Innenausstattung sind noch der spätgot. *Schnitzaltar* (1420–30) und die dahinter liegenden, beim Wiederaufbau nach 1945 v. Gottfried v. Stockhausen geschaffenen Chorfenster besonders zu erwähnen. Ungewöhnlich ist das aus Messing gegossene *Adlerpult*, das vermutlich um 1450 in Belgien entstanden ist.

Marienkirche (Ostenhellweg): Die kleine roman. Kirche (12. Jh.) ist wohl der älteste Gewölbebau Westfalens. Die roman. Basilika wird in ihrem Inneren v. einem Pfeilerwerk beherrscht, wobei den einzelnen Pfeilern jeweils feine Säulen vorgelegt worden sind. Berühmt sind die (nicht vollständig erhaltenen) Tafeln des *Marienaltars*. Conrad v. Soest, Sohn der Stadt, hat mit diesen Tafelbildern um 1420 eines der bedeutendsten Werke got. Malerei in Deutschland geschaffen. Leider wurden die Flügelbilder 1720 vor ihrem Einbau in einen barocken Altaraufbau unglücklich beschnitten (eine Rekonstruktion der alten Tafeln befindet sich im Landesmuseum → Münster). Das Mittelbild zeigt den Tod Mariens, l ist die Geburt Christi, r die Anbetung der Könige zu sehen. – Ein älterer Zeitgenosse Conrads v. Soest, der sog. Meister des *Berswordt-Altars*, hat den v.

*Marienaltar des Conrad v. Soest >
in der Marienkirche*

Schnitzaltar in der Petrikirche

dem Ratsherrn Lambert Berswordt gestifteten Altar im n Seitenschiff geschaffen (1390). Im Mittelpunkt der 3 Bilder steht jeweils Christus (Kreuztragung, Kreuzigung, Kreuzabnahme). – An der N-Seite findet sich das *Reliquienhaus*, das erst 100 Jahre nach Fertigstellung des Chors vollendet war. – Typisch für den Stil der Spätgotik ist das eichene, reichgeschnitzte *Chorgestühl* (1523). – Im got. Chorraum stehen auf Postamenten: eine roman. Madonna v. etwa 1220 (Holz), eine got. Madonna v. etwa 1420 (Stein), eine Gottvaterfigur v. etwa 1520 (Holz) und eine Holzfigur des Erzengels Michael v. 1320.

Ev. Kirche St. Petri/Petrikirche (Westenhellweg): Die Kirche ist in ihren wesentlichen Teilen v. 1320–53 entstanden. Nach der fast vollständigen Zerstörung im 2. Weltkrieg Wiederaufbau bis 1963. Der dreischiffige Bau ist fast quadratisch und wird v. außen durch den wuchtigen W-Turm bestimmt. – Berühmt als »goldenes Wunder von Dortmund« ist der riesige Antwerpener *Schnitzaltar* (um 1520), der im 19. Jh. hier aufgestellt wurde. Der Altar ist 7,4 m breit und 5,6 m hoch. Er zeigt 633 geschnitzte und vergoldete Figuren sowie 48 Gemälde.

Kath. Propsteikirche St. Johannes der Täufer (Silberstraße): Die Kirche aus dem 16. Jh. ist wegen ihres mächtigen *Flügelaltars* berühmt, den D. Baegert aus Wesel (es ist sein Hauptwerk) geschaffen hat (1470–80). Er zeigt die Kreuzigung Jesu, auf den Flügeln ist u. a. die Hl. Sippe und die Anbetung der Könige dargestellt. Auf der Sippentafel ist die älteste Stadtansicht Dortmunds zu sehen. Sehenswert auch das *Sakramentshäuschen* (15. Jh.).

Pfarrkirche St. Peter (Syburg): Wesentlich sind die Fundamente einer vermutlich v. Karl d. Gr. 799 erbauten Kapelle, die man beim Wiederaufbau der kriegszerstörten Kirche gefunden hat. Der kleine Friedhof, der die Kirche umgibt, besitzt zahlreiche Grabsteine aus dem 16.–18. Jh.

Westfalenhalle

Westfalenhalle (Rheinlanddamm): Der Vorgängerbau aus dem Jahr 1925 war mit einer Spannweite v. 75 m eine architektonische Glanzleistung v. Weltrang. Nach der Zerstörung im 2. Weltkrieg wurde sie 1955 durch einen Neubau des Dortmunder Architekten Walter Hötje ersetzt. Die pfeilerlose Sport- und Mehrzweckhalle gehört mit einem Fassungsvermögen v. bis zu 23 000 Zuschauern zu den größten in Europa. Sie wurde in den 70er Jahren durch mehrere kleinere Hallen ergänzt (insgesamt 30 000 m² Fläche). Zum Komplex der Westfalenhalle gehören auch eine Eislaufbahn und ein Reitstall.

Theater: Das *Opernhaus* (Platz der alten Synagoge) wurde 1966 eröffnet und ist Heimat für Musiktheater und Konzerte. 1160 Plätze. Daneben *Schauspielhaus* und *Studio* (beide Häuser Hiltropwall 15).

Museen: Das *Museum am Ostwall* (Ostwall 7) zeigt moderne Kunst in Wechselausstellungen sowie u. a. die Sammlung Karl Gröppel mit Exponaten zu Expressionismus, Kubismus und Futurismus – v. a. Gemälde (Beckmann, Chagall, Kandinsky, Klee, Macke) und Skulpturen (Lipchitz, Maillol, Piene, Rodin). – *Museum für Kunst und Kulturgeschichte* (Hansastr. 3): Vor- und Frühgeschichte, Stadtgeschichte, Volkskunst, Kulturgeschichte und Kunsthandwerk (12.–20. Jh.), Gemäldesammlung. – *Westfälisches Schulmuseum* (An der Wasserburg): Lehr- und Lernmittel.

Haus der Bibliotheken (Markt): In einem Gebäude sind die *Stadt- und Landesbibliothek* mit 620 000 Bänden, Artothek mit 800 Graphiken und das *Zeitungswissenschaftliche Institut* untergebracht. Dieses besitzt mit seinen Bänden zur Publizistik des Vormärz und der Märzrevolution 1848, Pressefrühdrucken, Karikaturen und Plakaten internationale Bedeutung. *Fritz-Hüser-Institut für deutsche und ausländische Arbeiterliteratur* (Ostenhellweg 56–58).

01067–326 Dresden

Sachsen

| Einw.: 485 100 | Höhe: 120 m | S. 1279 □ Q 8 |

Übersicht

Dresden, zweitgrößte Stadt Sachsens und Landeshauptstadt, liegt in einer Weitung des Elbtals, die von Pirna bis Meißen etwa 45 km weit reicht. Der Fluß ist in Dresden etwa 130 m breit. Die Elbmetropole erfreut sich wegen ihrer Lage und da hier die bildenden Künste immer eine Sonderstellung einnahmen, des Beinamens »Elb-Florenz«.

GESCHICHTE

Die Gegend um Dresden (von altsorbisch *drezd'ane*) liegt in einem hochwasserfreien Teil des Elbtals. Um 600 zogen Sorben in dieses Gebiet, das, 1004 ermals urkundlich erwähnt, *Nisan* genannt wurde. Es war seit 968 kirchenpolitisch Teil des Bistums Meißen. Die Kirche des Archidiakons dieses Wohngaus war vermutlich die Marienkirche (Frauenkirche) des späteren Dresden, möglicherweise gab es dort auch einen Königshof und einen Elbhafen. 1275 wird bereits eine Brücke erwähnt, 1287 ausdrücklich als »steinern« bezeichnet. Beauftragte des Königs waren bis zu ihrer Vertreibung durch die Markgrafen (Dohnaer Fehde 1402) die Burggrafen von Dohna, die eine kleine Burg am Brückenkopf besaßen. Südwestlich des alten Gauzentrums und des Elbübergangs war um 1200 eine regelmäßige Stadtgründung erfolgt, 1216 erstmals urkundlich erwähnt. Es entstand eine Bürgerstadt mit einem großen Marktplatz, eingestelltem Rathaus und der Stadtkirche im sö anschließenden Quartier. Diese Stadt erhielt eine größere Bedeutung, als 1485, durch die wettin. Herrschaftsteilung, die albertin. Herzöge sie zu

ihrer Residenz erhoben. Ins europäische Blickfeld gelangte sie schließlich, als 1547, durch den Ausgang der Schlacht von Mühlberg, der Albertiner Moritz von Sachsen die Kurwürde erlangte. Den Höhepunkt der politischen Bedeutung ergab dann die Personalunion mit der Krone Polens unter August dem Starken und seinem Sohn Friedrich August II. In der Folgezeit (Siebenjähriger Krieg, Napoleon. Herrschaft und Verlust eines Großteils des Territoriums aufgrund der Bestimmungen des Wiener Kongresses) verlor Sachsen und damit seine Residenzstadt an Bedeutung. Der Aufschwung im 19. Jahrhundert und die Bedeutung im 20. Jahrhundert waren durch das gewerbefleißige Bürgertum erreicht worden.

Der ummauerten Stadt Dresden wurde 1519 das Altsiedelgebiet um die Frauenkirche mit zugeschlagen und das Ganze als Festung nach niederländ. Vorbild ausgebaut. – 1539, nach dem Tode Herzog Georgs, hielt die Reformation Einzug in Dresden. Nach 1547 erfolgt der Ausbau als kurfürstl. Residenzstadt (Schloß, Stallhof, Zeughaus, Jägerhof usw.), 1550 die Eingemeindung der am anderen Elbufer gelegenen Siedlung (seit 1403 Stadtrechte) Altendresden und bis 1591 der Ausbau einer alles umschließenden Festungsanlage modernster Prägung.

Mit der Schaffung des Großen Gartens seit 1676 südöstlich vor den Toren der Stadt und der nach modernen Gesichtspunkten erfolgten Neuplanung der rechtselbischen Stadt nach dem Brand von 1685 trat Dresden in das barocke Zeitalter ein.

Unter Friedrich August II. wurden die Dresdner Kunstsammlungen wesentlich erweitert; u. a. kaufte man die »Sixtinische Madonna« von Raffael, aus dem alten Stallgebäude entstand der erste repräsentative Galeriebau Dresdens. Auch die Opernkultur erreichte in dem 1718 am Zwinger errichteten Opernhaus Höhepunkte unter hervorragenden Künstlern. Die Blütezeit dieses höfischen Lebens nahm 1760 ein Ende, trotzdem blieb Dresden ein kulturelles Zentrum. 1816 wurde eine Deutsche Oper gegründet, deren Musikdirektor, bis zu seinem Tode 1826, Carl Maria von Weber wurde. In diesen Rahmen gehört auch das 1841 nach Plänen G. Sempers fertiggestellte neue Theater, in

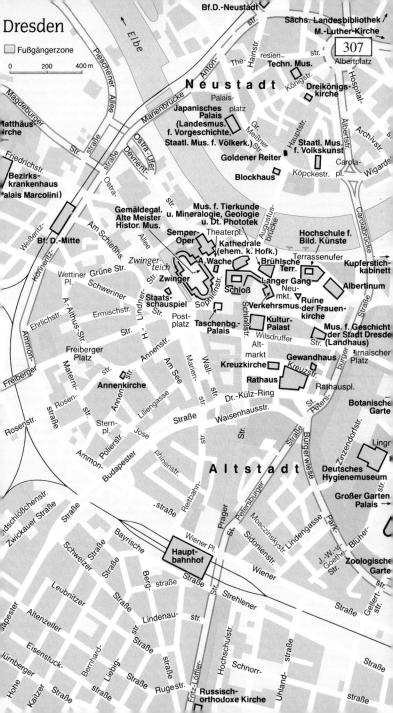

Dresden

Fußgängerzone

0   200   400 m

Neustadt

Bf.D.-Neustadt

Sächs. Landesbibliothek
M.-Luther-Kirche

307

Albertplatz

Techn. Mus.

Dreikönigs-kirche

Palais-platz

Japanisches Palais
(Landesmus.
f. Vorgeschichte,
Staatl. Mus. f. Völkerk.)

Staatl. Mus.
f. Volkskunst

Goldener Reiter

Carola-pl.

Blockhaus

Matthäus-kirche

Bezirks-krankenhaus
(Palais Marcolini)

Bf. D.-Mitte

Gemäldegal.
Alte Meister
Histor. Mus.

Mus. f. Tierkunde
u. Mineralogie, Geologie
u. Dt. Phototek

Hochschule f.
Bild. Künste

Semper-Oper

Theaterpl.

Kathedrale
(ehem. k. Hofk.)

Terrassenufer

Kupferstich-kabinett

A. Wache

Brühlsche
Terr.

Zwinger-teich

Zwinger

Langer Gang

Albertinum

Schloß

Neu-mkt.

Staats-schauspiel

Verkehrsmus.

Ruine
der Frauen-kirche

Postplatz

Taschenbg.-Palais

Kultur-Palast

Mus. f. Geschicht
der Stadt Dresden
(Landhaus)

Freiberger
Platz

Altmarkt

Kreuzkirche

Gewandhaus

Pirnaischer
Platz

Annenkirche

Rathaus

Rathauspl.

Dr.-Külz-Ring

Botanische
Garte

Waisenhausstr.

Altstadt

Deutsches
Hygienemuseum

Großer Garten
Palais →

Haupt-bahnhof

Zoologische
Garte

Russisch-orthodoxe Kirche

dem 1843 Richard Wagner als Kapellmeister »auf Lebenszeit« angestellt wurde. Er konnte hier seine Werke »Der fliegende Holländer« und »Tannhäuser« zur Uraufführung bringen – die weitere Tätigkeit verhinderte aber seine Flucht nach der Beteiligung am Mai-Aufstand 1849.

Auch die Kunstakademie war ein wichtiger kultureller Faktor in der Stadt. Mit der Berufung Sempers 1834 als Professor wurde die Architektur in neue Bahnen gelenkt. Neben dem Akademieprofessor Christian Clausen Dahl lebten auch Caspar David Friedrich, Philip Otto Runge, Ludwig Richter, Georg Friedrich Kersting und andere als Maler längere Zeit in Dresden. Der Bildhauer und Professor Ernst Rietschel war weit über Sachsens Grenzen hinaus gefragt.

Heinrich von Kleist schrieb in dieser Stadt seine berühmte Erzählung »Michael Kohlhaas«, E. T. A. Hoffmann das Märchen »Der goldene Topf«. Später lebten hier der norwegische Dramatiker Henrik Ibsen und der russische Erzähler Fjodor Dostojewski.

1828 gründete man die Technische Bildungsanstalt, den Vorgänger der heutigen Technischen Universität. Der Beginn der Dampfschiffahrt auf der Elbe und die Eröffnung der 1. deutschen Ferneisenbahn von Leipzig nach Dresden 1839 markieren den Beginn einer zunehmenden Industrialisierung, die das Fundament der ökonomischen Existenz der Stadt wurde. Daneben hatte Dresden aber eine große Anziehungskraft für Rentiers aus aller Herren Ländern. Das »Schweizer Viertel« oder die Kirchen verschiedenster Nationen sind dafür ein Beleg.

In der Nacht vom 13. zum 14. 2. 1945 wurde die Altstadt und der größere Teil der Neustadt, eine Fläche von 15 km^2, durch schwere angloamerikanische Luftangriffe in Schutt und Asche gelegt. Mindestens 35 000 Menschen fanden den Tod – die genaue Zahl wird nie feststellbar sein, da die Stadt voll von Flüchtlingen war. Nahezu sämtliche Baudenkmäler wurden dabei vernichtet oder schwer beschädigt.

Nur ein geringer Teil der wertvollen Ruinen ist in der Folgezeit für einen Wiederaufbau bewahrt worden. Die Arbeiten sind nach 45 Jahren noch nicht abgeschlossen.

SAKRALBAUTEN

Dreikönigskirche (Neustadt, Straße der Befreiung): Die barocke Kirche, die wie die Frauenkirche ein spätmittelalterliches Bauwerk ersetzte, wurde nach Plänen v. Matthäus Daniel Pöppelmann[*] 1732–39 errichtet, der Turm entstand 1854–57. Die Innenausstattung entwarf George Bähr[*]. Das Äußere ist nun wieder aufgebaut, das Innere in veränderter Form zum Teil fertiggestellt.

Frauenkirche (Altstadt, Neumarkt): Der mächtige Kuppelbau mit 4 Ecktürmen wurde 1726 v. Ratszimmermann George Bähr[*] begonnen, der in seinen Entwurf wesentliche Teile eines Gegenentwurfs v. Johann Christoph Knöffel[*] eingearbeitet hatte. 1734 geweiht, wurden Kuppel und Laterne des Bauwerks nach dem Tode Bährs 1738 v. seinem Schüler Johann Georg Schmidt[*] fertiggestellt. 1945 wurde auch diese Kirche, deren 95 m hohe Kuppel einst das Wahrzeichen v. D. war, zerstört. Die Absicht, die Ruine der Kirche unverändert als Mahnmal gegen die Zerstörung stehenzulassen, ist in jüngster Zeit mehr und mehr umstritten. Nicht nur aus städtebaulichen Gründen wollen breite Bevölkerungskreise dieses Wahrzeichen wiedererstehen lassen.

Kathedrale SS. Trinitatis, ehem. kath. Hofkirche (Altstadt, Schloßplatz): Die 1739–55 erbaute ehem. kath. Hofkirche wurde 1980 zur Kathedrale des Bistums Dresden-Meißen erhoben. Sie ist der kunstgeschichtlich bedeutendste Kirchenbau v. D. Die Pläne stammten v. Gaetano Chiaveri[*], der diesen Bau jedoch nur bis 1748 leitete; seine Nachfolger waren Sebastian Wetzel[*], Johann Christoph Knöffel[*] und Julius Heinrich Schwarze[*], durch den der Turmentwurf Chiaveris auf 83 m gestreckt worden ist. Der Kern der Kathedrale ist typisch für eine Hofkirche, wie sie im barocken Sinne durch die in Versailles geprägt worden ist – ein einheitlicher Raum wird allseitig von den Hofemporen umgeben, die architektonische Gliederung zeichnet auch diese Ebene aus. Im Gegen-

Hofkirche >

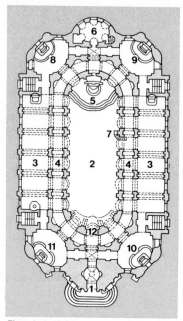

Kreuzkirche

Ehem. kath. Hofkirche 1 Haupteingang 2 Mittelschiff 3 Seitenschiffe 4 zweigeschossiger Prozessionsumgang 5 Hochaltar 6 Sakristei 7 Kanzel 8 Sakramentskapelle 9 Kreuzkapelle 10 Gedächtniskapelle (früher Nepomukkapelle) 11 Bennokapelle 12 Silbermann-Orgel

satz zu Versailles war hier die Hofloge nicht gegenüber, sondern neben dem Hochaltar angeordnet. Die Formensprache entspricht dem schweren römischen Spätbarock. Das Raumprogramm in D. ist jedoch reicher als in Versailles, denn hier wurde die kath. Kirche für die ganze Stadt errichtet: Seitenschiffartige Räume sind beiderseits angefügt. Infolge der umlaufenden Hofemporen können kaum räumliche Bindungen an den Mittelraum entstehen, die angefügten Schiffe sind selbständige Gottesdienststätten. 4 kleinere ovale Kapellen füllen die Ecken in den Diagonalen des Grundrisses. Dem Turm gegenüber ist eine repräsentative Sakristei angeordnet.

Auch diese Kirche ist zerstört worden, doch fing man bald nach dem Kriege an, Teile dem Gottesdienst nutzbar zu machen. Noch sind einzelne Einrichtungsgegenstände nicht vollständig rekonstruiert. Die *Ausstattung* besteht u. a. aus einem goldgerahmten Altarbild, das Christi Himmelfahrt zeigt und das Anton Raphael Mengs* 1750–52 schuf, einer Kanzel, die urspr. aus der alten Hofkapelle stammte und v. Balthasar Permoser* 1712 und 1722 überarbeitet wurde, sowie einer Orgel v. Gottfried Silbermann* (1750–53). Sie war das letzte Werk des genialen Orgelbaumeisters. Beim Einstimmen des Instruments erlag er einem Herzschlag. Die ehem. Nepomukkapelle dient als Gedächtniskapelle für die Opfer des Krieges. Das Vesperbild aus Meißner Porzellan schuf Friedrich Preß* 1974. In *Grufträumen* unter dem Chor sind die sächsischen Herrscher beigesetzt, v. August dem Starken ruht nur das Herz (sein Leichnam ruht in der Kathedrale in Krakau). In der Gruft stehen auch 2 Marmorstatuetten des gegeißelten Christus v. Balthasar Permoser* (1718 und 1723). Die 78 Statuen in den Außennischen und auf den Balustraden, die Heilige

Russisch-Orthodoxe Kirche

und verschiedene Kurfürsten darstellen, schuf Lorenzo Mattielli* in den Jahren 1738–46. Sie sind beim Wiederaufbau der Kirche, der erst in den Jahren 1971 abgeschlossen werden konnte, teilweise durch Kopien ersetzt worden.

Kreuzkirche (Altstadt, Altmarkt): Die älteste Stadtkirche erhielt ihre heutige barocke Gestalt beim Wiederaufbau nach dem Siebenjährigen Krieg 1764–92. Die Pläne stammten v. Johann Georg Schmidt*, Christian Friedrich Exner* (Fassadengestaltung) und Gottlob August Hölzer* (Turm, in Anlehnung an die Hofkirche).
Seit dem Krieg ist erst das Äußere der Kirche, die Heimstätte des jahrhundertealten und weltberühmten Kreuzchores ist, wiederhergestellt worden.

Matthäuskirche (Friedrichstadt, Friedrichstr.): Das barocke Bauwerk wurde 1728–32 vermutlich nach Plänen v. Matthäus Daniel Pöppelmann* errichtet. Der

Architekt wurde 1736 in der Gruft der Kirche bestattet.

Russisch-Orthodoxe Kirche (s der Altstadt, Juri-Gagarin-Platz): Die Kirche wurde 1872–74 in Anlehnung an russische Bauten aus dem 17. Jh. errichtet.

FRIEDHÖFE

Alter Katholischer Friedhof (Friedrichstadt, Friedrichstr. 54): Anlage v. 1721. In der Friedhofskapelle findet sich eine große Kreuzigungsgruppe v. Balthasar Permoser*. Der Schriftsteller Friedrich Schlegel (1722–1829), die Shakespeare-Übersetzerin (»Macbeth«) Dorothea Tieck (1799–1841), der Komponist Carl Maria v. Weber (1786–1826) und der Bildhauer Balthasar Permoser* sind hier begraben.

Eliasfriedhof (ö der Altstadt, Güntzplatz): Der älteste erhaltene Begräbnisplatz der Stadt wurde 1680 nach der Pest angelegt.

Die Grabdenkmäler stammen teilweise aus dem 18. und 19. Jh. (schwer zugänglich).

Innerer Neustädter Friedhof (Neustadt, Friedensstr.): 1732 angelegt. Der über 12 m lange Totentanz (mit 27 Figuren) v. 1534 gilt als bedeutendstes Werk der Dresdner Renaissancebildhauerei. Die Bildhauer Gottfried Knöffler und R. Diez sind hier begraben.

Trinitatisfriedhof (ö der Altstadt, Fiedlerstr.): Der Friedhof wurde 1814 v. dem Architekten F. Thormeyer regelmäßig angelegt. Die Eingangssituation hat C. D. Friedrich als Bildmotiv gedient. Hier fanden die Schriftsteller Otto Ludwig und Georg Freiherr v. Ompteda (1863–1931), die Maler Caspar David Friedrich* und Ferdinand v. Rayski* sowie der Arzt, Maler und Philosoph Carl Gustav Carus* ihre letzte Ruhestätte.

Zwischen dem Friedhof und der Medizinischen Akademie »Carl Gustav Carus« liegen der *Israelitische Friedhof* und die *Synagoge.*

PROFANBAUTEN

Altstädter Wache (zwischen Semper-Oper und Zwinger): Das klassizistische Bauwerk wurde 1830–32 nach einem Entwurf v. Karl Friedrich Schinkel* errichtet. Das Giebeldreieck zum Schloß ziert eine Darstellung der Saxonia, das zum Theaterplatz eine des Mars.

Blockhaus (am Neustädter Brückenkopf): Der Bau der ehem. Neustädter Wache wurde 1730 v. Zacharias Longuelune* begonnen, das Mezzaningeschoß 1749 vermutlich v. Johann Christoph Knöffel* aufgesetzt. – Die *Georgi-Dimitroff-Brücke* (früher Augustusbrücke); urspr. barockes Bauwerk, 1727–31 nach Plänen v. Matthäus Daniel Pöppelmann* errichtet, 1907 durch einen Neubau v. Wilhelm Kreis* ersetzt. – *Reiterstandbild August des Starken* (Neustädter Markt) aus feuervergoldetem Kupfer (1736).

Brühlsche Terrasse (Altstadt): Es war der Premierminister v. August II., Heinrich Graf v. Brühl, der sich um 1740 einen Teil der im 16. Jh. angelegten Befestigung der Altstadt zu einer Gartenanlage ausbauen ließ. Von den urspr. Bauten auf dem Gelände, die Johann Christoph Knöffel* für ihn errichtete, ist nichts erhalten. Das Palais Brühl wurde 1899 abgebrochen und durch das (ehem.) *Landtagsgebäude* (1901–06 v. Paul Wallot*) ersetzt. Die *Sekundogenitur,* die das Bibliotheksgebäude ersetzte, datiert v. 1897. Sie hat mit diesem den Grundriß gemeinsam. Die *Akademie der Künste* (mit der charakteristischen Glaskuppel) entstand 1885–94 anstelle der Galerie. Die breite *Treppe* am Schloßplatz entstand 1814, als das Gelände der Öffentlichkeit zugänglich gemacht wurde (damals wurde die Terrasse als »Balkon Europas« der Treffpunkt für Touristen aus aller Welt). Die Freitreppe wird v. 4 Skulpturengruppen v. Johannes Schilling* (1868, in Bronze 1908) geschmückt, die die Tageszeiten darstellen. Schilling schuf auch die beiden *Denkmäler* für seinen Lehrer, den Bildhauer Ernst Rietschel* (1872), und für den Architekten Gottfried Semper* (1892). Am Fuß der Terrasse, an ihrer NO-Ecke, steht das älteste Denkmal v. D., das *Moritzmonument* im Renaissancestil, ein Werk v. Hans Walther II.* (1553). Man sieht, wie Kurfürst Moritz, der dem Tode nahe ist, sein Schwert an seinen Bruder August gibt. Am O-Ende der Terrasse steht das *Albertinum* anstelle des Museums- und Ausstellungsgebäude v. 1884–87 (→ Museen), dessen Untergeschoß auf das Zeughaus v. 1559–63 zurückgeht. Beachtung verdienen auch die ehemalige *Hofgärtnerei* (um 1750), die seit ihrem Wiederaufbau nach 1945 als Reformierte Kirche dient, und das *Brunnenbecken,* das von einem Jungen mit Delphin gekrönt wird und um das Jahr 1750 von Pierre Coudray* geschaffen wurde.

Unterhalb der Brühlschen Terrasse befindet sich die Anlegestelle der *Weißen Flotte,* die vom Frühjahr bis in den Herbst regelmäßige Schiffsverbindungen nach Meißen und Bad Schandau unterhält.

Gewandhaus (Ringstr. 1): Dreigeschossiges, frühklassizistisches Gebäude, das 1768–79 aufgeführt wurde, dient heute als Hotel. Am Gewandhaus befindet sich der *Dinglingerbrunnen* (nach 1718).

»Der Goldene Reiter«, August der Starke

Prager Straße, Filmtheater (1970–72)

Langer Gang, Fürstenzug   *Semper-Oper >*

Großer Garten (sw der Altstadt): Größter und schönster Dresdner Park (1676 begonnen). Die Planung führte der Gartenarchitekt J. F. Karcher* durch. Den Mittelpunkt der Anlage bildet das *Palais* mit großem Wasserbecken, ein Frühbarockbau, der 1678–83 v. Johann Georg Starcke* errichtet wurde (Ruine seit 1945); in seiner unmittelbaren Nähe finden sich 6 (urspr. 8) *Kavaliershäuser,* 1694 ebenfalls v. Starcke* erbaut. Beachtung verdienen auch die zahlreichen barocken *Gartenplastiken* und der *Mosaikbrunnen* v. Hans Poelzig* (1926). Den NW der Anlage nimmt der *Botanische Garten* ein, den SW der *Zoologische Garten,* der 1861 gegr. wurde.

Japanisches Palais (Neustadt): 1715 als »Holländisches Palais« begonnen, 1729–31 nach Plänen v. Matthäus Daniel Pöppelmann* (u. a.) erweitert und ausgebaut. Auftraggeber war August der Starke, der hier seine Porzellansammlung unterbringen wollte. Heute sind hier das *Landesmu-*

seum für Vorgeschichte und das *Staatliche Museum für Völkerkunde* untergebracht. – Vor dem Palais steht das *Denkmal v. König Friedrich August I.* v. Ernst Rietschel* (1843). – Am ehemaligen Weißen oder Leipziger Tor stehen 2 klassizistische *Torhäuser,* die 1827–29 von Gottlob Friedrich Thormeyer* errichtet wurden.

Prager Str.: Die Fußgängerzone verbindet den Hauptbahnhof mit dem Altmarkt. Sie wurde 1965–78 neu gestaltet. Hier hat man Gelegenheit, die »moderne« Architektur der ehemaligen DDR zu studieren. Neben 4 Hotels ist auch das runde Filmtheater (1970–72) interessant. Der Große Saal hat 1018 Plätze. Das Restaurant *International* entstand 1970–78. – An der Prager Str. befindet sich die Dresden-Information.

Schloß (Theaterplatz): Das ehem. Residenzschloß der sächsischen Kurfürsten und Könige, eine Vierflügelanlage im Renaissancestil aus dem 16. Jh., ist seit 1945

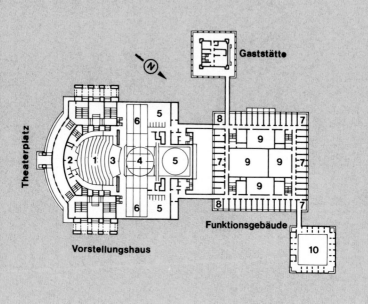

Semper-Oper
Parkettgeschoß, Vorstellungshaus
1 Zuschauerraum 2 Ton- und Lichtregieraum 3 Orchestergraben 4 Hauptbühne 5 Hinterbühne 6 Seitenbühne
Funktionsgebäude
7 Garderoben 8 Schminkraum 9 Probesäle 10 Probebühne

weitgehend eine Ruine (der Wiederaufbau hat 1985 begonnen). Wieder hergerichtet sind die Räume des *Grünen Gewölbes* im W-Flügel (→ Museen), Räume des S-Flügels, die unteren Räume des Torhauses sowie das Georgentor. – Der *Lange Gang* zwischen Georgentor und Johanneum wurde in den Jahren bis 1979 restauriert. Er ist zum Hof durch 22 toskanische Rundbogenarkaden geöffnet. An der Außenseite zur Augustenstr. findet sich der sog. *Fürstenzug*, ein 102 m langer Sgraffitofries, der 1586–91 v. Paul Buchner[*] geschaffen wurde und der sämtliche damaligen sächsischen Herrscher zeigt. 1907 war der Fries so verwittert, daß er auf 24 000 Meißner Porzellankacheln übertragen wurde. – Neben dem Georgentor liegt das

Jagdtor, dessen plastischen Schmuck ein Angehöriger der Künstlerfamilie Walther gestaltete. – Im Hof vor den Arkaden stehen 2 *Bronzesäulen* (1601), die für das Ringelstechen benötigt wurden.

Staatsoper/Semper-Oper (Theaterplatz): Das klassizist. Gebäude wurde 1871–78 nach Plänen von Gottfried v. Semper[*] errichtet. Es ersetzte einen Vorgängerbau, der 1869 abgebrannt war. Der zweigeschossige hohe Mittelbau wird v. einer Pantherquadriga aus Bronze gekrönt (Johannes Schilling[*]). Die Fassade ist mit Statuen u. a. v. Shakespeare, Molière, Schiller und Goethe geschmückt. – Uraufführungsstätte vieler Opern, vor allem v. Richard Strauss. – Auf dem Theaterplatz stehen das *Reiterstandbild* des Königs Johann v. Johannes Schilling[*] (1899) und die *Statue* des Komponisten Carl Maria v. Weber v. Ernst Rietschel[*] (1860).

Taschenbergpalais (Sophienstr.): Barockbau, 1707–11 nach einem Entwurf v. Matthäus Daniel Pöppelmann[*] errichtet,

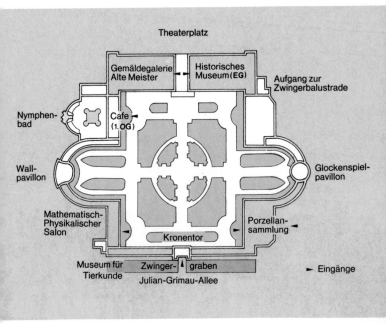

Zwinger

der w Seitenflügel 1756 nach Entwurf v. Johann Heinrich Schwarze*, der ö 1763 nach Entwurf v. Christoph Friedrich Exner*. Seit 1945 stehen nur noch die Umfassungsmauern. – Der *Cholerabrunnen* vor dem Palais ist ein 18 m hohes neugot. Bauwerk, das 1843 nach einem Entwurf v. Gottfried Semper* ausgeführt wurde.

Zwinger (W-Ecke der Altstadt): Daran, daß der Zwinger urspr. einmal der freie Platz hinter den Befestigungswerken v. D. war, erinnert noch der Zwingerteich- und -graben, die auf den ehem. Festungsgraben zurückgehen. Der Festplatz für höfische Spiele und Turniere war einst nur v. Holzbauten umgeben. Die heutige Anlage, der schönste und kostbarste Barockbau v. D., wurde 1711–28 v. Matthäus Daniel Pöppelmann* errichtet. Für die plastische Ausschmückung war Balthasar Permoser* verantwortlich.

Man betritt den 107 m breiten und 116 m langen Renn- und Festspielplatz durch das Kronentor (1713), das ein nach allen 4 Seiten offenes Obergeschoß mit geschwungener Kuppel besitzt, die v. einer polnischen Krone und 4 Adlern gekrönt wird. An dieses schließen sich im W der *Mathematisch-Physikalische Salon*, am Ende einer Bogengalerie der *Wallpavillon* und der *Französische Pavillon* an. Auf der O-Seite liegen der *Zoologische Pavillon*, der *Glockenspielpavillon* (am Ende der symmetrischen Bogengalerie) und der *Deutsche Pavillon*. Im Glockenspielpavillon hängt ein *Glockenspiel*, das aus 40 Glocken aus Meißner Porzellan besteht. Westlich des Französischen Pavillons liegt das *Nymphenbad*, ein v. Grottenarchitektur umgebener Hof mit Wasserbecken und Springbrunnen. An der Wallseite befindet sich eine Kaskade mit Delphinen, Tritonen und Najaden, in den Nischen stehen Nymphenfiguren.

Die einmal offene Zwingeranlage wurde an der N-Seite (Richtung Elbe) 1847–54 durch den v. Gottfried Semper* errichteten zweigeschossigen *Galeriebau* (Semper-Galerie) im Stil der Neurenaissance ge-

schlossen. Die Bauplastik schuf u. a. Ernst Rietschel*. Im Zwinger befindet sich eine Vielzahl v. Sammlungen und Museen.

> MUSEEN
> (Staatliche Kunstsammlungen)

Die Sammlungen gingen aus der »Kunst- und Wunderkammer« hervor, die v. Kurfürst August 1560 gegr. wurde und deren Mittelpunkt ein Kirschkern mit 180 eingeschnitzten Menschenköpfen war, der noch heute im Grünen Gewölbe (unter einer Lupe) zu besichtigen ist.

Allmählich ließ das Interesse an Wunderdingen nach, August der Starke (Regierungszeit 1694–1733) und sein Sohn und Nachfolger August III. schufen die Gemäldegalerie. Nachdem sie zum Katholizismus konvertiert waren, galt ihr besonderes Interesse ital. und niederländ. Malerei der Renaissance und des Hochbarock. Der spektakulärste Ankauf war 1744 der der Sammlung v. 100 der schönsten Gemälde aus dem Besitz des Herzogs v. Modena für 100 000 Zechinen, u. a. Giorgiones* »Schlummernde Venus« und Werke v. Holbein*, Rubens*, Velázquez*, Veronese*, Tizian* und Guido Reni*. Die »Sixtinische Madonna« v. Raffael* kam 1754 für 20 000 Dukaten aus der Kirche San Sisto in Piacenza nach D. Das Grüne Gewölbe wurde 1721 auf Initiative des Oberhofarchitekten Le Plat eingerichtet.

Gemäldegalerie Alte Meister (Zwinger, Semper-Galerie): Diese bedeutende Gemäldesammlung umfaßt zahlreiche Abteilungen: altdt. Meister (u. a. Albrecht Dürer*, Hans Holbein d. J.*, Hans Baldung, genannt Grien*, Lucas Cranach d. Ä.*), altniederländische Meister (u. a. Jan van Eyck*), niederländische Maler des 17. Jh. (u. a. Rembrandt*, Peter Paul Rubens*, Anthonis van Dyck*, Franz Hals*, Jan Vermeer van Delft*), ital. Meister des 15. und 16. Jh. (u. a. Raffael*, Tizian*, Giorgione*, Veronese*), spanische Meister des 17. Jh. (u. a. Velázquez*, Bartolomé Esteban Murillo*), französische Meister des 17. Jh. (u. a. Nicolas Poussin*, Claude Lorrain*), dt. Meister des 17. Jh. (u. a. Adam Els-

Gemäldegalerie Alte Meister
Pinturicchio, Bildnis eines Knaben

Gemäldegalerie Alte Meister
Raffael, Sixtinische Madonna

< *Zwinger, Glockenspielpavillon*

heimer*), ital., franz. und dt. Meister des 18. Jh. (u. a. Canaletto*, Antoine Watteau*, Antoine Pesne*, Anton Graff*) sowie Pastelle v. Rosalba Carriera*, Maurice-Quentin de La Tour* und Jean-Étienne Liotard*.

Gemäldegalerie Neue Meister (Albertinum): Das 1. Museum für Kunst nach 1800 in D. wurde 1931 eingerichtet. Zu sehen sind dt. Malerei des 19. und 20. Jh., u. a. Werke v. Caspar David Friedrich*, Ludwig Richter*, Carl Spitzweg*, Adolph v. Menzel*, Arnold Böcklin*, Anselm Feuerbach*, Max Liebermann*, Lovis Corinth*, Emil Nolde*, Karl Schmidt-Rottluff*, Käthe Kollwitz*, Otto Dix* und Hans Grundig*. Die Malerei des französischen Impressionismus und Nachimpressionismus umfaßt Werke so verschiedenartiger Künstler wie Édouard Manet*, Claude Monet*, Auguste Renoir*, Edgar Degas*, Vincent van Gogh*, Paul Gauguin* und Henri de Toulouse-Lautrec*. Die DDR-Malerei ist mit Werken v. Paul Michaelis*, Werner Tübke* und Wolfgang Mattheuer* vertreten.

Grünes Gewölbe (Albertinum): Die größte dt. Pretiosensammlung mit Arbeiten aus dem 15.–18. Jh. befand sich urspr. im Grünen Gewölbe im Schloß. Nach der Restaurierung dieses Bauwerks wird sie auch wieder dorthin umziehen. Spitzenleistungen unter den etwa 3000 Arbeiten sind »Der Hofstaat zu Delhi am Geburtstag des Großmoguls Aureng-Zeb«, der 1701–08 v. Johann Melchior Dinglinger* und seinen Brüdern für August den Starken geschaffen wurde, und »Das Bad der Diana«, eine Chalzedonschale mit Gold, Silber, Edelsteinen, Elfenbein und Email v. J. M. Dinglinger* und Balthasar Permoser* (1704), und eine byzantinische Elfenbeintafel aus dem 10. Jh.

Historisches Museum (Zwinger, Semper-Galerie): Das im O-Flügel der Semper-Galerie untergebrachte Museum birgt u. a. Prunk- und Gebrauchswaffen vom ausgehenden MA bis zum 18. Jh., Orientalika sowie die Prunkkleidung des sächsischen Hofs vom 16. bis zum 18. Jh. Besondere Beachtung verdient der Krönungsornat v. August dem Starken, den er bei der polnischen Königskrönung 1697 trug.

Kupferstichkabinett (Güntzstr. 34, w de Altstadt): Die etwa 500 000 Blatt europäische Graphik und Zeichnungen vom 15. Jh. bis zur Gegenwart umfassende Sammlung ist im ehem. Kunstgewerbemuseum untergebracht. Weitere Sammlungen umfassen japanische Holzschnitte, illustrierte Bücher und künstlerische Fotografien. Hier befindet sich auch die *Zentrale Kunstbibliothek* mit zahllosen Büchern zu allen Gebieten der bildenden Kunst und etwa 25 000 Ornamentstichen.

Münzkabinett (Albertinum): Es handelt sich um eine der ältesten Sammlungen dieser Art, die etwa 200 000 Münzen, Medaillen und Banknoten v. der Antike bis heute umfaßt.

Porzellansammlung (Zwinger): Diese beachtliche Sammlung umfaßt alles von frühchinesischen bis zum Meißner Porzellan, Grabbeigaben v. der Han- bis zur Tang-Dynastie, Porzellane der Sung- und der Ming-Dynastie.

Skulpturensammlung (Albertinum): Die wertvolle Sammlung enthält u. a. ägyptische Plastik und Kleinkunst, kretisch-mykenische, griech. und röm. Kunst, ital. franz., dt. Meister des 15.–18. Jh. sowie franz. und dt. Meister des 19. und 20. Jh.

Staatlicher Mathematisch-Physikalischer Salon (Zwinger): Hier sind historische Instrumente aus verschiedenen Gebieten der Naturwissenschaften zu sehen, u. a. ein arabischer Himmelsglobus v. 1279 und eine große Uhrensammlung.

WEITERE MUSEEN

Dt. Hygiene-Museum (Lingnerplatz): Das Museum wurde 1928–30 v. Wilhelm Kreis* in der w Verlängerung der Hauptachse des Großen Gartens erbaut. Die Ausstellung soll auf gesundheitserzieherischem Gebiet wirken. Berühmt sind die »Gläsernen Figuren«: Frauen, Männer, Pferde und Kühe.

Grünes Gewölbe, »Der Hofstaat zu Delhi > am Geburtstag des Großmoguls Aureng-Zeb« v. Johann Melchior Dinglinger

Museum für Geschichte der Stadt Dresden (Altstadt): Das Museum ist im sog. Landhaus untergebracht, einem frühklassizistischen Bauwerk, das 1770–76 v. Friedrich August Krubsacius* für die sächsischen Landstände errichtet wurde. Dokumentiert werden die Geschichte der Stadt v. ihrer Gründung bis zur Gegenwart.

Museum für Tierkunde und Museum für Mineralogie und Geologie (Augustusstr.): Die Sammlungen sind im ehem. Landtagsgebäude an der Brühlschen Terrasse untergebracht.

Museum für Volkskunst (Neustadt, Köpckestr. 4): Sächsische Volkskunst und Trachten, erzgebirgische Holzschnitzereien und Spielzeug sind im ältesten Gebäude der Neustadt, dem Jägerhof, einem 1568–1613 errichteten Renaissancebau, untergebracht.

Verkehrsmuseum/Johanneum (Neumarkt): Das Gebäude, das 1586–91 v. Paul Buchner* als Stallhof erbaut wurde, diente nach einem Umbau 1729–44 als Gemäldegalerie (bis 1856). Es handelt sich um eine Dreiflügelanlage mit großer Freitreppe. Links von Johanneum liegt das Portal der ehem. *Schloßkapelle*, ein Renaissancebau v. 1555, davor der *Friedensbrunnen* mit Brunnentrog v. 1648 und Figur der Friedensgöttin Irene v. 1683. Im Verkehrsmuseum sind älteste und neuere Verkehrsmittel in Originalen, Modellen und Bildern ausgestellt.

AUSSERDEM SEHENSWERT

In der Altstadt: Von dem großen Gebäude nö der Frauenkirche, dem 1744–46 v. J. Ch. Knöffel errichteten und 1762 umgebauten *Coselpalais*, haben sich, wieder aufgebaut, nur die 2 Flügelbauten erhalten. An einen Wiederaufbau des Hauptgebäudes als Sächs. Landesamt für Denkmalpflege ist gedacht. – Die Ruine des 1728–29 v. J. Ch. Knöffel an der Schießgasse errichteten *Kurländer Palais* ist ein wichtiges Architekturzeugnis des typischen Dresdner Stils nach Pöppelmann, so daß ein Wiederaufbau erfolgen sollte. – Das ehem. königliche *Polizeigebäude* an der Schießgasse wurde 1895–1900 v. J. Temper errichtet. – Das *Landgericht*, Lothringer Str. 1 (nö der Altstadt), wurde 1888–9? v. A. Roßbach als Vierflügelanlage errichtet. – Auffallend im Stadtbild ist das moscheeartige, im pseudoorientalischen Sti 1909 nw der Altstadt errichtete Bauwerk das sich die *Zigarettenfabrik Yenidze* errichten ließ. – Einen schönen Überblick über die Stadt hat man vom Fichtepark ir Hohenplauen.

In der Neustadt: Das *Sächs. Staatsarchiv* (am ö Rand der inneren Neustadt) wurde 1911–15 nach Entwurf v. O. Reichelt un H. Koch erbaut, um die gesamten Akter des sächs. Staates aufzunehmen. Es ist mi seinen 12 Magazingeschossen eine herausragende gestalterische und funktionelle Leistung jener Zeit. – Die *Sächs. Landesbibliothek* ist noch immer in einer ehem Kaserne, Marienallee 12, untergebracht Sie besitzt u. a. über 700 Wiegendrucke aus dem 15. Jh. sowie zahlreiche Handschriften. – Das *Armeemuseum* mit seiner reichen Beständen ist im ehem. Zeughau der sächs. Armee, Dr.-Kurt-Fischer-Platz 3, untergebracht. – In der Straße der Befreiung (ehem. Hauptstr.) befindet sich da *Museum zur Dresdner Frühromantik*. E handelt sich um das Wohnhaus des angesehenen Malers Gerhard v. Kügelgen. I dem Museum wird an den Dichter der Befreiungskriege, Theodor Körner, erinnert Zu sehen sind neben seiner Uniform un Bibliothek auch Porträts, zeitgenössische Werkausgaben und Briefe. Johann Wolfgang v. Goethe sah 1813 v. einem Fenste dieses Hauses den Einzug der gegen Napoleon verbündeten Armeen. – Eine wei tere Literaturgedenkstätte in der Neustad ist das *Jósef-Ignacy-Kraszewski-Museum* in der Nordstr. 28. Der Autor gehört mi etwa 600 Büchern zu den produktivste Autoren der Welt. – Erich Kästner wurd am 23.3.1899 in der Otto-Buchwitz-Str. 6 geboren.

In der Friedrichstadt: Das *Palais Marcolini*, ein langgestreckter zweigeschossi ger Barockbau, der nach 1727 errichtet un wiederholt umgebaut wurde, dient sei 1845 als Krankenhaus. Die ursprüngliche Innenausstattung ist teilweise erhalten. In »Chinesischen Zimmer« verhandelten in

Jahre 1813 Napoleon und Metternich. Im O-Flügel wohnte Richard Wagner in den Jahren 1847–49. Der *Neptunbrunnen* im Garten ist die aufwendigste barocke Brunnenanlage in Dresden. Sie wurde dann 1746 von Lorenzo Mattielli* nach einem Entwurf v. Zacharias Longuelene* fertiggestellt. – In der Friedrichstr. 44 wurde der romantische Maler und Illustrator Adrian Ludwig Richter am 28. 9. 1803 geboren.

Umgebung

Hellerau (7 km n): Die *Gartenstadt* wurde ab 1907 v. Richard Riemerschmid*, Hermann Muthesius* und Heinrich Tessenow* erbaut. Tessenow entwarf auch das 1910–12 errichtete *Festspielhaus*.

Hosterwitz (5 km ö): *Schifferkirche Maria am Wasser*. Das spätgot. Bauwerk wurde 1704 (1497) barock vergrößert und umgebaut. Im Inneren findet sich ein Kanzelaltar mit einem *Abendmahlsrelief v. 1644*. – In dem *ehem. Winzerhäuschen* Dresdner Str. 44 lebte Carl Maria v. Weber in den Jahren 1818–26 während des Sommers. Hier komponierte er Teile des »Freischütz«, die Oper »Euryanthe« und die »Aufforderung zum Tanz« (heute *Gedenkstätte*).

Loschwitz (6 km ö): Der rechtselbische Vorort Loschwitz wird mit dem linkselbischen Vorort Blasewitz durch eine 1891–93 erbaute *Stahlhängebrücke* mit einer Spannweite v. 141,5 m verbunden, die auch »Blaues Wunder« genannt wird.
→ **Pillnitz.**

Übigau (4 km w): Das zweigeschossige barocke *Schloß* wurde 1724–25 erbaut. Baumeister war Johann Friedrich Eosander v. Göthe*.

Weißer Hirsch (6 km ö): Auch D. hat seine noblen Vororte. Dieser ist sogar äußerst bequem zu erreichen: mit einer Standseilbahn aus vom Ortsteil Loschwitz. Sie endet an der Aussichtsgaststätte »Luisenhof«, die auch als »Balkon Dresdens« bekannt ist.

37115 Duderstadt

Niedersachsen

Einw.: 23 200   Höhe: 180 m   S. 1277 □ I 7

Kath. Propsteikirche St. Cyriakus/ Oberkirche (Marktstraße): Der heutige Bau, eine große Hallenkirche mit 6 Pfeilerjochen im Langhaus, wurde um 1240 begonnen, seine Fertigstellung zog sich jedoch bis zum Beginn des 16. Jh. hin. Von

Duderstadt, St. Cyriakus

Duderstadt, Rathaus

der got. wie v. der späteren Barock-ausstattung sind nur Teile erhalten. Der Hochaltar wurde 1874–77 neu gestaltet (unter Einbeziehung einer um 1500 ge-schnitzten Passion Christi). Die 15 Pfei-lerfiguren, darunter die 12 Apostel, stam-men aus dem Barock; ferner: barocke *Kreutzburgorgel.*

Rathaus (Marktstr. 66): Der Fachwerkbau aus dem 13. Jh., der Elemente des nieder-sächsischen und des hessisch-fränkischen Fachwerkbaus vereinigt, war urspr. Kauf-halle und schloß im Obergeschoß den zweischiffigen Bürgersaal ein. Im 15. und 16. Jh. wurde der Bau erweitert. Heute: Ausstellungen zur Stadtgeschichte.

Fachwerkhäuser: In der Altstadt ist eine Fülle schöner Fachwerkhäuser aus ver-schiedenen Stilepochen erhalten geblie-ben. Das Haus an der Marktstr. 91 ist 1752 entstanden und als *Steinernes Haus* be-kannt. – Die *alte Stadtbefestigung* hat ih-ren Höhepunkt im Westertorturm, der nachweislich mit einem maniert ge-schraubten Turmhelm gekrönt war.

Heimatmuseum (Oberkirche 3): Das Hei-matmuseum des Eichsfeldes befindet sich in der ehem. Stadtschule, einem Fach-werkbau v. 1767 mit schönem Barockpor-tal.

47051–279 Duisburg
Nordrhein-Westfalen

Einw.: 537 400   Höhe: 25 m   S. 1276 □ B 8

Duisburg an der Mündung der Ruhr in den Rhein ist das Oberzentrum des Nieder-rheins. Seine günstige geographische Lage hat dazu beigetragen, daß sich hier ein Schwerpunkt der Stahlerzeugung gebildet hat – in keiner anderen Stadt Europas wird mehr Stahl produziert. Der Duisburger Ha-fen ist mit einer Fläche v. insgesamt 1210 ha und einem Umschlag v. über 50 Millionen Tonnen der größte Binnen-hafen Europas und der größte Flußhafen der Welt.
Der aus Flandern stammende Geograph und Kartograph Gerhard Mercator hat 1512–94 in Duisburg gelebt.

Salvatorkirche (Burgplatz): Die Tuff-stein-Basilika aus dem 15. Jh. wurde 1903–04 neugot. ausgebaut. Hervorzuhe-ben ist das Epitaph für G. Mercator, der wegen der Protestantenverfolgung in sei-ner Heimat für den Herzog v. Jülich gear-beitet hat und Begründer der Kartographie gewesen ist.

Museen: Das *Niederrheinische Museum* (Friedrich-Wilhelm-Str. 64) ist aus Duis-burger Privatsammlungen hervorgegan-gen und bietet heute neben Wechsel-ausstellungen Sammlungen zur Stadt-geschichte, zur Geschichte der Karto-graphie sowie zur Vor- und Frühge-schichte.
Im *Wilhelm-Lehmbruck-Museum* (Düssel-dorfer Str. Nr. 51) befindet sich eine Sammlung mit Werken des Duisburger Bildhauers W. Lehmbruck.

Außerdem sehenswert: Kath. Kirche in Duisburg-Hamborn (Hallenkirche aus Tuffstein aus dem 12. Jh.), kath. Pfarrkir-che St. Dionysius in Duisburg-Mündel-heim (Tuffstein-Basilika aus dem 13. Jh. mit dekorativer Ausmalung und einigen bemerkenswerten Holzskulpturen). – Der Duisburger *Zoo* ist berühmt für seine Del-phine und andere Wale.

Umgebung

Broich (8 km ö): Einst gegenüber, jetzt in Mülheim an der Ruhr gelegen, stammt *Schloß Broich* aus dem 11. Jh. Der *Pala* der *Hochburg* (12. Jh.) wurde um 1400 errichtet. Die Flankentürme des Torbaus und weitere Anbauten wurden im 17./18. Jh. hinzugefügt.

52349–355 Düren
Nordrhein-Westfalen

Einw.: 86 900   Höhe: 130 m   S. 1276 □ A 9

Ev. Pfarrkirche: Der Bau von 1954 zählt zu den bemerkenswertesten Schöpfungen moderner Kirchenarchitektur. Die Archi-tekten Hentrich und Petschnigg hielten das Prinzip des Zentralbaus mit aller Konse-quenz durch.

Kath. Pfarrkirche St. Anna: Im 2. Weltkrieg zerstört – wie der größte Teil der Stadt. Der Neubau v. R. Schwarz ist in 3 Hauptteile gegliedert (Vorhalle, Werktagskapelle, Sonntagskirche).

Städt. Leopold-Hoesch-Museum (Hoeschplatz 1): In einem Bau (1905), der vom Übergang des zweiten Barock zum Jugendstil charakterisiert ist, wird neben Vor- und Frühgeschichte überwiegend Kunst aus dem 20. Jh. gezeigt.

Umgebung

Langerwehe (10 km w): Im Pfarrhof ist ein sehenswertes *Töpfereimuseum* eingerichtet.
Nideggen (15 km s): *Burgruine* der einstigen Burg (12. Jh.) der Grafen v. Jülich. Ältester Teil der 1960 wiederhergestellten Anlage ist der viergeschossige ö *Burgfried*; der s Palas stammt aus dem 14. Jh.
Zülpich (20 km sö): Röm. Funde aus dem 70 n. Chr. v. Tacitus erwähnten *Tolbiacum*, darunter ein kleines *röm. Bad*, sind im und beim *Heimatmuseum* (Mühlenberg 8) zu sehen. Ferner verdienen die ma *Stadtbefestigung* (13./14. Jh.), die *Kurkölnische Landesburg* (14./15. Jh.) und die *Krypta* (um 1060) der *kath. Pfarrkirche St. Peter* Interesse.

40210–629 Düsseldorf
Nordrhein-Westfalen

Einw.: 577 600   Höhe: 38 m   S. 1276 □ B 8

Düsseldorf, als »Schreibtisch des Ruhrgebiets« apostrophiert, vereint die Atmosphäre der Weltstadt mit rheinischem Charme. Es ist aber auch die Stadt der Schlösser (in Kaiserswerth und Benrath), Heimat bedeutender Theater, Sitz berühmter Museen und Galerien sowie Geburtsstadt großer Deutscher (allen voran Heinrich Heine, der am 13. 12. 1797 hier geboren wurde), Königsallee und Hofgartenstraße sind architektonische Beispiele für den Klassizismus in Deutschland, das neue Schauspielhaus, das Thyssen-Hochhaus und zahlreiche weitere Bauten aus der Zeit nach dem 2. Weltkrieg dürfen als Bei-

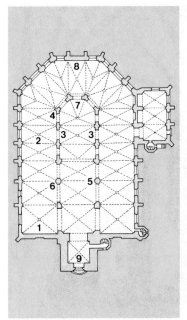

Düsseldorf, Stiftskirche St. Lambertus 1 Vesperbild, um 1420, in einer Stele aus Muschelkalk v. K. M. Winter, 1975 **2** Taufbecken, 15. Jh. **3** Chorgestühl **4** spätgot. Sakramentshaus **5** Kanzel **6** Hl. Christophorus, Anfang 16. Jh. **7** Hochaltar, 1688–98 **8** Wandgrab Herzog Wilhelms des Reichen **9** Bronzeportal v. E. Mataré, 1960

spiele für moderne Städteplanung gelten. – Mit dem Heinrich-Heine-Preis und dem Großen Kunstpreis des Landes Nordrhein-Westfalen zeichnet die Stadt Düsseldorf bedeutende Leistungen aus Kunst und Kultur aus.

Stiftskirche St. Lambertus (Altstadt): Die got. Hallenkirche trat in den Jahren 1288–1394 an die Stelle einer urspr. roman. Basilika. Der 72 m hohe W-Turm hat die Kirche zu einem Wahrzeichen der Stadt werden lassen. – Die ma Ausstattung ist nur zu einem kleinen Teil erhalten. Hervorzuheben sind Reste der got. Wandmalerei sowie ein spätgot. *Sakramentshaus* (1475–79) mit einer ungewöhnlichen Figurenfülle. Unter den *Grabmälern* (die Lambertuskirche war bis zum Bau der An-

Düsseldorf, St. Lambertus

Düsseldorf, St. Andreas

dreaskirche Grabstätte der Fürsten) sind das Grabmal der Gräfin Margarethe v. Berg (1388) und das Wandgrab (hinter dem barocken Hochaltar) für Herzog Wilhelm V. (1594–99) hervorzuheben. Der größere Teil der Ausstattung wurde in den Jahren 1650–1712 eingebaut: der Hochaltar, 4 Nebenaltäre, Kanzel und Gestühl. Der Kirchenschatz enthält bemerkenswerte Silberarbeiten.

Kath. Pfarrkirche St. Andreas (Andreasstraße): Pfalzgraf Wolfgang Wilhelm v. Neuburg hat die Kirche in den Jahren 1622–29 als Jesuiten-Klosterkirche (und zugleich als Hof- und Grabkirche der Fürsten zu Neuburg) bauen lassen. Im Chor befindet sich das *Mausoleum*, das 1667 hinzugefügt wurde und in dem Kurfürst Joh. Wilhelm II. begraben ist. Vorbild für diesen künstlerisch bedeutendsten Bau des 17. Jh. im niederrheinischen Raum waren die Hofkirche in Neuburg an der Donau sowie röm. Bauten der Spätrenaissance bzw. des frühen Barock. In den Seiten-

schiffen finden sich lebensgroße Holzskulpturen von Aposteln und Heiligen, über dem W-Portal die Büste von Pfalzgraf Wolfgang Wilhelm. Nennenswert die erstklassige Stuckdekoration.

Kath. Pfarrkirche St. Maximilian/Maxkirche / Ehem. Franziskaner-Kloster St. Antonius v. Padua (Zitadellenstraße): Der Bau aus dem Jahre 1736 entspricht dem Typ der niederrheinischen Hallenkirche. Die reichen Formen des Rokoko prägen die schöne Innenausstattung (Stukkaturen, Chorstühle, Kanzel, Kirchenbänke und Orgelbühne). Zu den wertvollsten Stücken gehört ein Adlerpult aus Messing, das 1449 in Maastricht gegossen worden ist.

Ehem. Stiftskirche/Pfarrkirche St. Margaretha (Ortsteil Gerresheim): Der äußerlich streng wirkende Bau (1236 fertiggestellt) hat eine Länge von 47 m. Der Raum ist kaum gegliedert und ergibt deshalb ein bes. harmonisches Gesamtbild.

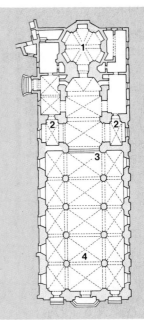

Düsseldorf, Chor in St. Andreas

Düsseldorf, kath. Pfarrkirche St. Andreas 1 Mausoleum mit Sarkophagen der Neuburger **2** Seitenaltäre, 17. Jh. **3** Kanzel, Mitte 17. Jh. **4** Orgelprospekt

Die dekorative Ausmalung wurde erneuert. Wertvollster Teil der Innenausstattung ist das überlebensgroße hölzerne *Kruzifix* (letztes Drittel des 10. Jh.) über dem Hochaltar. Aus dem 15. Jh. stammt das spätgot. *Sakramentshaus*, das v. schmiedeeisernen Gittern umgeben ist.

Ehem. Stiftskirche St. Suitbertus/Kath. Pfarrkirche (Ortsteil Kaiserswerth): Die dreischiffige frühroman. Pfeilerbasilika mit ihren imponierenden Ausmaßen (68 m lang, 22,80 m breit) wurde in der 2. Hälfte des 12. Jh. errichtet. Der Chor wurde 1230–40 hinzugefügt. Hauptstück des Kirchenschatzes ist der *Schrein des hl. Suitbertus*. Der 1,60 m lange Kasten ist aus vergoldeten Kupferplatten gearbeitet und mit sehr gut ausgebildeten Figuren besetzt. In den Arkaden der Seitenteile werden die Apostel, die Muttergottes und der hl. Suitbertus gezeigt.

Schloß Jägerhof und Hofgarten (Jägerhofstraße): Das Schloß wurde 1748–63 im

Auftrag des Kurfürsten Carl Theodor zu Pfalz als Sitz für den Bergischen Oberjäger v. J. J. Couven* und N. de Pigage* im Typus einer Maison de plaisance ö des heutigen Hofgartens errichtet. Goethe-Museum und Stiftung Ernst Schneider (→ Museen). Hofgarten im Auftrag des Kurfürsten Carl Theodor als erster öffentlicher Stadtpark Deutschlands v. N. de Pigage 1769 angelegt. Nach Zerstörung 1796 v. M. F. Weyhe wieder angepflanzt und zusammen mit Neuanlagen auf den niedergelegten Wällen ab 1804 umgestaltet sowie 1811 unter Napoleon im N erweitert. Heine-Denkmal auf dem Napoleonsberg.

Schloß Benrath (Ortsteil Benrath, Schloßallee): Das v. N. de Pigage* in den Jahren 1755–73 errichtete Schloß zeigt deutliche Parallelen mit den ebenfalls v. de Pigage erbauten Schlössern in Mannheim und Schwetzingen. Während er dort Vorhandenes einbeziehen mußte, hatte er in

Düsseldorf, Stiftskirche St. Margaretha

Düsseldorf, St. Suitbert, Suitbertusschrein

Benrath bei der Planung freie Hand. Das Ergebnis ist eines der schönsten Jagdschlösser des Rheinlands. Der Bau umfaßt insgesamt 84 Räume. Dabei haben nur Vestibül, Gartensaal und Salon die v. außen vermutete Höhe. Dagegen ist der Bau nach innen – zu den 2 ovalen Lichthöfen hin – in 4 Geschosse unterteilt. Die Innenräume, die im wesentlichen v. denselben Künstlern ausgestaltet wurden, die auch am Bau des Schlosses in Mannheim mitgewirkt hatten (Stuck v. G. A. Albuzzio, Holzschnitzereien v. M. van den Branden und A. Egell, Tischlerarbeiten v. F. Zeller), sind im Stil Louis XVI. gehalten. – L und r v. Hauptbau stehen 2 *Kavaliershäuser*. Ebenfalls in die Gesamtplanung Pigages einbezogen ist der Park (v. dem im 19. Jh. ein Teil zum engl. Garten umgestaltet wurde). – Ö des Spiegelweihers findet sich der sog. *Prinzenbau*, der v. Herzog Philipp Wilhelm in den Jahren 1651–61 errichtet wurde.

Kaiserpfalz (Ortsteil Kaiserswerth): Von Friedrich Barbarossa neu erbaut. Heute sind nur noch Teile erhalten, so die 50 m lange, 13 m hohe und 6 m breite, dem Rhein zugeneigte Außenmauer des einstigen Palasgebäudes. Die Pfalz lag urspr. auf einer Insel, die durch eine künstlich angelegte Schleife des Rheins entstanden war.

Moderne Architektur: Der Bedeutung Düsseldorfs als Sitz zahlreicher Hauptverwaltungen großer Konzerne entspricht die moderne Architektur der Stadt. Sie nimmt ihren Anfang mit dem *Warenhaus Tietz* (heute Kaufhof) an der Königsalle, das v. J. M. Olbrich in den Jahren 1907–09 als viergeschossiger Komplex errichtet wurde. Es zeigt die Überwindung des Jugendstils und die Entwicklung des funktionsgebundenen Baustils (Funktionalismus). In den Jahren 1911–12 errichtete P. Behrens direkt am Rheinufer das *Mannesmannhaus* – ein monumentaler Bau von großer Sachlichkeit. 1925 wurde die *Ehrenhof-Anlage* fertiggestellt – als Ausstellungsbau v. W. Kreis geplant und ebenfalls am Rhein gelegen. Der Komplex ist unterteilt in die *Tonhalle* (ein runder Kuppelbau), das Gebäude des ehem. Reichsmuseums f. Wirtsch.- u. Gesellschaftskunde und den Ehrenhof (mit Kunstmuseum). Die Anlage

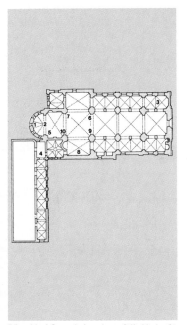

Düsseldorf-Gerresheim, ehem. Stiftskirche St. Margaretha 1 Holzkruzifix, letztes Drittel 10. Jh. **2** Hochaltar mit roman. Mensa **3** Sarkophag des hl. Gerricus, 14. Jh. **4** Turmmonstranz, um 1400 **5** spätgot. Sakramentshaus **6** Muttergottes, Standfigur v. Anfang 16. Jh. **7** Marienleuchter, Anfang 16. Jh. **8** Chorgestühl, Anfang 18. Jh. **9** Kanzel, Anfang 18. Jh. **10** Reliquiennische, um 1500

bestätigt den Drang zu modernen Zweckbauten, zeigt aber gleichzeitig, daß darin weder Schematisierung noch Einengung für die Architekten zu sehen sind. Zu den Bauten, die nach dem 2. Weltkrieg entstanden sind und als richtungsweisend für die moderne Architektur gelten, gehört das *Thyssen-Haus* zwischen Hofgarten und Geschäftszentrum (1957–60; Architekten: H. Hentrich, H. Petschnigg). *Nordrheinwestfäl. Landtag* (1988).

Klassizistische Wohnhäuser: Zahlreiche klassizistische Bauten, einst ein Charakteristikum v. Düsseldorf, sind im Krieg zerstört und nur z. T. mit ihren alten Fassaden wieder aufgebaut worden. Gute Beispiele dafür in der Bastionstraße (Häuser 3–11 a

und 13–23), in der Bilker Straße (vor allem die Häuser 24–26, 32, 36–42, 46) und in der Elisabethstraße (Haus Nr. 18).

Theater: Die *Dt. Oper am Rhein* (Heinrich-Heine-Allee 16 a), ein Bau aus dem Jahr 1875, der 1954/55 vollständig umgebaut worden ist, wird heute v. Ensemble der Theatergemeinschaft Düsseldorf-Duisburg bespielt (Oper und Ballett). 1342 Plätze. – Das *Düsseldorfer Schauspielhaus* (Gustaf-Gründgens-Platz 1) gehört zu den bedeutendsten dt. Schauspielbühnen. Der jetzige Bau (Architekt B. Pfau) wurde im Jahr 1970 eröffnet. 1036 Plätze. Das *Kom(m)ödchen* (Hunsrückenstraße) ist eines der bekanntesten dt. Kabaretts.

Museen: Das *Kunstmuseum Düsseldorf* (Ehrenhof 5) zeigt neben wechselnden Kunstausstellungen eine Gemäldegalerie mit Werken des 16.–20. Jh. und besitzt mehrere Spezialabteilungen (Graphische Sammlung, Kunstgewerbe, Glassammlung). Das *Landesmuseum Volk und Wirtschaft* (Ehrenhof 2) ist als Wirtschaftsmuseum in seiner Art einzig in Deutschland. – Die *Kunstsammlung Nordrhein-Westfalen* (Grabbeplatz 5) zeigt Malerei des 20. Jh. mit einer bedeutenden Kollektion v. Werken Paul Klees. – Im *Schloß Benrath* werden die Wohnkultur des Rokoko und Spätbarock sowie Kleinkunstgegenstände und Porzellan gezeigt. – Das *Heinrich-Heine-Institut* (Bilker Str. 14) verfügt über eine Bibliothek, ein Archiv und ein Museum. – Das *Goethe-Museum* (Schloß Jägerhof, Jacobistr. 2) entstand aus der Privatsammlung Anton Kippenbergs, des ehemaligen Inhabers des Insel-Verlags. Es ist nach den Sammlungen in Frankfurt und Weimar mit insgesamt rund 35 000 Objekten das drittgrößte Goethe-Museum. – Das *Haus des Dt. Ostens* (Bismarckstr. 90) bietet Sammlungen über Brauchtum, Wohnkultur und Geschichte des dt. Ostens (mit Charta der Heimatvertriebenen, Wappensammlung). – Das *Hetjens-Museum/Deutsches Keramikmuseum* (im Palais Nesselrode, Schulstr. 4) zeigt Keramik aus 8 Jahrtausenden sowie Porzellan aus aller Welt. – *Stiftung Ernst Schneider* (Schloß Jägerhof): Möbel, Silber und Porzellane des 18. Jh., insbesondere aus Meißen.

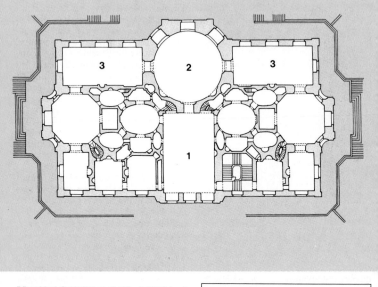

Düsseldorf, Schloß Benrath 1 Vestibül **2** Salon **3** Gartensäle

Außerdem sehenswert: *Königsallee* (eine der bekanntesten europ. Einkaufsstraßen, 1801 nach Plänen des Münchner Hofbaumeisters C. A. Huschberger angelegt). – *Schloßturm* (Burgplatz; Überbleibsel des 1872 niedergebrannten Schlosses aus dem 13. Jh.). – *Ratinger Tor* (Teil der klassizistischen Stadttoranlage, die A. v. Vagedes 1811–14 geschaffen hat).

Umgebung

Ratingen (10 km n): Die angeblich v. hl. Suitbert Anfang des 8. Jh. gegr. Pfarrkirche *St. Peter und Paul* interessiert neben ihren roman. Türmen auch ihres frühgot. Hallenbaues wegen. Im *Kirchenschatz* ist eine der frühesten Monstranzen Europas (1394) sehenswert. Im *Stadtgeschichtlichen Museum* ist u. a. eine Sammlung v. Werken des Porzellan-Modellierers J. P. Melchior[*] (1747–1825) untergebracht.

Eberbach ✉ **65347 Eltville**

Hessen

Einw.: 180 Höhe: 180 m S. 1276 □ E 10

Ehem. Zisterzienserkloster: In der Abgeschiedenheit der Taunusberge im Herzen des Rheingaus sind die Klostergebäude aus dem 12. bis 14. Jh. erhalten. Die Anlage gilt als Musterbeispiel eines hochma Reformklosters. Die Zisterzienser, die für ihren Lebensunterhalt selbst aufkamen, haben den Weinbau dieses Gebietes zu hohem Ansehen geführt und dem Kloster seine kunsthistorische Bedeutung gegeben. – Da zur Blütezeit bis zu 300 Mönche und Laienbrüder im Kloster lebten, nahm die Anlage sehr schnell den Charakter einer selbständigen Gemeinde an. So errichteten die Zisterzienser um 1215–20 sogar ein eigenes Hospital, daneben gab es alle nötigen Wirtschaftsgebäude. Nach der Säkularisation 1803 war das Kloster fast 100 Jahre lang Straf- und Irrenanstalt (1813–1912), dann Militärgenesungsheim (1912–18). Die ehem. Klosteranlagen werden heute v. der Verwaltung der

Ehem. Zisterzienserkloster Eberbach, Dormitorium

Ebersberg, ehem. Klosterkirche St. Sebastian

frau. Sie wurden v. dem berühmten mittelrheinischen Bildhauer H. Backoffen* bzw.
seinem Mitarbeiter geschaffen und tragen
teils got., teils renaissancehafte Ornamentik.

Im N der Kirche schließen sich die *Klausurgebäude* an. Sie sind um den Kreuz-
garten und den *Kreuzgang* gruppiert. Einzig repräsentativer Raum in diesem nach
den Regeln der Zisterzienser spartanisch
gehaltenen Komplex ist das *Refektorium*,
das 1738 eine prächtige Stuckdecke im
Stile des Barock erhalten hat. – W v. den
Klausurgebäuden liegt der *Konversenbau*,
der im 12./13. Jh. errichtet wurde und den
Laienbrüdern als Unterkunft diente. Diese
Laienbrüder hatten geringere geistliche
Pflichten als die Mönche und übernahmen
die Arbeiten außerhalb des eigentlichen
Klosterbezirks. Sie lebten nach den Ordensregeln streng getrennt v. den Mönchen.

85560 Ebersberg
Bayern

Einw.: 10 000   Höhe: 558 m   S. 1283 ☐ M 14

Ehem. Klosterkirche St. Sebastian: Der
urspr. Bau (1312 fertiggestellt, die Türme
stammen v. einem Vorgängerbau) ist heute
nur noch in seinen Grundzügen zu erkennen. Durch die verschiedenen baulichen
Veränderungen bietet sich heute ein kunsthistorisch uneinheitliches Bild. Die Hirnschale des Kirchenpatrons kam 931 aus
Rom nach E. Der Hochaltar (1773) zeigt
die Sebastiansfigur zwischen Ignatius v.
Loyola sowie Petrus, Paulus und Franz
Xaver. Die Epitaphien in der *Grabkapelle*,
die sich n an den Chor anschließt, gehören
zu den wichtigsten plastischen Kunstwerken der bayr. Spätgotik. Sehenswert ist
auch die reiche Ausstattung der *Sakristei*
mit Schnitzfiguren aus der Werkstatt I.
Günthers* und die darübergelegene *Sebastianskapelle* mit schönen Stukkaturen und
einer Reliquienbüste St. Sebastians (Ende
15. Jh.).

Außerdem sehenswert: Rathaus aus dem
Jahr 1529 mit Netzgewölbe und geschnitzter Holzdecke; Marktplatz mit Häusern
aus Barock und Biedermeier.

Staatsweingüter im Rheingau betreut und
wirtschaftlich genutzt. Die historischen
Räume können besichtigt werden (Führungen an Wochenenden und nach Voranmeldung möglich).
Baustil und Beschreibung: Die Klosteranlage ist v. einer rund 1100 m langen und 5
m hohen Mauer umgeben. Sie ist, bis auf
ihre Tore und Pforten, aus dem 12./13. Jh.
erhalten. Im Mittelpunkt der Bauten steht
die Kirche. Sie wurde 1186 gew. (Baubeginn 1145). Roman. Formen bestimmten
das Innere der dreischiffigen Basilika. Die
schlichten, herben Formen kehren auch in
Pfeilern, Rundbogenarkaden und in den
blockartigen Wandvorlagen wieder. Von
der urspr. reichen Ausstattung ist kaum
etwas erhalten. Um so deutlicher treten die
Grabmäler hervor, v. denen eines der besten dem Mainzer Domkantor Eberhard v.
Oberstein (gest. 1331) am O-Ende des s
Kapellenschiffs gewidmet ist. Die Grabmäler in der ersten S-Kapelle zeigen Wi-
gand v. Hynsperg (gest. 1511) bzw. Adam
v. Allendorf (gest. 1518) und dessen Ehe-

Eberswalde-Finow, St. Maria Magdalena, Portaldetail

16225–27 Eberswalde-Finow
Brandenburg

Einw.: 51 500   Höhe: 30 m   S. 1275 □ Q 5

An einer Furt der Straße aus der Mittel-
mark (Spandau/Berlin) nach Stettin über
die Finow wird 1261 eine wahrscheinlich
aber schon ältere markgräfliche Burg mit
einem Suburbium Ebersberg und einer
dörflichen Siedlung Jakobsdorf erwähnt,
die um 1300 zu einer Stadt vereinigt sind.
Die bedeutungslos gewordene Burg seit
dem 14. Jh. verfallen.
Die Anlage der Stadt planmäßig gitterförmig mit zentral gelegenem Markt, s davon
auf ansteigendem Gelände nahe der Burg
die Stadtkirche.

Stadtkirche St. Maria Magdalena: Bedeutender Backsteinbau des 13. Jh., deutlich verwandt mit der Klosterkirche →
Chorin, im Kern aber möglicherweise
auch älter (auch als die Stadtgründung)

und als Kirche mit überregionaler Bestimmung erbaut. Hochgot. Basilika mit w
Vorhalle, der Eingangsbogen und das Portal mit figürlichem Terrakottaschmuck in
den Kapitellzonen, ebensolcher auch an
den Seitenschiffportalen im N und S. Der
einschiffige Chor wie in Chorin mit 7/12-
Schluß, flankiert v. doppelgeschossigen
Kapellen. Ausbau des W-Turmes in den
Jahren 1874–76 durch Hermann Blankenstein, dabei auch der gesamte Kirchenbau
neugot. überformt (neue Gewölbe in den
Seitenschiffen, zweigeschossige Fenster-
anordnung wegen des Einzugs von Emporen, Giebel nach Choriner Art). Ausstattung gleichfalls neugot., bewahrt blieb das
große *Renaissanceretabel* des Altars v.
1606. Erneuerung der Innenausmalung
1977.

Außerdem sehenswert: *Spitalkapelle St.
Georg*, ein einschiffiger got. Backsteinbau
aus dem 15. Jh., heute für Kulturveran-
staltungen (Kammerkonzerte) genutzt. –
Marktbrunnen, 1836 v. Christian Daniel

Rauch geschaffen. Der liegende Löwe aus
Gußeisen in Anlehnung an das Scharn-
horstsche Grabmal in Berlin.

Umgebung

Niederfinow (9 km ö): *Schiffshebewerk.*
Der größte Schiffsfahrstuhl der Welt, der
eine Höhe v. 60 m hat, wurde 1933
nach einer Bauzeit v. 8 Jahren fertiggestellt. Er ist mit dem Oder-Havel-Kanal
durch eine 157 m lange Kanalbrücke verbunden und überwindet einen Höhenunterschied v. 36 m.

96157 Ebrach
Bayern

Einw.: 2000   Höhe: 340 m   S. 1282 □ I 11

Ehem. Zisterzienserkloster: Ebrach war
im 12. Jh. erster Stützpunkt der Zisterzienser in Franken (und dritter in Deutschland).
Von hier gingen weitere Neugründungen
aus, hier entwickelte sich ein geistiges
Zentrum des Mönchsordens. Das Ziel, die
Reichsunmittelbarkeit zu erhalten und damit von den Würzburger Bischöfen unabhängig zu werden, wurde allerdings nicht
erreicht.

Das heutige Kloster, eine mächtige Anlage
mit 5 Höfen, ist nach Plänen v. J. L. Dientzenhofer* im ersten Bauabschnitt und J.
Greising in der zweiten Bauphase entstanden. Der Einfluß Greisings zeigt sich v. a.
an den Schauseiten, im Treppenhaus des n
Abteitraktes sowie bei der Gestaltung des
Ehrenhofs. Die Mitarbeit des damals noch
wenig bekannten B. Neumann* steht in
Frage.

1851 wurde in den Klostergebäuden ein
Zuchthaus eingerichtet.

Klosterkirche: Die dreischiffige Basilika
gehört zu den größten Kirchen, die der
Orden in Deutschland errichtet hat (84,5 m
lang, 23,4 m breit, 21,9 m hoch). Der Chor
dieses mächtigen Baus ist Ausgangspunkt
für 12 weitere Kapellen.

Das Innere wird v. den reichen Stukkaturen bestimmt, die M. Bossi* in den Jahren
1773–91 geschaffen hat. Große Fensterrose an der W-Wand. Im Chor *Stuck-*

Ebrach, Klosterkirche, Fensterrose

Ebstorf, Klosterkirche, Muttergottes, 13. Jh.

marmor-Altar v. M. Bossi. Hervorhebung verdienen auch das reichgeschmückte *Chorgestühl* und die *Orgel* (1743). Das bedeutendste unter den Grabmälern ist das Epitaph für Königin Gertrud und ihren Sohn, Herzog Friedrich v. Schwaben. – Die *Michaelskapelle* (1207) zeigt roman. Einflüsse.

29574 Ebstorf
Niedersachsen

Einw.: 4600   Höhe: 40 m   S. 1273 □ I 4

Ebstorf ist wegen seiner »Ebstorfer Weltkarte« berühmt geworden. Heute kann man allerdings nur eine Nachbildung der Karte besichtigen (Original 1943 verbrannt). Die Weltkarte – als größte Weltkarte des MA apostrophiert – besteht aus 30 Pergamentbögen und ist insgesamt 12,75 m² groß. Sie hat die Gestalt einer v. Christus gehaltenen Scheibe und sieht Jerusalem als Mittelpunkt der Erde. Dieses Weltbild des 13. Jh. geht u. a. auf Beschreibungen des Gervasius v. Tilbury zurück und setzt sich aus einer Fülle v. Details der Geographie, der Heils- und Weltgeschichte sowie der griechischen Mythologie zusammen.

Kloster Ebstorf: Etwa 1160 wurde hier ein Prämonstratenser-Chorherrenstift gegr. 1197 in ein Benediktinerinnen-Kloster umgewandelt, kam es als Wallfahrtskirche im MA zu ungewöhnlichem Reichtum. Die *Klostergebäude* (14./15. Jh.) bergen eine Fülle v. Truhen und Schränken, die einst als Aussteuer v. Novizinnen mitgebracht wurden. Sie dokumentieren heute eine kleine Kulturgeschichte der *Lüneburger Möbel*. Seit 1555 Damenstift.

Klosterkirche: Die Kirche gehört zu den spätgot. Großkirchen, wie sie auch in → Lüneburg, → Uelzen und → Verden entstanden sind. Die *Nonnenempore* nimmt einen großen Teil des Kirchenschiffes ein und ist reich mit ma Plastik ausgestattet, u. a. mit 2 *Madonnen* (1230 und 1330), einem lebensgroßen *hl. Mauritius* (1300), einer *Strahlenkranzmadonna* und einem *Vesperbild* (15. Jh.). Die *Triumphkreuzgruppe* über dem Altar und ein dreiarmiger Messing-Standleuchter (15. Jh.) beherrschen den Kirchenraum. Hier seien bes. die *Bronzetaufe* (1310), der *Apostel-Tonfigurenfries* (1400) und – wie auch im übrigen Klosterbereich – die Vielzahl der *Konsolen und Schlußsteine* mit z. T. höchst amüsanten Darstellungen aus Klosterleben, Heilsgeschichte und Fabelwelt er-

Ausschnitte aus der Weltkarte (13. Jh.) im Kloster Ebstorf

Eckernförde, Nikolaikirche, Hirtenanbetung

hat. Glanzstück ist der Altaraufsatz, den H. Gudewerdt d. J. um 1640 geschaffen hat. Der Altar ist der schönste Barockaltar in Schleswig-Holstein. Die Schnitzereien an der Kanzel stammen v. H. Gudewerdt d. Ä. Berühmt ist die Nikolaikirche aber auch wegen der zahlreichen Epitaphien, darunter das Grabmal für Thomas Börnsen (1661) v. H. Gudewerdt. Die *Bronzetaufe* (1588) ist bes. prunkvoll gestaltet.

Ev. Kirche zu Borby: Dieser im Kern einschiffige Feldsteinbau aus der Zeit um 1200 birgt eine gotländische Kalksteintaufe (Anfang 13. Jh.) und einen geschnitzten Altaraufbau, der an die Leistungen H. Gudewerdts d. J. anschließt (1686).

Bürgerhäuser: Schöne alte Bürgerhäuser, die meist nur in Details verändert wurden, finden sich u. a. in der Kieler Straße (Nr. 48), in der Nikolai- und Gudewerdtstraße sowie in der Gaethjestraße.

Heimatmuseum (Kieler Str. 59): Sammlungen zur Stadtgeschichte und Volkskunde des Raumes Gettorf und Eckernförde.

wähnt. In der Kirche und im S- und W-Flügel des Kreuzgangs hochwertige Glasmalereifenster (um 1400).

24340 Eckernförde
Schleswig-Holstein

Einw.: 22 500   Höhe: 5 m   S. 1273 □ H 2

Die einstige Fischersiedlung hat sich im 13. Jh. zur Stadt entwickelt und ist heute wirtschaftliches und kulturelles Zentrum im Landkreis Rendsburg/Eckernförde. Der rechteckige Marktplatz bildet das Kernstück der ma Stadtanlage.

Ev. Nikolaikirche (Nikolaistraße): Der dreischiffige Backsteinbau ist im 15. Jh. aus einer einschiffigen Kirche des 13. Jh. hervorgegangen (Chor und Reste des W-Turms sind erhalten). Der schlichte Außenbau läßt die Fülle der Ausstattung nicht ahnen, die diese Kirche zu einer der bedeutendsten in Schleswig-Holstein gemacht

---

39435 Egeln
Sachsen-Anhalt

Einw.: 4700   Höhe: 74 m   S. 1278 □ L 7

Klosterkirche Marienstuhl: 1259 wurde das Zisterzienserkloster Marienstuhl durch Otto v. Hadmersleben gegr. Nach der Reformation blieb nur dieses Kloster in E. kath.; 1809 wurde es aufgelöst. Seitdem ist die ehem. Klosterkirche Pfarrkirche der kath. Diasporagemeinde. Der ehem. weitläufige Klosterkomplex entstand zu Ende des 17. Jh. und ist mit einer Mauer umgeben. Die gut erhaltene Kirche stellt mit ihrem Werksteinbau v. 1732–34 und ihrer prächtigen, einheitlichen Innenausstattung ein wichtiges Beispiel mitteldt. Barockkunst dar. Außenbau und barock gewölbter Saalbau sind eher schlicht. Im W befindet sich eine große Nonnenempore. Seine besondere Bedeutung erhält der Kirchenraum durch den breiten barocken *Hauptaltar* (1737) mit geschwungenem Säulenaufbau, geschnitzten Figuren

im 16. Jh. errichtet. An der nw Ecke steht der viereckige Bergfried, durch Aufstokkung erhält er 6 Geschosse. Der Palas besitzt reiche Volutengiebel v. 1617. – Das *Städtische Museum* in der Wasserburg zeigt vor- und frühgeschichtliche Funde aus dem Kreis Staßfurt im n Harzvorland.

85072 Eichstätt

Bayern

Einw.: 12 400 Höhe: 388 m S. 1282 ☐ L 13

In der Zeit der Renaissance hatte Eichstätt überregionale Bedeutung. Das heutige Stadtbild ist v. Barock geprägt – eine Folge des Brands v. 1634, bei dem die Stadt nahezu völlig vernichtet und im Zeichen des Barock neu aufgebaut wurde. Fast die ganze Stadt ist noch v. einem alten Mauerring umgeben. Der starke Einfluß der Kirche in der Bischofsstadt kommt durch den Dom, das Benediktinerinnenkloster St. Walburg und den Sitz einer kath. Universität zum Ausdruck.

Eckernförde, Nikolaikirche, Altaraufsatz v. H. Gudewerdt d. J.

und Gemälden. Die Figuren zeigen die Ordensgründer Benedikt und Bernhard sowie die hll. Andreas und Mauritius. Bemerkenswert sind auch eine opulent geschmückte Kanzel mit Schalldeckel und 2 schöne Nebenaltäre. Einige Ausstattungsstücke sind älteren Datums, so ein außergewöhnliches geschnitztes *Kruzifix* (1. Hälfte 14. Jh.).

Stadtkirche St. Spiritus: Der einschiffige schlichte Bau ist ebenfalls ein Werk des Barock und 1701–03 entstanden. Der Turm ist got. Ursprungs, die Zwillingshelme datieren v. 1559. Beachtenswert sind die Kanzel v. 1616 mit prächtigem Figurenschmuck und der Altaraufbau mit geschnitzten Altarschranken und einem Kreuzigungsgemälde, das 1703 J. G. Aberkunk schuf.

Außerdem sehenswert: Die *Burg*, eine weitläufige Anlage, die aus Haupt- und Vorburg besteht, wurde im wesentlichen

Dom (Domplatz 10): Der Dom ist das beherrschende Bauwerk der Stadt. An die roman. Vorgängerbauten erinnern der kreuzförmige Grundriß und die übernommenen Türme. Wesentliche Teile des Baus (8. Jh.) sind spätere Ergänzungen (der Neubau wurde 1256 mit dem Chor begonnen, das Kirchenschiff entstand in den Jahren 1380–96 als dreischiffige got. Pfeilerhalle). Die kunsthistorische Bedeutung des Doms beruht auf der reichen Innenausstattung. Glanzstück ist der *Pappenheimer Altar* im n Querschiff. Kaspar v. Pappenheim, seines Zeichens Domherr, hat den fast 10 m hohen Altar 1489 gestiftet. Geschaffen hat ihn vermutlich der Nürnberger Steinmetz V. Wirsberger[*], einer der bedeutendsten Künstler seiner Zeit. Im Willibaldschor steht die berühmte *steinerne Muttergottes* (1297). Gegenüber befindet sich das Grabmal des Klostergründers Willibald (Willibaldstumba, um 1269). Der Altar im Hauptchor wurde mehrmals umgestaltet und ist heute in seinen Hauptteilen neugot. Die Statue des hl. Willibald, ein Werk des einheimischen Steinmetzen L. Hering, zählt zu den bedeutendsten pla-

< *Glasfenster im Mortuarium des Doms*   *Eichstätt, Schutzengelkirche*

stischen Kunstwerken der Renaissance. Ebenfalls v. Hering ist der *Wolfsteinsche Altar* (1519/20), der jetzt an der W-Wand des s Seitenschiffes aufgestellt ist. Das *Mortuarium* (Totenhalle), das sich w an den Kreuzgang anschließt, birgt weitere bemerkenswerte Grabsteinplatten. Unter den Säulen, v. denen die 8 Doppeljoche getragen werden, ist die *schöne Säule* ein Meisterstück dt. Steinmetzkunst. Künstlerisch wertvoll sind die Glaskunstarbeiten in den 4 Fenstern der O-Seite des Mortuariums, in denen das Jüngste Gericht dargestellt ist (nach Entwürfen v. H. Holbein d. Ä.).

Stadtpfarrkirche St. Walburg (Walburgiberg): Die Kirche ist nach der hl. Walburg, der Schwester des Klostergründers Willibald, benannt. Sie lebte im Kloster Heidenheim, einer Gründung ihres Bruders, ihre Überreste wurden jedoch im 9. Jh. nach Eichstätt überführt. Die Kirche ist neben dem Dom das beherrschende Bauwerk der Stadt. Sie ist v. 1626–31 errichtet

und in den folgenden Jahren nur geringfügig verändert worden. Durch eine erhöhte Portalvorhalle betritt man den Kirchenraum. Das Innere der Wandpfeilerkirche ist durch Wessobrunner Stuck (→ Wessobrunn) reich verziert. Hinter dem Hochaltar aus dem 18. Jh. befindet sich die *Confessio der hl. Walburg* (Gruftaltar), eine seltene Mischung aus Grabmal und Altar.

Ehem. fürstbischöfliche Residenz (Residenzplatz): Nach dem großen Brand im Jahre 1634 begann 1704 der Neubau der heutigen Gebäude, die 1791 fertiggestellt waren. Seit 1817 sind hier staatl. Ämter untergebracht. Architektonisch bedeutend ist das v. M. Pedetti gestaltete *Treppenhaus*. Im zweiten Obergeschoß befindet sich der Hauptsaal (auch *Spiegelsaal* genannt). Er ist reich mit Stuck verziert, und an den Wänden sind dekorative Spiegel angebracht. Vor der Residenz auf dem Residenzplatz ist der *Marienbrunnen* (1775–80) sehenswert. Der Platz gilt als einer der schönsten Barockplätze in Deutschland.

Auch die angrenzenden Bauten sind nach Entwürfen des bekannten Baumeisters G. Gabrieli* entstanden.

Ehem. Sommerresidenz (Ostenstr. 26): Die Sommerresidenz ist im 1. Drittel des 18. Jh. von G. Gebrich erbaut worden. Sie ist über 100 m breit und in ihren Innenräumen aufwendig ausgestattet. Heute befindet sich in den Räumen der Residenz die Verwaltung der kath. Universität Eichstätt.

Jesuitenkirche/Schutzengelkirche (Leonrodplatz): Nach dem großen Brand mußten die überwiegenden Teile der erst 1620 gew. Kirche neu errichtet werden (1661). Bemerkenswert sind die reichen Stuckarbeiten v. F. Gabrieli*, einem Bruder des fürstbischöflichen Baumeisters G. Gabrieli. Der Hochaltar stammt v. Hofbildhauer M. Seybold, das Altarblatt ist v. dem Augsburger Künstler J. E. Holzer geschaffen.

Bischöfliches Palais (P.-Philipp-Jenningen-Platz 5): Ein vornehmer Bau, der im 18. Jh. entstanden ist und 1817 v. Bischof bezogen wurde. Baumeister ist G. Gabrieli gewesen. In dem Haus befinden sich zahlreiche hervorragende sakrale Kunstwerke des 15. und 16. Jh.

Willibaldsburg (am SO-Rand der Stadt): Auf einem Höhenrücken vor den Toren der Stadt ist die im 14. Jh. gegründete Burg erhalten. Von den Plänen, die im 16./17. Jh. zu einem schloßartigen Ausbau im Stil der Renaissance führen sollten, wurde nur ein kleiner Teil verwirklicht (so der *Gemmingenbau*, für den E. Holl* die Entwürfe geliefert hat). In den erhaltenen Gebäudeteilen befindet sich das *Jura-Museum in der Willibaldsburg*, das neben Beiträgen zur Vor- und Frühgeschichte v. a. Exponate zur Geschichte der Stadt sowie Gemälde und Plastik der Spätgotik besitzt.

Ehem. Augustiner-Chorherrenstift (in Rebdorf): Die dreischiffige Pfeilerbasilika ist aus einem Umbau in den Jahren 1732–34 entstanden. An die Vorgängerbauten erinnert der roman. W-Teil. Die Stukkaturen stammen v. F. Gabrieli. Im SO liegt der *Klosterkomplex*.

Ehem. Augustinerinnenkloster (in Marienstein): Von der ehem. Anlage (15. Jh.) sind nur der Prioratsbau und die Wirtschaftsgebäude erhalten.

Museen: Neben dem Museum in der Willibaldsburg (siehe dort) und dem Diözesan-Museum (Residenzplatz 5) gibt es in Eichstätt die *Sammlungen des Bischöfl. Seminars*; das *Museum Berger* (Harthof), das sich auf Versteinerungen aus dem fränkischen Jura spezialisiert hat, und den bedeutenden *Domschatz* (in der Kapitelsakristei).

Außerdem sehenswert: Eine Reihe weiterer kleiner Kirchen ist hervorragend ausgestattet, wird jedoch gegenüber dem Dom, der Stadtpfarrkirche und der Schutzengelkirche meist weniger beachtet. Dazu gehören die *Kapuzinerklosterkirche Hl. Kreuz* (17. Jh.) mit bedeutendem »Hl. Grab«, die *ehem. Dominikanerkirche* (13. Jh., *1713–23 umgestaltet), die spätgot. *Mariahilfkapelle* (mit barocker Umgestaltung), die ehem. *Klosterkirche Notre-Dame* (um 1720) und die *Frauenbergkapelle* (1739; nahe der Willibaldsburg). Sehenswert sind schließlich auch die *Dompropstei* (1672; Jesuitenplatz), die einen ungewöhnlich reichen Stuckschmuck (1770) besitzt, und das *Cobenzl-Schlößchen* (nach 1730).

37574 Einbeck
Niedersachsen

Einw.: 29 200   Höhe: 114 m   S. 1277 ☐ H 7

Einbeck, das 1368 Mitglied der Hanse wurde, ist durch die Herstellung von Pelzwerk, Leinwand, Wolle und Starkbier wie auch wegen der vielen, gut erhaltenen Fachwerkhäuser bekannt. Zu den berühmten Söhnen der Stadt gehört Friedrich Sertürner, der 1805 das Morphium entdeckt hat und in der Kapelle St. Bartholomäi begraben liegt. Erwähnt sei auch Till Eulenspiegel, der hier als Brauknecht gearbeitet haben soll und dem die Einbecker ein Denkmal gewidmet haben.

Ehem. Stiftskirche St. Alexandri (Stiftsplatz): Zu Beginn des 12. Jh. waren Ort und

Einbeck, Ratsapotheke und Brodhaus

Kirche Ziel v. Wallfahrten zum Blut Christi. Im 13. und 14. Jh. trat ein Neubau an die Stelle der alten Kirche (der allerdings Teile einbezog). Von der alten Ausstattung ist nur noch wenig erhalten. So das *Chorgestühl* (1288), die *Grabplatte* für Stiftspropst Johann (gest. 1367) und ein *Taufbecken* aus dem Jahr 1427. Bemerkenswert ist auch der roman. *Radleuchter*, der einen Durchmesser von 3,5 m hat und vermutlich aus der Mitte des 15. Jh. stammt.

Ev. Marktkirche St. Jacobi (Marktplatz): Vom urspr. Bau (13. Jh.) ist wenig erhalten. Die üppige Barockfassade im W (1741) war eher eine Notlösung: Mit ihr wollte man eine schon bedenklich gewordene Neigung des Baus auffangen. Der 65 m hohe, schiefe Turm überragt die Fachwerkstatt. Die Kanzel, v. einfachen Schnitzereien geprägt, stammt aus dem Jahr 1637. Sehenswert sind verschiedene Epitaphe aus dem 16./17. Jh.

Rathaus (Marktplatz 6–8): Die 3 davorgesetzten Spitztürme (1593) ergeben mit ihren steilen Rundspitzen eine eigenartige Architektur. Neben dem Rathaus (1593) befindet sich die *Ratswaage* (1565). Das reichgeschmückte Holzwerk im Erdgeschoß prägt den aparten Bau. Ebenfalls am Marktplatz liegen die *Ratsapotheke* (1562) und das *Brodhaus*. Es wurde v. der Einbecker Bäckergilde 1552 errichtet.

Fachwerkhäuser: Mehr als 400 farbenprächtige Fachwerkhäuser, davon über 100 in der Altstadt. Bes. schöne Häuser finden sich im Steinweg, in der Tiedexerstraße und in der Marktstraße. Sie sind fast ausschließlich im 16. Jh. entstanden.

Museen: Das *Städt. Museum* (Steinweg 11) ist in einem der schönsten alten Bürgerhäuser untergebracht. Schwerpunkte der Sammlungen sind Beiträge zur Kulturgeschichte der Stadt Einbeck, zur Formstecherei, zum Tapetendruck und zum Brauereiwesen. Sehenswert ist auch eine historische *Fahrrad-Sammlung* (Papenstr. 1–3).

Eining, Kastell

Eining ⊠ **93333 Neustadt**
Bayern

Einw.: 300   Höhe: 350 m   S. 1283 □ M 13

Kastell: Im S des kleinen Ortes in Niederbayern wurden 1879 die Ruinen eines Römerkastells entdeckt und bis 1920 mit großer Sorgfalt ausgegraben. Es trägt den Namen *Abusina* (nach dem Flüßchen Abens). Die Entwicklung des Kastells läßt sich bis ins 1. Jh. verfolgen. Die zu besichtigende Anlage hat das Ausmaß v. 147 x 125 m und gehört damit zu den kleinen Kohortenkastellen. Im einzelnen sind zu erkennen: Türme, Tore, Mittelbau (Praetorium), Atrium, Waffenkammer, Verwaltungskomplex und Nebengebäude. In der Nähe v. Eining begannen die Römer im 2. Jh.mit der Errichtung des Limes (»trockener Limes« im Gegensatz zum »nassen Limes«, der durch die Donau gebildet wurde). Der rätische Limes dehnte sich über eine Strecke v. insgesamt 166 km aus. Seine

Mauern waren zwischen 2 und 3 m hoch und erreichten eine Dicke v. 1,2 m. In regelmäßigen Abständen waren den Mauern Wachtürme zugeordnet.

99817 Eisenach
Thüringen

Einw.: 44 300   Höhe: 215 m   S. 1277 □ I 9

Eisenach liegt an der Hörsel, einem Nebenfluß der Werra, am nordwestlichen Rand des Thüringer Walds. Die Wartburg (410 m) überragt den Ort.
E. wurde um 1150 von den Thüringer Landgrafen (den Ludowingern) vermutlich im Zusammenhang mit dem Bau der Wartburg gegr. und 1150 als *Isinacha* erstmals urkundlich genannt. Durch Ereignisse auf der Wartburg wurde der Ort zum kulturellen und politischen Mittelpunkt der damaligen Landgrafschaft Thüringen. 1525 nahmen große Teile der Bürgerschaft am Bauernaufstand teil. Nach der Beset-

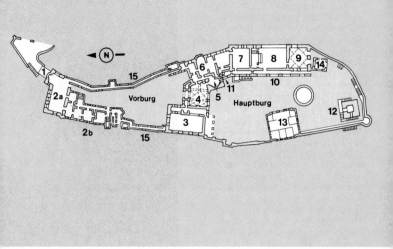

zung der Stadt durch die Heere der Fürsten wurden 17 Anführer enthauptet. Von 1572–1638, 1640–44 und 1672–1741 war Eisenach Residenz eines Herzogtums der Wettiner (ernestinische Linie), in deren Besitz der Ort bereits seit Mitte des 13. Jh. war. Herausragende historische Ereignisse waren das Wartburgfest der Deutschen Burschenschaft am 18./19.10.1817, das, v. einer Minderheit der ca. 500 Teilnehmer initiiert, zu einer Demonstration gegen Reaktion und Restauration wurde, und der Eisenacher Parteitag 1869 im ehem. Hotel Goldener Löwe, auf dem die Gründung der Sozialdemokratischen Arbeiterpartei beschlossen wurde.

Wartburg: Die Burganlage soll der Sage nach 1067 v. Graf Ludwig dem Springer gegr. worden sein. Er soll beim Anblick des Felsens ausgerufen haben: »Wart' Berg, du sollst mir eine Burg werden.« Der Bau der weitläufigen Anlage, die sich um 2 Höfe gruppiert, erfolgte jedoch erst unter seinen Nachfolgern. Unter Hermann I.

Eisenach, Wartburg 1 Zugbrücke **2 a** Torhaus, 12.–19. Jh. **2 b** Ritterhaus **3** Vogtei, 15.–19. Jh. **4** Torhalle, 19. Jh. **5** Bergfried, 19. Jh. **6** Neue Kemenate, 19. Jh. **7–10** Dreigeschossiger Palas, um 1200, mit spätroman. Baudekor **7** Rittersaal **8** Speisesaal **9** Elisabethkemenate mit Glasmosaiken, 1902–06 v. A. Oetgen **10** Arkaden **11** Treppentürmchen **12** S-Turm mit Zinnenkranz, 1840 **13** Gadem (Gästehaus), 19. Jh. **14** Kapelle mit Apostelfresken, um 1320 **15** Wehrgänge, 15.–19. Jh.

(1190–1217) hielten sich die mittelhochdt. Epiker Heinrich v. Veldeke (der »wîse man, der rehter rîme alererst began«) und Herbort v. Fritzlar sowie die mittelhochdt. Dichter Walther v. der Vogelweide und Wolfram v. Eschenbach dort auf. Über das Leben am Hof berichtet die um 1260 entstandene Strophendichtung »Der Wartburgkrieg«. Hier wird auch v. dem legendären Sängerwettstreit, der 1206–07 im Palas der Burg stattgefunden haben soll, berichtet. Richard Wagner behandelte die Sage in seiner Oper »Tannhäuser und der Sängerkrieg auf der Wartburg« (1845), E. T. A. Hoffmann in seinen Erzählungen

»Die Serapionsbrüder« (1811–12) und
Ludwig Tieck in seinem »Phantasus«
(1812–16). Zur Bekanntheit der Burg trug
auch das Leben der 1235 heiliggesprochenen Landgräfin Elisabeth (1207–31) bei.
Ihre Demut und Armut standen in schar-
fem Gegensatz zu den Sitten der Zeit. Vom
4. 5. 1521 bis zum 1. 3. 1522 hielt sich
Martin Luther, der mit der Reichsacht belegt worden war, als Junker Jörg auf der
Wartburg auf. Hier übersetzte er das Neue
Testament aus dem Griechischen. Vom
späten 16. Jh. an begann die Burg, da sie
keine strategische Bedeutung hatte und
nicht als Residenz genutzt wurde, zu zer-
fallen. Erst 1838–90 wurde sie, auf Initiative Goethes, wiederhergestellt.
Der älteste Teil der Anlage ist der roman.
Palas (Landgrafenhaus) im SO mit prächtiger W-Fassade. Die beiden unteren
Stockwerke wurden etwa zwischen 1190
und 1220, das Obergeschoß nach 1250 errichtet. Im Erdgeschoß finden sich 2 gewölbte Räume, der Rittersaal und die Eli-
sabeth-Kemenate, die mit Mosaiken v.
1902–06 ausgestattet ist. Der ebenfalls im
Erdgeschoß gelegene Speisesaal hat eine
hölzerne Flachdecke. Im 1. Stock liegen
die Kapelle (um 1320, mit Wandgemälden
aus dieser Zeit), der Sängersaal, das Land-
grafenzimmer und die Elisabeth-Galerie.
Letztere wurden 1854–55 v. Moritz v.
Schwind* mit *Freskenzyklen* ausgemalt,
die die Geschichte der Wartburg, den Sängerkrieg und die Elisabeth-Legende zum
Thema haben.
Die Burganlage betritt man v. NO über
eine Zugbrücke. Das Torhaus stammt im
Kern aus dem 12. und 15. Jh. An das
Torhaus schließen sich das Ritterhaus und
die Vogtei (an der S-Seite Erker vom Hars-
dörfschen Haus in Nürnberg, 1872 eingebaut) an. In der Vogtei wohnte Luther während seines Aufenthalts auf der Wartburg.
Sein Zimmer ist fast unverändert erhalten.
Hier hängen sein Porträt und das seiner
Frau Katharina, gemalt v. Lucas Cranach
d. Ä.* (1526). Im O und W des ersten
Burghofs liegen 2 Wehrgänge, der Elisa-
bethen- und der Margarethengang, aus der
Zeit um 1450, im S Torhalle und Dirnitz.
Diese stammen wie auch der Bergfried und
die an ihn anschließende Neue Kemenate
im N des 2. Burghofs aus der 2. Hälfte des
19. Jh. Der S-Turm (Aussichtsturm) mit

Burgverlies stammt im Kern aus dem 12.
Jh. und wurde im 19. Jh. erneuert.
In der Neuen Kemenate und der Dirnitz
befindet sich eine *Kunstsammlung*: Besondere Beachtung verdienen der Dürer-
schrank aus der Zeit um 1510, der Wand-
behang mit Szenen aus der Elisabeth-Legende aus der Zeit um 1475 und ein got.
Leuchterengel aus der Riemenschneider-
Werkstatt.

Hospitalkirche St. Annen: Die Kirche
soll im Jahr 1226 v. der Landgräfin Elisabeth v. Thüringen gestiftet worden sein.
Der im Kern spätgot. einschiffige Bau
wurde 1634–39 erneuert. Aus dieser Zeit
stammen auch die beiden Rundbogenportale.

Pfarrkirche St. Georg: Die dreischiffige
spätgot. Hallenkirche, mit deren Bau 1515
begonnen wurde, geht auf eine landgräfli-
che Gründung aus der Zeit um 1180 zurück. Das Gebäude wurde wiederholt umgebaut. Beachtung verdienen auch die

Eisenach, Wartburg

Grabsteine des thüring. Landgrafen, u. a. die Deckplatte vom Grab Ludwig des Springers. In der Georgenkirche predigte Martin Luther nach seiner Rückkehr aus Worms am 2.5.1521, zu einem Zeitpunkt, als er bereits unter Reichsacht stand. Der Komponist Johann Sebastian Bach wurde am 23.3.1685 hier getauft. Vor dem W-Portal der Kirche steht der *Marktbrunnen* v. 1549. Dargestellt ist der hl. Georg im Kampf mit dem Drachen (der Heilige ist der Schutzpatron v. E.).
Zwischen Brunnen und Postamt markiert ein weißes Kreuz im Pflaster die Stelle, an der die 17 Bauernführer 1525 hingerichtet wurden.

Kreuzkirche: Der Baumeister des barok-ken Zentralbaus, der 1692–97 in der Form eines griech. Kreuzes errichtet wurde, war Johann Mützel*. Die schlichte Ausstattung stammt aus der Entstehungszeit. – Die klassizistische *Leichenhalle* neben der Kirche erbaute Clemens Wenzeslaus Coudray* 1829.

Nikolaikirche: Bei der dreischiffigen ro-man. Basilika aus der 2. Hälfte des 12. Jh. handelt es sich um die ehem. Kirche eines Benediktiner-Nonnenklosters. Im Inneren findet sich ein spätgot. Schreinaltar aus dem frühen 16. Jh. (Beweinung Christi). – Südlich der Kirche steht das im Kern spät-roman. (um 1200) *Nikolaitor*. Auf dem Platz vor der Kirche steht das 1895 v. Adolf v. Donndorf* geschaffene *Luther-Denkmal*.

Predigerkirche: Das frühgot. Bauwerk (wahrscheinlich 2. Hälfte 13. Jh.), das ein-mal zu einem Dominikanerkloster gehörte, wurde 1902 umgebaut. Beachtung verdie-nen die dreischiffige Krypta unter dem Chor und die zweistöckige Kapelle an der S-Seite.
In der Kirche ist die *Skulpturensammlung* des Thüringer Museums untergebracht. Zu sehen sind Hauptwerke der thüringischen kirchlichen Plastik des MA, u. a. Flügel-altäre, Kruzifixe, Vesperbilder und Figu-rengruppen.

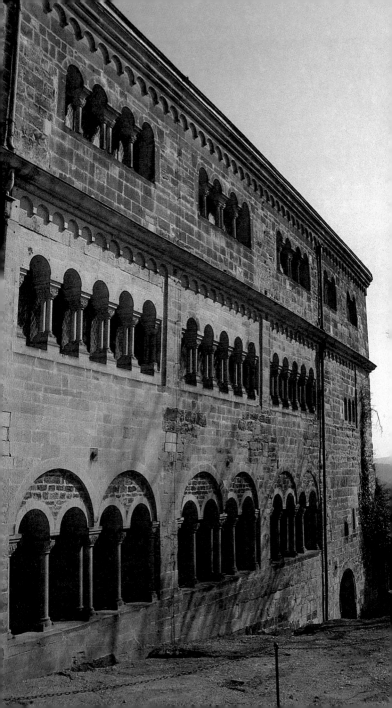

Rathaus (Markt): Das dreigeschossige Bauwerk, das 1508 errichtet wurde, ist im Kern spätgot. 1564 wurde es im Renaissancestil umgebaut und nach dem Stadtbrand v. 1636 wieder aufgebaut. Beachtenswert sind das Sitznischenportal, der Turm mit geschweifter Haube und Laterne sowie die Reliefbildnisse am Untergeschoß.

Schloß (Markt): Der dreigeschossige Barockbau an der N-Seite des ehem. Mittwochsmarkts wurde 1742–51 v. Landbaumeister G. H. Krohne* für den Herzog Ernst August v. Sachsen-Weimar errichtet. Die s Hauptfassade wird v. 3 repräsentativen Portalen geziert. Der Festsaal im Inneren ist mit reichen Rokoko-Stuckdekorationen und einem Deckengemälde ausgestattet. Im linken Gebäudeflügel ist das *Thüringer Museum* untergebracht, in dem u. a. Gläser, Thüringer Porzellan, Gemälde dt. Meister und eine Apotheke v. 1740 zu sehen sind.

Automobil-Ausstellungs-Pavillon
(Wartburgallee): Hier wird die Geschichte des Eisenacher Automobilbaus dokumentiert.

Bachhaus (Frauenplan 21): Hier wurde der Komponist Johann Sebastian Bach am 21. 3. 1685 geboren. 1906 wurde das Gebäude v. der Bach-Gesellschaft erworben und in ein Museum umgewandelt.

Lutherhaus (Lutherplatz 8): Das Museum ist in einem der ältesten und schönsten Bürgerhäuser v. E. untergebracht, dem sog. *Cottaschen Haus*, das teilweise aus dem späten 15. Jh. stammt und nach der Zerstörung 1944 originalgetreu wiederaufgebaut wurde. Martin Luther soll als Lateinschüler 1498–1501 bei Frau Ursula Cotta gewohnt haben. Zu sehen sind u. a. Bibeldrucke und geistliche Bücher aus dem 16. Jh.

Reuter-Wagner-Museum (Reuterweg 2): Der niederdt. Schriftsteller Fritz Reuter (geb. 1810) siedelte 1863 v. Neubrandenburg nach E. über. Reuter starb am 12. 7. 1874 und ist auf dem Neuen Friedhof an

< *Wartburg, Palas mit Hofarkaden*

der Mühlhäuser Str. begraben (Grabmal mit Marmorbüste). Die Villa ging 1895 nach dem Tod seiner Witwe in den Besitz der Stadt über. Der Salon, das Arbeitszimmer des Schriftstellers, das Musikzimmer und das »Sanctuarium« genannte Nähstübchen seiner Gattin sind im Originalzustand erhalten. – In dem Gebäude ist auch die sog. *Oesterleinsche Sammlung* über Leben und Werk des Komponisten Richard Wagner untergebracht, die 1895 v. Wien nach E. verkauft wurde. Sie umfaßt u. a. Autographen, Erstausgaben v. Werken Richard Wagners, Fotos und Theaterzettel.

Außerdem sehenswert: Einige Fachwerkhäuser aus dem 16. Jh.; ma *Hellgrafenhof*, der als ältestes Gebäude v. E. gilt.

07607 Eisenberg		
Thüringen		
Einw.: 12 000	Höhe: 300 m	S. 1278 □ M 9

Der Ort, der bereits 1171 eine Stadtmauer erhielt, wurde 1189 zerstört. Nach dem Wiederaufbau erhielt er 1219 die Stadtrechte. 1680–1707 war E. Residenz des kleinen Herzogtums Sachsen-Eisenberg, bis 1918 gehörte es zu Sachsen-Altenburg.

Eisenach, Bachdenkmal

Eisenberg, Schloß Christianenburg   *Bad Klosterlausnitz (Eisenberg)* >

1796 wurde in E. eine Porzellanmanufaktur eingerichtet.

Schloß Christianenburg: Die dreistöckige barocke Anlage wurde 1677–92 nach Plänen v. Johann Wilhelm Gundermann* und Johann Moritz Richter d. J.* erbaut. Im O-Flügel des Gebäudes befindet sich die *Schloßkirche* aus den Jahren 1679–87, die 1692 geweiht wurde.

Bemerkenswert sind die barocken *Stuckdekorationen*, die v. 3 oberital. Meistern ausgeführt wurden (Bartolomeo Quadri*, Giovanni Caroveri* und Christian Tavilli*). Fresken und die farbige Fassung des Innenraums schuf Johann Oswald Harms*. Im Mittelfeld des Spiegelgewölbes sieht man eine Darstellung aus der Offenbarung des Johannes, in der Chorkuppel die Himmelfahrt Christi. Die Fürstenempore liegt dem Chor mit Kanzelaltar und Orgel gegenüber.

Pfarrkirche St. Peter: Die Marktkirche ist ein einschiffiges, spätgotisches Bauwerk aus dem späten 15. Jahrhundert; 1585 und 1880 wurde sie umgebaut.

Rathaus: Es besteht aus 2 dreigeschossigen Renaissancebauten (1579 und 1593) und wurde 1702 erweitert. Das Stadtwappen datiert v. 1587.

Der *Mohrenbrunnen* aus dem Jahre 1727 vor dem Rathaus erinnert an die Sage vom Eisenberger Mohren, der wegen eines Diebstahls hingerichtet werden sollte, jedoch noch rechtzeitig seine Unschuld beweisen konnte.

Die *Superintendentur* (Markt 11) ist ein dreistöckiger Renaissancebau aus dem späten 16. Jh. An der N-Seite des Gebäudes findet sich ein achteckiger Treppenturm.

Kreis-Heimatmuseum (Ortsteil Friedrichstanneck): Das Museum ist im ehem. Barockschloß Friedrichstanneck (1904 und 1910 stark verändert) untergebracht. Hier sind u. a. Altenburger Trachten zu sehen.

Umgebung

Bad Klosterlausnitz (8 km s): Der Kur-
und Erholungsort entwickelte sich aus einer Siedlung bei einem 1132 gegründeten
Augustiner-Chorfrauenstift. Die *Klosterkirche* ist eine dreischiffige romanische
Pfeilerbasilika, mit deren Bau man nach
1150 begann und die zwischen 1182 und
1185 geweiht wurde. Im 16. Jahrhundert
verfiel sie bis auf die Chorpartie. 1855–66
wurde das Bauwerk nach Plänen von Alexander Ferdinand von Quast[*] einschließlich
der Doppelturmfassade im Westen wieder
aufgebaut. Von der ursprünglichen Ausstattung ist nur ein überlebensgroßes romanisches Kruzifix aus der Zeit um 1235
erhalten.

15890 Eisenhüttenstadt
Brandenburg

Einw.: 49 100	Höhe: 48 m	S. 1279 □ S 6

Der Ort liegt an der Einmündung des Oder-
Spree-Kanals in die Oder; er entstand 1961
durch die Zusammenlegung der Stadtge-
meinden Fürstenberg/Oder und Stalinstadt. Fürstenberg entstand Ende des 13.
Jahrhunderts bei einer deutschen Burg an
einem Oderübergang. Bereits vor 1300 besaß es Magdeburger Recht. 1370 kam es an
Böhmen, 1635 an Kursachsen und 1815 an
Preußen.
Stalinstadt entstand 1951 als Wohnstadt
für die Beschäftigten des Eisenhütten-
kombinats Ost (auch Eisenhüttenkombinat
J. W. Stalin). Es war die 1. sozialistische
Stadt der DDR. Der Bau eines Stahlwerkes
war notwendig, da alle bereits bestehenden
entweder im Ruhrgebiet oder in Schlesien
lagen, keines jedoch auf dem Gebiet der
DDR. Der Standort war ideal. Über den
Oder-Spree-Kanal, der bereits seit 1891
existierte, konnten die Rohstoffe herange-
schafft werden: sowjetisches Eisenerz,
polnische Steinkohle und Kalk (Zuschlag-
stoff) aus Rüdersdorf bei Berlin.
Die Stadtanlage mit der Leninallee zwischen Zentralem Platz und Eisenhüttenkombinat (das Haupttor »schloßartig« geplant) ist als Hauptachse in mehreren Bauphasen bebaut, die Architekturentwick-
lung von den 50er bis in die 80er Jahre
widerspiegelnd, die Anfänge noch stark
dem Neoklassizismus der 30er Jahre ver-
haftet (Haus der Parteien und Massen-
organisationen, 1954–58; Friedrich-Wolf-
Theater, 1953–55; eher rückschrittlich in
der Baugesinnung auch die Kindergarten
in der Karl-Marx-Str., 1953–55, oder die
Oberschule Erich Weinert in der Friedrich-
Engels-Str., 1953/54).
Es folgten in den 60er und 70er Jahren die
Punkt- und Wohnhochhäuser in Montage-
bauweise, wobei in den Erweiterungs-
stadtteilen die städtebauliche Geschlossenheit des Anfangsstadiums aufgegeben
wird.

Umgebung

Neuzelle: Am Rande des Odertals, zwischen Guben und Eisenhüttenstadt, findet
sich das 1268 gegründete ehemalige Zisterzienserkloster, das heute als eines der
bedeutendsten Bauensembles böhmischer
Barockbaukunst im Nordosten Deutschlands gilt. Die ursprünglich gotische Hallenkirche, die im Kern noch erhalten ist,
entstand um 1300. Vom Kloster, das im
18. Jahrhundert umgebaut wurde, existiert
noch der Kreuzgang aus dem 14. und
15. Jahrhundert, das Refektorium und der
Kapitelsaal mit Netz- und Sterngewölbe
sowie das Brunnenhaus aus derselben Zeit.
Im 17. und 18. Jahrhundert wurden Kirche
und Kloster barockisiert. Pfeiler und Gewölbe der Kirche wurden mit Stuck von
J. B. Cometa[*] verkleidet, eine neu eingezogene Decke mit einem Gemäldezyklus
von J. Vanet[*] geschmückt. Im 18. Jahrhundert wurde die Westfassade mit geschwungenen Wänden, Uhrturm und
Prunkportal dem Zeitstil angeglichen. Der
Ostseite des Kirchenschiffs fügte man einen halbrunden Raum an. Im Innern entstanden prachtvolle neue Altäre, vor allem
des Caspar Hennevogel[*] und seiner Söhne
mit Gemälden von Wilhelm Neunherz aus
Prag. Zusammen mit Kanzel und Taufaltar
bietet das Kircheninnere eine reich bewegte, fast verschwenderisch wirkende
barocke Fülle.– Die *evangelische Pfarrkirche zum Hl. Kreuz,* die sogenannte *Leu-
tekirche* aus dem 18. Jahrhundert hat ebenfalls ma Ursprung.

06295 Eisleben, Lutherstadt
Sachsen-Anhalt

Einw.: 25 200   Höhe: 127 m   S. 1278 □ M 7

Eisleben liegt im östlichen Harzvorland. Um 800 wird es als *Eslebo* erstmals genannt, ab 994 besaß es Markt-, Zoll- und Münzrechte, ab 1180 Stadtrechte. Die Grundlage für den Wohlstand des Orts bildete noch bis in dieses Jh. der Kupferschieferbergbau. 1946 erhielt Eisleben den Beinamen Lutherstadt. Der Reformator war hier am 10. 11. 1483 als Sohn eines Bergmanns geboren worden. In Eisleben starb er auch, am 18. 2. 1546.

Marktkirche St. Andreas: Spätgot. Hallenkirche mit Flügelaltar (um 1500) und einer Kanzel, v. der schon Luther predigte.

Pfarrkirche St. Annen (Eisleben-Neustadt): Die einschiffige Kirche trägt Züge der Spätgotik und der Renaissance. Bauzeit 1513–1608. An der W-Seite Grabkapelle der Grafen v. Mansfeld. Bemerkenswerte Ausstattungsstücke sind das Chorgestühl, das 1585 v. Hans Thon Uttendrup* geschaffen wurde (um die Brüstung zieht sich die sog. *Eislebener Steinbilderbibel*, die aus 26 Reliefs besteht), die Kanzel v. 1608 und ein Schnitzaltar v. 1510 (Maria als Mondsichelmadonna).

Pfarrkirche St. Nikolai: Die kleine dreischiffige spätgot. Hallenkirche wurde 1426 geweiht. Sie wird heute nicht mehr als Kirche genutzt.

Pfarrkirche St. Petri und Paul: Das Bauwerk ist die 3. dreischiffige spätgot. Hallenkirche in E. Sie wurde 1486–1513 errichtet. Das bemerkenswerteste Stück der Ausstattung ist der spätgot. *Flügelaltar* (nach 1500).

Bergamt (Markt): Spätgot. Bauwerk aus der Zeit um 1500 mit einem schönen Kielbogenportal.

Rathaus der Altstadt: An der N-Seite des spätgot. Bauwerks (1531) befindet sich eine doppelläufige Freitreppe. Vor dem Rathaus steht das *Luther-Denkmal* v. Rudolph Siemering* (1882).

Rathaus der Neustadt: Sehenswert an dem Renaissancebau ist das reiche Portal v. 1580. Vor dem Rathaus steht eine Bergmannsfigur, der »Kamerad Martin«. Es handelt sich um eine Kopie nach einem Original v. 1590.

Eisleben, Marktkirche St. Andreas; rechts: Luthers Geburtshaus, Luthers Lesepult

Luthers Geburtshaus (Lutherstr. 16): Bei dem Gebäude handelt es sich um eines der ältesten Bürgerhäuser in E. (15. Jh.). 1817 wurde ein reformationsgeschichtliches, 1917 ein Luther-Museum eingerichtet. Zu sehen sind u. a. Wohn- und Schlafzimmer v. Luthers Eltern. Das Schlafzimmer gilt als seine Geburtskammer.

Luthers Sterbehaus (Andreaskirchplatz 7): Am 28. 1. 1546 kam Luther zur Schlichtung einer Erbstreitigkeit nach Eisleben. In diesem Haus (um 1500) starb er am 18. Februar. Einen Eindruck von seinen letzten Stunden aufgrund authentischer Berichte vermittelt das Gemälde »Luthers letztes Bekenntnis« v. W. Pape[*] (1905). In seinem Sterbezimmer sind Luthers Totenmaske und sein Bahrtuch ausgestellt. Er ist in der Schloßkirche in Wittenberg, an die er 1517 seine 95 Thesen anschlug, begraben.

In Luthers Sterbehaus ist auch das *Heimatmuseum* untergebracht.

Umgebung

Seeburg (10 km sö): Die *Burg* liegt am O-Ufer des 315 ha großen Süßen Sees auf einem Bergrücken, der in den See hineinragt.

Eisleben, Luthers Sterbehaus

91792 Ellingen
Bayern

Einw.: 3400   Höhe: 398 m   S. 1282 □ K 12

Schloß (nw der Stadt): Nachdem Kaiser Friedrich II. Ellingen 1216 an den Deutschen Orden geschenkt hatte, errichtete dieser zunächst eine Kommende. Später residierte hier der Landkomtur der Ballei (Provinz) Franken; 1788 der Deutschmeister des Ordens. 1708 erfolgte der Bau eines Schlosses. Die vierflügelige Anlage legt sich um einen Innenhof, der im Norden v. der Schloßkirche begrenzt wird. Zur Schauseite ist der S-Flügel geworden. Seine Fassade ist durch 3 Risalite gegliedert. Der Entwurf der Anlage stammt v. F. Keller, die Stuckarbeiten hat der Wiener F. Roth geschaffen. Heute beherbergt die Anlage das Ellinger *Residenzmuseum* und das *Kulturzentrum Ostpreußen*. Wichtigste Sammelgebiete sind Beiträge zur Wohnkultur im klassizistischen und französischen Empire-Stil. Das Museum schließt darüber hinaus mehrere museale Räume des Deutschordens ein. – Im Norden grenzt an den Schloßkomplex die reich ausgestattete *Reitschule* an, im Süden eine Brauerei.

Schloßkirche (im Schloßkomplex): Kunsthistorisch bemerkenswert sind die barocke Raumausstattung, die Stuckarbeiten und die reiche Freskenmalerei (1718). Den großen Hochaltar hat der berühmte Augsburger Künstler F. X. Feuchtmayer geschaffen. Die geschnitzten Betstühle sind in dieser Güte nur selten zu finden.

Rathaus (Weißenburger Str.): Der Ellinger Ordensbaumeister F. Roth, v. dem auch die Pläne für das Schloß stammen, hat die Entwürfe für das Rathaus geschaffen, das urspr. gerichtlichen Zwecken dienen sollte (fertiggestellt 1744). Es gilt als eines der schönsten Rokoko-Bauwerke dieser Zeit.

Mariahilfkapelle im alten Friedhof: Der ovale Putzbau wurde 1730 v. F. J. Roth als Gruftkapelle für den Landkomtur K. H. v. Hornstein erbaut. Blickfang ist die Fassade mit geschweiftem Giebel (Darstellung von St. Michael als Drachentöter) und originell gerahmtem Portal.

Außerdem sehenswert: Von der Stadtbefestigung sind nur noch geringe Teile erhalten; dazu gehört das *Pleinfelder Tor* (1660). Ansehen sollte man sich auch die *Rezat-Brücke* (1762) mit ihren 8 Heiligen, die *kath. Pfarrkirche St. Georg* (1729–31).

73479 Ellwangen, Jagst
Baden-Württemberg

Einw.: 23 000   Höhe: 439 m   S. 1282 ☐ I 13

Wo das Vorland der Schwäbischen Alb zu den Ellwanger Bergen übergeht, im schönen Jagsttal, liegt Ellwangen (nicht zu verwechseln mit Ellwangen bei Biberach an der Riß). Die Stadt hat sich seit 1146 um das ehem. Kloster und die Stiftskirche entwickelt. Auf den umliegenden Hügeln sind das Schloß der Fürstpröpste und die Wallfahrtskirche Schönenberg errichtet.

Ehem. Stiftskirche/Kath. Pfarrkirche St. Veit (Marktplatz): Der heutige Bau, der (nach Vorgängerbauten aus dem 8. und 11. Jh.) in seinen wesentlichen Teilen aus dem Jahr 1233 stammt, hat eine bewegte Geschichte. In fast allen Stilepochen wurden Veränderungen vorgenommen, bevor er 1737–41 seine heutige Barockgestaltung unter Fürstpropst Georg v. Schönborn erhalten hat. – Das Äußere der Kirche ist bestimmt durch die beiden großen Türme und die 5 Apsiden. – Grundzüge des roman. Baustils werden v. a. in der *Krypta* deutlich, die unter der Vierung liegt und in ihrer Anlage v. den üblichen Mustern stark

Ellwangen, Jagst, Wallfahrtskirche St. Maria, rechts Deckenfresko

Schloß ob Ellwangen

abweicht. – Aus der alten Ausstattung sind die *Grabplatten* und *Epitaphe* hervorzuheben. Die Bronzegüsse der Stifter Hariolf und Erlolf (im s Querhaus) und für Albrecht v. Rechberg (im n Querhaus) werden dem Nürnberger Bildhauer P. Wischer* zugeschrieben. Das Grab des Ritters Ulrich v. Ahelfingen (gest. 1339) in der W-Vorhalle gilt als eine der schönsten Grab-Plastiken aus der Gotik in Schwaben. Die Umgestaltung im Stil des Barock hat der Kirche ein anderes Gepräge gegeben. Der *Heiligkreuzaltar* (in der Vorhalle) stammt aus der Zeit um 1610 und ist aus Sandstein gearbeitet. Anfang des 17. Jh. entstand der Altar im s Teil des Querschiffs, um 1613 wurde der des n Querschiffs aufgestellt. Im Zuge v. Restaurierungen wurden der Hochaltar im O 1910 und der Hochaltar in der Vierung 1952 unter Verwendung alter Teile neu gestaltet. – Das *Stiftsgebäude* mit spätgot. *Kreuzgang* und Liebfrauenkapelle (um 1470) schließt im N an die Kirche an.

Jesuitenkirche (Marktplatz 1): Die Jesuitenkirche steht in enger räumlicher Verbindung mit der ehem. Stiftskirche. Der Bau war 1721 fertiggestellt und ist wegen der Ausmalung seiner Gewölbe durch C. T. Scheffler, einen Asam-Schüler, v. kunsthistorischer Bedeutung. Dargestellt sind Szenen aus dem Marienleben sowie architektonische Strukturen. Es ist das erste große Werk Schefflers, der auch die Fresken im Kongregationssaal des *Jesuitenkollegiums* (1720–22) geschaffen hat.

Wallfahrtskirche St. Maria (Schönenberg 21): In landschaftlich reizvoller Lage wurde 1639 die *Loretokapelle* gebaut, die in den Bau der 1682–95 v. M. Thumb* errichteten großen Wallfahrtskirche integriert ist und einen Brand v. 1709 unbeschadet überstanden hat. Beherrschendes Element im Innern ist der riesige Hochaltar aus schwarzem und blauem Marmor. Stukkaturen (1683 und 1709) und Fresken (1711) überwiegend v. M. Paulus.

Schloß ob Ellwangen: Der hoch über der Stadt gelegene Bau entstand aus einer einstigen Burg (13. Jh.), die später zur Abtwohnung und Festung ausgebaut wurde und 1608 die heutige Form des vierflügeligen Fürstenschlosses im Stil der Spätrenaissance erhalten hat. In den Jahren 1720–26 wurde die Innenausstattung im Stil des Barock neu gestaltet. Heute befindet sich in dem schönen Bau u. a. das *Schloßmuseum* mit Sammlungen zur Vor- und Frühgeschichte, zur kirchlichen Kunst (barocke Krippen), wertvollen Fayencen, Drucken sowie Zeichnungen aus dem Barock.

Außerdem sehenswert: Am Marktplatz und in den Hauptstraßen sind die *Kurien der Stiftsherren* aus dem 17./18. Jh. erhalten (an den Marienstatuen zu erkennen). Das *Landgericht* (Marktplatz 3–7; ehem. Stiftsrathaus) wurde 1748 nach einem Entwurf v. B. Neumann* entworfen. Das *Palais Adelmann* (Obere Straße 6) hat ital. Vorbilder und stammt vermutlich v. M. Thumb* aus dem Jahr 1688. Ferner: ehem. Statthalterei (1591); Marienkirche (1427 und 1735 barockisiert); Friedhofskirche St. Wolfgang (1473–76).

65343–47 Eltville
Hessen

Einw.: 16 000   Höhe: 90 m   S. 1276 □ E 10

Eltville, am r Ufer des Rheins gelegen, ist die älteste Stadt des Rheingaus. Zahlreiche Wein- und Sektkellereien bestimmen die Wirtschaft der kleinen reizvollen Stadt. – Die Geschichte Eltvilles läßt sich bis in die Zeit der Völkerwanderung zurückverfolgen, wo eine alemannische Siedlung Keimzelle der später oft umkämpften Stadt gewesen ist. 1332 wurde der Ort zur Stadt erhoben. Literarischen Ruhm verschaffte Thomas Mann dem reizvollen Städtchen: Der Held seiner »Bekenntnisse des Hochstaplers Felix Krull« erfand für die in Eltville ansässige Firma Engelbert Krull die Marke »Lorley extra cuvée«. An Johannes Gutenberg, den Erfinder der Buchdruckerkunst, erinnert eine Gedenkstätte im Wohnturm der heutigen Burg. Hier in Eltville wurde Gutenberg nämlich im Jahr 1465 v. Erzbischof v. Mainz und Kurfürst Adolf v. Nassau zum Hofmann ernannt – übrigens die einzige Ehrung, die Gutenberg zu Lebzeiten zuteil geworden ist.

Kath. Pfarrkirche St. Peter und Paul (Rosengasse 5): Nach einer roman. Basilika des 12. Jh. wurde Mitte des 14. Jh. der Bau der Kirche begonnen und 1686 abgeschlossen. Bei Restaurierungsarbeiten in den Jahren 1932–34 wurden ein viertes ö Seitenschiffjoch und eine neue Sakristei hinzugefügt. Hervorzuheben ist der Turm, ein Meisterwerk spätgot. Kunst in Hessen. In der Turmhalle ist an der O-Wand eine sehr schöne Wandmalerei aus dem 15. Jh. erhalten, die erst 1961 freigelegt wurde. Zu der überaus reichen Ausstattung gehört ein *Taufstein* aus dem Jahr 1517, der am Fuß mit den Symbolen der Evangelisten geschmückt ist. Geschaffen wurde der Taufstein in der Werkstatt des Mainzer Künstlers H. Backoffen*. Ein anderes Meisterwerk ist die *Mondsichelmadonna* (16. Jh.), die vermutlich ebenfalls ein Mainzer Künstler geschaffen hat. Unter den verschiedenen *Grabsteinen* und *Epitaphien* ist das Denkmal für Agnes v. Koppenstein (gest. 1553) am gelungensten. Beachtenswert sind auch die *Ölberggruppe* (um 1520) und die *Kreuzigungsgruppe* (um 1505) in der Kapelle im Friedhof (1717).

Burgruine: Die Wasserburg aus dem 14. Jh. ist auf quadratischem Grund angelegt. Eine Seite stößt direkt an den Rhein, die 3 übrigen Seiten waren einst durch starke Zwinger geschützt. Im 14./15. Jh. ist die Burg vermutlich Residenz der Kurfürsten gewesen.

Bürgerhäuser: Zahlreiche Bürger- und Adelshäuser des 16. und 17. Jh. sind in gutem Zustand in der Hauptstraße erhalten und legen Zeugnis v. der Geschichte der Stadt ab. Typisch sind die barocken Hausmadonnen und Heiligenstatuen. Auch in den Nebengassen gibt es eine Reihe reizvoller Häuser. Hervorzuheben sind der Stockheimer Hof (16. Jh.), der Gräflich Eltzsche Hof (16. Jh.) und der Bechtmünzer Hof (15. Jh.).

Folgende Seite >
Eltville, Taufstein in St. Peter und Paul

26721–25 Emden
Niedersachsen

Einw.: 51 100   Höhe: 4 m   S. 1272 □ C 4

Die Nordsee hat Emden geprägt. Die Stadt besitzt nicht nur den viertgrößten dt. Nordseehafen, sondern hat auch bedeutende Werften.

Ref. Große Kirche St. Cosmas und Damian (Kirchstraße): Die einstmals dreischiffige Hallenkirche, mit deren Bau im 12. Jh. begonnen, die später vielfach verändert und 1944 größtenteils zerstört wurde, ist nur als Ruine erhalten. Sie soll in ihrem jetzigen Zustand als Erinnerungsstätte für das Zusammenwachsen der reformierten Gemeinden aus den Niederlanden und Niederdeutschland erhalten bleiben. An die Geschichte dieser Verbindung erinnert ein in Sandstein geschlagenes Schiff (1660; über der Eingangstür zum nördlichen Seitenschiff), dessen Besatzung (Flüchtlinge aus den Niederlanden auf dem Weg nach Emden) verzweifelt gegen das aufgebrachte Meer kämpft.

Ref. Neue Kirche (Brückstraße): Auch diese Kirche steht in enger Verbindung mit den niederländischen Religionskriegen. Sie wurde nach dem Vorbild der Amsterdamer Noorderkerk in den Jahren 1643–48 errichtet und diente den Flüchtlingen als Gebetsstätte. Vier große Giebeldächer geben der Kirche ein eigenwilliges Aussehen.

Rathaus (Am Delft): L. van Steenwinkel hat für Emden eine Neuauflage des ebenfalls v. ihm erbauten Antwerpener Rathauses geschaffen. 1576 war der Bau mit der klassischen Renaissance-Fassade fertig. Nach der starken Beschädigung im 2. Weltkrieg wurde das Haus neu aufgebaut. Es ist heute Heimat des *Ostfriesischen Landesmuseums* und des *Städt. Museums*. Sammelgebiete des Landesmuseums sind Kunst- und Kulturgeschichte (Hafen, Schiffahrt), Gemälde und Beiträge zur Landesgeschichte. Das Städt. Museum besitzt eine Rüstkammer mit historischen Waffen. Daneben sind eine roman. und eine got. Abteilung sehenswert. Im Mu-

seum befindet sich auch der *Städt. Silberschatz.*

Theater: Das Neue Theater Emden (Theaterstraße) wurde 1970 eröffnet. Es hat 681 Plätze und wird v. benachbarten Bühnen und Tournee-Theatern bespielt.

Außerdem sehenswert: Von den zahlreichen Bürgerhäusern haben nur wenige die Bombenangriffe im 2. Weltkrieg überdauert, u. a. das *Haus Pelzerstr. 12* mit niederländischer Renaissance-Fassade.

Kunsthalle Emden (Hinter dem Rahmen 13): Werke der klass. Moderne, u. a. von Emil Nolde, Ernst-Ludwig Kirchner, Franz Marc, Oskar Kokoschka u. Max Beckmann.

24802 Emkendorf
Schleswig-Holstein

Einw.: 1300   Höhe: 20 m   S. 1273 □ H 2

Graf Fritz Reventlow und seine Gattin Julia haben das Herrenhaus des Gutes Emkendorf zu Beginn des 19. Jh. zu einem geistigen Zentrum in Norddeutschland gemacht. Ab 1794 wurde das ehemals barocke Herrenhaus im frühklassizistischen Stil umgebaut. Die Räume sind mit pompejanischen und etruskischen Motiven ausgeschmückt. Zum Kreis der Literaten, die hier versammelt waren, gehörten Friedrich Gottlieb Klopstock, Matthias Claudius, Christian und Friedrich Leopold zu Stolberg sowie zahlreiche weitere Intellektuelle der Zeit. Claudius soll hier sein berühmtes »Abendlied« geschrieben haben.

79312 Emmendingen
Baden-Württemberg

Einw.: 24 100   Höhe: 210 m   S. 1280 □ D 14

Emmendingen hegt und pflegt, was die Stadt mit dem Namen Goethe verbindet: Johann Georg Schlosser, v. 1774–87 Amtmann in Emmendingen, hatte 1773 Goethes Schwester Cornelia geheiratet und lebte mit ihr bis zu ihrem Tod im Jahre 1777 dort (Cornelia-Grab auf dem Alten Friedhof). Zu den Gästen im Hause

Schlosser gehörte Johann Wolfgang v. Goethe, der in den Jahren 1775 und 1779 mehrmals hier weilte. In den Annalen der Stadt sind u. a. auch Jakob Michael Reinhold Lenz, einer der Wortführer im Sturm und Drang, der Historiker Johann Daniel Schöpflin und der Dichter Johann Peter Hebel aufgeführt. Der Schriftsteller A. Döblin starb hier.

Ehem. Schloß: Im Markgrafenschloß (16. Jh.), das im Laufe der Zeit vielfach verändert wurde, ist heute das *Heimatmuseum* untergebracht (Stadtgeschichte, Erinnerungen an Goethe, Werke des Malers Fritz Boehle).

Außerdem sehenswert: *Kath. Pfarrkirche St. Bonifatius* (19. Jh.) mit dem frühgot. Flügelaltar des Nördlinger Meisters Friedrich Herlin aus der Zeit um 1470, das *Rathaus* (1729) und das *Stadttor* (18. Jh.).

> Umgebung

Kenzingen (13 km nw): In der *Kath. Stadtpfarrkirche St. Laurentius* sind in der s Tauf- und Grabkapelle der v. Hürnheim die *Bildnisgrabsteine* (16. Jh.) der Familie

sehenswert. In der n Kapelle ist heute ein *Ölberg* (1734) zu sehen, der sich einst außen am Chor befand.

46446 Emmerich
Nordrhein-Westfalen

Einw.: 28 700 Höhe: 19 m S. 1276 □ A 7

Emmerich gehört zu den v. 2. Weltkrieg bes. beschädigten Städten, beim Wiederaufbau wurde jedoch das urspr. Gepräge der Stadt weitgehend erhalten. Die Nähe zur holländischen Grenze und der Rhein haben Emmerich zur Handelsstadt werden lassen. Das Stadtwappen ist das älteste dt. Stadtwappen.

Ehem. Stiftskirche St. Martin: Die Kirche wurde zwar schon im 11. Jh. gegr., in ihrer heutigen Form war sie jedoch erst im 15. Jh. beendet (nach der Zerstörung im 2. Weltkrieg Wiederherstellung in vereinfachter Form). An den alten roman. Bau erinnert das *Chorhaus.* Erhalten ist auch die schön gestaltete *Hallenkrypta* mit ihren 6 roman. Säulen. In den beiden Kapellen, die sich an die Krypta anschließen, sind Reste *roman. Wandmalereien* zu sehen (12. Jh.). Von der einst reichen Ausstat-

Emmendingen, Schloß

tung sind nur geringe Teile erhalten, so Teile des spätgot. *Chorgestühls* (1486) und ein geschnitztes *Kruzifix* (um 1200). In der *Schatzkammer* sind wertvolle Goldschmiedearbeiten v. St. Martini und Vitus (Hochelten) zu sehen. Bedeutendstes Stück ist die *Arche des hl. Willibrord*, urspr. (11. Jh.) ein reichverziertes Taschenreliquiar aus Eichenholz, das um 1400 einen Aufsatz erhalten hat und um 1520 zu einem monstranzähnlichen Gerät umgestaltet wurde.

Pfarrkirche St. Aldegundis (St.-Aldegundis-Kirchplatz): Nach Zerstörungen im 2. Weltkrieg wurde die Kirche aus dem 15. Jh. getreu dem alten Vorbild neu errichtet. Bemerkenswert sind einige Teile der spätgot. Innenausstattung: die silbervergoldete Turmmonstranz (16. Jh.) und mehrere Skulpturen. – Empfehlenswert ist eine Turmbesteigung (Rundblick über Emmerich).

Rheinbrücke: Die Rheinbrücke ist 1228 m lang und damit die längste dt. Hängebrücke.

Museum: Das Rheinmuseum (Martini-Kirchgang 2) ist eines der wichtigsten Museen mit Beiträgen zur Entwicklung und Geschichte der Rheinschiffahrt.

32130 Enger
Nordrhein-Westfalen

Einw.: 17 400   Höhe: 94 m   S. 1277 ☐ F 6

Ev. Pfarrkirche/Ehem. Stiftskirche St. Dionysius: An der Stelle, an der die heutige Kirche steht, soll Herzog Widukind, Führer der Sachsen im Kampf gegen Karl d. Gr., schon im Jahr 785 eine Kirche gestiftet haben, und hier soll er auch nach seinem Tod (807) begraben worden sein. An den Sachsenfürsten erinnert die Tumba im Chor der heutigen Kirche. Sie ist heute Teil einer Renaissance-Tumba (um 1590), die eigentliche Bildnisplatte ist jedoch vermutlich schon um 1090 entstanden. Sie zählt zu den wichtigsten erhaltenen Bildhauerarbeiten aus der Salierzeit. Zur Ausstattung der Kirche gehört der *Schnitzaltar*, den H. Stavoer (Hildesheim) gearbei-

tet hat. Er ist um 1525 fertiggestellt gewesen. Anregungen für die Gestaltung haben Dürer und Dürerschüler geliefert.

Außerdem sehenswert: *Widukind-Museum* (Kirchplatz 10): Das im Jahr 1983 nach grundlegender architektonischer Umgestaltung und inhaltlicher Neukonzeption wieder eröffnete Museum stellt die Geschichte der Sachsen und Franken, die Wirkungsgeschichte Widukinds und das Ravensberger Brauchtum dar.

Enkenbach
✉ **67677 Enkenbach-Alsenborn**
Rheinland-Pfalz

Höhe: 330 m   S. 1280 ☐ D 12

Ehem. Prämonstratenserinnen-Klosterkirche St. Norbert/Kath. Pfarrkirchen: Vor der Klosterkirche wurde bereits im Jahr 1148 die Gründung eines Prämonstratenserinnen-Klosters urkundlich erwähnt. Die Klosterkirche kam in den Jahren 1220–72 hinzu. An vielen Stellen zeigt sich eine Vermischung verschiedener Formen. Beachtenswert ist das roman. Portal, das zu den schönsten in Deutsch-

Emmerich, ehem. Stiftskirche St. Martin
Arche des hl. Willibrord

Erbach im Odenwald, Schloß

land gehört. Obwohl bereits got. Elemente auftreten, ist der Bau in seinen wesentlichen Zügen doch roman.

Außerdem sehenswert: In der *ev. Pfarrkirche* eine Orgel der berühmten Orgelbauer Gebr. Stumm. – In der Hauptstraße einige schöne alte Häuser. – Die Zisterzienserklosterkirche in *Otterberg*.

64711 Erbach im Odenwald

Hessen

| Einw.: 11 700 | Höhe: 212 m | S. 1281 □ F 11 |

Erbach ist Verwaltungssitz des Odenwaldkreises und einziges erhaltenes Zentrum der Elfenbeinschnitzerei in Westeuropa. Die Stadt entwickelte sich im Schutz der ehem. Burg, eines Vorgängerbaus des heutigen Schlosses.

Schloß: Urspr. stand an der Stelle des heutigen Baus ein ma Wasserschloß. Von ihm ist jedoch nur noch der Bergfried erhalten (1200). Graf Georg Wilhelm ließ 1736 den schlichten und langgestreckten Schloßbau errichten. Barocke Elemente stammen v. einem Umbau im Jahr 1902. Im Schloß sind heute die *Gräflichen Sammlungen* zu besichtigen, die Franz I. Graf zu Erbach-Erbach (1754–1823) zusammengetragen hat: Waffen des MA, Waffen- bzw. Gewehrkammer, Ritterrüstungen, Büsten röm. und griech. Kaiser und Feldherren sowie eine Hirschgeweihgalerie.

Museum: Das *Erbacher Elfenbeinmuseum* (Otto-Glenz-Str. 1) ist in seiner Art einmalig. Es zeigt dt. Elfenbeinkunst seit dem 18. Jh. und soll weiter ausgebaut werden.

Außerdem sehenswert: Rathaus aus dem 16. Jh.; ev. Pfarrkirche, die 1749–50 nach Plänen v. F. J. Stengel* entstanden ist; Burgmannenhöfe im Städtel (Häuserzeile mit schönen alten Häusern vornehmlich aus dem 16. und 17. Jh.).

Erding, Wallfahrtskirche Hl. Blut

85435 Erding
Bayern

Einw.: 25 800   Höhe: 463 m   S. 1283 ☐ M 14

Die Lage an der Fernstraße München–Landshut hat die Entstehung und Entwicklung der Stadt beeinflußt. Im 9. Jh. befand sich hier ein Königshof, die Stadt ist jedoch eine Neugründung v. Herzog Otto II. v. Bayern im 13. Jh.

Stadtpfarrkirche St. Johann: In seinen wesentlichen Teilen entstammt der Bau dem 14. und 15. Jh., die Ausstattung jedoch zum überwiegenden Teil dem 19. Jh. An den um 5 m nach O abgesetzten Glockenturm war einst das Rathaus aus dem 16. Jh. angebaut, das jedoch 1866 abgebrochen wurde. Heute hat der Turm Berührung mit der neugot. Schrannenhalle. Das Innere der Kirche ist v. schlanken Pfeilern bestimmt, die den Einfluß der Landshuter Schule (→ Landshut) verdeutlichen. Zur

reichen Ausstattung gehört das *Leinberger-Kruzifix* v. H. Leinberger* (1520). Im neugot. Hochaltar sind Holzfiguren des späten 15. Jh. übernommen worden

Wallfahrtskirche Hl. Blut (Hl. Blut 4): Die Kirche am Stadtrand ist in ihrer heutigen Form erst 1675–77 v. dem Erdinger Maurermeister H. Kogler erbaut worden. An die Vorgängerbauten und den Ursprung der Wallfahrt erinnert die kreuzförmig angelegte Krypta an der Stelle des Hostienwunders. Von ungewöhnlichem Einfallsreichtum zeugt die Stuckausstattung, die J. G. Bader aus München 1704 abgeschlossen hat. Besonders gelungen ist die feingliedrige Empore.

Museum: Das *Heimatmuseum* (ab 1986 im Antoniusheim, Prielmayerstraße) bietet Beiträge zur Vor- und Frühgeschichte und zeigt Plastiken des 14.–18. Jh. sowie bäuerliche Wohnkultur.

Außerdem sehenswert: *Spitalkirche Hl.*

Geist (Landshuter Str. 12) aus dem Jahre 1444 mit Stukkaturen v. 1688 und einem schönen Hochaltar von 1793; *Rathaus* aus dem 17. Jh., zahlreiche guterhaltene *Wohnbauten* aus dem 17.–18. Jh. Das Landshuter Tor (genannt: *Schöner Turm*), 15. Jh., erinnert an die einstige Stadtmauer. – An der Bundesstraße nach Taufkirchen am sö Stadtrand wird seit 1986 ein *Freilichtmuseum* aufgebaut.

Umgebung

Im näheren Umkreis gibt es zahlreiche schöne Dorfkirchen (so in Altenerding, in Groß-Thalheim, in Hörgersdorf und Oppolding), die größtenteils in ihrer reichen Ausstattung besuchenswert sind.

99084–99 Erfurt
Thüringen

Einw.: 204 900	Höhe: 197 m	S. 1278 □ L 9

Die Stadt Erfurt heißt auch die »Turmreiche«, da sie im Mittelalter 80 Kirchen und 36 Klöster besaß, von denen heute noch viele erhalten sind. Spuren erster Besiedelung an der Furt durch die Gera (ursprünglich Erpha) finden sich bereits aus vorgeschichtlicher Zeit. 729 wird E. erstmals urkundlich erwähnt. 742 machte es Bonifatius zu einem Bistum, das bereits 755 mit dem Erzbistum Mainz vereinigt wurde. Zur Zeit Karls d. Gr. im frühen 9. Jh. wurde es zu einem Zentrum des Handels mit den Slawen. Um das Jahr 1167 legte man eine erste Stadtmauer an (sämtliche Festungsanlagen und Wälle wurden im Jahr 1873 geschleift).
Im Mittelalter war E. eine der wichtigsten und größten Städte Deutschlands. Die Gründe dafür waren seine Lage am »Königsweg«, einer wichtigen Handelsstraße vom Rhein nach Rußland, und sein umfangreicher Handel bes. mit Waid, einem blauen Pflanzenfarbstoff. In die Zeit der Blüte fällt die Gründung der Universität 1379 (1816 geschlossen), an der Martin Luther 1501–05 lehrte. Sie war damals nach Prag die zweitgrößte deutsche Hochschule. Im 18. Jh. begann man in Erfurt mit dem gewerbsmäßigen Gartenbau unter Führung von Christian Reichart (1685–1775). 1807–13 war die Stadt unter Napoleon I. »Domaine réservée à l'empereur«. Vom 27. 9. bis 4. 10. 1808 fand hier der Erfurter Fürstentag, das Treffen zwischen Napoleon, Alexander I. v. Rußland und der Mehrheit der Fürsten des Rheinbunds, statt. 1891 verabschiedete die SPD ebenfalls in E. das Erfurter Programm.

Ägidienkirche/Krämerbrücke (w des Wenigemarkts): Die Brücke liegt an der Furt durch die Gera im Verlauf der alten ow Handelsstraße. Sie wird erstmals 1156 urkundlich erwähnt. Die heutige Bebauung dieses n der Alpen einzigartigen Bauwerks stammt aus dem 17.–19. Jh. Heute sind in den 32 v. urspr. 62 Häusern Läden für Kunsthandwerk und Antiquitäten untergebracht. Seit Nov. 1990 besteht das *Brückenhaus Museum* mit einer Ausstellung zur Brückengeschichte. – Über dem O-Eingang zur Brücke liegt die Ägidienkirche, ein quadratischer Bau aus dem 14. Jh.

Allerheiligenkirche (Allerheiligen-/Ecke Marktstr.): Zweischiffige got. Kirche, die im späten 13. und frühen 14. Jh. erbaut wurde. Ihr Grundriß ist trapezförmig, ihrer Lage an einer Straßengabelung angepaßt. Der W-Turm ist quadratisch. – Das *Haus zur Engelsburg* (Allerheiligenstr. 21) war der Treffpunkt des Erfurter Humanistenkreises im 16. Jh., zu dem u. a. Ulrich v. Hutten, Helius Eobanus Hessus und Crotus Rubeanus gehörten.

Andreaskirche (Andreasstr./Ecke Webergasse): Nach einem Brand 1416 hat man die einschiffige Kirche hochgot. wieder aufgebaut. Urspr. datiert sie aus dem 13. Jh. Über dem s Haupteingang findet sich ein Kreuzigungsrelief v. ca. 1370.

Augustinerkirche (Augustinerstr. 10): Die dreischiffige got. Basilika gehörte zu einem 1277 gegr. Augustiner-Eremitenkloster. Sie wurde in den Jahren bis 1334 erbaut. Die Fenster in der O-Wand der Kirche zeigen die Legende des hl. Augustinus und stammen aus dem frühen 14. Jh. Südlich liegt der Kreuzgang und die Klostergebäude, die u. a. den Kapitelsaal, die Katharinenkapelle und die *Lutherzelle*

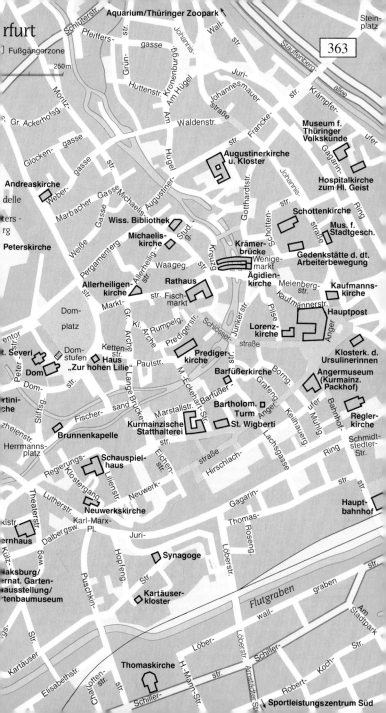

Steinplatz

Aquarium/Thüringer Zoopark

] Fußgängerzone

250 m

Museum f. Thüringer Volkskunde

Augustinerkirche u. Kloster

Hospitalkirche zum Hl. Geist

Andreaskirche

Schottenkirche

Mus. f. Stadtgesch.

Wiss. Bibliothek

Krämer-brücke

Gedenkstätte d. dt. Arbeiterbewegung

Michaelis-kirche

Wenige-markt

Peterskirche

Ägidien-kirche

Kaufmanns-kirche

Allerheiligen-kirche

Rathaus

Dom-platz

Lorenz-kirche

Hauptpost

t. Severi

Haus „Zur hohen Lilie"

Prediger-kirche

Klosterk. d. Ursulinerinnen

Dom

Barfüßerkirche

Angermuseum (Kurmainz. Packhof)

Bartholom. Turm

Regler-kirche

Brunnenkapelle

St. Wigberti

Kurmainzische Statthalterei

Schauspiel-haus

Neuwerkskirche

Haupt-bahnhof

Synagoge

aksburg/ ernat. Garten-ausstellung/ tenbaumuseum

Kartäuser-kloster

Thomaskirche

Sportleistungszentrum Süd

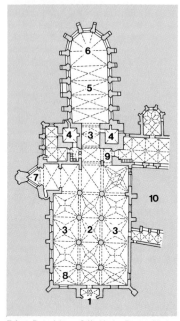

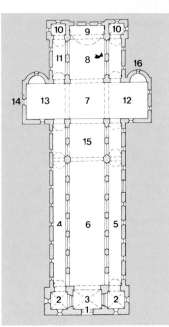

Erfurt, Dom (ehem. Stiftskirche Beatae Mariae Virginis) 1 W-Portal mit Portikus **2** Langhaus mit spätgot. Sterngewölben über Achteckpfeilern **3** Mittelturm über roman. Sanktuarium **4** N- und S-Türme mit roman. Untergeschossen und Pyramidenhelmen **5** hochgot. Chor, 1349–72, mit Gestühl, um 1355, über Substruktionen und Unterkirche mit spätgot. Hl. Grab, um 1425 **6** polygonales Chorhaupt mit spätgot. Glasfenstern, um 1370–1420 und barockem Hochaltar, 1697 **7** sog. Triangel, Vorhalle, um 1330, über dreieckigem Grundriß mit figürlich skulptierten Portalen **8** Renaissancetaufe mit eklektizistischem Überbau, 1587 v. Fridemann d. Ä. **9** roman. Sitzfigur (thronende Muttergottes), um 1160 **10** ehem. Kapitelgebäude mit Kreuzgang und Kapellen

Erfurt, Peterskirche 1 W-Portal an der Doppelturmfront **2** W-Türme (nie ausgeführt) **3** Vorhalle mit frühem Kreuzrippengewölbe **4** n Seitenschiff **5** s Seitenschiff **6** Langhaus mit Rechteckpfeilern und Nischensäulen bzw. Halbsäulen mit roman. Würfelkapitellen **7** Vierung **8** Rechteckchor in Hirsauer Bauform, 1147 geweiht **9** Platter Chorschluß **10** Türmchen, nach 1127 **11** Chor-Seitenschiffe **12** n Querhausarm **13** s Querhausarm **14** N-Portal **15** Chorus minor **16** Halbrundapsiden mit roman. Baudekor

umfassen. – Martin Luther war 1505–11 Mönch im Augustinerkloster.
W der Augustinerkirche liegt der got. *Nikolaiturm* (ca. 1360) und nö der spätgot. *Johannisturm*, der 1469–86 erbaut wurde.

Barfüßerkirche (Barfüßerstr.): Das Langhaus der dreischiffigen got. Basilika, der Klosterkirche der Franziskaner, brannte 1944 aus und ist nur als Ruine erhalten. Der einschiffige Chor, ebenfalls aus dem 14. Jh., ist jedoch intakt und wegen seiner

Fenster aus der 1. Hälfte des 13. Jh., seines spätgot. Hochaltars (1445–46), des sog. Färberaltars v. 1410 und der bedeutenden Grabplatte der Cinna v. Vargula (um 1370) unbedingt einen Besuch wert.

Brunnenkapelle (am Fischersand): Das got. Bauwerk wurde nach einem Brand im 15. Jh. wieder aufgebaut und zuletzt im 19. Jh. verändert. Im Inneren finden sich spätgot. Holzskulpturen (15. Jh.) und Gemälde mit Szenen aus der Geschichte der Kapelle (nach 1700). Heute gehört sie zum kath. Seminar.

Dom (Domhügel): Der Dom und die St.-

Erfurt mit seiner Stadtkrone, Dom und St. Severi

Severi-Kirche bilden eine Baugruppe. Man erreicht sie über eine breite Freitreppe, die »Gerade«, vom Domplatz aus. – Nachdem der erste Dom eingestürzt war, wurde er ab 1154 durch eine spätroman. Basilika ersetzt. Doch auch dieses Gebäude stürzte ein, so daß nur die Unteretagen der Türme roman. sind. Das Langhaus, dreischiffig mit ungewöhnlich breiten Seitenschiffen, stammt aus der Zeit nach dem zweiten Einsturz (1452) und ist spätgot. Die Turmhelme erhielten, nachdem sie 1717 abgebrannt waren, 1849–54 ihre heutige Form. Der hochgot. Chor wurde 1349–72 errichtet. Er ruht teilweise auf einer künstlichen Erweiterung des Domhügels, Kavaten genannten Gewölbebetonnen, die v. der »Geraden« aus sehr gut zu sehen sind. Unter dem Chor liegt in den Domhügel eingebaut eine zweischiffige Unterkirche, die 1353 geweiht wurde. Gleichzeitig mit dem Chorneubau entstand am n Querschiff eine Portalvorhalle, die wegen ihres dreieckigen Grundrisses Triangel genannt wird. Die beiden *Portale*

stammen aus dem 13. Jh. und sind reich verziert. Am NO-Portal sieht man Maria und die 12 Apostel, im Tympanon eine Kreuzigungsgruppe, am NW-Portal die klugen und törichten Jungfrauen mit Ecclesia und Synagoge, im Tympanon den Gnadenstuhl.
Innenausstattung: roman. Stuckaltaraufsatz (um 1160), ein Lichterträger aus Bronze, der sog. Wolfram (ebenfalls um 1160), der barocke Hochaltar v. 1697, der Taufstein v. 1587, das got. Chorgestühl (um 1350–60) und das spätgot. Hl. Grab in der Unterkirche (um 1420–30). *Ferner:* spätgot. Einhornaltar, die riesigen Chorfenster (15 m hoch), die zwischen 1370 und 1420 entstanden, sowie die zahlreichen Grabdenkmäler, u. a. das des Grafen v. Gleichen mit 2 Frauen (s Seitenschiff um 1250). Die Sage berichtet, daß der Graf v. Gleichen bei einem Kreuzzug v. den Sarazenen gefangengenommen wurde. Eine Sultanstochter befreite ihn. Mit ihr kehrte er heim. Seine Frau hatte keine Einwände. Hans Fridemann d. Ä.* ist der Schöpfer des

turmartigen Sakramentshauses im W-Teil des n Seitenschiffs (um 1594).

An der S-Seite des Doms liegt das *Kapitelgebäude mit Kreuzgang*, dessen O-Teil spätroman. Arkaden aufweist. Hier finden sich auch 2 Tympanonreliefs (um 1240), auf denen eine Kreuzigungsgruppe sowie die Rechtfertigung der hl. Kunigunde dargestellt sind. An die O-Seite schließt die 1455 vollendete Clemenskapelle an; der Kapitelsaal liegt auf der S-Seite.

Der *Domschatz* umfaßt eine bedeutende Sammlung sakraler Kunst, u. a. roman. und barocke Plastik, Reliquiare und Textilien (besondere Beachtung verdient der Tristanteppich, um 1380).

Hospitalkirche zum Hl. Geist → Museum für Thüringer Volkskunde.

Kartäuserkloster (Kartäuserstr.): An das 1371 gegr. Kloster erinnert nur noch die Barockfassade der ehem. Kirche (1728, möglicherweise v. M. v. Welsch*).

Kaufmannskirche (Johannisstr.): Dreischiffige got. Basilika, die zwischen 1291 und 1368 erbaut und 1898–99 erneuert wurde. Der Chor (mit dreiseitigem Schluß) wird v. 2 Türmen flankiert. Die Ausstattung schuf die Bildhauerfamilie Fridemann: Der Renaissance-Hochaltar (1625, im Mittelfeld ist das Abendmahl zu sehen) stammt v. Hans Fridemann d. J.* und Paul Fridemann*, die Kanzel (1598) und der Taufstein (1608) v. Hans Fridemann d. Ä.* – Vor der Kirche steht ein *Luther-Denkmal* v. F. Schaper* (1889).

Klosterkirche der Ursulinerinnen → Reglerkirche.

Lorenzkirche (Schlösserstr.): Die Kirche aus dem 13. und 14. Jh. wurde in der 1. Hälfte des 15. Jh. erweitert. Die Ausstattung besteht u. a. aus einem spätgot. Hochaltar (Mitte des 15. Jh.), der aus 2 Altären zusammengebaut ist. – Gegenüber steht das *ehem. Jesuitenkolleg* v. 1737 mit dem Portal des ehem. Stotternheimschen Palais v. 1612.

Martinikirche (Martinsgasse): Einschif-

Augustinerkloster, Kreuzgang

Rekonstruktion der Lutherzelle im Augustinerkloster

< *Augustinerkirche, Chorraum*

figes spätgot. Bauwerk, das 1755 barock umgebaut wurde. An die N-Seite des Chors ist der Turm (frühes 14. Jh.) angebaut.

Michaeliskirche (Allerheiligen-/Ecke Michaelisstr.): Das zweischiffige frühgot. Gotteshaus diente ab dem 14. Jh. als Universitätskirche. Die benachbarte Dreifaltigkeitskapelle (1500) verfügt im O über einen sehenswerten Chorerker. – Gegenüber liegt die Ruine der spätgot. *Alten Universität*. Geht man die Michaelisstr. hinunter, kommt man zum spätgot. *Georgsturm* (nach 1380). – Das Haus Michaelisstr. 10, »*Zum güldenen Krönbacken*«, ist ein Renaissancebau aus dem 15. und 16. Jh.

Neuwerkskirche (Klostergang): Barockbau (1731–35) mit spätgot. Flügelaltar.

Peterskirche: Sie wurde 1819–20 in ein Militärmagazin umgewandelt.

Predigerkirche (Predigerstr.): Die got. Pfeilerbasilika wurde zwischen 1278 und 1380 errichtet. Die Seitenschiffe sind – wie eigtl. erst bei der späteren Hallenkirche üblich – etwa ebenso hoch wie das Mittelschiff. Die einzigartige *Ausstattung* besteht u. a. aus einem spätgot. Lettner (1410), der den Chor vom Langhaus trennt, und einem geschnitzten doppelflügeligen Hochaltar v. 1492. Gemälde v. Maria mit Kind und einem Ölbergrelief v. 1484. – Von den Klostergebäuden ist nur das ehem. *Kapitelhaus* erhalten. – W der Kirche liegt der spätgot. *Paulsturm* v. 1465.

Reglerkirche (Bahnhofstr.): Die got. Basilika, Klosterkirche der regulierten Augustinerchorherren, wurde wahrscheinlich 1366 fertiggestellt. Der S-Turm und das W-Portal stammen v. einem roman. Vorgängerbau. Das Innere hat hölzerne Gewölbe. Hier findet sich ein spätgot. Altarschrein mit doppelten Flügeln (um 1480, im Mittelfeld die Marienkrönung, auf der 2. Schauseite Gemälde der Dornenkrönung, der Geißelung, der Himmelfahrt und des Pfingstwunders, auf der 1. Schauseite 12 Heiligenfiguren in Doppelreihen). – An der W-Seite des Bahnhofsplatzes steht der *alte Erfurter Bahnhof*, ein spätklassizisti-

sches Bauwerk. – Im selben Viertel liegt auch die *Klosterkirche der Ursulinerinnen* (Anger/Ecke Trommsdorffstr.), ein einschiffiges frühgot. Bauwerk (um 1300). Das n Seitenschiff wurde um 1400 angebaut.

St. Severi, Stiftskirche (Domberg): Die Kirche der regulierten Augustinerchorherren findet sich 1121 erstmals urkundlich erwähnt. Das jetzige Bauwerk, eine breite fünfschiffige frühgot. Hallenkirche, wurde 1278 begonnen und Mitte des 14. Jh. (die Gewölbe erst Ende des 15. Jh.) fertiggestellt. Der einschiffige Chor mit dreiseitigem Abschluß liegt ebenso wie der Turm mit erhöhtem Mittelteil und 3 Spitzhelmen (1495) im O. Das Portal der Vorhalle ziert eine Marienfigur v. ca. 1360, das Portal der Blasiuskapelle (S-Seite) eine Severus-Figur v. ca. 1375. Im Inneren verdienen besondere Beachtung der Sarkophag des hl. Severus (um 1365), das Alabasterrelief des hl. Michael v. 1467, der Taufstein v. 1467 mit seinem 15 m hohen Überbau v. 1467, die Madonna v. J. Gehart[*] v. ca. 1360, der spätgot. Flügelaltar v. ca. 1510 (im Mittelfeld Maria mit den hll. Katharina und Barbara), der gemalte Flügelaltar v. ca. 1520 v. Meister Peter v. Mainz[*] (im Mittelfeld Maria mit Jesaja und Johannes d. T.) und der barocke Hochaltar v. ca. 1670, Kanzel v. 1576. Nordöstlich vom Chor liegt die *Bonifatiuskapelle*, die wahrscheinlich urspr. ein Befestigungsturm der ehem. Bischofsburg aus dem 12. Jh. war, die den Namen »Krummhaus« hatte.

Schottenkirche (Schottengasse): 1136 gründete man vom Schottenkloster St. Jakob in Regensburg aus das Schottenkloster in E. Es ist ein Zeugnis der Missionstätigkeit irischer und schottischer Mönche. – Der urspr. Zustand der dreischiffigen roman. Pfeilerbasilika aus dem 13. Jh. wurde 1964–67 wiederhergestellt. Der W-Turm mit welscher Haube und Barockfassade v. 1724 ist got. (1512).

Bartholomäusturm → Angermuseum.

Cyriaksburg/Internationale Gartenbauausstellung (sw des Dombergs): Die Burg wurde 1480 an der Stelle des Cyriaknonnenklosters erbaut. Sie sollte E. gegen

Angriffe aus SW schützen. Später wurde sie zu einer zweiten Zitadelle erweitert. Auf dem Gelände wurden 1961–69 Bauten für die Internationale Gartenbauausstellung (»iga«) errichtet. Zwischen den beiden Festungstürmen steht eine alte Waidmühle. In der ehem. Kaserne ist das *Gartenbaumuseum* untergebracht.

Dacherödensches Haus (Anger 37): In dem Renaissancebau mit reichem Portal v. 1557 und idyllischem Hinterhof verkehrten Goethe und Schiller. Der Sprachwissenschaftler, Dichter und Übersetzer Wilhelm v. Humboldt (1767–1835) heiratete 1791 Karoline v. Dacheröden.

Fischmarkt: An dem quadratischen kleinen Platz liegen das neugot. *Rathaus* v. 1869–75, das *Haus zum breiten Herd* v. 1584 (Nr. 13), ein dreistöckiger Renaissancebau, und das *Haus zum roten Ochsen* v. 1562, ebenfalls im Renaissancestil. Auf dem Platz steht der *Roland*, ein Werk des Holländers I. v. der Milla* (1591).

Haus zur hohen Lilie (Domplatz 31): Bedeutendster Renaissancebau der Stadt E. Er wurde 1538 unter teilweiser Einbeziehung eines got. Vorgängerbaus errichtet.

Krämerbrücke → Ägidienkirche.

Kurmainzische Statthalterei (Anger): Das zweieinhalbgeschossige Bauwerk (Barock), einer der bedeutendsten Profanbauten in E., wurde unter Einbeziehung v. 2 Renaissancehäusern 1712–20 nach Plänen v. M. v. Welsch* errichtet. Den Fassadenschmuck schuf Gottfried Gröninger* aus Münster, die Stuckdekorationen im Festsaal J. P. Castelli*. Vor der Statthalterei stehen 2 barocke Wachhäuser.

Angermuseum (Anger 18): Das Museum ist im ehem. Kurmainzischen *Packhof* untergebracht. Der Barockbau mit 3 Etagen wurde 1706–12 errichtet. Im Giebeldreieck ist der hl. Martin mit dem Bettler zu sehen (geschaffen v. Gottfried Gröninger* aus Münster). Im Erdgeschoß findet sich eine zweischiffige Halle mit barocken Kreuzgratgewölben. Im Museum ist neben Thüringer Kunsthandwerk eine bedeutende Sammlung ma und neuerer Kunst zu

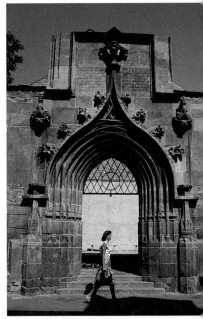

Portal der Alten Universität

Alter Winkel

sehen. Zu den wichtigsten Exponaten der Kirchenkunst gehören ein Altar aus dem 14. Jh., das Vesperbild aus der Ägidienkirche v. ca. 1365, eine Rebstock-Madonna v. ca. 1450 sowie Gemälde v. Hans Baldung, genannt Grien*, und Lucas Cranach d. Ä.*. Die dt. Malerei des 19. Jh. umfaßt Werke folgender Maler: Caspar David Friedrich*, Karl Blechen* und Carl Spitzweg*, Wilhelm Trübner* und Carl Schuch*, die des 20. Jh. Werke der Maler Max Liebermann*, Lovis Corinth*, Max Slevogt*, Karl Hofer*, Christian Rohlfs* und Lyonel Feininger*. Ein gewölbter Raum aus dem MA wurde 1923–24 v. Erich Heckel* mit Fresken ausgemalt. Nach Zerstörung (1937) der Fresken v. Ernst Ludwig Kirchner in Königstein sind dies die einzigen Wandgemälde aus der Zeit des Expressionismus.

Am Anger, der Straße, die früher als Waidmarkt diente, steht auch der *Bartholomäusturm* aus dem 15. Jh. Er gehörte urspr. zu einer Kirche, die nicht mehr erhalten ist. Seit 1979 ist in ihm ein Glockenspiel aufgehängt, das aus 60 Glocken besteht und aus der Glockengießerei in Apolda stammt. Es ist jeden Sonntag um 14.00 Uhr zu hören.

Museum für Stadtgeschichte: Die Sammlungen, die die kulturelle und wirtschaftliche Entwicklung der Stadt E. dokumentieren, sind in einem der schönsten Bürgerhäuser des Ortes untergebracht, dem *Haus zum Stockfisch,* einem Spätrenaissancebau v. 1607. – Das Nachbarhaus ist das *Haus zum Mohrenkopf* aus dem 15. Jh., das 1607 umgebaut wurde.

Museum für Thüringer Volkskunde: Im ehem. Herrenhaus des *Großen Hospitals* (1547) werden Gegenstände aus Thüringer Dorfkirchen, Trachten, Erzeugnisse Thüringer Glashütten, Fayencen, Porzellan und Spielzeug gezeigt. Teil des Gebäudekomplexes ist die *Hospitalkirche zum Hl. Geist.* Der einschiffige got. Bau mit dreiseitigem O-Abschluß wurde 1385–89 erbaut. Der niedrige Turm an der N-Seite hat eine Barockhaube.

Außerdem sehenswert: E. besitzt eine der wertvollsten Sammlungen v. Handschriften und Drucken aus dem 13.–15. Jh.

Sie wird *Amploniana* genannt und ist in der *Wissenschaftlichen Allgemeinbibliothek,* Michaelisstr. 39, untergebracht.

Umgebung

Molsdorf (10 km sw): Barockes Schloß mit einer Gemäldesammlung, u. a. v. Antoine Pesne* und Jan Kupezky*.

Stotternheim (10 km n): In der Nähe des Dorfes wäre Martin Luther 1505 bei einem schweren Gewitter fast vom Blitz getroffen worden (Gedenkstein). Nach dem sog. »Stotternheimer Gelübde« (»Heilige Anna, ich will ein Mönch werden«) trat Luther in das Augustinerkloster in Erfurt ein.

88097 Eriskirch
Baden-Württemberg

Einw.: 4200   Höhe: 400 m   S. 1281 □ H 15

Pfarr- und Wallfahrtskirche zu U. L. Frau: Die überreich ausgestattete Kirche aus der Zeit um 1400 besitzt mit den Fresken an den Wänden v. Chor und Langhaus und den Glasgemälden einzigartige Schätze. Die Fresken (15. Jh.) sind Glanzstücke der sog. seeschwäbischen Schule. Im Chor sind in den Fenstern die Glasgemälde erhalten, die Graf Heinrich v. Montfort 1408 gestiftet hat. Erwähnenswert sind schließlich die 3 got. Madonnen.

Außerdem sehenswert: Zwei histor. Holzbrücken mit Sprengwerkkonstruktion.

91052–58 Erlangen
Bayern

Einw.: 102 400 Höhe: 285 m S. 1282 □ L 11

Erlangen ist Teil des Industriegebiets Nürnberg–Fürth–Erlangen, Sitz der 1743 eröffneten Universität Nürnberg–Erlangen (mit über 16 000 Studenten) und zahlreichen Firmen mit weltweiter Bedeutung.

*Erfurt, Fischmarkt mit dem Haus zum >
breiten Herd*

Eriskirch, Pfarr- und Wallfahrtskirche zu U. L. Frau

Die Entwicklung der Stadt begann, nachdem Kaiser Karl V. die Siedlung im Jahr 1361 erworben hatte und die heutige Altstadt anlegen ließ. Markgraf Christian Ernst von Bayreuth leitete 1686 mit der Ansiedlung v. Hugenotten die zweite Etappe der Stadtentwicklung ein. Zu dieser Zeit begann der Bau der rechtwinklig angelegten Neustadt.

Unter den Professoren der Universität waren u. a. Johann Gottlieb Fichte (1805–06), Friedrich Rückert (1826–41) und Ludwig Feuerbach (1828), zu den Studenten gehörten u. a. Johann Peter Hebel.

Altstädter Dreifaltigkeitskirche (Martin-Luther-Platz): Die Kirche wurde in ihrer heutigen Form nach dem großen Brand (1706) in den Jahren 1709–21 errichtet. Es handelt sich um eine Saalkirche mit umlaufenden Emporen und einem seltenen Kanzelaltar. Der Turm, der mit der Fassade des Baus eng verbunden ist, gilt als ein Wahrzeichen der Stadt. Aus der Ausstattung ist die Orgel zu erwähnen, deren Gehäuse F. P. Tiefenbach (1720) geschaffen hat.

Ev.-ref. Kirche (Hugenottenplatz): Das Innere der Kirche, die 1686–93 entstanden ist (Turm v. 1732–36), erweckt durch geschickte Gestaltung der Holzempore den Eindruck eines Rundbaus. Der Bau ist innen wie außen sehr schlicht, nur die Kanzel besitzt reichen Schmuck.

Schloß (Schloßplatz): Im Jahr 1700 legte Erbprinz Georg Wilhelm den Grundstein für den langen dreigeschossigen Bau, der 4 Jahre später fertiggestellt war. Die Ausstattung ging bei einem Brand im Jahr 1814 verloren. Heute dient das Schloß der Universität. – Der *Schloßgarten* wird durch den 1706 fertiggestellten *Hugenottenbrunnen* bestimmt. Er bietet allegorische Huldigungen an Markgraf Christian Ernst.

Orangerie (Schloßgarten): Die Orangerie entstand 1705–06 nach Plänen v. G. v.

Erlangen, Orangerie mit Schloßgarten

Gedeler, der auch das Schloß konzipierte. Sie befindet sich n des 1704–05 angelegten Schloßgartens (bis 1786 im franz. Stil). Der Bau ist halbrund geschwungen und hat seinen Mittelpunkt in einem Saalbau mit schöner Stuckausstattung.

Markgrafen-Theater (Theaterplatz 2): An der NO-Ecke des Schloßgartens ließ Markgraf Georg Wilhelm in den Jahren 1715–19 das Markgrafentheater erbauen, das 1743–44 durch den Venezianer G. P. Gaspari umgebaut und ausgestaltet worden ist. Das Theater erlebt heute im Rahmen eines umfassenden Gastspielbetriebs ca. 130 Vorstellungen pro Jahr, 664 Plätze.

Außerdem sehenswert: *Palais Stutterheim* am Marktplatz, erbaut v. 1728–30, ist jetzt Stadtbibliothek. Das *Neue Rathaus* ist in Sichtbetonbauweise v. H. Loebermann in Verbindung mit einem Kongreßzentrum und der Stadthalle in den Jahren 1970–71 gebaut worden. Die *Neustädter Stadtpfarr- und Universitätskirche* (1737 gew.; Neustädter Kirchplatz) zeigt im Innern Stuck und Deckengemälde v. C. Leimberger und einen Kanzelaltar, der auf einem Engel v. E. Räntz ruht.

Museen: Die *Archäologische Sammlung* (Kochstr. 4) zeigt Abgüsse griech. und röm. Plastiken. Die *Gemäldesammlung* (Schloßgarten 1 in der Orangerie) widmet sich allen Bereichen der Kunst und Kunstgeschichte. Die *Geogr.- und Völkerkundliche Sammlung* (Kochstr. 4) ist auf die Erd- und Völkerkunde konzentriert. Die *Graphische Sammlung* bietet Handzeichnungen, Kupferstiche und Holzschnitte bedeutender Künstler (u. a. A. Dürer, M. Grünewald) sowie Münzen und Medaillen. – *Weitere Museen:* Musikinstrumentensammlung (Schloßplatz 4), Ur- und Frühgeschichtliche Sammlung (Kochstr. 4) und das *Stadtmuseum* (Martin-Luther-Platz 9) mit Sammlungen zur Stadt- und Handwerksgeschichte sowie zur Volkskunde. Die Museen sind bis auf das Stadtmuseum nicht öffentlich zugänglich.

Erlangen, Hugenottenbrunnen im Schloßgarten

Erlangen, Markgrafen-Theater

76891 Erlenbach b. Bad Bergzabern
Rheinland-Pfalz

Einw.: 350   S. 1280 □ D 12

Burg Berwartstein: Kaiser Friedrich I.
hat die Burg 1152 dem Bischof von Speyer
geschenkt. Seit der Zerstörung im Jahr
1591 ist sie nur noch als Ruine erhalten
(Teile sind weiter bewohnt). Die Anlage
gehört zu den im Wasgau häufiger zu fin-
denden Felsenburgen und ist in Unter-,
Ober- und Vorburg gegliedert. Die Oberburg ist auf einem steil abfallenden Felsen
errichtet und hat Räume und Gänge, die
direkt in den Felsen geschlagen sind. Von
der Wehrhaftigkeit der Anlage zeugen die
Geschützbastione der Vorburg. – Im S die
Burgruine Kleinfrankreich, zu erkennen
an dem starken Rundturm (um 1480).

06463 Ermsleben
Sachsen-Anhalt

Einw.: 3000   Höhe: 161 m   S. 1278 □ L 7

Ermsleben im nö Harzvorland wurde 1045
erstmals urkundlich erwähnt. – Hier wurden 1719 der Dichter J. W. L. Gleim (gest.

1803, Geburtshaus in der Thomas-Münt-
zer-Str.) und 1863 der Nationalökonom
und Soziologe W. Sombart (gest. 1941)
geboren.

Benediktinerkloster Konradsburg (auf
dem Burgsporn): Die Burg wurde vermutlich im 11. Jh. angelegt und bereits 1120 v.
Egino v. Konradsburg dem Benediktiner-
orden geschenkt, weil der Ritter für einen
Totschlag Sühne tun wollte. Die Grafen v.
Falkenstein zogen damals auf die Burg
Falkenstein (9 km sw).
Die Konradsburg wurde 1525 im Bauernkrieg teilweise zerstört. Erhalten sind die
ehem. *Klosterkirche* und ein *Brunnenhaus,*
in dem das Wasser für das Kloster mit
einem Tretrad zur Erdoberfläche befördert
wurde. Von der Klosterkirche, einer dreischiffigen spätroman. Basilika (um 1200),
sind nur noch der Hauptchor, die Nebenchöre mit Apsiden sowie darunter eine
fünfschiffige Krypta erhalten. Diese Krypta mit Kreuzgratgewölben und ungewöhnlich reichen Säulen stellt eines der bedeutendsten Zeugnisse der Romanik im Harz
dar.

St. Sixtus: Der zweischiffige Bau in got.
und barocken Formen besitzt im O Reste
einer roman. Turmanlage (Turmhelm v.

Ermsleben, Benediktinerkloster Konradsburg

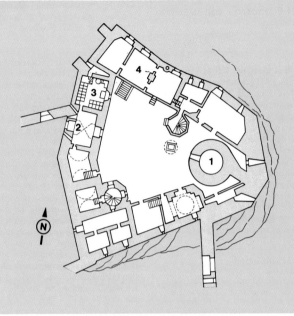

Burg Falkenstein (Ermsleben) 1 Bergfried 2 Tor 3 Kapelle 4 ehem. Palas

Burg Falkenstein (Ermsleben), Berghof mit Burgfried und Treppenturm >

1730). Im Inneren sind bes. die unbeholfen wirkenden Kreuzgewölbe im Chor sehenswert sowie der barocke Altaraufsatz v. 1755, der Taufstein v. 1567 und die Grabsteine aus dem 16. und 17. Jh.

Schloß: Im zweistöckigen Renaissancegebäude befinden sich heute Wohnungen.

Außerdem sehenswert: *Rathaus* v. 1773–75, wiederholt verändert. – In der Konradsburger Straße 5 ein *Fachwerkhaus* aus dem 16. Jh. – Auf dem *Friedhof* Grabmal Gleims.

Umgebung

Falkenstein, Burg (im Selketal, am Wuchberg, 9 km sw): Mehrfach veränderte Anlage mit roman. und got. Resten. Ihr ma, wehrhafter Charakter und der Rittersaal (16. Jh.) machen sie sehenswert.

Graf Hoyer von Falkenstein ermunterte um 1230 Eike v. Repgow um 1180/90 bis nach 1233), den »Sachsenspiegel« zu verfassen. – Im *Staatlichen Museum Burg Falkenstein* sind Erinnerungen an den Dichter Gottfried August Bürger (1747–94) sowie Jagdwaffen und Gemälde aus 5 Jahrhunderten zu sehen.

59597 Erwitte
Nordrhein-Westfalen

Einw.: 14 100 Höhe: 106 m S. 1276 □ E 7

Die günstige Lage an der Kreuzung des Hellwegs und des Lippewegs führte zur Gründung eines Königshofes, in dem Heinrich I. (935) und weitere Könige aus dem sächsischen Haus geweilt haben.

Kath. Pfarrkirche St. Laurentius: Der mächtige Turm ist in der Mitte des 13. Jh.

entstanden und steht den Turmbauten im nahen → Soest kaum nach. Der ehem. barocke Turmhelm wurde 1971 durch Brand zerstört und in Anlehnung an St. Patrokli (Soest) in roman. Manier wiederaufgebaut. Hervorzuheben sind die Reliefplastiken an den Portalen der beiden Querhäuser und an den Triumphbogensäulen. Die Turmhalle besitzt einen eigenen, zweiten Chor. Zur Ausstattung gehören u. a. 9 fast lebensgroße Apostelfiguren aus Holz (1763), das Vesperbild »Siebenschwertermadonna« und ein hölzernes Kruzifix aus dem 13. Jh.

Schloß: Der langgestreckte zweigeschossige Bau ist als Wasserburg im 17. Jh. entstanden (Umbau im Jahr 1934). Einflüsse der sog. Weser-Renaissance sind erkennbar. Das Schloß ist heute als Klinik im Besitz der Stadt.

Außerdem sehenswert: Alte Fachwerkhäuser des 16.–18. Jh. am Marktplatz und in dessen Nachbarschaft. Das ehem. Rathaus (1716 erbaut) am Markt. Der ehem. Adelssitz des Hauses Droste (1703 vollendet), seit 1859 Marienhospital.

Eschwege, Altes Rathaus

37269 Eschwege
Hessen

Einw.: 22 600   Höhe: 165 m   S. 1277 □ I 8

Ev. Altstadt-Pfarrkirche St. Dionys (Marktplatz): An der Kirche wurde v. 13.–16. Jh. gebaut. Die fast quadratische Halle besitzt eine wertvolle Barockausstattung, an deren Spitze die geschnitzte Kanzel aus dem 17. Jh. zu nennen ist. Sehenswert ist die mit Knorpelornamenten verzierte Orgel (1677–79) v. J. F. Schäffer. Unter dem Altar *Fürstengruft*, in der auch der »Tolle Fritz«, Landgraf Friedrich v. Hessen (gefallen 1655), beigesetzt ist.

Landgrafenschloß (Schloßplatz 1): Die Gründung geht auf das Jahr 1386 zurück, die heute erhaltenen Bauteile entstanden jedoch in der Mehrzahl erst ab 1581. Das Schloß war Alters- und Ruhesitz von Landgraf Moritz dem Gelehrten von Hessen-Kassel, der selbst viel am Schloß bauen ließ. Heute Sitz des Landratsamtes.

Außerdem sehenswert: *Altes Rathaus* (Am Markt): 1660 erbautes Fachwerkhaus. – *Fachwerkbauten* am Markt. – *Hochzeitshaus* (1578); Renaissancebau mit Treppenturm. – *Heimatmuseum* (Vor dem Berge 14 a). – Die nahe gelegene Doppelstadt *Bad Sooden-Allendorf*, die ein geschlossenes Fachwerk-Ensemble in Allendorf aufweist (darunter das Haus *Oderwaldt*).

45127–359 Essen
Nordrhein-Westfalen

Einw.: 627 000   Höhe: 108 m   S. 1276 □ C 8

Essen, Zentrum des Ruhrgebiets und fünftgrößte deutsche Stadt, entwickelte sich aus einem 852 gegründeten hochadeligen Damenstift. Den Fürstäbtissinnen verdankt das heutige Bistum einen Domschatz von außerordentlichem kunst- und kirchengeschichtlichem Wert. Im 19. Jh. stieg Essen zur größten Montanstadt des europäischen

Kontinents auf. Nach der kriegsbedingten Demontage der Stahlindustrie und dem Niedergang des Bergbaus wandelte sich die Stadt zum Handels- und Dienstleistungsstandort internationalen Zuschnitts.

Münster/Ehem. Stiftskirche St. Maria, Cosmas und Damian

(Burgplatz): Die dreischiffige got. Hallenkirche entstand über der spätottonischen Krypta des 11. Jh. in den Jahren 1276–1327. Zu der hervorragenden Ausstattung des Kirchenraumes und der Schatzkammer gehören viele Kunstwerke aus ottonischer Zeit. Im W-Bau sind (geringe) Reste v. *Wandmalereien* aus dem 11. Jh. erhalten. Die *Kreuzsäule* aus dem 10. Jh. wurde im Zuge des Wiederaufbaus hinter dem Bischofssitz im Chor aufgestellt. Der 2,25 m hohe *Siebenarmige Leuchter* wurde um das Jahr 1000 angefertigt. Wertvollster Bestandteil des Domschatzes ist die tausendjährige *Goldene Madonna,* die älteste vollplastische Marienfigur des Abendlandes. Von kaum geringerem Rang ist das *Theophanu-Kreuz,* das im 11. Jh. angefertigt worden ist. Es wird heute im Münsterschatz aufbewahrt (wie auch die Krone der Goldenen Madonna). In der *Krypta* befindet sich das Grab für den Hildesheimer Bischof Altfried (gest. 874). Der reichverzierte, steinerne Sarkophag ist eine Arbeit des 14. Jh., die erst im 19. Jh. in die Krypta übertragen wurde. – Zum *Münsterschatz* gehören hervorragende Werke dt. Goldschmiedekunst aus ottonischer Zeit.

Ehem. Pfarrkirche St. Johann Baptist

(Burgplatz): Die dreischiffige Hallenkirche, die 1471 entstand und deren Barockausstattung um 1700 hinzugefügt wurde, bildet heute eine Einheit mit dem Münster, mit dem sie durch das *Atrium* verbunden ist.

Auferstehungskirche

(Kurfürstenplatz): Eine interessante architektonische Lösung v. O. Bartning aus dem Jahr 1929. Sie hat ihr Vorbild in der Emporenkirche des Barock. Sie wurde in Stahlkonstruktion auf einem kreisförmigen Grundriß errichtet. Eine Hälfte der Grundfläche ist für die Gemeinde bestimmt, die andere dient als Abendmahlraum.

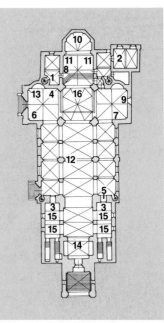

Essen-Werden, Propsteikirche St. Ludgerus 1 Sakristei **2** Schatzkammer **3** Wandmalereien, Mitte 10. Jh. **4** Muttergottes, 13. Jh. **5** Vesperbild, Anfang 16. Jh. **6** Mannaregen, 16. Jh. **7** Elias und der Engel, 16. Jh. **8** Grabplatte des Abtes Grimhold (gest. 1517) **9** Abendmahlsbild, um 1705 **10** Hochaltar, 1710 **11** Chorgestühl, 1710 **12** Kanzel, 1710 **13** Marienaltar, 19. Jh., Gemälde v. T. Mintrop **14** Orgel, 1910 **15** Glasfenster v. de Graaf, 1957

Propsteikirche St. Ludgerus

(Essen-Werden, Brückstr.): Die Kirche der 796 v. Ludger, dem ersten Bischof v. Münster, gegr. Reichsabtei erhielt ihre heutige Form in der Zeit v. 1156–75. Im Inneren vermischen sich Romanik und Gotik. Die Ausstattung stammt aus dem Spätbarock (1706–18). Der mächtige Hochaltar nimmt den spätroman. Chorschluß in ganzer Breite und Höhe ein. Im n Querhausarm steht eine lebensgroße Marienfigur, die zu Beginn des 14. Jh. in einer Lütticher Werkstatt entstanden ist. Erwähnenswert sind auch die zahlreichen Grabmale. – Der *Kirchenschatz* ist im Zuge der Säkularisierung wesentlich geschmälert worden, trotzdem aber auch heute noch voller unschätzbarer Werte. Hervorzuheben sind: ein Bronze-

Essen-Werden, Propsteikirche St. Ludgerus, Bronzekruzifix (1060)

kruzifix aus dem Jahr 1060, das zu den schönsten der Welt gehört; der Kelch, der den hl. Ludger auf seinen Reisen begleitet haben soll (ältestes eucharistisches Gefäß Deutschlands); ein fränkischer Reliquienkasten aus dem 8. Jh.; spätroman. Reliefs aus Sandstein (urspr. als Sarkophag-Umkleidung für das Ludgergrab eingesetzt).

Kath. Pfarrkirche St. Lucius (Essen-Werden, Heckstraße): Die Kirche wurde in den Jahren 995–1063 erbaut und gilt als die älteste Pfarrkirche n der Alpen. Sie wurde 1965 in ihrer urspr. Form wiederhergestellt.

Stiftskirche (Essen-Stoppenberg): Die kleine Kirche, eine roman. Pfeilerbasilika aus dem 12. Jh., ist im Laufe der Jahrhunderte in Teilen stark verändert worden.

Villa Hügel (über dem Baldeneysee, zu erreichen über Haraldstraße): Der Indu-

strielle Alfred Krupp ließ die Villa Hügel in reizvoller Lage in den Jahren 1870–72 als Wohnhaus errichten. Seit 1953 ist die Villa für die Öffentlichkeit zugänglich. Von Zeit zu Zeit finden hier bedeutende Kunstausstellungen statt.

Schloß Borbeck (Schloßstraße): Im 18. Jh. wurden Vorgängerbauten durch das heutige Schloß im Stil des Spätbarock ersetzt. Die Essener Äbtissinnen nutzten es als Sommerresidenz. Heute finden dort kulturelle Veranstaltungen, wie Theaterspiele und Konzerte, statt.

Museen: *Museum Folkwang* (Goethestr. 41): Das Museum besitzt eine der ältesten Sammlungen der Kunst des 19. und 20. Jh. Gemäldegalerie: Romantik, Realismus, Impressionismus, Nachimpressionismus, Fauvismus, Expressionismus, »Der Blaue Reiter«, Surrealismus, Bauhaus, informelle Kunst, Pop-art, Figurationskunst, jüngste Avantgarde. Fotografische Sammlung: über 20 000 Arbeiten. Graphische Sammlung: Handzeichnungen und Druckgraphik des 19. und 20. Jh. – *Dt. Plakatmuseum* (Rathenaustr. 2): Zu den Beständen gehören mehr als 80 000 Plakate aus vielen Ländern, darunter vor allem politische und Kunstplakate. – *Ruhrlandmuseum Essen* (Goethestr. 41): Dauerausstellung zur Geologie, Industrie- und Sozialgeschichte des Ruhrgebietes. – *Museum Altenessen* (Altenessener Str. 273): Archäologische Sammlung zur Menschheitsgeschichte. – *Alte Synagoge* (Steeler Str. 29): seit 1980 hist.-politisches Dokumentationszentrum und Mahn- und Gedenkstätte. – *Halbach-Hammer* (im Nachtigallental): Der Hammer stammt aus einer Siegerländer Schmiede des 16. Jh. und wurde 1936 in Essen aufgebaut. Er gehört zu den bedeutendsten technischen Kulturdenkmälern in Deutschland.

Theater: Den Mittelpunkt der Musikkultur bildet das 1988 eröffnete *Aalto-Theater*, ein Spätwerk des finnischen Baumeisters Alvar Aalto, mit Operninszenierungen und Ballett-Choreographien, die überregionale Beachtung finden. Das Schauspiel ist im *Grillo-Theater* beheima-

Essen, Münster >

Essen, Villa Hügel über dem Baldeneysee

Esslingen, St. Dionysius >

tet, hinter dessen historischer Fassade sich modernste Bühnentechnik verbirgt. Im Saalbau, in dem schon Richard Strauss dirigierte, spielt bevorzugt das Philharmonische Orchester.
Eine Vielzahl kleinerer Bühnen und freier Ensembles ergänzen mit facettenreicher Unterhaltung das Angebot der großen Häuser.

Außerdem sehenswert: *Marktkirche* (Pferdemarkt): Die im Jahr 1058 zum erstenmal erwähnte Kirche war das Zentrum der Reformation in Essen. Nach der Zerstörung im 2. Weltkrieg wurde nur der ö Teil wieder aufgebaut. – *Grugapark* (Norbertstraße): Aus dem Botanischen Garten (1927) und dem Alten Grugapark (1929) hat sich die heutige Gruga auf 70 ha Fläche als Beispiel einer modernen Freizeitanlage entwickelt. Im direkten Anschluß an die Gruga ist die *Grugahalle* entstanden, Essens größter Veranstaltungsraum für Show- und Sportveranstaltungen (maximal 7200 Zuschauer).

73728–34 Esslingen am Neckar
Baden-Württemberg

Einw.: 91 800   Höhe: 260 m   S. 1281 ☐ G 13

Im Stadtkern gab es schon in vorgeschichtlicher Zeit Siedlungen. Um 800 wurde Esslingen zum Markt erhoben, und 1212 erhielt es Stadtrechte. Der Ort ist in seiner schönen alten Anlage weitgehend erhalten. In Esslingen werden u. a. der Andreas-Gryphius-Preis für ostdeutsche Literatur und seit dem Jahre 1963 der Georg-Dehio-Preis für Kultur- und Geistesgeschichte vergeben.

Ev. Stadtkirche St. Dionysius (Bahnhofstraße): Nach Vorgängerbauten aus dem 8.–11. Jh. entstand im 13. Jh. der heutige Bau, der durch vielfache Veränderungen im Laufe der Jahrhunderte gelitten hat. Die beiden Türme im O wurden um 1230 errichtet und sind in ihren Grundzügen roman. (der S-Turm weist bereits got. Ele-

mente auf). Im Innern präsentiert sich die Stadtkirche als Basilika mit 7 Jochen. Die steilen Arkadenbögen und der Lettner (1486–89 v. L. Lechler, Heidelberg) bestimmen das Innere. Bemerkenswert ist das *Sakramentshäuschen* an der l Wand des Chors, das – ebenso wie der schöne *Taufstein* – v. Lechler stammt. Der *Hochaltar* v. P. Riedlinger (Ravensburg) ist 1604 entstanden und zeigt gemalte Szenen aus dem Leben Christi. Von hohem Rang sind die *Glasfenster*, die Szenen aus dem Alten und dem Neuen Testament darstellen.

Dominikanerkirche St. Paul (Mettinger Straße): Die 1268 durch Albertus Magnus gew. Kirche ist die älteste erhaltene Kirche des Bettelordens in Deutschland. Es handelt sich um eine langgestreckte Basilika mit schönem Kreuzrippengewölbe und einem polygonalen Chor. In den strengen Formen und der schlichten Ausstattung werden die Ideale des Bettelordens demonstriert.

Ehem. Franziskanerkirche St. Georg (Franziskanergasse): Vom urspr. Bau aus dem Jahr 1237, errichtet v. den Bettelbrüdern, ist das Langhaus im Jahre 1840 wegen Baufälligkeit abgerissen worden. Erhalten ist der Chor, der die Zeichen der Gotik trägt.

Frauenkirche/Evang. Stadtpfarrkirche (Mettinger Straße): Der got. Turm gehört zu den schönsten in Deutschland. An der Arbeit, die 1478 vollendet war, beteiligten sich U. und M. Ensinger* sowie die Familie Böblinger. Über den Portalen sind sehr schöne Reliefs und Skulpturen erhalten. – An den Pfeilern des Mittelschiffs Apostelfiguren v. J. Töber. Die Glasmalereien stammen aus der Zeit um 1320–30.

Altes Rathaus (Rathausplatz): Ein spätgot. Fachwerkbau aus dem Jahr 1430 ist Kern dieses schönen Baus. Die Front ist im Stil der Renaissance gestaltet. Im Mittelpunkt des vielfach geschwungenen Staffelgiebels steht die Kunstuhr, die der Tübinger J. Diem 1592 geschaffen hat. Die geschnitzten Konsolfiguren (um 1440) des *Bürgersaals* stellen Heilige, Kaiser und Kurfürsten dar.

Neues Rathaus (Rathausplatz): Das Haus wurde urspr. als Privathaus für J. C. Palm im Jahre 1747 errichtet. Seit dem Jahre 1842 dient es als Rathaus.

Burg (Burgsteige): Von der einstmals mächtigen Anlage, die im 12./13. Jh. entstanden ist und 1515–27 erweitert wurde, sind Reste der Mauern und der *Dicke Turm* erhalten. Sie war einst der am weitesten vorgeschobene Teil der Stadtbefestigung. Erhalten sind auch der *Torturm der Pliensaubrücke*, das *Schelztor* und das *Wolfstor*.

Neckarbrücke: Die Neckarbrücke, die zur ehem. Flußinsel Pliensau führte, bestand schon 1286 und gehört zu den ältesten erhaltenen Brücken in Europa. Die kleinere der beiden Neckarbrücken ist berühmt wegen der Nikolauskapelle, ein Bauwerk der Gotik (um 1430).

Theater: In dem 1863 erbauten Schauspielhaus (Strohstr. 1) gibt es neben dem Großen Haus mit 300 Plätzen ein Studio mit 65 Plätzen.

Museum: Das Stadtmuseum befindet sich im Alten Rathaus (Rathausplatz). Schwerpunkte sind Orts- und Landesgeschichte, Kunstgeschichte und Altertümer.

Außerdem sehenswert: Aus dem 16.–18. Jh. sind zahlreiche schöne Bürgerhäuser, meist in Fachwerkkonstruktion, erhalten.

82488 Ettal
Bayern

Einw.: 1000   Höhe: 869 m   S. 1282 □ L 15

Als »bayr. Gralstempel« liegt Ettal im Ammergebirge, 5 km v. → Oberammergau und 15 km v. → Garmisch-Partenkirchen entfernt. Ettal gilt als einer der meistbesuchten Wallfahrtsorte.

Benediktinerklosterkirche: Kaiser Ludwig der Bayer gründete 1330 an einer Abzweigung der Handelsstraße Augsburg–Innsbruck ein Stift, in dem 13 Ritter mit ihren Frauen, einige Witwen und in einem Benediktinerkloster 22 Mönche leben sollten. Ein Gnadenbild, eine weiße Marmor-

Benediktinerkloster Ettal

madonna aus der Schule der Pisani, machte die Kirche schnell zum wichtigsten Wallfahrtsziel im Voralpenland. Im Jahre 1370 war die got. Klosterkirche als zwölfeckiger Zentralbau fertiggestellt. Als Vorbild diente die Grabkirche Christi in Jerusalem. Unter weitgehender Erhaltung des Kernbaus erfolgte 1710 die barocke Erweiterung durch E. Zuccalli* und J. Schmuzer*. Die Barockkuppel wurde nach einem Brand v. F. Schmuzer in den Jahren 1745–52 geschaffen. Im 18. Jh. kamen auch die reichgeschmückte Fassade und ein weiterer Chor hinzu.

Das Innere des Zwölfecks hat einen Durchmesser v. 25,3 m. Es wird bestimmt durch das riesige Kuppelfresko, das J. J. Zeiller 1748–52 geschaffen hat. Das Gemälde in der Kuppel des Chors stammt v. M. Knoller (1769). Die Orgelempore und die Stukkaturen schufen F. X. Schmuzer und J. G. Übelhör, Altäre und Kanzel stammen v. J. B. Straub*. Die Mitwirkung der besten Künstler hat den Zentralraum der Klosterkirche zu einem der Meisterwerke des Rokoko in Deutschland gemacht.

Museum (Jagdschloß Schachen): Deutschlands höchstgelegenes Heimatmuseum im ehem. Jagdhaus Ludwigs II. v. Bayern (das man über den *Königsweg* in 5 Stunden zu Fuß erreicht) liegt in 1872 m Höhe am Hang der Dreitorspitze. Neben den Sammlungen zur Heimatgeschichte sind der Prunksaal und der Türkische Saal (1870/71) v. Interesse.

76275 Ettlingen
Baden-Württemberg

Einw.: 38 100   Höhe: 136 m   S. 1280 ☐ E 13

Funde aus der Bronze- und Römerzeit machen die Bedeutung der Stadt Ettlingen in ferner Vergangenheit deutlich.

Kath. Pfarrkirche St. Martin (Kirchenplatz): Der urspr. Bau (aus dem 12.–15.

Deckengemälde der Ettaler Kirche

Jh.) wurde im Jahre 1689 Opfer eines Brandes. Erhalten sind der alte Turmchor (12./13. Jh.) und der hohe Chor mit seinem schönen Sterngewölbe (1459–64). Hervorzuheben ist die Fassade, die durch 3 große Pilaster dreigeteilt wird. Das Innere wird durch das 800 m² große Deckengemälde des Karlsruher Künstlers Prof. Emil Wachter bestimmt.

Schloß (Schloßplatz): Die Vierflügelanlage entstand 1728–33. Sie hat ihren kunsthistorisch wertvollsten Teil in der üppig ausgestatteten *Schloßkapelle*, die später zu einem Konzertsaal umgestaltet worden ist. C. D. Asam* hat die Ausstattung der Kapelle übernommen. Von ihm stammen auch die Deckengemälde. Wichtigstes Thema ist der hl. Nepomuk. – Im *Schloßhof* Delphinbrunnen (1612), vor dem Schloß der Narrenbrunnen (1549).

Im Schloßkomplex sind heute das *Albgaumuseum* der Stadt Ettlingen (Heimat- und Stadtgeschichte) untergebracht sowie die Karl-Hofer-Galerie und die Ost-

asienausstellung. Im Sommer *Schloßfestspiele.*

Rathaus: Das Rathaus entstand in den Jahren 1737–38 nach Plänen des Baden-Badener Steinmetzen und Maurermeisters A. Mohr. In eine Wand ist zur Erinnerung an die Römerzeit eine Nachbildung des röm. Neptunsteins eingelassen, der 1480 v. dem Fluß Alb angeschwemmt wurde.

23701 Eutin
Schleswig-Holstein

Einw.: 16 800   Höhe: 43 m   S. 1273 □ K 2

Die ehem. Residenzstadt am Großen Eutiner See hat ihren Ruf als »Rosenstadt« bis heute bewahrt. Eutin wird gern als das »Weimar des Nordens« bezeichnet. Unter Herzog Peter Friedrich Ludwig (1785–1829) arbeitete hier eine Reihe berühmter Männer, so u. a. Goethe-Freund Leopold Graf Stolberg, der Homer-Übersetzer Joh.

Heinrich Voß und der Maler Friedr. Wilh. Tischbein. Berühmtester Sohn der Stadt ist der Komponist Carl Maria v. Weber, zu dessen Ehren alljährlich im Juli/August im Schloßpark die *Eutiner Sommerspiele* veranstaltet werden.

Ev. Michaelskirche (Marktplatz): Die gewölbte Backsteinbasilika stammt aus dem ersten Drittel des 13. Jh. (später stark verändert). Der Chor- und Altarraum (1322) zeigt deutlich Elemente der Frühgotik. Zur Ausstattung gehören ein siebenarmiger Leuchter (1444), Bronzetaufe (1511), Triumphkreuz (15. Jh.) und 2 Epitaphe (um 1670) im Knorpelstil (durch knorpelartige Verknotungen gekennzeichnete Ornamente).

Schloß (Schloßplatz): Vom 13.–16. Jh. hat sich der heutige Bau mit seinen 4 Flügeln aus der einstmaligen Burg der Bischöfe v. Lübeck entwickelt. – Wertvollster Teil des Schlosses ist der *Blaue Saal* im W-Flügel. Im Schloß befindet sich u. a. die größte Sammlung v. Fürstenporträts in Norddeutschland, darunter Porträts und Historienbilder v. W. Tischbein sowie Landschaftsbilder v. L. P. Strack. Weiter Ausstellungsstücke zur Wohnkultur des Spätbarock, Regence und Klassizismus, außerdem Porzellane, Brüsseler Gobelins und Schiffsmodelle.

Das Schloß ist umgeben v. einem schönen Park, der urspr. als franz. Garten angelegt war, in späterer Zeit jedoch zu einem engl. Park umgestaltet wurde. Im Sommer Schloßfestspiele.

Ostholstein-Museum (Schloßplatz 1): Schwerpunkt ist die Darstellung v. E. als Dichterstadt um 1800.

Fallersleben
✉ 38442 Wolfsburg
Niedersachsen

Höhe: 60 m	S. 1278 □ K 6

Durch Hoffmann v. Fallersleben (1798–1874), den Dichter des Deutschlandlieds, der hier geboren ist, wurde der Ort bekannt. An den Dichter erinnern das Geburtshaus (Westerstr. 4) und ein *Museum* (Schloßplatz 5).

Ev. Kirche: Die klassizistische Saalkirche mit der schönen, einheitlichen Innenausstattung wurde 1804 als protestantische Predigtkirche gebaut. Typisch dafür sind die umlaufende Empore und der Kanzelaltar.

Schloß (Schloßpark): Von dem Bau des 16. Jh. ist noch ein zweigeschossiger Fachwerkflügel mit massivem Treppenturm (Anfang des 17. Jh.) erhalten.

Faurndau
✉ 73035 Göppingen
Baden-Württemberg

Einw.: 7850	Höhe: 300 m	S. 1281 □ H 13

Pfarrkirche St. Marien: »Furentowa« hieß einmal das Kloster, das zur Zeit des Stauferkaisers Friedrich II. die bis heute erhaltene Kirche erhielt (um 1230). Den Bau zieren wertvolle *Steinmetzarbeiten*, die außen am schönsten im Bereich der Apsiden sind. Ebenso ist das Innere der Kirche mit dekorativen Simsen und Ornamentfriesen versehen. Im Mittelbau tragen 6 Säulen und 4 Halbsäulen hervorragende *Kapitelle*. Bei der Restaurierung wurden frühgot. *Wand- und Deckenmalereien* freigelegt. – Das Dach der Kirche wurde zur Zeit der Gotik angehoben; man kann noch am Dachfirst die alte und neue Höhe erkennen.

Fehmarn (Insel)
Schleswig-Holstein

Einw: 11 500	Höhe: 0–26 m	S. 1273 □ L 2

Ev. Johanneskirche (in 23769 Bannesdorf): Der schlichte frühgot. Bau (13. Jh.) war urspr. aus behauenen und geschichteten Feldsteinen aufgeführt und wurde erst im 19. Jh. zum Teil in Ziegeln erneuert. Im Inneren beeindruckt die lebhafte Farbgebung des Backsteinrots an den unteren Wandteilen. – Reste spätgot. *Wandbilder* sind an der N-Wand im Chor erhalten. Der ehem. *Rokoko-Hochaltar* v. 1777 mit seitlichen Säulen und Putten steht jetzt auf der S-Seite.

Nikolaikirche (in 23769 Burg): Um die Mitte des 13. Jh. entstand im Hauptort Fehmarns diese Backsteinkirche. Die O-Hälfte und der Chor stammen aus einer späteren Zeit. Von der ma Ausstattung sind

Fischbeck, Stiftskirche, Kopfreliquiar >

u. a. der dreiflügelige *Hauptaltar* (14. Jh.), der spätgot. *Blasiusaltar* und eine *Gotländische Steintaufe* (Taufstein, Mitte 13. Jh.) erhalten.

Peterskirche (in 23769 Landkirchen): Die dreischiffige Hallenkirche (Mitte 13. Jh.) ist in den Abmessungen und Einzelformen der Kirche in Burg ähnlich, unterscheidet sich aber durch die in spätgot. Zeit angefügte Kapelle und einen freistehenden hölzernen Glockenturm.

Johanniskirche (in 23769 Petersdorf): Der hohe W-Turm (1567) dieser stattlichen Dorfkirche wurde zu einem Zeichen für die Seefahrer. Die Kirche entstand in verschiedenen Bauperioden (bis 1567). – Zur Ausstattung gehört ein *Schnitzaltar* (vor 1400), der neben dem Altar v. Meister Bertram in der Hamburger Hauptkirche St. Petri als der schönste des 14. Jh. im hansischen Bereich gilt.

Außerdem sehenswert: 3 km s von Burg *Burgruine Glambek*, eine der wenigen größeren Burgruinen Schleswig-Holsteins. In der Burg befindet sich das *Peter-Wiepert-Heimatmuseum* u. a. mit einer Segelsammlung.

91555 Feuchtwangen
Bayern

Einw.: 11 200   Höhe: 460 m   S. 1282 □ I 12

Ehem. Stiftskirche (Marktplatz): Die auf das 8. Jh. zurückgehende, im 13. Jh. neugebaute Kirche wurde in den folgenden Jahrhunderten mehrfach verändert. Wichtigste Teile der *Ausstattung* sind der Hochaltar (1483 v. M. Wohlgemut aus Nürnberg), das Chorgestühl (um 1510, später jedoch verkürzt und überarbeitet), zahlreiche Epitaphe (darunter die lebensgroße Figur des Ordensritters S. v. Ehenheim, 1504).

Heimatmuseum (Museumstr. 19): Reichhaltigste Kleinstadtsammlung in Süddeutschland; Volkskunst und -kunde, Handwerkerstuben (im Kreuzgang), Spezialsammlungen v. Fayencen und Feuerwehrgeräten.

03238 Finsterwalde
Brandenburg

Einw.: 22 500   Höhe: 108 m   S. 1279 □ Q 7

An der Salzstraße von Magdeburg nach Schlesien bei einer Burg als Marktsiedlung im 13. Jh. entstanden, als Stadt aber erst im 16. Jh. von Bedeutung, bis 1625 in wechselndem Adelsbesitz, danach kurfürstlichsächsisch, ab 1815 preußisch.

Dreifaltigkeitskirche: Um 1580 erbaut (als Maurermeister Martin Piger aus Dresden genannt), im Raumcharakter den Schloßkapellen protestant. Fürstenhöfe (Dresden, Torgau) verwandt. Sehr breites Mittelschiff und schmale Seitenschiffe, in diesen zwischen den achteckigen Pfeilern massive unterwölbte Emporen, an der N-Seite Herrschaftsloge mit Sterngewölben wie im Schloß. Altaraufbau v. 1594, Sandsteinkanzel mit szen. Reliefs am Korb, der v. einer Moses-Statue getragen wird, gearbeitet v. Melchior Kuntze aus Meißen (1615). Zahlreiche Grabsteine und Epitaphe der Familie v. Dieskau, die als Inhaber der Mediatstadt die Kirche zu ihrer Gedenkstätte bauen ließ.

Schloß: Die Burg wurde im 16. Jh. (1559 bis 1597) zum Wasserschloß ausgebaut, seinerzeit im Besitz derer v. Dieskau. Ausgedehnte Anlage aus langgestrecktem Vorderschloß und Hinterschloß um einen quadrat. Hof, 2 Treppentürme, im Erdgeschoß des W-Flügels Sterngewölbe in der Art des Baumeisters Martin Piger.

Außerdem sehenswert: *Rathaus* von 1739 und weitere gute histor. Substanz der Wohnbebauung um den Markt. – In der Schloßstr. (Nr. 6) steht die *Curdsburg*, ein Renaissancegebäude v. 1572, besondere Beachtung verdient die schöne Tür mit Knorpelschnitzereien aus der Mitte des 17. Jh. – *Kreismuseum* in der Langen Straße 6–8.

Umgebung

Sonnewalde (8 km nw): Das *Schloß*, ein Renaissancebau aus dem späten 16. Jh., gliederte sich wie das in F. einst in ein Vorder- und ein Hinterschloß. Das Hinterschloß brannte 1945 ab. Das Vorderschloß hat einen verwinkelten Grundriß, 2 Schmuckgiebel und ein sehenswertes Portal.

Fischbeck
✉ **31840 Hessisch Oldendorf**
Niedersachsen

Höhe: 74 m   S. 1277 ☐ G 6

Ehem. Augustiner-Kanonissenstift: Der Kern der reizvollen Anlage mit Gebäuden des 13.–18. Jh. ist der roman. Kreuzgang mit Doppelarkaden und got. Maßwerk.

Ev. Stiftskirche: Die Kirche gehört zu den bedeutendsten und interessantesten roman. Bauten des Wesergebiets. Der wuchtige, turmartige W-Bau, der mit seinen 5 Geschossen das Langhaus hoch überragt, erweckt den Eindruck einer Burganlage. Allein der Chor und die Apsis sind mit Rundbogenarkaden, mit Rundbogenfriesen, dünnen Rundstäben und rheinischen Fensterformen reicher gegliedert. Im Inneren ist trotz aller Restaurierungen der Bau des 12. Jh. gut zu erkennen. In der alten Form erhalten ist v. a. die Krypta. Kostbarstes Stück der sehenswerten *Ausstattung* ist das Kopfreliquiar aus vergoldeter Bronze (wohl um 1200, Original in → Hannover).

24937–44 Flensburg
Schleswig-Holstein

Einw.: 87 200   Höhe: 20 m   S. 1273 ☐ G 1

Die Stadt an der dänischen Grenze entstand aus einer dänischen Handelssiedlung des späten 12. Jh. mit Markt und Schiffsanlegestelle. Der Aufstieg Flensburgs zum Kultur- und Handelszentrum begann gegen Ende des 13. Jh.
Eine tragende Rolle im Stadtbild spielen die massiven spätgot. *Backsteingiebelhäuser*, die sich im 15. Jh. gegen den Fachwerkbau durchsetzten, ferner *Renaissancebauten* und Wohn- und Bürgerhäuser des 17. und 18. Jh. mit »Utluchten« (Er-

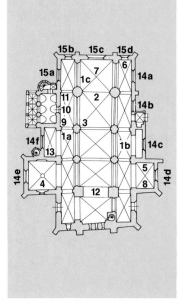

Flensburg, Marienkirche 1 Deckengemälde a) Marienlegende, um 1400 b) Altes Testament, um 1400 c) Jüngstes Gericht, Ende 15. Jh. **2** Kruzifix, 15. Jh. **3** Kanzel, 1579 **4** Taufe v. Michael Dibler, 1591 **5** Epitaph für Jürgen Beyer, 1591 **6** Grabmal der Anna v. Buchwald, 1597 **7** Altar v. H. Ringerink, 1598, Malereien v. Jan van Enum **8** Epitaph für Evert Vette v. Jan van Enum, 1601 **9** Epitaph für Niels Lorentzen, 1642 **10** Epitaph für Carsten Beyer, 1644 **11** Epitaph für Niels Hacke, 1648, Grablegungsdarstellung v. H. Jansen **12** Orgel, Prospekt v. 1731 **13** Kreuzigungsbild v. M. Kahlke, 1920 **14** Glasgemälde v. A. v. Stockhausen, 1946–56 a) Weihnachten b) Karfreitag c) Ostern d) Himmelfahrt e) Endgericht f) Pfingsten **15** Glasgemälde v. G. v. Stockhausen, 1959–60 a) Schöpfung b) Mose und Elia c) Dreieinigkeit d) Samariter und Guter Hirte

kern), daneben bemerkenswerte klassizistische Gebäude. – Vom MA und der Renaissance zeugen auch Reste der *Stadtmauer*, v. a. das *Nordertor* von 1595, eine breite rundbogige Durchfahrt in einem aus Backsteinen aufgeführten Treppengiebel.

Marienkirche (Nordermarkt): 1284 wurde mit dem Bau der dreischiffigen got. Stufenhalle begonnen, im 13. und 14. Jh.

Flensburg, Marienkirche, Grabmal der Anna v. Buchwald

Flensburg, Marienkirche, Renaissancealtar

der O-Chor verlängert und das Ganze durch Seitenkapellen erweitert. – Zur Ausstattung gehören ein (v. H. Ringering) holzgeschnitzter, reich bemalter und ungewöhnlich großer *Renaissance-Altar* (1598), eine *Bronzetaufe*, an der die 4 Evangelisten das mit 8 Reliefs geschmückte Becken tragen, und eines der bedeutendsten Renaissancegrabmäler in Schleswig-Holstein, das *Grab der Anna v. Buchwald* (1597), an der O-Wand des s Seitenschiffs.

Nikolaikirche (Südermarkt): Der große got. Backsteinbau entstand in seinen wesentlichen Teilen zwischen 1390 und 1480. – Das bedeutendste Stück der Ausstattung ist die *Orgel* mit dem Renaissanceprospekt v. H. Ringering (1604–09), üppig geschnitzt und in leuchtender Fassung. Beachtenswert ist auch der *Rokoko-Hochaltar* mit gedrehten Säulen und lebensgroßen Darstellungen der Tugenden (1749).

Hl.-Geist-Kirche (Nordergraben): Der 1386 errichtete, glattwandige Backstein-Saalbau wurde durch einen barocken Volutengiebel belebt, die bekrönende, achtseitige Laterne stammt aus dem Jahr 1761.

Städt. Museum (Lutherplatz 1): Es enthält Sammlungen zur Kunst- und Kulturgeschichte Schleswigs, Plastik, Möbel, Zimmer aus Bürger-, Seefahrer- und Bauernhäusern.

Landestheater (Rathausstr. 22): Anstelle des alten Theaters (1795) Neubau v. Fielitz (1893/94) für Oper und Schauspiel. 601 Plätze.

Außerdem sehenswert: *Johanniskirche* im ö Stadtteil mit interessanten Gewölbemalereien. – *Alter Friedhof*, historische *öffentliche Bauten* und *Bürgerhäuser*. – St.-Jürgens-Kirche. – Petrikirche. – Ehem. Franziskanerkloster St. Katharina. – Nordermarkt.

92696 Flossenbürg
Bayern

Einw.: 2000   Höhe: 732 m   S. 1283 ☐ N 11

Burgruine Flossenbürg: Der Ort besitzt neben der Gedenkstätte, die an die Opfer des einstmaligen Konzentrationslagers erinnern soll, eine mächtige Burgruine (12. Jh.). Der älteste Teil ist der Wohnturm auf der höchsten Spitze des Felsens. Das tiefer liegende Wohnhaus und der vorgeschobene Turm entstanden Anfang des 13. Jh. Man kann hier v. a. die vollendete Quadertechnik bei Werksteinen verfolgen, die bis zu 2 m lang sind.

91301 Forchheim, Oberfranken
Bayern

Einw.: 30 300   Höhe: 265 m   S. 1282 ☐ L 11

An der Mündung der Wiesent in die Regnitz gelegen, geht die Gründung der Stadt auf eine fränkische Siedlung aus dem 6. Jh. zurück. Im 9. Jh. wird Forchheim Königshof und schließlich Pfalz. Dreimal wurden hier Könige gewählt. Ab 1300 begann der Ausbau zur Stadt. Das ma Stadtbild ist in großen Teilen erhalten und gibt dem Ort einen besonderen Reiz.

Kath. Pfarrkirche St. Martin (Kirchenstraße): Der Einfluß der → Bamberger Dombauhütte läßt sich an den ältesten roman. Teilen der Kirche noch erkennen. Der heutige, im wesentlichen got. Sandsteinquaderbau wurde im 14. Jh. gebaut, 1670 erhielt der Turm seine geschwungene Kuppelhaube. Außen am Chorschluß befindet sich ein vorzüglicher *Ölberg* (1511) des Bamberger Bildhauers H. Nußbaum, v. dem auch das schöne *Holzrelief* (Abschied Christi v. Maria) im Innenraum an der W-Wand des n Seitenschiffs stammt. Der Einfluß Dürers* ist hier unverkennbar.

Pfalz (Kapellenstr. 16): Die Wasserburg, die vermutlich an der Stelle erbaut wurde, an der die karolingische Kaiserpfalz gestanden hat, ist im 14. Jh. entstanden. Der malerische Komplex besteht aus einem spätgot. *Torbau*, dem massiven *Palas*, ei-

Flensburg, Johanniskirche

nem Giebelbau (16. Jh.) und dem *Treppenturm* im Hof (17. Jh.). – Im Inneren befinden sich spätgot. *Fresken* und das *Pfalzmuseum* mit vor- und frühgeschichtlichen Funden und Volkskunst.

Rathaus (Rathausplatz): Nahe der Pfalz steht an dem typisch fränkischen Marktplatz neben anderen stattlichen Fachwerkhäusern das Rathaus (14./15. Jh.) mit schönem Zierfachwerk und Balustersäulen.

Außerdem sehenswert: Reste der früher die Stadt umschließenden *Festung* (16.–18. Jh.) im SW und N.

35066 Frankenberg/Eder
Hessen

Einw.: 17 600   Höhe: 296 m   S. 1277 ☐ F 8

»Frankenberg, Stadt wohlbekannt, seit alter Zeit in Hessenland« steht im Wappenspruch der Stadt, die ihr ma Stadtbild bis

Forchheim, Oberfranken, Rathausplatz

heute bewahrt hat (die Stadt entstand nach einem Brand im Jahr 1476 in großen Teilen neu).

Ev. Stadtpfarrkirche/Ehem. Liebfrauenkirche (Auf der Burg): Tyle von Frankenberg baute die 1286 begonnene Kirche im 14. Jh. um. Auf ihn gehen der 1353 gew. Chorneubau, der Turm, Teile der Seitenschiffe und die an den s Querarm angebaute achteckige *Marienkapelle*, ein Kleinod got. Architektur, zurück. – Bei der Umgestaltung der ehemals dreischiffigen Hallenkirche folgte er weitgehend dem Vorbild der Elisabethkirche in → Marburg. Der Außenbau ist streng frühgot. mit Strebepfeilern und Kranzgesims, die *Portale* sind dagegen reicher gegliedert, besonders das W-Portal. – Im Innenraum, der sein Licht durch hohe Fenster erhält, fallen das lockere Blattwerk an den *Kapitellen* und die Masken und Tierköpfe an den *Pfeilern* des Langhauses und im Chor auf. Die Gewölbe sind mit Rankenmotiven, Blüten, Früchten und Vögeln verziert (um 1480, 1962 freigelegt). Neben guten *Steinfiguren*, die sich jetzt in der Sakristei befinden, und der *Steinkanzel* (1554) ist die steinerne *Altarwand* in der Marienkapelle interessant.

Rathaus (Marktplatz): Das Rathaus wurde in seiner heutigen Form 1509 erbaut. Mit den spitzen Helmen seiner 8 Erkertürmchen, dem Dachreiter und einem Treppenturm war es für die Entwicklung des Fachwerkbaus in Althessen v. ähnlicher Bedeutung wie das Rathaus in → Alsfeld.
Besondere Aufmerksamkeit verdienen die prächtig geschnitzten *Konsolengruppen über den Portalen*. An der S-Seite des Baus ist hier die Gestalt eines in die Knie gesunkenen Mannes zu erkennen, auf dessen Schultern ein Narr mit Schellenkappe und Flöte sitzt.

Frankenberg/Eder, Marienkapelle in der ehem. Liebfrauenkirche

Frankenberg/Eder, Marienkirche 1 Sakristei **2** Marienkapelle **3** Tabernakel, um 1350–60 **4** Christus am Ölberg, Relief 14. Jh.

Außerdem sehenswert: *Bürgerhäuser* aus dem 16.–18. Jh., die auch heute noch das Stadtbild bestimmen. – *Kreisheimatmuseum* (Bahnhofstr. 10). – Bedeutendes Zisterzienserkloster im nahe gelegenen *Haina.*

60311–936 Frankfurt am Main
Hessen

Einw.: 654 100   Höhe: 98 m   S. 1277 ☐ F 10

Frankfurt war viele Jahrhunderte lang die Stadt, in der Kaiser und Könige gewählt und gekrönt wurden; es ist aber auch die Stadt Goethes, die Stadt der Dt. Nationalversammlung in der Paulskirche, die Stadt der Messen (seit 1240) und der Börse. Frankfurt war eine der prächtigsten deutschen Bürgerstädte ma und zugleich großbürgerlicher Prägung, die 1944 durch Bomben und Brände ihr urspr. Gesicht ver-

lor. Fast 2000 alte Bürgerhäuser wurden vernichtet und blieben verloren. Im neuen Frankfurt sind die Überbleibsel des alten nur Inseln, um die Hast und Hektik einer Geschäftsstadt branden, die freilich ihren kulturellen Auftrag ernst nimmt. Davon zeugen 22 Theater, 44 städtische und private Museen, wichtige Galerien, Bibliotheken und Hochschulen, v. a. die 1914 gegr. *Johann-Wolfgang-Goethe-Universität.*

Dom/Ehem. Stifts- und kath. Pfarrkirche St. Bartholomäus (Domplatz): *Baugeschichte:* An der Stelle, wo v. 1356 an die dt. Kaiser gewählt und seit 1562 auch gekrönt wurden, stand in der Karolingerzeit eine Salvatorkirche, v. der Reste entdeckt worden sind. Der heutige Bau stammt im wesentlichen aus dem 13., 14. und 15. Jh. Baumeister war M. Gerthener*. Er entwarf auch den hohen W-Turm mit dem ebenso seltenen wie seltsamen Kup-

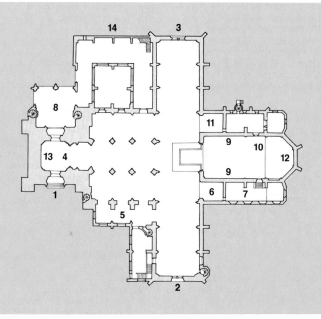

pelabschluß (1415). Jedoch brauchte der Ausbau weit über 100 Jahre. Die oberste Spitze kam bei einer Erneuerung und Erweiterung erst im 19. Jh. auf den Turm.
Baustil und Baubeschreibung: An Kapitellen, Maßwerk und Gewölberippen sind die verschiedenen Phasen des Ausbaus in der Gotik abzulesen. – Das Auffallendste im Inneren ist die fast gleiche Länge v. Mittelschiff und Querarm, deren Gewölbe erst im 19. Jh. auf einheitliche Höhe gebracht wurden. Der Raum wirkt wie eine breite, v. Pfeilern gestützte Halle, an die sich einige intime Kapellenräume anlehnen.
Portale und Ausstattung: Die Portale, die v. N und S in das Innere führen, haben Figurenschmuck aus der Entstehungszeit. Bes. schön ist die *Pfeilermadonna* am N-Portal. Das S-Portal zeigt im Giebelfeld und auf Konsolen r und l ein ganzes Figurenensemble mit der Anbetung der Könige, einer Kreuzigung, Propheten und Heiligen. Geschaffen hat dieses Kunstwerk

< Das Rathaus in Frankenberg/Eder (1509) beeinflußte den Fachwerkbau in Hessen

Frankfurt, Dom 1 S-Portal des Turmes, 1422 **2** S-Portal des Querhauses **3** N-Portal des Querhauses **4** Turmhalle **5** Scheidkapelle mit Taufstein **6** Christi-Grabkapelle **7** Wahlkapelle **8** Vorhalle v. Denzinger, 1879–80 **9** Chorgestühl, 1352 **10** Sakramentshäuschen aus der Werkstatt des Madern Gerthener, 1415–20 **11** Maria-Schlaf-Altar, 1434 **12** Hochaltar, 2. Hälfte 15. Jh. **13** Kreuzigungsgruppe v. H. Backoffen, 1509, v. J. Heller gestiftet **14** Bartholomäusrelief v. H. Mettel, 1957

der oberrheinische Meister Antze (um 1350), v. dem auch das sehr schöne *Chorgestühl* stammt (es zeigt auf einer Wange König Ludwig den Deutschen mit dem Modell der Kirche). – In der Turmhalle steht das bedeutendste Stück der Ausstattung, eine lebensgroße *Kreuzigungsgruppe* aus 7 Personen mit 3 Kreuzen, ein Steinbildwerk des Mainzers H. Backoffen[*] (1509). Ebenso in Stein gearbeitet ist der *Maria-Schlaf-Altar* in der Marienkapelle (vom n Querhaus aus zu erreichen), das realistische und vorzügliche Werk eines mittelrheinischen Meisters (1434). Die *Wandmalereien* über dem Chorgestühl mit der Legende des hl. Bartholomäus, die dem S. Lochner* zugeschrieben werden, sind sehr verblichen (1427). – Von der reichen, im Krieg ausgelagerten Ausstattung sind noch 2 *Grabsteine* hervorzuheben: Ein Ritter mit dem Helm unterm Arm (Günther v. Schwarzburg, Gegenkönig Karls IV.), und im n Querschiff das Doppelgrab der Familie Holzhausen (Ende 14. Jh.).

Kath. Pfarrkirche St. Leonhard (Alte Mainzer Gasse, am Main): Kaiser Friedrich II. stiftete das Gelände am Main zum Bau einer Kirche (1219), v. der noch die beiden achteckigen Türme neben dem Chor und 2 Portale mit reichen Kapitellzonen, Rundbogen und Giebelfeldern darüber erhalten sind. Der Chor zwischen den Türmen wurde 1430 eingezogen. Anfang des 16. Jh. wurden im N und S 2 weitere Seitenschiffe angefügt. Ein handwerkliches Kabinettstück ist das *Salvator-Chörlein.*
Baustil und Baubeschreibung: Der roman. Beginn wird in den beiden *Türmen* deutlich sichtbar. Das reiche Maßwerk des *Chors* (von M. Gerthener*) läßt das got. Element hervortreten. Die verschiedenen Stern- und Netzgewölbeformen des malerischen Innenraums, die im Lauf des 15. Jh. immer kunstvoller werden, finden ih-

ren End- und Höhepunkt im *Salvator-Chörlein*, der Grablege der Familie Holzhausen (1510).
Das wichtigste Stück der Ausstattung ist eine *Bildtafel* mit dem Abendmahl im n Seitenschiff (v. H. Holbein d. Ä., 1501). Sie ist ein Stück aus der Predella eines Altars, der jetzt im → Städel-Museum steht.

Kath. Liebfrauenkirche (Liebfrauenberg): Von dem heute den Kapuzinern als Klosterkirche dienenden Gotteshaus sind nur noch wenige originale Teile erhalten. Am bedeutendsten ist das *Tympanonrelief* über dem S-Portal mit einer bewegten, vielfigurigen Anbetung der Könige in plastischer Landschaft, ein Hauptwerk des Weichen Stils (um 1420) und wohl ebenfalls v. M. Gerthener* geschaffen (vgl. Dom und St. Leonhard). Von der kostbaren *Rokokoausstattung* sind (in Chor und Langhaus) nur einige Figuren übriggeblieben.

Paulskirche (Paulsplatz): Die Kirche, 1787 begonnen und 1833 (nach Bau des Turms) vollendet, stand mit ihrer nüchternen, klassizistischen Tonne als Fremdkörper zwischen den Bürger- und Patrizierhäusern des alten Frankfurts. Das

Kreuzigungsgruppe im Dom

Paulskirche   *St. Leonhard >*

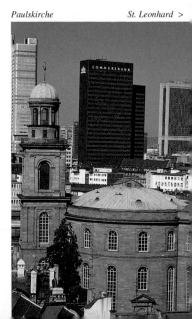

Rund war urspr. als protestantische Predigtkirche gebaut worden, diente dann jedoch u. a. der Dt. Nationalversammlung 1848/49 als Tagungsort. Das Gebäude brannte im 2. Weltkrieg aus, wurde 1948/49 wiederaufgebaut (als Parlamentsgebäude der künftigen Dt. Bundesrepublik vorgesehen) und dient heute der Stadt zu repräsentativen Anlässen (u. a. Verleihung des Goethepreises, des Friedenspreises des Dt. Buchhandels).

Ehem. Karmeliterkloster (Karmelitergasse 5): Von der zugehörigen *Kirche St. Maria* sind nur noch Chor und Querschiff erhalten, die Klostergebäude wurden teilweise wiederaufgebaut. Im ehem. *Refektorium* ist der 80 m lange *Freskozyklus v. J. Ratgeb* aus Herrenberg (1514–23) nur z. T. erhalten. Ratgeb, neben Grünewald der große expressive Maler der Spätgotik, wurde als Aufständischer im Bauernkrieg 1526 geviertelt.

Deutschordenskirche St. Maria (in Sachsenhausen, Brückenstraße): Die heutige kath. Pfarrkirche ist in ihrem Inneren ein heller, einschiffiger Bau der reinen Gotik (im Jahr 1309 gew.). Er erhielt um 1520 im S eine kleine Nebenkapelle und im 18. Jh. eine barocke Fassade. – Seit 1990 mit *Ikonenmuseum.*

Römer (Römerberg): *Das Rathaus* der alten Krönungsstadt setzte sich aus einem Komplex von 11 mit Höfen und Trakten untereinander verschachtelten Bürgerhäusern zusammen. Es erhielt seinen Namen v. ältesten der Giebelhäuser, dem Haus »Zum Römer«, das schon 1322 unter diesem Namen erwähnt wurde. Die Untergeschosse zum Römerberg waren ehemals offene Kauf- und Messehallen. Im Obergeschoß befindet sich der wiederhergestellte *Kaisersaal* (ehem. Festsaal für Krönungsbankette) mit *Bildern* der dt. Kaiser. Beachtenswert ist v. den wenigen geretteten Teilen die *Kaisertreppe* mit ihrem schmiedeeisernen Geländer. Von den *5 Giebeln*, welche die berühmte Römerfront bildeten, wurden 3 wiederhergestellt, 2 modern angeglichen. 1983 wurde der Wiederaufbau des Häuserensembles gegenüber dem Rathaus abgeschlossen und damit auch die Fachwerk-

Marienaltar in der Deutschordenskirche

bauten *Wilder Mann, Goldener Greif* und *Schwarzer Stern,* die 1944 durch Bombenangriffe zerstört worden waren, rekonstruiert.

Leinwandhaus: Sö unterhalb des Doms erbaute M. Gerthener 1399 dieses ehem. Kaufhaus für Textilien und textile Rohstoffe. Nach dem Wiederaufbau beherbergt es seit 1984 2 Galerien, die *Kommunale Galerie* und das *Fotografie-Forum Frankfurt.*

Hauptwache (Hauptwache): Am Anfang der Geschäftsstraße *Zeil* wurde das ehem. Wachtlokal, ein einstöckiger, barocker Bau, wiederaufgebaut. Heute ist in der Hauptwache ein Café untergebracht.

Steinernes Haus (Braubachstraße): Eines der wenigen Häuser, die den letzten Krieg wenigstens teilweise überstanden haben. Der repräsentative Patrizierbau der Gotik (1464) ist an seinen Türmchen und dem Zinnenkranz am Dachgesims leicht zu er-

Römer

Hauptwache

< *Eschenheimer Torturm*   *Alte Oper*

kennen. Das rest. Gebäude dient heute dem *Kunstverein Frankfurt* als Ausstellungshaus.

Goethehaus (Am Großen Hirschgraben 23): Das völlig zerstörte, dreistöckige Geburtshaus Goethes ist 1946–51 wiederaufgebaut und mit dem gesamten alten Inventar (das ausgelagert war) ausgestattet worden. Hier ist neben dem schönen Treppenhaus, dem Hof, dem Empfangszimmer und der Küche v. Frau Aja auch das Arbeitszimmer, wo Goethe den »Götz«, den »Werther« und Teile des »Faust« geschrieben hat, wieder in alter Form vorhanden. Verbunden ist das Haus mit dem *Goethe-Museum*, das zum Freien Dt. Hochstift gehört.

Saalhofkapelle (Saalgasse 19): Neben dem *Eisernen Steg* über den Main steht der mit 4 schiefergedeckten Fialentürmchen geschmückte *Rententurm*, ehemals Teil eines Stadttors (1456). Hinter dem Turm sind Reste der alten königlichen Wasser-

burg erhalten geblieben, insbesondere die kleine romanische Kapelle aus dem 12. Jh., das älteste noch erhaltene Bauwerk der Stadt.

Stadtbefestigung: Von der alten Stadtbefestigung sind neben dem *Rententurm* auch die *Galluswarte*, die *Bockenheimer*, die *Sachsenhäuser* und die *Friedberger Warte* sowie der *Eschenheimer Torturm* gerettet worden. Letzterer wurde v. Frankfurter Hauptarchitekten der Gotik, M. Gerthener*, 1426–28 als Rundturm mit Wehrgang und Fialentürmchen vollendet.
Im *Kuhhirtenturm* in Sachsenhausen (Deutschherrenufer) hat 1923–25 P. Hindemith gewohnt.

Theater: *Alte Oper* (Opernplatz): Nach beseitigten Kriegsschäden 1981 wiedereröffnet, 2500 Plätze. – Die *Städt. Bühnen* für Oper, Schauspiel und Kammerspiel sind in einem Komplex untergebracht (Untermainanlage 11). – Das *Fritz-Rémond-Theater im Zoo* (Alfred-Brehm-Platz 16),

Die Komödie (Neuer Mainzer Str. 18) und das *Theater am Turm* (Eschersheimer Landstr. 2) sind Schauspieltheater mit breitgefächerten Spielplänen.

Museen: Viele Frankfurter Sammlungen sind durch Bürgerinitiativen ins Leben gerufen worden. – Das *Städelsche Kunstinstitut* (Schaumainkai 63) zeigt die europ. Malerei v. 14. Jh. bis zur Gegenwart. Zu den berühmtesten Werken gehören die *Lucca-Madonna* v. van Eyck und *Die Blendung Simsons* v. Rembrandt. Aber auch Werke v. L. Cranach, Dürer, Holbein, Rubens, F. Hals, Schongauer, Manet, Renoir und Picasso sind hier ausgestellt. – Die *Skulpturensammlung Liebighaus* (Schaumainkai 71) stellt eine der bedeutendsten Plastiksammlungen Europas dar. – Das *Museum für Vor- und Frühgeschichte* (Justinianstr. 5) ist in dem reizvollen Karmeliterkloster untergebracht. – Das *Museum für Kunsthandwerk* (Schaumainkai 15) präsentiert Exponate des europ. und vorderasiatischen Kunsthandwerks. – Ferner: *Bundespostmuseum* (Schaumainkai 53), *Historisches Museum zur Lokalgeschichte* (Saalgasse 19), *Museum für Völkerkunde* (Schaumainkai 29), *Museum für Kunsthandwerk* (Schaumainkai 15), *Architekturmuseum* (Schaumainkai 43), *Filmmuseum* (Schaumainkai 41), *Jüdisches Museum* (Rothschildpalais).

Friedhöfe: Auf allen Friedhöfen Frankfurts findet man Grabstätten berühmter Persönlichkeiten. Auf dem *Petersfriedhof* liegen die Eltern Goethes begraben; auf dem *Jüd. Friedhof* (Rat-Beil-Str.) ruht der große Mediziner Paul Ehrlich; auf dem *Hauptfriedhof* fanden ihre letzte Ruhestätte der Philosoph Schopenhauer und Goethes »Suleika« (die Bankiersgattin Marianne v. Willemer).
In der Tradition fürstlicher Grablegen entstand hier 1843 auch die *Grabkapelle Reichenbach* mit den Liegefiguren der beiden fürstlichen Toten, Kurfürst Wilhelm II. v. Hessen-Kassel und seiner Gemahlin Gräfin Reichenbach.

St.-Justinus-Kirche (Ffm.-Höchst, Hauptstraße): Aus karolingischer Zeit stammen nur noch die *Blattkapitelle* der Arkaden des Langhauses. Nach 1431 kam

Grabkapelle Reichenbach, Hauptfriedhof

an Stelle des s Querschiffs die *Sakristei* hinzu. Einige Jahrzehnte später, als auch das *W-Portal* mit den großartigen *Steinfiguren* der hll. Antonius und Paulus entstand, wurde der schlanke got. *O-Chor* hinzugefügt.

Alte Nikolaikirche (Römerberg-S-Seite; derzeit Renovierungsarbeiten): 1290 geweiht. Im Inneren Epitaphe für Siegfried zum Paradies (gest. 1386) und Katharina zum Wedel (gest. 1378).

Bolongaro-Palast (Ffm.-Höchst, Bolongarostraße): Der Palast mit seiner 117 m langen Straßenfront wurde 1772–75 für die Tabakfabrikanten und Bankiers J. P. und J. M. M. Bolongaro gebaut. Originell ist der spitze Obelisk als Dachreiter auf dem Mittelbau. Dient heute als Bezirksamt.

Behrens-Bau, Verwaltungsbau der > Farbwerke Hoechst

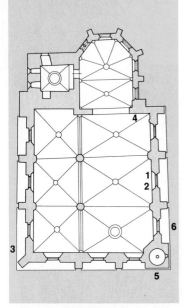

Frankfurt, Alte Nikolaikirche 1 Epitaph für Siegfried zum Paradies v. Madern Gerthener, um 1410 **2** Epitaph für Katharina zum Wedel (gest. 1378) **3** Steinfigur des hl. Nikolaus in Außennische an der N-Seite, spätgot. **4** Rokoko-Kanzel v. J. D. Schnorr, 1761–71 **5** Tympanon mit hl. Nikolaus zwischen 2 krüppelhaften Bettlern, got. **6** Tympanon mit ähnlicher Darstellung wie 5, vermutlich v. W-Portal stammend

Farbwerke Hoechst – Verwaltungsbau:
Der Bau v. P. Behrens (1920–24) ist ein typisches Beispiel der Industriearchitektur des dt. Bau-Expressionismus in den 20er Jahren.

Jahrhunderthalle der Hoechst AG
(Ffm.-Höchst, Pfaffenwiese): Hier werden neben Sinfoniekonzerten v. in- und ausländischen Gastspielensembles Opern, Ballette und Schauspiele aufgeführt. Daneben finden auch Sportveranstaltungen und Kunstausstellungen statt.

Außerdem sehenswert in Höchst: Das aus einer ma Burg umgebaute *Renaissanceschloß* sowie das *Heimatmuseum* im alten *Zollturm* (Schloßplatz 13).

Umgebung

Dreieichenhain (9 km s): Im *Dreieich-Museum* (Fahrgasse 52) sind Grabungsfunde aus der Ruine der *Wasserburg Hain*, einem einst v. einem Sumpfgraben geschützten königlichen Jagdhof (10.–11. Jh.), zu sehen. Die Altstadt ist v. Fachwerkbauten geprägt (17.–18. Jh.) und v. einer ma Stadtbefestigung (12.–15. Jh.) umgeben.

15230–36 Frankfurt (Oder)
Brandenburg

Einw.: 85 400   Höhe: 27 m   S. 1279 ☐ R 6

In der Oderstadt, die heute an der Grenze zu Polen liegt, kreuzten sich im MA 2 wichtige Handelswege, der von W nach O und der von S nach N. Größte Bedeutung hatte der Warenaustausch zwischen Schlesien und den Ostseeländern. F., das um 1226 gegr. worden war, trat deswegen auch 1368 der Hanse bei. In F. fanden 3 Jahrmärkte statt, aus denen die Frankfurter Messe hervorging.
1506 wurde die Oderuniversität Viadrina, die 1. brandenburgische Hochschule gegründet. Hier studierten und lehrten u. a. Ulrich von Hutten, Thomas Müntzer, der Literaturtheoretiker Martin Opitz (»Buch von der Deutschen Poeterey«, 1624), Carl Philipp Emanuel Bach, Heinrich von Kleist und Alexander und Wilhelm von Humboldt. 1811 wurde die Universität nach Breslau verlegt.
Frankfurt war einmal das Zentrum des hebräischen Buchdrucks. 1687–99 erschien hier der 1. Talmud auf deutschem Boden. Bei den Kämpfen an der Oder wurde die Altstadt von Frankfurt, die zur Festung erklärt worden war, fast vollständig zerstört.

Friedenskirche: Die ehem. Nikolaikirche ist die älteste Kirche der Stadt, vermutlich vor 1250 begonnen, daher noch Rundbogenfriese. Das dreischiffige got. Langhaus wurde im späten 13. Jh. und frühen 14. Jh. erbaut, der spätgot. Chor mit Umgang im

Frankfurt/Oder, St. Marien >

Frankfurt/Oder, Rathaus

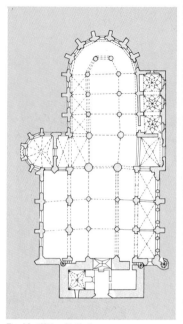

Frankfurt/Oder, St. Marien

15. Jh. 1881–93 wurde unter Leitung v. Friedrich Adler eine neugot. Turmfront mit 2 Türmen errichtet. Aus dieser Zeit stammte auch die Einrichtung.

Gertraudkirche: Heutige Hauptpfarrkirche, aus einer Gewandschneiderkapelle v. 1368 in der Gubener Vorstadt hervorgegangen, neugot. Neubau 1878 v. Carl Christ und Wilhelm Kinzel. Seitdem befinden sich hier die Ausstattungsstücke aus der Marienkirche: *Hochaltar*, prächtiger Schrein mit geschnitzten Figuren und urspr. 6 bemalten Flügeln, datiert 1489, oberdt. Werk (Werkstatt des Michael Wolgemut in Nürnberg?). *Bronzetaufe* mit turmartigem Deckel (Höhe 4,70 m), v. einem Meister Arnold 1376 geschaffen. Gleichzeitig der bronzene und vergoldete *Standleuchter*, durch die Adlerwappen als Stiftung des Landesherrn ausgewiesen. Epitaphgemälde aus der Frühzeit protestant. Bildkunst, ferner ein spätgot. Relief mit der Darstellung des ungläubigen Thomas vor Christus und weitere Tafelbilder.

Pfarrkirche St. Marien: Die fünfschiffige spätgot. Backsteinkirche wurde im 15. Jh. unter Benutzung v. Teilen aus dem 13. und 14. Jh. errichtet. Das Gebäude wurde 1828–30 unter Leitung v. Karl Friedrich Schinkel* umgestaltet. 1945 brannte das Gotteshaus, eines der größten der Mark Brandenburg (es ist 77 m lang und 45 m breit), aus. Nur der Märtyrerchor v. 1521–22 ist wieder aufgebaut.

Russische Kirche (Eichenweg): Die Kirche wurde 1916 v. russischen Kriegsgefangenen erbaut. Der schlichte Holzbau hat ein Tonnengewölbe.

Museen: *Bezirksmuseum Viadrina* (im ehem. »Junkerhaus«, Philipp-Emanuel-Bach-Str. 11): Vor- und frühgeschichtliche Sammlungen, Stadtgeschichte und Regionalgeschichte, u. a. eine Sammlung frühneuzeitlichen Schuhwerks. Die Staatliche Sammlung historischer Musikinstrumente umfaßt 180 Instrumente aus dem 16.–20. Jh. – *Galerie Junge Kunst* (im

Frankfurt/Oder, Kleist-Gedenkstätte

Erdgeschoß des Rathauses): Erste selbständige Sammlung v. Arbeiten junger bildender Künstler der ehem. DDR. – *Kleist-Gedenk- und Forschungsstätte* (Faberstr. 7): Am 18.10.1777 wurde der Schriftsteller Heinrich von Kleist in F. geboren. Sein Geburtshaus ist nicht erhalten, deswegen ist das Museum in der ehemaligen Garnisonsschule eingerichtet. In 6 Räumen sind etwa 600 Dokumente und Gegenstände ausgestellt, die einen Eindruck vom Leben des Dichters vermitteln sollen. Die Präsenzbibliothek umfaßt ca. 6000 Bände, dt. und fremdsprachige Kleist-Ausgaben sowie Sekundärliteratur.

Außerdem sehenswert: *Konzerthalle »Carl Philipp Emanuel Bach«:* Die ehem. Franziskaner-Klosterkirche wurde vermutlich 1301 geweiht. Das jetzige dreischiffige got. Langhaus wurde 1516–25 errichtet. Die Beschädigungen aus dem Krieg wurden 1966–75 beseitigt. Bei dieser Gelegenheit wurde das Gotteshaus in einen Konzertsaal umgewandelt. – Im an-

schließenden barocken Collegienhaus sind *Stadtarchiv* und *Musikkabinett* untergebracht. – *Lenné-Park:* Der Park wurde 1833–45 v. Peter Joseph Lenné* im Verlauf der Straße Halbe Stadt angelegt. – *Park am Zehmeplatz:* Hier findet sich das Grab des Dichters *Ewald Christian v. Kleist* (geb. 1715). Er hatte am Siebenjährigen Krieg teilgenommen und war am 24. 8. 1759 in F. an einer Verwundung gestorben, die er in der Schlacht bei Kunersdorf (sö) davongetragen hatte. Das Grabmal, einen Sandsteinobelisken, schuf J. M. Kamby* 1778. – In unmittelbarer Nähe steht das *(Heinrich-v.-)Kleist-Denkmal* v. G. Elster* (in Bronze v. R. Martin*, 1911).

Umgebung

Güldendorf (2 km s, Stadtrand): Frühgot. *Dorfkirche* aus der 2. Hälfte des 13. Jh. mit W-Turm aus dem 15. Jh. 1945 zerstört und mit flacher Decke wieder aufgebaut.

Frauenchiemsee, St. Maria

Kliestow (3 km n): Die frühgotische *Dorfkirche* aus Feldstein wurde um das Jahr 1300 errichtet. Altar, Kanzel und Orgelprospekt sind spätklassizistisch. Sehenswert: der schwebender Taufengel aus dem 18. Jh.

83256 Frauenchiemsee
Bayern

Einw: 400   Höhe: 520 m   S. 1283 □ N 15

Benediktinerinnen-Klosterkirche St. Maria: Die Gründung des Frauenklosters um 782 auf der Chiemseeinsel geht zwar auf Herzog Tassilo III. zurück, im Mittelpunkt der Klostergeschichte steht jedoch Irmingard, eine Enkelin Karls d. Gr. Die später heiliggesprochene Äbtissin des Klosters (gest. 866) ist heute die Patronin des Chiemgaus. – Die Kirche wurde auf Fundamenten einer vor 866 entstandenen, im 10. Jh. v. den Ungarn zerstörten, älteren Kirche errichtet. Der heutige, roman. Bau stammt in seinem Kern aus dem 11. Jh. Zu dieser Zeit wurden auch die Untergeschosse des frei stehenden, achteckigen *Glokkenturms* gebaut, der heute Wahrzeichen der Insel ist. Urspr. hat er als Fluchtturm gedient, in got. Zeit wurde er jedoch aufgestockt, 1626 bekam er seine Zwiebelkuppel. – In der Karolingischen Torhalle (um 860) sind während der Sommermonate die Kopien der roman. Fresken (um 1130) aus dem Presbyterium des Münsters zu sehen. In den Monumentalmalereien sind Christus, Maria und Martha, Engel, Lebensbrunnen sowie Lebensbaum dargestellt.

Die *Ausstattung* der Kirche ist einheitlich barock und stammt aus dem 17. Jh. Die wichtigsten Teile: der barocke *Hochaltar* (1694; 1980 rest.), das *Deckengemälde* in der got. Marienkapelle und die *geschnitzte Madonna* (Mitte 16. Jh.). Zahlreiche spätgot. und barocke Rotmarmor-*Grabsteine* befinden sich in den Chorumgängen.

Im Kloster befindet sich heute ein Pensionat.

seiner toskanischen Ordnung schmückt ein Wappen des Bauherrn v. Schönberg und seiner Gemahlin. Im Inneren des Schlosses ist u. a. das *Gottfried-Silbermann-Museum* untergebracht. Silbermann ist 1683 im benachbarten Kleinbobritzsch geboren worden. Zu sehen sind Dokumente und Bilder über sein Leben und Wirken, originale Orgelbauteile und ein Orgelfunktionsmodell. Von den ca. 45 erbauten Instrumenten sind noch etwa zwei Drittel erhalten geblieben.

Freckenhorst
✉ **48231 Warendorf**
Nordrhein-Westfalen

Einw.: 6920   Höhe: 58 m   S. 1276 ☐ D 7

Freckenhorst, St. Bonifatius

09623 Frauenstein
Sachsen

Einw.: 1300   Höhe: 635 m   S. 1279 ☐ P 9

Stadtkirche (Marktplatz): Sie ist 1873 (nach einem Brand 1869) unter Verwendung älterer Reste wiederaufgebaut worden.

Burg: Sie wurde 1272 zum erstenmal urkundlich erwähnt: als »castrum Vrownstein«. Vermutlich wurde sie kurz vor 1200 durch die Markgrafen erbaut. 1728 brannte sie aus und verfiel. Als Ruinen erhalten sind der N-Turm (der »Dicke Merten«), der S-Turm, der Palas, die Kapelle, ein kleiner Hof mit Zisterne sowie die 250 m lange Ringmauer mit 6 der ursp. 7 Ringmauertürme.

Renaissanceschloß: Es wurde v. dem kurfürstlichen Baumeister Hans Irmisch 1585–88 errichtet. Das Hauptportal mit

Kath. Pfarrkirche St. Bonifatius: Reliquien des hl. Bonifatius, die hier aufbewahrt werden, gaben der ehem. Stiftskirche den Namen. Mit ihrer W-Fassade, die wie ein gewaltiges Stadttor wirkt, gehört sie zu den bedeutendsten frühroman. Kirchen Westfalens. – Zu den Stiftsdamen gehörte auch die Mutter der westfälischen Dichterin Annette v. Droste-Hülshoff. Nach den Erzählungen der Mutter hat die Dichterin einige Kapitel für L. Schückings Roman »Das Stiftsfräulein« geschrieben.
Baugeschichte: Vom urspr. Bau aus dem 11. Jh. blieb nach einem Brand nur der jetzige W-Bau erhalten. Der Neubau wurde 1129 gew. (Inschrift am Taufbecken). In den folgenden Jh. erweiterte man die Kirche, erhöhte die Türme und versah sie mit Fenstern. 1670 erhielt der Hauptturm seinen barocken Helm.
Baustil und Baubeschreibung: Der schlichte Bau, eine kreuzförmige Basilika, wirkt v. a. durch seine Großräumigkeit. Die Kombination mit 5 Türmen ist in Westfalen nur selten zu finden. – Im wesentlichen blieb die roman. Form der Kirche erhalten, nur die Gewölbe des Mittelschiffs sind got. – In den Seitenschiffen findet man eine interessante Wandgliederung mit *Säulenarkaden*. Die *Kapitelle* sind mit Rankenwerk und Menschenköpfen dekoriert. – Von der ehem. Klosteranlage steht noch ein Teil des *Kreuzgangs* aus dem 13. Jh.
Ausstattung: Der berühmte Freckenhorster *Taufstein* gilt als das bedeutendste

steinerne Taufbecken Deutschlands aus dem 12. Jh. Auf den beiden Reliefstreifen sind liegende Löwen und 7 Szenen aus der Heilsgeschichte dargestellt. – Auch die *Grabplatte* der Kirchengründerin Geva (13. Jh.) ist interessant. Die lebensgroße Figur ist in einem sich anschmiegenden, reichgefälteten Gewand dargestellt.

Fredelsloh ✉ 37186 Moringen
Niedersachsen

Einw.: 1200   Höhe: 266 m   S. 1277 □ H 7

Ehem. Klosterkirche St. Blasii: Die heutige ev.-luth. Pfarrkirche ist ein imposanter, wenn auch etwas karger roman. Bau aus schweren rötlichen Sandsteinquadern. Ungewöhnlich ist die apsisartige Ausbuchtung zwischen den beiden wuchtigen W-Türmen. Die auch im Inneren strenge, dreischiffige Kirche – sie kommt ohne plastischen Schmuck aus – wurde im 12. Jh. erbaut.
Von der alten Ausstattung sind außer einem sehr beschädigten *Taufstein* (13. Jh.) nur die *Sandsteinreliefs* mit den Figuren der 12 Apostel an den Seitenwänden des Chors erhalten.

09599 Freiberg
Sachsen

Einw.: 47 600   Höhe: 401 m   S. 1279 □ P 9

Die Stadt am Fuß des Osterzgebirges war im MA die größte Stadt Sachsens. Die älteste Siedlung an diesem Ort war das um 1160 gegründete *Christianedorph*. Nach der Entdeckung von Silber 1168 bildete sich eine Bergmannssiedlung, die »civitas Saxonum« (»Sächsstadt«) genannt wurde. Die Bergleute kamen aus dem Harz. Diese Siedlung lag wahrscheinlich in der Gegend des heutigen Donatsfriedhofs. Um 1180 wurde die Siedlung um die Nikolaikirche regelmäßig angelegt, um 1215 die sogenannte Oberstadt am Obermarkt. Anschließend erfolgte der Ausbau des Untermarkts, des ma Stadtviertels bei der Burg Freudenstein. Das heutige Stadtbild bietet im wesentlichen aus der Zeit nach dem Stadtbrand v. 1484. Bis zum Dreißigjähri-

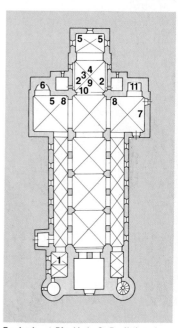

Freckenhorst, Pfarrkirche St. Bonifatius, ehem. Stiftskirche 1 Taufstein, 1129 **2** Löwenköpfe an den Sakristeitüren, roman., wahrscheinlich v. ehem. Hauptportal **3** Grabplatte der Geva in der Krypta, Anfang 13. Jh. **4** Standleuchter, 15. Jh. **5** 3 Tabernakeltürme, um 1500 **6** Marienklage, um 1520 **7** Ehem. Hochaltar und Epitaph für Äbtissin Maria v. Plettenberg v. W. Spannagel, 1646 **8** Figuren der Maria Immaculata und des hl. Joseph v. C. X. Stippeldey, 1791–93 **9** Hochaltar v. H. G. Bücker **10** Ambo v. H. G. Bücker **11** Schrein der hl. Thiatildis, Gehäuse v. H. G. Bücker

gen Krieg war Freiberg die wirtschaftlich bedeutendste Stadt Sachsens.
1765 wurde die Bergakademie gegründet. Hier studierte der roman. Dichter F. v. Hardenberg (Novalis). Besucht wurde sie auch v. Georg Forster, Humboldt, Johann Wolfgang v. Goethe und Theodor Körner. 1913 wurde der Silberbergbau eingestellt, 1969 der Erzbergbau (Zinn, Zink und Blei).

Dom (Pfarrkirche St. Marien, Unterstadt): Der Neubau des Doms entstand nach dem

Freiberg, Dom >

Stadtbrand in den Jahren zwischen 1484 und 1512 unter Leitung v. Johann und Bartholomäus Falkenwalt[*]. Es handelt sich neben der Leipziger Thomaskirche um eine der ersten spätgot. obersächsischen Hallenkirchen. Die achteckigen Pfeiler des dreischiffigen Langhauses sind so schlank, daß man den Raum als Einheit erleben kann. Zwischen den nach innen gezogenen Strebepfeilern finden sich umlaufende Emporen mit balkonartigen Ausbuchtungen (sog. obersächsische Emporen).

Vom roman. Vorgängerbau ist das W-Portal erhalten, die *Goldene Pforte* (um 1230). Ende des 15. Jh. wurde sie an die S-Seite versetzt. Seit 1902 wird sie v. einem Jugendstilvorbau gegen das Wetter geschützt. Das Portal gilt als eines der bedeutendsten dt. Beispiele der Verbindung v. Architektur und Plastik. Sein Bildprogramm, wahrscheinlich durch die Zisterzienser v. Altzella vermittelt, entspricht in kleinerem Rahmen dem der W-Fassaden der großen franz. Kathedralen.

Am linken Gewände sind Daniel, die Königin v. Saba, König Salomo und Johannes d. T. zu sehen, am rechten Gewände der Evangelist Johannes (oder Nahum), König David, Batseba und Aaron. Über und unter den Figuren finden sich Menschen- und Tierköpfe. Im Tympanon thront, v. Engeln umgeben, die Muttergottes, l v. ihr die Hll. Drei Könige, r Josef und der Erzengel Gabriel. In den das Tympanon umgebenden Archivolten wechseln figürliche mit ornamentalen Darstellungen. In der 1. Archivolte mit figürlicher Darstellung sieht man die Marienkrönung und 4 Erzengel, in der 2. Abraham, der die Seelen der Gerechten empfängt, mit Aposteln und Evangelisten, in der 3. zwei Engel, die die Taube des Hl. Geists verehren, und in der 4. Auferstehende, die v. einem Engel empfangen werden.

Die *Ausstattung* des Langhauses erinnert an den Reichtum der Bergbaustadt. Die *Tulpenkanzel* wurde ca. 1510 v. Hans Witten[*] geschaffen. Sie gilt als ein letztes Werk der sächsisch-thüringischen Gotik, die barocke Züge aufweist. Die Treppe wird v. einem Bergmann getragen. Bei der *Bergmannskanzel* v. 1638 wird die Treppe v. 2 Bergleuten getragen. – Die spätroman. *Triumphkreuzgruppe* v. ca. 1230 ist eines der Hauptwerke dt. Holzplastik. – Der *Apostelzyklus* (13 Figuren) an den Strebepfeilern wurde um 1500 geschaffen. An den Achteckpfeilern finden sich Figuren der klugen und törichten Jungfrauen (um 1510). Der *Hauptaltar* entstand 1649, das Gemälde 1560. Die 45stimmige *Meister-*

Freiberg, Dom, Goldene Pforte　　　　　　　　　　*Freiberg, Dom, Tulpenkanzel >*

orgel wurde 1711–14 v. Gottfried Silbermann* gebaut. 1585–94 wurde der *Chor* v. Giovanni Maria Nosseni* in die Grabanlage der protestant. Wettiner umgestaltet. Im Vorchor steht das Kenotaph (ein leeres Grab) des Kurfürsten Moritz (gest. 1553) v. 1563. Das Renaissancegrabmal ist dreigeschossig und aus verschiedenfarbigem belgischen Marmor. Es wird v. der lebensgroßen knienden Figur des Kurfürsten gekrönt. In der S-Kapelle steht das Grabmal der Kurfürstinnen Sophie v. Sachsen (gest. 1711) und Wilhelmine Ernestine v. der Pfalz (gest. 1706), geschaffen 1702–04 v. Balthasar Permoser*. Die lebensgroßen Bronzefiguren kniender Fürsten wurden bis 1594 weitgehend v. C. de Cesare* aus Florenz geschaffen. Im Gewölbe ist die Ankündigung des Jüngsten Gerichts dargestellt. Stuckplastik (barock) und Malerei erzeugen eine einzigartige illusionistische Wirkung.

Zu den *Nebengebäuden* des Doms gehören die zweischiffige spätgot. *Annenkapelle* (1512) und daran anschließend die *Begräbniskapelle* der Familie v. Schönberg mit Stukkaturen v. 1672.

Jakobikirche: Neugot. Bauwerk 1890–92. Die Ausstattung stammt größtenteils aus der Vorgängerkirche. Beachtung verdienen der Altar v. 1610 v. Bernhard Ditterich* und Sebastian Grösgen*, der kelchförmige Taufstein (1555) v. Hans Walther* (II.), das Alabasterkruzifix (ca. 1710) v. Balthasar Permoser* und die Orgel (1716–17) v. Gottfried Silbermann*. Der begnadete »Königlich Polnische und Kurfürstlich Sächsische Hof- und Landorgelbaumeister« lebte 1711–51 in F. Der hinter der Kirche gelegene *Donatsfriedhof* entstand 1521. Hier finden sich Grabdenkmäler aus dem 18. und 19. Jh.

Johanniskirche: Die Kirche, die 1958 für die kath. Gemeinde wiederhergestellt wurde, stammt aus den Jahren 1659–61. Geschnitzter Flügelaltar im Inneren (frühes 16. Jh.).

Nikolaikirche: Spätgot. Hallenkirche, entstand im 14. und 15. Jh. Die roman. Türme stammen aus der Zeit um 1185 und wurden 1631 erhöht. Der Innenraum wurde 1750–52 unter Leitung v. Johann Christoph Knöffel* und J. G. Ohndorff* barock erneuert. Aus dieser Zeit stammen auch der Hochaltar v. Johann Gottfried Stecher*, der mit einem Bild der Himmelfahrt Christi v. Christian Wilhelm Ernst Dietrich* ausgestattet ist, die Kanzel und die Taufe v. J. F. Geilsdorf*. – In der *Sakristei* findet sich ein Abendmahlsrelief, das der Meister der Freiberger Domapostel* 1510–20 schuf.

Petrikirche (w des Obermarktes): Die Kirche der Neustadt entstand zwischen 1210 und 1218; in ihr amtierte bis 1480 auch der Erzpriester. Nach einem Brand 1386 wurde sie im 15. Jh. got. verändert und 1729–34 das Innere durch Johann Christian Simon, Johann George Enderlein und Johann Christoph Stecher umgebaut.

St. Petri ist eine dreischiffige Halle mit Querschiff, einem rechteckigen Chor und einer roman. Doppelturmfassade (einen der Türme kann man besteigen; aus 72 m Höhe hat man eine gute Aussicht) sowie dem an der O-Seite befindlichen runden Hahnenturm. Taufstein, Kanzel und Lesepult schuf Johann Christian Feige 1733–34, die Orgel ist ein Werk v. Gottfried Silbermann (1733–35).

Donatsturm: Der dreigeschossige spätgot. Turm aus dem 15. Jh. ist Teil des noch erhaltenen Stadtbefestigung zwischen Terrassen- und Donatsgasse. Das Obergeschoß hat Geschützöffnungen, das Kegeldach entstand 1515.

Rathaus (Obermarkt): Das langgestreckte spätgot. Bauwerk mit 2 Etagen stammt aus dem 15. Jh. Der quadratische Turm auf der Marktseite wurde 1429–42 errichtet. Den Erker schuf 1578 Andreas Lorentz*, das Hauptportal entstand 1775. Einige der *Innenräume* sind in ihrer urspr. Gestalt erhalten: der Flur des Obergeschosses, die frühere Ratsstube (heute Stadtverordnetensaal), daran anschließende die Silberkammer (heute Archiv) mit Einrichtung v. 1635, das Ratssitzungszimmer sowie die Lorenzkapelle mit Sterngewölbe und Kielbogenportal im Turm. – Am Obermarkt (einem der besterhaltenen Marktplätze Sachsens) finden sich weitere schöne Gebäude, die verschiedene Stilepochen vertreten: Got. sind Haus *Nr. 1* und *Nr. 23,* die ehem. Ratsapotheke, aus der Zeit der Renaissance *Nr. 10* v. 1542 mit dreigeschossigem Giebel und *Nr. 17* v. ca. 1530, das mit einem reichen Portal (im Tympanon Bergbaulandschaft als Relief) v. Paul Speck* und einem Treppenturm auf der Hofseite ausgestattet ist. Barock sind die Häuser *Nr. 4* (1680–81) und *Nr. 6* (1669).

Kaufhaus (Obermarkt 16): Das Renaissancegebäude an der Ecke zur Kaufhausgasse wurde 1545–46 vermutlich v. S. Lorentz d. Ä.* errichtet. Es hat 3 Stockwerke und zur Marktseite ein sehenswertes Frührenaissanceportal. Der Festsaal im Obergeschoß v. 1685 wurde zu Beginn des 18. Jh. ausgemalt, wo sich heute der Ratskeller befindet.

Schloß Freudenstein: Rechteckige Renaissance-Anlage, die sich um 2 Innenhöfe gruppiert. Sie wurde in den Jahren 1566–79 unter Leitung v. Hans Irmisch* erbaut. 1784–1805 wurde das Gebäude in ein Militärmagazin umgebaut. Die weitgehende Rückführung in die Formensprache des Schlosses bei neuer Nutzung (Hotel, Stadtbibliothek usw.) wurde in Aussicht genommen. Im Keller des Haupttraktes konnte bereits eine repräsentative Gaststätte eröffnet werden.

Geowissenschaftliche Sammlungen der Bergakademie (Brennhausgasse 14): Sehr bedeutende Mineraliensammlung, 1765 mit Gründung der Bergakademie begonnen. – In der *Brennhausgasse 5* steht ein sehr schönes Renaissancegebäude v. ca. 1550.

Lehrgrube »Alte Elisabeth« (Fuchsmühlenweg): Die bereits im 16. Jh. erwähnte Grube besteht aus 2 Schächten und aus einem weitverzweigten System v. Stollen auf mehreren Sohlen, bis zu einer Tiefe v. 230 m. – Zu den Tagesanlagen der Grube, die jederzeit besichtigt werden können, gehören die älteste Dampfförderanlage des Erzgebirges v. 1848–50, Gebäude, die mit Schindeln gedeckt sind (in einem die Betstube), Schornstein und ein Gebläse in einem neugot. Gebäude v. 1830. In der Himmelfahrtsgasse findet sich die ehem. Abra-

hamsschacht. Das Gebäudeensemble stammt weitgehend aus der 1. Hälfte des 19. Jh.

Naturkundemuseum (Waisenhausstr. 10): Das Museum ist in einem spätgot. Patrizierhaus untergebracht, das 1882 umgebaut wurde.

Stadt- und Bergbaumuseum (Am Dom 1): Das Museum ist in der ehem. Thürmerei, dem einstigen Domherrenhof, einem spätgot. Gebäude mit Treppenturm aus der Zeit nach 1484, untergebracht. Zu sehen sind u. a. Plastiken aus der Zeit um 1500, Kunsthandwerk aus dem 17. und 18. Jh., eine Ausstellung zur Geschichte des Freiberger Bergbaus und eine Betstube mit Orgel. – Am Untermarkt stehen schöne *Bürgerhäuser* aus der Zeit der Renaissance und des Barock.

Außerdem sehenswert: Im Gebäude *Mönchstr. 3* finden sich die Reste des Mitte des 16. Jh. abgerissenen *Franziskanerklosters,* ein zweistöckiges spätgot. Gebäude mit Kielbogenfenstern. – Zwischen der Mönchstr. und Schloß Freudenstein sind weitere Spuren der *Stadtbefestigung* zu sehen (frühes 15. Jh.). – Das dreigeschossige spätgot. *Kornhaus* v. ca. 1490 war einstmals ebenfalls ein Teil der Stadtbefestigung.

Umgebung

Bieberstein (14 km n): *Dorfkirche* 1676 unter Benutzung eines Vorgängerbaus errichtet. – *Altes Schloß,* 1650 auf alten Grundmauern errichtet und 1751 als Eremitage eingerichtet. – Das *Neue Schloß* (Jugendherberge) wurde 1666 unter Verwendung der ma Burg Bieberstein erbaut und 1710 barock umgestaltet (Landschaftspark mit altem Baumbestand).
Dörnthal (20 km s): *Wehrgangkirche,* in ihrem Kern vermutlich aus dem 13. oder 14. Jh. Der Chor wurde 1520–39 errichtet. Innenausstattung: ein spätgot. Flügelaltar, frühes 16. Jh., und ein großes Kruzifix (16. Jh.). – Weitere erzgebirgische Wehrgangkirchen in *Mittelseida* (nw), *Lauterbach* (→ Marienberg) und *Großrückerswalde* (→ Annaberg-Buchholz).

79098–117 Freiburg im Breisgau
Baden-Württemberg

Einw.: 193 800 Höhe: 287 m S. 1280 ☐ D14

An der Dreisam, zwischen den Hängen des Schwarzwalds und der Oberrheinebene gelegen, wird Freiburg v. seinem berühmten Wahrzeichen, dem got. *Münster*, beherrscht. Vom nahen Schloßberg (Seilbahn) bietet sich ein lohnender Blick über die Stadt. Vom schnellfließenden *Bächle* durchzogen (eine ma Kanalisation, die in schwülen Sommern Kühlung bringt und in die jeder echte Freiburger einmal hineingestolpert sein muß), hat sich diese Handels- und Bürgerstadt gegen alle Adelsansprüche gewehrt und behauptet. Diese selbständige Tradition geht zurück auf Herzog Konrad v. Zähringen, der 1120 an »ansehnliche Kaufleute« Grundstücke vergab und den Markt wesentlich entwikkelte. Besetzt wurde die sonst meist unabhängige Stadt 1525 v. aufständischen Bauern, 1632 und 1638 durch die Schweden, 1644 durch Bayern sowie 1677–97, 1713 und 1744 durch die Franzosen. Sie blieb jedoch in ihrer baulichen Substanz bis zum 2. Weltkrieg weitgehend erhalten. Die Bombenschäden des Jahres 1944 sind in-

Freiburger Münster

zwischen zum größten Teil behoben, und das Bild der alten, schönen Stadt ist wieder gut zu erkennen.

Münster U. L. Frau (Münsterplatz): Von den spätroman. Anfängen sind das *Querhaus* und die beiden sich daran anlehnenden *Hahnentürme* erhalten (um 1200, später jedoch deren Obergeschosse und die durchbrochenen got. Helme). Der zweite Bauabschnitt umfaßte das *Langhaus* (1220–60), im dritten wurde der hochgot. W-Turm errichtet (1260–1350). Anschließend wurde der alte, zu klein gewordene roman. Chor abgerissen und durch einen längeren got. *Chor* ersetzt. Diese Arbeiten begannen nach Vollendung des Turms und waren erst 1513 abgeschlossen.

Die roman. Bauabschnitte im Querhaus und an den beiden Seitentürmen setzen sich gegen die and. Epochen deutlich ab. Das Langhaus zeigt die strenge Form der Gotik in der Tradition des Straßburger Münsters. Der lichte Chor erinnert mit seinem Umgang und dem Kapellenkranz an den Veitsdom in Prag. Baumeister des Chors war J. v. Gmünd aus der Parlerschule*. Der Turm (1260–1350) steigt in 3 Abschnitten zu einer Einheit auf: quadratischer Unterbau, darauf das Oktogon und darüber die steile Pyramide des Helms. Statt eines Daches wurden Spitzenornamente in rotem Sandstein verwendet. Diese früheste Einturmlösung der Gotik hat viele Nachfolger gefunden.

Inneres und Ausstattung: Im Giebelfeld des *W-Portals*, das sich zur *Vorhalle* öffnet, sind in Streifen die Geschichte Christi, das Jüngste Gericht, die 12 Apostel als Beisitzer des Weltgerichts, Ecclesia und Synagoge l und r am Portalgewände angeordnet. Die Darstellungen an den Wänden der Vorhalle zeigen u. a. die klugen und törichten Jungfrauen, den »Fürsten der Welt« als Verführer, die nackte Wollust, dazu Engel und Heilige. Bildhauer und Steinmetzen kamen aus der Bauhütte v. Straßburg. Die Vorhalle, einstmals auch als Gerichtshalle benutzt, besitzt Steinbänke und »Ur-Maße« für Elle und Zuber (r und l neben dem Eingang). Die *Madonna* an der Innenseite über dem Portal (um 1270–80) ist eine der schönsten Skulpturen des Münsters. – Sie stand vermutlich auf dem *Hochaltar*, bevor dieser 1516 mit

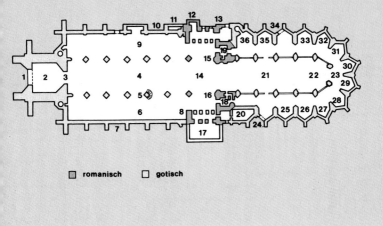

□ **romanisch**   □ **gotisch**

Freiburg, Münster 1 W-Turm mit Turmportal **2** Vorhalle **3** Hauptportal **4** Mittelschiff **5** Kanzel **6** s Seitenschiff mit Zunftfenstern der Schuster und Tuchmacher **7** s Seitenschiffportal (Lammportal) **8** Heiliggrabkapelle **9** n Seitenschiff mit Zunftfenstern der Küfer, Bäcker, Schmiede, Schneider und Maler **10** Grafenkapelle **11** Abendmahlskapelle **12** Peter- und-Paul-Kapelle **13** Alexanderkapelle **14** Vierung und Querhaus **15** Dreikönigsaltar **16** Annenaltar **17** Renaissancevorhalle vor dem s Querhausportal **18** Nikolauskapelle **19** Magdalenenkapelle **20** Sakristei und Schatzkammer **21** Chor **22** Hochaltar **23** spätgot. Marienbrunnen, 1511 bzw. 1545 **24** s Chorportal **25** Stürzelkapelle mit Taufstein **26** Universitätskapelle **27** Lichtenfels-Krotzingen-Kapelle **28** Schnewlinkapelle **29** 1. Kaiserkapelle **30** 2. Kaiserkapelle **31** Villinger-Böcklin-Kapelle **32** Sotherkapelle **33** Lochererkapelle **34** n Chorportal (Schöpfungsportal) **35** Blumeneggkapelle **36** Heimhoferkapelle

der Marienkrönung und den Bildern der Flügel v. H. Baldung, genannt Grien*, gestaltet wurde. – Von Grien stammt auch das Gemälde des berühmten *Schnewlin-Altars* (jetzt in der v. 19. der 13 Kapellen, die rund um den Chor angeordnet sind). – An Stelle einer 14. Kapelle (s beim Quer-

haus) wurde eine *Sakristei* eingerichtet. (Hier findet sich das Bild eines Schmerzensmannes v. L. Cranach* [1524].) – In der *Universitätskapelle* (11. v. l) sind 2 Flügel des Oberried-Altars v. Hans Holbein (1521) zu einer Einheit zusammengefügt. – In der benachbarten *Stürtzelkapelle* steht der Taufstein des Freiburger Bildhauers Chr. Wentzinger, eine Arbeit des Rokoko, heiter und fromm zugleich (1768). – In der 4. Chorkapelle v. l, der *Locherer-kapelle*, steht ein Schnitzaltar mit einer ungefaßten Schutzmantelmadonna (1521–24). Bis in die Bauzeit des Langhauses reicht die *Hl. Grabkapelle* an dessen S-Seite zurück (1340). Christus liegt auf einer Tumba, an deren Seite die Wächter schlafend hocken. Hinter dem Toten sind die edlen Gestalten der 3 Frauen zu erkennen. In der Brust Christi ist ein eisernes Türchen, hinter dem zu Karfreitag die Hostie verborgen wurde. – Die *Kanzel* an der S-Seite des Langhauses zeigt zwar got. Formen, ist jedoch erst 1559–61 historisierend im spätgot. Stil gearbeitet worden. Ihr Schöpfer, der Meister J. Kempf, hat sich

am Kanzelfuß selbst dargestellt. Er trägt ein Renaissancekostüm und sieht zum Fenster heraus.

Das Wertvollste der Ausstattung des Münsters U. L. Frau sind die *Glasfenster*, v. denen leider nur noch ein Teil erhalten ist. Die Scheiben stammen aus dem 13.–15. Jh. und sind in Teilen ergänzt.

Ehem. Franziskanerklosterkirche St. Martin

(Rathausplatz): Die Kirche wurde im 2. Weltkrieg zerstört und bis 1953 unter Beseitigung der früher vorgenommenen, zahlreichen Veränderungen in der urspr. Form der got. Bettelordenskirche wieder errichtet. Das Langhaus wird v. den weitgespannten Arkadenbögen und v. schmucklosen Rundpfeilern bestimmt. Nur im Chor findet sich eine Ausschmückung des sonst so schlicht-strengen, asketischen Baus.

Ehem. Kirche und Kloster der Augustiner-Eremiten

(Salzstr. 32): Die Kirche geht auf das Jahr 1278 zurück und konzentriert sich auf ein saalartiges Langhaus (später im Stil des Barock umgebaut). – Das *Kloster*, das im 14. Jh. im S an die bestehende Kirche angebaut wurde, beherbergt seit der Instandsetzung im Jahr 1923 das *Städt. Augustinermuseum* (siehe dort).

Universitätskirche/Jesuitenkirche

(Bertholdstraße): Die Kirche, die in den Jahren 1685–1705 errichtet wurde, brannte bei einem Angriff im 2. Weltkrieg aus. Dabei ging auch die kostbare Ausstattung verloren. Der wieder errichtete Bau hat keinen Stuck und wurde mit schlichten Altartischen versehen.

Adelhauser Kirche

(Adelhauser Platz): Der Konvent der Dominikanerinnen verlegte Kirche und Kloster nach mehreren Angriffen und Zerstörungen in das Stadtgebiet, wo 1687 mit dem Neubau begonnen wurde. Ihre Bedeutung bezieht die Kirche, die vermutlich von einem franz. Architekten erbaut wurde und zahlreiche franz. Akzente aufweist, aus der *Sandsteinfigur der hl. Katharina* und dem berühmten *Adelhauser Kruzifix* (beide 14.

< *Freiburger Münster*

Jh.). Bemerkenswert sind auch ein *Vesperbild* aus dem 14. Jh. und eine *Muttergottesfigur* v. H. Wydyz (um 1500).

Ev. Ludwigskirche

(Stadtstraße): Die heutige Ludwigskirche wurde an anderer Stelle als der am 27.11.1944 vernichtete Vorgängerbau, die versetzte Tennenbacher Klosterkirche, errichtet. Sie ist ein gutes Beispiel für modernen Kirchenbau. Der Altar und die ihn umgebende Gemeinde sind in das Zentrum dieser Kirche gerückt.

Kaufhaus

(Münsterplatz): An Stelle der alten Begräbnisstätte rund um das Münster entstand Anfang des 16. Jh. der Münsterplatz, an dessen S-Rand gegen 1520 das Kaufhaus gebaut wurde – ein spätgot. Bau mit Türmchen und bunten Ziegeldächern an den Ecken, ochsenblutrot angemalt und mit Gold verziert. Die Laube im Erdgeschoß war Kaufhalle, das Obergeschoß diente der Stadt als Festsaal. Die kaiserlichen Protektoren der Stadt ehrte man mit *Standbildern* an der Fassade (v. S. v. Staufen, 1530).

Stadtbefestigung:

In der Kaiser-Joseph-Straße und im Straßenzug Oberlinden sind mit dem *Martins-* und dem *Schwabentor*

Freiburg, Schwabentor

Reste der Stadtbefestigung aus dem 13. Jh. erhalten. Das Martinstor war um 1230 fertiggestellt, erhielt sein heutiges Aussehen allerdings erst um 1900, als der Bau um 21 m erhöht wurde. Das Schwabentor wurde 1953 v. Aufbauten aus der Zeit um 1900 befreit.

Basler Hof (Kaiser-Joseph-Str. 167): Wo heute der Regierungspräsident sein Domizil hat, saßen zuvor Repräsentanten des Basler Domkapitels, der österreichischen Regierung und das Bezirksamt. Das Haus wurde 1500–10 nach Plänen des kaiserlichen Kanzlers Stürzel erbaut.

Haus zum Schönen Eck (Münsterplatz 8): Neben dem spätgot. Kaufhaus entstand dieses barocke Bürgerhaus, das sich der angesehene Freiburger Architekt und Bildhauer C. Wentzinger 1755–65 gebaut hat. Höhepunkt des Baus ist das Treppenhaus mit großen Deckengemälden im Obergeschoß.

Brunnen: Schöne Brunnen geben dem Freiburger Stadtbild besondere Akzente. Dazu gehören der *Bertoldsbrunnen* (an der Kreuzung Kaiser-Joseph-Straße/Bertoldstraße/Salzstraße), der *Georgsbrunnen* (Münsterplatz) und der *Fischbrunnen* (Münsterplatz).

Museen: Das *Augustinermuseum* (Augustinerplatz) gehört zu den schönsten Kunstsammlungen am Oberrhein. Neben vielen roman. und got. Glasfenstern, Plastiken und Wandbehängen sind die Gemälde v. H. Baldung[*] und M. Grünewald[*] die kostbarsten Ausstellungsstücke der Galerie. – *Museum für Ur- und Frühgeschichte*, untergebracht im Colombischlößchen (Rotteckring). Beachtung verdienen auch das *Museum für Völkerkunde* (Gerberau 32), das *Stadtarchiv* (Salzstr. 18), das *Dt. Volksliedarchiv* (Silberbachstr. 13), das *Münstermuseum* (Schoferstr. 4) sowie die *Zinnfigurenklause* im Schwabentor.

Theater: Die *Städt. Bühnen* (Bertoldstraße 46) bespielen 3 Spielstätten. Im Hochsommer tritt im Rathaushof das *Wallgraben-Theater* auf (Komödien, Schauspiel, Ballett); Kleinkunst im »Theatercafé«.

Freiburg, Martinstor

Außerdem sehenswert: *Altes Rathaus* gegenüber der St.-Martins-Kirche, *Neues Rathaus* (ehem. Alte Universität), die wiederaufgebauten *Universitätsbauten*, die *Münsterbauhütte* (Münsterplatz) und *Wohnhäuser* aus der Zeit der Gotik bis zum Rokoko.

85354–56 Freising

Bayern

Einw.: 38 400   Höhe: 448 m   S. 1283 □ M 14

Der Domberg über der Isar, zu dessen Füßen sich die Stadt entwickelte, ist eines der geistigen und geistlichen Zentren Süddeutschlands. Vom 8. Jh. an bis zur Verlegung des Bistums nach München (1821) war Freising Bischofsstadt. Erhalten sind Kirchen, Kapellen, Klerikerwohnungen und die Bischofsresidenz mit ihren Nebengebäuden auf dem langgestreckten Bergrücken.

Freiburg, Kaufhaus (1520) am Münsterplatz

Freising, Deckenfresken v. J. B. Zimmermann in der ehem. Klosterkirche Neustift

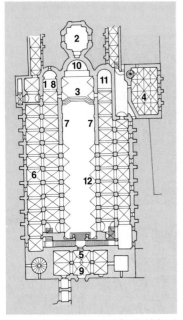

Freising, Dom St. Maria und St. Korbinian 1
Stephanuskapelle **2** Maximiliankapelle **3** Krypta,
darin Bestiensäule, Steinsarg St. Korbinians, Grabplatte des Bischofs Hitto (gest. 835) **4** Sakristei, im
Obergeschoß Schatzkammer **5** Stufenportal, um
1190 **6** Maria auf der Stiege, 1461 **7** Chorgestühl,
1484–85 **8** Beweinungsgruppe v. E. Grasser, 1492,
Christus v. 1440 **9** Vorhalle **10** Hochaltar **11** Sakramentskapelle **12** Kanzel, 1624

Dom St. Maria und St. Korbinian (Domberg): Bald nach dem Tode Bischof Ottos,
des großen ma Geschichtsschreibers und
Onkels Friedrich Barbarossas, ermöglich-
te eine Stiftung dieses Kaisers den Neubau
des *roman. Doms* (1160), der in seinen
Grundzügen bis heute erhalten ist. Das
Innere wurde jedoch 1723/24 v. den Brüdern Asam* mit verschwenderisch reichen
Rokokomalereien und üppigem Stuck ausgekleidet. 100 Jahre zuvor hatte der roman.
Bau durch Um- und Einbauten der Renaissance schon eine Veränderung erlebt. Die
urspr. Flachdecke war bereits seit dem Ende der Gotik verschwunden (Einwölbungen durch Meister Jörg, den Meister der →
Frauenkirche in München, 1481/82). Aus
dieser Zeit stammt auch das *Chorgestühl*.

Der *Hochaltar*, bei der Renaissance-
erneuerung 1625 aufgestellt, enthält heute
nur noch die Kopie des »Apokalyptischen
Weibes« v. P. P. Rubens (das Original in
der → Münchner Pinakothek). Gute Gemälde zeichnen die *Seitenaltäre* aus. – An
den Säulen des Portals in der vorgelagerten
Halle sind Barbarossa (mit Otto v. Freising?) und gegenüber Kaiserin Beatrix
dargestellt.
Der interessanteste Teil des Doms ist die
vierschiffige *Krypta* mit der berühmten
Bestiensäule unter dem erhöhten O-Chor.
Das s Seitenschiff schließt die *Sakramentskapelle* ab (Gebr. Asam).

Benediktuskapelle: Hinter dem Dom, mit
dem sie durch einen *Kreuzgang* verbunden
ist, liegt die kleine Benediktuskirche, der
sog. *Alte Dom*, ein Werk reifer Gotik
(1346). Im Inneren sind allerdings Rippen
und Pfeiler zu Anfang des 18. Jh. mit Ba-
rockstuck überzogen worden.

Johanneskirche (an der W-Seite des
Doms): Hier stand die alte Taufkapelle der
Anlage. Der 1319–21 errichtete Neubau ist
beste Hochgotik. Über dem n Seitenschiff
der Kirche ließ sich der Fürstbischof einen
Privatgang anlegen, der den Dom unmittelbar mit seiner Residenz verband.

Bischöfliche Residenz: In den Räumen,
die z. T. von F. Cuvilliés* und J. B. Zimmermann* dekoriert sind, befindet sich
jetzt ein Bildungszentrum.

Ehem. Klosterkirche Neustift: Nö v.
Domberg liegt die Klosterkirche Neustift,
das Gemeinschaftswerk berühmter Künstler aus dem 18. Jh. Den Bau v. G. A.
Viscardi* haben J. B. Zimmermann* und
F. X. Feuchtmayer* dekoriert.
Das Glanzstück ist der Hochaltar aus der
Werkstatt v. I. Günther* (1765), v. dem
auch das geschnitzte Chorgestühl mit einem Reigen heiter bewegter Putten
stammt.

Museen: Das *Museum des Historischen
Vereins* (Mittlere Hauptstr. 7) bietet Bei-
träge zur Vor- und Stadtgeschichte. – Das
Diözesanmuseum hinter der Residenz
(Domberg 21) enthält wertvolle got.
Skulpturen und Gemälde.

Rechter Lettner im Dom zu Freising

Johanneskapelle im Dom zu Freising

Außerdem sehenswert: Bei Freising befindet sich in der ehem. Benediktinerabtei *Weihenstephan* mit der bereits im Jahre 1040 gegr. Braustätte die älteste Brauerei der Welt.

72250 Freudenstadt
Baden-Württemberg

Einw.: 23 200   Höhe: 700 m   S. 1280 □ E 14

Marktplatz: Auf Befehl Herzog Friedrichs ist 1599 der Ort als Wohnstätte der im Silberbergbau Beschäftigten, seit 1603 auch als Kolonialstatt für vertriebene Protestanten aus Österreich, auf dem Reißbrett entworfen und 740 m hoch mitten im Schwarzwald erbaut worden. Von dem Plan, der nach Art alter Römerlager ein freies Quadrat von 219 x 216 m vorsah, um das sich dann wie bei einem Mühlespielbrett parallel die Straßenzüge legen, ist allerdings nur ein Teil verwirklicht worden. Von den an den 4 Ecken des Platzes vorgesehenen öffentlichen Gebäuden wurden nur die Kirche und diagonal gegenüber das Rathaus gebaut. Die niedrigen Häuser um den Platz sind untereinander mit Laubengängen verbunden. Inmitten des Platzes sollte sich ein Schloß erheben, es wurde jedoch nicht gebaut (heute Fußgängerzone). – Die Stadt, seit dem 19. Jh. beliebter Kurort, erlitt 1945 schwere Zerstörungen, die vollständig behoben wurden.

Stadtkirche (Marktplatz): Die im Krieg zerstörte, jedoch wieder aufgebaute Kirche besteht aus 2 Flügeln, die der Lage am Platz entsprechend im rechten Winkel zusammenstoßen. Einer war für die Männer, der andere für die Frauen bestimmt. Die Anlage kann als kuriosester Kirchenbau der Renaissance gelten. Ein flaches Scheingewölbe aus Bohlen und Stuck überspannt die beiden Flügel zu einer Einheit. – Für die nüchterne Predigtkirche wurde die Ausstattung aus anderen Kirchen zusammengetragen. Das hervorragendste Stück ist das *Lesepult* (um 1180) mit den 4 Evangelisten. Es ist noch in der alten bunten Bemalung erhalten und stammt vermutlich aus Kloster → Alpirsbach oder → Hirsau. Zu vielen Deutungen

Freudenstadt

Freyburg an der Unstrut, Marienkirche >

gibt der Reliefkranz verschlungener Tiere auf dem *Taufstein* (12. Jh.) Anlaß.

Außerdem sehenswert: *Heimatmuseum* im Stadthaus, *Dorfmuseum* im Stadtteil Dietersweiler, *Kurhaus.*

06632 Freyburg an der Unstrut
Sachsen-Anhalt

Einw: 4900   Höhe: 119 m   S. 1278 □ M 8

F. ist das Zentrum des Weinbaus an der Unstrut, die sw der Stadt vorüberfließt. Hoch über der Stadt, die im 13. Jh. angelegt wurde, liegt die Neuenburg. F. ist der Schauplatz eines Winzerfests (im September).

Marienkirche: Die Stadtkirche geht auf eine spätroman. Kirche aus der Zeit um 1220 zurück. Das heutige spätgot. Langhaus (dreischiffig) entstand Ende des 15. Jh., der einschiffige Chor um 1400. Der Turm über der Vierung ist roman., die beiden Türme im W haben die O-Türme des Naumburger Doms zum Vorbild. Zwischen ihnen liegt eine nach 3 Seiten offene Vorhalle, das sog. Paradies. Von der *Ausstattung* bemerkenswert sind ein spätgot. Schnitzaltar mit einer Marienkrönung, der vermutlich 1499 entstand, ein Taufstein v. ca. 1500 sowie Grabdenkmäler aus dem 16. und 17. Jh.

Rathaus: Das dreigeschossige spätgot. Bauwerk wurde nach einem Brand 1682 in einfacheren Formen wieder aufgebaut. – Das Haus *Markt 14* hat ein Portal v. 1554.

Schloß Neuenburg: Die Burg wurde wie auch die Wartburg v. den Thüringer Landgrafen gegr., deren Residenz sie zeitweilig war. Es handelt sich um eine weitläufige, in ihrem Kern roman. Anlage, die wiederholt zerstört wurde. Man erreicht sie über einen steilen Fußweg. 1552–57 wurde die Burg für Herzog August v. Sachsen zu einem Wohnschloß ausgebaut (Fürsten-

saal mit schönem Portal v. 1552). Am meisten Beachtung verdient in der Mitte des Hofes die spätroman. *Doppelkapelle* (um 1220). Die beiden übereinanderliegenden Räume sind durch eine kleine vergitterte Öffnung in der Decke miteinander verbunden. Der untere Raum war für das Gesinde vorgesehen, der obere für die Adligen. Die Wölbung im Obergeschoß hat »maurische« Bogen; dieser Stil war wahrscheinlich durch die Kreuzzüge nach Thüringen gelangt.
Schloßmuseum: Im »Dicken Wilhelm«, dem roman. Bergfried, sind wechselnde Ausstellungen zu sehen.

Jahn-Museum (Schloßstr. 11): In diesem Haus lebte der Turnvater Friedrich Ludwig Jahn v. 1825 bis zu seinem Tod 1852. Das Museum dokumentiert das Leben und Wirken Jahns. Jahn ist im Ehrenhof des Hauses begraben.

Umgebung

Laucha (7 km w): Die *Pfarrkirche St. Marien* ist ein einschiffiger spätgot. Bau mit dreiseitigem O-Abschluß und einem quadratischen W-Turm, der sich über einer nach N und S offenen Vorhalle erhebt. Er

wurde 1479–96 errichtet. Die Ausstattung stammt aus dem 18. Jh. – Laucha ist bekannt durch seine traditionelle Glockengießerei. Im *Glockenmuseum* findet sich eine Glockengießerwerkstatt v. 1790. Hier wurden innerhalb v. 121 Jahren über 5000 Bronzeglocken gegossen. Außerdem sind hier Glocken aus dem 14.–19. Jh. zu bewundern. Die älteste ist die Balgstätter Glocke v. 1311, die wahrscheinlich v. Mönchen gegossen wurde. – Das *Rathaus* ist ein dreigeschossiger Renaissancebau mit Dachreiter und doppelläufiger Freitreppe, der 1563 erbaut wurde. – Von der *Stadtbefestigung* ist das spätgot. *Obertor* aus der 2. Hälfte des 15. Jh. mit Resten der Stadtmauer erhalten.

16918 Freystein
Brandenburg

Einw.: 1300 Höhe: 90 m S. 1274 □ N 4

1287 erfolgte die Verlegung einer ersten Stadtanlage in die Dosse-Niederung und die neue Siedlungsanlage auf rechteckigem Grundriß mit einer Bebauung symmetrisch zu seiten der Nord-Süd-Straße mit 2 Parallelstraßen. Im südlichen Teil blieb ein querrechteckiger Platz frei, auf dessen v.

Freyburg an der Unstrut, Schloß Neuenburg

W nach O abfallendem Gelände im höheren Teil der Kirchhof, im niedrigeren der Markt liegt. Die Besitzer der Stadt wechselten, zunächst gab es Interessen des Bischofs von Havelberg und des Prignitzadels, Ende des 13. Jh. war sie in markgräflichem Besitz, aus dem sie 1359 an die Herren von Rohr überging.

Stadtkirche: Dreischiffige Hallenkirche v. 3 Jochen auf rechteckigem (chorlosem) Grundriß, vermutlich aus dem späten 13. Jh., die achteckigen Pfeiler und die Gewölbe vielleicht v. einer Erneuerung des 18. Jh. (nach 1718). 3 bemerkenswerte Grabdenkmäler der Familie von Winterfeld.

Altes Schloß: 1556 anstelle einer ma Wasserburg erbaut, erhalten nur das n Ende des W-Flügels, ein turmartiges Gebäude v. mehreren Geschossen. Charakteristisch die segmentbogig vortretenden Runderker an den Ecken, an denen sich reicher Terrakottaschmuck entfaltet (u. a. Bildnismedaillons aus der Werkstatt des Statius van Düren in Lübeck).

Neues Schloß: Um 1650 als dreigeschossiger Putzbau errichtet, äußerlich schlicht und innen mit einigen Räumen, deren Decken und Gewölbe durch Stuckprofile kassettenartig gegliedert sind.

Umgebung

Stepenitz (15 km w): Die Herren Gans Edle zu Putlitz gründeten 1231 an der Stepenitz das *Zisterzienser-Nonnenkloster Marienfließ* (1928 in Stepenitz eingemeindet). Aus der Gründungszeit datiert das einschiffige Langhaus der Klosterkirche, der Chor mit $^5/_{10}$-Schluß wurde am Ende des 13. Jh. hinzugefügt.

92342 Freystadt
Bayern

Einw.: 6850   Höhe: 410 m   S. 1282 □ L 12

Wallfahrtskirche Maria-Hilf: Von 1700–10 errichtete G. A. Viscardi diesen Rotundebau mit seiner mächtigen Kuppel. Die schönen Stukkaturen stammen v. F.

Appiani (1707), H. G. Asam[*] und seine später berühmten Söhne Cosmas Damian und Egid Quirin haben die Fresken geschaffen (die übermalt waren, im Zuge einer weitreichenden Restaurierung 1950–59 jedoch wieder aufgedeckt wurden). Auffallend sind die Stuckfiguren an den Schmalwänden der Kreuzarme.

86316 Friedberg
Bayern

Einw.: 27 500   Höhe: 514 m   S. 1282 □ K 14

Friedberg, die altbayr. Herzogstadt am Lechrain, wird überragt v. seiner Burg aus der Zeit nach dem 30jährigen Krieg.

Wallfahrtskirche Unseres Herrn Ruhe: Zur barocken Wallfahrtskirche ö der Stadt führt eine Allee. Der breitgelagerte Bau aus dem 18. Jh. wirkt derb und gedrungen, ist jedoch ein einheitliches künstlerisches Ganzes. Der weite helle Innenraum verrät das Vorbild v. → St. Michael in München. – Ungewöhnlich reich ist die *Ausstattung:* Mächtige, rötlich-graue Stuckmarmorsäulen mit goldenen Kapitellen, zartrosa Stukkaturen v. F. X. Feuchtmayer[*] und eine vorspringende Orgelempore mit Halbku-

Friedberg, Rathaus

gel darüber. Das Kuppelgemälde im Chor ist v. C. D. Asam* (1738), die Langhausdeckenbilder stammen v. seinem Schüler M. Günther*. Der n Seitenaltar enthält ein spätgot. Gnadenbild.

Rathaus: Der zweigeschossige Bau v. 1680 steht frei auf dem Marktplatz und ist an den prächtigen Bauten E. Holls* im nahen Augsburg orientiert; im Saal Wandfresken.

Burg: Von dem urspr. Bau aus dem 13. Jh. ist kaum etwas erhalten geblieben. Nur der Mauergürtel könnte aus der Gründungszeit stammen. Der Turm kam im Jahr 1552 hinzu, der Rest in der Mitte des 17. Jh. Heute befindet sich dort das *Heimatmuseum*.

61169 Friedberg

Hessen

Einw.: 24 800   Höhe: 159 m   S. 1277 ☐ F 10

An der Stelle eines Römerkastells ließ Kaiser Barbarossa im 12. Jh. eine Reichsburg errichten. Sie wurde zum Ausgangspunkt für eine schnell aufblühende Reichsstadt, die in ihrer Glanzzeit dem nahen → Frankfurt nicht nachgestanden hat.

Ev. Stadtkirche/Ehem. U. L. Frau: Die außergewöhnlich weiträumige Kirche, eine der größten hessischen Hallenkirchen, zeugt v. Ehrgeiz der Bürger dieser kleinen Stadt. Daß die W-Fassade, die eigtl. zwei Türme erhalten sollte, ein Torso geblieben ist, liegt an einem Befehl König Ruprechts v. d. Pfalz. Er hat 1410 die Höherführung verboten, da die Türme als Bollwerk gegen die Burg hätten dienen können. Die Bauzeit für das Langhaus zog sich v. 1260–1370 hin. Im Inneren wurden Bündelpfeiler sowie Gewölberippen durch rote Farbgebung und weiße Fugen betont. Kapitelle und Schlußsteine sind bunt. Am spätgot. Lettner steht die in der Kunstgeschichte als *Friedberger Madonna* bekannte mittelrheinische Sandsteinplastik aus dem 13. Jh. Ein frühgot. *Altarziborium*, ein *Sakramentshäuschen* und ein got. *Taufbecken* sind weitere herausragende Stücke der reichen Kirchenausstattung.

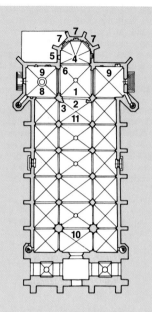

Friedberg, Stadtkirche/Ehem. U. L. Frau 1 Lettner **2** Kruzifix auf dem Lettner, vor 1500 **3** Madonna, um 1280 **4** Hochaltarmensa, 1306 **5** Sakristeitür **6** Sakramentshaus, 1482–84 **7** Chorfenster mit Glasmalerei, 1472–82 **8** Taufstein, um 1230–60 **9** Messinglüster **10** Orgel, 1964–65 **11** Bronzekreuz v. Karl Hemmeter, 1971

Burg: Die Burg wurde auf dem rechteckigen Grundriß eines alten Römerkastells im 12. Jh. gebaut. Die starken Wehranlagen aus dem 14.–16. Jh. mit Toren, Türmen und Zwingern sind noch erhalten. Die *Burgmannenhäuser*, Wohnbauten, die zur inneren Burg gehören, wirken wie eine Stadt für sich (16.–18. Jh.). Wahrzeichen der Burg und der Stadt Friedberg ist der *Adolfsturm*, der 1348 v. Lösegeld des einst hier gefangengehaltenen Grafen Adolf v. Nassau erbaut wurde. Der Turm ist 50 m hoch und hat über den 4 Erkertürmchen noch einen zweiten Wehrgang. Der spitze Turmhelm wurde im 19. Jh. hinzugefügt.

Judenbad (Judengasse 20): Das rituelle Frauenbad, etwa 25 m tief in der Erde verborgen, ist ein quadratischer, bis zum

Grundwasserspiegel reichender Schacht mit einer an der Wand in 7 Läufen hinunterführenden Treppe. Ihre Bogen ruhen auf Säulen mit feinen Blattkapitellen. Laut Inschrift wurde das Bad 1260 erbaut. Es ist ein besonders schönes Beispiel der wenigen erhaltenen Judenbäder in Deutschland.

Außerdem sehenswert: Das *Wetterau-Museum* (Haagstr. 16); *Bibliothekszentrum Klosterbau* (Augustinergasse 8).

88045–48 Friedrichshafen
Baden-Württemberg

Einw.: 54 800	Höhe: 402 m	S. 1281 □ G 15

Der Bodensee hat viele Besucher zu Gedichten animiert. Der ganz in der Nähe wohnende Schriftsteller Martin Walser schrieb: »Es ist doch erstaunlich, wie viele Menschen, die überhaupt keine Lyriker waren, Gedichte geschrieben haben über den Bodensee. Und das nicht nur einmal, sozusagen im ersten Hinsinken, sondern wiederholt, lebenslänglich, hoffnungslos.« Der Reiter, der über den zugefrorenen Bodensee geritten war (eine Möglichkeit, die sich nur sehr selten bietet), ist in zahlreichen Dichtungen verewigt worden.

Ev. Schloßkirche (im Schloß): Die ehem. Benediktiner-Prioratskirche St. Andreas gehörte urspr. zu einem Kloster, das 1824–30 in ein Schloß umgewandelt wurde. Die Kirche entstand 1695–1701, v. Baumeister C. Thumb nach Vorarlberger Schema entworfen (ein Langhaus mit Seitenkapellen, Emporen zwischen den Wandpfeilern und einer Doppelturmfassade im W). Die *Stuckdekoration* stammt v. J. Schmuzer* und seinen beiden Söhnen, alle Meister der berühmten → Wessobrunner Schule. Blüten, Girlanden, Fruchtkränze, Weinlaub und Muscheln in blendendem Weiß und frühbarocken Formen überziehen die Gewölbe wie ein dicht gewebter Teppich.

Museen: Im Rathaus befindet sich das *Städt. Bodensee-Museum* mit Kunstschätzen aus Oberschwaben und einer *Zeppelin-Abteilung.* – Schulmuseum Friedrichshafen, Friedrichstr. 14.

Friedrichshafen, Schloßkirche

25840 Friedrichstadt
Schleswig-Holstein

Einw: 2600	Höhe: 4 m	S. 1273 □ G 2

Herzog Friedrich III. v. Gottorf gründete im 17. Jh. die nach ihm benannte Stadt für Holländer, die ihres Glaubens wegen vertrieben worden waren.

Stadtbild: Der zum großen Teil v. niederländischen Handwerkern erbaute Ort erweckt noch heute den Eindruck eines nordholländischen Landstädtchens mit baumumstandenen Grachten und Backsteinhäusern (mit Treppengiebeln und großen Fenstern), die jetzt allerdings häufig verputzt sind. Die reichste Fassade zeigt die sog. *Alte Münze* (Mittelburgwall 23) von 1626, ein schmaler Bau mit Ziegelornamenten und plastischem Schmuck. Ganz anders das *Paludanushaus* (Prinzenstr. 28), 1637 erbaut, mit barocken Voluten am dreigeschossigen Giebel und ei-

Friedrichstadt

ner breiten, v. Fenstern regelmäßig gegliederten hellen Front, die dem Bau den Charakter eines vornehmen Bürgerhauses gibt. In der 1853 erbauten *kath. Kirche* befindet sich ein wertvolles *Kruzifix* aus dem 13. Jh.

34560 Fritzlar
Hessen

Einw.: 14 100   Höhe: 220 m   S. 1277 □ G 8

Der Platz über der Eder erhielt unter Karl d. Gr. eine Königspfalz. Später entstand hier ein befestigter Stützpunkt des Mainzer Erzbischofs für seine Fehden mit den hessisch-thüringischen Landgrafen. Davon sind noch Wehrmauerwerk und eine Anzahl Wehrtürme erhalten.

Dom St. Petri/Kath. Pfarrkirche (Domplatz): An der Stelle des heutigen Domes fällte 724 St. Bonifatius die den Chatten heilige *Donareiche*. 732 ersetzte ein Stein-

bau die erste Holzkirche. Von seinem Nachfolgebau (1085–1118) sind noch die *Krypten* und das *W-Werk* erhalten. Nach 1180 erfolgte der Umbau des Domes zur heutigen Gestalt. Das teils roman., teils got. *Paradies* entstand nach 1232. Zur Zeit der Gotik wurden im S noch ein zweites Seitenschiff und im N die Marienkapelle hinzugefügt. Die langen got. Fenster im O und S des Chors wurden im 15. Jh. herausgebrochen. Der Vorbau *Roter Hals* vor dem N-Eingang wurde im 18. Jh. errichtet. Die spitzen Helme der hohen Türme stammen aus dem 19. Jh.

Der Gesamteindruck des Doms ist spätroman., auf der O-Seite erkennt man jedoch am Chor mit den beiden erhaltenen Apsiden den Zusammenstoß roman. Zierformen (Zwerchgalerie) mit got. Wandöffnung (Fenster) und Renaissancearchitektur (Fachwerk).

Inneres und Ausstattung: Bedeutsam ist v. a. die weiträumige Anlage der 3 *Krypten* mit ihren kurzen stämmigen Säulen. In dieser Unterkirche stehen der Schrein des

Fritzlar, Dom

Kelch mit Patene im Dom zu Fritzlar

hl. Wigbert mit einer Sitzfigur (1340) sowie ein überlebensgroßes Relief des hl.
Petrus mit Schlüssel (12 Jh.). – Roman. ist
auch ein steinerner Diakon als *Pultträger.*
Aus verschiedenen Epochen der Gotik
stammen das *Triumphkreuz* über dem
Chor, das mehrgeschossige *Sakramentshaus* am n Querschiff, die freigelegten,
wertvollen *Wandmalereien* am s Querschiff, eine steinerne *Gnadenstuhl-Gruppe*
sowie eine ausdrucksvolle *Pietà.* Die übrige Einrichtung ist barock. – In der *Schatzkammer* des Doms (Eingang durch den
Kreuzgang) sind als Hauptstücke zu nennen: das *Kaiser-Heinrich-Kreuz,* das mit
Edelsteinen, Perlen und Gemmen besetzt
ist (12. Jh.), ein *Tragaltärchen* (12. Jh.)
und ein *Scheibenreliquiar* mit vergoldeten
Metallreliefen und Email.

Historisches Rathaus (Markt): Der Vorgängerbau wurde bei einem Brand im
15. Jh. weitgehend vernichtet; das heutige Rathaus wurde kurz darauf fertiggestellt. Es gehört zu den ältesten Rathäu-

sern in Deutschland, die noch ihrer urspr.
Aufgabe dienen. – Es ist zugleich Mittelpunkt der ma-romantischen Stadt, die mit
ihrem unversehrt gebliebenen *Marktplatz*
einen besonderen Anziehungspunkt hat.
Der *Marktbrunnen* stammt aus dem Jahr
1564.

Stadtbefestigung: Die Stadtmauer, die im
12.–14. Jh. entstanden ist, ist fast vollständig erhalten geblieben, v. a. der *Graue
Turm* am Burggraben aus dem 13. Jh.

Außerdem sehenswert: In der ev. *Frau-
münsterkirche* befinden sich Wandmalereien aus der Zeit um 1300. – Auch die
Kirche des ehem. Minoritenklosters birgt
Wandgemälde des 14. Jh. – Die Altstadt ist
überdies reich an hervorragenden *Kauf-*
und *Bürgerhäusern.* – Das *Museum Fritzlar* im Hochzeitshaus aus dem 16. Jh. bietet interessante und umfangreiche Sammlungen zur Ur- und Frühgeschichte, bäuerlichen Hausrat sowie Truhen aus 6 Jahrhunderten.

Kaiser-Heinrich-Kreuz im Dom zu Fritzlar

36037–43 Fulda
Hessen

Einw.: 57 200   Höhe: 257 m   S. 1277 □ H 9

Seit 1200 Jahren ist die Stadt am Rande der Rhön ein Mittelpunkt des religiösen Lebens in Deutschland. Vom hl. Bonifatius reicht diese geistliche Tradition bis zur heutigen kath. Bischofskonferenz. Von Fulda ging im 8. Jh. die Christianisierung Mitteldeutschlands aus. Fuldas Klosterschule war zu jener Zeit ein europ. Mittelpunkt der Handschriftenmalerei. Hier wurde auch das Hildebrandslied aufgeschrieben. Einhart, der Biograph Karls d. Gr., und Otfried v. Weißenburg (Evangelienharmonie) kamen aus der Fuldaer Schule. Hrabanus Maurus war als Abt Initiator neuer Kirchen- und Klosterbauten in und um Fulda. Durch die Äbte, die zu Reichsfürsten erhoben wurden, erlebte Fulda im 18. Jh. eine neue Blütezeit, während der die Stadt ein festliches barockes Äußeres

erhielt. Strenge, schwere Romanik und Vorromanik auf der einen, Glanz des Barock und Rokoko auf der anderen Seite markieren die architektonische Spannweite dieser Stadt.

Dom St. Salvator und Bonifatius (Domplatz): Auf dem weiten Platz unterhalb der Anhöhe mit der Michaelskapelle erhob sich vor dem vielgestaltigen Barockbau des Doms mit seinen Kuppeln, Kapellen und Türmen eine dreischiffige, flachgedeckte Basilika. Der Bau, riesig in seinen Ausmaßen, war aus 2 Kirchen zusammengewachsen und enthielt in seinem W-Chor die Grabstätte des hl. Bonifatius (dessen Gebeine 819 hierher überführt worden waren). 1704 war die alte, vielfach umgebaute Basilika so baufällig geworden, daß Fürstabt Adalbert v. Schleiffras seinen Hofbaumeister J. Dientzenhofer* mit einem Neubau beauftragte. In Grundriß und Mauerführung folgte dessen Entwurf weitgehend dem Vorgängerbau. Das Äußere mit seinen Doppeltürmen und der reichen Gliederung läßt an fränkische Barockkirchen denken. Der Bau entstand 1704–12, also in einer Zeit, die noch kein Rokokodekor, wie wir es v. Kirchen des späteren 18. Jh. gewohnt sind, kannte. Für den Bau hatte man sich ein Modell der Peterskuppel aus Rom nach Fulda schicken lassen.
Inneres und Ausstattung: Das Innere wird beherrscht v. der gewaltigen *Vierungskuppel,* durch die das Licht in den Raum fällt. Die *Stuckdekorationen* werden v. kraftvollen Profilen, Gesimsen und Bogen bestimmt. Ital. Meister haben daran mitgewirkt. Aus einer ital. Werkstatt stammen auch die großen *Wandnischenfiguren. Hochaltar* und *Nebenaltäre* sind fast alle zwischen 1700 und 1715 entstanden. Die *Bonifatiusgruft* im W unter dem Mönchschor ist mit 16 Sandsteinfiguren und einem Altar ausgestattet, der den Tod und die Auferstehung des Heiligen zeigt. – Im *Domschatz* befindet sich eine Handschrift (um 700) aus dem Besitz des hl. Bonifatius.

Michaelskapelle am Michaelsberg: Im N über dem Domplatz liegt die kath. Propsteikirche St. Michael, die 820–22 v. Baumeistermönch Racholf gebaut wurde. Doch nur die Krypta stammt noch aus die-

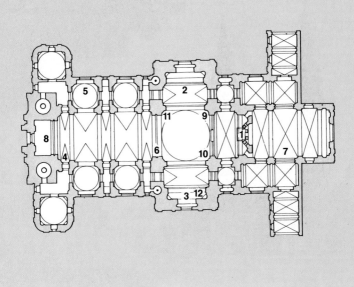

Fulda, Dom 1 Hochaltar mit geschnitzter Himmelfahrtsgruppe v. Neudecker, darüber Dreifaltigkeitsgruppe in Stuck v. Artari **2** Benediktusaltar, Alabasterstatue v. Neudecker, übrige Gestaltung v. Artari **3** Sturmiusaltar, Alabasterstatue v. Neudecker, Altargestaltung v. Artari **4** Relief Karls d. Gr., Anfang des 15. Jh., aus der früheren Stiftskirche **5** Dreikönigsaltar v. J. W. Fröhlicher mit Altarbild v. J. Albin **6** Kanzel v. A. B. Weber, um 1712 **7** Chororgel v. J. Hoffmann, 1719 **8** Orgel v. A. Oehninger, 1708–13, Schnitzereien des Orgelprospektes v. A. B. Weber **9** Grabmal des Adalbert v. Schleiffras v. J. H. E. Mockstatt, 1719–22 **10** Grabmal des Adolph v. Dalberg v. C. J. Winterstein, 1729–34 **11** Epitaph für Fürstabt Placidus v. Droste v. J. V. Schaum, 1741–43 **12** Epitaph für Amand v. Buseck, 1756

ser Zeit. Neben der Basilika v. → Seligenstadt, Teilen v. St. Justinus in → Frankfurt-Höchst sowie den Kirchen der Insel → Reichenau und der Marienkapelle auf der Feste → Würzburg ist die Totenkapelle v. St. Michael in Anlage und Kern das älteste Kirchenbauwerk auf dt. Boden. Es handelt sich um einen Rundbau mit 8 Säulen und einem urspr. eingeschossigen Umgang darüber – eine Nachbildung der Grabeskirche in Jerusalem. Der Bau wurde Ende des

11. Jh. nach dem karolingischen Plan erneuert. Die Kapitelle aus der ersten Kirche wurden wiederverwendet, jedoch noch ein zweites Geschoß zugefügt. Gleichzeitig wurde die Anlage um einen Wehrturm und das Langhaus im W erweitert. Erst im Barock setzte man über den Rundbau den spitzen Rundhelm.

Schloß/Ehem. Residenz der Fürstäbte (Schloßstraße): In der urspr. ma Abtsburg, die in der Renaissance zum Schloß umgebaut und v. J. Dientzenhofer* 1707–34 zu einer großartigen Barockanlage erweitert wurde, sind heute Teile des → *Vonderau-Museums* untergebracht. – Der Bau mit seinem offenen *Ehrenhof* nach der Stadtseite ist um einen *Innenhof* angeordnet, der auch v. Dientzenhofer ins Barocke umgestaltet wurde. Selbst der alte Bergfried wurde in die neue Anlage übernommen. Im Erdgeschoß befindet sich der in schwerem Stuck dekorierte *Kaisersaal*. Über die Haupttreppe geht es zum *Fürstensaal* im 2. Stock (ehem. Festsaal), der üppig stukkiert und reich bemalt ist. Der interessan-

Fulda, Dom

Fulda, Orangerie im Schloß >

Fulda, Fürstensaal im Schloß

Fulda, St. Michael

teste Raum des Schlosses ist das *Spiegelkabinett*, dessen Türen, Wand- und Spiegelflächen mit flackernden Rokokoornamenten und -rahmungen überzogen sind. – Dem Schloß gegenüber, an der N-Seite des *Parks*, baute Dientzenhofer nach Entwürfen des Mainzer Hofarchitekten M. v. Welsch* das schönste Barockpalais Fuldas, die *Orangerie* (1722–30). Im Mittelpunkt der Stufenarchitektur wirkt J. Fr. Humbachs Floravase (1728) wie eine steinerne Fontäne.

Petersberg bei Fulda: Das weithin sichtbar auf einem Berg gelegene ehem. Benediktinerkloster ist eines der 4 Klöster rings um Fulda (mit Andreasberg, Johannesberg, Frauenberg), die durch ihre Lage symbolisch die Form eines Kreuzes bezeichnen und z. T. auf Hrabanus Maurus zurückgehen. Aus karolingischer Zeit stammt nur noch die *Krypta* mit ihren 3 Apsiden. Sie enthält die Gruft mit den Gebeinen der hl. Lioba, einer Verwandten und Mitarbeiterin des hl. Bonifatius.

Schloß Fasanerie b. Fulda: Im 18. Jh. ließen die Fürstäbte v. Fulda ein älteres Schlößchen sö der Stadt zum Lustschloß ausbauen. Eindrucksvoll ist die Steigerung v. *Vorhof* über den *Ehrenhof* und den großen *Mittelpavillon* zum *Alten Schlößchen*. Die Ausstattung vermittelt noch heute den barocken Reichtum. – Die Landgrafen v. Hessen haben hier ihre Kunstschätze, v. denen v. a. die *Antiken-* und die *Porzellansammlung* sehenswert sind, untergebracht.

Museen: Im *Vonderau-Museum* (im Schloß und im ehem. Jesuitenseminar am Universitätsplatz) findet man Sammlungen zur Vorgeschichte, einheimische Volkskunde, zum Handwerk und zur Naturkunde; dazu Numismatik, Plastik, Malerei und Graphik, Fayencen und Porzellane sowie bürgerliche Wohnkultur. Das *Dt. Feuerwehr-Museum* (Universitätsstr. 6) zeigt die Geschichte des gesamten Feuerlöschwesens. Die *Schausammlung der Hessischen Landesbibliothek* (Heinrich-v.-Bibra-Platz 12) spiegelt die Tradition Fuldas als Zentrum der Handschriftenmalerei (vgl. Einleitungstext).

Außerdem sehenswert: An der Stelle der urspr. Marktkirche entstand v. 1771–86 im Zopfstil die *kath. Stadtpfarrkirche St. Blasius,* deren Inneres die Strenge des Klassizismus ahnen läßt. – An weltlichen Bauten sind das *Paulustor* (1771 hierher versetzt), die *Hauptwache* (1757–59), das *Palais Buseck* (1732) und das *Altensteinsche Palais* (1752) zu beachten.

16798 Fürstenberg/Havel
Brandenburg

| Einw.: 5100 | Höhe: 60 m | S. 1275 □ P 4 |

F. liegt am Rand der Mecklenburgischen Seenplatte, zwischen den Röblinsee und dem Schwedtsee. Es wird von Wäldern umgeben. F. wird 1278 erstmals erwähnt: als Siedlung bei einer Burg.
Der Bau des Elbe-Havel-Kanals 1837 und der Eisenbahnlinie Stralsund–Berlin 1876 ließen den Ort zu einem wichtigen Handelsplatz für landwirtschaftliche Produkte werden.

Landschaft bei Rutenberg nahe Lychen

Pfarrkirche: Die kreuzförmige Kirche aus gelbem Backstein wurde in den Jahren 1845–48 nach Plänen v. Friedrich Wilhelm Buttel* erbaut. Buttel war stark v. der Neugotik Karl Friedrich Schinkels beeinflußt.

Bürgerhäuser: Am Markt und in der Thälmannstr. finden sich einige klassizistische Bürgerhäuser aus der Zeit nach 1807.

Schloß: Die barocke dreiflügelige Anlage mit 2 Stockwerken wurde 1741–52 nach Plänen v. Christoph Julius Löwe* erbaut und zuletzt 1913 verändert. Im Inneren sind Rokoko-Stuckdekorationen erhalten (heute: Krankenhaus).

Alte Burg: Von der 1333 erstmalig genannten Burg sind noch 3 Gebäudeflügel im Renaissancestil aus dem späten 16. Jh. erhalten: das Große Neue Haus (S-Flügel), die Neue Küche (W-Flügel) und das Alte Haus (O-Flügel).

Heimatstube (Fritz-Reuter-Str. 2): Ausstellungen zur Stadtgeschichte; beachtenswert: Stücke der Fürstenberger Glasmanufakturen aus dem 18. Jh.

Umgebung

Lychen (12 km nö): Uckermärkische Stadt, gegr. 1248, am Großen Lychensee und Wurlsee; beliebter Ausflugsort.
Stadtbefestigung aus dem 13. und 14. Jh.; erhalten sind neben Teilen der Mauer das Stargarder Tor und die Ruine des Fürstenberger Tors.
Pfarrkirche St. Johannes: einschiffiger frühgot. Granitbau aus der 2. Hälfte des 13. Jh. mit massivem W-Turm aus dem 15. Jh. Die Ausstattung, Altar, Kanzel, Emporen und Kronleuchter, stammen aus dem späten 17. Jh. Aus dieser Zeit datieren auch die bemalten Fenster der Sakristei.
Das *Rathaus* v. Lychen ist ein einfacher Barockbau v. 1748.

82256 Fürstenfeldbruck

Bayern

Einw.: 31 600   Höhe: 517 m   S. 1282 □ L 14

Ehem. Zisterzienserklosterkirche Mariae Himmelfahrt (Fürstenfeld): Die Klosterkirche, die zu den bedeutendsten Sakralbauten in Oberbayern gehört, ist aufschlußreich für das Verhältnis des bayr. Barock zur ital. Kunst. Die Entwürfe zum Neubau (1701) stammen v. G. A. Viscardi*, der Chor und Turm aufzurichten begann. Der Spanische Erbfolgekrieg brachte die Bautätigkeit jedoch zum Erliegen, so daß erst nach Viscardis Tod weitergebaut werden konnte (Weihe 1741), weshalb sich zunehmend dt. Elemente durchsetzten. – Am Außenbau konzentriert sich die Repräsentationsfreude ganz auf die *Fassade*. Die beiden Geschosse sind durch je 6 Säulen aufgelockert. Darüber erhebt sich der v. Voluten flankierte, säulengeschmückte Giebel. Auf der Balustrade stehen Figuren des St. Benedikt und St. Bernhard, und in einer Mittelnische ist die Gestalt des Erlösers dargestellt. – Der *Innenraum* besteht aus einem weiten tonnengewölbten Hauptschiff und einem halbrund geschlossenen Chor. Faszinierend ist die Vielfalt der Farben an Säulen, Wänden und Gewölben. Die *Stuckdekoration* stammt v. den Brüdern Appiani, die *Gewölbemalerei* v. C. D. Asam*. Die *Seitenaltäre* und wahrscheinlich auch den *Hochaltar* hat E. Q. Asam* entworfen. Von der prächtigen Ausstattung sollen auch das *Chorgestühl* und die *Kanzel* sowie die große *thronende Muttergottes* in der Sakristei (eine bes. qualitätvolle Holzplastik v. Ende des 15. Jh.) hervorgehoben werden.

15517 Fürstenwalde

Brandenburg

Einw.: 34 200   Höhe: 46 m   S. 1279 □ Q 6

Die Stadt Fürstenwalde wurde im 13. Jh. gegründet und auf einem annäherungsweise rechteckigen Grundriß angelegt. Sie findet sich 1285 erstmals urkundlich erwähnt. Wirtschaftliche Bedeutung erlangte der Ort dadurch, daß die Spree nur bis hierher schiffbar war und die Waren hier umgeladen werden mußten. Der Bau des Oder-Spree-Kanals führte eher zu einem Aufschwung. Im Mittelalter war Fürstenwalde im Besitz der Bischöfe von Lebus.

Dom St. Marien: Die dreischiffige Backstein-Hallenkirche mit Chorumgang wurde in den Jahren 1446 bis ca. 1475 erbaut. Von 1373–1555 war sie der Dom des Bistums Lebus. Nach einem Brand 1766 wurde sie 1769–71 v. Johannes Boumann d. Ä.* barock wiederaufgebaut. *Innenausstattung:* Mehrere Bischofsgrabsteine aus dem 15. und 16. Jh. sowie ein Sakramentshaus aus Kalkstein v. 1517.

Rathaus: Spätgot. zweistöckiges Gebäude (um 1500); charakteristisch: die Zwillingsfenster mit Vorhangbogen, an der W-Seite Zierrippengiebel mit kielbogigem Blendmaßwerk. Der O-Giebel und Turm entstanden 1624.

Außerdem sehenswert: Reste der *Stadtmauer* aus dem 14. und 15. Jh., u. a. die Ruine des Wassertores und der sog. Bullenturm, ein runder Backsteinturm mit Zinnenkranz. – *Spätbarockes Wohnhaus* (um 1760; Mühlenstr./Ecke Domstr.). –

Fürstenfeldbruck, Klosterkirche

Zweistöckiges frühbarockes *Jagdschloß*, 1699–1700 v. M. Grünberg* für Friedrich I. errichtet. Ab 1750 wurde es als Getreidemagazin genutzt. – *Heimatmuseum* mit Funden aus der Ur- und Frühgeschichte.

Umgebung

Buckow (26 km n): Die »Eiserne Villa«, ein ehem. Bildhaueratelier am Schermützelsee, war ab 1952 das Sommerhaus v. Bertolt Brecht und Helene Weigel. Im Gärtnerhaus schrieb Brecht die »Buckower Elegien«. Seit 1977 ist die Villa ein *Museum.*
Erkner (26 km nw): Hier wohnte Gerhart Hauptmann (1862–1946) in der unteren Etage eines Landhauses aus der Gründerzeit (um 1875) v. 1885–89. Gestalten und Ereignisse dieser Zeit bilden den Stoff für sein berühmtes Schauspiel »Der Biberpelz« (1893). Heute ist in dem Haus die *Gerhart-Hauptmann-Gedenkstätte* untergebracht (mit Forschungsarchiv).
Neuhardenberg (31 km nö): Klassizistische *Dorfkirche* 1814–17, nach Plänen v. Karl Friedrich Schinkel* erbaut. Vor der Ostseite der Kirche steht das *Mausoleum* des preußischen Staatsmannes Fürst Hardenberg v. 1822, ebenfalls nach einem Entwurf v. Schinkel. Schinkel veränderte auch 1820–23 das urspr. barocke Schloß. Der große Landschaftspark wurde 1821 v. Peter Joseph Lenné* unter Mitwirkung des Fürsten Pückler-Muskau* angelegt. Hier findet sich ein Denkmal für Friedrich den Großen v. 1792.

94081 Fürstenzell
Bayern

Einw.: 7300   Höhe: 358 m   S. 1283 □ P 13

Ehem. Zisterzienserkloster Mariae Himmelfahrt: Der berühmte bayr. Architekt J. M. Fischer* mußte einspringen, um zu retten, was ein Passauer Bildhauer 1739 über den Resten einer Kirche aus dem 14. Jh. höchst unvollkommen begonnen hatte. Fischer übernahm den bereits vorhandenen Rechteckbau und verwandelte ihn in einen lebendig geschwungenen Raum. Die Fassade ist ungewöhnlich breit, bietet aber durch die beiden Türme und den vorschwellenden Mitteltrakt trotzdem ausgewogene Proportionen. – Damit auch im Inneren das Rechteck überspielt wird, sind die Ecken abgeschrägt und gerundet. Die Emporen ziehen sich in konvexen Schwüngen v. einem Wandpfeiler zum an-

Fürstenwalde, Rathaus mit Marienkirche

deren. Die überreiche *Dekoration* mit Stuck und Fresken verstärkt den Eindruck des Schwingenden. Die Gewölbefresken schuf der Tiroler Maler J. J. Zeiller, der auch das Gemälde des *Hochaltars* mit Mariae Himmelfahrt malte. Der Altar selbst mit seinen gedrehten Säulen und den sehr schönen Tabernakelengeln stammt v. Münchner Meister J. B. Straub*.

Zu den *Klosteranlagen*, die sich im S an die Kirche anschließen und 1687 vollendet wurden, gehört die *Bibliothek*, eine der Kostbarkeiten des bayr. Rokoko. Die Emporen werden v. Atlanten getragen. Die Gitter der Galerie sind geschnitzt. Ähnlich qualitätvoll wie die Bibliothek, aber nüchterner sind der *Fürstensaal* und der *Speisesaal*.

87629 Füssen

Bayern

Einw.: 14 050   Höhe: 803 m   S. 1282 ☐ K 15

Ehem. Benediktinerklosterkirche St. Mang (Magnusplatz): Ein roman. Bau (12. Jh.) über dem Grab des Apostels des Allgäus, des hl. Magnus (8. Jh.), bestimmte die Anlage der heutigen Kirche, die der einheimische J. J. Herkomer um 1700 entworfen hat (1717 gew.).

In Aufbau und Raumordnung der dreischiffigen Hallenanlage, v. a. in der Aneinanderreihung v. hoher Vierungskuppel und kleineren Flachkuppeln, ist ein starker venezianischer Einfluß zu erkennen (Herkomer absolvierte seine Studienzeit in Venedig). Die halbkreisförmigen, dreigeteilten Fenster sind eine Eigenheit dieses Baumeisters. Er entwarf auch die *Stukkaturen* und *Fresken*, auf denen Szenen aus dem Leben des Kirchenpatrons Magnus (St. Mang) zu sehen sind und größtenteils auch die *Altäre*. Die Dekorationen mit dichtem Stuckgespinst und in Medaillons gefaßten Fresken weisen ebenfalls nach Oberitalien. – Das *Kloster* mitsamt seiner Innenausstattung stammt ebenfalls v. Herkomer. Der schöne *Festsaal* darin ist ein Gegenstück zum → Ottobeurener Kaisersaal.

Fürstenzell, Rokokofigur in der Bibliothek

Hohes Schloß am Magnusplatz 10: Aus der ma, wehrhaften Burganlage Herzog Ludwigs v. Bayern aus dem 13. und 14. Jh. wurde nach reger Bautätigkeit v. 1490–1503 ein Schloß mit wohnlichem Charakter, das im 17. Jh. parallel zum Bau der *Kapelle St. Veit* z. T. eine neue Innenausstattung erhielt. Im N-Flügel befindet sich heute eine Filialgalerie der Bayr. Staatsgemäldesammlungen.

Spitalkirche: Die vollständig bemalte Fassade dieser kleinen barocken Kirche (1748/49) mit den Kolossalfiguren der Heiligen Florian und Christophorus ist ein schönes Beispiel bayr. *Lüftlmalerei*.

Museum der Stadt Füssen (Lechhalde 3): Neben einer Sammlung früher Geigen und Lauten (18. Jh.) zeigt die heimatkundliche Sammlung profanes und sakrales Kunsthandwerk.

19205 Gadebusch

Mecklenburg-Vorpommern

Einw.: 6700   Höhe: 32 m   S. 1274 ☐ L 3

Der malerische Ort G. ging aus einer Anfang des 13. Jh. in der Nachbarschaft einer urspr. slawischen, später dt. Burg entstandenen Siedlung hervor, die 1225 mit lübischem Stadtrecht bewidmet wurde. Zeitweise befand sich hier eine Nebenresidenz der mecklenburgischen Landesherren.

Stadtkirche St. Jacob und St. Dionysius: Der Backsteinbau besteht aus dem v. ca. 1220–1300 in spätroman. Formen erbauten dreischiffigen Hallenlanghaus mit vorgelegtem w Turmriegel in Schiffbreite und dem Anfang des 15. Jh. neu errichteten dreischiffigen Chor mit polygonal geschlossenem Mittelschiff. Kapellenanbauten an der N-Seite v. Schiff und Chor stammen aus dem 15. Jh. Das spätroman. Langhaus ist der älteste städtische Kirchenraum Mecklenburgs. Das Langhaus innen mit weiten und gut proportionierten Verhältnissen. Die gratigen Kreuzgewölbe sowie

Gadebusch, Markt mit Gerichtslaube des Rathauses

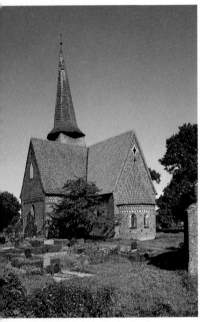

Vietlübbe (Gadebusch), Dorfkirche

die Scheid- und Gurtbögen auf Bündelpfeilern mit Halbrundvorlagen und trapezförmigen Kapitellen. Die Malerei aus der Bauzeit wurde 1953 freigelegt und rest. Der spätgot. Chor innen mit Kreuzrippengewölben auf Achteckpfeilern. – *Ausstattung: Bronzefünte* v. 1450 mit 21 aufgenieteten Reliefs; Reste v. Glasmalerei; Chorgestühl, Altarreliefs und Triumphkreuzgruppe, alle 15. Jh.: *Grabsteine* der Königin Agnes v. Schweden (gest. 1434) und der Herzogin Dorothea (gest. 1491); *Tafelbild* des Königs Albrecht III. v. Schweden mit Sohn, wohl 16. Jh.; *Kanzel* v. 1607.

Rathaus: Im Kern ein ma Backsteinbau. *Gerichtslaube* v. 1618.

Schloß (Internat): Am Platz der ehem. Burg unter Verwendung ma Bauteile 1570–72 v. Christoph Haubitz errichtet. Erhalten ist nur der dreigeschossige verputzte N-Flügel, bedeutsam sein Terrakottadekor mit Bildnismedaillons, biblischen Szenen und Ornamentik aus der Werkstatt

des Lübeckers Statius v. Düren; in gleicher Manier auch einige Türrahmungen im Inneren. Bei der Rest. 1903 die Originale zumeist belassen.

Heimatmuseum (Am Schloßberg): Zu sehen sind u. a. vor- und frühgeschichtliche Funde.

Umgebung

Vietlübbe (6 km ö): *Dorfkirche*, Backsteinbau aus dem 1. Viertel des 13. Jh. (ältester erhaltener Sakralbau Mecklenburgs). Grundriß des griech. Kreuzes.

97332 Gaibach
Bayern

| Einw.: 600 | Höhe: 330 m | S. 1282 □ I 11 |

Kath. Pfarrkirche: B. Neumann[*] hat den dritten Bau der Kirche in den Jahren 1742–45 errichtet (im Auftrag v. Fürstbischof Friedrich Carl v. Schönborn). Der viergeschossige Turm stammt aus dem 16. Jh. und wurde in den Neubau einbezogen. Über einem kreuzförmigen Grundriß erhebt sich eine große Kuppel.

Schloß: Valentin Echter v. Mespelbrunn ließ um die Wende zum 17. Jh. die Burg zum Renaissanceschloß umbauen. J. L. Dientzenhofer[*] lieferte die Pläne für den neuerlichen barocken Umbau (1694–1710). Nochmalige Umbauten zu Beginn des 19. Jh. veränderten die Anlage im klassizistischen Sinne. Im Park vor dem Schloß erinnert die v. Klenze[*] entworfene und 1824–28 gebaute »Konstitutionssäule« an die 1818 v. Max I. Joseph gegebene 1. bayr. Verfassung. Heute: öffentliches Internat.

39638 Gardelegen
Sachsen-Anhalt

| Einw.: 12 800 | Höhe: 48 m | S. 1274 □ L 5 |

Der Ort liegt am Nordwestrand der Colbitz-Letzlinger Heide im Süden der Altmark. G., ab dem 12. Jh. urkundlich be-

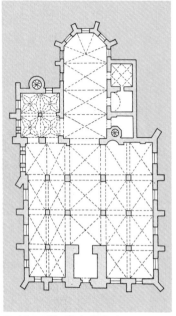

Gardelegen, Pfarrkirche St. Marien

Gardelegen, Mahnmal v. J. Sendler

zeugt, gehörte seit der 2. Hälfte des 14. Jh. der Hanse. Hier wurde Hopfen angebaut und Bier (das Garleibier) gebraut.

Pfarrkirche St. Marien: Der Bau der fünfschiffigen Hallenkirche mit Kreuzgratgewölben und quadratischen Säulen wurde um 1200 begonnen. Der einschiffige Chor ist im Gegensatz zum Langhaus (spätroman.) got. und wurde im 14. Jh. errichtet. An die N-Seite des Chors ist eine zweistöckige Kapelle (1558) angebaut. Die *Ausstattung* ist bes. reichhaltig, da sich hier auch Inventarstücke aus der zerstörten Nikolaikirche finden. Es gibt insgesamt 3 Altäre, einen spätgot. Altar mit doppelten Flügeln aus dem frühen 15. Jh. (dargestellt u. a. die Marienkrönung) und 2 Flügelaltäre aus dem späten 15. Jh. Die Kanzel datiert v. 1605, das Chorgestühl aus dem 16. Jh. Beachtung verdienen weiterhin die Epitaphe aus dem 16. und 17. Jh., eine überlebensgroße Triumphkreuzgruppe aus dem 15. Jh. und die Wandmalerei im Chor aus dem 14. Jh.

Rathaus: Das in seiner Substanz spätgot. Gebäude (15. Jh.) wurde nach einem Stadtbrand 1526–52 neu errichtet. Der Turm mit Haube und Laterne stammt aus dem Jahre 1706. Im Erdgeschoß findet sich ein offener Laubengang. Mehrere Innenräume haben Netz- und Sterngewölbe.

Salzwedeler Tor: Das Tor ist der einzige noch erhaltene Teil der Stadtbefestigung. Es wurde um 1550 erbaut. Die beiden Rundbastionen mit einem Durchmesser v. 10 bzw. 19 m zu seiten der Tordurchfahrt stammen aus dem 17. Jh.

Kreis-Heimatmuseum (Philipp-Müller-Str. 22): Das im ehem. Landratsamt untergebrachte Museum besitzt eine bemerkenswerte Sammlung gußeiserner Ofenplatten aus dem 17.–19. Jh.

Außerdem sehenswert: Erhalten sind Reste zweier ma Hospitäler, das *Hospital St. Georg*, ein spätgot. Backsteinbau, der 1734 erneuert wurde, und das *Hospital St.*

Spiritus, ein Renaissancegebäude v. 1591, das 1728 um einen barocken Anbau erweitert wurde. – Das Stadtbild wird heute noch v. zahlreichen *Fachwerkbauten* bestimmt. Das älteste Bürgerhaus (in der Sandstr. 35) entstand 1579. Das *Weiße Roß* ist der größte Fachwerkbau der Stadt. Die ehem. *Lateinschule* datiert v. 1546. – Nördlich der Stadt auf dem Gelände der 1784 abgetragenen Burg Isenschnibbe findet sich seit 1949 ein *Mahnmal* v. Joachim Sendler[*] für die 1016 Häftlinge des KZ Dora-Mittelbau.

Umgebung

Berge (3 km n): Die *Renaissance-Dorfkirche* wurde 1610 geweiht. Das Tonnengewölbe haben ital. Meister 1609 im Spätrenaissancestil ausgemalt. Aus dem frühen 17. Jh. stammt auch die Ausstattung.
Letzlingen (12 km sö): Das neugot. *Jagdschloß*, das v. einem Wassergraben und einer Mauer mit 4 runden Ecktürmen umgeben ist, wurde im Jahr 1843 nach den Plänen v. Friedrich August Stüler[*] erbaut. Die neugot. *Pfarrkirche* entstand ebenfalls 1843.
Neuendorf, Kloster (4 km ö): Die *Kirche* des 1232 gegr. Zisterzienserinnenklosters stammt aus der Mitte des 13. Jh. Es handelt sich um einen langgestreckten einschiffigen Bau mit W-Empore, der sog. Nonnenempore. Der Turm datiert aus dem 19. Jh. Besondere Beachtung verdienen die Glasmalereien im Chor; die ältesten entstanden ca. 1350. Von den Klostergebäuden sind nur noch Reste des Kreuzgangs und der ehem. Klausur erhalten.

82467 Garmisch-Partenkirchen
Bayern

Einw.: 27 100   Höhe: 720 m   S. 1282 ☐ L 15

Garmisch-Partenkirchen ist einer der bedeutendsten Fremdenverkehrsorte in den dt. Alpen. Eine vielschichtige Volkskunst spiegelt sich in romantischen Straßen und Winkeln. Bauerntheater und Trachtenfeste sind Höhepunkte volkstümlicher Traditio-

nen. – In einer Villa an der nach ihm benannten Straße lebte bis zu seinem Tod am 8. 9. 1949 der Opernkomponist Richard Strauss.

Alte Kirche St. Martin (Ortsteil Garmisch, Pfarrhausweg 2): Der urspr. Bau aus der Zeit um 1280 ist nur in geringen Teilen erhalten (Turmunterbau). 1446 waren wesentliche Erweiterungen abgeschlossen, die der Kirche ihr heutiges Aussehen gaben (u. a. spitzer Turmhelm und das schöne Netzgewölbe im Schiff). Das Innere wird bestimmt v. einem Mittelpfeiler, der wohl nach dem Vorbild der Rotunde in → Ettal entstanden ist. Kunsthistorisch bedeutungsvoll sind die *got.* Wandmalereien, u. a. eine überdimensionale Christophorusfigur, 13. Jh., und Szenen der Passion, 15. Jh.

Wallfahrtskirche St. Anton (Partenkirchen): Von 1704–39 erstreckten sich die Bauarbeiten an dieser Kirche. Der ältere Teil ist achteckig, der Erweiterungsbau (wahrscheinlich v. J. Schmuzer[*]) ist elliptisch (S-Seite). Beide Bauteile stellen sich äußerlich als einheitliches Rechteck dar, ihr Inneres geht in einer architektonisch reizvollen Lösung ineinander über. Höhepunkt sind die Deckengemälde v. J. E. Holzer[*] (1739).

Neue Pfarrkirche St. Martin (Garmisch): Berühmte Künstler haben diese v. J. Schmuzer[*] in den Jahren 1730–34 errichtete Kirche ausgestaltet. Die Stuckdekorationen stammen v. den Wessobrunnern J. Schmuzer, M. Schmidt und L. Bader. Die Deckenfresken hat M. Günther geschaffen, die Gemälde des Hochaltars lieferte M. Speer (in Anlehnung an van Dyck).

Jagdhaus Schachen (n Garmisch über die Elmau): Ludwig II. (1864–86) ließ sich dieses Jagdhaus als Refugium in malerischer Lage bauen. Sehenswert ist v. a. der *Maurische Saal*. Im Jagdschloß befindet sich heute ein *heimatgeschichtliches Museum.*

Werdenfelser Museum (Ludwigstr. 47): Das Museum wurde 1895 als Schulsammlung der Fachschule für Holzbildhauer und

Schreiner gegründet. Es umfaßt die Sammelgebiete bäuerliche Kultur, Trachten, Keramik, Glas, Fastnachtsbrauchtum, Graphik sowie Plastik des 16.–18. Jh.

Theater: Im Kongreßhaus (Dr.-Richard-Strauss-Platz) finden Gastspiele statt; das *Kleine Kurtheater* unter dem Konzertsaal spielt ganzjährig (Schauspiel), im Gasthof »Zum Rassen« (Ludwigstr. 45) gibt es in der Saison Volksstücke des Bauerntheaters.

Außerdem sehenswert: Pfarrkirche Mariae Himmelfahrt (Partenkirchen; 1865–71 nach Brand) mit Gemälde des Venezianers B. Letterini, 1731; Pestkapelle (1634–37) mit Rochusfigur aus dem 16. Jh.

18574 Garz
Mecklenburg-Vorpommern

Einw: 1900 Höhe: 20 m S. 1275 □ P 2

Der älteste Ort auf der Insel Rügen hat eine wechselvolle Geschichte: Ursprünglich eine slawische Burganlage mit Heiligtum und Fürstensitz, gehörte er später nacheinander zu Dänemark, Pommern, Schweden und Preußen. Ernst Moritz Arndt wurde am 26. 12. 1769 als Sohn eines im selben Jahr freigelassenen Leibeigenen auf Gut Schoritz geboren.

Pfarrkirche St. Petri: Der einschiffige spätgot. Backsteinbau wurde etwa ab der Mitte des 14. Jh. errichtet. Der Chor wurde um 1500 nach O verlängert. Der niedrige Turm stammt aus der Zeit um 1450.
Ausstattung: U. a. ein roman. Taufstein aus der 1. Hälfte des 13. Jh., ein Altar v. 1724 (Elias Keßler*), eine Kanzel v. 1707–08 (Hans Broder*), ein Taufengel aus dem frühen 18. Jh. und barockes Gestühl aus dem 17. und 18. Jh.

Außerdem sehenswert: Eine Anzahl einzelstehender eingeschossiger *Ackerbürgerhäuser* aus dem 18. und 19. Jh., in der Regel verputzte *Traufenhäuser* mit Krüppelwalmdach.
Das älteste Haus, ein zweigeschossiger Fachwerkbau aus dem 17. Jh., ist in der Lange Str. 13.

Garmisch, Alte Pfarrkirche,
unten: Passionsszene der gotischen
Wandmalereien

52511 Geilenkirchen
Nordrhein-Westfalen

Einw.: 23 700   Höhe: 90 m   S. 1276 ☐ A 9

Schloß Trips: Die Anlagen, einst Stammsitz der Grafen Berghe v. Trips, sind mit Hauptburg und mehreren Vorburgen v. 15.–18. Jh. entstanden. Zentrum der ausgedehnten Wasserburg ist das *Herrenhaus* mit seinem mächtigen Turm.

Schloß Breill: Die Gründung des Hauses geht auf das 16. Jh. zurück; Weiterbau und Vollendung im 18. Jh.

Außerdem sehenswert: *Pfarrkirche St. Mariae Himmelfahrt:* Auf kreuzförmigem Grundriß ist die Kirche als klassizistischer Zentralbau (1822–25) entstanden. *Burg Geilenkirchen* (Markt 1): Erhalten ist eine Ruine des Burgfrieds der ehem. Burg der Herren v. Heinsberg aus dem 14. Jh.

36419 Geisa
Thüringen

Einw.: 2300   Höhe: 280 m   S. 1277 ☐ H 9

Die Kleinstadt liegt im Tal der Ulster in der Vorderrhön. 744 wurde die Ansiedlung dem Kloster Fulda geschenkt, jedoch erst um 1265 wurde der Ort im Auftrag des Fuldaer Abts planmäßig angelegt. In die 1. Hälfte des 14. Jh. fällt die Verleihung von Stadtrechten.

Stadtkirche: Das spätgot. Bauwerk (um 1500) wurde in der 2. Hälfte des 19. Jh. umfassend restauriert. An der N-Seite der zweischiffigen Kirche findet sich ein Portal aus der Entstehungszeit. *Ausstattung:* Flügelaltar aus dem späten 15. Jh., Kanzel v. ca. 1700, Taufstein v. ca. 1530 und Opferstock v. 1517.

Gangolfsberg: Die Steinsetzung auf dem v. Linden umstandenen Platz ist die einzige ma Gerichtsstätte, die in Thüringen erhalten ist. Sie stammt wahrscheinlich aus karolingischer Zeit. In unmittelbarer Nähe findet sich eine einschiffige *Kapelle*, die urspr. aus got. Zeit stammt, 1564 und 1624

jedoch umgebaut wurde. Aus der Zeit des 1. Umbaus datiert die Außenkanzel im Renaissancestil. Im Inneren sind einige spätgot. Schnitzfiguren (um 1520) und Grabsteine aus dem 16. und 18. Jh. sehenswert.

Außerdem sehenswert: Das ehem. *Zehnthaus*, ein dreigeschossiger Barockbau mit Treppenturm, der 1719 errichtet wurde. Hier ist heute das *Heimatmuseum* untergebracht, u. a. mit einem Gedenkraum für den Mathematiker Athanasius Kircher, der 1602 in G. geboren wurde (gest. 1680). – An der W-Seite der Stadt sind Teile der *Stadtbefestigung* aus dem 15. und 16. Jh. erhalten. Es handelt sich um Partien der Mauer mit runden und halbrunden Türmen.

Umgebung

Bremen (2 km ö): Die einschiffige barocke *Pfarrkirche* (kath.) wurde um 1730 vom fürstäbtlichen Bauinspektor der Fürstabtei Fulda, Andrea Galasini*, errichtet. Er baute auch die Kirchen in Dermbach, Schleid und Zella, da die Vorderrhön im 18. Jh. zur Fürstabtei Fulda gehörte. Die Fassade ist mit einem Wappenportal, 2 Statuen und einem Giebel geschmückt. Die Ausstattung der Kirche stammt ebenfalls aus dem 18. Jh.

Schleid (1,5 km s): Der O-Turm der barocken *Dorfkirche*, die 1743–46 v. Andrea Galasini* erbaut wurde, ist in seinem unteren Teil ma. Der Innenraum hat ein flaches Stichkappen-Tonnengewölbe, der Chor wird durch 2 vorspringende Wandpfeiler vom Schiff abgetrennt. Die Einrichtung ist barock.

65366 Geisenheim
Hessen

Einw.: 11 100   Höhe: 94 m   S. 1276 ☐ D 10

G., am rechten Rheinufer, war einst Endpunkt des Kaufmannswegs, der v. Lorch bis nach G. führte und die Stromschnellen bei Bingen umging. – In unseren Tagen hat der Weinbau der Stadt zu Wohlstand verholfen (heute Sitz der Forschungsanstalt für Wein-, Obst- und Gemüsebau).

Kath. Pfarrkirche Hl. Kreuz (Kirchplatz): Anstelle eines roman. Vorgängerbaus entstand v. 1510–20 die jetzige spätgot. Hallenkirche. 1838–41 veränderte ein Umbau unter der Leitung v. P. Hoffmann den Bau erheblich. Die Doppelturmfassade, die neu eingezogenen Emporen und die Einwölbung des Langhauses wirkten sich dabei vorteilhaft aus. – Die Innenausstattung hat ihre wertvollsten Stücke in mehreren Altären und Grabmälern v. Adeligen. Der barocke Hochaltar (1700, mit Kreuzigungsgruppe) steht jetzt an der W-Wand des s Seitenschiffs. Der neugot. Hochaltar ist eine Arbeit des 19. Jh. Mehrere Grabmäler und Epitaphe stammen aus dem 16., 17. und 18. Jh.

Ehem. Stockheimer Hof (Winkelerstr. 62): Der dreistöckige Steinbau aus dem Jahr 1550 entspricht dem Typ des offenen Herrenhauses, wie es an Main und Mittelrhein anzutreffen ist. Der Treppenturm an der S-Seite, die Erkertürmchen an allen 4 Ecken und der große Erker beleben das Bild. In diesem Hause wurde 1647 der Text für den Westfälischen Frieden, der ein Jahr später den 30jährigen Krieg beendet hat, entworfen.

Weitere Adelshöfe: Neben dem ehem. Stockheimer Hof sind zahlreiche weitere Adelshöfe erhalten: Ehem. v. der Leyenscher Hof (am w Ortsausgang; 1581). Ehem. Ingelheimer Hof (Bahnstr. 1; 1681), Ehem. Ostein-Palais (Rüdesheimer Str. 34; 1766–71).

Schloß Johannisberg (4 km nö v. G.): Fürst Metternich erhielt dieses Schloß 1816 von Österreich geschenkt. Es ist bis heute im Besitz seiner Nachkommen (Teilbesichtigung möglich).

Umgebung

Eibingen (4 km nw): Das *ehem. Benediktinerinnenkloster* wurde 1148 als Augustiner-Doppelkloster gegr. und 1165 v. der hl. Hildegard v. Bingen mit Benediktinerinnen besiedelt.
Marienthal (3 km n): In der *Kloster- und Wallfahrtskirche* sind v. der ma Ausstattung neben dem spätgot. W-Portal mit

Verkündigungs-Tympanon v. a. ein *Vesperbild* (14. Jh.) und eine *Grabplatte* des H. v. Hohenweiser (gest. 1485) sowie außen eine hölzerne *Kreuzigungsgruppe* (um 1520) sehenswert.

73312 Geislingen an der Steige
Baden-Württemberg

Einw.: 27 900   Höhe: 464 m   S. 1281 □ H 13

Die Stadt hat sich v. einem rechteckig angelegten Kern weiterentwickelt, der v. der Marktstraße durchschnitten und v. einer Stadtbefestigung umgeben war. Dieses ma Zentrum ist noch fast in seiner Gesamtanlage erhalten, darunter mehrstöckige Fachwerkbauten, wie der *Alte Zoll* (15. Jh.), in alemannischer Holzbauweise.

Ev. Stadtpfarrkirche (Kirchplatz 1): Die v. 1424–48 erbaute Kirche (eine spätgot. Pfeilerbasilika) ist wegen ihres Chorgestühls v. 1512, das J. Syrlin[*] aus Ulm geschaffen hat (siehe Inschrift), und der Kanzel v. D. Hennenberger (1621) sehenswert.

Burg Helfenstein (3 km ö): Von der ehem. Burg sind beim Abbruch im 16. Jh. nur Reste geblieben; Ausgrabung ab 1930, heute Burgruine und Aussichtspunkt. – Unweit davon das Wahrzeichen der Stadt: der *Ödenturm*.

Museen: Das *Heimatmuseum* (Moltkestr. 11) mit Beiträgen zur Orts- und Landesgeschichte ist im *Alten Bau* (1445), einem ehem. Fruchtkasten der Stadt, untergebracht.

04643 Geithain
Sachsen

Einw.: 6600   Höhe: 229 m   S. 1279 □ O 8

Geithain liegt am Südrand der Leipziger Tieflandbucht. Die Stadt, die um 1150 erstmals genannt wird, entstand unterhalb einer Burg. Im Mittelalter bildete die Leineweberei die wirtschaftliche Grundlage.

Geisenheim, Pfarrkirche Hl. Kreuz >
Epitaph für Friedrich v. Stockheim

ANNO DNI M D XXVIII DEN XXVIII DAG IVLII IST VER
SCHEIDEN DER EDEL VND ERNFEST FRIEDERICH VO STOCK
HEIM DER ELTER SEINS ALTERS IM 66 IAR DE GOT GENAD
ANNO CHRISTI M D XXIX DEN X DAG IVNII STARB
DIE EDEL VND DVGENTSAME FRAW IRMEL VON CA
BEN IM XXXXV IAR IRES ALTERS VND IM XXVIII
IAR IRES ELICHEN STANTS SEIN ELICHER GEMAHEL DESER VND
ALLER CRISTGLAVBIGEN SELEN GOT GENEDIG VND BARMHERTZIG SEI

Pfarrkirche St. Nikolai: Das Bauwerk besteht aus einem nach S verschoben got. Chorpolygon aus dem 14. Jh., einem dreischiffigen spätgot. Hallenlanghaus, mit dessen Bau 1504 begonnen wurde, und einer spätroman. Zweiturmfassade mit sehenswertem Portal aus dem frühen 13. Jh. Anstelle v. Gewölben hat das Langhaus eine bemalte Felderdecke, die Andreas Schilling* aus Freiberg 1594–95 schuf. Auch die Schöpfer des Altars und der Kanzel waren Freiberger Meister: Michael Grünberger* fertigte 1611 den Altar, Peter Beseler* 1597 die Kanzel. Das spätgot. *Pfarrhaus* wurde im frühen 16. Jh. erbaut.

Marienkirche: Ehem. Wallfahrtskirche im Ortsteil *Wickershain*.

Umgebung

Bad Lausick (11 km nw): Die *Stadtkirche St. Kilian*, eine kreuzförmige dreischiffige Pfeilerbasilika, ist eine der ältesten Kirchen in Sachsen. Sie wurde im 1. Viertel des 12. Jh. erbaut. Sehenswert sind das W-Portal und im Inneren der spätgot. Flügelaltar (um 1500), der roman. Taufstein und die Orgel, die 1722 v. Gottfried Silbermann* gebaut wurde.

63571 Gelnhausen
Hessen

Einw.: 20 200   Höhe: 159 m   S. 1277 ☐ G 10

Als offizieller Stadtgründer wird Barbarossa genannt (1170). Die günstige Lage an der Kreuzung wichtiger Straßen trug dazu bei, daß die Stadt als Aufenthaltsort für Kaiser beliebt war (30 Besuche v. Staufern sind bezeugt; 1180 fand hier ein Reichstag statt). Der Niedergang des Ortes, der mit dem der staufischen Macht parallel verlief, wurde durch eine Brandschatzung 1634–35 beschleunigt.

Ev. Marienkirche (oberhalb des Untermarktes): Die erhöhte Lage macht die Kirche mit ihren zahlreichen Türmen weithin sichtbar. In 5 Bauabschnitten ist sie entstanden. Am Anfang stand eine kleine einschiffige Kirche aus dem 12. Jh., an die im Laufe der Jahrhunderte weitere Teile angebaut wurden. Zuletzt kam die *Prozessionskapelle* s neben dem Chor hinzu (1467). Von der Innenausstattung ist v. a. der Hochaltar zu erwähnen. Auf einer Mensa aus dem 13. Jh. hat N. Schit aus Frankfurt den Schrein (1500) gestellt. Er zeigt die Muttergottes mit 4 Heiligen. Neben diesem Meisterwerk spätgot. Schnitzkunst sind 4 weitere Altäre (*Annenaltar* um 1500, n *Seitenaltar* um 1480, *Kreuzaltar* um 1500 und der Altar im s *Seitenschiff* um 1490) erhalten. Sehenswert ist auch das reichgeschnitzte *Chorgestühl* mit seinem ungewöhnlichen Sängerpult (14. Jh.). Zu der überaus reichen Ausstattung gehören auch der gut erhaltene Marienteppich (um 1500) und der Passionsteppich (15. Jh.). An den Außenwänden Wappensteine.

Ehem. Kaiserpfalz: Die Pfalz auf der Kinziginsel ist vermutlich zehn Jahre vor dem Gelnhausener Reichstag im Jahre 1180 begonnen worden. Kaiser Barbarossa hatte sie persönlich in Auftrag gegeben – als wichtiges Glied in der Reihe seiner Pfalz-Bauten, die er damals in schneller Folge errichten ließ. Nach Barbarossa hat die Pfalz zahlreiche weitere Kaiser beher-

Geithain, Marienkirche

< *Geithain, St. Nikolai*

Gelnhausen, Hochaltar in der Marienkirche

Gelnhausen, Marienkirche

Gelnhausen, ehem. Kaiserpfalz

Gelnhausen, Romanisches Haus

Gelsenkirchen, Wasserschloß Horst

bergt, bevor sie im 15. Jh. zu verfallen begann. Umfassende Restaurierungsarbeiten haben die Anlage jedoch heute so weit wiederhergestellt, daß die urspr. Beschaffenheit deutlich wird. Umgeben ist die Pfalz von einer Ringmauer, die aus teilweise 1,50 m langen Quadersteinen errichtet wurde, einzigartig auch die reiche Ornamentik. Der Hauptburg vorgelagert waren die Vorburg und das ehem. Rathaus.

Romanisches Haus (Am Untermarkt): Das Haus ist um 1180 wahrscheinlich als Amtssitz für den kaiserlichen Beamten erbaut worden (im 19. Jh. wiederhergestellt), diente jedoch später als Rathaus und ist heute ev. Gemeindehaus.
Wichtigster Teil des dreigeschossigen Steinhaus ist der 5 m hohe Saal im ersten Geschoß.

Heimatmuseum (Obermarkt): Gezeigt werden Beiträge zur Stadtgeschichte, vorgeschichtliche Bodenfunde und Sammlungen, die an H. J. C. v. Grimmelshausen (1622–76; Der abentheurliche Simplicissimus) und an den Lehrer und Erfinder Philipp Reis (1834–74; erfand 1861 den ersten Fernsprecher) erinnern, die beide in Gelnhausen geboren sind.

Außerdem sehenswert: *Kath. Peterskirche* (Am Obermarkt): Ursprungsbau aus dem 13. Jh., zwischenzeitlich zweckentfremdet, Ausbau zur kath. Kirche in den Jahren 1932–38; *Johanniterhof* (Holzgasse): Ordenshaus aus der 1. Hälfte des 14. Jh.; *Arnsburger Klosterhof* (Langgasse): 1743 im Stil des Barock erneuerter Steinbau mit schönem Säulenportal; *Rathaus* (14. Jh.); *Meerholzer Heimatmuseum; Stadtbefestigung*: Die Stadtmauer aus der Zeit der Staufer ist mit Hexenturm (15. Jh.), Halbmond (16. Jh.) und sechs Toren gut erhalten.

45879–99 Gelsenkirchen
Nordrhein-Westfalen

Einw.: 293 800   Höhe: 54 m   S. 1276 □ C 7

Die Industriestadt im Zentrum des Ruhrgebiets verfügt heute über 6 Häfen und ist zu einem Zentrum für den Steinkohlen-

Gelsenkirchen, Musiktheater

bergbau, für die Eisen-, Stahl-, Glas- und Bekleidungsindustrie und Chemie geworden.

Wasserschloß Horst (Stadtteil Horst, Schmalhorststraße): Der Renaissancebau aus dem Jahr 1570 ist Vorbild für zahlreiche andere Wasserschlösser in Westfalen gewesen. Vom kurkölnischen Statthalter Rutger von der Horst in Auftrag gegeben, bestand der Bau ursprünglich aus 4 Flügeln, die einen großen Innenhof eingeschlossen haben. Im 19. Jh. mußte das größtenteils verfallene Schloß abgetragen werden. Erhalten blieben damals nur der Dienerflügel und das Erdgeschoß des ehem. Herrenhausflügels. Einige der schönen alten Kamine wurden in das Schloß Hugenpoet in → Kettwig übertragen.

Künstlersiedlung Halfmannshof (Halfmannsweg): Die Künstlersiedlung Halfmannshof wurde 1931 um einen alten Bauernhof gegründet. Regelmäßig Ausstellungen moderner Kunst.

Museen: *Städt. Kunstsammlung* (Horster Str. 5–7): Wechselnde Ausstellungen moderner Kunst, außerdem Kunst des 20. Jh. in einer ständigen Ausstellung; Spezialabteilung für Kinetik. – *Heimatmuseum* Gelsenkirchen-Buer (Horster Str. 5–7): Sammlungen zur Stadt-, Landes- und Kulturgeschichte.

Theater: *Musiktheater im Revier* (Kennedyplatz): Das alte Stadttheater wurde 1944 zerstört und durch den modernen Bau nach Plänen eines Architektenteams unter Leitung v. W. Ruhnau 1959 neu errichtet. Das *Große Haus* hat 1044 Plätze, das *Kleine Haus* 353 Plätze.
Seit Oktober 1965 arbeiten die Städte Gelsenkirchen und Bochum zusammen: Während das Musiktheater (Oper, Operette, Musical) regelmäßig im Schauspielhaus in → Bochum gastiert, ist das Bochumer Ensemble regelmäßig in Gelsenkirchen zu Gast.

Außerdem sehenswert: *Schloß Berge* (Buer, Adenauerallee) ist ein schlichter barocker Dreiflügelbau (Wasserschloß) aus dem 16. Jh. (bereits im 13. Jh. bezeugt) mit Parkanlagen.

24395 Gelting, Angeln
Schleswig-Holstein

Einw.: 1800   Höhe: 10 m   S. 1273 □ H 1

Ev. Kirche: Rechteckige spätbarocke Saalkirche v. 1793 mit 4 Adelslogen und einer fünfachsigen Altarwand (1793). *Holztaufe* (1653) v. H. Gudewerdt in Form eines achteckigen Deckelpokals mit Schnitzereien im Knorpelstil. In der Rumohr-Gruft reich mit Beschlagwerk verzierte Metall- sowie Sandsteinsarkophage im Stil des Régence und Rokoko.

Herrenhaus Gelting: Die Geschichte des Gutes läßt sich bis ins 13. Jh. zurückverfolgen. Um 1770 erhielt es die heutige Gestalt. Namhafte Künstler haben bei der Ausgestaltung mitgewirkt. Wertvolles Mobiliar und eine Gemäldesammlung haben dem Herrenhaus seinen kunsthistorischen Rang verschafft (Privatbesitz; keine Besichtigung).

39307 Genthin
Sachsen-Anhalt

Einw.: 16 100   Höhe: 39 m   S. 1278 ☐ N 6

Der Ort liegt am Plauer Kanal, der seit 1745 Elbe und Havel verbindet (Umschlaghafen). Er wurde im 12. Jh. von der nahe gelegenen Burg Altenplathow aus angelegt. 1562 erhielt G. Marktrecht, 1680 kam es an Brandenburg-Preußen, ab 1733 war es Garnisonstadt.

Pfarrkirche: Die dreischiffige barocke Hallenkirche wurde 1707–22 v. Georg Preusser[*] aus Magdeburg erbaut. Der W-Turm hat eine geschweifte Haube und wurde 1765 nach Plänen v. Johann Gottfried Meinicke[*] fertiggestellt. Der imposante Altar im Innenraum datiert v. 1720.

Kreis-Heimatmuseum (Mützelstr. 22): Dokumentiert werden die Ur- und Frühgeschichte sowie die Kolonisation des Elbe-Havel-Gebietes.

07545–52 Gera
Thüringen

Einw.: 126 500   Höhe: 206 m   S. 1278 ☐ N 9

Gera liegt im O Thüringens in einem weiten Tal am Mittellauf der Weißen Elster. 995 wird der Ort als »terminus gera« erstmals urkundlich erwähnt, 999 kam er an das Stift Quedlinburg, und im 13. Jh. erhielt er die Stadtrechte. Im 13. Jh. ging er auch in den Besitz der Vögte von Weida über. 1450 wurde Gera von Sachsen und Böhmen erobert und niedergebrannt. Von 1547–1806 stand es unter böhmischer Lehnsherrschaft. Bis 1918 war es Residenz der Fürsten Reuß (jüngere Linie). Für die Wirtschaft der Stadt war und ist die Tuchmacherei wichtig. Gerische Tuche waren im 15. und 16 Jh. ein Begriff. Die Konkurrenzfähigkeit wurde noch dadurch erhöht, daß 1569 mit niederländ. Protestanten, die aus ihrer Heimat vertrieben worden waren, neue Techniken in die Stadt kamen.

Pfarrkirche St. Marien (Ortsteil Untermhaus): Das einschiffige spätgot. Bauwerk

Gera, Außenkanzel an der Trinitatiskirche

wurde im 15. Jh. unter Einbeziehung eines roman. Vorgängerbaus errichtet. Das Langhaus ist mit Emporen und einem hölzernen Tonnengewölbe ausgestattet, der Chor mit Kreuzrippengewölben. Der Turm an der N-Seite hat Blendmaßwerkgiebel. Zur Ausstattung gehört u. a. ein spätgot. Flügelaltar (um 1500).

Salvatorkirche: Der dreischiffige Barockbau wurde mehrfach umgebaut. Bemerkenswert ist die Jugendstilausmalung und -ausstattung (1903).

Trinitatiskirche: Das einschiffige, im Kern got. Bauwerk aus dem 14. Jh. wurde 1611 nach W erweitert und erhielt 1899 einen Turm. Bemerkenswert ist die reiche spätgot. Außenkanzel an der N-Seite des Chors. Die Ausstattung der Kirche stammt überwiegend aus dem 17. und 18. Jh.

Rathaus: Der dreigeschossige Renaissancebau mit reichem Portal und sechsgeschossigem Treppenturm, der eine Höhe

v. 57 m hat, wurde 1573–76 errichtet und nach dem Stadtbrand 1780 in den Jahren 1783–84 wieder aufgebaut. – Am Markt sind weiterhin sehenswert der *Simsonbrunnen*, der 1685–86 v. Christof Junghans* geschaffen wurde, und die *Stadtapotheke*, ein Renaissancebau, v. 1606 mit schönem Eckerker.

Orangerie im ehem. Küchengarten/ Kunstgalerie (Orsteil Untermhaus): Die halbkreisförmige barocke Anlage wurde 1729–32 errichtet. In der Galerie finden sich Werke v. Lucas Cranach d. Ä.*, Rembrandt*, Jan van Goyen* und Max Liebermann* sowie der DDR-Künstler Willi Sitte*, Bernhard Heisig*, Wolfgang Mattheuer*, Gerhart Kurt Müller* und Werner Tübke*.

Museum für Angewandte Kunst (Greizer Str. 37–39): Kunsthandwerk, hauptsächlich aus Thüringen, wird im *Ferberschen Haus* aus dem späten 18. Jh. gezeigt. Es ist mit einem sehenswerten Figurenportal v. 1760 ausgestattet.

Museum für Naturkunde (Nicolaiberg 3): Die Sammlung berichtet u. a. über die ostthüring. Ornithologen Ch. L. Brehm und seinen Sohn Alfred. Dem Museum im *Schreiberschen Haus* ist ein botan. Garten angeschlossen.

Otto-Dix-Museum (Mohrenplatz 4): 1. Dez. 1991 eröffnet zu Ehren des 1891 in Gera geborenen Künstlers. Zu sehen sind u.a. Bilder und ein Arbeitsraum.

Stadtmuseum: Im ehem. Zucht- und Waisenhaus, einem barocken Gebäude v. 1732–38. Zu sehen sind u. a. Gläser, reußische Münzen, eine 4000 Blätter umfassende graphische Sammlung und Möbel v. Schloß Osterstein.

Außerdem sehenswert: Von der Stadtbefestigung sind nur Reste einer got. *Mauer* und ein *Wehrturm* am Stadtgraben erhalten. – *Ehem. Regierungsgebäude*, ein Barockbau v. 1720–22. – Weitere *Barockbauten* befinden sich im Steinweg 15 (1706), in der Großen Kirchstr. 7 (1712), in der Großen Kirchstr. 17 (1765). – Im Ortsteil Untermhaus steht das 1902 erbaute *Theater*. Das 1. feste Theater gab es in G. bereits 1787. Der Bau liegt am Küchengarten (Orangerie). – In Untermhaus befindet sich auch die Ruine des *Schlosses Osterstein* aus dem 17. und 18. Jh. mit roman. Bergfried aus dem 12. Jh., das 1945 zerstört wurde.

< Gera, St. Marien

Gera, Theater

Germerode
✉ 37290 Meißner bei Eschwege
Hessen

	Höhe: 260 m S. 1277 ☐ H 8

Ehem. Prämonstratenserinnenkloster und ehem. Klosterkirche St. Maria und Walburg: Nach der Klostergründung (1144–45) begann man 1150 mit dem Bau der dreischiffigen Pfeilerbasilika, die nach der gründlichen Restaurierung in den 50er Jahren ihren urspr. Charakter zurückerhalten hat. Die Krypta, einzige in Nordhessen, besteht aus 4 Schiffen. Aus der Innenausstattung ragen die eichenen Emporen an der W- und N-Seite hervor. Das Orgelgehäuse, um 1700 v. Orgelbaumeister Altstetter aus Mühlhausen geschaffen, ist v. Knorpelstil geprägt.

06507 Gernrode
Sachsen-Anhalt

Einw.: 3900   Höhe: 226 m   S. 1278 ☐ L 7

Der Urlaubsort Gernrode liegt am Nordostrand des Harzes. Er wurde im 10. Jh. von Markgraf Gero gegründet, der hier eine Burg errichten ließ. Stadtrechte erhielt G. 1539.

Stiftskirche: Bei der Kirche des 961 gegr. Benediktiner-Damenstiftes St. Cyriacus handelt es sich um eine dreischiffige ottonische Flachdeckenbasilika mit Stützenwechsel. Mit dem Bau wurde 961 begonnen; 963 wurde die Kirche erstmals geweiht, im 12. Jh. das Westwerk fertiggestellt. Unter dem Chor liegt eine dreischiffige Krypta mit Tonnengewölbe. Bei einem Umbau im 2. Viertel des 12. Jh. wurden der W-Chor und die darunterliegende Hallenkrypta errichtet sowie die beiden Türme um ein Stockwerk erhöht. Im Tympanon des Hauptportals (um das Jahr 1170) ist ein Lebensbaum mit Drachen und Löwen zu sehen.

Das *Hl. Grab* in den beiden ö Jochen des s Seitenschiffs stellt eines der letzten erhaltenen Hauptwerke ottonischer Plastik dar. Es ist in der mitteldt. Region die älteste erhaltene Nachbildung (2. Hälfte des 11.

Germerode, Prämonstratenserinnenkirche

Gernrode, Stiftskirche von Süden >

Gernrode, Stiftskirche, Westchor

Jh.) des Grabes Christi in Jerusalem. Der roman. Taufstein aus der Mitte des 12. Jh. ist wahrscheinlich eine ländliche Arbeit. Der Stifter der Kirche, Markgraf Gero (gest. 965), erhielt in der Vierung ein spätgot. Grabmal, eine Tumba, die 1519 geschaffen wurde. Sehenswert sind auch die Äbtissinnen-Grabsteine aus dem 15. und 16. Jh.

59590 Geseke
Nordrhein-Westfalen

Einw.: 17 900   Höhe: 103 m   S. 1277 □ F 7

Am Hellweg, einem der wichtigsten ma Verkehrswege zwischen O und W in Deutschland, wuchs die Stadt auf rechteckigem Grundriß (Wallanlage vollständig, Befestigung in Resten erhalten); sie erhielt um 1217 das Stadtrecht.

Kath. Pfarrkirche St. Peter/Stadtkirche (Marktplatz): Die Kirche geht auf eine Pfeilerbasilika aus dem 12. Jh. zurück, wurde jedoch in ihren wichtigsten Zügen erst im 13. und 14. Jh. geschaffen und später mehrmals umgebaut. Wichtigstes Stück der Innenausstattung ist die Kanzel (18. Jh.), die mit Reliefs und Figuren reich geschmückt ist, der achteckige Taufstein (1576) und das früheste erhaltene europ. *Ostensorium* (Reliquiengefäß) aus dem 12. Jh.

Kath. Pfarrkirche St. Cyriakus/Stiftskirche (Auf dem Stift): Die Kirche ist in mehreren Abschnitten zwischen dem 10. und 13. Jh. entstanden, erhebliche bauliche Veränderungen ergaben sich im Zuge der Wiederherstellungsarbeiten im 19. Jh. Der mächtige W-Turm und der wehrhafte O-Bau mit seinen 2 Türmen blieben jedoch bei allen Veränderungen weitgehend verschont und geben der Kirche ihre architektonische Bedeutung. Älteste Teile der Innenausstattung sind das *Sakramentshäuschen* (Anfang 16. Jh.) und eine *Pietà* (1. Hälfte des 15. Jh.). Die Aufmerksamkeit des Besuchers ziehen die Hochaltar (1727) und die beiden *Seitenaltäre* (1729 und 1731) auf sich: aufwendige Arbeiten in Marmor und Alabaster mit Säulenaufbauten und reichem Figuren- und Relief-

schmuck. – Von den ehem. *Klostergebäuden* ist u. a. der roman. Kapitelsaal erhalten, der jetzt als Sakristei dient.

Wohnhäuser: *Böddeker-Hof* (Wichburgastr. 2): Dieser Steinbau wurde 1509/10 erbaut (jetzt Stadtarchiv). Schöne Fachwerkhäuser sind u. a. mit den Häusern Markt 1, Hellweg 13 (jetzt Museum, siehe unten), Hellweg 40, Kleiner Hellweg 10, Hellweg 23/Rosenstr. 15 und Auf dem Stift (bei der Stiftskirche) erhalten.

Städt. Heimatmuseum – Hellweg-Museum (Hellweg 13): In dem Dickmannschen Haus, das 1664 als Handelshaus erbaut worden ist und in dessen Innerem der Richtersaal und eine Küche mit Kaminen erhalten sind, befindet sich jetzt das Heimatmuseum mit guten Sammlungen.

24214 Gettorf
Schleswig-Holstein

Einw.: 5500   Höhe: 30 m   S. 1273 □ H 2

Ev. Kirche: Die frühgot. Kirche, eine der größten Landeskirchen des ehem. Herzogtums Schleswig (13. Jh., 1424 vollendet), hat eine wertvolle Innenausstattung, u. a. einen spätgot. Marienaltar (um 1510) und eine reichgeschnitzte Renaissancekanzel v. H. Gudewerdt d. Ä. (1598). Beachtenswert ist auch die Bronzetaufe (1424).

35390–98 Gießen
Hessen

Einw.: 73 800   Höhe: 160 m   S. 1277 □ F 9

Die alte Universitätsstadt an der Lahn (die heute nach Justus Liebig benannte Universität wurde 1607 gegründet) wurde im 2. Weltkrieg stark zerstört. Die wichtigsten Bauten wurden jedoch nach alten Vorlagen originalgetreu wiedererrichtet.

Ehem. Augustinerchorherren-Stiftskirche (in Schiffenberg, 5 km sö): Gleich nach der Gründung des ehem. Augustinerchorherrenstifts im Jahre 1129 ist vermut-

Gettorf, Kanzel in der ev. Kirche >

lich auch die Kirche entstanden, die seither in ihren wesentlichen Teilen unverändert erhalten geblieben ist. Die Kirche ist flachgedeckt und hat im O-Chor schöne got. Gewölbe. Jeweils 7 Arkaden zu beiden Seiten prägen das Innere. Im S des Hofes die ehem. *Komturei* (1493). Nach W wurde der *Neue Bau* angegliedert (um 1700). Nach W hin schließt der Hof mit der alten *Propstei* ab (1463). – Seit 1809 Staatsdomäne; 1972 übernahm die Stadt G. die Gebäude v. Land.

Neues Schloß (Brandplatz): Unweit des Alten Schlosses, das nur als Ruine erhalten ist (Bestand hatte der Bergfried, um 1330, der »Heidenturm« genannt wird), ist das Neue Schloß als Fachwerkbau im 16. Jh. entstanden (1899–1907 rest.). 5 Erker und ein Treppenturm (auf der Hofseite) setzen die Akzente. Im großen Saal im Erdgeschoß (heute unterteilt) befindet sich jetzt ein Universitätsinstitut. Im NO begrenzt das *Zeughaus* (1586–90) den Hof des Neuen Schlosses.

Museen: *Liebigmuseum* (Liebigstr. 12): In den Räumen des »Chemischen Laboratoriums«, das 1824 im ehem. Wachhaus der Stadt eingerichtet worden war, befindet sich heute die Liebig-Gedenkstätte. – *Oberhessisches Museum:* Abteilung Vor- und Frühgeschichte sowie Völkerkunde im *Wallenfelshaus* (Eröffnung Ende 1985). – Abteilung Stadtgeschichte und Volkskunde im *Burgmannenhaus* (Georg-Schlosser-Str. 2), einem rest. Fachwerkhaus v. 1350. – Abteilung Gemäldegalerie und Kunsthandwerk im *Alten Schloß* (Brandplatz 2) mit einer Münzsammlung sowie einer werkumfassenden Sammlung des Kupferstechers J. G. Will (1715–1808).

Stadttheater Gießen (Berliner Platz): Das Theater beschäftigt eigene Ensembles für Schauspiel und Oper/Operette. Es wurde 1907 erbaut und bietet 662 Plätze.

Außerdem sehenswert: Das *Leibsche Haus* (Georg-Schlosser-Str. 2) ist im 14. Jh. als Burgmannenhaus der ehem. Gleibergschen Burg (1197) erbaut worden und gehört zu den ältesten Fachwerkbauten in Deutschland (14. Jh.; 1944 stark beschä-

digt; 1976/77 wiederhergestellt). – *Universität:* Im S der Stadt liegt die 1607 gegr. und 1880 neuerbaute Justus-Liebig-Universität.
Das 1944 ausgebrannte Gebäude wurde in den Jahren 1950–55 wiedererrichtet. Die *Universitätsbibliothek* umfaßt weit mehr als 400 000 Bände, darunter wertvolle Handschriften, Inkunabeln und Erstausgaben. – Das *Röntgendenkmal* (neben dem Stadttheater) wurde 1962 v. E. F. Reuter geschaffen. Wilh. Conrad Röntgen (1845–1923) war 1879 als Professor nach Gießen berufen worden und ist auf dem *Alten Friedhof* begraben.

38518 Gifhorn
Niedersachsen

Einw.: 39 900   Höhe: 65 m   S. 1273 □ K 5

Dort, wo Aller und Ise zusammenfließen, am Schnittpunkt der Salzstraße (v. Lüneburg nach Braunschweig) mit der Kornstraße (v. Magdeburg nach Celle), entwickelte sich seit dem 13. Jh. die Stadt Gifhorn.

Schloß (Schloßstraße): Fast 50 Jahre dauerte der Bau des großzügig geplanten urspr. stark befestigten Schlosses, mit dem 1525, während der gemeinsamen Regierung der Celler Herzöge Otto und Ernst v. Braunschweig begonnen worden war. Baumeister war Michael Clare aus Celle, ein bedeutender Festungsbauer, der die beiden Schlösser in Celle und Gifhorn nach damals modernen wehrtechnischen Bauprinzipien errichtete. Erhalten sind das *Torhaus*, das den Übergang v. der Gotik zur Renaissance dokumentiert, der *Treppenturm* (1568), die *Schloßkapelle* (um 1547) und das anschließende *Kommandantenhaus* (im Stil der Frührenaissance). – Sehenswert sind auch das *Kavalierhaus* (1540), der *Ratsweinkeller* (1562) und mehrere *Bürgerhäuser* aus dem 16.–18. Jh.

Museen: *Kreisheimatmuseum* (im Schloß): Sammlungen zur Vor- und Frühgeschichte, zu Volkskunde und Kunsthandwerk. *Wind- und Wassermühlen.* – *Museum* (am Schloßsee).

08371 Glauchau
Sachsen

Einw.: 25 000   Höhe: 266 m   S. 1279 □ O 9

Die Kreisstadt liegt am rechten Ufer der Zwickauer Mulde im erzgebirgischen Becken. Um 1170 wurde hier auf dem Hochufer des Flusses oberhalb einer bereits bestehenden slawischen Siedlung eine Burg durch die Herren v. Schönburg errichtet. Östlich davon entstand im 13. Jh. eine Stadt.

In G. wurde 1494 der Mineraloge und Bergbauwissenschaftler Georgius Agricola (gest. 1555, eigentlich Georg Bauer) geboren.

Stadtkirche St. Georg: Das barocke Bauwerk wurde unter Benutzung v. got. Umfassungsmauern 1726–28 errichtet. Der spätgot. Flügelaltar (im Schrein Anna selbdritt) v. ca. 1510 stammt aus der Vorgängerkirche. Die Orgel wurde 1730 v. dem berühmten Orgelbaumeister Gottfried Silbermann[*] gebaut.

Schloß Forderglauchau: Die hufeisenförmige Anlage wurde 1527–34 wohl v. A. Günther[*] errichtet (heute Archiv).

Schloß Hinterglauchau: Das Schloß, eine unregelmäßige Anlage um einen dreieckigen Innenhof, wurde im wesentlichen nach 1460 und 1525 ff. errichtet. Am Umbau des O-Flügels 1527–34 war vermutlich Arnold v. Westfalen[*] beteiligt. Sehenswert sind die Kapelle mit Kreuzrippengewölbe im Erdgeschoß und der sog. Steinerne Saal im Obergeschoß mit Stuckdecke, der um 1720 in mehrere Räume unterteilt wurde. Im Schloß ist das *Städtische Museum* untergebracht. Hier sind spätgot. Plastiken sowie Gemälde und Skulpturen des 19. und 20. Jh. ausgestellt, u. a. Werke v. Max Klinger[*] und Georg Kolbe[*]. Weiterhin gibt es ein graphisches Kabinett und eine Sammlung mit Meißner Porzellan.

Außerdem sehenswert: 1556 angelegter *Gottesacker* mit Renaissanceportal v. 1580–85. – *Dorfkirchen* in den Ortsteilen *Gesau* (barock) und *Jerisau* (spätroman.).

| Umgebung |

Waldenburg (8 km nö): *Stadtkirche St. Bartholomäus*, zweischiffiges spätgot. Bauwerk mit Netz- und Sterngewölben (15. Jh.). – *Museum der Stadt Waldenburg*

Gifhorn, Schloß

Glauchau, Georgius Agricola

Schloß Forderglauchau

(Geschwister-Scholl-Platz 1): Waldenburger Steinzeug, Bauernmöbel und sakrale Kunst.

In der Nähe v. Waldenburg liegt der *Park Grünfeld*, der, urspr. als Barockanlage angelegt, 1780–95 in einen Landschaftspark umgewandelt wurde. Besonders sehenswert sind der Gesundheitsbrunnen (ca. 1790), das Badehaus und das Mausoleum (1813–19).

Wolkenburg (16 km nö): Got. *Alte Dorfkirche*, um 1400 erbaut. *Innenausstattung:* Epitaphaltar aus dem 17. Jh. – Bei der *Neuen Dorfkirche* handelt es sich um die frühere Schloßkirche. Das klassizistische Bauwerk wurde 1794–1804 nach Plänen v. Johann August Giesel* ausgeführt. Sehenswert sind die gußeisernen Reliefs nach Entwürfen v. Christian Daniel Rauch* (in den Portikusvorbauten) sowie die Gemälde v. Adam Friedrich Oeser* und Hans Veit Schnorr v. Carolsfeld* (in der Taufkapelle). – Das *Schloß*, das auf eine Anlage aus dem 13. Jh. zurückgeht, erhielt sein heutiges Aussehen im wesentlichen im 18. Jh.

24960 Glücksburg
Schleswig-Holstein

Einw.: 6500   Höhe: 30 m   S. 1273 □ H 1

Schloß: Wo sich heute die weißen Mauern des stolzen Wasserschlosses erheben, war seit 1209 ein Kloster gestanden. Herzog Johann d. J. v. Sonderburg ließ die alten Gebäude 1583 abbrechen und bis 1587 das heutige Gebäude durch N. Karies errichten. Das Schloß war vorübergehend auch Sommerresidenz des dänischen Königs Friedrich VII., der hier 1863 gestorben ist.

Der Bau wird v. den 3 Giebelhäusern bestimmt, die sich v. der sonst strengen Fassade abheben. Die Repräsentationsräume befinden sich im mittleren Teil, und die Wohnräume schließen sich r und l daran an. Die Räume im Innern wurden zum größten Teil barock umgestaltet (Kapelle 1717) und enthalten bedeutende Sammlungen. Sie sind innerhalb des hier eingerichteten *Schloßmuseums* zum größten Teil zugänglich.

Hervorzuheben sind die *Bildergalerie*, ei-

Glücksburg, Wasserschloß

Roter Saal im Wasserschloß Glücksburg

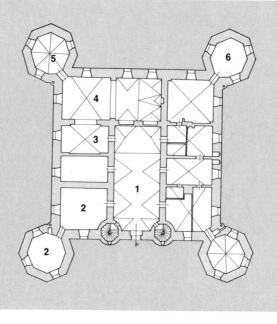

Glücksburg, Wasserschloß 1 Gründiele 2 Büro 3 Kirchenstuhl der herzoglichen Familie 4 Schloßkapelle, Ausgestaltung v. 1717 5 Archiv 6 Fürstengruft im Keller

ne Sammlung v. *Ledertapeten*, eine erstklassige *Gobelinsammlung* sowie Beiträge zur Entwicklung des Kunstgewerbes. Die *Schloßbibliothek* umfaßt ca. 10 000 Bände.

25348 Glückstadt
Schleswig-Holstein

Einw.: 11 900   Höhe: 3 m   S. 1273 □ G 3

Glückstadt nimmt unter den Städten Schleswig-Holsteins eine Sonderstellung ein, es verkörpert den Typ der auf dem Reißbrett geplanten, dem Ideal der italienischen Renaissance-Stadt nachempfundenen polygonalen Radialstadt. Christian IV., König von Dänemark und Herzog von Schleswig und Holstein, verfolgte mit der Stadtgründung im Jahre 1617 vorwiegend strategische Gründe, der spektakulärste war, den aufblühenden Elbhandel Hamburgs in seine neue Stadt zu ziehen. Zu diesem Zweck ließ er weit vorgeschoben an der Elbe in den Wildnissen, die vorher eingedeicht werden mußten, gegen alle vorgetragenen Bedenken die Stadt gründen (»dat schall glücken und dat mut glücken und dorüm schall se ok Glückstadt heten«) und gab seiner neuen Stadt die Glücksgöttin Fortuna als Wappen. Baubeginn 1616 – Stadtgründungsurkunde datiert vom 22. März 1617.

Stadtkirche (Am Markt): Der 1618–21 entstandene einschiffige, geweißte Backsteinbau wurde 1650/51 in die heutige Form gebracht. Markant ist der quadratische W-Turm mit rundbogigem Portal und origineller Barockhaube. Den barocken Charakter der Kirche unterstreicht auch die Innenausstattung, aus der hier hervorgehoben werden soll: der Altar mit Alabasterarbeiten von H. Röhlke (1696), das Chorgitter (1708), die Kanzel (17. Jh.),

Gmund am Tegernsee, Panorama

eine Holztaufe aus dem Jahre 1641 sowie mehrere Kronleuchter aus Messing (um 1650). Die Emporen sind im 17. Jh. bemalt worden.

Rathaus (Am Markt 4): Sog. Baustil Christians IV.: roter Backstein, Sandsteineinfassungen um die Fenster, Ziergiebel, große Ähnlichkeit mit der Börse in Kopenhagen. Das in niederländ. Renaissance 1642 erbaute Rathaus wurde 1872 nach alten Plänen wieder aufgebaut.

Brockdorff-Palais (Am Fleth 43): Benannt nach seinem letzten adeligen Besitzer, Kanzler des Oberappellationsgerichts. Der älteste Teil wurde 1631/32 von dem Gouverneur und Kommandanten der Stadt und Festung, dem Grafen Christian von Pentz, einem Schwiegersohn Christians IV. erbaut. Bes. bemerkenswert die im sog. Holländerverbund errichtete Rückfront aus gelbem Ziegelstein mit horizontalen Bändern aus rotem Ziegelstein. Im Inneren Diele mit Barocktreppe. Im Erdgeschoß r

ist die mit Blumenranken bemalte Holzdecke aus der Zeit des Peter von Schonen (um 1695) bemerkenswert, ausgeführt wahrscheinlich durch Ahmling. Im Obergeschoß das reichhaltige *Detlefsen-Museum* mit einer bemerkenswerten Walfangsammlung v. Wanda Oesau. Es ist der Stadtgeschichte, der Kulturgeschichte der Elbmarschen, dem Handwerk sowie dem Walfang und der Schiffahrt gewidmet.

Wasmer-Palais (Königstr. 36): Unter den Adels- und Beamtenhäusern nimmt dieses Palais eine Sonderstellung ein. Die dreiflügelige Anlage entstand 1728 und hat ihre architekton. Höhepunkte im Treppenhaus und dem Festsaal (1729). Der Kaminsaal im Obergeschoß wurde 1729 von dem ital. Stukkateur Andrea Maini, der das Kloster Ottobeuren teilweise ausgestaltet hat, reich stuckiert.

»Quasi non possidentes« (Am Hafen 46): Das »Kulturhaus Palais Am Hafen« mit dem prächtigen Sandsteinportal mit akan-

Gnandstein, Burg

thus- und blütenverziertem Aufsatz wurde 1990 saniert.

Außerdem sehenswert: Königshof (Am Hafen 40): 17. Jh., Neubau 1840. Ehem. Provianthaus (1705), Toll- und Zuchthaus (1738); Hafen mit historischer Häuserzeile.

83703 Gmund am Tegernsee

Bayern

Einw.: 5700   Höhe: 740 m   S. 1283 □ M 15

Pfarrkirche St. Ägidius: Nach den Schäden, die der Vorgängerbau im 30jährigen Krieg erlitten hat, entstand die heutige Kirche in den Jahren 1688–93 (nach Plänen v. L. Sciasca). Berühmte Künstler haben daran mitgewirkt: Die Gemälde des Hochaltars stammen v. G. Asam (1692), das vergoldete Holzrelief im n Seitenaltar hat I. Günther* geschaffen (1763). Die Pläne für den Neubau lieferte L. Sciasca.

04655 Gnandstein

Sachsen

Einw.: 400   S. 1279 □ O 8

Dorfkirche: Der spätgot. gewölbte Bau ist 1518 errichtet worden. Die Ausstattung aus dem 16. Jh. ist weitgehend erhalten.

Burg: Sie wurde vermutlich im 10. Jh. gegr. Es handelt sich um eine fast rechteckige Anlage mit 2 Höfen. Sehenswert sind der roman. Palas (1180–90), der in spätgot. Zeit erhöht wurde, der 35 m hohe Bergfried (um 1100), nach O und N v. mächtiger Schildmauer (»Hoher Mantel«) umgeben, der got. Palas und die spätgot. Burgkapelle mit Zellengewölben in Sternform sowie einer steinernen Empore. Hier befinden sich 3 spätgot. Flügelaltäre (1502–04) aus der Werkstatt v. Peter Breuer sowie ein spätgot. Kruzifixus. – In der Burg ist das *Kreismuseum* untergebracht; u. a. besitzt es Gemälde v. Anton Graff, Jacob Philipp Hackert und Ferdinand v. Rayski. Eine Gedenkausstellung erinnert daran, daß der Dichter Theodor Körner nach seiner Verwundung im Juni 1813 einige Tage auf der Burg weilte.

47574 Goch

Nordrhein-Westfalen

Einw.: 30 200   Höhe: 16 m   S. 1276 □ A 7

Die Stadt ist an einem Schnittpunkt mehrerer Römerstraßen, die über das Flüßchen Niers führen, entstanden.

Pfarrkirche St. Maria Magdalena (Kirchhof 10): Die Kirche war in ihren wichtigsten Teilen 1323 vollendet, erhielt jedoch erst in einem zweiten Bauabschnitt gegen Ende des 14. Jh. und bei einem Umbau von 1460 ihr heutiges Aussehen. Sie gehört neben den Kirchen in → Kalkar und → Kleve zu den bedeutendsten Backsteinkirchen am n Niederrhein. Im W beherrscht der fünfgeschossige Turm den Bau. An der N-Seite sind 5 Giebel aneinandergereiht. Hauptkirchenraum ist heute das 1460 hinzugekommene Seitenschiff (52 m lang). Spätgot. Pfeiler tragen das

Sterngewölbe. Bemerkenswert ist das *Sakramentshäuschen* in Sandstein (15. Jh.).

Außerdem sehenswert: Das *Steintor*, im 14. Jh. gebaut, ist das letzte v. urspr. 28 Toren und Türmen der *Stadtbefestigung* und beherbergt noch bis Herbst 1991 das *Steintormuseum* mit prähistorischen und röm. Funden, Zinngerät, kirchlicher Kunst, got. Holzschnitzfiguren sowie seltenen Buntglasbildern. – *Haus zu den 5 Ringen* (Steinstr. 1): Die dreigeschossige Backsteinfassade dieses Hauses aus dem 16. Jh., in dem sich heute eine Wohnanlage befindet, wird v. einem Treppengiebel gekrönt und ist v. eckigen Türmchen flankiert.

73033–37 Göppingen
Baden-Württemberg

Einw.: 55 600   Höhe: 318 m   S. 1281 □ H 13

Göppingen im Tal der Fils am Fuße des Hohenstaufens wurde im 12. Jh. von den Staufern gegr.; hier hat Hermann Hesse einen Teil seiner Schulzeit verbracht (1890–91).
Zerstörungen in den Jahren 1425, 1782 und 1945 haben viele Bauten vernichtet und damit die anschließende Neuformung des Stadtbildes bewirkt.

Oberhofenkirche/Ehem. Stiftskirche St. Martin und Maria (Ziegelstraße): Baubeginn war das Jahr 1436, die urspr. Pläne sind jedoch nicht verwirklicht worden. Der Einfluß der Ulmer Schule (→ Ulm) ist in vielen Details zu erkennen. Verschiedene Ausbauten und Renovierungen (insbesondere 1853, Turmbauten, Holzempore) haben die Kirche stark verändert. Aus der Gründungszeit der Kirche sind Wandgemälde im Chor (1449) und im Querhaus (älteste Ansicht der Hohenstaufenburg v. 1470), Chorgestühl (1500) und ein geschnitzter Kruzifixus (um 1520) erhalten.

Museum: *Städt. Museum im »Storchen«* (Wühlestr. 36): Im ehem. Stadtschloß des Freiherrn v. Liebenstein, einem Fachwerkbau aus dem Jahr 1536, ist das Museum mit seinen Spezialsammlungen zur Staufer- und Stadtgeschichte untergebracht. – *Schönhengster Archiv und Dokumentation der Banater Schwaben* sind im ehem. Fruchtkasten »Alter Kasten«, Schloßstr. 14. Die 1989 eröffnete *Städt. Galerie* vor allem Wechselausstellungen zeitgenöss. Künstler.

Göppingen, Oberhofenkirche

Dt. Theater (Theaterplatz 11): 1889/90 v. Schnitger erbaut.

Außerdem sehenswert: *Ev. Stadtpfarr-kirche* (Pfarrstraße): Die schlichte Kirche entstand nach Plänen v. H. Schickhardt* in den Jahren 1618–19. Die Holzdecke, die das Schiff v. Dachstuhl trennt, ist bemalt. Der Turm kam erst 1838 hinzu. – *Schloß* (Pfarrstr. 25): Der vierflügelige Renaissancebau stammt aus den Jahren 1555–68 und wurde v. A. Tretsch* und M. Berwart errichtet. (Die Fassaden wurden im 18. Jh. stark verändert.) Von den 4 Treppentürmen sind 3 erhalten. Die Hauptreppe oder »Rebenstiege« (1562) zeigt reiche Pflanzen- und Tierreliefs und ist eine Mischung aus den Kunstformen der Gotik und der Renaissance. – Das zweiflügelige *Rathaus* (1783) folgt den Linien des Klassizismus.

02826–28 Görlitz

Sachsen

| Einw.: 70 400 | Höhe: 208 m | S. 1279 □ S 8 |

G. liegt am linken Ufer der Lausitzer Neiße; die Ortsteile am rechten Neiße-Ufer sind seit 1945 polnisch. Die Gegend um G. ist der letzte Rest Niederschlesiens, der bei Deutschland verblieben ist. Der Ort entstand an einem wichtigen Flußübergang am Kreuzungspunkt der alten Handelsstraßen Stettin–Frankfurt/Oder–Prag und Leipzig–Breslau (Hohe Straße). 1071 wird eine *villa Gorelic* erstmals urkundlich genannt. Die Stadt G. wurde zwischen 1210 und 1220 gegründet und im späten 13. Jh. stark befestigt (Doppelmauer). In dem 1346 gegründeten Lausitzer Sechsstädtebund, zu dem neben G. auch Bautzen, Zittau, Kamenz, Löbau und das heute polnische Lauban gehörten, spielte sie die führende Rolle. Im 15. und 16. Jh. erlebte G. seine wirtschaftliche Blüte. Gehandelt wurde hauptsächlich mit Tuchen und mit Waid, einem blauen Farbstoff. 1547 wurde die Blütezeit der Stadt durch ein kaiserliches Strafgericht gegen die selbstherrlichen Bürger beendet. 1633 stürmten kaiserliche Truppen unter Wallenstein den Ort.
Im 19. Jh. entwickelte sich G. zu einer nicht unbedeutenden Industriestadt. Wichtig war in diesem Zusammenhang der Bau der Eisenbahn Dresden–Breslau (1847).

Annen-Kapelle (Am Frauentor): Das zwischen 1508 und 1512 v. Albrecht Stieglitzer* errichtete spätgot. Bauwerk mit Netzgewölben und einer Verkündigungsgruppe über dem N-Portal ist seit 1865 Teil der benachbarten Schule.

Frauenkirche: Dreischiffige spätgot. Hallenkirche, 1449–86 erbaut, besitzt ein sehenswertes Doppelportal und eine beachtliche steinerne Orgelempore.

Hl. Grab (Heilige-Grab-Str.): Ein Bürgermeister stiftete diese Kapelle. Es ist eine Nachbildung des Hl. Grabs, die 1481–1504 v. den Baumeistern der Peter-und-Paul-Kirche, Conrad Pflüger* und Blasius Börer*, errichtet wurde. Das Vesperbild im sog. Salbhäuschen (mit Sterngewölben) wurde vermutlich v. Hans Olmützer* um 1500 geschaffen.

Kreuzkirche (Erich-Mühsam-Str.): Das Bauwerk wurde 1913–16 nach Entwürfen des Dresdner Architekten Rudolf Bitzan errichtet.

*Görlitz, Rathaustreppe mit Verkündigungs-   >
kanzel und Justitia*
Görlitz, Kapelle Hl. Grab

Görlitz, Panorama mit Peterskirche, Rathaus und Franziskanerkirche

Nikolaikirche (Große Wallstraße): Bei dem ältesten Gotteshaus in G. handelt es sich um eine dreischiffige spätgot. Hallenkirche, die 1452 begonnen wurde und erst 1520 unter der Leitung des Baumeisters Wendel Roskopf d. Ä.* fertiggestellt werden konnte. Der Altar datiert aus der Zeit nach 1717. – *Nikolai-Friedhof:* u.a. befindet sich hier das Grab des Naturphilosophen Jakob Böhme.

Oberkirche/Dreifaltigkeitskirche (Obermarkt): Die ehem. Franziskaner-Klosterkirche besteht aus einem got. Chor (1371–81) und einem spätgot. Langhaus (im 15. Jh. umgebaut). Der Turm an der N-Seite des Chors (15. Jh.) hat eine barocke Haube.
Ausstattung: Ein spätgot. Altar (1510) mit doppelten Flügeln, ein barocker Altar (1713) v. Caspar Georg Rodewitz*, eine Kanzel, Chorgestühl v. 1485, ein Schmerzensmann v. ca. 1500, ein Kreuzigungsgemälde mit Stifterpaar v. 1524 und eine Grablegungsgruppe; 1492 v. Hans Olmüt-

zer*. Die Malereien im Seitenschiff stammen aus der Mitte des 15. Jh. – Beim Turm steht ein *Brunnen* v. 1590 mit einer Sandsteinplastik aus der 2. Hälfte des 17. Jh.

Hauptstadtpfarrkirche St. Peter und Paul (Petersstr.): Die fünfschiffige spätgot. Hallenkirche ersetzte eine spätroman. Basilika aus der Zeit um 1230–40. Mit dem Bau wurde 1423 unter Leitung v. Hans Baumgarten* und Hans Knoblauch* begonnen. Die Unterkirche, die vierschiffige Georgenkapelle unter dem Chor, wurde 1457 geweiht. Das Bauwerk wurde in den Jahren 1490–97 gewölbt. Die Fertigstellung leiteten Conrad Plüger*, Urba Laubanisch* und Blasius Börer*. Das W-Portal (mit reichem ornamentalem Schmuck) stammt noch v. der Vorgängerkirche (um 1230). Zur Ausstattung gehören u. a. ein Altar (1695) v. Georg Hermann* aus Dresden, eine Kanzel v. 1693 und Ratsgestühl v. ca. 1695. Das schmiedeeiserne Gitter der Taufkapelle entstand 1617. Gemälde an der W-Wand (um 1515).

Außerdem sehenswert: Stadttheater, früher *Gerhart-Hauptmann-Theater* (v. G. Kießler* erbaut 1851); *Alte Waage* (Untermarkt 14) ein Renaissancebau; *Biblisches Haus* (Neißestr. 29, v. J. Roskopf*) und *Napoleonhaus* (Obermarkt). *Rathaus* (Untermarkt) im Renaissancestil (v. J. Roskopf*). Ferner die *Lauben* am Untermarkt und dem *Schönhof* (v. W. Roskopf d. Ä.*; 16. Jh.) in der Brüderstr. Aus dem frühen 20. Jh. sind die *Stadthalle* und ein Großkaufhaus am Demianiplatz erhalten. – S der Stadt der *Neißeviadukt* (1844–47 v. G. Kießler*).

Städtische Kunstsammlungen: Sie sind in 3 Gebäuden untergebracht: Im *Kaisertrutz*, einem Teil der ehem. Stadtbefestigung, einem Rundbau mit 19 m Durchmesser und bis zu 4,5 m Mauerstärke, sind ma Plastiken und Gemälde, dt. Malerei des 20. Jh. ausgestellt, u. a. Werke v. Ferdinand v. Rayski*, Fritz v. Uhde*, Wilhelm Trübner*, Lovis Corinth*, Max Slevogt*, Gustav Seitz*, Fritz Cremer*, Will Lammert* und Waldemar Grzimek*. Im *Reichenbacher Torturm* befinden sich eine Waffensammlung und eine Ausstellung über die Görlitzer Stadtverteidigung im MA. In der *Neißestr. 30*, einem Barockbau v. 1726–29, ist das *Kulturgeschichtliche Museum der Oberlausitz* untergebracht. Zu sehen sind neben Volkskunst eine Münzsammlung und eine graphische Sammlung, die über 30 000 Blätter umfaßt. Hier befindet sich auch eine der ältesten Bibliotheken Sachsens, die *Oberlausitzische Bibliothek der Wissenschaften*. Sie gehörte einmal der »Oberlausitzer Gesellschaft«, die 1779 gegr. worden war und zu deren Mitgliedern u. a. Alexander v. Humboldt, Jacob Grimm und Hoffmann v. Fallersleben gehörten.

Staatliches Museum für Naturkunde (Marienplatz): Das Museum geht auf die 1811 gegr. Ornithologische Gesellschaft zurück. Die Sammlungen umfassen heute 15 000 Präparate. V. Wirbeltieren, 5000 Vogeleier, fast 15 000 Schnecken- und Muschelschalen, 1,5 Millionen Insekten, ein Herbarium mit 100 000 Pflanzen und über 12 000 Stück Mineralien, Gesteine und Versteinerungen. Ausgestellt sind zahlreiche Tierpräparate.

Umgebung

Deutsch-Ossig (15 km s): Die urspr. ma barocke *Dorfkirche* v. 1715–18 mit ihrem spätgot. Turm v. 1449 u. Kreuzgratgewölben im Inneren, die im Rokokostil ausgemalt sind, u. einem Kreuzaltar, den C. Georg Rodewitz* im 18. Jh. geschaffen hat, wurde 1993 abgebrochen, wird aber an anderer Stelle wieder errichtet.

Reichenbach (13 km w): Die *Pfarrkirche St. Johannis* ist ein zweischiffiges spätgot. Bauwerk, wahrscheinlich aus dem 15. Jh. Ausstattung: ein Altar v. 1685 und eine Kanzel v. 1688.

Zodel (9 km n): Got. *Dorfkirche* aus dem 14. Jh. mit bemerkenswertem Wehrturm, der nur vom Kircheninneren aus zugänglich ist. Wandmalereien aus der 2. Hälfte des 14. Jh.

38640–42 Goslar
Niedersachsen

Einw.: 46 500   Höhe: 320 m   S. 1277 □ 17

Der Urlaubsort im Harz hat eine große Tradition und war Schauplatz vieler historischer Ereignisse. Ausschlaggebend für die Errichtung einer Kaiserpfalz war das Silbervorkommen im Rammelsberg, das um 968 entdeckt wurde und Goslar zur »Schatzkammer der dt. Kaiser« werden ließ. Nach den Kaisern beherrschten Bürger die Stadt (bereits 1290 freie Reichsstadt). Sie aktivierten den Bergbau und leiteten eine zweite große Bauperiode ein, die um 1500 eine Reihe wichtiger Bauwerke hervorbrachte. Die Stadt geriet in wirtschaftliche Schwierigkeiten, als die Welfen u. a. das Bergwerk in ihren Besitz brachten und Brände (1728 und 1780) die Stadt trafen.

Ehem. Zisterzienserinnen-Klosterkirche Neuwerk (Rosentorstr.): Die ältesten Teile der Kirche (im O) stammen aus dem 12. Jh. 1200–50 kamen Langhaus und Seitenschiffgewölbe hinzu. Geprägt wird die Kirche durch die beiden Türme im W. Mit reichem Bauschmuck und der ungewöhnlich starken plastischen Durchgliederung gehört die Kirche zu den schönsten in Niedersachsen. Wichtigste Teile der Innenausstattung sind die spätroman. Malerei im Chor (um 1225) und der Lettner (um 1225, seine Kanzel wurde 1950 in die Brüstung der Orgelempore einbezogen). Das Konventsgebäude – ein schöner Fachwerkbau – entstand 1719.

Ev. Pfarrkirche Peter und Paul (Frankenberger Platz): Die Pfarrkirche wurde dem Maria-Magdalenen-Kloster (1236) einverleibt. Eine Vorgängerkirche wurde 1140–50 durch einen Neubau ersetzt, der später mehrfach verändert, erweitert und 1787 durch den Abbruch der Türme entstellt worden ist. L und r v. W-Bau läßt sich der Anschluß an die alte Stadtmauer erkennen (1493). – An die erste Bauphase (roman. Epoche) erinnern das Tympanon des S-Portals, die Säulen der Nonnenempore und die in Konturen erhaltenen Wandmalereien am Obergaden des Langhauses. Den barocken Altar hat H. Lessen d. Ä. 1675 geschaffen. 1690 war die Emporenbrüstung fertiggestellt. J. H. Lessen d. J. schuf 1698 die Kanzel.

Kath. Pfarrkirche St. Jakobi (Jakobi-Kirchhof): An eine Basilika aus der Zeit von 1073 wurde um 1140 der W-Turm und zu Beginn des 16. Jh. das s und n Seitenschiff angebaut. Die urspr. roman. Formen wurden dabei weitgehend durch got. Elemente ersetzt. Aus der Innenausstattung ragt das berühmte *Vesperbild* v. H. Witten* (um 1525) hervor. Bemerkenswert sind auch die Wandbilder im Chor (15. Jh.), das Steinrelief an der W-Wand des n Seitenschiffs (Marienkrönung, um 1513), Orgel (1640) und Taufe (1592) sowie das reichgeschnitzte Stuhlwerk.

Ev. Pfarrkirche St. Cosmas und Damian/Marktkirche (Marktkirchhof): Die Türme, deren n erst 1593 (nach dem großen Brand) seine heutige Gestalt erhielt und die nach dem Brand v. 1844 nochmals erneuert werden mußten, lassen nicht erkennen, daß die Basilika schon um 1150 entstanden ist. Wichtigste Teile der Ausstattung sind die Glasmalereien mit dem

Goslar, Blick auf die Stadt >

Goslar, Marktkirche

Goslar, Zisterzienserinnenkloster Neuwerk

Goslar, Kaiserpfalz mit Ulrichskapelle

Goslar, Huldigungssaal im Rathaus >

Martyrium der Heiligen Cosmas und Damian (um 1250). Erwähnenswert sind das bronzene Taufbecken v. M. Karsten (1573), die Renaissancekanzel (1581) und eine schöne Altarwand (1659).

Kaiserpfalz mit Ulrichskapelle und Domvorhalle (Kaiserbleek): Am Fuße des Rammelsberges entstand im 11. Jh. als Zeichen kaiserlicher Macht die Pfalz. Auf Einladung Heinrichs II. fand hier 1009 die erste Fürstenversammlung statt. Das imponierende Ausmaß der Anlage, die in den Grundzügen bis heute erhalten geblieben ist, geht jedoch auf Kaiser Heinrich III. (1039–56) zurück. – Die Pfalz ist ein bes. typisches Werk der Romanik. Zentrum ist der *Reichs- und Kaisersaal*, der das gesamte Obergeschoß des einstigen Palas einnimmt und als der größte Saal in den zahlreichen dt. Kaiserpfalzen gilt. Historienbilder (v. H. Wislicenus, 1889–97) zeigen Episoden aus der dt. Geschichte. – Im S schließt sich an die Pfalz die doppelgeschossige Kapelle *St. Ulrich* (um 1125) an, ebenfalls ein Meisterwerk der Romanik. Das Untergeschoß stellt ein griechisches Kreuz dar, das Obergeschoß ist als Achteck gestaltet. Unter dem Stifterdenkmal (um 1300) für Heinrich III. wird das Herz des Kaisers aufbewahrt. – In den Pfalzkomplex einbezogen war neben der eigtl. Pfalz und der St.-Ulrichs-Kirche auch das Stift St. Simon und Judas, der sog. Dom, »des Reiches Kapelle«. Vom Dom, der 1820 abgebrochen wurde, ist nur die Vorhalle erhalten, in der der Kaiserstuhl (11. Jh.) zu besichtigen ist. Der Stuhl gilt als Meisterwerk ma Handwerkskunst (Bronzelehnen). 1871 nahm Kaiser Wilhelm I. auf diesem Stuhl Platz, als er in Berlin den ersten Reichstag des neuen Dt. Reiches eröffnete.

Rathaus (Markt): Das Rathaus (15. Jh.) spiegelt die Macht des Bürgertums, das in Goslar seit dem 13. Jh. an die Stelle der Kaiser getreten war. Kernstück ist der sog. »Huldigungssaal« aus dem 16. Jh., der mit seinen einzigartigen Wandmalereien zu den bedeutendsten Kunstwerken in Niedersachsen zu zählen ist. Das Obergeschoß ist über eine Freitreppe (1537) zu erreichen. – Vor dem Rathaus verdient der roman. *Marktbrunnen* (1. Hälfte 13. Jh.) Be-

Goslar, Domvorhalle, Kaiserstuhl

achtung (2 große Bronzeschalen, die v. einem Reichsadler bekrönt werden).

Museen: *Goslarer Museum* (Königstr. 1): Kunst- und Kulturgeschichte, Tierwelt des Harzes; Münzkabinett; bes. kostbar die Exponate aus dem abgerissenen Domstift St. Simon und Judas. Sammlungen zum Bergbau und Hüttenwesen (Silberbergbau in Goslar). – *Mönchehaus* (Mönchestr. 3): Sammlung moderner Kunst.

Außerdem sehenswert: *Siemenshaus* (Schreiberstr. 12): Das prachtvolle 1693 erbaute Gebäude ist das Stammhaus der Industriellenfamilie Siemens. Es ist eines der bemerkenswertesten Handelshäuser in Goslar. Von den *Gildehäusern*, die zur Glanzzeit des Bürgertums in Goslar entstanden sind, blieben nur 2 fast unversehrt erhalten: das Haus der Gewandschneider (*Kaiserworth*, am Markt) und das *Bäckergildehaus* (Ecke Markt-/Bergstraße), beide um 1500 entstanden. Das Haus Kaiserworth verdankt seinen Namen seit dem 14.

Jh. jenen geschnitzten Kaiserfiguren, die auf Konsolen in schmalen spätgot. Nischen stehen. Die Konsolen werden v. verschiedenen Figuren getragen, v. denen der nackte Mann am Pranger (»Dukatenmännchen«) bes. originell ist. – Aus dem ma Goslar sind viele schöne alte *Wohnhäuser* erhalten. Sie finden sich v. a. in der Marktstraße, Münzstraße, Schreiberstraße und Königstraße (vorrangig Steinhäuser). Schöne Fachwerkhäuser sind u. a. in der Schreiberstraße, Kreuzstraße und Kornstraße zu bewundern. – *Stadtbefestigung:* Die mächtigen Befestigungsanlagen mit dem *Breiten Tor* und *Rosentor* aus der Zeit um 1500 sind entstanden, um die Stadt v. a. vor den Herzögen v. Braunschweig-Wolfenbüttel zu schützen.

Umgebung: *Ehem. Chorherrenstift St. Peter* (auf dem Petersberg, ö v. Goslar): Fundamente eines Chorherrenstifts aus der Zeit um 1050. – *Ehem. Augustiner-Chorherrenstift St. Georg* (auf dem Georgenberg, n v. Goslar): Fundamente eines 1150 fertiggestellten Augustiner-Chorherrenstifts mit einem nach Aachener Vorbild konzipierten Münster (11. Jh.). – *Ehem. Augustiner-Chorherrenstiftskirche* (in Grauhof, 1701–17). – Die *Ruine der ehem. Augustiner-Chorherrenstiftskirche St. Maria* (12. Jh.), die sich in Riechenberg befindet.

Umgebung

Hahnenklee (18 km s): Heilklimatischer Kurort im Oberharz. Wahrzeichen des Ortes ist die nordische Stabkirche; die einzige ihrer Art in Deutschland. Eine Seilbahn führt direkt auf den Bocksberg.

91327 Gößweinstein
Bayern

Einw.: 4300   Höhe: 458 m   S. 1282 ☐ L 11

Kath. Pfarr- und Wallfahrtskirche (Balthasar-Neumann-Straße): 1739 ist die mächtige Kirche nach nur neunjähriger Bauzeit nach Plänen v. B. Neumann* gew. worden. Sie entstand in Verbindung mit einer Wallfahrt zur Hl. Dreifaltigkeit, die

sich bis ins 15. Jh. zurückverfolgen läßt. Bedeutendster Teil der Ausstattung sind die Stukkaturen des Bamberger Meisters F. J. Vogel. Den Hochaltar hat J. M. Küchel* entworfen. Sehenswert sind auch der Kreuz- und der Marienaltar, ferner der Pfarrhof (ebenfalls nach Plänen Küchels) und der angrenzende Friedhof mit dem mächtigen Denkmal für die Eltern des Fürstbischofs Ernst v. Mengersdorf.

Burg (Burgstr. 1): Die urspr. got. Burg erhielt ihr heutiges (neugot.) Gesicht bei einer Überarbeitung Ende des 19. Jh.

Umgebung

Ebermannstadt (15 km w): Die Ausstattung der *kath. Filialkirche Mariä Geburt* mit Werken v. F. A. Thomas und G. Reuß umfaßt auch eine Strahlenkranzmadonna (1797) v. F. Theiler.

Kohlstein (2,5 km n): In der *Schloßkapelle St. Maria* (18. Jh.) des herrlich gelegenen Schlosses (15. Jh.) ist neben dem qualitätvollen Altar v. a. das Chorgestühl aus der Werkstatt v. G. Reuß v. Interesse.

99867 Gotha
Thüringen

Einw.: 53 400   Höhe: 299 m   S. 1278 ☐ K 9

Die ehem. Residenzstadt liegt n des Thüringer Walds am Fuß der Seeberge, die diesem Mittelgebirge vorgelagert sind. Sie befindet sich etwa auf halber Strecke zwischen Erfurt und Eisenach. G. wird 775 als *villa Gotaha* erstmals erwähnt. Damals schenkte Kaiser Karl d. Gr. den Ort dem Kloster Hersfeld. Zwischen 1180 und 1190 wird er zum erstenmal als Stadt genannt. Ab 1572 gehörte Gotha zum Herzogtum Sachsen-Coburg, ab 1640 (bis 1918) war es Residenzstadt des Herzogtums Sachsen-Gotha.
1767 entstand eine Porzellanmanufaktur, 1785 wurde von Johann Georg Justus Perthes ein Verlag mit kartographischer Anstalt gegründet, in dem u. a. die nützlichen Adelskalender herauskamen. 1875 vereinigten sich in G. die Sozialdemokrati-

sche Arbeiterpartei (Bebel/Liebknecht) und der Allgemeine Deutsche Arbeiterverein (Lassalle) zur Sozialdemokratischen Arbeiterpartei Deutschlands. 1917 wurde hier die Unabhängige Sozialdemokratische Partei Deutschlands (USPD) gegründet.

Augustinerkirche (Klosterplatz): Die Kirche gehörte erst (ab 1216) zu einem Zisterzienser-Nonnenkloster, später (ab 1258) zu einem Kloster der Augustinereremiten. Der Innenraum des im Kern got. Bauwerks wurde 1676–80 barock umgebaut. Er hat eine Kassettendecke, die v. Holzpfeilern getragen wird, und ist v. viergeschossigen Emporen umgeben. Bemerkenswert sind die Kanzel aus dem 17. Jh. und die Fürstenloge. 1515 predigte hier Martin Luther als Distriktsvikar. Die ehem. Klostergebäude sind stark verändert.

Margarethenkirche (Neumarkt): Die dreischiffige spätgot. Hallenkirche wurde ab 1494 auf den Grundmauern einer roman. Basilika errichtet und im 17. Jh. barock umgebaut. Der W-Turm mit barockem Helm hat eine Höhe v. 60 m. Nach starker Beschädigung im 2. Weltkrieg wurde die Kirche 1952 mit flacher Holzdecke statt mit Gewölben wiederaufgebaut. Die Ausstattung besteht u. a. aus einem Taufstein v. 1687, einer Kanzel v. 1727, einem spätgot. Relief mit einer Darstellung des Abendmahls aus der Zeit um 1500 und dem Epitaph für Herzog Ernst den Frommen v. 1728.

Schloß Friedrichsthal (Friedrichstr.): Die aus 3 Gebäudeflügeln bestehende barocke Anlage wurde 1708–11 v. W. C. Zorn von Plobsheim* errichtet. Westlich des Schlosses liegt eine Orangerieanlage.

Schloß Friedenstein: Das 1. Barockschloß in Thüringen wurde 1643–55 errichtet. Es ersetzte die 1567 geschleifte Burg Grimmenstein. Das Wahrzeichen v. G. hat zwei ungleiche Türme. Die reiche barocke Einrichtung des Festsaals entstand in den Jahren 1687–97. Die einschiffige Schloßkirche wurde 1646 geweiht und 1687–97 umgebaut. Sie hat eine bemalte Stuckdecke und doppelte Emporen. In der

Gruft stehen die Prunksärge der gothaischen Herzöge. Im W-Turm des Schlosses befindet sich das *Schloßtheater* (erbaut 1683). Es wird auch Ekhof-Theater genannt nach dem Schauspieler Conrad Ekhof (1720–78), der hier 1774 das 1. dt. Theater gründete, an dem die Schauspieler fest angestellt waren. Die Bühnentechnik ist weitgehend im Originalzustand erhalten. Das Theater gehört zum *Museum für Regionalgeschichte und Volkskunde*, das die Theater- und Musikgeschichte v. G. dokumentiert, in dem aber auch Trachten und Waffen gezeigt werden. Das *Schloßmuseum* umfaßt mehrere Abteilungen, dt. und niederländische Malerei (Werke v.. Barthel Bruyn d. Ä.*, Peter Paul Rubens*, Anthonis van Dyck*, Frans Hals* und Jan van Goyen* sowie das berühmte »Gothaer Liebespaar« des Hausbuchmeisters* aus dem 15. Jh.), ein Kupferstichkabinett mit etwa 50 000 Blättern (überwiegend aus der Zeit Dürers und des Barock), ein über 250 Jahre altes Münzkabinett mit etwa 100 000 Stücken, eine Antikensammlung (griech. Vasen) und eine Chinasammlung. Im Schloß befinden sich außerdem das *Historische Staatsarchiv*, das *Kartographische Museum* und eine 500 000 Bände umfassende *Forschungsbibliothek* (die ehem. Landesbibliothek). Sie besitzt auch eine bedeutende Handschriftensammlung und über 1000 Wiegendrucke.

Rathaus (Hauptmarkt): Der Renaissancebau wurde in den Jahren 1567–77 errichtet. Er war urspr. ein Kaufhaus, vor dem Bau von Schloß Friedenstein die Residenz des Herzogs Ernst I. und erst ab 1665 Rathaus. An der S-Seite befindet sich ein Turm mit Kuppel und Laterne, an der N-Seite ein schönes Portal. – Am Hauptmarkt stehen auch einige schöne *Bürgerhäuser:* das *Alte Waidhaus*, ein Renaissancebau v. 1577 (Nr. 45), und das sog. *Lucas-Cranach-Haus* aus dem 18. Jh. (Nr. 17). An der N-Seite des Rathauses steht der *Schellenbrunnen*.

Außerdem sehenswert: *Wohn- und Sterbehaus v. Conrad Ekhof* (Schloßgasse 12). Sein *Grabmal* ist seit 1969 im Gedächtnishain des Hauptfriedhofs (Langensalzaer Straße) aufgestellt. Hier steht auch in der Urnenhalle die Urne v. Bertha v. Suttner,

Gotha, Blick vom Schloß zum Rathaus und Hauptmarkt

die u. a. mit dem Roman »Die Waffen nieder!« (1899) bekannt wurde und die man 1905 mit dem Friedensnobelpreis auszeichnete. Das *Krematorium* des Hauptfriedhofs v. 1878 gilt als ältestes in Europa. – Im Brühl steht das 1223 gegr. *Hospital Maria Magdalena*, ein Barockbau v. 1716–19, in dem heute ein Feierabendheim untergebracht ist. – Die *Pferderennbahn Boxberg* war, als sie 1878 eingeweiht wurde, die längste und technisch beste in Deutschland. – Oberhalb des Oberen Hauptmarkts befindet sich die *Wasserkunst* und in unmittelbarer Nähe davon ein *Denkmal* für Herzog Ernst I., den Frommen.

Umgebung

Georgenthal (17 km s): Von dem um 1140 gegr. Zisterzienserkloster, das 1525 zerstört wurde, sind nur noch spärliche Reste vorhanden. Erhalten ist das got. *Kornhaus*, in dem heute ein *Heimatmuseum* untergebracht ist. – Das *Schloß* im NW der Klosteranlage stammt im Kern aus dem 16. Jh.

Siebleben (2 km ö): Der Schriftsteller Gustav Freytag kaufte 1850 das *Landhaus* in der Weimarer Str. 145. In den folgenden Jahren verbrachte er hier meist den Sommer. Nach seinem Tod in Wiesbaden 1895 wurde er auf dem alten Sieblebener Friedhof begraben. Freytags Arbeitszimmer im 1. Stock des Hauses ist im Originalzustand erhalten.

37073–85 Göttingen
Niedersachsen

Einw.: 124 300	Höhe: 150 m	S. 1277 □ H 7

Göttingen ist an der Kreuzung zweier alter Handelsstraßen (Hellweg und Königsstraße) entstanden. 1737 wurde die Stadt durch die v. Kurfürst Georg August v. Hannover gegr. und nach ihm benannte Universität zu einem geistigen Zentrum, das viele berühmte Geister in die Stadt gebracht hat, so die Mathematiker und Physiker Abraham Gotthelf Kästner und Georg Christoph Lichtenberg, die Lyriker Gottfried August Bürger und Friedrich Wilhelm Gotter, den Homerübersetzer Johann Heinrich Voß, aber auch Wilhelm und Alexander v. Humboldt, Clemens Brentano, die Brüder Jacob und Wilhelm Grimm, Heinrich Heine und Hoffmann v. Fallersleben. – Göttingen war auch das Zentrum des Hain-Bundes (1772), der Protestbewegung gegen den Rationalismus der Aufklärung. Betontes Gefühl verband ihn mit dem Sturm und Drang.

Ev. Jakobikirche (Jakobikirchhof): Der Bau der Kirche wurde 1350 begonnen und war 1433 mit dem Ausbau des 74 m hohen Turms abgeschlossen. Korrekturen brachte ein Umbau im Jahre 1555 (nach einem Brand). Wichtigstes Stück innerhalb der reichen Ausstattung ist ein *Flügelaltar* (1402).

Ev. Albanikirche (Geismarstraße, Nähe Stadthalle): Das Hauptaugenmerk in dieser Kirche, die in ihren wesentlichen Teilen im 15. Jh. entstanden ist, sollte dem *Flügelaltar* (Enthauptung des Albanus und 8 Szenen aus dem Marienleben) gelten, den H. v. Geismar 1499 geschaffen hat.

Ev. Johanniskirche (am Markt): Eindrucksvollster Bauteil dieser Kirche, mit deren Bau im 13. Jh. begonnen wurde (Fertigstellung der beiden Türme zu Beginn des 15. Jh.), ist die mächtige, schmucklose W-Fassade, bei der erst in Höhe der Langhausmauern das Mauerwerk unterbrochen war (das Portal wurde erst zu einem späteren Zeitpunkt eingelassen).

Ev. Marienkirche (Groner Torstraße): Der einschiffige Bau aus dem 14. Jh. wurde später mehrfach erweitert und erhielt erst im 15. Jh. den heutigen Glockenturm. Hervorzuheben ist der *Wandelaltar*, der im 16. Jh. in der Werkstatt B. Kastrops entstanden ist und v. dem einzelne Teile an verschiedenen Stellen der Kirche aufgebaut worden sind. Zwischen der Kirche und einer im 14. Jh. errichteten Kommende (für die Deutschordensritter) steht ein Torturm.

Paulinerkirche/Ehem. Dominikanerkloster (Paulinerstraße): 1304 war der Klosterbau, 1331 die Klosterkirche vollendet. 1737 zog die Universität in die Klostergebäude ein (später nur Universitätsbibliothek). Die Kirche hat einen ungewöhnlich großen Innenraum, der streng gegliedert ist und Ähnlichkeit mit den mitteldeutschen Kirchen des Bettelordens erkennen läßt.

Altes Rathaus (Markt): Das historische original erhaltene Rathaus (1366–1403) ist das beherrschende Gebäude des Marktplatzes. Der größere N-Teil und der s Erweiterungsbau sind deutlich voneinander abgesetzt. Hervorzuheben ist die Eingangslaube vor dem s Bauteil. Im Inneren sind die Rathaushalle, der Ratskeller und die Scharwache sehenswert. Vor dem Rathaus steht der 1901 aufgestellte Gänseliesel-Brunnen.

Universitätsbauten: Der Neubau der Universität im N der Stadt hat viele Institute und Einrichtungen der 1734 gegr. und 1737 eingeweihten Universität zusammengefaßt. Nachdem anfangs die *Collegiengebäude* des Dominikanerklosters (siehe Paulinerkirche) als Sitz der Universität dienten, kamen Ergänzungsbauten an verschiedenen Stellen der Stadt hinzu. 1816 war die *Sternwarte* abgeschlossen, 1837 wurde das *Aulagebäude* (Wilhelmsplatz 1) eingeweiht. 1865 folgte das *Auditoriengebäude* (Weender Landstr. 2).

Niedersächsische Staats- und Universitätsbibliothek (Prinzenstraße): Mit einem Bestand von weit mehr als 1,5 Millionen Bänden (darunter mehr als 10 000 Handschriften und 6000 Inkunabeln, u. a. die Gutenberg-Bibel um 1455) gehört die Bibliothek zu den größten im gesamten deutschsprachigen Raum.

Museen: *Städt. Museum* (Ritterplan 7–8): Im Hardenberger Hof, einem Adelspalais aus der Zeit der Renaissance, sind Sammlungen zur Ur- und Frühgeschichte, Landes-, Stadt-, Universitäts- und Studentengeschichte, Fayencen, Porzellan, Zinn, Waffen, Musikinstrumente und Graphik zu besichtigen. – *Kunstsammlung der Uni-*

Göttingen, Flügelaltar in der Jakobikirche

versität Göttingen (Hospitalstr. 10): Bedeutende Werke der Malerei, Graphik und Plastik aus Italien, den Niederlanden und Deutschland vom 14.–20. Jh.

Theater: *Dt. Theater* (Theaterplatz 11): Das Theater wurde nach Plänen v. Hofbaumeister Schnittger (Oldenburg) in den Jahren 1889–90 errichtet – *Junges Theater* (Hospitalstr. 1): In dem ehem. Otfried-Müller-Haus (Mitte 19. Jh.) wurde das heutige Kommunikations- und Aktionszentrum mit einem großen und einem kleinen Saal eingerichtet. Hier ist auch das 1957 gegr. *Junge Theater* zu Hause. – Alljährlich im Juni finden in Göttingen die *Händel-Festspiele* statt.

Außerdem sehenswert: *Wohnhäuser:* Das älteste erhaltene Haus Niedersachsens (1276) steht in der Roten Straße (Nr. 26); schöne Häuser sind aber auch in der Johannisstraße (Haus Nr. 33), Burgstraße (Haus Nr. 1) und in der Barfüßerstraße (Haus Nr.

12) anzutreffen. Sie entstanden alle um 1540 und sind in ihren Grundzügen bis heute erhalten geblieben. – *Bismarckhäuschen und Wallbefestigung* (Wall): Von der Wallbefestigung ist nur dieser Turm erhalten, in dem der spätere Kanzler Otto von Bismarck im Jahr 1833 als Student gewohnt hat.

Umgebung

Bursfelde (24 km w): Das an der Weser gelegene *Benediktiner-Kloster* (1093 v. H. v. Northeim gestiftet) war unter Abt v. Hagen (1439–69) Zentrum der *Bursfelder Kongregation,* einer Union v. Klöstern, die sich wieder stärker an der urspr. Benediktinerregel orientieren wollten.

Nikolausberg (6 km nö): Ehem. Augustinerinnen-Klosterkirche (12. Jh.) mit stark rest. Hauptaltar (um 1490); der gemalte n Altar um 1400.

Plesse (8 km n): Burgruine Plesse (11. Jh.).

Gräfenhainichen, Paul-Gerhardt-Kapelle

06773 Gräfenhainichen
Sachsen-Anhalt

Einw.: 9800   Höhe: 93 m   S. 1278 □ N 7

Der Ort im Norden der Dübener Heide entstand vermutlich im 12. Jh. 1454 erhielt er die Stadtrechte. Hier wurde 1607 der Kirchenlieddichter Paul Gerhardt geboren. Er schrieb u. a. »O Haupt voll Blut und Wunden« (1656).

Stadtkirche: Das im Kern got. Bauwerk wurde nach der Zerstörung 1637 barock wiederaufgebaut. Der neugot. W-Turm entstand 1866. Die Ausstattung der Kirche (Altar und Kanzel) ist barock.

Außerdem sehenswert: Klassizistische *Paul-Gerhardt-Kapelle* v. 1844 auf dem Friedhof. – *Paul-Gerhardt-Denkmal* in der Karl-Liebknecht-Str. v. 1911. – Ruine der 1637 zerstörten *Burg* (sie ist heute in ein Freilichttheater einbezogen). – Von der ma

Stadtbefestigung sind Teile der Ringmauer und 2 got. Tortürme erhalten.

Umgebung

Oranienbaum (10 km nö): Der Ort wurde ab 1683 v. dem Niederländer Cornelius Ryckwaert* angelegt. Er baute auch das barocke *Schloß* als Sommerresidenz für die Fürstin Henriette Katharina v. Anhalt aus dem Hause Oranien. Die zweistöckige barocke Dreiflügelanlage im Stil eines holländischen Landsitzes bildet den Abschluß der Straßenhauptachse des Ortes. Von den Räumen im Schloß, in dem heute das Staatsarchiv untergebracht ist, verdienen der Sommerspeisesaal mit Delfter Kacheln sowie der Teesaal mit gepreßter Ledertapete bes. Beachtung. In der ehem. Remise befindet sich ein *Museum für Buchdruckerkunst.* Der Schloßpark wurde im Barockstil angelegt. Der kleine Landschaftspark im N wurde 1793–97 v. Johann Friedrich Eyserbeck* gestaltet. Hier finden sich ein Pavillon und eine Pagode, die 1795–97 nach Plänen v. Georg Christoph Hesekiel* erbaut wurden. – Am Schnittpunkt v. Hauptstr. und Querstr. liegt der *Markt.* Hier steht eine Sandsteinvase mit Orangenbaum, die Wahrzeichen der Stadt sind. Am S-Ende der Querstr. liegt die *Stadtkirche,* ein barocker Zentralbau, der 1702–12 errichtet wurde. Der Grundriß ist oval.

16775 Gransee
Brandenburg

Einw.: 5100   Höhe: 56 m   S. 1275 □ P 4

Der Ort in der Mark an der Bahnstrecke Berlin–Neubrandenburg wurde von Markgraf Johann I. von Brandenburg gegründet. 1262 erhielt er Stadtrechte. Der rechteckige Stadtgrundriß ist seit dem 18. Jh. durch die bestechende Regelmäßigkeit des gitterförmigen Straßennetzes geprägt.

Stadtkirche St. Marien: Die spätgot. dreischiffige Hallenkirche aus Backstein wurde um 1370 begonnen und im 1. Viertel des 15. Jh. fertiggestellt. Am O-Ende der Kirche finden sich Blend- und Maß-

Oranienbaum (Gräfenhainichen), Schloß von der Gartenseite

werkgiebel, die nach dem Vorbild der Marienkirchen in Neubrandenburg und Prenzlau gestaltet sind.

Innenausstattung: Spätgot. Schnitzaltar aus der Zeit um 1520; *Flügelaltar* aus der 1. Hälfte des 16. Jh.

Heimatmuseum (Klosterplatz): Kleine Sammlung mit Möbeln sowie vor- und frühgeschichtlichen Funden. Sie ist in der ehem. Spitalkapelle St. Spiritus untergebracht, einem frühgot. einschiffigen Backsteinbau, 14. Jh.

Außerdem sehenswert: Von der ma *Stadtbefestigung* sind noch das *Ruppiner Tor*, ein spätgot. Backsteinbau aus der 1. Hälfte des 15. Jh. und der *Pulverturm* aus der 2. Hälfte des 15. Jh. vorhanden. – Von dem *Franziskanerkloster*, das Ende des 13. Jh. gegr. wurde und bis 1541 bestand, stehen nur noch ein Rest der N-Wand des Chors (um 1300) und der O-Flügel der Klausur mit Kreuzgang und Schlafsaal. – Das *Luisen-Denkmal*, ein Monument für die preußische Königin, entstand 1811 nach einem Entwurf v. Karl Friedrich Schinkel*.

Umgebung

Zehdenick (11 km ö): Die Gebäude des 1230 gegr. *Zisterzienser-Nonnenklosters* brannten 1801 bis auf den n Kreuzgangflügel ab (zweischiffige Räume mit Kreuzrippengewölben). Ein Hungertuch aus dem 13. Jh., das einmal dem Kloster gehörte, befindet sich heute im Märkischen Museum in Berlin.

35753 Greifenstein
Hessen

Einw.: 7300   Höhe: 430 m   S. 1276 □ E 9

Burg Greifenstein: Die Burg, die nur als Ruine erhalten ist, hat urspr. aus einer Haupt- und 2 Vorburgen bestanden. Der

Greifswald, Blick zur Marienkirche

Kern der Anlage geht auf das 12. Jh. zurück. Ihr jetziges Aussehen erhielt die Burg bei Umbauten im Jahr 1919. Seit 1973 befindet sich in der Burg das Dt. Glockenmuseum, und das Burg- und Ortsmuseum. Der Schloßgarten ist mehrfach umgestaltet worden. – Die *Burgkapelle St. Katharina* (1448–76) ist heute ev. Pfarrkirche.

17489–93 Greifswald
Mecklenburg-Vorpommern

Einw.: 65 500   Höhe: 2–7 m   S. 1275 ☐ P 2

Eine in der 2. Hälfte des 12. Jh. an einer Straßenfurt über den Fluß Ryck entstandenen Siedlung wurde v. Mönchen des 1199 bei einer nahen Salzquelle gegr. Zisterzienserklosters Eldena stark gefördert und erhielt 1250 als Marktflecken Stadtrecht. Unmittelbar danach ließen sich hier Fran-

< *Gransee, St. Marien, Ostgiebel*

ziskaner und Dominikaner nieder, und 1264 wurde die Stadt befestigt. Als Fern- und Seehandelsstadt gehörte G. vom 13. bis ins 17. Jh. dem Bund der Hanse an und erlebte in dieser Zeit seine Blüte. Die Stadtstruktur mit einem gitterförmigen Straßennetz, 3 großen Pfarrkirchen und mehreren got. oder aus der Renaissancezeit stammenden Bürgerhäusern künden noch heute davon; zudem wurde 1456 auf Betreiben des Bürgermeisters Heinrich Rubenow durch Herzog Wartislav IX. v. Pommern hier die zweitälteste Universität N-Europas gegründet und die Nikolaikirche in den Rang einer Kollegiatstiftskirche erhoben. 1648–1815 stand G. unter schwedischer Verwaltung, danach kam es zu Preußen und gelangte allmählich wieder zu bescheidenem Wohlstand, wofür eine große Zahl schlichter klassizistischer Bürgerhäuser v. hohem architektonischen Reiz zeugen. Auch in den seit der Mitte des 19. Jh. gewachsenen Vorstädten blieben interessante Bauwerke aller jüngeren Stilrichtungen erhalten.

Pfarrkirche St. Jakobi (Domstraße): Die dreischiffige Hallenkirche mit polygonal geschlossenem einschiffigem Chor und viergeschossigem W-Turm wurde nach 1250 als chorlose zweischiffige Hallenkirche begonnen. Um die Mitte des 14. Jh. wurde der Chor angebaut, das Langhaus zur dreischiffigen Halle mit Kreuzrippengewölben auf Rundpfeilern verändert und sein O-Giebel erneuert. Mit der Errichtung der beiden oberen Turmgeschosse war die Kirche um 1400 fertiggestellt.

Pfarrkirche St. Marien (Brüggstr.): Ende des 13. Jh. wurde mit dem Bau der Umfassungswände der heutigen dreischiffigen Hallenkirche mit geradem W-Schluß begonnen. Zu den ältesten Bauteilen gehören auch das Turmuntergeschoß mit den urspr. niedrigeren Seitenhallen und einer reichdekorierten Portalhalle in der W-Wand. Die Kirche wurde um 1360 mit der Errichtung des v. Fialen und Maßwerkblenden gegliederten monumentalen O-Giebels vollendet.
Die 1985–87 rekonstruierte Farbigkeit der Innenarchitektur entspricht dem originalen Zustand aus der Zeit um 1360, die in einer s Turmseitenkapelle entdeckte

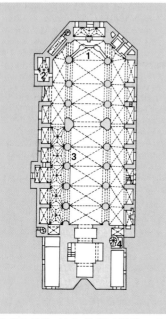

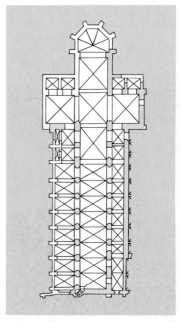

Greifswald, Domkirche St. Nikolai 1 Binnenchor mit neugot. Schranken **2** Sakristei **3** liturgisches Zentrum, 1989 **4** Anbau, 1989, mit Haupteingang

Greifswald-Eldena, Zisterzienserkirche Grundriß mit noch erhaltenen Bauteilen (schwarz)

Wandmalerei ist um 1411 entstanden. – Aus dem 15./16. Jh. stammen der Mittelschrein eines Flügelaltars mit der Grablegung Christi und ein Altarrelief mit der Hl. Sippe. Norddeutsche Meister schufen 1587/88 die Kanzel mit figürlichen Intarsien von Joachim Mekelenborg und geschnitzten Hermenpilastern; am Kanzelpfeiler die Bildnisse der Reformatoren Luther, Bugenhagen und Melanchthon. Pastorenbildnisse und Epitaphien des 17./18. Jh. sowie eine Kapellenschauwand und das figurenreiche *Grabmonument* Franz v. Essens aus dem 18. Jh. sind jetzt in den Turmseitenhallen untergebracht.

Domkirche St. Nikolai: Aus einer 1280 erstmals genannten, damals noch im Bau befindlichen Hallenkirche mit einschiffigem Chor hervorgegangen, hat die jetzige dreischiffige Basilika, deren im O dreiseitig geschlossener basilikaler Chor sich in gleicher Höhe und Breite dem Langhaus

anschließt, ihre Gestalt nach der Mitte des 14. Jh. und im 1. Viertel des 15. Jh. erhalten. Achteckpfeiler tragen die Kreuzrippengewölbe, in den Seitenschiffen kommen auch Sterngewölbe vor. Gleichzeitig entstanden die Seitenschiffkapellen zwischen den nach innen gezogenen Strebepfeilern. Der das Stadtbild bes. prägende W-Turm mit mächtigem W-Portal wuchs mit dem Langhaus der Kirche empor, die schlanke barocke Zwiebelhaube mit 2 Laternen ersetzte 1652 einen got. Turmhelm.

Hospital St. Spiritus (Domstr.): Das Altenheim wurde im 13. Jh. gestiftet. Die heutigen Gebäude, eingeschossige Fachwerkbauten, die einen Hof umgeben, stammen aus der 2. Hälfte des 18. Jh. Im Innenhof finden im Sommer Konzerte statt.

Rathaus (Platz der Freundschaft): Der

Greifswald-Eldena, Zisterzienserkirche >

urspr. got. Backsteinbau aus dem frühen 15. Jh. wurde nach Bränden 1713 und 1736 im Stil der Spätrenaissance wieder aufgebaut. Im Ratssitzungszimmer findet sich eine vergoldete Stuckdecke v. 1748. Die Tapetengemälde an den Wänden entstanden 1749.

Universität (Domstr.): Das dreistöckige langgestreckte Barockgebäude wurde 1747–50 nach Plänen des Augsburger Baumeisters Andreas Mayer* errichtet. Es beherbergt einige beachtliche *Kunstwerke* (nur bei Ausstellungen zugänglich): u. a. den sogenannten Croy-Teppich, den Peter Heymans* 1554 geschaffen hat (Thema: Luther predigte das Evangelium), die Insignien des Rektors aus dem 17. und 18. Jh., einige Fürstenbildnisse aus dem 18. Jh. sowie die Porträts Greifswalder Professoren aus dem 19. Jh. N des Gebäudes steht ein neugot. Denkmal für Heinrich Rubenow (1856 nach Entwurf v. Friedrich August Stüler* mit Figuren v. B. Afinger* und W. Stürmer*).

Universitätsbibliothek (Rubenowstr. 4): Der Backsteinbau im Stil der Gründerzeit wurde 1882 nach Plänen v. Martin Gropius* errichtet.

Greiz, Eingang zum Sommerpalais

Museum der Stadt Greifswald (Theodor-Pyl-Str. 1): Das Museum ist in einem dreigeschossigen got. Backsteinbau untergebracht, der in seinem Kern aus dem 14. Jh. stammt und der einst Wohnhaus des Guardians des um 1245 gegr. Franziskanerklosters war. Zu sehen sind u. a. Ausstellungen zur Geschichte der Stadt sowie Werke des Malers Caspar David Friedrich*.

Außerdem sehenswert: Reste der *Stadtbefestigung*, u. a. der *Fangelturm* aus dem 14. Jh. – *Speicherhäuser* aus dem 18. Jh. und schöne *Bürgerhäuser*. – In der Stralsunder Str. die *Holländer Windmühle* v. 1870. – *Theater* (Platz der Freiheit) aus dem Jahre 1915.

Umgebung

Eldena (4 km ö): Die *Klosterkirche* des 1199 gegr. Zisterzienserklosters ist seit dem 18. Jh. Ruine; sie wurde wiederholt von dem romantischen Maler C. D. Friedrich* gemalt. Die Backsteinbasilika war im 13. und 14. Jh. erbaut worden. – Zu dem malerischen Fischerdorf *Wieck* gelangt man über eine hölzerne Klappbrücke v. 1886–87 über den Ryck.

Ludwigsburg (15 km ö, über Loissin): Das *Schloß*, eine Renaissance-Anlage, wurde nach 1577 errichtet und im 19. Jh. umgebaut. Die Hofanlage mit Barockgarten besteht aus Fachwerkhäusern aus dem 18. Jh.; die Kapelle s des Schlosses entstand 1708.

07973 Greiz		
Thüringen		
Einw.: 31 600	Höhe: 262 m	S. 1278 ☐ N 9

Die »Perle des Vogtlands« liegt an der Weißen Elster in einer waldreichen Gegend. Vom 13. Jh. bis 1918 war hier die Residenz der Reuß von Plauen. Vor 1918 war Greiz sogar Hauptstadt des Fürstentums Reuß ältere Linie. Der Ort, der bereits in slawischer Zeit besiedelt war, wird 1359 erstmals als Stadt genannt. 1802 wurde er von einem Feuer zerstört.

Stadtkirche: Das dreischiffige Bauwerk mit Turm über dem Chor wurde weitgehend nach dem Brand 1802 errichtet.

Oberes Schloß: Das auf einem steilen Bergkegel oberhalb der Stadt gelegene Schloß geht auf eine ma Anlage zurück. Nach einem Brand 1540 wurde es wiedererrichtet und um 1700 und im 18. Jh. ausgebaut. Der rechteckige Hauptturm des Baus, der einen polygonalen Grundriß hat, stammt aus der Zeit nach 1625. Einige der Säle des Schlosses, in dem jetzt das Staatsarchiv eingerichtet ist, haben Barock- und Rokokodekorationen.

Unteres Schloß: Das im Stadtzentrum gelegene Schloß wurde nach dem Brand 1802–09 in schlichten klassizistischen Formen wieder aufgebaut. Hier und in der gegenüberliegenden klassizistischen Hauptwache (1817–19) ist das *Kreis-Heimatmuseum* untergebracht.

Sommerpalais (im Greizer Park): Der zweieinhalbgeschossige frühklassizistische Bau wurde 1779–89 errichtet. Er beherbergt heute die Staatliche Bücher- und Kupferstichsammlung, die aus der ehem. fürstlichen Bibliothek hervorgegangen ist (24 000 Bände). Zu den Schätzen gehören die erste Gesamtausgabe der Lutherbibel v. 1534 sowie Holzschnitte und Kupferstiche v. Albrecht Dürer[*]. Erster Anfang des 40 ha großen *Landschaftsparks* war ein um 1650 angelegter barocker Lustgarten. Dieser wurde 1827–29 in einen englischen Landschaftsgarten umgewandelt und 1871–85 nach Angaben des Muskauer Parkdirektors Carl Eduard Petzold planvoll gestaltet. In der 1787 errichteten Rotunde oberhalb des Parks steht die überlebensgroße Plastik eines sterbenden Kriegers v. K. Albiker[*] (1926).

23936 Grevesmühlen

Mecklenburg-Vorpommern

Einw.: 11 300   Höhe: 33 m   S. 1274 □ L 3

Als Stadt aus einem zu Anfang des 13. Jh. entstandenen Dorf hervorgegangen, 1262 erstmals erwähnt. Im MA als Rastplatz an der Handelsstraße Lübeck–Wismar–Rostock von Bedeutung.

Stadtkirche St. Nikolai: Dreischiffige Hallenkirche; 3. Viertel des 13. Jh. errichtet; kuppeliges Kreuzrippengewölbe auf kreuzförmigen Pfeilern. – Ältestes Ausstattungsstück: die *Kalksteinfünte*, eine Triumphkreuzgruppe (15. Jh.).

Rathaus: Backsteinbauwerk v. 1715.

Greiz, Elsterpartie mit Oberem Schloß

Grimma, Ruine des Zisterzienserinnenklosters Marienthron

Umgebung

Plüschow (10 km sö): Das *Schloß* entstand 1758–63 im Auftrag eines Hamburger Kaufmanns. Im Treppenhaus und einigen Räumen Rokokostuckdecken.

04668 Grimma
Sachsen

Einw.: 17 500   Höhe: 130 m   S. 1279 □ O 8

Der Ort liegt im Tal der Mulde. Hier ließ der Markgraf von Meißen im frühen MA eine Burg errichten, um den Übergang über den Fluß zu sichern. Eine Brücke wird erstmals 1292 erwähnt. Sie wurde 1716–19 nach Plänen v. Matthäus Daniel Pöppelmann* ausgebaut. Die Große Muldebrücke, ein Barockbau, ist noch heute in Gebrauch. Nur der Mittelteil ist durch eine Stahlkonstruktion ersetzt.

In Grimma wurde 1550 nach Meißen (St. Afra) und Schulpforta die 3. Fürstenschule in Sachsen eingerichtet. Unter ihren Schülern war der Kirchenlieddichter Paul Gerhardt (1607–76).

Augustinerkirche: Die einschiffige frühgot. Kirche, die um 1290 begonnen wurde, hat man im 15. Jh. umgebaut. An ihrer N-Seite findet sich ein Treppenturm, im Inneren ein hölzernes Stichkappentonnengewölbe.

Friedhofskirche zum Hl. Kreuz: Im Innenraum der ab 1566 erbauten und 1910 veränderten Kirche findet sich ein beachtlicher spätgot. Altar mit dreifachen Flügeln, der 1519 für die Kirche erworben wurde (vermutlich eine Wittenberger Arbeit).

Stadtkirche Unser Lieben Frauen: Frühgot. Bauwerk mit spätroman. doppeltürmigem Westwerk. Es wurde um 1230 begonnen und um 1300 fertiggestellt. Die Kreuzrippengewölbe der Pfeilerbasilika sind späteren Datums.

Der Schnitzaltar mit gemalten Außenflügeln entstand um etwa 1520. Er wird dem Meister des Knauthainer Altars zugeschrieben. Im Schrein ist die Geburt Christi dargestellt.

Rathaus: Nach einem Brand 1538 wurde das gotische Gebäude von 1442 in den Jahren bis 1585 im Renaissancestil wiederhergestellt. Es hat einen rechteckigen Grundriß, zwei Stockwerke und eine Freitreppe an der W-Seite.
In einem *Bürgerhaus* aus dem 16. Jahrhundert (Markt 11) hatte der Leipziger Verlagsbuchhändler Göschen, der sich als Verleger von Klassikerausgaben einen Namen machte, ab 1796 seine Druckerei. Hier wohnte auch in den Jahren 1797 bis 1801 sein Korrektor, der Schriftsteller Johann Gottfried Seume (1763 bis 1810). In Grimma begann Seume seine berühmt gewordene Fußreise nach Syrakus, die er in dem Buch »Spaziergang nach Syrakus im Jahre 1802« beschreibt.
Das Haus *Markt 15* hat ein Portal von 1572, das Haus *Nr. 23* wurde 1724 errichtet.

Schloß: Das Gebäude, das 1200 erstmals urkundlich erwähnt wird, stammt im wesentlichen aus dem 16. Jahrhundert. Der Ost- und der West-Flügel wurden durch Mauern verbunden (heute Verwaltungsgebäude).

Außerdem sehenswert: Einschiffige *Kapelle* des um 1240 gegr. Georgen-Hospitals. – 1618–21 erbautes sog. *Döringsches Freihaus* in der Klosterstr. 5. – *Kreismuseum Grimma* in der Paul-Gerhardt-Str. 43. – *Mühlenmuseum* (Großmühle 2). Hier sind u. a. Sackdruckmodeln, Wanderbücher und Innungsgerät zu sehen. – *Gattersburg*, ein 1792 erbautes Landhaus oberhalb der Mulde. In ihm ist heute eine Ausflugsgaststätte untergebracht. – Im Ortsteil *Nimbschen* die Ruine des *Zisterzienserinnenklosters Marienthron*. Aus diesem Kloster floh Ostern 1523 die Nonne Katharina v. Bora, die spätere Frau Martin Luthers.

Umgebung

Pomßen (8 km w): Spätromanische *Dorfkirche* mit Apsis, W-Turm und s Seitenschiff; besitzt ungewöhnlich reiche Ausstattung aus Renaissance und Barock: u. a. Emporen v. 1668, eine Loge v. 1686, eine Orgel v. 1660. Der dreiteilige Altaraufbau wurde nach 1573 von Andreas Lorentz[*] aus Freiberg geschaffen.

18507 Grimmen
Mecklenburg-Vorpommern

Einw.: 13 800   Höhe: 20 m   S. 1275 □ O 2

An der ma Handelsstraße v. Greifswald nach Tribsees gelegen, fand die Stadt 1276 erstm. urkundliche Erwähnung. Die parallel zueinander im Bogen geführten 3 Hauptstraßen der Altstadt werden gitterförmig v. kleinen Nebenstraßen gekreuzt und tangieren den zentral gelegenen Marktplatz.

Pfarrkirche St. Marien: Dem urspr. im O gerade geschlossenen Kernbau, einer frühgot. dreischiffigen Hallenkirche mit zwei- und dreiteiligen Fenstern, jetzt vermauerten breiten Portalen, v. Blenden gegliederten Giebeln und kräftigen Strebepfeilern außen, Kreuzrippengewölben auf achteckigen Pfeilern mit kelchförmigen Kämpfern im Inneren, wurde erst im 15. Jh. der dreischiffige Hallenchor mit Umgang angefügt. Binnenchor und Umgang sind im O dreiseitig und kreuzrippengewölbt, die Wände des Umgangs durch die nach innen gezogenen Strebepfeiler v. hohen Spitzbogennischen gegliedert, in denen die Fenster liegen. – Das älteste Ausstattungsstück ist die frühgot. *Taufe* aus Kalkstein, das beachtenswerteste die v. einer Engelfigur getragene barocke *Kanzel*. Auch das Ratsgestühl v. 1590 und ein jüngerer Gestühlsrest besitzen neben den geschnitzten Wappen schönen figürlichen und vegetabilischen Reliefdekor.

Rathaus: Einem Vorgängerbau folgte um 1400 das jetzige, v. Typ des norddt. Patrizierhauses abgeleitete zweigeschossige Gebäude mit der zum Markt hin gelegenen kreuzgewölbten Gerichtslaube. Seinen Pfeilergiebel gliedern aufgelegte dünnformige Blenden; das achtseitige Türmchen dahinter ist wohl noch ma, die bekrönende Laterne stammt indessen aus dem 17. Jh.

Drei Stadttore: Stralsunder Tor, Greifswalder Tor und Mühlentor sind quadratische Tortürme aus dem 15. Jh. und in ihrer Gestalt sehr verwandt. Über der spitzbogigen Durchfahrt und 2 v. Blenden gegliederten Geschossen kehren sie ihre mit Fialen besetzten Giebel zur Stadt- und Feldseite, wobei die der Repräsentation dienenden feldseitigen Giebel abgestuft sind und reicheren Blendenschmuck tragen.

39397 Gröningen
Sachsen-Anhalt

| Einw.: 3100 | Höhe: 92 m | S. 1278 □ L 7 |

G. liegt an der Bode an der Straße von Halberstadt nach Magdeburg. Ein Königshof G., der vermutlich in Westergröningen lag, wurde 934 von Heinrich I. einem Grafen Siegfried geschenkt. Dieser gründete dort 936 eine Benediktinerabtei. 1368 verlegten die Bischöfe von Halberstadt ihre Residenz nach G., 1653 bekam es Stadtrechte.
Hier wurde am 13. 7. 1748 der Rokokodichter Leopold Friedrich von Goeckingk geboren (gest. 1828). Er war Mitglied des Halberstädter Dichterkreises.

Klosterkirche: Bei der Kirche des 936 gegr. ehem. Benediktinerklosters handelt es sich um eine in der 1. Hälfte des 12. Jh. errichtete roman. Flachdeckenbasilika. Sie hat einen hohen Vierungsturm und am W-Ende des Mittelschiffs eine Kapelle mit Tonnengewölbe aus der 2. Hälfte des 12. Jh. Im Langhaus kann man den sog. niedersächsischen Stützenwechsel sehen (2 Säulen wechseln jeweils mit einem Pfeiler ab). Die Stuckreliefs an der Empore (Christus und die Apostel) sind nur Kopien aus der Zeit um 1170 (Originale seit 1900 in Berlin). Weiterhin bemerkenswert sind ein roman. Taufstein und ma Wandmalereien. – Reste der ehemaligen *Abtei* finden sich am s Querschiffarm.

Gröningen, Klosterkirche

Außerdem sehenswert: Ruinen des 1586 für den Halberstädter Bischof Heinrich Julius erbauten *Schlosses*. Teile des Gebäudes finden sich unter anderem am Jagdhaus in Spiegelsberge bei Halberstadt. – Der Turm der *Stadtkirche St. Martin*, die im Jahre 1905 errichtet wurde, stammt v. einem Vorgängerbau aus dem Jahre 1616. – In einem Fachwerkhaus aus dem 16. Jh. in der Reichenstr. 9 ist das *Heimatmuseum* untergebracht.

Umgebung

Kroppenstedt (7 km ö): Die spätgot. *Pfarrkirche St. Martini* aus dem 15. Jh. wurde Ende des 16. Jh. nach S erweitert. Es handelt sich um eine asymmetrische vierschiffige Hallenkirche mit einschiffigem Chor und dem spätroman. W-Turm einer Vorgängerkirche. Die Kirche besitzt an der S-Seite ein Kielbogenportal v. 1593, an der N-Seite 2 Renaissanceportale v. 1616. Der Innenraum hat im Langhaus

Gröningen, Kapitell in der Klosterkirche

Gröningen, Engelsrelief in der Klosterkirche

Holzdecken und im Chor Kreuzrippengewölbe. Hier befinden sich ein Altaraufsatz v. 1693, eine Kanzel v. 1684, ein Taufstein v. 1610 sowie ein spätgot. Sakramentshaus.

Das in seinem Kern spätgot. zweigeschossige *Rathaus* aus dem 16. Jh. wurde im Jahre 1719 umgebaut. – Von der *Stadtbefestigung* sind bedeutende Teile der *Stadtmauer* sowie einige *Wehrtürme* erhalten.

39326 Groß Ammensleben
Sachsen-Anhalt

Einw.: 1400	Höhe: 50 m	S. 1278 □ L 6

Klosterkirche: Das Gotteshaus des ehem. *Benediktinerklosters*, das 1140 geweiht wurde, hat man Ende des 15. und Anfang des 16. Jh. teilweise verändert. Unverändert erhalten sind das Langhaus und ein n Nebenchor. Besondere Beachtung verdient der originale Fußboden im Chor aus unterschiedlich gefärbten Tonziegeln. Weiterhin finden sich Sandsteinplastiken aus dem 14. und 15. Jh., Grabsteine aus dem 15. und 16. Jh. sowie 2 Altäre aus dem 16. Jh.

Die Klostergebäude sind bis auf den *Pferdestall* (zweischiffige Halle mit Kreuzgewölben) v. 1600 verschwunden.

01558 Großenhain
Sachsen

Einw.: 18 000	Höhe: 124 m	S. 1279 □ P 8

G. wurde 1088 vom böhmischen König Wladislaw gegründet. Es war im MA neben Görlitz und Zwickau ein Zentrum der Tuchmacherei. Teile der Stadt wurden bei einem Feuer 1744 zerstört.

Stadtkirche St. Marien: Nach der Brandkatastrophe wurde die Kirche in den Jahren 1744–48 v. Joh. Georg Schmidt[*], einem Schüler v. Georg Bähr (Erbauer der Frauenkirche in Dresden), barock wiederaufgebaut. Sie hat einen T-förmigen Grundriß; über dem fünfseitigen O-Abschluß erhebt sich ein schlanker Turm, der erst 1801 fertiggestellt wurde. Der Innenraum hat eine Muldendecke und rings umlaufende Emporen. Ein spätgot. Flügelaltar (im Schrein Maria mit 2 weiblichen Heiligen) v. 1499 bildet eine Einheit mit der Kanzel v. 1755 und der Orgel (N-Seite der Kirche) v. 1799.

Kreismuseum (Kirchplatz 4): Das Museum ist in der 1556 erbauten ehem. Lateinschule eingerichtet; es zeigt Münzfunde, Ofenplatten, Spielzeug u. a. Exponate.

Außerdem sehenswert: Ruine des 1540 abgebrannten *Nonnenklosters* der Reuerinnen. – *Das Haus Frauenmarkt 2* ist ein Barockbau.

64521 Groß-Gerau
Hessen

Einw.: 22 500   Höhe: 90 m   S. 1280 ☐ E 11

Ev. Pfarrkirche/Ehem. U. L. Frau (Kirchplatz): Der Neubau aus den Jahren 1470–90 ist im 2. Weltkrieg niedergebrannt, unter Verwendung der alten Außenmauern jedoch wieder aufgebaut worden. Bemerkenswert ist das W-Portal mit Muttergottes (15. Jh., mittelrheinisch) auf Mittelpfeiler.

Rathaus (Frankfurter Straße): Fachwerkbau aus den Jahren 1578–79. Mehrere Ergänzungsbauten und Renovierungen haben den urspr. Eindruck stark verändert. – Weitere *Fachwerkbauten* sind u. a. in der Mainzer Straße, am Burggraben und in der Kirchstraße zu sehen.

Umgebung

Dornberg (5 km s): Die Schloßresidenz der Grafen v. Katzenelnbogen aus dem 12. Jh. dient heute als Tagungsstätte.

Großgründlach
✉ **90427 Nürnberg**
Bayern

Einw.: 2800   Höhe: 300 m   S. 1282 ☐ L 11

Pfarrkirche: Aus dem Zyklus v. Glasfen-

stern, die nach Entwürfen v. Hans Baldung Grien ab 1504 urspr. für den Kreuzgang des Nürnberger Karmeliterklosters geschaffen wurden, befinden sich heute 8 in der Pfarrkirche (1681). – Sehenswert ist auch das *Barockschloß* am Ortsrand, das in den Jahren 1685–95 geschaffen wurde und v. einem Landschaftspark umgeben ist.

89312 Günzburg
Bayern

Einw.: 19 300   Höhe: 448 m   S. 1282 ☐ I 14

Frauenkirche (Frauenplatz): D. Zimmermann[*] hat die Kirche v. 1736–41 erbaut. In vielen Details lassen sich Parallelen zur Wieskirche feststellen. Für die Ausgestaltung des Kirchenraums wurden Künstler v. Rang verpflichtet: Die umfangreichen Wandmalereien stammen v. A. Enderle (1741).

Außerdem sehenswert: Über der Stadt liegt das *Schloß* (1580), in dem bis 1805 die österreichische Verwaltung untergebracht war. Kunsthistorisch bemerkenswert ist in der Schloßkapelle (1579/80) die w *Kapelle* (1754) v. Zimmermann-Schüler J. Dossenberger. Die Fresken stammen v. A. Enderle. – Auch die *ehem. Münze* (dem Schloß gegenüber) sowie einige *Bürgerhäuser* sind v. Dossenberger entworfen worden. – Das *Heimatmuseum* (Rathausgasse 2) zeigt Beiträge zur Vor- und Frühgeschichte, Volkskunde, Keramik und plastische Kunst.

18273 Güstrow
Mecklenburg-Vorpommern

Einw.: 37 000   Höhe: 8 m   S. 1274 ☐ N 3

G. war 1813 Zentrum der antinapoleonischen Bewegung in Mecklenburg. 1910–38 wohnte hier der Bildhauer und Dichter Ernst Barlach.

Dom St. Maria, St. Johannes Ev. und St. Cäcilia: Die dreischiffige Backsteinbasilika mit Chor, W-Turm und mehreren Anbauten entstand v. frühen 13. bis späten 15. Jh. in mehreren Etappen; älteste Teile aus

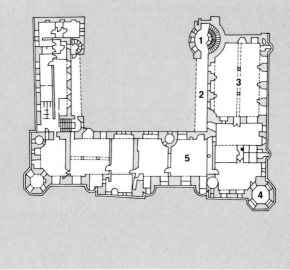

Güstrow, Schloß, *1. OG (Festetage)* **1** Haupttreppe **2** Galerie **3** Festsaal **4** Turmkabinett mit Ausmalung v. 1675 **5** Große Hofstube (Parrsaal)

der Zeit nach der Gründung des Stiftes sind die quadratischen Chorjoche und das Querschiff mit ihren spätroman. Formen, das zweijochige basilikale Langhaus ist anschließend entstanden. Im 1. Drittel des 14. Jh. wurden das Chorpolygon angefügt sowie Querschiff und Langhaus eingewölbt, in einer weiteren Bauphase gegen Ende des 14. Jh. kamen der querriegelartige W-Turm und die 3 Südkapellen hinzu, gleichzeitig wurde das n Seitenschiff zur zweischiffigen Halle erweitert. Die eingreifende Erneuerung v. 1865–69 bestimmt bis heute das weiträumige, gedrungen wirkende Innere. Im w Chorjoch erhielt sich aus der Mitte des 13. Jh. das achtrippige Domikalgewölbe mit Wanddiensten (Baugliedern) auf Kelchblattkapitellen, alle übrigen Raumteile sind kreuzrippengewölbt.

Die reiche Ausstattung des Domes ist ein gutes Spiegelbild v. 600 Jahren bildender Kunst in Mecklenburg. Aus dem MA sind erhalten: *ehem. Hochaltar* (um 1500) aus der Werkstatt des Hinrik Bornemann mit zentraler Kreuzigungsgruppe; 12 unterlebensgroße *Apostelfiguren* v. Claus Berg (um 1530), Hauptwerke des spätgot. Manierismus in N-Deutschland; Triumphkruzifixus (um 1370); am Dreisitz geschnitzte Wangen mit je 5 Reliefs (um 1400); frühgot. Kalksteintaufe. Erwähnenswerte Stücke sind: Kanzel mit Reliefs (um 1570), vermutlich v. Christoph Parr; Taufstein aus Alabaster und Sandstein (1591) v. Claus Midow und Bernd Berninger; Gedächtnistumba für Borwin II. v. 1574; aufwendige Renaissancebildwerke sind *3 Wandgräber* an der N-Seite des Chores. Im Schiff mehrere *Epitaphe* des 16./17. Jh., darunter das für Dr. Gluck (gest. 1707) v. Thomas Quellinus. Das *Grabmal* für G. v. Passow mit der lebensgroßen knienden Figur des Verstorbenen v. Charles Philippe Dieussart. In einem Anbau befindet sich die Fürstengruft mit reichverzierten Sarkophagen aus dem 17. und 18. Jh. In der n Halle 2 Werke v. Ernst Barlach: sog. *Gü-*

Güstrow, Schloß

strower Ehrenmal (auch als »Schwebender« bekannt), 1927 entstanden, 1937 entfernt und später vernichtet, durch einen
Nachguß des Kölner Zweitgusses ersetzt;
kleiner bronzener *Kruzifixus*, gegossen
nach einem Modell v. 1918.

Stadtpfarrkirche St. Marien: Urspr. eine
got. Backsteinbasilika v. zunächst 3, später 5 Schiffen mit vorgesetztem W-Turm
aus dem 14./15. Jh., nach dem Stadtbrand
v. 1503 stark erneuert. Heute als dreischiffige Hallenkirche mit geradem O-Schluß
und v. Seitenkapellen eingefaßtem Turm
das Ergebnis eines weitreichenden Um-
baues unter Georg Daniel in den Jahren
1880–83, dabei fast das gesamte Mauerwerk erneuert, der W-Turm mit der barocken Haube nur wenig verändert. Im
Inneren Sterngewölbe auf Achteckpfeilern. – Die Ausstattung ist künstlerisch
bedeutsam und zugleich eine der umfangreichsten einer mecklenburgischen Stadtkirche. Aus ma Zeit sind erhalten: *ehemaliger Hochaltar*, aufgestellt 1522, entstanden in der Werkstatt des Brüsseler Schnit-
zers Jan Bormann, die den Übergang zur
Renaissance verkörpernden *Tafelmalerei-
en* v. Bernaert v. Orley; *Triumphkreuzgruppe* v. 1516, ungewöhnlich die Hinzu-
nahme der Ureltern; Pietà (15. Jh.); apoka-
lyptische Madonna im Schrein (Anfang
16. Jh.). Aus nachreformatorischer Zeit
stammen die Kanzel (1583) v. Rudolf
Stockmann, das 1599 von Michel Meyer
geschaffene Ratsgestühl und die Wendeltreppe zur Orgelempore aus dem späten
16. Jh. Barocken Ursprungs sind die Orge-
lemporen und der zugehörige Prospekt
(1764/65), die 1729 entstandene Tür zur
Taufkapelle mit ihren biblischen Reliefs
sowie mehrere Grufteinbauten und Epitaphe.

Rathaus: Am Platz mehrerer Vorgänger
1793 durch den Umbau älterer Gebäude
unter Leitung v. David Anton Kufahl entstanden, die städtebaulich wichtige O-
Front durch eine einheitliche Fassade in
Empireformen zusammengefaßt. Im

Güstrow, Ernst Barlachs ehem. Atelier am Heidberg

ehem. Audienzsaal figürliche Stuckdecke
v. J. Metz (1754).

Ehem. Schloß (Museum, Kultureinrich-
tungen, Gaststätten): Es zählt zu den kunstgeschichtlich bedeutendsten Renaissancebauten N-Deutschlands, ging aus der 1307
gegr., 1557 und 1587 durch Brände zerstörten ma Burg hervor. Zunächst entstanden 1558–66 unter Leitung v. Franz Parr
S- und W-Flügel, v. 1588–94 dann nach
Plänen v. Philipp Brandin bzw. Claus Midow N- und O-Flügel. Die so entstandene
Vierflügelanlage vereinte in seltener Weise Elemente des dt., franz. und niederländ.
Schloßbaues. Nach Aufgabe der Residenz
geriet der Komplex ab 1695 in Verfall, so
daß schon 1795 der O- und Teile des N-
Flügels abgebrochen wurden. Die heutige
Dreiflügelanlage besteht aus dem Parr-
schen S- und W-Flügel mit ihren reichen
plastischen Fassadengliederungen (Rusti-
kaputz, Gesimse, Erker und Giebel) und
dem schlichteren N-Flügel Brandins.
Durch den in der Achse der Schloßbrücke
befindlichen Torrisalit betritt der Besucher
den Hof; hier erfuhr der S-Flügel durch
Treppenturm und Galerie eine zusätzliche
gestalterische Aufwertung, die auch in der
Ausstattung der Räume mit figürlichem
und ornamentalem Stuck eine Entspre-
chung findet; bes. das 1. OG mit dem reich
ausgestalteten *Festsaal* (Rotwildfries v.
1569–71 v. Christoph Parr und Kassettendecke v. Daniel Anckermann 1620) belegen das vielseitige ikonographische Programm der Raumdekorationen, bei denen
neben Stuck auch Wandmalerei, Keramik
und Holz eine wichtige Rolle spielten. Die
schönsten Räume sind öffentlich zugänglich (→ Museen).
S des Schlosses liegt der seit 1978 rekonstruierte *Renaissancegarten,* am w Zugang
steht vor der Brücke das 1671 im niederländ. Barockstil von Charles Philippe
Dieussart erbaute *Torhaus.*

Theater (Franz-Parr-Platz): Der klassizistische Theaterbau, der 1828–29 v. Georg Adolph Demmler[*] errichtet wurde, ist

Dobbertin (Güstrow), Klosterkirche

der älteste in Mecklenburg. Die Innen-
einrichtung ist modern. – Das *Haus Franz-
Parr-Platz 7* ist ein Barockbau aus dem 18.
Jh.

Ernst-Barlach-Gedenkstätte: Neben der
Gertrudenkapelle ist auch Barlachs ehem.
Atelier am Inselsee (Heidberg 15) als Museum eingerichtet. Barlach* ließ das Haus
1930 bauen. Zu sehen sind über 100 Gips-,
Holz- und Bronzeplastiken, Handschriften, Zeichnungen und Graphiken. Der Inselsee ist ein beliebtes Ausflugsgebiet.

**Georg-Friedrich-Kersting-Gedenk-
stätte** (Hollstraße 6): In dem schlichten
Fachwerkhaus wird an das Leben und
Werk des Malers der Biedermeierzeit Georg Friedrich Kersting* erinnert.

Museum der Stadt Güstrow (Franz-Parr-
Platz 7): Das bereits 1892 gegr. Museum
ist in einem barocken Bürgerhaus aus dem

18. Jh. untergebracht. Hier kann man sich
über die Stadtgeschichte vom MA bis zur
Gegenwart unterrichten. Berühmt ist die
Güstrower Theaterzettelsammlung, die
aus etwa 12 000 Programmen besteht und
v. 1741 bis zur Gegenwart reicht.

Umgebung

Dobbertin (22 km sw): Bei der im N des
Dobbertiner Sees gelegenen *Klosterkirche*
handelt es sich um einen einschiffigen got.
Backsteinbau aus dem 14. Jh. Die Kirche
gehörte urspr. zu einem Benediktiner-
Nonnenkloster, das um 1220 v. Heinrich
Borwin I. gegr. worden war. 1828–37 wurde sie nach Plänen v. Karl Friedrich Schinkel* grundlegend verändert. Aus dieser
Zeit datiert der neugot. Doppelturm im W
nach Vorbild der Friedrich-Werderschen
Kirche in Berlin.
Die Ausstattung besteht aus einem Renaissance-Taufstein v. 1586 und (in der
Oberkirche) aus Gestühl und einem Kanzelaltar aus der Zeit zwischen 1746 und
1749 (barock).

Rossewitz (über Recknitz, 20 km nö):
Das *Schloß*, einen Frühbarockbau mit 2
Voll- und 2 Halbgeschossen, errichtete
Charles Philippe Dieussart*. Im Erdge-
schoß finden sich Stuckdekorationen, im
großen Saal illusionistische Architektur-
Freskomalerei.

77793 **Gutach/Schwarzwaldbahn**
Baden-Württemberg

Einw.: 2200   Höhe: 300 m   S. 1280 □ E 14

**Schwarzwälder   Freilichtmuseum
Vogtsbauernhof:** Um das strohgedeckte
Gutacher Haus aus dem Jahr 1570 sind
weitere Schwarzwald-Bauernhöfe gruppiert. Die Häuser stammen zumeist aus
dem 16. und 17. Jh. und sind mit alten
Einrichtungsgegenständen und Wirt-
schaftsgeräten ausgestattet. Alle Maschinen innerhalb dieser Siedlung werden v.
Wasser angetrieben und können noch in
Betrieb gesetzt werden.

39398 Hadmersleben

Sachsen-Anhalt

Einw.: 2200 Höhe: 78 m S. 1278 □ L 6

H. liegt am Übergang einer alten Heerstraße von Halberstadt nach Magdeburg über die Bode. Hier wurde 961 ein Benediktiner-Nonnenkloster gestiftet. Eine hier gelegene Burg war 1144–1416 Sitz des Grafen von Hadmersleben. 1372 kam der Ort an das Erzstift Magdeburg, 1390 erhielt er Stadtrechte.

Klosterkirche: Die Kirche des ehem. Benediktiner-Nonnenklosters ist einer der bedeutendsten Sakralbauten der Gegend. Es handelt sich um einen langgestreckten rechteckigen Saal mit geradem Chorabschluß und einem hölzernen Tonnengewölbe. Im W liegt die Nonnenempore, darunter eine dreischiffige Halle mit Kreuzgratgewölben. Ein Teil dieser Unterkirche datiert aus der Zeit der Klostergründung (10. Jh.). Der W-Bau mit Zwillingshelmen stammt aus dem 11. Jh., die Maßwerkfenster im Chor stammen aus dem 14. Jh. An der N- und S-Seite der Kirche liegen je eine Kapelle mit Rippengewölbe. Die *Einrichtung* ist barock (1699–1710), Ausnahmen bilden der Löwentürklopfer am S-Eingang v. ca. 1160 und der schöne spätgot. Flügelaltar aus dem späten 15. Jh. mit Maria auf der Mondsichel im Schrein. An die N-Kapelle schließen sich der gut erhaltene zweischiffige Kapitelsaal mit Kreuzgratgewölben aus dem späten 12. Jh. sowie ein Flügel des Kreuzgangs an. Im barocken Obergeschoß des Kreuzgangs befindet sich ein Saal mit Wandtapeten zum griech. Befreiungskampf 1827.

Pfarrkirche Unser Lieben Frauen: Der W-Turm des zweischiffigen Barockbaus aus der Zeit nach 1664 ist got. Der Innenraum hat ein bemaltes hölzernes Tonnengewölbe. Die Ausstattung besteht aus einem Altar v. 1665 sowie einer Kanzel und einem Taufstein aus der 2. Hälfte des 17. Jh.

Außerdem sehenswert: *Rathaus*, ein Fachwerkbau v. 1665. Das Erdgeschoß aus Stein ist älter. – Im ehem. Burgbezirk liegt die *Dorfkirche St. Stephan.* Der Barockbau wurde um 1750 anstelle der Burgkapelle errichtet. Die Ausstattung stammt aus dem 18. Jh. – Die *Hospitalkirche St. Georg* ist ein einschiffiger spätgot. Bau aus dem 15. Jh. Die Profanierung ist vorgesehen.

Umgebung

Ampfurth (7 km n): Die *Dorfkirche*, ein einschiffiger Renaissancebau, wurde um 1560 unter Benutzung eines ma Vorgängerbaus errichtet. Er hat an der N-Seite einen Turm. Der Chor ist v. einem hölzernen Laubengang umgeben. Das Holzgewölbe im Innenraum wurde um 1670 eingezogen. Es wird v. herabhängenden Pinienzapfen geschmückt. Besondere Beachtung verdienen die Grabdenkmäler aus dem späten 16. Jh., teilweise mit knien-

Hadmersleben, Klosterkirche

Hadmersleben, Kapitelsaal in der Klosterkirche

den freiplastischen Figuren und überwiegend für das Geschlecht derer v. Asseburg.
– Das *Schloß*, eine Vierflügelanlage der Renaissance, ersetzte eine ma Burg und wurde überwiegend im 16. und 17. Jh. errichtet. Torhaus und Treppenturm haben reiche Portale.

58089–135 Hagen
Nordrhein-Westfalen

Einw.: 214 100   Höhe: 120 m   S. 1276 ☐ C 8

Jugendstilbauten: H. war zu Beginn dieses Jh. durch die Initiative des Industriellen und Mäzens Karl Ernst Osthaus ein Zentrum der beginnenden modernen Kunst mit Architekten wie H. van de Velde und P. Behrens, dem Maler J. Thorn Prikker u. a. Das Stadtbild ist v. der Baugesinnung und künstlerischen Haltung dieser Männer an vielen Stellen geprägt. So zum Beispiel der *Hauptbahnhof* mit dem monumentalen *Glasfenster* in der Eingangshalle (»Huldigung der Gewerbe vor dem Künstler«, das Erstlingswerk v. Thorn Prikker als Glasmaler, 1910/11) und das *Eduard-Müller-Krematorium*, der bedeutende Jugendstilbau v. Peter Behrens (in Hagen-Delstern). – Auf dem Friedhof befindet sich das Grab des Malers Ch. Rohlfs mit einem schlichten Stein v. E. Mataré und einer Bronzeplastik des lehrenden Christus von E. Barlach. – Das Theaterportal schmückt ein Plastikenensemble v. Milly Steeger. – Nach den Vorstellungen v. Osthaus sollte in Hagen (im Bereich des heutigen Ortsteils Emst) die *Garten-Stadt Hohenhagen* entstehen. Diese wurde zwar nur teilweise realisiert, allerdings unter Mitwirkung bedeutender Architekten. Ausgeführt wurden ab 1906 die Straßenzeile *Stirnband* (Lauweriks), die *Villa Cuno* (Behrens) und der *Hohenhof* (van de Velde). Der Hohenhof, nunmehr in Stadtbesitz, ist heute rest. und hat einen Teil der erhaltenen, v. van de Velde entworfenen Einrichtungsgegenstände aufgenommen. Die dekorative Ausgestaltung ist durch Beiträge von Hodler, Vuillard und Matisse bestimmt. Die Ausmalung des Arbeitszimmers wurde nach Entwürfen Thorn Prikkers vorgenommen. Von ihm stammt auch die Treppenhausverglasung.

Haigerloch, Schloßkirche

Schloß Hohenlimburg (Alter Schloßweg 20): Das Schloß entstand aus einer 1230 gegr. Burganlage, die in vielen Teilen im heutigen Bau noch zu erkennen ist. Das Schloß wurde häufig umgebaut, v. a. um die Mitte des 18. Jh. Aus dem 14. Jh. stammt die *Vorburg* mit dem unregelmäßig umbauten und ummauerten äußeren Hof. Kernstück ist der *innere Hof*, der v. einer hohen Ringmauer mit *Wehrgang* und *Ecktürmen* umgeben ist. Der innere Hof umfaßt auch den *alten* und den *neuen Palas*, in dem sich heute das *Heimatmuseum* befindet. Malerische Akzente setzen der schöne *Fachwerkerker* und der schmiedeeiserne *Brunnen*.

Museen: Das *Karl-Ernst-Osthaus-Museum* (Hochstr. 73) war zunächst als Museum Folkwang v. Osthaus mit privaten Mitteln gegr. worden. Die Sammlung hervorragender moderner Kunst wurde jedoch 1922 v. der Stadt → Essen erworben. Das heutige Museum enthält Kunst des 20. Jh. Vom Innenausbau van de Veldes ist die *Eingangshalle* erhalten. – Im *Freilichtmuseum Hagen* (in Hagen-Selbecke) sind auf einem 34 ha großen Gelände technische Kulturdenkmäler aus verschiedenen Teilen Deutschlands zusammengetragen worden.

Theater: Das *Theater Hagen* (Elberfelder Str. 65) unterhält ein eigenes Ensemble für Opern-, Ballett-, Musical- und Operettenaufführungen auf einer Bühne mit bemerkenswerten technischen Einrichtungen vor einem Zuschauerraum mit 804 Plätzen.

72401 Haigerloch
Baden-Württemberg

Einw.: 10 300   Höhe: 425 m   S. 1281 □ F 14

Schloß und Schloßkirche: Die einfache, fast schmucklose Anlage wirkt allein durch ihre Lage auf ansteigendem Gelände und ihre ungewöhnliche Gruppierung. Aus einer um 1200 erbauten Burg entstanden um 1580 die Hauptteile des Schlosses, das allerdings erst durch barocke Umbauten sein heutiges Aussehen erhielt. Teil der 1975–81 rest. Anlage dienen heute als Hotel, Ausstellungs- und Seminarräume. – Die *Schloßkirche* (jetzt kath. Pfarrkirche St. Trinitatis) wurde 1584–1609 in gotisierenden Formen erbaut. Die ausgezeichneten *Rokokostukkaturen* im Innenraum hat ein Wessobrunner Meister geschaffen. Von der alten Ausstattung blieb nur ein schmiedeeisernes *Chorgitter* erhalten, davor ein *Kruzifix* (um 1500). Der *Hochaltar* zeigt die überladenen Formen des Frühbarock. Die übrigen sieben Stuckaltäre sind Mitte des 18. Jh. hinzugekommen.

Wallfahrtskirche St. Anna: Die Kirche wurde 1753–55 auf einer am O-Rand der Oberstadt gelegenen künstlichen Terrasse errichtet, wahrscheinlich nach Plänen von J. M. Fischer[*], der in Schwaben auch die berühmten Barockbauten von → Zwiefalten und → Ottobeuren geschaffen hat. Es ist ein turmloser Saalbau mit wenig vorspringendem Querschiff und kurzem, halbrund geschlossenen Chor. J. M. Feuchtmayer[*] ist der Schöpfer der ausgezeichneten *Stuckdekoration* sowie der Entwürfe für die Seitenaltäre. Die *Fresken* malte M. v. Ow. Im *Hochaltar* steht ein Wallfahrtsbildwerk der hl. Anna selbdritt aus der 2. Hälfte des 14. Jh.

Atommuseum (im ehem. Bierkeller): In dem Felsenkeller versuchten 1945 die Atomforscher Heisenberg, v. Weizsäcker, Bothe und Wirz mit einem Versuchsreaktor den Nachweis zu erbringen, daß eine Kettenreaktion im Kernreaktor möglich ist. Der Keller wurde im April 1945 von amerikan. Truppen besetzt und demontiert.

38820 Halberstadt

Sachsen-Anhalt

Einw.: 44 400   Höhe: 125 m   S. 1278 ☐ K 7

H., im nördlichen Harzvorland, wird erstmals 827 als Bischofssitz genannt. Unter Heinrich I. (919–36) wurde es Teil des sächs. Burgward-Systems. Um 1018 wurde die erste Befestigung angelegt, diese wurde v. Heinrich dem Löwen zerstört. H. war damals eine der wichtigsten Städte des Reiches. 1387–1518 war der Ort Hansestadt. Im April 1945 wurden 82 % der Bebauung zerstört.

Dom St. Stephanus: Das Bauwerk ist der 4. Dom an dieser Stelle: Der 859 geweihte karolingische Dom stürzte 965 ein, der ottonische Dom, 992 vollendet, wurde 1179 bei den Kämpfen zwischen Heinrich dem Löwen und dem Bischof v. H. stark in Mitleidenschaft gezogen und anschließend erneuert. Dieses Bauwerk wurde abgetragen, um dem heutigen Dom Platz zu machen, der um 1239 begonnen und erst 1491 geweiht wurde. Es handelt sich um eine hochgot. Kathedrale nach franz. Vorbild. Das Querschiff der Basilika liegt fast in der Mitte der langgestreckten Anlage; die Seitenschiffe des Langhauses setzen sich als Chorumgang nach O fort, an der O-Seite des Chorumgangs liegt die 1362 geweihte Marienkapelle. Das Westwerk mit 2 Türmen stammt aus der 1. Bauphase des Doms um 1240. Es hatte urspr. eine Vorhalle. Hier findet sich ein Doppelportal, darüber Rosenfenster. Das Portal am n Querschiffsarm zeigt im Tympanon den Marientod (um 1440). Beachtung verdient auch das Strebewerk an Langhaus und Chor, das den hohen Innenraum erst möglich macht.

Im W des Innenraums steht ein gewaltiger Taufstein aus grünlichem Marmor, der Ende des 12. Jh. entstand. Im O wird das Langhaus vom Chor durch einen spätgot. Lettner abgetrennt. Die Figuren der *Triumphkreuzgruppe* über dem Lettner sind die bedeutendsten Skulpturen des Domes. Sie stammen aus dem 2., ottonischen Dom und entstanden um 1220. Christus, den Kopf geneigt, wird v. Maria und Johannes sowie 2 Seraphen flankiert. Am Tragbalken der Figurengruppe sind die Büsten der Apostel angebracht, 2 fehlen.

Im n Chorumgang steht eine *Verkündigungsgruppe,* die vermutlich um 1360 vom Erfurter Severimeister[*] geschaffen wurde. An den Pfeilern des Chors stehen 14 *Heiligenfiguren,* im 15. Jh. entstanden. In den Fenstern des Chorumgangs und

Halberstadt, Maria Magdalena >
im Dom St. Stephanus

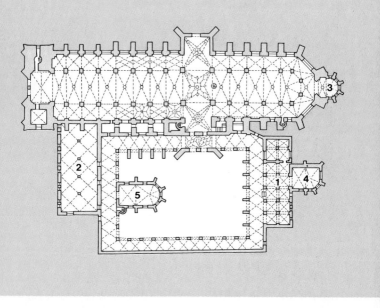

Halberstadt, Dom St. Stephanus 1 Kapitelsaal **2** Refektorium **3** Marienkapelle **4** Stephanuskapelle **5** Neustädter Kapelle

Hochchors finden sich *Glasmalereien* aus dem 1. Drittel des 15. Jh., in denen der Marienkapelle Glasmalereien aus der Mitte des 14. Jh. Obwohl sie stark restauriert sind, geben sie einen guten Eindruck v. der Wirkung got. Kirchenräume. Die große Madonna in der Marienkapelle stammt aus der 2. Hälfte des 13. Jh. Die Kanzel entstand 1592, das Chorgestühl im frühen 15. Jh., das bronzene Lesepult in Gestalt eines Adlers datiert aus der Zeit um 1500 und der Orgelprospekt v. 1718.

Die Kirche, die 1945 stark beschädigt wurde, hat man 1946–60 restauriert.

S des Doms liegen die ehem. *Klausurgebäude* aus dem 12.–16. Jh. Hier findet sich im Kapitelsaal, im Speisesaal (Remter) und in der Schatzkammer der *Domschatz*, der neben dem Bamberger Domschatz die bedeutendste sakrale Kunstsammlung Deutschlands darstellt. Den Grundstock der Sammlung legte Bischof Conrad be-

reits im Jahre 1205. Zu sehen sind u. a. ma liturgische Kleidung, liturgische Geräte, Reliquiare, Elfenbeinschnitzereien und Plastiken. Die Halberstädter Sitzmadonna v. ca. 1230 und der 9 m lange Abrahamsteppich v. ca. 1160 verdienen besondere Beachtung. Die Handschriftensammlung reicht v. der Karolingerzeit bis zur Spätgotik.

Pfarrkirche St. Andreas (Holzmarkt): Die ehem. Klosterkirche der Franziskaner wurde nach 1300 erbaut. Nach der Zerstörung der dreischiffigen got. Hallenkirche 1945 hat man bisher nur den einschiffigen Chor mit dreiseitigem O-Abschluß wiedererichtet. Die Verglasung der rekonstruierten Maßwerkfenster stammt v. Carl Crodel* (1953). Die Ausstattung besteht u. a. aus einem großen Schnitzaltar mit Marienkrönung aus dem frühen 15. Jh. sowie aus einer Madonna aus Alabaster (spätes 15. Jh.).

Pfarrkirche St. Katharina (Gerberstr.): Die dreischiffige got. Hallenkirche mit einschiffigem langgestrecktem Chor wurde im 14. Jh. für das Dominikanerkloster errichtet. Die *Einrichtung* ist bemerkenswert. Sie besteht aus einem Hochaltar mit 2 Nebenaltären aus dem frühen 18. Jh., einer Kanzel aus der 1. Hälfte des 17. Jh. und einer Kreuzigungsgruppe aus dem frühen 16. Jh.

Liebfrauenkirche (Domplatz): Der Bau der Kirche des Augustiner-Chorherrenstifts, das unter Bischof Arnulf (996–1023) gegr. worden war, begann 1005. Aus dieser Zeit stammen die Untergeschosse der W-Türme. Der Bau der roman. Basilika wurde um 1140 begonnen und vor 1170 abgeschlossen. Zwischen Hauptschiff und Seitenschiffen wechseln quadratische und reckteckige Pfeiler einander ab. Der Chor ist quadratisch, an das Querschiff schließen sich Apsiden an, die s zweigeschossig. Die Kreuzgratgewölbe in Chor und Querschiff stammen aus dem 13. Jh., die Flachdecke im Langhaus datiert aus dem 19. Jh. Neben den beiden W-Türmen finden sich noch 2 Türme an den W-Seiten des Querschiffes. Die roman. *Chorschranke* im Innern der Kirche ist mit Reliefs geschmückt und 2,15 m hoch. Sie zählt zu den bedeutendsten Beispielen dt. roman. Plastik. In jeweils 7 Nischen ist auf der s Seite Maria, auf der n Seite Christus zwischen den Aposteln dargestellt. Über der Chorschranke erheben sich hölzerne Arkaden, die im 19. Jh. nach alten Mustern gefertigt wurden. – Im w Vierungsbogen hängt ein Kruzifix, das um 1220 entstanden ist. – In der *Barbarakapelle* am s Seitenschiff finden sich *Gewölbemalereien* aus dem 14. Jh. Zu sehen sind Christus und Maria, die v. musizierenden Heiligen umgeben werden. W der Kirche liegt ein *Kreuzgang* aus dem 14. und 15. Jh.

Marktkirche St. Martini: Die 2 unterschiedlich hohen Turmhelme der im 13. und 14. Jh. errichteten got. Hallenkirche sind für das Stadtbild v. H. charakteristisch. Über dem s Hauptportal findet sich ein Relief, auf dem der hl. Martin dargestellt ist (16. Jh.). Die ungewöhnlich reiche *Einrichtung* der Kirche besteht aus einem bronzenen Taufkessel aus dem frühen 14. Jh. (er wird v. den 4 Paradiesströmen getragen und ist mit Reliefs mit Szenen aus

Dom

St. Martini

dem Leben Jesu geschmückt), aus einem
spätgot. Triumphkreuz, einer Kanzel v.
1595 und einem Altar v. 1696. Der Orgelprospekt aus dem frühen 17. Jh. stammt
urspr. aus der Schloßkapelle v. Gröningen
und wurde 1770 hier aufgestellt. An der
W-Front der Kirche steht der *Roland.* Es
handelt sich um die 1686 gefertigte Kopie
einer Plastik v. 1433.

Pfarrkirche St. Moritz (Moritzplan): Die
roman. Basilika mit 2 W-Türmen und
Flachdecken erhielt ihr heutiges Aussehen
bei einer Restaurierung 1886. Die Einrichtung besteht u. a. aus dem Mittelschrein
(Beweinung Christi) eines spätgot. Flügelaltars v. ca. 1500, Chorgestühl aus dem 15.
Jh., einem Bronzekronleuchter v. 1488 und
einem schmiedeeisernen Kronleuchter v.
1517.

Johanneskirche (Westendorf): Die Fach-
werkkirche wurde 1646–48 v. dem Baumeister W. Götze[*] aus Quedlinburg errichtet. Sie hat einen frei stehenden Glockenturm aus der Zeit nach 1684. Im Inneren
finden sich ein Altar v. 1693, eine Kanzel
v. 1653 sowie ein Taufbecken aus dem 15.
Jh.

Halberstadt, St. Martini, Rolandsfigur

Dompropstei (Domplatz): Der zweigeschossige Renaissancebau wurde zwischen 1591 und 1611 für den 1. protestantischen Bischof v. H., Heinrich Julius v.
Braunschweig, errichtet. Das Untergeschoß mit Arkaden ist aus Stein, das Obergeschoß aus Fachwerk. Hier befinden sich
heute Ratssitzungssaal, Stadtbauamt und
Standesamt.

Gleimhaus (Domplatz 31): In diesem
Fachwerkhaus aus dem 16. Jh. wohnte der
Schriftsteller Wilhelm Ludwig Gleim
(1719–1803). Gleim war 1747–91 Sekre-
tär des Domkapitels und Kanonikus. Sein
Haus war der Treffpunkt des v. ihm gelei-
teten Halberstädter Dichterkreises, zu dem
auch Leopold Friedrich Günther Goek-
kingk und Johann Georg Jacobi gehörten.
Zu seinen Besuchern gehörten Klopstock,
Herder, Heinse sowie Anna Luise Kar-
schin. Das Gebäude wurde bereits 1862 als
Gedenkstätte errichtet und enthält neben
Briefen und Graphiken eine umfangreiche
Bibliothek.

Halberstadt, Liebfrauenkirche

Städtisches Museum (Domplatz 36): Das Museum befindet sich in der Spiegelschen Kurie, einem barocken Gebäude v. 1782. Hier wird die Vor- und Frühgeschichte des Nordharzvorlandes dokumentiert. Zu sehen sind u. a. auch sakrale Holzplastiken.

Außerdem sehenswert: *Redernsche Kurie* v. 1796 (Domplatz 3). – Schöne *Fachwerkhäuser* in der Gröper- und Taubenstr. – Von der *Stadtbefestigung* sind nur einige Reste der Stadtmauer an der Schwanebecker Straße und an der Schützenstr. sowie der *Wassertorturm* v. 1444 (Gleimstr.) erhalten.

Umgebung

Huysburg (11 km nw): *Klosterkirche* des ehem. Benediktinerklosters, das 1084 gegr. worden war. Es handelt sich um eine roman. Basilika, die 1121 geweiht wurde. Der W-Bau mit 2 Türmen wurde 1487 fertiggestellt, die Vorhalle an der S-Seite des Langhauses 1756. Die Seitenschiffe haben barocke Kreuzgewölbe, Mittelschiff, Querschiff und Chor bemalte barocke Holzdecken v. 1729. Die Ausstattung besteht aus einem Altar aus der 1. Hälfte des 18. Jh., 2 Nebenaltären v. 1793, einer Kanzel v. 1770 und einem Taufstein aus dem späten 17. Jh. – Von den *Klostergebäuden* sind Teile des *Kreuzgangs* und des *S-Flügels* sowie die barocke *Abtei* v. 1746 (heute Altersheim) erhalten. – Der *Huy* ist ein 20 km langer bewaldeter Höhenzug, ein beliebtes Ausflugsziel.

Langenstein (8 km sw): *Gedenkstätte* für die 8000 Opfer des Konzentrationslagers »Malachit«, eines Außenlagers v. Buchenwald. Bronzerelief v. Eberhard Roßdeutscher*.

Spiegelsberge (s Stadtrand): Das *Jagdhaus* (heute Gaststätte), ein einfacher Barockbau, wurde 1780–82 errichtet. Das reiche Portal v. 1606 gehörte einst zu dem abgebrochenen Schloß Gröningen. Aus diesem Schloß stammt auch das große Weinfaß im Keller, das 1593–98 v. M. Werner aus Landau gefertigt wurde. Es hat ein Fassungsvermögen v. 132 760 l.

Wegeleben (12 km ö): In der *Pfarrkirche*, einer dreischiffigen frühgot. Basilika aus der 2. Hälfte des 13. Jh., finden sich ein

Huysburg (Halberstadt), Klosterkirche

spätgot. Altar mit doppelten Flügeln (im Schrein Marienkrönung mit musizierenden Engeln) aus der 2. Hälfte des 15. Jh., eine Kanzel v. 1601 sowie ein Brustbild Christi v. 1565 v. einem Maler aus der Cranach-Schule. – Das *Rathaus*, ein Renaissancebau v. 1592 mit Freitreppe und Erker, wurde 1741 umgebaut. – Im Ortsteil *Adersleben* finden sich die barocke einschiffige *Klosterkirche* (18. Jh.) eines ehem. Zisterzienser-Nonnenklosters. Die Ausstattung stammt ebenfalls aus dem 18. Jh. Von den *Klostergebäuden* sind die *Äbtissinenwohnung* und die *Propstei* erhalten.

39340 Haldensleben
Sachsen-Anhalt

Einw.: 20 600   Höhe: 56 m   S. 1278 □ L 6

Haldensleben liegt im SW der Colbitz-Letzlinger Heide zwischen Mittellandkanal und Ohre. Im 12. Jh. war der Ort eine

Haldensleben, Markt

welfische Grenzburg. Nach 1220 wurde die Stadt planmäßig angelegt.

Pfarrkirche St. Marien: Bei dem Gotteshaus handelt es sich um eine dreischiffige flachgedeckte Bruchsteinbasilika, die vermutlich zwischen 1370 und 1414 errichtet wurde. Nach einem Brand 1665 wurde sie stark verändert. Der W-Turm wurde 1812–21 erbaut. Das hölzerne Gewölbe im Mittelschiff stammt aus dem späten 19. Jh., der Altaraufsatz und die Kanzel entstanden 1666.

Rathaus: Der Barockbau v. 1703 wurde 1815–23 klassizistisch umgebaut. Auf dem davorgelegenen Marktplatz steht das Standbild eines *Roland* zu Pferd. Es handelt sich um eine Sandsteinkopie nach einem hölzernen Original v. 1528, das im Kreismuseum ausgestellt ist.

Kreismuseum (Breiter Gang): Hier finden sich eine kleine Gemäldesammlung, u. a. mit einem Werk v. Lucas Cranach d. Ä.[*] und der Nachlaß einer Enkelin der Brüder Grimm.

Außerdem sehenswert: Von der *Stadtbefestigung* sind der *Bülstringer Torturm* (vermutlich aus dem 14. Jh.) und das *Stendaler Tor* v. 1593 erhalten. – Sehenswerte *Bürgerhäuser* sind das *Ratsfischerhaus* (Stendaler Str. 12), ein Fachwerkbau aus dem frühen 17. Jh., und das *Kühnsche Haus* (Hagen-/Ecke Holzmarktstr.), ein Fachwerkgebäude aus dem späten 16. Jh., sowie das *Haus Lange Str. 61* v. ca. 1600.

Umgebung

Eimersleben (über Erxleben, 21 km sw): Die barocke *Dorfkirche* wurde 1712–21 nach dem Vorbild der Schloßkapelle in Wolfenbüttel erbaut. Der W-Turm ist roman., der Chor got. Die Brüstungen der hufeisenförmigen Empore im Inneren sind mit Stuckdekorationen verziert. Die Altarwand ist nur unvollständig erhalten.

Erxleben (18 km sw): Bei der *Dorfkirche* handelt es sich um einen barocken Bruchsteinbau auf kreuzförmigem Grundriß, der 1714 errichtet wurde. Die Innenausstattung aus rohem Kiefernholz stammt aus der 1. Hälfte des. 18. Jh.
Das *Schloß* in Erxleben war urspr. eine Wasserburg aus dem 12. Jh. Aus dieser Zeit ist noch der im 15. Jh. erhöhte Bergfried erhalten. Ihre heutige Gestalt erhielt die Anlage im 16. (Hauptflügel v. 1526), 17. (Nebenflügel v. 1679) und 18. Jh.; aus dieser Zeit stammen die sehenswerten Barockanbauten. – Die Schloßkapelle entstand in den Jahren 1564–80. Die barocke Ausstattung stammt weitgehend aus der Werkstatt v. Tobias Wilhelmi[*] in Magdeburg. Als Glockenturm dient der Bergfried der ma Burg.

Hillersleben (6 km ö): Die *Klosterkirche* eines Benediktinerklosters aus dem 12. und 13. Jh. lag im 18. Jh. in Ruinen. Bei dem Wiederaufbau nach 1859 wurde sie stark verändert. Aus dieser Zeit stammt auch das Westwerk mit 2 Türmen. Die erhaltenen Teile der Klostergebäude sind ein Teil des *Kreuzgangs* (13. Jh.) und das sog. *Alte Schlafhaus* v. 1436.

Hundisburg (5 km s): Das barocke *Schloß*, 1694–1702 erbaut unter Leitung v. Hermann Korb[*] aus Braunschweig unter Einbeziehung des ma Bergfrieds, geht auf eine ma Burg zurück. Der S-Flügel im Renaissancestil entstand 1571. Der Mittelflügel und der N-Flügel brannten 1945 aus. Der Wiederaufbau wurde begonnen. Im S-Flügel ist heute eine Schule untergebracht. – In der *Dorfkirche*, die in ihrer Substanz spätroman. ist, findet sich ein sehenswertes Grabdenkmal aus der Zeit nach 1596. – Zwischen Hundisburg und Althaldensleben liegt ein großer Landschaftspark, der 1810 v. J. G. Nathusius[*] angelegt wurde.

06108–132 Halle
Sachsen-Anhalt

Einw.: 303 000 Höhe: 87 m S. 1278 ☐ M 8	

Die Stadt in der braunkohlereichen Leipziger Tieflandsbucht wird 806 erstmals erwähnt. Damals ließ Karl d. Gr. hier am Saaleübergang ein Kastell anlegen, das *Halla* genannt wurde (*halhus* = althochdeutsch Saline). Ab 968 gehörten Halle und die Burg Giebichenstein dem Erzbischof von Magdeburg. Um 1280 trat Halle der Hanse bei. Wirtschaftliche Grundlage der Stadt waren Salzproduktion und Salzhandel. Im MA hatte Halle eine starke Bürgerschaft. Bis zum Jahre 1474 wurde der Rat der Stadt von patrizischen Salzherren, den Pfännern, geführt. Im 14. Jh. fanden den heftige Kämpfe mit den erzbischöflichen Stadtherren statt. Die Bürger unterlagen 1479 (die Macht der Erzbischöfe konnte erst im Zuge der Reformation gebrochen werden). Erzbischof Ernst ließ nach dieser Niederlage die Zwingburg Moritzburg bauen. In die Zeit seines Nachfolgers Albrecht fiel eine kulturelle Blüte. Albrecht ließ die Marktkirche und die Residenz bauen und die Kirche des 1271 gegründeten Dominikanerklosters in eine Kathedralkirche umwandeln. Seine Reliquiensammlung, das Hallesche Heiligtum, bestand aus 21 441 Reliquien und 42 ganzen Heiligenkörpern. 1680 kam Halle an Brandenburg-Preußen. 1683 verheerte ein Feuer große Teile der Stadt; 1694 wurde die Universität gegründet, die 1817 mit der von Wittenberg vereinigt wurde.

Dom (Domplatz): Die dreischiffige frühgot. Hallenkirche wurde zwischen 1280 und 1330 als Dominikaner-Klosterkirche errichtet. Unter Erzbischof Albrecht wurde sie 1520–25 in eine Stiftskirche umgewandelt. Die Umbauten leitete Bastian Binder[*]. Aus dieser Zeit stammen auf dem got. Taufgesims die Attika mit Halbkreisgiebeln im Renaissancestil sowie das S-Portal und das Portal zur Sakristei im Innenraum (NO). Hier gehen Teile des Chorgestühls und 17 Heiligenstatuen, die an den Innenseiten der Pfeiler sowie am Choreingang angebracht sind, auf die Zeit des Umbaus zurück. Sie stammen aus der Werkstatt v. Peter Schroh[*], dem bedeutendsten Bildhauer der Dürer-Zeit (Backoffen-Schule).
Ausstattung: Frühbarocker Altar v. 1662, die Kanzel v. 1525, die Weihetafel im n Seitenschiff, die v. Peter Schroh[*] 1523 geschaffen wurde, die Orgelempore v. 1667 sowie einige Grabdenkmäler aus dem 16. und 17. Jh.

Halle, Dom, Renaissanceportal

Halle, Dom, hl. Mauritius

Georgskirche (Glauchauer Str.): Der barocke Zentralbau wurde v. Johann Gottlob Angermann* zwischen 1740 und 1744 errichtet. Der Grundriß hat die Form eines griech. Kreuzes. Der Turm (mit Haube) erhebt sich über dem O-Arm.

Marktkirche Unser Lieben Frauen (Marktplatz): Die Kirche geht auf 2 roman. Gotteshäuser zurück, die Marien- und die Gertrudenkirche, die 1529 bis auf die Türme abgebrochen wurden. Zwischen den beiden Turmpaaren wurde 1530–54 anfänglich v. Caspar Kraft*, später v. Nickel Hofmann* eine spätgot. Hallenkirche errichtet.
Ausstattung: Sandsteinkanzel (1541), spätgot. Flügelaltar v. 1529, der v. einem Meister der Cranach-Schule stammt. Der bronzene Taufkessel wurde 1430 v. Ludolfus v. Braunschweig* geschaffen. Das Renaissancegestühl unter den Emporen stammt aus der Werkstatt v. Antonius Pauwaert* aus Ypern. Zum Schluß sollte man noch einen Blick auf die kielbogengeschmückten *Portale* v. Hans Jokob* (1546) werfen und auf ein *Relief* an der NO-Ecke der Kirche (1563), das einen auf Rosen gehenden Esel zeigt – ein Symbol v. H.

Laurentiuskirche (Neumarkt): Die roman. Kirche aus dem 12. Jh., die in der Zeit der Spätgotik nach O erweitert worden war, wurde 1690 barock umgestaltet. 1984 brannte die Kirche ab. Sie wird restauriert.

Moritzkirche (Hallorenring): Die spätgot. Hallenkirche wurde 1388 v. Conrad v. Einbeck* begonnen und nach seinem Tode v. Johann Bode* fertiggestellt. Die W-Fassade erhielt ihre heutige Gestalt im 18. Jh. Die 6 *Skulpturen* Einbecks stellen einen Höhepunkt mitteldt. Plastik des frühen 15. Jh. dar. Die übrige Ausstattung besteht aus einem spätgot. Altar v. 1511, einer Kanzel v. 1592 und einem Kruzifix aus dem späten 15. Jh.

Ulrichskirche (Leipziger Str.): Die 4. ma Kirche v. H., ein zweischiffiger spätgot. Bau, der vermutlich 1339 begonnen und erst im frühen 16. Jh. fertiggestellt wurde, dient heute als Konzerthalle.

Halle, Dom, Kanzel >

*Halle, Marktkirche Unser Lieben Frauen
und Roter Turm*

Halle, Marktkirche Unser Lieben Frauen

Burg Giebichenstein (nw Stadtrand): Die 961 erstmals genannte Burg am Saaleübergang nach Kröllwitz war ab 968 Residenz der Erzbischöfe v. Magdeburg. Die unregelmäßige Anlage mit got. und roman. Elementen besteht aus einer nur als Ruine erhaltenen *Oberburg* mit Bergfried und einer *Unterburg,* die ab 1919 v. Paul Thiersch* zur Kunstgewerbeschule (heute Hochschule für industrielle Formgebung) ausgebaut wurde. Hier lehrte u. a. bis 1933 der Bildhauer Gerhard Marcks*.
Unterhalb der Burg in der Seebener Str. liegt das ehem. *Kästnersche Kossätengut,* das der Schriftsteller Johann Friedrich Reichardt 1794 kaufte und zu einem Treffpunkt der Dichter der Romantik machte. Die *Saalebrücke* wurde 1928 fertiggestellt. Sie ist mit 2 monumentalen *Tierplastiken* (Pferd und Kuh) v. Gerhard Marcks* geschmückt. In Giebichenstein (Seebener Str. 72) auf dem Reilsberg liegt der *Zoologische Garten* v. H.
Unterhalb der Burg liegt die Anlegestelle

der Fahrgastschiffe, die im Sommer zwischen H. und Bernburg verkehren.

Leipziger Turm (Leipziger Str.): Der in der 1. Hälfte des 15. Jh. errichtete spätgot. Turm mit Renaissancehaube war Teil der Stadtbefestigung. In unmittelbarer Nähe, am Hansering, steht die 1967 aufgestellte monumentale *Fahnenplastik.*

Martin-Luther-Universität (Universitätsplatz): Das klassizistische Hauptgebäude der Universität wurde 1832–34 nach Plänen v. Ernst Friedrich Zwirner* erbaut (Zwirner war ab 1833 Leiter des Kölner Dombaus). Beachtung verdienen das *Treppenhaus,* das mit allegorischen Gemälden v. G. A. Spangenberg* geschmückt ist, und die *Aula* mit 2 Bronzebüsten v. Gerhard Marcks*, die Luther und Melanchthon darstellen.

Moritzburg (Friedemann-Bach-Platz 5): Nachdem H. durch den Erzbischof Ernst v.

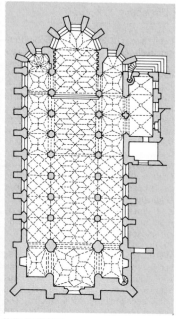

Halle, Moritzkirche

Magdeburg unterworfen worden war, wurde diese v. tiefen Gräben umgebene spätgot. Vierflügelanlage in den Jahren 1484 bis 1503 errichtet. Einer der Baumeister war Conrad Pflüger*. 1637 brannte das Gebäude, das an den Ecken 4 mächtige Kanonenbastionen hat, vollständig aus. In den Jahren 1901–13 wurden der O- und der S-Flügel als Museum ausgebaut. Im N-Flügel findet sich eine einschiffige Kapelle, die im Jahre 1509 geweiht und 1894 neu gewölbt wurde.
In der *Galerie Moritzburg* finden sich u. a. das fast vollständige Radierwerk Hans Thomas* (1839–1924) und eine große Sammlung v. Arbeiten der Brücke-Maler, außerdem Aquarelle und Kohlezeichnungen v. Lyonel Feininger*. Die Abteilung für dt. Plastik des 20. Jh. umfaßt Werke von Wilhelm Lehmbruck*, Ernst Barlach*, Gerhard Marcks*, Georg Kolbe*, Will Lammert*, Fritz Cremer*, Gustav Seitz*. Außerdem finden sich umfangreiche kunsthandwerkliche Bestände, u. a. das

»Brautzimmer« v. 1616 aus dem im Jahr 1900 abgebrochenen Amtshaus der Salzsieder.

Neue Residenz (Domstr. 5): Bei dem Gebäude, der ehem. Residenz des Kardinals Albrecht II., handelt es sich um einen zweistöckigen Frührenaissancebau, der 1531 nach Entwürfen v. Andreas Günther* begonnen wurde. Er ist mit dem Dom durch einen Verbindungsgang verbunden. Das Gebäude beherbergt heute das *Museum für mitteldeutsche Erdgeschichte* mit der Geiseltalsammlung. Zu sehen sind die berühmten Tier- und Pflanzenfossilien, die in den Braunkohlefeldern des Geiseltals bei Merseburg gefunden wurden. – Die *Kapelle* der Neuen Residenz, ebenfalls ein zweigeschossiger Frührenaissancebau, wurde 1539 fertiggestellt. Im Erdgeschoß finden sich Netzgewölbe.

Rathaus (Markt): Bei dem an der O-Seite des Platzes gelegenen Gebäude handelt es sich um einen 1928–30 errichteten Stahlbetonskelettbau mit Natursteinfassade. – An der S-Seite liegt das *Stadthaus* v. 1891–94 mit einer Fassade im Stil der Neurenaissance.

Roter Turm (Markt): H. ist die Stadt der 5 Türme. Gemeint sind die 4 Türme der Marktkirche und der 84 m hohe Rote Turm auf dem Marktplatz. Der Glockenturm mit achteckigen Obergeschossen wurde zwischen 1418 und 1506 erbaut. Nach seiner Zerstörung 1945 wurde er 1975 restauriert. In der Umbauung v. 1976 aus Stahl und Glas finden Ausstellungen statt. An der O-Wand des Turms findet sich die steinerne Rolandfigur, eine Nachbildung einer älteren Skulptur v. 1719. – Auf dem Marktplatz steht ein *Denkmal* für den am 23. Februar 1685 in H. geborenen Komponisten Georg Friedrich Händel v. Hermann Heidel* (1858). – Zwischen Markt und Großem Schlamm finden sich 2 beachtliche *Bürgerhäuser* aus der Zeit der Renaissance, das Haus *Kühler Brunnen* v. 1523–32 und das *Marktschlößchen* v. ca. 1600.

Opernhaus (Universitätsring 24): Das Theater wurde 1883–86 errichtet und 1951 wieder aufgebaut. Das »neue theater« befindet sich in der Großen Ul-

Halle, Roland

richstr. 51, das Kinder- und Jugendtheater Puschkinstr. 7.

Museen: *Geschichtsmuseum der Stadt Halle* (Große Märkerstr. 10), ein Renaissancebau v. 1558; *Halloren- und Salinenmuseum* (Mansfelderstr. 52); *Händel-Haus* (Große Nikolaistr. 5; Geburtshaus Händels); *Landesmuseum für Vorgeschichte* (Richard-Wagner-Str. 9/10).

Außerdem sehenswert: Auf dem Alten Markt, der ältesten Platzanlage v. H., der *Jugendstilbrunnen* v. 1906 mit einer Brunnenplastik »Der Esel, der auf Rosen geht«. – Am Riebeckplatz das Haus *des Lehrers* v. 1969–70 mit einer Reliefwand v. 1973 zum Thema »Traditionen der revolutionären Arbeiterbewegung«. Die *Universitätsbibliothek* in der August-Bebel-Str. 50 wurde 1879–80 v. P. v. Tiedemann* erbaut. Gegenüber liegt das ehem. *Oberbergamt* v. 1882–84. – Jenseits der Moritzburg (Am Kirchtor 1) liegt der *Botanische Garten* der Universität.

Umgebung

Petersberg (12 km n): 250 m hoher Berg innerhalb eines 320 ha großen Landschaftsschutzgebiets. An seinem S-Hang liegt der Ort Petersberg. Hier steht die *Klosterkirche* des Augustiner-Chorherrenstifts, das v. 1124–1538 bestand. Mit dem Bau der Kirche, einer roman. Basilika, wurde 1128 begonnen, 1184 wurde sie geweiht. Nach einem Brand 1565 verfiel das Bauwerk. 1853–57 wurde es v. Ferdinand v. Quast* historisierend restauriert. Im Mittelschiff und im W-Bau findet sich die Grablege der Wettiner. Die Grabplatten aus Bronze (16. Jh.), Werke der Dresdner Bildhauer Hans und Christoph Walter*, sind durch Sandsteinnachbildungen ersetzt. In der Kirche findet sich weiterhin ein spätgot. Kruzifix aus der 1. Hälfte des 16. Jh.

Wettin (16 km nw): Von der *Burg,* die bereits 785 und 961 urkundlich erwähnt wird, sind nur unbedeutende Reste aus dem 16. Jh. sowie der Turm der Unterburg mit Wendeltreppe v. 1606 erhalten. Die anderen Gebäude wurden im 19. Jh. vollständig umgebaut. Die Burg war Ende des 10. Jh. Stammsitz eines gräflichen Geschlechts, das sich nach ihr Wettiner nannte. – Die *Pfarrkirche St. Nikolai* ist ein einschiffiger spätgot. Bau aus dem 1. Viertel des 16. Jh. Der W-Turm, in seinem Kern roman., wird v. Renaissancegiebeln geschmückt. Das Inventar besteht aus einer Kanzel v. 1611 und einem Altar aus der 2. Hälfte des 17. Jh. – Das zweigeschossige *Rathaus* ist ein Renaissancebau v. 1660. Der Turm an der Vorderfront hat eine welsche Haube.

20095–22769 Hamburg

Freie und Hansestadt Hamburg

Einw.: 1 668 800   Höhe: 3 m   S. 1273 ☐ H 3

Dort, wo andere Städte ein Zentrum haben, aus dem heraus sich die Stadt entwickelte und auf das sich alles bezieht, hat Hamburg einen See, die schon im 13. Jh. aufgestaute Alster, um die sich Kunsthalle, St. Jacobi, St. Petri, Rathaus, Jungfernstieg, Gänsemarkt und Oper gruppieren. Hamburg,

Halle, Giebichenstein

Wettin (Halle), Burg

urspr. »Hammaburg«, wurde im 9. Jh. v. Kaiser Ludwig d. Frommen auf dem sandigen Landrücken zwischen Elbe und Alster, wo sich heute das Pressehaus, St. Petri und St. Nicolai befinden, gegr. Hier stand auch der Wohnturm des Bischofs Bezelin (11. Jh.), dessen Fundamente heute noch zu sehen sind (im Keller des Hauses Speersort 10). Aus der Interessengemeinschaft mit Lübeck entwickelte sich im 13. Jh. die Hanse. Als internationale Handelsmetropole war Hamburg im 17. Jh. die stärkste Festung Europas. Ihren Ruf als Welthandelsplatz festigte die Stadt im 19. Jh., obwohl ein Viertel der alten Hansesiedlung 1842 beim »Großen Brand« vernichtet wurde. Auch der 2. Weltkrieg hat großen Schaden angerichtet.

Mit Hamburg sind viele große Namen verbunden: G. E. Lessing, an den ein Denkmal am Gänsemarkt erinnert, war ab 1767 Dramaturg am Dt. Nationaltheater. M. Claudius brachte hier von 1771–75 seinen »Wandsbeker Boten« heraus. F. G. Klopstock vollendete in Hamburg 1773 den »Messias«, und H. Heine erlernte im Geschäft seines Onkels v. 1816–18 den Bankberuf. Hier schloß F. Hebbel seine Tragödien »Judith« und »Genoveva« ab, und H. H. Jahnn spielte im 20. Jh. eine entscheidende Rolle im literarischen Leben. C. v. Ossietzky, der Herausgeber der pazifistischen »Weltbühne«, und W. Borchert sind in Hamburg geboren, ebenso die Komponisten F. Mendelssohn-Bartholdy und J. Brahms. Lange vor ihnen wirkten die Komponisten G. F. Händel, Ph. Telemann und Ph. E. Bach in dieser Stadt, die sich auch heute neben der 1919 gegr. Universität besonderer kultureller Aktivitäten rühmt.

Ev. Hauptkirche St. Petri (Mönckebergstraße): Diese älteste Kirche Hamburgs ist mit ihrem spitzen, grünen Helm über roten Backsteinmauern zu einem Wahrzeichen der Stadt geworden. In ihren wesentlichen Teilen ist sie freilich ein gelungener Bau der Neugotik (1844–49). Eine schöne alte *Steinmadonna* (um 1470) ist aus der alten Ausstattung, zu der auch der berühmte *Grabower Altar* des Meisters Bertram von Minden gehört (1379), übriggeblieben. Der Altar befindet sich heute in der Hamburger → Kunsthalle.

Ev. Hauptkirche St. Jacobi (Steinstraße): Auf dem gleichen sandigen Landrücken wie die Petrikirche und nur wenige hundert Meter davon entfernt entstand vom 13.–15. Jh. eine got. Hallenkirche, die zur Zeit der Renaissance und des Barock mehrere Anbauten erhielt. Bis auf die Umfassungsmauern und den Turmstumpf fiel im 2. Weltkrieg alles in Schutt und Asche. – Die *Ausstattung* war jedoch ausgelagert und blieb erhalten, darunter die *barocke Kanzel*, drei spätgot. *Altäre* (der beste ist der Lukas-Altar) und die wiedereingebaute einzigartige *Orgel* (1689–93) v. A. Schnitger. Der barocke Prospekt dieses Meisterwerkes mußte erneuert werden.

Ev. Hauptkirche St. Katharinen (Bei den Mühren): Die Kirche, im 13. Jh. erstmals erwähnt, war im Grunde ein Bau des 14. und 15. Jh. Er ist in der Renaissance und im Barock üppig ausgestattet worden. 1944 brannte die Kirche völlig aus. Das städtebauliche Charakteristikum, der Turm mit seinen grünen Kupferhelmen, wurde jedoch originalgetreu nach dem Vorbild aus dem 16. Jh. wiederaufgebaut. Die *moderne Ausstattung* wurde durch einige alte Kunstwerke ergänzt (Kruzifix um 1300, eine Katharina um 1400).

Ev. Hauptkirche St. Michaelis (Neanderstraße): Der weite ovale Bau mit dem mächtigen Turm (der *Michel* ist 132 m hoch und ein Wahrzeichen Hamburgs) ist die bedeutendste noch erhaltene protestantische Predigtkirche in Deutschland. Sie stammt aus dem Barock. Nach dem Brand im Jahr 1906 und der Zerstörung im 2. Weltkrieg ist sie zum dritten Mal nach den alten Plänen der Baumeister J. L. Prey und E. G. Sonnin[*] (1754–57) wiederaufgebaut worden.

Turm St. Nicolai (Ost-West-Straße): Nur der neugot. Turm der ehem. ev. Hauptkirche St. Nicolai (1882 vollendet), der in nationalromantischer Begeisterung den Kölner Domtürmen und dem Vorbild des Freiburger Münsters nachgebaut worden ist, blieb v. d. Zerstörung im 2. Weltkrieg verschont. Mit 145 m ist er einer der höchsten Kirchtürme Deutschlands. – Die Turmhalle ist ein *Mahnmal für Opfer v. Verfolgung und Krieg 1933–45*.

Lukasaltar in St. Jacobi

Blick auf St. Katharinen

Dreifaltigkeitskirche

St. Michaelis

Ev. Dreifaltigkeitskirche (Horner Weg): Eine alte Dorfkirche, die den Bomben des 2. Weltkriegs zum Opfer gefallen ist, wurde durch einen *modernen Bau* ersetzt, der jeden Anklang an den konventionellen Kirchenbaustil bewußt vermeidet. Eine flache, kupfergedeckte Ovaltrommel, die schräg ansteigt, wird v. einem hohen Betongestell in A-Form als Glockenturm ergänzt (1953–57 v. dem Münchner Architekten R. Riemerschmid erbaut).

Ev. Dreieinigkeitskirche (Billwerder, Allermöhe): Die Saalkirche aus dem 17. Jh. ist in Fachwerk aufgeführt und mit einer Holztonnendecke ausgestattet, was typisch für eine Vielzahl v. *Dorfkirchen* rings um Hamburg ist.
Die *Holztonnendecke* wurde im 18. Jh. mit Wolken, Engeln und Gleichnisszenen bemalt. Ein originelles Stück des Manierismus ist der *Flügelaltar* mit einer Haupt- und 7 Nebenszenen, die nach Kupferstichen in Reliefschnitzerei übertragen wurden.

Christianskirche (Klopstockplatz in Altona): Die Kirche am Anfang der Elbchaussee ist ein *Backsteinbau* mit abgerundetem Mansardendach aus dem 18. Jh. Sie liegt mitten in einem stimmungsvollen *Friedhof*, der zu einer öffentlichen Anlage umgewandelt wurde. Unter den schönen klassizistischen *Grabdenkmälern* findet man die Grabstätte des Dichters F. G. Klopstock (1727–1804) und seiner beiden Frauen.

Krameramtshäuser (Krayenkamp 11): Hier ist ein altes Stück Hamburg erhalten geblieben, wie es vor dem 2. Weltkrieg und der großen Altstadtsanierung in den 30er Jahren noch an vielen Stellen anzutreffen war. Die *Ziegelfachwerkhäuser* wurden 1676 für die Witwen ehem. Mitglieder des Krameramts errichtet.

Nicolaifleet (Deichstr. 35–49): Eine geschlossene Reihe alter Giebelhäuser aus dem 17. und 18. Jh. wird an der *Wasserseite* von Speichern bestimmt und ist in *Fach-*

Panorama mit Rathaus

werk ausgeführt. Die Straßenfronten sind massiv in Stein errichtet und z. T. mit einfachen Ziergiebeln versehen.

Rathausmarkt: Auf dem Gelände zweier abgerissener Klöster entstand an der Kleinen Alster ein Ensemble v. Gebäuden, das ein wenig dem Markusplatz v. Venedig nachempfunden ist. Das *Rathaus* (1886–97 v. einer Architektengemeinschaft erbaut) ist ein in kostbaren Materialien aufgeführtes Repräsentations- und Amtsgebäude. Treppenhäuser und Festsäle sind historisierend in verschiedenen Stilen gestaltet. Architektonisch befriedigender ist das Gebäude der *Börse* dahinter (Adolphsplatz), das 1839–41 in spätklassizistischem Stil erbaut wurde.

Kontorhäuser: Zwischen Steinstraße und Meßberg entstand nach dem 1. Weltkrieg ein v. Stadtbaurat F. Schumacher geplantes Kontorhausviertel. Bedeutsam war dabei die Mitwirkung von F. Höger, der die traditionelle Backsteinbauweise auf das moderne, vielstöckige Bürohaus übertrug. Das hervorragendste Beispiel dieses norddeutschen Klinkerexpressionismus ist das *Chilehaus.* Es wurde v. F. Höger 1922–24 als zehngeschossiger Ziegelbau errichtet, der nach dem Buchardplatz spitz zuläuft und damit dem Bug eines gewaltigen Ozeandampfers gleicht.

Gasthof Stadt Hamburg (Hbg.-Bergedorf, Sachsentor 2): Um 1600 wurde das Haus als Herrenherberge angelegt (heute Restaurant). Das *Fachwerk* ist mit Rosetten und Figuren reich geschnitzt, die Ziegel bilden schöne Füllmuster. Ein Giebelhaus mit Dielendurchfahrt wurde um 1700 angebaut, das ganze Haus 1958–59 aus Verkehrsgründen um 7 m zurückversetzt.

Palmaille (in Altona): Von der Randbebauung einer urspr. 650 m langen Bahn für das »palla a maglio« (eine Art ital. Krokketspiel) blieben einige der *klassizistischen Palais* erhalten, die v. a. der Däne

Totenmal v. G. Marcks auf dem Ohlsdorfer Friedhof

C. F. Hansen um 1800 gebaut hat (die Häuser 49, 112, 116 und 120).

Elbvororte: Entlang der *Elbchaussee* in *Othmarschen, Kleinflottbek, Nienstedten* bis hinaus nach *Blankenese* entstanden v. Anfang bis zur Mitte des 19. Jh. meist hoch über dem Elbufer in parkähnlichen Gärten große Villen und Landhäuser reicher Hamburger Bürger. Viele hat der Architekt C. F. Hansen entworfen. Eines der schönsten ist das *Jenischhaus* im Jenischpark (Baron-Voght-Str. 50), das nach einem abgewandelten Entwurf v. K. F. Schinkel erbaut wurde. Heute *Museum* für bürgerliche Wohnkultur des 16.–20. Jh.

Friedhöfe: Der *Ohlsdorfer Friedhof* ist einer der größten Parkfriedhöfe der Welt (3,5 km lang, 1,3 km breit). In der heutigen Gestalt wurde er 1897–1913 angelegt (mehrfach erweitert). Unter den vielen Mausoleen, Grabdenkmälern und plastischen Gruppen ragt das *Totenmal für die Hamburger Bombenopfer* v. G. Marcks

(1950/51) heraus. – Der *Judenfriedhof* in Altona (Königstraße) hat auch den 2. Weltkrieg überstanden (1611 angelegt). Die Grabmäler sind in den Stilmoden der verschiedenen Epochen dekoriert.

Museen: *Kunsthalle* (Glockengießerwall): Der alte Ziegelbau auf einem ehem. Befestigungswall ist ein gutes Beispiel nachempfundener ital. Renaissance (1863–68). Die Erweiterungsbauten in Richtung Hauptbahnhof entstanden 1914–19. Die Gemäldesammlung zeigt Meisterwerke v. 14. Jh. bis zur Gegenwart und gehört zu den besten in Deutschland. Im gleichen Haus befinden sich eine bemerkenswerte Plastik- sowie eine Münzsammlung und ein reichhaltiges Graphikkabinett. – *Museum für Kunst und Gewerbe* (Steintorplatz): Hier findet man Bildwerke v. MA bis zum Rokoko, antike Kunst, prähistorisches und europ. Gerät sowie exotisches und asiatisches Kunstgewerbe. Besonders qualitätsvoll ist die Teppich- und Textilsammlung. – *Museum für*

Staatsoper

Hamburgische Geschichte (Holstenwall 24). Das Museum wurde 1914–23 v. Hamburger Stadtbaumeister F. Schumacher gebaut, dessen vorbildliche städtebauliche Planung und Arbeit ganzen Stadtteilen ein eigenes, unverwechselbares Gesicht gegeben hat. Das Museum am Holstenwall enthält Sammlungen zur lokalen Geschichte, Bahn- und Hafenmodelle, Kostüme, Zeugnisse der Hamburger Zunftordnung, Wohnkultur, Theater- und Geistesgeschichte. – *Hamburgisches Museum für Völkerkunde* (Binderstr. 14) mit den Abteilungen Afrika, Eurasien, Mittel- und Südamerika, Ostasien und Indo-Ozeanien. – *Barlach-Museum* (Jenischpark) mit der berühmten Sammlung v. H. F. Reemtsma. – *Altonaer Museum* (Altona, Museumstr. 23). Hier liegt der Schwerpunkt auf nordwestdeutscher Volkskunst und auf der Schiffahrt. – Beachtenswerte *Freilichtmuseen:* Rieck-Haus (Curslacker Deich 284), Museumsdorf Volksdorf (Im alten Dorfe 46) und Freilichtmuseum am Kiekeberg (Ehestorf).

Theater: *Staatsoper* (Große Theaterstraße 34): In Hamburg wurde im Jahr 1678 die erste ständige Oper in Deutschland (am Gänsemarkt, ganz in der Nähe des heutigen Hauses) eröffnet. Das neue, 1953–55 gebaute Haus zeichnet sich durch eine vorzügliche Akustik und durch seinen originell gestaffelten Balkone in dem sonst sachl.-nüchternen Zuschauerraum aus. – Das *Dt. Schauspielhaus* (am Hauptbahnhof, Kirchenallee 39) setzt die Tradition des 1767 in Hamburg gegründeten Dt. Nationaltheaters fort, für das G. E. Lessing 1767–69 seine berühmte »Hamburger Dramaturgie« schrieb. – Ferner: *Thaliatheater* (Alstertor), *Kammerspiele* (Hartungstr. 9–11), *Theater im Zimmer* (in einem hübschen, klassizistischen Haus; Alsterchaussee 30) und das *Ohnsorg-Theater* (Große Bleichen 23–25).

Außerdem sehenswert: *Pöseldorf* mit seinen alten Villen, Antiquitätenläden und hübschen Lokalen. – Elbabwärts v. Blankenese die bekannte *Schiffsbegrüßungsan-*

Hameln, Rattenfängerhaus

lage *Schulau* in *Wedel*, dem Geburtsort Barlachs, mit einem *Roland* aus dem 16. Jh. – *In der Umgebung* ferner: Vierlande mit reichen Obst- und Gemüsekulturen: Altes Land (elbabwärts) mit Bauernhäusern; Altengamme, Neuengamme, Ochsenwerder mit schönen Dorfkirchen.

31785–89 Hameln

Niedersachsen

Einw.: 58 900	Höhe: 68 m	S. 1277 □ G 6

Die ma Stadt am r Weserufer verdankt ihren wirtschaftlichen Aufstieg und ihre frühe Bedeutung der günstigen geogr. Lage. Ausgangspunkt war ein Kloster aus der Zeit um 800, dem sich bald eine Handels- und Marktsiedlung angegliedert haben. Um 1200 begann der planmäßige Ausbau der Stadt. – Der Wohlstand v. MA bis zur Reformationszeit führte zu einer regen Bautätigkeit. Hervorzuheben sind die im Stil der *Weserrenaissance* errichteten Ge-

bäude. – In die Literatur eingegangen ist die Stadt durch die Sage vom »Rattenfänger von Hameln« und seiner Rache an den undankbaren Bürgern der Stadt.

Ev. Münsterkirche St. Bonifatius (am Münsterkirchhof): Zum ältesten Bestand des häufig umgebauten und erweiterten Münsters gehören der achteckige roman. *Vierungsturm* v. Ende des 12. Jh. und die *Krypta*, die schon 100 Jahre früher entstanden sein muß. Der Umbau des Langhauses zur einheitlichen got. *Halle* begann um die Mitte des 13. Jh. Zu dieser Zeit ist auch dem Querschiff die *Elisabethkapelle* angefügt worden. Von der alten *Ausstattung* sind nur erhalten: der Stifterstein am Vierungspfeiler mit dem legendären Gründungsdatum (712), eine Reliefplatte mit der v. Engeln gekrönten Maria (1415) und ein got. Sakramentshäuschen auf dem Hochaltar.

Ev. Marktkirche St. Nikolai (Markt): Die urspr. roman. Kirche wurde im 13. Jh. wesentlich erweitert und 1511 mit einem steilen Turmhelm versehen. Nach der Zerstörung im 2. Weltkrieg ist sie als Pseudo-Basilika mit S-Giebel wieder aufgebaut worden.

Die Osterstraße: Die Osterstraße ist Zentrum der schönen alten *Bürgerhäuser.* – Das *Hochzeitshaus* (Osterstr. 2) wurde in den Jahren 1610–17 als Fest- und Feierhaus der Bürgerschaft errichtet. Im Erdgeschoß befanden sich Ratswaage, Apotheke und Weinschenke, im 3. Stock die Rüstkammer der Stadt. Seine Akzente erhält der Bau durch die mit Voluten geschmückten Giebelaufbauten. Von Mitte Mai bis Mitte September finden auf der Terrasse zwischen Hochzeitshaus und Marktkirche jeweils sonntags um 12 Uhr die Rattenfänger-Freilichtspiele statt. – Das *Rattenfängerhaus*, seinen Namen erhielt es erst im 19. Jh., ist bes. reich und plastisch gegliedert und verziert; v. a. der Giebel ist dicht überzogen v. allen möglichen Arten v. Schmuckformen (heute Gastwirtschaft). – Ganz anders das strengere, am Markt gelegene *Dempftersche Haus* v. 1607. Das hohe glatte Giebeldreieck aus Fachwerk mit

Hamersleben, Säulenbasilika >

symmetrisch geschnitzten Füllungen hat nur an der Bekrönung des zweigeschossigen Erkers üppige Bildhauerarbeit. – Im *Leistschen Haus* (1589) ist das *Heimatmuseum* (Osterstr. 9) untergebracht. Der Bau erhält seine Betonung durch einen zweigeschossigen Erker (Utlucht). Im Giebelaufbau steht die Figur der Lucretia, in einem Reliefband zwischen den Stockwerken sind die Tugenden dargestellt. Wichtigster Bestand des Museums sind Beiträge zur Rattenfängersage, die die Stadt so bekannt machte.

Theater: Theateraufführungen verschiedener Gastspielensembles finden in der *Weserbergland-Festhalle* statt.

Hämelschenburg
✉ **31860 Emmerthal**
Niedersachsen

Höhe: 90 m S. 1277 ☐ G 6	

Schloß: Die Hämelschenburg ist der repräsentativste Bau der sog. *Weserrenaissance.* In der 1588 begonnenen, hufeisenförmigen Anlage ist der zur Straße gewandte *S-Flügel* der architektonisch in-

Hamersleben, Kapitell in der Säulenbasilika

teressanteste: Horizontale Bänder unterstreichen die Geschoßbildung, ein Erker betont die Mitte, Quaderornamente und kupferne Wasserspeier beleben die Front. Den *Hof* mit den achteckigen *Treppentürmen* erreicht man über eine ansteigende Brücke und durch ein prachtvolles *Tor* (1613) mit Namen und Wappen des Bauherrn v. Klencke.
Die frühere, ebenfalls aus dem 16. Jh. stammende Schloßkapelle ist heute *ev. Dorfkirche.* Im Altarraum befindet sich das hölzerne *Renaissance-Epitaph* für den Bauherrn des Schlosses (das bis heute im Familienbesitz ist). Über der Mensa befindet sich eine spätgot. Darstellung des *Paradiesgärtleins* aus Lindenholz: die Muttergottes, v. 6 hl. Frauen umgeben (Ende 15. Jh.).

39393 Hamersleben
Sachsen-Anhalt

Einw.: 1200 Höhe: 80 m S. 1278 ☐ L 6	

Ehem. Augustiner-Chorherrenstift: Die dreischiffige roman. *Säulenbasilika* aus der 1. Hälfte des 12. Jh., die einmal Stiftskirche des vermutlich 1107 gegr. Augustiner-Chorherrenstifts St. Pankratius war, gilt als das bedeutendste Beispiel der Hirsauer Bauschule im Harzvorland. Einen Gegensatz zu dieser Bauschule bildet die Verwendung v. plastischem Bauschmuck an Portalen und Kapitellen. Hier finden sich symbolhafte Darstellungen von Pflanzen und Tieren. Von der roman. Chorschranke aus dem frühen 13. Jh. sind noch 3 Figuren aus Stuck erhalten (Christus, Petrus und Paulus). Der Ziborienaltar im s Querschiffsarm ist ebenfalls roman. Es ist einer der ältesten Altäre dieser Art in Deutschland. In der Apsis des Hauptchors finden sich spätgot. Malereien. Dargestellt sind das Weltgericht sowie verschiedene Heilige. Sie werden zum Teil v. einem gewaltigen Barockaltar verdeckt, der 1687 aufgestellt wurde. Aus dieser Zeit stammen auch die Orgel, die Kanzel und das Chorgestühl sowie einige überlebensgroße Apostelfiguren.
Von den ehem. *Klostergebäuden* sind u. a. noch 2 Flügel des spätgot. *Kreuzgangs* (16. Jh.) erhalten.

63450–457 Hanau

Hessen

Einw.: 87 700 Höhe: 104 m S. 1277 ☐ F 10

Hanau, dessen alte Substanz im 2. Weltkrieg weitgehend zerstört wurde, war Sitz der ersten dt. Fayencemanufaktur. Der Geburtsort der Brüder Grimm (Bronzedenkmal auf dem Neustädter Marktplatz) ist seit Jahrhunderten Zentrum des Goldschmiedegewerbes.

Ev. Marienkirche (Altstädter Markt): Die ehem. Zisterzienserklosterkirche ist nach der Zerstörung im 2. Weltkrieg wieder aufgebaut worden, wobei der Eindruck der got. Halle aus dem 15. Jh. allerdings nicht ganz erreicht wurde. Gerettet sind die wertvollen *Glasgemälde* mit Darstellungen des hl. Georg, der Hl. Sippe, der Muttergottes und anderer Heiligen. Im Chor befinden sich sehenswerte *Grabsteine*.

Deutsches Goldschmiedehaus (Altstädter Markt): Das ehem. *Altstädter Rathaus* wurde 1537/38 errichtet. Über dem massiven Erdgeschoß befinden sich 2 Fachwerkgeschosse mit Erkern und hohen steinernen Treppengiebeln an der Seite. Das schöne *Rokokosandsteinportal* gehörte früher zu einem anderen Haus. Urspr. hatte das Erdgeschoß eine offene Halle mit Mehl- und Tabakwaagen und einer Tabakpresse. – Im Dt. Goldschmiedehaus befindet sich ein *Kunsthandwerkmuseum* mit interessanten Schmuck- und Edelmetallexponaten.

Wilhelmsbad (2 km nw in einem Park gelegen): Über einer 1709 entdeckten Heilquelle ließ Erbprinz Wilhelm v. Hessen-Kassel in den Jahren 1777–82 das Wilhelmsbad errichten. Es gilt heute als das besterhaltene Beispiel einer Kur- und Badeanlage des 18. Jh. in Deutschland. – Zentrum ist das *Kurhaus* mit symmetrisch angeordneten Nebengebäuden, daran schließt sich der *Engl. Garten* mit originellen historisierenden Bauten an: künstliche Burgruine, Kettenbrücke über einer Schlucht, Eremitage und Karussell. Künstlerisch wertvoll ist der klassizistische *Brunnentempel* (1779) mit Figurenschmuck auf Dach und Balustrade. Sehenswert ist auch das 1983 eingerichtete *Hessische Puppenmuseum*.

Schloß Philippsruhe (im Vorort Kesselstadt): Im Schloß befindet sich heute das *Historische Museum* mit heimat- und kul-

Hanau, Altstädter Rathaus

Hanau, Schloß Philippsruhe

turgeschichtlichen Sammlungen sowie Hanauer Fayencen. Es wurde 1701–12 nach franz. Vorbild als zweigeschossige, hufeisenförmige Barockanlage erbaut, die jedoch im 19. Jh. einschneidend verändert worden ist. Sehenswert der *Weiße Saal* mit Stukkaturen.

30159–30669 Hannover
Niedersachsen

Einw.: 517 500   Höhe: 54 m   S. 1277 ☐ H 6

Die Hauptstadt Niedersachsens ist Sitz einer bekannten Universität sowie einer human- und veterinärmedizinischen Hochschule. Als ein wichtiges kulturelles Zentrum in Deutschland trat Hannover erstmals hervor, als die Stadt 1636 Sommersitz der Welfen wurde und den ersten Musenhof in Deutschland erhielt. Das Kurfürstentum Hannover wurde 1705 mit dem Fürstentum Lüneburg vereinigt. Von 1714–1837 war die Würde eines Kurfür-

sten v. Hannover in Personalunion identisch mit der engl. Königswürde. Hannover ist u. a. die Geburtsstadt v. A. W. Iffland (1759–1814, Schauspieler und Dramatiker), v. F. Schlegel (1772–1829, Dichter und Literaturwissenschaftler), F. Wedekind (1864–1918, Dramatiker) und vielen anderen berühmten Männern. In die Literatur eingegangen sind auch die beiden Damen Charlotte Kestner, geb. Buff, und Julie Schrader. Die eine wurde v. Goethe in den »Leiden des jungen Werthers« verewigt und diente Thomas Mann als Vorlage für »Lotte in Weimar«, die andere war als »Welfischer Schwan« der Schwarm einiger Dichter und Künstler zu Beginn dieses Jh. – Das Stadtbild haben zwei berühmte Städtebauer geprägt: G. F. Laves, der im 19. Jh. die klassizistischen Akzente setzte, und R. Hillebrecht, der die Stadt nach dem 2. Weltkrieg neu konzipierte. In der Fußgängerzone zahlreiche originalgetreu errichtete historische Bauten. – Jeweils Ende April/Anfang Mai ist Hannover Schauplatz der größten Industriemesse der Welt.

Ev. Marktkirche St. Georg und St. Ja-cobus (Am Markt 2): Die Kirche gehört zu den wichtigsten Bauten der norddeutschen *Backsteingotik* (14. Jh.). Nach 1945 ist sie originalgetreu wiederaufgebaut worden. 3 *Chöre* schließen die *Hallenkirche* nach O ab. Ihr wesentlicher Schmuck im Inneren ist ein spätgot. *Schnitzaltar* (um 1490) im Hauptchor. Der *Turm* mit den steilen Gie-beldächern an allen 4 Seiten und dem Dachreiter darüber ist ein Wahrzeichen des alten Hannovers.

Ev. St.-Johannis-Kirche (Rote Reihe 5): Kurz nach Gründung der Neustadt ent-stand als protestantischer Mittelpunkt die-se *Neustädter Hof- und Stadtkirche* nach einem Entwurf des aus Venedig stammen-den Hofbaumeisters H. Sartorio. Sie wurde als Saalkirche mit gewölbter Holzdecke und 2 Emporen gebaut. Auf diese Empo-ren, die bei einem Umbau um 1870 heraus-genommen wurden, weisen noch die Fen-stergeschoßreihen an der O-Seite hin. Beim Wiederaufbau (bis 1958) wurde das Äußere mit dem W-Turm rekonstruiert, der Innenraum jedoch modernisiert. – In dieser Kirche ist *Leibniz* beigesetzt. Die Gruft ist heute verschüttet, die geborstene Grabplatte wurde in der SO-Ecke der Kir-che aufgestellt.

Hannover, Marktkirche St. Georg und St. Jacobus

St.-Clemens-Kirche (Clemensstraße): Diese kath. Propsteikirche wurde nach Plänen des Venezianers T. Giusti zu Be-ginn des 18. Jh. errichtet. Die Kuppel wur-de jedoch erst beim Wiederaufbau nach dem 2. Weltkrieg aufgeführt. Das Modell Giustis befindet sich im → *Historischen Museum*.

Altstädter Rathaus (Marktstraße): Der ausgebrannte Bau aus dem 15. Jh. ist äu-ßerlich in alter Form wiederhergestellt worden. die *Fassade* gehört mit ihrem *Staffelgiebel* zu den wichtigsten Profan-bauten der Gotik im norddeutschen Raum; v. a. die Farbigkeit der Ziegelwände (mit roter und grüner Glasur) und das Formen-spiel der verschiedenen Muster und Friese finden sich nirgendwo in solcher Vollen-dung.

Leineschloß (am Friederikenplatz): An der S-Ecke der Altstadt, auf dem Gelände

des ehem. Minoritenklosters, baute Her-zog Georg v. Calenburg 1636 ein erstes Schloß mit 3 Höfen; Theater, Kirche und ein Rittersaal kamen später hinzu. G. La-ves hat den Bau 1826 im Stil des Klassizis-mus verändert und erweitert. Das Gebäude wurde 1959–62 aus Trümmern wiederauf-gebaut und für den *Niedersächsischen Landtag* modernisiert.

Opernhaus (Opernplatz 1): Das Haus, das heute rund 1600 Zuschauer faßt, wurde um 1850 in einer Mischung aus Klassizismus und Renaissance v. G. Laves als *Königli-ches Hoftheater* errichtet. Im 2. Weltkrieg brannte das Gebäude nieder. Das repräsen-tative Äußere wurde jedoch wiederherge-stellt, das Innere 1984 neu gestaltet.

Leibnizhaus (Am Holzmarkt): Rekon-struktion der Renaissance-Fassade des im 2. Weltkrieg völlig zerstörten Wohnhauses von Gottfried Wilhelm Leibniz, das als eines der schönsten dt. Bürgerhäuser galt;

1983 als Begegnungsstätte für Wissenschaftler aus aller Welt eingeweiht.

Wangenheim-Palais (Friedrichstr. 17): Das ausgewogenste Werk des hannoverschen Baumeisters G. Laves ist dieses 1832 erbaute Palais. Der Mittelbau zeigt reinste klassizistische Formen.

Moderne Architektur: Zu Beginn des 20. Jh. und in den 20er Jahren sind in Hannover einige beispielgebende Bauten moderner Architektur entstanden. So die *Stadthalle* (Corvinusplatz), ein mächtiger Rundbau mit asymmetrischen Flügeln, der 1914 nach Plänen v. P. Bonatz fertiggestellt wurde. Das zehnstöckige *Anzeigerhochhaus* (Goseriede 9) ist ein Stahlbetonbau mit Klinkerverkleidung und gotisierenden, expressionistischen Detailformen. Mit der runden Kupferkuppel ist dieser 1927–28 v. F. Höger geschaffene Bau zu einem modernen Wahrzeichen der Stadt geworden.

Herrenhausen (Herrenhäuser Straße): Eine 2 km lange, vierreihige *Lindenallee* führt v. Königsworther Platz schnurgerade auf die Herrenhäuser Gebäude zu. Die 1729 gepflanzten 1400 Linden wurden 1973 ersetzt. Die Allee mündet in den berühmten, rechteckigen *Großen Garten.* Die Anlage, die zu den bedeutendsten ihrer Art in Europa gehört, ist nach holländischem Vorbild angelegt und hat einen streng geometrischen Grundriß. Sie blieb bis heute unverändert erhalten. Zählt man die Länge aller Hecken zusammen, so ergibt sich eine 21 km lange Strecke. Verschiedene Wasserspiele (darunter die höchste Gartenfontäne des Kontinents), Grotten, Plastiken und Schmuckvasen setzen die Akzente in dieser gewaltigen Barockanlage. Im einstigen *Gartentheater,* dem ersten in Deutschland, finden im Sommer Theateraufführungen und Konzerte statt. – Dies gilt auch für das *Galeriegebäude,* einen langgestreckten Bau, der nach dem letzten Krieg als Behelfsopernhaus diente. Die Wände hat T. Giusti mit Szenen aus der Aeneassage ausgemalt. Die Muster der Stuckdecken spiegeln kunstvolle Beetemuster wider (1694–1700). – Im *Berggarten* (heute *Botanischer Garten*) jenseits der Herrenhäuser Straße steht ein frühes Werk v. G. Laves: der *Bibliothekspavillon* (1817–20). Das *Mausoleum* schuf er rund 25 Jahre später. – Im SO liegt der *Georgengarten,* ein Park im engl. Landschaftsstil (1779 angelegt und 1816 vergrößert). Ein *Leibniztempel* aus dem Jahr 1790 wurde aus der Stadt nach hier ver-

Rathaus

Herrenhausen >

Maschsee mit Rathaus und City von Hannover

Leineschloß, Portikus

Hannover, Anzeigerhochhaus

setzt. Das mitten im Park liegende *Georgenpalais* (1780–96) enthält heute das → *Wilhelm-Busch-Museum.*

Museen: Das *Niedersächsische Landesmuseum* (Am Maschpark 5) zeigt Werke der bildenden Kunst vom 11. Jh. bis zur Gegenwart. Bes. hervorzuheben ist die Abteilung dt. Impressionisten, die beste und reichhaltigste in Deutschland. Außerdem enthält das Museum Abteilungen für Urgeschichte, für Natur- und Völkerkunde. – Im *Kestner-Museum* (Trammplatz 3) werden neben den ständigen Ausstellungen antiker griechischer, röm. und ägyptischer Kunst ma Kunstgewerbe, Miniaturen sowie Münzen gezeigt. Dazu gibt es wechselnde Sonderausstellungen v. hohem Niveau. – Die *Kestner-Gesellschaft* (Warmbüchenstr. 16) widmet sich mit Wechselausstellungen v. a. moderner und modernster Kunst. – Das *Herrenhausen-Museum* (Alte Herrenhäuser Str. 14) im *Fürstenhaus* (1721) bietet Gemälde und Möbel aus dem Besitz des Hauses Braun-

schweig-Lüneburg. – Das *Wilhelm-Busch-Museum* (Georgengarten 1) im ehem. → Georgenpalais ist vorrangig dem im Hannoverschen geborenen W. Busch gewidmet, zeigt jedoch außerdem Werke von H. Zille sowie moderne Karikaturen. – *Historisches Museum am Hohen Ufer* (Pferdestr. 6): Geschichte und Volkskunst. – An einer der reizvollsten Lagen v. H., am Nordufer des Maschsees, steht das *Sprengel-Museum.* Es zeigt die Kunst des 20. Jh., u. a. Werke von Picasso, Léger, Klee, Schwitters.

Bibliotheken: Die *Niedersächsische Landesbibliothek* hat einen Bestand v. 890 000 Bänden. Unter den Handschriften befindet sich auch ein Exemplar der ältesten dt. Bibelübersetzung (um 800). – Die *Stadtbibliothek* verfügt über einen Bestand v. rund 580 000 Bänden, dazu viele Handschriften und Inkunabeln.

Theater: Die *Oper* des *Niedersächsischen Staatstheaters* (Opernplatz 1) ist seit 1950 wieder im alten → Opernhaus. Im *Ballhof* (Ballhofstr. 5), dem alten Ballspielhaus, das bald nach dem 30jährigen Krieg gebaut wurde, und im *Theater am Aegi* (Aegidientorplatz 2) spielt das staatl. *Schauspiel.* Auf der letzteren Bühne sowie im *Gartentheater* und in der *Galerie Herrenhausen* gastiert auch die städt. *Landesbühne Hannover.*

Außerdem sehenswert: Ein beliebtes Erholungszentrum ist der v. 1934–36 künstlich angelegte *Maschsee* in unmittelbarer Nähe des *Neuen Rathauses* (Ausblick v. der Kuppel) und der Stadtwald *Eilenriede.*

34346 Hannoversch Münden
Niedersachsen

Einw.: 26 000 Höhe: 125 m S. 1277 ☐ H 8

Alexander v. Humboldt (1769–1859) soll angeblich »Hann-Münden« zu den 7 schönstgelegenen Städten der Erde gezählt haben. In reizvoller Lage am Zusammenfluß v. Werra und Fulda zur Weser präsentiert sich das ma-frühneuzeitliche Erscheinungsbild der Altstadt heute als ein nahezu geschlossenes Fachwerkensemble, für dessen Erhaltung und Restaurierung die Stadt in jüngster Zeit mehrfach ausgezeichnet worden ist.

Ev. St. Blasius-Kirche (Kirchplatz): Anstelle v. 2 roman. Vorgängerbauten wurde die heutige dreischiffige got. Hallenkirche im ausgehenden 13. Jh. mit der Errichtung des Chors, der s Nebenapsis und des Altarraumes bis zu den ö Jochen der 3 Schiffe begonnen. In einer zweiten Bauphase ab 1487 wurde das Werk nach W hin fortgesetzt und fand 1519 mit der Einwölbung der Turmhalle seinen vorläufigen Abschluß. Vollendet war der Bau erst 1584, als der Turm über den First des mächtigen Satteldaches hinaus erhöht wurde und mit der welschen Haube gedeckt seine heutige Gestalt erhielt. Sehenswert im Inneren sind neben der Kanzel (1493), dem Orgelprospekt v. 1645 (die Orgel selbst stammt aus jüngster Zeit) und dem Barockaltar (1700) bes. das Taufbecken (1392) v. N. v. Stettin, Bronzetür (um 1400) zur Sakramentsnische im Chor sowie die Darstellung der »Anna selbdritt« (Anfang 16. Jh.) im Spitzbogen oberhalb der Orgel.

Rathaus (Am Markt): Unter Einbeziehung v. Resten eines got. Vorgängerbaus (Türgewände und Treppengiebel der S-Seite) errichtete G. Croßmann das neue Rathaus (1603–19) im Stil der »Weserrenaissance«. Vor dem *Portal* mit ionischen Doppelsäulen an der asymmetrisch gegliederten Fassade befindet sich ein zweiläufiger *Treppenaltan* (1605).

Schloß (Schloßplatz): Als früher Bau der sog. Weserrenaissance entstand das Schloß in den beiden Jahrzehnten nach 1561, als der Vorgängerbau aus dem MA (11.–13. Jh.) durch einen Brand zerstört wurde. Vom Welfenschloß stammt noch der *Treppenturm* in der NO-Ecke des Schloßhofs und der durch das got. Spitzbogenfenster gekennzeichnete Bereich der Schloßkapelle. Die *Wandmalereien*, mit denen Herzog Erich II. v. Calenberg-Göttingen das Schloß im Zug des Neubaus ausstatten ließ (v. a. im »Gemach zum weißen Roß« und im »Römergemach«), sind neben denen der Burg Trausnitz in Landshut die bedeutendsten Renaissancefresken in Deutschland. Heute ist im Schloß das *Heimatmuseum* untergebracht.

Außerdem sehenswert: Neben *Fachwerkbauten* (15./16. Jh.) ist v. a. die *Werrabrücke*, die zweitälteste erhaltene Steinbrücke des Oberweser- und Werragebiets, zu nennen. 5 Bogen der 1329 erwähnten

Hannoversch Münden, Rathaus

Brücke sind in der heutigen Anlage enthalten. – An der *Aegidienkirche* ist der Grabstein des berühmt-berüchtigten, 1727 verstorbenen »Dr. Eysenbarth« zu bewundern.

86655 Harburg, Schwaben
Bayern

Einw.: 5800   Höhe: 484 m   S. 1282 □ K 13

Schloß: Die Burg über dem Wörnitztal gehörte um 1150 den staufischen Kaisern, 1299 kam sie an die Grafen Oettingen, deren fürstliche Nachkommen noch heute die Besitzer sind. Einstmals diente die Anlage, die v. einer ungewöhnlich hohen Mauer umschlossen ist und an der gefährdeten Seite noch durch eine Zwingermauer gesichert wird, zum Schutz der Reichsstraße v. Nördlingen nach Donauwörth. Baudaten sind nicht bekannt, doch kann man für die *innere Mauer,* den alten *Bergfried,* Reste des *Palas* und den *Ziehbrunnen* auf einen Baubeginn im 12. und 13. Jh. schließen. Die vorgelagerte *Zwingmauer* mit den halbrunden Türmen im SW kam im 14./15. Jh. dazu. Um die Mitte des 16. Jh. entstanden die *Burgvogtei,* der *Nordostturm,* der *Neue Bau* (auch »Kastenhaus« genannt) und der *Fürstenbauerker.* Vom 2. Obergeschoß des Fürstenbaus führt ein gedeckter Gang zur *Schloßkirche St. Michael.* Ihre Anfänge sind roman., im 14. Jh. wurde sie erweitert und in barocker Zeit vollendet und stuckiert. An den Chorwänden befinden sich hervorragende *spätgot. Schnitzwerke:* eine Muttergottes (1480) und der hl. Michael (um 1510). Einzelne bedeutende Arbeiten sind auch unter den zahlreichen Grabmälern der Oettinger zu finden. – Der Fürstenbau beherbergt die *Kunstsammlung,* deren berühmteste Stücke ein elfenbeinernes Kruzifix des 11. Jh. und der Seitenflügel vom großen Holzschnitzer T. Riemenschneider* sind.

97437 Haßfurt
Bayern

Einw.: 12 000   Höhe: 225 m   S. 1278 □ K 10

Die Stadt zwischen den Haßbergen und dem Steigerwald läßt mit ihrer regelmäßigen Straßenführung (rechtwinklig kreuzende Gassen) auf einheitliche Planung (13. Jh.) schließen. Eine *Mauerstrecke* und *3 Stadttore* aus dem 16. Jh. sind noch v. der alten Anlage erhalten, dazu *Fachwerkhäuser* und das *Rathaus* (1521).

Harburg, Schwaben, Panorama mit Schloß

Kath. Pfarrkirche: Der Bau der dreischiffigen Halle mit dem v. 2 Türmen flankierten Chor zog sich von 1390 bis zum
Ende des 15. Jh. hin. Im 19. Jh. wurde die
barocke Innenausstattung entfernt und der
Bau neugot. verändert. An der n Chorwand
stehen 3 sehenswerte spätgot. Holzfiguren
(hl. Kilian und seine Gefährten, um 1500).
Die Figur am Chorbogen zeigt *Johannes
den Täufer*, eine hervorragende Arbeit T.
Riemenschneiders[*].

Ritterkapelle (im Ort hinter dem Bamberger Tor): Bei dieser Kirche, die für eine
fränkische Adelsbruderschaft zur gleichen
Zeit wie die Pfarrkirche gebaut wurde, ist
der ganze Reichtum künstlerischer Ausgestaltung auf den *Chor* konzentriert. Unter
dem gefüllten Rundbogenfries am Dachfirst läuft ein dreifacher, 248 Schilde zäh-
lender *Wappenfries* entlang. Zahlreiche
Wappen befinden sich auch im Inneren,
z. B. an den Schlußsteinen. Die Ritterkapelle enthält viele gotisierende Zutaten
des 19. Jh., so Galerie und Fialen am Chor
sowie den Dachreiter. Über dem sw *Portal*
ist das Relief einer Kreuzigung erhalten
(1455).

Stadtmuseum (Herrenhof, Zwerchmain-
gasse 22): Neben stadtgeschichtlichen Exponaten ist v. a. eine Model-Sammlung
(19. Jh.) mit Modeln v. Wachsziehern und
Lebkuchen-Bäckern sehenswert.

39539 Havelberg
Sachsen-Anhalt

Einw.: 7600   Höhe: 48 m   S. 1274 □ N 5

Die Kreisstadt liegt an der Havel, 14 km
oberhalb ihrer Einmündung in die Elbe.
Auf dem zur Stadt und zur Havel steil
abfallenden Domberg befand sich einstmals ein slawisches Heiligtum. 948 wurde
es von Otto I. zerstört, der hier ein Mis-
sionsbistum gründete. 983 wurde es beim
großen Wendenaufstand zurückerobert.
1148 konnte das Domkapitel neu errichtet
werden, nachdem der Domberg von Markgraf Albrecht I. dem Bären wiederum eingenommen worden war. Stadtrechte erhielt Havelberg im 12. Jh. Die Stadt, wie
wir sie heute kennen, entstand jedoch erst
1876 aus mehreren Ansiedlungen. – Anfang September findet jedes Jahr der Große Markt statt, ein traditioneller Ge-
brauchspferdemarkt.

Dom St. Marien: Das vor 1150 begonnene Bauwerk, eine dreischiffige flachgedeckte Basilika, mit halbkreisförmiger
Apsis und wehrhaftem Westwerk, wurde
1170 geweiht. Das Mauerwerk bestand aus
sorgfältig behauenem Bruchstein. Nach einem Brand 1279 wurde die Kirche bis
1330 got. umgebaut. Das 40 m breite und
6 m tiefe Westwerk wurde im späten 12.
Jh. um ein Glockengeschoß erhöht. Das
oberste Geschoß mit Dach entstand erst
1907–08. Urspr. hatte das Westwerk nur
eine einzige hoch gelegene Tür, die man
über eine schmale Holztreppe erreichen
konnte. Diese wurde bei Gefahr zerstört.
Das 1840–42 eingebaute W-Portal wurde
1907–08 durch das jetzige neuroman. ersetzt.
Die Kreuzrippengewölbe im Innenraum
sowie der Chor stammen aus der Zeit des
1. Umbaus. Die wertvolle *Ausstattung*
wurde teilweise aus Einnahmen der Wallfahrtskirche in Wilsnack finanziert. Aus
der Zeit um 1300 stammt die hölzerne got.
Triumphkreuzgruppe. Lettner und Chorschranken entstanden zwischen 1396 und
1411. Sie sind mit 20 Reliefs und 14 Figuren aus Sandstein geschmückt. Die Reliefs
zeigen Szenen aus dem Leben Jesu. Die
Arbeit wurde v. mehreren Meistern ausgeführt, u. a. v. einem aus der Prager Parler-
Schule. Im Chor finden sich Teile v. einem
älteren *Lettner* (um 1300). Die etwa ein
Meter hohen Figuren aus Sandstein werden heute als Leuchter verwendet. Bei den
s handelt es sich um Mönch und Novize,
bei den n um Koch und Kellermeister. An
der Innenseite der s Chorschranke ist eine
gekrönte Maria mit Kind angebracht. Das
got. Chorgestühl stammt aus dem späten
13. Jh., der Renaissance-Taufstein datiert
v. 1587. Der portalartige Hochaltar (1700),
die Kanzel (1693) sowie der Orgelprospekt (1777) sind barock. Beachtung
verdient ferner auch das Grabmal mit Ala-
basterfigur des Bischofs Johann v. Wöpe-
litz (gest. 1401).
Die *Klostergebäude* des Prämonstraten-
ser-Domherrenstifts beim Dom wurden im
12. und 13. Jh. aus Backstein errichtet.

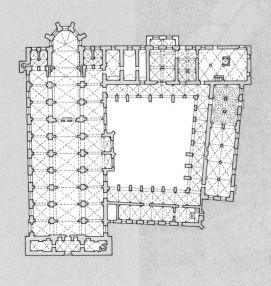

Havelberg, Dom St. Marien

Havelberg, Chorgestühl im Dom

Havelberg, Panorama mit Dom

Werben (Havelberg), St. Johannis

Kapelle St. Anna: Der spätgot. Zentralbau mit achteckigem Grundriß und Spitzdach wurde im 15. Jh. errichtet.

Pfarrkirche St. Laurentius: Die dreischiffige spätgot. Hallenkirche wurde Anfang des 15. Jh. unter Einbeziehung eines älteren Vorgängerbaus aufgeführt. Der W-Turm mit Barockhaube datiert v. 1660. Die Ausstattung stammt im wesentlichen aus dem 18. und 19. Jh. Bemerkenswert sind die *Kanzel* v. 1691 sowie die *Bronzetaufe*, die H. Rollet* aus Berlin 1723 schuf.

Kapelle des St.-Spiritus-Hospitals: Die um 1400 errichtete spätgot. Kapelle dient heute als Wohnhaus. Über dem Portal findet sich ein Relief mit Passionsszenen.

Prignitz-Museum (im ehem. Klostergebäude): Hier kann man sich über die Entwicklung des Elbe-Havel-Landes informieren. Der bedeutendste Fund aus der Vor- und Frühgeschichte, der ausgestellt ist, ist das sog. *Seddiner Königsgrab.* Wei-

terhin ist eine Holzschnittfolge aus dem frühen 15. Jh. zu sehen, »Historie vom Wunderblut zu Wilsnack«. Die Möbel stammen aus der Zeit v. der Renaissance bis zum Biedermeier.

Außerdem sehenswert: Spätklassizistisches *Rathaus* (auf ma Fundamenten) am rechteckigen Marktplatz. – Einige barocke und klassizistische *Bürgerhäuser* (teilweise aus Fachwerk).

Umgebung

Sandau (4 km s): Die dreischiffige spätroman. *Backstein-Pfeilerbasilika* aus der Zeit um 1200 wurde 1945 stark beschädigt. Sie ist jedoch wiederhergestellt. Als Vorbild diente die Klosterkirche des Prämonstratenserstifts Jerichow.

Werben (8 km nw): Die Stadt entstand Anfang des 12. Jh. – Die *Pfarrkirche St. Johannis* gilt als einer der schönsten Sakralbauten der Altmark. Der querrechteckige W-Turm stammt aus dem späten 12. Jh. v. der 1. Kirche an diesem Platz. Das dreischiffige got. Langhaus wurde 1414-67 errichtet. Sehenswert sind die Fassadendekorationen und das reichgegliederte N-Portal (»Brauttür«). In den Fenstern des Chors finden sich einige spätgot. Glasmalereien. Zu sehen sind u. a. die Petruslegende, das Weltgericht und das Marienleben. Der Altar ist aus 2 spätgot. Flügelaltären zusammengefügt. Der untere stammt aus der Zeit um 1430 (im Schrein die Fürbitte Mariens), der obere aus der Zeit um 1500 (Darstellung der Dreieinigkeit). Ein weiterer Flügelaltar (Maria mit den hll. Gertrud und Margarete) datiert aus dem frühen 16. Jh. Die Kanzel (Sandstein) wurde 1602 in der Magdeburger Werkstatt v. Michael Spies* gefertigt. Der fünfarmige Leuchter und der Taufkessel (1488 und 1489) stammen aus der Hamburger Werkstatt des Harmen Bonstede*. – Nicht mehr kirchlichen Zwecken dienen die spätroman. *Kapelle* der ehem. Johanniter-Komturei aus dem frühen 13. Jh. und die *Heilig-Geist-Kapelle*, ein einschiffiger spätgot. Backsteinbau, der wahrscheinlich im 15. Jh. erbaut wurde. Von der Stadtbefestigung ist außer einigen Mauerresten noch das spätgot. Elbtor aus der Zeit nach 1450 erhalten.

Havixbeck, Wasserburg

Es handelt sich um einen Rundturm mit Zinnen, dessen Innenräume Kuppelgewölbe haben. Hier hat man die *Heimatstube* eingerichtet, in der u. a. ein Modell der ma Stadt zu sehen ist. – Das *Rathaus* v. Werben ist ein klassizistischer Bau v. 1792–93 auf got. Fundamenten. Er wurde 1908 aufgestockt.

48329 Havixbeck
Nordrhein-Westfalen

Einw.: 10 500   Höhe: 80 m   S. 1276 □ C 7

Haus Havixbeck (1 km sw v. Havixbeck): Die *Wasserburg*, ein schlichtes Herrenhaus, ist in ihrer Grundform aus dem westfälischen Bauernhaus entwickelt und mit Renaissancezieraten versehen worden. Eine *Dreibogenbrücke* führt über den Wassergraben zum *Torhaus*. Die nach S geöffnete Dreiflügelanlage ist aus Bauteilen verschiedener Entstehungszeiten zusammengewachsen. Zum Kernbau (11./12.

Jh.) gehört der achteckige *Treppenturm*. Aus dem Jahre 1562 stammt der ö Teil des Herrenhauses. Um 1733 und 1759 entstanden die barocken *Brücken-* und *Gartenpfeiler* mit Putten und Vasen sowie die geschwungene Stützmauer der Insel nach Entwürfen des berühmten Münsteraner Architekten J. C. Schlaun*.

Haus Stapel (2 km n v. Havixbeck): Haus Stapel entstand aus einer schon 1211 genannten Wasserburg. Die *Vorburg* und das klassizistische *Herrenhaus* (1819–27) liegen auf einer großen Insel. Die Vorburg wurde 1719 vollendet. Seit 1801 war die Anlage im Besitz der Freiherren v. Droste zu Hülshoff, Verwandten der Dichterin, die selbst hierher zu Besuch kam. Im Haus Stapel befand sich bis 1970 ihr Nachlaß.

Außerdem sehenswert: Die *kath. Pfarrkirche St. Dionysius* (W-Turm aus dem 12. Jh., Langhaus 14. Jh.) mit reicher Innenausstattung. – *Pestkapelle* auf dem Kirchplatz mit Inschrift 1664.

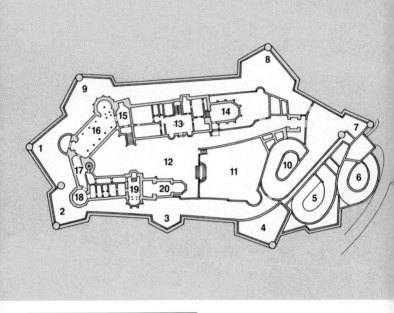

Haus Hülshoff (10 km ö): Diese bekannteste unter den 3 Havixbecker Wasserburgen war Geburts- und Wohnstätte der Dichterin Annette v. Droste zu Hülshoff. – Quadratische Ecktürme verstärkten die *Vorburg* (17. Jh.). – Die *Oberburg,* ein zweiflügeliger, schlichter Backsteinbau (1545), erhielt ihre Ausstattung 1789. In einigen Räumen sind Bilder der Dichterin und ihrer Familie sowie Erinnerungsstücke zu sehen.

72379 Hechingen
Baden-Württemberg

Einw.: 17 600   Höhe: 500 m   S. 1281 □ F 14

Burg Hohenzollern (6 km s v. Hechingen): Seit dem 13. Jh. sind die Zollernschen Grafen in Hechingen nachgewiesen. Ab 1623 residierten sie als Fürsten v. Hohenzollern auf der Burg, die 1850–67 v.

Hechingen, Burg Hohenzollern 1 Der Spitz **2** Scharfeckbastei **3** Gartenbastei **4** St.-Michaels-Bastei, Kronprinzengrabstätte **5** Niederes Vorwerk **6** Wilhelmsturm **7** Schnarrwachtbastei **8** Neue Bastei **9** Fuchslochbastei **10** Rampenturm **11** Burggarten **12** Burghof **13** Burgwirtschaft **14** Ev. Kapelle **15** Stammbaumhalle **16** Grafenhalle **17** Bibliothek **18** Markgrafenturm **19** Königinzimmer **20** Michaelskapelle

Festungsbaumeister v. Prittwitz und den Architekten Stüler nach altem Lageplan romantisch-historisierend mit Zinnen und 7 Türmen wiederaufgebaut wurde. Auf einem hohen Bergkegel ist sie wundervoll gelegen und weithin sichtbar. – Von der alten Burg ist nur die *kath. St.-Michaels-Kapelle* (15. Jh.) mit 3 roman. Sandsteinreliefs und got. Glasgemälden erhalten. In der neugot. *ev. Kapelle* standen bis August 1991 die Särge Friedrichs d. Gr. und Friedrich Wilhelms I. (v. Potsdam hierher überführt). – Die *Hohenzollerische Landessammlung* und die Bürgerwehr- und Steubenausstellung befinden sich im Städti-

Grafenhalle in Burg Hohenzollern >

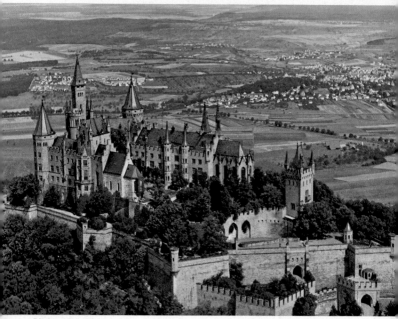

Blick auf Burg Hohenzollern   *St. Luzen, Innenansicht mit Orgel* >

schen Museum im »Alten Schloß«. Die Schatzkammer enthält neben der preuß. Königskrone viele persönliche Erinnerungsstücke.

Ehem. Stiftskirche St. Jakob (Kirchplatz): Die jetzige kath. Pfarrkirche, v. dem franz. Architekten M. d'Ixnard entworfen und 1783 gew., ist ein Musterbeispiel des frühen *Klassizismus.* – Beim Außenbau sind noch die traditionellen barocken Formen gewahrt, doch in der Dekoration mit Urnen und Girlanden (v. a. am W-Turm) zeigt sich der neue, strengere Stil. – Der Innenraum, ganz in vornehmem Weiß-Gold gehalten, ist nüchtern, ohne Schwingungen und malerische Überschneidungen. Überbleibsel barocker Formsprache sind die *Atlasfiguren,* welche die Fürstenloge tragen, sowie die *Deckengemälde* der Seitenkapellen. Die *Altäre* bestehen aus einer einfachen Mensa mit Tabernakel, nur auf dem n Seitenaltar steht eine Muttergottes (um 1500). Im *Chor* befindet sich ein bedeutendes Bronzeguß-

werk der frühen dt. Renaissance, die *Grabplatte* Graf Eitelfriedrichs v. Zollern und seiner Gemahlin (1512). Wahrscheinlich wurde sie v. P. Vischer* aus Nürnberg geschaffen.

Ehem. Franziskanerklosterkirche St. Luzen (St.-Luzen-Weg): Am N-Rand der Unterstadt führt ein Stationsweg des 17. Jh. zur Klosterkirche, einem Bau aus den Jahren 1586–89.
Der *Innenraum* gehört zu den interessantesten Zeugnissen der *Spätrenaissance.* In der Gewölbedekoration mit Rippen und Schlußsteinen leben noch Erinnerungen an die Gotik. Darunter liegt ein Gebälk, das von reichverzierten Halbsäulen und Pilastern in reinem Renaissancestil getragen wird. Zwischen den Säulen sind Muschelnischen mit Apostelfiguren in die Wand eingelassen. Sie zeigen ebenso wie auch die Ornamente der Stuckdekoration niederländischen Einfluß. Kanzel und Chorgestühl (1587–89) stammen v. H. Amann aus Ulm.

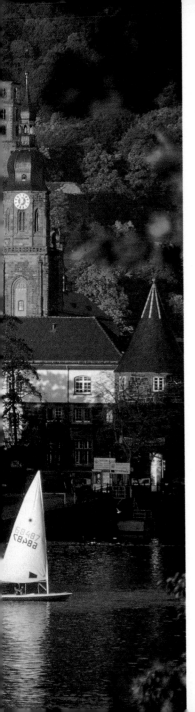

Villa Eugenia: Der Bau an der Zollstraße wurde 1786–87 als »Lustgartenhaus« errichtet. An den schönen Mittelbau fügte man im 19. Jh. die nüchternen Seitenflügel, die den Charakter der Anlage sehr beeinträchtigen. Sie ist – im Gegensatz zum *Fürstengarten* – nicht zugänglich.

39444 Hecklingen
Sachsen-Anhalt

Einw.: 3600   Höhe: 83 m   S. 1278 □ L 7

Klosterkirche: Ehemals zu einem Benediktiner-Nonnenkloster gehörig, ist das Bauwerk eine der wenigen sehr gut erhalten gebliebenen roman. Kirchen zwischen Harz und Elbe. Die kreuzförmige flachgedeckte Basilika mit einfachem Stützenwechsel wurde wahrscheinlich in der 2. Hälfte des 12. Jh. errichtet. Sie hat ein Westwerk mit Doppeltüren und Apsiden an Chor und Querhausarmen. Über dem s Seitenschiff sowie über dem W-Teil des Mittelschiffs liegt die Nonnenempore. Sie wurde in der 1. Hälfte des 13. Jh. eingebaut. Aus der gleichen Zeit stammen die Stuckköpfe und Engelreliefs an der Wand des Mittelschiffs. Beachtung verdienen auch die Grabdenkmäler der Familie v. Trotha aus dem 16. und 17. Jh.

Außerdem sehenswert: Das *Schloß* im Ortsteil Gänsefurth (16. Jh.) ging aus einer ma Burganlage hervor. Der zweigeschossige Barockbau datiert v. 1757.

69115–26 Heidelberg
Baden-Württemberg

Einw.: 139 400 Höhe: 114 m S. 1281 □ F 12

Vom frühesten Bewohner dieser Gegend ist nur noch ein Unterkiefer vorhanden: v. Homo heidelbergensis, dem Menschen der Zwischeneiszeit vor etwa 600 000 Jahren. Im 1. Jh. v. Chr. gab es auf dem Heiligenberg, wo sich heute eine Freilichtbühne befindet, ein Keltenheiligtum, später eine röm.-heidnische Kultstätte. Die eigentliche Geschichte Heidelbergs begann, als der Wittelsbacher Ludwig der Kelheimer

< *Heidelberg, Panorama mit Schloß*

1226 Pfalzgraf wurde. Die Wittelsbacher Linie behielt bis zur Übersiedlung in das neuerbaute Mannheim (1720) hier ihre Residenz. Kurfürst Ruprecht I. gründete 1386 in Heidelberg die (nach Prag und Wien) dritte mitteleurop. Universität. Die Krone Heidelbergs, das rote Sandsteinschloß, erlebte 3 große Epochen: die got. (bis etwa 1500), die erste Renaissance-Epoche und schließlich die wohl bedeutendste, die dritte Epoche (1544–1632), in der sich die Burg zum Fürstenschloß wandelte, das dem Stadtbild Heidelbergs Weltruhm gebracht hat. – Stellvertretend für das literarische Leben Heidelbergs sei die Sammlung »Des Knaben Wunderhorn« genannt, die A. v. Arnim und C. Brentano v. 1805–18 im Haus Hauptstr. 151 redigierten und edierten. – Alt-Heidelberg wurde im 2. Weltkrieg verschont; nur ein paar Brücken wurden beim Rückzug routinemäßig gesprengt.

Schloß (Schloßberg): Das älteste Stück des Burgschlosses sind die röm. Granitsäulen in der *Brunnenhalle* (r nach dem Durchschreiten des *Torturms*), die Kurfürst Philipp (1475–1508) aus der Kaiserpfalz Karls d. Gr. in Ingelheim herbeischaffen ließ. Zuvor war die Burg schon v. Kurfürst Ruprecht, dem späteren dt. König und Gründer der Universität, militärisch gesichert und um die 3 O-Türme bereichert worden. Aus dieser Zeit stammt auch der *Ruprechtsbau* (l nach dem Durchschreiten des Tors), für den man den Frankfurter Baumeister M. Gerthener* holte (im 16. Jh. Renaissanceumgestaltung). Die kriegerische Atmosphäre zur Zeit der Bauernkriege und Reformation ließ weitere Befestigungen entstehen. Gleichzeitig wurde die Anlage an der S-Seite um den *Bibliotheksbau* und an der O-Seite um den *Frauenzimmerbau* erweitert. Auch der sog. *Gläserne Saalbau* (nach dem Spiegeln genannt, die in die Pfeiler eingelassen wurden) gehört in diese Epoche. Die Zeit, in der die alte Feste zur prächtigen Residenz aufblühte, begann 1530 und endete mit dem Ausbruch des 30jährigen Krieges. In dieser Phase entstand der *Ottheinrichsbau* (1556–59), jener erste Palastbau der dt. Renaissance, in dem sich die ital. Horizontalordnung der Geschosse und die niederländisch-dt. Schmuckfreude verbindet.

Der Baumeister ist unbekannt. Im Ottheinrichsbau befindet sich heute das → *Dt. Apotheken-Museum*. Ein halbes Jahrhundert später bekam dieses Glanzstück im *Friedrichsbau* (1601–07) eine gewichtige Konkurrenz. Hier wird die Schmuckfreude bis ins Bombastische gesteigert, wozu der Ausbau der Ruine um 1900 noch ein übriges getan hat. Interessant ist die Figurenreihe in den Nischen, welche die fürstliche Ahnenreihe v. Karl d. Gr. bis zum Erbauer Friedrich IV. (r unten) zeigt. Der Friedrichsbau hat 2 Schauseiten (zum Hof und nach der Stadt) und im N eine breite Terrasse. Den Ausklang der Renaissancebaufreude bildet der *Engl. Bau* (im NW, neben dem gesprengten *Dicken Turm*), den der »Winterkönig« Friedrich V. für seine engl. Gemahlin errichten ließ. Aus England brachte er auch den Gartenarchitekten mit, der auf den Terrassen den berühmten *Hortus Palatinus*, eine mathematische Gartenanlage im Stil der ital. Spätrenaissance, geschaffen hat. Das vielbesungene *Heidelberger Faß*, in einem Gebäude neben dem Engl. Bau, wurde erst 1751 unter Karl-Theodor aufgestellt. Mit seinen über 220 000 Litern Rauminhalt sollte es den Zehnten der Weinernte im Pfälzer Land als kurfürstlichen Anteil aufnehmen.

Haus zum Ritter (Hauptstr. 178): Die Renaissancebauweise hat v. Schloß auf die Stadt ausgestrahlt. Der Hugenottenkaufmann Bélier ließ sich 1592 nach dem Vorbild des Ottheinrichsbaues sein Haus zum Ritter (mit dem Ritter St. Georg als Bekrönung) entwerfen. 2 Erkerzüge gliedern die fünfgeschossige Fassade mit ihrem vielfältig geschwungenen Giebel.

Hl.-Geist-Kirche (Hauptstraße): Bei der Universitätsgründung begann man auch mit dem Bau der Kirche. Zwischen den Strebepfeilern ist die Kirche v. einem Kranz idyllischer Verkaufsläden umgeben. – In den Seitenschiffen der Halle gibt es eigenartige *Emporenaufbauten*. Diese waren als Bibliotheksraum der Universität gedacht und sollten die berühmte *Biblioteca Palatina* aufnehmen, die jedoch 1622 als Kriegsbeute und Schenkung nach Rom kam (800 dt. Handschriften gab Papst Pius VII. im 19. Jh. zurück). Die got. Kirche, deren Innenraum wegen der Reformation

Heidelberg, Haus zum Ritter

bis zum Jahr 1936 durch eine Mauer geteilt war (hier Katholiken, dort Protestanten), erhielt 1698 das *Mansardendach* und Anfang des 18. Jh. die charakteristische barocke Haube als *Turmhelm.* – Von der Ausstattung der Kirche ist die *Grabplatte* des Universitätsgründers Ruprecht III. (gest. 1410) und seiner Gemahlin Elisabeth v. Hohenzollern v. Interesse.

Ehem. Jesuitenkirche (Schulgasse): Im Jahr 1712 wurde die heutige kath. Pfarrkirche nach einem Entwurf v. J. A. Breunig errichtet. Diesem Heidelberger Baumeister sind alle wesentlichen Bauwerke zu Anfang des 18. Jh. in Heidelberg zu verdanken; z. B. das benachbarte *Jesuitenkolleg,* das *Hospital mit Annakirche* (Plöck 104), *Universitätsbauten,* das Haus des → *Kurpfälzischen Museums* (Hauptstr. 97) und das *Haus zum Riesen* (Hauptstr. 52). Für die barocke Entstehungszeit ist eine *dreischiffige offene Halle* wie hier selten. Der Raum wirkt kühl, fast klassizistisch. Schön sind die *Stuckkapitelle* mit Rokoko-

dekor. Von den *Plastiken* werden ein Salvator mundi und 2 Heilige dem Mannheimer Barockbildhauer P. Egell (1691–1752) zugeschrieben.

Kath. Pfarrkirche St. Vitus (in Handschuhsheim): In der um 1200 erbauten, während der Gotik und später vielfach veränderten Kirche gibt es eine Anzahl bedeutender *Grabdenkmäler.* An erster Stelle ist jenes zu nennen, das Johann v. Ingelheim und Margarete v. Handschuhsheim (im ö Seitenschiff) zeigt. Der Bildhauer dieses Grabmals, der sein Werk mit Buchstaben signiert und datiert hat (M. LSP. VH 1519), kommt aus dem Kreis H. Backoffens* aus Mainz. Hervorragend sind die Porträtköpfe der beiden Dargestellten.

Alte Brücke (Karl-Theodor-Brücke): Die Brücke, die in sanftem Bogenschwung über den Neckar nach Neuheim und Handschuhsheim führt, ist mindestens die fünfte an dieser Stelle. Sie wurde 1945 gesprengt, jedoch nach altem Vorbild wiederaufgebaut. Das *Brückentor* mit den beiden Rundtürmen wurde 1786–88 unter Kurfürst Karl Theodor errichtet, dessen Namen die Brücke auch trägt.

Bergfriedhof: Auf dem stimmungsvollen Friedhof, der 1844 angelegt wurde, sind zahlreiche berühmte Persönlichkeiten beigesetzt, z. B. der Chemiker R. W. Bunsen (gest. 1899), der Dichter J. H. Voß (gest. 1826) und der Dirigent W. Furtwängler (gest. 1954).

Universitätsbibliothek: Mit einem Bestand v. 1 120 000 Bänden und einer berühmten Handschriftensammlung (tägl. zu besichtigen) gehört die Bibliothek zu den bedeutendsten im deutschsprachigen Raum. Neben der *Manessischen Liederhandschrift* mit den 137 Miniaturen der Minnesänger (um 1320) sind auch die zweite Fassung der *Evangelienharmonie* des Otfried v. Weißenburg (9. Jh.) und der *Sachsenspiegel* (13. Jh.) zu sehen.

Museen: Das *Kurpfälzische Museum* (Hauptstr. 97) im schon erwähnten Barockbau des Heidelberger Baumeisters Breunig (1712) zeigt v. a. Bilder jener Künstler, die das romantische Heidelberg entdeckt haben (Fohr, Rottmann, Fries, Blechen). Das plastische Hauptwerk ist der Windsheimer Zwölfbotenaltar v. T. Riemenschneider*, der v. einer dicken Ölfarbenschicht bedeckt war und erst nach dem 2. Weltkrieg als Werk des großen Bildschnitzers erkannt wurde. – Das *Dt. Apotheken-Museum* im Schloß bietet einen umfassenden Überblick v. der altertümlichen Kräuterkammer bis zur modernen Pharmazie.

Theater: Die »Heidelberger Festspiele« im Schloßhof machten Heidelberg zur Theaterstadt. Heute pflegen die *Städt. Bühnen* (Theaterstr. 4) Oper, Operette und Schauspiel.

89518–22 Heidenheim an der Brenz
Baden-Württemberg

Einw.: 51 000   Höhe: 491 m   S. 1282 □ I 13

Schloß Hellenstein: Stauferburg mit typischen Buckelquadern; sie kam mit der Herrschaft Heidenheim 1504 endgültig an Württemberg. Um 1640 wurde die Burg zur Renaissance-Schloßanlage erweitert, 1794–1837 teilweise abgebrochen, im 19.

Jh. rest. Die gewaltigen Umfassungsmauern, Geschütztürme und Treppengiebel mit dem *Achteckturm* dominieren das Stadtbild v. H.
Museen: *Museum Schloß Hellenstein:* vor- und frühgeschichtl. Sammlungen. *M. im Römerbad:* Überreste eines Kastells u. a. *M. für Kutschen, Chaisen und Karren:* u. a. Verkehrsgeschichte, Postverkehr vor der Motorisierung. *Kunstmuseum-Galerie der Stadt:* Ausstellungen, weltgrößte Picasso-Plakate-Sammlung.

74072–81 Heilbronn am Neckar
Baden-Württemberg

Einw.: 117 400   Höhe: 158 m   S. 1281 □ G 12

Eine hl. Quelle (741 Helibrunna), die ehemals nahe der Kirche des hl. Kilian floß, gab der Stadt den Namen. Dank seiner günstigen Lage am Kreuzungspunkt zweier wichtiger Handelsstraßen kam Heilbronn rasch zu Macht und Reichtum.
Vom urspr. Bild der wohlhabenden Stadt ist im 2. Weltkrieg allerdings nur wenig erhalten geblieben. Die alten Wohnhäuser wurden fast alle zerstört. Nur die bedeutendsten Gebäude wurden neu aufgeführt.

Heidenheim an der Brenz, Schloß Hellenstein

Ev. Pfarrkirche St. Kilian (Kaiserstraße): Die originalgetreue Rekonstruktion der Kirche, mit deren Bau vermutlich
um die Mitte des 13. Jh. begonnen worden
war und die im 2. Weltkrieg zerstört wurde, ist besonders schwierig gewesen. Die
got. Ornamente, die mit antikisierenden
Renaissanceformen abwechseln, erforder-
ten mühevolle Kleinarbeit. – Der *Turm* ist
nicht von einem festen Helm bekrönt, sondern mündet in einem Kranz v. sich ständig
verjüngenden Balustraden. Auf der Turm-
spitze steht anstelle des Kreuzes ein
Landsknecht als Bannerträger der Stadt.
1508–13 wurde der Originalturm v. H.
Schweiner v. Weinsberg errichtet. – Das
bedeutendste Stück der Ausstattung ist der
Hochaltar v. 1498, v. dem 13 Figuren und
die Flügel im Krieg ausgelagert waren und
deshalb erhalten blieben. Schrein und Gesprenge mußten erneuert werden.

Rathaus (Marktplatz): Das Rathaus ist ein
got. Bau, der 1417 errichtet wurde (mit
Resten um 1300), seine prächtige Fassade
im Renaissancestil jedoch erst Ende des
16. Jh. erhielt. Eine Freitreppe führt zum
Balkon, der die ganze Breite des Baus
einnimmt und auf 5 Arkaden mit ionischen
Säulen ruht. Stolz der Stadt ist die prachtvolle *Rathausuhr* v. I. Habrecht, der zu den

Schöpfern der berühmten astronomischen
Uhr im Straßburger Münster gehörte.

Götzenturm (Obere Neckarstraße): Der
Turm ist ein Überbleibsel der alten Stadtbefestigung. Nach der Überlieferung war
hier Götz v. Berlichingen, der »Ritter mit
der eisernen Faust«, im Jahre 1519 gefan-
gen, doch saß er tatsächlich im ebenfalls
erhaltenen *Bollwerksturm* (Untere Nek-
karstraße).

Käthchenhaus (Marktplatz): An der W-
Seite des Marktplatzes ist ein mehrfach
umgebautes Patrizierhaus, in dem angeblich das Vorbild zu Heinrich v. Kleists
»Käthchen v. Heilbronn« gewohnt haben
soll, nach der Zerstörung im 2. Weltkrieg
wieder aufgebaut worden.

Deutschof (an der Deutschhofstr.): In dem
ehem. Anwesen des Deutschen Ritterordens, das 1950 nach Kriegszerstörung
wiederaufgebaut wurde, befinden sich u. a.
die *Städtischen Museen.*

Stadttheater Heilbronn (Berliner Platz):
Das *Große Haus* bietet 705 Plätze, in den
Kammerspielen finden 112 Zuschauer
Platz. Das Theater unterhält ein eigenes
Schauspielensemble.

Heilbronn, St. Kilian

< *Heilbronn, Rathaus*

Heiligenberg, Rittersaal im Schloß

88633 Heiligenberg
Baden-Württemberg

Einw.: 2700 Höhe: 700–790 m S.1281 □ G 15

Schloß: Im N v. Überlingen, hoch über der weiten Bodenseelandschaft, liegt das Schloß der Fürsten v. Fürstenberg, das auf alten Fundamenten im 16. Jh. aufgebaut wurde und dabei seine heute charakteristischen Renaissancezüge erhielt. *Kemenatenflügel* wurden zur Hofseite hin in 4 Geschossen rundbogige *Arkadengänge* vorgelegt (1594–1604). – Gegenüber dem Wohntrakt entstand v. 1580–84 der *Rittersaal,* einer der prächtigsten Festsäle der dt. Renaissance. Neben dem Goldenen Saal im → Augsburger Rathaus kommt diesem Rittersaal als Stil- und Zeitdokument eine exemplarische Bedeutung zu. Die reichgeschnitzte Kassettendecke (36 x 11 m) ist im Dachstuhl aufgehängt und ruht auf den Pfeilern zwischen den hohen Rundfenstern. Sandsteinkamine mit Ni-

schen- und Säulenfiguren stehen sich an den Schmalseiten des festlichen Saals als Raumabschluß gegenüber (1584). – Die schmale und hohe *Schloßkapelle* (17. Jh.) im W-Flügel erstreckt sich über 3 Geschosse und erinnert mit ihren Emporen- und Logenöffnungen an den Zuschauerraum eines alten Theaters. Neben *Fenstern* aus dem 14. Jh. (aus der Dominikanerkirche in Konstanz übernommen) verdienen v. a. die reichen *Schnitzereien* und die *Wandmalereien* besondere Beachtung.

91332 Heiligenstadt
Bayern

Einw.: 3600 Höhe: 367 m S. 1282 □ L 11

Schloß Greifenstein (2 km n v. Heiligenstadt): Barockbaumeister L. Dientzenhofer[*] hat die Pläne für diese eindrucksvolle Anlage geliefert. Hervorzuheben sind eine imponierende *Waffensammlung* mit Handwaffen v. MA bis zur Gegenwart sowie der

Wappensaal, wo die Wappen aller Frauen, die in die Familie v. Stauffenberg eingeheiratet haben, gezeigt werden.

37308 Heiligenstadt
Thüringen

Einw.: 16 900   Höhe: 262 m   S. 1277 ☐ I 8

Der Kneippkurort liegt im Obereichsfeld am Oberlauf der Leine. Er erhielt im 11. Jh. Markt- und 1227 Stadtrechte. Im 9. Jh. gab es bereits einen fränkischen Königshof, dessen Kirche 847 in den Besitz von römischen Märtyrerreliquien kam. Nachdem die Bevölkerung während der Reformation zum lutherisch reformierten Glauben übergetreten war, wurde Heiligenstadt 1550 nach dem Augsburger Religionsfrieden wieder eine Hochburg des Katholizismus. Dazu trugen der ansässige Jesuitenorden bei sowie der verstärkte Mysterien- und Heiligenkult (»Heiligenstädter Leidensprozession«).

Der berühmte Bildschnitzer Tilman Riemenschneider wurde 1460 in Heiligenstadt geboren, Heinrich Heine 1825 im Alter von 28 Jahren hier getauft. Den Taufschein nannte er sein »Entreebillett« in die europäische Gesellschaft. Theodor Storm war 1856–64 Kreisrichter in Heiligenstadt. Hier schrieb er die Erzählungen »Auf dem Staatshof« (1857), »Drüben am Markt« (1860), »Auf der Universität« (1862), »Abseits« (1863) und »Bulemanns Haus« (1864). Heiligenstadt ist einer der Schauplätze seiner Erzählung »Pole Poppenspäler«, die er im Jahre 1870 geschrieben hat.

Pfarrkirche St. Ägidien: Die dreischiffige got. Hallenkirche, die kath. Pfarrkirche der Neustadt, wurde vermutlich nach 1333 begonnen. Der Westbau mit reichem Figurenportal wurde nie ganz fertiggestellt. Es gibt nur einen achteckigen S-Turm. Die Ausstattung besteht u. a. aus einem Hochaltar v. 1638, einem spätgot. Flügelaltar (im Schrein Anna selbdritt) aus dem späten 15. Jh., einem spätgot. bronzenen Taufkessel v. 1507, Chorgestühl aus dem späten 17. Jh. und dem Doppelgrabstein der Märtyrer Aureus und Justinus aus der 1. Hälfte des 14. Jh.

Friedhofskapelle St. Annen: Das frühgot. Bauwerk aus der Zeit nach 1300 hat einen achteckigen Grundriß. Es liegt gegenüber dem N-Portal der Marienkirche. Im Inneren findet sich ein achteckiges Rippengewölbe.

Heiligenstadt, Portalkonsole in St. Ägidien

Pfarrkirche St. Marien: Das Langhaus der dreischiffigen got. Hallenkirche, der kath. Pfarrkirche der Altstadt, wurde in der 2. Hälfte des 14. Jh. errichtet. Es ist mit Kreuzrippengewölben ausgestattet, die auf Bündelpfeilern ruhen. Die Gewölbe des um 1400 begonnenen und erst 1716 fertiggestellten Chors liegen wesentlich höher. Das Westwerk mit 2 achteckigen Türmen ist roman. und datiert aus der Zeit um 1300. Die Innenausstattung besteht u. a. einer »Schönen Madonna« v. 1414, einem bronzenen Taufkessel v. 1492 sowie einem Altar und Wandmalereien (Marienkrönung) aus der Zeit um 1500.

Stiftskirche St. Martin: Bei dem ältesten Bauwerk der Stadt handelt es sich um eine dreischiffige got. Hallenkirche, die zwischen 1304 und 1487 unter Einbeziehung eines älteren Vorgängerbaus errichtet wur-

Heiligenstadt, St. Ägidien >

de. Von diesem stammt die zweischiffige roman. Krypta (Mitte des 13. Jh.) am O-Ende des n Seitenschiffs. Der Chor wird v. Türmen flankiert, v. denen nur der s fertiggestellt wurde. Das Tympanonrelief (um 1350) über dem N-Portal zeigt den hl. Martin. Im Inneren verdienen bes. die *Kapitelle* mit figürlichem (Geschichte v. Adam und Eva) und ornamentalem (Blattwerk) Schmuck Beachtung. Von der ma Ausstattung sind nur ein got. bronzener Taufkessel, ein got. Pulthalter in Form eines Chorknaben sowie das got. Grabmal (Tuma) des Erzbischofs Adolf v. Mainz (gest. 1390) erhalten.

Nikolaikirche: Die spätgot. Wehrkirche v. 1461 war urspr. Teil der Stadtmauer. Bei der Belagerung 1632 wurde sie zerstört und unter Benutzung eines Teils der Umfassungsmauern als Kapelle wieder aufgebaut.

Altes Rathaus (Ratsgasse 9): Das im Kern got. Gebäude, das vermutlich im 13. Jh. errichtet wurde, hat man nach dem Stadtbrand 1739 im Jahre 1789 wieder aufgebaut.

Neues Rathaus (Markt): Der zweigeschossige Barockbau mit Freitreppe wurde 1739 errichtet und im 19. Jh. umgebaut. – Auf dem Markt steht der *Neptunsbrunnen* v. 1738.

Schloß (Friedensplatz 8): Der dreigeschossige Barockbau entstand 1736–38 nach einem Plan v. Christoph Heinemann* aus Dingelstädt. An der SO-Seite befindet sich ein Anbau aus Fachwerk. Die Innenräume des Gebäudes, das jetzt den Rat des Kreises beherbergt, sind mit reichen Stukkaturen verziert.

Eichsfelder Heimatmuseum (Kollegiengasse 10): Das Museum ist im ehem. Jesuitenkolleg untergebracht, einem dreigeschossigen Barockbau mit prachtvollem Portal, der 1739–40 v. Christoph Heinemann* errichtet wurde. Zu sehen sind u. a. Erzeugnisse der Eichsfelder Töpferei, urgeschichtliche Funde, sakrale Plastik und Trachten. Im Jahre 1977 wurde eine Gedenkausstellung für Theodor Storm eingerichtet.

Heiligkreuztal ✉ **88499 Altheim**
Baden-Württemberg

Einw.: 250   Höhe: 550 m   S. 1281 ☐ G 14

Ehem. Zisterzienserinnen-Klosterkirche: Die Kirche wurde 1256 gew., jedoch bis 1319 zur dreischiffigen Basilika umgewandelt. Es folgten weitere Umbauten im 16., 17. und 18. Jh. Das Klausur- und das Äbtissingebäude sowie Klosterapotheke, Amtshaus und Herrenhaus wurden in jüngster Zeit rest. Hervorzuheben ist die *Innenausstattung:* Das große, farbenprächtige Glasfenster im O ist eine der bedeutendsten, bis heute erhaltenen hochgot. Arbeiten dieser Art. Die Chorwände tragen Fresken des Meisters v. Meßkirch (1533). Unter den zahlreichen plastischen Kunstwerken soll hier die sehr feine, buntbemalte Gruppe Christus und Johannes in einer Nische der Chorostwand hervorgehoben werden (um 1340). Sie zeigt Christus und an dessen Brust den ruhenden Johannes. Aus der Klosterkirche stammt auch die heute in Nürnberg im Germ. Nationalmuseum gezeigte Anbetung der Könige v. M. Schaffner, um 1515.

91560 Heilsbronn
Bayern

Einw.: 8200   Höhe: 423 m   S. 1282 ☐ K 12

Ehem. Zisterzienser-Klosterkirche: Die 1150 gew. Kirche gehörte einst zu einem Kloster, das ab 1581 als Fürstenschule diente und später mit dem Gymnasium Ansbach vereinigt wurde. Bauherr war der mächtige Bischof Otto v. Bamberg. 1333 übernahmen die Zollernschen Burggrafen v. Nürnberg die Schirmherrschaft über das Kloster. Über 20 v. ihnen sind hier bis ins 18.Jh. hinein beigesetzt worden. Die Kirche wurde nach dem 2. Weltkrieg soweit wie möglich in den originalen stilistischen Zustand zurückversetzt. Das *Mittelschiff* ist mit viel Mauerwerk, klobigen Würfelkapitellen und kurzen, stämmigen Säulen v. urtümlicher Schwere. Im Kontrast dazu stehen der helle frühgot. *O-Chor* (um 1280) und das s *Seitenschiff* (1412–33). Die Apsis der *Heideckkapelle* (am s Quer-

Heldrungen, Wasserburg mit Marstall

schiff, Ende 12. Jh.) zeigt ebenfalls die robust-einfachen Formen der Frühzeit. – Von den ehemals 29 *Altären* sind heute noch 9 erhalten. Der Hochaltar, eine geschnitzte spätgot. Anbetung der Könige, ist die Arbeit eines Nürnberger Meisters (1502–22). In teilweiser Anlehnung an Arbeiten v. A. Dürer* sind die Nebenaltäre (z. B. Marter der 11 000 Jungfrauen, Maria mit Heiligen, 1511) entstanden. – Die zahlreichen *Grabmäler* geben dem Raum einen musealen Charakter. Das Wandgrab der Markgrafen Friedrich und Georg (gest. 1543) gehört zu den nobelsten und feinsten der dt. Renaissance (im s Seitenschiff). – Die 12 Apostel, die das Bild der *Kanzel* bestimmen, sind gute spätgot. Schnitzereien. Im Chor steht ein *Sakramentshäuschen* (1515).

Im N der Kirche liegt das *ehem. Refektorium*. Dieser spätroman. Saal stammt aus der Mitte des 13. Jh. Das reiche Portal zur heutigen Kirche wurde ins Germ. Nationalmuseum in Nürnberg gebracht, dort aber 1945 bei einem der letzten Bombenangriffe zerstört. Eine 1:1-Nachbildung aus Terrakotta ziert heute das Portal der Friedenskirche in → Potsdam.

06577 Heldrungen
Thüringen

Einw.: 2700   Höhe: 140 m   S. 1278 □ L 8

Der 786 erstmals bezeugte Ort liegt zwischen den Höhenzügen der Schmücke und Hohen Schrecke im Tal der Unstrut. 1530 erhielt er Stadtrechte.

Pfarrkirche St. Wigberti: Der einschiffige Barockbau mit O-Turm wurde 1682–96 erbaut. Die Ausstattung besteht aus einem Altar aus der 1. Hälfte des 18. Jh., einer Kanzel v. 1685 und einem Taufstein v. 1696.

Wasserburg: Die im Kern aus dem 13. Jh. stammende Anlage wurde Anfang des 16. Jh. zur Festung ausgebaut. Im Dreißigjährigen Krieg wurde sie viermal belagert und schließlich, nachdem sie 1645 eingenommen worden war, v. den Schweden geschleift. 1664–68 unter Kurfürst Georg v. Sachsen wurde die Anlage nach Vorbild ital.-französischer Festungsbauweise wiederaufgebaut. Sie umfaßt über 22 ha und ist mit sternförmigen Bastionen und einem Erdwall befestigt. In der Kernburg befindet sich die *Thomas-Müntzer-Gedenkstätte:* Müntzer wurde 1525 nach der Schlacht bei Frankenhausen hier gefangengehalten und unter Folter verhört.

Umgebung

Sachsenburg (4 km w): Von der mächtigen Burganlage, die 1249 erstmals genannt wird, sind nur noch Ruinen, Reste v. Türmen und Gebäuden, vorhanden.

38350 Helmstedt
Niedersachsen

Einw.: 27 100   Höhe: 111 m   S. 1278 ☐ K 6

Helmstedt war lange Jahre zentrale Grenzübergangsstelle im Verkehr zwischen der Bundesrepublik und Berlin. Ihre historische Bedeutung erhielt die Stadt in den Jahren 1576 bis 1810, als hier eine der wichtigsten dt. Universitäten der Nachreformationszeit, die Academia Julia (die Welfenuniversität), ihren Standort hatte. Die Geschichte des Orts reicht freilich noch weiter bis in die Epoche der Ostmissionierung zurück. Im Hof des Klosters St. Ludgeri erinnert die alte Missions- und Taufkapelle an das 9. Jh.

Juleum (Juliusplatz): Welfenherzog Heinrich Julius gründete 1576 die Academia Julia zunächst im alten Stadthof des aufgehobenen Zisterzienserklosters, dem Grauen Hof, ließ aber zugleich mehrere neue Bauten für die Alma mater errichten. 1592–97 kam das Aulagegebäude mit dem *Auditorium maximum* hinzu. Der *Bibliothekssaal* im Obergeschoß – heute Mehrzweckfoyer – wurde erst im 18. Jh. eingebaut. Die hellen Sandsteinrahmungen an Fenstern, Portalen und Turm stehen in einem wirkungsvollen Kontrast zum dunk-

len Anstrich des Baukörpers. Das Portal, das einst als *Studenteneingang* diente, zeigt Simson und den Löwen als Universitätswappen. Am *Turmportal,* durch das die Nichtakademiker gingen, ist das Herzogwappen zu erkennen.
Im Keller der Universität, in dem heute das Kreisheimatmuseum untergebracht ist, ließ der Herzog eine *Trinkstube* einrichten, damit die Studenten lernen sollten, »daß Bacchus mit den Füßen getreten werden muß«.

Ehem. Klosterkirche St. Ludgeri und Doppelkapelle St. Petrus und St. Johannes d. T. (Eingang Ostendorf): Das alte, reichsunmittelbare Benediktinerkloster wurde im 9. Jh. in enger Verbindung mit der Abtei in → Essen-Werden gegr. und bestand bis zur Säkularisation 1803. Heute ist die Kirche, die schweren Zerstörungen ausgesetzt war (1942 ausgebrannt), kath. Pfarrkirche. An den O-Teilen des Baues kann man die frühe Entstehung (11. Jh.) noch erkennen.

Heldrungen, Sachsenburg

Bedeutendster Teil ist die *Felicitaskrypta* unter dem O-Bau, ein fast quadratischer, halb unter der Erde liegender Raum, der in der Mitte v. Säulen und übereck gestellten Pfeilern gestützt wird. Interessant sind die *Kapitellformen* und an der W-Wand der Rest eines *Gipsfußbodens* mit der Darstellung der 7 Weisen des Altertums. – Die *Doppelkapelle* im Hof des ehem. Ludgeriklosters (der obere Teil ist Johannes, der untere Petrus geweiht) ist wohl der älteste Bau der Anlage. Bei Grabungen fand man Mauern, die ins 9. Jh. weisen. Die Doppelkapelle in ihrem heutigen Äußeren – ohne die barocke Haube mit Laterne (1666) – ist aus der Mitte des 11. Jh. Im Inneren ist das roman. Gewölbe mit barocken Stuckornamenten überzogen. Die Säulen haben noch die alten *Kapitelle* aus der Entstehungszeit.

Ehem. Kloster Marienberg (Klosterstraße): Das *roman. Langhaus* der Kirche erhielt im 14. Jh. einen got. *Chorraum*, der jedoch 1488 wieder umgestaltet wurde.

Schöne *Portale* mit Rankenornamenten stammen wie das Langhaus aus dem späten 12. Jh. Aus got. Frühzeit (1256) sind die *Wandmalereien* in den beiden Kapellen unter den unvollendeten Türmen. Im n Querschiff sind *roman. Glasfenster* (Apostel) erhalten. – Das kostbarste Stück unter den Bildstickereien des ehem. Augustinerchorfrauenstifts im *ehem. Konventsgebäude* ist das gestickte Leinenantependium mit Christus, Aposteln, Heiligen und Symbolen (um 1250). Die wertvollen Arbeiten der Paramentenwerkstatt sind heute in einer *Schatzkammer* zu sehen.

Stadtbefestigung: An der Neumärker Straße ist mit dem *Hausmannsturm* eines der alten Stadttore erhalten.

Lübbensteine (Braunschweiger Landstraße): Die beiden *Großsteingräber* stammen aus der jüngeren Steinzeit.

Kreisheimatmuseum (Bötticherstr. 2): Im Mittelpunkt der kulturgeschichtlichen

Helmstedt, St. Ludgeri

Helmstedt, Juleum

Sammlungen im Juleum stehen die Paläontologie, Biologie und Münzen.

Brunnentheater (Brunnenweg 7): In dem 1815 eröffneten und 1924–27 neu erbauten Theater (813 Plätze) finden heute Gastspiele statt.

Umgebung

Schöningen (11 km s): Neben bemerkenswerten *Fachwerkbauten* (16./17. Jh.) sowie der *ehem. Augustiner-Chorherrenstiftskirche St. Lorenz*, einer roman. Kirche (11. Jh.), die in der zweiten Hälfte des 12. Jh. eingewölbt wurde und 1490 ein einschiffiges Langhaus mit spätgot. Netzgewölbe (1491/92) erhielt, sind sowohl die *ev. Pfarrkirche St. Vinzenz,* eine dreischiffige Hallenkirche (1429–60) mit spätgot. sterngewölbtem Altarraum und einer guten Ausstattung (17. Jh.), als auch das *Schloß,* eine rechteckige Renaissance-

Anlage (1568/69) mit Innenhof und sehenswertem *Spätrenaissance-Baudekor,* zu nennen.

35745 Herborn (Dillkreis)
Hessen

Einw.: 21 000   Höhe: 223 m   S. 1276 ☐ E 9

Herborn, ehemals ein wichtiger Verkehrspunkt, gewann an Bedeutung, als hier in den Jahren 1584–1818 eine ev. theologische Universität eingerichtet wurde, die seit 1886 als Seminar im Schloß fortgeführt wird.

Schloß (Am Schloßberg): Das Schloß wurde in der 2. Hälfte des 13. Jh. angelegt und später erweitert. Die malerische Baugruppe erhebt sich mit ihren hohen *Satteldächern* und 3 schlanken runden *Ecktürmen* über dem Ort und schließt das Stadtbild ab.

Herford, Johanniskirche

Herford, Münsterkirche

Ehem. Hohe Schule (Schulhofstr. 5): Diese war bis 1588 Rathaus und ist heute *Heimatmuseum.* Es handelt sich um einen zweigeschossigen Steinbau mit einem schönen *Fachwerkgiebel* und einem ausgeprägten Erker. Die Hoffront wird v. 3 *Zwerchhäusern* und einem runden *Treppenturm* charakterisiert. Von der alten Bestimmung zeugt im Untergeschoß die große *Aula* mit Fürsten- und Professorenbildnissen.

Rathaus (Marktplatz): An dem 1589–91 errichteten Renaissancebau verläuft unter den Fenstern im zweiten Geschoß eine Galerie v. geschnitzten Bürgerwappen (Originale im Heimatmuseum).

Außerdem sehenswert: Die *Altstadt* mit ihren ma Gassen und vielen schieferverkleideten Fachwerkhäusern sowie Resten der Stadtbefestigung bildet das Kernstück des reizvollen Ortes. Am interessantesten ist der *Kornmarkt.*

32049–52 Herford
Nordrhein-Westfalen
Einw.: 64 700   Höhe: 71 m   S. 1277 □ F 6

Die Stadt ist aus 4 Siedlungen zusammengewachsen, v. denen jede ein großes Gotteshaus besaß. So war der Ort schon im MA reich an Kirchen und Klöstern und wurde deshalb »heiliges Herford« genannt. Heute sind die Hauptkirchen protestantisch. Herford ist Geburtsort des großen Barockbaumeisters Pöppelmann, der u. a. den Dresdner Zwinger gebaut hat.

Ev. Münsterkirche (Münsterkirchplatz): Die ehem. Stiftskirche eines 790 gegr. hochadeligen Damenstifts ist die Urpfarrei des Ortes. Sie wurde v. einem Neubau abgelöst, mit dem 1220 begonnen wurde. 1270–80 entstand als letzter Teil die Zweiturmfassade, v. der allerdings nur der S-Turm fertig geworden ist. Die spätroman.

Kirche ist das älteste Beispiel der großen westfälischen *Hallenkirchen*. Im Inneren läßt sich an Stützen, Gewölben, Fenstern und v. a. an den *Kapitellen* ablesen, wie die stilistische Entwicklung während der Bauzeit fortgeschritten ist. Im O finden sich noch Kelchblockkapitelle roman. Prägung. Im Langhaus und im s Querschiff bestimmen kelchförmige Knospen- und Blattkapitelle (z. T. mit Maskenköpfen) das Bild. Vom got. Ausbau zeugen auch einige besonders reiche *Maßwerkfenster*. – Bedeutendstes Stück der Ausstattung ist der *Taufstein* (1500) mit Heiligenstatuetten und sehr lebendig gestalteten biblischen Szenen in den Reliefs.

Ev. Marienkirche (Stiftberg): Der urspr. ebenfalls zu einem Frauenstift gehörende Bau ist als *hochgot. Hallenkirche* auf fast quadratischem Grundriß v. 1290–1350 entstanden. Im Äußeren wird sie durch quergestellte Satteldächer charakterisiert. Der weite Innenraum wirkt mit seinen schlanken, fast schwerelos aufsteigenden Pfeilern ungemein licht. Als Hochaltaraufsatz dient ein spätgot. *Reliquientabernakel* in der Art eines Sakramentsturms. Aus der Ausstattung sei auch die stehende *Muttergottes,* eine Steinfigur v. 1330–40, hervorgehoben.

Ev. Johanniskirche (Neuer Markt): In dieser got. Hallenkirche verdienen v. a. die *Glasmalereien* der Chorfenster Beachtung: 18 Medaillonbilder (um 1300) berichten aus der Geschichte Jesu; die Fenster der beiden Schrägseiten enthalten Gemälde der Hochgotik. Im Mittelfenster ist eine Kreuzigung dargestellt (mit den Bildern der Stifter; 1520). Künstlerisch wertvoll sind auch das *Gestühl* und die *Emporen.*

Außerdem sehenswert: Die got. *ev. Jakobikirche* besitzt eine einheitliche Ausstattung mit Holzschnitzereien der Spätrenaissance, einer Kanzel und Einlegearbeit und Wandvertäfelungen. – Alte *Fachwerkbauten* aus der Mitte des 16. Jh. sind u. a. in der Elisabethstraße (Nr. 2), Brüderstraße (Nr. 26 und 28) sowie am Neuen Markt (Nr. 5) erhalten. – Das *Städt. Museum* (Deichtorwall 2) zeigt Sammlungen zur lokalen Kulturgeschichte.

Herrenchiemsee ⊠ **83209 Prien**
Bayern

Einw.: 70	Höhe: 520 m	S. 1283 □ N 15	

Auf der Insel befand sich ehemals ein Chorherrenstift (als Pendant zum Nonnenkloster der benachbarten Insel → Frauenchiemsee), das jedoch im Zuge der Säkularisation weitgehend zerstört wurde. Übrig blieben die kleine *Pfarrkirche* und der O-Trakt des Klosters, das sog. *Alte Schloß* (mit Bibliothek und Kaisersaal um 1700), sowie Teile des *Langhauses* der ehem. Klosterkirche und der Gruft, die nach dem Abbruch als Brauhaus und Bierkeller diente.

Neues Schloß: Ludwig II., der die Insel vor der Nutzung durch Spekulanten bewahren wollte, kaufte sie auf und verwirklichte hier nach dem Vorbild Ludwigs XIV. und dessen Schloß Versailles seinen Traum v. Sonnenkönigtum in der Formensprache des franz. Barock. Der König, bei dessen Tod (1886) der Bau aus Finanzgründen sofort eingestellt wurde, hat selbst nie in den Repräsentationsräumen, sondern nur in einem seitlichen Nebenflügel gewohnt.

Neben dem handwerklich vorzüglich ausgeführten Prunk der Räume *(Schlafzimmer, Spiegelgalerie)* ist die *Gartenanlage* mit dem Latonabrunnen (nach Versailler Vorbild) bes. hervorzuheben. – Was Ludwig an zusätzlichen Bauten projektiert hatte, wird in Entwürfen und Modellen im angeschlossenen *König-Ludwig-II.-Museum* gezeigt.

92217 Hersbruck
Bayern

Einw.: 12 100	Höhe: 329 m	S. 1282 □ L 11	

Ev. Pfarrkirche (Untere Lohe): Die im 10. Jh. gegr. Kirche erhielt ihr heutiges Aussehen im 15. und 18. Jh. Wichtigster Teil der *Ausstattung* ist der Hochaltar, der nach seinem Standort dem »Hersbrucker Meister« zugeschrieben wird (vermutlich Nürnberger Schule). Die Deckengemälde hat der einheimische Künstler J. C. Reich

Herrenchiemsee, Neues Schloß

Heusenstamm, St. Cäcilia und St. Barbara

geschaffen. In den Chorfenstern sind einige alte Scheiben aus dem 15. Jh.–17. Jh. erhalten.

Heimat- und Hirtenmuseum (Eisenhüttlein 7): An erster Stelle stehen die einzigartigen Sammlungen zur Hirtenkultur. Weitere Sammelgebiete: Stadtgeschichte, Zunft und Gewerbe, Volkskunst, Handwerk.

Außerdem sehenswert: Die *Ehem. Spitalkirche* (Spitaltor), 1406–23 erbaut, wurde später in den Mauerring einbezogen; sehenswerter barocker Hochaltar. – *Schloß* (Unterer Markt): Ein Bau aus den Jahren 1618–22 mit einer in dieser Zeit noch nicht üblichen Ehrenhofanlage.

45699–701 Herten
Nordrhein-Westfalen

Einw.: 69 400 Höhe: 70 m S. 1276 ☐ C 7

Wasserschloß: Die urspr. spätgotische Wehranlage wurde nach einem großen Brand im Jahre 1687 bis 1702 zur Wohnanlage in der heutigen Form umgestaltet. Aus der Zeit der wehrhaften Burg stammen noch die 3 massiven Türme an den Ecken des Kastellbaus sowie Reste der Kernanlage aus dem 14. Jh. im Kellergeschoß des N-Flügels. Die gesamte Schloßanlage wurde seit 1968 bis Anfang der 80er Jahre restauriert und dient heute als psychiatrisches Rehabilitationszentrum. Der Öffentlichkeit stehen neben einem Café zwei große Räume aus der Barockzeit für Veranstaltungen zur Verfügung. Das Schloß liegt in einem großen engl. Park, in dem sich auch die langgestreckte Ruine einer ehem. barocken Orangerie (1725) befindet.

63150 Heusenstamm
Hessen

Einw.: 18 600 Höhe: 119 m S. 1277 ☐ F 10

Kath. Pfarrkirche St. Cäcilia und St. Barbara: Bedeutende Künstler haben an dieser Kirche, die urspr. als Begräbnisstätte für die Familie v. Schönborn in den Jahren 1738–44 errichtet wurde, mitgearbeitet. B. Neumann[*] lieferte den Entwurf des einschiffigen barocken Langbaus mit dem für ihn charakteristischen, in die Fassade eingestellten *Frontturm*. Der Wappenschmuck am *Portal,* die *Erlöserstatue* und die *Vasen* an der Frontseite stammen v. dem Würzburger Bildhauer J. W. van der Auwera[*]. Er schuf auch die *Kanzel* und den *Hochaltar* in dem sehr weiträumig wirkenden Innenraum. Die *Deckengemälde* mit der Auferstehung des Lazarus, der Auferstehung Christi und der Anbetung des Lammes sind in ihrer Thematik auf die Funktion als Begräbniskirche abgestimmt. – Den barocken *Torbau* neben der Kirche ließ Erwin v. Schönborn für einen Besuch v. Kaiser Franz I. und dessen Sohn errichten.

Das Schönbornsche Schloß: Es war als große quadratische Wasserburganlage geplant, aber nur die vordere Front mit 2 kräftigen runden Ecktürmen unter geschweiften Hauben wurde ausgeführt (1663–68). Der ernste, festungsartige Charakter ist typisch für die Zeit nach dem 30jährigen Krieg. Die Anlage ist heute durch einen Rathausneubau vervollkommnet.

Heimatmuseum (Jahnstr. 64): Neben stadtgeschichtlichen Exponaten eine Sammlung v. Siegeln der Mainzer Erzbischöfe und Kurfürsten.

Hiddesen ✉ **32758 Detmold**
Nordrhein-Westfalen

Einw.: 3500 Höhe: 275 m S. 1277 ☐ F 7

Hermannsdenkmal: Die Grotenburg, eine Berghöhe des Teutoburger Waldes, auf der sich heute das nach Plänen v. E. v. Bandel errichtete Denkmal erhebt, soll der Ort gewesen sein, an dem Arminius (Hermann der Cherusker) 9 n. Chr. die Römer unter Q. Varus besiegt hat. Auf der Bergkuppe sind Reste des sog. *großen Hünenrings* erhalten. 1838–46 wurde hier ein massiver Rundtempel mit roman. Arkaden und Kuppelbau errichtet. Er diente als Sockel für die 1875 aufgestellte Kolossalfigur des Arminius (Höhe mit Unterbau

34 m). Das Denkmal ist beispielhaft für die Architektur und Plastik des Historizismus in Deutschland.

Veßra (Hildburghausen), Klosterkirche

98646 Hildburghausen
Thüringen

Einw.: 11 200   Höhe: 381 m   S. 1278 ☐ K 10

Der Ort am rechten Ufer der oberen Werra im Süden des Thüringer Waldes wird 1234 als *Hilteburghusin* erstmals genannt. Damals schenkte der Graf von Henneberg den Ort dem Bistum Würzburg. Im 14. Jh. wurde Hildburghausen planmäßig angelegt. 1324 erhielt es die Stadtrechte. Nach einem Brand 1779 wurde die Stadt einheitlich wieder aufgebaut. Von 1826–1918 gehörte sie zum Herzogtum Sachsen-Meiningen. – Der spätere Opernkomponist Carl Maria von Weber (1786–1826) erhielt hier als Zehnjähriger seinen ersten Klavierunterricht.

Kath. Kirche: Der einschiffige Barockbau wurde 1722 errichtet. Er hat im Inneren ein Spiegelgewölbe. Der Altaraufsatz datiert aus der 2. Hälfte des 18. Jh.

Neustädter- oder Waisenkirche: Bei der reformierten Kirche, die 1755–75 für französische Emigranten im Auftrag v. Herzog Ernst Friedrich I. erbaut wurde, handelt es sich ebenfalls um einen einschiffigen Barockbau. Der Turmaufbau entstand im Jahre 1835. Das schlichte Inventar stammt aus der Entstehungszeit.

Stadtkirche: Sie wurde als letzte Kirche 1781–85 v. A. F. v. Keßlau* in H. errichtet. Das Langhaus des barocken Bauwerks ist achteckig, der Chor, über dem sich der Turm erhebt, rechteckig. Das Hauptportal im N ist mit Säulen und einem Segmentgiebel geschmückt. Das Langhaus hat doppelte Emporen (im W Fürstenloge) und eine hölzerne Kuppel. Die Ausstattung besteht u. a. aus einem Taufstein aus der Mitte des 17. Jh. Im Innenraum herrschen Formen des Frühklassizismus vor.

Rathaus: Der in seinem Kern spätgot. Bau geht auf eine Wasserburg des Grafen v. Henneberg zurück. 1395 wurde sie zum Rathaus und dieses 1572 im Renaissancestil umgebaut. Das dreistöckige Bauwerk hat einen Volutengiebel, einen Dachreiter und einen halb aus dem Baukörper heraustretenden runden Treppenturm. Im Rathaus ist auch das *Heimatmuseum* untergebracht.

Außerdem sehenswert: *Meyersches Familiengrab* auf dem Friedhof. – *Gedenktafel* für den Dichter *Friedrich Rückert* am ehem. Zucht- und Arbeitshaus, Schleusinger Str. 17 (heute Krankenhaus). Rückert wohnte hier 1810 für einige Monate bei Verwandten. – Vor der ma Stadtmauer liegt der im Stil englischer Gärten angelegte *Schloßpark (Friedenspark).*

Umgebung

Eisfeld (15 km ö): Die dreischiffige spätgot. *Stadtkirche* brannte 1601 und 1632 aus. Beim 2. Wiederaufbau erhielt sie 1651 im Langhaus eine Kassettendecke, die auf

Renaissance-Rundpfeilern ruht. Im Chor finden sich noch spätgot. Netzgewölbe. Beachtung verdienen auch die 3 spätgot. Portale. Die Ausstattung besteht u. a. aus einem Taufstein v. 1634 und einer Kanzel v. ca. 1661. – Das *Pfarrhaus* ist ein prächtiger Fachwerkbau v. 1528 und 1632. Das *Schulhaus* ist ebenfalls ein Fachwerkbau aus dem 16. und 17. Jh. – Das in seinem Kern ma *Schloß* brannte im Jahr 1632 ab und wurde bis 1650 in einfacheren Formen wieder errichtet. Hier ist heute das *Otto-Ludwig-Heimatmuseum* untergebracht. Zu sehen sind u. a. südthüringisch-fränkische Trachten, Kunsthandwerk der Gegenwart und ein Otto-Ludwig-Gedenkzimmer. Der Schriftsteller Otto Ludwig wurde 1813 in Eisfeld geboren und starb 1865 in Dresden.

Schleusingen (12 km n): *Schloß Bertholdsburg*, eine unregelmäßige Vierflügelanlage im Renaissancestil, entstand überwiegend im 16. Jh. Im Inneren finden sich ein zweischiffiger gewölbter Raum mit Bildern aus der Herkulessage (1. Hälfte des 17. Jh.) und eine alte Küche mit Kreuzgewölben. Im Schloß ist das *Heimatmuseum* untergebracht, u. a. mit einer Bibliothek mit ca. 16 000 Bänden (Handschriften, Inkunabeln und Notenhandschriften) und Ausstellungen zur Glasbläserei und Papierherstellung. – Die *Stadtkirche* besteht aus einem barocken Langhaus v. 1723, einem got. Chor aus dem späten 15. Jh., einem 1608 umgebauten Turm und der got. Ägidienkapelle an der S-Seite, die seit 1566 als Erbbegräbnis der Grafen v. Henneberg diente. Zur Ausstattung der Kirche gehört ein Altar und eine Kanzel v. 1629, eine spätgot. Kreuzigungsgruppe sowie Schnitzfiguren Christi und der Apostel aus der Zeit um 1500. – Das *Rathaus* stammt aus der Zeit nach 1586. – Auf dem Markt steht ein *Brunnen* mit einem Standbild der Gräfin Elisabeth v. Henneberg (um 1600).

Veßra, Kloster (11 km nw): Von der 1138 geweihten Kirche eines 1131 gegr. Prämonstratenserklosters stehen nur noch die W-Türme aus dem 13. Jh. und die Umfassungsmauern. Sie war 1939 ausgebrannt. Das N-Ende des Querschiffs, die ehem. Grabkapelle der Grafen v. Henneberg, dient heute als *Dorfkirche*. Hier finden sich wertvolle got. *Fresken* v. 1485.

31134–41 Hildesheim
Niedersachsen

Einw.: 105 700   Höhe: 89 m   S. 1277 ☐ H 6

Das Bild der Stadt ist geprägt v. den roman. Kirchen, unter denen *St. Michael*, ein Musterbeispiel ottonischer Baukunst, und der *Dom* herausragen. Beide sind von der UNESCO zum Weltkulturgut erhoben worden.

H. ist Zentrum der bernwardin. Kunst. Ihr Schöpfer, der hl. Bernward (v. 993–1022 Bischof v. H.), war Initiator eines neu entwickelten, mathematischen Baustils. Neben der Michaelskirche entstanden unter seiner Leitung in den Domwerkstätten kostbare Bronzebildwerke, sakrale Gold- und Silberarbeiten sowie bedeutende Handschriften und Buchmalereien. Berühmt ist auch der *Tausendjährige Rosenstock* an der Domapsis. Er geht zurück auf die sagenhafte Gründung Hildesheims durch Ludwig den Frommen (Sohn Karls d. Gr.), der bei »Hildwins Heim« jagte und dort das wundersame Zeichen bekommen haben soll, die neue Bischofsstadt zu gründen. – Der im Krieg zerstörte histor. Marktplatz wurde in den 80er Jahren rekonstruiert.

Dom St. Mariae (Domhof): Die kath. Kirche, ein Bau Bischof Altfrids, wurde mit der barocken Ausstattung im 2. Weltkrieg völlig zerstört, jedoch nach alten Plänen wiederaufgebaut: nach O ein Kreuzgrundriß mit barocken Dachreiter über der Vierung, im W ein mächtiger Westriegel mit überhöhtem Glockenhaus. – Bis auf die *Kapellen* in den Seitenschiffen (14. Jh.) und das *Paradies* am n Querarm ist der Baustil roman. Die Abmessungen sind streng mathematisch. Das Quadrat der Vierung wiederholt sich in Chor, Querarm und Langhaus insgesamt sechsmal; dazu kommt der sog. niedersächsische Stützenwechsel (Pfeiler–Säule–Säule). Im doppelgeschossigen roman. Kreuzgang grünt an der Chorapsis noch immer der sog. *Tausendjährige Rosenstock* (seit dem 13. Jh. nachweisbar). – Vom Kreuzgang erreichbar ist die Antoniuskapelle mit roman. Radleuchter (um 1040) und ehemaligem Domlettner (1546). Am kostbarsten ist die

Hildesheim, Bronzetür (1015) am Dom

Ausstattung des Doms mit den Hauptwerken der Hildesheimer Erzgießerwerkstatt des 11.–13. Jh. Am W-Portal befinden sich die unter Bischof Bernward eigtl. für St. Michael geschaffenen *Bronzetüren* mit alt- und neutestamentarischen Darstellungen in 16 Reliefs. Diese Meisterwerke der Gußtechnik (je 4,70 x 1,15 m) wurden 1015 ausgeführt. Als eine Art Nachbildung der Trajanssäule in Rom ist die 3,80 m hohe *Christussäule* (ebenfalls v. Bernward) mit dem spiralförmig ansteigenden Reliefband (Szenen aus dem Leben Christi) zu sehen. Ein Nachfolger Bernwards stiftete um 1061 den nach ihm benannten *Hezilo-Leuchter,* einen mächtigen Radleuchter v. 6 m Durchmesser mit Zinnen und Türmen des himmlischen Jerusalem aus vergoldetem Blech getrieben. Das *Bronzetaufbecken* (13. Jh.) v. 4 knienden Männern mit Wasserkrügen (den Paradiesströmen) getragen, zeigt biblische und symbolische Taufszenen. – In zwei hausförmigen, vergoldeten Reliquienschreinen (12. Jh.) werden die Gebeine des hl. Epi-

phanius und St. Godehards (Krypta) bewahrt. – Vom *Domschatz,* der zu den kostbarsten in Deutschland gehört, sind als Hauptstücke zu erwähnen: Bernwards Silberkreuz (1007), die goldene Madonna (1010), das Oswaldreliquiar (um 1160), Scheibenkreuze, Evangeliare und Kultgeräte (meist Werke der bernwardischen Werkstatt).

St. Michael (Michaelisplatz): Die eigtl. ev. Hauptkirche v. H. ist v. Bischof Bernward auf einem Hügel am N-Rand der Siedlung erbaut und nach der Teilzerstörung im 2. Weltkrieg in originaler Gestalt rest. worden. Die doppelchörige Basilika ist ein Höhepunkt otton. Baukunst. Mit 6 Türmen und 2 Apsisabrundungen nach O und W ist sie in ihrer jetzigen Erscheinung der Inbegriff einer »Gottesburg«, wie sie an der O-Grenze des otton. Kaiserreichs als Symbol gegen die andringenden Heiden gebaut wurde.
Baugeschichte: Bischof Bernward legte 1001 den Grundstein. Die Krypta wurde 1015, der ganze Bau 11 Jahre nach Bernwards Tod (1033) vollendet. Zu den späteren Veränderungen zählen das Auswechseln der kraftvollen Würfelkapitelle (nur noch 2 vorhanden), die Errichtung der Engelsschranken (nur die n erhalten) und die Abdeckung des Raumes mit einer vollständig bemalten Holzdecke.
Baustil und Baubeschreibung: Der roman. Stil der Kirche wird in 2 verschiedenen Stufen sichtbar, am deutlichsten in den unterschiedlichen *Kapitellen* (Würfelkapitelle wechseln mit Blattkapitellen). Über der *Krypta* mit dem berühmten *Sarkophag* des heiliggesprochenen Bernward (1193 erweitert) entstand ein verlängerter *Hochchor.* Die *Chorschranken* der w Vierung gehören zu den bedeutendsten Werken der dt. Stuckplastik (Ende 12. Jh.). Die Abmessungen des Raumes fußen auf mathematischen Berechnungen. Maßeinheit ist das Vierungsquadrat, sichtbar gemacht im Langhaus durch den niedersächs. Stützenwechsel (Pfeiler–Säule–Säule). Die gleichen harmonischen Abmessungen herrschen auch in der Höhe des Raumes, der aus der Rot-Weiß-Bemalung der tragenden Bögen und Bauglieder seine besondere Wirkung bezieht. Von vollendeter Schönheit ist der dreigeschossige Aufbau

Hildesheim, St. Michael

der *N-Empore.* In das s Seitenschiff wurden im 15. Jh. spätgot. *Maßwerkfenster* eingesetzt. Einzig in ihrer Art ist die *Holzdecke,* die den Stammbaum Christi (Jesseboom) illustriert, ein Beispiel spätroman. Monumentalmalerei (um 1200).

St. Godehard (Godehardsplatz): Als Gedächtniskirche für Godehard, den ebenfalls heiliggesprochenen Nachfolger Bernwards, wurde die kath. Basilika 1133–72 erbaut. Sie blieb im wesentlichen v. Krieg verschont und stellt ein besonders reines Beispiel roman. Architektur dar. Das Äußere dominiert der achteckige, spitz ausgezogene *Vierungsturm.* Das *Stuck-Tympanon* (um 1205) am N-Portal zeigt den segnenden Christus zwischen 2 Heiligen. Der hohe, schlanke Raum ist flach gedeckt, der O-Chor wurde nach franz. Vorbild (Godehards Heiligsprechung erfolgte in Reims) durch einen Umgang mit Altarnischen erweitert. Bes. reich sind die *Kapitelle* mit Figuren, Szenen und Ornamenten verziert. Im W-Teil sind zwischen den

Türmen 2 *Kapellen* übereinander eingebaut. Das *Chorgestühl* (um 1466) ist eine gute Arbeit der Spätgotik. Ein berühmtes Stück der europ. Buchmalerei des 12. Jh. liegt mit dem *Albani-Psalter* in der sehenswerten *Schatzkammer* (nur nach Absprache zu besichtigen).

St. Mauritius (Moritzberg): In der w Vorstadt errichtete Hezilo, einer der Nachfolger Bernwards, v. 1058–68 die Mauritiuskirche. Über dem *Chor* dieser kath. Basilika erhebt sich gegen die übliche Gepflogenheit der *Turm* im O; darunter befindet sich die *Krypta.* Der roman. Bau, zu dem ein sehr schöner *Kreuzgang* (aus dem 12. Jh. mit leichten späteren Veränderungen) gehört, wurde im 18. Jh. mit einer barocken Dekoration ausgekleidet. Unter der W-Empore steht der *Sarkophag* des Gründers der Kirche.

Kath. Heiligkreuzkirche (Kreuzstraße): Diese Kirche war urspr. eine Torhalle mit Öffnungen nach O und W. Der Würfel

Hildesheim, roman. Scheibenkreuz (l), um 1120, in der Schatzkammer St. Godehard (r)

wurde unter den Bischöfen Bernward, Godehard und Hezilo (11. Jh.) aus- und umgebaut und erhielt durch die roman. Emporen, das Querhaus und den Chor seine heutige Gestalt. Bemerkenswert ist das harmon. Nebeneinander verschiedener Stilformen (Langhaus roman., s Seitenkapellen got., n Seitenschiff barock). 1712 wurde dem Bau im W eine barocke Fassade vorgeblendet.

Ev. St.-Andreas-Kirche (Andreasplatz): Die Kirche brannte mit ihrem hohen Turm im 2. Weltkrieg völlig aus und erstand beim Wiederaufbau in eindrucksvoller neuer Gestalt. Der steile O-Chor (14. Jh.) erinnert mit seinem Chorumgang, dem Kapellenkranz und einer Gesamthöhe v. 27 m an franz. Kathedralen. Im Turm ist die Westfassade der roman. Vorgängerkirche erhalten. Seine Gesamthöhe erhielt der Turm erst im 19. Jh. (115 m). Beispiele moderner Kirchenkunst sind die Bronzetüren, das Abendmahlsrad über dem Altar und die Fenster in der Taufkapelle.

St. Magdalena (Mühlenstraße): Die nach der Zerstörung im 2. Weltkrieg wiederaufgebaute got. Kirche beherbergt neben einem reich geschnitzten Altar (1520) die Gebeine des Bischofs Bernward in einem silbernen Prunksarg von 1750. Aus dem Kirchenschatz befinden sich das berühmte Bernwardskreuz, das der Bischof eigenhändig geschaffen haben soll, und die beiden Bernwardsleuchter (Silberguß, um 1000) heute im Diözesanmuseum am Dom.

Marktplatz: Von der alten Stadt haben nur wenige Häuser die Zerstörungen des 2. Weltkrieges überstanden, jedoch wurde der nach dem Krieg zunächst modern gestaltete Marktplatz v. 1984–90 auf Wunsch der Bürger nach histor. Vorbildern rekonstruiert. *Rathaus und Tempelhaus* blieben erhalten. Dem Rathaus hat man die alten Proportionen und das gotische Äußere wiedergegeben. Das sog. Tempelhaus erhielt seinen Namen von einer Synagoge in der Nähe. Der 1457 in

Hildesheim, Tempelhaus am Markt

Haustein errichtete Bau erhielt 1591 einen Renaissance-Erker. *Knochenhauer-Amtshaus:* Das prächtige Zunfthaus der Hildesheimer Fleischer (1529), eine Meisterleistung der Spätgotik, wurde originalgetreu wiederaufgebaut. Mit einer Giebelhöhe von 26 m und 8 Stockwerken, teilweise stark vorkragend, ist dieser »schönste Fachwerkbau der Welt« Ausdruck bürgerlicher Macht und ständischen Reichtums. In den oberen Etagen stellt das Roemer-Museum stadtgeschichtlich bedeutende Exponate aus.

Auch das daneben liegende *Bäcker-Amtshaus* (18. Jh.) wurde nach alten Plänen wiederaufgebaut. Südseite: Auslöser für die Rekonstruktion des histor. Marktplatzes war in den 80er Jahren der Abriß der nach dem Kriege errichteten Stadtsparkasse. Eine Bürgerinitiative erreichte, daß dem neuen Verwaltungsgebäude die rekonstruierten Fassaden vorgeblendet wurden. So entstanden *Wedekindhaus* (ein stattl. Fachwerkhaus der Renaissance von 1598), *Lüntzelhaus* (ca. 1750) und *Ro-*

landstift (14. Jh.). Die nur aus Eichenholz bestehende Fassade des Wedekindhauses zeigt den für Hildesheim typischen Fachwerkschmuck: in allegorischen Bildern werden u. a. Tugenden, Laster und freie Künste dargestellt.

An der Nordseite des Marktes trägt ein modernes Hotel die rekonstruierten Fassaden von *Stadtschänke* (1666), *Rokokohaus* (1757) und *Wollenweber-Gildehaus* (um 1600).

Roemer- und Pelizaeus-Museum (Am Steine 1) mit einer der bedeutendsten *altägyptischen Sammlungen* Deutschlands und einer Sammlung chinesischen Porzellans.

Theater: Das *Stadttheater Hildesheim GmbH* (Theaterstr. 6) verfügt über ein Großes Haus (697 Plätze) und über eine Studiobühne.

Außerdem sehenswert: Die malerisch im Ortsteil Neuhof geleg. *Klosterkirche Marienrode* (15. Jh., Klausurgebäude 17./18. Jh.) wird nach einer umfassenden Renovierung seit 1988 von Benediktinerinnen genutzt.

Hirsau ✉ **75365 Calw**
Baden-Württemberg

Einw.: 2300   Höhe: 340 m   S. 1281 □ F 13

Hirsau im dunklen Schwarzwaldtal der Nagold ist im 11. Jh. unter Abt Wilhelm Ausgangspunkt einer Reformbewegung gewesen, die als *Hirsauer Reform* in der Geschichte bekannt geworden ist. Diese ging v. einer vollkommenen Unabhängigkeit des Klosters gegenüber allen weltlichen Mächten und der völligen Unterordnung gegenüber dem Papst aus. Die Hirsauer Reform wurde beispielgebend für viele schon bestehende und neu gegr. Klöster.

Klosterruine St. Peter und Paul: Unter Abt Wilhelm wurde die *Kirche* 1082–91 auf einer Erhöhung links der Nagold als eine Art Modellbau für die v. Cluny aus-

Hirsau, Klosterruine St. Peter und Paul >

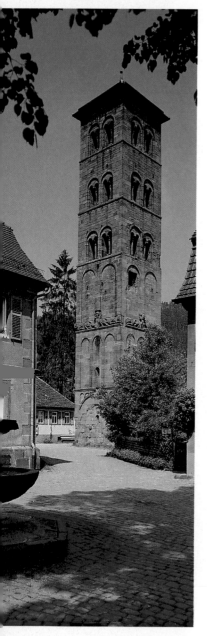

gehende Reform errichtet. Erhalten blieb u. a. nur der nw Turm (der sog. »Eulenturm«), der um 1110 entstand. Im Grundriß, der nach umfangreichen Ausgrabungen deutlich zu erkennen ist, läßt sich die Weitläufigkeit der Anlage gut erkennen. Den Raumeindruck einer Kirche im Hirsauer Stil erhält man am besten in → Alpirsbach. – Ungewöhnlich sind die Maße der Hirsauer Anlage. Sie war 96 m lang und mehr als 22 m breit. Von got. Anbauten sind Teile des *Kreuzgangs* (um 1490) und die *Marienkapelle* (1508–16) an der SO-Ecke des Baus erhalten.

St.-Aurelius-Kirche: Im unteren Ortsteil, auf der r Nagoldseite, liegt die ältere der beiden Hirsauer Kirchen. Sie wurde im 11. Jh. auf karolingischen Grundmauern erbaut, im 16. Jh. z. T. abgebrochen und im 19. Jh. als Scheune und Turnhalle verwendet. Seit dem Jahre 1955 steht sie wieder für den kath. Gottesdienst zur Verfügung.

Herzogliches Jagdschloß: Das Renaissanceschloß, das G. Beer v. 1586–92 errichtet hat, zeigt die typischen Formen der Stuttgarter Renaissance. Es wurde 1692 zerstört und ist heute nur als Ruine erhalten.

69434 Hirschhorn
Hessen

Einw.: 3900   Höhe: 131 m   S. 1281 ☐ F 12

Friedhofskapelle: Die zwischen Neckarufer und einem steilen Berghang dicht zusammengedrängte Altstadt war so eng, daß die Kirche auf der anderen Neckarseite in Ersheim errichtet werden mußte. Das einschiffige *Langhaus* mit spätgot. Fenstermaßwerk und hoher Balkendecke wurde 1355 gew. 1517 wurde der *Chor* mit reichem Maßwerk und üppigem Netzgewölbe hinzugefügt. Zur Ausstattung gehören eine spätgot. *Sakramentsnische*, mehrere *Holzbildwerke* des 15. Jh. und zahlreiche *Grabmäler* des 14.–17. Jh. Bedeutende got. *Wandmalereien* sind in Resten erhalten.

< *Hirsau, Blick auf den Eulenturm*

Ehem. Karmeliterklosterkirche: Das Karmeliterkloster liegt am Hang über dem Städtchen. Die *Wandmalereien* der Kirche wurden Ende des 19. Jh. stark rest. Im neugot. Hochaltar steht eine got. *Muttergottes*, eine ausgezeichnete Nürnberger Arbeit (1510–20). Gut erhalten blieb die *Annakapelle* an der S-Seite. Sie ist ebenfalls reich ausgestattet und besitzt u. a. eine überlebensgroße *Kreuzigungsgruppe* (um 1520–30), eine Holzplastik der *Anna selbdritt* und eine *Steinkanzel* auf gedrehter Säule (1618).

Burg und Schloß: Burg und Schloß, einst v. den Herren v. Hirschhorn errichtet (jetzt Hotelrestaurant), vereinen sich zu einer gut erhaltenen Anlage. Ältester Teil ist die starke *Schildmauer* (um 1200). Der frühgot. *Palas* wurde 1583–86 zu einem stattlichen Renaissancebau erweitert. Bemerkenswert ist die ehem. *Burgkapelle* (1346) mit Resten v. Wandmalereien.

63697 Hirzenhain, Wetteraukreis
Hessen

Einw.: 2900   Höhe: 240 m   S. 1277 □ G 10

Ev. Pfarrkirche/Ehem. Klosterkirche St. Maria: Ausgehend v. einer Kapelle v. Ende des 14. Jh. erweiterten die Augustinerchorherren seit 1431 den Bau um das heutige Langhaus. Sehenswert ist v. a. der spätgot. Lettner. Glanzpunkte sind die 4 Steinfiguren des Lettners (Petrus, Paulus, Muttergottes, Augustinus), die den Lettner zu einem der wichtigsten aus dieser Zeit in Deutschland machen. Unter den zahlreichen Skulpturen befindet sich eine Madonna auf der Mondsichel (um 1460).

95028–32 Hof a. d. Saale
Bayern

Einw.: 52 900   Höhe: 497 m   S. 1278 □ M 10

Ev. Stadtpfarrkirche St. Michaelis: Der Stadtbrand ließ v. der dreischiffigen Hallenkirche des 14. Jh., die im 15. und 16. Jh. verändert wurde, nur die Grundmauern übrig. Der bestehende neugot. Bau trägt die Handschrift des bedeutenden Stadtre-staurateurs G. E. Saher. Die Ausstattung ist einheitlich aus dem späten 19. Jh., das Holzkreuz im Mittelschiff 15. Jh.

Ev. Kirche St. Lorenz: Die Saalkirche des 13. Jh. wurde im 16. und 17. Jh. sowie 1813 verändert. Für den Außenbau typisch sind Dachfront und Dachreiter. Der Kanzelaltar ist ein Werk P. Hetzels v. 1822. Der Hertnidaltar, ein spätgot. Flügelaltar mit Gemäldetafeln, wurde im 15. Jh. v. Bamberger Domdekan Hertnid v. Stein gestiftet und stand urspr. in St. Michael. Beachtenswert ein Holzkreuz (16. Jh.) und Epitaph (18. Jh.).

Ev. Hospitalkirche: Die auf das 14. Jh. zurückgehende rechteckige Kirche wurde im 16. und 17. Jh. verändert, erhielt 1836 ein neugot. Äußeres und wurde im 20. Jh. rest. H. A. Lohe malte 1689 die Deckengemälde und die Bilder an den Emporen. Der Flügelaltar (1511) stammt aus St. Michael. Den Schalldeckel der Kanzel v. 1561 schuf 1693 J. N. Knoll.

Außerdem sehenswert: *Kath. Stadtpfarrkirche St. Marien:* Ein neugot. Bau des 19. Jh. mit Ausstattung aus der Bauzeit. – *Lutherkirche:* Sie wurde 1936 v. R. Reißinger erbaut. – *Altes Gymnasium:* Das im Kern spätgot. Sommerhaus der Franziskaner wurde im 16. Jh. umgestaltet, im 18. Jh. dreigeschossig ausgebaut und mit Dachreiter bekrönt. – *Rathaus:* Das dreigeschossige Gebäude mit rechteckigem Treppenturm wurde erstmals im 16. Jh., zuletzt 1823, verändert. – Die *Bürgerhäuser* wurden nach dem Stadtbrand einheitlich im Stil des Biedermeier wieder aufgebaut. Bes. reizvolle Fassaden sieht man in der Ludwigsstraße. – *Park Theresienstein:* In der 1815 entstandenen Anlage stehen das Heerdegensche Gartenhaus, eine künstliche Burgruine, das spätgot. Tor und das erst kürzlich sanierte und rekonstruierte Wirtschaftsgebäude im prächtigen Jugendstil.

Umgebung

Pilgramsreuth (19 km s): *Ev. Pfarrkirche* (15./16. Jh.), Altar und Kanzel v. E. Räntz, spätgot. Wandmalereien und Figuren.

Pilgramsreuth (Hof), Pfarrkirche

Regnitzlosau (11 km ö): *Ev. Pfarrkirche,* 17. Jh. Eine der herrlichsten Landkirchen der Gegend. Gefelderte Holzdecke und Emporenbrüstungen. Die Bilder schufen H. A. Lohe (über dem Mittelschiff, 1672) und J. N. Walther (ö Deckenteil 1747 und Emporen 1744–47). Der reiche barocke Kanzelaltar wird umrahmt v. einem ebenso prachtvollen Viersäulenaufbau mit Figuren W. A. Knolls v. 1743. Grabplatte für C. v. Reitzenstein v. 1655 Werkstatt J. Brenck.

34369 Hofgeismar

Hessen

Einw.: 15 200   Höhe: 165 m   S. 1277 □ G 8

Die Stadt, die vermutlich aus einem fränkischen Königshof hervorgegangen ist, wurde schon früh zu einem Zentrum des Protestantismus in Deutschland. Nach 1685 entstanden hier selbständige Hugenotten- und Waldensersiedlungen.

Ehem. Stiftskirche Liebfrauen (Kirchplatz): Die heutige ev. Pfarrkirche, eine dreischiffige got. *Hallenkirche,* geht mit dem hohen W-Turm und dem rundbogigen Säulenportal im W auf einen spätroman. Bau zurück. Auch im Inneren zeigen die Mittelschiffpfeiler, verzierte *Konsolen* (an der s Adam und Eva zu erkennen) sowie *Kapitelle* in Würfelform noch den urspr. Stil. Dagegen sprechen die hohen, drei- und vierteiligen *Maßwerkfenster,* das zierliche *Säulenportal* mit der Marienkrönung (um 1330) sowie die *Kreuzgewölbe* v. got. Umbau. – Bes. sehenswert in dieser Kirche ist der *Hofgeismarer Altar,* ein Hauptwerk der frühen dt. Tafelmalerei. Erhalten sind allerdings nur die hohen Seitenflügel, die zu einer Tafel vereint worden sind. Sie zeigen Passionsszenen (um 1310), in Farbe und Form v. hoher Qualität.

Außerdem sehenswert: Die Erholungsanlagen in »Bad Hofgeismar«, Parkanlagen mit *Gesundbrunnen*; das klassizist. *Schlößchen* Schönburg. – *Stadtmuseum*: u. a. mit dem Hessischen Hugenottenarchiv; *Apothekenmuseum.* – Naturschutzgebiet »Urwald Sababurg« im nahen Reinhardswald.

Höglwörth ✉ 83454 Anger

Bayern

Einw.: 200   Höhe: 500 m   S. 1283 □ O 15

Ehem. Augustinerchorherren-Stift St. Peter u. Paul: Das reizvoll auf einer Halbinsel (in früherer Zeit einmal eine richtige Insel) gelegene Kloster wird 1125 v. Salzburger Erzbischof Konrad neu gegründet. Es verfällt aber wieder und entsteht im 17. Jh. neu. 1689 Weihe der *Kirche,* in der die Stukkaturen des Wessobrunners B. Zöpf (1765) und die Deckengemälde v. F. N. Streicher (1765) hervorzuheben sind. – Das Kloster wurde 1817 aufgehoben.

Umgebung

Anger (1 km sö): Die *Pfarrkirche St. Peter und Paul* (um 1450) birgt neben einer *Rosenkranzmadonna* (um 1680) über und einer Pietà (16. Jh.) auf dem Hochaltar

Hofgeismar, Gesundbrunnen

2 Rokokoplastiken (17. Jh.) an der l (Stifterin und Nonne Ellanpurg) und r (Guter Hirte) Seitenwand v. I. G. Itzlfeldner, der auch die 5 Skulpturen in der *Ölbergkapelle* schuf.

Hohenkirchen
 **26434 Wangerland**
Niedersachsen

Einw.: 1600   Höhe: 3 m   S. 1272 ☐ D 3

Ev. Pfarrkirche: Im 13. Jh. entstand diese typisch *friesische Granitquaderkirche,* die einige bemerkenswerte Kunstwerke birgt. An erster Stelle ist ein *Taufbecken* mit Relieffiguren (Maria und Könige) zu nennen. Der Steintrog, der auf 4 stark bemähnten Löwen ruht, steht seit der Gründung der Kirche (um 1250) am gleichen Platz. Den *Altar* (1620) und die *Kanzel* (1628) hat L. Münstermann geschaffen, ein Meister zwischen manieristischer Renaissance und beginnendem Barock.

Hohenschwangau
87645 Schwangau
Bayern

Einw.: 1000   Höhe: 800 m   S. 1282 ☐ K 15

Schloß: Hohenschwangau ist im Kern ein Bau aus dem 13. Jh., der jedoch verfallen war. Erst 1832 wurde das Schloß v. Theatermaler und Bühnenarchitekten D. Quaglio für Kronprinz Maximilian v. Bayern als Sommersitz im engl. Tudorstil neu aufgebaut und im romantischen Geschmack der Zeit ausgestattet.
Besonders sehenswert ist die *Ausmalung* der Säle mit Rittergeschichten und Sagenstoffen nach Entwürfen v. Moritz v. Schwind.

Außerdem sehenswert: Im N des Schlosses in Richtung Schwangau liegt die Wallfahrtskirche *St. Koloman* aus dem Jahre 1673; die Stukkaturen stammen v. J. Schmuzer*.

09337 Hohenstein-Ernstthal
Sachsen

Einw.: 15 800　Höhe: 344 m　S. 1279 ☐ O 9

34576 Homberg an der Efze
Hessen

Einw.: 15 000　Höhe: 274 m　S. 1277 ☐ G 8

Hohenstein, Kreisstadt im Zwickauer Hügelland, wurde 1513–17 als Bergarbeitersiedlung gegründet, nachdem am Hohenstein Silber gefunden worden war. Die ehemalige Webersiedlung Ernstthal legte Ende des 17. Jh. Christian Ernst von Schönburg an. 1898 wurden die beiden Orte vereinigt.
In Ernstthal wurde 1842 als Sohn eines Webers der Abenteuerschriftsteller Karl May geboren.

Pfarrkirche St. Christophorus (Ortsteil Hohenstein): Das barocke Bauwerk wurde 1756–57 nach Plänen v. Johann Gottlieb Ohndorff* unter Benutzung älterer Fundamente errichtet. Im Inneren finden sich ein Orgelprospekt aus der Mitte des 18. Jh. sowie ein Taufstein v. ca. 1610 (Michael Hegewald*).

Karl-May-Gedenkstätte (Karl-May-Str. 54): In diesem etwa 300 Jahre alten Haus wurde Karl May am 25.2.1842 als 5. v. 14 Kindern geboren.

Stadtmuseum (Altmarkt): 2 Weberstuben aus dem 19. Jh.; Sammlungen zum Hohensteiner Erzbergbau, zu besichtigen.

Außerdem sehenswert: Westlich der Stadt liegt der *Sachsenring*, eine 1927 eröffnete und 8731 m lange Motorradstrecke.

Holtfeld ✉ 33829 Borgholzhausen
Nordrhein-Westfalen

Höhe: 90 m　S. 1276 ☐ E 6

Schloß (8 km s v. Borgholzhausen): Das *Wasserschloß* liegt auf 2 Inseln und wurde 1599–1602 im Stil der sog. Lippe-Renaissance erbaut. Bemerkenswert ist das *Herrenhaus* mit seinem nach S gerichteten Schaugiebel. Zu beachten sind die schönen *Wappensteine* an den verschiedenen Baulichkeiten und Torhäusern.

Ev. Stadtkirche/ehem. St. Maria: Die Kirche liegt auf einer Terrasse erhöht über dem Markt. Von ihrem roman. Vorgängerbau sind nur die Fundamente übernommen worden. Die wesentlichen Teile des Baus entstanden im 14. Jh. Der Turm wurde später vollendet. Auch diese Hallenkirche ist wie viele andere in Hessen der → Marburger Elisabethkirche verwandt. – Im Inneren wurde anhand alter Farbspuren der *urspr. Anstrich* wiederhergestellt. Interessant sind die *Reliefköpfe* (Gottvater, Hl. Geist, Lamm Gottes) an den Schlußsteinen der Gewölbe und die *Kapitelle* mit reichen Blattkränzen. Im n Seitenschiff sind 7 spätgot. *Kreuzwegstationen* zu sehen, die früher an der Rathausterrasse angebracht waren. Bemerkenswert sind auch die reiche Dekoration des *Orgelprospektes* (18. Jh.) und verschiedene *Grabmäler.*

Stadtbild: Homberg hat eines der eindrucksvollsten Stadtbilder in Hessen. Unter den vielen schönen, v. a. am *Marktplatz* gelegenen *Fachwerkbauten* aus dem 15.–19. Jh. fällt das *Gasthaus zur Krone* (1480) bes. auf. Im *Hochzeitshaus* (Pfarrstr. 26) ist das *Heimatmuseum* untergebracht.

37671 Höxter
Nordrhein-Westfalen

Einw.: 33 400　Höhe: 90 m　S. 1277 ☐ G 7

In Konkurrenz zum mächtigen Kloster → Corvey, das den Verkehr auf dem alten Handelsweg zwischen Rhein und Elbe über eine eigene Weserbrücke leiten wollte, ist Höxter groß geworden. Es trat der Hanse bei und wurde eine blühende Handelsstadt. Heute ist das ehem. Kloster Corvey, dessen eigene Stadtsiedlung unterging, ein Stadtteil v. Höxter.

Ev. Kilianikirche (An der Kilianikirche): Der heutige Bau entstand im 11. Jh. als

Schloß Hohenschwangau >

Höxter, Kilianikirche

flachgedeckte Basilika, die im 12. Jh. eingewölbt wurde. Architektonisch wertvollster Teil ist die *W-Fassade* mit dem hoch-
gezogenen Mittelteil. Sie ist dem *W-Werk*
des nachbarlich-feindlichen Corvey nachempfunden. Die beiden *Türme* aus dunkel-
rotem Sollinger Sandstein sind erst später
mit spitzen Helmen versehen worden. Das
s Seitenschiff wurde im 15. Jh. durch eine
zweischiffige Halle ersetzt. Als Altar-
schmuck eine spätgot. *Kreuzigungsgruppe*
(um 1500). *Kanzel* v. 1597 mit Alabasterreliefs.

Stadtbild: Alte Amtsgebäude und eine
große Zahl prächtiger Bürgerhäuser sind
aus der Blütezeit der Stadt erhalten geblieben. – Das in Fachwerk gebaute *Rathaus*
(1610–13) mit reichgeschnitztem Erker
zeigt in der Eingangshalle ein *roman. Relief* mit dem städt. Waagemeister. – Zu den
schönsten Fachwerkbauten in Deutschland gehört die *Dechanei* mit Doppelgie-
bel, Erker und Auslucht (Markt). – Weitere
Gebäude (v. a. aus der Renaissancezeit)

findet man in der *Westerbachstraße* (Häuser 2, 10 und 34), in der *Nikolai-, Markt-*
und *Stummrigestraße.*

Außerdem sehenswert: Das *Museum
Höxter-Corvey* im Schloß v. → Corvey.

Umgebung

Beverungen: (20 km s): Neben zahlreichen *Fachwerkgiebelhäusern* (17. Jh.)
sind die holzgeschnitzte *Barockausstattung* der *kath. Pfarrkirche St. Johannes
der Täufer* (in den Jahren 1682–98 errichtet) und die *Burg* (um 1330 erbaut), eine
ehem. Wasserburg mit sechsgeschossigem
Wohnturm, beachtenswert.
Brakel (15 km sw): Die v. 12. bis ins 18.
Jh. mehrfach umgebaute *kath. Pfarrkirche
St. Michael und Johannes der Täufer* besitzt eine sehenswerte *Barockausstattung.*
– Die *ehem. Kapuzinerkirche St. Franziskus* (1715–18) ist der früheste Kirchenbau
v. J. C. Schlaun und birgt gute *Rokokoplastiken,* darunter einen *hl. Nepomuk* (1732).

02977 Hoyerswerda
Sachsen

Einw.: 62 400	Höhe: 119 m	S. 1279 □ R 8

Hoyerswerda wurde 1268 inmitten von
sorbischen Siedlungen als Herrensitz gegründet, 1423 erhielt es die Stadtrechte. Im
Jahre 1946 hatte es 7264 Einwohner. 1957
wurde mit dem Aufbau der Wohnstadt
Hoyerswerda-Neustadt begonnen, einer
Wohnstadt für die etwa 40 000 Beschäftigten des Kombinats Schwarze Pumpe, des
größten Braunkohlen- und Steinkohlen-
veredelungswerks Europas. Die zweite
»sozialistische« Stadt der ehemaligen
DDR (nach Eisenhüttenstadt) besteht aus
9 Wohnkomplexen mit etwa 20 000 Wohnungen. Hier wurde 1958 erstmals die industrielle Großplattenbauweise ange-
wandt. – Die Schriftstellerin Brigitte Rei-
mann lebte 1960–66 in Hoyerswerda.

Pfarrkirche: Die dreischiffige spätgot.
Hallenkirche wurde in der 1. Hälfte des 16.
Jh. errichtet. Der W-Turm stammt aus dem
19. Jh.

Amtshaus (»Lessinghaus«): Zweigeschossiger Barockbau v. 1702. Er hat im Erdgeschoß Kreuzgewölbe, im Obergeschoß Balkendecken.

Rathaus: Dreistöckiger Renaissancebau v. 1591–92. Bemerkenswert sind die doppelläufige Freitreppe und das Rundbogenportal mit Wappen.

Schloß: Das dreigeschossige Renaissancegebäude, das Ende des 16. Jh. unter Einbeziehung ma Bauteile errichtet wurde, hat einen fast elliptischen Grundriß. Der risalitartige Vorbau mit Barockportal datiert aus dem 18. Jh. – Hier befindet sich das *Kreis-Heimatmuseum,* dazu gehört die Museumsstr. »Lange Str.«. Hier finden sich in etwa 300 Jahre alten Häusern eine Schuhmacher-, eine Blaudrucker- und eine Geigenmacherwerkstatt.

Umgebung

Spremberg (20 km nö): Dreischiffige spätgot. Backstein-Hallenkirche mit Netzgewölbe auf Achteckpfeilern. *Ausstattung:* Altar v. 1660, die Kanzel und ein Taufengel aus dem 18. Jh. sowie spätgot. Holzskulpturen aus der Zeit um 1500. –

Das dreigeschossige barocke *Schloß,* das nach 1731 erbaut wurde, hat 2 Flügel.
Wittichenau (5 km s): Einschiffige barocke *Kreuzkirche* v. 1780–81 mit spätgot. Flügelaltar aus dem 15. Jh. – Spätgot. Hallenkirche *Mariae Himmelfahrt,* vermutlich um 1440 erbaut. Ausstattung: Altar mit einem Gemälde v. Andreas Dressler[*] aus Kamenz v. 1597 und spätgot. Holzskulpturen (Maria, Johannes) aus der Zeit um 1500. – Das *Jakubetzstift* ist ein zweigeschossiger Barockbau v. 1780.

Hugenpoet (bei Kettwig)
✉ **45219 Essen**
Nordrhein-Westfalen

	Höhe: 49 m S. 1276 □ B 8

Schloß Hugenpoet: Das Wasserschloß im Ruhrtal ist heute Hotel-Restaurant (es werden keine Besichtigungen durchgeführt); es wurde 1647–96 auf den Fundamenten eines älteren Baus errichtet und im frühen 19. Jh. weitgehend überarbeitet. Im Erdgeschoß sind *Renaissancekamine* aus Schloß Horst a. d. Emscher beachtenswert. Die 3 schönsten werden nach ihrem Themenkreis Kain-Abel-Kamin, Loth-Kamin und Troja-Kamin genannt.

Schloß Hugenpoet

25813 Husum

Schleswig-Holstein

Einw.: 21 000   Höhe: 5 m   S. 1273 □ G 2

Die »graue Stadt am Meer« ist durch 2 Männer berühmt geworden: durch Th. Storm, der hier begraben liegt, und durch den führenden Architekten des dänischen Klassizismus, C. F. Hansen, dessen Familie aus Husum stammte.

Marienkirche: Die Stadt besaß mit der Marienkirche eines der bedeutendsten Bauwerke der Spätgotik in Schleswig-Holstein. Die Kirche wurde jedoch 1807 abgerissen und durch eine *klassizistische,* im architektonischen Bild streng protestantische *Predigtkirche* ersetzt. Ihr Erbauer war der bereits erwähnte C. F. Hansen (1829–33).
Von der 1807 versteigerten Ausstattung der alten Kirche blieb nur eine *Bronzetaufe* (1643) erhalten.

Schloß (Schloßstraße): Das Schloß war einst eine große Anlage mit Gebäuden im Stil der niederländischen Renaissance, die jedoch im 18. Jh. weitgehend abgebrochen wurden. Erhalten blieben u. a. 4 prächtige *Sandsteinkamine* mit Alabasterreliefs. Gut erhalten ist das *Torhaus* (Cornilssches Haus, 1612).

Museen: Ein nordfriesisches Heimatmuseum ist im sog. *Nissenhaus* (Herzog-Adolf-Str. 25) untergebracht. – Leben und Wirken des Dichters Th. Storm vermittelt das *Stormhaus* (Wasserreihe 31). Das *Freilichtmuseum* (Nordhusumer Str. 11) bietet Beiträge zur bäuerlichen Wohnkultur und zum bäuerlichen Handwerk. – Das *Schiffahrtsmuseum* (Zingel 15; am Hafen) zeigt Exponate zur Geschichte des Schiffsbaues an der W-Küste Schleswig-Holsteins.

Außerdem sehenswert: Neben dem umgestalteten *Rathaus* findet man noch weitere schöne alte *Kaufmannshäuser* in der Großen Straße (Nr. 15 und 30), Norderstraße (21), Hohlen Gasse (3, eine der Wohnungen Theodor Storms) und am Markt (das Doppelhaus 1/3). – Auf dem *St.-Jürgen-Friedhof* liegt Th. Storm, für dessen Novellen Husum oft das Szenarium geliefert hat, begraben.

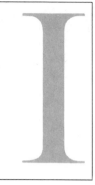

55743 Idar-Oberstein
Rheinland-Pfalz

Einw.: 33 900   Höhe: 265 m   S. 1280 ☐ C 11

Seit 1933 sind 13 und seit 1969 weitere 9 Stadtteile an der Mündung des Idarbaches in die Nahe zu einer Stadt vereint. Das malerische Ortsbild wird v. Fels und Fluß bestimmt: Zwischen Nahe und Burgberg stand für den Ausbau der Altstadt nur wenig Platz zur Verfügung, so daß sich die Häuser dicht aneinander drängen und in vielen Fällen kunstvoll verschachtelt sind.

Ev. Felsenkirche (Stadtteil Oberstein): In einer von einer Quelle in den Fels gespülten Nische ist der Bau 1482–84 errichtet worden, an dem wegen des herabstürzenden Gesteins 1742 und in den Jahren 1927–29 grundlegende Erneuerungsarbeiten notwendig wurden. – Der wertvolle *Flügelaltar* auf Goldgrund ist um 1420 entstanden. – Unterhalb der Felsenkirche sind eine Reihe v. Wohnhäusern aus dem 16.–18. Jh. erhalten.

Burgruinen: Noch oberhalb der Felsenkirche stehen auf schroffem Fels die Ruinen des Alten Schlosses (um 1000; Bergfried und Rest der Ringmauer erhalten) und des Neuen Schlosses (um 1200; Umfassungsmauern der Wohngebäude und Teile v. Rundtürmen erhalten). Ein Brand machte das Schloß 1865 zur Ruine.

Außerdem sehenswert: Die *Weiherschleife* (Tiefensteiner Straße) ist die letzte Edelsteinschleiferei, die noch mit Wasserkraft betrieben wird. Geschliffen wurden hier vornehmlich Achate, die nach jüngsten Forschungen bereits zu römischer Zeit im *Steinkaulenberg* – Europas ältester noch zugänglicher Edelsteinmine – gefunden wurden. – *Museum unter der Felsenkirche* (Stadtteil Oberstein) mit Beiträgen zur Schmuckwaren- und Edelsteinindustrie. – *Dt. Edelsteinmuseum* (im 1. Stock der 22stöckigen Diamant- und Edelsteinbörse, Schleiferplatz): Alle bekannten

Idar-Oberstein mit Felsenkirche

Idstein, Unionskirche

Edelsteine werden in dieser größten Ausstellung ihrer Art in Europa sowohl in rohem wie auch in geschliffenem Zustand gezeigt.

65510 Idstein
Hessen

Einw.: 20 800   Höhe: 266 m   S. 1276 □ E 10

Ehem. Stiftskirche St. Martin/Ev. Pfarrkirche/Unionskirche (Martin-Luther-Straße): Die Kirche hat eine wechselvolle Baugeschichte. Grundlage war eine Anlage des 12./13. Jh., v. der nur noch der Unterbau des Turms an der Chornordseite erhalten ist. Die wesentlichen Teile des heutigen got. Baus resultieren aus einem Neubau 1328–40. Später kamen das *Reiterchörlein* (Familiengruft am O-Ende des s Seitenschiffs, 15. Jh.) und die *Sebastianskapelle* (jetzt Sakristei, 1509) hinzu. Graf Johann ließ die Kirche sodann in den Jahren 1655–77 zur Predigt- und Hofkirche umbauen und gab damit dem Bau eine ungewöhnlich reiche Innenausstattung. In der Art einer barocken Gemäldegalerie ist der gesamte Raum v. *Leinwandbildern* aus der Antwerpener Schule des Peter Paul Rubens überzogen. Die Deckengemälde wurden 1725 v. M. Pronner (Gießen) hinzugefügt. – Zahlreiche *Grabdenkmäler* im Stil der Gotik, Renaissance und des Barock. An der Chornordwand befindet sich das Grabmal (1721) des Fürsten Georg August Samuel und seiner Gemahlin, nach einem Entwurf v. M. v. Welsch* durch den Mainzer Hofbaumeister H. Hiernle in den Jahren 1728–31 geschaffen. – Den *Hauptaltar* hat A. Harnisch 1673 errichtet. Das schmiedeeiserne *Chorgitter* (1726) ist eine Arbeit aus der Werkstatt v. J. U. Zais. Orgel (mit Vororgel) von J. H. Stumm. Der Kirchenname erinnert an die 1817 hier zwischen Lutheranern und Reformierten geschlossene *Nassauische Union*.

Ehem. Burg und Schloß (Schloßgasse): Die Gründung der *Burg* geht auf das 12.

Jh. zurück. Der mächtige Torbau war 1497, der Bergfried (»Hexenturm«) um 1400 fertiggestellt. Das Kanzleigebäude (1565), das durch seinen Renaissance-Fachwerkgiebel auffällt, dient heute der Stadtverwaltung. Das *Schloß* wurde in den Jahren 1614–34 erbaut und erhielt 1717 die Hofkapelle. Im Inneren des Schlosses ist v. a. die Stuckierung in den beiden Kaiserzimmern reich ausgefallen. Das ehem. Schlafzimmer ist im pompejanischen Stil mit Alkoven und reicher Deckenmalerei ausgestattet. – Das Schloß ist heute Gymnasium und nicht allgemein zugänglich.

Außerdem sehenswert: *Rathaus* (König-Adolf-Platz): Das 1698 erbaute Rathaus wurde 1928 durch einen Felsrutsch zerstört, ist jedoch 1932–34 wiederaufgebaut worden. *Fachwerkbauten:* Unter den zahlreichen Fachwerkbauten, die oft aus dem 16., v. a. aber aus dem 17. Jh. stammen, sind die Häuser auf dem König-Adolf-Platz (Häuser 2, 3, 5, 11 und 15), das sog. *Killingerhaus* mit symbolischen Schnitzereien an den fränkischen Erkern und an der Giebelspitze, in der Obergasse (1, 2, 4, 5, 14, 15, 16, 18, 20, 24), in der Borngasse und auf der Weiherwiese bes. hervorzuheben.

Ilbenstadt ✉ 61194 Niddatal
Hessen

Höhe: 120 m	S. 1277 ☐ F 10

Ehem. Prämonstratenserkloster mit Klosterkirche St. Maria und St. Petrus, St. Paulus:
Gottfried v. Kappenberg hat das Kloster – eines der ersten dieses Ordens in Deutschland – 1123 gestiftet. Es erlebte seine Blüte im 12. und 13. Jh. – Die *ehem. Klosterkirche* gehört zu den bedeutendsten roman. Kirchen in Deutschland. Mit ihrem Bau wurde um 1139 begonnen, die Weihe erfolgte 1159. Die hervorragenden Steinmetzarbeiten (so der Kampf zwischen Löwen und Kentauren) gehen auf jene ital. Handwerker zurück, die im 12. Jh. auch an den Kaiserdomen in Speyer und Mainz mitgearbeitet haben. In höchster Vollendung zeigt sich die Romanik in den beiden Türmen, die in ihren Ober-

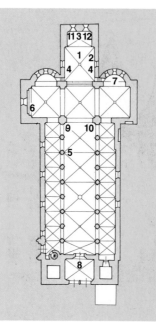

Ilbenstadt, ehem. Klosterkirche **1** Hochgrab des Gottfried v. Kappenberg, spätes 13. Jh. **2** Reste v. Wandmalerei des 14. Jh. **3** Sitzende Muttergottes, 1. Hälfte 14. Jh. **4** Chorgestühl, 1677 **5** Kanzel, 1690; Figuren v. J. W. Fröhlicher **6** St. Gottfried v. J. W. Fröhlicher, 1695 **7** Kreuzigungsgruppe v. J. Friedrich Straßmayer, 1700 **8** Orgel v. J. Onymus, 1733–35; Gehäuse v. F. Voßbach **9** Lukas v. M. Bitterich, 1742 **10** Markus v. M. Bitterich, 1742 **11** Augustinus v. B. Zamels, 1744 **12** Norbert v. B. Zamels, 1744

geschossen bemerkenswerte Ecklisenen, Rundbogenfresken und jeweils doppelte Schallarkaden besitzen. – Von der Ausstattung sind die Wandmalereien an der S-Seite des Chors aus dem 14. Jh. (u. a. der Stifter Gottfried v. Kappenberg) erwähnenswert. Das *Grabmal* des Stifters war Ende des 13. Jh. fertig, wurde jedoch später überarbeitet. An den Langhauspfeilern sind große *Apostelfiguren* und eine *Maria* aufgestellt (v. C. L. Werr; 1700). Erwähnt werden muß auch die *Orgel* mit ihrem prächtigen, 1733–35 v. J. Onymus (Mainz) geschnitzten Prospekt. Orgelempore und Brüstung hat F. Voßbach geschaffen (1732). – In den *Klostergebäuden* befindet

Ilbenstadt, ehem. Klosterkirche

sich jetzt das Caritaswerk St. Gottfried (das Kloster wurde 1803 aufgehoben).

Außerdem sehenswert: 1742 ist der *Ritterhof* entstanden. 1745 war die *Nidda-Brücke* fertiggestellt.

98693 Ilmenau
Thüringen

Einw.: 27 600   Höhe: 468 m   S. 1278 ☐ K 9

I. im NO des Thüringer Walds an der Ilm wird 1273 erstmals erwähnt, 1341 als Stadt genannt, wird der Ort in der 2. Hälfte des 15. Jh. befestigt.

Stadtkirche: Das in seinem Kern spätgotische Bauwerk erhielt sein heutiges Aussehen nach einem Brand 1752. Der Baumeister war G. H. Krohne*. Der prächtige Kanzelaltar und der Taufstein stammen aus der Zeit um 1760.

Amtshaus/Goethe-Gedenkstätte (Am Markt 7): Das schlichte Bauwerk wurde 1786 errichtet. Goethe wohnte hier bei seinen Besuchen als Weimarer Minister.

Jagdhaus Gabelbach/Goethe-Gedenkstätte: Der spätbarocke Holzbau (einige km s im Wald gelegen) mit 2 Etagen wurde 1783 für den Weimarer Herzog Carl August anläßlich eines Besuchs des Herzogs v. Kurland errichtet. Zu sehen sind hier u. a. das Wohnzimmer sowie die Schlaf- und Schreibkammer Goethes, überwiegend mit originalen Möbeln. – In der 1 km entfernten *Jagdaufseherhütte* auf dem Kickelhahn (Goethe-Häuschen) schrieb der Dichter am 6. 9. 1780 »Wandrers Nachtlied« (»Über allen Gipfeln ist Ruh ...«). Die Hütte wurde, nachdem sie 1784 abgebrannt war, originalgetreu wiedererrichtet. – Im August 1831 feierte Goethe seinen 82. Geburtstag im *Gasthof zum Löwen* (Lindenstr. 1). Er wohnte damals im Zimmer Nr. 1. Gewohnt hat Goethe auch in der Lindenstr. 12 (Gedenktafel). Hier stehen auch einige Linden, die der Dichter 1782 pflanzte. – Vom Amtshaus führt ein mit »G« gekennzeichneter Wanderweg zum Goethehaus in Stützerbach (siehe Umgebung). Auf dem Weg dorthin passiert man das *Jagdhaus Schwalbenstein*, wo Goethe am 19. 3. 1779 den 4. Akt der Prosafassung der »Iphigenie« schrieb, das Kantorhaus in Manebach und das Jagdhaus Gabelbach.

Rathaus: Der zweigeschossige Spätrenaissancebau wurde 1625 errichtet und nach dem Brand v. 1752 wiederhergestellt. Bemerkenswert sind der Turm mit geschweifter Haube, der Eckerker und das Mittelportal mit Wappenaufsatz.

Außerdem sehenswert: *Hennebrunnen* (ca. 1752) auf dem Marktplatz. – *Grabmal der Schauspielerin Corona Schröter* und weitere Grabdenkmäler aus der Goethezeit auf dem *Friedhof*. – *Zechenhaus* an der Sturmheide, 1691 erbaut.

Umgebung

Stützerbach (10 km sw): Die *Dorfkirche* ist ein einschiffiger Barockbau aus dem

Stützerbach (Ilmenau), Goethehaus

Ilsenburg, Klosterkirche

18. Jh. – In der Sebastian-Kneipp-Str. 18 liegt das *Goethehaus und Glasmuseum*, das ehemalige Haus des Glashüttenbesitzers Gundelach.

38871 Ilsenburg
Sachsen-Anhalt

Einw.: 7100   Höhe: 246 m   S. 1278 ☐ K 7

Der Ort liegt am NO-Rand des Mittelharzes am Fluß Ilse. 1546 wurde in I. ein Hüttenwerk mit 2 Hochöfen gegründet (1911 stillgelegt), das sogar Zar Peter I. 1697 besichtigte. Der Ilsenstein s der Stadt, der 473 m hoch ist, zog zahlreiche Dichter und Maler an. Johann Wolfgang von Goethe erwähnte den Felsen in der Walpurgisnachtszene in »Faust«. Engelbert Humperdinck benutzte ihn als Schauplatz für seine Märchenoper »Hänsel und Gretel« (1893); auch Heinrich Heine, Victor von Scheffel, Hans Christian Andersen und Theodor Fontane haben über ihn geschrieben.

Klosterkirche: Die urspr. dreischiffige, jetzt zweischiffige Basilika wurde 1078–87 errichtet. Nach der Reformation diente die Kirche den Grafen v. Wernigerode-Stolberg als Schloßkirche. Der Gipsestrich der Kirche stammt aus dem späten 12. Jh. In ihn sind Ornamente und Tierszenen eingeritzt, u. a. ein Baum des Lebens. Die Ausstattung wurde Anfang des 18. Jh. v. Bastian Heidekamp* geschaffen (Kanzel und Hochaltar). – Von den *Klostergebäuden* sind die spätroman. O- und S-Flügel erhalten. Im O-Flügel finden sich die Sakristei, das Auditorium, der Kapitelsaal und die Küche, im S-Flügel das große dreischiffige Refektorium.

Hüttenmuseum: Die Sammlungen zur Geschichte der lokalen Eisenindustrie umfassen u. a. Ilsenburger Ofenplatten aus dem 16.–18. Jh.

Umgebung

Drübeck (3 km sö): Die dreischiffige roman. *Klosterkirche* des ehem. Benediktiner-Nonnenklosters St. Viti, das um 960

gegr. worden war, wurde in der 2. Hälfte des 12. Jh. erbaut. Sie gehörte zu einem der ältesten Klöster im Harz. Nach der Säkularisierung im 16. Jh. war das Gebäude teilweise zerstört oder doch zumindest stark entstellt worden. Bei einer Restaurierung 1953–58 wurde versucht, den urspr. Zustand wiederherzustellen. Beachtung verdienen der nahezu authentische Westbau mit 2 Türmen und Apsis (um 1200) sowie die fünfschiffige Krypta mit Kreuzgratgewölben und reichverzierten Kapitellen unter dem Chor.

Indersdorf
✉ 85229 Markt Indersdorf
Bayern

Einw.: 600   Höhe: 466 m   S. 1282 ☐ L 14

Ehem. Augustinerchorherrenstift mit Kirche: Die Gründung des Augustinerchorherrenstifts war 1120 v. Papst als Gegenleistung für die Aufhebung des Banns über Pfalzgraf Otto IV. verlangt worden. 1128 war die Kirche bereits fertiggestellt (die nach einem Brand im Jahr 1264 wiederhergestellt und im Barock umgestaltet wurde). Bedeutend sind die reichen Stuck- und Freskenarbeiten v. F. X. Feuchtmay-

Ilsenburg, Kloster

er* bzw. v. M. Günther* (1755), der Szenen aus dem Leben des hl. Augustinus dargestellt hat. An das s Seitenschiff wurde zur Zeit der barocken Umgestaltung eine *Rosenkranzkapelle* angebaut, die 1755 ebenfalls reichen Stuck- und Freskenschmuck erhalten hat. Trotz dieser barocken Überarbeitung ist die Romanik in dieser langgestreckten Basilika noch gut zu erkennen. Zum Komplex der Klostergebäude (1693–1704) gehört die *Nikolauskapelle.*

55218 Ingelheim
Rheinland-Pfalz

Einw.: 21 200   Höhe: 90 m   S. 1280 □ E 11

Ev. Burgkirche: Die got. Kirche aus dem 14./15. Jh. (Turm 12. Jh.) kann in ihrer guten Erhaltung als ein Musterbeispiel eines kirchlichen Wehrbaus gelten. Sie ist v. einem Friedhof umgeben, und der ganze Komplex ist durch 8–9 m hohe Mauern und Türme geschützt. Das Äußere der Kirche ist v. den 4 unterschiedlich hohen und abweichend gestalteten Dächern bestimmt. Zur reichen Ausstattung gehören *Glasgemälde* (Mittelfenster im Chor; 15. Jh.) und zahlreiche *Grabmäler* des heimischen Adels (an den Wänden des Langhau-

ses). In den Gewölben sind bei Restaurierungsarbeiten *spätgot. Rankenmalereien* entdeckt worden.

Kaiserpfalz (Im Saal): Ingelheim gilt als Geburtsort v. Karl d. Gr., von dem es heißt, er habe die Kaiserpfalz bes. groß und prächtig gebaut, um damit seiner Geburtsstadt eine Reverenz zu erweisen. Von dem Bau, der im MA mehrfach Tagungsort für wichtige Zusammenkünfte gewesen ist, sind heute nur unbedeutende Reste erhalten. Eine Rekonstruktion der Anlage, die 1689 v. den Franzosen niedergebrannt wurde, befindet sich heute im Städt. Museum (Rathausplatz).

Außerdem sehenswert: Der roman. Bau der *ev. Pfarrkirche* aus der Zeit um 1100 wurde mehrfach verändert. Eine letzte Erweiterung begann im Jahre 1961.

85049–57 Ingolstadt
Bayern

Einw.: 107 400   Höhe: 365 m   S. 1282 □ L 13

---

806 erstmals urkundlich erwähnt. Nach 1255 baute Herzog Ludwig der Strenge eine Burg. Von 1392 an war I. Residenz

Drübeck (Ilsenburg), Kapitell in der Krypta der Klosterkirche

des Teilherzogtums Bayern-Ingolstadt, das mit Isabeau de Bavière eine Königin auf Frankreichs Thron brachte. 1472 gründete Herzog Ludwig der Reiche die Universität und verhalf der Stadt schon früh zu einer Sonderstellung auf geistigem und kulturellem Sektor. Ingolstadt galt (unter Führung v. Petrus Canisius und Prof. Eck) auch als ein Zentrum der Gegenreformation. Ihre wirtschaftliche Bedeutung bezog die Stadt bis ins 17. Jh. hinein aus ihrer Lage an der Donau. Heute gilt Ingolstadt als bedeutende Industriestadt (u. a. Automobilindustrie, Großraffinerien).

Stadtbefestigung: Seit 1430 ist Ingolstadt v. 3 Mauerringen umgeben, die ihm den Ruhm eingebracht haben, die am besten befestigte Stadt in Süddeutschland gewesen zu sein. Selbst Gustav Adolf bestürmte im 30jährigen Krieg die Stadt vergebens. Die Mauer, die an vielen Stellen mit halbrunden Ziegeltürmen besetzt ist, blieb bis heute in ihren wesentlichen Teilen erhalten. Von den großen Haupttoren ist allerdings nur noch das Hl.-Kreuz-Tor (Kreuzstraße) zu sehen. Es gehört zu den markantesten Toranlagen dieser Zeit. Zum Stadtinneren hin erhebt sich direkt hinter diesem Tor die Liebfrauenkirche. Von 1812 an wurde I. von den besten Architekten des Münchner Hofes (Leo v. Klenze u. a.) in fast 25jähriger Arbeit zur bayr. Landesfestung ausgebaut. I. ist heute ein »Freilichtmuseum« der Festungsbaukunst des 19. Jh.

Stadtpfarrkirche zu U. L. Frau/Liebfrauenmünster (Kreuzstr. 1): Der kaum gegliederte Backsteinbau gehört zu den schönsten Leistungen der Spätgotik in Bayern. Mit dem Bau der Kirche wurde 1425 unter Herzog Ludwig dem Gebarteten begonnen, die Arbeiten dauerten bis 1536. Das Mittelschiff ist 82 m lang, 31 m breit und 27,5 m hoch. Pfeiler und Netzrippengewölbe zeigen charakteristische Formen der Spätgotik. – Aus der *Innenausstattung* ist der *Hochaltar* (1572; Spätgotik und Renaissance) v. dem Münchner Maler

Ingolstadt, Liebfrauenmünster (l), Ausschnitt aus dem Hochaltar (r)

H. Mielich hervorzuheben. Er ist 9 m hoch und zeigt 91 Gemälde. Sehr gute Schreinerarbeiten stellen das *Chorgestühl* und die *Kanzel* dar, die vermutlich v. einem Münchner Schreiner namens Wenzel stammen. Die einzelnen *Seitenkapellen* sind ebenfalls reich ausgestattet.

Stadtpfarrkirche St. Moritz (Moritzstr. 4): Die erste Kirche wurde hier bereits in karolingischer Zeit gebaut. Ein 1234 gew. Bau in spätroman. Stil wurde in die Neubauten des 13. und 14. Jh. einbezogen. Während des 18. Jh. erhielt die Kirche hochwertige Stukkaturen v. J. B. Zimmermann* und Fresken v. P. Helterhof (im 19. Jh. entfernt, nach 1946 z. T. erneuert). Im Inneren der dreischiffigen Basilika verdient der *Hochaltar* mit Tabernakel (1765) besondere Beachtung. Außerdem zahlreiche Figuren aus Holz und Stein. An der O-Wand des n Seitenschiffs trägt der dortige Altar eine sehr feine Silberstatuette der *Immaculata* (1760 v. J. F. Canzler, München).

Minoritenkirche (Harderstraße): Die Basilika, deren Baugeschichte sich bis in das 13. Jh. zurückverfolgen läßt, wird wegen der zahlreichen Grabdenkmäler und des mächtigen Hochaltars gerühmt. Zu den besten *Epitaphen* gehören das Grabmal für Elisabeth und Dorothea Esterreicher (am Eingang, um 1522) und für das Ehepaar Esterreicher (in der Montfortkapelle, die um 1700 angebaut wurde). Von dem berühmten Bildhauer L. Hering aus Eichstätt stammen die an der S-Wand aufgestellten Epitaphe Tettenhammer (1543) und Helmhauser (1548). Der *Hochaltar* (1755) erreicht eine den Innenraum beherrschende Größe. In der *Lichtenauer Kapelle* (1601 angebaut) sind seit dem 2. Weltkrieg das Gnadenbild der Schutter-Muttergottes (15. Jh.) und das Preysing-Epitaph, das I. Günther* 1770 für die (zerstörte) Franziskanerkirche geschaffen hat, zu sehen.

Asamkirche Maria Viktoria (Neubaustr. 1): Der Bau wurde 1736 als Betsaal der Marianischen Studentenkongregation

Ingolstadt, Liebfrauenmünster, Chor

gew. (ähnliche Säle auch in München, Augsburg, Landshut, Amberg und Dillingen). Die Kirche gilt als der Kulminationspunkt im Schaffen der Asams. (C. D. Asam soll für alle Fresken nur 8 Wochen gebraucht und dafür 10 000 Gulden erhalten haben, die er allerdings anschließend als Spende zurückgegeben haben soll.) Im Zentrum das riesige *Deckengemälde*, ein Fresko v. ungewöhnlicher Farbenpracht. An den Wänden sind mehrere hervorragende *Ölgemälde* aufgehängt. Der *Hochaltar* stammt v. J. M. Fischer* (Dillingen, um 1763). Zu erwähnen sind auch das *Wandgestühl* (1748) und die mit zahlreichen Intarsien versehenen *Schranktüren*. – Ein ganz besonders wertvolles Stück ist die *Türkenmonstranz* (1708), in der die Seeschlacht v. Lepanto v. 1571 dargestellt ist.

Neues Schloß (Paradeplatz): Das 1418–32 im Auftrag v. Ludwig dem Gebarteten erbaute Schloß erhielt in den folgenden Jahrhunderten mehrere Ergänzungsbauten,

und 1539 wurden die vorhandenen Grabenwälle durch wehrhafte Bastionen verstärkt. Nach dem 2. Weltkrieg erfolgte eine durchgreifende Restaurierung. Heute befindet sich in diesem Schloß das *Bayer. Armeemuseum* (siehe dort).

Altes Schloß/Herzogskasten (Hallstraße): An der SO-Ecke der Siedlung ließ Herzog Ludwig der Strenge nach 1255 eine erste Burg errichten. Als Altes Schloß bzw. Herzogskasten ist die Anlage in ihren Grundzügen erhalten geblieben. Nach der Fertigstellung des Neuen Schlosses (siehe zuvor) wurde der Herzogskasten als Getreidespeicher verwendet.

Stadttheater und Werkstattbühne (Schloßlände 1): Das Ingoldstädter Theater, das in dem 1966 eröffneten und nach Plänen von H.-W. Hämer errichteten Haus spielt, hat ein eigenes Ensemble. Den 671 Plätzen, die das Große Haus zu bieten hat, stehen 99 Plätze der Werkstattbühne gegenüber.

Ingolstadt, Altes Schloß/Herzogskasten

Museen: *Bayer. Armeemuseum* (Neues Schloß, Paradeplatz 4): Das urspr. im Zeughaus am Münchner Oberwiesenfeld gegr. Museum (1881) wurde nach dem 2. Weltkrieg nach Ingolstadt verlegt. Die Sammlungen zeigen Waffen und Uniformen seit 1500 sowie mannigfaltiges Kriegsgerät und Sekundärbeiträge zum Thema (Graphik, Gemälde, Zinnfiguren). – *Dt. Medizinhistorisches Museum* (Anatomiestr. 18–20) mit Sammlungen zur Geschichte der Anatomie und Chirurgie sowie einer Kollektion v. Ärzte-Bildnissen und einem Heilpflanzengarten. – *Stadtmuseum* (Auf der Schanz 45) und *Spielzeugmuseum* (Hallstr. 4).

Außerdem sehenswert: Die Gnadentalkapelle (1487) in der Harderstraße, die Spitalkirche Hl. Geist in der Donaustraße aus dem 14. Jh., die 1438 erbaute Hohe Schule, das Gebäude der Anatomie (nach 1723), der Konviktbau des Jesuitenkollegs (1583), das Alte Rathaus und der fast völlig intakte altbayerische Altstadtkern.

87660 Irsee (über Kaufbeuren)
Bayern

Einw.: 1300   Höhe: 700 m   S. 1282 ☐ K 15

Ehem. Benediktinerklosterkirche Mariae Himmelfahrt: Anstelle einer ma Kirche wurde v. 1699–1702 nach Plänen des Vorarlberger Baumeisters F. Beer* die heutige Kirche errichtet. Gut 50 Jahre später waren auch die beiden Türme fertig. – Der Innenraum wird v. der reichen Stuckverkleidung bestimmt, den Mitglieder der berühmten Wessobrunner Künstlerfamilie Schmuzer* geschaffen haben. Die originelle Kanzel (1725) erhielt die Gestalt eines Schiffes. Als Schalldeckel dient ein geblähtes Segel. In der Takelage sind Putten zu erkennen.

Umgebung: Im Eggenthal (n v. Irsee) wurde 1697 eine Rotunde als Wallfahrtskapelle Mariae Seelenberg errichtet. Reicher Stuck der Wessobrunner Schule.

Kloster Isenhagen, Marienaltar

Isen ✉ 84424 Markt Isen
Bayern

| Einw.: 4500 | Höhe: 519 m | S. 1283 ☐ N 14 |

Ehem. Kollegiats-Stiftskirche: Der heutigen Kirche vorausgegangen ist eine Klosterstiftung im 8. Jh. Die dreischiffige Pfeilerbasilika ist in ihren Grundzügen spätroman.
Die Kirche wurde 1699 mit reichem Stuck- und Freskenschmuck ausgestattet; im 18. Jh. kamen 2 weitere Stuckaltäre hinzu. Aus älterer Zeit ist ein überlebensgroßer *Kruzifixus* (1530) erhalten. Sehenswert ist auch die *Krypta.*

Museum: Die heimatkundlichen Sammlungen im Alten Rathaus dokumentieren mit Schaustücken die Schlacht v. Hohenlinden (1800) und zeigen bäuerliche und handwerkliche Geräte.

Isenhagen ✉ 29386 Hankensbüttel
Niedersachsen

| | Höhe: 50 m | S. 1273 ☐ K 5 |

Kloster: Im W v. Wittingen liegt zwischen Gifhorn und Uelzen das ehem. Zisterzienserkloster (1243 gegründet), das seit 1540 als ev. Damenstift geführt wird. – Wertvoll ist die vielfältige Ausstattung des Klosters (Fresken, Stickereien, alte Möbel). In der got. *Hallenkirche* sind der Hochaltar (Flügelaltar um 1440), eine Renaissancekanzel (1683), der Marienaltar (um 1510) und ein Lesepult (um 1200) die überragenden Ausstattungsstücke. Sehenswert sind auch der Kreuzgang mit Sandsteinkonsolen und Schlußsteinen. – Das Kloster ist von April bis Oktober zu bestimmten Zeiten zu besichtigen.

58636–44 Iserlohn
Nordrhein-Westfalen

| Einw.: 97 000 | Höhe: 247 m | S. 1276 ☐ D 8 |

Die eisenverarbeitende Industrie, die heute noch einen wichtigen Teil der Wirtschaft Iserlohns ausmacht, hat hier eine bis ins MA zurückreichende Tradition.

Oberste Stadtkirche/St. Marien (Am Poth): Die wesentlichen Teile der spätgot. Hallenkirche stammen aus dem 14. Jh. Hervorzuheben ist der Schnitzaltar (um 1400; wahrscheinlich aus niederländischer Werkstatt), der zu den bedeutendsten Werken dieser Epoche in Westfalen gehört.

Ev. Pankratiuskirche/Bauernkirche (Inselstr. 3): Die urspr. roman. Pfeilerbasilika wurde spätgot. verändert. Hauptstück der Ausstattung ist ein Altarschrein (Mitte 15. Jh.).

Haus der Heimat (Fritz-Kühn-Platz 1): In der Nähe der Pankratiuskirche ist 1763 ein Patrizierhaus mit Freitreppe errichtet worden (Veränderungen im 19. Jh.), in dem das sehenswerte *Heimatmuseum* untergebracht ist.

Itzehoe, St.-Jürgen-Kapelle >

Parktheater (Alexanderhöhe): Das 1964 eröffnete Haus bietet 805 Plätze. Iserlohn hat kein eigenes Ensemble.

88316 Isny
Baden-Württemberg

Einw.: 14 300 Höhe: 704 m S. 1282 ☐ I 15

Die ehem. Reichsstadt ist heute heilklimatischer Kur- und Wintersportort. Im 13. Jh. bekam Isny den heute noch zu großen Teilen erhaltenen Mauerring. Der Blaserturm auf dem Marktplatz war urspr. die einstige »Hochwacht« der Stadt.

Ehem. Benediktinerklosterkirche St. Georg/Kath. Pfarrkirche (Schloß): Die Vorgängerbauten aus dem 11. Jh. wurden 1631 durch Brand vernichtet und ab 1661 durch die bis heute erhaltene Kirche ersetzt. Entstanden ist eine Hallenanlage mit ungewöhnlicher Gleichförmigkeit. Die üppige Rokokodekoration stammt aus dem 18. Jh. (Stuck v. H. G. Gigl, Fresken v. H. M. Holzhey). Der mächtige Hochaltar ist das Werk v. J. Ruetz (1758), der auch die Nebenaltäre und die Kanzel geschaffen hat.
In den ehem. Klosterbauten (17. Jh.; mit Refektorium und Marienkapelle) befindet sich heute ein *Krankenhaus.*

Ev. Nikolaikirche St. Nikolaus: Dem Stadtbrand v. 1631 fiel auch das Innere der 1288 gew. (Chor 1508) Kirche zum Opfer. Sehenswert ist v. a. die *Predigerbibliothek* im Obergeschoß der Sakristei, die knapp 2000 Hand- und Druckschriften v. 12.–18. Jh. enthält. Aus der Erbauungszeit (1480) sind einige Fresken erhalten.

Rathaus: Anstelle des 1631 abgebrannten alten Rathauses wurden mehrere Bürgerhäuser zu einem neuen Rathaus zusammengefaßt. Sie sind teilweise sehr gut ausgestattet. Bes. sehenswert: Fayence-Kachelofen v. Abraham Pfau, Winterthur (1685). Im Wassertorturm befindet sich ein *Heimatmuseum.*

25524 Itzehoe
Schleswig-Holstein

Einw.: 32 900 Höhe: 7 m S. 1273 ☐ H 3

Ein Brand 1657 hat große Teile der traditionsreichen, bereits 1238 mit Stadtrechten privilegierten Stadt zerstört. Der Reichtum Itzehoes begründete sich im MA auf die günstige Verkehrslage. Im 17. Jh. wurde der Ort zur Garnisons- und Festungsstadt. 1627 bereitete Wallenstein v. Itzehoe aus die Eroberung der Breitenburg vor.

Ev. Kirche St. Laurentius (Kirchenstraße): Der mächtige Backsteinbau entstand 1716. Bemerkenswert sind die zahlreichen *Gruftkammern*, in denen holsteinische Adelige in Metallsarkophagen begraben sind. Ein spätgot. Kreuzgang hat die Kirche mit dem ehem. *Zisterzienserinnenkloster* verbunden. Aus der Ausstattung sind v. a. der Schnitzaltar (1661), die Holzkanzel (1661) und der Orgelprospekt (1718) zu erwähnen.

St.-Jürgen-Kapelle (Sandberg): Nach dem Stadtbrand 1657 wurde die Kapelle neu erbaut. Dachreiter v. 1715. Am N-Portal St. Georg als Drachentöter. Den mit Fachwerk ausgestatteten Innenraum deckt eine durch Balken abgestützte Holztonne. Eine Besonderheit stellen die 14 durch Leisten geteilten *Deckenbilder* mit alttestamentlichen (n) und neutestamentlichen (s) Szenen dar, die das Wirken von Engeln illustrieren. Sehenswerter Altar v. 1672.

Außerdem sehenswert: *Heimatmuseum Prinzeßhof* (Viktoriastr. 20): Das zweigeschossige Adelshaus aus dem 17. Jh. war 1804 Residenz des Kurfürsten Wilhelm I. Heute werden hier Sammlungen zur Heimatgeschichte sowie vorgeschichtliche Funde und Ausgrabungen gezeigt. – *Germanengrab* (Am Lornsenplatz): Steingrab aus der Bronzezeit. – *Rathaus* (Neustädter Markt) aus dem Jahre 1695, *Bürgerhäuser* (vornehmlich in der Breiten Straße, Krämer- und Kapellenstraße).

74249 Jagsthausen
Baden-Württemberg

Einw.: 1300   Höhe: 212 m   S. 1281 □ G 12

Schloß: Im 14. Jh. übernahmen die Herren v. Berlichingen eine alte Burg und den damit verbundenen Besitz. 1480 wurde hier Götz v. Berlichingen (der »Ritter mit der eisernen Hand«) geboren, dem Goethe mit seinem Schauspiel »Götz von Berlichingen« ein literarisches Denkmal gesetzt hat. – Palas, Rittersaal und fast alle anderen Räume der *Götzenburg* sind bestens erhalten. Im Sommer finden auf dem Schloßhof alljährlich erstklassig besetzte Festspiele statt. – Neben der Götzenburg existieren das rote und das neue Schloß.

07743–49 Jena
Thüringen

Einw.: 101 000   Höhe: 144 m   S. 1278 □ M 9

Die bedeutende Universitäts- und Industriestadt liegt in einem Talkessel an der mittleren Saale. 1230 erhielt sie die Stadtrechte. 1558 wurde die Universität gegründet. 1741 kam Jena an das Herzogtum Sachsen-Weimar-Eisenach. Unter Herzog Carl-August wurde es zu einem geistigen Zentrum Deutschlands. Goethe, Schiller, Anselm Feuerbach, die Brüder Schlegel, Tieck, Fichte, Schelling, Hegel und andere bedeutende Persönlichkeiten lebten oder hielten sich zumindest für längere Zeit besuchsweise in Jena auf. – Am 14. 10. 1806 erlitt die preußisch-sächsische Armee in der Doppelschlacht von Jena und Auerstedt die entscheidende Niederlage gegen Napoleon. – Am 12. 6. 1815 wurde von der Mehrheit der Jenaer Studenten die »Jenaer Burschenschaft« gegründet. 1819 war es der Jenaer Student Sand, der in Mannheim den Schriftsteller August von Kotzebue ermordete. Es war eines der Ereignisse, die zu den Karlsbader Beschlüssen und der Verfolgung von Demokraten und Republikanern führten. – Im 19. Jh. entwickelte sich Jena zu einer der führenden Industrie-

Jagsthausen, Festspiele

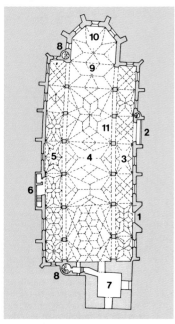

Jena, St. Michael 1 S-Portal der prachtvoll dekorierten S-Fassade **2** Brautportal **3** s Seitenschiff **4** Mittelschiff mit Netz- und Sterngewölben, um 1440 **5** n Seitenschiff mit Bronzeepitaph, 1549, v. A. Ziegler d. J. für Martin Luther **6** Beichthaus **7** SW-Turm **8** Wendeltreppe **9** Chor mit Strahlgewölbe **10** 5/8-Schluß **11** Spätgot. Steinkanzel, um 1505, mit sächs.-kurfürstl. Wappen und Rankenwerk

städte: 1846 gründete Carl Zeiss seine »Mechanische Werkstatt«, 1882 der Chemiker und Glastechniker Otto Schott mit Carl Zeiss und Ernst Abbe das »Jenaer Glaswerk Schott & Genossen«. – 1945 wurde Jena bei Luftangriffen schwer zerstört.

Friedenskirche (Goetheallee): Die barocke Kirche wurde 1686–93 errichtet. Der Turm befindet sich über dem Chor. Auf dem *Friedhof* findet sich das Grab v. Carl Zeiss (1816–88).

Stadtkirche St. Michael (Kirchplatz): Mit dem Bau der spätgot. Hallenkirche wurde um 1390 begonnen, 1506 war er fertiggestellt (der Turm 1556). Der Innen-

raum (Achteckpfeiler und Sterngewölbe) wurde in den Jahren bis 1956 nach der Kriegszerstörung rekonstruiert. Von der *Ausstattung* sind bemerkenswert: die Kanzel v. 1507, das hölzerne Standbild des hl. Michael, »Angelus Jenensis« (1. Drittel des 13. Jh. aus einer Bamberger Werkstatt), ein hl. Wolfgang aus dem frühen 16. Jh. und eine Bronzeplatte (1551) des Erfurter Glockengießers H. Ziegler[*], die urspr. für das Grab v. Martin Luther in Wittenberg bestimmt war und sich seit 1571 in der Michaelskirche befindet.

Schillerkirche (Schlippenstr. in Wenigejena auf der rechten Saaleseite): In dieser kleinen got. Kirche wurde Schiller am 22. 2. 1790 mit Charlotte v. Lengefeld getraut.

Hauptgebäude der Universität (Goetheallee 1): Das Gebäude wurde 1905–08 nach einem Entwurf des Münchner Architekten Theodor Fischer[*] errichtet. In der Aula hängt seit 1952 ein Gemälde des Schweizer Malers Ferdinand Hodler[*] (1908–09), »Auszug der Jenaer Studenten vom Freiheitskampf von 1813«. Im Vorgarten steht das *Burschenschaftsdenkmal* v. Adolf von Donndorf[*] (1883). – Die *Monumentalbüste Schillers* (seit 1934 trägt die Universität den Namen des Dichters) wurde 1973 aufgestellt (J. H. Dannecker[*]).

Rathaus (Markt): Der im Kern spätgot. Bau wurde zwischen 1377 und 1380 errichtet und um 1755 barock umgebaut; aus dieser Zeit stammt der Turm an der Vorderfront. Er ist mit einer Kunstuhr und einem Figurenspiel aus dem späten 15. Jh. ausgestattet. – Auf dem Marktplatz steht das Denkmal des Kurfürsten Johann Friedrich des Großmütigen (1503–55, Gründer der Universität), der sog. *Hanfried* v. 1857. – Am Markt liegt außerdem der Gebäudekomplex eines im späten 13. Jh. gegr. Dominikanerklosters, der als »Collegium Jenense« das 1. Universitätshauptgebäude war.

Volkshaus (Carl-Zeiss-Platz 15): Das Gebäude wurde 1901–03 auf Anregung des Physikers Ernst Abbe nach einem Entwurf v. A. Roßbach[*] errichtet. Am selben Platz

Luthers Grabplatte in St. Michael

St. Michael, Mittelschiff

Universität mit Schillers Gartenzinne

Ältestes Goethe-Denkmal der Welt

erinnert ein achteckiger Tempelbau an Abbe (Entwurf H. van de Velde*, Reliefs v. C. Meunier*, Büste v. M. Klinger*).

Universitätshochhaus (Kollegienstr.): Das 120 m hohe zylinderförmige Gebäude wurde 1970–73 nach einem Entwurf eines Kollektivs unter Leitung v. Hermann Henselmann* errichtet.

Außerdem sehenswert: *Ernst-Haeckel-Haus* (Berggasse 7), erinnert an den Zoologen und Naturphilosophen. – Das *Phyletische Museum* (Vor dem Neutor 1) gilt als einziges Museum für Abstammungslehre. Ferner: *Optisches Museum* (Carl-Zeiss-Platz 12) mit der weltgrößten Brillensammlung; *Gedenkstätte der dt. Frühromantik;* *Goethe-Gedenkstätte* (Botanischer Garten, Goetheallee 26); *Schiller-Gedenkstätte* (Schillergäßchen 2); *Zeiss-Planetarium* auf dem Gelände des Botanischen Gartens), es wurde 1925–26 v. H. Schlag* errichtet.
Bürgerhäuser: Zu den wenigen erhaltenen Bürgerhäusern zählen u. a. das *Fromannsche Haus* (spätes 18. Jh.), das *Haus Oberlauengasse 16* v. 1596 und das *Griesbachhaus* (1784).

Umgebung

Cospeda (4 km nw): Die Doppelschlacht v. J. und Auerstedt 1806 begann in diesem Ort. Im Saal der historischen *Gaststätte Grüner Baum zur Nachtigall* ist eine *Gedenkstätte* eingerichtet. Zu sehen sind u. a. ein Zinnfigurendiorama der Schlacht, Waffen, Uniformen und die preußische Kriegskasse.
Lobeda (7 km sö): Hier sind die *Pfarrkirche* mit spätgot. Wandmalereien und das Schloß, die sog. *Untere Lobdeburg,* sehenswert.

39319 Jerichow
Sachsen-Anhalt
Einw.: 2200   Höhe: 38 m   S. 1274 ☐ M 5

Die Kleinstadt an einem Altarm der Elbe besitzt einen der bedeutendsten roman. Backsteinbauten in Deutschland.

Ehem. Prämonstratenserstift: Die *Kirche* des 1144 gegr. Prämonstratenserklosters wurde in der 2. Hälfte des 12. Jh. erbaut. Die dreischiffige Säulenbasilika mit Querschiff und ausgeschiedener Vierung ist der älteste Backsteinbau in der Mark. Unter dem Hauptchor und der Vierung befindet sich eine zweischiffige Krypta mit Kreuzgratgewölben. Die Türme des Westbaus haben got. Helme aus der 2. Hälfte des 15. Jh. Sehenswert ist ein Sandsteinrelief am w Pfeiler der Krypta, das die Marienkrönung zeigt (14. Jh.). Von den Klostergebäuden s der Kirche sind noch 3 Flügel des Kreuzgangs (um 1200), das Winter- und Sommerrefektorium im S-Flügel und der Kapitelsaal im O-Flügel erhalten.
Die spätroman. *Pfarrkirche* wurde in der 1. Hälfte des 13. Jh. errichtet.

26441 Jever
Niedersachsen
Einw.: 13 000   Höhe: 5 m   S. 1272 ☐ D 3

Die heutige Kreisstadt wurde schon im 1./2. Jh. n. Chr. von den Römern aufgesucht (großer Münzfund). Um 1100 Markt- und Stapelrecht sowie Münzpräge-

Jena, Markt mit Rathaus

stätte (Jeversche Denare von Portugal bis Archangelsk). Nach dem Tode der letzten friesischen Regentin Frl. Maria von Jever (1500–75), die ihr Land unter den Schutz Kaiser Karls V., später Philipps II. v. Spanien stellte, fiel das Jeverland nacheinander an die Grafen von Oldenburg (1575), Fürsten v. Anhalt-Zerbst (1667), Kaiserin Katharina II. von Rußland (1793) und deren Erben, dann an den König von Holland (1807; Tilsiter Frieden), schließlich an Napoleon, bis 1813 die Befreiung und damit die 2. russische Zeit folgte. Seit 1818 gehörte die Herrschaft Jever wieder zu Oldenburg.

Ev. Stadtkirche: Nach Brand moderner Neubau v. 1964. Im Choranbau befindet sich das Denkmal für Edo Wiemken d. J. (Vater v. Frl. Maria), eine Arbeit aus der Werkstatt des Antwerpener Bildhauermeisters Cornelis Floris. Das Denkmal wurde 1561–64 errichtet.

Schloß: Bergfried (Turmunterbau) aus dem Jahre 1428. Später Ausbau zum Schloß. 1731–36 Ergänzung durch den barocken Turmaufsatz (»Zwiebel«). *Innenausstattung:* Kassettendecke aus Eichenholz, einmaliges Werk der Renaissance, ebenfalls aus der Werkstatt des Cornelis Floris. Ausstattung des Audienzsaales mit farbigen Ledertapeten. In 60 Räumen des Schlosses ist ein Museum für Regionalkultur untergebracht.

Rathaus: Renaissance-Giebel; neben dem Rathaus ein Gästehaus mit wertvollem Paneel, eine manieristische Intarsienarbeit (1614–16).

Holländer-Windmühle: Voll erhaltenes Ensemble: Windmühle, Müllerhaus und Mühlenscheune, in letzterem ein Landwirtschaftsmuseum.

Außerdem sehenswert: Schön gestaltete Altstadt mit wertvoller Bausubstanz. Modernes Industriedesign: verglaste Türme des Friesischen Brauhauses. Blaudruckerei.

65366 Johannisberg
Hessen

Einw.: 50   Höhe: 185 m   S. 1276 □ D 10

Schloß Johannisberg (4 km nö v. Geisenheim): Benediktinermönche haben an der Stelle des heutigen Schlosses im 11. Jh. ein Doppelkloster gegr., dessen letzter Abt

Jerichow, Stiftskirche

Jerichow, Stiftskirche

< Lobeda (Jena), Untere Lobdeburg

Jever, Audienzsaal im Schloß

Jüterbog, St. Nikolai, Passionsrelief

1563 abtrat. Die Fürstbischofe v. Fulda ließen die Anlage 1718–25 im Stil des Barock ausbauen und erweitern. Im dt.-franz. Krieg war das Schloß vorübergehend in franz. Besitz und fiel bei Friedensschluß 1815 an Österreich, das es dem Fürsten Metternich schenkte. Bei einem Umbau 1826 erhielten Schloß und Kirche klassizistische Formen. Nach der Zerstörung im 2. Weltkrieg wurde die Anlage wieder aufgebaut.
Im Schloß, das v. Weinbergen umgeben ist, wird jener »Schloß Johannisberger« ausgeschenkt, der zu den Spitzenlagen des Rheingaus gehört.

Ehem. Klosterkirche: Beim Wiederaufbau nach den Zerstörungen des 2. Weltkrieges wurden weitgehend jene Formen berücksichtigt, die auf das 11./12. Jh. zurückgehen, im Laufe der Jahrhunderte gegenüber zahlreichen Veränderungen jedoch weitgehend in den Hintergrund getreten waren.

21635 Jork
Niedersachsen

Einw.: 10 600   Höhe: 5 m   S. 1273 ☐ H 3

Die fast 800jährige Gemeinde ist Mittelpunkt des »Alten Landes«, des größten zusammenhängenden Obstanbaugebiets Deutschlands.

Backsteinkirche: Sie wurde erstmals im 12. Jh. erwähnt.

Rathaus (ehem. Gräfenhof): Seine Geschichte reicht bis zur ersten Besiedlung des »Alten Landes« zurück.

Bauernhäuser: Die reetgedeckten Fachwerkhäuser sind mit Prunkpforten (»Altländer Toren«) ausgestattet, oder sie zeigen reich geschnitzte Brauttüren, die nur zum Einlaß der frischvermählten Braut und bei deren Tod geöffnet werden. Eines dieser Häuser beherbergt heute das *Museum Altes Land* (Westerjork 49).

52428 Jülich
Nordrhein-Westfalen

Einw.: 31 600   Höhe: 78 m   S. 1276 ☐ A 9

Das röm. Kastell Juliacum lag an der wichtigen Kreuzung der Straßen Köln–Aachen und Köln–Tongern–Bavai. Später stritten sich die Normannen ebenso wie Welfen und Staufer und der Kölner Erzbischof um den Ort. Neben den Folgen dieser Auseinandersetzungen verheerten mehrere schwere Brände die Stadt, im November 1944 wurde sie bei einem Bombenangriff der Alliierten fast völlig zerstört.

Propsteikirche (Marktplatz): Der W-Turm erinnert an die urspr. Anlage aus dem 12. Jh., die 1878 durch einen neugot. Bau ersetzt worden ist. Das Erdgeschoß des Turms führt als Portal ins Kirchenschiff, die beiden Obergeschosse sind zu einem hohen Kuppelraum zusammengefaßt.

Zitadelle und Schloß (Schloßstraße): Die weitläufige Anlage wurde v. 16.–18. Jh.

Jüterbog, St. Nikolai, Tetzelkasten

Jüterbog, Zinnaer Tor

errichtet, dann verändert, teils abgebrochen und im 2. Weltkrieg stark zerstört. Die Konzeption dieses einst berühmten Festungsbaus der Renaissance ist jedoch noch gut zu erkennen; der O-Flügel des Schlosses wurde rekonstruiert, die eindrucksvollen Schloßkeller sind erhalten.

Stadtgeschichtliches Museum (Kulturhaus; Am Hexenturm): geöffnet ab Juli 1992.

| **14913 Jüterbog** |
| Brandenburg |
| Einw.: 12 100   Höhe: 76 m   S. 1279 □ P 7 |

Ein am NW-Rand des Niederen Fläming in der Nutheniederung gelegener, zunächst slawischer, seit 1157 deutscher Burgwall bildete den Ausgangspunkt der 1174 durch Erzbischof Wichmann von Magdeburg gegründeten Stadt, die zum Hauptort des Landes werden sollte. Die Kirche St. Marien der w der Stadt gelegenen Burgsiedlung »Auf dem Damm« war zunächst als Mutterkirche des Sprengels mit Prämonstratensern besetzt und ist 1282 Kirche eines Zisterzienser-Nonnenklosters geworden. Zum Ausbau der Stadt kam es erst Anfang des 13. Jh. auf ellipsenförmigem Grundriß mit rechteckigem mittlerem Markt zwischen 2 gekrümmten Längsstraßen.

Liebfrauenkirche: Sie wurde nach 1161 in der späteren Dammvorstadt gegr., der bestehende im Kern spätroman. Bau Anfang des 13. Jh. als dreischiffige flachgedeckte Pfeilerbasilika mit einem Querschiff und einem Hauptchor mit 2 Nebenchören errichtet, die O-Teile got. verändert, die Seitenschiffe 1800 abgetragen.

Mönchskirche: Die ehem. Franziskaner-Klosterkirche, eine dreischiffige spätgot.

Backstein-Hallenkirche, die zwischen 1480 und 1510 errichtet wurde, dient heute als Bibliothek. Im Inneren finden sich im Mittelschiff *Gewölbemalereien* aus dem späten 15. Jh. sowie eine Renaissance-kanzel v. 1577 und ein Taufstein aus dem 16. Jh. An der N-Seite des Chors liegt der ehem. Kapitelsaal.

Stadtkirche St. Nikolai: Im Kern ein Bau des späten 13. Jh., vermutlich schon eine dreischiffige gewölbte Halle, die gegen Ende des 14. Jh. nach W erweitert und mit einer stattlichen Doppelturmfassade versehen wurde, am Mittelpfeiler des aufwendig gestalteten W-Portals Standbild des hl. Nikolaus. Zwischen 1475 und 1488 Erweiterung nach O um einen Hallenumgangs-chor und anschließend bis ins 16. Jh. hinein Vollendung der Turmfront (Haube des N-Turmes 1563): Die Brücke zwischen den oberen Plattformen macht die Türme zu einem charakteristischen Bestandteil des Stadtbildes. In der s Kapelle (»Neue Sakristei«) befinden sich beachtliche *Wand- und Gewölbemalereien*. Die Reste der *ma Ausstattung* sind bedeutend: Gemälde (u. a. Mauritiuslegende) und Schnitzfiguren eines unter böhmischem Einfluß entstandenen Hochaltars aus der Zeit um 1430, spätgot. Taufstein und Sakramentshäuschen in Form eines Fialenbaldachins v. 1507, gemalter Flügelaltar aus der 1. Hälfte des 16. Jh. (Beweinung Christi) v. einem Meister aus der Cranach-Schule, Mond-sichelmadonna (um 1500) und Maria aus einer Kreuzigung (um 1510). Dennoch ist das Bild des Inneren der Kirche bestimmt durch die Einrichtung aus nachreformatorischer Zeit mit der Spätrenaissance-Kanzel v. 1608, dem Säulenaufbau des Hochaltars v. 1700, den umlaufenden Emporen mit den Logen für die Ratsherren und dem mächtigen Prospekt der Orgel, für die Joachim Wagner aus Berlin 1737 das Werk fertigte. An das Auftreten des Ablaßpredigers Johannes Tetzel im Jahre 1517 erinnert der sog. Tetzelkasten, eine eisenbeschlagene Baumtruhe.

Rathaus: Das in seinem Erscheinungsbild wesentlich spätgot. Bauwerk wurde um 1500 (urkundlich 1507) unter Einbeziehung eines Vorgängerbaus errichtet. Der zum Markt vortretende Teil, die Gerichtslaube, wurde 1493 v. einem Meister Merten mit einem Staffelgiebel versehen. Das Äußere bestimmen paarige Vorhangbogenfenster und das mächtige Satteldach, im Inneren sind die meisten Räume des zweigeschossigen Baues gewölbt.

Heimatmuseum (Planeberg 9): Es befindet sich im Stadthof der Äbte des Klosters Zinna, einem einstöckigen spätgot. Gebäude aus Backstein mit Treppengiebeln und Kreuzrippengewölben im Erdgeschoß. Im Museum wird die Stadtgeschichte vom MA bis zur Gegenwart dokumentiert. Außerdem sind Trachten aus dem Fläming zu sehen.

Stadtbefestigung: Erhalten sind umfangreiche Teile mit Wiekhäusern sowie 3 Stadttore mit Haupt- und Vortor: das *Dammtor* im W, das *Neumarkter Tor* im O und das *Zinnaer Tor* im N, alle aus der Zeit zwischen 1480 und 1490.

Umgebung

Pechüle (15 km nw): *Dorfkirche*, spätroman. Backsteinbau (1. Hälfte 13. Jh.). *Ausstattung:* u. a. sog. Böhmische Tafel (um 1380); Schnitzaltar v. 1470.

07768 Kahla
Thüringen

Einw.: 8500   Höhe: 177 m   S. 1278 □ M 9

Der Ort ist durch seine 1843 gegründete Porzellanfabrik bekannt geworden.

Pfarrkirche St. Margareten: Unter dem spätgot. Chor aus der Zeit nach 1413 liegt eine dreischiffige Krypta. Das got. Langhaus wurde im 17. und 18. Jh. umgebaut. Im Innenraum finden sich ein Taufstein aus dem 12. Jh. sowie eine steinerne (1554) und eine hölzerne (1615) Kanzel.

Außerdem sehenswert: Die *Gottesackerkirche*, ist ein spätgot. Bau v. 1486. – Oberhalb v. Kahla (auf 395 m) liegt die *Leuchtenburg*, die in ihrem Kern aus dem 13. Jh. stammt, im 19. Jh. jedoch stark verändert wurde. Hier befinden sich heute eine Gaststätte, eine Jugendherberge und in dem Herrenhaus, einem Fachwerkbau v. 1744 am Fuße des spätroman. Bergfrieds, ein *Heimatmuseum*. – Auf dem Friedhof *Gedenkstätte* für die etwa 650 während des 2. Weltkriegs in Kahla ermordeten Zwangsarbeiter.

Umgebung

Hummelshain (7 km sö): Hier war einmal das bevorzugte Jagdgebiet der Altenburger Herzöge. Die *Pirschanlage Rieseneck*, die größte in Deutschland erhaltene, wurde im 17. und 18. Jh. angelegt. Das *Herrenhaus* stammt aus der 2. Hälfte des 19. Jh.

67655–63 Kaiserslautern
Rheinland-Pfalz

Einw.: 100 500   Höhe: 233 m   S. 1280 □ D 12

Der Zusatz »Kaiser« im Namen der Stadt geht wohl auf Kaiser Friedrich Barbarossa zurück, der hier 1152 eine – v. der Lauter umflossene – Burg (Barbarossaburg) baute, die im spanischen Erbfolgekrieg 1703 v. den Franzosen gesprengt wurde. Diesem Angriff fiel auch das Schloß des Pfalzgrafen Johann Casimir (1570–80), das neben der alten Stauferburg lag, zum Opfer.

Ehem. Prämonstratenserkirche/ St. Martin und Maria/Stiftskirche (Marktstr. 13): Der schmale, einschiffige Chor wurde 1250–90 im Stil der Frühgotik für die Klosterkirche gebaut. Das dreischiffige Langhaus – die älteste Hallenkirche der Pfalz – kam als Pfarr- und Gemeindekirche erst um 1320 hinzu. Über dem W-Teil des alten Chorraums erhebt sich – wiederaufgebaut nach Bombenschäden – ein achteckiger frühgot. Turm.

Ehem. Minoritenkirche/St.-Martinskirche (Klosterstr. 4): Die ehem. Minoritenkirche und heutige kath. Pfarrkirche St. Martin wurde um 1300 erbaut. Als Bettelordenskirche ist sie v. größter Schlichtheit. Die flache Stuckdecke des Langhauses ist v. 1710.

Fruchthalle an der Fruchthallstraße: 1843–46 v. A. v. Voit erbaut. Der dreigeschossige Bau mit Rundbogenfenstern war nach der Revolution 1848 vorübergehend Regierungssitz der provisorischen Regierung der Pfalz. Großer Festsaal.

Rathaus (Rathausplatz): Mit 24 Stockwerken und 84 m Höhe ein Wahrzeichen der Stadt. Eingegliedert in den Rathauskomplex ist der *Casimirsaal*, der zum einstigen Schloß des Pfalzgrafen Johann Casimir gehörte und auf den Fundamenten der älteren Burganlage entstanden ist.

Museen: Die *Pfalzgalerie* in der Pfälzischen Landesgewerbeanstalt (Museumsplatz 1): Beiträge zur Kunst des 19. und 20. Jh. – *Theodor-Zink-Museum* (Steinstr. 48): Sammlungen zur Stadtgeschichte, Volkskunde.

Theater: *Pfalztheater am Fackelrondell* mit Oper, Operette und Schauspiel. *Kammerbühne* in der Kreissparkasse.

Umgebung

Otterberg (9 km n), Zisterzienserkirche (1181 begonnen).

86687 Kaisheim
Bayern

Einw.: 3800   Höhe: 470 m   S. 1282 ☐ K 13

Ehem. Zisterzienserklosterkirche: Dieser Bau (84 m lang, 24 m breit) der späten Hochgotik (1352–87) ist der schönste seiner Art in der bayr.-schwäbischen Ebene. Urspr. hatte man getreu den Ordensregeln auf Türme an der W-Front verzichtet, im Jh. später fügte man jedoch den breiten Vierungsturm hinzu (1459). Die Spitze des Turms und das Innere wurden im 18. Jh. barockisiert. Von bes. Interesse ist der Chor mit seinem doppelten Umgang. – Wertvollstes Stück der Innenausstattung war einst der spätgot. Altar v. H. Holbein d. Ä. (jetzt in der Alten Pinakothek in → München), den seit 1673 der heutige barocke Altar ersetzt. Die Wände sind mit einer Serie dekorativ gerahmter Apostel-

bilder geschmückt. Beachtung verdient die *Grabplatte* für den Klostergründer Heinrich v. Lechsgemünd (1434). In den angrenzenden *Klostergebäuden* ist der prachtvoll ausgemalte Kaisersaal eine bes. Sehenswürdigkeit.

39624 Kalbe/Milde
Sachsen-Anhalt

Einw.: 3700   Höhe: 35 m   S. 1274 ☐ L 5

Niederungsburg: Nö des Ortes finden sich die Ruinen einer der größten Burgen der Altmark, einer v. mehreren Wassergräben umgebenen *Sumpfburg*, die 993 erstmalig urkundlich erwähnt wird und im Dreißigjährigen Krieg zerstört wurde. Erhalten sind Teile der Kapelle aus dem 14. Jh. eines spätgot. Wohnhauses und des Torhauses.

Außerdem sehenswert: Die kreuzförmige *Nikolaikirche* aus dem frühen 18. Jh. mit barocker Innenausstattung.

47546 Kalkar
Nordrhein-Westfalen

Einw.: 11 600   Höhe: 20 m   S. 1276 ☐ A 7

Kalkar – 1230 gegründet auf einer Rheininsel – war im späten MA ein bedeutender Handelsplatz und Mitglied der Hanse, zugleich entwickelte es sich zu einem Zentrum der Kunst (Schnitzaltäre der »Kalkarer Schule«).

Pfarrkirche St. Nikolai (Jan-Joest-Straße): Der mit 3 parallelen Satteldächern gedeckte, dreischiffige Backsteinbau ist ein niederrheinischer Typus der got. Hallenkirche (→ Kleve). Der Bau der gotischen Kirche entstand zwischen 1409 und 1450. Sie ist mit ihrem herrlich lichten Innenraum die ausgedehnteste niederrheinische Hallenkirche und die bedeutendste Schöpfung des Klevischen Backsteinbaus. – Die eigtl. Bedeutung der Kirche liegt in der Ausstattung. An erster Stelle ist der *Hochaltar* (1488–1501) zu nennen, ein Schnitzwerk v. Meister Loedewich u. a. mit 208 plastischen Figuren. Die 20 Bilder

Kalkar, Hochaltar in St. Nikolai

der v. J. Joest aus Wesel gemalten Flügel sind sowohl in ihrer Farbigkeit als auch in der lebendigen Schilderung der Passionsgeschichte v. hohem Rang. – Der zentrale Name der Kalkarer Schule ist H. Douvermann*. Sein *Sieben-Schmerzen-Mariae-Altar* entstand 1518–22 und steht im Seitenschiff. Er ist umrahmt mit reichem Rankenwerk. Mittelpunkt des Schnitzaltars ist die in ihrer Virtuosität kaum zu überbietende »Wurzel Jesse«. Der Dreifaltigkeitsaltar von Arnt van Tricht, 1518–28, mit seiner lieblichen Maria Magdalena steht am Eingang zum Seitenschiff. – Die Kirche enthält außerdem viele hervorragende Schnitzaltäre. So u. a. den Marienaltar (1507–09), den Annenaltar, Johannisaltar, Georgsaltar (ältester Altar, polychromiert, 1480–84) und Jacobusaltar, eine Kreuzigungsgruppe und den Marienleuchter mit der Doppelfigur der Madonna.

Städt. Museum (Hanselaerstr. 5): 1450 erbaut, Treppelgiebelhaus, Backsteingotik mit Stadtarchiv, darin Gegenstände zur Stadtgeschichte, Handschriftensammlung mit einer Ausgabe des *Sachsenspiegels* (1390–1400).

Außerdem sehenswert: *Rathaus* (1438–46), Backsteingotik mit hohem Walmdach, Zinnenkranz mit Ecktürmen und einem achteckigen Treppenturm. – *Beginenhof* mit ma Wand- und Deckengemälden. Bürgerhaus Kirchplatz 2, Wand- nd Deckenbalkenmalerei (1490). – St. Antonius-Kirche (14./15. Jh.) im Ortsteil Hanselaer. – Roman. Doppelturmbasilika St. Clemens (12. Jh.) im Ortsteil Wissel.

01917 Kamenz
Sachsen

Einw.: 17 500   Höhe: 198 m   S. 1279 ☐ R 8

Die jetzige Kreisstadt entstand nach 1200 als Marktsiedlung bei einem sorbischen Dorf und einer deutschen Burg. Sie liegt im Tal der Schwarzen Elster am Rand des

Lausitzer Berglands. Die Lage an der Via regia (Königsstraße), der ostsächsischen Fernhandelsstraße, gab dem Ort eine strategische Bedeutung. Die Grundlage der Industrialisierung bildeten Tuchmacherei, Gerberei und Töpferei. Ein Stadtbrand 1842 zerstörte große Teile der Stadt. In Kamenz wurde am 22.1.1729 der Dichter der Aufklärung, Gotthold Ephraim Lessing, als Sohn eines Pfarrers geboren.

Franziskaner-Klosterkirche: Die dreischiffige spätgot. Hallenkirche wurde 1493–1507 errichtet. Die Netzgewölbe im Inneren ruhen auf schlanken Achteckpfeilern. Die Ausstattung besteht aus 5 spätgot. Altären aus dem frühen 16. Jh., u. a. dem Annenaltar, dem Franziskusaltar, dem Heilandsaltar und dem Marienaltar. – An der N- und O-Seite finden sich Reste der *Klostermauern*, die einen Teil der Stadtbefestigung bildeten. Südwestlich der Kirche liegt das ehem. *Klostertor*. Von der Stadtbefestigung (1835 niedergelegt) sind außerdem nur noch ein runder Mauerturm *(Basteiturm)* in der Zwingerstr. und der *Pulsnitzer Torturm (Roter Turm)* erhalten.

Justkirche: Im Chor der got. Friedhofskirche aus dem 14. Jh. findet sich ein vollständiger *got. Wandgemäldezyklus* (u. a. Szenen aus dem Leben Jesu) v. ca. 1380. Die vermutlich v. einem aus Böhmen stammenden Meister geschaffenen Malereien zählen zu den hervorragendsten künstlerischen Leistungen der Zeit.

Katechismuskirche: Die 1338 gestiftete und 1724 erneuerte Kirche war Teil der ma Stadtbefestigung. Unterhalb des Dachs befindet sich ein Schießschartengeschoß.

Stadtkirche St. Marien: Die spätgot. vierschiffige Hallenkirche wurde um 1400 begonnen und um 1480 fertiggestellt. Die reiche *Ausstattung* umfaßt u. a. einen großen spätgot. Hochaltar aus dem späten 15. Jh., den Michaelisaltar v. 1498, eine spätgot. Triumphkreuzgruppe aus dem späten 14. Jh., eine Kanzel v. 1566, bemalt v. Andreas Dressler*, sowie 3 Votivgemälde v. 1542, geschaffen v. Wolfgang Krodel*, einen schreinartigen Reliquienbehälter mit 2 Armreliquiaren aus dem späten 14. Jh. und das Epitaph v. Lessings Vater.

Rathaus: Das Gebäude wurde 1842 nach Plänen v. Karl August Schramm* aus Zittau errichtet (frühes Beispiel des Historismus) – Auf dem Markt steht der *Andreasbrunnen*, eine Renaissanceschöpfung v. 1570. – Südlich des Rathauses liegen die *Fleischbänke*, ein klassizistischer gewölbter Laubengang aus der Zeit nach 1842.

Lessingmuseum (Lessingplatz 3): 1929–31 errichtet; es dokumentiert Leben und Werk des Dichters. Zu sehen sind u. a. Erstausgaben seiner Werke. – Das *Lessing-Denkmal* vor dem Museum schuf H. Knaur* 1863. – Lessings Geburtshaus brannte 1842 ab. An seinen Standort im Lessinggäßchen erinnert eine Gedenktafel.

Museum der Westlausitz: Das Museum ist in einem Bürgerhaus mit einer spätbarocken Fassade v. 1745 eingerichtet, dem Ponikau-Haus. Vor- und frühgeschichtliche Sammlungen.

Außerdem sehenswert: *Aussichtsturm* auf dem 294 m hohen Hutberg im W. – Das *Malzhaus* (Zwingerstr. 7) ist ein zweigeschossiger Renaissancebau aus dem späten 16. Jh. Im Erdgeschoß befindet sich eine dreischiffige Halle mit Kreuzgewölben, unter dem Dach liegen 4 Schüttböden. – Das ehem. *Barmherzigkeitsstift* (heute Krankenhaus) ist eine klassizistische Gebäudeanlage v. 1824.

Umgebung

Elstra (6 km s): Barocke *Pfarrkirche* von 1726. Die Kanzel im Innenraum hat vermutlich Andreas Böhmer* 1734 geschaffen. Der Altar datiert v. 1733. – Das *Rathaus* ist ein schlichter Barockbau aus der Zeit nach 1717.
Oberlichtenau (10 km sw): Das *Schloß* wurde 1720 im Barockstil für den Staatsminister am sächsischen Hof, Graf Brühl, errichtet. Sehenswert sind der Festsaal mit Stuckdekorationen und der barocke Park mit zahlreichen Gartenplastiken.
Panschwitz-Kuckau (8 km sö): Kloster *Marienstern*. Bei der Kirche des 1248 gegr. Zisterzienser-Nonnenklosters handelt es sich um eine dreischiffige Hallen-

Kamenz, Katechismuskirche

Kamenz, St. Marien

kirche mit Kreuzrippengewölbe aus dem 14. Jh. Die Innenausstattung stammt teilweise v. Prager Künstlern: 1751 schuf Franz Lauermann* den Hochaltar aus Marmor mit vergoldeten Holzplastiken v. Ignaz Platzer*. Auch der barocke Schmerzensmann (1718) und die barocke Schmerzensmutter (1720) sowie einige barocke Grabdenkmäler stammen v. Prager Künstlern. Im Schrein eines spätgot. Flügelaltars v. ca. 1520 sieht man Maria Magdalena, die v. Engeln getragen wird. Ein spätgot. Schreinaltar v. ca. 1500 zeigt Anna selbdritt. Ein Vesperbild datiert aus der Mitte des 14. Jh. – Die *Klostergebäude* s der Kirche umfassen einen Kreuzgang mit Kreuzrippengewölben sowie einen O- und S-Flügel aus der Mitte des 13. Jh. (teilweise barock umgestaltet), in denen sich eine Kapelle und der Kapitelsaal befinden, und einen W-Flügel, das Äbtissinnenhaus, aus dem 17. Jh. Der sog. *Neue Konvent* s des O-Flügels wurde 1789–92 in barocken Formen errichtet. In der *Klosterbibliothek* befinden sich wertvolle Manuskripte und Buchmalereien. – In der Cisinskistr. 16 im Geburtshaus des sorbischen Dichters Jakub Cisinski (1856–1909) befindet sich eine Gedenkstätte, eine weitere ist in der Cisinski-Oberschule, Crostwitzer Str. 6, eingerichtet.

Karden ✉ 56253 Treis-Karden
Rheinland-Pfalz

Einw.: 2400   Höhe: 80 m   S. 1276 ☐ C 10

Karden, das heute zusammen mit Treis den Doppelort Treis-Karden bildet, erstreckt sich rechts und links der Mosel. Karden, am l Ufer, soll als Vicus Cardena einst Stützpunkt des hl. Castor und seiner Gefährten bei der Missionierung des Gebietes um die alte Römerstadt Trier gewesen sein.

Ehem. Stiftskirche St. Castor: Die heutige kath. Pfarrkirche läßt 3 Bauabschnitte erkennen. Von der 1121 gew. ersten Anlage sind noch 3 Geschosse des W-Turms und der Unterbau der Kirche erhalten. 1183 erneuerte man nach schweren Brandschäden Chor, Querschiff und O-Türme, 1260 wurde das Langhaus zur gotischen, kreuzrippengewölbten Basilika umgebaut. Im Inneren läßt sich die Entwicklung von frühroman. Formen im O über spätroman. in der Chorapsis bis zu frühen got. Elementen im Langhaus verfolgen. Das kostbarste Werk der Ausstattung ist der *Hochaltar* (Anfang 15. Jh.), der ganz aus gebranntem Ton gefertigt ist.

Vom einstigen *Stiftsbereich* sind neben Resten des *Kreuzgangs* noch verschiedene Gebäude erhalten, als wertvollstes das spätroman. *Propsteihaus* (um 1200, genannt »Korbisch«, weil dort einmal der Trierer Chorbischof residiert hat). Kulturhistorisch interessant sind die Wandmalereien im *Haus Boosfeld*, der ehem. Stiftsschule. In 8 Bildfeldern ist die Sage v. Heinrich dem Löwen nach einem Gedicht v. Michael Wyssenhere illustriert und in 9 Bildern die Geschichte der Susanna im Bade dargestellt.

76131–229 Karlsruhe
Baden-Württemberg

Einw.: 278 600   Höhe: 116 m   S. 1280 ☐ E 12

Nachdem 1689 die Burg der badischen Markgrafen in Durlach v. den Franzosen zerstört worden war, legte Markgraf Karl Wilhelm 1715 im Hardtwald, seinem Jagdrevier unterhalb Durlachs, den Grundstein für seine neue Residenz: Mittelpunkt sollte das Schloß sein, für das zuerst der achteckige Turm errichtet wurde und v. dem 32 Straßen strahlenförmig ausgehen. Nur 9 dieser Straßen führen in das Stadtgebiet, die 23 weiteren erschließen fächerförmig das angrenzende Waldgebiet. An die weit ausgreifenden Schloßflügel und die Nebengebäude schließen andere Gebäude an, für die Höhe und Bauweise ebenfalls genau vorgeschrieben waren. In dieses »Carols Ruhe« lud Stadtgründer Karl Wilhelm Siedler aller Bekenntnisse aus ganz Deutschland ein. Der vorgeschriebene Städtebauraster bestimmte auch nach seinem Tod (1738) den weiteren Ausbau v. Karlsruhe durch seinen Nach-

folger Karl Friedrich (1738–1811), der 1800 den Architekten F. Weinbrenner[*] in seine Dienste nahm. Auf Weinbrenner geht die *Kaiserstraße* zurück, die – wie mit dem Lineal gezogen – parallel zum Schloß verläuft. Vom Schloß aus stößt die *Karl-Friedrich-Straße* rechtwinklig auf die Kaiserstraße und führt dort weiter über den Rondellplatz bis zum *Ettlinger Tor*. Auf dem *Marktplatz* steht die *Pyramide,* die urspr. in Holz ausgeführt war, später jedoch in Stein erneuert wurde und unter der sich die Gruft des Stadtgründers Karl Wilhelm befindet. – Zu den Berühmtheiten, die Karlsruhe hervorgebracht hat oder die hier längere Zeit gelebt haben, gehören u. a. Peter Hebel und Joseph Victor von Scheffel (1826–86). Neben Scheffel sind auch die Maler Karl F. Lessing, W. Trübner und H. Thoma auf dem *Hauptfriedhof* in Karlsruhe begraben. Ferner der Schauspieler Eduard Devrient, der das Badische Hoftheater v. 1852–70 zu einer der ersten Bühnen Deutschlands machte. – In Karlsruhe wird seit 1956 alle 3 Jahre der nach dem dt. Dichter und Literaturnobelpreisträger benannte *Hermann-Hesse-Preis* vergeben, der erzählende und geisteswissenschaftliche Werke auszeichnet.

Ehem. Großherzogliches Schloß

(Schloßplatz): Nur der Schloßturm (1715), der Mittelpunkt des städtebaulichen Zirkelschlags, blieb v. alten Schloß erhalten. Die übrigen Bauten wurden 1749–81 durch Um- oder Neubauten, die jedoch die Grundrisse des alten Plans genau befolgten, abgelöst. Entwürfe vieler Architekten (darunter mehrere Projekte v. B. Neumann[*]) wurden in den endgültigen Plan von F. v. Keßlau einbezogen. Die Flügel des Schlosses, die einen rechten Winkel bilden, umfassen mit den anschließenden Nebengebäuden die große Gartenanlage vor dem Schloß. Nach schweren Zerstörungen im 2. Weltkrieg wurde das Schloß in seiner äußeren Gestalt originalgetreu wiederhergestellt. Das Innere wurde für ein modernes Museum großzügig umgestaltet und neu gegliedert (siehe unter dem Kapitel »Museen«).

Kath. Stadtpfarrkirche St. Stephan

(Erbprinzenstraße): Der Architekt F. Weinbrenner[*] orientierte sich bei seinen

Karlsruhe, Panorama mit ehem. Großherzoglichem Schloß

Karlsruhe, ehem. Großherzogliches Schloß

Karlsruhe, St. Stephan

Plänen für diese Kirche (1808–14) am Pantheon in Rom. Über einem kurzen griechischen Kreuz errichtete er einen Zentralbau mit gewaltiger hölzerner Kuppel (30 m Spannweite) und einem Säulenportikus. Die Kirche wurde nach dem 2. Weltkrieg vereinfacht wiederaufgebaut. Die Kuppel ist jetzt in Stahlbeton ausgeführt.

Ev. Stadtkirche (Marktplatz): Von 1807–11 errichtete Weinbrenner parallel zu St. Stephan die Kirche für die Protestanten mit einem Säulenportikus nach Art röm. Tempel. Das Innere, das nach dem Krieg modern gestaltet wurde, war dreischiffig und hatte r und l zweigeschossige Emporen.

Weitere Weinbrenner-Bauten: Von Weinbrenner, dessen Bauten v. einer harten Formensprache geprägt sind, stammen auch das ehem. *Markgräfliche Palais* am Rondellplatz (1803–14), das nach dem Wiederaufbau mit einer Bank verbunden ist, das *Rathaus* (Marktplatz, gegenüber der Stadtkirche) und die *Münze* (Stepha-

nienstraße), die 1826, nach seinem Tod, fertiggestellt wurde.

Museen: Das *Badische Landesmuseum* (im Schloß, Schloßplatz) bietet u. a. Sammlungen zur Vor- und Frühgeschichte, Volkskunde, griechische, etruskische, röm. und ägyptische Kunst, Skulpturen und Kunsthandwerk v. MA bis zur Gegenwart. – Die *Kunsthalle* (Hans-Thoma-Str. 2–6), in einem Bau aus den Jahren 1838–46, gehört zu den wichtigsten dt. Gemäldegalerien mit bedeutenden Werken altdeutscher Malerei, des Barock und der Romantik (u. a. Grünewald, Holbein d. J., Lucas Cranach, Dürer, H. B. Grien, Boucher und v. a. Chardin). Hans Thoma, dem eine eigene Abteilung gewidmet ist, war v. 1899–1919 Direktor der Galerie. – In der benachbarten *Orangerie* ist die Neue Abteilung untergebracht mit Werken v. Courbet, Manet, Monet, Cézanne, Trübner, Liebermann, Kokoschka, den Brücke-Künstlern und anderen Modernen. – *Städt. Galerie* (Karlstr. 10): Gemälde und Plasti-

Karlsruhe, Marktplatz mit Pyramide

ken (19./20. Jh.).– *Verkehrsmuseum* (Werderstr. 63): mit der Laufmaschine von Drais, dem Erfinder des Fahrrads. – *Oberrheinisches Dichtermuseum* (Röntgenstr. 6): mit dem Nachlaß des Dichters Joseph v. Scheffel. Inzwischen wurde der Bestand der Bibliothek auf fast 5000 Bände erweitert und um Gemälde, Illustrationen, Handschriften und Bücher ergänzt.

Theater: Das *Badische Staatstheater* (Baumeisterstr. 11) wurde 1975 eröffnet und ist heute Heimat für Oper und Schauspiel. Das *Große Haus* bietet Platz für 1002 Personen. Das angrenzende *Kleine Haus* nimmt maximal 550 Besucher auf. – Die *Insel* (Wilhelmstr. 14–16; 180 Plätze) ist dem Schauspiel vorbehalten. – Das *Kammertheater* (Waldstr. 79) ist in privatem Besitz und verfügt über 143 Plätze.

Außerdem sehenswert: Karlsruhe-Durlach: ehem. Markgrafenschloß (16. Jh.) mit Prinzessinnenbau und Schloßkapelle (Pfinzgaumuseum).

34117–34 Kassel
Hessen

Einw.: 196 800   Höhe: 140 m   S. 1277 □ H 8

Schon seit 1277 war die Stadt Fürstensitz. Der Enkel der hl. Elisabeth baute auf dem hohen Fulda-Ufer seine Burg (am »Rondell« sieht man noch Reste der Befestigungsanlagen eines Nachfolgebaus). – Mit der Karlsaue, der Orangerie, mit dem Park Wilhelmshöhe, der Gemäldegalerie, dem Friedrichsplatz, zahlreichen Palais und Adelshäusern haben Friedrich II. v. Hessen-Kassel (1760–85), der 12 000 seiner Landeskinder als Söldner in den nordamerikanischen Freiheitskriegen für Geld an die Engländer vermietete, und seine Vorgänger Wilhelm VIII. und Landgraf Karl Kassel zu einer der schönsten Residenzen in Europa gemacht. – Durch die schweren Zerstörungen im letzten Krieg hat die Stadt ihr Gesicht zwar verändert, aber nicht verloren. Die großen Akzente der Stadtlandschaft – v. Herkules in Wilhelmshöhe bis zum Friedrichsplatz und der Karlsaue – sind geblieben.

Ev. Brüderkirche (Brüderstraße): Die Kirche (Bauzeit 1292–1376) gehörte zum ehem. Karmeliterkloster (1292) und ist ein typischer Bau des Bettelordens: Neben dem Hauptschiff gibt es nur ein Seitenschiff im N. Über dem N-Portal ist ein schönes Relief mit der Beweinung Christi erhalten (um 1500).

Ehem. Stiftskirche St. Martin und St. Elisabeth (Martinsplatz): Die heutige ev. Pfarrkirche war einst Hauptkirche in der v. Landgrafen neu gegr. »Freiheit«. Der got. Chor war 1367, der ganze Bau erst 1462 vollendet. Im letzten Krieg brannte die Kirche bis auf die Mauern nieder, wurde aber wieder aufgebaut. Der Chor ist als Gottesdienstraum mit einer Glaswand abgeschlossen, das Langhaus, mit neuen Faltgewölben versehen, für musikalische Feiern eingerichtet. – Von der Innenausstattung erhalten ist nur das 12 m hohe prunkvolle *Alabastergrabmal* für Landgraf Philipp den Großmütigen (der in Kassel die Reformation einführte) und seine Gemahlin Christine (1567–72). Die Künstler sind E. Godefroy und sein Schüler A. Liquier Beaumont. – In der *Gruft* unter der Sakristei befindet sich der Prunksarg des Schöpfers der barocken Residenz v. Kassel, des Landgrafen Karl (gest. 1730).

Karlskirche (Karlsplatz): Inmitten des völlig zerstörten alten Hugenottenviertels, das Landgraf Karl für die Protestanten aus Frankreich nach einem Gesamtplan Paul du Rys* in der Oberneustadt angelegt hatte, liegt – seit dem Wiederaufbau ziemlich verloren – die reformierte Karlskirche. Der achteckige Zentralbau wurde 1698–1710 v. P. du Ry geschaffen. Beim Wiederaufbau bekam die Kirche statt der Kuppel ein einfaches Zeltdach mit einem käfigartigen Glockentürmchen darauf.

Elisabeth-Hospital (Oberste Gasse): Am SW-Rand der ma Stadt und schon außerhalb der alten Mauern entstand um 1300 das Hospital, das nach dem Krieg originalgetreu wiederaufgebaut wurde und heute

Kassel, St. Martin und St. Elisabeth, Alabastergrabmal für Landgraf Philipp den Großmütigen und seine Gemahlin Christine

weitläufige Weinstuben beherbergt. In einer Wandnische die Standfigur der hl. Elisabeth (frühes 15. Jh.).

Ottoneum (Steinweg): Gegenüber dem Elisabeth-Hospital liegt das sog. *Kunsthaus*, das seit 1884 als *Museum für Naturkunde* dient. Es wurde 1602–06 als erstes dt. Schauspielhaus gebaut und nach dem Landgrafensohn Otto benannt. Der Renaissancebau v. W. Vernukken imponiert durch die Vielfalt seiner Fenstergruppierung (Umbau durch P. du Ry) und die geschwungenen Giebelvoluten.

Fridericianum (Friedrichsplatz): Am Rande des Friedrichsplatzes ließ sich Landgraf Friedrich II. für seine Kunstsammlungen und seine Bibliothek v. S. L. du Ry* dieses frühklassizistische Gebäude (1769–79) errichten. In die ausgebrannte Ruine des Fridericianums zog 1955 die

Kassel, Ottoneum

Kassel, Fridericianum

Kassel, Fridericianum

Kassel, Schloß Wilhelmshöhe >

erste *documenta* ein – eine richtungweisende Ausstellung moderner Kunst, die inzwischen zu einer periodisch wiederkehrenden Einrichtung geworden ist (alle 4–5 Jahre).

Friedrichsplatz und Karlsaue: Der Friedrichsplatz (350 m lang, 150 m breit) ist einer der größten Plätze in Deutschland. Zu ihm gehört auch der später hinzugefügte Opernplatz, der, oberhalb des Friedrichsplatzes durch die Obere Königsstraße abgetrennt, anschließt. Die Gesamtanlage war urspr. als Grünfläche gedacht, in deren Mitte das Marmordenkmal des Landgrafen Friedrich II. stehen sollte. – Die *Karlsaue* ist eine v. Landgraf Karl ausgebaute symmetrische Gartenanlage. Von der *Orangerie* (1702–10), deren Ruine zusammen mit dem Rasenparterre davor für Freiplastik-Ausstellungen im Rahmen der *documenta* benutzt wird, strahlen 5 Achsen aus. Der Mittelzug stößt auf einen wiederum symmetrisch angelegten Teich. Dahinter folgt – genau in der Achse – ein aufgeschüttetes Quadrat (heute »Siebenbergen« genannt), das zu einem Garten- und Blumenparadies ausgestaltet wurde. Die ganze Anlage hatte ehemals Grotten, Kaskaden, Heckenlabyrinthe und Gartentheater, im 19. Jh. ging jedoch der franz. Gartenstil verloren. – Neben der Orangerie steht das wiederhergestellte *Marmorbad* (1722–28), ein quadratischer Kubus, der v. einer Figurenbalustrade bekrönt wird. Im Inneren des Bades befindet sich ein tiefer gelegtes Marmorbassin, um das ein figuren- und reliefgeschmückter Umgang läuft.

Wilhelmshöhe, Park und Schloß (Wilhelmshöher Allee): Der Park im Stadtteil Wilhelmshöhe, v. Landgraf Karl und Architekt G. F. Guerniero geplant, ist eine einmalige Anlage unter den europ. Barockgärten. Urspr. war vorgesehen, daß Wasserfluten v. der höchsten Stelle des Habichtswaldes, wo ein gewaltiges Oktogon mit der Riesenfigur des *Herkules* aufgerichtet wurde (Gesamthöhe 72 m), in

Kassel, Orangerie

Kassel, Löwenburg, Wilhelmshöhe

einer Kaskadentreppe bis zum Schloß hinunterstürzen sollten (Höhenunterschied 236 m). Unter Karl konnte jedoch nur ein Drittel dieser Planungen ausgeführt werden. Der engl. Parkstil, der in der 2. Hälfte des 18. Jh. den franz.-geometrischen Stil ablöste, veränderte die Planung: Über das ganze Gelände wurden sentimental-romantische Ruinen, Wasserfälle, Pyramiden-Aquädukte, Pavillons und Fontänen verteilt. Den Schlußpunkt dieser Entwicklung bildete die *Löwenburg*, eine v. vornherein als Ruine konzipierte Burganlage, die sich der spätere Kurfürst Landgraf Wilhelm 1793–1801 durch H. C. Jussow bauen ließ. In die reich und ritterlich ausgestatteten Räume pflegte sich Wilhelm zu einem zeitweiligen Eremitendasein zurückzuziehen. – Kurfürst Wilhelm war auch der Erbauer v. Schloß *Wilhelmshöhe* (1786–1803) durch S. L. du Ry und H. C. Jussow. Der klassizistische Bau – urspr. ein Hauptbau und 2 schräggestellte Flügelbauten, die durch Terrassen lose mit dem Hauptbau verbunden waren – wurde durch die Aufstockung der Terrassen stark beeinträchtigt.

In Schloß Wilhelmshöhe sind jetzt die *Staatlichen Kunstsammlungen* untergebracht. Neben den Münchner, Dresdner und Berliner Galerien ist die *Gemäldegalerie Alter Meister* eine der bedeutendsten in Deutschland; sie besitzt Gemälde v. Rembrandt (12), Rubens (8), van Dyck (12), Tizian, Frans Hals, Terborch, Poussin, Dürer, H. Baldung, Altdorfer und v. a.; die *Antikenabteilung* mit dem berühmten »Kasseler Apoll.«

Wilhelmshöher Allee: Habichtswald und Residenz, Park und Stadt wurden unter Landgraf Friedrich II. durch die schnurgerade Wilhelmshöher Allee (1781 v. S. L. du Ry entworfen) miteinander verbunden. Die *Herkules-Figur* hoch über der Parkanlage v. Wilhelmshöhe ist ihr Point de vue. Ausgangspunkt ist der Brüder-Grimm-Platz mit den beiden Wachhäusern, in deren n die Brüder Grimm 1814–22 gewohnt und ihre Kinder- und Hausmärchen aufgezeichnet haben. Die *Murhardsche Bibliothek* schräg gegenüber (324 000 Bände und 4500 Handschriften) besitzt das älteste dt. Literaturdenkmal, die Handschrift des »Hildebrandsliedes« (um 1800).

Museen: Das *Brüder-Grimm-Museum* (Schöne Aussicht 2): Autographen, Druckschriften und Sekundärliteratur aus dem Werk der Brüder Jacob und Wilhelm Grimm. – *Neue Galerie* (Schöne Aussicht 1) mit Gemälden und Plastiken (19./20. Jh.). – *Hessisches Landesmuseum*: u. a. Vor- und Frühgeschichte. – *Documenta*: Im Fridericianum (siehe dort). – *Dt. Tapetenmuseum* (in den Räumen des Hessischen Landesmuseums untergebracht) mit interessanten Exponaten aus 7 Jahrhunderten.

Theater: Die *Oper* des Staatstheaters (Friedrichsplatz 15) hat, seitdem Ludwig Spohr hier Kapellmeister war (1784–1859), einen erstklassigen Ruf. Ihre modernen Inszenierungen haben auch in neuerer Zeit oft Aufsehen erregt. Im gleichen Haus ist auch das *Schauspiel* zu Hause. Die *Komödie* spielt jetzt in der Friedrich-Ebert-Str. 39 (145 Plätze).

Außerdem sehenswert: Schlößchen *Bellevue* (Schöne Aussicht 2): Im Auftrag von Landgraf Karl v. Kassel erbaute Paul du Ry* das Palais im Jahre 1714. Auf dem Dach des nach Kriegsschäden wiederaufgebauten Schlößchens befand sich urspr. eine Sternwarte. – Am W-Ende der *Schö-*

Kastl bei Amberg

nen Aussicht ließ sich Kurfürst Wilhelm I. einen Frühstückspavillon v. D. Engelhard in Form eines klassizistischen Rundtempelchens (um 1817) errichten. – V. der ehem. Stadtbefestigung hat sich der ma *Druselturm* (1415, restaur. 1960) erhalten.

56288 Kastellaun
Rheinland-Pfalz

Einw.: 4000   Höhe: 435 m   S. 1276 ☐ C 10

Bei dem 1969 zur Stadt erhobenen Ort handelt es sich wahrscheinlich um das schon 820 erwähnte Trigorium. Sehenswert ist u. a. die Ruine der 1689 zerstörten *Burg* (Palas-Westwand der Oberburg).

92280 Kastl bei Amberg
Bayern

Einw.: 2800   Höhe: 430 m   S. 1283 ☐ M 12

Ehem. Benediktinerklosterkirche St. Peter: Das um 1103 auf einer Burganlage errichtete Kloster verdankt seine Gründung den Grafen v. Sulzbach sowie der Gräfin Luitgard (Stifterfiguren neben dem Eingang zum Paradies). 1129 wurde die Kirche, eine dreischiffige im Kern roman. Anlage, gew. Das Tonnengewölbe über dem Hochschiff des Chors (um 1400) gehört zu den ältesten in Bayern. Die *Pfeilerfresken* wurden 1906 freigelegt und ergänzt. Sehenswert sind die zahlreichen *Grabmäler* (seit 1964 in der Paradiesvorhalle). Der überwiegende Teil der Ausstattung kam erst im 18. Jh. in die Kirche. Von L. Hering stammen die beiden Denkmäler für Abt Menger (gest. 1554), die ihn zu Füßen der Muttergottes und betend vor dem Kruzifixus zeigen. Die ehem., z. T. erhaltenen *Klostergebäude* beherbergen heute ein ungarisches Gymnasium.

Umgebung

Pfaffenhofen (1,5 km w): Neben der *Schweppermann-Sammlung* in der Schweppermannburg (13./14. Jh.) ist die roman. *Kath. Pfarrkirche Mariä Himmelfahrt* mit einem *Karner* (zweigeschossige

Kastl bei Amberg, St. Peter

Friedhofskapelle) v. Beginn des 13. Jh. sehenswert. Die *Ausmalung* ist in Resten (1400–20) erhalten.

56349 Kaub
Rheinland-Pfalz

Einw.: 1300   Höhe: 79 m   S. 1276 ☐ D 10

Burg Gutenfels (oberhalb des Ortes): Vom 12.–19. Jh. wurde an der Engstelle des Rheins bei Kaub den Schiffern Zoll abverlangt, der den häufig wechselnden Herren der Burg Gutenfels zugute kam. Die Burg (mit Kern aus dem 13. Jh.), in der Gustav Adolf während des 30jährigen Kriegs längere Zeit wohnte, wurde Ende des 19. Jh. wiederaufgebaut. Es ist eine stattliche Anlage mit 2 langen parallelen Flügeln, Zinnenbekrönung, Torbau, Bergfried und hölzernen Lauben im Hof.

Pfalzgrafenstein: Berühmt wurde der Ort durch die Burg, die unter dem Namen

Kaub, Pfalzgrafenstein

»Pfalz bei Kaub« bzw. »Steineres Schiff« bekannt ist und auf einer Insel im Rhein liegt. 1327 errichtete man hier zunächst einen fünfeckigen Zollturm, um den in spätgot. Zeit eine dreigeschossige Wehrmauer erbaut wurde. Mit der 1607 angesetzten Bastion gleicht die Anlage einem steinernen Schiff im Strom. – Durch Blüchers Rheinübergang bei Kaub auf seinem Feldzug gegen Napoleon wurde die »Pfalz« zu einem historischen Begriff.

Blüchermuseum (Metzgergasse 6): An Blüchers Rheinübergang und an sein Leben erinnert eine Sammlung, die hier seit 1935 zusammengetragen wurde.

87600 Kaufbeuren		
Bayern		
Einw.: 41 200	Höhe: 678 m	S. 1282 □ K 15

In Kaufbeuren, ehemals Reichsstadt, ist 1730 Sophie v. La Roche geboren. Sie war mit C. M. Wieland befreundet und galt als »Erzieherin v. Teutschlands Töchtern« sowie als »Dichtermutter« für die Literaturepoche des Sturm und Drang. K. ist aber auch Geburtsstadt v. Ludwig Ganghofer (1855–1920), der mit seinen Alpenromanen zu den erfolgreichsten dt. Heimatschriftstellern überhaupt gehört; an ihn erinnern Sammlungen im *Stadtmuseum* (Kaisergäßchen 12–14) und eine Gedenktafel an seinem *Geburtshaus* (Kirchplatz).

St.-Blasius-Kirche (Blasiusberg 13): Die Kapelle aus dem 15. Jh. auf einer Anhöhe im NW der Stadt ist an der alten Stadtmauer errichtet. Der urspr. Wehrgang führt durch das Langhaus hindurch, und der Turm ist eigtl. ein Wehrturm. – Der *Hochaltar*, v. J. Lederer 1518 für den Chor geschaffen, gilt als eines der Hauptwerke oberschwäbischer Spätgotik. Die drei Schreinfiguren sind z. T. aus einem älteren Schrein übernommen. – Die Wände der Kirche sind mit *spätgot. Gemäldezyklen* in 5 Gruppen geschmückt. Aus der wertvollen Ausstattung der stilistisch einheitlichen Kapelle sind ferner das *Reliquienaltärchen* und ein ausdrucksvoller *Kruzifixus* an einem Baumkreuz (14. Jh.) hervorzuheben.

Außerdem sehenswert: St.-Martins-Kirche mit ehem. Schreinfiguren von Michael Erhart um 1480, Anbetung der Hl. Drei Könige von Hans Kels d. Ä. um 1520; Fünfknopfturm mit Stadtmauer; St. Cosmas und Damian (1494; Ausgestaltung im 17./18. Jh.). Crescentia-Gedenkstätte im Franziskanerinnenklosters, Puppentheatermuseum. – *Kaufbeuren-Neugablonz:* Den Stadtteil Neugablonz gründeten 1946 vertriebene Sudetendeutsche aus dem Kreis Gablonz. Sie bauten hier erneut ihre traditionsreiche, weltweit bekannte Glas- und Schmuckwarenindustrie auf (Museen im Gablonzer Haus).

06537 Kelbra
Sachsen-Anhalt

Einw.: 3200 Höhe: 159 m S. 1278 □ L 8

Klosterkirche St. Georgi: Der einschiffige, im Kern got. Bau (Ende 12. Jh.) gehörte zu dem Kloster der Zisterzienserinnen, das 1251 v. den Grafen v. Beichlingen gegr. worden war. Außer dem gemalten spätgot. Flügelaltar (1619) ist die Innenausstattung im wesentlichen barock.

Altendorfkirche St. Martini: In dieser urspr. spätroman. Kirche mit spätgot. erweitertem Kirchenschiff trifft man auf einen reich ausgestalteten Kanzelaltar (um 1700).

Außerdem sehenswert: Das *Rathaus* wurde nach einem Brand wieder neu errichtet (1777). – Östlich der Stadt steht eine einfache *Friedhofskirche*. Sie wurde 1718 erbaut.

Umgebung

Kyffhausen/Burg (7 km sö): Die großräumige roman. Burganlage (11. und 12. Jh.) hatte die Aufgabe, die im Tal liegende Kaiserpfalz Tilleda zu schützen. Sie war eine der größten Burgen in Mitteleuropa. Im 14. Jh. verlor sie ihre strategische Bedeutung. In der Unterburg sind noch Mauerreste, Toranlagen, Türme und weitere Bauten erhalten. In der Oberburg befindet sich das *Museum* zur Geschichte der Besiedlung des Burggeländes und der

Kaufbeuren, Hochaltar in St. Blasius

Kyffhäuser-Denkmal

Reichsburg Kyffhausen. – 1891–96 wurde auf der Mittelburg zur Erinnerung an die Reichsgründung ein bombastisches Kaiser-Wilhelm-Nationaldenkmal aus Rotsandstein errichtet. Die 81 m hohe Anlage, deren Turm in einer über 6 m hohen Nachbildung der wilhelminischen Kaiserkrone gipfelt, ist Ausdruck der »Denkmalseuche« (R. Muther 1902), die im wilhelminischen Reich grassierte.

Roßla (4 km nö): Das ehem. *Schloß* ist ein klassizistischer Neubau v. 1827–31, der anstelle einer ma Wasserburg errichtet wurde. – Die ehem. *Rentkammer*, ein massiver Renaissancebau mit Fachwerkobergeschoß (Ende 16. Jh.), befindet sich w vom Schloß.

93309 Kelheim
Bayern

Einw.: 15 400   Höhe: 343 m   S. 1283 ☐ M 13

Zeugnisse v. der Besiedlung des Gebietes reichen bis in die Altsteinzeit zurück. 866 ist »Cheleheim« zum erstenmal beurkundet. Die Stadt in ihrer heutigen Anlage (um 1206) ist freilich erst das Werk Herzog Ludwigs II., des Strengen. Die rechtwinkligen Straßen und die rechtwinklige Um-

mauerung ist als sog. Wittelsbacher Stadtgründungstyp in die Geschichte des Städtebaus eingegangen. Am Schnittpunkt der wichtigsten Quer- und der Längsachse stand bis 1824 das Rathaus (heute im ehem. Gebäude der Stadtschreiberei an der NO-Ecke der Kreuzung). Von der alten Stadtmauer sind nur geringe Reste erhalten. Dagegen konnten die 3 Stadttore (Donautor, Altmühltor, Mittertor) aus dem 13./14. Jh. bis in unsere Zeit gerettet werden.

Befreiungshalle: Auf dem 100 m hohen Michelsberg, dem Platz einer alten keltischen Kultstätte, ist der 45 m hohe Monumentalbau errichtet worden. Er soll an die Freiheitskriege 1813–15 gegen Napoleon erinnern und wurde v. Ludwig I. v. Bayern nach dessen Griechenlandreise 1836 initiiert. Der Bau, zunächst v. F. Gärtner* im byzantinischen Stil begonnen (1842), wurde nach dessen Tod v. L. v. Klenze* »röm.-antik« verändert (beendet 1863). Im Äußeren spürt man Anklänge an das Theoderichgrab in Ravenna, im Innern an das Pantheon in Rom. Die beiden riesigen Pfeiler- und Säulengänge sind v. einer Kassettenkuppel überwölbt. 34 Viktorien in Marmor (für die 34 dt. Staaten) bilden einen weiten Kreis und halten zwischen

Kelheim, Befreiungshalle

sich 17 Tafeln mit den Namen der Schlachten (Figuren v. L. v. Schwanthaler*). Über der Empore, die v. 72 Granitsäulen getragen wird, stehen im Architrav die Namen (rück)eroberter Städte. Das Innere ist mit edelstem Material ausgekleidet, der Bau selbst wurde in verputztem Ziegel aufgeführt.

Außerdem sehenswert: Die *Pfarrkirche Mariae Himmelfahrt* (im NO des Marktplatzes) stammt aus dem 15. Jh. und besitzt eine spätgot. Muttergottes (um 1440, über dem s Seitenportal). – Die *Spitalkirche St. Johannes/Ottokapelle* geht auf den Mord (1231) an Herzog Ludwig (»Der Kelheimer«) zurück. Sie wurde v. Sohn des Ermordeten errichtet. – Der sog. *Herzogskasten* ist aus dem MA erhalten geblieben. Er dient heute als Archäologisches Museum mit Heimatmuseum.

47906 Kempen
Nordrhein-Westfalen

Einw.: 34 500   Höhe: 35 m   S. 1276 ☐ A 8

K. am Niederrhein gleicht einem großen Freilichtmuseum: Dank vorbildlicher Stadtkernsanierung zeigt der Stadtgrundriß des 13. Jahrhunderts noch heute seine urspr. Form als Rundling. Die historische Altstadt umfaßt einschließlich der Wall- und Grabenzonen 26 ha. Reste der alten Stadtmauer (1370), der Mühlenturm, ein Teil des ehemaligen Haupttores, das sog. »Kuhtor« sowie ein Turm des ehemaligen Petertores sind noch erhalten. Das ma Straßennetz ist fast unverändert in ein modernes Verkehrskonzept eingebunden, das überwiegend aus Fußgängerzone und verkehrsberuhigten Zonen besteht.
Besondere Berühmtheit hat Kempen durch seinen großen Sohn Thomas a Kempis (1380–1471), den Theologen, Mystiker und Verfasser der »Nachfolge Christi«, einer der bedeutendsten Schriften der spätmittelalterlichen geistlichen Literatur, erfahren.

Kath. Pfarrkirche St. Maria/Propsteikirche (Kirchplatz): Im Zentrum der kreisförmig angelegten Stadt steht die Marienkirche. Im 13. Jh. entstanden der vier-

Kempen, St. Maria

kantige roman. W-Turm mit seinem rundbogigen Portal und das Langhaus (auf den Fundamenten einer alten Anlage, um 1200). Das s Seitenschiff, der Hallenchor und das Gewölbe des Mittelschiffs wurden im 14. Jh. in got. Formen gebaut. 1453–60 kam das n Seitenschiff hinzu. – Die reiche spätgot. Ausstattung stammt aus den Kunstzentren Köln, Antwerpen und v. Niederrhein. Bedeutende Stücke sind: das turmartige *Sakramentshaus* (1461), geschnitztes, bes. wertvolles *Chorgestühl* (1493) und ein prächtiger schmiedeeiserner *Marienleuchter* (1508). Von 20 urkundlich bezeugten Altären sind noch 3 aus der Antwerpener Schule vorhanden (Hochaltar, 1513; Georgsaltar, 1525; Antoniusaltar, 1540).

Kulturforum   Franziskanerkloster (Burgstr. 21): Das ehem. Franziskanerkloster (18. Jh.) beherbergt heute das Städtische Kramer-Museum (Sammlungsbestand: Niederrheinische Wohnkultur vom 16. bis frühen 20. Jh.; ca. 8 Sonderausstel-

Kempten, Prunksaal in der Residenz

lungen pro Jahr; »Kunstraum Kempen« mit zweimal jährlich wechselnder Raum-installation im ehemaligen Parlatorium), das Museum für Niederrheinische Sakral-kunst (Sammlungsbestand: Skulpturen-sammlung, kirchliches Gebrauchsgerät und Parameter des 14.–20. Jh.). In der ehe-maligen Klosterkirche und im Klosterre-fektorium, »Rokokosaal« genannt wegen der prächtigen Stuckdecke, finden regel-mäßig klassische Konzerte statt.

Kurkölnische Burg: Der zwischen 1396 und 1400 als kurkölnische Landesburg er-richtete Bau wurde 1634 zum Schloß um-gebaut und erfuhr nach einem Brand zwi-schen 1856 und 1863 seinen neugot. Wie-deraufbau.
Heute beherbergt die ehem. Landesburg das Stadt- und Kreisarchiv mit 2490 Per-gamenturkunden sowie verschiedene Kreiseinrichtungen.

Außerdem sehenswert: Von Nieven-heim'sches Haus, Patrizierhaus von 1520;

Alte Schulstraße, eine erhaltene Fach-werkzeile aus dem 17. Jh.; in den Vororten St. Hubert der Berfes und im Vorort Tönis-berg die Bockwindmühle.

| **87435–39 Kempten** |
| Bayern |
| Einw.: 62 200   Höhe: 677 m   S. 1282 □ I 15 |

An die Zeit der Römer erinnern Mauerre-ste des 18 n. Chr. erstmals erwähnten *Op-pidum Cambodunum* (Basilika, Thermen, Forum usw.), das man bei Grabungen im Stadtteil Lindenberg (1982 wiederauf-genommen) fand. Die spätere Geschichte der bis 1803 bestehenden Doppelstadt wurde entscheidend geprägt v. dem Mit- und Nebeneinander der seit 1527 ev. Reichsstadt und der reichsunmittelbaren Benediktiner-Fürstabtei, die sich im 30jährigen Krieg mit Hilfe der Schweden bzw. der Kaiserlichen weitgehend gegen-seitig zerstörten.

Kiedrich, Westportal der Pfarrkirche

Stiftskirche St. Lorenz (Stiftsplatz): Es ist der erste große Kirchenbau in Deutschland nach dem 30jährigen Krieg. M. Beer aus Bregenz wollte 1652 nach oberital. Vorbild einen gewaltigen, frei stehenden Baukörper schaffen. J. Serro führte ab 1654 den Bau zu Ende (1674). – Im Innern der Kirche zieht das Gewölbe die Aufmerksamkeit des Besuchers auf sich. Der *Stuck* stammt v. G. Zuccalli*, die *Wandmalereien* v. A. Asper. Das wertvolle *Chorgestühl* (1669) ist mit farbigen Scagliola-Arbeiten ausgeschmückt. Die Altäre stammen aus dem 17. und 18. Jh. Unter der W-Empore befindet sich ein *Gabelkruzifixus* (um 1350): Baum des Lebens.

Ehem. fürstäbtliche Residenz (Residenzplatz): Fürstabt Roman Giel v. Gielsberg ließ nach Plänen v. M. Beer eine neue Residenz bauen (1651–74). Von Bedeutung sind v. a. die prächtigen Innenräume. Ihre Stuckdekoration zeigt die Entwicklung von 1683 (Fürstensaal) bis etwa 1760 (Gästezimmer). Im 18. Jh. wurde die An-lage um die *Prunkräume* im Stil des südd. Rokoko erweitert (1734–42). Als Meister wird J. G. Übelhör* genannt, der sich Dekorationselemente v. Meistern wie Cuvilliés und J. B. und D. Zimmermann entliehen hat.

Museen: Das Römische Museum und Naturkunde-Museum (Residenzplatz 31) befindet sich im Zumsteinhaus, einem klassizistischen Bauwerk aus dem Jahre 1802. Das Alpinmuseum (im Marstallgebäude, Landwehrstr. 4) zeigt Exponate »rund um das Gebirge«.

Außerdem sehenswert: *St. Mang*, die alte Stadtkirche, wirkt, verglichen mit der beherrschenden Stiftskirche, bescheiden. Es ist ein spätgot. Ziegelbau (1427), dessen Langhaus (flache Basilikadecke) eingewölbt und im Rokokostil verstuckt wurde (1767/68). – Das got. *Rathaus* (1474) mit seinem Zwiebelturm und der doppelläufigen Treppe birgt die Decken des ehem. Weberzunfthauses. – Den *Rathausbrunnen* (derzeit rest.) hat der in Augsburg und München tätige Erzgießer H. Krumper* geschaffen (1601). – Außerdem: der *Londoner Hof* (Residenzplatz 2) v. 1764 mit Rokokofassade, das spätgot. *Weberhaus* (Gerberstr. 20) und die schöne *Ponikau-Haus* (Rathausplatz 10) haben ihre reizvolle Rokokoausstattung ebenfalls v. I. G. Übelhör erhalten. *Keck-Kapelle* (Kaufbeurer Straße) mit Chorfresken (um 1460).

47623–27 Kevelaer
Nordrhein-Westfalen

Einw.: 24 000   Höhe: 23 m   S. 1276 ☐ A 7

Gnadenkapelle (Kapellenplatz): Seit dem 30jährigen Krieg ist die Gnadenkapelle das Ziel ungezählter Wallfahrten zur »Muttergottes v. Kevelaer«. Für das Gnadenbild, einen kleinen Antwerpener Kupferstich mit einer sog. Luxemburger Muttergottes, ließ der Hausierer Hendrick Busman im Jahr 1642 nach einer Vision ein Heiligenhäuschen errichten. Dieses wurde 1654 mit einem kleinen sechseckigen Kuppelbau in schlichten ländlichen Barockformen umbaut. – 1643–45 baute H. van Arssen eine erste Wallfahrtskirche, die

Kiel, Marienaltar in der Nikolaikirche

sog. *Kerzenkapelle.* – 1858–64 entstand im Stil der Neugotik die neue *Wallfahrtskirche St. Maria*, eine 5000 Personen fassende Basilika, die alljährlich v. mehr als einer halben Million Wallfahrern besucht wird. Bes. sehenswert die Hauptorgel, ein romantisches Riesenwerk von 1907.

Niederrheinisches Museum für Volkskunde und Kulturgeschichte (Hauptstr. 18): In einem Bürgerhaus aus dem Jahre 1704, mit Sammlungen zur Vorgeschichte, Volkskunst sowie niederrheinischen Plastiken.

65399 Kiedrich
Hessen

Einw.: 3600   Höhe: 165 m   S. 1276 ☐ E 10

Neben dem Rathaus (1585) und den zahlreichen Adelshöfen in der Markt-, Kammer-, Sutton-, Scharfenstein- und Oberstraße ist der v. einer hohen Mauer umge-

bene Kirchenbezirk mit Pfarrkirche, Totenkapelle und den schönen Fachwerkhäusern der stimmungsvolle Mittelpunkt des ehem. Wallfahrtsortes.

Pfarrkirche St. Dionysius und Valentinus: In verschiedenen Bauabschnitten ist die Kirche im 14. und 15. Jh. entstanden, sicher unter Einfluß des Frankfurter Baumeisters M. Gerthener*. Bemerkenswert sind die Sterngewölbe im Chor (Einwölbung 1481 durch einen bayr. Meister aus der Schule H. Stethaimers*) und über dem Langhaus. Die Steinmetzarbeiten sind v. einem im Rheingau sonst kaum anzutreffenden Reichtum. Das Relief über dem schönen W-Portal, »Mariens Verkündigung und Krönung«, ist ein anmutiges Werk des Weichen Stils (um 1420). Von J. Sutton wurde die Kirche 1857–76 stilgerecht rest. – Innerhalb der vielfältigen, kostbaren Ausstattung sind eine *Sitzmadonna* (kölnisch um 1330, unter dem Lettner), das original erhaltene *Gestühl* im Schiff (um 1510) und die wiederhergestellte *Orgel* mit dem verschließbaren *Gehäuse* (um 1500) die schönsten Stücke.

Totenkapelle St. Michael: Ein schlanker steiler Bau (um 1440) mit dem Totenhaus im niedrigen Erdgeschoß. Im Obergeschoß hängt ein schöner schmiedeeiserner *Kronleuchter* mit einer lebensgroßen *Doppelmadonna* auf der Mondsichel (um 1520), ein Schnitzwerk aus der Backoffen*-Werkstatt. Von der Kapelle aus betritt man eine Art Loggia mit got. Maßwerkgitter in Sandstein, v. der aus die Reliquien des hl. Valentinus den Wallfahrern gezeigt wurden.

Burgruine Scharfenstein: 1211 erstmals genannt, einst v. Mainzer Erzbischöfen bewohnt, seit dem 17. Jh. verfallen.

Marine-Ehrenmal in Laboe bei Kiel

24103–59 Kiel
Schleswig-Holstein

Einw.: 247 100	Höhe: 5 m	S. 1273 □ I 2

Im MA und in den Jahrhunderten danach bedeutete der Seehandel wenig für die Stadt, die im Schatten v. Hamburg und Lübeck blieb. Erst im 19. Jh., als Kiel an Preußen fiel und bald Kriegshafen des Reiches wurde, setzte ein rasches Wachstum ein. Am O-Ufer der Förde entstanden Werften, und der Nord-Ostsee-Kanal wurde gebaut. Das veränderte das alte Stadtbild. Nach dem 2. Weltkrieg erhielt Kiel, die Landeshauptstadt v. Schleswig-Holstein, eine neue, großzügige Raumordnung. – Die Kulturgeschichte Kiels ist – abgesehen v. den Bauten, v. Museen und Theatern und der alljährlich stattfindenden »Kieler Woche« – mit Namen wie dem impressionistischen Dichter Detlev v. Liliencron (sein Geburtshaus stand Herzog-Friedrich-Str. 12), dem des Erzählers Timm Kröger, Theodor Storms und der Brüder Tycho und Theodor Mommsen verbunden, die in Kiel mit Storm das »Liederbuch dreier Freunde« verfaßten. – Der *Kulturpreis der Stadt Kiel* wird alljährlich während der »Kieler Woche« an verdiente Kulturschaffende oder -förderer verliehen. In unregelmäßigen Abständen wird hier der *Internationale Scheersbergpreis* für Spiel- und Amateurtheater vergeben.

Ev. Nikolaikirche (Alter Markt): Der ab Mitte 13. Jh. errichtete got. Hallenbau wurde 100 Jahre später nach dem Muster der Lübecker Petrikirche (→ Lübeck) umgestaltet und mit einem langen Chor versehen. Im 19. Jh. bekam die Kirche eine neugot. Außenhaut, nach dem 2. Weltkrieg wurde sie in z. T. neuzeitlichen Formen mit Betonpfeilern und Stahlbetondecke wieder aufgebaut. – Von der Ausstattung ist der geschnitzte und gemalte *Hochaltar* gerettet, der sog. Erzväteraltar (1460), das *Bronze-Taufbecken* (1344), ein monumentales *Triumphkreuz* (1490) und die barocke Kanzel (1705). – Vor der NW-Ecke der Kirche steht der »Geistkämpfer« v. E. Barlach*.

Rathaus (Fleethörn 9): Der 1907–11 errichtete Bau hat eine Werksteinfassade im Jugendstil und einen wuchtig aufragenden Turm mit spitzer Kupferhaube.

Ehem. Franziskanerkloster (Falckstraße): Von diesem ältesten Gebäude der

Kirchheim am Ries, Klosterkirche

Stadt (1240–46) stehen noch das *Refektorium* (heute theologisches Studienhaus) und der W-Flügel des *Kreuzgangs*. In die Wand des Kreuzgangs ist der Grabstein des Stadtgründers, Graf Adolf IV. v. Schauenburg (gest. 1261), eingelassen.

Ehem. Schloß (Schloßstraße): Die schauenburgische Burg aus dem 13. Jh. wurde im 16. Jh. zu einem Renaissanceschloß umgestaltet. Nach der Zerstörung im 2. Weltkrieg wurde ein Trakt in Anlehnung an die alte Form wiederaufgebaut (1961–65). Er beherbergt eine landesgeschichtliche Sammlung und ein Kulturzentrum.

Museen: *Stadt- und Schiffahrtsmuseum* (Dänische Str. 19 und Wall 65): Stadt- und Kulturgeschichte, Schiffahrts- und Reedereigeschichte. – *Landesgeschichtliche Sammlung* (Schloß): Landes- und Volkskunde, Musikalien und Handschriften. – *Kunsthalle und Archäologische Sammlung* (Düsternbrooker Weg 1–7): Abgüsse

griechischer Plastiken, griechische Vasensammlung, Malerei und Graphik (16.–20. Jh.). – *Völkerkundemuseum* (Hegewichstr. 3): Völkerkunde der Südsee, Ostasiens und Afrikas. – *Stiftung Pommern* (Dänische Str. 44): Gemäldegalerie, Kulturgeschichte.

Theater: *Opernhaus am Kleinen Kiel:* 1905–07 erbaut und 1952/53 neu gestaltet. 869 Plätze. – *Schauspielhaus* (Holtenauer Str. 103): 540 Plätze.

Außerdem sehenswert: Kath. Nikolauskirche (1891) mit Marienaltar v. etwa 1515.

Umgebung

Laboe (19 km n): Marine-Ehrenmal (1927–36) v. G. A. Munzer.
Rammsee (6 km sw): *Schleswig-Holsteinisches Freilichtmuseum.*

35274 Kirchhain
Hessen

Einw.: 15 700   Höhe: 219 m   S. 1277 ☐ F 9

Ev. Pfarrkirche St. Jakob (Ortsteil Langenstein): Ihre kunsthistorische Bedeutung bezieht die Kirche (13. Jh.) aus dem spätgot. Gewölbe des Chors, das 1522 eingezogen wurde. Das doppelte Netzgewölbe liegt über einer spätgot. Gewölbebemalung. Die übrigen Teile der Kirche sind im bäuerlichen Barock gestaltet.

73467 Kirchheim am Ries
Baden-Württemberg

Einw.: 1900   Höhe: 500 m   S. 1282 ☐ I 13

Der kleine Ort hat heute noch 3 Kirchen: die große Kirche des ehem. Zisterzienserinnenklosters, die ev. Pfarrkirche St. Jakob (15. Jh.) und die Kirche St. Martin (heute ev. Friedhofskapelle), in deren Wände Steine aus der Römerzeit eingemauert sind. Ein auf dem Kopf stehender röm. Weihealtar trägt den Altartisch im Chorraum.

Kath. Pfarrkirche/Ehem. Zisterziense-rinnen-Klosterkirche Mariae Himmel-fahrt: Der für die Hochgotik typische Bau entstand um 1310. Im 18. Jh. wurden Rokokodekore angebracht und barocke Altäre aufgestellt; v. a. der Hochaltar (1756) steht in starkem Gegensatz zur linearen Strenge der got. Architektur. Auch die Seitenaltäre mit ihren gedrehten Säulen sowie die Kanzel sind barock (17. Jh.). Bemerkenswert ist eine *Pietà* des Weichen Stils (um 1420).

87757 Kirchheim, Schwaben

Bayern

Einw.: 2600   Höhe: 580 m   S. 1282 ☐ I 14

Fuggerschloß: Auf der sanften Uferhöhe über der Mindel stand bereits eine Ritterburg, die sich Hans Fugger, der Erbe aus der reichen Fuggerfamilie in → Augsburg, 1578–85 als Stammschloß ausbauen ließ. Die besten Künstler der Zeit haben hier ein fürstliches Domizil geschaffen, das zu den besterhaltenen Renaissancebauten in Schwaben gehört. – Bedeutendster Teil der Anlage ist der *Festsaal*. Für ihn hat W. Dietrich[*] prunkvolle Türrahmen und die reiche *Kassettendecke* geschreinert. Das Glanzstück ist neben den dunklen Nischenfiguren an den Wänden der *Kaminaufbau* mit Sitz- und Liegefiguren, ein Werk H. Gerharts und C. Pallagos (1582–85), das sich an die florentinischen Medicigräber Michelangelos anlehnt. Die Raumwirkung erinnert an → Heiligenberg und an den Goldenen Saal des Rathauses v. → Augsburg. – Hans Fugger bestellte bei H. Gerhart[*] und A. Colin für sich eine pompöse *Grabtumba* aus verschiedenfarbigem Marmor. Diese stand lange Zeit in St. Ulrich zu Augsburg, wurde jedoch vor kurzem in der *Schloßkapelle* (16. Jh.) v. Kirchheim aufgestellt.

67292 Kirchheimbolanden

Rheinland-Pfalz

Einw.: 6900   Höhe: 269 m   S. 1280 ☐ E 11

Ein Schloß des 18. Jh., 2 Kirchen, eine Reihe einheitlich gediegener Barockhäu-

ser und Reste einer Stadtbefestigung mit 3 Türmen und 2 Stadttoren umreißen das Bild der Stadt Kirchheim, die im 19. Jh. den Zusatz »Bolanden« erhalten hat.

Ehem. lutherische Schloßkirche/Ev. Pfarrkirche St. Paul (Marktplatz): Die Kirche wurde zusammen mit dem Schloß 1739–44 erbaut. Es ist ein quergestellter Saalbau mit einem kolossalen, 19 m hohen Muldengewölbe und Emporenausbauten an den schmalen Querenden. An den Breitseiten stehen sich Altar und Fürstenloge gegenüber. Auf der Orgel (1745) v. Orgelbaumeister J. M. Stumm hat anläßlich eines Besuches 1778 W. A. Mozart gespielt.

Schloß (Marktplatz): Der Architekt des Mannheimer Schlosses, G. d'Hauberat[*], hat diesen nur teilweise erhaltenen und stark veränderten Bau 1738–40 geschaffen. Einige schöne Portale im Garten (um 1750), Nebengebäude wie Kutschenremise, Orangerie und ehem. Ballhaus lassen die Ausmaße und den Stil der Anlage erkennen.

Ev. Pfarrkirche St. Peter/Ehem. St. Remigius: Der Bau geht bis ins 12. Jh. zurück (Chorturm). Die Anlage wurde im 18. Jh. barock ausgestattet, der Turm mit einer Haube versehen. An der SW-Ecke des Turms befindet sich eine interessante Sonnenuhr (wohl 13. Jh.).

Außerdem sehenswert: *Stadtbefestigung:* Apothekerturm, Grauer und Roter Turm (rest.) gehören zu der ehem. Stadtbefestigung und sind durch einen begehbaren, überdachten Wehrgang miteinander verbunden. Im Zuge der umfangreichen Restaurierungsarbeiten an der Stadtmauer entstand in dem geschaffenen Anbau ein Turmsaal mit Kreuzgewölbe und Spitzbogenfenstern sowie ein historisierendes Hochzeitszimmer, das auch modernen Komfort bietet. Der Raum lädt die Brautleute ein zur »Hochzeitsnacht in der Kleinen Residenz«. – Auch das *Obere und Untere Stadttor* befinden sich in gutem Zustand. – Die zweigeschossigen *Bürgerhäuser* in der Amtsstraße, alle aus dem 18. Jh., ordnen sich in bürgerlicher Gleichberechtigung nebeneinander. – Das *Heimatmuseum* (Amtsstr. 14) in einem ehem. Ka-

Kirchheim am Ries, ehem. Zisterzienserinnenkloster

valiersbau (um 1830) zeigt u. a. Erinnerungsstücke an die Freischarenzeit 1848/49.

88353 Kißlegg
Baden-Württemberg

Einw.: 8200   Höhe: 680 m   S. 1281 □ H 15

Pfarrkirche St. Gallus: Der aus Füssen stammende Maurermeister J. G. Fischer hat diese Kirche auf alter Grundlage (9./10. Jh.) geschickt um- und aufgebaut (1734–38).
Reiche *Stukkaturen* rund um das Deckenbild und an den Arkaden und Wandflächen (1740 v. J. Schütz). Hervorragende Stücke sind *Kanzel* und *Schalldeckel* sowie der *Taufstein* (alle v. J. M. Hegenauer, um 1740–45). Zum *Silberschatz* der Sakristei gehören 21 Plastiken und Reliefs, die v. den Augsburger Goldschmieden Mittnacht und Mader angefertigt worden sind.

Gottesackerkapelle St. Anna (im NW oberhalb des Ortes): Die Barockkapelle v. 1718/19 besitzt schöne Wessobrunner Stukkaturen.

Altes Schloß (nicht zugänglich): Das Schloß der Fürsten von Waldburg-Wolfegg ist eine sog. Tiefburg (zu ebener Erde) mit hohen Staffelgiebeln und 4 runden Ecktürmen (Anfang 16. Jh.). Im nö Eckturm wurden Wandmalereien (um 1580) freigelegt. Während des Barock erhielt das Schloß in vielen Räumen eine neue Innenausstattung durch J. G. Fischer*.

Neues Schloß: Unter den Künstlern, die den dreigeschossigen Barockbau v. 1721–27 nach dem Entwurf J. G. Fischers* erbaut und gestaltet haben, wird auch der berühmte J. M. Feuchtmayer genannt; v. ihm stammen die 8 *Stucksibyllen* im Treppenhaus. Bemerkenswert ist auch die *Kapelle*. Neben dem Museum für Musikinstrumente ist auch die Gemäldeausstellung v. W. v. Websky sehenswert.

Umgebung

Bärenweiler (4 km sw): In der *Kapelle zur Hl. Dreifaltigkeit* ist der *Hochaltar* v. K. Hegenauer sehenswert.

Rötsee (8 km nö): In der *Wallfahrtskirche St. Maria* sind *Deckengemälde* (18. Jh.) v. A. Wiedemann und eine *Madonnenstatue* aus der Multscher-Werkstatt in Ulm (15. Jh.) zu sehen.

97318 Kitzingen
Bayern

Einw.: 20 300   Höhe: 191 m   S. 1282 □ I 11

Kitzingen gehört zu den ältesten Städten an den Ufern des Mains. Ursprung war das 745 gegr. Benediktinerinnenkloster, um das sich eine Siedlung mit Mauerring entwickelte. Die planmäßige, rechtwinklige Anlage der Stadt geht auf das 12./13. Jh. zurück und steht in Verbindung mit der Sicherung des Mainübergangs. Dieser jüngere Teil der Stadt wurde v. einem 1443 angelegten Mauerring umgeben, v. dem Reste erhalten sind.

Protestantische Pfarrkirche (Kaiserstraße): Der dt.-ital. Baumeister A. Petrini*, der in → Würzburg wirkte, errichtete 1686–99 für die Benediktinerinnen die Kirche im Stil ital. Barockbauten. Die wuchtig gegliederte Fassade wird überragt v. einem hohen mehrgeschossigen Turm, der heute als Gegenstück zu dem später entstandenen Turm der Kapelle Hl. Kreuz (siehe unten) wirkt.
Nach der Säkularisation wurde die Klosterkirche 1817 v. der protestantischen Gemeinde übernommen.

Kapelle Hl. Kreuz (Balthasar-Neumann-Straße in Etwashausen): Die Kapelle, die B. Neumann* 1741–45 am Brückenkopf Kitzingens baute, ist unter dem Eindruck der Petrini-Kirche am anderen Mainufer entstanden. Der Turm schwingt sich aus der Fassade in mehreren Absätzen und wird v. einem wulstigen Helm bekrönt. Neumann wollte die architektonischen

< *Kißlegg, Schloßkapelle im Neuen Schloß*

Formen für sich allein wirken lassen und verzichtete deshalb auf reichhaltigen Schmuck, wie er im Spätbarock üblich war.

Kath. Pfarrkirche St. Johann Baptist (Obere Kirchgasse 7): Die dreischiffige Hallenkirche aus dem 15. Jh. hat bei Restaurierungen Ende der 50er Jahre viel v. ihrer Ursprünglichkeit zurückerhalten. So wurde nicht nur die neugot. Ausstattung des 19. Jh. entfernt, sondern es wurden auch *spätgot. Wandmalereien* im n Seitenschiff freigelegt und das *Sakramentshaus* (1470–80) in seinen urspr. Zustand versetzt.

Aus dem 15. Jh. stammt das bemerkenswerte *Chorgestühl*. Die *Passionsdarstellungen*, die über dem modernen Hochaltar angebracht wurden, sind Teile eines Altars aus der Zeit um 1480.

Museen: Das *Dt. Fastnachtsmuseum* im Falterturm gehört dem Bund Dt. Karneval und zeigt Masken, Kostüme und Requisiten zum Themenkreis sowie die einschlägige Literatur.

Das *Städt. Museum* und das *Städt. Archiv* (Landwehrstr. 21–23) zeigen u. a. Beiträge zur Stadtgeschichte, zu Weinbau und Handwerk.

Außerdem sehenswert: Neben Resten der Stadtbefestigung aus dem 15. Jh. sind der *Falterturm* und das *Großlangheimer Tor* (1565; in Etwashausen) erhalten geblieben. Die *Mainbrücke*, die in ihrer heutigen Form auf das 17./18. Jh. zurückgeht, ist zum ersten Mal um 1300 erwähnt. Das *Rathaus* (Untere Marktgasse) ist ein schöner dreigeschossiger Renaissancebau (1561–63) mit einem reichgegliederten Giebel.

47533 Kleve, Niederrhein
Nordrhein-Westfalen

Einw.: 46 450   Höhe: 46 m   S. 1276 □ A 7

Ehem. Stiftskirche St. Mariae Himmelfahrt: Meister Konrad v. Kleve war der Architekt der dreischiffigen got. Kirche, deren Chor 1356 gew. wurde und deren Langhaus und W-Türme 1426 vollendet waren. Mit dem stark überhöhten (urspr. fensterlosen) Mittelschiff ist es das erste Beispiel der sog. *Klevischen Stufenhalle*. Beim Wiederaufbau der im 2. Weltkrieg fast völlig vernichteten Kirche erhielt das Innere eine neue Raumordnung.

Von der einst reichen Ausstattung blieben der *Marienaltar* v. H. Douvermann* und

Kitzingen, kath. Pfarrkirche St. Johann Baptist mit Altstadt

J. Dericks (1510–13) mit einer Madonnenfigur aus dem 14. Jh. erhalten, außerdem verschiedene Grabmäler derer v. Kleve (14.–16. Jh.). *Kirchenschatz.*

Ehem. Minoritenkirche St. Mariae Empfängnis (Tiergartenstraße): Die heutige kath. Pfarrkirche aus der Zeit um 1440 ist charakteristisch für die got. Bettelordenarchitektur: zweischiffig, sehr langgestreckt und einfach in den Maßwerk- und Detailformen. Außergewöhnlich reich geschmückt ist dagegen das zweireihige eichene *Chorgestühl*, das 1474 geschaffen wurde.

Schwanenburg: Von der Burganlage der Grafen v. Kleve aus dem 11./12. Jh. ist nichts erhalten. Vom Ausbau des Schlosses Anfang des 15. Jh. stammt der Schwanenturm, ein got. Bau mit Wehrgang, Ecktürmen und spitzem Helm und der im S gelegene Spiegelturm (1429). Fragmente eines 1771 abgebrochenen roman. Flügels wurden in neuere Trakte des Schlosses eingebaut.
Das Schloß ist heute Sitz des *Landgerichts.*

Tiergarten: Außer den schönen Garten- und Parkanlagen im SO der Stadt gibt es im NW den neuen Tiergarten, zu dem – strahlenförmig angelegt – 12 Alleen führen. Darunter liegt in einer natürlichen Bergschlucht das sog. *Amphitheater* (1656), ein an ital. Vorbildern orientierter Terrassengarten mit einer Statue der Pallas Athene (1660) im Zentrum. Die ganze Anlage (1656) geht auf Johann Moritz v. Nassau zurück.

Städt. Museum (Kavarinerstr. 33): Das Museum ist im Haus des Landschaftsmalers B. C. Koekkoek (19. Jh.) untergebracht und enthält niederrheinische Kunst v. MA und der Neuzeit.

08248 Klingenthal
Sachsen

Einw.: 11 800 Höhe: 561 m S. 1278 ☐ N 10

Die Kreisstadt Klingenthal liegt im vogtländischen Zwotatal an der tschechoslowakischen Grenze. 1604 wurde der Ort nach seinem damaligen Besitzer Klinger Klingenthal genannt. Um das Jahr 1659 kam mit Emigranten aus Böhmen die Kunst des Geigenbaus in die Gegend. Klingenthal wurde ein Zentrum der Musikinstrumentenherstellung. Aus einer

Kleve, Marienaltar in der Stiftskirche

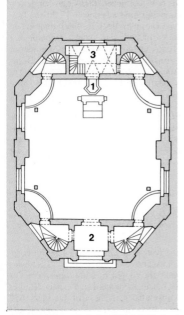

Carlsfeld (Klingenthal), Dreifaltigkeitskirche 1
Kanzelaltar **2** Vorhalle **3** Sakristei

Mundäoline, die 1828 erstmals belegt ist, entwickelten sich Mund- und Ziehharmonika, mit deren Herstellung 1856 begonnen wurde.

Stadtkirche: Die barocke Kirche wurde 1736–37 erbaut. Sie hat einen achteckigen Grundriß, das kuppelartige Dach ist dreifach gestuft und geschweift und wird v. einer Laterne gekrönt.

Umgebung

Carlsfeld (26 km nö): Die kleine *Dreifaltigkeitskirche* wurde in den Jahren 1684–88 v. Johann Georg Roth[*] über einem gestreckten achteckigen Grundriß erbaut. Die dreigeschossigen Emporen an 3 Seiten des Innenraums lassen den v. einer Kuppel überwölbten Raum viereckig erscheinen.

Markneukirchen (15 km sw): Das *Paulusschlössel* ist ein Spätbarockbau v. 1784. Hier ist das *Musikinstrumentenmuseum* untergebracht. Es besitzt eine der größten Sammlungen Europas.

18565 Kloster auf Hiddensee
Mecklenburg-Vorpommern

Einw.: 200　Höhe: 6 m　S. 1275 □ P 1

Die Insel Hiddensee ist der größten deutschen Insel Rügen westlich vorgelagert. Sie ist 17 km lang und 19 qkm groß. Der Ort Kloster hat seinen Namen einem Zisterzienserkloster zu verdanken, das 1296 von Neuenkamp aus gegründet und 1534 säkularisiert wurde.

Dorfkirche: Das Gotteshaus geht auf eine got. Wegkapelle des Klosters aus der Zeit um 1400 zurück. Im Jahre 1781 wurde sie barock umgebaut. Aus diesem Jahr stammt auch der Kanzelaltar im Inneren. Der Taufengel entstand im 18. Jh. – Bei der Kirche steht das *Tor* des ehemaligen Klosters.
Auf dem Friedhof ist der Schriftsteller Gerhart Hauptmann begraben (1862–1946).

Gerhart-Hauptmann-Gedenkstätte: Gerhart Hauptmann besuchte die Insel ab 1885 fast jährlich. Hier entstanden im Sommer 1896 Teile der »Versunkenen Glocke«. Den Sommer 1924 verbrachten Hauptmann und seine Frau mit Thomas Mann und Familie in der Pension Haus am Meer. Ab 1926 wohnte Hauptmann bei seinen Besuchen im Haus Seedorn, das er 1930 kaufte und um einen Anbau und eine Terrasse erweitern ließ. Hier ist heute die Gedenkstätte eingerichtet.

Außerdem sehenswert: Das *Heimatmuseum* mit einer Sammlung zur Geschichte der Insel.

Umgebung

Neuendorf (7 km s): Die alte Bebauung dieses typischen Fischerdorfs ist sehr gut erhalten.

Kloster auf Hiddensee, Gerhart-Hauptmann-Gedenkstätte

Klosterlechfeld, Maria Hilf

Klosterlechfeld, Maria Hilf

86836 Klosterlechfeld
Bayern

Einw.: 2000   Höhe: 562 m   S. 1282 ☐ K 14

Wallfahrts- und Klosterkirche Maria Hilf: Auf dem historischen Boden der Ungarnschlacht (955), auf dem später auch die dt. Kaiser ihre Heere für ihre Italienzüge sammelten, stiftete die Augsburger Patrizierwitwe Regina Imhoff eine Votivkapelle, die der Augsburger Baumeister E. Holl* (1603) errichtete. Als Vorbild und Muster schwebte das Pantheon in Rom vor, dessen zylindrische Form mit der Halbkuppel darüber Holl übernahm. Ein Langhaus wurde in den Jahren 1656–59 angefügt, 2 Rundkapellen kamen 1690/91 hinzu. Alle Bauteile sind mit den im Schwäbischen beliebten Zwiebelhauben abgeschlossen. Kirche und Klosterbauten (Franziskaner bauten 1666–69 ein Kloster neben die Kapelle) bilden eine weithin sichtbare Gruppe.

Das Innere der Klosterkirche wurde im Stil des Rokoko einheitlich verstuckt und ausgemalt. *Kanzel* des Augsburger Bildhauers E. B. Bendel.

23948 Klütz
Mecklenburg-Vorpommern

Einw.: 3500   Höhe: 7 m   S. 1274 ☐ L 3

Klütz wird als Siedlung erstmals 1230 erwähnt; Mittelpunkt des fruchtbaren »Klützer Winkels«. Seit dem 19. Jh. mit kleinstädtischem Charakter.

Stadtkirche St. Marien: Der frühgot. Backsteinbau besteht aus dem zweijochigen Rechteckchor aus der Mitte des 13. Jh., dem anschließend errichteten dreijochigen Hallenschiff und dem erst im 14. Jh. entstandenen W-Turm. Der Chor besitzt kuppelige Kreuzgratgewölbe, die Schiffsgewölbe wurden nach einem Brand 1701 barock erneuert. – Ma Inventarstücke sind

Klütz, Schloß Bothmer

die frühgot. Granitfünte, das Chorgestühl des 14. Jh., die Kanzel stammt von 1587. Ein seltenes Stück ist das *Taufsteingehäuse* v. 1653. – Das *Pfarrhaus* v. 1730 und das 1756 ö der Kirche erbaute *Bothmersche Mausoleum* sind nach Plänen v. Johann Friedrich Künnecke entstanden.

Schloß Bothmer: Die am sw Stadtrand von 1726–32 nach Entwürfen v. J. F. Künnecke entstandene Anlage nach dem Vorbild v. Blenheim Castle ist der größte barocke Schloßkomplex Mecklenburgs. Die symmetrisch angelegte Baugruppe mit dem Garten an der N-Seite wird v. Wassergräben eingefaßt. Nach S öffnet sich der etwa 200 m breite Ehrenhof, dessen Mitte das zweigeschossige elfachsige Corps de logis mit hofseitiger Freitreppe, übergiebeltem dreiachsigem Mittelrisalit und Sandsteindekor bildet. Innen die urspr. Raumaufteilung sowie Räume mit Deckenstuck v. Andrea Maini erhalten. An den Hauptbau schließen sich beiderseits eingeschossige Galerien, zweigeschossige Ka-

valiershäuser und v. Laternen bekrönte Eckpavillons (ehem. Marstall und Kapelle) an. Sämtliche Bauten in unverputztem Backstein. – Eine Besonderheit ist die v. Vorwerk Hofzumfelde auf das Schloß zuführende *Allee* aus festonartig gezogenen Linden.

Umgebung

Damshagen (4 km s): Die got. *Dorfkirche* aus dem 14. Jh. ist ein dreiseitig geschlossener Backsteinsaalbau mit W-Turm, das Innere deckt ein barockes Spiegelgewölbe. – Zur Ausstattung gehören eine frühgot. Kalksteinfünte, der Orgelprospekt v. 1844 und in der zur Gruft umgebauten ehem. Sakristei 2 reichdekorierte Sandsteinsarkophage aus der Zeit um 1730.
Elmenhorst (5 km nw): Die *Dorfkirche* aus der Mitte des 13. Jh. gehört mit ihrem zentralisierenden kreuzförmigen Grundriß zu den eigenwilligsten frühgot. Kirchenbauten Mecklenburgs.

Knechtsteden

✉ 41540 Dormagen
Nordrhein-Westfalen

Einw.: 600   Höhe: 49 m   S. 1276 ☐ B 8

Ehem. Prämonstratenserkirche St. Maria und St. Andreas: Die roman. Gewölbebasilika des 1132 gegr. Klosters ist mit ihrem Doppelchor (im O und W) als Stiftswie auch als Pfarrkirche angelegt (1138–62). Die W-Teile sind erhalten, der O-Chor ist got. erneuert (1477). Das Wandgemälde in der Apsisrundung ist 1162 entstanden und gehört zu den bedeutendsten Monumentalgemälden dieser Zeit. Das Innere ist mit den Rund- und Halbrundsäulen v. eindrucksvoller Einfachheit. Künstlerischer Hauptschmuck ist die *Kapitellplastik* am S-Portal und an den Chorschranken.

Kobern

✉ 56330 Kobern-Gondorf
Rheinland-Pfalz

Einw.: 3000   Höhe: 70 m   S. 1276 ☐ C 10

Matthiaskapelle: Über dem Ort, wo einst 2 Burgen (die *Oberburg* und die *Niederburg*) standen, liegt die Matthiaskapelle (1230–40), in der das Haupt des Apostels Matthias, das wahrscheinlich Heinrich II. v. Isenburg-Kobern v. einem Kreuzzug mitgebracht hatte, bis 1422 (da kam die Reliquie nach Trier) aufbewahrt war. Der ungewöhnlich kleine Innenraum der Kapelle, die deutlich an die Grabeskirche und Felsendom in Jerusalem erinnert, wird v. insgesamt 30 Säulen, die zu 6 Gruppen zusammengefaßt sind, getragen. Nach der Außenmauer zu sind sie tief heruntergezogen, so daß man wie unter einem Spinnennetz zu gehen meint. Kobern gilt als das schönste Beispiel einer roman. Kapelle im Mittelrheingebiet.

Dreikönigskapelle: Auf dem Friedhof steht die Dreikönigskapelle (1426–30) mit originaler Ausmalung (um 1450).

Abteihof St. Marien (Kirchstr. 1, Ortsteil Kobern): Ältestes erhaltenes Fachwerkhaus Deutschlands.

Goloring: Außerhalb der Ortschaft befindet sich eines der merkwürdigsten prähistorischen Denkmäler, der sog. Goloring: ein Ringgraben v. 200 m Durchmesser aus der Zeit v. 1200–600 v. Chr. Er diente vermutlich als Kultstätte (heute Munitionslager).

56068–77 Koblenz

Rheinland-Pfalz

Einw.: 109 000   Höhe: 60 m   S. 1276 ☐ D 10

Wo Mosel und Rhein zusammenfließen, entstand unter Kaiser Tiberius (14–37 n. Chr.) ein Römerlager, neben dem sich eine röm. Handelsstadt entwickelte, die zur Zeit der Völkerwanderung zerstört wurde. Im Pfarrhaus der Liebfrauenkirche und unter dem Chor v. St. Florin sind Reste der Siedlung erhalten. An der Stelle des Römerkastells entstand 1276–89 die *Burg,* die später zum kurfürstlichen Schloß erweitert wurde (heute Stadtbibliothek). Dicht daneben wurde zwischen 1332 und 1338 die viel bewunderte *Balduinbrücke* gebaut, v. deren 14 Bögen über die Mosel als Folge der Moselregulierung einige abgebrochen sind. Glanzzeit der Stadt Koblenz war das 12.–14. Jh., als die großen, heute noch das Bild der Stadt bestimmenden Sakralbauten errichtet wurden. Im 17. Jh. erlebte Koblenz mit dem Umzug der Kurfürsten v. Trier nach Ehrenbreitstein eine zweite barocke Blüte.

Deutschordenskommende (Rheinufer): Den Namen »Deutsches Eck« erhielt die Landzunge zwischen Mosel und Rhein durch eine Niederlassung der Deutschordensritter (1216). Von dieser Anlage, die im letzten Krieg schwer getroffen wurde, ist der Renaissancebau der *Komturswohnung* mit dem reizenden Blumenhof dahinter in alter Form wiederaufgebaut worden.

Ehem. Stiftskirche St. Florin/Ev. Pfarrkirche (Florinsmarkt): Um 1100 entstand (nach einem Vorgängerbau im 10. Jh.) der roman. Bau, der 1356 um einen got. Chor erweitert wurde. Weitere Veränderungen im Sinne der Gotik erfolgten im 17. Jh. (flache Decke durch got. Gewölbe abgelöst; got. Fenster in w Turmfront). Dunkle

Koblenz, Panorama mit Ehrenbreitstein

Koblenz, Liebfrauenkirche

Koblenz, St. Kastor,
Grab Kuno v. Falkensteins

Basaltbänder gliedern die Turmwände, im fünften Obergeschoß öffnen sich die Schallarkaden unter Bögen, die im S-Turm hell-dunkel abgesetzt sind. Bemerkenswert sind die got. Wandmalereien in den Nischen des Vorchors (14. Jh.).

Ehem. Stiftskirche St. Kastor/Kath. Pfarrkirche (Kastorstr. 7): Auf der Landzunge zwischen Mosel und Rhein, dicht beim Deutschordenshaus, liegt St. Kastor, die künstlerisch bedeutendste Kirche in Koblenz. In den beiden Untergeschossen der W-Türme sind Reste des Vorgängerbaus, einer alten karolingischen Kirche, zu erkennen. Die jetzige Kirche ist im Laufe des 12. Jh. entstanden und wurde 1208 gew. 1496–99 wurden Mittelschiff und Vierung eingewölbt. Die viertürmige Anlage erinnert in ihrer W-Front an die Nachbarkirche St. Florin. – Das Innere der Kirche zeigt einen Doppelklang v. Romanik und Gotik: Den roman. Arkaden folgen die weit gespannten got. Sterngewölbe (1496–

99). Im Chor r und l stehen 2 *Grabtumben* unter got. Wandbaldachinen. In der Nische hinter dem Grab Kuno v. Falkensteins (mit der Liegefigur des Toten, gest. 1388) sind frühe *got. Wandmalereien* erhalten. Den ausdrucksvollen *Kruzifixus* auf dem Hochaltar schuf G. Schweiger aus Nürnberg (1685). Die *Kanzel* mit den 4 Evangelisten stammt wahrscheinlich v. dem Koblenzer Künstler P. Kern (1625).

Liebfrauenkirche (Obere Altstadt): Seit dem MA Hauptpfarrkirche der Stadt. Sie wurde auf röm. und karolingischen Fundamenten errichtet (1180 bis ins frühe 13. Jh.). 3 Stilepochen sind deutlich zu erkennen: An den roman. W-Teil, der im Inneren mit dem Langhaus bis zum Vorchor reicht, schließt sich ein schöner spätgot. Chor an (15. Jh.). Aus der Zeit des Barock stammt die Bekrönung der beiden Türme (1693–94). Aus der kargen Ausstattung sind einige schöne *Renaissance-Grabsteine* sowie eine elegante *Immaculata* und ein *hl. Joseph* (beide um 1750) hervorzuheben. Im s Seitenschiff steht neben einem Altar eine Marmorbüste des *Altarstifters* (holländisch, 1693).

Ehem. Residenzschloß (Clemensplatz): Clemens Wenzeslaus v. Sachsen, der letzte Trierer Kurfürst und Erzbischof, der in Ehrenbreitstein residierte, ließ sich in der Neustadt v. Koblenz nach Plänen des Architekten P. M. d'Ixnard* ein Stadtschloß errichten. Der klassizistische Säulenbau war 1791 vollendet, doch schon 3 Jahre später floh der Kurfürst vor den franz. Revolutionsheeren nach Augsburg (dieselben Heere, die der 1776 in Koblenz geborene J. Görres, der große Publizist der Napoleonzeit, als Befreier begrüßte). Das Schloß wurde bis 1813 franz. Lazarett, war dann Kaserne, Gerichtsgebäude und Residenz für König Friedrich Wilhelm IV. v. Preußen. 1944 brannte der Bau völlig aus. Im Inneren ist nur das Treppenhaus in alter Form wiederhergestellt. Alle übrigen Teile wurden den Bedürfnissen der hier untergebrachten Behörden angepaßt.

Ehrenbreitstein: Auf dem ausgedehnten Bergrücken wurden schon um 1100 erste Befestigungsbauten errichtet. Im 16. Jh. entstanden die ersten Bastionen, die im 17.

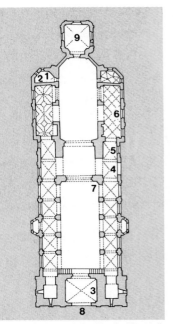

Koblenz, Liebfrauenkirche 1 Kruzifix, Mitte 14. Jh.
2 Glasfenster mit Kreuzigung, um 1460–70 **3** Grabsteine der Familie v. dem Burgtorn **4** Altaraufsatz v. Silvester Baumann, 1680 **5** Stifterbüste des Johann Crampich v. Cronefeld (gest. 1693) v. Jan Blommendael **6** Epitaph Langnas (gest. 1711) **7** Immaculata, um 1750, am Chorbogen **8** Nische mit Muttergottes am W-Bau, 1702 **9** Sakristei v. Nikolaus Lauxem, 1776

und 18. Jh. noch ausgebaut wurden, so daß Ehrenbreitstein im 19. Jh. zur stärksten dt. Festung wurde, sie wurde niemals erobert, jedoch wiederholt ausgehungert. Im Stil der alten barocken Bauten kamen Forts und Batterien hinzu, die große Teile des Bergrückens einschlossen. Architektonisch sehenswert ist die *Festungskirche,* ein riesiger kasemattenartiger Bau mit Emporen und Tonnengewölbe. In den Gebäuden der Festung sind heute das *Museum für Vorgeschichte und Volkskunde* und die größte *Jugendherberge* der Bundesrepublik untergebracht.

Adelshöfe und Bürgerhäuser: Neben dem *Bürresheimer Hof* (17./18. Jh.) ist das *Dreikönigenhaus* (Kornpfortstr. 15) zu er-

wähnen, ein Barockbau aus dem Jahre 1701. Von dem *von der Leyenschen Hof* (Kastorstr. 2) ist der S-Flügel noch alt (16. Jh.), die 1 Hälfte im 18. Jh. umgestaltet. Die anschließende Kapelle *St. Jakob* (jetzt dem altkath. Gottesdienst eingeräumt), ehemals Friedhofskapelle, stammt aus dem 14. Jh. (nach dem Krieg wiederaufgebaut). Im *Metternicher Hof* (Münzplatz 8) wurde der große Diplomat des Wiener Kongresses, Clemens Wenzeslaus v. Metternich, 1773 geboren. Die sog. *Vier Türme* (Ecke Löhr- und Marktstraße), im 17. Jh. erbaut, sind nach ihren doppelgeschossigen Steinerkern benannt. Die *Clemensstraße,* bei der Stadterweiterung im 18. Jh. entstanden, zeigt in ihren Bauten einheitlich schöne frühklassizistische Formen, u. a. sind das Haus Nr. 2 (heute eine Bank), ein nobler dreigeschossiger Eckbau mit reichgeschnitzter Tür, und das Balkongitter zu erwähnen. Das älteste noch erhaltene Haus, um 1520, ist das Haus *Kastorstr. 2*. Aus dem MA stammt auch der heutige Gasthof *Deutscher Kaiser* (Kornpfortstraße), ein turmartiges, fünfstöckiges Haus, für den Münzmeister des Erzbischofs im 16. Jh. errichtet.

Kurfürstliche Residenz: In der Hofhaltung der kurfürstlichen Residenz (1626–32 für Kurfürst Philipp Christoph v. Soetern errichtet), unterhalb der Feste am Rhein gelegen, herrschte in den letzten Jahrzehnten des 18. Jhs. reges geistiges Leben. Goethe und Wieland waren hier Gäste der Schriftstellerin Sophie v. La Roche, Beethovens Mutter gehörte zum Hofpersonal, und Clemens Brentano ist hier 1778 geboren.
Von den Bauten der Residenz, die der letzte Kurfürst nach Koblenz verlegte, ist als wesentlicher Teil das sog. *Dikasterialgebäude* geblieben, Tagungsort für das Gericht (heute Finanzamt), dessen Mittelbau (v. Balthasar Neumann, 1739) an die → Würzburger Residenz und an fränkische Barockschlösser erinnert.

Deutsches Eck (Moselstraße am Rhein): Auf der Landspitze, an der sich Mosel und Rhein vereinen, ist 1897 ein Reiterstandbild v. Kaiser Wilhelm errichtet worden. Nach der Zerstörung in den Kriegswirren des Jahres 1945 wurde nur der Sockel wie-

Koblenz, ehem. Residenzschloß

Schloß Stolzenfels bei Koblenz >

Schloß Stolzenfels bei Koblenz, Rittersaal

der errichtet und zu einem Mahnmal der dt. Einheit gestaltet.

Koblenz-Moselweiß: Eine Flußschleife moselaufwärts liegt, heute schon in den städt. Bereich einbezogen, die kath. Pfarrkirche St. *Laurentius,* eine roman. Basilika (13. Jh.) mit zeitgenössischer Ausmalung (frei erneuert) und als schönstem Stück *eine Steinkanzel* mit den Gestalten v. Christus und den Evangelisten – eine hervorragende Bildhauerarbeit aus dem Jahre 1467.

Museen: Das *Mittelrhein-Museum* (Florinsmarkt 15), urspr. im Schloß, ist im Bürresheimer Hof, dem Alten Kaufhaus der Stadt, untergebracht. Sammelgebiete: Vor- und Frühgeschichte, Kunst des mittelrheinischen Raums aus der Zeit des MA, rheinische Kunst des 20. Jh. und moderne Graphik. – Das *Mittelrheinische Postmuseum* (Friedrich-Ebert-Ring 14) zeigt Beiträge zur Geschichte des Verkehrs, des Post- und Fernmeldewesens.

Theater: Zeitgleich mit dem Schloß (s. o.) wurde das Theater mit seiner schönen klassizistischen Fassade errichtet (Deinhardplatz 2). 500 Plätze. Die *Studiobühne* spielt im Bürresheimer Hof (Florinsmarkt 13). 150 Plätze.

Umgebung

Rhens (9 km s): Das schon 874 urkundlich genannte Städtchen besitzt noch heute einen Großteil der *ma Befestigung* und viele *spätgot. Fachwerkhäuser* (u. a. am Markt 7–9, Hochstr. 20), darunter das sehenswerte *Rathaus* (um 1560) mit 1935 erneuertem Laubengang.

Stolzenfels (5 km s): K. F. Schinkel* hat die Pläne für den Neuaufbau des Schlosses geliefert, das 1836 an der Stelle entstand, an der eine alte Ritterburg aus dem Jahr 1242 durch die Franzosen zerstört worden war (1688). König Friedrich Wilhelm IV. hat hier gewohnt und viele große Empfänge gegeben. Das Schloß, durch seine reiche Ausstattung ausgezeichnet, hat seine Höhepunkte in dem großen *Rittersaal*, im *Wohnbereich* des Königs und im Schloßhof mit *Kapelle*.

04655 Kohren-Salis
Sachsen

Einw.: 1900	S. 1279 ☐ O 8

Pfarrkirche St. Gangolf: Es handelt sich um eine dreischiffige Pfeilerbasilika aus der Übergangszeit zwischen Romantik und Gotik, die im 15. Jh. zur Hallenkirche umgebaut wurde. Die Seitenschiffe sind unterschiedlich breit. Zur Ausstattung gehört u. a. ein Altar v. 1616–17.

Außerdem sehenswert: Von der *Burg* sind nur noch 2 roman. Rundtürme erhalten. Sie geht auf eine slawische Befestigungsanlage zurück, die für Kaiser Otto II. (Regierungszeit 973–83) zur Burg ausgebaut wurde. – Beim *Herrenhaus* im Ortsteil *Salis*, einem wiederholt umgebauten Barockbau aus dem 18. Jh., befindet sich ein Rokokogarten mit Kinderfiguren, die die Jahreszeiten darstellen. – Im *Gartenhaus* des Herrenhauses im Ortsteil *Rüdigsdorf* findet sich ein Freskenzyklus v. Moritz v. Schwind* (1838): »Amor und Psyche«.

50667–51149 Köln
Nordrhein-Westfalen

Einw.: 1 000 000	Höhe: 36 m	S. 1276 ☐ B 9

Köln war schon in der Römerzeit die Hauptstadt am Rhein. Abgesehen v. einer Siedlung der Ubier (Oppidum Ubiorum) wurde hier jenes Legionslager, das etwa 1 km² groß war und dessen mittlere Lagerstraße genau dort zu suchen ist, wo heute in der Fußgängerzone die Hohe Straße verläuft, angelegt. Aus dem Lager machte die in Germanien geborene Kaiserin Agrippina (Gemahlin des Claudius) um 50 n. Chr. eine »Colonia«, eine Veteranenstadt, für ausgediente Legionäre, und gab ihr den Namen Colonia Claudia Ara Agrippinensium. Das CCAA, Monogramm der Stadt, erscheint immer wieder auf alten Römersteinen und Inschriften. Der Umfang der Römerstadt ist heute noch an Befestigungsresten deutlich abzulesen. So steht an Zeughaus- und St.-Apern-Straße der *Römerturm* aus dem 1. Jh. (er bildete

einst die NW-Ecke der Stadt). Den Bach-
straßen-Zug entlang bis zu Maria im Kapitol verlief die S-Grenze der Stadt. Das auf
der anderen Rheinseite liegende Kastell
Divitia (Deutz) war mit der Stadt durch
eine Brücke verbunden. Unter dem Rathaus haben sich Reste des *Prätoriums* und
des *Kaiserpalastes* erhalten (Kleine Bu-
dengasse). Der ma Stadtbereich aus der
Zeit nach 1200 ist v. »Wall«-Straßen begrenzt (Eigelsteintor, Hahnentor, Severinstor). Etwa 40 000 Menschen haben im
12./13. Jh. in Köln gewohnt, und etwa 150
Kirchen sind entstanden (47 davon wurden
allein während der Säkularisation abgebrochen). Die »Ring«-Straßen markieren
den Verlauf jenes alten Befestigungsrings,
der die Stadt seit der Stauferzeit umgeben
hat und erst 1881 niedergerissen wurde.
Noch weiter draußen umfaßt ein 500 m
breiter, 10 km langer Grüngürtel die Stadt:
Es ist das Gelände der alten preußischen
Festungsbauten, die 1911 geschleift wurden. Als die Stadt im 19. Jh. über die Ringe

hinauswuchs, erlebte sie einen neuen Aufschwung. Die Vollendung des Doms nach
600 Jahren Bauzeit wirkte 1880 wie ein
Signal. Zwischen Wallstraßen und dem
Festungsring entstand die Neustadt. Nach
1919 wurde die alte Universität wieder-
gegr., sie bestand bereits 1388–1798. – Der
2. Weltkrieg hat die Innenstadt Kölns zu
90 Prozent zerstört, aber fast alle wertvollen Baudenkmäler sind wiederhergestellt
worden. Mit seinen Museen, Sammlungen, Theatern, Auktionshäusern und den
Kunstmärkten ist Köln heute, kulturell gesehen, eine der bedeutendsten Städte in der
Bundesrepublik. Zahlreiche namhafte Gelehrte, Kirchenmänner und Künstler haben
in Köln gelebt und gearbeitet: Albertus
Magnus, einer der größten Gelehrten des
13. Jh., Thomas v. Aquin, Meister Eckhart,
aber auch Karl Marx (in den Jahren
1848/49 Redakteur der »Neuen Rheinischen Zeitung«) und der Literatur-Nobel-
preisträger Heinrich Böll. Der Westdeut-
sche Rundfunk, der Deutschlandfunk, die

Kohren-Salis, Burg

Der Kölner Dom, ein Juwel der Gotik in Deutschland

Dt. Welle und RTL plus haben Köln zu einem Zentrum und Treffpunkt bekannter Künstler und Journalisten gemacht.

Dom St. Peter und Maria: *Baugeschichte:* Der Schrein mit den Gebeinen der Hl. 3 Könige, der 1164 als Geschenk Kaiser Barbarossas v. Reinald v. Dassel aus Mailand nach Köln überführt wurde, machte die Stadt zu einem in ganz Europa beliebten Wallfahrtsort. An Stelle des alten Doms wollte man ein Heiligtum im Stile der Hochgotik Nordfrankreichs errichten. Das Domkapitel berief mit Meister Gerhard einen Architekten dieser neuen got. Schule. Seine Nachfolger waren Meister Arnold (1271–1308) und dessen Sohn Johann (1308–31). Nachdem im August 1248 der Grundstein gelegt war, konnte 1322 endlich der Chor gew. werden. Anschließend wurde das Querschiff begonnen, am Langhaus gebaut und der S-Turm bis zum Glockenstuhl aufgeführt – bis 1559 alle Arbeiten eingestellt wurden. Der O-Chor, der 1322 nach W mit einer provisorischen Wand verschlossen war, blieb das nächste halbe Jtd. in diesem Zustand. Der Kran auf dem halbvollendeten S-Turm gehörte jahrhundertelang zur Stadtsilhouette v. Köln. Anfang des 19. Jh. sorgten die romantische Begeisterung für das MA und für den »deutschen Stil« (wofür man die Gotik hielt) für neuen Schwung. Man fand 1814 auf dem Speicher des Gasthofs »Zur Traube« in Darmstadt und 2 Jahre später in Paris die Originalrisse für die W-Fassade des Doms wieder, und 1842 wurde der Bau endlich fortgesetzt. Am 15. Oktober 1880 konnte der Dom in Gegenwart Kaiser Wilhelms I. gew. werden. – Mit den 156 m hohen Türmen war der Dom nicht nur das damals höchste Bauwerk der Welt, sondern er ist auch eine der größten Kirchen der Christenheit. Die Maße: 144 m Länge, 45 m Breite, 43 m Innenhöhe und 75 m Länge der Querschiffe.
Baustil und Baubeschreibung: Der Kölner Dom ist nach dem Vorbild der Kathedrale

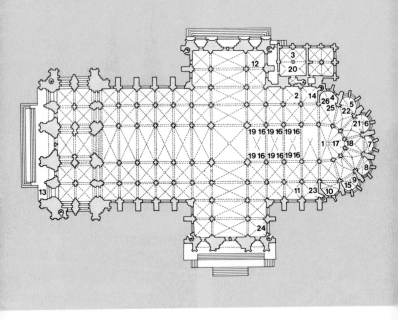

Köln, Dom St. Peter und Maria 1 Hochchor **2**
Kreuzkapelle **3** Sakramentskapelle **4** Engelbertus-
kapelle **5** Maternuskapelle **6** Johanneskapelle **7**
Dreikönigskapelle **8** Agneskapelle **9** Michaelskapelle **10** Stephanuskapelle **11** Marienkapelle **12**
Schatzkammer **13** Petrusportal **14** Gerokreuz, um
970 gestiftet **15** Sarkophag des Erzbischofs Gero,
um 970 **16** Chorschranken **17** Altar **18** Dreikönigenschrein, 12.–13. Jh. **19** Chorgestühl, um 1320 **20**
Mailänder Madonna **21** Denkmal des Erzbischofs
Konrad v. Hochstaden, um 1320 **22** Grabmal des
Erzbischofs Philipp v. Heinsberg, um 1360 **23** Dombild v. S. Lochner, um 1440 **24** Agilolphusaltar, um
1520 **25** Georgsaltar, Anfang 16. Jh. **26** Epitaph des
Erzbischofs Anton v. Schauenburg (gest. 1556)

v. Amiens angelegt, jedoch mit 5 Schiffen
(auch im Langhaus) und einem dreischiffigen Umgang um den Chor, der im Chorhaupt in einen Umgang mit einem Kranz
von 7 Kapellen mündet, an die sich 2 weitere im Vorchor anschließen. Die Weite
der Räume und Umgänge war auf die Pilgerströme ausgerichtet, die den Dreikönigenschrein in der Kreuzung v. Langhaus
und Querarm umwandern sollten. Der
Chor ist unverändert aus der Entstehungszeit erhalten (nur außen mußten v. der

Industrieluft zerstörte Steine ausgewech-
selt werden). – Der Dom erhielt anstatt der
urspr. geplanten 5 Portale nur 3. Diese
drängen sich eng zwischen den gewaltigen
Türmen, in denen ein Turmgeschoß das
nächste mit seinen Giebeln überschneidet.
Inneres und Ausstattung: Im Langhaus –
für den v. W Eintretenden eine lange
schmale Schlucht, da das Mittelschiff dreimal so hoch wie breit ist – ist (bis auf 5
spätgot. Farbfenster) die Ausstattung aus
dem 19. Jh. Dagegen stammt die Ausstattung des Hochchors mit den Plastiken an
den Pfeilern und den hohen Fenstern aus
dem 13./14. Jh. Auch der Querarm hat alte
Stücke, so die Steinfiguren an den Dom-
chorpfeilern (um 1320) und die sog. *Mailänder Madonna* (in der Sakramentskapelle). Die Glasfenster in Hochchor und Kapellenkranz sind ab 1260 entstanden. Im
Chor steht das *Chorgestühl*, das mit 104
Sitzen in 2 Reihen das größte des dt. MA
ist (mit Sondersitzen für Papst und Kaiser).
Über dem Gestühl befinden sich alte

Blick in den Chor >

Südportal

Blick nach Osten

Dreikönigenschrein >

Das Chorgestühl ist mit 104 Sitzen eines der größten in seiner Art

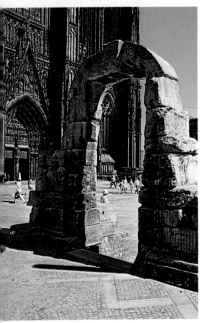

Römisches Nordtor vor dem Dom

Wandmalereien (um 1330). Der *Hochaltar* (um 1320) ist ein Block mit allseitigem Figurenschmuck. Hinter ihm ist der kostbare *Dreikönigsschrein* aufgestellt. Dieser berühmteste Reliquienschrein des MA (1181 v. N. v. Verdun* begonnen und erst um 1220 vollendet), ein Holzkern mit Gold- und Silberblech überzogen (2,10 m lang), hat die Form einer Basilika mit Haupt- und Nebenschiffen und ist mit getriebenen Figurenszenen und Ranken an Stirnwänden, Langseiten und Dächern reich verziert. Das *Gerokreuz* in der *Kreuzkapelle* (erste im n Chorumgang) ist eines der ältesten und bedeutendsten Werke der europ. Monumentalplastik (um 970 v. Erzbischof Gero gestiftet). In der *Marienkapelle* (letzte am s Chorumgang) findet man das berühmte *Dombild Stephan Lochners*, die Anbetung der Könige mit den Heiligen Gereon und Ursula und ihren Jungfrauen (1440). Davor befindet sich das *Grabmal des Erzbischofs Friedrich v. Saarwerden* (gest. 1414). Im Querhaus (im S) steht die pathetische Steinfigur eines *Christopho-*

rus v. dem Kölner Meister T. van der Burch (um 1470) und der *Agilolphusaltar* (um 1520). P. P. Rubens* hat für den Dom 11 *Teppiche* entworfen (»Triumph der Eucharistie«), die aber nur zu Pfingsten und Weihnachten im Langhaus aufgehängt werden. Die *Schatzkammer* gehört mit ihren Handschriften, Gewändern und dem Gerät zu den reichsten in Europa.

St. Andreas (Komödienstraße): Nach verschiedenen Vorgängerbauten entstand an der n Mauer der alten Römerstadt im Stadtgraben um 1200 die spätroman. Basilika mit dem gewaltigen Vierungsturm. Die got. Halle, die einen eindrucksvollen Kontrast zum roman. Langhaus bildet, wurde 1414–20 anstelle eines Chors errichtet. In einer *Grabkapelle,* die an die wieder freigelegte *Krypta* anschließt, liegen in einem röm. Sarkophag die Gebeine des *hl. Albertus Magnus,* des großen Scholastikers und Universalgelehrten (gest. 1280). Die W-Vorhalle, v. gezackten Gurtbogen überwölbt, und das *Löwenportal* (jetzt in der got. Sakristei) mit alten Dekorationen (um 1200) sind roman. Das schöne zweireihige *Chorgestühl* entstand in der Zeit des Weichen Stils (um 1420–30). Der *Hochaltar* ist ein Spätwerk des Kölner Malers B. Bruyn d. J. (um 1550). Sehenswert ist in der w Seitenkapelle der *Flügelaltar der 1474 gegr. Rosenkranzbruderschaft* des Kölner »Meisters v. St. Severin« (1474).

St. Aposteln (Neumarkt): An der w Peripherie der alten Stadt entstand die Kirche (Baubeginn um 1030) mit 3 Konchen (Nischen an Chor und Querarmen). Diese Konchen und das Ensemble der Türme bieten v. Neumarkt aus ein ungewöhnliches Bild roman. Architektur (1192–1240). Byzantinische Kuppelkirchen haben offenbar als Vorbild gedient. Diesem Baukörper folgt das w Langhaus mit seinem gewaltigen Turm (»Apostelklotz« genannt). Unter dem W-Turm wurde beim Wiederaufbau 1955 eine alte Krypta (um 1150) freigelegt. Am s Seitenschiff entstand 1956 eine moderne Werktagskapelle, deren Altar v. 12 Apostelstatuetten (aus einem Altaraufsatz der Kirche) gebildet wird (um 1330). – Im *Kirchenschatz* ist das wertvollste Stück der *Heribertskelch* (um 1190).

Ausschnitt aus Stephan Lochners »Anbetung der Könige« in der Marienkapelle im Dom

St. Georg (Georgsstraße): Die Kirche am S-Tor der Römerstadt Colonia ist über den Ruinen einer röm. Polizeistation errichtet worden. Ein späterer merowingischer Bau wird mit der Gründung eines Chorherrenstifts durch eine neue Kirche abgelöst (1059–67). O-Chor und Querschiff mit der darunterliegenden fünfschiffigen *Krypta* stammen aus dieser Bauperiode. 100 Jahre später (1188) kam der quadratische W-Chor hinzu. Der plump wirkende Bauwürfel, urspr. als Untergeschoß eines Turmes gedacht (Mauerstärke 5 m), überrascht im Inneren durch eine reiche Gliederung und ausgewogene Proportionen. – Das *Gabelkreuz* im W-Chor ist ein Zeugnis aus der Zeit der Mystik (um 1380). Der *Beweinungsaltar* (vor 1558) stammt v. B. Bruyn d. J., und der *Taufstein* ist aus der Zeit um 1240. Der *Glasfensterzyklus* v. J. Thorn Prikker (1930) wurde nach dem letzten Krieg nach Originalentwürfen erneuert.

St. Gereon (Gereon-/Christophstraße): In der Römerzeit befand sich an dieser Stelle ein Gräberfeld. Im 4. Jh. wurde hier eine christl. Märtyrerkirche erbaut. Heute noch ist dieser spätantike Ovalbau mit den 8 Nischen das Kernstück der Kirche. Im Zuge einer Erweiterung wurden im 11. und 12. Jh. Chor und Krypta hinzugefügt. Von 1219–27 wurde der antike Ovalbau, der ehemals mit Goldmosaiken ausgekleidet war, zu einem gewaltigen viergeschossigen Zehneck vergrößert. 10 freistehende Pfeiler mit Strebebogen umklammern statisch den turmartigen Bau und stützen die 34 m hohe Sternkuppel (Außenmaß: 48 m). Das zehneckige Zeltdach darüber war urspr. vergoldet. – St. Gereon ist einer der ungewöhnlichsten und großartigsten ma Bauten des Abendlandes, zu vergleichen mit dem Florentiner Dom (Kuppel) oder der Hagia Sophia in Istanbul. Im Inneren sind noch Teile des röm. Mauerwerks zu sehen. In der *Krypta* sind die Fußbodenmosaiken (1156, jetzt erneuert) bemerkenswert. Gleichzeitig mit der Aufstokkung des Römerbaus wurde die *Taufkapelle* gebaut. Die berühmten *Wandmalereien*

Wandmalerei in der Taufkapelle in St. Gereon

Wandmalerei in der Taufkapelle in St. Kunibert

dieser Kapelle (St. Gereon und andere Märtyrer der thebaischen Legion) sind wenig später entstanden. Die hochgot. *Sakristei* (1315) hat bedeutende *Glasmalereien,* deren Heiligengestalten in ihren feinen Formen an die Figuren der gleichzeitig entstandenen Domchor-Plastik erinnern. Die Künstler A. Manessier (1964), G. Meistermann (1980–84) und W. Buschulte (1983/84) schufen die neuen *Glasfenster* in allen Raumteilen der 1984 wieder eingeweihten Kirche.

Jesuitenkirche/St. Mariae Himmelfahrt (Marzellenstraße): Im ersten Jahr des 30jährigen Krieges nach Plänen des Aschaffenburgers C. Wamser begonnen (1618), 1678 gew. und 1689 beendet, ist die Kirche der bedeutendste Jesuitenbau in NW-Deutschland. Die Fassade mit dem großen »gotischen« Mittelfenster und den »romanischen« Türmen zeigt die Tendenz der Gegenreformation, die »heilige« Bauformen wiederbeleben wollte. Spitzbogengewölbe, Maßwerkfenster und Arkaden im Innern sind der Gotik nachempfunden. Die barocke Ausstattung wurde im 2. Weltkrieg größtenteils vernichtet und danach fast vollständig rekonstruiert. Das künstlerisch beste Stück ist die *Kanzel* des Augsburger Bildhauers J. Geisselbrunn (1634). Der in der Franz. Revolution zum »Tempel der Vernunft« erklärte Bau ist heute kath. Pfarrkirche.

St. Kunibert (Konrad-Adenauer-Ufer): Diese Kirche, ein Jahr vor dem Baubeginn am Kölner Dom vollendet (1247), ist die letzte und reichste der spätroman. Kirchen der Stadt, entstanden in der Nachfolge v. St. Gereon und St. Aposteln. Wie dort, so ist auch hier der dekorative Chor v. Türmen flankiert. Die Formen sind jedoch schlanker und schmaler als in St. Aposteln: Frühgotisches klingt an. – Das Innere bestimmt der *Glasfensterzyklus* in Chor und ö Querschiff (1220–30), der bedeutendste der Spätromantik in Deutschland. Beachtenswert sind auch die *Wandmalereien* im s (in der Taufkapelle) und n Chorraum (um 1250, im knitterigen »Zackenstil«). Mit der *Marienverkündigung* (an den Pfeilern in der Vierung) besitzt die Kirche ein be-

St. Mariae Himmelfahrt >

Maria im Kapitol, Türflügel

deutendes Werk got. Plastik (Engel und Maria am Lesepult, 1439 v. Kanoniker Hermanus de Arcka gestiftet). – Zum *Kirchenschatz* gehören u. a. ein sassanidischer Seidenstoff mit Jagdszenen (7. Jh.) und die Ewaldidecke (10. Jh.), das Bahrtuch der hl. Ewalde, einst als Altartuch verwendet.

Maria im Kapitol (Pipinstraße/Lichhof): An der Stelle der heutigen Kirche stand in der Römerzeit ein Tempel der kapitolinischen Gottheiten Jupiter, Juno und Minerva. Im 7. Jh. gründete hier die hl. Plektrudis, deren Grabplatte aus der Zeit um 1160 erhalten ist, ein Damenstift. Der heutige W-Bau mit dem Mittelbau und den Treppentürmen (und einer Damenempore im Inneren) stammen wohl aus dem 10. Jh. Der übrige Bau mit dem Langhaus und dem Kleeblattchor (nach O, S und N) wurde im 11. Jh. errichtet. Der Chor wurde zum Vorbild für mehrere Kirchen in Köln (St. Aposteln, Groß St. Martin) und im NW des Reiches. Die *Krypta* ist die größte dt. nach → Speyer. Zur Zeit der Gotik wurden

neben den O-Chor Kapellen gesetzt und an verschiedenen Stellen got. Fenster eingebrochen. Die Wiederherstellung der im 2. Weltkrieg schwer getroffenen Kirchen hat alte Formen z. T. vereinfacht; anstelle der got. Gewölbe wurde im Langhaus eine Flachbogendecke eingespannt. – In der Ausstattung stehen an vorderster Stelle die beiden hölzernen *Türflügel* (4,85 m), deren Holzreliefs urspr. bemalt gewesen sind (um 1050). Der W-Teil erinnert an die Rotunde des → Aachener Münsters. Der 1523 gestiftete *Lettner* des belgischen Meisters J. van Roome aus schwarzem Marmor und Alabaster ist vor der Vierung aufgestellt. Neben der *Grabplatte* der Plektrudis ist ein *Gabelkreuz* zu erwähnen (1304). Von Bedeutung sind die *Thronende Madonna* um 1160 und eine stehende *Madonna* (byzantinisch um 1180–90). – Für die Hardenrathkapelle (in der SO-Ecke des Chors) schuf ein Meister aus der Werkstatt des großen Straßburger Bildhauers N. G. v. Leyden[*] die *Maria-und-Christus-Gruppe* (1466). Im erneuerten Kreuzgang wurde die 1949 v. G. Marcks[*] geschaffene *Trauernde* als Totenmal für die Kriegsopfer der Stadt Köln aufgestellt.

St. Maria Lyskirchen (Am Leystapel): Diese Kirche, auch »Kirche der Rheinschiffer« genannt, entstand im 13. Jh. (Vorgängerbau im 10. Jh.). Der 2. Weltkrieg hat den Bau fast verschont, aber er ist durch gotisierende Fenstereinbrüche und Einwölbungen (17. Jh.) und durch neuroman. Restaurierungen (19. Jh.) wesentlich verändert worden. Das Wichtigste an diesem Bau sind die *Malereien* in den Gewölben des Mittelschiffs (um 1250): 24 Bildfelder mit Szenen aus der Bibel. Die Anbetung der Könige über dem Haupteingang und die Szenen aus der Nikolauslegende im s Turmgewölbe sind etwas früher entstanden. Das plastische Hauptwerk der Kirche ist die sog. *Schiffermadonna,* eine über 2 m hohe, neu gefaßte Figur, ein Werk des sog. Weichen Stils (um 1420). Sehenswert auch die *Glasmalereien* (1520–30) im n Nebenschiff und der *Kirchenschatz.*

Groß St. Martin (Am Fischmarkt): Der Bau der Kirche, die im O wieder die typisch kölnische Dreikonchenanlage aufweist (vgl. Maria im Kapitol, St. Aposteln), ist in ihrer heutigen Ausführung nach einem Brand 1150 begonnen worden. Der mächtige Vierungsturm (84 m hoch) wurde zusammen mit dem Langhaus zwischen 1185 und 1220 aufgeführt und gilt als eines der Wahrzeichen der Stadt. Der spitze Helm wurde in der Gotik aufgesetzt (und auch so erneuert), während die 4 Begleittürme die alten roman. Faltdächer erhielten.

Ehem. Minoritenkirche Mariae Empfängnis

(Minoritenstraße): Parallel zum Bau des got. Doms begannen die Minoriten ihre turmlose Kirche gleichfalls im got. Stil nach dem Vorbild der Elisabethkirche in → Marburg. Obwohl der Bau wie aus einem Guß erscheint, ist daran von 1244 bis Mitte des 14. Jh. gebaut worden. Tuffstein und Trachyt wurden als ausdrucksvolles Material verwendet. Das Strebewerk über den Seitenschiffen stellt eine Frühstufe des got. Systems dar. Die Bettelordenkirche ersetzt auch hier den (nicht erlaubten) Turm durch einen zierlichen Dachreiter. Pfeiler und Gewölbe sind v. großer Schlichtheit. – In der Kirche ist der Theologe und Gelehrte *Duns Scotus* (1260–1308) beigesetzt. Der moderne Sarkophag für den »Doctor subtilis« ist eine Schöpfung v. J. Höntgesberg (1957). Auch der kath. Gesellenvater *Adolf Kolping* (1803–65) hat hier seine letzte Ruhestätte.

St. Pantaleon

(zwischen Am Weidenbach und Waisenhausgasse): Das Bauwerk gehört zu den großen kaiserlichen Architekturen des späten 10. Jh., zu vergleichen mit → Corvey oder → Essen-Werden. Der zweigeschossige Bau mit dem monumentalen W-Werk diente nicht nur dem Gottesdienst, sondern war gleichzeitig Gerichtsort, Taufkapelle und Sängertribüne. Dem W-Turm, der im Inneren wie ein Schacht bis unter das Dach aufstieg, schloß sich ein flachgedeckter Saalbau an, der 1152 Seitenschiffe erhielt. Die nachgot. Gewölbe der Barockzeit (17. Jh.) wurden beim Wiederaufbau nach dem 2. Weltkrieg durch die urspr. flache Decke ersetzt. Der spätgot. Lettner im O der Kirche zeigt einen vielfigurigen Zyklus. – Zu den bedeutendsten Teilen der Ausstattung gehören der röm. *Sarkophag* mit den Gebeinen

Severinstor

v. Erzbischof Bruno (in der *Krypta*) und 2 kostbare *Reliquienschreine* für die Heiligen Maurinus und Albinus (1170–90, heute in der Schatzkammer) sowie die Tumba der Kaiserin Theophanu.

St. Peter

(Jabachstraße): Die spätgot. Basilika (1515–30, nach einem Vorgängerbau aus dem 12. Jh.) hat über den niedrigen Seitenschiffen an 3 Seiten breite Emporen. Nach den schweren Zerstörungen im 2. Weltkrieg wurde die Kirche nicht wieder eingewölbt, sondern flach gedeckt. – Das wertvollste Stück der Ausstattung ist ein Werk v. P. P. Rubens*, das – urspr. für den Hochaltar gemalt – jetzt in einer bes. Kapelle zu sehen ist. Diese *Kreuzigung Petri* ist eines der letzten Werke des großen Malers (um 1639/40), der in der Pfarrei St. Peter aufgewachsen ist und dessen Vater hier begraben liegt. Sehenswert ist auch der Kirchenschatz. – Die Kirche war früher mit Cäcilienstift und -kirche (heute befindet sich darin das Schnütgen-Museum) durch einen Gang verbunden.

Gürzenich

St. Severin (Severinskirchplatz): Der Chor der Kirche ist spätroman. (1230–37), das Langhaus spätgot. Bei Grabungen wurden Fundamente einer alten Grabeskirche aus dem 4. Jh. entdeckt. Sie wurde vermutlich für den hl. Severin, Bischof v. Köln, errichtet, der um 400 gelebt hat und in dieser Kirche begraben ist. Die *Krypta* unter dem Hochchor entstand 1043 und ist zugleich mit dem Ausbau des Chors (1230–37) erweitert worden. Die Grabstätte des hl. Severin ist hier durch eine Gedenktafel markiert. – Von der spätroman. Ausstattung ist im Gewölbe des Chors eine *Kreuzigungsdarstellung* erhalten (um 1260). Das zweireihige *Chorgestühl* mit Tieren, Menschenköpfen und Laubwerk ist Ende des 13. Jh. aus hartem Eichenholz geschnitzt worden. Die 20 Bilder darüber zeigen die *Severins-Legende* und stammen aus der Werkstatt des Kölner »Meisters v. St. Severin« (um 1500). In der angebauten got. *Sakristei* (Margarethenkapelle) befindet sich ein *Wandgemälde* mit Kreuzigung, das Werk des berühmten Kölner »Veronika-Meisters« (1441). Im gleichen Raum sind Tafeln jenes »Meisters v. St. Severin« zu sehen, v. dem auch die *Glasgemälde* (Kreuzigung) im s Seitenschiff stammen. Die große Kalksteinfigur einer *Madonna* (um 1290) kommt aus dem Bereich franz. Kathedralenplastik. Ein *Kruzifixus* am Gabelkreuz ist um 1330 entstanden.

Trinitatiskirche (Filzengraben): Die ev. Kirche wurde nach dem Entwurf des spätklassizistischen Berliner Architekten F. A. Stüler im Stil altchristlicher Basiliken errichtet, um einem »Vergleich mit den ausgezeichneten Werken roman. und got. Styls in Coeln auszuweichen« (1857–60). Die Kirchenfassade ist zwischen die Häuserfronten der Straße eingeklemmt. Im Inneren öffnen sich über einer engen Säulenstellung im Erdgeschoß an 3 Seiten weitgespannte Emporenbogen.
Der Bau, im 2. Weltkrieg bis auf die Mauern zerstört, ist in den 60er Jahren in seiner kühlen, festlichen Helle wieder aufgebaut worden.

St. Ursula (Ursulaplatz): An der S-Wand des hochgot. Chors (1287) ist die Inschrifttafel eines Bürgers Clematius angebracht, der hier um 400 die Kapelle an der Stelle wiederherstellen ließ, »wo heilige Jungfrauen für den Namen Christi ihr Blut vergossen haben«. Urspr. waren es 11 Jungfrauen, in der Legende wuchs ihre Zahl jedoch auf 11 000 – an ihrer Spitze St. Ursula. – Kirchenschiff und W-Bau waren 1135 fertiggestellt, der Turm darüber im 13. Jh. (Barockhaube 17. Jh.). Neben der roman. Vorhalle im W steht im S das hohe zweite Seitenschiff mit got. Formen. – Von der Ausstattung sind die überlebensgroßen Steinfiguren der Schutzmantel-Ursula (n Nebenapsis), der Maria und des Salvator (S-Schiff) zu nennen (um 1490). Als Meister wird der Kölner Steinmetz T. van der Burch genannt. In der *Goldenen Kammer* sind alle Wände mit Reliquiennischen und Menschengebeinen überzogen, die zu Inschriften und Symbolen ornamental zusammengefügt sind. Das bedeutendste Stück der Kammer ist der roman. *Aetherius-Schrein* (um 1170; Aetherius war – so die Legende – der Bräutigam der hl. Ursula).

Rathauslaube

Overstolzenhaus

Gürzenich (Gürzenichstraße): Das städt. Fest- und Tanzhaus, 1441–47 erbaut, zeigt über einem derben Untergeschoßsockel eine feingliederige Maßwerkfront. Diese Fassade wurde nach der Zerstörung im 2. Weltkrieg originalgetreu wieder aufgebaut, das Innere dagegen modern gestaltet.

An den Gürzenich schließt die Ruine v. *Alt St. Alban* an (11. Jh., mit zahlreichen Umbauten bis ins 17. Jh.), in der zum Gedächtnis an die Kölner Toten des letzten Krieges das *Trauernde Elternpaar* v. Käthe Kollwitz* in einer Kopie aufgestellt worden ist.

Altes Rathaus (Alter Markt): Der fünfgeschossige *Rathausturm,* der nach dem Sieg der Zünfte aus dem eingezogenen Vermögen der Patrizier errichtet wurde (1407–14), ist nach völliger Zerstörung im 2. Weltkrieg wiederaufgebaut worden. Dagegen blieben Teile des *Hansa-Saals* (um 1330) mit den steinernen Figuren der *9 Guten Helden* (um 1360) erhalten. Unversehrt blieb auch die zweigeschossige reiche Vorhalle, das sog. *Doxal,* am Rathausplatz, ein Loggienprachtbau im Stil der an Italien geschulten »niederländischen Renaissance« (1569–73). – Nach der Neugestaltung des Rathausvorplatzes wurde die *Mikwe,* das jüdische Kultbad, restauriert und kann dank einer gläsernen Pyramide ständig besichtigt werden.

Overstolzenhaus (Rheingasse 8): Das spätroman. Wohnhaus mit Treppengiebel (13. Jh.) ist nach dem Krieg wiederhergestellt worden. Im Inneren ist ein frühgot. Fresko (Turnier) erhalten.

Museen: *Wallraf-Richartz-Museum/Museum Ludwig* (Bischofsgartenstr. 1). Die beiden Museen sind in dem 1986 fertiggestellten Neubau untergebracht. Wallraf-Richartz-Museum: Kölner Tafelmalerei des MA (Stephan Lochner, Meister der hl. Veronika), ital., franz. und span. Werke vom 16. bis 18. Jh., dt. Malerei des 16. Jh., holländische und flämische Malerei des 16. und 17. Jh., dt. Romantik, Impressio-

Schnütgen-Museum

nismus. Skulpturen seit 1800. Handzeichnungen und Druckgraphik vom späten MA bis zum 19. Jh. Museum Ludwig: dt., russische, europ. und amerikanische Kunst des 20. Jh. Agfa Foto-Historama: umfangreiche Sammlung zur Geschichte der Fotografie. – Im *Schnütgen-Museum* (Cäcilienstr. 29) werden Plastiken, Geräte, Glasfenster, Gläser und kirchliche Gewänder aus dem Raum Köln v. MA bis ins 18. Jh. gezeigt. Die ehem. roman. Cäcilienkirche (12. Jh.) ist zum Hauptsaal für diese einzigartige Übersicht umgewandelt worden. – *Röm.-Germ. Museum* (Roncalliplatz 4): Der Neubau v. H. Röcke und Kl. Renner (1970–74) ist museumstechnisch eine der besten Leistungen der Nachkriegszeit in Deutschland. Wichtigste Ausstellungsstücke sind das Dionysosmosaik und das durch mehrere Geschosse aufragende Poblicius-Grabmal. Die Sammlung konnte nach dem Krieg stark ausgebaut werden, da unter den Bombentrümmern viele neue Funde gemacht worden sind. – Das *Rautenstrauch-Joest-Museum für Völkerkunde* (Ubierring 45) bietet 60 000 Kultur- und Kunstobjekte außereuropäischer Völker aus allen Erdteilen, v. a. präkolumbische Kunst Amerikas und Afrika-Kunst (Benin-Bronzen). – Das *Museum für Ostasiatische Kunst* (Universitätsstr. 100) zeigt eine der reichsten Sammlungen chinesischer, japanischer und koreanischer Kunst. – Das *Kölner Stadtmuseum* (Zeughausstr. 1) im Renaissance-Ziegelbau des alten Zeughauses (1594) bietet Dokumente zur Stadtgeschichte v. 14.–20. Jh.; eines der interessantesten Stücke ist das Stadtmodell nach Mercator aus dem Jahre 1571. – Das *Museum für angewandte Kunst* (An der Rechtsschule) gibt Einblick ins Kunsthandwerk vom MA bis zur Gegenwart, außerdem: Design des 20. Jh.

Theater: *Opernhaus* (1346 Plätze) und *Schauspielhaus* (920 Plätze) am Offenbachplatz. – *Kammerspiele* (Ubierring). 313 Plätze. – *Theater am Dom* (Glockengasse): Schauspiel. 376 Plätze.

Außerdem sehenswert: Bastei (Aussichtsrestaurant auf einem alten Stadtturm; am Kaiser-Friedrich-Ufer); Messegelände in Köln-Deutz (für die »Pressa« 1925–27 erbaut v. A. Abel); Städt. Bühnen, Großes und Kleines Haus (Offenbachplatz). Erbaut wurde das Theater in der Zeit v. 1954–62 v. W. Riphahn.

Königslutter am Elm, Kaiserdom

Königsbach
✉ **75203 Königsbach-Stein**
Baden-Württemberg

| Einw.: 8800 | Höhe: 192 m | S. 1281 ☐ F 13 |

Ev. Pfarrkirche/Ehem. St. Maria: An einen frühgot. Wehrturm wurde im späten 15. Jh. ein Kirchenbau angefügt (Chor 1625–27 erneuert, oberes Turmgeschoß 1782). Auch die Kirchhofsmauer hat wehrhaften Charakter und stammt z. T. noch aus roman. Zeit.
Schöne *Grabmäler,* insbes. das der v. Venningen (1599–1602) und das des späteren Schloßherrn Oberst Rollin v. St. André (1661–68).

Wasserschloß: Die 3 Flügel des Renaissancebaus, im 16. Jh. an die Stelle einer Wasserburg des 15. Jh. gesetzt (1623–50 z. T. barock umgebaut), mit 4 runden Ecktürmen umschließen einen Innenhof. Das Tor mit dem großen Wappen des Schloßgründers Erasmus v. Venningen ist unverändert erhalten (1551–86). Das Hauptportal stammt aus dem 18. Jh.

Rathaus: Der schöne Fachwerkbau aus dem 18. Jh. beeindruckt durch den originellen Giebel, der v. hölzernen Säulen getragen wird.

97486 Königsberg in Bayern
Bayern

| Einw.: 3800 | Höhe: 276 m | S. 1278 ☐ K 10 |

In dem malerischen Ort am Rand der Haßberge, der vermutlich auf ein fränkisches Königsgut zurückgeht und 1358 Stadtrecht erhielt, sind viele alte Fachwerkhäuser und alte Stadttore erhalten. Sie gruppieren sich um den Mittelpunkt des Ortes, den Salzmarkt. Die gesamte Altstadt steht unter Denkmalschutz. Eines der schönsten Häuser steht in der Marienstr. 36 (Uhrmacherhaus). Vor dem Rathaus erinnert ein Denkmal an den berühmtesten Sohn der Stadt, den hier geborenen Astronomen Johann Müller (Regiomontanus; 1436–76).

Außerdem sehenswert: Ev. Marienkirche (Am Markt): Mit dem Bau der hochgot. Kirche, die zu den ansehnlichsten fränkischen Hallenkirchen gehört, wurde 1397 begonnen. Nach einem Brand 1640 mußten Holzeinbauten genügen, ehe die Kirche 1894 ausgebaut wurde.

38154 Königslutter am Elm
Niedersachsen

| Einw.: 16 400 | Höhe: 141 m | S. 1278 ☐ K 6 |

Ehem. Benediktinerabteikirche St. Peter und Paul/Kaiserdom: Nicht weit v. seiner Stammburg Süpplingenburg grün-

Königstein im Taunus, St. Marien,
Steinerne Muttergottes

dete Kaiser Lothar III. im Jahr 1135 ein Benediktinerkloster. Die Bauplastik in den O-Teilen, der Kreuzgang und das Löwenportal im N wurden noch zu Lebzeiten des Kaisers (er starb 1137) gearbeitet. Auf das kahle roman. W-Werk, das nur v. 3 Fensterhöhlen aufgebrochen ist, wurden Mitte des 15. Jh. Türme gesetzt und – ebenso wie der roman. Vierungsturm – mit spitzen got. Helmen versehen. Die Seitenschiffe wurden bereits Mitte des 14. Jh. eingewölbt. Das Langhaus bekam seine gotisierenden Gewölbe (nach Einsturz einer flachen Decke) Ende des 17. Jh. Im Innenraum hat das W-Werk – ein Bauteil aus der Karolingerzeit, ehemals vielleicht Wehrkirche, Tauf- oder Begräbnisstätte – über einem niedrigen Durchgang zur Kirche eine Empore mit weiter Öffnung zum Schiff: der Platz für den Kaiser und sein Gefolge beim Gottesdienst. Im O hat der Dom 4 Apsiden. Die Hauptapsis in der Mitte ist mit Blattfries, Maskenkonsolen und symbolischen Jagdgruppen reich verziert. Für diese Ar-

beiten und auch für das Löwenportal an der N-Seite hatte der Kaiser oberital. Steinmetzen nach Königslutter geholt. Der O-Teil ist mit den 5 Apsiden und den Durchgängen zwischen Chor, Nebenapsiden und Querhaus das eindrucksvollste Stück des Inneren. Die Wölbungen in diesem Teil sind roman., die der Seitenschiffe got., die des Langhauses (mit den originellen Kopfkonsolen) barock. Die Wandmalereien, mit denen die Kirche 1894 ausgestattet wurde, gehen auf erhaltene Reste zurück. Das *Grab v. Kaiser Lothar* und seiner Gemahlin (das beim Deckeneinsturz 1690 zerstört wurde) ist eine historisierende Nachbildung (1708) des Barock. – Der N-Trakt des *Kreuzgangs,* v. 10 Mittelsäulen getragen, ist zweischiffig angelegt. Er ist das bedeutendste Meisterwerk der Steinmetzen v. Königslutter. Kein Motiv wiederholt sich.

Museen: *Sammlung Klages:* Die Petrefakten-Sammlung, in den Räumen eines ehem. Brauhauses aufgestellt, zeigt Mineralien und Versteinerungen. *Kaiserdom-Museum:* u. a. Sammlung zur Baugeschichte des Kaiserdoms.

61462 Königstein im Taunus
Hessen

Einw.: 16 000   Höhe: 362 m   S. 1276 □ E 10

Kath. Pfarrkirche St. Marien: Königstein, beliebter Villenort, hat seit 1313 Stadtrechte. Aus dieser Zeit stammt die Pfarrkirche, die sich heute als barocker Saalbau mit doppelter W-Empore präsentiert (erbaut 1744–46). An der NW-Ecke und N-Wand sind noch roman. Mauern erhalten, im Chor und im Turm finden sich Teile aus einem spätgot. Umbau (vermauertes Spitzbogenportal). *Hochaltar* und *Kanzel* zählen zu den besten Leistungen des Rokoko am Mittelrhein. Vom alten Bestand ist eine *steinerne Muttergottes* (1440) mit der urspr. Bemalung erhalten. Die Grabmäler stammen aus dem 15.–18. Jh.

Burgruine (Oberstadt): Die Burg war die größte und eindrucksvollste Wehranlage im Taunusgebiet, bis sie 1796 v. den Franzosen gesprengt und im 19. Jh. als Steinbruch benutzt wurde. Vermutlich entstand sie in der 2. Hälfte des 12. Jh. Der Unterbau der Kernburg ist roman., die mächtigen Außenbefestigungen sind nach 1535 angelegt worden, die übrigen Gebäude stammen aus dem 14. und 15. Jh.

Stadtmuseum (im Alten Rathaus): Neben vor- und frühgeschichtlichen sowie kunsthandwerklichen Exponaten (16.–19. Jh.) sind v. a. das Modell und die Pläne der ehem. Burg v. Interesse.

53639 Königswinter
Nordrhein-Westfalen

Einw.: 35 500   Höhe: 65 m   S. 1276 ☐ C 9

Haupterwerbszweig des Ortes waren einmal die Trachytsteinbrüche am Drachenfels, die bis zur Mitte des 17. Jh. das Material für viele bedeutende Kirchenbauten des Rheinlandes lieferten, u. a. für den Kölner Dom. 1836 wurden die Steinbrüche stillgelegt, um die Burgruine Drachenfels zu erhalten.

Kath. Pfarrkirche St. Remigius: 1779 wurde anstelle einer roman. Kirche ein dreischiffiger Neubau mit Halbkreisapsis und fünfgeschossigem O-Turm aufgeführt.
Das Innere – v. klassizistischen Bauformen geprägt – ist in der Hauptsache neubarock ausgestattet. Aus der Erbauungszeit sind nur der Hochaltar, Teile des barocken Kanzel und des Orgelprospekts erhalten. Ein seltenes und deshalb interessantes Stück ist das Armreliquiar der hl. Margaretha (14. Jh.).

Kloster Heisterbach: Die Lage der Ruine der Zisterzienserkirche im abgelegenen Waldtal ist charakteristisch für die Haltung der weltabgewandten Zisterzienser. Weithin bekannt wurde die Ruine durch die dt. Romantiker, welche die Legende v. »Mönch v. Heisterbach« in vielen Fassungen überliefert haben. 1809 sprengte man die 1202 begonnene und 1237 gew., mächtige Basilika mitsamt dem Kloster. Apsis und Chorumgang blieben jedoch erhalten, weil der Sprengsatz nicht zündete. An der Ruine läßt sich noch die Großartigkeit der spätroman. Kathedrale, die sich mit den berühmten Kölner Kirchen vergleichen ließ, erkennen. – Außen bauen sich die 3 Teile der Choranlage klar übereinander auf: der *Kapellenkranz,* v. innen in die starke Mauer eingelassen, als Sockel mit kleinen Fensteröffnungen und Dach, darüber die Fenster des *Umgangs* und im dritten Geschoß die hohen *Rundbogenfenster* des Hochchors. Von innen erscheint alles leichter und zierlicher.
Heute steht nahe der Ruine ein *Zellitinnenkloster.* Die Gebäude stammen aus dem 18. Jh.

Ruine Drachenfels: Kölner Erzbischöfe haben die Burg im 12. Jh. auf einer Kuppe des Siebengebirges errichtet. Die Burg wurde mehrmals erobert und durch die Bauhütten des Niederrheins stark in Mitleidenschaft gezogen. Erhalten ist eine Ruine mit roman. Bergfried und Außenbering. Der Sage nach soll hier in einer Felsenhöhle der Drache gehaust haben, den Siegfried getötet hat.

Umgebung

Oberpleis (10 km nö): *Ehem. Propsteikirche/Kath. Pfarrkirche:* Oberpleis war im 12. Jh. eigenständige Propstei. Die heutige Kirche entstand im 12. und 13. Jh. Der äußere Bau wird durch den fünfgeschossigen W-Turm charakterisiert. Romanik und Gotik mischen sich in dieser dreischiffigen Pfeilerbasilika. Im Inneren sind roman. und got. Wand- und *Gewölbemalereien* und eine *Kosmos-Darstellung* im Fußboden (renoviert) erhalten. Die *Krypta,* in der zweiten Hälfte des 12. Jh. entstanden, besitzt schöne Kreuzgewölbe, die v. 16 Säulen getragen werden. Glanzstück der Ausstattung ist ein *Retabel* aus der Zeit um 1150–60. Dargestellt sind die Muttergottes, 3 Jungfrauen und die Hl. 3 Könige. Das Tuffsteinretabel gehört zu den bedeutendsten Werke hochroman. Plastik am Rhein.
Siebengebirgsmuseum (Kellerstraße): In dem vornehmen zweigeschossigen Bau (1732) befinden sich u. a. Architekturfragmente aus dem Kloster → Heisterbach (4 km n Königswinter) und ein Richtschwert von 1723.

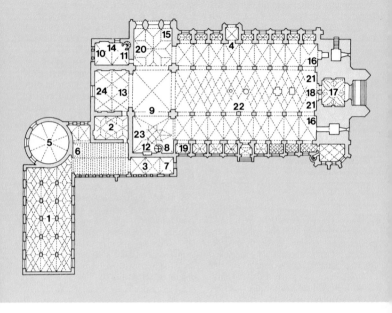

78462–67 Konstanz

Baden-Württemberg

Einw.: 76 200   Höhe: 407 m   S. 1281 □ G 15

Kaiser Constantius Chlorus, der Vater Konstantins d. Gr., soll die Stadt im späten 3. Jh. n. Chr. gegr. haben. (Mauerfunde auf dem Münsterplatz.) Um 600 wurde Konstanz Bischofssitz, v. 1192–1548 war der Ort am Bodensee freie Reichsstadt, 1414–18 fand hier das erste Konzil auf dt. Boden statt, das den Reformator J. Hus als Ketzer zum Scheiterhaufen verurteilte und 1415 vor den Toren der Stadt verbrennen ließ.

Münster U. L. Frau (Münsterplatz): Die Kathedrale steht auf dem Boden eines versunkenen Römerkastells und hat eine lange, komplizierte Baugeschichte. Zu den ältesten Teilen (10. Jh.) gehört die *Krypta,* die dazugehörige Kirche stürzte 1052 ein und wurde gleich danach durch den Neubau der heutigen Kirche ersetzt (gew. 1089). Es war eine große flachgedeckte

Konstanz, Münster U. L. Frau 1 Kapitelsaal **2** Sakristei **3** Alte Nikolauskapelle **4** Goldscheiben, 11.–13. Jh. **5** Hl. Grab in der Mauritius-Rotunde **6** Kreuzigungsbild, 1348 **7** Wandmalereien, um 1425 **8** Schnegg (Wendeltreppe), 1438 **9** Chorgestühl, um 1467 **10** Glasfenster, Mitte 15. Jh. **11** Wandbild, Mitte 15. Jh. **12** Marientodgruppe, 1460 **13** Grabplatte des Erzbischofs v. Salisbury (gest. 1417) **14** Grabmal Bischof Otto v. Hachberg (gest. 1434) **15** Grabmal Bischof B. v. Randeck (gest. 1466) **16** Christophorusbilder, 15. Jh. **17** Hauptportal **18** Orgel, 1517–20, Entwurf wahrscheinlich v. Peter Flötner **19** Flügelaltar, 1524 **20** Mariä-End-Altar, 1637, Altarbild v. J. Rieger, 1710 **21** Totenbild **22** Kanzel, 1680 **23** Thomasaltar, 1682 **24** Hochaltar mit Mariä Himmelfahrt, 1774

roman. Säulenbasilika mit Querschiff und geschlossenem Chor. Das Mittelschiff wurde erst 1679–83 eingewölbt. Die Kapellen entlang der Seitenschiffe stammen aus dem 15. Jh. Die w Doppelturmfassade entstand im 12. Jh. N- und S-Turm wurden mehrfach verändert. – Im *Inneren* fallen der 1775–77 klassizistisch umgestaltete Chor und die Stuckdekorationen in Chor und Querschiff aus dem Rahmen des insgesamt ma Bildes. Erhalten blieben der

Große Herrgott v. Konstanz, ein Kruzifix des 15. Jh., geschnitzte *Türflügel* (1470) mit je 10 Darstellungen aus der Heilsgeschichte sowie eine reichgestaltete *spätgot. Treppe* (1438) im n Querschiff. Sie ist burgundisch beeinflußt und zeigt Darstellungen aus dem Alten und Neuen Testament. Das berühmteste Stück ist das *Hl. Grab* in der *Mauritiuskapelle,* ein zwölfeckiger 5 m hoher Sandsteinbau (um 1280) in hochgot. Formen mit Maßwerkfenstern, 12 Apostelfiguren und Gestalten aus der Kindheit Jesu. Im Inneren befindet sich das eigtl. Grab, das v. Wächtern umgeben ist.

Ehem. Dominikanerkloster (heute Inselhotel, Auf der Insel): Um die 4 Arme des Kreuzgangs gruppiert, schließt der Klosterbau gegen S an die Kirche an, die heute ebenfalls in das Inselhotel einbezogen ist. Der Kreuzgang zeigt sehr schöne frühgot. Formen (1260–70). In der Vorhalle zum Kreuzgang, in dem sich jetzt das Hotelbüro befindet, sind noch Wandmalereien des 16. Jh. zu sehen (Totentanz und Tugendspiegel).

Ehem. Augustinerkirche zur Hl. Dreifaltigkeit (Rosgartenstraße): Die in der 2. Hälfte des 13. Jh. errichtete got. Basilika (mit barocken Zutaten) ist berühmt durch den Zyklus ihrer Wandfresken v. 1417 zur Geschichte ihres Augustinerordens. Der urkundlich nachgewiesene Auftraggeber, Kaiser Sigismund, ließ in den Bogenzwickeln Heilige seiner böhmischen Lande anbringen, auch stilistisch ist in den hervorragenden Arbeiten eine enge Verbindung nach Böhmen spürbar.

Kaufhaus am Hafen/Konzilsgebäude (Am Hafen): Das Gebäude, das einst dem Leinwandhandel diente, wurde 1388 erbaut. Der mächtige Bau mit 2 übereinanderliegenden Hallen im Inneren, großem Walmdach und Kranerkern an den Ecken gilt fälschlich als Konzilshaus, weil hier angeblich 1417 anläßlich der Papstwahl (Martin V.) ein Kardinalskonklave stattgefunden haben soll. Tatsächlich tagte das Konzil jedoch im Münster.

Museen: *Städtische Galerie* (Wessenbergstr. 41) mit Malerei und Graphik aus der Bodensee-Region (19./20. Jh.). Das

Konstanz, Münster, Heiliges Grab

Rosgartenmusem (Rosgartenstr. 3–5) bietet Vor- und Frühgeschichte, Kulturgeschichte, Volkskunst, Kunsthandwerk und Numismatik.

Stadttheater (Konzilsstr. 11): In dem Gebäude eines ehem. Klosters wurde 1609 mit der Comico-Tragödie »Von dem Leben und Tod des heiligen Knaben und Märtyrers Justi« das älteste Theater der Bundesrepublik eröffnet. Eigenes Schauspielensemble. 400 Plätze.

Außerdem sehenswert: Pfarrkirche *St. Stephan,* ein spätgot. Neubau (1428; vollendet erst 1845) nach Vorgängerbau aus dem 12. Jh.; ehem. Jesuitenkirche *St. Konrad* (1604–07), die Kirche *St. Katharina* des Dominikanerinnenklosters Zoffingen (1257) mit einem *Vesperbild* v. C. D. Schenck (1684), das *Rathaus* aus dem späten 15. Jh., das *Kanonikushaus* des Chorherrenstifts St. Johann (Münsterplatz 5) mit Fresken aus dem 14. Jh. und das *Haus zum Schafhirten* (Zollernstr. 6).

Konstanz, Kaufhaus am Hafen

34497 Korbach
Hessen

Einw.: 22 500   Höhe: 379 m   S. 1277 ☐ F 8

Die Handwerkerstadt Korbach erhielt 1188 Soester Stadtrecht und gehörte zeitweise zur Hanse. Die günstige Lage an der alten Straße v. Köln nach Leipzig und v. Frankfurt nach Bremen förderte die Entwicklung. Nach schweren Zerstörungen im 30jährigen und 7jährigen Krieg ist die älteste Stadt Waldecks heute als Kreisstadt wieder wirtschaftliches und kulturelles Zentrum.

Ev. Pfarrkirche St. Kilian (Altstadt, Kilianstr. 5): Die weiträumige, spätgot. Hallenkirche (1335–1450) ist v. Stil westfälischer Kirchen beeinflußt. Die auf 4 Pfeilern ruhende Halle hat einen fast quadratischen Grundriß. An der S-Seite liegt die 1340 erbaute *Marienkapelle*, die seit 1958 Kriegergedächtnisstätte ist. Beach-

tung verdienen die mit got. Zierformen reich umrahmten Portale an der N-, W- und S-Seite, bes. das s Figurenportal (Anfang 15. Jh.) mit dem Jüngsten Gericht im Bogenfeld. Im Inneren wurde die alte Farbigkeit in Rot, Gelb und Grün 1957 im Zuge einer Restaurierung wiederhergestellt. Im s Seitenschiff ist die *Anbetung der Könige* (Anfang 15. Jh.) hervorzuheben, außerdem der große gemalte *Flügelaltar* (1527) mit Selbstporträt des Malers am Fuß des Kreuzes. Beachtenswert ist das hoch aufragende spätgot. Sakramentshäuschen im Chorraum.

Ev. Nikolaikirche (Neustadt): Um die Mitte des 15. Jh. wurde diese langgestreckte spätgot. Hallenkirche errichtet. Nur der W-Turm stammt v. einem älteren Bau (1359). Reich verziert ist das W-Portal. Im s Seitenschiff sind Wandmalereien (15. Jh.) erhalten. Der große *Flügelaltar* (1518) wurde v. gleichen Meister gemalt wie der in der Kilianskirche. Originell ist das 12 m hohe prunkvolle *Wandgrab* des Fürsten

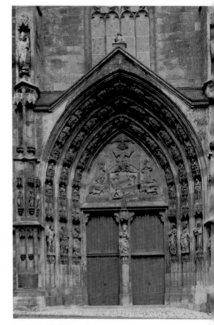

Korbach, St. Kilian, Südportal

Korbach, Pfarrkirche St. Kilian 1 Marienkapelle **2** Kruzifix, Anfang 14. Jh. **3** Hochaltarmensa, um 1340 **4** Taufstein, 14. Jh. **5** Kanzel, Ende 14. Jh. **6** Pultträger, Anfang 15. Jh. **7** Anbetung der Könige, Anfang 15. Jh. **8** S-Portal mit Figurenschmuck, Anfang 15. Jh. **9** Sakramentshaus v. B. und J. Bunkeman, 1525 **10** Flügelaltar, 1527

Georg Friedrich v. Waldeck (1692) aus Alabaster, Kalkstein und Marmor.

Außerdem sehenswert: Als Alt- und Neustadt zusammengeschlossen wurden, entstand genau an der Grenze das *Rathaus* mit seinem schönen Staffelgiebel (1377). Die Rolandsfigur (1470) kam 1937 hinzu, die Arkaden und der Turm 1930. – *Gymnasium Fridericianum,* ein Barockbau v. J. M. Kitz (1770–74). – Die sog. ehem. *Steinkammern,* 3 spätgot. Steinhäuser (Enser Str. 7; Kirchplatz 2; Violinenstr. 3). Im Steinhaus an der Kilianskirche befindet sich das *Heimatmuseum; zahlreiche Fachwerkhäuser* (17./18. Jh.) und Reste der *Stadtbefestigung.*

Umgebung

Waldeck (26 km sö) liegt am Ederstausee (12 km s) und ist neben der im 12. Jh. gegr. *Burg* und der *ev. Pfarrkirche St. Maria* (14./16. Jh.) mit dreiteiligem spätgot. Flügelaltar (um 1500) seiner *Fachwerkbauten* (18. Jh.) wegen sehenswert.

06366 Köthen
Sachsen-Anhalt

Einw.: 32 600   Höhe: 87 m   S. 1278 □ M 7

Der Ort war Residenz der askanischen Herzöge und gehörte v. 1603–1847 der Linie Anhalt-Köthen. Johann Sebastian Bach war 1717–23 Kapellmeister der Hofkapelle. Hier entstand das 1. Brandenburgische Konzert.

Agnuskirche: Das barocke Bauwerk wurde 1694–98 errichtet. Im Inneren findet sich ein wertvolles Abendmahls-Gemälde aus der Cranach-Werkstatt (nach 1565).

Pfarrkirche St. Jakob: Unter dem Chor der zwischen 1400 und 1514 errichteten got. Hallenkirche befindet sich die Fürstengruft.

Schloßkirche St. Marien: Das klassizistische Bauwerk wurde 1826–32 für den letzten Herzog v. Anhalt-Köthen, der zum Katholizismus übergetreten war, errichtet.

Schloß: Die aus 3 Flügeln bestehende Anlage im Renaissancestil wurde im wesentlichen zwischen 1597 und 1611 erbaut. Sie ersetzte eine Wasserburg aus dem 14. Jh., die 1547 abgebrannt war. Im Ludwigsbau befindet sich die ehem. Kapelle (heute Bachsaal). Im Ferdinandsbau ist das *Johann-Friedrich-Naumann-Museum* untergebracht. Der Ornithologe Naumann wurde 1780 in Ziebigk bei Köthen geboren (gest. 1857).

Heimatmuseum (Museumsgasse 4–5): In dem Museum wird die Geschichte des 1. dt. Sprachvereins, der »Fruchtbringenden Gesellschaft« dokumentiert, die 1617–50 in K. ihren Sitz hatte. Weiterhin gibt es einen Johann-Sebastian-Bach-Gedenkraum und Sammlungen zur Vor- und Frühgeschichte des Landes Anhalt.

Außerdem sehenswert: Von der Stadtbefestigung sind noch das *Hallesche* und das *Magdeburger Tor* erhalten. Sie sind in ihrem Kern got. – Am Holzmarkt 10 steht ein *Fachwerkhaus* mit einem schönen Portal aus der Zeit um 1600. Das *Haus Markt 1* ist ein Barockbau (1. Hälfte des 18. Jh.).

Umgebung

Gröbzig (14 km sw): Die *Pfarrkirche St. Martin* ist in ihrem Kern ma. Sie wurde 1661 und 1870 stark verändert. Zur Ausstattung gehört u. a. ein Kruzifix aus dem 18. Jh. – Die *Heimatkundliche Sammlung* ist in der ehem. Synagoge untergebracht. Sie wurde in der 2. Hälfte des 18. Jh. errichtet und 1877 umgebaut. Die jüdische Gemeinde in Gröbzig bestand v. 1728 bis 1934. Ihre Geschichte wird u. a. durch

Korbach, Nikolaikirche, Wandgrab des Georg Friedrich von Waldeck

Geräte, Thorarollen, Gebetsumhänge und Schutzbriefe dokumentiert. In dem Museum finden sich weiterhin Funde aus der Vor- und Frühgeschichte. – Das Schloß in Gröbzig wurde 1809 bis auf einen *Bergfried* aus dem 14. Jh. abgerissen.

47798–839 Krefeld
Nordrhein-Westfalen

Einw.: 245 800   Höhe: 40 m   S. 1276 ☐ B 8

Die Einführung der Seidenweberei durch die 1656 eingewanderte Familie von der Leyen ist Grundstock für den wirtschaftlichen Aufstieg der Stadt gewesen. Heute sind in Krefeld wichtige Firmen der chemischen Industrie und der Metallindustrie zu Hause. Der Rheinhafen erschließt die Stadt auf dem Wasserweg.

Kath. Pfarrkirche St. Matthias (Krefeld-Hohenbudberg): Die Kirche, male-

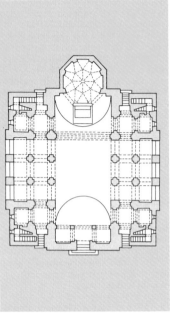

Köthen, Schloßkirche St. Marien

Köthen, St. Jakob

risch über dem Rheinufer gelegen, ist neugot. Nur der romanische W-Turm (12. Jh.) wurde 1852–54 beim Abbruch der ma Kirche verschont. Bedeutend ist die Ausstattung, die aus westfälischen Kirchen zusammengetragen wurde: *Spätgot. Schnitzaltar* mit bemalten Flügeln (16. Jh., Unterbau neugot.) sowie *Schnitzschreine* des 15. und 16. Jh. auf den beiden Seitenaltären und ein hölzerner *Kruzifixus* (um 1250).

Kath. Pfarrkirche St. Klemens (Krefeld-Fischeln): Der dreigeschossige W-Turm stammt aus dem 12. Jh., das Mittelschiff und n Seitenschiff entstanden im 14. Jh., und das S-Schiff wurde im 17. Jh. angefügt. 1867/68 wurde der alte O-Teil abgebrochen und neugot. erweitert.

Burg Linn (Ortsteil Linn, Albert-Steeger-Straße): Der älteste Teil dieser Wasserburg war ein Wohnturm auf künstlich aufgeschüttetem Hügel (um 1200), der in frühgot. Zeit mit Ringmauern und 6 Ecktürmen

umgeben wurde und im 15. Jh. zur Wohnburg umgestaltet worden ist. Von diesem Bau sind heute nur noch die an den Torbau anschließenden Flügel, Palas und Wohngebäude erhalten. Nach Zerstörungen im Spanischen Erbfolgekrieg (1701–04) war die Burg nur noch Ruine. Als Ersatz wurde 1740 ein kleines *Jagdschloß* im Bereich der Vorburg errichtet. Burg Linn ist heute (behutsam rest.) Ausflugsort und *Landschaftsmuseum* für den Niederrhein.

Museen: Zum *Museumszentrum Burg Linn* (Albert-Steeger-Straße) gehört neben Burg und Jagdschloß ein modernes Museumsgebäude; es zeigt Sammlungen zur Vor- und Frühgeschichte, zur Geschichte der Stadt Krefeld und zur Volkskunde des Niederrheins. – *Museum Haus Lange/Museum Haus Esters* (Wilhelmshofallee 91–97), 1928 von L. Mies* van der Rohe als Privathaus für den Kunstsammler Hermann Lange erbaut, ging 1955 in den Besitz der Stadt über und zeigt eine Samm-

Köthen, Rathausportal

lung moderner Kunst und Entwürfe Mies van der Rohes. – Das *Kaiser-Wilhelm-Museum* (Karlsplatz 35) bietet Gemälde und Plastik v. MA bis zur Moderne, außerdem Möbel aus der näheren Heimat, aus Italien und Holland. – Das *Dt. Textilmuseum* (Krefeld-Linn, Andreasmarkt 8) ist mit Stoffen aller Völker und Zeiten und mit kirchlichen Gewändern die größte Sammlung dieser Art in Deutschland.

Theater (am Theaterplatz): Hier spielen die Vereinigten Bühnen Krefeld/Mönchengladbach.

Außerdem sehenswert: *Rathaus* (Vonder-Leyen-Platz 1): Das ehem. *Schloß v. der Leyen* wurde 1791–94 gebaut und nach schweren Kriegsschäden aus dem 2. Weltkrieg 1955 wiederhergestellt. – In den sog. *Herberzhäusern* (am Marktplatz in Krefeld-Uerdingen), einem 1832 v. A. v. Vagedes gebauten, klassizistischen Häuserblock, sind Rathaus, Apotheke und Bibliothek. – *Historische Ortskerne der*

Stadtteile Uerdingen, Linn und Hüls: Uerdingen weist als wichtiger Handelsplatz am Rhein mehrere bedeutende Häuser mit repräsentativen Fassaden (Barock, Rokoko und Klassizismus) auf. Linn und Hüls sind eher mittelalterlich-kleinstädtisch geprägt. Die Innenstadt Krefelds wurde während der Zeit des fieberhaft schnellen Wachstums im 19. Jh. mit mehreren bedeutenden neugot. Kirchen ausgestattet, deren Architektur und Ausstattung deutlich unter dem Einfluß der Kölner Dombauhütte steht.

25361 Krempe
Schleswig-Holstein

Einw.: 2100   Höhe: 5 m   S. 1273 □ G 3

Rathaus: Der zweigeschossige Bau (1570) auf einem fast quadratischen Grundriß mit seinem hohen Giebel gehört zu den stattlichsten Renaissance-Rathäusern in Schleswig-Holstein. Nur die Fassade ist in Backstein aufgeführt, die übrigen Seiten sind Fachwerk mit vorragendem Obergeschoß über geschnitzten Schwellen. Im *Ratssaal* sind die barocken Reliefs am Kamin, mehrere Truhen und »Gildeladen« besonders sehenswert. Der gemalte Türhüter hat die Gestalt des »Wilden Mannes« (1570). Im Rathaus befindet sich eine *Stadtgeschichtliche Sammlung.*

96317 Kronach
Bayern

Einw.: 18 600   Höhe: 307 m   S. 1278 □ L 10

In Kronach wurde 1472 der Maler Lucas Cranach d. Ä. geboren.

Festung Rosenberg: Die Burg ist eine der besterhaltenen Festungsanlagen in Deutschland. Ursprung des Baus ist jenes *Steinerne Haus mit Turm* gewesen, das 1128–30 über der Stadt zwischen den Flüßchen Kronach und Haslach v. Bischof Otto I. v. Bamberg errichtet wurde. Es entspricht dem bis heute erhaltenen, unregelmäßigen viereckigen Kernbau. In der 2. Hälfte des 14. Jh. wurde die Veste als Eckpfeiler des Bamberger Hochstifts aus-

Krefeld, Burg Linn

gebaut und 1475–87 zur Festung erweitert. Die Kernburg wurde im 16. Jh. zum *Wohnschloß* umgestaltet und erhielt um 1730 ihr heutiges Gesicht durch B. Neumann*. Hier befindet sich auch die *Burgkapelle* des 15. Jh. Bis 1866 diente die Burg als Festung, jetzt beherbergt sie das *Frankenwald-Museum*, die *Fränkische Galerie* des Bayer. Nationalmuseums, das *Deutschlandinformationszentrum* der Bayer. Staatskanzlei und eine *Jugendherberge*.

Kath. Pfarrkirche St. Johannes Baptist: Die dreischiffige got. Halle (um 1400) wurde im frühen 16. Jh. um den w Teil, der den älteren Bau an Höhe überragt, erweitert. Bemerkenswert ist das reichverzierte spätgot. *Portal* an der N-Seite des W-Baus (später eingebaut) mit einer Johannesfigur. Originell ist die kleine spätgot. *Annakapelle* (1513) im O des Chors, dessen Grundmauern roman. sind.

Außerdem sehenswert: Im *Haus zum scharfen Eck*, einem Fachwerkbau aus

dem 16. Jh., soll Lucas Cranach d. Ä. geboren sein. – Das *ehem. Kommandantenhaus* ist ein stattliches Bürgerhaus aus dem 16. Jh. – *Ferner* Rathaus (1583), Spitalkirche (1467), Hl.-Kreuz-Kapelle am Kreuzberg (17. Jh.), Klosterkirche St. Petrus v. Alcantara (1670–72), die Melchior-Otto-Säule (1654). Kath. St.-Anna-Kapelle (15. Jh.), zahlreiche gut erhaltene Bürgerhäuser, vor allem am Marktplatz und in der Lucas-Cranach-Str., die von der Größe der Stadt im Spätmittelalter, Barock und Klassizismus zeugen. Weitgehend erhaltene Stadtbefestigung (14. Jh., im 17. Jh. erweitert).

61476 Kronberg im Taunus
Hessen

Einw.: 18 000   Höhe: 250 m   S. 1277 □ F 10

Burg: Die ältesten Teile der Anlage sind die Ringmauer und der quadratische Bergfried (dessen schmaler Aufsatz nebst

Kronberg im Taunus, Terrakotta-Gruppe »Maria Schlaf« im Chor der Johanniskirche

Wehrgang erst um 1500 hinzugefügt wurde) aus der *Oberburg.* – In der *Mittelburg,* einem zweiflügligen, in der 1. Hälfte des 15. Jh. begonnenen Wohnbau mit geschweiften, obeliskengeschmückten Renaissancegiebeln (1626), ist das *Schloßmuseum* untergebracht. Sehenswert ist die Küche mit got. Herdmantel und einem alten Brunnen (urspr. Ziehbrunnen). – In der sö vorgelegten *Unterburg,* in die man durch einen Torbau v. 1692 gelangt, ist die *Burgkapelle* (1350) hervorzuheben.

Ev. Johanniskirche: In die S-Seite des Chors dieses spätgot. Saalbaus wurde ein Turm der ersten Stadtbefestigung einbezogen. Den kulturhistorischen Rang dieser Kirche bestimmt die wertvolle Ausstattung, u. a. die Reste spätgot. Ausmalung (1483), ein Votivaltar mit einer Terrakotta-Gruppe (mittelrheinisch um 1440–50), 4 Doppelgrabmäler im Langhaus sowie das Epitaph für Walter v. Kronberg (im Chor) v. H. Backoffen (1517, Spätwerk).

95326 Kulmbach
Bayern

Einw.: 28 100   Höhe: 328 m   S. 1278 ☐ L 10

Berühmtester Sohn der Stadt ist der 1476 geborene Hans v. Kulmbach, Schüler und Freund v. Albrecht Dürer. Literarische Bedeutung aber hat Kulmbach durch die Plassenburg erhalten: In Ludwig Bechsteins Roman »Grunbach« (1839) ist der Held Burghauptmann auf der Plassenburg, und Jakob Wassermann hat der berühmten Renaissance-Anlage seine Novelle »Die Gefangenen auf der Plassenburg« (1911) gewidmet.

Plassenburg: Die Plassenburg, bedeutendste Schloßburg der Renaissance in Franken, überragt als weithin sichtbares Wahrzeichen die Stadt. Die erste Burg ließ hier, auf dem Berg nahe dem Zusammenfluß des Roten und Weißen Mains, Graf Berthold II. v. Andechs bauen (um 1135).

Von den Besitzern ging die Burg in den Besitz der thüringischen Grafen v. Orlamünde über (1260–1340) und gelangte schließlich – über die Burggrafen v. Nürnberg – an die Hohenzollern. Ihr heutiges Gesicht erhielt die Plassenburg durch den Wiederaufbau 1559 unter Markgraf Georg Friedrich (nach einem Brand). Von hervorragenden Baumeistern wie G. Beck (1559) und C. Vischer* (1561) geplant, entstand eine ausgedehnte Anlage mit Vor- und Hauptburg. Das Äußere der Anlagen ist sehr schlicht. Überwältigend ist der sog. *Schöne Hof,* der innere Hof der Hauptburg, der zu den reichsten Außendekorationen der dt. Renaissance zählt. Das unregelmäßige Viereck wird v. Türmen in den Ecken bestimmt und ist an 3 Seiten v. offenen Arkadengängen in 2 Geschossen umgeben. Reicher ornamentaler und figürlicher Skulpturenschmuck überzieht Brüstungen, Bogen und Pfeiler. In Medaillons sind die Ahnen der Hohenzollern dargestellt.
Von Beginn des 19. Jh. bis zum Jahr 1928 diente die Burg als Zuchthaus. Heute beherbergt sie eine der größten *Zinnfiguren-Sammlungen* der Welt sowie Zweigstellen der Bayer. Staatsgemäldesammlung (Jagd- und Schlachtengemälde) und des Bayer. Nationalmuseums. Montags geschlossen.

Kulmbach, Blick zur Plassenburg

Außerdem sehenswert: *Petrikirche* mit einem fast 15 m hohen Choraltar (1650–53); *ehem. Langheimer Klosterhof,* der als dreigeschossiger Quaderbau mit hoher Giebelfront auf einem Vorsprung des Schloßberges entstanden ist (1691–95); die *ehem. Kanzlei* (1563, im 17. Jh. umgebaut); das *Rathaus* (1752) mit Rokokofassade.

66869 Kusel
Rheinland-Pfalz

Einw.: 5700   Höhe: 240 m   S. 1280 ☐ C 11

Burg Lichtenberg (nw v. Kusel): Sie ist mit einer Längenausdehnung von 425 m die größte pfälzische Burganlage. Die heute noch gut erkennbaren Teile, *Unterburg* und *Oberburg,* sind nicht gleichzeitig, sondern nacheinander entstanden und wurden erst später (um 1450) durch eine Ringmauer zusammengefügt. Von der Unterburg (um 1210) sind die Umfassungsmauern, ein Rest des Bergfrieds, ein Giebel der Burgkapelle mit dem Eingangstor, ein 65 m tiefer Brunnen und eine Zisterne erhalten. Die Oberburg wurde um 1270 angelegt und v. 14.–18. Jh. mehrfach erweitert. Mittelpunkt der weitläufigen Anlage ist der 33 m hohe, übereck gestellte Bergfried. 2 Palasgebäude, Ostpalas (um 1325) und Westpalas (um 1425), sind durch einen dreistöckigen Verteidigungsturm (seit 1488 Roßmühle) voneinander getrennt. Im Osten wird die Anlage durch einen Zwinger mit dem mächtigen Hufeisenturm (1620), dem Wachhaus (1750) und dem äußeren Tor abgeschlossen. 1799 wurde die Burg durch Brand zerstört, im 19. Jh. als Steinbruch benutzt, 1895 unter Denkmalschutz gestellt, restauriert und in Teilen wiederaufgebaut. Über den Grundmauern von zwei ehem. Burgmannenhäusern entstand 1930/31 die Jugendherberge.

Zwischen Oberburg und Unterburg liegt die *ev. Kirche,* ein einfacher Saalbau (1755–58). In der wiederaufgebauten Zehntscheune (1979–81) sind das *Musikantenland-Museum* (1984) und das *Naturkundemuseum* (1991) untergebracht.

54655 Kyllburg

Rheinland-Pfalz

Einw.: 1100   Höhe: 301 m   S. 1276 ☐ B 10

Kyllburg, schon um 800 als »castrum Kiliberg« bekannt, ist heute Luftkurort in waldreicher Umgebung.

Ehem. Kollegiatstift und kath. Pfarrkirche St. Maria: Zu dieser vollständig erhaltenen, auf einer Höhe über dem Flüßchen Kyll gelegenen kleinen Stiftsanlage aus dem 14. Jh. gehört die Kirche *St. Maria* mit ihrem einschiffigen Langhaus, dem wesentlich niedrigeren Chor und ihren reichen Maßwerkfenstern und schönen Portalen. Den Chorschluß beleben *3 Glasgemälde* (1534). Hinter dem Hochaltar steht eine steinerne *Muttergottes* (Trierer Arbeit 14. Jh.), an der S-Wand das ehem. *Triumphkreuz* (um 1300). Erwähnenswert sind auch die Bildnisgrabsteine, ein schönes Chorgestühl (14. Jh.) sowie Kanzel und Beichtstühle (im Rokokostil). An die S-Seite schließt sich der spätgot. *Kreuzgang* mit der Steinfigur der Maria lactans an, parallel dazu liegt das ehem. *Kapitelhaus* (14. Jh.) in der NW-Ecke, das heute als Sakristei dient. Im Obergeschoß ehem. Schlafsaal des Stifts.

Umgebung

Malberg (1 km nw): Talabwärts liegt *Schloß Malberg,* ein Barockbau (1708–15) v. W. v. Veyder mit interessanten mythologischen *Skulpturen* auf Terrassenbalustrade und Gartenmauern v. F. Dietz (1758–60).

St. Thomas (4 km n): Talaufwärts lohnt ein Besuch des *ehem. Zisterzienserklosters St. Thomas,* dessen Kirche (1222 gew.) eines der frühesten Beispiele der Nonnenklosterkirche im späten MA – einschiffig und mit tiefer w Nonnenempore – darstellt. Klosteranlage 18. Jh.

L

68526 Ladenburg
Baden-Württemberg

Einw.: 11 800   Höhe: 110 m   S. 1281 □ F 12

Die Stadt am Neckar hat ihr ma Stadtbild mit ihrer Stadtmauer (12. Jh.), vielen alten Adelshöfen und Bürgerhäusern erhalten können. Sie geht auf eine bedeutende keltische Siedlung mit dem Namen Lokwodunon zurück, die seit dem 5. vorchristl. Jh. hier bestanden hat. An das röm. Militärlager, später civitas *Lopodunum,* das im 1. Jh. n. Chr. hier existierte, erinnern Funde, die im Museum gezeigt werden. Im 6. Jh. n. Chr. geht der Ort in den Besitz der Franken über und wird alsdann zum Hauptort des »Lobdengaues«.

Kath. Stadtpfarrkirche St. Gallus (Kirchenstraße): Die got. Basilika aus dem 14. Jh. ist auf den Fundamenten älterer Bauten errichtet worden. Erhalten ist die *Krypta* aus der ersten Hälfte des 11. Jh. Bei Renovierungen wurden Fundamente einer Basilika freigelegt, die vermutlich aus dem 3. Jh. stammen und v. den Römern urspr. wohl als Grundstein für eine Markthalle gedacht gewesen sind.

Sebastianskapelle (Lustgartenstraße): Die ehem. Hofkapelle der Wormser Bischöfe, die häufig (12.–18. Jh.) verändert und erweitert wurde und keinen einheitlichen Stil erkennen läßt, umschließt die Reste aus karolingischer Zeit. Der Turm aus dem 12. Jh. ist roman., der Chorbau spätgot., und das Langhaus wurde im Jahre 1737 umgestaltet. Im Inneren 1978 freigelegte Wandmalereien (15. Jh.).

Außerdem sehenswert: Ma Stadtbild und Teile der Stadtbefestigung (17. Jh.). Unter den zahlreichen, gut erhaltenen *Bürgerhäusern* und *Adelshöfen* seien hier nur der Wormser Bischofshof und das Neunhellersche Haus erwähnt.

56112 Lahnstein
Rheinland-Pfalz

Einw.: 18 700   Höhe: 65 m   S. 1276 □ D 10

Die Stadt Lahnstein an der Mündung der Lahn in den Rhein entstand 1969 durch Zusammenschluß der beiden Ortsteile Oberlahnstein (Stadtrechte 1324) und Niederlahnstein (Stadtrechte 1332); dieser letztere Ort geht auf einen röm. »Burgus« des 4. Jh. zurück.

Klosterkirche St. Johannes d. T.: Die flachgedeckte Säulenbasilika, Mitte des 19. Jh. noch Ruine, wurde 1856, 1906 und endlich 1960/61 in den originalen alten Zustand des 12. Jh. zurückversetzt. Der mächtige W-Turm mit seinen 6 Geschossen und dem kurzen Pyramidendach zeigt die typisch rheinische Rot-schwarz-Eckquaderung. Der *Innenraum* wird bestimmt durch die Emporenöffnungen und die Säulenarkaden im W-Turm (unter der Orgel). St. Johannes ist eine der frühesten Emporenkirchen im Rheinland.

Ladenburg, Krypta in St. Gallus

Pfarrkirche St. Martin (Oberlahnstein): Die beiden O-Türme, die verschiedene Veränderungen und Umbauten überstanden haben, stammen v. einem spätroman. Vorgängerbau. Got. Chor und die Sakristei kamen im 14. Jh. hinzu. Das barocke Langhaus ist als ein einfacher Saalbau 1775–77 entstanden.

Martinsburg (Oberlahnstein): Die Burg, 1244 als Wasserburg angelegt, war zunächst mainzische Zollburg und stammt in ihrem heutigen Zustand im wesentlichen aus dem 14./15. und 18. Jh. Das Hauptaugenmerk beansprucht die fünfgeschossige Turm an der S-Ecke. Im N-Flügel befindet sich die sehenswerte *Kapelle*. Sie ist ihrerseits mit dem *Wohnturm* aus dem 14. Jh. verbunden.

Burg Lahneck (Oberlahnstein): Die im 13. Jh. erbaute Burg der Erzbischöfe und Kurfürsten v. Mainz wurde 1688 zerstört, 1860 jedoch im Stil engl. Neugotik wiederaufgebaut.

Altes Rathaus (Oberlahnstein, Hochstr. 34): Das got. Fachwerkhaus stammt aus dem 16. Jh. Das Erdgeschoß ist aus Stein gemauert.

Außerdem sehenswert: Das *Heimbachsche Haus* (Heimbachgasse 2), ein roman. Wohnhaus aus dem 12. Jh., mit rot-weißen Rundbögen; der *Naussau-Sporkenburger Hof* (Johannisstr. 21), ein spätgot. Steinbau; *Wirtshaus an der Lahn* (Lahnstr. 8), malerischer Fachwerkbau (1697), ma *Stadtbefestigung.*

77933 Lahr, Schwarzwald
Baden-Württemberg

Einw.: 35 800   Höhe: 168 m   S. 1280 □ D 14

Von der traditionsreichen Stadt, deren bewegte Geschichte sich bis ins 13. Jh. zurückverfolgen läßt, ist wenig erhalten geblieben. Von der Tiefenburg, die Walter v. Geroldseck an der Paßstraße v. Elsaß ins Kinzigtal 1250 erbauen ließ, ist heute nur noch der Storchenturm vorhanden.

Ev. Kirche/Ehem. St.-Peters-Kirche (Ortsteil Burgheim): An der gleichen Stelle ist schon im frühen 8. Jh. eine fränkische Saalkirche bezeugt. 1035 erfolgte die Weihe eines Neubaus. Weitere Änderungen im 12.–15. Jh. Bei Ausgrabungen fand man unter der Kirche einen Friedhof mit Reihengräbern. Für das Grab einer Edelfrau (7. Jh.) wurde vermutlich röm. Bauwerk verwendet. Im Langhaus sind Wandmalereien aus dem 15. Jh. erhalten.

Ehem. Stiftskirche/Ev. Pfarrkirche: Eineinhalb Jahrhunderte (1260–1412) wurde an dieser Kirche gebaut. Bei einer durchgreifenden Neugestaltung in den Jahren 1848–51 wurden charakteristische Elemente beseitigt und das Gesamtbild des Baus stark verändert. Erhalten blieb der Chor aus dem 13. Jh.

Außerdem sehenswert: Das *Neue Rathaus* mit einer schönen Säulenhalle im Obergeschoß ist urspr. als Stadtpalais der Familie Lotzbeck entstanden (1808). Unter den *Wohnhäusern* sind Spätbarock, Rokoko, Klassizismus und Biedermeier vertreten. Zu den wichtigsten Häusern gehört das Stoeßersche Haus (Kaiserstr. 41; 1783). Im Storchenturm der ehem. Tiefenburg befindet sich das *Geroldsecker Museum.*

89150 Laichingen
Baden-Württemberg

Einw.: 9500 Höhe: 755 m S. 1281 ☐ H 14	

Höhlenmuseum (Beurer Steig 47): Zeigt Beiträge zur Urgeschichte der Schwäbischen Alb, u. a. Versteinerungen, Tropfsteine und Skelette von Höhlentieren.

Weberei- und Heimatmuseum (Weite Str. 41) bei der *ev. Kirche St. Alban,* einer 1555 erbauten Kirchenburg mit Ringmauer, Wehrgang und Torburg.

94405 Landau an der Isar
Bayern

Einw.: 11 800 Höhe: 390 m S. 1283 ☐ O 13	

Pfarrkirche Mariae Himmelfahrt: Beim Neubau der heutigen Barockkirche (1726 gew.) wurde der Turm eines ma Vorgängerbaus erhalten und in den Neubau einbezogen. Hervorzuheben ist die reiche Ausstattung (v. a. der *Hochaltar,* 1725, und 2 *Rokokoaltäre* in den Seitenkapellen). Die 3 Schnitzfiguren an den Pfeilern wie der Chorbogenkruzifixus sind spätgot.

Außerdem sehenswert: *Ehem. Herzogliches Schloß:* In der hoch gelegenen SW-Ecke des Berings entstand im 13. Jh. auch das Schloß. Nach einem schweren Brand im 16. Jh. wurde es im 18./19. Jh. wieder aufgebaut. – Die *Steinfelskirche* wurde um 1700 über einer natürlichen Grotte errichtet. – Von der *Friedhofskirche Hl. Kreuz* (15. Jh., mit barocker Flachdecke) sind die 3 gut erhaltenen spätgot. Altäre sehenswert. – Im *Weißgerberhaus* (Höckinger Str. 59; 17. Jh.) befindet sich das im Jahre 1957 gegr. *Heimatmuseum.*

76829 Landau in der Pfalz
Rheinland-Pfalz

Einw.: 38 000 Höhe: 188 m S. 1280 ☐ E 12	

Die ma Stadt wurde 1689 im Zuge der Festungsbauten Vaubans, des Festungsbaumeisters Ludwigs XIV., zu drei Vierteln niedergebrannt. Von den Festungsan-

Lahnstein, Wirtshaus an der Lahn

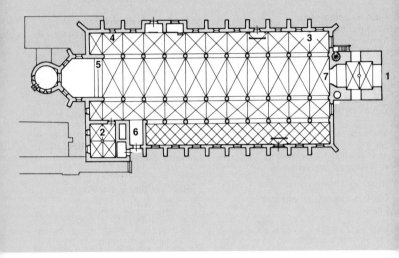

Landau in der Pfalz, Stiftskirche 1 Hauptportal, 1. Hälfte 14. Jh. **2** Sakristei mit Resten v. Wandmalerei, 1. Hälfte 14. Jh. **3** Ölbergnische mit Christusfigur, 1441 **4** Steinfigur des hl. Johannes, um 1525 **5** Grabstein des Ritters Hartung Fuchs v. Dornheim (gest. 1512) **6** Epitaph für Marie Elisabeth de Tarade (gest. 1688) **7** Orgelprospekt v. I. Seiffert, 1772

lagen sind noch erhalten: das Dt. und das Franz. Tor, das Kronwerk im NW der Stadt, die Wasserbauten an der Einlaß- und Auslaßschleuse und der Überschwemmungskessel Nr. 80.

Ev. Pfarrkirche/Ehem. Stiftskirche Unserer Lieben Frau (Marktstraße): Ausgehend v. einem 1276 angesiedelten Augustinerchorherrenstift, entstand im 14. Jh. die heutige Kirche. Bemerkenswert an diesem ungewöhnlichen großen, langgestreckten Bau ist v. a. der *Turm,* der zusätzlich zu den 3 quadratischen Untergeschossen der ersten Baustufe (1349) ein achteckiges Glockengeschoß (1458) erhielt. Chor und Hauptschiff wurden bei der

Restaurierung 1897/98 mit einem Kreuzrippengewölbe versehen.

Kath. Pfarrkirche Hl. Kreuz/Augustinerkirche (Königstraße): Die 1405–13 erbaute Kirche wurde im 2. Weltkrieg beschädigt (Chor), jedoch nach den alten Maßen wiederhergestellt. Aus der Innenausstattung ragten als alte Stücke ein *Taufstein* v. 1506 und die aus Holz geschnitzte *Landauer Madonna* (17. Jh.) heraus (seit 1893 in Hl. Kreuz).
Im N schließen sich die *Klostergebäude* an (1740–50; der O-Trakt im 2. Weltkrieg vernichtet).

Außerdem sehenswert: Einige *Häuser* in der Martin-Luther-Straße (Haus Nr. 17), Kaufhausgasse (Nr. 9) und am Max-Josephs-Platz (Nr. 1) stammen aus dem 17. und 18. Jh. und verraten franz. Einfluß. Das Haus der Kommandantur (Marktstr. 50) wurde 1827 erbaut und ist v. klassizistischen Elementen geprägt (heute Rathaus). – *Städt. Heimatmuseum.*

Landau in der Pfalz, Stiftskirche

Landsberg am Lech, Mariae Himmelfahrt

06188 Landsberg
Sachsen-Anhalt

Einw.: 3700 Höhe: 104 m S. 1278 ☐ N 7

Doppelkapelle St. Crucis: Sie gehörte einmal zu einer 1174 gegr. Burg und entstand um 1270 – ein wichtiges Zeugnis frühmittelalterlicher Baukunst. Die beiden Kirchenräume sind dreischiffig. Die Kreuzgratgewölbe ruhen auf Säulen und Pfeilern (Stützenwechsel). Im Erdgeschoß finden sich reichdekorierte Würfelkapitelle, im Obergeschoß Palmetten- und Palmettenfächerkapitelle. – Die *Pfarrkirche* ist ein einschiffiges spätroman. Bauwerk aus der Zeit nach 1200. Im Tympanon des S-Portals ist der hl. Nikolaus mit dem Gotteslamm und einem Löwen zu sehen. – In der Bahnhofstr. 28 befindet sich das *Heimatmuseum.*

86899 Landsberg am Lech
Bayern

Einw.: 22 100 Höhe: 620 m S. 1282 ☐ K 14

Pfarrkirche Mariae Himmelfahrt (Georg-Hellmair-Platz: Die mächtige Basilika entstand 1458–88 anstelle eines Vorgängerbaus aus dem 13. Jh. Baumeister war Matthäus v. Ensingen, der insbesondere dem Ulmer Münsterbau vorstand, unter Mitarbeit v. Valentin Kindlin. – Die z. T. barocke Innenausstattung ist v. einem selten anzutreffenden Reichtum. In den reichen Stuck der Decke sind sehr sparsam Freskenmedaillons eingearbeitet. Das Hauptaugenmerk beansprucht der gewaltige *Hochaltar* (1680) v. J. Pfeiffer aus Bernbeuren. Die Plastik (Figuren v. Joseph und Joachim sowie v. den 3 Erzengeln) stammt v. L. Luidl, einem Landsberger Meister. Er hat auch die Heiligenfiguren an der Mittelschiffswand geschaffen. Die *Chorfenster* aus dem 16. Jh. gehören zu den wichtigsten aus dieser Zeit in Bayern (Augsburger und Münchner Werkstätten). Hinter dem Hochaltar befindet sich das *Grabdenkmal* für den Arzt Cyriacus Weber (v. P. Reichle[*], 1575). In den Seitenkapellen sind weitere bemerkenswerte Altäre (meist 18. Jh.) zu sehen. Das reiche

Schnitzwerk der *Orgel* stammt v. L. Luidl (1696). *Chorgestühl* und *Kanzel* wurden zu Beginn des 18. Jh. ergänzt.

St.-Johannes-Kirche (Vorderanger): Die Kirche entstand nach Plänen (1741) v. D. Zimmermann*. Ungewöhnlich ist der kreisförmige Grundriß des Chors, der v. einem Hoch- und 2 Nebenaltären beherrscht wird (Figuren v. J. Luidl, 1760). Bemerkenswert auch die Malerei (1752) v. K. Thalheimmer über der Flachkuppel, die den Laienraum überspannt.

Ehem. Jesuitenklosterkirche Hl. Kreuz (Helfensteingasse): Der berühmte Augsburger Baumeister E. Holl* hatte die Pläne für den ersten Bau (1580–84) an dieser Stelle geliefert. 1752–54 wurde die Kirche jedoch durch den heutigen Bau ersetzt. Die äußerlich fast schmucklose Kirche schließt in ihrer Raumaufteilung an das Schema der Studienkirche Mariae Himmelfahrt in → Dillingen an (emporenlose Wandpfeilerkirche). Die Ausgestaltung erfolgte in Rokoko (Fresken v. C. T. Scheffler, zum kleineren Teil v. G. B. Götz). Im Mittelpunkt des Hochaltars steht ein großes Gemälde v. J. B. Bader (Kreuzigung, nach einer Vorlage v. Bergmüller, 1758). Bemerkenswert sind das Schnitzwerk der Beichtstühle, die Kanzel und mehrere schmiedeeiserne Gitter. Die Stukkaturen (1730) in der Sakristei stammen v. D. Zimmermann*.

Außerdem sehenswert: Der Marktplatz, einer der schönsten in Deutschland, wird v. dem 1699–1702 errichteten *Rathaus* bestimmt. Die erstklassigen Stukkaturen hat D. Zimmermann* geschaffen, der v. 1749–54 Bürgermeister v. Landsberg war und auch die Innenräume des Rathauses gestaltet hat. Vor dem Rathaus steht der 1783 errichtete *Brunnen* mit einer Marienstatue v. J. Streiter. Im Rathaus befindet sich eine *Galerie* mit Werken des Malers H. Herkomer* (1849–1914). – Das schnelle Wachsen der Stadt hat dazu gezwungen, die *Stadtbefestigung* mehrfach zu erweitern. Die Außenwand des *Bayertors* (15. Jh.) ziert eine Kreuzigungsdarstellung. – *Neu-*

es Stadtmuseum mit Bildern, Handwerkserzeugnissen, Fundstücken u. a. – *Mutterturm* (Herkomergedächtnisstätte): Der deutsch-englische Maler Sir Hubert v. Herkomer ließ 1884–88 den Turm als Atelier erbauen und widmete ihn dem Andenken seiner Mutter. Die Innenräume beherbergen eine reichhaltige Graphik-Sammlung des Künstlers.

84028–36 Landshut
Bayern

Einw.: 59 700   Höhe: 393 m   S. 1283 ☐ N 13

Das v. der Gotik bestimmte Stadtbild v. Landshut gehört zu den schönsten in Deutschland. In den wesentlichen Teilen des ma Stadtgebiets hat sich seit dem 16. Jh. kaum etwas verändert. Hauptachsen sind die beiden Straßenzüge Altstadt und Neustadt, die – fast parallel zueinander – v. S nach N verlaufen. Die Altstadt gilt als schönste Straße in Deutschland. Sie wird im S v. der St.-Martins-Kirche, im N v. der Spitalkirche Hl. Geist begrenzt. Im N stoßen Alt- und Neustadt jeweils auf die Isar. Zweimal war Landshut Residenzstadt: Ludwig der Kelheimer gründete hier 1204 die wittelsbachische Residenz, und nach dem Landshuter Erbfolgekrieg (1504–05) machte Ludwig X. die Stadt zur zweiten bayr. Residenz. – Ein Viertel-Jh. zuvor (1475) hatte Ludwig der Reiche seinem Sohn Georg eines der aufwendigsten Feste organisiert: die Landshuter Fürstenhochzeit. In Erinnerung an die achttägigen Festlichkeiten, mit denen man die Hochzeit Georgs mit der polnischen Königstochter Jadwiga beging, findet alle 4 Jahre die »Landshuter Hochzeit 1475« statt. – Zu literarischem Ruhm kam Landshut, als im Jahr 1800 die Landesuniversität v. Ingolstadt hierher verlegt wurde. Zu dem Romantikerkreis, der sich um Joh. Michael Sailer in Landshut bildete, gehörten Bettina und Clemens Brentano, Achim v. Arnim und andere bekannte Schriftsteller der Zeit.

Stadtpfarr- und Kollegiatsstiftskirche/Münster St. Martin (Altstadt): H. v. Burghausen (bis zu seinem Tod 1432) und H. Stethaimer* sind die Baumeister dieses

Landshut, Hl.-Geist-Kirche

Landshut, St. Martin

mächtigen Münsters, das mit seinem 131 m hohen Turm das höchste Backsteinbauwerk der Welt ist. Die Kirche, die zu den kunsthistorisch bedeutendsten Werken der Spätgotik zählt, wird v. außen her durch den mächtigen Turm bestimmt, der auf einem quadratischen Unterbau errichtet ist und sich v. Geschoß zu Geschoß verjüngt. – Die 5 Portale weisen alle überreichen Figurenschmuck auf. An der S-Wand befindet sich zwischen 2 Portalen das *Grabdenkmal* für Baumeister Hans v. Burghausen, das in der Werkstatt seines Nachfolgers entstanden ist und den greisen Meister zeigt. – Das *Innere* des Münsters hat gewaltige Ausmaße: Einschließlich Turm ergibt sich eine Gesamtlänge v. 92 m. Kernstück dieser Hallenkirche ist das Mittelschiff (29 m hoch, 11 m breit), das seine Fortsetzung im Chor (27,8 m hoch, 11,25 m breit) findet. An die Seitenschiffe schließen jeweils flache Kapellen an. – An erster Stelle bei der sehr reichen Ausstattung ist die *Landshuter Madonna* zu nennen, eine überlebensgroße Schnitzfigur v.

H. Leinberger* (um 1520). Das *Epitaph* in Sandstein (Krönung Mariens) in der mittleren Seitenkapelle zwischen den 2 Portalen stammt ebenfalls v. Leinberger. Zahlreiche weitere Grabdenkmäler zählen zu den besten Arbeiten der Zeit. – Der *Hochaltar* ist ein Werk v. H. Stethaimers (1424), v. dem wahrscheinlich auch die *Kanzel* (1422) stammt. Zu den kostbarsten Schätzen v. St. Martin gehört das *Chorgestühl* (um 1500). Der *Kruzifixus* (1495) wird dem Ulmer Meister M. Erhart zugeschrieben.

Ehem. Dominikanerkirche St. Blasius (Freyung): Die im 13. Jh. gegr. und 1386 gew. Kirche wurde im 18. Jh. teilweise umgebaut und neu ausgestattet, dabei erhielt sie auch ihre klassizistische W-Fassade. Die Ausstattung hat ihre Höhepunkte in wertvollen Stukkaturen v. J. B. Zimmermann*, der mit dem umfangreichen Freskenzyklus (1749) auch eine seiner besten Arbeiten lieferte. Der *Altar* spiegelt das Leistungsvermögen Landshuter Schnit-

Landshut, Burg Trausnitz

zerwerkstätten aus dem 18. Jh. Im Mittelpunkt steht ein Altarblatt v. J. B. Zimmermann*. Erwähnt sei auch das reichgeschnitzte *Chorgestühl.* – In den angrenzenden *Klostergebäuden,* in denen einst die Universität (vor dem Wechsel nach München) angesiedelt war, ist heute die *Regierung v. Niederbayern* untergebracht.

Ehem. Jesuitenkirche St. Ignatius (Neustadt): Im S der Neustadt entstand 1613–41 in Anlehnung an St. Michael in → München der turm- und fassadenlose Bau, den der Jesuitenpater J. Holl leitete. – Zu den Höhepunkten der Ausstattung gehören die Stukkaturen des Wessobrunner Meisters M. Schmuzer* (1640/41). Dem Weiß der Stukkaturen stehen die dunkelfarbigen Altäre als Kontrast gegenüber. Mittelpunkt des Hochaltars (1663–65) ist ein Gemälde v. J. C. Storer (Christus erscheint dem hl. Ignatius).

Zisterzienserinnenkloster Seligenthal (jenseits der Isar): An die Gründungszeit des Klosters (1231) erinnert heute nur noch die *Afrakapelle.* Die 1259 geweihte Klosterkirche wurde – abgesehen v. den Umfassungsmauern – durch einen Neubau aus dem 18. Jh. ersetzt. Im Inneren gehören die *Stukkaturen* zu den besten Arbeiten v. J. B. Zimmermann*, der auch die reichen Fresken geschaffen hat. In der Kuppelschale ist die Krönung Mariens dargestellt. Unter den mächtigen Altären, die v. K. Grießmann entworfen und v. J. W. Jorhan ausgeführt wurden (14./15. Jh.), nimmt der *St.-Anna-Altar* mit seiner Mittelgruppe eine Sonderstellung ein (Maria v. Engeln umschwebt).

Burg Trausnitz (Hofberg): Die Burg Trausnitz, im Jahre 1204 v. Herzog Ludwig dem Kelheimer gegr., gehört zu den besterhaltenen und kunsthistorisch bedeutendsten Burganlagen in Deutschland. Die urspr. Form wurde im Laufe der Jahrhunderte allerdings stark verändert. Vom 14. bis zum 16. Jh. wurden Wehr- und Wohnbauten hinzugefügt. In den Jahren 1568 bis

1578 erfolgte der Ausbau zum Schloß *(Fürstenbau)*. In dieser Zeit entstanden auch die doppelten Arkadenreihen, die – v. ital. Handwerkern geschaffen – zu den wichtigsten Werken der Renaissance in Deutschland gehören. Hervorzuheben ist auch die Treppe in der W-Ecke des Schloßhofes. Unter Herzog Wilhelm V. wurde die Burg Trausnitz zu einem Treffpunkt v. Künstlern, Komödianten und Musikanten (u. a. waren Tannhäuser und Neidhardt v. Reuenthal zu Gast). Von dem Italiener A. Scalzi stammt die gemalte »Narrentreppe«, die ungewöhnlich plastisch Figuren der Commedia dell'arte darstellt. – Eine besondere Kostbarkeit ist die *Burgkapelle St. Georg* (Doppelkapelle aus dem 13. Jh., mit spätgot. Gewölbe 1518). Die Brüstung zeigt Christus inmitten v. Aposteln und Heiligen (Stuckarbeit). Die Figuren v. Maria und Johannes darüber und der Kruzifixus sind erstklassige Schnitzarbeiten (um 1250).

Stadtresidenz (Altstadt): Angeregt durch einen Besuch des *Palazzo del Tè* im ital. Mantua (1536) ließ Herzog Ludwig X. in der Altstadt den einzigen Palazzo n der Alpen errichten (1537–43). Zur Altstadt hin ist der *Dt. Bau*, zur Ländgasse der *Ital. Bau* gerichtet. Die Räume sind v. großer Pracht, wobei die W-Halle des ital. Baus und der *Ital. Saal* (mit einem mit Bildern geschmückten Tonnengewölbe und Rundbildern an den Wänden) die kunsthistorischen Höhepunkte darstellen. Die anschließenden Prunkgemächer zeigen in ihren Gewölbeausmalungen Szenen und Figuren aus der antiken Götterwelt. Maler waren H. Bocksberger d. Ä. (Salzburg), L. Refinger (München) und H. Posthumus (Herkunft unbekannt). – Die Stadtresidenz ist heute *Museum* (Wohnkultur des 18. Jh., europ. Malerei des 16.–18. Jh.). – In der Stadtresidenz befindet sich auch das *Stadt- und Kreismuseum*.

Südostbayerisches Städtebundtheater (Ländtorplatz 2–5) im 1836 erbauten und 1947 umgebauten Stadttheater. 406 Plätze.

Außerdem sehenswert: *St. Jodok* (1338–68 erbaut, nach Brand im 15. Jh. erneuert und erweitert); *Hl.-Geist-* oder *Spital-Kirche* (1407–61) mit dem gegenüberliegenden *Spitalgebäude*, das 1722–28 sein heutiges Aussehen erhielt; das sog. *Herzogsschlößchen* (1782) s der Trausnitz und das *Rathaus* (Altstadt), das 1380 erbaut, im 15. und 16. Jh. umgebaut und 1860/61 in die heutige Form gebracht wurde. – In der Altstadt sind zahlreiche Giebelhäuser aus

< Narrentreppe in Burg Trausnitz

Hof der Stadtresidenz in Landshut

Langenburg, Schloß

dem 15./16. Jh. erhalten, u. a. das *Pappenbergerhaus* (Altstadt 81), *Grasbergerhaus* (Altstadt 300) sowie die Häuser Altstadt 69, 299, 369 und 570. *Stadtbering* (15. Jh.) mit erhaltenen Toren und Türmen.

74595 Langenburg
Baden-Württemberg

Einw.: 1900   Höhe: 439 m   S. 1281 □ H 12

Ev. Stadtkirche: Die Kirche aus dem 16. Jh. wurde mehrfach verändert und vergrößert, so daß sie keiner einzelnen Epoche zuzuordnen ist. Erwähnenswert sind der Altaraufsatz (17. Jh.; Abendmahl, Taufe und *Augsburger Bekenntnis)* sowie das Grabdenkmal für Graf Philipp Ernst (1629 v. M. Kern).

Schloß: In seinen ältesten Teilen geht das Schloß, das auf einer Anhöhe über der Jagst liegt, auf das 13. Jh. zurück (Haspel-, Archiv-, Hexenturm und Bastion Lindenstamm). Seine heutige Form erhielt es im 15. und v. a. im 16. Jh., als G. Kern aus Forchtenberg die Anlage im Stil der dt. Renaissance umgestaltete. Der O-Flügel wurde später barockisiert. Die Schäden eines Brandes 1963 sind fast vollständig beseitigt. – Unter den vielen großen Räumen des Schlosses nehmen die Tafelstube und der Barocksaal mit reichem Stuckdekor (1686) eine Sonderstellung ein. Außerdem Waffensammlung, Porzellan und ein Automobilmuseum.

35321 Laubach
Hessen

Einw.: 10 000   Höhe: 202 m   S. 1277 □ F 9

Ev. Stadtkirche: Ältester Teil der Kirche ist der O-Bau (13. Jh.) mit schönen Ecklisenen und einem Spitzbogenfries. Das Langhaus wurde 1700–02 hinzugefügt –

ohne jedoch zu einer Einheit mit dem vorhandenen Bau zu verschmelzen. Wichtigste Teile der Innenausstattung sind die Orgel (1747–51) v. J. C. Beck und J. M. Wagner sowie mehrere Grabmäler (vorwiegend aus dem 16./17. Jh.) und spätgot. Wandmalereien (1983/84 rest.) im Chor und Querhaus im N.

Schloß: Die Kernburg des malerisch auf einem Hang im Tal der Wetter gelegenen Schlosses wurde um 1400 errichtet, der Bergfried stammt wahrscheinlich sogar aus dem 13. Jh. Diese ältesten Teile der Anlage sind mit den zahlreichen und umfangreichen Neubauten verbunden, die bis ins 19. Jh. hinzukamen. Glanzstück der Innenausstattung ist der barocke *Große Saal* (1739) mit seiner verschwenderischen Fülle an Spiegeln und Wandvertäfelungen. Im *Treppenhaus* dominieren die reich ausgeschmückten schmiedeeisernen Gitter. Ein Teil des Schlosses beherbergt heute eine der umfangreichsten *Privatbibliotheken* Europas (120 000 Bände) der hier ansässigen Grafen Solms-Laubach. – Das Schloß ist v. zahlreichen *Nebengebäuden* umgeben (Beamtenhäuser und Wirtschaftsgebäude). Im engl. Garten (heute städt. Kurpark) ist die sog. *Untermühle* aus dem 16. Jh. erhalten.

Außerdem sehenswert: Der *Grünemannsbrunnen* (w der Kirche; 1588–89) und der *Engelsbrunnen* (Markt; 1780) sind gute Beispiele für den Brunnenbau der jeweiligen Zeit. An die *Stadtbefestigung,* die im 15./16. Jh. angelegt worden ist, erinnert der *Kriegerturm* im W des Ortes. *Fachwerkhäuser* (15.–18. Jh.). – *Heimatmuseum Fridericianum* im ehem. gräflichen Jagdschloß.

01778 Lauenstein
Sachsen

Einw.: 900 Höhe: 473 m S. 1279 □ Q 9	

Die Stadt liegt unterhalb einer 1241 erstmals bezeugten Burg. Sie wurde Ende des 12. Jh. von den Markgrafen von Meißen gegründet. Der 1487 beginnende Zinnbergbau führte zu einem gewissen Wohlstand.

Pfarrkirche: Die dreischiffige spätgot. Hallenkirche mit einschiffigem Chor wurde Ende des 15. Jh. erbaut. Die Sterngewölbe im Inneren stammen aus der Zeit nach einem Brand 1594. An der NO-Seite des Chors liegt die um 1600 v. Lorenz Hornung* im Renaissancestil errichtete Bünau-Kapelle. Hier befindet sich das *Bünausche Familienepitaph* aus Sandstein mit Alabaster, Achat und Jaspis, das ebenfalls v. Hornung nach 1609 geschaffen wurde. Es gilt als ein Meisterwerk des Manierismus.

Burg: Die spätgot. Anlage aus dem 14. und 15. Jh. wurde im 16. Jh. umgebaut und erweitert. Sie hat einen unregelmäßigen dreieckigen Grundriß. Ihre nw und n Teile sind nur als Ruine erhalten. Im w Gebäudeteil befinden sich der Wappensaal mit einer Stuckdecke, die v. Michael Schwenke* gestaltet wurde, sowie die Schloßkapelle mit got. Maßwerkfenstern und einer Innenausstattung, die ebenfalls v. Schwenke geschaffen wurde.

91207 Lauf an der Pegnitz
Bayern

Einw.: 23 800 Höhe: 330 m S. 1282 □ L 11	

Eine Stromschnelle (im Mittelhochdeutschen »Loufe«) war Ausgangspunkt für die Ortsgründung und Namensgebung der Stadt. An der Pegnitz entstanden schon im 13. Jh. mehrere Mühlen, die zum wirtschaftlichen Aufschwung des kleinen Ortes beigetragen haben. Die günstige Lage an der Handelsstraße Nürnberg – Böhmen trug ihrerseits zum schnellen Wachsen des Ortes bei. – Die Hammerwerke an der Pegnitz wurden später zur Keimzelle bedeutender Industriebetriebe.

Kaiserburg/Wenzelsschloß (Schloßinsel 1): Kaiser Karl IV. ließ die Burg 1357–60 auf einer Pegnitzinsel errichten. Durch P. Beheim* wurde sie 1526/27 umgestaltet. Aus der ersten Bauphase ist der berühmte *Wappensaal* (mit mehr als 100 Stein-Wappen v. böhmisch-schlesischen Adeligen, die zur Hausmacht des Kaisers gehörten) erhalten, der Kaiser Karl IV. einst als Wohnraum diente.

Außerdem sehenswert: Historischer Marktplatz mit altem Rathaus (17. Jh.) und fränkischen Giebelhäusern. Die 1553 errichtete, später mehrfach veränderte *ev. Stadtpfarrkirche* (Markt) besitzt eine sehenswerte Barockausstattung (Ende des 17. Jh.). Der Kruzifixus über dem Chorbogen stammt aus dem Jahr 1498. – Die ehem. *Pfarrkirche St. Leonhard* ist nur als Ruine (seit 1553) erhalten. Das angrenzende *Glockengießerspital* entstand 1374, wurde jedoch mehrfach verändert. – Von der Stadtbefestigung sind Mauerreste mit einer Eckbastion (Judenturm) u. 2 Stadttore erhalten. *Stadtarchiv* u. *städt. Sammlungen* befinden sich in einem Spitalgebäude.

83410 Laufen a. d. Salzach
Bayern

Einw.: 5800   Höhe: 394 m   S. 1283 □ O 15

Die Stadt verdankt ihre frühe Bedeutung (wichtiger Handelsplatz, insbesondere für Salz) v. a. ihrer günstigen Lage an einer Salzachschleife.

Pfarrkirche Mariae Himmelfahrt (Spandrucker Platz 1): Ab 1332 wurde anstelle einer roman. Basilika die älteste erhaltene got. Hallenkirche Deutschlands gebaut. Vom Vorgängerbau wurde nur der Turm übernommen. – Im Inneren dominieren die beiden kraftvollen Säulenreihen. Aus der reichen Ausstattung ist das *Gemälde* des s Seitenaltares hervorzuheben, das der in Laufen geborene Maler J. M. Rottmayr* 1690 geschaffen hat. Der *Hochaltar* ist ein Werk v. H. Fiegl und J. Gerold (1654). Ein niedriger Bogengang (schönes Netzgewölbe mit Fresken) mit vielen *Grabplatten* (15./16. Jh.) und 2 roman. Portallöwen umgibt einen Teil der Kirche. Im SW führt dieser Arkadengang zur *Michaelskapelle* (14. Jh., später z. T. erneuert) und zum *Friedhof.*

Außerdem sehenswert: An der Stelle, an der 790 zum erstenmal eine Burg erwähnt worden ist, entstand durch erhebliche Um- und Neubauten in den Jahren 1424 und 1606 der heutige Bau des *Schlosses.* – Seine jetzige Fassade erhielt das *Rathaus* (16.

Jh.) erst 1865. – Die ehem. *Stadtmauern* aus dem 14. Jh. sind bis auf einige später hinzugekommene Türme (Oberes Tor, Unteres Tor, Zinkenturm) verschwunden.

77794 Lautenbach im Renchtal
Baden-Württemberg

Einw.: 1900   Höhe: 210 m   S. 1280 □ E 13

Wallfahrtskirche Mariae Krönung: Die got. Kirche (Einweihung 1488) steht in enger Verbindung mit der Wallfahrt, die sich bis in das 14. Jh. zurückverfolgen läßt. 2 zusätzliche Joche und der Turm kamen 1895–98 hinzu. – Im Inneren beherrscht das Netzgewölbe die überreiche Ausstattung. Architektonisch verselbständigt haben sich der ungewöhnlich große *Lettner* (1488), der v. 4 Säulen getragen wird, und die *Gnadenkapelle* (1485), in der das Gnadenbild (Muttergottes in Holz, 16. Jh.) aufbewahrt wurde. Ungewöhnlich ausdrucksstark sind die Bilder des *Choraltars* (1483 und 1510–20). Bemerkenswerte *Glasgemälde*, auf denen adlige und bürgerliche Stifter und Stifterinnen dargestellt sind (15. Jh.). Chorgestühl aus der Erbauerzeit.

36341 Lauterbach
Hessen

Einw.: 14 400   Höhe: 296 m   S. 1277 □ G 9

Ev. Stadtkirche (Marktplatz): Die 1763–67 entstandene Kirche gehört zu den schönsten Rokokokirchen in Hessen und war Vorbild für mehrere Kirchen im Gebiet des Vogelsberges. Turmaufsatz und Haube wurden 1820/21 im Stil des Klassizismus ausgeführt. – Höhepunkte der Innenausstattung sind die reich mit Stuck verzierte *Kanzelwand* (farbig polierter Stuckmarmor) und die *Orgelempore* (Orgel v. J. M. Östreich). Unter den zahlreichen Grabdenkmälern sticht das des Ritters Hermann hervor.

Ehem. Schloß Hohhaus (Eisenbacher Tor 1–3): General Freiherr Friedr. Gg. Riedesel ließ das Schloß in den Jahren

Lauf an der Pegnitz, Wenzelsschloß >

1769–73 erbauen. Glanzpunkte der Innenausstattung sind die großartigen Stukkaturen, die der Fuldaer Meister A. Wiedemann geschaffen hat (insbesondere im
großen Saal des Obergeschosses). Im
Schloß befindet sich heute das *Heimatmuseum.*

Umgebung

Frischborn (2,5 km s): Neben der *ev.
Pfarrkirche* (1702–05) v. M. Matthoi mit
einer reichgeschnitzten Kanzel v. J. Bien,
Evangelistenfiguren v. J. Ulrich und einem
qualitätvollen *Holzkruzifixus* (1651) ist
v. a. das (2 km ö gelegene) *Schloß Eisen-
bach* (16. Jh.) mit einer ma *Kernburg*
(13./14. Jh.), um die sich *Renaissance-
Wohngebäude* gruppieren, und einer *Burgkapelle* (1671–75) mit einem *Kanzelaltar*
im Knorpelstil v. C. Wiedemann (1673)
und spätgot. *Wandmalerei-Resten* der
Vorgängerkirche (1440) an der O-Wand
sehenswert.

26789 Leer
Niedersachsen

Einw.: 31 600   Höhe: 3 m   S. 1272 □ C 4

Die Nähe der niederländischen Grenze (20
km) hat Geschichte und Entwicklung der
Stadt stark beeinflußt. Die Einwanderung
v. Religions-Flüchtlingen aus den Niederlanden im 16. Jh. ließ Leer zu einem Zentrum der Leinenweberei in Ostfriesland
werden. Die Entwicklung zur Hafenstadt
begann im späten 18. Jh. In Konkurrenz
mit der aufblühenden Stadt Emden kämpf-
te Leer um das Recht des freien Handels,
das sie in den Jahren 1749–65 erlangte. –
Auch auf das Stadtbild hat das Nachbar-
land »abgefärbt«. Der holländische Barock spiegelt sich in vielen der roten Backsteinbauten.

St. Michael (Kirchstraße): Das Rokoko
bestimmt die Kirche aus dem 18. Jh., deren
Portal mit einem schönen Sandsteinrelief
geschmückt ist.

Krypta (Plytenbergstraße): Reste einer im
13. Jh. erbauten (1785 abgebrochenen)

Kirche sind in Verbindung mit dem alten
Friedhof der Stadt erhalten geblieben. Die
Krypta wurde 1958 als *Ehrenmal* für die
Gefallenen der Stadt wiederhergestellt.
Außen finden sich *Grabplatten* aus dem
16. Jh.

Wohnbauten: Die *Waage* (Neue Str. 1),
ein Doppelwalmhaus, wurde im Stil des
holländischen Klassizismus erbaut und
bildete ehemals den Mittelpunkt der Stadt.
– In der Rathausstraße findet sich das *Haus
Samson* (Häuser 16–18), das 1643 fertiggestellt und heute Zentrum für bemerkenswerte Sammlungen ist (Hausrat, Möbel,
Porzellan, Kacheln).

Heimatmuseum (Neue Str. 14): In einem
klassizistischen Traufenhaus, dessen Fassade Beachtung verdient, findet sich das
Heimatmuseum mit Beiträgen zur Stadt-
und ostfriesischen Geschichte, zur
Schiffahrt, zu Malerei und Graphik.

14797 Lehnin
Brandenburg

Einw.: 3200   S. 1279 □ O 6

Zisterzienserkloster: 1180 wurde es
durch Otto I., Sohn Albrechts des Bären,
als Hauskloster und Grablege der askanischen Markgrafen v. B. gegr. und mit
Mönchen aus Sittichenbach bei Eisleben
1183 besiedelt. Mit dem Bau der Klosterkirche ist noch vor dem Ende des 12. Jh.
im Stil der Spätromanik begonnen worden.
Sie ist eine kreuzförmige Pfeilerbasilika
aus Backstein mit einer Wölbung im gebundenen System, das Chorjoch mit einer
halbkreisförmigen Apsis, die Fenster in 2
Reihen übereinander, an den Querschiffarmen neben dem Chorjoch quadratische
zweigeschossige Kapellen. Eine baugeschichtliche Zäsur ist im 1. ö Langhausjoch festzustellen, die w Joche und die
kraftvoll gestaltete W-Fassade (1871–78
erneuert) haben schon frühgot. Charakter.
1262 oder 1270 fand die Weihe statt. Das
Kloster wurde nach der Aufhebung 1542
als Domänengut verwaltet. Die Baulichkeiten, vor allem die Kirche, verfielen im
späten 18. Jh. 1871–78 fand die Erneuerung und Rekonstruktion mit Abweichun-

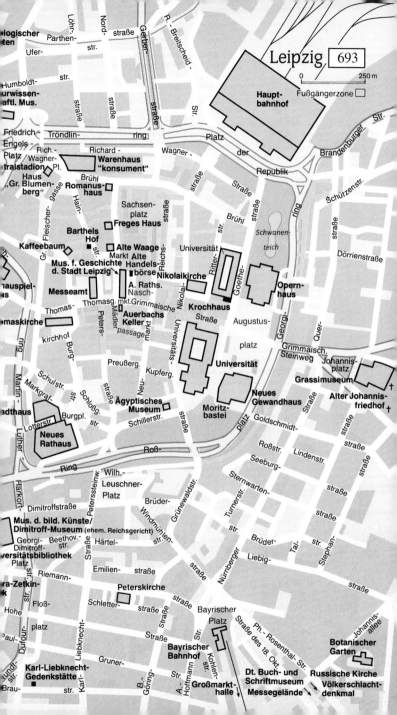

Leipzig 693

0   250 m
Fußgängerzone

Hauptbahnhof

logischer ten
Parthen-
Nord- straße
Gerber
R.- Breitscheid-
Löhr-
Ufer-
Humboldt-
urwissen-
aftl. Mus.
str.
straße
straße
straße
Str.
Platz
Wagner- der
Republik
Brandenburger Str.
Friedrich-
Engels-
Platz
tralstadion
Haus „Gr. Blumen-berg"
Rich.-Wagner-Pl.
Tröndlin- ring
Richard-
Warenhaus "konsument"
Wagner-
straße
Brühl
Straße
Schützenstr.
Brühl-
gasse
Hain-
Romanus-haus
Sachsen-platz
straße
Brühl
Schwanen-teich
straße
Dörrienstraße
Fleischer-
Freges Haus
str.
Ritter-
Goethe-
Barthels Hof
Kaffeebaum
Gr.
str.
Alte Waage
Markt Alte
Handels-
Mus. f. Geschichte d. Stadt Leipzig
börse
Reichs-
Universität
Nikolaikirche
Nikolai-
Georg-
Opernhaus
hauspiel-s
Messeamt
A. Raths.
Nasch-
Thomasg. mkt.Grimmaische-
Krochhaus
Augustus-
maskirche
Thomas-
kirchhof
Burg-
Peters-
Auerbachs Keller
Mädler-passage
Grimmaische
Straße
platz
Grimmaisch.
Steinweg
Johannis-platz
Grassimuseum
ring
Schul str.
Preußerg.
Universitäts-
Kupferg.
Universität
Quer-
Alter Johannis-friedhof
†
†
Martin-
Luther-
Markgraf-
Ägyptisches Museum
Neu-
Neues Gewandhaus
straße
adthaus
Lotterstr.
Burgpl.
Schloßg.
str.
Schillerstr.
Moritz-bastei
platz
Goldschmidt-
straße
straße
Neues Rathaus
Ring
Roß-
Roßstr.
Seeburg-
Lindenstr.
straße
straße
Harkort-
Dimitroffstraße
Peterssteinw.
Wilh.-Leuschner-Platz
Brüder-
Windmühlen-
Grunewaldstr.
Sternwarten-
str.
Turnerstr.
Brüder-
straße
straße
Mus. d. bild. Künste/ Dimitroff-Museum (ehem. Reichsgericht)
Georgi-
Dimitroff-
Platz
versitätsbibliothek
Beethov-
str.
Härtel-
str.
Tal-
str.
Stephan-
straße
ra-Zetkin-k
Riemann-
str.
Emilien-
straße
str.
Nürnberger
Liebig-
straße
Hohe
Floß-
Peterskirche
Schletter-
straße
Bayrischer Platz
Johannis-allee
platz
Paul-
straße
Liebknecht-
Straße
Kohlen-
Straße des 18. Okt.
Ph.- Rosenthal-Str.
Botanischer Garten
Karl-Liebknecht-Gedenkstätte
Brau-
str.
Gruner-
B.-Göring-
A.-Hoffmann-
Bayrischer Bahnhof
Großmarkt-halle
Dt. Buch- und Schriftmuseum Messegelände
Russische Kirche
Völkerschlacht-denkmal

gen v. der durch alte Ansichten überlieferten originalen Gestalt statt. Trotzdem muß man die Klosterkirche v. Lehnin zu den bedeutendsten frühen Backsteinbauten der Mark B. zählen, die in der Nachfolge der Klosterkirche v. Jerichow und nach rheinischen Vorbildern unter markgräflicher Protektion errichtet worden sind.

Von der Klausur sind nur Teile des O-Flügels mit dem Kreuzgang erhalten, im Klosterbezirk noch die Reste einer Toranlage mit Kapelle, das Kornhaus und das Abtshaus mit reichem Fialengiebel vorhanden. Von der Ausstattung der Kirche sind hervorzuheben: Schnitzaltar v. 1476; Triumphkreuz (1230–40); ein Tafelbild niederdt. Herkunft, figurenreiche Kreuzigungsdarstellung (um 1470/80); Grabstein für Markgraf Otto IV. (gest. 1303).

04103–357 Leipzig
Sachsen

Einw.: 503 200   Höhe: 118 m   S. 1278 □ N 8

Leipzig, die größte Stadt Sachsens, liegt in der Leipziger Tieflandbucht östlich des Zusammenflusses von Weißer Elster und Pleiße. Als Messeplatz war Leipzig während des Bestehens der DDR Zentrum des Ost-West-Handels: Hier trafen sich Wirtschaftsführer und Politiker zu Geschäftsabschlüssen und informellen Kontakten. Noch heute ist die Stadt ein Hauptort des deutschen Buchwesens, Sitz vieler Verlage und Druckereien.

Die deutsche Burg *urbs Libzi* wird 1115 erstmals genannt, ist vermutlich aber schon im 10. Jh. angelegt worden. Sie lag am Kreuzungspunkt zweier wichtiger Fernhandelsstraßen an der Stelle einer ehemaligen slawischen Siedlung. Von dieser Ansiedlung westslawischer Bauern aus dem 7./8. Jh. stammt auch der Name *Lipsk* (= Lindenort). Um 1165 erhielt Leipzig von Markgraf Otto dem Reichen Stadtrechte. Bereits im 12. Jh. fanden Oster- und Michaelismärkte statt, ab 1458 gab es auch einen Neujahrsmarkt. 1497 erhielt Leipzig das Privileg für Reichsmessen (aus diesen Warenmessen wurden 1896 Mustermessen). 1409 wurde die Universität, die *Universitas studii Lipsiensis*, gegründet. Seit Anfang des 16. Jh. ist ein starker wirtschaftlicher Aufschwung der Stadt zu verzeichnen, der u. a. mit Handel von Silber aus dem Erzgebirge und der Entwicklung von Buchdruck und Buchhandel zusammenhängt. Das 18. Jh. brachte eine erneute Blütezeit – auch kulturell. Johann Sebastian Bach wurde 1723 Thomaskantor (bis zu

Leipzig, Blick über die Stadt

seinem Tod 1750), Johann Christoph Gottsched 1729 Professor für Poesie, 1764
wurde die Kunstakademie gegründet und
1766 ein neues Theater erbaut. Bereits
1701 war in Leipzig die Straßenbeleuch-
tung eingeführt worden, und man verglich
die Stadt wegen ihrer Modernität mit Paris.
Vom 16. bis 19.10.1813 fand bei Leipzig
die sogenannte Völkerschlacht statt. Napoleons Truppen unterlagen den russischen, preußischen, österreichischen und
schwedischen Armeen. Im 19. Jh. entwickelte sich Leipzig zu einer industriellen Großstadt. 1836–39 entstand mit der
Strecke Leipzig–Dresden die erste deutsche Ferneisenbahn. 1863 gründete L. Lassalle in Leipzig den »Allgemeinen deutschen Arbeiterverein.«

Nikolaikirche (Nikolaistr.): Von der im
späten 12. Jh. begonnenen roman. Kirche
ist nur der Westbau erhalten, der das heutige Untergeschoß der Turmfront bildet.
Der got. Chor stammt aus dem 14. Jh., das
spätgot. dreischiffige Langhaus mit sehr
regelmäßigem Netzgewölbe wurde 1513
unter Leitung v. Benedikt Eisenberg begonnen. Bemerkenswert sind die an das n
und s Schiff angebauten beiden polygonalen Kapellen. Die Innenausstattung ist
klassizistisch und wurde v. Friedrich Carl
Dauthe und Adam Friedrich Oeser 1784–
97 geschaffen. Die spätgot. Pfeiler und
Gewölbe wurden mit bemerkenswerten
Stuckdekorationen versehen (Blattkapitelle, Kränze v. Palmwedeln etc.), das Hallenlanghaus wurde v. einer Doppelempore
umzogen. Bes. sehenswert sind der Altartisch, die Kanzel und der Taufstein aus
Stuckmarmor und Goldbronze. Von der
mittelalterlichen Ausstattung sind noch
ein *Schmerzensmann* aus dem frühen 15.
Jh. und ein *Madonnenbild* erhalten. Die
Orgel wurde 1859 gebaut. Sie hat 6314
Pfeifen, die eine Länge v. bis zu 12 m
haben.
N der Kirche am Nikolai-Kirchhof liegt
die *Alte Nikolai-Schule*, die älteste Stadtschule in L. Sie wurde 1512 gegr.

Peterskirche: Nach Abbruch der Peters-
kapelle in der S-Vorstadt wurde 1882–85
v. den Architekten A. Hartel und C. Lip-
sius der Neubau nach dem Vorbild französischer Kathedralgotik mit Chor und Ka-

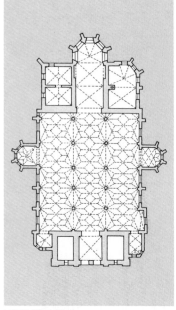

Leipzig, Nikolaikirche

pellenkranz errichtet. Die Kirche gilt als
Höhepunkt des Leipziger Kirchenbaus am
Ende des 19. Jh.

Russische Kirche: Die St.-Alexi-Ge-
dächtniskirche wurde 1912–13 zur Erinnerung an die 22 000 in der Völkerschlacht
1813 gefallenen russischen Soldaten errichtet. Auftraggeber war Zar Nikolaus II.,
der Architekt Wladimir Pokrowski. Das
Bauwerk erinnert an die Nowgoroder
Turmkirchen des 16. Jh. Der Hauptraum
wird durch eine 18 m hohe Bildwand (Ikonostasis) unterteilt, die ein Geschenk der
Donkosaken war.

Thomaskirche (Thomaskirchhof): Urspr.
Stiftskirche der Augustinerchorherren, erhielt das Bauwerk 1482–96 sein heutiges
Gesicht. Unter Leitung v. Claus Roder entstand das spätgot. dreischiffige Hallenlanghaus, Conrad Pflüger schuf dessen
Netzgewölbe mit unterschiedlichen Mustern. Die Thomaskirche gilt als eine der
ältesten der sächs. Hallenkirchen, ihr Turm

dient der Stadt L. als Wahrzeichen. Die Renaissance-Emporen im Langhaus wurden 1570 v. Hieronymus Lotter im Anschluß an die schon installierte w Empore eingebaut. Der Taufstein entstand 1614, das Kruzifix 1720.

Unter einer Bronzeplatte aus dem Jahre 1950 im Chor befindet sich das vom ehem. Johannesfriedhof übertragene Grab des Komponisten Johann Sebastian Bach (1685–1750). Bach war ab 1723 Kantor der Kirche. Eine *Bach-Gedenkstätte* findet sich am Thomaskirchhof 16 im *Bosehaus,* das im frühen 17. Jh. barock erneuert wurde.

Der berühmte Thomanerchor ging aus dem Chor der 1212 gegr. Thomasschule hervor. Er singt regelmäßig bei den Sonnabendsvespern Kantaten und Motetten v. Bach.

Vor der Thomaskirche steht s das *Bach-Denkmal* v. Carl Seffner (1908). Eine Gedenktafel an der Kirche erinnert daran, daß hier Martin Luther Pfingsten 1539 anläßlich der Einführung der Reformation in Leipzig eine Festpredigt hielt.

Versöhnungskirche Gohlis: Sie ist ein modern-sachlicher Kirchenbau in Eisenskelettbauweise mit seitlichem Turm und wurde 1929–31 von H. Grotjahn errichtet. Innen eine Christusplastik v. A. Brumme.

Altes Rathaus und Markt: Das zweistöckige Gebäude im Renaissancestil, das den Markt, den alten Mittelpunkt des städtischen Lebens, beherrscht, wurde im Jahre 1556 innerhalb v. 9 Monaten (zwischen 2 Messen) errichtet. Die Pläne stammten v. Hieronymus Lotter, der nicht nur Baumeister, sondern auch Bürgermeister v. L. war. Der Turm ist mit einem »Verkündigungsbalkon« für die Ratsherren und darüber mit einem »Bläseraustritt« für die Stadtmusikanten versehen, 1774 erhielt er eine barocke Haube. Im Inneren verdienen der *Große Saal* mit Prunkkaminen v. F. Fuß (1610), der 43 m lang und 11 m breit ist, sowie die *Ratsstube* mit einem Aktenschrank v. 1592 besondere Beachtung. Das Alte Rathaus beherbergt heute das *Mu-*

< Russische Kirche

Thomaskirche >

Menschen auf dem Markt zu: »Adieu, mes braves Saxons!« *Barthels Hof* (Markt 8) ist ein typisches Leipziger Handelshaus mit einem Renaissanceerker und stammt aus dem Jahre 1523. In den Jahren 1802–05 wohnte hier der Schriftsteller Johann Gottfried Seume (1763–1810). Vor dem Alten Rathaus liegt der Eingang zum *Untergrundmessehaus*. Es wurde 1925 erbaut, hat eine Grundfläche v. 1850 qm und war das 1. unterirdische Ausstellungsgebäude der Welt.

Alte Handelsbörse (Naschmarkt): Der 1. Frühbarockbau v. L. wurde 1678–87 nach Plänen v. Johann Georg Starcke aus Dresden errichtet. Das prächtige, für einen Börsenbau untypische Gebäude ist in der Art eines Gartenpavillons nach italienischen und niederländischen Einflüssen errichtet worden und diente als Versammlungsort der Kaufleute und der Stadtverordneten. 1943 brannte das Gebäude völlig aus, die wertvolle Innenausstattung (Stuckdecke und Plafondmalerei) ging verloren. Ab 1955 begann man mit der Wiederherstellung der Börse. Der Festsaal wird heute als Literatur- und Musikzentrum genutzt. Besondere Aufmerksamkeit verdient das rundbogige Portal mit doppeltem Segmentgiebelaufbau.

Bach-Denkmal vor der Thomaskirche

seum *für Geschichte der Stadt Leipzig*. Die Sammlungen umfassen u. a. Gemälde von Lucas Cranach, Adam Friedrich Oeser und Anton Graff, Graphiken, Stadtansichten, Münzen und Medaillen.

Im Mendelssohn-Zimmer stehen Kunstgegenstände und Möbel, die einmal dem Komponisten gehörten. Felix Mendelssohn-Bartholdy (1809–47) war v. 1835 bis zu seinem Tod Kapellmeister des Leipziger Gewandhausorchesters.

Am Markt findet man seit dem letzten Krieg nur noch zum Teil historische Bauwerke, an der N-Seite die – mit Ausnahme des Treppenturms – rekonstruierte *Alte Waage*, ein Renaissancebau mit paarweise angeordneten Fenstern, der 1555 ebenfalls v. Hieronymus Lotter errichtet wurde, und gegenüber (Markt 17) das *Königshaus*, das ehem. fürstliche und Rats-Gästehaus, das 1706 im Barockstil erbaut wurde. Am Erkerfenster stand Napoleon nach der Völkerschlacht am 19. 10. 1813 und rief den

Auerbachs Keller (Grimmaische Str. 2): An dieser Stelle errichtete der Medizinprofessor Heinrich Stromer, der aus dem fränkischen Auerbach stammte, 1530–38 einen Durchgangshof für den Messehandel, der 1625 zu dem berühmten Kaufhof mit Weinkeller umgebaut wurde. Beim Bau der Mädlerpassage im Jahre 1912 blieb sein historischer Keller erhalten. Er wurde durch die Kellerszene in Goethes »Faust« bekannt. An den Dichter erinnert das *Goethe-Zimmer,* an sein dramatisches Gedicht eine Figurengruppe, die Faust, Mephisto und die Zecher zeigt.

Bayrischer Bahnhof (Bayrischer Platz): Der Bahnhof, im Jahre 1842 erbaut, ist neben dem in Niederau bei Meißen der älteste erhaltene deutsche Personenbahnhof des Klassizismus.

Botanischer Garten (Linnéstr. 1): Die 10 Gewächshäuser des botanischen Gartens

< *Altes Rathaus*

Alte Handelsbörse

Gohliser Schlößchen >

(1542 gegr.) umfassen u. a. ein 14 m hohes Palmenhaus. Ca. 9000 Pflanzenarten sind hier zu sehen.

Bürgerhäuser: Interessante erhaltene Beispiele v. Bürgerhäusern sind u. a. in der *Hainstr.* (Nr. 3, 8, 9 und 14) und in der *Katharinenstr.* (Nr. 19 und 21) zu sehen. Besondere Aufmerksamkeit verdient in der Katharinenstr. das *Fregehaus* (Nr. 11), das 1706–07 v. Johann Gregor Fuchs errichtet wurde.

Haus »Großer Blumenberg« (Richard-Wagner-Platz 1): Das stattliche Bürgerhaus mit dem »Café am Brühl« ist eines der letzten Zeugnisse der Epoche des Klassizismus im Leipziger Stadtzentrum. Es wurde 1826–32 durch Umbau und Zusammenlegung älterer Gebäude geschaffen.

Gohliser Schlößchen (Menckestr. 23): Architekt war vermutlich Friedrich Seltendorff. Im Untergeschoß befindet sich der Steinsaal mit stuckverzierten Kreuzgewölben, im Obergeschoß der Festsaal mit einem Deckengemälde v. Adam Friedrich Oeser, das den Lebensweg der Psyche darstellt und 1779 fertiggestellt wurde. Das Gebäude beherbergt heute das *Bach-Archiv,* die umfangreichste Sammlung v. Dokumenten über Bach und seine Zeit, die je zusammengetragen wurde. Im Garten stehen 2 *Denkmäler* nach Entwürfen v. Oeser: das Gellert-Sulzer-Denkmal (1781) und das Denkmal für Kurfürst Friedrich August III. (1780). – Ein paar Häuser weiter (Menckestr. 42), in einem um 1700 erbauten Bauernhaus, wohnte Schiller im Sommer 1785.

Großmarkthalle: Die Halle wurde in den Jahren 1927–30 nach Plänen v. Hans Ritter erbaut. Das Dach bilden 2 Kuppeln aus Stahlbeton, die eine Spannweite v. 75 m haben.

Hauptbahnhof: Der 1902–15 für zwei Bahngesellschaften erbaute Bahnhof ist einer der größten Personenbahnhöfe Euro-

Mädlerpassage

pas (26 Parallelgleise). Die Architekten des Hauptbahnhofs, William Lossow und Max Kühne, entwarfen auch das Interhotel »Astoria« (1913–15).

Kaffeebaum (Kleine Fleischergasse 4): Das Gebäude stammt aus dem 16. Jh. 1725 wurde es v. Christian Döring im Barockstil umgebaut. Über dem Eingang befindet sich als Wahrzeichen des Hauses eine Barockplastik: ein lebensgroßer Türke unter einem Kaffeebaum, der einem Putto eine Schale Kaffee reicht. In dem Lokal verkehrten u. a. Justus Friedrich Wilhelm Zachariä, Gotthold Ephraim Lessing, Johann Wolfgang v. Goethe, Franz Liszt, Richard Wagner und Robert Schumann.

Universität (Augustusplatz): Das 143 m hohe Universitätshochhaus mit 34 Stockwerken heißt im Volksmund »Weisheitszahn«. In 110 m Höhe befindet sich ein Café, v. dem aus man eine hervorragende Aussicht hat. N befindet sich das Hörsaalgebäude mit Bibliothek. In diesen Gebäu-

dekomplex ist das Schinkeltor (1836 v. Karl Friedrich Schinkel und Ernst Rietschel, urspr. Portal des Augusteums) einbezogen. Zu den berühmten Persönlichkeiten, die an der Universität studierten, gehörten die Philosophen Leibniz, Fichte und Nietzsche sowie die Dichter Fleming, Gellert, Lessing, Klopstock, Goethe und Körner.

Krochhaus (Goethestr. 2): Das Bürohochhaus wurde 1926–27 nach Plänen v. G. Bestelmeyer aus München errichtet. Es ist eines der ersten Hochhäuser in Deutschland, entstanden aus dem Wettbewerb der dt. Städte der 20er Jahre, Zeichen ihrer Modernität zu setzen. Das Gebäude aus Stahlbeton hat 5 Fassaden.

Mädlerpassage (Naschmarkt/Grimmaische Straße): 1912–14 wurde das Messehaus Mädlerpassage (→ Auerbachs Keller) errichtet. Das fünfgeschossige Durchgangshaus ist mit einer dreigeschossigen Passage mit dem Neumarkt verbunden. Die Passage gilt als die bedeutendste Anlage ihrer Art in Deutschland und vermittelt einen charakteristischen Eindruck v. dem früheren Flair Leipzigs als Messestadt. Sie steht in Verbindung mit Königshaus- und Messehofpassage, die zusammen ein für L. typisches Passagensystem bilden.

Messehäuser: Von den stattlichen Messehäusern sind u. a. bes. sehenswert der *Dresdner Hof* (Neumarkt 21–27; 1912–13), der *Handelshof* (Grimmaische Str. 1–7; 1908/09), das *Riquethaus* (Schumachergäßchen 1–3; 1908/09), das Haus *Drei Könige* (Petersstr. 32–34; 1915/16) und *Stentzlers Hof* (Petersstr. 39–41; 1914–16).

Moritzbastei (Schillerstr.): Sie stellt den letzten erhaltenen Rest der Stadtbefestigung dar; errichtet wurde sie 1551 auf Befehl v. Kurfürst Moritz v. Sachsen nach den Zerstörungen v. L. 1547 im Schmalkaldischen Krieg.

Neues Gewandhaus (Augustusplatz): Das Konzertgebäude wurde 1977–81 errichtet. Der Vorgängerbau vom Ende des 19. Jh. wurde im 2. Weltkrieg zerstört. Im

Opernhaus

Völkerschlachtdenkmal

Klinger-Foyer steht die berühmte *Beethoven-Plastik* v. Max Klinger.

Neues Rathaus (Burgplatz): Der Monumentalbau im Stil des Historismus (Anleihen bei Renaissance und Barock), der 1899–1905 durch Hugo Licht errichtet wurde, ersetzte die 1897 abgebrochene Pleißenburg aus dem 13.–16. Jh. Von der ehem. Zwingburg blieb nur der Turm erhalten, den man auf 114 m erhöhte.

Opernhaus (Augustusplatz): Das 1959–60 aufgeführte Gebäude (nach Entwürfen eines Kollektivs unter Leitung v. K. Nierade) war der 1. Theaterneubau der ehem. DDR. Er ersetzte das zerstörte Neue Theater und ist Ausdruck einer damals in Analogie zur sowjet. Architektur v. Walter Ulbricht vertretenen Architekturlinie, die die »Volksverbundenheit« propagierte; man müsse deswegen wieder an die Vergangenheit anknüpfen und »nationale Traditionen« in der Architektur wiederaufnehmen. Entsprechend sind die Baumassen des Leipziger Opernhauses trotz der Modernität im Detail noch nach der klassischen Grundkonzeption der großen Theaterbauten des 19. Jh. mit Säulen, Portikus, Langhaus, Querhaus und Bühnenturm angelegt.

Ehem. Reichsgericht (Dimitroff-Platz 1): Schräg gegenüber dem Neuen Rathaus entstand 1888–95 der Monumentalbau des ehem. Reichsgerichts. Das v. L. Hofmann und P. Dybwad erbaute viergeschossige, mit einer Kuppel (Höhe 68,5 m) gekrönte Gebäude beherbergt das Museum der bildenden Künste mit seinen reichhaltigen Sammlungen. In dem Bau befinden sich auch der restaurierte Plenarsaal, in dem der Reichstagsbrandprozeß stattfand, und die erhalten gebliebenen Räume des früheren Reichsgerichtspräsidenten.

Romanushaus (Katharinenstr. 23): Das palaisartige Gebäude wurde 1701–04 v. dem Dresdner Ratsmaurermeister Johann Gregor Fuchs für den Bürgermeister Franz Conrad Romanus erbaut. Das Romanushaus eröffnete die Blütezeit barocken Bauens in Leipzig, in der ca. ein Drittel aller Gebäude neu oder barock umgebaut wurden. Das Kapital, 150 000 Taler, verschaffte sich Romanus übrigens dadurch, daß er Stadtschuldscheine fälschte. Den Rest seines Lebens verbrachte er auf der Festung Königsstein in Haft.

Schiller besuchte bei seinem 1. Aufenthalt in L. 1785 Richters Kaffeehaus, das sich v. 1778–94 im 2. Stock des Romanushauses befand.

Völkerschlachtdenkmal (sö des Messegeländes): Das 91 m hohe Denkmal aus Granitporphyr wurde 1898–1913 nach Plänen v. Bruno Schmitz errichtet. Die plastischen Arbeiten, Kolossalstatuen und Reliefs, stammen v. Christian Behrens und Franz Metzner. Der 68 m hohe Innenraum ist ein Einheitsraum mit Krypta, Ruhmeshalle und Kuppel. Das Völkerschlachtdenkmal entspricht in seiner gewollt archaisierenden Formensprache der Monumentalbauweise der Wilhelminischen Epoche.

Warenhaus (Brühl 1): Eine Gedenktafel an dem 1966–68 errichteten Gebäude mit bemerkenswerter Leichtmetallfassade erinnert daran, daß in dem 1886 abgerissenen Haus Zum Roten und Weißen Löwen an dieser Stelle am 22. 5. 1813 der Komponist Richard Wagner geboren wurde.

Zoologischer Garten: (Dr.-Kurt-Fischer-Str.): Der Zoo, der am O-Rand des Rosentals liegt, wurde 1878 angelegt. Er ist einer der bekanntesten in Europa und berühmt für seine Löwenzucht. Hier hat man die Sibirischen Tiger vor dem Aussterben bewahrt. Das Raubtierhaus ist ein Gebäude des Jugendstils, das Elefantenhaus eines der Art deco.

Ägyptisches Museum (Schillerstr. 6): Dokumentiert werden 3. Jtd. altägyptischer Geschichte und Kultur. Zu sehen ist u. a. die fast vollständige Grabausstattung eines Totenpriesters aus dem frühen Mittleren Reich.

Dt. Buch- und Schriftmuseum (Dimitroff-Platz 1): Die *Dt. Bücherei* wurde 1914–16 nach einem Entwurf v. Oskar Pusch erbaut. Das massive viergeschossige Gebäude besitzt eine konkav geschwungene, 120 m lange Front, die durch 2 turmartige Erker betont wird. Hier wer-

Warenhaus »konsument«

den seit dem 1. 1. 1913 sämtliche deutschsprachigen Veröffentlichungen des In- und
Auslands gesammelt, bis heute über 7 Millionen. Einzigartig ist die Sammlung Exil-
literatur aus der Zeit zwischen 1933 und
1945. Das Dt. Buch- und Schriftmuseum
wurde 1884 gegr. und 1950 der Dt. Bücherei angeschlossen.

Grassimuseum (Johannisplatz): Das Museumsgebäude wurde 1925–29 erbaut.
Hier sind 3 Museen untergebracht:
Museum des Kunsthandwerks. Zu sehen
sind u. a. chinesisches und europäisches
Porzellan (Meißen und Thüringen), Glas,
Goldschmiedearbeiten (speziell aus dem
16.–18. Jh.), Möbel, Textilien und histori-
sche Kostüme.
Museum für Völkerkunde. Es handelt sich
um eine sehr reichhaltige ethnologische
Spezialsammlung.
Musikinstrumenten-Museum. Zu sehen
sind Instrumente aus der Zeit vom MA bis
heute, u. a. das älteste Klavichord der
Welt. Das Museum ist mit seinen großen
Beständen eine der bedeutendsten Sammlungen der Welt.

Museum der bildenden Künste (Dimitroff-Platz 1): Eine der größten Kunstsammlungen ist in dem ehem. Reichsgericht untergebracht. Sie hat mehrere Abteilungen: altniederländische Malerei (u. a.
Jan van Eyck und Rogier van der Weyden),
altdt. Malerei (u. a. Martin Schongauer,
Lucas Cranach d. Ä., Hans Baldung, genannt Grien, und Adam Elsheimer), niederländische Malerei des 17. Jh. (u. a.
Rembrandt, Frans Hals, Jan van Goyen,
Gerard Terborch und Adriaen van Ostade),
italienische Malerei des 15.–18. Jh. (u. a.
Tintoretto, Guardi und Canaletto), dt. Malerei des späten 18. Jh. und der Romantik
(Johann Heinrich Wilhelm Tischbein,
Caspar David Friedrich, Karl Blechen und
Carl Spitzweg), dt. Malerei des späten
19. Jh. und Impressionismus (u. a. Arnold
Böcklin, Adolf Menzel, Max Liebermann,

Max Slevogt und ein Saal mit Werken v. Max Klinger), außerdt. Malerei des 19. Jh. (u. a. Corot, Segantini und Munch), dt. Malerei des 20. Jh. sowie Skulptur (u. a. Balthasar Permoser, Antonio Canova, Bertel Thorvaldsen, Auguste Rodin, Max Klinger, Georg Kolbe, Wilhelm Lehmbrück und Ernst Barlach).

Naturwissenschaftliches Museum (Lortzingstr. 3): Dieses vielseitige Museum umfaßt Ausstellungen zur Astronomie und Raumfahrt, zur Ur- und Frühgeschichte, Geologie, Paläontologie, Mineralogie, Botanik und Zoologie. – In der Lortzingstr. 17 wurde am 1.4.1878 als Sohn eines Bankiers der Dramatiker Carl Sternheim (gest. 1942) geboren.

Außerdem sehenswert: *Universitätsbibliothek:* Sie wurde 1543 als Paulinerbibliothek gegr. Das heutige Gebäude (Beethovenstr. 6) wurde 1891 fertiggestellt. Hier befinden sich etwa 3 Millionen Bände, ca. 8600 Handschriften, 3500 Inkunabeln, Papyri sowie eine riesige Briefsammlung. – Die *Gartenvorstadt Marienbrunn* entstand 1912 nach Plänen v. H. Strobel und L. Migge (gärtnerische Gestaltung). Sie wurde als Teil der Internationalen Bauausstellung (IBA) außerhalb der Großstadt in Ausstellungsnähe errichtet.

Umgebung

Dölitz (s): In der Helenenstr. 24 steht das *Torhaus* des ehem. Schlosses. Es handelt sich um ein zweigeschossiges Bauwerk v. 1670 mit Sandsteinreliefs v. Jakob Böhme.

Markkleeberg (s): In der Gartenstadt Markkleeberg fand die jährliche Landwirtschaftsausstellung der ehem. DDR, »agra«, statt. Das Ausstellungsgelände ist in einen Landschaftspark des späten 19. Jh. integriert und grenzt an ein Wildgehege. Die *Martin-Luther-Kirche* (im Ortsteil Gautzsch) ist ein Barockbau aus der Zeit v. 1717–18. Architekt war vermutlich David Schatz. – Das ehem. barocke *Gutshaus* im Ortsteil Gautzsch (heute Krankenhaus) geht urspr. auf eine Wasserburg zurück und ist vermutlich gegen Ende des 17. Jh. errichtet worden.

Pegau (26 km sw): Ein figürlich skulptiertes, spätroman. Epitaph (um 1230–40) für Markgraf Wiprecht v. Groitzsch und eine Pietà (um 1500) v. H. Witten sind die Prunkstücke der sehenswerten Ausstattung der spätgot. *Laurentiuskirche* (15. Jh.). – Das *Renaissance-Rathaus* (16.–17. Jh.) besitzt einen prächtigen Portalturm vor der Marktfassade. Es wurde 1559 nach Plänen v. H. Lotter errichtet.

Rötha (17 km s): Die *Pfarrkirche St. Georg* ist urspr. roman., wurde jedoch mehrfach umgebaut. Erhalten sind die Pfeiler und die Umfassungsmauern der roman. Basilika. Im Inneren befinden sich eine Silbermann-Orgel v. 1721 und ein Altar, den Johann de Perre aus Leipzig um 1620 geschaffen hat. – Die spätgot. *Marienkirche* ist einschiffig. Sie wurde in der 1. Hälfte des 16. Jh. erbaut und ist mit 3 sehenswerten Stabwerkportalen geschmückt. Die Orgel stammt v. Gottfried Silbermann (1722).

Stötteritz (sö): Die 1702–03 erbaute *Dorfkirche* wurde 1928 vollständig umgebaut. Zur Ausstattung gehört ein Kanzelaltar, in den ein spätgot. Triptychon eingesetzt ist, das möglicherweise um 1480 in der Werkstatt des Nürnberger Malers Michael Wolgemut geschaffen wurde.

Zwenkau (20 km s): Beim Bau der barocken *Stadtkirche St. Laurentius* 1712–27 nach einem Stadtbrand 1712 wurden die Umfassungsmauern und der W-Turm der spätgot. Vorgängerkirche mitbenutzt. Im Innenraum befinden sich ein Altar mit Kreuzigungsgruppe v. 1726 und ein Taufstein v. 1731. – Die *Villa* Friedrich-Ebert-Str. 26 wurde 1930–31 v. Adolf Rading im Bauhausstil erbaut. Die Wandgestaltungen stammen von Oskar Schlemmer[*].

04703 Leisnig
Sachsen

Einw.: 8100	S. 1279 □ O 8

Auf dem Bergsporn über der Mulde befinden sich nacheinander v. N nach S das Schloß Mildenstein, das ehem. Suburbium mit der Matthäikirche und die vor 1286 gegr. Stadt mit regelmäßigem Grundriß und zentralem Markt. Das Schloß Mildenstein ist aus einem ottonischen Burgward

(1046 genannt) hervorgegangen, war dann bis ins 14. Jh. Reichsburg (Übergabe an die Markgrafen 1365) und bis ins 19. Jh. Verwaltungsmittelpunkt.

Stadtkirche St. Matthäi: Sie war die Kirche einer sog. Urpfarrei und wird 1192 erstmals genannt. Das heutige Bauwerk stammt im wesentlichen aus der 2. Hälfte des 15. Jh. Der Bau ist eine dreischiffige, vierjochige Hallenkirche mit einschiffigem, polygonal geschlossenem Chor. Nördlich schließt ein zweigeschossiger Anbau an, dem Langhaus ist im S eine Kapelle mit Netzgewölbe (1496) angefügt. Der 1663–64 entstandene Altar erhebt sich in 3 Geschossen 9 m hoch und ist ein typisches, teils geschnitztes, teils gemaltes Werk des Manierismus, ein Hauptwerk des Bildhauers Valentin Otte* und des Malers Johann Richter*.

Schloß Mildenstein: Im Kern geht es auf eine roman. Burganlage zurück. Ein Zeugnis dafür ist der mächtige Rundturm inmitten des Hofes. Auch der Saalraum der roman. Burgkapelle St. Martin mit seinem rundbogigen W-Portal und dem im O angefügten spätgot. Chor ist noch erhalten. Durch das Vorderschloß mit dem Kornhaus (ehem. Palas) ist der Schloßbereich

zugänglich. Die unregelmäßige weitere Randbebauung stammt aus dem 14., 16. und 17. Jh.

Außerdem sehenswert: *Gottesackerkirche* mit einem Schnitzaltar v. 1509 sowie weiteren Bildwerken aus dem 16. und 17. Jh., die spätgot. *Superintendentur* (16. Jh.; Kirchplatz 3) und das ebenfalls spätgot. *Archidiakonat* (Kirchplatz 5) mit seinem Sitznischenportal. – Der 1866–67 angelegte *Miruspark* mit künstlichen Ruinen weist auch Baureste aus Klosterbuch auf.

39279 Leitzkau	
Sachsen-Anhalt	
Einw.: 1300	S. 1278 ☐ M 6

Ehem. Prämonstratenserstift: Um 1140 an dieser Stelle angelegt und 1155 geweiht. Beeindruckend ist die in großen Teilen erhaltene mächtige *Kirche St. Maria »in monte«,* eine dreischiffige Basilika mit Stützenwechsel (gemauerte Säulen) und zweitürmiger (unvollendeter) W-Turm-Anlage, die deutlich unter dem Einfluß der Magdeburger Liebfrauenkirche entstand. Das Stift wurde 1534 aufgehoben; seit 1564 entstanden unter Einbezie-

Leitzkau, Schloß Neuhaus mit Kirche

Lembeck, Schloß

hung älterer Klausurteile 3 v. Münchhausensche *Schlösser* deutlich unter dem Eindruck der Weserrenaissance: *Neuhaus* (W-Flügel), *Althaus* (gegenüber; nur der Treppenturm erhalten) und *Hobeck* (im NO, mit erhaltenen Innenräumen). Zwischen Hobeck und Althaus vermittelt eine kunstvoll gebaute, viergeschossige Loggia.

Peterskirche: Sie wurde 1114 und 1140 geweiht und gilt als ältester steinerner Kirchenbau des Gebietes ö der Elbe.

Umgebung

Loburg (12 km nö): Die *Burg* schützte seit alters den Ehle-Übergang der Straße Brandenburg–Zerbst. Von ihr sind der mächtige runde Bergfried, wohl aus der 1. Hälfte des 13. Jh., und die Gräben erhalten. Aus 2 Burgsiedlungen erstand zu Beginn des 13. Jh. die Stadt. – Die *Stadtkirche St. Laurentius*, ein aus hoch- und spätmittelalterlichen Teilen zusammengewach-

sener Bau, ist mit dem lebhaften Umriß ihrer Giebel und den 3 Spitzen des W-Turms (vgl. Zerbst, Nikolaikirche) v. besonderem Reiz. Der Renaissance-Umbau v. 1569 bzw. 1580 spielt hierfür eine besondere Rolle. Das weiträumige Innere mit nachgot. Rippendekoration an der Holztonne wurde in der gleichen Zeit gestaltet; Ausstattung und Grabsteine des 16.–18. Jh.

Lembeck ✉ **46286 Dorsten**
Nordrhein-Westfalen

Einw.: 5020   Höhe: 30 m   S. 1276 □ C 7

Schloß: Gegen Ende des 17. Jh. ließ Dietrich Konrad Adolf v. Westerholt (an der Stelle eines Vorgängerbaus aus dem 14. Jh.) das Schloß als Wasserburg in einem großen Teich anlegen. Es weicht in der Konzeption (die eine enge Verbindung zur Umgebung hat) v. den zahlreichen anderen Wasserschlössern in Westfalen stark ab.

Im N-Flügel erreicht die erstklassige Ausstattung mit dem v. J. C. Schlaun* ausgestalteten *Großen Saal* ihren Höhepunkt.
Eichenholzvertäfelung und feine Stukkaturen sind hier harmonisch aufeinander abgestimmt. Das barocke Mobiliar ist erhalten geblieben. – Heute befindet sich im
Schloß ein Hotel.

Außerdem sehenswert: Die *St.-Michae-
lis-Kapelle* wurde 1726 v. J. C. Schlaun*
im Auftrag der Witwe des letzten Grafen
v. Westerholt erbaut. Im Inneren sind das
mit Stuck verschönte Tonnengewölbe, einige Gemälde sowie Schnitzwerke aus
dem 15.–18. Jh. bemerkenswert. – Die
Kath. Pfarrkirche St. Laurentius aus dem
15. Jh. (Erweiterungsbau 1936) hat eine
Anna selbdritt aus dem 15. Jh. und Epitaphe aus dem 16. Jh.

32657 Lemgo
Nordrhein-Westfalen

Einw.: 40 000   Höhe: 98 m   S. 1277 □ F 6

Wegen seiner leistungsfähigen Druckerei-
en und in Anspielung an das Druck- und
Buchzentrum Leipzig wurde Lemgo im
18. Jh. das »westfälische Leipzig« genannt. An die ehem. Hansestadt erinnert
das Stadtbild, das z. T. unverändert aus
dem 16. Jh. erhalten geblieben ist.

Marienkirche (Stiftstraße): Bei Restaurierungsarbeiten in den Jahren 1964–67
hat man den Zustand der Kirche in der
Entstehungszeit (1260–1320) zugrunde
gelegt.
Die Innenausstattung ist reich an bedeutenden Kunstwerken. Eine *Tumba-
Deckplatte* der Parler-Schule (um 1380)
zeigt den Edelherrn Otto zur Lippe und
seine Gemahlin Ermgard v. d. Mark. Der
spätgot. gemalte *Flügelaltar* stammt vermutlich v. Niederrhein (um 1480); er befindet sich seit 1967 im Lippischen Landesmuseum in Detmold. Die *Orgel* an der
O-Wand des n Seitenschiffs wurde in den
Jahren 1587–90 v. G. Stegel erbaut und ist
mit reichen Renaissance-Schnitzereien
(161213) geschmückt. Sie gehört zu den
ältesten und wohlklingendsten Orgeln in
Deutschland.

Lemgo, Orgel in der Marienkirche

Lemgo, Ratsapotheke

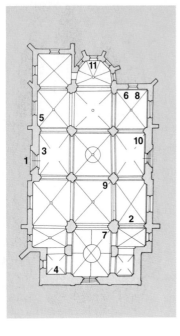

Lemgo, Hexenbürgermeisterhaus

Lemgo, Nikolaikirche 1 N-Portal, um 1230 **2** Ehem. Portaltympanon mit Deesis, um 1230 **3** Marien-Retabel **4** Kruzifix, um 1470 **5** Sakramentshäuschen, 1477 **6** Epitaph für Franz v. Kerssenbrock (gest. 1576) v. H. Wulff **7** Epitaph für Moritz v. Donop v. G. Crossmann, 1587 **8** Taufe v. G. Crossmann, 1597 **9** Kanzel, um 1600 **10** Epitaph für Raban v. Kerssenbrock, 1617 **11** Hochaltaraufsatz v. H. Voß, 1643; Gemälde v. B. Wottemann

Nikolaikirche (Papenstr. 15): Die Marienkirche → Lippstadt diente als Vorbild für diese spätroman. Gewölbebasilika (1210–50), die um 1280 zur frühgot. Hallenkirche umgebaut wurde und 1315–75 die hochgot. Chorerweiterungen erhielt. Aus dem 13. Jh. sind mehrere Steinskulpturen erhalten (u. a. *Tympanon* im s Seitenschiff, *Marien-Retabel* in der Wand des Querschiffs). Der einheimische G. Grossmann hat die *Renaissance-Taufe* geschaffen (1597). Der *Hochaltar* entstand im Ohrmuschel- und Knorpelstil (1643). Das Epitaph des Raban v. Kerssenbrock ist mit Gemälden v. N. Baumann geschmückt (1617).

Rathaus (Marktplatz): Das Rathaus ist ein Baukomplex aus verschiedenen Bauperioden der Gotik und Renaissance. Ältester Bauteil ist der Saalbau (ca. 1350–60) an der Ostseite zum Nikolai-Kirchplatz. An seinem Nordgiebel zur Mittelstr. die Ratslaube v. 1565 mit der aufgesetzten *Kornherrenstube* v. 1589 (hier: Darstellung der »Sieben freien Künste«). An der W-Seite zum Marktplatz das *Niggehuis* v. 1522, seit 1559 *Ratsapotheke*. Vorgebaut die Apothekenauslucht v. 1611/12 mit Reliefbildnissen berühmter Ärzte u. Naturforscher. In der Mitte die Ratskammer v. 1480 mit got. Staffelgiebel und der offenen Gerichtslaube im Erdgeschoß. Im S *Winteppenhaus* und *Neue Ratsstube* v. 1589 mit Doppelerker (Darstellung der Tugenden).

Bürgerhäuser: Das *Hexenbürgermeisterhaus* (Breite Str. 19) gehört zu den bedeutendsten Bauten der sog. »Weserrenaissance«. Es war bereits 1568 fertiggestellt, erhielt jedoch erst 1571 seine berühmte

Fassade mit einer Fülle erstklassiger Steinmetzarbeiten, die für die Patrizierhäuser dieser Zeit einzigartig sind. Hermann Cothmann, der als Bürgermeister in den Jahren 1666–81 etwa 90 Menschen in den sog. Hexenprozessen verurteilen ließ, verhalf dem Haus zu seinem Namen. – Unter den vielen *Fachwerkbauten* (meist 16. und Beginn des 17. Jh.) ragen die Häuser in der Mittelstraße hervor. – Sehenswert sind außerdem das *Wippermannsche Haus* (Kramerstr. 5; Steinbau 1576), das *Zeughaus* (1548) am Rathaus, das *Ballhaus* (1608/09) am Markt, der *Lippehof* (1731), in dem heute das Gymnasium untergebracht ist.

Museen: *Städt. Museum* (Breite Str. 19): Sammlungen zur Stadtgeschichte und Hexenjustiz. – *Junkerhaus* (Hamelner Str. 36): Gemälde und Holzskulpturen sowie Inventar des Künstlers K. Junker (1850–1912).

Umgebung

Lemgo-Brake (2 km s): Das *Schloß Brake* am Flußübergang der Bega geht auf Vorgängerbauten des 12. Jh. zurück und wurde 1584 umgebaut, um vorübergehend als Residenz zu dienen. Heute: *Weserrenaissance-Museum.*

92705 Leuchtenberg
Bayern

Einw.: 1400　Höhe: 550 m　S. 1283 □ N 11

Burgruine: Anfang des 14. Jh. ist vermutlich der Bau entstanden, an den heute nur noch eine Ruine (Vorburg, Bergfried, Burgkapelle und Teile des Palas erhalten) erinnert (Vorgängerbauten waren v. geringer Bedeutung und sind bei mehreren Angriffen wahrscheinlich zerstört worden). 1621 wurde das Schloß überfallen und ausgeplündert. 1634 überfielen es die Schweden, kurz darauf die kaiserlichen Truppen. Mehrere Brände richteten weiteren Schaden an. Trotzdem ist der bollwerkhafte Charakter der Burg erhalten geblieben. Ein Besuch lohnt wegen des Ausblicks.

88299 Leutkirch
Baden-Württemberg

Einw.: 21 100　Höhe: 650 m　S. 1282 □ I 15

Leutkirch, bereits 848 beurkundet, entstand um das »Leutekirch« (Urkirche des Nibelgaus) und war v. 1293–1802 freie Reichsstadt. An diese Zeit erinnern viele gut erhaltene Bürgerhäuser der unter Denkmalschutz stehenden malerischen Altstadt.

Kath. Stadtpfarrkirche St. Martin (Marienplatz): Die dreischiffige Hallenkirche v. 1514–19 besitzt ein schönes Netzgewölbe. Die Ausstattung ist in allen wesentlichen Teilen neu. – Die *ev. Stadtpfarrkirche zur Hl. Dreifaltigkeit* (Ev. Kirchgasse) ist eine dreischiffige Predigtsaalkirche, die 1613–15 gebaut und 1860 im Inneren neugot. ausgestaltet wurde.

Außerdem sehenswert: Die *Kath. Pfarrkirche Mariä Himmelfahrt* (1612) verdankt ihr schlichtes Inneres dem späten 18. Jh. Das *Rathaus* (1739–43) am Marktplatz besitzt bemerkenswerte Stukkaturen v. J. Schütz aus Landsberg. – Das *Schlößchen Hummelsberg* (Patrizierhaus sö der Stadt), 1636 erbaut, hat schöne Rokokostukkaturen. – Reste der spätma *Stadtbefestigung* mit Bläser- und Pulverturm. – Das *Heimatmuseum* »Museum im Bock« befindet sich neben dem Gästeamt (Am Gänsbichl).

Umgebung

Zeil (8 km nw): *Kunstsammlungen* der v. Waldburg-Zeil im *Schloß Zeil* (um 1600; nicht zu besichtigen) und der Hochaltar in der *Kath. Pfarrkirche Mariä Himmelfahrt* v. J. A. Feuchtmayer sowie J. G. und F. A. Dürr (1763–64).

51371–81 Leverkusen
Nordrhein-Westfalen

Einw.: 161 100　Höhe: 45 m　S. 1276 □ B 8

Schloß Morsbroich: In dem ehem. Schloß befindet sich heute das *Städt. Mu-*

Leverkusen, Schloß Morsbroich

seum mit Ausstellungen zur Malerei, Graphik und Skulptur des 20. Jh. Regelmäßige Wechselausstellungen.

Friedenberger Hof (im Stadtteil Opladen): Ritterburg des 16. Jh.; in den Räumen »Kölner Decke« des 18. Jh.

Theater: *Forum* 969 Plätze, Theater-, Opern- und Konzertgastspiele. – *Festhalle am Opladener Platz*: Gastspiele. 630 Plätze.

35423 Lich
Hessen

Einw.: 12 600   Höhe: 170 m   S. 1277 □ F 9

Ehem. Stiftskirche St. Maria/Ev. Pfarrkirche (Kirchplatz): Die Kirche ist 1510–37 (nach einem Vorgängerbau aus dem 13. Jh.) als letzte ma Hallenkirche in Hessen erbaut worden. Hervorzuheben ist die reiche Ausstattung: *Renaissancemalerei* findet sich an den Arkaden und im Chor (1594), aus der Zeit des Rokoko stammt die Bemalung an den 4 w Langhausjochen (1760). Die *Rokokokanzel* (1767–74) kommt aus Kloster Arnsburg. Der lebensgroße Kruzifixus aus Holz ist um 1500 entstanden. Der *Orgelprospekt* gehört zu den ältesten in Hessen (1621–22). Das *Chorgestühl* stammt aus der ersten Hälfte des 16. Jh.
Unter den zahlreichen *Grabdenkmälern* nimmt das Grabmal für Kuno v. Falkenstein und Anna v. Nassau eine Sonderstellung ein (14. Jh.).

Schloß (Schloßgasse; nicht allgemein zugänglich): Die einstige Wasserburg aus dem 14. Jh. ist in den Jahren 1673–82 und 1764–68 zu ihrer heutigen Erscheinung umgestaltet worden. An den Außenecken sind die ma Rundtürme erhalten. Der Querbau mit einem Altar auf dorischen Säulen stammt aus den Jahren 1833–37, der neubarocke Anbau an der NO-Ecke wurde 1911–12 angefügt.

Lich, Schloß

Lich, Rokokokanzel in der Stiftskirche

Außerdem sehenswert: Das *Rathaus* (Unterstadt 1) wurde in Palazzo-Art und in romanisierenden Formen 1848–49 errichtet. – Zahlreiche *Fachwerkbauten* (meist 16. und 17. Jh.) und Teile der *Stadtbefestigung* sind erhalten. Der *Stadtturm* (um 1500) dient zugleich als Turm für die ehem. Stiftskirche und hat deren Glocken aufgenommen. *Heimatkundliche Sammlungen* (Kirchenplatz 4)

72805 Lichtenstein
Baden-Württemberg

Einw.: 9500   Höhe: 565 m   S. 1281 □ G 14

Schloß Lichtenstein: Der historische Roman »Lichtenstein« v. Wilhelm Hauff (1826) hat die (1802 abgebrochene) Burg berühmt gemacht und dazu geführt, daß der Bau in Anlehnung an die Hauffsche Beschreibung neu aufgeführt wurde. Das burgartige Schloß liegt auf einer Felskuppe (813 m).

Außerdem sehenswert: Im Umkreis v. Lichtenstein gibt es mehrere Höhlen, so u. a. die Nebelhöhle, in der – nach W. Hauff – Herzog Ulrich einst Zuflucht gefunden haben soll (9 km w v. Ortsteil Honau). Die Karlshöhe mit Bärenhöhle liegt 12 km sw v. Honau. – *Wilhelm-Hauff-Museum* im Ortsteil Honau.

65549–56 Limburg an der Lahn
Hessen

Einw.: 30 400   Höhe: 115 m   S. 1276 □ E 10

Wo sich wichtige Straßen kreuzten (Köln–Frankfurt, Hessen–Koblenz) und ein Übergang über die Lahn führte, entwickelte sich mit Beginn des 9. Jh. die heutige Stadt Limburg. Die planmäßige Stadterweiterung setzte im 13. Jh. ein. 1827 wurde das Bistum Limburg eingerichtet.

Dom/Ehem. Stifts- und Pfarrkirche St. Georg und Nikolaus (Domplatz): Auf ei-

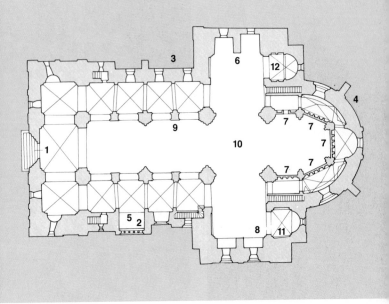

Limburg, Dom 1 Hauptportal **2** Erasmuskapelle **3** Heiliggrabkapelle **4** Sakristei **5** Taufstein, um 1235 **6** Grabmal des Grafen Konrad, 13. Jh. **7** Chorschranken, um 1235; Außenfelder mit Malereien, Ende 16. Jh. **8** Grabmal des Daniel v. Mudersbach (gest. 1477) und seiner Frau Jutta (gest. 1461) **9** Sakramentshäuschen, 1496, restauriert 1628 **10** Hochaltar, 1977 **11** Bischofsgruft **12** Sakramentskapelle

ner felsigen Anhöhe über der Lahn stand vermutlich schon im 9. Jh. eine Kirche. Der heutige Bau wurde 1235 geweiht und war in der Mitte des 13. Jh. endgültig vollendet. Große frühgot. Bauten in Nordfrankreich (u. a. St-Remi in Reims) und berühmte rheinische Kirchen (u. a. St. Gereon in → Köln) waren Vorbild. Mitbestimmend war auch der Wunsch, die Kirche möglichst eng mit der Landschaft zu verbinden. Charakteristisch für den heutigen Dom ist die farbige Neufassung (1968–72), die auf Funden v. Verputzresten aus dem 13. Jh. basiert. Der siebentürmige Bau vermittelt von jeder Seite ein anderes Bild. Geprägt v. der Spätromanik, läßt er in seinen zahlreichen Arkaden und Gliederungen in den Spitz- und Kleeblattbogen und seinen Knospenkapitellen bereits die got. Formen aufscheinen. Auch in der Ausmalung zeigt sich der Übergang v. der Romanik zur Gotik: Der figürliche Wandschmuck wechselt über zu den in der Gotik bevorzugten Ornamenten (1875–76 und 1934–35 rest., 1972–85 weitgehend in der Originalfassung freigelegt). Das *Sakramentshäuschen,* ein schlanker, fünfeckiger Turm mit feinem Gesprenge, entstand 1496. Die steinernen *Chorschranken* stammen aus der Zeit um 1235. Hervorzuheben ist auch der sehr wertvolle *Taufstein* (um 1235), der jetzt in der Kapelle am s Seitenschiff steht. Unter den zahlreichen *Grabdenkmälern* erreichen die Grabmäler für Kirchenstifter Graf Konrad (gest. 948) und Daniel v. Mudersbach (gest. 1477) den höchsten Rang. Der *Domschatz* wird heute im Bischöflichen Ordinariat (Roßmarkt 4) aufbewahrt. Ab Ostern 1985 im neuen Diözesanmuseum Domstr. 12.

Limburger Dom >

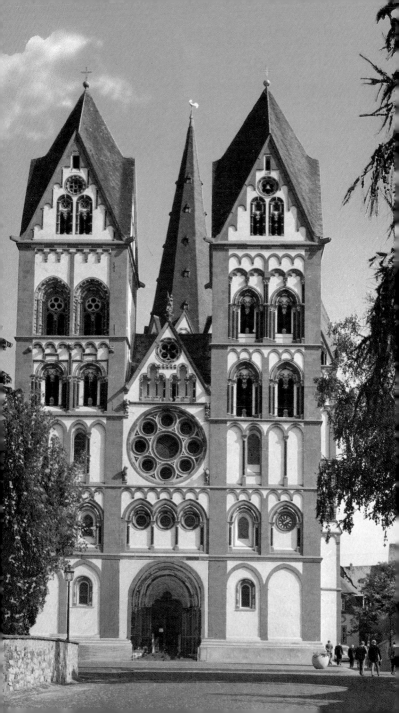

Limburg, Diözesan-Museum, Petri-Stab-Reliquiar (l) und Limburger Staurothek (r)

Ehem.   Franziskanerkloster/Kath. Pfarrkirche St. Sebastian: In Limburg errichteten die Franziskaner 1223 eine ihrer ersten Niederlassungen in Deutschland. Gemäß der Bettelordensregel wurde auch hier auf die Wölbung und auf Schmuckformen verzichtet (die Spiegeldecke wurde erst 1743 eingezogen). Zur Ausstattung gehören 2 *spätgot. Seitenaltäre,* ein *Vesperbild* des Weichen Stils (15. Jh.), eine *Rokokokanzel* und die 1685 v. A. Oehninger eingebaute *Orgel.* Unter den *Grabdenkmälern* steht die Grabplatte für Johannes v. Limburg (gest. 1312) an erster Stelle. Daneben gibt es mehrere erstklassige Epitaphe aus der Zeit der Renaissance und des Frühbarock.

Schloß (Domplatz): Der fast quadratische Wohnturm ist der älteste Teil der ehem. Burg (Mitte 13. Jh.), die zum Lahnufer hin steil abfällt. Die Burgkapelle war 1298 fertiggestellt, die restlichen Bauten kamen v. 14.–16. Jh. hinzu. – *Diözesanmuseum:* Kostbarster Besitz ist die *Limburger Stau-*

rothek, ein byzantinisches Kreuzreliquiar, das 1204 aus der Palastkirche in Konstantinopel geraubt wurde (seit 1827 in Limburg). – Ein weiteres Meisterwerk der Goldschmiedekunst ist das mit Edelsteinen besetzte und mit Goldfiligran verzierte *Petri-Stab-Reliquiar,* das laut Inschrift 988 in Trier gefertigt worden ist.

Außerdem sehenswert: Der *Walderdorffer Hof* (Fahrgasse 5) ist eine malerische Renaissance-Anlage aus dem Jahr 1665, die sich mit 4 Flügeln (zwei- und dreigeschossig) um einen Binnenhof gruppiert. – Zahlreiche Straßenzüge in Limburg haben ihr Bild seit dem 17. Jh. kaum verändert. Bes. typisch sind die *Bauten* in der Barfüßerstraße, in der Salz-, Fahr- und Brückengasse sowie am Domplatz, am Fischmarkt und am Bischofsplatz. – In 6 großen Halbkreisbögen spannt sich die *Lahnbrücke* (1255 zum erstenmal genannt, damals noch aus Holz) über den Fluß (Kruzifixus 1657). – Von der *Stadtbefestigung,* die 1225–30 angelegt wurde, sind nur geringe

Lindau, Hafeneinfahrt mit altem Leuchtturm

Teile erhalten, so unter anderem der quadratische Brückenturm und der Katzenturm.

88131 Lindau
Bayern

Einw.: 24 600   Höhe: 400 m   S. 1281 □ H 15

»Behütet v. den ausgestreckten Bergen zu beiden Seiten des Rheintals, schwimmt es angekettet im Wasser«, schrieb René Schickele 1921 über Lindau. Heute gehört die Stadt zu den bekanntesten Fremdenverkehrsorten am Bodensee. Die Altstadt liegt auf einer Insel, die durch eine Straßen- und Eisenbahnbrücke mit dem O-Ufer verbunden ist.

Ev. Stadtpfarrkirche St. Stephan (Marktplatz): Die Kirche, im 12. Jh. gegr., wurde zweimal (1506 und 1781–83) durchgreifend verändert und umgestaltet, so daß die ehemals roman. Grundelemente nur noch vereinzelt zu erkennen sind. Die äußeren Formen sind überwiegend barock, die Stuckdekorationen und die wesentlichen Teile der Ausstattung stammen aus dem späten 18. Jh.

Kath. Pfarrkirche St. Maria/Ehem. Frauenstiftskirche (Marktplatz): Die äußerlich schlichte Kirche wurde an der Stelle eines Vorgängerbaus (12. Jh.), der bei einem Brand vernichtet wurde, 1748–51 errichtet. Sie hält sich an das Vorarlberger Wandpfeilerschema (→ Obermarchtal, → Friedrichshafen). Die Ausstattung trägt spätbarocke Züge. Im angrenzenden *ehem. Damenstift* ist heute das *Landratsamt* untergebracht. Die zweiflügelige Anlage wurde 1730–36 gebaut und ist in ihrer Originalausstattung erhalten. Hervorzuheben ist ein erstklassiges *Deckengemälde* v. F. J. Spiegler.

Ehem. St.-Peters-Kirche (Schrannenplatz): In dieser ältesten Kirche Lindaus (Chor- und O-Teile 11. Jh., Turm 1425)

Schloß Linderhof

befinden sich Wandmalereien aus dem 13.–16. Jh., v. denen die Passionsfolge im O v. Hans Holbein* d. Ä. signiert ist. Die Kirche ist jetzt *Kriegergedächtniskapelle.*

Altes Rathaus (Bismarckplatz): In den Jahren 1422–36 wurde das Haus mit seinem Staffelgiebel (mit zierlichen Voluten geschmückt) und der Ratslaube vor dem 1. Obergeschoß errichtet. Umgestaltungen im 16. Jh. veränderten den Erkervorbau und fügten das Portal unter der Ratslaube hinzu. Im Inneren ist der große Ratssaal mit einer gewölbten *Holzdecke* sehenswert. Der Rittersaal hat eine wertvolle Vertäfelung (mit Einbauschrank aus dem 16. Jh.).

Stadtmuseum (Marktplatz 4): Das Museum ist im *Haus zum Cavazzen,* einem prächtigen Barockbau aus den Jahren 1728/29, untergebracht. Sammelgebiete: Vor- und Kulturgeschichte der Stadt, Gemälde, Plastik des 15.–20. Jh., Münzen, Siegel.

Stadttheater (Fischergasse 37): In dem 1951 umgebauten Stadttheater (808 Plätze) finden Gastspiele verschiedener Bühnen statt.

Außerdem sehenswert: Alter und neuer Leuchtturm, zahlreiche gut erhaltene Wohnbauten aus dem 16./17. Jh., Stadtbefestigung mit Teilen aus dem 12. Jh. (Heidenmauer).

Linderhof

✉ **82487 Oberammergau**

Bayern

| Einw.: 150 | Höhe: 943 m | S. 1282 □ K 15 |

Schloß Linderhof: König Ludwig II. wählte für das Rokokoschloß die Sphäre des franz. Sonnenkönigs Ludwig XIV. zum Vorbild. In abgeschiedener Bergeinsamkeit ließ er 1874–78 das Schloß nach Plänen v. G. Dollmann bauen. Höhepunkte der prunkvollen Innenausstattung sind die

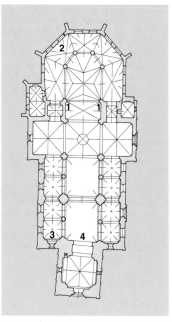

Lippstadt, St. Marien 1 Wandmalerei im Zwischenchor, um 1250 **2** Sakramentshäuschen, 1523 **3** Hl. Grab, Rest **4** Hochaltar, 2. Hälfte 17. Jh.

Zimmer im ersten Stock, in denen Bilder franz. Berühmtheiten aus der Zeit Ludwigs XIV. und XV. zu sehen sind. Hinter dem Schloß folgt ein großzügig angelegter Park mit vielen Zielpunkten (Grotte mit kleinem See, Maurischer Kiosk). – Die Wasserfälle schließen den Neptunbrunnen ein, der eine 32 m hohe Fontäne aussendet.

Lippoldsberg
✉ **37194 Wahlsburg**
Hessen

	Höhe: 100 m S. 1277 □ H 7

Um 1095 wurde v. Erzbischof Ruthard v. Mainz anstelle einer Vorgängerkirche (Mitte 11. Jh.) das Benediktinerinnenkloster St. Maria und Georg nach Hirsauer Regel gegr., und 1521 schloß sich das Kloster der strengen Bursfelder Kongregation an. Nach dem Tod der letzten Äbtissin

1569 löste sich die Klostergemeinschaft auf.

Ev. Pfarrkirche/Ehem. Klosterkirche: Abgesehen v. W-Fassade und W-Türmen hat sich die v. Propst Gunter aus Hamersleben errichtete roman. Basilika (1140–50) hervorragend erhalten. Die dreischiffige kreuzförmige Pfeilerbasilika mit einem ebenfalls dreischiffigen basilikalen Chor und 3 Chorapsiden ist der erste Kirchenbau des westfälisch-niedersächsischen Raumes, dessen Chor und Langhaus nach dem Vorbild des Doms zu → Mainz durchgehend eingewölbt wurde. Die geräumige *Nonnenempore* erstreckt sich über den Gratgewölben einer kryptaähnlichen niederen dreischiffigen Halle, deren *Pfeiler- und Säulenkapitelle* z. T. qualitätvolle Blatt- und Schuppenmotive zieren. Neben einer spätgot. *Sakramentsnische* (15. Jh.) im n Seitenchor und einem roman. *Taufbecken* ist v. a. der spätroman. *Taufstein* (13. Jh.) mit figürlichen Plastiken und Reliefs (Heilige, alt- und neutestamentliche Szenen) v. Bedeutung. Arkadenreste v. W-Flügel des roman. *Kreuzganges* haben sich im Klosterhaus erhalten, zu dem er 1713 umgestaltet wurde.

59555–58 Lippstadt
Nordrhein-Westfalen

Einw.: 63 000 Höhe: 77 m S. 1276 □ E 7	

Ev. Große Marienkirche (Markt): Die Kirche, 1222 durch den Stadtgründer Bernhard II., Bischof v. Semgallen, gew. und 1250 vollendet, ist einer der wichtigsten Bauten westfälischer Spätromanik. Dominierender Teil ist der W-Turm. Langhaus, Chor und O-Türme treten dagegen stark zurück. Das Innere ist bereits v. der Gotik geprägt. Höhepunkt der Ausstattung ist das *spätgot. Sakramentshäuschen* (1523). Spätroman. sind die Wandmalereien (um 1250) im Zwischenchor.

Ruine der Stiftskirche St. Marien (Stiftsstraße): Die Kirche stammt aus der Zeit um 1240, wurde jedoch 1831 wegen Baufälligkeit geschlossen und sollte abgerissen werden. König Friedrich Wilhelm IV. verfügte 1855, daß dieses bedeutende

Werk der Frühgotik als Baudenkmal erhalten bleiben solle.

Heimatmuseum (Rathausstr. 13): In einem Bürgerhaus aus dem 17. Jh. (im 18. Jh. mit Rokoko-Stuckdecken versehen) bietet das Museum Sammlungen zur lokalen Geschichte sowie sakrale Kunst des 14.–19. Jh.

Außerdem sehenswert: *Jakobikirche* (Lange Straße): Frühgot. Hallenkirche (um 1300). – *Kath. Nikolaikirche* (Klosterstraße): Von der Kirche aus dem 12. Jh. sind nach einem teilweisen Abbruch im Jahre 1872 nur der mächtige W-Turm sowie ein Teil des s Mittelschiffs erhalten.

Umgebung

Bökenförde (6 km sö): Neben der *Kapelle St. Antonius Abt* mit weiß-goldenen *Rokoko-Stuckierungen* (um 1768) der Gebr. B. und J. N. Metz ist das *Wasserschloß Schwarzengraben* (16. Jh., 1765–68 Neubau) wegen der reizvollen *Orangerie* (18. Jh.) nach Entwürfen v. J. M. Kitz sehenswert.

Cappel (3 km w): *Ev. Stiftskirche:* Die Kirche entstand als Teil des urspr. Prämonstratenserinnenklosters, das 1588 in ein weltliches Damenstift umgewandelt wurde. In dem ehem. Klostergebäude befindet sich heute ein Mädcheninternat. – Die Stiftskirche stammt aus dem 12. Jh., um 1700 wurden jedoch wesentliche Teile abgebrochen. Restaurierungen in den Jahren 1886 und 1951 – Bei einer Gesamtlänge v. ca. 50 m ist die kreuzförmig angelegte, roman. Pfeilerbasilika das älteste erhaltene Langhausgewölbe in Westfalen, wahrscheinlich sogar einer der ältesten Gewölbebauten der dt. Architektur. Strenge Formen kennzeichnen den Bau, sie sind typisch für die westfälische Architektur der Zeit und zugleich Ausdruck der Askese, die zu den Merkmalen der Prämonstratenser gehörte. *Inneres und Ausstattung:* Über der dreischiffigen Pfeilerhalle liegt im Obergeschoß die Nonnenempore. Fast alle bemerkenswerten Teile der Ausstattung sind aus spätgot. Zeit. Dazu gehören *Kanzel* und *Lesepult* mit geschnitzten Maßwerkfeldern und der schmiedeeiserne *Kronleuchter*. Die Frührenaissance bestimmt das reich verzierte *Chorgestühl*. *Grabsteine* aus der Zeit v. 1567–1804 sind Äbtissinnen, Stiftsdamen und Adligen gewidmet.

Overhagen (4 km sw): Das *Wasserschloß* (1619) mit einem zweigeschossigen Herrenhaus wurde 1735 umgebaut und dient heute als Gymnasium.

02708 Löbau
Sachsen

Einw.: 16 800   Höhe: 269 m   S. 1279 ☐ S 8

Die Kreisstadt liegt im N des Lausitzer Berglands. Sie entstand vor 1221 an der Kreuzung wichtiger Handelsstraßen. 1346 wurde sie Mitglied des Lausitzer Sechsstädtebunds. Im 14. Jh. war Löbau ein Zentrum der Tuchmacherei; im 19. Jh. befand sich hier der größte Garnmarkt der Oberlausitz. 1859 wurde hier die Pianofortefabrik Förster gegründet.

Pfarrkirche St. Johannis: Das einschiffige spätgot. Bauwerk, das urspr. zu einem Franziskanerkloster gehörte, wurde vermutlich im 15. Jh. errichtet. Im 17. und 19. Jh. wurde es verändert. Zur Ausstattung gehört u. a. ein spätgot. Kruzifix. Unter dem Chor der Kirche liegt eine Krypta.

Pfarrkirche St. Nikolai: Die Kirche, die aus einem spätroman. Chor aus dem 13. Jh. und einem got. Langhaus aus dem 14. Jh. (urspr. zweischiffig, 3. Schiff v. 1742) besteht, wurde 1884–85 umgebaut.

Rathaus: Das dreigeschossige barocke Bauwerk wurde 1711 v. einem Maurermeister aus Zittau unter Benutzung eines älteren Vorgängerbaus errichtet. – Am Markt stehen auch einige schöne *Bürgerhäuser* aus der Zeit nach 1710.

Stadtmuseum (Johannisstr. 5): Hier finden sich die verschiedenartigsten Sammlungen: sakrale Plastik, Waffen und Lausitzer Bauernschränke.

Außerdem sehenswert: Auf dem *Alten Friedhof*, der 1544 erstmals genannt wird,

Herrnhut (Löbau), Gemeinhaus mit Zinzendorf-Büste (l) und Glockenturm (r)

finden sich einige barocke Grüfte. – Auf dem Löbauer Berg (447 m) ö der Stadt befindet sich ein Aussichtsturm, eine 28 m hohe Gußeisenkonstruktion aus dem Eisenhüttenwerk Bernsdorf, die 1854 aufgestellt wurde und den Namen *Friedrich-August-Turm* trägt.

Umgebung

Cunewalde (8 km w): Bei der *Dorfkirche* handelt es sich um einen ungewöhnlich großen Barockbau, der 1780–93 errichtet wurde. Der Innenraum mit seinen dreigeschossigen Emporen bietet 3000 Menschen Platz.

Ebersbach (11 km sw): Der gesamte Ort mit seinen für die Gegend typischen Umgebindehäusern steht unter Denkmalschutz. – Der O-Teil der einschiffigen barocken *Pfarrkirche* v. 1682 wurde 1726–1733 errichtet. Das Langhaus hat ein bemaltes hölzernes Tonnengewölbe, der Chor mit dreiviertelkreisförmigem Grund-

riß ein ebenfalls hölzernes Kuppelgewölbe. Der Baldachinaltar mit Ölbergrelief datiert v. 1787, die Kanzel v. 1788 und der Orgelprospekt v. 1685.

Eibau (14 km s): Bei der *Dorfkirche* v. 1703–07 handelt es sich um einen einschiffigen Barockbau mit Kreuzgratgewölben im Inneren.

Herrnhut (11 km sö): Am Ortseingang findet sich ein Gedenkstein: »Am 17. Juni 1722 wurde an dieser Stelle zum Anbau von Herrnhut der erste Baum gefällt.« Es war Nikolaus Ludwig Graf v. Zinzendorf (1700–60), der hier Mitgliedern der böhmischen »Brüder-Unität«, die wegen ihres Glaubens verfolgt wurden, Zuflucht bot und damit die Herrnhuter Gemeine begründete. – Das *Gemeinhaus* (Kirche) ist ein Barockbau, der 1756–57 errichtet wurde. Nach der Zerstörung 1945 wurde er in den Jahren bis 1953 wieder aufgebaut. Im Innenhof steht eine Zinzendorf-Büste. – Das *Schloß* ist ein zweigeschossiger Barockbau mit 2 kurzen Flügeln (1781) an der Gartenseite.

Lobenstein, Blick auf die Stadt mit Burg

Kittlitz (4 km n): Die barocke *Dorfkirche* wurde 1749–69 erbaut. Ab 1752 wurden die Arbeiten v. Andreas Hüningen* aus Zittau geleitet.

Obercunnersdorf (9 km s): Das ehemalige Waldhufendorf wurde 1221 erstmals urkundlich erwähnt. Das Ortsbild des Denkmalsdorfes ist charakterisiert durch einen geschlossenen Bestand von ein- und zweigeschossigen *Umgebindehäusern.*

07356 Lobenstein
Thüringen

Einw.: 6500 Höhe: 505 m S. 1278 ☐ M 10

Die Kreisstadt liegt auf einem Bergrücken am Nordrand des Frankenwalds. Die Ansiedelung entstand bei einer Burg der Herren von Lobdeburg. 1278 kam sie an die Vögte von Gera, diese vererbten sie an die Fürsten von Reuß, in deren Besitz der Ort bis 1918 war. 1369 erhielt Lobenstein die Stadtrechte. 1861 wurde in dem von 7 Hügeln umgebenen Ort eine Eisenquelle entdeckt, 1864 das Eisenmoorbad gegründet.

Burg Lobenstein: Die Burg war bis zur Errichtung des »Neuen Schlosses« 1601 die Residenz der Herren von Reuß. Bereits Anfang des 17. Jahrhunderts begann der Verfall. Heute sind nur noch der 35 m hohe Bergfried, der als Aussichtsturm genutzt wird, und ein Wallturm erhalten. In diesem Gemäuer befindet sich ein kleines *Heimatmuseum.* Hier sind unter anderem einige Gobelins aus der Zeit des Rokoko zu besichtigen.

Schloß: Das schlichte barocke Bauwerk wurde 1714–18 errichtet. Gegenüber liegt die klassizistische ehem. Wache, im Park mit altem Baumbestand ein barocker Pavillon aus den Jahren 1746–48.

Außerdem sehenswert: Im Ortsteil *Saaldorf* befindet sich das *Jagdschlößchen Weidmannsheil,* ein neugot. Bauwerk v. 1837.

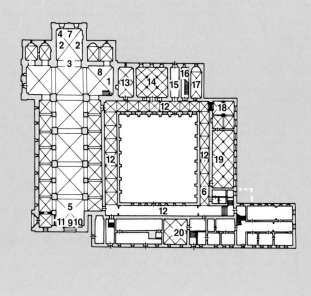

Loccum, Kloster 1 Aufsatz des Hauptaltars, 13. Jh.
2 Chorgestühl, Reste, 13. Jh. **3** Triumphkreuz, 13.
Jh. **4** Sakramentshäuschen, 2. Hälfte 15. Jh. **5**
Taufstein, 1601 **6** Epitaph Stracke mit gemaltem
Bildnis, 1611 **7** Laienaltar, 16. Jh. **8** Marienaltar, 16.
Jh. **9** Grabmal des Abtes Molanus, 18. Jh. **10** Grabmal des Abtes Böhmer, 18. Jh. **11** Grabmal des
Abtes Ebell, 18. Jh. **12** Kreuzgang **13** Johanneskapelle **14** Kapitelsaal **15** Donnergang **16** Pilgerzelle
und Aufgang zum Dormitorium **17** Benedictuskapel-
le **18** Kalfaktorium **19** Refektorium, Tür mit Klopfer
aus der Mitte des 13. Jh. **20** Laienrefektorium;
Wandgemälde v. E. v. Gebhardt, 1885–91

Umgebung

Ebersdorf (4 km n): Das barocke *Schloß*
wurde 1690–93 anstelle einer Wasserburg
erbaut. Die klassizistische Gartenfassade
datiert v. 1788. Das Schloß diente einer
zweiten Linie der Reuß-Lobensteiner als
Residenz. Der Park wurde Anfang des 18.
Jh. barock angelegt und Anfang des 19. Jh.
zu einem Landschaftspark umgestaltet. In
der Orangerie v. 1790 befindet sich ein
Kulturzentrum. Die Grabanlage für die Familie v. Reuß wurde 1931 nach einem
Entwurf v. Ernst Barlach* errichtet.

Loccum
✉ 31547 Rehburg-Loccum
Niedersachsen

Einw.: 10 200   Höhe: 65 m   S. 1277 □ G 6

**Ehem. Zisterzienserkloster und Klo-
sterkirche:** Der Großteil der Bauten des
1163 gestifteten Klosters stammt aus dem
13. Jh. und ist bis heute erhalten. Neben
dem Kloster ist auch der äußere Klosterbezirk v. einer Mauer umgeben. Sehenswert
sind v. a. der *Kreuzgang* und der *Kapitelsaal.* – Die *Klosterkirche* wurde v. 1240–
80 errichtet. Im Inneren vermitteln Mauern, Pfeiler und Bogen ein strenges, noch
an die Romanik erinnerndes Bild. Zu den
bedeutenden Stücken der Ausstattung gehört der hölzerne *Reliquienschrein* (13.
Jh.) mit einer doppelgeschossigen Arka-

dengliederung, der als Aufsatz für den Hauptaltar aufgestellt ist. Zu erwähnen sind außerdem: Reste des alten *Chorgestühls* (13. Jh.), *Triumphkreuz* (gemalt; 13. Jh.), *Zelebrantenstuhl* (um 1300), reich geschmücktes *Sakramentshäuschen* (15. Jh.) und *Grabsteine*. Im Epitaph des Abtes Stracke (1611) ein gemaltes Bild.

73547 Lorch
Baden-Württemberg

Einw.: 10 700   Höhe: 288 m   S. 1281 ☐ H 13

Lorch ist mit den Namen zweier bedeutender Dichter verbunden: Friedrich Schiller verbrachte hier v. 1764–66 drei Jahre seiner Kindheit, Eduard Mörike lebte hier v. 1867–69.

Ehem. Benediktinerkloster St. Maria: Auf dem Liebfrauen- oder Marienberg entstand im 11./12. Jh. ein erstes Kloster als Grablege der Hohenstaufen. Die roman. Kirche erhielt 1469 einen got. Chor. Die Gebäude wurden 1525 im Bauernkrieg teilweise zerstört, später jedoch abermals erneuert. Aus dem 15. Jh. sind die N-Flügel des Kreuzgangs (sehenswertes Netzrippengewölbe) und das Konventsgebäude

(um 1470) mit 2 Erdgeschoßsälen erhalten. – Die Kirche erinnert stark an → Maria Laach, weist jedoch auch eigene, schwäbische Elemente auf. Vom urspr. Bau ist ein Teil des W-Baus erhalten. Im Langhaus *Tumba* des Stifters (1475) *Altarkreuz* am Choreingang (um 1500). An den Pfeilern sind Kaiserbilder zu sehen (die Staufenfürsten tragen Trachten der Zeit um 1500).

Ev. Pfarrkirche (auf dem Gelände des einstigen röm. Kastells in der Stadtmitte): Die urspr. roman. Kirche wurde 1474 got. wiederaufgebaut und 1728 mit den heutigen Emporeneinbauten ausgestattet.

65391 Lorch im Rheingau
Hessen

Einw.: 4700   Höhe: 85 m   S. 1276 ☐ D 10

Kath. Pfarrkirche St. Martin (Am Markt): Die Kirche liegt auf einer Terrasse über dem Rhein. Sie wurde gegen Ende des 13. Jh. begonnen und gehört zu den bedeutendsten got. Kirchen im Rheingau. Im 14. und 15. Jh. wurde der Bau ergänzt, seine Gesamtkonzeption dadurch jedoch kaum beeinflußt. Berühmt ist die Kirche v. a. wegen ihres got. *Hochaltars* (1483) – des

Loccum, Zisterzienserkloster

reichsten Flügelaltars am Mittelrhein. In 2 Geschossen stehen Statuen in 10 Nischen. Noch älter ist das *Chorgestühl*, das am Ende des 13. Jh. entstanden ist und Tier- und undefinierbare Fabelgestalten zeigt. Unter den *Grabsteinen* nimmt das Renaissancedenkmal für Johann Hilchen v. Lorch (gest. 1550) den ersten Rang ein.

Kunst- und Heimatmuseum (auf dem Marktplatz): Sammlung zur Ortsgeschichte, bes. zur röm. Vergangenheit Lorchs.

Außerdem sehenswert: Von der spätma *Stadtbefestigung* sind nur geringe Reste erhalten geblieben (an der Wispermündung, am Weiseler Weg und am Obertor). – Von den *Wohnbauten* sind das *Hilchenhaus*, das Johann Hilchen v. Lorch als prächtigen Renaissancebau (mit der Schauseite zum Rhein) errichten ließ (1573), der spätgot. Zehenthof und zahlreiche *Fachwerkhäuser* zu erwähnen.

Umgebung

Heiligkreuzkapelle (2 km nö im Wispertal): Die 1677 gew. Wallfahrtskirche erhielt eine barocke Ausstattung und besitzt mit der Madonna (18. Jh.) und dem »Heiligkreuzer Bäuerche« (got.) 2 schöne Holzplastiken.

79539–41 Lörrach
Baden-Württemberg

Einw.: 43 400   Höhe: 294 m   S. 1280 ☐ D 15

Am »Dreiländereck«, wo sich Schweiz, Frankreich und Deutschland im wahrsten Sinne des Wortes »nahe kommen«, hat sich aus dem »ordentli Städtli«, wie Johann Peter Hebel den Ort nannte, eine Industriestadt entwickelt. – V. 1783–91 lebte hier Johann Peter Hebel als Präzeptoratsvikar am Pädagogium. Ein Standbild im Hebelpark (1910) erinnert an ihn, und der Hebel-Bund hat seinen Sitz hier.

St.-Fridolins-Kirche (Lörrach-Stetten): C. Arnold, ein Schüler Weinbrenners*, hat die Kirche 1821/22 errichtet. Die typisch klassizistischen Linien werden im Inneren durch die Stukkaturen unterbrochen, die J. Wilhelm – als Nachklang zum Spätbarock – angebracht hat. Von außen her wird das Bild der Kirche durch die beiden Türme bestimmt, die die Portalwand im W einrahmen.

Lörrach, Schloßruine Rötteln

Ev. Stadtkirche (Burghof): Bis auf den Turm (1514) ist die Kirche in den Jahren 1815–17 v. W. Frommel, einem Schüler Weinbrenners, neu errichtet worden. Das Innere zeigt einen klassizistischen Saal, dessen Empore von dorischen Säulen getragen wird.

Museum am Burghof (Basler Str. 143): Malerei des 17.–20. Jh., Skulpturen, Drucke, Kartographie, Geschichte der Stadt und der Burg Rötteln, Wohnkultur vergangener Jahrhunderte, »Zinnoptikum«.

Außerdem sehenswert: Verschiedene schöne *Brunnen* (aus weißem Solothurner Kalkstein). – In der *kath. Pfarrkirche St. Peter* sind der Petrus-Legende 4 der Pfeiler in Beton-Relieftechnik und Glasmalerei gewidmet.

Umgebung

Inzlingen (6 km sö): Das *Wasserschloß* (erst 1511 erwähnt) dient heute als Rathaus. Der Hauptteil des Schlosses entstand in den Jahren 1563/64.

Rötteln (4 km n): *Schloßruine*. Die ältesten Teile dieser heute zerfallenen Burg sind roman. (Bergfried), wesentliche Teile wurden jedoch erst im 14. Jh. hinzugefügt und sind v. der Gotik geprägt. 1678 wurde die Burg zerstört. Seither Ruine. – Bedeutende Grabmäler in der *ev. Dorfkirche* des Weilers Rötteln.

64653 Lorsch
Hessen

Einw.: 11 300   Höhe: 95 m   S. 1281 □ F 11

Königshalle der ehem. Benediktinerabtei (Nibelungenstraße): Von dem einstigen Kloster, das 764 gegr. wurde und seit Karl d. Gr. v. außerordentlichem kulturellen und politischen Rang war, ist nur die Torhalle erhalten. Nach dem Niedergang im 12. Jh. vernichtete ein Brand im Jahr 1621 den ehemals mächtigen und repräsentativen Komplex weitgehend. Übrig blieb nur die zweigeschossige Königshalle, die einst Auftakt eines Triumphweges war, der quer durch den Klosterbezirk zum Heiligtum mit den Reliquien führte. Hier waren Ludwig der Deutsche und andere Mitglieder des karolingischen Königshauses begraben. – Die Königshalle, ein typisches Bauwerk der karolingischen Zeit, ist kunstgeschichtlich v. außerordentlicher Bedeu-

Lorsch, Torhalle der Benediktinerabtei

tung. Die Fassaden sind reich gegliedert. Die Außenflächen werden v. roten und weißen Steinplatten, die mosaikartig eingesetzt sind, bestimmt. Das got. Dach kam im 14. Jh. hinzu. 1697 erfolgte der Umbau zur erzbischöflichen Privatkapelle. Restaurierungen in den Jahren 1934–36 haben den Zustand des 8. und 14. Jh. wiederhergestellt.

Außerdem sehenswert: Gut erhaltene *Fachwerkhäuser* am und um den Markt (18. Jh.). – *Barockbau* des Freiherrn von Hausen (Bahnhofstr. 18). – *Rathaus* (1715) mit 3 Fassadenerkern. Im Rathaus befinden sich das Tabakmuseum und der Nibelungensaal, in dem auch Konzerte stattfinden.

15907 Lübben
Brandenburg
Einw.: 13 800   Höhe: 53 m   S. 1279 □ Q 7

Lübben liegt zwischen Ober- und Unterspreewald. Der Ort, der einmal an der wichtigen Fernstraße von Leipzig nach Frankfurt an der Oder lag, ist erstmals 1150 als *urbs Lubin* bezeugt. 1220 wurde die sorbische Siedlung mit dem Magde-

Lübben, Paul-Gerhardt-Denkmal

burger Recht belehnt. Bis zur Angliederung an Preußen 1815 war Lübben gelegentlich Nebenresidenz der Kurfürsten von Sachsen und Sitz der Niederlausitzer Stände. Der Kirchenlieddichter Paul Gerhardt (1607–76) wurde 1669 Archidiakon in Lübben, wo er auch starb.

Paul-Gerhardt-Kirche: Die ehem. Nikolaikirche, eine dreischiffige spätgot. Backstein-Hallenkirche, wurde wahrscheinlich unter Einbeziehung v. Teilen eines Vorgängerbaus zwischen 1494 und 1550 errichtet. Die Ausstattung besteht aus einem Altar, einer Kanzel und einer Taufe aus den Jahren 1609 und 1610 sowie einem spätgot. Triumphkreuz aus der 1. Hälfte des 16. Jh. Der Dichter Paul Gerhardt ist vor dem Altar begraben.

Schloß: Der dreistöckige Renaissancebau aus der 2. Hälfte des 17. Jh. ersetzte eine ma Wasserburg. Von ihr ist nur (vor der N-Seite) ein mächtiger *Wohnturm* aus der 2. Hälfte des 14. Jh. erhalten.

Stadtbefestigung: Von der Backsteinmauer aus dem späten 15. Jh. sind im W der Stadt noch Reste mit einem runden Eckturm und einem Wiekhaus erhalten.

Umgebung

Lübbenau (8 km sö): Der Ort liegt inmitten des Spreewalds, einer Flußinsellandschaft, die etwa 45 km lang und 10 km breit ist. Die Bewohner der Gegend sind überwiegend Nachkommen der Sorben, eines slawischen Stammes, der im 6.–8. Jh. hier Fuß faßte. Theodor Fontane hat dem Spreewald einen Band seiner »Wanderungen durch die Mark Brandenburg« gewidmet. – Die einschiffige barocke *Pfarrkirche* wurde 1744 errichtet. Im Inneren finden sich u. a. ein nach einem Modell v. Christian Daniel Rauch in Zink gegossener Taufengel (1864) und ein Wandgrab, das 1765 v. Gottfried Knöffler* aus Dresden geschaffen wurde. – Das klassizistische *Schloß* wurde 1817–20 v. einem Leipziger Baumeister für den Grafen v. Lynar erbaut (Umbau 1839). – Am Rand des großen, 1817 angelegten Landschaftsparks, in dem das Schloß steht, befindet sich in der klas-

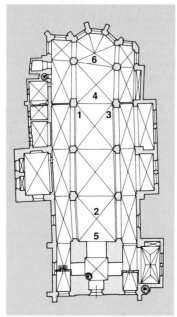

Lübeck, Ägidienkirche 1 Segnender Christus, 2. Hälfte 13. Jh. **2** Bronzetaufe v. H. Gerwiges, 1453; Taufdeckel v. H. Freese, 1709–10 **3** Pastorenstuhl, um 1500 **4** Singechor (Lettner) v. T. Evers d. J., 1586–87 **5** Orgelprospekt v. M. Sommer nach Angaben v. H. Scherer, 1624–26 **6** Altaraufbau, 1701

sizistischen Orangerie v. ca. 1820 und der barocken ehem. gräflichen Kanzlei v. 1745–48 das *Spreewaldmuseum.* Es ist sehr vielseitig und umfaßt neben heimatkundlichen Sammlungen (u. a. Spreewaldtrachten) auch kunst- und kulturgeschichtliche Sammlungen, u. a. Porzellan und Gläser aus dem 17.–19. Jh., Lutherdrucke und Streitschriften der Reformationszeit sowie Gemälde v. Antoine Pesne[*], Anton Graff[*] und F. A. Tischbein[*].

Steinkirchen (1 km s): Bei der frühgot. *Dorfkirche* handelt es sich um eine der ältesten Kirchen in der Lausitz. Im Inneren befindet sich eine bemalte Holzdecke. – Das sog. *Neuhaus* ist ein einstöckiges klassizistisches Bauwerk v. 1801. Einer der Räume des heutigen Kindergartens ist als Kuppelsaal gestaltet.

Straupitz (16 km sö): Die klassizistische *Dorfkirche* wurde 1827–32 nach einem Entwurf v. Karl Friedrich Schinkel[*] errichtet.

23552–70 Lübeck
Schleswig-Holstein

Einw.: 216 000 Höhe: 11 m S. 1273 □ K 3	

Die Gründung der heutigen Stadt geht auf Heinrich den Löwen zurück (1158/59). 1226 erhielt Lübeck die Reichsfreiheit. Zu jener Zeit kamen Kaufleute aus dem Rheinland und Westfalen hierher und trugen dazu bei, daß sich die Stadt zu einem entscheidenden Umschlagplatz zwischen den Rohstoffmärkten des O und NO entwickelte und gleichzeitig Anlaufstelle für die Gewerbezentren im W wurde. Der Altstadtkern erinnert noch heute an jene Glanzzeit, in der Lübeck die Führung der dt. Städtehanse übernahm (1356) und neben Köln zur größten Stadt Deutschlands aufstieg. Auch als die Hanse langsam zerbrach, konnte Lübeck seine Schlüsselstellung halten. Der Bau des Stecknitzkanals in den Jahren 1390–98 war nicht nur eine technische Großtat ohne Beispiel, sondern zugleich auch entscheidender Fortschritt für die Beförderung des Handelsobjektes Salz. Im 15. Jh., als sich das hanseatische Handelssystem aufzulösen begann, erlebte die Stadt eine Kunstblüte sondergleichen: Unter Führung v. H. Rode[*], B. Notke[*] und H. v. d. Heide[*] befriedigten die Schnitzer- und Malerwerkstätten den neu aufgekommenen Bedarf an Flügelaltären, die für bürgerliche Stiftungen in großen Stückzahlen gesucht waren. – Parallel zur wirtschaftlichen Entwicklung der Stadt besaß Lübeck auch im kulturellen Bereich eine Sonderstellung. Davon zeugen die bedeutenden Bauten, und dazu trugen Künstler von Rang mit ihren Werken bei. Zu den berühmtesten Söhnen der Stadt gehören Heinrich (1871–1950) und Thomas Mann (1875–1955).

Dom (Mühlendamm): Mit der Verlegung des Bischofssitzes v. Oldenburg nach Lübeck (1160) stand auch der Bau eines Domes an. Heinrich der Löwe legte 1173 den Grundstein für einen Bau, der nach dem

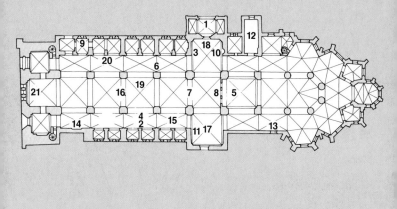

Lübeck, Dom 1 Portal, um 1260 **2** Wandmalerei, Fragment, 14. Jh. **3** Grab des Bischofs Albert v. Cremona (gest. 1377) **4** Müllerkrone, 1. Hälfte 15. Jh. **5** Taufe v. L. Grove, 1455 **6** Marienrelief, 1459, und Bronzeampel, 1461 **7** Triumphkreuzgruppe v. B. Notke, 1477 **8** Lettner; Bühne 1477, Uhr 1627–28 **9** Lichthaltender Engel, Ende 15. Jh. **10** Madonna aus Stuck, um 1500 **11** Schöne Madonna, 1509 **12** Grabkapelle der Großherzöge v. Oldenburg **13** Lesepult, spätgot., 1530 **14** Grabplatte des Bischofs Johann Tydemann, 1561 **15** Böttcherkerze, 2. Hälfte 16. Jh. **16** Kanzel, 1568–72 **17** Messingkronleuchter, 1661 **18** Gemälde des hl. Christophorus, 1665 **19** Altarmensa **20** Orgel **21** Fenster v. L. Quinte, 1963

Vorbild v. → Braunschweig als roman. Pfeilerbasilika entstehen sollte. Nach Fertigstellung zu Beginn des 13. Jh. waren mehrere Um- und Erweiterungsbauten notwendig, die jedoch das Gesamtbild nicht beeinträchtigen konnten. Die Zerstörungen im 2. Weltkrieg wurden bis 1959 beseitigt. – Die feierlich-schwere Wirkung, die v. Innenraum des Doms ausgeht, ist in dem klaren Aufbau und in der straffen Gliederung begründet. Aus der einst reichen Ausstattung sind viele Teile dem Brand zum Opfer gefallen. Erhalten blieb eine *Triumphkreuzgruppe* v. B. Notke[*] (1477), eines der wichtigsten Werke des Lübecker Meisters, v. dem auch die großße übertreffen sollte, wurde vielfach geändert, und die Fertigstellung zog sich mehr artig geschnitzte Bühne des Lettners stammt. Im s Querschiff ist die *Schöne Madonna* (1509), im n *Maria mit der Sternenkrone* (um 1450–60) hervorzuheben.

Ev. Marienkirche (Markt): Die Kirche war v. den wohlhabenden Bürgern als Gegenstück zum bischöflichen Dom geplant. Die urspr. Konzeption (1200), eine roman. Basilika zu errichten, die den Dom an Grö- Lübecker Meisters, v. dem auch die großße übertreffen sollte, wurde vielfach geändert, und die Fertigstellung zog sich mehr als 150 Jahre hin. Beim Luftangriff im Jahr 1942 brannte die Kirche, eines der wichtigsten Werke der Backsteingotik, bis auf die Grundmauern nieder und drohte ganz einzustürzen. In einer hervorragend gelungenen Restaurierung (unter B. Fendrich) ist der Bau jedoch bis 1959 wiederhergestellt worden. – Die kostbare *Innenausstattung* ist beim Brand fast vollständig ver-

Lübeck, Petrikirche, Rathaus, Marienkirche und Holstentor

Sakramentshaus in der Marienkirche >

Passionsaltar, früher im Dom, heute im St.-Annen-Museum

Marienkirche

lorengegangen, so auch der gemalte *Totentanz* v. B. Notke* (1463), mehrere *Overbeck** -Gemälde, der *Lettner,* 14. Jh., und jene Orgel, 16. Jh., an der u. a. J. S. Bach gespielt hat. Dagegen konnte eine alte *Bemalung* (13./14. Jh.), die sich unter alter Kalkfarbe fand, freigelegt werden. Erhalten blieben das 10 m hohe *Sakramentshäuschen* (1476–79) und der *Marienaltar* aus dem Jahr 1518.

Ev. Petrikirche (Holstenstraße): Auch die im 14. Jh. als dreischiffige Hallenkirche erbaute und im 16. Jh. auf 5 Schiffe erweiterte Petrikirche brannte 1942 aus, wird aber seit 1959 originalgetreu wiederhergestellt. Von der 50 m hohen Plattform des Turms (Aufzug) bietet sich ein großartiger Blick.

Ev. Jakobikirche (Koberg): Im N der Stadt liegt die 1334 vollendete Kirche, die v. den Zerstörungen des 2. Weltkriegs verschont geblieben ist und viele bedeutende Kunstschätze birgt. An erster Stelle ist der

Brömbse-Altar (15. Jh.) zu nennen. Die Mitteltafel (in Sandstein) zeigt eine Kreuzigungsszene. Die Innenbilder des Hauptflügels stellen die Familie des Stifters, des Bürgermeisters Brömbse, dar. Aus got. Zeit stammen auch der *Vorsteherstuhl* (Mitte 15. Jh.), eine v. K. Grude gegossene *Taufe* (1466) und 2 sog. Lichterbäume (got.). Das Hauptwerk der *Orgel* stammt aus dem Jahr 1504. Das *Renaissancegestühl* und die Vertäfelung der Pfeiler geben der Kirche eine besondere Atmosphäre. Erwähnenswert sind die *Heiligenfiguren* an den Pfeilerflächen (um 1130–40 gemalt; nur Reste erhalten).

Weitere sehenswerte Kirchen: *Ägidienkirche* (Ägidienstraße): Kirche aus dem 13. Jh., die später mehrfach vergrößert und verändert wurde. Sehenswert sind die Orgel mit dem frühbarocken Prospekt und das barocke Prunkgitter (1710) im Mittelschiff. – *Ehem. St.-Katharinen-Kloster der Franziskaner* (An der Mauer): Der älteste Teil der heutigen Kirche geht bis ins 13. Jh. zurück. Der Innenraum zeigt die für die Lübecker Architektur typische Strenge. Zur Ausstattung gehören u. a. eine spätgot. Triumphkreuzgruppe an der Brüstung des Hochchors (1489), das got. Chorgestühl und eine Reihe von Grabsteinen. – *Ehem. Burgkloster der Dominikaner:* Das Kloster wurde zum Dank des Siegers der Lübecker über die Dänen (1227) gestiftet und 1229 v. den Dominikanern bezogen. Vom ehem. Kloster und v. der Kirche sind nur Teile erhalten. – *Hl.-Geist-Hospital* (Königstraße): Dieser ma Hospitalbau steht im Schatten der Kirche (fertiggestellt um 1286). Sehenswerte Gewölbe- und Wandmalereien (13./14. Jh.).

Rathaus (Markt): Nachdem Lübeck 1226 die Reichsfreiheit erhalten hatte, begann man mit dem Bau des Rathauses. Nach vielen Ergänzungen und Veränderungen war der Bau jedoch erst 1484, als der n Kanzleitrakt aufgeführt war, weitgehend fertig. In den folgenden Jahrhunderten ergaben sich nur noch geringfügige Veränderungen. – Das Rathaus gehört zu den bedeutendsten in Deutschland und spiegelt – wie die Marienkirche – Macht und Stolz

Petrikirche >

Rathaus

Burgtor >

der Lübecker Bürger wider. Im Inneren
sind *Eingangshalle, Audienzsaal,* ehem.
Rathaussaal und *Ratskeller* sehenswert.

Haus der Schiffergesellschaft (Breite Str.
2): In dem einstigen Gildehaus (1535) –
dem einzigen, das erhalten geblieben ist –
befindet sich heute eine Gaststätte. Die
1880 erneuerte Fassade zeigt bereits die
Stilelemente der Renaissance.

Holstentor (Holstentorplatz): Das Holstentor (1478) sicherte die Stadt nach außen ab. Es wird v. 2 Rundtürmen bestimmt,
die einen imposanten Staffelgiebel einschließen. Direkt am Holstentor liegen die
alten, original erhaltenen Salzspeicher
(16.–18. Jh.), in denen das Salz, das über
die Salzstraße aus Lüneburg nach N gekommen war, gelagert wurde.

Burgtor (Große Burgstraße): Das Burgtor, im 13. Jh. erbaut und 1444 um ein
Geschoß erhöht, schloß die Stadtbefestigung nach innen ab. Wer die Stadt betreten

wollte, mußte durch dieses Tor. Zur Stadtseite hin ist das Burgtor mit den angrenzenden Häusern reizvoll verbunden.

Bürgerhäuser: Die *Mengstraße* ist bes.
reich an Bürgerhäusern (weitere Bürgerhäuser u. a. *Gr. Petersgrube, Wahmstraße,
Königstraße, Breite Straße*). Das Haus
Mengstr. 4 ist als »Buddenbrookhaus« bekannt geworden. Es gehörte früher der Familie Mann. Die Häuser Nr. 48/50, das
Schabbelhaus, wurden nach 1945 eingerichtet.

Museen: Das *St.-Annen-Museum* (St.-An-
nen-Str. 15), im Komplex einer spätma
Klosteranlage, bietet Lübecker Kunst und
Wohnkultur. – Das *Behnhaus-Museum*
(Königstr. 11), in einem alten Patrizierhaus aus dem Jahre 1779 (mit sehenswerter klassizistischer Fassade), zeigt Gemälde des 19./20. Jh. (vorwiegend dt. Romant-
tik und Expressionismus). – Das *Museum
Im Holstentor* (Holstentorplatz) zeigt Beiträge zur Stadtgeschichte (Modelle, Stadt-

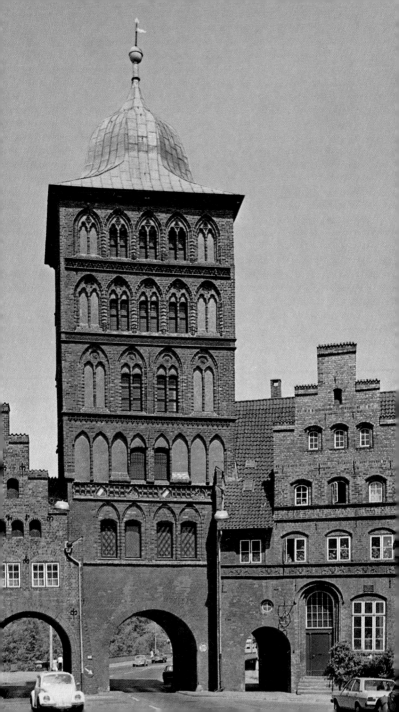

Holstentor

ansichten, Schiffsmodelle, Folterkammer). – *Museum Drägerhaus* (Königstr. 9): Festräume um 1750, Kunst und Kultur Lübecks, Leben und Werke v. Thomas und Heinrich Mann. – *Städt. Münzsammlung* (Mühlendamm 1–3) im Archiv der Hansestadt.

Theater: Zu den *Bühnen der Hansestadt* (Beckergrube 10) gehören das Große Haus (923 Plätze), die Kammerspiele (325 Plätze) und das Studio (100 Plätze). – *Kammerspielkreis Lübeck* (Moislinger Allee): Schauspiel.

Umgebung

Steinhorst (22 km sw): Ehem. Herrenhaus. Der Backsteinbau (1721/22) v. J. N. Kuhn mit einer sehr reich gegliederten Fassade beherbergt heute die *Sammlung Schwarzkopf* mit Geräten zur Schönheitspflege aus dem abendländischen Kulturkreis.

15926 Luckau
Brandenburg

Einw.: 5920   Höhe: 64 m   S. 1279 ☐ Q 7

1297 erhielt Luckau die Stadtrechte, 1652 wurden weite Teile bei einem großen Brand zerstört.

Stadtkirche St. Nikolai: Von einem Vorgängerbau aus dem 13. Jh. (1281 bezeugt) ist nur der Feldsteinunterbau der W-Türme erhalten, die erst um die Mitte des 14. Jh. aufgeführt worden sind. Nachdem die Lausitz 1370 an Böhmen gefallen war, galt Karls IV. Aufmerksamkeit der Kirche. 1375 schenkte er eine Reliquie des hl. Paulinus und initiierte damit einen Kirchenneubau als langgestreckte dreischiffige Halle mit Umgangschor als dem frühesten Beispiel dieser Art in der Lausitz. 1388 war der Chor bei der Weihe eines neuen Marienaltars vollendet. Der Langhausneubau zog sich bis ins 15. Jh. hin. Die Wöl-

Luckau, Nikolaikirche, Reliquienschrein (l) und Steinfigur (r)

bung beider Bauabschnitte auf äußerst schlanken achteckigen Pfeilern erfolgte möglicherweise gemeinsam. Das Parallelrippennetz des Mittelschiffs entspricht dabei dem Muster der Prager Domchorgewölbe. Bemerkenswert sind auch die Kopfkonsolen Prager Art am S-Portal des Chors. 1644 brannte die Kirche vollständig aus, ein Teil der Gewölbe wurde durch Kreuzgewölbe ersetzt. Durch die Wiederherstellung bekam das Innere in der 2. Hälfte des 17. Jh. den so malerischen Charakter einer einheitlichen Ausstattung, die nach barockem Verständnis in den ma Raum komponiert wurde: die amphitheatralisch terrassierten Emporen mit der mächtigen Orgel (1674), die Sandsteinkanzel, ein Prunkstück mit vielen Figuren und szenischen Reliefs, das 1666 v. Andreas Schultze aus Torgau geschaffen wurde, den schlanken, v. Abraham Jäger aus Doberlug 1670 getischlerten und v. Christoph Kraus aus Großenhain mit Gemälden versehenen Altaraufbau, die zahlreichen Epitaphe und schließlich als Besonderheit die Stuben und Logen, die für reiche Bürger auf der n Empore mit tapezierten Wänden und Öfen eingerichtet waren.

Georgenkapelle: Kleiner rechteckiger Backsteinbau, im Kern auf das 13. Jahrhundert zurückgehend, aber mit spätgot. Stern- und Netzgewölben versehen, schon seit der Reformation profaniert.

Ehem. Heiliggeisthospital: Der barocke Putzbau, langgestreckt und zweigeschossig unter Mansarddach, wurde 1727 neu gebaut, mit einer Kirche im Mittelrisalit.

Rathaus: Der zweigeschossige Putzbau wurde 1851–52 im spätklassizistischen Stil neu erbaut, hat aber einen ma Kern, wie die Kellergewölbe und die Sterngewölbe im Erdgeschoß beweisen.

Wohnbauten: Bes. reizvoll ist die Umbauung des Marktes mit den *Schmuckgiebelhäusern,* die um 1700 angeblich v. ital. Stukkateuren verziert worden sind; hervorzuheben darunter die Häuser Markt 12, 30 und 32.

Stadtbefestigung: Die um 1290 bereits genannte Anlage aus Feldstein und Backstein ist zu großen Teilen erhalten, vor allem an der N-Seite der Stadt, ein Weichhaus im Garten der Superintendentur; der *Rote Turm* gehörte zum Calauer Tor.

Kreis-Heimatmuseum (Lange Str. 11): Dokumentiert wird die Geschichte der Landwirtschaft in der Region unter besonderer Berücksichtigung des Agrarwissenschaftlers Johann Gottlieb Koppe, der 1782 in L. geboren wurde.

Umgebung

Beesdau (7 km s): Die *Dorfkirche* ist ein Feldsteinsaal mit W-Turm des 14. Jh. und zeichnet sich durch eine reiche und charakteristische Ausstattung der nachreformatorischen Zeit aus: Altaraufsatz aus Sandstein (um 1600) mit den Figuren der Stifterfamilie. Sandsteinkanzel v. 1566 mit rundem, reliefgeschmücktem Korb. Zahlreiche Epitaphe, die für H. v. Polentz, E. v. d. Schulenburg und A. v. Ziegesar v. Georg Schröter aus Torgau. – Das *Schloß*, auf eine ma Burg zurückgehend, wurde im 19. Jh. überformt.
Bornsdorf (7 km s): Die *Dorfkirche*, ein dreiseitig geschlossener Feldsteinsaal des 15. Jh., wurde um die Mitte des 18. Jh. durch Logen und Gruftanbauten vergrößert. Der Altaraufsatz ist aus Sandstein gearbeitet, im Charakter noch dem 17. Jh. angehörend wie auch die seitlich knienden Figuren (Stifter?), wurde aber um 1730 überarbeitet. Reizvoll geschnitzt sind auch die Kanzel und der Pastorenstuhl.
Dahme (20 km w): Die 1164 und 1185 erstmals genannte dt. Burg ist seit 1193 als magdeburgisches Lehen nachweisbar, die Siedlung kam 1635 an Sachsen und 1815 an Preußen. Das Schloß war v. 1657–1746 Residenz der Herzöge v. Sachsen-Weißenfels. – Die heutige *Stadtkirche St. Marien* liegt nahe dem Schloß, v. dem parkähnlich gestalteten Friedhof umgeben (Grabdenkmäler des späten 18. Jh.). Umlaufende Emporen, Stuben und Logen, eine Spätrenaissancekanzel und der Altaraufbau v.

Luckau, Markt

1678 geben dem Inneren eine malerische Erscheinung, die bewußt bei einer Restaurierung 1905 verstärkt worden ist. Originell ist die auf Kugeln ruhende Spitze des Turmhelmes. – Das *Schloß* wurde 1713–19 nach Abriß der Burg als größere Anlage erbaut, heute Ruine. Ein dreigeschossiges Speichergebäude ist s des Schlosses aus Fachwerk und mit hohem Mansarddach erhalten. Der Schloßgarten wurde 1924 als Landschaftsgarten interessant neu gestaltet.

14943 Luckenwalde
Brandenburg

Einw.: 25 200	Höhe: 48 m	S. 1279 □ P 6

Ein Burgward, vielleicht bei einem slawischen Wall, war der Ausgang der Siedlung, die seit 1157 unter magdeburgischer Herrschaft stand und 1285 an das Zisterzienserkloster Zinna kam. Förmliches Stadtrecht erhielt sie erst 1808.

Marktturm: Quadratischer Feldsteinturm, der als Wartturm der ehem. Burg gilt. Sicher ist jedoch nur, daß er seit 1484 als Glockenturm für die turmlose Pfarrkirche fungierte.

Stadtkirche St. Johannis: Die spätgot. Hallenkirche, zweischiffig bei 5 Jochen und mit einschiffigem dreiseitig geschlossenem Chor, ist zwar als Backsteinbau, aber offenbar unter Verwendung v. Feldsteinmaterial eines Vorgängerbaus errichtet worden. An den Pfeilern und an der N-Wand befanden sich spätgot. *Wandmalereien.* Von der ma Ausstattung sind spätgot. Schnitzfiguren auf dem Altar, der Taufstein mit Evangelistensymbolen und eine eisenbeschlagene Truhe zu erwähnen. Zur Zeit befindet sich hier auch der Schnitzaltar aus Stülpe v. ca. 1420–30.

Kreis-Heimatmuseum (Markt): Ausstellungen zur Ur- und Frühgeschichte, zur Stadtgeschichte und zur Geschichte der Luckenwalder Industrie.

Außerdem sehenswert: Das Stadtbild von Luckenwalde war geprägt v. Reihenhäusern aus Fachwerk, wie sie jetzt nur noch vereinzelt zu finden sind (u. a. am Markt und in der Baruther Str.). – Das *Rathaus* ist ein dreigeschossiger Putzbau des Spätklassizismus aus dem Jahre 1844. Bemerkenswert sind die *Industriegebäude*, die Erich Mendelsohn 1919–20 für die ehem. *Hutfabrik* (Färberei und Trokkenturm) schuf, sowie die *Schule* und das *Theater,* die Stadtbaumeister Graf 1928 errichtete, als Beispiele der Sachlichkeitsarchitektur der 20er Jahre, ferner eine *Wohnsiedlung* v. Mendelsohn am ö Stadtrand.

Umgebung

Stülpe (12 km sö): *Dorfkirche* v. 1562, die 1690 umgebaut wurde. *Ausstattung:* Bemalung der hölzernen Tonnendecke, geschnitzter Kanzelaltar, Taufengel, kleiner Schnitzaltar von 1420–30 (schönes Bei-

spiel des sog. Weichen Stiles). – *Schloß:* Zweistöckiger Barockbau mit Gartengestaltung (19. Jh.).

58507–15 Lüdenscheid
Nordrhein-Westfalen

Einw.: 79 900   Höhe: 420 m   S. 1276 □ D 8

Schloß Neuenhof (3 km s v. Lüdenscheid): Das urspr. Schloß ist 1638 abgebrannt; 1643 wurde der heutige Hauptbau des Wasserschlosses errichtet. Seit 1693 besteht das Schloß in seiner heutigen Form. Die Wirtschaftsgebäude stammen aus dem 18. und 19. Jh. Stuck und reiche Schnitzereien bestimmen die Inneneinrichtung.

Außerdem sehenswert: *Ev. Pfarrkirche/Erlöserkirche; Ehem. Medarduskirche* (Wilhelmstr.), der klassizistische Saalbau aus dem Jahre 1826 löste eine Basilika des 12. Jh. ab. Sehenswert ist der klassizistische Kanzelaltar. Der W-Turm ist überwiegend roman. – *Stadtmuseum und Sammlung der Städtischen Galerie* (Sauerfelder Straße 14): Stadt- und Regionalgeschichte. – *Deutsches Ordensmuseum* (Sauerfelder Straße 28): Statuten

und Geschichte. – Technisches Kulturdenkmal *Bremecker Hammer* (Brüninghauser Straße 28).

59348 Lüdinghausen
Nordrhein-Westfalen

Einw.: 20 700   Höhe: 52 m   S. 1276 □ C 7

Kath. Stadtkirche: Die großzügig angelegte spätgot. Hallenkirche (1507–58) hat im Mittelschiff Sterngewölbe, in den Seitenschiffen Kreuzgewölbe. Zu den bemerkenswertesten Stücken der Ausstattung gehören ein spätgot. *Sakramentshäuschen* und die Holzfigur der *hl. Felizitas,* die mit ihren 7 Söhnen dargestellt ist (um 1520).

Burg Vischering (am Stadtrand): Die älteste Wasserburg Westfalens ist in allen wesentlichen Teilen unverändert aus dem 16. Jh. erhalten. Kriegsschäden aus dem Jahr 1944 sind inzwischen behoben. Die Hauptburg geht auf eine Ringmantelburg aus dem 13. Jh. zurück. Die Vorburg mit dem großen Bauhaus war 1584 fertiggestellt.
In der Burg ist heute das *Münsterlandmuseum* untergebracht.

< *Luckenwalde, St. Johannes*

Lüdenscheid, Schloß Neuenhof

Burg Lüdinghausen (ehem. Amtshaus): Die Anlage geht im Kern auf eine Burg aus dem 12. Jh. zurück, wurde jedoch im 16. Jh. stark verändert. Sie dient seit einigen Jahren als Jugendzentrum.

Burg Kakebeck: An der n Peripherie liegt die 3. Wasserburg Lüdinghausens. Hier hauste um 1500 Lambert von Oer, der Ritter mit dem eisernen Halsband. Die Burg wird restauriert und stellt mit ihrem Gräften-(=Graben-)System, dem Soldatenhaus, der Mühle und dem Bauhaus ein lebendiges Zeugnis westfälischer Baukunst dar.

71634–42 Ludwigsburg
Baden-Württemberg

Einw.: 83 900   Höhe: 292 m   S. 1281 ☐ G 13

Den Anstoß zur Gründung lieferte jenes prunkvolle Versailles, mit dem Ludwig XIV. vor den Toren v. Paris die Baulust vieler europ. Fürsten angeregt hat. Diese Baubegeisterung erfaßte auch den württembergischen Herzog Eberhard Ludwig. Er bot für alle, die sich für Ludwigsburg erwärmen wollten, den Bauplatz und alle Baustoffe gratis und gewährte überdies Steuerfreiheit für volle 15 Jahre.

Residenzschloß: 18 Bauten mit mehr als 400 Räumen gehören zu dem gewaltigen Komplex, der ab 1704 entstanden ist und 1733, im Todesjahr v. Herzog Eberhard Ludwig, endgültig fertiggestellt war. An der Planung waren P. J. Jenisch*, Hofarchitekt des Herzogs, F. J. Nette* und D. G. Frisoni* (ab 1714) beteiligt. Die immer neuen Ideen, die v. jedem der 3 Baumeister ins Gespräch gebracht und v. Eberhard Ludwig aufzugern aufgenommen wurden, überforderten allerdings die wirtschaftliche Kraft des Herzogs. So konnte er zwar noch die Fertigstellung der Bauten erleben, die Einrichtung wurde jedoch erst v. Herzog Carl Eugen (1744–93) und Herzog Friedrich (1797–1806) besorgt. – Nach S hin bildet der *Fürstentrakt,* das *Neue Corps de logis,* den Schwerpunkt. Nach N wird die Anlage, die um einen großen Hof gruppiert ist, durch das *Alte Corps de logis* abgeschlossen. An der O-Seite reihen sich

(v. S nach N gesehen) die *Familiengalerie,* der *Theaterbau,* die *Hofkapelle* und der *Riesenbau* aneinander. Auf der gegenüberliegenden W-Seite folgen (wiederum v. S nach N gesehen) der *Bildergalerie* ein *Festinhaus,* die *Ordenskapelle* und der *Ordensbau.* – Fast alle Räume sind reich stuckiert (Barock, Rokoko und Empire) und mit wertvollen Einrichtungen ausgestattet. Das Schloß ist insgesamt gesehen der größte dt. Barockbau. Es ist heute mit seinem historischen Inventar und den Sammlungen zur höfischen Kunst des Barock sowie Ludwigsburger Porzellanen und Gemälden *Museum.* – Der angrenzende *Schloßpark* war als Fortsetzung des Palastes unter freiem Himmel konzipiert. Nach starken Zerstörungen wurde der s Teil nach den urspr. Barockplänen neu bepflanzt. – Im N v. Schloß liegen das Schlößchen *Favorite* (1718–23 nach Plänen v. J. F. Nette und D. G. Frisoni) und noch weiter n das Schloß *Monrepos,* das 1760–64 errichtet wurde und v. Herzog Carl Eugen als sog. *Seehaus* genutzt worden ist.

Marktplatz: Der Marktplatz, v. D. G. Frisoni als Mittelpunkt der künstlich angelegten Stadt konzipiert (im Gegensatz zu → Karlsruhe und → Mannheim, wo das Schloß Mittelpunkt der Stadt ist), trägt den *Marktbrunnen* mit dem Standbild des Stadtgründers Eberhard Ludwig. Die v. Frisoni erbaute Stadtkirche (1718–26) und die (kleinere) reformierte Kirche, die später v. der kath. Kirche erworben wurde und jetzt als kath. Stadtpfarrkirche dient (sie wurde 1727–32 erbaut), stehen sich auf dem Marktplatz gegenüber.

67059–71 Ludwigshafen
Rheinland-Pfalz

Einw.: 165 400   Höhe: 92 m   S. 1280 ☐ E 12

Kath. Pfarr- und Wallfahrtskirche Mariae Himmelfahrt (Stadtteil Oggersheim, Mannheimer Straße): Pfalzgraf Joseph Carl Emanuel ließ 1729–33 eine »Loretokapelle« errichten. Im Auftrag der Kurfürstin Elisabeth Auguste wurde darüber nach Plänen v. P. A. Verschaffelt* (die Oggersheimer Kirche blieb sein einziger sakraler

Lüdinghausen, Burg Vischering

Ludwigsburg, Ordenshalle im Schloß

Ludwigsburg, Schloßgarten

Bau) 1774–77 der heutige Kirchenbau errichtet. Die offensichtliche Anlehnung an die Bauten des röm. Hochbarock wird deutlich. – Im Inneren ist der rechteckige Raum v. einem Tonnengewölbe überdeckt (mit kräftigen Stuckkassetten). Eine hoch gelegene Fensterreihe sorgt für ungewöhnlich starken Lichteinfall. Höhepunkt der Ausstattung sind 2 *Engel,* die der Mannheimer Bildhauer P. Egell um 1730 geschaffen hat.

Museen: *Stadtmuseum* (Rathaus-Center): Vor- und Frühgeschichte, Stadtgeschichte, Kunsthandwerk, Münz- und Waffensammlung. – *K.-O.-Braun-Heimatmuseum* (Stadtteil Oppau, Rathaus): Vor- und Frühgeschichte, bäuerliche und bürgerliche Wohnkultur, Volkskunde. – *Schillerhaus* (Stadtteil Oggersheim, Schillerstr. 6): In dem ehem. Gasthaus werden Dokumente zum Leben und Werk Friedrich Schillers gezeigt, der sich 1782 während seiner Verhandlungen mit dem Mannheimer Theater in Oggersheim auf-

hielt. – *Wilhelm-Hack-Museum* (Berliner Str. 23): Fränkisch-röm. Kunsthandwerk (»Gondorfer Gräberfund«); ma Tafelbilder und Skulpturen; Kunst des 20. Jh. mit wichtigen Werken v. Mondrian, Malewitsch, Max Ernst, Schwitters, Pollock u. a.

Theater: Das Theater im Pfalzbau (Berliner Platz 30; 1171 Plätze) wird v. internationalen Gastbühnen bespielt. Alljährlich Festival *Musischer Herbst.*

Außerdem sehenswert: Die 1932 erbaute *ev. Friedenskirche* (Leuschnerstraße) gehörte zu den wichtigsten Werken moderner Kirchenbaukunst. – Ihr Inneres stand im Zeichen eines 120 qm großen Gemäldes v. Max Slevogt[*] (»Golgatha«), das ebenso wie die Kirche 1943 bei einem Bombenangriff zerstört wurde. In der v. E. Zinsser (Hannover) wiederaufgebauten Kirche ist ein Glasmosaik v. Harry MacLean aufgestellt. – *BASF-Hochhaus* (1957).

Ludwigsburg, Schloß Monrepos

19288 Ludwigslust
Mecklenburg-Vorpommern

| Einw.: 12 800 | Höhe: 36 m | S. 1274 □ L 4 |

In dem im 14. Jh. genannten Dorf Klenow, 35 km s v. Schwerin, war 1724 ein herzogliches Jagdhaus mit Park entstanden. Der 1754 in L. umbenannte Ort wurde nach dem Regierungsantritt Herzog Friedrichs des Frommen 1756 zur neuen Residenz bestimmt. Mit den Entwürfen für die Stadtanlage, die meisten Gebäude und den Park wurde Johann Joachim Busch betraut. Um 1780 war die spätbarocke Ausbauphase der Residenz abgeschlossen, in der bis 1803 keine ungenehmigten Ansiedlungen möglich waren, so daß die geplante Einheitlichkeit gewahrt blieb. Ab 1808 schloß sich eine klassizistische Periode unter Johann Georg Barca an, die mit der Rückverlegung der Residenz 1837 nach Schwerin endete. 1876 verhielt L. Stadtrecht.

Stadtkirche: Die als architektonischer Bezugspunkt zum gegenüberliegenden Schloß am Kirchenplatz errichtete ehem. Schloßkirche entstand nach Plänen v. Johann Joachim Busch 1765–70. Platzseitig wird der Bau v. der monumentalen sechssäuligen Vorhalle mit abgestufter Giebelbekrönung, den 4 Evangelistenfiguren v. Johann Eckstein und dem abschließenden Christogramm beherrscht. Dahinter liegt der äußerlich einfachere Kirchenraum, ein einschiffiger Saal mit kassettiertem Tonnengewölbe, die Längswände flankierenden Säulen und der mehrgeschossigen Hofloge an der Eingangsseite. Ihr gegenüber steht auf einem bühnenartigen Podest mit seitlichen Freitreppen über dem Gruftraum der Altar, als Altarbild fungiert ein riesiger Horizont mit einer Darstellung der Verkündigung an die Hirten, 1772–1803 v. Dietrich Findorff und Johann Heinrich Suhrlandt gemalt, dahinter verbirgt sich die Orgel. In der Mitte des Kirchenschiffs der Granitsarkophag Herzog Friedrichs. Unter den Vasa sacra ein

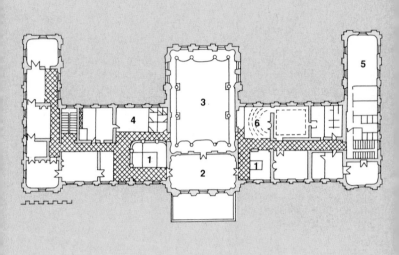

Ludwigslust, Schloß, *1. OG (Festgeschoß)* **1** Treppenhaus **2** Gardesaal **3** Goldener Saal **4** Ehem. Speisesaal **5** Ehem. Galerie **6** Vorzimmer und ehem. Wohnräume

Ludwigslust, Schloß

schwedischer Kelch mit Patene v. 1337
und 2 süddt. Weinkannen v. Anfang des
17. bzw. 18. Jh.

Schloß: Sandsteinverkleideter Backsteinbau über E-förmigem Grundriß mit 3 Voll-
und einem Mezzaningeschoß sowie dem
überhöhten Mittelbau. 1772–76 nach Entwürfen v. Johann Joachim Busch errichtet.
Auf der Attika zwischen Ziervasen 40
überlebensgroße *Personifikationen v. Wissenschaften und Künsten* v. Rudolph Kaplunger. Im Inneren die urspr. Raumgliederung erhalten, seitlich des Vestibüls die
Treppenhäuser, im Mittelbau der über 2
Geschosse reichende *Goldene Saal* mit
zum Zopfstil tendierendem Dekor, hergestellt in der Ludwigsluster Manufaktur.
Weitere Räume mit Berliner und venezianischen Veduten als Supraporten und Kaminen aus Berliner Porzellan bzw. heimischen geschliffenem Gestein; Teile des
urspr. Mobiliars sind ebenfalls erhalten. –
Vor dem Schloß das *Bronzestandbild* des
Großherzogs Friedrich Franz I., 1869 v.
Albert Wolff. Als s Platzbegrenzung fungiert die steinerne *Kaskade* mit den Figu-
rengruppen v. Rudolph Kaplunger (1780).

Schloßpark: Die ältesten Teile des heute
ca. 120 ha großen Areals w des Schlosses
entstanden um 1730. Um 1760 erweiterte
Johann Joachim Busch den Park nach NW
um die Partien am Langen Kanal, um
1780–90 nach N um einen Landschaftsteil
mit künstlicher Ruine, Schweizerhaus und
Friedrich-Denkmal. Ab 1852 faßte Peter
Joseph Lenné die älteren Teile durch die
Einfügung einer Teichkette und der großen
NW-Sichtachse zusammen. Ohne direkte
Beteiligung der Parkarchitekten entstanden mehrere Kleinarchitekturen: 1803–09
die *Katholische St.-Helena-Kirche* von Johann Christoph Heinrich v. Seydewitz als
erster neugot. Kirchenbau Mecklenburgs;
1806 nach einem Plan v. Joseph Rammée
das klassizistische Mausoleum für die Erb-
großherzogin Helene Paulowna, 1809 für
die Herzogin Louise ein Mausoleum v.
J. G. Barca. – Dem Schloßbereich zuzuordnen sind auch mehrere Gebäude an der
Schloßfreiheit: das ehem. Kavaliershaus
(um 1780 v. J. J. Busch) sowie Spritzen-
haus und Kleiner Marstall (1814/15 bzw.
1821 v. J. G. Barca).

Dömitz (Ludwigslust), Fritz-Reuter-Denkmal

Außerdem sehenswert: *Klassizistische
Wohnhäuser* in der Kanal- und Schweriner
Str. Im Gebäude Kanalstr. 22 wohnte der
Architekt Barca*, ein Haus weiter (Nr. 24)
der Hofmaler Suhrlandt. Das Haus Ka-
nalstr. 26 wurde 1828 v. F. G. Groß* erbaut
und beherbergt heute die Oberschule
»Fritz Reuter«.

Umgebung

Dömitz (24 km sw): Die ehem. *Festung*
geht auf eine Burg aus dem Jahre 1235
zurück. Besondere Beachtung verdient das
Festungstor im Stil der niederländischen
Spätrenaissance. Das äußere, mit Wappen
geschmückte Portal trägt die Jahreszahl
1565. Aus dieser Zeit stammt das dreigeschossige Kommandantenhaus, in dem
heute ein *Heimatmuseum* untergebracht
ist. Teil des Museums ist die in der ehem.
Kapelle eingerichtete *Fritz-Reuter-Gedenkstätte*. Der Schriftsteller Fritz Reuter
(1819–74) verbrachte hier das letzte Jahr

seiner insgesamt siebenjährigen Festungshaft.

Grabow (4 km sö): Am *Markt* hübsche *Fachwerkbauten* aus der Zeit nach 1725. – Das zweigeschossige barocke *Rathaus*, ebenfalls ein Fachwerkbau, hat eine Freitreppe zum Markt. – Die *Pfarrkirche,* eine dreischiffige got. Hallenkirche, stammt aus dem 13. und 14. Jh. *Ausstattung:* u. a. einer Kanzel v. 1555 und ein Taufständer v. 1785.

Lenzen (24 km s): Teile der ma Befestigungsanlagen sind erhalten, so der sog. *Stumpfe Turm* und ein Teil der *Stadtmauer* aus dem 14. Jh. sowie der imposante runde *Bergfried* (Durchmesser 14 m, Mauerdicke 2 m) der *Burg* aus dem frühen 13. Jh. (1727 im Stil des Barock erneuert). Hier (Burghof) ist heute ein *Heimatmuseum* untergebracht. – Die *Pfarrkirche St. Katharinen,* eine dreischiffige Backstein-Hallenkirche, ist spätgot., wurde im 14. Jh. errichtet und im 17. und 18. Jh. umgebaut und erweitert. – Das *Stadtbild* wird v. zahlreichen Fachwerkbauten geprägt. Das *Rathaus* wurde nach einem großen Feuer 1703 im Jahre 1713 neu aufgeführt.

Neustadt-Glewe (10 km nö): Die *Burg* gilt als eine der am besten erhaltenen Wehranlagen aus dem 14. Jh. in Mecklenburg. – *Schloß,* unmittelbar an der Elde gelegen,

1619 im Stil der holländischen Renaissance v. G. E. Piloot[*] begonnen und erst 1717 v. L. C. Sturm[*] im Barockstil vollendet. In zahlreichen Räumen sind an Kaminen und Decken Stukkaturen ital. Meister aus der Zeit um 1715 erhalten. – Die *Kirche,* ein einschiffiger got. Backsteinbau, wurde im 14. Jh. aufgeführt. Die Kanzel schuf T. Evers d. J.[*] (1587) – Das *klassizistische Rathaus* entstand in den Jahren 1802–05.

96337 Ludwigsstadt
Bayern

Einw.: 4100   Höhe: 444 m   S. 1278 ☐ L 10

Burg Lauenstein: An der Grenze nach Thüringen entstand oben auf einem Felsen im 14. Jh. der Palas, die wesentlichen Teile des übrigen Baus kamen erst im 16. Jh. hinzu. Nach umfangreichen Restaurierungsarbeiten bietet sich heute wieder das Bild einer ma Burg. Unter den vielen schönen Innenräumen ist der riesige *Festsaal* (in der Längsausdehnung mißt er 40 m) mit seiner beispielhaften *Kassettendecke* bes. hervorzuheben. In der Burg befindet sich heute u. a. ein Hotel und eine Gartenwirtschaft.

Neustadt-Glewe (Ludwigslust), Burg

Umgebung

Thüringer Warte (2 km w): 678 m hoch gelegener Aussichtsturm.

21335–39 Lüneburg
Niedersachsen

Einw.: 62 900   Höhe: 17 m   S. 1273 □ I 4

Das Salz hat die Geschichte der Stadt entscheidend beeinflußt. Dem »weißen Gold«, das hier seit 956 gewonnen wurde, verdankt die Stadt ihren Aufstieg im MA. 1371 machten sich die Bürger v. den welfischen Landesfürsten weitgehend unabhängig, von 1445–62 beseitigten sie im Prälatenkrieg ihre stark angewachsene Schuldenlast und gelangten wieder zu Reichtum. Zentralfiguren waren die Sülfmeister, die allein privilegiert waren, den Rat der Stadt zu bilden (ein kulturhistorisch interessantes Bild hat Julius Wolff in seinem Roman »Der Sülfmeister« gezeichnet). Nach einer Blütezeit im 16. Jh., als Lüneburg zu den reichsten Städten in Norddeutschland gehörte, führten der Niedergang der Hanse und die Konkurrenz neuer Salzlieferanten zum Stillstand der Entwicklung. Das ausgehende 18. Jh. brachte noch einmal einen Aufschwung, als der Warenverkehr zunahm und ein ausgeprägtes Speditionswesen entstand. Später wurde Lüneburg Behörden- und Garnisonsstadt, heute hat es zusätzlich als Sol- und Moorbad Bedeutung. – Das Stadtbild ist über die Jahrhunderte hinweg fast unverändert erhalten geblieben. Es wird v. den Backsteinbauten bestimmt. Zentrum der Stadt ist der 275 m lange, 35–40 m breite Fernhandelsmarkt, der auf einer der Sandbänke aus einem versumpften Flußgebiet angelegt wurde und in Erinnerung daran den Namen Am Sande erhielt. Um diesen Platz gruppiert sich ein Teil der baulichen Sehenswürdigkeiten.

Ev. St.-Johannis-Kirche (Am Sande): Die fünfschiffige Hallenkirche ist die bedeutendste der Stadt. Chor, Apsis, das vierjochige Mittelschiff und der W-Turm sind die ältesten Bauteile der heutigen Kirche (13. Jh.). St. Johannis wurde erst um 1300 durch den Bischof v. Verden gew. Kurze Zeit später kamen (zu den 3 vorhandenen) 2 weitere Seitenschiffe nebst Kapellen und Apsiden hinzu. Nach einem Brand im Jahre 1406 wurde der gewaltige Turm neu aufgeführt. Er ist 108 m hoch (an der Spitze mehr als 2 m aus dem Lot). 32 got.

Lüneburg, St. Johannis

Altstadtpanorama mit St. Johannis

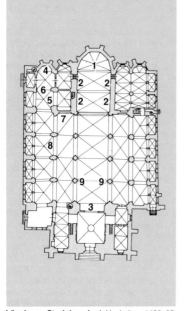

Lüneburg, St. Johannis 1 Hochaltar, 1430–85; Malerei der Flügelinnenseiten v. Hinrik Funhof, 1482 **2** Reste des Chorgestühls v. ca. 1420; in das Renaissancegestühl v. W. Burmester 1588 eingearbeitet **3** Orgel, erbaut durch H. Nyhoff und J. Johannsen in s'Hertogenbosch, 1551–52; Erweiterung v. M. Dropa, 1715 **4** Kreuzigungsaltar, Anfang 16. Jh. **5** Bronzefünte (Taufbecken), 1540 **6** Verkündigungsrelief, um 1520 **7** Epitaph des Stadthauptmannes Fabian Ludich v. Meister Albert v. Soest, 1571 **8** Marienleuchter, um 1490 **9** Denkmäler zweier Bürgermeister Stöterogge, 1539 und 1561

Fenster durchbrechen die Wände des Glockengeschosses. – Der *Hochaltar* stammt v. 3 (oder 4) Lüneburger Meistern (1430–85). Von hohem Rang sind die Malereien auf den Außenseiten der Flügel. Der Hamburger Maler H. Funhof[*] hat hier einige der wichtigsten Zeugnisse spätma Malerei geliefert. Zu erwähnen ist ferner der *Orgelprospekt* (1715), der die gesamte W-Wand ausfüllt. Unter den schönen Leuchtern nimmt der *Marienleuchter* (15. Jh.) den ersten Rang ein (in einem Seitenschiff). Der größte Leuchter hängt in der Vorhalle: eine Messingkrone mit 32 Lichtträgern (1586). Albert v. Soest hat das gewaltige *Sandsteinepitaph* für den Bürgermeister Nikolaus Stöterogge und das Epitaph des Stadthauptmanns F. Ludich (16. Jh.) geschaffen.

Ev. St.-Michaelis-Kirche (Johann-Sebastian-Bach-Platz): Die 1418 gew. Kirche (Grundsteinlegung 1376) ist Nachfolgebau der ersten Michaeliskirche, die auf dem Kalkberg gestanden hat und 1371 abgetragen wurde. Der zunächst unvollendet gebliebene Turm aus dem 15. Jh. wurde um 1765 mit einer kupfergedeckten Haube gekrönt. Von der Ausstattung zu erwähnen sind lediglich das steinerne *Grabmal* (1560) für Herbord v. Holle, den ersten lutherischen Abt, die *Kanzel* (v. D. Schwenke aus Pirna; 1602) und die *Orgel* (1708). Der Prospekt stammt v. T. Götterling, das Werk v. M. Dropa. In der *Unterkirche* soll Hermann Billung, der Gründer des Klosters, begraben sein (gest. 973).

Ev. St.-Nikolai-Kirche (Lüner Straße): Als Alternative zu den Lüneburger Kloster- und Bischofskirchen entstand die Nikolaikirche in den Jahren 1407–40 als reine Bürgerkirche. Der Turm, erst im Jahre 1587 fertiggestellt, mußte 1831 wegen Baufälligkeit wieder abgerissen und 1895 durch den jetzigen, neugot. Turm ersetzt werden (98 m hoch). Höhepunkt der reichen Innenausstattung ist der *Lamberti-Altar* (um 1450). Er stammt aus der 1861 abgebrochenen Lamberti-Kirche. Geschnitzt hat ihn der einheimische Schnitzer Hans Snitker d. Ä., die Tafelbilder auf den Flügeln und die Propheten auf der Predella gehen auf H. Bornemann (1447) zurück. Vom bedeutenden *Heiligenthaler Altar* sind Teile im Chorumgang der Kirche angebracht (Kruzifixus, 6 Tafelbilder und 19 der ehemals 28 geschnitzten Passionsszenen, 1. Hälfte 15. Jh.). Erwähnenswert sind die beiden *schmiedeeisernen Türgitter* vor der Taufkapelle.

Rathaus (Markt): Mit dem Bau begonnen wurde um 1240, es vergingen jedoch mehrere Jahrhunderte, bis der Rathauskomplex in seiner heutigen Gestalt fertiggestellt war. – Die *Gerichtslaube* wurde um 1330 errichtet. Wände und Gewölbe wurden mit Szenen aus der röm. Geschichte und Allegorien v. M. Jaster bemalt (1526). Teile

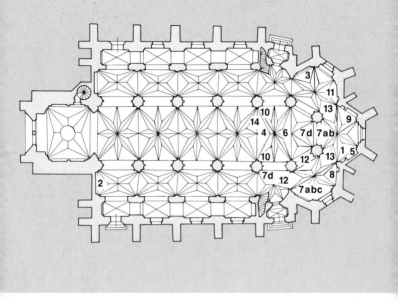

Lüneburg, St. Nikolai 1 Taufbecken v. Ulricus, um 1325 **2** Gedenkstein des Heinrich Viskule, um 1371 **3** Pietà, um 1400 **4** Kruzifix v. Heiligenthaler Altar v. H. Snitker, um 1425 **5** Taufaltar mit Reliefbildern v. Heiligenthaler Altar **6** Lambertialtar v. H. Snitker d. Ä., um 1440; Tafelbilder v. H. Bornemann, um 1450 **7** Tafelbilder aus der Werkstatt des C. v. Vechta, a) Laurentiuslegende, b) Andreaslegende, c) Stiftung des hl. Abendmahles, d) Abraham und Melchisedek **8** Kreuzigungsgruppe v. V. Klovesten, um 1450 **9** Kruzifix v. C. Snitker, 1470 **10** Chorgestühl, 15. Jh. **11** Alabasterrelief, um 1540 **12** Adam und Eva, Mitte 16. Jh. **13** Taufschranken, 1625 **14** Lesepult, 1954

einer Fußbodenheizung aus der Erbauungszeit sind noch erhalten. In den 3 seitlichen Wandschränken wurde früher das (inzwischen verkaufte) Ratssilber aufbewahrt. An der N-Seite steht eine Figur der hl. Ursula, der Schutzpatronin der Stadt (um 1500). An die Gerichtslaube schließen als Nebengemäcer die *Alte Kanzlei* (1433), die *Körkammer* (1491) und das *Alte Archiv* (1521) an. Alle Räume haben ihre Originalausstattung erhalten. – Das ehem. *Obere Gewandhaus* (15. Jh.) wurde für Ausstellungszwecke, u. a. der Nachbildungen des Ratssilbers, hergerichtet. Der darüber liegende *Festsaal* (15. Jh., heute meist »Fürstensaal« genannt) ist über einen reich geschmückten Aufgang zu erreichen und mit 5 Geweihleuchtern geschmückt. Die *Große Ratsstube* entstand in den Jahren 1566–84. Der reichgeschmückte Saal (mit Beiträgen v. A. v. Soest*, G. Suttmeyer und D. Frese) wur- de in früherer Zeit als Sitzungssaal des Rates benutzt und gehört heute zu den bedeutendsten Renaissancesälen in Deutschland. Der *Huldigungssaal* wurde 1706 zur Huldigung des Kurfürsten Georg Ludwig als barocker Prunksaal geschaffen. Das allegorische Deckengemälde stammt v. dem einheimischen Maler J. Burmeister.

Bürgerhäuser Am Sande: Der Hauptplatz der Stadt ist v. schönen Giebelhäusern aus verschiedenen Epochen umrahmt. Eines der bedeutendsten Häuser ist das *Schwarze Haus* (Nr. 1), das 1548 als Brauhaus errichtet wurde, heute jedoch Sitz der Industrie- und Handelskammer ist.

Rathaus, Gerichtslaube

Museum für das Fürstentum Lüneburg
(Wandrahmstr. 10): Stadt- und Landesgeschichte, kirchliche Kunst, Buchdruck und
-einband, Raritätenkabinett.

Deutsches Salzmuseum (Sülfmeisterstr.
1): Geschichte des Salzes und bes. der
Saline Lüneburg.

Theater: *Stadttheater* (An den Reeper-
bahnen 3): Eigenes Ensemble für Oper,
Operette, Ballett und Schauspiel (626 Plätze). – *Studio-Bühne* T. NT (Ritterstraße)
mit bis zu 90 Plätzen.

Außerdem sehenswert: Die *Alte Kran*
(Am Fischmarkte) ist aus dem Jahr 1332
erhalten. Das gegenüberliegende Kaufhaus diente einst als Heringsspeicher. –
Das *Glocken- oder Zeughaus* (Glocken-
straße), 1482 erbaut, 40 m lang, wurde zur
Einlagerung des Korn errichtet. Sehenswerte Schauseite.

< Rathaus, Aufgang zum Fürstensaal

Umgebung

Kloster Lüne (2 km nö zwischen der Ilmenau und der alten Artlenburger Landstraße): Die heutige Anlage des ehem. Benediktinernonnenklosters wurde anstelle
v. Vorgängerbauten (erste Gründung einer
klösterlichen Niederlassung um 1172) in
den Jahren 1374–1412 errichtet. Die Wirtschaftsbauten (meist Fachwerkhäuser) kamen später hinzu, der Kreuzgang im 16. Jh.
Das Kloster ist heute ev. Damenstift. Die
Kirche hat im Obergeschoß einen zweige-
teilten Nonnenchor (15. Jh.). Hier sind bedeutende Kunstwerke zu sehen: die *Beweinung Christi* aus der Werkstatt Lucas Cranachs* (1538), 2 Passionsfahnen (um
1400). Alljährlich im August werden auf
dem Nonnenchor Weißstickereien aus
dem 13. und 14. Jh. ausgestellt (Altardek-
ken und sog. Hungertücher). Außerdem
sind dann handgeknüpfte Bildteppiche und
Banklaken aus der Zeit um 1500 zu sehen.
Im polygonalen Chorabschluß der Kirche

ist ein *Baldachinaltar* aufgestellt (1524). Die *Kanzel* steht im Zeichen der Renaissance (1608). Die *Orgel* ist v. 1645.
Lüneburger Heide (ca. 35 km w): *Naturschutzpark,* für den Autoverkehr gesperrt.

24321 Lütjenburg
Schleswig-Holstein

Einw.: 5500   Höhe: 25 m   S. 1273 □ K 2

Michaeliskirche (Marktplatz): Die heutige einschiffige, gewölbte Backsteinkirche (Vorgängerbau 12. Jh.) entstand mit ihrem imposanten W-Turm um 1220–30 (der Chor wurde 50 Jahre später erweitert). Berühmt ist der *Schnitzaltar* aus einer Lübecker Werkstatt (1467). Der hölzerne *Kanzelkorb* (1608) wird v. einem Schalldeckel aus dem 19. Jh. überdacht. Die Figuren der *Triumphkreuzgruppe* (Anfang 16. Jh.) erreichen fast Lebensgröße. Neben den silbernen *Altarleuchtern* (1709) ist der *Messingkronleuchter* (1645) hervorzuheben. Von den Gruftanbauten, die nach der Reformation an Stelle der Nebenkapellen entstanden sind, ist die *Reventlow-Kapelle* mit dem Grabmal des Grafen Otto v. Re-

Lütjenburg, Michaeliskapelle, Reventlow-Wittenberg-Grabmal

ventlow-Wittenberg besonders hervorzuheben (an der N-Seite des Schiffes; 1608). Erwähnenswert ist auch die *Neuhäuser Gruftkapelle* (S-Seite des Schiffes), das *Epitaph Rantzau* (1618) sowie die Sandsteinsarkophage und reich beschlagene Metallsärge im gewölbten *Gruftkeller.*

Bürgerhäuser: Am Markt, in der Oberstraße (Häuser Nr. 7, 12, 15) und in der Neuwerkstraße (Haus Nr. 15) sind sehr schöne alte Häuser aus dem 15.–18. Jh. erhalten.

06686 Lützen
Sachsen-Anhalt

Einw.: 3900   Höhe: 124 m   S. 1278 □ N 8

Gustav-Adolf-Gedenkstätte:
Die Schlacht bei Lützen am 6. 11. 1632 bedeutete eine Wende im Geschehen des Dreißigjährigen Krieges. Im Kampf fiel hier der schwedische König Gustav II. Adolf. Das alte Erinnerungsmal, ein großer Findling – bezeichnet GA 1632 –, wird seit 1837 v. einem Baldachin, einem Eisenguß aus Lauchhammer nach dem Entwurf Karl Friedrich Schinkels, überwölbt. Die Gedächtniskapelle dahinter, 1906/07 nach einem Entwurf von Lars Wahlmann gebaut, verbindet romanisierende und barocke Motive; beabsichtigt ist im Sinne des späten Historismus eine kennzeichnend »schwedische« Architektur, verquickt mit sinnbildhaften Motiven, die Gustav Adolf als Kreuzritter des Protestantismus, als zweiten Martin Luther heroisieren. Das Blockhaus wurde 1932 aufgestellt. Es beherbergt ein kleines *Museum* mit Erinnerungsstücken aus der Zeit der Lützener Schlacht.

Außerdem sehenswert: Als ehem. Vorposten der Merseburger Bischöfe ein beachtliches spätmittelalterliches *Schloß* (13. und 16. Jh.; *Heimatmuseum*). Der den Bau einst umgebende Wassergraben ist zugeschüttet. – In der spätgot. *Stadtkirche St. Viti* (1488) ist der v. dem aus Schneeberg stammenden, damals in Weißenfels ansässigen Meister Böhme 1706 geschaffene Altar sehenswert.

39104–30 Magdeburg

Sachsen-Anhalt

Einw.: 275 200   Höhe: 57 m   S. 1278 ☐ M 6

Magdeburg liegt an der mittleren Elbe. Die Stadt mit einer über tausendjährigen Geschichte verfügt über einen der größten Binnenhäfen Deutschlands.

Zur Zeit Karls d. Gr. sicherte eine Burg den Übergang mehrerer bedeutender Handelswege über die Elbe. 805 wird sie erstmals genannt. 937 wurde von Otto I. das Moritzkloster (Mauritiuskloster) gegr. (auf dem Domhügel), das 968 in ein Domstift verwandelt und geistiger Mittelpunkt des Ostens wurde. In die Zeit des Erzbischofs Wichmann (1152–92) fällt die erste Blütezeit. Im 12. Jh. wurde Magdeburg Oberster Gerichtshof für alle Städte mit Magdeburger Recht. Bei Einführung der Reformation 1524 verlegte der Erzbischof seine Residenz nach Halle. Magdeburg wurde als »Unseres Herrgotts Kanzlei« Zentrum der Reformation. Am 10. 5. 1631 wurde Magdeburg von einem kaiserlichen Heer unter Tilly gestürmt und niedergebrannt. 1680 wurde Magdeburg Teil v. Brandenburg-Preußen. Bis 1740 wurde es zur stärksten preußischen Festung ausgebaut. Magdeburg wurde im 2. Weltkrieg stark zerstört. Bei einem Luftangriff am 16.1.1945 starben 16 000 Menschen, 80 % der Innenstadt wurden zerstört.

Dom St. Mauritius und St. Katharina
(Domhügel): Von dem 1207 abgebrannten ottonischen Dom, der 955 begonnen worden war, sind noch (sö des Chors) Reste einer Krypta (1926 ausgegraben), im Chorhaupt röm. Marmorsäulen und die Untergeschosse zweier O-Türme erhalten. Der Grundstein für den got. Neubau, des 1. nach franz. Kathedralschema konzipierten Bauwerks in Deutschland, wurde 1209 v. Erzbischof Albrecht II. gelegt. Bis zu seiner Fertigstellung, der Vollendung der W-Fassade 1520, vergingen 311 Jahre. Etwa 1240 stand der Chor, der 1. mit Umgang und Kapellenkranz in Deutschland. Anschließend wurden das Querschiff und das dreischiffige Langhaus errichtet. 1363 wurde der Dom geweiht. 1477 wurde der Westbau begonnen. Er besteht u. a. aus dem reichen W-Portal, das mit einem Standbild Kaiser Ottos I. geschmückt ist (die dahinterliegende Vorhalle wurde 1495 in eine Grabkapelle umgewandelt), und 2 Türmen mit achteckigem Aufsatz und gedrungenen Spitzhelmen. Das Gitterwerk zwischen den Türmen entstand vermutlich nach dem Vorbild des Straßburger Münsters. 2 weitere Türme ö des Querschiffs wurden nie fertiggestellt.

Das *Portal der Vorhalle* vor dem n Querschiffarm (»Paradies«) ist mit Skulpturen der klugen und törichten Jungfrauen geschmückt (um 1250). Weitere bedeutende *Plastiken* sind die beiden Sitzfiguren Kaiser Ottos I. und seiner Frau Editha (möglicherweise auch Christus und Ecclesia) aus der Zeit zwischen 1230 und 1240, die in

Folgende Seite: Magdeburger Dom
St. Mauritius und St. Katharina

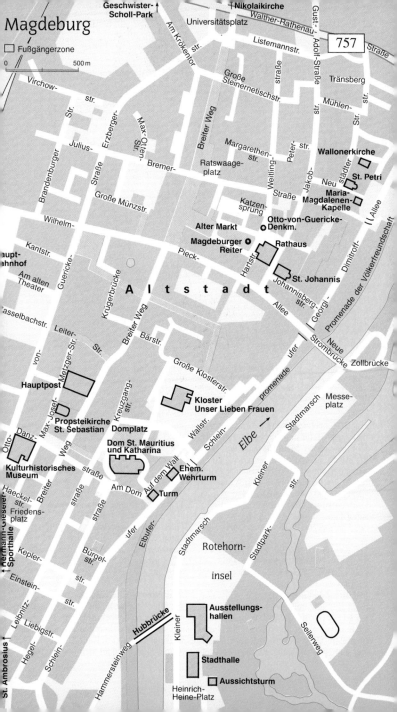

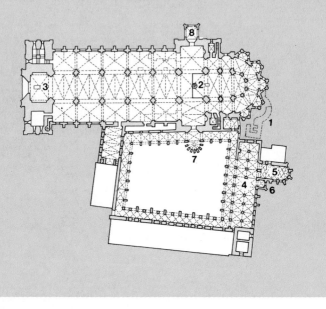

Dom St. Mauritius und St. Katharina 1 Reste des ottonischen Doms **2** Grabmal Ottos I. **3** Grabmal Ernsts v. Wettin **4** Sepultur **5** Marienkapelle **6** Redekinkapelle **7** Tonsur **8** Vorhalle mit Jungfrauenportal

einem sechzehneckigen Hl. Grab im Langhaus der Kirche stehen, und die Figur des Kirchenpatrons Mauritius aus der Mitte des 13. Jh. Im Chorgang befinden sich die *Bronzegrabplatten* der Erzbischöfe Friedrich v. Wettin (gest. 1152) und Wichmann (gest. 1192), Hauptwerke der roman. Grabmalkunst. Die *Bronzetumba* Erzbischof Ernsts wurde 1495 in der Werkstatt des Nürnbergers Peter Vischer d. Ä.* gegossen.
Die Kanzel schuf 1595–97 Christoph Capup*, der Hochaltar datiert v. 1363, die geschnitzten Wangen des Chorgestühls wurden ca. 1360 geschaffen. Das Mahnmal für die Gefallenen des 1. Weltkriegs v. Ernst Barlach* entstand 1929. Der *Kreuzgang* (12./13. Jh.) ist vollständig erhalten. Über seinen Fenstern befinden sich Putzritzungen. Dargestellt sind Kaiser Otto I. und seine beiden Frauen Editha und Adel-

heid sowie die ersten 19 Magdeburger Erzbischöfe (um 1250). Der zweischiffige *Speisesaal* (Remter) im O-Flügel wurde um 1350 errichtet, die an ihn anschließende Marienkapelle Mitte des 15. Jh. Zum ehem. Klosterkomplex gehört auch die 1405 gestiftete *Redekinkapelle* mit spätgot. Wand- und Deckengemälden.
Die barocke Bebauung des *Domplatzes* wurde nach 1945 wiederhergestellt. Die dreigeschossigen Gebäude an der N-Seite wurden 1724–27 nach Plänen des niederländischen Baumeisters Cornelius Walrave* errichtet. An der O-Seite liegt das ehem. *Königliche Palais*, das 1707 v. Giovanni Simonetti* begonnen wurde. Die *Domdechanei* (Domplatz 5) wurde ab 1728 erbaut. Das Gebäude Domplatz 4 entstand 1731–32.

Pfarrkirche St. Johannis (Jacobstr.): Bei der ältesten Pfarrkirche in M. handelt es sich um eine dreischiffige got. Hallenkirche aus dem 15. Jh. mit spätroman. Westwerk aus der Zeit um 1200. Sie ist seit 1945 Ruine. Hier befindet sich heute eine Ge-

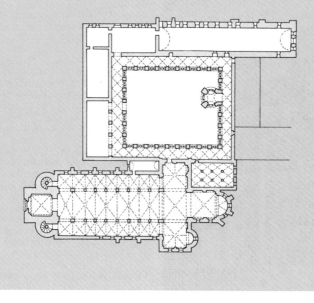

denkstätte für die Zerstörung 1945. Schöne Aussicht v. der Plattform des s Turms. Eine Predigt v. Martin Luther in der Johanniskirche 1524 trug entscheidend zum Sieg der Reformation in M. bei. Neben der Kirche steht ein *Luther-Denkmal* v. 1886.

Kloster Unser Lieben Frauen (Regierungsstr. 4–6): Eine der bedeutendsten roman. Anlagen auf dt. Boden. Die *Kirche* des ehem. Prämonstratenserklosters entstand in 2 Phasen: Die O-Teile und das Langhaus, das 1220–40 gewölbt wurde, stammen aus der 2. Hälfte des 11. Jh. Der Westbau, bestehend aus einem quadratischen Turmhaus, das v. 2 Rundtürmen flankiert wird, wurde 1129–60 erbaut. Diese Dreiteilung diente allen Kirchen im Magdeburger Gebiet als Vorbild. Ebenfalls 1129 wurde mit dem Bau der dreischiffigen Krypta (unter dem Chor und der Vierung) begonnen. Die Kirche wird heute als Konzertsaal genutzt. – Nördlich der Kirche liegen die roman. *Klostergebäude* aus der 1. Hälfte des 12. Jh. Sie bestehen aus Kreuzgang, Brunnenhaus, Refektori-

Kloster Unser Lieben Frauen

um mit Tonnengewölbe, dreischiffiger Kapelle und Sommerrefektorium. Hier hat man ein Museum eingerichtet. Es umfaßt eine Sammlung v. Holzplastiken aus der Zeit der Spätgotik in der Kapelle und eine Sammlung v. Kleinplastiken aus neuerer Zeit.

Nikolaikirche in der Neuen Neustadt (Nikolaiplatz): Die einschiffige Saalkirche mit doppelten Emporen und kassettiertem Tonnengewölbe wurde 1821–24 nach Entwürfen v. K. F. Schinkel* in klassizistischen Formen errichtet. Der halbrunde Chor wird v. 2 Türmen flankiert.

Pfarrkirche St. Petri (Neustädter Str.): Die dreischiffige spätgot. Hallenkirche aus dem 15. Jh. mit roman. W-Turm aus dem 12. Jh. brannte 1945 aus. In den Jahren bis 1972 wurde sie wiederhergestellt. Benachbart steht die kleine hochgot. *Maria-Magdalenen-Kapelle.*

Kloster Unser Lieben Frauen

Wallonerkirche (Neustädter Str.): Die dreischiffige got. Hallenkirche wurde 1285 begonnen und 1366 geweiht. 1694 wurde die ehem. Klosterkirche der Augustinerbettelmönche Kirche der niederländ. Emigranten. Seither heißt sie Wallonerkirche. Beim Wiederaufbau erhielt sie anstelle der urspr. Kreuzrippengewölbe eine flache Decke.

Halle an der Buttergasse (Alter Markt): Bei Aufräumungsarbeiten 1948 wurde das Untergeschoß eines ma Innungs- oder Kaufhauses freigelegt. Es handelt sich um eine vierschiffige spätroman. Halle aus der Zeit um 1200, die etwa 30 m lang und etwa 15 m breit ist. Sie war mit Trümmermassen aus dem Dreißigjährigen Krieg zugeschüttet und anschließend überbaut worden. Heute befindet sich hier eine Gaststätte (Weinkeller Buttergasse).

Hermann-Gieseler-Sporthalle (Wilhelm-Kobelt-Str.): Die langgestreckte Fest- und Ausstellungshalle wurde 1922 nach Entwürfen v. Bruno Taut[*] und Johannes Göderitz[*] errichtet. Taut ist auch der Architekt v. 2 Wohnsiedlungen, der Gartenstadtsiedlung »Hopfengarten« (1910–11) und der Gartenstadtkolonie »Reform« (1912–21) im S v. M.

Kloster-Berge-Garten (Steubenallee): Der ehem. Garten des zerstörten Klosters Berge wurde 1823–25 v. dem berühmten Landschaftsarchitekten Peter Joseph Lenné[*] angelegt. Das zweigeschossige Gesellschaftshaus wurde 1825–29 nach einem Entwurf v. K. F. Schinkel[*] erbaut.

Kulturpark Rotehorn: Der 200 ha große Landschaftspark auf einer Elbe-Insel wurde 1872 angelegt. Die Bauten wurden für die Dt. Theaterausstellung 1927 errichtet. Die *Stadthalle* entwarf Johannes Göderitz[*], den *Aussichtsturm* und das monumentale *Pferdetor* Albin Müller. Am Flußufer liegt der 1974 außer Dienst gestellte Seitenradschlepper »Württemberg« (heute Museum und Gaststätte).

Lukasturm (Dimitroff-Allee): Der 22 m hohe Turm aus dem 15. Jh. war einst der nö Eckpfeiler der Stadtbefestigung. Von hier aus drangen am 10. 5. 1631 die kaiserlichen Truppen unter Tilly und Pappenheim in die Stadt ein. Der Turm steht an der Elbe am N-Ende der 1974 gestalteten Elbuferpromenade mit Schiffanlegestelle.

Maxim-Gorki-Theater (Universitätsplatz): Das Große Haus der Städtischen Bühnen steht am Ende des Breiten Weges, der vor dem 2. Weltkrieg eine der schönsten Barockstraßen Deutschlands war. Erhalten sind heute nur noch die beiden Bürgerhäuser Breiter Weg 178 und 179 aus der Zeit um 1728. Das Bild der Straße wird heute v. Bauten aus den 60er Jahren bestimmt.

Rathaus (Alter Markt): Das zweigeschossige Bauwerk wurde in den Jahren 1691–98 über einer zweischiffigen spätromanischen Halle errichtet. Der Saal aus der 1. Hälfte des 13. Jh. gehörte vermutlich urspr. der Kürschnerinnung. Im Rathausturm befindet sich ein Glockenspiel aus 47 Bronzeglocken. Die Bronzetür des Rathauses schuf Heinrich Apel[*] 1970. Unter einem

Kapelle St. Magdalena, St. Petri und Wallonerkirche (von links nach rechts)

Magdeburger Reiter

Schönebeck (Magdeburg), St. Johannis

Baldachin v. 1651 steht vor dem Rathaus die bronzene Nachbildung des *Magdeburger Reiters*, eines monumentalen Reiterstandbilds aus der Zeit um 1240. Das Original befindet sich im Kulturhistorischen Museum. Die Plastik steht in unmittelbarer Nachfolge des Bamberger Reiters. In der Nähe stehen der *Eulenspiegelbrunnen* und das 1907 errichtete *Otto-v.-Guericke-Denkmal* (bekannt durch seinen Vakuum-Versuch mit den »Magdeburger Halbkugeln«).

Kulturhistorisches Museum (Otto-v.-Guericke-Str. 68–73): Das Museum wurde 1906 errichtet. Es beherbergt vielseitige Sammlungen: *ma Plastik*, u. a. den Magdeburger Reiter, der in Kopie auf dem Alten Markt steht; altdt. Malerei; dt. Malerei des 19. und 20. Jh., Plastik des 19. und 20. Jh.; Druckgraphik und Handzeichnungen; Vor- und Frühgeschichte; Geschichte der Technik. Hier sind u. a. Nachbildungen der v. Otto v. Guericke konstruierten Luftpumpe und der Magdeburger Halbkugeln,

Dampfmaschinen aus dem 19. Jh., eine Dampflokomotive v. 1862 sowie das 1908 v. dem Magdeburger Luftfahrtpionier Hans Grade gebaute Flugzeug zu sehen.

Umgebung

Groß-Ottersleben (8 km sw): Die dreischiffige spätgot. *Hallenkirche* wurde Mitte des 16. Jh. erbaut. Sie hat einen frühgot. Chor und einen roman. W-Turm. Die Ausstattung besteht u. a. aus einem Kreuzigungsrelief v. 1510 und einem Altar v. 1704. – Die *Dorfkirche v. Klein-Ottersleben* stammt aus dem 12. Jh., wurde jedoch wiederholt umgebaut.

Rothensee (14 km n): Das *Schiffshebewerk*, 1938 fertiggestellt, verbindet die Elbe mit dem 16 m höher gelegenen Mittellandkanal. Die Schiffe bewältigen den Niveauunterschied in 12 m breiten und 85 m langen Trögen.

Schönebeck (18 km sö): Der Ort, der 1223 erstmals als Stadt genannt wird, gehörte seit 1352 zum Erzbistum M. – Die *Pfarrkirche St. Jakobi* ist eine im Kern frühgot. Basilika aus der 2. Hälfte des 13. Jh. Sie wurde mehrfach verändert. Das Westwerk besteht aus 2 Türmen mit barocken Hauben v. 1753. – Die *Stadtkirche St. Johannis* im Ortsteil *Bad Salzelmen* wurde ab etwa 1430 errichtet und 1519 fertiggestellt. Die reichverzierte Backsteinvorhalle an der N-Seite datiert v. 1487.– Im *Kreismuseum* (Pfännerstr. 41) werden die Vor- und Frühgeschichte des Kreisgebiets, die Geschichte der Salzgewinnung in Schönebeck und die der Elbschiffahrt dokumentiert. – Das *Gradierwerk* am Kurpark, die Anlage, in der die Salzsole durch Verdunsten konzentriert wurde, wurde 1756–65 erbaut. Es hatte urspr. eine Länge v. 1837 m. Erhalten sind noch etwa 350 m. Der nahe gelegene *Solturm* datiert v. 1776.

Mainau ✉ 78465 Konstanz
Baden-Württemberg

Einw.: 80   Höhe: 400 m   S. 1281 ☐ G 15

Das feuchtwarme Klima des Bodensees begünstigte die Idee des Großherzogs Friedrich I. v. Baden, die Insel in ein exo-

Mainau, Schloß und Schloßkirche

tisches Pflanzenparadies zu verwandeln (1853). Seit 1932 befand sich die Insel im Besitz des Grafen Lennart Bernadotte, 1974 wurde sie in die Lennart-Bernadotte-Stiftung eingebracht.

Schloß: Der Baumeister des Deutschritterordens J. K. Bagnato hat die heutige Anlage 1739–46 geschaffen. Der *Weiße Saal* (Rokoko-Stukkaturen) nimmt eine Sonderstellung ein. Die *Schloßkirche* entstand 1734–39 (Fresken v. F. J. Spiegler).

55116–31 Mainz
Rheinland-Pfalz

Einw.: 182 900   Höhe: 90 m   S. 1276 □ E 10

Mainz, das 1962 seine 2000-Jahr-Feier beging, gehört zu den ältesten Orten am Rhein. Das milde Klima, die Fruchtbarkeit des Bodens sowie die verkehrsgünstige Lage am Strom und an alten Handelsstraßen ermöglichten den frühen Aufschwung.

Die Römer machten Mainz unter dem Namen Mogontiacum zur Hauptstadt ihrer Provinz Germania superior. Nach jahrhundertelangem Niedergang setzte der Aufstieg der Stadt ein, als 746/47 Bonifatius, der vom Papst ernannte Erzbischof für Germanien, in Mainz seinen Sitz nahm. Die Mainzer Erzbischöfe waren Reichserzkanzler und als Landesherren zugleich Kurfürsten. Im 1254 gegr. Rheinischen Städtebund besaß Mainz eine Führungsposition. – In Mainz erfand Johannes Gutenberg um 1450 den Druck mit beweglichen Lettern. Seit 1477 ist Mainz Universitätsstadt (mit Unterbrechung v. 1800–1946, heute: Johannes-Gutenberg-Universität). Nach den Zerstörungen im 2. Weltkrieg wurde die Stadt zu großen Teilen originalgetreu wieder aufgebaut. Seit 1949 ist Mainz Landeshauptstadt des Bundeslandes Rheinland Pfalz. – Zu den berühmten Persönlichkeiten, die in Mainz geboren wurden oder große Teile ihres Lebens hier verbrachten, gehören u. a.: der Minnesänger Heinrich v. Meißen (genannt Frauen-

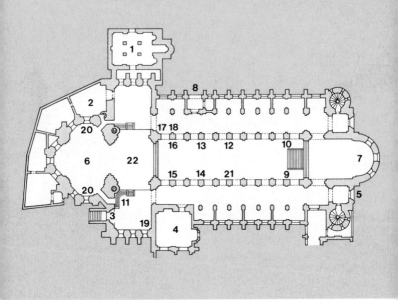

Dom St. Martin und St. Stephan 1 St.-Gotthard-Kapelle **2** Sakristei **3** Paradiespforte, nach 1200 **4** Memorie **5** Liebfrauenportal **6** Martinschor **7** Stephanuschor **8** Marktportal **9** Grabplatte für Erzbischof Siegfried III. v. Eppstein (gest. 1249) **10** Grabplatte für Erzbischof Peter v. Aspelt (gest. 1320) **11** Denkmal für Erzbischof Konrad II. v. Weinsperg (gest. 1396) **12** Denkmal für Erzbischof Dieter v. Isenburg (gest. 1482) **13** Denkmal für Administrator Adalbert v. Sachsen (gest. 1484) **14** Denkmal für Erzbischof Berthold v. Henneberg (gest. 1504) v. H. Backoffen **15** Denkmal für Erzbischof Jakob v. Liebenstein (gest. 1508) v. H. Backoffen **16** Denkmal für Erzbischof Uriel v. Gemmingen (gest. 1514) v. H. Backoffen **17** Denkmal für Erzbischof Albrecht v. Brandenburg (gest. 1545) v. D. Schro **18** Denkmal für Erzbischof Sebastian v. Heusenstamm (gest. 1555) v. D. Schro **19** Denkmal für Dompropst Heinrich Ferdinand v. der Leyen zu Nickenich (gest. 1714) v. J. M. Gröninger **20** Chorgestühl v. F. A. Hermann, 1760–67 **21** Kanzel, 1834, v. J. Scholl erneuert **22** Hochaltar, 1960

lob), Carl Zuckmayer und die Schriftstellerin Anna Seghers.

Dom St. Martin und St. Stephan (Haupteingang zwischen den Häusern Markt 10 und 12): 975 wurde unter Erzbischof Willigis mit dem Bau begonnen (1975 feierte Mainz das 1000jährige Bestehen des Doms), in seiner heutigen Gestalt fertiggestellt war das Meisterwerk roman. Baukunst jedoch erst 1239. Der mächtige Vierungsturm, der heute sein weithin sichtbares Wahrzeichen ist, und die beiden flankierenden Türme wurden nach einem Brand 1767 durch F. I. M. Neumann, den Sohn des Würzburger Schloßbaumeisters B. Neumann[*], im frühen neugot. Stil vollendet.

Baustil und Baubeschreibung: Der Mainzer Dom gehört zusammen mit den Domen in Speyer und Worms zu den bedeutendsten Beispielen roman. Baukunst am Oberrhein und darüber hinaus in Deutschland. Insgesamt 6 Türme, der umfangreiche Schmuck (Bogenfriese, Zwerchgalerien, Fensterrosen) und die monumentale Größe demonstrieren die Sonderstellung.

Der Dom hat eine Gesamtlänge v. 116 m (innen 109 m), der W-Turm ist 83,50 m

Mainzer Dom >

Dom, Chorgestühl mit Blick in den Ostturm

hoch, die Treppentürme erreichen eine Höhe von je 55,50 m.

Inneres und Ausstattung: Der heutige Dom läßt sich als dreischiffige Pfeilerbasilika mit Chören im W (Martinschor) und O (Stephanschor) charakterisieren. Wer den Dom in der chronologischen Folge einer Entstehung besichtigen möchte, sollte im O-Chor beginnen, dann das Mittelschiff, das n Seitenschiff, das n Querschiff, den W-Chor, das s Querschiff und das s Seitenschiff aufsuchen. – *O-Chor:* Der Altar der Krypta trägt einen goldenen *Reliquienschrein*, den der Mainzer Goldschmied R. Weiland geschaffen hat (1960). Auf ihm sind alle 22 Heiligen des Bistums Mainz dargestellt. – Im *Mittelschiff* finden sich zahlreiche *Grabdenkmäler* aus dem 13.–18. Jh. Die meisten sind Erzbischöfen, Domherren und Heiligen gewidmet. Kurz vor dem W-Chor verdienen 3 Grabmäler besondere Aufmerksamkeit: Der Mainzer Hans Backoffen hat hier Denkmäler der Erzbischöfe Berthold v. Henneberg (gest. 1504), Jakob v. Liebenstein (gest. 1508)

und Uriel v. Gemmingen (gest. 1514) geschaffen. Insbesondere das letzte Grabmal, das den Erzbischof kniend vor dem gekreuzigten Jesus zeigt, ist eines der bedeutendsten Werke der dt. Bildhauerkunst. – Die *Domkanzel* auf der gegenüber liegenden Seite ist im Kern alt, wurde jedoch 1834 v. J. Scholl gotisierend erneuert. – *Nördliches Seitenschiff:* Auch hier finden sich vortreffliche Grabdenkmäler. In der *St.-Magnus-Kapelle* steht der *Bassenheimer Altar* (1610). Davor ist eine spätgot. Grablegung (um 1495) erhalten – ein Werk des Adalbertmeisters im monumentalen Stil. – *Nördliches Querschiff:* Durch ein Portal erreicht man die doppelgeschossige *St.-Gotthard-Kapelle* (Sakramentskapelle, die in den Jahren 1135–37 an den Dom angebaut worden ist). Sie diente einst als Hauskapelle des Erzbischofs. – Im *W-Chor* verdient das Rokokochorgestühl des Wiener Hofschreiners F. A. Hermann (1760–67) besondere Beachtung. Es ist überreich verziert (Figurenschmuck v. H. Jung), fügt sich aber trotzdem in die ro-

Dom, St.-Gotthard-Kapelle

Dom, Kanzel

man. Architektur des Chores ein. Der *Hochaltar* wurde 1960 aufgestellt. Das Bronzekreuz über dem Altar hat G. G. Zeuner 1975 geschaffen. – *Südliches Querschiff:* Unter den Grabdenkmälern muß das Denkmal für Dompropst Heinrich Ferdinand v. der Leyen zu Nickenich (gest. 1714) hervorgehoben werden. Es wurde noch zu Lebzeiten des Propstes v. J. M. Gröninger* geschaffen und erreicht eine Höhe v. 8,33 m. – Vom *s Seitenschiff* gelangt man durch das Memorienportal in die spätroman. *Totengedächtniskapelle* der Domherren. Der Raum ist mit einem weiten Kreuzgewölbe überspannt (12,20 m). An die Memorie schließen die Nikolauskapelle und der Kreuzgang an (Diözesanmuseum).

Ehem. Stiftskirche St. Johannis (Ecke Schöffer-/Johannisstraße): Die in unmittelbarer Nachbarschaft zum Dom gelegene Kirche wurde im 2. Weltkrieg schwer beschädigt, inzwischen jedoch weitgehend wieder aufgebaut und modern ausgestattet.

Sie enthält Reste eines Kirchenbaus aus den Jahren 891–913, der vermutlich zum Vorgängerbau des heutigen Doms gehört hat.

Ehem. Stiftskirche St. Stephan (Stephansplatz): Ältere Bauten gingen in der Kirche, die ihre heutige Gestalt im 14. Jh. erhielt, auf. Nach der Zerstörung im 2. Weltkrieg erfolgte der Wiederaufbau bis 1961.
Der Kirchenschatz birgt als kostbarstes Teil die Willigiskasel (byzantinischer Seidenstoff aus der Zeit um 1000). Ab 1978 wurden die v. Marc Chagall entworfenen Chorfenster eingesetzt.

Pfarrkirche St. Ignaz (Kapuzinerstr. 40): Die Kirche wurde 1763–75 v. J. P. Jäger errichtet und verdeutlicht den Übergang v. Rokoko zum Klassizismus. – Auf dem Ignazfriedhof (l v. der Kirche) steht eine *Kreuzigungsgruppe* nach Entwürfen v. H. Backoffen (1519), der sie als sein eigenes Grabmal stiftete.

Augustinerkirche (Augustinerstr. 40): Die Kirche ist eingeflochten in die Bauten der Augustinerstraße. Der heutig Bau wurde 1768–72 errichtet. Der Einfluß des Barock ist unverkennbar: Fassade und Innenausstattung (Stuck und Deckenmalerei) sind v. großer Schönheit.

Kurfürstliches Schloß (Rheinstraße): Die Funktion v. in napoleonischer Zeit zerstörten Vorgängerbauten übernahm der 1627 begonnene Palastbau, der als letztes bedeutendes Renaissancebauwerk in Deutschland gilt. Bis zu seiner Fertigstellung vergingen über 100 Jahre, eine Zeitspanne, die sich in der Einheitlichkeit des Baus allerdings kaum bemerkbar macht.

Die Innenausstattung, an der so renommierte Künstler wie B. Neumann[*] mitgearbeitet hatten, ging später verloren. Nach den Zerstörungen im 2. Weltkrieg wurde der äußere Bau originalgetreu wiederhergestellt. Im O-Flügel befindet sich heute das Röm. Germ. Zentralmuseum (siehe Museen), der N-Flügel wurde zu Festsälen ausgebaut.

Deutschordenskommende/Landtagsgebäude (Rheinstraße): In unmittelbarer Nachbarschaft zum Schloß errichtete A. F. Freiherr v. Ritter zu Grünstein 1730–39 den palastartigen Bau der Deutschordenskommende. Von Interesse ist v. a. die zum Rhein gerichtete Fassade. Nach der Zerstörung im 2. Weltkrieg wurde die Kommende originalgetreu wiederaufgebaut. Das Innere wurde für den Landtag v. Rheinland-Pfalz hergerichtet. – Das *Neue Zeughaus*, neben der Kommende gelegen, war 1958 wiederhergestellt und trägt jetzt die Bezeichnung *Europahaus*. Das dahinter liegende *Alte Zeughaus* (»der Sautanz«) wurde 1604 errichtet, im 2. Weltkrieg zerstört und ebenfalls originalgetreu wiederaufgebaut.

Rathaus (Rheinstraße): Der dänische Architekt Arne Jacobsen lieferte die Entwürfe für das Rathaus, das – nach seinem Tod – in den Jahren 1971–74 erbaut wurde. Das Gebäude entstand in Stahlbeton-Skelettbauweise und wurde anschließend mit norwegischem Marmor verkleidet.

Mainzer Adelshöfe: Unter den zahlreichen Adelshöfen nehmen der *Dalberger Hof* (Klarastraße) ein Barockbau aus den Jahren 1715–18, und der *Osteiner Hof* (Am Schillerplatz; Rokoko, doch auch schon Klassizismus) eine Spitzenstellung ein.

Mainz, Rathaus

Museen: Das *Röm. Germ. Zentralmuseum* (im kurfürstlichen Schloß): Neben Funden aus der Römerzeit werden in der Frühgeschichtlichen Abteilung auch Funde aus der Steinzeit gezeigt. – *Gutenberg-Museum* (Liebfrauenplatz 5): Neben ehem. »Haus zum Römischen Kaiser«, das um 1660 errichtet wurde, befindet sich dieses Museum der Druckkunst. – *Landesmuseum* (Große Bleiche 49–51) mit Sammlungen zur Vor- und Frühgeschichte und zum Kunsthandwerk. Die *Landesgalerie* mit Gemälden und Plastiken aus dem MA, dem Barock und dem 19./20. Jh. ist dem Museum angeschlossen. – *Bischöfliches Dom- und Diözesan-Museum* (Domstr. 3): An der S-Seite des Doms im Bereich des doppelgeschossigen got. Kreuzgangs (1397–1410). Hier befinden sich außerdem der Domschatz, Fragmente des einstigen Lettners, Wandteppiche des 15. und 16. Jh.

Theater: *Staatstheater* (Gutenbergplatz 7): Neben dem Haupttheater (885 Plätze) werden v. Ensemble des *Staatstheaters der Universität* (350 Plätze) und die *Kammerspiele* (Emmerich-Josef-Str. 13; 125 Plätze) bespielt.

Außerdem sehenswert: Der 1526 errichtete *Marktbrunnen* ist einer der bedeutendsten Renaissancebrunnen in Deutschland. – *Stadtbefestigung:* Der Eiserne Turm und der Holzturm (beide Rheinstraße) sind originalgetreu wiederhergestellt worden. – *Dativius-Victor-Bogen:* Aus der Römerzeit erhaltener Bogen.

17139 Malchin
Mecklenburg-Vorpommern

Einw.: 10 200   Höhe: 65 m   S. 1275 ☐ O 3

Die Kreisstadt liegt zwischen Malchiner und Kummerower See in der Mecklenburger Schweiz. Malchin wird 1236 erstmals als Stadt genannt. Der Ort wurde 1945 fast vollständig zerstört.

Pfarrkirche St. Maria und St. Johannes: Die dreischiffige spätgot. Backsteinbasilika wurde nach einem Brand 1397 unter Einbeziehung älterer Gebäudeteile neu errichtet. Sie ist mit Stern- und Kreuzrippengewölben ausgestattet. Die *Ausstattung* der Kirche ist sehenswert: Sie umfaßt u. a. einen *ehem. Hochaltar* mit geschnitzter Marienkrönung im Schrein und Doppelflügel, Anfang 16. Jh.; *Triumphkreuzgruppe* von ca. 1400 (Marienkapelle); mehrere geschnitzte gotische Gestühlswangen; Kanzel von 1571 mit geschnitzten Evangelistenfiguren; astronomische *Uhr* v. 1596 mit figürlichem und ornamentalem Dekor (Uhrwerk verloren); Epitaphe von 1599 und 1676; Memento-mori-Gemälde von 1742; mehrere Wandarme und Kronleuchter, 16.–18. Jh.

Außerdem sehenswert: Im *Heimatmuseum* (im Rathaus) sind neben vor- und frühgeschichtlichen Funden Erzeugnisse des örtlichen Handwerks (u. a. Zinn) zu sehen. – Von der ma Stadtbefestigung sind noch das *Kalensche Tor* und das *Steintor* (beide 15. Jh.) sowie der *Fangelturm* erhalten.

Umgebung

Basedow (7 km sw): Die got. *Dorfkirche* besteht aus einem Chor (13. Jh.) aus Feldstein und einem Langhaus (15. Jh.) aus

Basedow (Malchin), Schloß

Mannheim, ehem. Jesuitenkirche

Backstein. Der Turm wurde 1855–57 errichtet. Zur Ausstattung gehören ein Altar v. 1592, eine Taufe aus dem 17. Jh., eine Orgelempore aus dem 16. Jh. und eine spätgot. Triumphkreuzgruppe. – Das *Schloß* wurde 1945 weitgehend zerstört. Erhalten sind noch 2 Gebäudeflügel (16. und 17. Jh.) mit Terrakottareliefs, vermutlich aus der Werkstatt v. Statius van Düren[*].

68159–309 Mannheim
Baden-Württemberg

Einw.: 314 700   Höhe: 95 m   S. 1280 ☐ E 12

Kurfürst Friedrich IV. ließ 1606 den Grundstein für die befestigte Stadt Mannheim legen. Vorbild für seine Pläne waren Festungen in Holland, als Stadtplaner und Architekt setzte er den Niederländer Bartel Janson ein. In den folgenden Jahrhunderten wurde Mannheim zwar häufig erobert und stark zerstört, die schachbrettartige Anlage blieb jedoch erhalten und ist noch heute deutlich zu erkennen. Die Stadt wird an der S-Seite durch das Schloß begrenzt und ist eingebettet in die Flußläufe v. Rhein und Neckar. – Zu den berühmtesten Persönlichkeiten, deren Namen mit der Stadt Mannheim verbunden sind, gehören Friedrich v. Schiller, August v. Kotzebue, Verfasser v. mehr als 200 vielgespielten Theaterstücken (1819 in Mannheim gest.), Karl Drais v. Sauerbronn, Forstmeister und Erfinder des Laufrades (1817 auf dem Weg nach Schwetzingen erprobt), und Carl Benz, der 1886 in Mannheim den ersten v. ihm konstruierten Kraftwagen öffentlich vorstellte. – Heute ist Mannheim Sitz des Instituts für dt. Sprache und der Humboldt-Gesellschaft für Wissenschaft, Kunst und Bildung. Seit 1958 wird der Konrad-Duden-Preis für Dt. Sprache und seit 1959 der Schiller-Preis der Stadt Mannheim vergeben. Die Universität, die Staatl. Fachhoch- und Fachschulen, bedeutende Ausstellungen, das Nationaltheater, das Planetarium, die Internationale Filmwoche und der Maimarkt sind v. überregionaler Bedeutung.

Ehem. Jesuitenkiche St. Ignatius und Franz Xaver (A 4): Die im 18. Jh. erbaute Barockkirche wird in ihrem Äußeren v. einer mächtigen Fassade mit 2 seitlichen Türmen sowie einer hohen Vierungskuppel bestimmt. Kurfürst Karl Philipp, der mit dieser Kirche die Rückkehr seines Hauses zum Katholizismus bekunden wollte, gab 1733 den Auftrag zum Bau dieser bedeutendsten barocken Kirche in Südwestdeutschland. Den Entwurf liefert der Bologneser A. Galli-Bibiena, vollendet wurde der Bau v. F. Rabaliatti und P. A. von Verschaffelt (Abschluß der Arbeiten um 1760).
Die urspr. Innenausstattung ist im 2. Weltkrieg zum großen Teil zerstört worden. Die Decken- und Kuppelgemälde v. E. Q. Asam[*] gingen verloren, die Fresken auf den Pendentifs der Kuppel (Allegorien der 4 Erdteile) v. P. H. Brinckmann konnten erhalten und rest. werden. Die Pfeiler sind mit Pilastervorlagen besetzt. Ihre Sockel aus dunkelgrauem Marmor tragen weißmarmorne attische Basen. Darauf stehen die Schäfte abwechselnd in grünlichem und in rötlichem Stuckmarmor (Spiegel),

Mannheim, Schloß

die der Kirche eine ungewöhnliche Farbwirkung verleihen. Das wertvollste Stück der Ausstattung, der Hochaltar, ging durch Kriegseinwirkung verloren; ebenso die alte Kanzel v. J. P. Egell. Die 6 Seitenaltäre blieben erhalten, 2 davon in den Querhausarmen sind Rekonstruktionen. Die bedeutendste Statue, die *Silbermadonna im Strahlenkranz* v. Augsburger Silberschmied J. I. Saler 1747 geschaffen, blieb erhalten. Die Kanzel wurde durch eine Barockkanzel aus St. Leon bei → Heidelberg ersetzt. Zu den wesentlichen Teilen der Ausstattung gehört die Klais-Orgel im renovierten Barockgehäuse v. P. Egell. Über einer Seitenkapelle ist eine zusätzliche kleine Orgel aufgebaut. In der *Krypta* der Kirche sind 34 Jesuitenpatres beigesetzt. – Der heute noch erhaltene Achteckturm der Sternwarte, die einst v. Rabaliatti für den Hofastronomen Pater C. Mayer errichtet wurde, zeugt v. der Förderung wissenschaftlicher Tätigkeit des Jesuitenordens durch den Kurfürsten Carl Theodor.

Altes Rathaus und Untere Pfarrkirche (Marktplatz): »Iustitiae et Pietati« (der Gerechtigkeit und Frömmigkeit) ist der Zweiflügelbau am Marktplatz gewidmet. 1700 wurde mit dem Bau begonnen, der endgültig 1723 fertiggestellt wurde. Ein Turm wurde zum Verbindungsglied der beiden Bauteile. Im Inneren der Kirche fehlt heute der Hochaltar, der durch eine moderne Mensa ersetzt worden ist. Links davon ist der Theodor-Altar erhalten (v. P. A. v. Verschaffelt, 1778). Erwähnenswert ist die Kanzel (1742).

Weitere sehenswerte Kirchen: *Ev. Trinitatiskirche* (G 4), *ev. Konkordienkirche* (R 2), eine Doppelanlage für die wallonische und die dt.-reformierte Gemeinde, und die *kath. Bürgerspitalkirche* (E 6) mit klassizistischer Säulenfront.

Schloß (B 3): Von den schweren Schäden aus dem 2. Weltkrieg ist nichts mehr zu spüren. Die gewaltige Anlage wurde originalgetreu wiederhergestellt (bis 1962).

Mannheim, Wasserturm

Heute dient sie in ihren wesentlichen Teilen der Universität, die 8 Fakultäten mit rund 13 000 Studenten beherbergt. – Den Auftrag zum Bau des Schlosses, das zu den größten Schloßbauten aus der Zeit des Barock gehört, gab 1720 Kurfürst Carl Philipp in Verbindung mit der Verlegung seiner Residenz v. Heidelberg nach Mannheim (damit war der Beginn einer Blütezeit verbunden, die Mannheim zu einem der bedeutendsten wirtschaftlichen und kulturellen Zentren in Deutschland machte; sie endete erst, als Karl Theodor 1778 Kurfürst v. Bayern wurde und seine Residenz deshalb nach → München verlegen mußte). Ital. und franz. Architekten und Künstler waren an den Entwürfen der Bauten und ihrer Ausgestaltung maßgebend beteiligt. 40 Jahre (v. 1720–60) wurde an der Anlage gebaut (1731 waren wesentliche Teile bezugsfertig). Die abgewickelte stadtseitige Schloßfront mißt ca. 500 m. Das Schloß besitzt mehr als 400 Räume mit 1387 Fenstern. Den Grundriß hat J. C. Froimont geschaffen, an der Planung und Bauausführung waren außerdem G. de Hauberat, A. Galli-Bibiena, N. de Pigage* sowie die Bildhauer P. A. v. Verschaffelt* und P. Egell und C. D. Asam* (Wandmalerei) beteiligt. – Das Schloß bildet die Basis der schachbrettartigen Stadtanlage und ist Endpunkt v. 7 der jeweils schnurgerade angelegten Straßen. Beeindruckend ist der große, fast quadratische *Ehrenhof*. Der Mittelbau enthält die verschiedenen Repräsentationsräume im Stil des Rokoko. Kunsthistorisch erstrangig ist das *Treppenhaus*, in dem die berühmten Deckengemälde v. C. D. Asam anhand v. Fotografien nachgebildet worden sind (im 2. Weltkrieg vernichtet). – Hervorzuheben ist auch der *Rittersaal*, in dem neben städt. und staatl. Empfängen die Konzerte der Mannheimer Schule stattfinden. 1777 hat hier W. A. Mozart ein Konzert gegeben. Das großartige Parkett, die reichen Stuckdekorationen und ein erlesenes Mobiliar vermitteln eine Eindruck v. der höfischen Pracht des 18. Jh. Zu besichtigen lohnt auch das *Bibliothekskabinett*. – Die

Schloßkirche ist im 2. Weltkrieg ebenfalls zerstört, jedoch in erstklassiger Weise wiederhergestellt worden. Auch hier wurde ein *Deckengemälde* Asams nachgebildet. Der ebenfalls zerstörte *Hochaltar* wurde zwar neu gefertigt, geht jedoch auf die erhaltenen Pläne P. Egells zurück und entspricht in vorzüglicher Weise dem Original. In der *Kurfürstengruft* der Schloßkirche stehen die Prunksärge, die P. Egell für Carl Philipp und dessen 3. Gemahlin Violanta v. Thurn und Taxis geschaffen hat. – Ein 38 Hektar großer Schloßgarten bildet den Bereich zwischen Schloß und Rhein.

Friedrichsplatz: Zur 300-Jahr-Feier der Stadt Mannheim wurde der Platz im Jahr 1907 im Jugendstil erbaut. Der Wasserturm sowie Kaskaden und Wasserspiele (an Wochenenden und Feiertagen abends erleuchtet) machen den Friedrichsplatz zu einem vielbesuchten Anziehungspunkt der Stadt. Im N grenzt der sog. *Rosengarten*, ein Kongreß- und Veranstaltungszentrum, an.

Museen: Im *Städt. Reiß-Museum* (C 5) im ehem. kurpfälzischen Zeughaus (1777–79) sind neben Sammlungen zur Stadtgeschichte, zur spätma und barocken Plastik sowie Malerei des 17./18. Jh. v. a. die Porzellan- und Fayencesammlungen hervorzuheben. Die Sammlungen zur Archäologie und Völkerkunde sind im Neubau D 5 untergebracht. Erwähnenswert sind die Sammlungen des Museums für Theatergeschichte in C 5 und die Rheinschiffahrts-Sammlung, die außerhalb des Zeughauses gezeigt werden. Die *Städt. Kunsthalle Mannheim* (Moltkestr. 9) gehört zu den bedeutendsten Galerien mit Gemälden und Plastiken des 19. und 20. Jh. in Deutschland. Sie ist in einem Jugendstilbau v. H. Billing aus dem Jahr 1907 untergebracht (errichtet als Ausstellungsgebäude zur 300-Jahr-Feier). Vor der Kunsthalle sind bedeutende Plastiken v. Harth (»Löwe« und »Tiger«), Marcks (»2 Freunde«), Kolbe (»Stehendes Mädchen«), Scheibe (»Die Morgenröte«) und Lipsi (»Tektonisch«) sowie Werke jüngerer Künstler aufgestellt. *Planetarium.* – Ferner: *Landesmuseum für Technik und Arbeit* (Museumsstr. 1).

Theater: *Nationaltheater* (Goetheplatz): *Opernhaus* mit 1133 Plätzen für Oper, Operette und Schauspiel, *Schauspielhaus* mit 627 Plätzen für modernes Theater. – Am 13.1.1782 wurden hier »Die Räuber« von Friedrich v. Schiller uraufgeführt. Im Januar 1784 folgte die Erstaufführung des »Fiesko«, im April 1784 die v. »Kabale und Liebe«. – Abgesehen v. mehreren Kurzaufenthalten lebte Schiller v. Juli 1783 bis zum April 1785 in Mannheim, zuerst als fest angestellter Theaterdichter, später als freier Schriftsteller. – *Freilichtbühne Mannheim* (Im Waldhof): An den Samstagen im Juli und August werden hier v. Laienspielern v. a. historische Dramen aufgeführt.

06343 Mansfeld
Sachsen-Anhalt

Einw.: 4000	Höhe: 205 m	S. 1278 □ L 7

Schloß und Schloßkirche: Das *Schloß* der Grafen Mansfeld liegt zum großen Teil in Ruinen. Es war eine unregelmäßige Mehrflügelanlage, deren ma Kern im 16. Jh. zu einem Komplex v. 3 Wohnschlössern erweitert worden war. Von den ehem. Befestigungsanlagen, die 1674 gesprengt wurden, sind noch Reste erhalten. An der w Seite der Schloßanlage befindet sich das neugot. *Schloß Vorderort* (1860–62). Die früheren Schlösser Mittel- und Hinterort sind schon ab 1570 verfallen. – Die spätgot. *Schloßkirche* (15. Jh.) stammt noch von den Vorgängerbauten und ist der älteste erhaltene Teil der Anlage. Die Ausstattung ist bemerkenswert: Sie besteht aus einem Flügelaltar aus der Cranach-Werkstatt (um 1520), einem Taufstein v. 1522, einem Kruzifix (um 1500) und einer Sakramentsnische aus der S-Empore (1519). Langhaus und Chor trennt ein schmiedeeisernes Gitter aus dem frühen 16. Jh. **Außerdem sehenswert:** Die einschiffige spätgot. *Stadtkirche St. Georg* wurde im späten 15. Jh. errichtet. Der W-Turm mit achteckigem Aufbau geht auf einen roman. Vorgängerbau zurück. Im Inneren finden sich mehrere spätgot. Flügelaltäre sowie die Grabmäler der Grafen v. Mansfeld. – Das Lutherhaus wurde 1530 für den Bruder Martin Luthers, Jakob, erbaut. Es

Klostermansfeld (Mansfeld), Basilika

Marbach, Alexanderkirche >

wird oft irrtümlich als Luthers Elternhaus bezeichnet. – Das Portal der Lutherkirche aus dem Jahre 1610 ist mit einem Relief des drachentötenden Georg (Mitte 17. Jh.) geschmückt.

Umgebung

Hettstedt (7 km nö): *Schloßruine:* Von der got. Anlage, die erstmals 1334 urkundlich erwähnt wird, ist nur noch ein runder Turm erhalten. – Das ehem. *Schloß* in Oberwiederstedt (Wiederstedt, 4 km n), in dem Novalis (eigentl. Georg Philipp Friedrich Freiherr v. Hardenberg) am 2.5.1772 geboren wurde, war seit 1634 im Besitz der v. Hardenbergs.

Klostermansfeld (3 km ö): Das Langhaus der dreischiffigen roman. *Basilika* aus dem späten 12. Jh., die einmal zu dem Kloster eines Josaphatordens gehörte, wird durch Stützenwechsel geprägt. Der spätgot. Schnitzaltar wurde Ende des 15. Jh. gefertigt.

71672 Marbach am Neckar
Baden-Württemberg

Einw.: 13 100   Höhe: 229 m   S. 1281 ☐ G 13

Ev. Alexanderkirche (Am Alten Markt): Die spätgot. Hallenkirche (15. Jh.) ist v. a. wegen ihrer original erhaltenen Deckenbemalung interessant. Sehenswert auch die spätgot. Steinkanzel (beschädigt) und ein Kruzifixus aus dem 15. Jh.

Geburtshaus Friedrich Schillers (Nikolastorstr. 31): Zu den zahlreichen Fachwerkbauten in Marbach gehört auch das Haus, in dem Friedrich Schiller 1759 geboren wurde. Das Haus enthält eine Fülle v. Dokumenten aus dem Leben und Werk des großen deutschen Dichters.

Schiller-Nationalmuseum und Dt. Literaturarchiv: Zwischen 1900–03 als Museum für schwäb. Literatur erbaut, ist es inzwischen über dieses Sammelgebiet hin-

aus v. Bedeutung. Angeschlossen ist das Dt. Literaturarchiv (gegr. 1855/56), das auch bedeutende Sonderausstellungen veranstaltet.

35037–43 Marburg an der Lahn
Hessen

Einw.: 75 300   Höhe: 186 m   S. 1277 ☐ F 9

Wesentlichen Einfluß auf die kulturelle Entwicklung der Stadt hatte die 1527 gegr. Universität. – In die Geschichte eingegangen sind die »Marburger Religionsgespräche« (1.–4. Oktober 1529), bei denen es um eine Einigung zwischen den ev. und reformierten Fürsten gehen sollte und an denen die Wittenberger Theologen Luther, Melanchthon und Krafft sowie die Straßburger und Schweizer Theologen Bucher, Hedio, Zwingli und Ökolampad teilgenommen haben.

Elisabethkirche (Elisabethstraße): Über dem Grab der Landgräfin Elisabeth v. Thüringen, der Stammesmutter des hessischen Landgrafenhauses, wurde ab 1235 die Kirche, die zum Wahrzeichen der Stadt geworden ist, errichtet. Die Elisabethkirche ist das erste rein got. Bauwerk in Dtld. und gehört (wie die Liebfrauenkirche in → Trier) zu den bedeutendsten Sakralbauten der Gotik auf dt. Boden. Sie sollte als Wallfahrtskirche (zum Grab der heiliggesprochenen Elisabeth) und als Grablege der Landgrafen dienen. Die Gesamtweihe erfolgte 1283, die Türme wurden jedoch erst viel später fertiggestellt. Die Kirche hat im Inneren (ohne Turmhalle) eine Länge v. 56 m, im Langhaus eine Breite v. 21,55 m, sie mißt im Querschiff 39 m und hat eine Gewölbehöhe v. rund 20 m. Die Türme erreichen eine Höhe v. 80 m. – Im Inneren sind die farbige Ausmalung aus der Entstehungszeit der Kirche und die Wandmalereien (Anfang des 15. Jh.) zum großen Teil restauriert worden. Die Ausstattung ist in ungewöhnl. Vollständigkeit aus der Entstehungszeit erhalten. An erster Stelle steht der *Elisabethschrein* (in der Sakristei). Dieses Meisterwerk eines unbekannten Goldschmieds aus dem 13. Jh. ist

< *Marbach, Geburtshaus Friedrich Schillers*

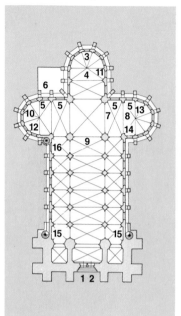

Marburg an der Lahn, Elisabethkirche 1 W-Portal mit Marienfigur, urspr. Türbeschläge **2** Prachtfenster über dem W-Portal **3** Glasmalerei in den ö Chorfenstern, 13. und 14. Jh. **4** Hochaltar, 1290 **5** Wandaltäre an den ö Querhauswänden mit Wandmalereien (im S-Chor z. T. verdeckt durch 2 Schnitzaltäre v. L. Juppe) **6** Schrein der hl. Elisabeth in der Sakristei, 1235–49 **7** Grabmal Landgraf Konrads v. Thüringen (gest. 1240) **8** Einzelgrab, um 1308 **9** Lettner, vor 1343, mit Kreuzaltar und Kruzifix v. E. Barlach **10** Mausoleum der hl. Elisabeth, Baldachin Ende 13. Jh., Sarkophagrelief um 1350 **11** Zelebrantenstuhl, 1397, mit Elisabethstatue v. L. Juppe, um 1510 **12** Marburger Vesperbild, um 1400 **13** Grabmal Ludwigs I. des Friedfertigen, v. Meister Hermann, 1471 **14** Grabmal Wilhelms II. (gest. 1509) wahrscheinlich v. L. Juppe **15** Schnitzaltäre v. L. Juppe, 1511 und 1513 **16** »Französische« Elisabeth

über und über mit Emaillen und Edelsteinen besetzt und mit einzigartigem Filigran geschmückt. Im n Kreuzarm befindet sich über ihrem ehem. Grab das *Mausoleum* der hl. Elisabeth. Der steinerne Baldachin ist um 1280 entstanden. In seinen ornamentalen Formen gleicht er dem W-Portal und in einigen Teilen dem Hochaltar. Über dem Sarkophag hat früher der Elisabethschrein

Elisabethkirche

Schloß   *Hl. Elisabeth, um 1470 >*

gestanden. Malereien und Eisengitter des
Mausoleums stammen aus der Mitte des
14. Jh. – Der *Hochaltar* wurde 1290 gew.
Er beeindruckt durch die in Stein geschlagene Retabelwand; sie hat eine Gesamthöhe v. 4,82 m. In den Nischen stehen je 3
Figuren. Bemerkenswert sind die wertvollen *Wandaltäre*. Im S-Flügel sind Wandmalereien aus dem 16. Jh. erhalten. – Auf
dem Altar vor dem Lettner ein *Bronzekruzifixus* von E. Barlach* (1931). – Vor allem
im s Querhausarm sind zahlreiche *Grabdenkmäler* der thüring.-hess. Landgrafen
zu finden (»Landgrafenchor«).

St. Michaels-Kapelle/»Michelchen« (w
der Elisabethkirche, am Berghang): Die
1270 gew. Kapelle war urspr. Friedhofskapelle des Dt. Ordens und des Elisabeth-Ho-
spitals (v. der Anlage aus dem Jahr 1235
ist heute nur noch die Ruine der Hospitalkapelle vorhanden). Die Maßwerkfenster
gleichen denen der Elisabethkirche. Bemerkenswert ist das schöne frühgotische
Rippengewölbe, welches im Jahre 1984
restauriert wurde.

Luth. Pfarrkirche (Luth. Kirchhof):
Nach rund 200- jähr. Bauzeit war die heu-
tige Kirche 1473 vollendet. Der mächtige
Turm macht die Kirche weithin sichtbar.

Schloß (Schloßberg): Auf der höchsten
Stelle der Stadt, dem sog. Schloßberg, begann Herzogin Sophie v. Brabant, Tochter
der hl. Elisabeth, im 13. Jh. auf der Stelle
einer thüringischen Burg aus dem 12. Jh.
mit dem Bau des Schlosses, das seine heutige Form nach Umbauten im 14. und 15.
Jh. erhalten hat. Bis 1604 war das Schloß
wiederholt Sitz der hess. Landgrafen. –
Der vielgestaltete Komplex wird gegen N
v. einem symmetrischen Saalbau (Ende
13. Jh.) gekennzeichnet. Sehenswert ist
der große Festsaal im Obergeschoß. Im
S-Flügel befindet sich der einstige land-
gräfliche Wohnbau *Alte Residenz*. Am O-
Ende dieses S-Flügels schließt sich die
1288 gew. *Schloßkapelle* an. Der ö Teil des
Hauptschlosses, der sog. »Wilhelmsbau«,
beherbergt seit 1981 das Universitätsmuseum für Kulturgeschichte, der W-Flügel
ist als »Frauenbau« bekannt.

Marburg, Rathaus und Marktplatz

Rathaus (Markt): Das Rathaus ist zwischen 1512–27 auf steilem Hang errichtet worden. Die Seite des Untergeschosses, aus dem Jahre 1581 war ursprünglich Kaufhalle für Fleisch. Das erste Obergeschoß wird v. Ratssaal bestimmt (beachtenswerte Wandvertäfelung).R und 1 v. dem steil aufsteigenden Satteldach wird das Rathaus durch Staffelgiebel bekrönt. Im Treppenturm Steinrelief des L. Juppe, 1524, das der hl. Elisabeth gewidmet ist. Renaissancegiebel v. E. Boeckwein.

Museen: Das *Marburger Universitätsmuseum für Kunst- und Kulturgeschichte* (Biegenstr. 11) zeigt Landes- und Kulturgeschichte Nordhessens, Malerei und Graphik des 19. und 20. Jh. – Ebenfalls in der Biegenstraße findet man die *Antiken- und Abgußsammlung der Philipps-Universität.* Zu der Sammlung gehören 600 Abgüsse v. Werken griech. und röm. Plastik sowie ca. 1800 Objekte antiker Kleinkunst (v. a. Keramik und Terrakotten). – *Religionskundl. Sammlung der Universität* (im Schloß).

Theater: Im 1969 erbauten *Marburger Schauspiel* (Biegenstr. 15; 579 Plätze) spielt ein eigenes Schauspielensemble. – Während des Sommers finden *Freilichtaufführungen* im Schloßpark statt.

Außerdem sehenswert: *Universitätsbibliothek* mit mehr als 650 000 Bänden (darunter wertvolle Inkunabeln, Handschriften und Autographen). – Von den zahlreichen *Fachwerkbauten* sind die Häuser Markt 14, 17 und 19 hervorzuheben. Unter den *Steinbauten* verdienen bes. die Häuser Markt 18 (»Steinernes Haus«), Markt 16 (»Bückingsches Haus«) und am Barfüßer Tor (»Dernbacher Hof«) Beachtung.

Umgebung

Spiegelslust (1 km ö): Oberhalb der Altstadt liegt der *Kaiser-Wilhelm-Turm*, ein 372 m hoch gelegener Aussichtsturm.

Wetter (10 km n): Neben zahlreichen

Fachwerkbauten (16.–18. Jh.) ist v. a. die *ehem. Stiftskirche St. Maria* (um 1250–80) mit einer sehenswerten *Ausstattung*, darunter ein *spätroman. Retabel* (1246–50), ein qualitätsvoller *Taufstein* (13. Jh.) und ein reicher *Zelebrantenstuhl* (1466), v. Bedeutung.

56653 Maria Laach
Rheinland-Pfalz

Einw.: 280   Höhe: 300 m   S. 1276 □ C 10

Abteikirche: Am Ufer des Laacher Sees begann der rheinische Pfalzgraf Heinrich v. Laach 1093 mit dem Bau einer Abtei und dazugehöriger Kirche. Um 1230 war der Bau fertiggestellt. Trotz der langen Bauzeit ist die Abteikirche eines der reinsten Bauwerke der dt. Romanik. »Ein prächtigeres und festeres, reizender und friedlicher gelegenes Kloster gibt es nimmermehr«, schrieb der Humanist Johannes Butzbach, der hier 1516 gest. ist, über die Benediktinerabtei. – Der Bau wird v. 2 zentralen Türmen beherrscht, denen 4 weitere flankierend zur Seite stehen. Die burgartige Anlage entspricht der Symbolik des Himmlischen Jerusalem. Im O und W liegen je ein Querhaus und ein Chor. Die Vorhalle wurde 1225 hinzugefügt und gibt den Weg frei in den W-Chor. – Ungewöhnlich reichhaltig sind die architektonischen Details. Lisenen, Rundbogenfriese und Blenden gliedern die Wände und werden durch die farbige Bemalung (nur teilweise erhalten) ergänzt. Einen Höhepunkt spätroman. Steinmetzenarbeit bildet die *Vorhalle* der Abteikirche (»Paradies«), die als symbolische Darstellung des »Garten Eden« zu verstehen ist. Auf der Grundlage eines quadratischen Grundrisses (begrenzt durch das Querhaus, zu den übrigen 3 Seiten hin Arkadengänge), ist hier einer der schönsten Vorhöfe der Romanik entstanden. In der Mitte des Platzes steht der »Brunnen des Lebens«. – Das Innere wird v. einem mächtigen Gewölbe überzogen – einem der ältesten in diesem Gebiet. Höhepunkt der Ausstattung sind der *Baldachin-Hochaltar* und das *Stiftergrab*. 6 Säulen tragen einen kuppelartigen Baldachin, der v. den ausgereiften Formen der Spätromanik gekennzeichnet ist. Im W-Chor be-

Maria Laach, Abteikirche

findet sich das Grab für Pfalzgraf Heinrich, den Stifter der Kirche. Auf der steinernen, reichverzierten Tumba ist die lebensgroße Figur Heinrichs dargestellt, der in der r Hand ein Modell der Kirche hält. – Seit 1986 Gesamtrenovierung des Münsters (es ist jedoch für die Öffentlichkeit zugänglich).

09496 Marienberg
Sachsen

Einw.: 11 200   Höhe: 610 m   S. 1279 □ P 9

M. liegt im mittleren Erzgebirge. Die Bergleutesiedlung wurde 1521 von Herzog Heinrich V. von Sachsen zur Stadt ausgebaut. 1648 wurde der Bergbau eingestellt, nach 1945 für einige Zeit Uran abgebaut.

Pfarrkirche St. Marien: Für die dreischiffige Hallenkirche, die 1558–64 im Stil der Spätgotik errichtet wurde, dienten

Marienmünster, Klosterkirche

die Kirchen v. Annaberg und Pirna als Vorbild. Nach einem Brand 1610 wurde sie bis 1616 wieder aufgebaut. Aus dem Jahre 1616 stammt auch der 57 m hohe Turm mit Zwiebelhaube.

Die Ausstattung besteht u. a. aus einem Altar v. 1617, 2 Bergmannsleuchtern v. 1614, 2 lebensgroßen Bergmannsfiguren v. 1687, einem spätgot. Flügelaltar (im Schrein Maria zwischen Petrus und Paulus) aus dem späten 15. Jh. und einem weiteren spätgot. Flügelaltar aus dem frühen 16. Jh.

Rathaus: Das Renaissancegebäude wurde ab 1537 errichtet und in folgenden Jahren wiederholt durch Brände beschädigt. Beachtenswert ist das reiche Portal. – Ebenfalls am quadratischen Markt liegen einige *Bürgerhäuser* aus dem 16. Jh. (Nr. 5, 6 und 14).

Außerdem sehenswert: In der Äußeren Wolkensteiner Str. das alte *Bergmagazin*, ein Bruchsteinbau v. 1809.

Umgebung

Forchheim (16 km nö): Die *Dorfkirche* wurde 1719–26 nach Plänen des Baumeisters der zerstörten Dresdner Frauenkirche, George Bähr*, in barocken Formen errichtet. Die zweigeschossigen Emporen und der Kanzelaltar datieren v. 1725. Die Orgel wurde v. dem berühmten Orgelbaumeister Gottfried Silbermann* 1726 gefertigt. – Bei dem *Schloß* handelt es sich um einen schlichten Renaissancebau aus dem 16. Jh.

Olbernhau (14 km ö): Im Ortsteil Grünthal wurde 1537 eine Saigerhütte errichtet, in der das beim Silberbergbau gewonnene Schwarzkupfer gereinigt und verarbeitet wurde. 1567 wurde die Anlage, deren 3 mächtige Schwanzhämmer erhalten sind, stark befestigt. – Die *Pfarrkirche* stammt im wesentlichen v. 1639. – Die barocke *Dorfkirche* im Ortsteil *Oberneuschönberg* wurde 1695 erbaut.

Seiffen (25 km ö): Bei der *Dorfkirche* handelt es sich um einen achteckigen barocken Zentralbau, der 1779 erbaut wurde. Die qualitätsvolle Ausstattung stammt aus der Entstehungszeit. – Die Hauptsehenswürdigkeit des Orts ist das *Erzgebirgische Spielzeugmuseum.*

37696 Marienmünster
Nordrhein-Westfalen

Einw.: 5200	Höhe: 300 m	S. 1277 ☐ G 7

Im Städtedreieck → Detmold, → Höxter und → Paderborn liegt – abseits der großen Straßen – ein an dieser Stelle kaum zu erwartender, erstklassiger roman. Bau. Er stand wesentlich unter dem Einfluß sächsischer Baumeister. Die urspr. Kirche der ehem. 1128 gegründeten Benediktinerabtei Marienmünster war eine romanische kreuzförmige Pfeilerbasilika. Nach den Zerstörungen des Dreißigjährigen Krieges erfolgte der Wiederaufbau und Umbau des Münsters im letzten Viertel des 17. Jh. in der Baukunst dieser Epoche. Die Umgestaltung im Stile des Barock bezog sich nicht nur auf die Gestaltung des Innenraums, sondern schloß auch Änderungen der Mittelschiffswände, eine Erhöhung des

Marienstatt, Ursula-Altar in der Zisterzienserabteikirche

Vierungsraums und einen Neubau des Chors ein. Allerdings hatte die Kirche durch die Veränderungen im Hinblick auf die Ausstattung gewonnen. Erwägenswert sind v. a. die erstklassigen schmiedeeisernen Arbeiten, die als *Chorgitter* verwendet wurden. Die *Orgel* ist das Werk des berühmten, aus dem nahen Lippstadt stammenden Baumeisters J. P. Möller. Sie zählt zu den bedeutendsten Leistungen dt. Orgelbaukunst.

Umgebung

Altenbergen (6 km s): Windrad mit komplett erhaltenem eisernen Schnelläufer, 24flügelig mit Windfahne und kleinerer Querfahne. Die Antriebseinheit ist bis in den Pumpenstumpf vorhanden. Das Windradgerüst selbst besteht aus einem aufwendigen Winkelprofilstrebenwerk mit zahlreichen Verspannungen in den Knotenpunkten. Die gesamte Anlage steht auf einem Betonunterbau über dem Pumpenstumpf. Dieses offensichtlich zwischen 1908 und 1909 erbaute Windrad stellt für Westfalen ein herausragendes Denkmal dar. Zum einen, weil es das größte noch erhaltene dieser Art für die Region ist, und zum anderen, weil der technische Funktionsablauf, wenn auch angerostet, so doch noch in allen Einzelheiten ablesbar ist.

Oldenburg (2 km nö): Die *Oldenburg*, deren *Befestigungen* vermutlich um 1100 angelegt wurden, war die Stammburg der Grafen v. Schwalenberg und besitzt einen *Wohnturm* aus der 2. Hälfte des 14. Jh. (1687 rest.).

**57629 Marienstatt
(bei Hachenburg)**
Rheinland-Pfalz

Einw.: 10   Höhe: 358 m   S. 1276 ☐ D 9

Zisterzienserabteikirche: Im Tal der Nister entstand die heutige Kirche, seit 1220, deren endgültige Fertigstellung sich jedoch bis in das 14. Jh. hinzog. Ungewöhnlich ist die Anordnung der Strebebögen, die v. den Strebepfeilern zwischen den Kapellen ausgehen und zu den Streben des Hochchores übergreifen. Ein offenes Strebewerk findet sich auch über dem Langhaus. Im SO steht ein Treppenturm mit achteckigem Spitzhelm. Das Innere der Kirche wird v. mächtigen Rundpfeilern bestimmt, hinter denen ein Kranz v. Kapellen angeordnet ist. – Berühmt ist die Kirche wegen ihres *Ursula-Altars* aus dem 14. Jh., einer der ältesten Flügelaltäre in Deutschland. Jeweils unter sehr feinen, zierlichen Arkaden sind in der oberen Reihe die Apostel, in der unteren verschiedene Reliquienbüsten dargestellt. Das Mittelfeld ist der Marienkrönung gewidmet. Erwähnenswert ist auch das *Chorgestühl* (um 1300). Die holzgeschnitzten Gestalten des Grafen Gerhard v. Sayn und seiner Gemahlin finden sich auf einem *Tumbengrab*, das 1487 v. Meister Thilmann geschaffen wurde. Sehenswert ist schließlich das *Treppenhaus*. – Der heutige *Klosterbau* ist an die Stelle der urspr. Bauten getreten und wurde Mitte des 18. Jh. vollendet.

Umgebung

Hachenburg (3 km sö): Abgesehen v. *Marktplatz* mit schönen *Fachwerkhäusern* (17./18. Jh.) und *Brunnen* von 1702 ist das *Schloß Hachenburg,* eine Barockanlage (1717–46) anstelle eines ma Vorgängerbaus, v. Interesse, das seit 1974 eine Ausbildungsstätte beherbergt.

71706 Markgröningen
Baden-Württemberg

Einw.: 13 700 Höhe: 230 m S. 1281 □ G 13	

Zwischen den Tälern der Enz, der Glems und des Leudelbaches hat sich Markgröningen am Rande des Strohgäus entwickelt. Der Ort wurde 779 erstmals urkundl. erwähnt.
Seit 1443 findet hier jedes Jahr am Wochenende nach dem 24. August der Schäferlauf statt, das älteste Volksfest in Baden-Württemberg.

Ev. Pfarrkirche St. Bartholomäus (Kirchplatz): Der Chor dieser Kirche, die ihre Akzente durch die wuchtigen W-Türme erhält, wurde v. Baumeister A. Jörg[*] 1472 vollendet. Er ist mit seinem schönen Gewölbe und der ausgereiften got. Form der architektonisch wichtigste Teil des Baus. Die *Wand-* und *Deckenmalereien* stammen aus dem 14.–16. Jh. Ferner *Chorgestühl* (14. Jh.), *Taufstein* aus dem Jahr 1426 und spätgot. *Triumphbogenkruzifix.* Im n Seitenschiff befindet sich das *Grabmal* des Grafen Hartmann v. Gröningen (1280).

Außerdem sehenswert: Das *Rathaus* (Marktplatz), ein schöner Fachwerkbau aus dem 15. Jh. mit Veränderungen im 18. und 19. Jh., zeigt unterhalb des Türmchens einen Reichsadler, der an die Zeit, als Markgröningen freie Reichsstadt war, erinnert. 1336 gelangte die Stadt an Württemberg (württembergisches Wappen). Vor dem Rathaus steht der sehr schöne *Marktbrunnen* (1580).

87616 Marktoberdorf
Bayern

Einw.: 17 300 Höhe: 730 m S. 1282 □ K 15	

Pfarrkirche Hl. Kreuz und St. Martin: Der Füssener Baumeister J. G. Fischer[*], der 1673 in der kleinen Stadt geboren wurde, lieferte die Pläne für den Neubau v. 1732. Erhalten geblieben sind die Umfassungswände des got. Vorgängerbaus und der 1680 errichtete Turm (der jedoch ein abschließendes Obergeschoß und eine neue Zwiebelhaube erhielt). Das Ziel Fischers, wesentliche Teile des Vorgängerbaus zu übernehmen, spiegelt sich u. a. im Chor, der auf Teile der kleinen got. Kirche in seiner Gestaltung erkennbar Rücksicht nimmt. Hervorzuheben sind Fenstergruppen mit fein gegliederten *Stukkaturen* v. A. Bader (1733). F. G. Hermann hat die *Fresken* im Langhaus und in der Chorkuppel geschaffen (1735). Der stattliche *Hochaltar* war 1747 fertiggestellt. Im Vorchor sind 4 ausgezeichnete *Figuren* aus der Werkstatt A. Sturms[*] aufgestellt (1735).

Markgröningen, Rathaus >

Marktoberdorf, Pfarrkirche

Maulbronn, Kloster

Die kleine *Grabkapelle* (1823) ist dem letzten Kurfürsten v. Trier, Clemens Wenzeslaus Prinz v. Sachsen, gewidmet.

Ehem. Jagdschloß: Direkt neben der Pfarrkirche steht das ehem. Jagdschloß der Augsburger Bischöfe. Es wurde 1722–25 nach Plänen v. J. G. Fischer errichtet und 1761 zur jetzigen Größe erweitert. Heute beherbergt das Schloß die II. Bayerische Musikakademie.

Heimatmuseum (im Alten Rathaus): Neben religiöser und Volkskunst des Ostallgäus sind ortsgeschichtliche Exponate v. Interesse.

75433 Maulbronn
Baden-Württemberg

Einw.: 6200 Höhe: 253 m S. 1281 ☐ F 12

Ehem. Zisterzienserkloster: Das 1147 gegr. Zisterzienserkloster hat sich in der Stille seiner Umgebung fast unverändert bis heute erhalten, obwohl es bereits um 1530 säkularisiert wurde. Die Legende berichtet v. einer Mönchsgruppe, die an der Stelle, an der heute das Kloster steht, haltgemacht habe (um die Maultiere zu tränken) und dann für immer dageblieben sei. In der Brunnenkapelle ist diese Überlieferung in einem Gewölbefresko dargestellt. Die Anlage spiegelt in ihrer architektonischen Konzeption jene Reform wider, die im 12. Jh. v. den Zisterziensermönchen des elsässischen Neuburg ausgegangen und in Bernhard v. Clairvaux ihren Führer besaß. Aller Prunk und Luxus wurden zugunsten der urspr. Ideale des Mönchstums aufgegeben. Statt dessen waren die Mönche gehalten, mit architektonischen Mitteln zu neuen Lösungen zu kommen. – Entstanden ist eine abseits gelegene Klosterstadt, die darauf ausgerichtet war, unabhängig v. allen äußeren Hilfen auszukommen. Seit 1556 befindet sich hier eine ev. Klosterschule, die heute in der Form eines ev.-theologischen Seminars weitergeführt wird.

Die Klosterkirche, 1178 gew., besticht durch die ungewöhnliche Sorgfalt bei der Auswahl und Aufschichtung der Quader –

Maulbronn, Brunnenkapelle

ein Indiz für die Auffassung der Bauherren, die den Prunk vorausgegangener Jahrzehnte durch größere Vertiefung in die baukünstlerischen Probleme ersetzen wollten. Der Baustil ist im Grunde roman., geht aber in einigen Details schon über in die Formen der Gotik. – Im Inneren stehen das bemalte Netzgewölbe und das Prachtfenster im Chor im Widerspruch zur asketischen Gesamtauffassung (beides später hinzugefügt). Auch die *Ausstattung,* zum größten Teil aus dem 15. Jh., bildet einen Gegensatz zu den sonst strengen Formen. Ein steinerner Kruzifixus – aus einem Stück mit dem Kreuz gemeißelt – hängt im Laienaltar (1473). Das überreich geschnitzte *Chorgestühl* war um 1470 fertiggestellt. Bedeutende Werke aus der Werkstatt der Familie Parler* sind die figurenreichen *Reliefgruppen* einer Kreuzaufrichtung, Kreuzigung und Grablegung (s Kapellen). Die Gruppe ist um 1370 entstanden und gehört zu den herausragenden Kunstwerken in Maulbronn. – Unter den Klosterbauten soll hier der *Kreuzgang* mit

den imposanten Saalbau. Der Außenbau wird bestimmt von schwarzen horizontalen Basaltlagen, welche die hellen Wandflächen gliedern, und von der großen Maßwerkrosette der Stirnmauer. Ein kleiner Dachreiter betont das mächtige Satteldach. Vom äußerst schlichten Innenraum gelangt man durch einen Gang , der sich wie ein Seitenschiff zum Betraum öffnet, zur barocken Friedhofskapelle, an die der Neubau angegliedert wurde. Im Chor (1718) der Kapelle, der vom Schiff (1785) durch ein Chorgitter abgetrennt wird, sehenswerter furnierter Hochaltar (18. Jh.).

Kurfürstliche Burg (Genovevaburg): Der Sage nach wurde die Burg v. Pfalzgraf Siegfried und seiner Gemahlin Genoveva v. Brabant bewohnt. Sie ist indes v. Erzbischof Heinrich v. Trier erbaut (um 1280) und später mehrfach umgebaut (zuletzt im 18. Jh.) worden. Heute befindet sich in der Burg das *Eifeler Landschaftsmuseum.*

Außerdem sehenswert: *Ober-* und *Brükkentor* sind Reste der einstmaligen Stadtbefestigung. Auch die Wehrtürme *Vogels-* und *Mühlenturm* haben die Angriffe im 2. Weltkrieg überstanden.

Meersburg, Burgmuseum, Schreibtisch v. A. v. Droste-Hülshoff

seiner *Brunnenkapelle* hervorgehoben werden. Der kleine Raum liegt gegenüber dem früheren Speisesaal und hat in seiner Mitte einen Brunnen, an dem die Mönche vor dem Essen die vorgeschriebenen feierlichen Waschungen vollziehen mußten.

56727 Mayen
Rheinland-Pfalz

Einw.: 19 200   Höhe: 238 m   S. 1276 □ C 10

Kath. Pfarrkirche St. Clemens (Marktstraße): Die got. Hallenkirche löste im 14. Jh. einen roman. Vorgängerbau aus dem 12. Jh. ab. Vom ersten Bau ist der s der beiden Türme erhalten.

Kath. Pfarrkirche St. Veit: Dominikus und Gottfried Böhm errichteten 1953–55

< *Maulbronn, Herrenrefektorium im Kloster*

88709 Meersburg
Baden-Württemberg

Einw.: 5400 Höhe: 400–500 m S.1281 □ G 15

Das reizvoll und von seinem historischen Bestand geprägte Städtchen am Hang über dem Bodensee entwickelte sich aus einer erstmals 988 erwähnten Siedlung zu Markt (1233) und Stadt (1299).

Hier hat die Dichterin Annette v. Droste-Hülshoff v. 1841 bis zu ihrem Tod im Jahr 1848 gelebt. Sie arbeitete ab 1843 im hoch gelegenen *Fürstenhäusle* (heute Gedenkstätte), nachdem sie sich zuvor (1841) im Turm an der O-Seite des Schlosses eingerichtet hatte.

Altes Schloß: Kern der langgestreckten Burg, die vielleicht eine merowingische Vorgängerin hat, ist der *Dagobert-Turm* (12./13. Jh.). Reste der ma Anlage haben sich in den An- und Umbauten (16. Jh.) erhalten. In der Burg befindet sich heute

Meersburg, Altes Schloß

98617 Meiningen
Thüringen

Einw.: 25 000　Höhe: 286 m　S. 1277 □ I 9

Ab 1680 war Meiningen die *Residenzstadt* der Herzöge von Sachsen-Meiningen, die sich durch Kunstsinn und eine fortschrittlich-liberale Einstellung einen Namen machten. Unter ihrem Regime konnte sich sogar eine »Bruderschaft zwischen Thron und Hütte« etablieren. Eines der berühmtesten europäischen Theaterensembles (»Die Meininger«) formierte sich hier, und die Hofkapelle wurde von Größen wie H. von Bülow, R. Strauss, F. Steinbach und M. Reger dirigiert.

Schloß Elisabethenburg: Unter Einbeziehung einer bischöflichen Vorgängerburg (1511; heute N-Flügel), erbaute S. Rust* 1682–92 für die Herzöge v. Sachsen-M. eine dreistöckige *Dreiflügelanlage* mit großzügigem *Treppenhaus* vor dem Mittelbau. Die *Schloßkirche* im S-Flügel ist mit kunstvollen Stuckfeldern der Brüder S. und P. Rust* geschmückt. Sehenswerte Stuckdekorationen, u. a. v. den Brüdern Lucchese*, besitzen auch mehrere *Repräsentationssäle* v. den 48 Räumen, in denen heute 3 staatliche Museen untergebracht sind. Neben der *Kunstsammlung* mit Gemälden des 15.–19. Jh. lohnen v. a. die *Musikgeschichtliche Abteilung* mit Exponaten zur Meininger Hofkapelle und das *Theatermuseum* mit Dokumenten zur Meininger Theaterreform einen Besuch. – Im nahen, 1782 als englischem Landschaftsgarten begonnenen *Goethe-Park* wahren mehrere *Denkmäler* das Andenken an berühmte Dichter (z. B. L. Bechstein, Jean Paul) und Komponisten (z. B. B. J. Brahms, M. Reger). Auf einer Teichinsel steht das *Grabmal* für den Meininger Herzog Karl, das jenem für J.-J. Rousseau auf der Petersinsel im Neuenburger See en miniature nachgebildet ist.

ein *Museum* mit historischem Inventar, Gemälde-, Plastik- und Möbelsammlungen.

Neues Schloß: Berühmte Architekten haben an dieser Barockresidenz, die v. den Fürstbischöfen v. Konstanz in Auftrag gegeben wurde, mitgewirkt. Nach Baubeginn und Unterbrechung im frühen 18. Jh. erfolgte die entscheidende Überarbeitung nach Plänen B. Neumanns*. Im Treppenhaus und im Festsaal sind große Deckengemälde (1661/62) v. G. Appiani erhalten. Sehenswert ist die *Schloßkapelle* mit dem Stuck v. J. A. Feuchtmayer* und der Dekkenbemalung v. G. B. Goetz (1741).

Außerdem sehenswert: Schloßapotheke (gegenüber dem Neuen Schloß), Spital, Rathaus (mit dem schön gestalteten Ratssaal v. 1582), Wohnbauten aus dem 16./18. Jh. – *Verschiedene Museen:* Zeitungsmuseum, Bibelgalerie, Weinbaumuseum, Stadtmuseum, Zeppelinmuseum, Droste-Hülshoff-Museum, Dornier-Museum.

Baumbachhaus (Burggasse 22): Das Wohnhaus des durch seine Volks- und Studentenlieder (z. B. »Hoch auf dem gelben Wagen«, »Die Lindenwirtin«) bekannten Dichters Rudolf Baumbach (1840–1905) ist heute *Museum*.

Außerdem sehenswert: Alte *Fachwerk-* und *Werksteinhäuser* (16.–18. Jh.) verleihen der Meininger *Altstadt* ihr historisches Gepräge, so auch am Marktplatz, der v. den beiden spitzhelmbekrönten Türmen (der NW-Turm stammt aus roman. Zeit) der v. O. Hoppe* neugot. erneuerten *Stadtkirche* (1884–89) überragt wird. Im Inneren findet man die sog. Steinerne Madonna vom Beginn des 14. Jh.

Umgebung

Kühndorf (8 km nö): Die Ruine der ehem. *Johanniterburg* (um 1300) umfaßt Brücke und Torhaus, eine ma Scheune in der einstigen Vorburg, fünf- bzw. sechsstöckige Wohngebäude am kleinen Burghof sowie als Wehrbaufragmente den zylindrischen S- und den oktogonalen N-Turm des Zwingers.
Rohr (8 km ö): Die um 820 als Klosterkirche und Pfalzkapelle St. Michael über einer heidnischen Kultstätte gegr. und mehrfach umgebaute *Dorfkirche* (10.–17. Jh.) bewahrt unter dem Chor die ottonische Krypta mit 4 quadratischen Gewölbestützen sowie außen die roman. Friedhofsbefestigung mit wehrgangbestückter Friedhofsmauer, trutzigem Vortor und massigem Torturm. Im Kircheninneren sind die Kassettendecke und die figürlich geschmückten Emporenbrüstungen aus dem 17. Jh. sehenswert. Beachtung verdient auch die *Alte Baderei*, ein Fachwerkhaus aus dem Jahre 1686.
Walldorf (6 km nw): Die einschiffige *Renaissance-Dorfkirche* bewahrt v. ihrer spätgot. Vorgängerin (Kirchenburg) den W-Turm und die eckturmbewehrte Friedhofsmauer sowie im flachgedeckten Inneren eine »Dornenkrönung« und einen »Judaskuß«, beides Gemälde aus der Zeit um 1500. – Neben dem *jüdischen Friedhof* (17. Jh.) und alten *Fachwerkhäusern* (16.–18. Jh.) verdient auch das s des Ortes gelegene romantisch-neugot. *Schloß Landsberg* (1836–40) Beachtung.
Wasungen (12 km n): Reste der ma *Stadtmauer*, der *Pfaffenturm* (1387), das *Fachwerkrathaus* (1533) und das barock ausgestattete *Amtshaus* (1607), die im Kern frühmittelalterliche *Friedhofskirche* aus dem 15./16. Jh. und die *Renaissance-Dorf-*

Meiningen, Schloß Elisabethenburg

kirche (15./16. Jh.) sowie *Adelshöfe* und *Bürgerhäuser* aus dem 16. Jh. und 17. Jh. vereinen sich zu einem malerischen Ortsbild.

55590 Meisenheim, Glan
Rheinland-Pfalz

Einw.: 2900   Höhe: 150 m   S. 1280 ☐ D 11

M. ist staatlich anerkannter Erholungsort. Einst aus der Burg der Grafen von Veldenz entstanden, 1154 namentlich erstmals erwähnt. Mit der Verleihung der Stadtrechte im Jahre 1315 entwickelte sich M. zur bedeutendsten Stadt im Glangebiet. Von Kriegszerstörungen verschont, bietet die Altstadt ein geschlossenes ma Stadtbild.

Ev. Schloßkirche (ehem. Johanniterkirche): Die dreischiffige Hallenkirche aus den Jahren 1479–1504 (vermutlich schon vor 1000 gegr.) ist nicht nur in ihrer Architektur einer der schönsten spätgot. Bauten in diesem Gebiet, sondern lohnt auch wegen der vortrefflichen Steinmetzarbeiten einen Besuch. In der Grabkapelle, die v. einem sehr fein ausgearbeiteten Rippengewölbe überzogen ist, finden sich *Grabmäler* des Hauses Pfalz-Zweibrücken, die zu den besten Steinmetzarbeiten dieser Zeit gehören. An erster Stelle ist das Doppelgrab zu nennen, das Herzog Wolfgang v. Pfalz-Zweibrücken und seiner Gemahlin gewidmet ist (1577 v. J. v. Trarbach geschaffen). Zu den bedeutenden Werken dt. Renaissance-Bildhauerkunst gehört das Denkmal für Herzog Karl I. v. Birkenfeld (1601).

Außerdem sehenswert: Vom ehem. *Schloß* (um 1200 errichtet, im 15. Jh. neu aufgebaut) ist nur noch der Magdalenenbau erhalten (1614). Das spätgot. Rathaus ist 1517 datiert.

01662 Meißen
Sachsen

| Einw.: 34 000 | Höhe: 110 m | S. 1279 □ P 8 |

Meisenheim, Grab Herzog Wolfgangs

Der Ort liegt an der Mündung der Triebisch in die Elbe am Nordrand der Dresdner Elbtalweitung. 929 wurde von König Heinrich I. auf dem Burgberg die Burg *Misni* errichtet als Zentrum der deutschen Herrschaft im mittleren Elbegebiet. Seit 1046 war sie Sitz eines Markgrafen und seit 1068 der Burggrafen von Meißen. 968 stiftete Kaiser Otto I. das Bistum Meißen, das bis 1581 bestand. Ziel der Gründung waren Ostexpansion und Unterwerfung der Slawen. 1089 kamen Meißen und die Markgrafschaft Meißen an die Wettiner. Die Stadt entstand zwischen Burgberg und Elbe ungefähr dort, wo sich heute der Theaterplatz befindet. 1543 wurde im ehemaligen Augustiner-Chorherrenstift, das 1205 gegründet worden war, die Landes- und Fürstenschule St. Afra eingerichtet. Zu ihren Schülern gehörten Gellert und Lessing. 1637 zerstörten die Schweden Meißen weitgehend; der Ort sank auf die Stufe einer unbedeutenden Kleinstadt herab. Wirtschaftlichen Aufschwung brachten erst die Industrialisierung Anfang des 19. Jh. und der Anschluß an die Eisenbahnhauptstrecke Dresden–Leipzig 1860.

Burgberg: Auf dem Burgberg, der etwa die Form eines Dreiecks hat, befinden sich der Dom (mitten auf dem Domplatz) und an der Bergkante die Albrechtsburg, das ehem. Bischofsschloß, die Domherrenhöfe und das Kornhaus. Man erreicht den Domplatz v. W durch das äußere Burgtor aus dem 16. Jh. über die Schloßbrücke, die angeblich 1221–28 erbaut wurde, und das Mitteltor (got., 1875 total verändert). Jetzt hat man die W-Fassade des Doms vor sich.

Dom: Mit dem Bau der dreischiffigen got. Hallenkirche mit Querschiff wurde um 1265 begonnen. Sie ersetzte einen roman. Vorgängerbau. Der langgestreckte frühgot. Chor wird v. einem zweistöckigen Umgang umgeben. An diesen schließt sich s ein kleiner Kreuzgang und an dessen O-Seite die Maria-Magdalenen-Kapelle aus dem späten 13. Jh. an. Nordöstlich des Chors liegt die Sakristei aus dem 16. Jh. Chor und Hallenlanghaus (hochgot.) wer-

Meißen, Blick auf Burgberg und Stadt >

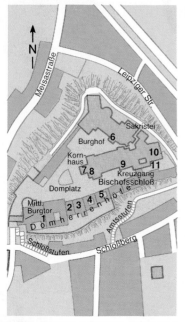

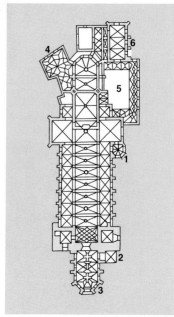

Meißen, Burgberg 1 Burgkeller (Schotterei) 2 Domkeller (Glöcknerei) 3 Scholasterei 4 Dompropstei 5 Domdechantei 6 Gr. Wendelstein 7 Fürstenkapelle 8 Georgskapelle 9 Johanniskapelle 10 Maria-Magdalenen-Kapelle 11 Liebenstein

Meißen, Dom 1 Johanneskapelle 2 Georgskapelle 3 Fürstenkapelle 4 Sakristei 5 Kreuzgang 6 Maria-Magdalenen-Kapelle

den durch einen frühgot. Lettner abgetrennt. Die Fertigstellung des Langhauses und der Untergeschosse der W-Türme fällt in das frühe 15. Jh. Das Obergeschoß der W-Türme wurde 1471–81 v. Arnold v. Westfalen* erbaut, die Aufsätze und Helme 1904–09 schuf Karl Schäfer*. Nach 1423 wurde vor dem W-Portal die Fürstenkapelle (Dreikönigskapelle) errichtet. Die Georgskapelle s der Fürstenkapelle datiert aus der Zeit um 1530. Zwischen s Seitenschiff und der w Querschiffswand liegt die zweistöckige Johanneskapelle aus der 2. Hälfte des 13. Jh. Hauptsehenswürdigkeiten des Doms sind einige monumentale *Steinskulpturen* aus der Zeit um 1270, die aus der Werkstatt des Naumburger Meisters* stammen. Im Chor finden sich die Stifter des Doms (N-Seite), Kaiser Otto I. und seine Gemahlin Kaiserin Adelheid, sowie (S-Seite) Johannes d. Ev. und der hl.

Donatus. Von den urspr. 50 Altären des Doms sind, seit er 1581 ev. wurde, nur noch 3 erhalten: der gemalte spätgot. *Flügelaltar im Hochchor,* der vermutlich v. einem niederländischen Meister stammt (um 1500 geschaffen), der *Laienaltar* vor dem Lettner, eine Arbeit der Cranach-Werkstatt, vermutlich v. 1526, und ein *Flügelaltar in der Georgskapelle* v. Lucas Cranach d. Ä.* aus dem Jahre 1534.
Beachtung verdienen auch die *Grabdenkmäler:* die Bronzegrabplatten der Herzogin Barbara (gest. 1534) und des Herzogs Georg (gest. 1539) in der Georgskapelle sowie die Tumba Friedrichs des Streitbaren (gest. 1428), die v. Bronzegrabplatten aus der Vischer-Werkstatt in Nürnberg umgeben wird, in der Fürstenkapelle.

Blick auf Frauenkirche, Rathaus und Dom >

Meißen, Rathaus

Albrechtsburg: Das dreistöckige Bauwerk mit ausgebautem Dach wurde 1471 v. Arnold v. Westfalen* begonnen und erst nach seinem Tod (1481) im Jahre 1489 fertiggestellt. Von 1710 bis 1864 befand sich hier die Produktionsstätte der Porzellan-Manufaktur. Sehenswert sind der Wendelstein auf der Hofseite, der Große Saal sowie der Große und Kleine Bankettsaal im 1. Stockwerk mit Rippengewölben, die Zellengewölbe der Hauskapelle an der O-Seite des Großen Saals sowie die komplizierten Gewölbe des Wappensaals im 2. Stockwerk. In dem Gebäude ist heute eine *Kunstgeschichtliche Sammlung* untergebracht. Hier sind sächsische Sakralkunst des 15. und 16. Jh. (u. a. Werke v. Hans Witten* und Peter Breuer*) und frühes Meißner Porzellan zu sehen.

Bischofsschloß (Domplatz): Das dreigeschossige spätgot. Bauwerk wurde nach 1476 begonnen und nach 1518 fertiggestellt. An der Hofseite findet sich ein Treppenturm, an der SO-Ecke ein mächtiger Rundturm, der Liebenstein.

Domherrenhöfe: Die spätgot. *Domdechantei* (Domplatz 5) wurde 1526 erbaut. Über dem Sitznischenportal ist eine Statue Johannes' d. Ev. zu sehen. – Das *Domherrenhaus* (Domplatz 6) ist ein zweistöckiger Barockbau v. 1726–28. – Die *Dompropstei* (Domplatz 7), ebenfalls spätgot., wurde 1497–1503 errichtet. Die Dreiflügelanlage hat im Hof eine umlaufende Galerie. – Domplatz 8 ist das ehem. *Wohnhaus v. Johann Joachim Kändler,* dem berühmtesten Modelleur der »Königlichen Porcellain Manufactur«. Der barocke Treppenlauf hat die Form einer aufgerichteten Vase und wurde vermutlich v. Kändler entworfen.

Kornhaus: Das Gebäude wurde etwa gleichzeitig mit der Albrechtsburg als Marstall, Gäste- und Vorratshaus errichtet. Seit 1897 dient es als Wohnhaus.

Frauenkirche (Markt): Mit dem Bau der dreischiffigen spätgot. Hallenkirche wurde um 1455 begonnen. Um 1500 wurde sie gewölbt (Netzgewölbe). Der W-Turm besitzt eine barocke Haube und Laterne. Hier ist auch das *1. Porzellanglockenspiel* der Welt (1929) aufgehängt. Der Mittelteil des Flügelaltars (Marienkrönung) datiert aus der Zeit um 1500 (spätgot.). – Am ehem. Friedhof hinter der Frauenkirche steht das *Tuchmachertor,* ein um 1600 errichteter Spätrenaissancebau. In dem ehem. *Zunfthaus der Tuchmacher* v. 1520 befindet sich heute das Weinlokal Vincenz Richter.

Kirche des ehem. Augustinerchorherrenstiftes St. Afra (Afrafreiheit): Die dreischiffige got. Basilika wurde im 13. Jh. erbaut und im wesentlichen im späten 14. Jh. gewölbt. Die Schleinitzkapelle an der S-Seite des Langhauses wurde 1408 erbaut, die Vorhalle Ende des 15. Jh. An der N-Seite des Chors befinden sich die Sakristei mit Bibliothek (darüber) v. 1504 und die Taubenheimsche Kapelle v. 1454. Der niedrige Turm datiert v. 1766. Zur Ausstattung gehören u. a. eine Kanzel v. 1657 und ein Altar v. 1660, die beide v. Valentin Otte* und dem Maler Johann Richter* geschaffen worden sind. Die ehem. *Stiftsgebäude* aus dem 15. und 16. Jh. sind teilweise erhalten. – Sehenswerte Bauten an der *Afrafreiheit* sind weiterhin der *Jahnaische Freihof* v. 1609–10, das *Burglehen* aus dem 16. Jh., das *Domherrenhaus,* das auf das 14. Jh. zurückgeht, die *Afranische Pfarre* (14. Jh., im 16.–18. Jh. erneuert und umgebaut), die *Superintendentur,* das *Domherrenhaus* mit sehenswertem spätgot. Portal v. 1485 und das *Diakonat,* ebenfalls mit spätgot. Portal.

Martinskirche (auf dem Plossen): Die einschiffige roman. Kirche wurde vermutlich um 1200 errichtet und später verändert. Sehenswert ist die Kanzel v. 1516.

Nikolaikirche (im Triebischtal): Die urspr. roman. Kirche, die in der 2. Hälfte des 13. Jh. erweitert wurde, hat man 1923–28 zu einer Gefallenengedenkstätte umgestaltet. Die *Ausstattung* mit Porzellanepitaphen v. Paul Börner* ist einmalig. Die Sandsteinfigur des hl. Nikolaus v. Myra datiert aus dem späten 14. Jh.

Meißner Porzellan der Frühzeit

Trinitatiskirche (Ortsteil Zscheila): Frühgot. Bau aus der Mitte des 13. Jh. Die Gewölbe im Schiff wurden 1667–69 eingezogen. Den Altar schuf vermutlich Valentin Otto um 1655.

Urbanskirche (Ortsteil Cölln): Der einschiffige Barockbau wurde 1691–1701 errichtet. Zur Ausstattung gehören ein Altar v. 1701 und eine Kanzel v. Valentin Otte* v. 1655.

Wolfgangskirche (Ortsteil Obermeisa): Die spätgot. Kirche wurde im späten 15. und frühen 16. Jh. erbaut. Die Ausstattung umfaßt u. a. einen Altar (vermutlich v. Valentin Otte*) v. ca. 1660 und ein spätgot. Kruzifix.

Ruine des Benediktiner-Nonnenklosters zum Hl. Kreuz (Ortsteil Klosterhäuser): Von der Klosteranlage aus dem 13. Jh. (spätroman.) sind nur noch u. a. Teile der Haupt- und der s Nebenapsis sowie die

N-Wände v. Chor und Hauptschiff erhalten.

Bahnhof (Bahnhofstr.): Das Bahnhofsgebäude auf der rechten Seite der Elbe wurde 1928 v. Wilhelm Kreis* errichtet.

Rathaus (Markt): Am Bau des spätgot. Rathauses (1472–78) war wahrscheinlich Arnold v. Westfalen* beteiligt.

Baugeschichtliche Sammlung → Albrechtsburg.

Stadtmuseum (Rathenauplatz 3): Das Museum ist in der dreischiffigen spätgot. Hallenkirche (errichtet 1447–57) eines um 1258 gegründeten ehem. Franziskanerklosters untergebracht. Zu sehen sind kultur- und stadtgeschichtliche Sammlungen, u. a. 3000 Blatt Meißner Stadtansichten, Keramikarbeiten, Klein- und Standuhren und Kachelöfen.

Staatliche Porzellan-Manufaktur (Leninstraße 9): Hier besitzt die Porzellan-Manufaktur eine *Schauhalle* und eine *Vorführwerkstatt.* Die Manufaktur war 1710 auf der Albrechtsburg eingerichtet worden, nachdem der Alchimist Johann Friedrich Böttger 1708–09 das weiße Hartporzellan erfunden hatte.

Umgebung

Diesbar-Seußlitz (9 km nw): Das Dorf liegt im nördlichsten Weinbaugebiet an der Elbe. Das *Schloß,* eine barocke Dreiflügelanlage, wurde 1726 von Georg Bähr im Anschluß an die Reste eines 1271 gegr. Klarissenklosters erbaut. Die urspr. got. Kirche dieses Klosters wurde 1726 von Bähr umgebaut.
Gauernitz (8 km sö): In der *Dorfkirche* im Ortsteil Constappel, einer ehem. Wallfahrtskirche (11. Jh., 1882–84 umgebaut), befindet sich eine bemerkenswerte Innenausstattung. Darunter eine Sandsteintaufe (2. Hälfte 16. Jh.), mit figürlichen Reliefs geschmückt, und 2 lebensgroße Bilder v. Luther und Melanchthon, vermutlich Ko-

< Meißen, Weinlokal Vincenz Richter im ehem. Zunfthaus der Tuchmacher

pien des 17. Jh. nach Lucas Cranach d. Ä.
– Das große Schloß erhielt seine Neurenaissanceformen weitgehend im 19. Jh.
Klipphausen (14 km sö): Einzige erhaltene *Wassermühle* im Kreis Meißen.
Lommatzsch (12 km nw): Der Ort, Mittelpunkt der fruchtbaren Lommatzscher Pflege, wurde bereits in der Jungsteinzeit besiedelt. 1286 wurde er als Stadt an wichtiger Handelsstraße erwähnt. Die einschiffige spätgot. *Pfarrkirche* wurde 1504–14 v. Peter Ulrich v. Pirna erbaut. Der W-Turm ist spätroman. Zur Ausstattung gehören u. a. ein mächtiger Altar v. 1714 v. Paul Heermann und eine Kanzel v. 1619 v. Paul Steudtke, deren Schalldeckel eine Figur des Auferstehenden trägt. Auf dem 1528 angelegten *Friedhof* findet sich die bemerkenswerte Gruft des Apothekers Bernhard, ein klassizistischer achteckiger Bau aus der Zeit nach 1827, der v. einer Kuppel gedeckt wird.
Niederau (5 km ö): Neben dem Bayerischen Bahnhof in Leipzig steht hier das älteste erhaltene *Bahnhofsgebäude* in Deutschland. Es wurde 1842 an der Strecke Leipzig–Dresden errichtet.

25704 Meldorf
Schleswig-Holstein

Einw.: 7200   Höhe: 6 m   S. 1273 □ G 2

Ev. Kirche: Die Kirche, allgemein »Dom der Dithmarscher« genannt, ist eine dreischiffige Basilika aus den Jahren 1250–1300 (Vorgängerbau aus karolingischer Zeit). Im 15. Jh. kam die zweischiffige Halle hinzu, 1868–71 entstand der jetzige Turm. An der Nordseeküste zwischen Hamburg und Ripen ist dieser »Dom« der bedeutendste ma Kirchenbau. Während die äußeren Formen noch deutlich die neuroman. Form zeigen, spiegelt sich im Inneren die staufische Gotik. Die roten Backsteinwände geben der Kirche ein ebenso eigentümliches wie prägnantes Gepräge. Eine besondere Wirkung geht v. Kuppelgewölbe aus, das einen großen Teil des Hauptraums überspannt. Im Querhaus sind *Gewölbemalereien* (um 1300) erhalten, die Szenen aus der Heilsgeschichte, der Christophorus- sowie die Nikolaus- und Katharinenlegende darstellen. Bei der

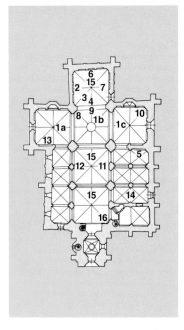

Meldorf, Chorgitter der ev. Kirche

Meldorf, ev. Kirche 1 Gewölbemalereien im Querhaus, um 1300, 1890–94 restauriert, a) Heilsgeschichte, sehr frei ergänzt, b) Christophoruslegende, c) Nikolaus- und Katharinenlegende **2** Chorgestühl, Reste, Mitte 15. Jh. **3** Messingtaufe, um 1300, Taufdeckel v. 1688 **4** Kreuzgruppe, spätes 15. Jh. **5** Ehem. Triumphgruppe, Ende 15. Jh. **6** Schnitzaltar, um 1520 **7** Dreisitz Boie, um 1570 **8** Kanzel, 1601/02 **9** Chorschranke v. H. Peper, Schreiner T. Witt, 1603 **10** Epitaph Grevenstein, 1602 **11** Epitaph Steinhausen, 1602 **12** Epitaph Wasmer, 1605 **13** Barockaltar, Reste, 1695–98 **14** Marmorepitaph Klotz v. Th. Quellinus, 1697 **15** 3 Kronleuchter, 17. Jh. **16** Johannes der Täufer, Mitte 15. Jh.

Ausstattung hervorzuheben sind die *Kanzel* v. 1601/02, der *Schnitzaltar* (um 1520), Reste des spätgot. *Chorgestühls*, im n Querschiff Reste eines *Barockaltars* (1695–98) und mehrere *Epitaphe*.

Häuser am Markt: An der s Marktseite sind einige Kleinstadthäuser erhalten, die ein Bild v. Meldorf in früherer Zeit geben. Von ihnen sticht der Bau der Apotheke ab, die den Linien des Klassizismus folgt.

Museen: *Dithmarscher Landesmuseum* (Bütjestr. 4): Sammlungen zur Landesgeschichte, bäuerliche Wohnkultur, sakrale Kunst, Schiffahrt, Landschaftsgraphik. – Das *Dithmarscher Bauernhaus* (Jungfernstieg 4) aus dem 17. Jh. wurde aus Osterade (bei Albersdorf) hierher versetzt. Es zeigt u. a., wie das Leben auf einem Hof im 19. Jh. verlief. Als Modellversuch arbeiten hier Behinderte im *Landwirtschaftsmuseum*.

34212 Melsungen
Hessen

Einw.: 13 300 Höhe: 182 m S. 1277 □ H 8

Melsungen wurde zwar 1079 erstmals erwähnt, eine planmäßige Stadtgründung erfolgte aber erst 1189 durch die Landgrafen v. Thüringen. 1263 an die Landgrafen v. Hessen gefallen, erhielt der Ort Stadtrechte (1267 erwähnt) und wurde 1554 durch einen Stadtbrand fast völlig zerstört. Die in der Folge bis ins 19. Jh. errichteten Fachwerkbauten bestimmen in seltener Integrität das Bild der malerischen Altstadt.

Ehem. Schloß: Die Landgrafen Philipp der Großmütige und Wilhelm IV. bauten an der Stelle einer älteren Burganlage 1550–77 ein neues Schloß, dessen schlichte Gebäude mit Rechteckfenstern und Spitzbogenportalen sich locker um einen viereckigen Hof gruppieren, darunter das dreigeschossige *Hauptgebäude* (1550–55) mit angebauten Treppentürmen und rückwärtigen Fachwerkabortgiebeln. Der Treppenturm des w gelegenen ehem. *Wohnhauses* der Landgrafen v. Hessen ist v. einem Fachwerkaufsatz bekrönt. Der im Süden an den Hof angrenzende *Marstall* (1577) beherbergt heute das Amtsgericht. Am Eingang des *Schloßparks* steht ein *Wachhaus* (1689), desser runder Turm eine malerische Haube trägt.

Rathaus: Der frei stehende dreigeschossige Fachwerkbau ersetzte das v. Stadtbrand 1554 zerstörte alte Rathaus. Der Zierde dienen neben Halbrosetten und gekreuzten Streben am *S-Portal* auch die kleinen *Ecktürmchen* und der zentrale *Dachreiter* des Daches. Zwischen den schlichten Streben fällt eine geschnitzte auf. Der *Wilde Mann*, den sie darstellt, ist das früheste hessische Beispiel dieses an Fachwerkbauten beliebten Schmuckmotivs.

Fachwerkwohnhäuser: Sehenswert sind v. a. die Wohnbauten am Markt, in der Fritzlarer und Kasseler Straße, in der Quergasse sowie am Eisfeld. Das Fachwerkhaus in der Burgstr. 5 aus dem 17. Jh. besitzt ein gestäbtes *Portal* (1722). An den Eckpfosten sind ein geschnitzter *Wilder Mann* und eine *Wilde Frau* v. Interesse.

Außerdem sehenswert: *Ev. Stadtpfarrkirche:* In der Turmhalle an der W-Seite des Langhauses ist die derbe Bauplastik am rundbogigen *Stufenportal* des roman. Vorgängerbaues zu sehen, der 1387 zerstört wurde und den got. Neubau (1415–25) der dreischiffigen Hallenkirche zur Folge hatte. – Von der *Stadtbefestigung* (13./14. Jh.) ist neben größeren Strecken der Stadtmauer der kegeldachbekrönte *Eulenturm* erhalten.

Felsberg (10 km w): Auf einem steilen Basaltfelsen erhebt sich die *Ruine* der ehem. Burg der Grafen v. Felsberg, nach 1286 der Landgrafen v. Hessen mit einer z. T. roman. *Ringmauer* und dem *Butterfaßturm*, einem Bergfried v. 1388.
Spangenberg (11 km ö): In der *ev. Pfarrkirche* (13.–15. Jh.) sind neben reichen spätgot. *Maßwerkfenstern, Schlußsteinen* und *Blattkapitellen* ein *Vesperbild* aus der Hospitalkirche (15. Jh.) und einige *Relief-Grabsteine* (16./17. Jh.) zu sehen. – In der nach 1945 vollständig renovierten *Burg* (13.–17. Jh.) ist heute ein *Heimat-* und *Jagdmuseum* eingerichtet.

87700 Memmingen

Bayern

Einw.: 39 900   Höhe: 600 m   S. 1282 ☐ I 15

In dem um 1160 v. Herzog Welf VI. gegründeten Memmingen erlebten Handel und Wirtschaft durch die günstige Lage am Kreuzungspunkt zweier großer Fernstraßen (Salzburg–Schweiz, Fernpaß–Ulm) schon früh eine Blütezeit. 1191 kam Memmingen in den Besitz der Staufer, wurde Ende des 13. Jh. Reichsstadt und ist heute Sitz einiger bedeutender Industrieunternehmen.

St.-Martins-Kirche (Martin-Luther-Platz): Die Chronik nennt zwar das 11. Jh. als Stiftungsjahr, erbaut wurde die Kirche jedoch erst im 15. Jh. Der Chor trägt die Jahreszahl 1499 und nennt M. Böblinger als Baumeister. Im Inneren finden sich unter prachtvollen Sterngewölben das figurenreiche Chorgestühl u. a. der Meister H. Stark und H. Dapratzhauser (1501–08) und die mit figürlicher Malerei bedeckten Pfeiler. Zu den besten Figuren im Chorgestühl zählt das des Kirchenpflegers Hans Holzschuher.

Frauenkirche (Frauenkirchplatz): Die im 15. Jh. erbaute Kirche ist wegen ihrer schönen *Fresken* berühmt. Sie wurden bei Restaurierungsarbeiten im Jahr 1891 wiederentdeckt und der Zeit um 1470 zugeordnet

Memmingen, Siebendächerhaus

(Vervollständigungen wahrscheinlich im 16. Jh.). Dargestellt sind Propheten, Apostel, Engel und einige Kirchenväter sowie plastische Bauornamente. In den Leibungen der Chorbogen ist die Gruppe der klugen und törichten Jungfrauen dargestellt. Auch an fast allen anderen Wänden befinden sich gute Beispiele oberschwäbischer Malkunst im Zeitalter der Spätgotik.

Siebendächerhaus: Das Siebendächerhaus (1601) in Memmingen gehört unzweifelhaft zu den meistfotografierten Sehenswürdigkeiten in Bayern. Es hat 7 Dächer, die sich jeweils überlappen. Unterhalb der sich auf diese Weise ergebenden Vorsprünge hängten die Gerber, die dieses Haus für sich errichten ließen, die Felle zum Trocknen aus. Schäden, die 1945 bei einem Zusammensturz entstanden, wurden vollständig beseitigt.

Städt. Museum (Zangmeisterstr. 8): In jenem Patrizierpalast, den Benedikt v. Herman 1766 errichten und im Prunkstil des Rokoko einrichten ließ, ist das Städt. Museum mit Beiträgen zur Vor-, Früh- und Stadtgeschichte, Fayencen und Gemälden des 17.–19. Jh. untergebracht.

Außerdem sehenswert: Das *Rathaus* (Marktplatz), erbaut 1589, sehenswerte Fassade (stuckiert 1765). – *Kinderlehrkirche* (Martin-Luther-Platz): Ehem. Kapelle des Antoniterklosters mit Fresken v. B. Strigel, einem Mitglied der berühmten Memminger Künstlerfamilie. Sehenswerter spätgot. Arkadenhof im *Antonierhaus* nebenan.

Umgebung

Babenhausen (23 km n): Inmitten eines großen Schloßparks (18. Jh.) liegt das Schloß Babenhausen (1541–46). Der Rechberg-Bau mit Stufengiebeln im S der Anlage stammt v. einem Vorgängerbau

Memmingen, Rathaus >

Merklingen, Hochaltar der Pfarrkirche

Merseburg, Domburg, Bronzeguß v. Rudolf v. Schwaben

(15. Jh.). Heute ist im Schloß das *Fugger-Museum* mit Exponaten aus Fuggerschem Besitz (Kunsthandwerk, sakrale und Volkskunst, Miniaturen) eingerichtet.

| **89188 Merklingen, Alb** |
| Baden-Württemberg |
| Einw.: 1600   Höhe: 699 m   S. 1281 □ H 13 |

Ev. Pfarrkirche: Ältester Teil dieser Kirche in der kleinen Gemeinde des Alb-Donau-Kreises ist der Turm, der im 13. Jh. aufgerichtet wurde. Chor und Langhaus kamen im 15. Jh. hinzu, Oktogon und Haube waren 1799 vollendet. Künstlerischer Anziehungspunkt ist der Hochaltar, der auf das Jahr 1510 zurückgeht. Merkmale des ornamentalen Faltenstils, der seinen Höhepunkt während der Spätgotik in → Ulm hatte, sind unverkennbar. Im Mittelpunkt steht das schöne Relief einer Beweinungsgruppe. Für die Darstellung des Ab-

schieds Christi v. der Mutter dienten Holzschnitte Dürers als Vorbild (äußerer Teil der Flügelgemälde, innen Kreuztragung und Auferstehung).

| **06217 Merseburg** |
| Sachsen-Anhalt |
| Einw.: 42 200   Höhe: 88 m   S. 1278 □ M 8 |

Domburg: Der Johannes d. T. und dem hl. Laurentius geweihte *Dom* wurde im 11./12. Jh. mit 2 runden O-Türmen zu beiden Seiten des (frühgot. veränderten) Chors und 2 quadratischen W-Türmen erbaut. Letztere stehen zwischen dem 1510–17 zur dreischiffigen Halle umgebauten Langhaus und der basilikalen *Vorhalle* (13. Jh.), die in der Spätgotik um ihre Netz- und Wellenrippengewölbe sowie das *Figurenportal* (Kirchenpatrone und Stifterbüste Kaiser Heinrichs II. mit dem Kirchenmodell) bereichert wurde. Vom früh-

Merseburg, Domburg

roman. Ursprungsbau (1015–40) sind Fundaments- und Querhausmauern sowie die kreuzgratgewölbte dreischiffige *Hallenkrypta* unter dem Chor erhalten. Prunkstücke der außergewöhnlich reichen Ausstattung sind das mit einem falschen Hochrelief (Gegenkönig Rudolf v. Schwaben, gest. 1080) verzierte, urspr. vergoldete *Bronzegußepitaph* im Zentrum des erhöhten Vierungsbodens, der mit Propheten- und Apostelfiguren dekorierte roman. *Taufstein* (um 1150), der frühgot. *Chorbogenkruzifixus* (um 1240), das mit kunstvollen Figurenreliefs geschnitzte *Chorgestühl* (1446), das v. H. Vischer d. Ä.* gestaltete *Bischofsgrab* für Thilo v. Trotha (gest. 1470) sowie die *Kanzel* (1526) und das *Sakramentshaus* (1533). Neben den mit Altarbildern und geschnitzten Heiligenfiguren bestückten spätgot. *Flügelaltären* (15./16. Jh.) und einem Gemälde (Türkenschlacht, 1526) v. G. Lemberger* verdienen auch das um 1540 v. H. Vischer d. J. skulptierte bronzene *Bischofsgrabmal* für

Sigismund v. Lindenau und der opulente puttenbesetzte *Orgelprospekt* (1697) über der W-Empore Beachtung.

In der frühroman. *Johanniskapelle* am frühgot. W-Flügel der s an den Dom grenzenden Stiftsgebäude (restauriert) findet man ein wohl v. einem Naumburger Künstler angefertigtes *Ritterepitaph* (um 1240–50). – Glanzstücke der an ma Handschriften reichen *Stiftsbibliothek* sind die im 10. Jh. aufgezeichneten *Merseburger Zaubersprüche*, die zu den frühesten dt. Literaturerzeugnissen zählen, und die farbenprächtig illuminierte *Merseburger Bibel* aus der Zeit um 1200.

Die Dreiflügelanlage des n an den Dom angrenzenden *Spätrenaissance-Schlosses* (15.–17. Jh.) fußt auf den Grundmauern der unter Heinrich I. gegr. Kaiserpfalz. Der Dresdner Baumeister M. Brenner*, der den Umbau 1605–09 leitete, schuf den *Prunkerker* am N-Trakt. Im O-Trakt (restauriert) mit aneinandergereihten Volutengiebeln ist heute ein *Museum* zur Vor-, Früh- und

Merseburg, Schloßhof

Merseburg, Schloßportal

Stadtgeschichte eingerichtet. – Im N des Schlosses liegen der *Schloßgarten* (1661), den J. M. Hoppenhaupt* um einen *Gartenpavillon* (1727–38) mit *Orangerie* und die *Obere Wasserkunst* (1738) bereicherte, sowie der frühere Burgberg *Altenburg* mit dem ehem. *Petrikloster* (13. Jh.) und der *Vitikirche* (17. Jh.), die einen roman. W-Turm (12. Jh.) einbezieht.

Außerdem sehenswert: Am Markt mit dem *Staupenbrunnen* (1545) stehen das 1475 begonnene und in der Renaissance veränderte *Alte Rathaus* mit gutem Baudekor sowie die *Maximikirche* (15. Jh.), in deren dreischiffiger Halle das Kreuzigungsgemälde (16. Jh.) eines Cranach-Schülers überrascht. – Außerhalb der Altstadt liegen (ö) die im Kern roman. *Neumarktkirche* (13.–19. Jh.) mit sächsischem Stützenwechsel, und (s) die *Friedhofskapelle* (1610), deren spätgot. Flügelaltar qualitätsvolle Schreinfiguren (Muttergottes zwischen dem Apostel Johannes und der hl. Katharina v. Siena; 1511) zieren.

| **66663 Merzig** |
| Saarland |
| Einw.: 30 200   Höhe: 174 m   S. 1280 □ B 12 |

Ehem. Stiftskirche St. Peter (Propsteistraße): Die im 12. Jh. erbaute Kirche wurde bis in das 19. Jh. hinein mehrfach umgebaut. Im ö Teil sind die Formen des spätroman. Stils deutlich zu erkennen. Beherrschend ist der kräftige W-Turm. – Das Innere wird v. den Arkaden gekennzeichnet, die in ihrer starken Zuspitzung lothringischen Einfluß deutlich werden lassen. Aus der reichen Ausstattung sind der überlebensgroße *Kruzifixus* (um 1300) des Hochaltars und mehrere Figuren im Chor zu erwähnen. Anfang der 80er Jahre Neugestaltung des Innenraums mit farbiger, die Architekturelemente betonender Ornamentik und bildlichen Darstellungen (nach Entwürfen der urspr. Deckenbemalung aus dem 19. Jh.). Die meisten Figuren sind zur Zeit des Barock entstanden, einige wurden im 19. Jh. hinzugefügt.

Rathaus/Stadthaus (Poststr. 20): Das Haus wurde v. 1647–50 urspr. als Jagdschloß für den Kurfürsten v. Trier, Philipp v. Soetern, errichtet, später jedoch mehrfach umgebaut. Im Zuge der tiefgreifenden Veränderungen wurden insbesondere auch die Freitreppe und das Hauptportal betroffen.

63875 Mespelbrunn
Bayern

Einw.: 2400   Höhe: 293 m   S. 1281 □ G 11

Mespelbrunn ist der Geburtsort v. Julius Echter (1545–1617), der später zum Fürstbischof v. Würzburg aufstieg.

Wasserschloß Mespelbrunn: Das malerische Schloß entstand im 15. Jh. und wurde durch geschickte Ergänzungen und Renovierungen bis heute erhalten. Bestimmend für die Gesamtanlage ist der alles überragende Rundturm. Ihm zur Seite steht ein wesentlich kleinerer, ganz offensichtlich zu kurz geratener Turm, der eine verspielte Haube erhalten hat. Drei Flügel des Schlosses umstehen einen kleinen Hof. Von hier aus erreicht man den *Rittersaal,* der das Erdgeschoß beherrscht. Das Obergeschoß birgt im *Gobelinsaal* als besondere Kostbarkeit den großen Gobelin der Familie Echter (1564). Es schließen sich der *Ahnensaal,* der *Chinesische Salon* und einige weitere Räume mit interessanter Ausstattung an.

88605 Meßkirch
Baden-Württemberg

Einw.: 7900   Höhe: 616 m   S. 1281 □ G 15

Stadtkirche St. Martin (Kirchstr. 5): Baumeister L. Reder aus Speyer errichtete 1526 die dreischiffige Basilika, deren urspr. spätgot. Formen bei einem Neubau unter Mitwirkung v. F. A. Bagnato* frühklassizistisch ausgestaltet wurden (1770–82). Das späte Rokoko hat sich in den *Fresken* v. A. Meinrad v. Ow und den *Stukkaturen* v. J. J. Schwarzmann erhalten. Aus der reichen Innenausstattung sind hervorzuheben: Die *Anbetung der Könige* (1538), geschaffen v. Meister v. Meßkirch, früher als Mitteltafel des Hochaltars zu

Merzig, St. Peter

sehen, ist jetzt in einen Seitenaltar auf der N-Seite eingearbeitet worden. Neben diesem Bild gibt es einige weitere, kaum weniger kostbare. Das lebensgroße *Bronzeepitaph* für den Grafen Gottfried Werner v. Zimmern hat der Nürnberger Meister P. Labenwolf geschaffen (1558). Ein noch größeres *Epitaph* erinnert an Wilhelm v. Zimmern. Das 4 x 3 m große Mammutdenkmal wurde 1599 v. W. Neidhart (Ulm) fertiggestellt. Hervorzuheben ist schließlich die *Johann-Nepomuk-Kapelle,* die v. den Brüdern E. Q. und C. D. Asam* ausgestaltet wurde (1733–34).

Außerdem sehenswert: Die Mitte des 14. Jh. fertiggestellte *Liebfrauenkirche* (Mengener Str. 15) wurde 1576 durch J. Schwartzenberger* umgestaltet. Dabei erhielt sie auch ihre heutige Fassade und der Turm seine heutige Gliederung. – Das *Schloß* (Kirchstr. 7): Der Festsaal wurde v. J. Schwartzenberger* (1557) geschaffen. Er erbaute mit diesem Saal einen Vorläufer des später v. ihm gestalteten »Heiligenber-

ger Rittersaals«. Die Anlage war seit 1627 im Besitz der Fürsten zu Fürstenberg und beherbergt seit 1961 das *Städt. Heimatmuseum*. – *Rathaus* (17. Jh.; Conradin-Kreutzer-Str. 1): Wappensteine der Meßkirchener Familien Henneberg und Zimmern.

94526 Metten
Bayern

Einw.: 3900   Höhe: 310 m   S. 1283 □ O 13

Benediktinerklosterkirche St. Michael: Der mehrfach veränderte ma Vorgängerbau der Kirche wurde 1712 barock umgestaltet. 1720 war das Langhaus mit seiner imposanten Vorhalle fertiggestellt. Man betritt die vierjochige Wandpfeileranlage durch ein Portal, das v. den Figuren des hl. Joseph und des hl. Christophorus flankiert wird. In der prächtigen Vorhalle erinnert das Deckenfresko (v. W. A. Heindl) an die legendenumwobene Klostergründung durch Karl d. Gr. Im Langhaus ist die Begegnung Benedikts mit Totila und Christus dargestellt. Der *Hochaltar* (1715) enthält als Höhepunkt ein Gemälde v. C. D. Asam[*] (»St. Michael stürzt Luzifer«). Im Regularchor, der v. reichgeschnitztem Gestühl umstellt ist, wird der berühmte *Uttostab* (13. Jh.) aufbewahrt. – Die *Klostergebäude,* die im N an die Klosterkirche angrenzen, entstanden im frühen 17. Jh. Im n Obergeschoß steht heute das *Hochgrab* für den seligen Utto, der das Kloster im 8. Jh. als Stiftung erhalten haben soll. Es wurde im 14. Jh. aus Granit gearbeitet und stand früher vor dem Hochaltar der Klosterkirche. Glanzvoller Höhepunkt bayr. Barocks ist die *Klosterbibliothek,* die in den Jahren 1706–20 v. F. J. Holzinger ausgestaltet wurde. Mächtige Atlanten tragen die Marmorgesimse und Gewölbe. Die 14 Deckenfresken (1724–26) v. I. A. Warathi nehmen Bezug auf den alten Buchbestand. Rokokostukkaturen im *Festsaal* v. M. Obermayr, Deckengemälde v. M. Speer. Im Binnenhof des Klosters ein *Brunnen* (18. Jh.) zu Ehren des Klostergründers Karls d. Gr.

< Meßkirch, Dreikönigsaltar in St. Martin

66693 Mettlach
Saarland

Einw.: 11 900   Höhe: 160 m   S. 1280 □ B 12

Ehem. Benediktinerabtei: Bei Grabungen wurden die Spuren v. 4 Vorgängerbauten und Beweise dafür gefunden, daß hier bereits um 700 eine kreuzförmige Anlage gestanden haben muß. Erhalten blieb der Alte Turm (um 1000), der vermutlich nach dem Vorbild der Pfalzkapelle zu → Aachen gestaltet wurde. Unter der großen Kuppel ist ein Kranz von Nischen gruppiert. – Die bedeutenden Teile der Innenausstattung werden heute in der kath. Pfarrkirche St. Liutwin aufbewahrt, so u. a. das berühmte *Kreuzreliquiar* in Triptychonform, das dem zu Trier ähnlich ist, um 1230. Die *Klostergebäude,* die ab 1728 v. C. Kretschmar neu errichtet wurden und die an der Frontseite eine Länge v. 112 m erreichen, dienen heute zum größten Teil als *Privatmuseum* für die bekannte Keramik-Fabrik Villeroy & Boch. – Am Eingang zum angrenzenden Park befindet sich ein *Brunnen,* der nach dem Entwurf des Architekten K. F. Schinkel[*] gearbeitet wurde.

Michelstadt, Schenken-Doppelgrabmal in St. Michael

Burgruine Montclair (2 km s v. Mett-lach): In 2 Anlagen auf steilem Felsen über der Saar. Reste der alten Burg gehen auf das Jahr 1000 zurück. Aus dem zweiten Neubau v. 1428–39 stammt die heutige Ruine, verfallen mit dem 16. Jh.

Umgebung

Besseringen (2 km sö): Das *ehem. Zehnt-haus* (18. Jh.) der Abtei Mettlach umfaßt in einem zweistöckigen Bau Wohnhaus und Wirtschaftsräume.
St. Gangolf (3 km sw): Die *Pagodenburg*, 1745 v. C. Kretschmar als achteckiger Zentralbau erbaut, wird von 5 *Kuppeln* bekrönt.

64720 Michelstadt
Hessen

Einw.: 15 700　Höhe: 208 m　S. 1281 □ G 11

Ev. Stadtkirche/Pfarrkirche St. Micha-el (Kirchenplatz): Alle wesentlichen Teile des Baus waren mit Ausnahme des hohen Turms an der S-Seite des Chores wahr-scheinlich im 15. Jh. bereits abgeschlos-sen, der Turm erst 1537. Höhepunkt der sehenswerten Ausstattung ist das *Doppel-grabmal* für die Schenken Philipp I. (gest. 1461) und Georg I. (gest. 1481). Es gilt als eine der bedeutendsten Leistungen der Bildhauerkunst des dt. MA. Eine Reihe v. Renaissancedenkmälern setzt die Tradi-tion fort. Besondere Beachtung verdienen die erstklassigen *Alabasterarbeiten*. Zu den Meistern zählt u. a. der berühmte frän-kische Bildhauer M. Kern.

Rathaus (Marktplatz): 1484 war das ma-lerische Fachwerkhaus, das noch alle Züge der Gotik trägt, fertiggestellt. Über der of-fenen Ständerhalle im Erdgeschoß folgen 2 Fachwerkgeschosse, die v. 2 Erkern be-grenzt werden. Das extrem steile Walm-dach hat einen Dachreiter, der zusammen mit den Türmen der beiden Erker ein cha-rakteristisches Bild ergibt. – Am Markt-platz sind weitere bemerkenswerte *Fach-werkbauten* erhalten. Der *Marktplatzbrun-nen* mit dem hl. Michael stammt aus dem Jahr 1575.

Einhartsbasilika (Steinbach): Einhart, Berater und Biograph Karls d. Gr. (siehe dazu auch → Seligenstadt), ließ die Kirche im 9. Jh. errichten. Urspr. sollte sie die Gebeine der hll. Marcellinus und Petrus übernehmen, die aus Rom nach Steinbach gebracht worden waren (dann jedoch 828 nach Seligenstadt kamen). Seit ihrer Ent-stehungszeit ist die Kirche in wesentlichen Teilen unverändert erhalten geblieben und zählt deshalb zu den eindringlichsten Zeugnissen karolingischer Architektur n der Alpen. Die Krypta zeichnet ein Eben-maß der Proportionen aus.

Schloß Fürstenau (1 km nw v. Michel-stadt): Ausgangspunkt für die verschiede-nen Gebäude, die heute zum Schloßkom-plex gehören, war das *Alte Schloß*. Es ent-hält einen Wehrbau aus dem 14. Jh. 4 Ecktürme sind die am besten erhaltenen Überreste. 1588 wurde das Wasserschloß zu einem schönen Renaissancebau umge-staltet. Neben diesem ältesten Teil gehören der Parkpavillon (1756), die Schloßmühle (Ende des 16. Jh.), der Schloßküchenbau (Ende des 16. Jh.) und das Neue Palais (1810) zu der sehenswerten Anlage. – *Ein-hartsbasilika:* → Steinbach.

Odenwaldmuseum in der *Kellerei*, einer ehem. Burg (14. Jh.) der Reichsabtei Lorsch: Sammlungen zur Landschaftskun-de, Stadt- und Kulturgeschichte. – *Privates Elfenbeinmuseum:* Elfenbeinschnitzerei-en Ulrich Seidenbergs, Werkstücke aus al-ler Welt.

63897 Miltenberg
Bayern

Einw.: 9600　Höhe: 127 m　S. 1281 □ G 11

Marktplatz: Der ziemlich steil anstiegen-de Marktplatz wird oberhalb durch die Mildenburg begrenzt (siehe unten). Um den Marktplatz herum gruppieren sich erstklassig erhaltene *Fachwerkhäuser*, v. denen das ehem. *Gasthaus zur Goldenen Krone* an der O-Seite eine Sonderstellung einnimmt. Der *Brunnen* (1583) vollendet das stimmungsvolle Bild.

Michelstadt, Marktplatz >

Hauptstraße: Die lange Hauptstraße steht ebenfalls im Zeichen zahlreicher alter Fachwerkhäuser. Bes. erwähnt sei hier das *Haus zum Riesen*, das bereits 1504 als Fürstenherberge diente und bis heute seine Funktion als Hotel und Restaurant behalten hat. – Das *Alte Rathaus* (Hauptstr. 137), das zu Beginn des 15. Jh. zunächst als Mainzer Kaufhaus errichtet wurde und erst seit 1824 als Rathaus diente, wurde zwar im 18. und 19. Jh. nachteilig umgestaltet, gehört aber seit seiner Restaurierung 1983 (als Bürgerhaus) zu den schönsten Gebäuden in Miltenberg.

Mildenburg: Die Mildenburg schließt den Marktplatz ab (siehe zuvor). Ein zusätzlicher Halsgraben sollte in kriegerischen Jahren zur Bergseite hin Sicherheit geben, die 3 übrigen Seiten fallen so stark ab, daß sie über den natürlichen Schutz hinaus kaum eine Befestigung brauchten. Ein Vorgängerbau aus Holz wurde im 14. Jh. durch den bis heute erhaltenen Bau ersetzt. In dieser Zeit entstand auch der Zwinger. Im Burghof befindet sich jener Monolith, über dessen Herkunft noch heute gerätselt wird. Er hat nadelförmige Gestalt und trägt die Inschrift »inter toutonos«. Vermutungen gingen bis in die vorgeschichtliche Zeit zurück, wahrscheinlich ist er jedoch aus röm. Zeit erhalten.

Ehem. Jüd. Synagoge (Hauptstr. 199): Im Hinterbau der Brauerei »Kalt-Loch« befindet sich diese Synagoge, eine der ältesten jüd. Kulturbauten Deutschlands (nicht allgemein zugängl.).

Heimatmuseum (in der ehem. Amtskellerei): Die ehem. Amtskellerei (ebenfalls ein Fachwerkbau) stammt aus dem Jahr 1590 und dient seit 1903 als Museum.

Außerdem sehenswert: *Kath. Pfarrkirche St. Jacobus* (Marktplatz): Im 18. und 19. Jh. umgestaltete Kirche mit wertvoller Innenausstattung. – *Laurentiuskapelle:* Außerhalb des Stadtgebiets gelegene Kapelle (15.–16. Jh.) mit Wandmalereien im Chor.

< Miltenberg, Marktplatz

Umgebung

Wallfahrtskirche Engelberg (5 km nw): 6 kleine Kapellen (17. Jh.) führen zur 1639 vollendeten *Kirche Maria zu den Engeln* mit Marienfigur (14. Jh.) in der s Kapelle.

87719 Mindelheim
Bayern

Einw.: 12 700   Höhe: 607 m   S. 1282 □ I 14

Pfarrkirche St. Stephan (Kirchplatz): Der heutige Bau entstand zu Beginn des 18. Jh. und bezog den älteren Glockenturm (Unterbau aus dem Beginn des 15. Jh.) in die Gesamtkonzeption ein. Die Ausstattung wurde 1933 durch Barock-Beiträge aus anderen Kirchen erweitert. In der Turmkapelle befindet sich das wertvollste Teil der Innenausstattung, die *Grabplatte* für Herzog Ulrich v. Teck (1432) und seine Gemahlin Ursula. Die Grabplatte für Anna v. Teck, die erste Frau Ulrichs, befindet sich in der n Chorkapelle.

Jesuitenkirche (Maximilianstraße): Der berühmte Ordensbaumeister J. Holl* hat die Kirche innerhalb v. 2 Jahren 1625/26 fertiggestellt. Dabei konnte er allerdings Teile der zuvor hier stehenden Augustinerkirche übernehmen. Im Inneren ist der *Stuck* v. großer Feinheit (im Gegensatz zu got. Akzenten im Äußeren, bereits v. Barock bestimmt). Das *Chorgestühl* ist aus der Zeit um 1625 erhalten, Altäre und Kanzel sind aus dem 18. Jh.

Liebfrauenkirche (Memminger Straße): Der heutige Bau war um 1455 fertiggestellt, erhielt jedoch nach einem Brand im 18. Jh. eine weitgehend neue Ausstattung. An der S-Wand ist das spätgot. Schnitz-Relief »Die Mindelheimer Sippe« eines unbekannten Meisters ausgestellt (um 1510–20). Vor der Kirche steht ein sog. Fünfwundenbrunnen (1662).

Museen: *Heimatmuseum* (Hauberstr. 2): Stadtgeschichte, Volkskunst, Krippen und Trachten. – *Turmuhrenmuseum* (ehem. Silvesterkirche; Hungerbachgasse 9): Turmuhren (17.–20 Jh.). – *Textilmuseum*

Minden, Dom

(Hermelestr. 4). – *Staatliches Vorgeschichtsmuseum* (im Aufbau).

Außerdem sehenswert: Teile des Mauergürtels aus dem 15. und 16. Jh. sind gut erhalten. – Die Mindelburg (s der Stadt) wurde um 1370 gegr., jedoch oftmals verändert (Außenrestaurierung 1989).

32423–29 Minden, Westfalen

Nordrhein-Westfalen

Einw.: 78 900   Höhe: 46 m   S. 1277 □ F 6

An der alten Weserfurt gründete Karl d. Gr. um 800 einen der Bischofssitze im Sachsenlande. Er war Ausgangspunkt für die Entwicklung der Stadt, die heute am Wasserstraßenkreuz v. Weser und Mittellandkanal zu den wichtigsten Städten in O-Westfalen zählt. Die schweren Zerstörungen aus dem 2. Weltkrieg sind beseitigt und viele alte Bauten getreu dem Original wiedererrichtet worden.

Dom St. Peter und St. Gorgonius (Domhof): Kurze Zeit nach Gründung des Bischofssitzes wurde bereits mit dem Bau eines Doms begonnen, er wurde jedoch durch einen Neubau ab 951 ersetzt (Teile eines kleinen Saalbaus des 8. Jh. wurden unter der Vierung des heutigen Doms bei Ausgrabungen entdeckt). Er war Ausgangspunkt für den bis heute erhaltenen Dom, der 952 gew., bei einem Brand im Jahre 1062 jedoch größtenteils vernichtet wurde. Das W-Werk erhielt im 12. Jh. seine heutige Form. Sie wird von dem hohen Glockenhaus bestimmt, das zu beiden Seiten v. Treppentürmen flankiert ist. 1210 kam die spätroman. O-Partie hinzu, 1290 war das Langhaus fertiggestellt, um 1340 waren die Bauarbeiten endgültig abgeschlossen. Im 2. Weltkrieg wurde der Dom zwar bei Bombenangriffen stark beschädigt, die Grundfesten trotzten jedoch den Bomben. Grundlegende Renovierung 1988–91. – Wenn auch die W-Seite des Doms besonders charakteristisch ist, so steht ihr doch das Langhaus mit seinen erstklassigen Maßwerkfenstern nicht nach. Arbeiten dieser Qualität und Erhaltung finden sich in Deutschland kaum noch. Die Ausstattung ging bei den Luftangriffen auf Minden zum Teil verloren und wurde durch die Arbeiten moderner Künstler unserer Zeit ersetzt. Der *Apostelfries*, der urspr. den Lettner schmückte (1250–70), ist jetzt an der S-Wand des Querschiffs zu sehen. Der *Hochaltar* enthält heute eine Altartafel v. G. van Loen (Ende 15. Jh.), die nach dem Krieg erworben und nachträglich eingesetzt wurde. Die moderne *Kanzel* haben W. March und Z. Szekessy geschaffen, der moderne Taufstein ist eine Arbeit v. G. Leo-Stellbrink. – Im *Domschatz* (Kleiner Domhof 30) befinden sich 2 der bedeutendsten Kunstwerke des 11. Jh.: der Reliquienschrein des hl. Petrus und ein Bronzekruzifixus, das *Mindener Kreuz* (beide um 1070). Ältestes Werk ist ein Elfenbein-Buchdeckel, auf dem die Himmelfahrt Jesu dargestellt ist (9. Jh.).

Ev. Martinikirche (Martinikirchhof): Die um 1025 gegr. Kirche wurde mehrmals umgestaltet und erhielt bei einer Neugestaltung im 14. Jh. ihr heutiges Aussehen. Zur Ausstattung gehören u. a. eine *Bron-*

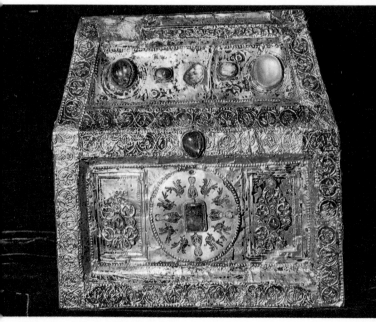

Minden, Dom, Reliquienschrein des hl. Petrus

zetaufe (1583), das spätgot., reichgeschnitzte *Chorgestühl* (um 1500) und die
Kanzel in Formen der Spätrenaissance.
Das *Bulläus-Epitaph* (1615) hat der Osnabrücker Meister A. Stenelt geschaffen.

Weitere sehenswerte Kirchen: *Ev. Simeonskirche* (Simeonskirchhof): Kirche aus
dem 13. Jh. mit roman. Giebelrelief an der
N-Seite (Hand Gottes zwischen Sternen).
– *Kath. Mauritiuskirche* (Königsstraße):
Die 1474 errichtete Klosterkirche wurde
nach ihrer Profanierung im 19. Jh. 1949/50
wiederhergestellt. – *Ev. Marienkirche*
(Marienkirchplatz): Durch Erweiterungen
erhielt die Kirche aus dem 12. Jh. erst im
14. Jh. die heutige Form. Bemerkenswert
sind die erstklassigen *Renaissance-Arbei-
ten*, wie beispielsweise die Gute Taufe
(1598) und einige ausgezeichnet gearbei-
tete Epitaphe.

Rathaus (Markt): Das Erdgeschoß des
Mindener Rathauses stammt aus dem 13.
Jh. und zeigt deutlich erkennbare Zusam-
menhänge mit dem Langhaus des Doms.
Es gehört zu den ältesten erhaltenen Rat-
hausbauten in Deutschland. Der Laubengang ist in 4 Jochen gewölbt und zeigt
schöne Spitzbogen. Das Obergeschoß, das
im 17. Jh. aufgesetzt (und im 2. Weltkrieg
zerstört) wurde, ist neu errichtet.

Wohnbauten: Besondere Beachtung verdienen die *Alte Münze* (Brüderstr. 2), das
Haus Simeonstr. 19, das *Hansehaus* (Pa-
penmarkt 2), das Haus Königstr. 31
(1644), das Haus Bäckerstr. 45 (vormals
Haus *Hill*) und das Haus im Scharn, Haus
Hagemeyer. Die zwei letzteren gehören
zu den schönsten Renaissance-Wohn-
bauten Deutschlands (Ende des 16. Jh.).
4 klassizist. Monumentalbauten der preuß.
Festung: Heeresbäckerei, Proviantmaga-
zin, Defensionskaserne und Garnisons-
lazarett.

Museen: Das Mindener Museum (Ritterstr. 23–33) ist in sechs Patrizierhäusern
des 16./17. Jh. untergebracht. Gezeigt wer-

Porta Westfalica (Minden), Kaiser-Wilhelm-Denkmal

den Sammlungen zur Ur-, Früh- und Stadtgeschichte, zur Volkskunde und zur Weserrenaissance.

Theater: Stadttheater Minden (erbaut 1906–08; Tonhallenstr. 3): Gastspiele. 572 Plätze.

Umgebung

Porta Westfalica (7 km s): Denkmal (1896) für Kaiser Wilhelm I.

82481 Mittenwald
Bayern

Einw.: 8400   Höhe: 913 m   S. 1282 □ L 16

Mittenwald, heute bedeutender Kur- und Wintersportort, gewann wegen seiner verkehrsgünstigen Lage an der Rottstraße (die Inn- und Isartal verbindet) schon früh an Bedeutung. Das Bild der Stadt ist geprägt durch die Bemalung vieler Bauten. Zu den renommierten Künstlern gehören M. Günther*, der sich der Pfarrkirche angenommen hat, der einheimische F. Karner und der Oberammergauer Lüftlmaler F. Zwinck.

Berühmtester Sohn der Stadt ist der Geigenbauer Matthias Klotz (1653–1743), der wahrscheinlich bei N. Amati in Cremona in die Lehre gegangen war und die Stadt zum Zentrum deutscher Geigenbaukunst machte. An ihn erinnert u. a. ein Denkmal neben der Pfarrkirche.

Pfarrkirche St. Peter und Paul (Matthias-Klotz-Str. 2): Der berühmte J. Schmuzer* aus Wessobrunn hat sich als erfolgreicher Baumeister erwiesen. Unter seiner Ägide entstand in den Jahren 1738–40 die heutige Anlage (unter Einbeziehung des spätgot. Chorbaus). Der Turm, den M. Günther bemalt hat, war 1746 vollendet. Einzigartig ist die *Ausstattung,* die Schmuzer nicht nur konzipiert, sondern zum größten Teil selbst geschaffen hat. Gitter-

und Bandwerk, beides v. Ranken und Blüten durchzogen und besetzt, zählen zu den Spitzenleistungen dt. Stukkateure. Die Decken- und das Hochaltargemälde hat ebenfalls M. Günther geschaffen (1740).

Geigenbau- und Heimatmuseum (Ballenhausgasse 3): Dieses in seiner Art einzigartige Museum ist vorrangig dem Geigenbau in Mittenwald gewidmet. Eine Musikinstrumentensammlung sowie Beiträge zur bäuerlichen Wohnkultur sind angeschlossen.

47441–47 Moers
Nordrhein-Westfalen

Einw.: 105 300   Höhe: 29 m   S. 1276 □ B 8

Zu den bekanntesten Persönlichkeiten, deren Namen mit der Stadt in Verbindung stehen, gehört der (am Altmarkt 1 geborene) Kirchenlieddichter Gerhard Tersteegen (1697–1769;»Ich bete an die Macht der Liebe«).

Schloß: Die Ursprünge der heutigen Anlage lassen sich bis ins 12. Jh. zurückverfolgen, Umbauten und Ergänzungen im 15. und 16. Jh. haben den Bau jedoch wesentlich beeinflußt.
Heute befindet sich im Schloß das *Grafschafter Museum* mit Beiträgen zur Volkskunst, Kulturgeschichte der Grafschaft und des Niederrheins, Puppenstubensammlung.

Schloßtheater (Kastell 6): Das Ensemble des Schloßtheaters bespielt das Kammertheater (150 Plätze), das Studio, die Bonifatiuskapelle und die Freilichtbühne im Schloßhof.

59519 Möhnesee
Nordrhein-Westfalen

Einw.: 9400   Höhe: 270 m   S. 1276 □ E 8

Zu der 1969 gebildeten Gemeinde gehören 15 kleine westfälische Dörfer. Neben der *Körbecker Pfarrkirche* (1702–15) mit einer beachtlichen Barockausstattung v.

Stütting und dem *Möhnesee-Staudamm* ist u. a. die *Drüggelter Kapelle* oberhalb v. *Delecke* (um 1140, 1227 erwähnt), ein kleiner gewölbter Zentralbau über zwölfeckigem Grundriß mit reicher architektonischer Gliederung und figürlicher und ornamentaler *Kapitellplastik*, sehenswert.

23879 Mölln
Schleswig-Holstein

Einw.: 17 500   Höhe: 18 m   S. 1273 □ K 3

Till Eugenspiegel ist zu einem Aushängeschild der reizvollen kleinen Stadt im Herzogtum Lauenburg geworden. Er soll hier 1350 im Hl.-Geist-Hospital an der Pest gest. sein. An ihn erinnert eine Grabplatte an der Außenwand v. St. Nikolai (siehe unten), die ihn in der bekannten Narrentracht, mit Eule und Spiegel, zeigt (um 1530). Auf dem Marktplatz ist der Brunnen nach Eulenspiegel benannt. Im *Heimatmuseum* (Am Markt 2) erinnern zahlreiche Dokumente an das Leben des ma Schelms.

St.-Nikolai-Kirche (Am Markt): Die verhältnismäßig lange Bauzeit (13.–15. Jh.) läßt ein gelegentliches Abweichen v. urspr. Baustil erkennen. Die Ausstattung ist ungewöhnlich reichhaltig, sie geht jedoch nicht gänzlich auf die Entstehungszeit zurück. Zahlreiche Teile stammen aus dem 1554 geplünderten und dann niedergebrannten Kloster Marienwohlde. Wichtigste Teile der *Ausstattung:* Bronzetaufe v. P. Wulf (1509), siebenarmiger Leuchter (1436), Triumphkreuz (1504 oder 1507), Kanzel (1743). Herausragend ist die von J. Scherer 1558 gebaute Orgel, deren barocker Klangkörper weitgehend erhalten geblieben ist. Bürgermeister und Ratsherren hatten in der Kirche eigene Stühle, die prächtige Schnitzereien zeigen.

Markt: In einem der zahlreichen Fachwerkhäuser rund um den Markt, die teilweise noch aus dem 14. Jh. stammen, ist heute das *Heimatmuseum* (Am Markt 2) eingerichtet. Das Rathaus (O-Giebel v. 1373) ist ein gotischer Ziegelbau, der später erweitert wurde.

41061–239 Mönchengladbach
Nordrhein-Westfalen

Einw.: 262 600   Höhe: 60 m   S. 1276 ☐ A 8

Münsterkirche/Klosterkirche St. Vitus (Münsterplatz): Der heutige Bau war (nach mehreren Vorgängerbauten) 1275 endgültig fertiggestellt und ist nach den Zerstörungen im 2. Weltkrieg wiederrichtet worden. In ihrer Gesamtanlage entspricht die Kirche der spätroman., dreischiffigen Gewölbebasilika. In Anlehnung an den Dom in → Köln ist der Chor der Münsterkirche got. Schlichte Arkaden charakterisieren das Innere des Baus. Unterhalb des Chors befindet sich die ungewöhnlich große *Hallenkrypta,* die in ihrem Hauptteil 3 Schiffe und 5 Joche aufweist. Zu 2 Seiten schließen sich quadratische Räume an. Zu den wichtigsten Teilen der Ausstattung gehören die *Glasmalereien* des sog. Bibelfensters im mittleren Chorfenster, in tiefleuchtendem Grün aus dem Ende des 13. Jh. Sie knüpfen an die Tradition franz. Glasmalerei an. Dargestellt sind Szenen aus dem Alten und Neuen Testament. Der *roman. Taufstein,* der jetzt im s Anbau steht, geht zurück auf das 12. Jh. Zum Kirchenschatz gehört ein *roman. Tragaltar,* der um 1160 im Raum Köln entstanden sein dürfte. – Die ehem. Abteigebäude (1663–1705) wurden 1835 zum *Rathaus* umgestaltet.

Museum für Bildende Kunst des 20. Jahrhunderts (Abteistr. 27): Expressionismus, Konstruktivismus, Dadaismus, ZERO, Op-art, Pop-art, Minimal art, Concept art, Beuys u. a.

Theater: Das Stadttheater Mönchengladbach (Hindenburgstr. 73) ist mit dem Stadttheater Krefeld verbunden.

Außerdem sehenswert: Kloster und Kirche *Neuwerk* (n des inneren Stadtgebietes): Die Tuffsteinkirche im spätgot. Stil war in der heutigen Form 1533 fertiggestellt, wobei der urspr. Bau (1130–70) stark beeinträchtigt wurde. – Der Stadtteil *Rheindahlen* (im O der Stadt) ist zu Beginn der 50er Jahre neu entstanden und ist Sitz der NATO Europa Mitte/Nord sowie Hauptquartier der britischen Armee (Territorial-Kommando). Die Siedlung, die mit eigener Kirche, eigenen Schulen, Clubs und Kaufhäusern völlig autark ist, darf als Beispiel zweckgebundener Stadtarchitektur gelten. – Das *Schloß Rheydt* (im SO) war in seiner heutigen Form 1501 fertiggestellt. Es entspricht in seinen Grundzügen der Renaissance, wurde jedoch im Laufe verschiedener Überarbeitungen und durch Zerstörungen im 30jährigen Krieg in Mitleidenschaft gezogen. Heute sind in ihm das Städt. Museum für Kunst- und Kulturgeschichte sowie ein Weberei-Museum eingerichtet. – *Schloß Wickrath* (im Ortsteil Wickrath) ist im 18. Jh. von J. J. Couven* gebaut worden. Es beherbergt heute neben einem ornithologischen Museum öffentliche Einrichtungen. – *Kaiser-Friedrich-Halle* (an der Hohenzollernstraße): Die 1900 fertiggestellte Jugendstilhalle wurde nach einem Brand im Jahr 1964 als Konzert- und Kongreßhalle neu gestaltet.

52156 Monschau
Nordrhein-Westfalen

Einw.: 12 300   Höhe: 650 m   S. 1276 ☐ A 9

Monschau liegt selten harmonisch eingebettet in die Landschaft am Rande des Hohen Venns. Der Name des malerischen Städtchens mit seinen vielen hellen Fachwerkbauten leitet sich v. der 1198 erstmals erwähnten Herrschaft *Montjoie* ab.

Burg: Der 1217 erwähnte roman. Vorgängerbau, v. dem die Hauptteile des *Bergfrieds* am Abhang und das *Portal* des Hauptschlosses erhalten sind, wurde im 14. Jh. umgebaut und durch den *Bering* mit Wehrgängen stärker befestigt. Nach Zerstörung 1543 und 1689 hat man die Burg Ende der 20er Jahre wiederaufgebaut. Seit 1930 wird sie als Jugendherberge genutzt. Sehenswert ist der W-Flügel mit *Rittersaal* und *Palas,* der durch einen langen Treppengang mit dem sog. *Eselsturm,* einem mächtigen runden Wehrturm aus dem 16. Jh., verbunden ist.

Scheibler-Museum (Rotes Haus): Das um 1760 erbaute dreigeschossige schiefer-

Montabaur, St. Peter, in der Bildmitte Fresko am Vierungsbogen

gedeckte Doppelhaus *Zum Helm* und *Zum Pelikan* diente dem Textilfabrikanten J. H. Scheibler zugleich als Wohnung und Lager. Dem spätbarocken Profanbau gereichen die ausladenden *Schiefergiebel,* seine geschmückten *Türen* und *Fensterrahmungen* mit muschelverzierten keilförmigen Schlußsteinen zur Zierde. Im 1980 als *Museum* neu eröffneten Inneren sind v. der bürgerlichen Rokokoausstattung u. a. eine geschnitzte breite *Treppe* sowie einige, v. Stuck-Rocaillen umgebene *Reliefs* (Szenen aus der Tuchherstellung) v. Bedeutung.

Außerdem sehenswert: Neben den beiden *kath. Pfarrkirchen Mariä Geburt* (1649/50) und *St. Maria* (1726–50), beide einfache Saalkirchen mit *hölzernen Kreuzgewölben,* verdienen v. a. weitere Profanbauten in Monschauer Bauweise, wie beispielsweise das *alte Rathaus* (1654), das dreiflügelige *Haus Elbers* und das *Doppelhaus de la Tour,* besondere Beachtung.

56410 Montabaur
Rheinland-Pfalz

Einw.: 11 600   Höhe: 231 m   S. 1276 ☐ D 10

Kath. Pfarrkirche St. Peter (Kirchstraße): Die Kirche stammt mit den wichtigsten, noch heute erhaltenen Teilen aus dem 14. Jh. Sie entspricht dem Typ der Stufenhalle mit Emporen (das Licht fällt durch die Seitenschiffe ein).

Hervorzuheben sind die Wandmalereien. Das große Fresko am Vierungsbogen über dem Langhaus stellt das Jüngste Gericht dar.

Schloß: Das Schloß (13.–17. Jh.) ist heute Sitz der *Akademie der dt. Genossenschaften.* Um einen quadratischen Hof erstreckt sich der vierflügelige Bau, wobei 4 Rundtürme zum Charakteristikum wurden. Die Türme sind mit glockenförmigen Hauben geschmückt.

Moosburg a. d. Isar, St. Castulus

Großer Markt: Das gut erhaltene Stadtbild ist am wirkungsvollsten in den Häusergruppen, die den Großen Markt umstehen (außerdem Kirchstraße, Vorderer und Hinterer Rebstock).

85368 Moosburg a. d. Isar
Bayern

Einw.: 15 400   Höhe: 421 m   S. 1283 □ M 14

Ehem. Stiftskirche St. Castulus (Auf dem Plan): Nach einem Brand (1207) wurde der urspr. Bau (1171–84) wieder instand gesetzt. Der Turm und das reichgeschmückte Portal waren bei der Weihe 1212 als Neubauten hinzugekommen. Der aus Tuffstein und Ziegel errichtete Bau ist v. a. wegen seiner wertvollen Ausstattung bedeutsam. An deren Spitze steht der Hochaltar (1514 v. H. Leinberger*), der 14,40 m hoch ist und bei einer Breite v. 4,29 m ein ungewöhnliches Ausmaß erreicht. In der Predella befinden sich die Reliquien des Namenspatrons. In dem dreigeteilten Schrein sind die Gottesmutter sowie St. Castulus und Kaiser Heinrich II. zu sehen. Unter Baldachinen sind die Figuren v. Johannes d. Ev. und Johannes d. T. zu erkennen. Das große *Epitaph* aus rotem Marmor, das Propst Theoderich Mair gewidmet ist (an der s Chorwand), wurde vermutlich ebenfalls v. H. Leinberger beeinflußt. Auch das große Kreuz an der W-Wand stammt v. Leinberger, ebenso wie das Epitaph des Kanonikus Mornauer und der Christus in der Rast (am s Fenster des Chorbogens). Zu erwähnen ist das reichverzierte *Chorgestühl* (1475). Auch die im S angrenzende *Ursulakapelle* und die verschiedenen Grabdenkmäler sind sehenswert.

Ev. Johanneskirche (Stadtplatz): Die Kirche, die sich in unmittelbarer Nachbarschaft v. St. Castulus befindet, wurde im 12./13. Jh. errichtet und erhielt im 15. Jh. ihre Seitenschiffe. Am r Seitenportal wurden 1980 Fresken (15. Jh.) freigelegt.

Umgebung

Gelbersdorf (10 km n): Die im 15. Jh. erbaute *Kirche St. Georg* birgt einen sehenswerten *Hochaltar* (1482) der Landshuter Schule.
Isareck (5 km n): Das am Zusammenfluß v. Isar und Amper gelegene Schloß (16. Jh.) wurde nach 1803 neu erbaut. In der *Schloßkapelle* sind die Stuckdecke und das *Altargemälde* v. Interesse.

01468 Moritzburg
Sachsen

Einw.: 2000   S. 1279 □ Q 8

1542–46 ließ Herzog Moritz am Rand des Friedewaldes, der eines der bevorzugten Jagdreviere der sächs. Kurfürsten und Könige war, ein schlichtes *Renaissanceschloß* errichten. Es stand in einem ummauerten Hof mit 4 runden Ecktürmen. August der Starke ließ es 1723–36 v. M. D. Pöppelmann zu einem barocken Prachtschloß aus- und umbauen. Die nun H-förmige Anlage bezog die Rundtürme

Moritzburg, Fasanerieschlößchen

mit ein und erhöhte sie. Die architektonische Gliederung ist, wie bei vielen sächs. Barockbauten, nur illusionistisch aufgemalt (rekonstruiert). Die dem Schloßbereich benachbarten Teiche sind in Schloßnähe reguliert worden, eine schnurgerade Allee führt v. Dresden her 5 km auf das Schloß zu. Das Schloß ist v. einer Terrassenanlage umgeben. J. Ch. Kirchner und B. Thomae haben sie mit Statuen geschmückt. Sie schufen auch die Prunkvasen und Puttengruppen auf den Balustraden. Am Hauptaufgang stehen zwei 2 m hohe Statuen v. Piqueuren. Im w vorspringenden Flügel liegt die Kapelle, die bereits 1661–72 v. W. C. v. Klengel in das urspr. Ensemble eingefügt wurde. Das Deckengemälde schuf J. Fink um 1670. Der Altar entstand 1672.

Das Schloß ist heute *Barockmuseum.* Sehenswert sind die geräumige Eingangshalle mit Kreuzgratgewölben, in der sich einige Galakutschen befinden, ein Raum, dessen Einrichtung mittels exotischer Vogelfedern hergestellt wurde, der Speisesaal

(das Gegenstück zur Schloßkapelle) mit einer kostbaren Geweihsammlung sowie der Monströsensaal mit außergewöhnlichen Geweihformen. Die Sammlungen umfassen Ledertapeten, barocke Möbel, ostasiatische und europäische Lackmöbel, ostasiatisches und Meißner Porzellan sowie Gemälde v. Lucas Cranach d. J. und Louis de Silvestre. Im Erdgeschoß ist eine *Käthe-Kollwitz-Gedenkstätte* eingerichtet. Die 1867 geborene Malerin und Graphikerin war 1945 in einem Haus am Schloßteich gestorben.

Der n an die Schloßterrasse anschließende Barockgarten ist v. 2 Pavillons gefaßt. – Das Hellhaus nö des Schlosses steht an einem zentralen, erhöhten Punkt des Schneisensystems des Jagdgebietes und ist ein schlichter Barockbau aus der Zeit um 1770. Das 3 km ö liegende, 1769–82 v. J. D. Schade und J. G. Hauptmann errichtete Fasanerieschlößchen zeigt heute eine *vogelkundliche Ausstellung* des Museums für Tierkunde Dresden. Es ist zweigeschossig und wird v. einer Laterne bekrönt,

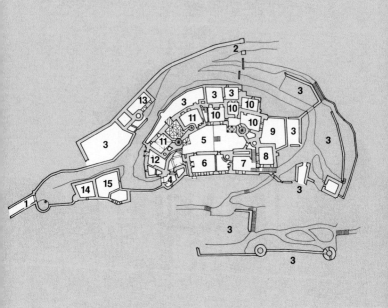

die eine Chinesengruppe abschließt. W des Schlößchens liegt ein Bassin mit einer Figurengruppe v. C. F. Schäfer (Leda mit dem Schwan), ö ein kleiner Hafen mit Mole und Leuchtturm, der einst für theatralische Seeschlachten genutzt wurde.

56254 Moselkern
Rheinland-Pfalz

Einw.: 700　Höhe: 75 m　S. 1276 □ C 10

Burg Eltz: 6 km stromaufwärts der Mündung der Eltz in die Mosel und 184 m oberhalb des Weinortes Moselkern liegt die Burg Eltz, die nach einer Meinungsumfrage zu den 10 sehenswertesten Reisezielen in Deutschland gehört. Die Geschichte der Burg (noch heute in Familienbesitz) läßt sich bis in das Jahr 1157 zurückverfolgen.
Ihre heutige Form erhielt die Anlage bis zum Ende des 16. Jh. Schäden, die ein Brand im Jahr 1920 angerichtet hat, wur-

Burg Eltz 1 Äußerer Torbau **2** Talpforte **3** Zwinger **4** Inneres Burgtor **5** Innenhof **6** Rübenacher Haus **7** Terrasse **8** Platteltz **9** Amtmannsgärtchen, sog. »Alte Burg« **10** Kempenicher Häuser **11** Rodendorfer Häuser **12** Kapellenbau **13** Remisenbau **14** Goldschmiedehaus **15** Handwerkerhäuschen

den beseitigt. Ihren architektonischen Höhepunkt hat die Burg in ihrem inneren Burghof, der die Vielfalt der Gebäude am deutlichsten werden läßt. Im Inneren ist in fast allen Räumen das historische Inventar erhalten.

Ruine Trutz-Eltz: Im N v. Burg Eltz, in etwa 15 Minuten zu Fuß zu erreichen, liegt die Ruine der einstigen Burg Trutz-Eltz. Sie entstand in der 1. Hälfte des 14. Jh. und wurde v. Erzbischof Balduin v. Trier als Trutzburg für die Auseinandersetzung mit dem Geschlecht derer v. Eltz errichtet.

Burg Eltz >

99974 Mühlhausen, Thomas-
Thüringen   **Müntzer-Stadt**

Einw.: 39 700   Höhe: 230 m   S. 1277 □ I 8

Ab 1180 Reichsstadt mit gitterförmigem
Straßenraster, erlebte Mühlhausen im
14./15. Jh. eine Blüte, die im Beitritt
(1418) zur Hanse gipfelte. Während des
Bauernkrieges 1524/25 lebte und wirkte
Thomas Müntzer in der Stadt. Der intakten
Altstadt verleihen die außergewöhnlich
vielen, teils in Fachwerk, teils in Werk-
steinbauweise ausgeführten *Bürgerhäuser*
(16.–18. Jh.), deren Satteldachtraufen
sämtlich zur Straße gewandt sind, ihr mit-
telalterlich anmutendes Bild.

Blasiuskirche: Die 1227 dem Deutsch-
ritterorden unterstellte Hauptpfarrkirche
erhielt um 1235–60 den frühgot. *Westbau*
mit 2 aufwendig dekorierten *Achtecktürmen* und wurde im 13./14. Jh. zur dreischiffigen got. Hallenkirche mit Kreuzrippengewölben über Bündelpfeilern umgestaltet.
An den einschiffigen Chor, dessen 5/8-
Schluß v. *Maßwerkfenstern* mit Glasmalereien (um 1350–60) erhellt wird, grenzen
s die *Sakristei* und n die *Taufkapelle* mit

Mühlhausen, Blasiuskirche

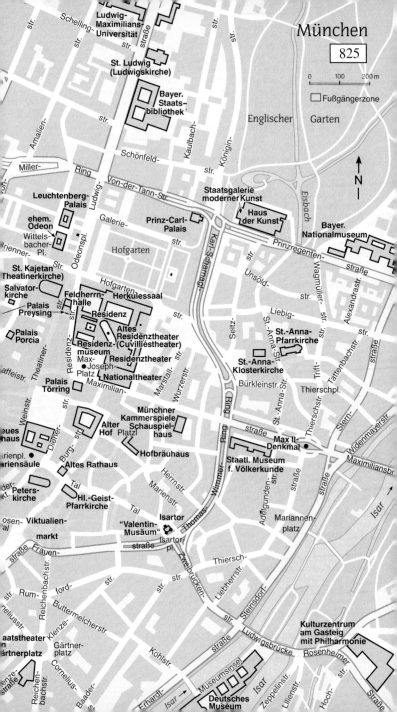

Taufe v. 1596. In der N-Mauer des Querhauses hochgot. *Fensterrose.* Der spätgot. *Marienaltar* und die *Kanzel* stammen aus dem späten 15. Jh. Neben 2 hochgot. *Bischofsgrabmälern* verdient auch das frühbarocke schmiedeeiserne *Chorgitter* eine Erwähnung. Johann Sebastian Bach war 1707/08 als Organist der Blasiuskirche tätig.

Marienkirche: An der Stelle einer roman. Basilika (um 1190), von der der N-Turm und das S-Turm-Untergeschoß erhalten sind, wurde nach ihrer Übertragung an die Deutschritter 1317–80 die zweitgrößte Thüringer Kirche mit reichem Maßwerk-, Fialen- und Figurenschmuck am *Außenbau* errichtet. Vom sog. Kaiseraltan über dem tief abgetreppten *Stufenportal* der s Querhausfassade »neigen« sich die Skulpturen (um 1370–80, restauriert) Kaiser Karls IV. und seines Gefolges zum Betrachter. Der hohe w *Mittelturm* ist eine neugot. Zutat.
Im geräumigen Inneren der fünfschiffigen Hallenkirche mit dreischiffigen Querhausarmen und 3 Chorhäuptern verdienen neben den spätgot. *Flügelaltären* und *Skulpturen* (1480–1520) auch das *Stifterbild* mit Mühlhausener Stadtansicht (1566) eines Cranach-Schülers und ein *Ratsstuhl* (1608) Beachtung.

Außerdem sehenswert: Das spätgot. Hauptgebäude (14.–16. Jh.) mit Ratssaal (Jagdfries, um 1400) und Ratsstube (1571) des mehrfach veränderten *Rathauses* ist über einen Schwibbogengang mit dem Nebengebäude (17./18. Jh.) verbunden. – Eine harmonische Barockausstattung mit Fresken v. 1775 besitzt die (ö) *Kilianikirche.* – Die (sw) *Jakobikirche* (14.–16. Jh.) mit zweitürmigem Westbau hat ein qualitätsvolles Maßwerkfenster über dem figurengeschmückten N-Portal. – Ein Spaziergang entlang der *Stadtmauer* mit erhaltenen Stadttoren, Wehrgängen (Eingang Frauentor) und -türmen sowie Wiekhäusern führt an den 4 peripheren got. Pfarrkirchen (alle 14.–18. Jh.) vorbei, so an der (sw) *Nikolaikirche* mit w Stufengiebel und Nischenfigur des Kirchenpatrons über dem S-Portal, an der (nw) *Petrikirche* mit spätgot. Taufe, an der (nö) *Georgenkirche* mit interessanter sechseckiger spätgot.

Friedhofskapelle (14. Jh.) und an der (sö) *Martinikirche* mit got. Wandmalereien im Untergeschoß ihres barock bekrönten NW-Turmes. – Neben dem *Heimatmuseum* (Leninstraße 61) mit reichen vor- und frühgeschichtlichen Sammlungen (u. a. Thüringer Schmuck, 5./6. Jh.) lohnt die *Gedenkstätte Deutscher Bauernkrieg* (ehem. Heiligkreuzkirche) mit Dokumentationen und Schaustücken zur »frühbürgerlichen Revolution« einen Besuch.

Umgebung

Anrode-Bickenriede (10 km nw): Vom ehem. *Zisterzienserkloster* sind die 1670–90 v. A. Petrini[*] barockisierte, urspr. frühgot. Klosterkirche sowie Wohn- und Wirtschaftsgebäude aus der Renaissance erhalten.

Schlotheim (18 km ö): Spätgot. Plastiken und Reliefs gereichen dem barocken Altarretabel (um 1670) in der *Pfarrkirche* (16. Jh.) zum Schmuck. – Das schlichte *Barockschloß* der Truchsessen v. Schlotheim wurde 1773 anstelle einer ma Burg (974 genannt) erbaut, in der Thomas Müntzer auf seinem Weg zur Hinrichtung 1525 in Gewahrsam gehalten wurde.

Zella, Kloster (14 km w): Das wohl im 12. Jh. als erstes Kloster im landschaftlich reizvollen Eichsfeld gegründete *Benediktinerinnenkloster* bewahrt die mehrfach umgebaute Klosterkirche und Zweckbauten des 17./18. Jh.

80331–81929 München
Bayern

Einw.: 1 229 100 Höhe: 518 m S.1283 ☐ M 14

München, Hauptstadt v. Bayern und nach Berlin und Hamburg die drittgrößte Stadt der Bundesrepublik, ist Sitz der Landesregierung und des Regierungsbezirks Oberbayern, Sitz des Erzbischofs v. München-Freising, Universitätsstadt und Stadt zahlreicher Hochschulen. Gleichzeitig ist München aber auch wirtschaftliches und kulturelles Zentrum in Süddeutschland und darüber hinaus eine der international

München, Panorama mit Frauenkirche >

bedeutendsten Städte in Deutschland und Europa. – Die Geschichte der Stadt begann im 12. Jh. Nach der Zerstörung des bischöflich-freisingischen Marktortes Föhring (Salzstraße und Isarbrücke bei Oberföhring) verlegte Herzog Heinrich der Löwe v. Bayern und Sachsen im Jahre 1158 den Markt nach Munichen (= zu den Mönchen) und gab der Siedlung Zoll- und Münzrechte. Um 1294 erhielt München die Stadtrechte. 1255 wurde die Stadt Residenzstadt der Wittelsbacher (bis 1918), die schon seit 1180 als Herzöge v. Bayern residierten. Der schnelle Aufstieg Münchens zu einer der bedeutendsten Städte im dt. MA ging auf den umfangreichen Salz-, Tuch- und Weinhandel zurück. Später kamen die Lodenproduktion sowie Gold- und Waffenschmieden als bedeutende Wirtschaftsfaktoren hinzu. Zu einem Zentrum europ. Kunst und Wissenschaft wurde München unter den Herzögen Albrecht IV. und Wilhelm V. (16. Jh.), im 17. Jh. unter Kurfürst Ferdinand Maria und Max II. Emanuel sowie Karl Albrecht (18. Jh.) und unter König Ludwig I., Maximilian II. und Ludwig II. (alle im 19. Jh.), unter anderem durch die Verlegung der Universität v. Landshut nach München (1800). Renaissance und Barock haben hier ihre Spuren hinterlassen, vor allem aber das Zeitalter des Rokoko mit Bauten J. M. Fischers, F. Cuvilliés' d. Ä. und der Brüder Asam. Im 19. Jh. wurde München durch den Klassizismus geprägt, durch Baumeister wie C. v. Fischer, L. v. Klenze und F. Gärtner. Hier gelangte die Schule der Romantik mit dem Philosophen Schelling und mit bedeutenden Malern zum Durchbruch, der Jugendstil hinterließ deutliche Spuren, der Expressionismus nahm mit der Ausstellung »Blauer Reiter« einen Anfang. Hier wurde Richard Strauss geboren. Lenbach, Spitzweg, aber auch Kandinsky, Klee, Marc und Macke, Rilke, George, Thomas und Heinrich Mann, Wedekind, Ringelnatz und Brecht lebten hier, daneben bestimmten Hitler, aber auch schon Lenin den politischen Untergrund. München, die »Hauptstadt der Bewegung«, wurde 1944 weitgehend zerstört. Schon 1945 begann der Wiederaufbau, die Modernisierung und Vergrößerung der Stadt, die heute als die beliebteste Großstadt Deutschlands gilt.

KIRCHLICHE BAUTEN

Franziskanerklosterkirche St. Anna im Lehel (St.-Anna-Straße): Die Kirche, 1727–33 v. J. M. Fischer* errichtet, wurde nach den Zerstörungen im 2. Weltkrieg wieder in ihrem urspr. Zustand (im 19. Jh. waren Veränderungen vorgenommen worden) errichtet. Nicht zu ersetzen waren die Verluste im Bereich der Ausstattung (Stuckierungen und die Malerei). Die *Deckengemälde* v. C. D. Asam* wurden 1971/72 rekonstruiert. Zum Teil erhalten blieben die v. den Gebrüdern Asam geschaffenen *Altäre sowie die Kanzel* v. J. B. Straub*. Die herkömmliche Kirchenarchitektur, die zwischen Zentral- und Langbau unterscheidet, ist hier zugunsten einer Mischung aus beiden Bauformen aufgegeben worden. Ein Muldengewölbe überspannt den ganzen Raum. Der kreisrunde Chor fügt sich nach W an.

Der Franziskanerklosterkirche direkt gegenüber liegt die *St.-Anna-Kirche*, die 1887–92 im neuroman. Stil v. G. v. Seidl errichtet wurde. Ziel war es, ein Kunstwerk in einheitlichem Stil zu schaffen. Die Kirche ist ein gutes Beispiel für den Drang des Großbürgertums nach Repräsentation.

Kath. Kirche St. Johann Nepomuk/Asamkirche (Sendlinger Straße): Die Kirche (1733–46 erbaut) ist ein Beweis dafür, mit welcher Leidenschaft die Brüder Egid Quirin und Cosmas Damian Asam* die Aufgabe der künstlerischen Ausstattung v. Kirchen verfolgt haben. Aus eigenen Mitteln erwarb Egid 3 Grundstücke und errichtete mit seinem Bruder, wieder aus eigenen Mitteln, die Kirche St. Johann Nepomuk. Den Asams kam es darauf an, unbeeinflußt v. den Wünschen der Bauherren die eigene Auffassung v. der Anlage und künstlerischen Gestaltung einer Kirche durchzusetzen. Der Bau ist das letzte große Werk Egids, der hier die ausgereiften Formen des Barock in das Rokoko einfließen läßt. – Die *Fassade*, die auf eigenwillige Weise die Häuserzeile der 500 m langen Sendlinger Straße durchbricht, wird v. riesigen Pilastern eingerahmt. In ihren Kapitellen sind die Porträtmedaillons des Papstes und des Freisinger Bischofs zu erken-

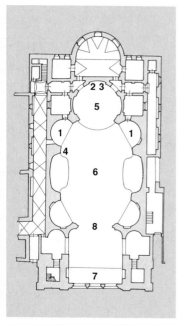

Klosterkirche St. Anna im Lehel 1 Seitenaltäre mit Gemälden v. C. D. Asam **2** Hochaltarbild, Rekonstruktion des Bildes v. C. D. Asam durch K. Manninger, 1975 **3** Tabernakel v. J. B. Straub **4** Kanzel v. J. B. Straub **5** Hochaltarfresko, Rekonstruktion der Malerei v. C. D. Asam durch K. Manninger, 1967 **6** Großes Mittelfresko, Rekonstruktion v. K. Manninger, 1972 **7** Orgelfresko, Rekonstruktion v. K. Manninger, 1976 **8** Schmiedeeisernes Gitter, Rokoko

nen. Der Giebel wird v. großen runden Oberlichtfenstern bestimmt. Über dem Fenster sind die Symbole der 3 geistlichen Tugenden zu erkennen. Das *Portal* ist als Säulenportikus gestaltet und wird v. einer Statue des hl. Nepomuk bekrönt. – Das Innere der Kirche wird durch die bescheidenen Maße des Grundrisses (28,2 x 8,8 m) und die eigenartigen Lichtverhältnisse bestimmt. Formen, Farben und Licht – so wollten es die Brüder Asam – spielen hier in bester Weise zusammen. Die Wände sind v. rotem *Stuckmarmor* bedeckt. An der Schmalseite ist der mächtige *Hochaltar* aufgerichtet. Er wird v. 4 gewundenen Säulen eingeschlossen. Der unterste Teil des Altars zeigt den gläsernen *Sarkophag* mit der Wachsfigur des hl. Nepomuk.

Rechts und links v. Altar sind die Porträtmedaillons der beiden Bauherren, in Grisailletechnik dargestellt, zu erkennen.

Ehem. Augustinerklosterkirche (Neuhauser Str. 53): Der Bau wurde in den Jahren 1291–94 errichtet und blieb in seinem Kern bis heute erhalten. Nach Erweiterungen im 14. und 15. Jh. erfolgte 1618–21 ein durchgreifender Umbau und bald darauf die zweckentfremdende Nutzung zunächst als *Mauthalle*, später als *Polizeipräsidium* und schließlich als *Dt. Jagdmuseum* (→ Museen). – Wichtigster Teil der verlorengegangenen Ausstattung war das Gemälde, das Tintoretto* für den Hochaltar gemalt hat (Kreuzigung). Es befindet sich heute in Stift Haug in → Würzburg.

Bürgersaal (Neuhauser Straße 48): Aus dem übrigen Straßenbild hebt sich die Fassade des Bürgersaals, der 1709 v. der dt. Marianischen Kongregation in Auftrag gegeben worden ist, kaum ab. G. A. Viscardi* hat die Pläne für diesen zweistöckigen Bau geliefert. Man betritt das Untergeschoß durch ein Barockportal, über dem die Madonna (A. Faistenberger*) auf der Mondsichel (hinter Glas) zu sehen ist. An den Wänden des Untergeschosses sind 15 Kreuzweg-Gruppen (aus Holz und bunt bemalt) von 1898 angebracht. Vor dem Gnadenbild befindet sich die Grabplatte des Jesuitenpaters Rupert Mayer (1876–1945), der als Seelsorger und Widerstandskämpfer hervorgetreten ist. Im Obergeschoß befindet sich der Betsaal (Barock). Beachtenswert sind die 14 Ansichten altbayr. Wallfahrtsorte, gemalt v. F. J. Beich (um 1710). Die Schutzengelgruppe unter der Orgelempore stammt v. J. Günther* (1762), die Laubwerkstukkaturen hat P. F. Appiani geschaffen.

Dreifaltigkeitskirche (Pacellistraße 6): Die Errichtung der Kirche geht auf eine Erscheinung der Münchner Bürgerstochter Anna Lindmayr aus dem Jahre 1704 zurück: Über die Stadt München würde Unheil kommen, wenn nicht eine Kirche zu Ehren der Dreifaltigkeit errichtet würde. Stadt München und Stände finanzierten den Bau der Kirche gemeinsam und konnten nach siebenjähriger Bauzeit 1718 die Weihe feiern. Die Pläne lieferte G. A.

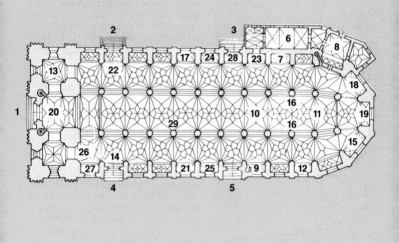

Frauenkirche 1 Hauptportal **2** Sixtusportal **3** Bennoportal **4** Arsatiusportal **5** Brautportal **6** Sakristei **7** Piuskapelle **8** Chorkapelle **9** Taufkapelle **10** Hauptaltar **11** Bischofskathedra **12** Ligsalz-Grabstein, 1360 **13** Mariahilf-Altar, um 1473 **14** Hl. Rasso, 15. Jh. **15** Große Domkreuzigung, um 1450 **16** Grasser-Figuren, 1502 **17** Grabstein des ersten Dompfarrers, 1502 **18** Taufe Christi, um 1510 **19** Schutzmantelbild, um 1510 **20** Hl. Christophorus, 1520 **21** Patron der Bäcker, 16. Jh. **22** Hl. Georg, 16. Jh. **23** Mariä Himmelfahrt, 1620 **24** Ecce-Homo-Bild, 1640 **25** Hl. 3 Könige, um 1650 **26** Grabmal Kaiser Ludwigs des Bayern, 1622 **27** Grab J. M. Fischer (gest. 1766) **28** Hl. Sebastian, 18. Jh. **29** Kanzel, 1959

Viscardi[*], der hier ein Schulbeispiel des ital. Barock vorexerziert hat. Die Ausstattung der Kirche lag in den Händen v. Münchner Künstlern. – Das Innere der Kirche wird v. einem Zentralraum bestimmt, der v. 18 Wandsäulen umstellt ist. Er wird überspannt v. einem *Kuppelfresko*, das zu den Frühwerken C. D. Asams[*] gehört und die »Huldigung der Dreifaltigkeit« darstellt. Die Stukkaturen stammen v. J. G. Bader. Die barocken Altäre haben ihren

Höhepunkt in dem *Hochaltar*, für den A. Wolff des Gemälde und J. B. Straub[*] das Tabernakelrelief geliefert haben (1760).

Frauenkirche/Metropolitan- und Stadtpfarrkirche Unserer Lieben Frau (Frauenplatz 1): Die Frauenkirche, ein spätgot. Backsteinbau, ist mit ihren imposanten Ausmaßen (109 m Länge, 40 m Breite, Türme 99 m und 100 m hoch) zum Wahrzeichen der Stadt München geworden. Das Rot der Ziegel und die Patina der »welschen« Hauben, v. denen die beiden Türme gekrönt werden, stehen in einem wirkungsvollen Kontrast zueinander. – Die Kirche in ihrer heutigen Form entstand an der Stelle älterer Bauten (13. Jh.) im 15. Jh. (Grundsteinlegung 1468 durch Herzog Sigismund). Baumeister ist Jörg v. Polling (bzw. Halspach), der nach seinem Tod im Jahre 1488 durch L. Rottaler abgelöst wurde. 1494 wurde der Bau gew., ohne daß die Türme (Hauben 1524/25) fertiggestellt gewesen wären. Nach den schweren Zerstörungen des 2. Weltkriegs wurde die Frau-

Ludwigskirche mit Universitätsbrunnen

enkirche originalgetreu restauriert, im Inneren jedoch z. T. modernisiert. Bis zur 500-Jahr-Feier 1994 soll sie nun in ihrer urspr. Ausstattung renoviert werden. – Seit 1821 ist die Frauenkirche Metropolitankirche der südbayr. Kirchenprovinz (mit Augsburg, Passau und Regensburg). – Das Äußere der Kirche ist nur sparsam gegliedert und erzielt dadurch eine besondere Wirkung. Um so mehr treten die 5 *Portale* hervor. Die Grabsteine, die an den Außenwänden zu erkennen sind, stammen v. dem 1774 aufgehobenen, ehemals angrenzenden Friedhof. – Im *Inneren* bietet sich dem Besucher ein dreischiffiger Hallenbau mit 10 Jochen, dazu ein Chor mit Umgang und ungewöhnlich hohen Seitenkapellen. 22 achtkantige Pfeiler trennen das Mittelschiff v. den Seitenschiffen. – *Ausstattung:* Ein großer Teil des ma Inventars ist verlorengegangen, geraubt oder zerstört worden. Fast unverändert erhalten blieben die *Glasgemälde* der Chorfenster (14.–16. Jh.), das wichtigste ist das Scharfzandt-Fenster, das der Straßburger Meister P.

Hemmel 1473 vollendet hat (in der Mitte des Chorschlusses). Das Schnitzwerk des alten *Chorgestühls*, das E. Grasser* geschaffen hat (1492–1503), ist für das neue Chorgestühl verwendet worden (wird gegenwärtig im urspr. Sinn renoviert). Unter den zahlreichen plastischen Werken nimmt das *Grabmal für Kaiser Ludwig* (im s Seitenschiff) eine Sonderstellung ein. Das Grab aus schwarzem Marmor entstand nach einer Zeichnung v. P. Candid und einem Entwurf v. H. Krumper* 1619–22 über dem urspr. Grabmal, das Herzog Albrecht IV. um 1480 errichten ließ. Die Figuren (v. D. Frey und H. Gerhart, um 1595) sind aus Bronze gegossen (Putten, Allegorien und die Standbilder der beiden Wittelsbacher Wilhelm IV., dargestellt als Ritter des Goldenen Vlieses, und Albrecht V. im Ornat des Herzogs). Die rote Marmorplatte, die den Kaiser auf seinem Thron und die Versöhnung von Herzog Albrecht III. mit seinem Vater nach dem Tode der Agnes Bernauer zeigt, wird wohl zu Unrecht gelegentlich E. Grasser* zugeschrieben. Zu den zahlreichen Grabsteinen und Epitaphen gehört u.a. auch die Grabplatte für den berühmten bayr. Baumeister *J. M. Fischer**, der neben zahlreichen Palästen 32 Gotteshäuser und 23 Klöster gebaut hat.

Pfarrkirche Hl. Geist/Ehem. Spitalkirche Hl. Geist (Tal 77): Der Ursprung der heutigen Kirche, die im 2. Weltkrieg stark beschädigt wurde, reicht bis in das Jahr 1208 zurück. Damals standen hier Pilgerhaus und Kapelle. 1250 richtete Herzog Otto darin ein Spital ein. 1327 ging man an die Errichtung der Kirche, die allerdings erst 1392 vollendet war. 1723–30 wurde sie im Stil der damaligen Zeit umgebaut, 1885 um die 3 w Joche erweitert. – Von der ehemals reichen Ausstattung sind nur einige Teile erhalten. Der jetzige Stuck und die meisten Gemälde sind Rekonstruktionen. Das gilt auch für den *Hochaltar*, den N. Stuber und A. Mattheo in den Jahren 1728–30 geschaffen haben. Das Gemälde stammt v. U. Loth (1661), die beiden Engel hat J. G. Greiff (um 1730) beigesteuert. Weitere sehenswerte Teile der Ausstattung: die *Hammerthaler Muttergottes* (aus Kloster Tegernsee, um 1450). An der W-Wand findet sich das v. H. Krumper* 1608 in Bronze gegossene *Grabmal* für Herzog Ferdinand v. Bayern. Die *Kreuzkapelle* mit einem Kruzifixus aus der Zeit um 1510 dient jetzt als *Kriegergedenkstätte*. In den *Seitenkapellen* Gemälde v. M. Steidl, J. H. Schönfeld, J. A. Wolf und P. Horemans. Die Kirche wird z. Z. im Inneren renoviert.

St.-Jakobs-Kirche (St.-Jakobs-Platz): Der Neubau, der v. F. Haindl 1956 errichtet wurde, löste die alte Klosterkirche ab, deren Ursprünge sich bis in das Jahr 1221 zurückverfolgen ließen.

Ehem. Karmelitenklosterkirche (Karmelitenstraße): Nachdem die 1629 nach München berufenen Karmeliten 1654 mit dem Bau v. Kloster und Kirche begonnen hatten, konnte der Komplex 1660 gew. werden. Die Pläne lieferte Hofbaumeister H. K. Asper, die Ausführung lag in den Händen v. M. Schinnagl. In den Jahren 1802–11 wurde die Kirche durch N. Schedel v. Greiffenstein klassizistisch umge-

staltet. Das typische Karmelitenschema (dreischiffige kreuzgewölbte Basilika mit Querschiff und einem extrem langen Chor; Kappen in den Seitenschiffen) wurde dabei jedoch belassen. Bei einem der Luftangriffe auf München wurde die Klosteranlage völlig, die Kirche teilweise zerstört. Der Kirchenraum dient heute als *Bibliothek* für das Erzbischöfliche Ordinariat, dessen Gebäude sich an der Stelle des ehem. Klosters befinden.

Kreuzkirche/Allerheiligenkirche am Kreuz (Kreuzstraße 10): Der got. Backsteinbau (1478–85) imponiert mit seinem 58 m hohen Turm. Baumeister war wohl J. v. Halspach, genannt Ganghofer, der den Bau als Gottesackerkirche für die Pfarrei St. Peter konzipierte. – Der einschiffige Innenraum wurde 1772 barockisiert. Zu den wichtigsten Stücken der Ausstattung gehören ein *Kruzifixus* v. H. Leinberger (um 1520), die *Rottenhammer Madonna* (Hochaltarbild von 1614) und der aus der Karmelitenkirche übernommene Tabernakel (um 1770). Der Bau, der im 2. Weltkrieg stark beschädigt wurde, gehört jetzt der russisch-orthodoxen Gemeinde.

Pfarrkirche St. Ludwig (Ludwigstraße 20): Als Pfarr- und Universitätskirche für den neu geschaffenen Stadtteil (die heutige n Innenstadt) ließ König Ludwig I. in den Jahren 1829–44 die Kirche errichten. Es ist der Bau F. Gärtners*, der sich mit seiner romantisch-christl. Bauweise gegenüber dem sonst v. König Ludwig bevorzugten L. v. Klenze* durchgesetzt hat. P. Cornelius*, ein Meister der Monumentalmalerei des 19. Jh., schuf die Bilder im Chor, in der Vierung und im Querschiff. Das Bild an der Chorwand erreicht ein Ausmaß v. 18,3 x 11,3 m und gilt als eines der größten Bilder der Welt. Es stellt das Jüngste Gericht dar und ist – im Gegensatz zu den meisten anderen Bildern der Monumentalmalerei – künstlerisch bedeutend.

Jesuitenkirche St. Michael (Neuhauser Straße 52): Als ein geistiges Zentrum der kath. Erneuerungsbewegung des 16. Jh. ließ Herzog Wilhelm V., der Fromme, den Bau 1583–97 errichten. Als 1590 ein Turm der im Bau befindlichen Kirche einstürzte, sah Wilhelm V. darin einen Fingerzeig des

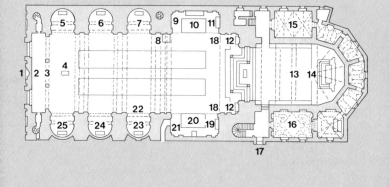

Erzengels, die Kirche größer zu bauen – was dann auch geschah. – Die *Fassade*, die nach Zerstörung im 2. Weltkrieg erst 1972 in ihrer urspr. Form wiederhergestellt wurde, zeigt im Giebel die Figur Christi. Darunter ist Kaiser Otto I. im Jahre 955 als Sieger auf dem Lechfeld dargestellt, darunter folgt die Reihe der Kaiser und Herzöge, die das Christentum in Bayern durchsetzten, und darunter schließlich Herzog Wilhelm V. und dessen Vater Albrecht zwischen den Kaisern ihrer Zeit. In einer Nische zwischen den beiden Portalen ist der hl. Michael dargestellt – eine Bronzearbeit v. H. Gerhart (1592). – Das Innere wird v. dem überdimensionalen Tonnengewölbe beherrscht, das eine Spannweite v. 20 m erreicht und damit den 78 m langen und 31 m breiten Raum überspannt. Die reiche Ausstattung umfaßt u. a. 10 Altäre und rund 40 Terrakotta-Figuren. Hervorzuheben sind ferner der bronzene *Weihbrunnenengel* v. H. Gerhart (1593–96), die *Orgelempore* (mit einer modernen Orgel aus dem Jahr 1965; 4100 Pfeifen) sowie wertvolle *Altäre* und *Gemälde* in den halb-

Jesuitenkirche St. Michael 1 Giebelfassade mit Plastik des Erzengels Michael v. H. Gerhart, 1587 **2** Segnendes Christkind, Nachbildung einer urspr. Tonstatue v. H. Gerhart, 1585–88 **3** Glaswand v. S. Ruf, 1953, darüber Orgelempore v. J. Hörmann, 1696/97 **4** Weihbrunnenengel, Bronzestatue v. H. Gerhart, 1595/96 **5** Kapelle mit Peter-und-Paul-Altar, Altarblatt v. M. Viviani **6** Kapelle mit Andreasaltar, Altarblatt v. Chr. Schwarz und A. Scalzi **7** Englische-Gruß-Kapelle, Altarblatt v. P. Candid **8** Kanzel v. J. Hörmann, 1697/98 **9** Rundbild »Martyrium v. Japanern mit 3 Jesuiten« **10** Querschiff mit riesigem Marmorgrabmal v. B. Thorvaldsen **11** Namen-Jesu-Altar (N-Seite), Altarblatt v. A. M. Viviani **12** Seitenaltar für den hl. Ignatius v. A. Scalzi **13** Chor **14** Dreistöckiger Hochaltar v. W. Dietrich, ab 1586 **15** Sakristei **16** Kreuzkapelle, 1592 **17** O-Eingang der Kirche **18** Zugang zur Fürstengruft **19** Bronzekreuz v. G. da Bologna mit hl. Magdalena, 1594/95, v. H. Reichle **20** Dreifaltigkeitsaltar **21** Gemälde mit dem hl. Aloysius **22** Altarschrein der hll. Ärzte Cosmas und Damian, etwa 1400 **23** Kapelle mit Ursula-Altar **24** Kapelle mit Sebastian-Altar **25** Kapelle mit Statue der schmerzhaften Muttergottes, 17. Jh.

runden und jeweils gewölbten Kapellen. Die *Kanzel* 1697. Die *Bronze-Kreuzigungsgruppe* (s Querschiff) geht auf Giovanni da Bologna und Hans Reichle

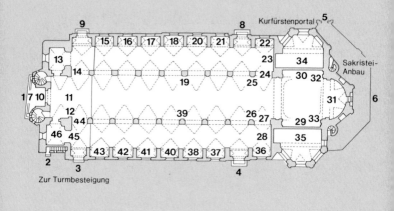

St. Peter 1 W-Front der Kirche **2** Aufgang zum Turm **3, 4, 8, 9** Marmorisierte Eingangsportale, 17. Jh. **5** Eingang zum Sakristeianbau **6** O-Seite der Kirche **7** Hauptportal der Kirche **10** Kleiner w Vorbau **11** Turmunterbau **12** Gedenkstein für die Opfer des 2. Weltkrieges **13** Katherinenkapelle, 1284 **14** Figurenepitaph v. E. Grasser, 1482 **15** Seitenkapellen **16** Matthäus- und Matthiasaltar, 1676 **17** Gemälde und Medaillenbild v. J. v. Sandrart, 1647 **18** Sigismundaltar **19** Kreuzigung mit Mater dolorosa v. J. Prötzner d. Ä., um 1753 **20** Bild mit dem Martyrium des hl. Erasmus v. K. Loth, 1670 **21** Schrenkaltar, etwa 1407 **22** Begegnung des kreuztragenden Christus mit seiner Mutter **23** Corpus-Christi-Altar v. I. Günther, 1755–58 **24** Epitaph für Dekan Hertl (gest. 1768) v. J. B. Straub **25** Apostel-Andreas-Statue v. A. Faistenberger, 1729–33 **26** Apostel-Paulus-Statue v. J. G. Greiff **27** Epitaph für Dekan Unertl (gest. 1759) v. I. Günther **28** Rekonstruierter Maria-Hilf-Altar **29** Neugestalteter Dreisitz **30** Sechsteiliges Chorgestühl v. J. Dietrich, 1750 **31** Hochaltar aus den Überresten des 1730 v. N. G. Stuber und E. Q. Asam errichteten Hochaltars **32** Christusfigur v. J. Prötzner d. Ä. **33** Marienstatue v. J. Prötzner d. Ä. **34** N, nach altem Vorbild wiedererrichtete Sakristei **35** S, moderne Sakristei **36** In Silber gefaßte Verkündigungsgruppe v. J. G. Greiff, 18. Jh. **37** Kreuzaltar v. M. Schinnagl, 1645 **38** Altar v. M. Schinnagl **39** Kanzel v. J. Prötzner, 1750 **40** Floriansaltar v. I.

Günther, 1758 **41** Relikte des ehem. Dreikönigsaltars v. J. H. Straub, 1745 **42** Sebastiansaltar, 1650 **43** »Arme-Seelen-Kapelle« mit Halbaltar, Bild v. F. X. Glink und Pestbild v. J. Polack, etwa 1517 **44** Epitaph für Ritter B. Bötschner, 1505 **45** Epitaph v. I. Günther, 1755 **46** Taufkapelle im Unterbau des alten S-Turmes

zurück. *Marmorgrabdenkmal* des Eugen Beauharnais (1830) v. B. Thorvaldsen. Unter dem Chor befindet sich eine (zugängliche) *Fürstengruft* mit den Gräbern für 30 Wittelsbacher (u. a. Wilhelm V., Maximilian I., Ludwig II.). Der mächtige Hochaltar ist das Werk v. W. Dietrich[*] (ab 1586).

Pfarrkirche St. Peter (Rindermarkt 1): Die Peterskirche ist die älteste Münchner Pfarrkirche. Ein roman. Bau aus dem 12. Jh. wurde 1278–94 durch einen got. Neubau ersetzt. Nach Zerstörung bei einem Stadtbrand 1327 Wiederaufbau mit Weihe 1368. Der Turm war in der heutigen Form 1386 fertiggestellt. Wegen seines originellen Helms ist er zu einem der Wahrzeichen

v. München geworden. Die Pfeilerbasilika erstreckt sich über insgesamt 90 m. – Von der Ausstattung ist v. a. der *Hochaltar* nach einem Entwurf des Malers N. Stuber 1730 zu erwähnen, der nach der Kriegszerstörung originalgetreu wiedererrichtet wurde. Im Mittelpunkt steht die Holzfigur des Kirchenpatrons v. E. Grasser* (1492). An der Ausstattung waren fast alle Münchner Künstler der Zeit – v. E. Q. Asam* über J. G. Greiff* bis zu A. Faistenberger* – beteiligt. Daneben sind weitere spätma Kunstschätze zu erwähnen, so der steinerne *Schrenkaltar* (1407), die *Rotmarmorepitaphe* des U. Aresinger (E. Grasser, 1482) und die 5 *Flügeltafeln* des spätgot. Hochaltars v. J. Polack (1517).

Salvatorkirche (Salvatorstraße 17): Die 1494 errichtete Kirche diente urspr. als Friedhofskirche der Frauenpfarrei. Wie die Frauenkirche ist auch die Salvatorkirche ein unverputzter Ziegelbau. Das Äußere wird durch den mächtigen Turm bestimmt, der in insgesamt 6 Geschossen eine beträchtliche Höhe erreicht. Beachtenswert ist das feine Netzrippengewölbe. – Die Ausstattung ist neu. Seit 1829 dient die Kirche der griech.-orthodoxen Gemeinde als Gotteshaus.

Theatinerkirche/Kath. Pfarrkirche St. Kajetan (Theatinerstraße 22): Nach der langersehnten Geburt des Erbprinzen Max Emanuel ließ Kurfürstin Henriette Adelaide aus Dankbarkeit die Theatinerkirche errichten. Die aus Italien stammende Fürstin wählte A. Barelli* (Bologna) als Baumeister, der 1663 mit dem Bau begann. Als Vorbild diente die Mutterkirche der Theatiner in Rom. Als Barelli 1669 durch den Graubündener E. Zuccalli* abgelöst wurde, stand die Fertigstellung der 71 m hohen Kuppel noch aus. Zuccalli fügte außerdem die urspr. nicht vorgesehenen Türme hinzu. Immer noch fehlte die Fassade, die v. F. Cuvilliés* in den Jahren 1765–68 im Stil des späten Rokoko gestaltet wurde. In den Nischen sind Marmorfiguren (St. Ferdinand, St. Adelheid, St. Maximilian und St. Kajetan) v. R. A. Boos aufgestellt. – Das Innere der Kirche wird v. der mächtigen Kuppel beherrscht, die sich über der Vierung erhebt. Wichtigste Elemente der Ausstattung, die durch die Zerstörungen im

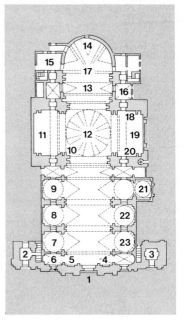

Theatinerkirche 1 Rokokofassade v. F. Cuvilliés, 1765–68 **2** S-Turm **3** N-Turm **4, 5** Beichtstühle, Ende 17. Jh. **6** Kleine, dem hl. Georg geweihte Kapelle **7** Kapelle mit Altarblatt v. A. Triva **8** Kapelle mit Altarblatt eines Schülers v. Tintoretto **9** Kapelle mit Altarblatt des hl. Andreas Avellinus v. K. Loth, 1677 **10** Geschnitzte Kanzel **11** L Querarm mit Kajetan-Altar **12** Vierungskuppel **13** Viereckiger Chor mit Mensa, 1722 **14** Hochaltar **15** Sakristei **16** Zugang zur Fürstengruft **17** Fürstengruft **18** Epitaph, Beginn des 19. Jh. **19** Marienaltar **20** Klassizistisches Grabmal **21** Grabkapelle v. König Max II. und seiner Gemahlin **22** Kapelle mit Schutzengelbild v. A. Zanchi **23** Kapelle mit Cäcilien-Altar

Krieg beeinträchtigt wurde, sind die verschwenderisch reichen *Stukkaturen* v. G. Viscardi* (nach Entwürfen v. Barelli*). Sie bedecken – das Gewölbe ausgenommen – den gesamten Raum. Auf die Entwürfe Barellis gehen auch die 3 dominierenden *Altäre* im Chor und im Querschiff zurück. Sie sind den üppigen Stuckdekorationen angepaßt und verschmelzen mit diesen zu einer ungewöhnlichen Einheit. Hervorzuheben sind die teilweise bedeutenden *Gemälde*. Die Plastik der *Kanzel* hat A. Fai-

stenberger* geschaffen (1681). Unter dem Hochaltar befindet sich die *Fürstengruft* für die Kurfürsten Ferdinand Maria, Max Emanuel, Carl Albrecht, Max III. Joseph, Carl Theodor, König Max I., König Otto v. Griechenland und Kronprinz Rupprecht. – Das anschließende *Theatinerkloster*, das während des 2. Weltkriegs stark getroffen wurde, ist seit 1954 v. Dominikanermönchen belegt.

SCHLÖSSER

Alter Hof (Burgstraße 8): Hier residierten v. 1253, als Herzog Ludwig seine Residenz nach München verlegte, bis 1474 die Wittelsbacher Herrscher. Der Kaiser hatte ihnen Bayern schon im Jahre 1180 zugesprochen, doch erst die Teilung in Ober- und Niederbayern entschied über die Verlegung der Residenz v. → Landshut nach München. – Der Alte Hof (diese Bezeichnung wurde erst im 19. Jh. gebräuchlich) entstand am damaligen NW-Rand der Stadt auf einer leichten Anhöhe. Die Vier-Flügel-Anlage wurde durch teilweisen Abbruch im 19. Jh. und durch Bombenschäden im 2. Weltkrieg stark zerstört, ist jedoch in den Jahren 1946–66 hervorragend renoviert worden. Am besten erhalten ist der sw Teil. Der S-Flügel besitzt einen reizvollen Erker aus Holz mit spitzem Helm. Der Tortorm, durch den man die Anlage betritt, ist im Zuge des Wiederaufbaus auf seine urspr. Höhe hochgezogen worden. – Heute ist der Alte Hof Sitz v. *Finanzbehörden*. – An den Alten Hof schließt im N die *Münze* an (siehe dort).

Residenz (Residenzstr. 1, Eingang über Max-Joseph-Platz): Die Residenz wird v. der Residenzstraße, der Hofgartenstraße, v. Marstallplatz, v. der Maximilianstraße und v. Max-Joseph-Platz umgeben. Beginnend mit dem *Königsbau* am Max-Joseph-Platz umfaßt die Anlage (im Uhrzeigersinn beschrieben) die Komplexe *Alte Residenz, Festsaalbau, Cuvilliés-Theater, Allerheiligenhofkirche* (Ruine), *Residenztheater* und *Nationaltheater*. Zum *Marstallplatz* hin ist ein langgestreckter Verwaltungsbau des Nationaltheaters errichtet worden. – Die einzelnen Bauten sind durch 8 Höfe verbunden. Die wichtigsten: Der *Königsbauhof* hat die Stelle des einstmaligen Residenzgartens eingenommen. Hier steht die Neptunstatue, die G. Petel 1641 geschaffen hat. Der *Grottenhof* (1581–86) ist ringsum v. Arkaden umgeben. In der Mitte des Hofes steht der *Perseus-Brun-*

< Theatinerkirche *Residenz*

Grotte mit Grottenhof in der Münchner Residenz, deren einzelne Bauten durch acht Höfe verbunden sind

Brunnenhof mit Wittelsbacher Brunnen (auf dem Sockel Otto von Wittelsbach) in der Münchner Residenz

Schloß Nymphenburg von Westen

Spiegelsaal der Nymphenburger Amalienburg

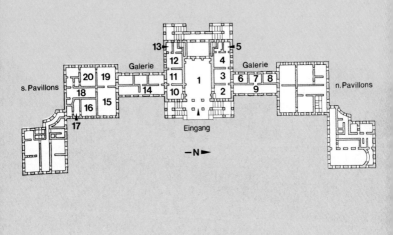

Schloß Nymphenburg 1 Festsaal, Steinerner Saal **2** 1. Vorzimmer **3** 2. Vorzimmer, Gobelinzimmer **4** Ehem. Schlafzimmer **5** N-Kabinett, »Drechselkabinett **6** Schönheitsgalerie v. Max Emanuel **7** Wappenzimmer **8** Karl-Theodor-Zimmer **9** N-Galerie **10** 1. Vorzimmer **11** 2. Vorzimmer **12** Schlafzimmer **13** »Chinesisches Lackkabinett« **14** S-Galerie **15** Ehem. Speisesaal (mit Schönheitsgalerie Ludwigs I.) **16** Maserzimmer **17** Kleine Galerie **18** Schönheitsgalerie **19** Blauer Salon **20** Schlafzimmer

nen, den vermutlich F. Sustris[*] entworfen und H. Gerhart[*] in Bronze modelliert hat (um 1590). Dann folgen der *Kapellenhof, der Kaiserhof,* der *Apothekenhof* und der *Brunnenhof* (mit dem *Wittelsbacher Brunnen,* in dessen Gipfel die Figur Ottos v. Wittelsbach zu erkennen ist, v. H. Gerhart[*]). – Die wichtigsten Bauphasen fallen mit den Regierungszeiten bes. baulustiger Wittelsbacher zusammen. Baubeginn war 1385 mit der sog. *Neuveste.* Sie sollte als Residenz den Alten Hof ablösen (siehe zuvor), der v. der schnell wachsenden Stadt umbaut worden war. Die Neuveste, die im NO-Bereich des heutigen Residenz-

komplexes gelegen hat, ist 1750 abgebrannt (auf dem Apothekenhof sind Fundamente der Türme und Kasematten der vierflügeligen Wasserburg erhalten). Unter Albrecht V. (1550–79) entstand das noch heute erhaltene *Antiquarium,* Wilhelm V. (1579–97) ließ den Trakt um den *Grottenhof* errichten, Maximilian I. (1579–97) ließ mit der *Alten Residenz* ein bedeutendes Werk der Renaissance in Bayern errichten, unter Max Emanuel II. (1679–1726) erfolgten umfangreiche Umbauten im Stil des *Barock,* auf Carl Albrecht (1726–45) gehen u. a. die *Reichen Zimmer* zurück, unter Max III. Joseph entstanden die *Kurfürstenzimmer* und das *Residenztheater,* Ludwig I. (1825–48) ließ schließlich durch seinen Baumeister Klenze[*] den *Königsbau,* den *Festsaalbau* und die *Allerheiligenhofkirche* im Stil des Klassizismus hinzufügen.

Schloß Nymphenburg (am Ende der Nördlichen Auffahrtsallee): Ausgangspunkt der ausgedehnten Schloßanlage ist der *Mittelpavillon,* den Henriette Adelaide

v. Savoyen, Gemahlin des Kurfürsten Ferdinand Maria, nach der Geburt des Thronerben Max Emanuel durch den ital. Architekten A. Barelli* v. 1664–75 als Sommerschloß errichten ließ (der Kurfürst hatte ihr die *Schwaige Kemnathen,* das Gebiet des heutigen Schlosses, geschenkt). Unter den Wittelsbachern, die Ferdinand Maria folgten, wurde die Anlage erweitert: Max Emanuel ließ 1702 durch A. Viscardi* zu beiden Seiten des Mittelpavillons quadratische und dreigeschossige Pavillons anfügen, die durch zweigeschossige Riegelbauten mit dem Hauptblock verbunden sind. Franz. Einfluß spiegelt sich in den beiden v. J. Effner* in den Jahren 1715/16 hinzugefügten Flügelbauten. Effner baute auch die *Pagodenburg* (1716–19), die *Badenburg* (1718–21) und die *Magdalenenklause* (1725–28). Unter Kurfürst Carl Albrecht (seit 1740 Kaiser Karl VII.) entstand zur Stadtseite hin das große Rondell, das v. Wohnbauten umstellt ist. Carl Albrecht war auch Bauherr der *Amalienburg,* die er als letzte der sog. Burgen im ausgedehnten Park für seine Gemahlin Maria Amalia errichten ließ (1734–39 nach Plänen v. F. Cuvilliés* d. Ä.). – Mittelpunkt des ausgedehnten Schloßkomplexes ist der Haupttrakt geblieben. Der *Festsaal* erhielt durch Cuvilliés seine heutige Wirkung. Die Fresken und Stukkaturen stammen v. den Brüdern J. P. und F. Zimmermann* (1756/57). Es dominieren die Farben Weiß, Gold und Grün. Auch die anschließenden Zimmer sind kostbar ausgestattet. Im *Park,* den der berühmte Gartenarchitekt F. L. v. Sckell* in den Jahren 1804–23 v. geometrisch strengen franz. Charakter in eine malerische Parkanlage umgestaltet hat, nehmen die Lustschlösser des 18. Jh. eine zentrale Stellung ein. Die wichtigste der 4 Burgen (Pagodenburg, Badenburg, Magdalenenklause und Amalienburg) ist die Amalienburg. Diese Glanzleistung des höfischen Rokoko erhielt ihre Akzente durch Künstler v. Range eines J. B. Zimmermann (Stukkaturen), J. Dietrich* (Holzarbeiten), P. Moretti* (Blaumalereien) sowie der Maler G. Desmarées und P. Hörmannstorffer. Im Zentrum des Schlosses steht der *Spiegelsaal,* an den sich verschiedene andere, jeweils ähnlich prunkvolle kleinere Wohn-, Schlaf- und Gesellschaftszimmer anschließen.

Lola Montez in der Schönheitsgalerie in Schloß Nymphenburg

Schloß Fürstenried (Forst-Kasten-Allee): J. Effner* hat diesen Bau 1715–17 als Jagdschloß für Kurfürst Max Emanuel erbaut. Der kubische Mittelbau hat kleinere Pavillons, mit denen er durch Galerien verbunden ist, zu seinen Seiten. Als sog. »point de vue« ist die Anlage axial auf die Türme der Frauenkirche ausgerichtet.

PROFANE BAUDENKMÄLER

Alte Akademie (Neuhauser Straße 51): Der Komplex, der sich an die Michaelskirche anschließt, ist in den Jahren 1585–97 zunächst als *Jesuitenkolleg* und *Gymnasium* für 1500 Schüler entstanden, nach Aufhebung des Ordens jedoch unterschiedlich genutzt worden. Bis zu seiner Zerstörung im 2. Weltkrieg war es u. a. *Sitz der Akademie der Wissenschaften* (jetzt in der Residenz). Die Kriegsschäden sind inzwischen teilweise beseitigt worden. Die schöne Renaissance-Fassade ist ganz wie-

derhergestellt. Heute ist hier das *Statisti-
sche Landesamt* untergebracht. – Vor der
Alten Akademie steht der *Richard-
Strauss-Brunnen* (1961, v. Henselmann),
eine 6 m hohe Bronzesäule.

Altes Rathaus (Marienplatz 15): An den
urspr. Bau, der in den Jahren 1470–75 v. J.
v. Halspach (Frauenkirche) erbaut wurde,
erinnert heute nur noch der neugot. Bau
mit seinem mächtigen Staffelgiebel. Der
Rathausturm von 1392 wurde im 2. Weltkrieg zerstört und 1972 in den got. Formen
von 1462 rekonstruiert. Ein Meisterwerk
ma Raumgestaltung ist der *Ratssaal,* für
den E. Grasser* im Jahre 1480 die Folge
der *Moriskentänzer* geschaffen hatte (jetzt
im → Münchner Stadtmuseum). Der Saal
ist v. einem hölzernen Tonnengewölbe
überspannt. An den Wänden ein Fries v. 99
Wappen und Zierscheiben.

Bavaria mit Ruhmeshalle (Theresienhö-
he): Die Bavaria gehört zu den Wahrzeichen der Stadt München. Sie wurde nach
einem Modell Schwanthalers* v. F. Miller
in Bronze gegossen und 1850 im Rahmen
eines Volksfestes enthüllt. Die 18,1 m hohe Figur erreicht mit dem Sockel eine Höhe von 27,4 m. Im Inneren führen 130
Stufen bis zur Augenhöhe (v. dort Rundblick über einen großen Teil der Stadt). –
Hinter der Bavaria (die einen Löwen zu
ihrer Seite hat) steht die 1853 v. L. v.
Klenze* im Auftrag Ludwigs I. errichtete
Ruhmeshalle, eine bayr. Walhalla (→ Regensburg). In der dorischen Säulenhalle
sind die Büsten v. 86 bedeutenden bayr.
Persönlichkeiten aufgestellt.

Erzbischöfliches Palais (Kardinal-v.-
Faulhaber-Str. 7): F. Cuvilliés* hat dieses
Palais 1733–37 errichtet und damit einen
der schönsten Adelspaläste im Stil des Rokoko geschaffen. Der Aufbau folgt jenem
Schema, das J. Effner* (→ Nymphenburg)
vielfach praktizierte: 3 Geschosse bieten 9
Fensterachsen, wobei die beiden oberen
Geschosse durch ausgeprägte Pilaster zusammengefaßt werden. Das Palais ist heute Sitz des Oberhirten der Erzdiözese München-Freising. – Das benachbarte *Palais
Porcia* (Kardinal-v.-Faulhaber-Str. 12)
wurde zwar schon 1693 durch E. Zuccalli* errichtet, durch Cuvilliés jedoch im

Altes Rathaus

1. Drittel des 18. Jh. umgestaltet. Es diente
als Vorbild für eine Reihe weiterer Adels-
sitze in München.

Feldherrnhalle (Odeonsplatz): Das →
Siegestor im N und die Feldherrnhalle im
S sind die Endpunkte der Ludwigstraße,
die Ludwig I. als Prunkstraße errichten
ließ (1816–50). Als Vorbild diente die
Loggia dei Lanzi in Florenz. Erbaut wurde
die Halle in den Jahren 1840–44 v. F. v.
Gärtner*. Die Standfiguren stellen die Ge-
neräle Tilly (1559–1632) und Wrede
(1767–1838) dar und wurden bei de v. L. v.
Schwanthaler geschaffen. Das Armee-
denkmal in der Mitte ehrt die Gefallenen
des Krieges 1870/71 (v. F. A. Miller;
1882).

Fernsehturm (Olympiagelände): Der
Fernsehturm (offiziell: Olympiaturm)
wurde in den Jahren 1965–68 errichtet und
gehört mit seinen 290 m Höhe zu den
höchsten Stahlbetonkonstruktionen der
Welt. In 198 m Höhe befindet sich eine

Bavaria mit Ruhmeshalle

(über Fahrstühle zu erreichende) Aussichtsplattform. Das Dachrestaurant dreht sich in 45 Minuten einmal um die eigene Achse.

Friedensengel (Luitpoldbrücke/Prinzregentenstraße): Das auf einer 23 m hohen Säule aufgestellte Denkmal, ein Engel mit Palmzweig und Erdkugel, wurde 1895 v. der Stadt München in Erinnerung an den Frieden v. Versailles und die folgenden »25 Jahre Frieden« gestiftet. Die Nachbildung der Nike v. Olympia stammt v. M. Heilmaier, H. Düll und G. Pezold (1982/83 rest.).

Isartorplatz: Das Isartor, eines der ehem. Stadttore, wurde im 2. Weltkrieg zerstört und 1946–71 wiedererrichtet. Es stammt urspr. von der 2. Stadtbefestigung v. 1330. 1815 Restaurierung des Tors durch F. v. Gärtner. An der O-Seite ist in einem Fresko Kaiser Ludwig der Bayer nach der Rückkehr v. der siegreichen Schlacht bei Ampfing (1322) dargestellt (v. B. Neher

1835 geschaffen). Im S-Turm befindet sich heute das originelle *Valentin-»Musäum«* ($\rightarrow$ Museen).

Künstlerhaus (Lenbachplatz): G. v. Seidl hat den Festsaal in den Jahren 1896–1900 im Stil eines florentinischen Palazzo errichtet. Er wurde v. dem Maler Franz v. Lenbach[*] ausgestattet. Nach der Zerstörung im 2. Weltkrieg ist das Haus originalgetreu wiederaufgebaut worden. Heute finden hier kulturelle Veranstaltungen der verschiedensten Art und größere Empfänge statt.

Maximilianeum (an der Maximilianbrücke): Jenseits der Maximilianbrücke, die F. Thiersch (1903–05) in 2 Bögen und mit einer Spannweite v. 46 m aus Muschelkalk gebaut hat, entstand 1857–74 als Abschluß der als Prachtstraße konzipierten Maximilianstraße das Maximilianeum. Nach verschiedenen Entwürfen kamen schließlich die Pläne v. F. Bürklein zur Ausführung. Das Maximilianeum war urspr. als Gemäldegalerie und adeliges Erziehungsinstitut (»Pagerie«) bestimmt. Daran erinnert die *Stiftung Maximilianeum,* die bes. begabten Schülern und Studenten freien Aufenthalt vermittelt. – Heute tagen in diesem Gebäude der *Bayr. Landtag* (Plenarsaal) und der *Senat* (Senatssaal). – L und r v. dem Gebäude schließen sich die *Maximiliansanlagen* an. N v. Maximilianeum wurde 1967 ein Denkmal v. T. Rückel für *König Ludwig II.* errichtet, der hier ein Richard-Wagner-Opernhaus bauen wollte.

Münze (Hofgraben 4): Der Bau, der in seinen Ursprüngen auf das Jahr 1465 zurückgeht, ist vielfach umgestaltet und unterschiedlicher Nutzung zugeführt worden. Zunächst Marstallgebäude, wurde er nach dem Umbau der Jahre 1563–67 im Obergeschoß als *Kunstkammer* genutzt. Anfang des 19. Jh. erfolgte die Umgestaltung der W-Fassade im klassizistischen Stil (weitere Veränderungen Mitte 19. Jh.). Sehenswert ist der schöne dreigeschossige *Arkadenhof* (16. Jh.), der als Turnierhof gedient hat.

Olympiapark mit Olympiastadion (Oberwiesenfeld): Die Anlagen für die XX. Olympischen Sommerspiele 1972 gelten heute in vielfacher Hinsicht als bei-spielgebend. Sie bescherten nicht nur Aktiven und Zuschauern das »Olympia der kurzen Wege«, sondern waren auch in ihrer Funktion auf die gestiegenen Anforderungen an die Technik und Wissenschaft abgestimmt. Darüber hinaus setzten die architektonischen Leistungen der beteiligten Architekten neue Maßstäbe im Bereich der Sportbauten. Kernstück der Anlagen ist das *Olympiastadion,* das nach Plänen der Architektengemeinschaft Behnisch & Partner entstanden ist. Unter einem gewaltigen, insgesamt 74 800 qm großen Zeltdach sind das Stadion, die große Sporthalle und die Schwimmhalle vereint. Das Dach wird v. bis zu 80 m hohen Trägern gehalten und ist – über einem Stahlnetz mit einer Maschenweite von 75 x 75 cm – mit lichtdurchlässigen Acrylplatten eingedeckt.

Preysing-Palais (Residenzstr. 27): Das ehem. Adelspalais (1723–28) entstand im Stil des Rokoko und gehört zu den bedeutendsten Adelssitzen aus dieser Zeit in München.

Propyläen (an der W-Seite des Königsplatzes): Das Eingangstor zur Akropolis in Athen gab nicht nur den Namen, sondern war auch in den Formen Vorbild für Hofbaumeister L. v. Klenze* (der auch die

Maximilianeum

Gesamtanlage des *Königsplatzes* konzipiert hat; Glyptothek, Staatl. Antikensammlung, → Museen). Die Propyläen (1848–62) werden v. 2 Tortürmen eingerahmt, wobei dem Mittelbau auf beiden Seiten dorische Säulenhallen vorgelagert sind. Die Skulpturen und Reliefs, die dem Freiheitskampf der Griechen gegen die Türken gewidmet sind, sollen an den Griechenkönig Otto (1832–62) erinnern, einen Sohn Ludwigs I., der Griechenland die Landesfarben Blau-Weiß gegeben hat (in Umkehrung der bayr. Farben Weiß-Blau).

Rathaus (auch Neues Rathaus; Marienplatz 8): Mit dem mächtigen Bau im Stil des Historismus folgte Architekt G. Hauberrisser* dem Wunsch nach Repräsentation und Prunk. Der Bau entstand im wesentlichen in 3 Etappen, v. 1867–74 (der ö Ziegelsteinbau), v. 1888–93 und v. 1899–1908 (w Teil aus Muschelkalk). Bestimmend für den Bau ist der 85 m hohe Turm des W-Baus. Die Standbilder bayr. Herzöge und Kurfürsten (an der Hauptfassade) sind nicht mehr vollständig erhalten. Jeweils um 11 Uhr (im Sommer auch um 17 Uhr) ist das *Glockenspiel* vom Turm zu hören. Dazu ist ein Reigen bunt bemalter Figuren (1,40 m groß) zu sehen, die Herzog Wilhelm V. bei seiner Hochzeit mit

Renate v. Lothringen darstellen. Im unteren Teil ist der *Schäfflertanz* zu sehen (dieser 1463 zum erstenmal erwähnte Tanz wird v. Mitgliedern der Böttcherinnung alle 7 Jahre während des Faschings aufgeführt).

Siegestor (Ludwigstraße): Als Kontrapunkt zur → Feldherrnhalle, mit der die Ludwigstraße nach S hin abgeschlossen wird, bildet das Siegestor den Endpunkt dieser Prachtstraße zum Stadtausgang hin. Vorbild war der Konstantinsbogen in Rom. Das Siegestor wurde 1843–52 nach Plänen F. v. Gärtners* als Ehrenmal für die Leistungen der bayr. Armee in den Freiheitskriegen 1813–15 errichtet.

Universität (Geschwister-Scholl-Platz 1): König Ludwig I. gab den Auftrag zum Bau jenes langgestreckten Dreiflügelbaus (1835–40), für den F. v. Gärtner* die Pläne geliefert hatte. Er war für die Aufnahme v. 1500 Studenten konzipiert und mußte deshalb schon bald durch einen Erweiterungsbau ergänzt werden. Die Universität war 1472 in → Ingolstadt gegr. worden und ist über → Landshut nach München gekommen (1826). Mit mehr als 26 000 Studenten ist die Ludwig-Maximilian-Universität heute die größte Hochschule der Bundes-

Olympiagelände mit Fernsehturm

Propyläen auf dem Königsplatz

republik. – Gegenüber der Universität wurde in den Jahren 1834–42 das *Georgianum*, ein kath. Priesterseminar, errichtet (nach Plänen Gärtners).

PARKS

Englischer Garten und Hirschau (beginnt an der Prinzregentenstraße): Reichsgraf Sir Benjamin Thompson v. Rumford hat gemeinsam mit dem beratenden Gartenarchitekten F. L. v. Sckell* 1789–95 den Engl. Garten geplant und angelegt. Er hieß zunächst *Theodors Park,* erhielt jedoch später die heutige Bezeichnung. Er ist heute 5 km lang, rund 2 km breit und etwa 75 Morgen groß. Im N grenzt er an die *Hirschau,* die heute zum Engl. Garten gerechnet wird. Im Park befinden sich der *Chinesische Turm* (1789/90) und eine Reihe v. Denkmälern (u. a. für Rumford, nahe der Lerchenfeldstraße, und der *Monopteros* für Kurfürst Carl Theodor, 1833, v. L. v. Klenze*).

Hofgarten (Hofgartenstraße): Im N der Residenz liegt der Hofgarten, den Herzog Maximilian I. 1613–15 anlegte. Heute betritt man ihn durch das 1816 v. L. v. Klenze* errichtete *Hofgartentor.* Die *Arkadengänge,* die den Garten im W und S einschließen (sie sind insgesamt 583 m lang und öffnen sich in 123 Bögen zur Gartenseite), stammen ebenfalls aus den Entstehungsjahren dieses Parks. Der N-Flügel der Arkaden wurde 1779 um ein Geschoß erhöht und sollte eine Gemäldegalerie aufnehmen. Die Bilder v. Athen, Olympia, Delphi und einigen anderen griechischen Städten und Inseln in den n Arkaden wurden erst 1963 v. Seewald gemalt (womit ein Plan Ludwigs I. nachträglich verwirklicht wurde). Die Folge klassischer Landschaften, die K. Rottmann 1830–34 gemalt hatte, befindet sich jetzt im → *Residenzmuseum.* Im O wird der Hofgarten v. *Bayr. Armeemuseum* (1900–05) abgeschlossen, v. dem allerdings nach den Zerstörungen des 2. Weltkrieges nur ein geringer Teil erhalten ist. Die Waffensammlungen be-

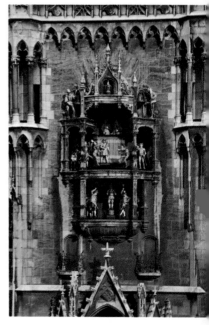

Rathaus mit Glockenspiel (r)

finden sich jetzt im neuen Bayr. Armeemuseum in → Ingolstadt.

Alter Botanischer Garten (zwischen Hauptbahnhof und Stachus): Auch diese Anlage hat L. v. Sckell*1804–14 geschaffen (→ Engl. Garten, → Schloß Nymphenburg). Vom urspr. Charakter ist nur wenig erhalten. Der Garten wurde 1935–37 zum Stadtpark umgestaltet, den man (v. Karlsplatz aus) durch einen klassizistischen Portalbau mit dorischen Säulen betritt (E. J. d'Herigoyen, 1812).
Der Garten wird nach N durch die Sophienstraße begrenzt. Dort befinden sich mehrere naturwissenschaftliche Institute der Universität.

MUSEEN

Da M. nicht nur Theater- und Musikstadt, sondern auch eine Stadt der Museen ist, kann nur Stichpunktartiges selbst über die größten und reichhaltigsten Museen wiedergegeben werden. Wir verweisen auf die jeweiligen Museumsführer.

Alte Pinakothek (M. 2, Barerstr. 27): Bau 1825–36 v. L. v. Klenze errichtet, respektabler Wiederaufbau 1952–57. Zeigt europ. Malerei des 14.–18. Jh., bes. dt. und niederländische des 15. und 16. Jh., flämische des 17. und italienische Malerei des 15.–18. Jh. Sie ist heute eines der bedeutendsten Museen der Welt.

Anthropologische Staatssammlung (M. 2, Karolinenplatz 2): Skelettfunde aus der Bayr. Siedlungsgeschichte. – *Architektursammlung der Technischen Universität* (M. 2, Arcisstr. 21): Architekturstudien Münchner Architekten des 19. und 20. Jh. – *Aussiger Heimatstube* (M. 22, Liebherrstr. 4/III): Böhmisches Heimatgut. – *Bayr. Staatssammlung für allgemeine und angewandte Geologie* (M. 2, Luisenstr. 37): Geologische Ausstellung. – *Bayr. Staatssammlung für Paläontologie und historische Geologie* (M. 2, Richard-Wagner-Str. 10): Erdgeschichtliche Ausstellung. – *BMW-Galerie und Museum* (M. 40, Petuelring 130): Werke moderner Malerei (Galerie), Entwicklung und Geschichte v. Motoren (Museum).

Bayr. Nationalmuseum (M. 22, Prinzregentenstr. 3): Europ. (bes. süddt.) Kunst und Kunsthandwerk v. MA bis etwa 1900 (z. B. Plastiken v. Riemenschneider, Leinberger, Asam, Günther und Straub), Gemälde und Skizzen, Volkskunst, Krippen, historische Innenräume, Stadtmodelle, Fayence und Porzellan europ. Manufakturen, Uhren, wissenschaftliche Instrumente, Goldschmiedearbeiten, Miniaturen, Musikinstrumente.

Deutsches Jagdmuseum (M. 2, Neuhauser Str. 53): Ausstellung mit Jagdutensilien, Trophäen und Kunstwerken, die die Jagd zum Thema haben.

Deutsches Museum (M. 22, Museumsinsel 1): Das »Deutsche Museum v. Meisterwerken der Naturwissenschaft und Technik« wurde v. Oskar v. Miller 1913 gegr. Der s Museumsbau wurde als erster großer Eisenbetonbau Münchens 1906–25 durch G. und E. v. Seidl erbaut, 1913 und 1928–32 und 1935 weitergebaut und nach Kriegszerstörungen 1958 wiederhergestellt und 1972 erweitert. Der Saalbau (1928–35) dient als *Konzertsaal.* Es folgen *Bibliothek* und Restaurant und schließlich ein ausgedehnter Gebäudekomplex für die umfangreichen Sammlungen aus physikalischen, technischen, astronomischen und musikhistorischen Bereichen. Mit seinen 45 *Abteilungen* das größte, bedeutendste Museum dieser Art auf der Welt.

Deutsches Theatermuseum (M. 22, Galeriestr. 4 a): Dokumente zur Theatergeschichte.

Glyptothek (M. 2, Königsplatz 3): Griechische und röm. Skulpturen.

Marstallmuseum (Schloß Nymphenburg, M. 19): Sammlungen zur Kulturgeschichte der kurfürstlichen Pferde und Stallungen.

Mineralogische Staatssammlung (M. 2, Theresienstr. 41): Mit Mineralien aus der ganzen Welt. – *Münchner Feuerwehrmuseum* (M. 2, Blumenstr. 34): Mit Dokumenten zur Münchner Feuerwehr.

Münchner Stadtmuseum (M. 2, Jakobsplatz 1): Mit Gegenständen zur Stadt- und Kulturgeschichte Münchens: Kunstge-

Deutsches Museum, Luftfahrthalle

werbe, Wohnkultur, Trachten und Kostüme, Musikinstrumente, Film und Fotos, Bestände aus alten Münchner Gebäuden (z. B. Moriskentänzer v. E. Grasser v. 1480).

Museum Villa Stuck (M. 80, Prinzregentenstr. 60): Mit Gemälden und Plastiken v. Franz v. Stuck und Einrichtungsgegenständen der Jahrhundertwende.

Neue Pinakothek (M. 40, Barerstr. 29): Neubau 1975–81 durch Alexander Freiherr v. Branca mit europ. Gemälden und Skulpturen des 18.–20. Jh., bes. dt. Romantiker, engl. Malerei, Münchner Schule, Impressionisten.

Neue Sammlung – Staatl. Museum für angewandte Kunst (M. 22, Prinzregentenstr. 3): Kulturgeschichtlich bedeutsames Gerät v. Ende des 19. Jh. bis heute. – *Prähistorische Staatssammlung – Museum für Vor- und Frühgeschichte* (M. 22, Lerchenfeldstr. 2): Mit Beständen aus der Altsteinzeit bis zum MA im Mittelmeerraum. – *Museum Mensch und Natur* (M. 19; Maria-Ward-Str. 16): 1990 eröffnetes Ausstellungsforum der Staatlichen Naturwissenschaftlichen Sammlungen im N-Flügel des Nymphenburger Schlosses. – *Residenz-museum* (M. 22, Max-Joseph-Platz 3): siehe Residenz. – *Schackgalerie* (M. 22, Prinzregentenstr. 9): Private Sammlung des Grafen Schack mit Gemälden seiner Zeitgenossen (Spitzweg bis Marées und Lenbach). – *Siemens-Museum* (M. 2, Prannerstr. 10): Dokumente zur Geschichte der Entwicklung der Elektrotechnik bei Siemens ab 1847. – *Staatl. Antikensammlung* (München 2, am Königsplatz 1): Sammlungen griechischer, etruskischer und röm. Vasen, Terrakotten, Gläser, Bronzen und Schmuck. – *Staatl. Graphische Sammlung* (M. 2, Meiserstr. 10): Handzeichnungen und Druckgraphik der europ. Kunst des 15.–20. Jh. – *Staatl. Münzsammlung* (M. 2, Residenzstr. 1): Exponate aus der Kulturgeschichte des Geldes. – *Staatl. Sammlung Ägyptischer Kunst* (M. 2, In der Residenz, Hofgartenstraße): Antike, ägyptische Exponate. – *Staatl. Museum für Völkerkunde* (M. 22, Maximilianstr. 42): Kunst- und Kulturgut aus außereurop. Regionen (bes. Indien, Afrika, Südamerika). – *Staatsgalerie moderner Kunst/Haus der Kunst* (M. 22, Prinzregentenstr. 1): Internationale Malerei und Plastik des 20. Jh. – *Städt. Galerie im Lenbachhaus* (M. 2, Luisenstr. 33): Haus 1887–97 durch G. v. Seidl erbaut, 1927 angebaut. Nach Kriegszerstörung bis

Residenzmuseum, Krone Kaiser Heinrichs II.

1952 wiederaufgebaut, mit Münchner Malerei des 15.–20. Jh., bes. Kandinsky, Marc, Macke und Lenbach. – *Valentin-Musäum* (Im Isartor-Turm, M. 2, Tal 43): Münchner Volkssänger- und Kuriositäten-Museum.

THEATER

Altes Residenztheater/Cuvilliéstheater (Residenzstr. 1; → Residenz): In diesem Juwel der Rokokokunst, das F. Cuvilliés d. Ä.* ab 1750 erbaute, werden heute Opern, Schauspiele und Konzerte gegeben.

Deutsches Theater (Schwanthalerstr. 13): Aufführungen verschiedener Bühnen; Gastspiele, auch Musicals (1894–96 erbaut, 1983 wiedereröffnet).

Gärtnerplatztheater (Gärtnerplatz 3): 1864–65 erbaut, nach dem Krieg ab 1948 rest. Wird mit Operetten, Opern, Musical und Ballett bespielt.

Kammerspiele im Schauspielhaus (Maximilianstraße 26): Ab 1900 im Jugendstildekor erbaut. Schauspielbühne (730 Plätze) und Werkraumtheater (299 Plätze; Hildegardstr. 1). Die Kammerspiele sind seit den aufsehenerregenden Inszenierungen Otto Falckenbergs eines der führenden dt. Theater.

Kleine Komödie (Maximilianstr. 47): Schauspiel-Ensemble mit 2 Theatern, am Max-II.-Denkmal (556 Plätze) und im Bayr. Hof, Promenadeplatz 6 (574 Plätze).

Kulturzentrum am Gasteig (Rosenheimer Str. 5): Weitgespanntes Angbot als Bildungs-, Tagungs- und Ausstellungsstätte; insbesondere Konzerte und Theateraufführungen mit ca. 600 000 Besuchern jährlich.

Marionettentheater (München 2, Blumenstr. 29a): 1900 durch T. Fischer in klassizistischem Stil mit Portikus (als einziger Bau der Welt, der eigens für ein Marionettentheater errichtet wurde) erbaut.

Nationaltheater (M. 2, Max-Joseph-Platz 2): Prachtvoller klassizistischer Bau v. 1825. Theater der Bayrischen Staatsoper mit Opern- und Ballettaufführungen. Gilt als eines der bedeutendsten Opernhäuser der Welt.

Nationaltheater   *St. Michael in Berg am Laim* >

St. Michael in Berg am Laim

Prinzregententheater (Prinzregentenstr. 82): Urspr. als Festspielhaus konzipierter Theaterbau v. 1900; beherbergte nach dem 2. Weltkrieg die Staatsoper. Im Jahre 1964 Wiedereröffnung als Schauspiel-, Opern- und Konzerttheater.

Residenztheater/Neues Residenztheater (M. 22, Max-Joseph-Platz 1): Theater des Bayr. Staatsschauspiels mit Schauspielaufführungen.

SEHENSWÜRDIGKEITEN
IN DEN STADTTEILEN

AU: **Pfarrkirche Mariahilf** (Mariahilfplatz): J. D. Ohlmüller errichtete 1831–39 den Bau, nachdem er einen v. König ausgeschriebenen Wettbewerb gegen so prominente Mitbewerber wie Klenze* und Gärtner* gewonnen hatte. Der unverputzte Ziegelbau im Stil der Neugotik zeigt erste Ansätze der Romantik innerhalb der Kirchenarchitektur.

BERG AM LAIM: **Ehemalige Hofkirche/ Pfarrkirche St. Michael:** In den Jahren 1738–52 ist die Pfarrkirche im Auftrag des Kölner Erzbischofs Clemens August als Ordens- und Hofkirche für das nahe gelegene Landschloß errichtet worden. Architekt war J. M. Fischer*, dem hier eine seltene Synthese aus Lang- und Zentralbau gelungen ist. J. B. Zimmermann* hat die Stukkaturen und Deckengemälde geschaffen, der Hochaltar stammt ebenso wie die 6 Nebenaltäre aus der Werkstatt J. B. Straubs*, die Kanzel hat B. Hässer geschaffen.

RAMERSDORF: **Stadtpfarr- und Wallfahrtskirche Mariae Himmelfahrt:** Die heutige Kirche ist in der 1. Hälfte des 15. Jh. entstanden, nachdem schon im 14. Jh. bedeutende Marienwallfahrten zu den Vorgängerbauten (seit 11. Jh. bezeugt) stattgefunden haben. Die Ausstattung wurde 1675 erneuert und präsentiert sich nun im Stil des Barock. Wertvollster Teil der Innenausstattung ist der 1483 gestiftete *Flügelaltar,* dessen Kreuzigungsrelief E. Grasser* geschaffen hat.

BLUTENBURG: **Ehem. herzogliches Jagdschloß:** Ein älterer Bau wurde im 15. Jh. durch die Herzöge Albrecht III. und Sigismund ausgestaltet. 1681 wurde das baufällige Schloß renoviert und der Garten angelegt. Der typische spätma Herrensitz ist v. a. wegen seiner *Schloßkapelle St. Sigismund* berühmt. Die figürlichen Wandmalereien und die einheitliche Ausstattung aus der Entstehungszeit machen die Kapelle zu einer Kostbarkeit. Berühmt sind die »Blutenburger Apostel«, ein Zyklus v. Holzbildwerken eines unbekannten Münchner Meisters. In der Blutenburg ist heute eine internationale *Jugendbuch-Bibliothek* eingerichtet. Im Sommer *Schloßkonzerte.*

SCHLEISSHEIM: → S

AUSSERDEM SEHENSWERT

Bogenhausen: Alte Pfarrkirche St. Georg mit Friedhof; **Harlaching:** Wallfahrtskirche St. Anna; **Oberföhring:** Kath. Pfarrkirche St. Laurentius.

Wallfahrtskirche Mariae Himmelfahrt in Ramersdorf

48143–67 Münster
Nordrhein-Westfalen

Einw.: 264 200   Höhe: 62 m   S. 1276 ☐ D 7

Die alte Bischofsstadt, gelegentlich als »Rom des Münsterlandes« bezeichnet, zeigt schon in ihrem Namen die enge Verbindung zur Kirche (aus lat. monasterium = Kloster). Erste Hinweise auf die Stadt lassen sich bis in das 3. Jh. zurückverfolgen, das eigtl. Wachstum begann jedoch erst, als Münster 804/05 Bischofssitz wurde. Bald darauf übernahmen die Münsteraner Bischöfe auch die Aufgaben v. Landesfürsten und bauten damit ihren Einfluß weiter aus. Als eines der Zentren der Hanse erlebte Münster im späten MA eine Blütezeit. 1534/35 bemächtigte sich die Sekte der Wiedertäufer mit Mord und Terror der Stadt. Als Folge des niedergeschlagenen Aufstands verlor die Stadt vorübergehend ihre bürgerlichen Freiheiten und den Wohlstand. 1648 wurden in Münster der Spanisch-Niederländische und der Westfälische Frieden geschlossen.

Dom St. Paul (Domplatz): Der W-Chor eines Domes, den Bischof Erpho 1090 gew. hatte, wurde Grundlage des heutigen Baus: Auf dem Grundriß des Erpho-Domes entstand unter Bischof Hermann II. am Ausgang des 12. Jh. der bis heute erhaltene Bau, der zu den besten architektonischen Leistungen in Deutschland gehört. Ein Neubau im 13. Jh. übernahm dessen Grundriß und Grundmauern. Spätere Ergänzungen und Erweiterungen und auch der Wiederaufbau nach dem 2. Weltkrieg berücksichtigten den Ursprung und beließen den Gesamteindruck.
Baustil und Baubeschreibung: Der mehr als 100 m lange Bau wird v. den beiden Türmen beherrscht, die bis zur Höhe des Mittelschiffs ungegliedert aufsteigen. Diese Schlichtheit setzt sich heute in der W-Front fort. Sie wird nur durch die 16 Rund-

Münster, Panorama mit Dom St. Paul

fenster unterbrochen. Dem W-Bau ist im S das »Paradies« vorgelagert. Die Formen sind roman.-got. Eine Reihe v. Figuren schmückt die Fassade des mächtigen Baus. *Inneres und Ausstattung:* Man betritt den Dom durch den Alten Chor im W, der beiderseits v. Arkadengängen gesäumt wird. In Verbindung mit dem Wiederaufbau des kriegszerstörten Doms wurde die Neuordnung den jetzigen Anforderungen an eine Bischofskirche angepaßt. Bedeutendste Schätze der überreichen Innenausstattung sind die 10 *Apostelfiguren* im Paradies. Sie gelten als der »großzügigste und eindrucksvollste ma Figurenzyklus in Westfalen«. Ein Rankenfries, der zu Füßen der Apostel verläuft, zeigt Musikanten, Jagdszenen, Szenen aus dem Ackerbau, aus der Weinlese, Tiere und Fabelwesen. Darüber hinaus ist der Dom voller Altäre, Statuen (u. a. Stephanusaltar), Grabmäler und Epitaphien. Hervorgehoben werden sollen hier nur das *marmorne Prunkepitaph* für Fürstbischof C. v. Galen (gest. 1678) und das marmorne Epitaph des Fürstbischofs F. Ch. v. Plettenberg (gest. 1706). Beide wurde v. Mitgliedern der berühmten Bildhauerfamilie Gröninger* geschaffen. Im Chorumgang findet sich die *astronomische Uhr* aus dem Jahr 1542, die v. dem starken technisch-wissenschaftlichen Interesse der Fürstbischöfe zeugt. In einem Neubau am N-Flügel des Kreuzganges befindet sich jetzt der *Domschatz*. Wertvollstes Stück ist die goldene Reliquienbüste des hl. Paulus. Die massivgoldene Treibarbeit (aufgesetzt auf einen Holzkern) ist 22,8 cm hoch und über und über mit farbigen Steinen, Perlen und feinster Filigranarbeit besetzt. – Weitere Figuren aus dem Dom und ehem. Diözesanmuseum finden sich im N-Arm des Kreuzganges, dem *Lapidarium.* Hier ist die bedeutendste Arbeit der *Einzug Christi in Jerusalem.* Diese Figurengruppe stammt v. H. Brabender (1545), einem der besten Bildhauer der Spätgotik. Erwähnt sei schließlich der *Kapitelsaal,* dessen Wandtäfelung nach Entwürfen v. Ludger tom Ring d. Ä. entstanden ist (vollendet 1558).

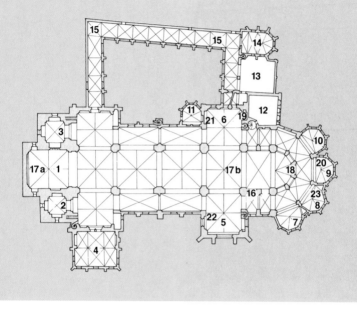

Kath. Pfarrkirche St. Ägidii (Ägidii-straße): J. K. Schlaun* hielt sich bei seinen Plänen strikt an die Vorschriften des Kapuzinerordens, der u. a. die Turm- und Schmucklosigkeit vorschrieb. – Im Mittelpunkt der reichen Ausstattung steht die geschnitzte *Barockkanzel* mit ihren lebensgroßen Figuren (dargestellt sind Christus und der hl. Franziskus, der die Ordensregeln entgegennimmt), ein Hauptwerk v. J. W. Gröninger um 1720. Der achteckige *Taufstein* stammt aus dem Jahr 1557 und ist eine Arbeit v. A. Reining. Die *Seitenaltäre* enthalten Gemälde v. E. Steinle (ab 1859), der auch die Wandmalereien besorgte.

Münster, Dom St. Paul 1 W-Chor (Alter Chor) **2** Taufkapelle **3** Schatzkammer **4** Paradies **5** Johanneschor **6** Stephanuschor **7** Maximuskapelle **8** Liudgeruskapelle **9** Josefskapelle **10** Kreuzkapelle **11** Sakramentskapelle **12** Kapitelsaal **13** Sakristei **14** Marienkapelle **15** Kreuzgang **16** Astronomische Uhr, 1542 **17** Hochaltar, a) Alter Hochaltar, 1622, b) Neuer Hochaltar, 1956, mit Apostelfiguren, um 1330 **18** Leuchterengel v. J. Brabender, um 1560 **19** Denkmal des Domdechanten Heidenreich v. Letmathe (gest. 1625) v. G. Gröninger **20** Grabmal des Fürstbischofs Bernhard v. Galen v. J. M. Gröninger, 1678 **21** Grabmal des Fürstbischofs Friedrich Christian v. Plettenberg (gest. 1706) v. J. M. Gröninger **22** Epitaph für Ferdinand v. Plettenberg v. J. W. Gröninger, um 1712 **23** Grab des »Löwen v. Münster«, Clemens August Kardinal v. Galen

Kath. St.-Clemens-Kirche (Clemensstraße): Im Auftrag des Kurfürsten Clemens August hat J. K. Schlaun die Kirche 1745–53 als Hospitalkirche für die Münsteraner Niederlassung der Barmherzigen Brüder gebaut. Die Kirche wird v. einem runden Mittelraum beherrscht, der v. einer Kuppel bedeckt und v. mehreren Nischen umgeben ist (für Altäre, Beichtstühle und den Eingang).

Aus der reichhaltigen Ausstattung ragt das Kuppelgemälde, das den hl. Clemens als Namenspatron der Kirche verherrlicht, heraus. J. A. Schöpf hat es 1750 gemalt (nach der Zerstörung im 2. Weltkrieg als Kopie wiederhergestellt).

Stephanusaltar im Dom zu Münster

Münster, St. Lamberti 1 Alter Chor **2** Haupteingang mit Relief Wurzel Jesse, Mitte 15. Jh. **3** Kreuzigungsgruppe, nach 1536 **4** Apostelfiguren v. J. Kroeß, um 1600 **5** Expositorium v. F. J. Diemig, 1782

Kath. Stadt- und Marktpfarrkirche St. Lamberti (Prinzipalmarkt): Die heutige Kirche (ihr gingen 2 ältere im 12. und 13. Jh. voran) entstand in den Jahren 1375–1450 (der W-Turm wurde 1887–92 neu errichtet). Die Wiederherstellung nach den Zerstörungen aus dem 2. Weltkrieg war 1960 abgeschlossen. St. Lamberti ist nicht nur die größte Pfarrkirche der Stadt, sondern gleichzeitig eine der bedeutendsten Kirchen der Spätgotik in Westfalen. Das Äußere ist reich dekoriert, v. a. die Portale. Über dem Haupteingang ist die Wurzel Jesse in einem monumentalen Relief dargestellt. Große Teile der Ausstattung gingen verloren. Im Chor sind die Steinfiguren der Apostel, eine Arbeit v. J. Kroess (um 1600), erwähnenswert, im sog. Alten Chor stehen Steinfiguren v. 4 Kirchenvätern (17. Jh.). An der S-Seite des Turms sind die *Käfige* zu sehen, die 1536 aufgehängt wurden und in denen die Wiedertäufer gefangengesetzt waren. 1976/77 umfassende Restaurierung der Kirche innen und außen.

Kath. Pfarrkirche Liebfrauen-Überwasser (Überwasser Kirchplatz): Die erhaltene Hallenkirche entstand – als Nachfolgebau älterer Bauten – in den Jahren 1340–46 (der Turm war erst zu Beginn des 15. Jh. fertiggestellt). Der Figurenzyklus *Madonna und Apostel* (1363–74), der v. den Wiedertäufern entfernt worden war und erst Jahrhunderte später (1898) bei Ausgrabungen wiedergefunden worden ist, befindet sich heute im Landesmuseum für Kunst und Kulturgeschichte (siehe dort). Das barocke *Altarbild* hat M. Kappers gemalt (1763). Der *Alabaster-Taufstein* ist ein Werk v. W. Gröninger (um 1720). Von tom Ring stammen die beiden großen Votivtafeln der Familie Ludger und Hermann tom Ring (1548 bzw. 1592). Vermutlich v. G. Gröninger* stammen 2 der 4 Epitaphe (und zwar für die Brüder

Friedenssaal im Rathaus zu Münster

Kerkerink und für Bernhard Hausmann, 1618 bzw. 1626).

Weitere sehenswerte Kirchen: *Ev. Apostelkirche* (13., 16. und 17. Jh.; Neubrükkenstraße) mit Gewölbemalereien. – *Ehem. Dominikanerkirche St. Joseph* (Salzstraße): Der 1705–25 errichtete Neubau wurde nach den Kriegszerstörungen im 2. Weltkrieg wiederhergestellt. Zur Ausstattung gehört der geschnitzte Barockaltar v. H. Gröne (1699). – *Kath. Pfarrkirche St. Ludgeri* (Marienplatz): Die Kirche ist ab 1180 als erste münsterländische Hallenkirche v. Typ der sog. Stufenhalle entstanden. – *Kath. Pfarrkirche St. Martini* (Neubrückenstraße): Zum Kirchenschatz gehört das Kapitelkreuz, das, im 14. Jh. entstanden, 58 cm hoch ist und Darstellungen aus dem Leben des Kirchenpatrons St. Martin enthält. – *Kath. Pfarrkirche St. Mauritz* (zwischen dem Hohenzollernring und Warendorfer Straße): Vom ersten Bau (11. Jh.) sind nur geringe Reste erhalten. Das basilikale Langhaus wurde in den Jahren 1859–61 v. E. v. Manger (Oelde) errichtet.

Rathaus (Prinzipalmarkt): Das Giebelhaus mit Schauwand zum Markt ist im 14. Jh. entstanden. Es gehört zu den bedeutendsten Profanbauten der Gotik in Deutschland. Im Erdgeschoß befindet sich der *Friedenssaal*, in dem der 30jährige Krieg durch die Unterzeichnung des sog. »Westfälischen Friedens« beendet wurde. Der Saal ist in seiner urspr. Ausstattung aus dem Jahr 1577 unverändert erhalten geblieben. An den Wänden hängen die Porträts der Gesandten, die den Friedensvertrag unterzeichnet haben. Der mächtige Kronleuchter ist um 1577, seine Madonnenfigur um 1520 entstanden.

Prinzipalmarkt: Neben dem Rathaus steht am Prinzipalmarkt das *Stadtweinhaus* (1615 v. J. v. Bocholt als Giebelhaus neben dem Rathaus errichtet). Der Marktplatz wurde 1150 angelegt und ist seither Zentrum des städt. Lebens geblieben.

< *Münster, Rathaus*   *Münster, Fürstbischöfliches Residenzschloß*

Krameramtshaus (Alter Steinweg 7): Der Ziegelbau v. 1589 ist das einzige erhaltene Gildehaus in Münster.

Erbdrostenhof (Salzstraße): Dieser schönste Adelshof in Münster ist ebenfalls ein Werk v. J. K. Schlaun* (1757). Die Kriegsschäden sind beseitigt.

Ehem. fürstbischöfliches Residenzschloß (Schloßplatz): 1767 wurde mit dem Bau des Schlosses, für das Fürstbischof Maximilian Friedrich v. Königsegg-Rothenfels den Auftrag gegeben hatte, begonnen, fast genau 20 Jahre später war es vollendet. Nach den Zerstörungen im Jahre 1945 (das Schloß brannte vollständig aus) ist es in seiner äußeren Form originalgetreu wiederaufgebaut worden. Die innere Aufteilung wurde auf die Nutzung durch die Universität ausgerichtet. – Die Pläne für diese bedeutende Anlage des norddeutschen Spätbarock hat J. K. Schlaun* entworfen.

Museen: Im *Landesmuseum für Kunst und Kulturgeschichte* (Domplatz 10) sind wichtige Beiträge zur ma und modernen Malerei und Plastik, zur Stadt- und Landesgeschichte sowie Werke sakraler Kunst zusammengetragen. – *Landesmuseum für Vor- und Frühgeschichte* (Rothenburg 30): Vor- und Frühgeschichte Westfalens v. der Altsteinzeit bis zum MA. – *Dom-Schatzkammer* (Domplatz 32): siehe Dom. – *Freilichtmuseum Mühlenhof* (über Sentruper Straße): Gezeigt werden Hofbauten und eine originalgetreu erhaltene, sehr interessante Bockwindmühle.

Theater: *Städt. Bühnen* (Neubrückenstr. 63): Die Architektengruppe H. Deilmann, M. v. Hausen und P. O. Rave hat in den Jahren 1954–56 das Theater gebaut, das als beispielhaft für den modernen Theaterbau gilt. Im Innenhof blieb – als Kulisse – ein Rest des Romberger Hofes (1779–82) erhalten. Zum Stadttheater gehören das Musiktheater und das Schauspiel. Neben dem

Münstermaifeld, Ortsteil mit Stiftskirche
St. Martin und Severus

Großen Haus (955 Plätze) wird auch das *Kleine Haus* (bis zu 321 Plätze) bespielt. – Das *Wolfgang-Borchert-Theater* (im Hauptbahnhof) bietet modernes Theater.

56294 Münstermaifeld
Rheinland-Pfalz

Einw.: 2700　Höhe: 249 m　S. 1276 □ C 10

Ehemalige Stiftskirche St. Martin und Severus (Münsterplatz 1): Nachfolgebau einer 1103 geweihten roman. Kirche, der eine Martinskirche des 6. Jh. vorausging. Das markante Westwerk wird 1136 erwähnt und gehört in die Reihe der vom Aachener Münster ausgehenden Dreiturmanlagen (→ Brauweiler, → Magdeburg). Mit O-Chor und Querhaus beginnt 1225 der Neubau. Der Chor mit vorgeschobenem Chorrechteck und 5/10-Schluß, mit Zwerchgalerie und Faltdach über Dreiecksgiebeln in roman. Übergangsstil. Das Langhaus, um 1270–80 begonnen, weist lothringischen Einfluß auf. 1322 Kirchweihe. Südliche Vorhalle (»Paradies«) und oberstes Turmgeschoß vermutlich Ende 14. Jh. Spätroman. Taufstein im unteren Turmgeschoß; im zweiten Geschoß dreijochige Turmkapelle. Im Querhaus Wandmalereien, u. a. Christophorus, 8,50 m, Anfang 13. Jh.; Epitaphe (Sikkos) an den Pfeilern des Hauptschiffes 15./16. Jh.; spätgotischer Flügelaltar, Antwerpener Schule, Anf. 16. Jh.; Muttergottes mit Kind am rechten Vierungspfeiler um 1370; Figuren in der Vorhalle um 1330; Orgel mit reich verziertem Prospekt, 1722, Erstlingswerk des Johann Michael Stumm aus Rhaunen-Sulzbach. Zahlreiche Grabplatten von Stiftsherren innerhalb der Kirche und an der nördlichen Außenwand. Doppelgrabmal des Kuno v. Eltz (gest. 1529) und seiner Frau Eva von Esch (gest. 1531) im südlichen Querschiff. Restaurierungsarbeiten am Außenbau 1977–88; Innenrestaurierung 1989–91.

35516 Münzenberg
Hessen

Einw.: 5100　Höhe: 330 m　S. 1277 □ F 10

Geschichte und Anlage der Stadt sind im engen Zusammenhang mit der mächtigen Burg Münzenberg zu sehen, die als Ruine erhalten ist und zum Wahrzeichen der Wetterau wurde.

Ev. Pfarrkirche: Die Kirche aus der Zeit der Spätromanik wurde im 13. Jh. erweitert und hat seither ihr Bild fast unverändert erhalten. Kernstück ist der mächtige Chorturm, der von einem Helm aus Holz gekrönt und durch ausgezeichnete got. Fensterformen charakterisiert wird. Aus der reichen *Ausstattung* sind hervorzuheben: Schnitzereien der Orgelempore und des Herrschaftsgestühls (vorwiegend 17., auch 18. Jh.), Ziborienaltar in der NO-Ecke des Schiffes (Mitte 13. Jh.), überlebensgroßes Kruzifix über dem Choraltar (14. Jh.), Sakramentskirche (15. Jh.), Grabmal für J. D. v. Bellersheim (1601).

Burg Münzenberg: Die Burg gehört neben der Wartburg zu den bedeutendsten hochma Anlagen in Deutschland. Sie repräsentiert einen Teil des Systems v. Pfalzen, Reichsburgen und Ministerialenburgen, mit denen das ma Reich durchzogen war und v. denen aus das Land regiert wurde. Die Burg Münzenberg entstand in der Zeit Kaiser Friedrich Barbarossas (1170–80), Bauherr war der treue Gefolgsmann der Hohenstaufen, Kuno v. Münzenberg. Vorbilder lieferten die Kaiserpfalz in → Gelnhausen und auch die Saalhofkapelle in → Frankfurt. – Die Burg ist heute nur noch als Ruine erhalten, aus der sich jedoch die Anlage aus der Entstehungszeit genau erkennen läßt. Charakteristisch sind die beiden hohen Rundtürme, mit denen die Anlage nach 2 Seiten hin abgeschlossen wird. Die Anlage besteht im einzelnen aus: *Falkensteiner Bau* (13. Jh., erstklassige frühgot. Fensterformen), Rest des *Küchenbaus* (mit erkennbarem Kamin), *Palas* mit großartiger Schauseite und *Kapelle* (über der Toreinfahrt).

Außerdem sehenswert: Das Rathaus (Marktplatz) aus dem 16. Jh.

Umgebung

Arnsburg (6 km n): *Ruine des ehem. Zisterzienserklosters,* gegen 1197 Baubeginn, um 1246 gew. Ruinen v. Kirche und Kreuzgang üben eine großartige monumentale Wirkung aus. Die Konventsgebäude sind heute Schloß der Grafen Solms-Laubach.

82418 Murnau
Bayern

Einw.: 10 900 Höhe: 688 m S. 1282 □ L 15	

Pfarrkirche St. Nikolaus: An der Stelle, an der die Staffelseekirche im 12. Jh. eine Tochterkirche errichtete, ist die heutige Kirche in den Jahren 1717–27 erbaut worden (der Turm folgte bis 1732). Sie zählt zu den bedeutendsten Bauwerken des Barock in Bayern. Wer der geniale Baumeister gewesen ist, ist bisher ungeklärt (lange hielt man J. M. Fischer[*] für den Urheber). – Der Innenraum wird v. einem Oktogon beherrscht, das durch dreieckige Ergänzungen v. Raumgebilden zu einer quadratischen Grundfläche erweitert ist. Das mächtige *Gewölbefresko* in der Kuppel wurde erstaunlicherweise nicht gleich im Anschluß an die Fertigstellung des Baus geschaffen, sondern folgte im 19. Jh. Der *Stuck* rundet den Gesamteindruck dezent ab. Der *Hochaltar* zeigt erstklassige Plastik (E. Verhelst[*] zugeschrieben, um 1725–30). Er stammt aus dem Kloster Ettal, wo er 1730 aufgestellt worden war. Bei der Überführung nach Murnau im Jahr 1771 wurde er verändert. Erwähnenswert sind auch *Nebenaltäre, Kanzel* (um 1750–60) und *Gestühl.*

Außerdem sehenswert: *Mariahilfkirche* (1734 gew.); zahlreiche *Dorfkirchen* in der näheren Umgebung (u. a. in Froschhausen und Seehausen); *Oberbayr. Bauernhofmuseum* an der Glentleiten bei Großweil.

71540 Murrhardt
Baden-Württemberg

Einw.: 14 200 Höhe: 290 m S. 1281 □ H 13	

Das im Tal der Murr gelegene Städtchen wird erstmals 788 als »cellula Murrahardt« erwähnt. Walterich, ein aus fränk. Adel stammender Priester, predigte zur Zeit Karls des Großen hier das Christentum. Ihm stiftete Ludwig der Fromme 817 das hiesige Benediktinerkloster. M. wurde um 1288, versehen mit Wehrmauer und Tortürmen, zur Stadt erhoben, gelangte 1388 an die Grafen v. Württemberg und wurde 1552 reformiert.

Ev. Stadtpfarrkirche/Walterichskapelle: Die ehem. Klosterkirche St. Maria und Januarius, eine karolingische Basilika mit 2 Chören, Querschiffen und Vierungstürmen, wurde im 11.–13. Jh. mehrfach erweitert und 1435–40 zur heutigen dreischiffigen spätgot. Gewölbebasilika umgebaut. Gute Ausstattungsgegenstände des schlichten Inneren sind 2 ehem. *Altarflügel* (1496) an den Chorwänden und ein schwäbischer *Altarkruzifixus* (um 1460). Von der Gotisierung unberührt blieben die Untergeschosse der 2 O-Türme und die an den n Turm angebaute *Walterichskapelle.* Der um 1220 aus rotem Sandstein errichtete kubische Annexbau mit seinem Rautendach ist v. a. wegen seines üppigen, präzise gearbeiteten *Baudekors* ein Kleinod der Spätromanik. Figürliche Plastiken und mannigfaltige Ornamentformen am W-Portal, am Apsisfenster und am Rundbogenfries lassen oberrheinische Vorbilder erkennen. Das Original des *Weltenrichtertympanons* am W-Portal aus grünem Schilfsandstein ist heute im → Museum zu sehen.

Im Innenraum mit Rippengewölbe schlichter spätgot. Kenotaph für Ludwig den Frommen. Von den *Klostergebäuden* sind neben dem hochgot. Refektorium Wirtschaftsgebäude (1551) und ein Abtshaus (1770) erhalten.

Ev. Walterichskirche (Friedhof): Die heutige Kirche mit hochgot. Chorturm und spätgot. Schiff geht auf Vorgängerbauten des frühen und hohen MA zurück. 1963 wurden bei Grabungen neben röm. Funden das ehem. Walterichsgrab (9. Jh.) sowie die heute außen eingemauerten *Baudekorteile* der früheren Kirchen, darunter ein

Tympanon mit dem Gotteslamm, gefunden. Außen, hölzerner *Ölberg* (um 1530).

Carl-Schweizer-Museum (Am Klostersee): Vor- und Frühgeschichte, Heimatkunde, röm und ma Grabungsfunde.

Außerdem sehenswert: Neben *Fachwerkhäusern* ist das *Rathaus* (1770) und der *Marktbrunnen* mit dem Standbild Herzog Christophs (16. Jh.) sehenswert. – Ein Teil der alten *Stadtmauer* (um 1300) hat sich beim *Hexenturm* (15. Jh.) erhalten. – Reste des *röm. Kastells* (Riesbergstraße) dokumentieren die Nähe zum rätischen Limes (1,2 km ö).

Umgebung

Oppenweiler (11 km w): An der Stelle einer ehem. Wasserburg wurde 1770–78 das achteckige *Schloß* der Freiherren v. Sturmfeder erbaut. Der *Park* wurde v. F. L. v. Sckell (→ München, → Schwetzingen) im engl. Landschaftsstil angelegt.

56377 Nassau/Lahn
Rheinland-Pfalz

Einw.: 5100   Höhe: 90 m   S. 1276 □ D 10

Schloß der Freiherren vom und zum Stein: Die Freiherren vom Stein, seit dem 12. Jh. Burgmannen der Grafen v. Nassau, bauten 1621 einen ma Gutshof zu einem schlichten Spätrenaissancebau mit quadratischem Treppenturm aus. In Verbindung mit den 1755 hinzugefügten Seitenflügeln entstand ein Ehrenhof. – In diesem Schloß kam Reichsfreiherr H. F. K. vom und zum Stein, der spätere preußische Minister und Reformer, 1757 zur Welt. 1814 ließ er nach Plänen K. F. Schinkels* zwischen Mittelbau und S-Flügel den heute als *Schinkelturm* bezeichneten achteckigen und dreigeschossigen Turm errichten. Mit seinen Spitzbogenfenstern, mit der Dachterrasse und den Figuren an den Wandstreben ist der Turm ein frühes Beispiel neugot. Bauweise. Im Obergeschoß befinden sich eine *Gedächtnishalle* für die Befreiungskriege mit Büsten der 3 Monarchen der »Hl. Allianz«, geschaffen v. C. Rauch*

Nassau, Schloß der Freiherren vom und zum Stein

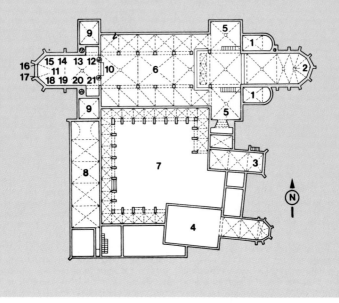

Naumburg, Dom St. Peter und Paul 1 O-Türme **2** O-Chor **3** Dreikönigskapelle **4** Marienkirche **5** Querhaus **6** Langhaus **7** Kreuzganghof **8** Klausur **9** W-Türme **10** W-Lettner **11** W-Chor *Stifterfiguren:* **12** Dietrich **13** Gepa **14** Uta und Ekkehard **15** Timo **16** Wilhelm **17** Sizzo **18** Dietmar **19** Reglindis und Hermann **20** Konrad **21** Gerburg

(1817). Im Mittelgeschoß ist das *Arbeitszimmer* des großen Staatsmanns.

Außerdem sehenswert: Die *Burgruine Stein,* der Stammsitz des Geschlechts, wurde 1945 fast völlig zerstört, ebenso die *Burg Nassau,* welche auf das Jahr 1101 zurückgeht, mittlerweile jedoch renoviert wurde (quadratischer Hauptturm, Palas). – In der *ev. Kirche* mit spätroman. W-Turm und frühgot. Langhaus ist das frühgot. Taufbecken auf 4 Säulen sehenswert. – Der *ehem. Adolzheimer Hof* (seit 1912 Rathaus), ein dreistöckiger Fachwerkbau mit Erdgeschoßlaube (1607–09), hat prachtvolle Schnitzereien.

06618 Naumburg
Sachsen-Anhalt

Einw.: 30 100   Höhe: 129 m   S. 1278 ☐ M 8

Naumburg liegt südlich der Mündung der Unstrut in die Saale am Nordoststrand des Thüringer Beckens. An den Buntsand-

steinhängen der beiden Flüsse wird Wein angebaut. Wegen seiner Sehenswürdigkeiten ist Naumburg heute ein bedeutender Fremdenverkehrsort. Der Ort entstand um das Jahr 1000 bei einer Burg an der Kreuzung wichtiger Handelsstraßen. 1028 wurde er (nach Zeitz) Bistum (bis 1564). Im gleichen Jahr erhielt er die Marktrechte, 2 Jahre später Stadtrechte.

Dom St. Peter und Paul: Die 4 Türme des Doms sind heute noch Wahrzeichen der Stadt. Der 1. roman. Bau wurde 1042 geweiht. Von ihm stammt nur der Mittelteil der O-Krypta. Der 2. spätroman. Bau wurde vor 1213 begonnen und 1242 fertigge-

Naumburg, Dom St. Peter und Paul >

stellt. Er umfaßt Langhaus und Querschiff (einschließlich der Gewölbe) sowie die Erweiterung der beiden Krypten. Um 1250 wurde der frühgot. W-Chor errichtet, in der ersten Hälfte des 14. Jh. wurde der O-Chor hochgot. erweitert. Die beiden O-Türme über den Nebenchören sind roman., die Hauben mit Laternen sind barock (1716). Die beide W-Türme wurden erst im 19. Jh. vollendet. W- und O-Chor haben sehenswerte figürliche Wasserspeier. Im s Querschiff findet sich ein schönes Portal. Im Tympanon ist Christus mit 2 Engeln zu sehen.

Unter der Vierung und dem O-Chor liegt die dreischiffige O-Krypta mit Kreuzgratgewölben. Der ö Hochchor wird durch einen roman. Lettner abgetrennt. Am W-Lettner und im W-Chor finden sich die Werke des Naumburger Meisters*, die um 1250 entstanden und die als Gipfelleistungen der Weltkunst gelten. Über den Bildhauer ist, außer daß er vorher schon in Metz und Mainz, vermutlich auch in Amiens und Noyon tätig war, nichts bekannt.

An der Schauseite des *Lettners,* der dem Mittelschiff zugewandten Seite, sind im Durchgang der gekreuzigte Jesus, l v. ihm Maria, r Johannes und über dem Querbalken des Kreuzes 2 Engel mit Weihrauchfässern zu sehen. Die Passion ist in Reliefs dargestellt, bei den beiden letzten Reliefs (Christus vor Pilatus, Kreuztragung und Geißelung) handelt es sich um Holznachbildungen aus dem 18. Jh. Im W-Chor stehen die 12 weltlichen Stifterfiguren, lebensgroße Gestalten in Kalkstein gehauen und nach der Mode der Zeit gekleidet. Es handelt sich nicht um realistische Porträts, da die Dargestellten zum Zeitpunkt der Ausführung der Skulpturen schon lange verstorben waren. An der N-Seite des Chors stehen Dietrich v. Brehna, Gepa, Ekkehart und Uta, an der W-Seite Timo v. Kistritz, Wilhelm v. Camburg, Sizzo v. Käfernburg und Dietmar, an der S-Seite Hermann und Reglindis, Konrad und Gerburg. Weitere Werke des Naumburger Meisters und seiner Werkstatt sind die *Wasserspeier des W-Chors* und das *Grabmal Bischof Dietrichs II.* im O-Chor.

Weitere interessante Ausstattungsstücke: der Altar im O-Chor v. 1567, die Kanzel v. 1466, ein gemalter Flügelaltar v. Georg

Stifterfiguren im Naumburger Dom
oben: Ekkehard und Uta
unten: Hermann und Reglindis

Lemberger[*] (im Mittelfeld die Bekehrung des Paulus) v. ca. 1520, ein spätgot. Flügelaltar (Maria mit den hll. Barbara und Katharina) v. ca. 1510 und der Hieronymusaltar v. ca. 1350, außerdem das Chorgestühl, das in seinen ältesten Teilen aus dem 13. Jh. stammt, ein spätgot. Kruzifix und zahlreiche Grabdenkmäler aus dem 14.–18. Jh. In 3 Fenstern des W-Chors finden sich *Glasmalereien* aus dem 13. Jh., in den Fenstern des O-Chors Glasmalereien aus dem 14. und 15. Jh. An der S-Seite des Doms findet sich ein *Kreuzgang* mit *Klausurgebäuden.* Der Kreuzgang stammt aus dem 13. Jh. Er wird durch die Marienpfarrkirche und die Dreikönigskapelle (zweigeschossig v. 1416) unterbrochen. In der Nähe des Doms liegen mehrere Kapellen und Kurien, die *Ägidienkurie* aus dem frühen 13. Jh. und die *Bischofskurie* mit 2 Renaissancegiebeln (16. Jh.).

Marien-Magdalenenkirche: Die einschiffige barocke Kirche, die 1712–30 errichtet wurde, ersetzte eine Hospitalkirche aus dem 12. Jh.

Moritzkirche: Die spätgot. ehem. Augustinerklosterkirche entstand vermutlich zwischen 1483 und 1510. Sie besteht nur aus Hauptschiff, schmalem n Seitenschiff und langgestrecktem einschiffigem Chor. Im Inneren findet sich das Grabmal des Bischofs Richwin.

Wenzelskirche: Die spätgot. Stadtkirche hat einen ungewöhnlichen Grundriß: Das Langhaus der 1517–23 errichteten Kirche ist ca. 11 m lang bei einer Breite v. 33 m. Der Turm mit Barockhaube v. 1706 liegt an der N-Seite des einschiffigen Chors. Der Turm an der S-Seite wurde nie fertiggestellt. Das Innere der Kirche hat hölzerne Spiegelgewölbe mit Stuckverkleidung. Die *Ausstattung* ist bemerkenswert: Der Hauptaltar wurde 1677–80 v. H. Schau[*] geschaffen. Das Altarbild (Kreuzigungsgruppe mit Stiftern) stammt v. J. O. Harms[*] (1683). Die Kanzel datiert v. 1725–29, der Bronzetaufkessel v. 1441 und die Orgel aus dem 18. Jh. Auf ihr spielten 1746 der Komponist Johann Sebastian Bach und der Orgelbaumeister Gottfried Silbermann[*] (→ Freiberg). Das Gemälde »Jesus als Kinderfreund« stammt v.

Lucas Cranach d. Ä.[*] (1529). Ein weiteres Gemälde aus dem frühen 16. Jh. (»Anbetung der Könige«) wird ebenfalls diesem Maler zugeschrieben. In der Kirche findet sich weiterhin der Grabstein v. Augustus v. Leubelfing, der 1632 bei Lützen fiel und der Held v. Conrad Ferdinand Meyers Novelle »Gustav Adolfs Page« (1882) ist.

Marientor: Die spätgot. Torburg (1455–56) ist der einzige vollständig erhaltene Teil der Stadtbefestigung. Sie besteht aus einem Innen- und einem Außentor sowie einem v. Wehrmauern eingefaßten Hof. Neben dem Innentor liegt der quadratische Wehrturm.

Rathaus: Das dreistöckige spätgot. Bauwerk wurde 1517–28 v. Hans Witzleube[*] errichtet. Es liegt an der W-Seite des Markts. An der Hauptfront finden sich 6 Zwerchgiebel. Das Hauptportal datiert v. 1612, die Halbsäule an der NO-Ecke hat ein Kapitell in Form v. 2 raufenden Hunden. Im Inneren verdient bes. der *Fürstensaal* v. 1556 Beachtung. – Am Markt stehen mehrere schöne *Bürgerhäuser:* Nr. 6 ist das sog. *Schlößchen* v. 1543, Nr. 7, das *Residenzhaus*, entstand 1652. Nr. 16 stammt aus dem 16. Jh.

Heimatmuseum (Grochlitzerstr. 49–51): Hier ist eine Ausstellung zur Stadtgeschichte zu sehen. Zu dem Museum gehört auch der 67 m hohe Turm der Wenzelskirche mit schöner Aussicht.

Außerdem sehenswert: 2 *Bürgerhäuser* in der Jakobsstr. – Nr. 25 entstand ca. 1574, Nr. 28, das Hotel Drei Schwanen, 1543.

Umgebung

Großjena (4 km n): In die Kalksteinwände des Steinauerschen Weinbergs wurden 1722 überlebensgroße Reliefs eingehauen, das sog. *Steinerne Bilderbuch.* Sie waren ein Geschenk für den Naumburger Kammerrat und Kaufmann J. Steinauer. Zu sehen sind Szenen aus der Bibel, die einen Bezug zum Weinbau haben. – Im Unstruttal findet sich auch das ehem. *Sommerhaus* des Leipziger Malers und Bildhauers Max Klinger (1857–1920).

Schönburg (5 km ö): Bei der *Burgruine* (11. Jh.) handelt es sich um eine weitläufige roman. Anlage mit trapezförmigem Grundriß. Sie steht 70 m über der Saale auf einem Sandsteinfelsen. Im S der Anlage liegt die Vorburg, im N die Hauptburg mit Bergfried (heute Aussichtsturm), Zwinger und Resten v. Palas und Kapelle. Die Försterei (Vorburg) ist ein einfacher Renaissancebau v. 1539–40.

06642 Nebra
Sachsen-Anhalt

Einw.: 3200   Höhe: 156 m   S. 1278 □ M 8

Schon im 8. Jh. brachten die Franken Reben in dieses nördlichste dt. Weinbaugebiet, wo sie nahe einer Furt für den Heerweg über die Unstrut ein Königsgut anlegten. Im 13. Jh. sicherte eine Landgrafenburg die Brücke (1207 erwähnt). Neben der Burgruine (13.–16. Jh.), die die frühgot. Kapelle bewahrt, wurde im 18. Jh. ein 1874 neuroman. erneuertes Schloß errichtet.

Umgebung

Burgscheidungen (8 km sö): An die Stelle einer hoch über der Unstrut erbauten Reichsburg (10. Jh.) Heinrichs I. trat im 16./17. Jh.) das *Renaissanceschloß*, das 1724–27 v. D. Schatz[*] zur Hälfte barock erneuert wurde. Neben dem Hauptgebäude mit opulentem Mittelrisalit und prächtigem Festsaal verdienen das Renaissanceportal (1633) und der Treppenturm am SO-Trakt sowie der v. dorischen Säulen gestützte Altan am N-Trakt Beachtung. – Schatz legte auch den ital. *Terrassengarten* mit Tierkreisplastiken und einem Grottenhof an. – Als Werke v. Ch. Weber[*] gelten die 3 Grabplatten (um 1590) in der *Dorfkirche* (13./18. Jh.).

Vitzenburg (3 km nw): Das anstelle einer ma Burg (10.–14. Jh.) der Herren v. Querfurt im 16. Jh. mit einem Treppenturm errichtete *Renaissanceschloß* (heute Krankenhaus) wurde 1694 um den N-Flügel erweitert und im 18./19. Jh. umgebaut. Der Gartenpavillon im Schloßpark erhielt um 1750–60 seine Deckenfresken.

66705 Nennig
Saarland

Höhe: 145 m   S. 1280 □ A 11

Röm. Villa: 1852 entdeckte ein Bauer s der Kirche v. Nennig beim Graben einen prächtigen Mosaikfußboden (10 x 16 m), der das Prunkstück einer repräsentativen Villa war. Das röm. Landhaus wurde im 2. Jh. erbaut und hatte eine Frontlänge von 120 m. Mit der abseits gelegenen Badeanlage war es durch eine 256 m lange Wandelhalle verbunden. Der Mosaikfußboden ist der schönste und besterhaltene n der Alpen. Er zeigt Kampfszenen.

Schloß Berg: Das Schloß, das aus *Ober-* und *Unterburg* besteht, geht in seinen ältesten Teilen bis ins 12. Jh. zurück (großer Wohnturm, 2 kleine runde Türme, Tor zum Hof). Vom 14.–16. Jh. wurden mehrere Erweiterungsbauten hinzugefügt. Nach der Zerstörung im 2. Weltkrieg wurde die Anlage wiederhergestellt. Es beherbergt ein Hotel und Spielkasino.

Nenningen ⊠ **73111 Lauterstein**
Baden-Württemberg

Einw.: 2780   Höhe: 530 m   S. 1281 □ H 13

Friedhofskapelle: Unter mächtigen Baumkronen steht die kleine barocke Friedhofskapelle. Sie enthält das letzte Werk des großen Münchner Bildhauers I. Günther[*], eine signierte Pietà (1774). Das lebensgroße, hervorragende Schnitzwerk schließt trotz seines barocken Pathos an die berühmten Pietà-Darstellungen der Gotik an.

73450 Neresheim
Baden-Württemberg

Einw.: 7700   Höhe: 504 m   S. 1282 □ I 13

Benediktinerabtei St. Ulrich und Afra mit Klosterkirche: Die Benediktiner, die hier ab 1106 anzutreffen waren, haben das

Nennig, Mosaikfußboden in der röm. Villa >

Neresheim, Klosterkirche

Neubrandenburg, Neues Tor >

Kloster v. Anfang an zum kulturellen Mittelpunkt des Härtsfeldes, der Hochfläche der Schwäbischen Alb zwischen Ulm und Nördlingen, gemacht. An der höchsten Stelle des Klosterbezirks liegt die Kirche, die dem hl. Ulrich gew. ist. Der ma Bau wurde mehrmals verwüstet. Ab 1747 entstand hier nach Plänen v. B. Neumann* eine der schönsten Barockkirchen Europas. Nach dem Tod Neumanns (1753) ging man zwar weiter nach den Plänen des berühmten Architekten vor, doch wurde nun manches verändert und viel gespart. So entspricht die konvexe, mit Säulen, Lisenen und Figuren geschmückte *Fassade* nicht mehr dem urspr. Plan (im oberen Teil stark reduziert). Der an der SW-Ecke stehende *Turm* stammt aus dem Jahr 1618 und wurde in den Neubau einbezogen. – Von besonderer Bedeutung ist jedoch der *Innenraum:* Der ungeteilte Langbau (83 m lang) wird v. einem kurzen Querschiff durchschnitten. Durch die Schrägstellung der Wandpfeiler, die zudem v. der Mauer abgerückt sind, erhält der Raum eine rhythmische Gliederung mit ungewöhnlicher Licht- und Schatteneinwirkung. Die 5 ovalen Flachkuppeln sind eine Eigenart Neumanns. – Die geplante *Ausstattung* kam nur teilweise zur Ausführung. Anstatt großer, pompöser Altäre gibt es nur bescheidene im Louis-seize-Stil. Ausgewogen in Komposition und Farbgebung sind die figurenreichen *Deckengemälde* des Tiroler Malers M. Knoller (1771–75). – Im angrenzenden *Kloster* (1699–1714) findet man interessante Stukkaturen.

17033–36 Neubrandenburg
Mecklenburg-Vorpommern

Einw.: 87 900   Höhe: 15–25 m   S. 1275 ☐ P 3

In der welligen Grundmoränenlandschaft des Mecklenburger Landrückens gründete der Ritter Herbord v. Raven im Auftrag der brandenburgischen Markgrafen am Tollensesee an der Kreuzung wichtiger Handelsstr. 1248 eine Stadt mit gitterförmigem

Neubrandenburg, Friedländer Tor

Straßennetz. Mit dem Bau eines festen Hauses sicherten sich damals die Landesherren in der Stadt ihre Rechte, und nach 1260 erhielten die Franziskaner die Erlaubnis zum Bau eines Klosters. 1298 ging N. mit dem Land Stargard in den Besitz des mecklenburgischen Fürstenhauses über, und nach 1300 wurde mit dem Bau einer wehrhaften Stadtbefestigung begonnen. Fernhandel, Tuchweberei, Hopfenbau und Bierbrauerei brachten den Bürgern der Stadt im MA Wohlstand, der im 16. Jh. nachzulassen begann. Von 1701–1918 gehörte N. zum durch eine Landesteilung entstandenen Herzogtum Mecklenburg-Strelitz, weshalb man hier im letzten Viertel des 18. Jh. ein landesherrliches Stadtpalais baute, das 1945 zerstört worden ist. Nach weiterem spürbaren Niedergang der Wirtschaft, der u. a. durch Belagerungen, Kontributionsverpflichtungen und 2 Brände in den Jahren 1676 und 1737 ausgelöst wurde, begann im 19. Jh. ein neuer Anstieg.

Marienkirche: Das got. Gotteshaus, Mitte 13. Jh. bis Anfang 14. Jh. erbaut, wurde 1945 fast vollständig zerstört. Erhalten ist der prachtvolle *O-Giebel* mit Fialen, Wimpergen und Maßwerk, das frei vor die Giebelfläche gestellt ist, vermutlich nach Vorbild des Straßburger Münsters (W-Fassade).

Ehem. Franziskanerkirche St. Johannis: Spätgot. Backsteinbau aus der 1. Hälfte des 14. Jh. Er war als Basilika geplant, ausgeführt wurden jedoch nur das Mittelschiff und das n Seitenschiff. In dem ehem. Kloster (gegr. um 1290), den spätgot. Räumen der Klausur im N-Flügel, ist heute das Standesamt untergebracht.

Friedländer Tor (Im NO): Torturm aus dem frühen 14. Jh. mit frühgot. Blenden und Staffelgiebel. Anfang des 16. Jh. wurde er um eine Rundbastion mit Schießscharten für Kanonen erweitert.

Neues Tor (im O): Es wurde in der 2. Hälfte des 15. Jh. erbaut. Vortor und Zwingermauern sind nicht erhalten. In den Blendenfeldern auf der Stadtseite finden sich 8 überlebensgroße Frauenfiguren aus gebranntem und bemaltem Ton. Über ihre Bedeutung ist nichts bekannt.

Stargarder Tor (im S): Torturm aus der 2. Hälfte des 14. Jh. Bes. prächtig ist das Vortor.

Treptower Tor (im W): Doppeltor, das um 1400 errichtet wurde. In seiner viergeschossigen Turmanlage ist das *Kulturhistorische Museum* untergebracht. Zu sehen sind Fundstücke aus der Vor- und Frühgeschichte und eine Fritz-Reuter-Sammlung.

Stadtbefestigung: Die beschriebenen 4 Tore sind Teil der fast vollständig erhaltenen Stadtbefestigung. Sie besteht weiterhin aus der 2300 m langen Stadtmauer aus Feldstein mit Backsteinkrone, die durchschnittlich 7,5 m hoch ist. Anstelle eines Wehrganges war die Mauer mit sog. Wiekhäusern ausgestattet, v. denen weniger als die Hälfte erhalten sind, teilweise umgebaut zu Wohnungen. Zur Befestigung gehört schließlich noch der sog. *Mönchenturm* nahe der Johanniskirche.

Staatliche Kunstsammlung Neubrandenburg (Am Pferdemarkt 1): 1982 gegr. Sammlung v. Gegenwartskunst (überwiegend Graphik).

Fritz-Reuter-Gedenkstätte (Ernst-Thälmann-Str. 35): Das Museum ist in 4 Räumen des Hauses untergebracht, in dem der Dichter v. 1859–61 wohnte.

Außerdem sehenswert: Die kleine *Spitalkirche St. Georg* (Rostocker Str., vor dem Treptower Tor) wurde in der 1. Hälfte des 15. Jh. errichtet. Der Flügelaltar ist spätgot. – In der Nähe (Jahnstr.) steht das *Friedrich-Ludwig-Jahn-Denkmal.* »Turnvater« Jahn war 1802–03 Hauslehrer in N. und soll am Ende der Jahnstr. seinen 1. Turnplatz gehabt haben. – Am W-Ufer des Tollensesees liegt eine ehem. Ausflugsstätte des herzoglichen Hofes, der hier eine Sommerresidenz hatte, das 1823 von Friedrich Wilhelm Buttel[*] erbaute *Belvedere,* ein dorisches Tempelchen mit einem Saal mit kassettierter Decke. – Beachtung verdient auch das Neubaugebiet Neubrandenburg-Ost. Dort ist ein schönes Beispiel sozialistischer Kunst zu bewundern, an einer Schülergaststätte eine *Kachelmalerei* von Erhard Großmann[*] mit dem Titel »Kinder – Träume – Zukunft«.

Neubrandenburg, Stargarder Tor, Vortor

Umgebung

Neubrandenburg, Mönchenturm

Cölpin (15 km sö): *Dorfkirche* aus der 2. Hälfte des 13. Jh.; Ausstattung mit Kanzelaltar, Schranke u. a. aus der Mitte des 18. Jh. Schnitzaltar von 1502, Kruzifixus aus dem 16. Jh. – Das *ehem. Schloß* ist ein einfacher barocker Putzbau.

| **86633 Neuburg a. d. Donau** |
| Bayern |
| Einw.: 25 800 Höhe: 402 m S. 1282 □ L 13 |

Ein befestigter Übergang über die Donau war die Keimzelle des Ortes. Die aufstrebende Brückensiedlung besaß eine alte Burg, die bald zu eng wurde und der Neuburg Platz machte. Mitte des 16. Jh. wurde Neuburg Residenz der Fürsten v. Pfalz-Neuburg. 1777 kam Neuburg an Bayern.

Schloß: Der größte Teil des heutigen Schlosses entstand 1530–45 unter Pfalzgraf Ottheinrich, der als großer Bauherr der Renaissance in die Geschichte eingegangen ist (Ottheinrichsbau im → Heidelberger Schloß). Zunächst wurden 3 gegen O geöffnete, äußerlich schlichte *Flügel* gebaut. Sie umschließen einen malerischen *Hof,* der v. zweigeschossigen Laubengängen umgeben ist. Die unteren Arkaden zeigen gedrehte Säulen mit Rundbogen und got. Kreuzrippengewölbe. Der Hof ist ein gutes Beispiel für die Anfänge der dt. Renaissancearchitektur. – Die wertvolle *Schloßkapelle* gehört zu den ältesten ev. Schloßkapellen in Deutschland. Die v. H. Bocksberger 1543 gemalten *Fresken* sind ein frühes Zeugnis protestantischer Monumentalmalerei. – Den *O-Flügel* des Schlosses baute Pfalzgraf Philipp Wilhelm 1665–68.

Ehem. Hofkirche U. L. Frau (Karlsplatz): Auf dem alten benediktinischen Klostergelände entstand 1607–18 eine protestantische Kirche. Sie war als »Trutzmichael« gegen das Zentrum der jesuitischen Gegenreformation, → St. Michael in München, konzipiert, aber schon vor Vollendung des Baus, als wieder ein kath. Fürst die Regierung antrat, wurde die Kirche kath.-jesuitisch umfunktioniert. – Die frühbarocke *Einturmfassade* mit ihrem pilastergegliederten Unterbau prägt den Schloßplatz.

Das *Innere* ist spätgot. gegliedert, die Ausstattung zeigt jedoch den Stil der Hochrenaissance. Ital. Stukkateure und Maler haben hier mitgearbeitet. An der *Orgelempore* (um 1700) waren Barockstukkateure der → Wessobrunner Schule beteiligt. Den mächtigen *Hochaltar* schuf J. A. Breitenauer 1752–54, die Gemälde D. Zanetti aus Bologna (anstelle früherer Rubens-Bilder). Die *Kanzel* wurde 1756 errichtet.

Pfarr- und Wallfahrtskirche Hl. Kreuz (Stadtteil Bergen): Wiltrudis, die Witwe des Bayernherzogs Berthold I., gründete 976 an dieser Stelle ein Kloster (dessen erste Äbtissin sie wurde). 1755–58 wurde die Klosterkirche von den Jesuiten in einen bemerkenswerten Rokokobau umgewandelt. Feine *Stukkaturen, farbige Fresken* (v. J. W. Baumgartner) und der *Hochaltar* (v. J. M. Fischer* aus Dillingen) bestimmen das Innere des Raums. Auch die *Altarbilder* des Hochaltars stammen v. Baumgartner. An der s Längswand befindet sich das *Epitaph* für W. v. Muhr (um 1535) v. L. Hering. Das *Dreifaltigkeitsbild*

Neuburg a. d. Donau, Donaupartie mit Schloß v. Nordosten

ist nach einer Arbeit Dürers* gestaltet. Aus der 2. Hälfte des 12. Jh. die *Krypta*.

Pfarrkirche St. Peter: Diese älteste Kirche Neuburgs bestand schon im frühen MA. Im jetzigen Bau (1641–47) v. J. Serro ist der *Hochaltar* (um 1760) mit Figurenschmuck und Gemälden sehenswert.

Außerdem sehenswert: Das *Rathaus* (17. Jh.) mit hoher doppelter Freitreppe wurde 1948/49 innen erneuert. – Die *Bibliothek* (ehem. St.-Martins-Kirche, 1731) ist ein bedeutender, durch Pilaster und vorgesetzte Säulen gegliederter Bau mit feinen Rokokostukkaturen im Inneren und geschnitzten Bücherregalen (18. Jh.). – Die *Pfarrkirche St. Peter* (1641–47) hat einen beachtenswerten Hochaltar. – *Heimatmuseum* (Amalienstr. 119) mit Exponaten aus ehem. fürstlichem Besitz.

75305 Neuenbürg (b. Pforzheim)
Baden-Württemberg

Einw.: 7500	Höhe: 325 m	S. 1281 □ F 13

Schloß: Zur Schloßanlage gehören die »vordere Burg«, welche im 16. Jh. zum Schloß umgewandelt wurde, und die »hintere Burg«, die zuletzt als Frucht- und Kornkasten diente. Sie sind durch eine Ringmauer und eine Parkanlage miteinander verbunden. In den Gemäuern der »hinteren« Burgruine befindet sich heute eine Feuerstelle. Das zweiflügelige Schloß wird im Zuge seiner Renovierung (v. 1991 bis Ende 1995) mit einem Restaurant, einem Festsaal und einem Museum ausgestattet. Das Forstamt verbleibt im Nordflügel.

Ev. Schloßkirche St. Georg: Zwischen Schloß und Stadt gelegen, mit altem Friedhof. Fachwerkturm aus dem 12./13. Jh., erweitert um Schiff und Chor in gotischer Zeit. Wandfresken (1. Hälfte des 14. Jh.) mit Darstellung des Jüngsten Gerichts und historischen Grabsteinplatten früherer Adelsgeschlechter.

Ev. Stadtpfarrkirche: Der 1789 entstandene klassizistische Bau besitzt einen seltenen Kanzelaltar.

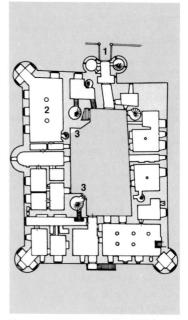

Neuenstein (Hohenlohe), Schloß 1 Brückentor **2** Kaisersaal, um 1560 **3** Treppenturm

Besucherbergwerk »Frischglück-Stollen«: Historisches, königlich-württembergisches Eisenerzbergwerk und Denkmal der alten Arbeitswelt unter Tage. Ein Rundgang führt über drei Sohlen zu den alten Abbaustellen, vorbei an Förderschächten, Gesteinsformationen (sog. »Glasköpfe«) und einem »leuchtenden« Mineralienkabinett.

33014 Neuenheerse
Nordrhein-Westfalen

Einw.: 1700	Höhe: 284 m	S. 1277 □ G 7

Ehem. Damenstiftskirche/Kath. Pfarrkirche St. Saturnina: Die Kirche stammt in wesentlichen Teilen aus dem frühen 12. Jh. Der starke *W*-Turm mit seinen Treppentürmen (ein altes W-Werk) wurde später erhöht und als Glockenturm ausgebaut. Das s Querschiff war als Nonnenempore eingerichtet. Darunter befand sich der *Ka-*

pitelsaal (heute Sakristei). Im 14. Jh. wurden Langhaus und s Querarm zu einer Hallenkirche umgewandelt, mit Strebepfeilern versehen und in den Fenstern gotisiert.
Von der roman. Ausstattung zeugen noch die stämmigen *Säulen* mit Gurtbögen über den Würfelkapitellen des n Seitenschiffs, das nicht mit in die neue Halle einbezogen wurde. – In der frühroman. *Krypta* befindet sich an der W-Seite der Durchgang zum Kultgrab eines Heiligen oder Märtyrers. – Die nach O anschließende *Lambertikapelle* (12. Jh.) zeigt Reste v. Wandmalereien aus der Erbauungszeit. Eine monumentale Inschriftenplatte (11. Jh.) erinnert an die hl. Walburg, die das adelige Damenstift im 9. Jh. gegr. hat. – Die *Ausstattung* der Kirche ist überwiegend barock. Beachtenswert ist ein prachtvolles *Eisengitter* (um 1400) im n Seitenschiff. Sehenswert ist auch der sog. *Damensattel*, ein steinerner Sitz auf der n Kirchhofsmauer, den eine neu ernannte Äbtissin bei ihrer Einführung einnehmen mußte.

74632 Neuenstein
Baden-Württemberg

Einw.: 5800   Höhe: 284 m   S. 1281 □ H 12

Schloß: Seit Mitte des 13. Jh. ist das Schloß im Besitz der Grafen bzw. Fürsten v. Hohenlohe. Dem heutigen Renaissancebau ging eine Wasserburg des frühen 13. Jh. voraus, deren Bergfried und Ringmauern mit roman. und frühgot. Elementen noch erhalten sind. Der rechteckige Binnenhofkomplex mit starken Ecktürmen erhielt durch Zutaten aus dem letzten Jahrzehnt des 16. Jh. seine malerische, kontrastreiche Dachsilhouette. Über den schlichten Mauern wurden reichverzierte Giebel angebracht, auf den beiden Tortürmen originale Pavillons errichtet. Im Erdgeschoß befinden sich mehrere mächtige Säulenhallen, unter denen der *Kaisersaal* mit Netzgewölbe (um 1560) eine Sonderstellung einnimmt. Statt der fehlenden Korridore gibt es zahlreiche versteckte *Wendeltreppen*. – Das Schloß beherbergt heute das *Hohenlohe-Museum* und das Hohenlohische Zentralarchiv mit einer Reihe interessanter Beiträge.

54673 Neuerburg, Eifel
Rheinland-Pfalz

Einw.: 1800   Höhe: 337 m   S. 1276 □ A 10

Burgruine: Zu den Befestigungsanlagen der Westeifel-Stadt gehörten urspr. 16 Türme und 3 Tore. Sie waren an die Burg, die auf steilem Felsgrat liegt, angeschlossen. Der Kern der Anlage (dreigeschossiger Torbau, Ringmauer, Palas) stammt aus dem 13. Jh. Der Saal im Erdgeschoß des Palas wurde vermutlich Anfang des 15. Jh. mit rundbogigen, romanisierenden Kreuzgewölben versehen. Im 16. Jh. wurde die Burg durch eine zusätzliche O-Bastion befestigt, die Ringmauern wurden verstärkt und zusätzlich 2 hufeisenförmig vorspringende Geschütztürme errichtet. Obwohl 1692 die Außenwerke v. den Franzosen gesprengt und später teilweise abgebrochen wurden, ist die Burg trotzdem gut erhalten geblieben bzw. instand gesetzt worden.

Kath. Pfarrkirche St. Nikolaus: Der 1492 begonnene und gegen 1570 vollendete got. Bau gehört zur Gruppe jener zweischiffigen Kirchen, die durch Stützenreihen in der Mittelachse gekennzeichnet und v. denen mehrere in der Westeifel erhalten sind. Der frei stehende *Glockenturm* war zugleich Torturm des Burgbergs (mit Durchfahrt). – Im Inneren fallen die reichen *Stern- und Netzgewölbe* auf, die im Langhaus auf schlanken Achteckpfeilern ruhen.

16816 Neuruppin
Brandenburg

Einw.: 26 400   Höhe: 40 m   S. 1275 □ O 5

Am n Ufer eines vom Rhin durchflossenen Sees gelegen, war N. die Hauptstadt der sogenannten Herrschaft Ruppin. Die Herren von Arnstein, die sich später Grafen von Lindow-Ruppin nannten, waren vom 12. Jh. bis zum Erlöschen ihres Hauses Anfang des 16. Jh. mit dem Land belehnt. Ihr urspr. Sitz war die Burg Altruppin. Nach 1214 gründeten sie die Stadt, die 1256 Stendaler Recht erhielt, und seit 1291

Neuruppin, Theodor-Fontane-Denkmal

als *civitas nove Repin* bekannt ist. 1787 vernichtete ein Brand fast die gesamte Stadt, ihr Wiederaufbau 1788–96 durch Bernhard Matthias Brasch gehört zu den großen Leistungen des frühklassizist. Städtebaus. Die bekanntesten Söhne der Stadt sind der Baumeister K. F. Schinkel (1781–1841) und der Schriftsteller Fontane (1819–98). Ihre Denkmäler, die beide Max Wiese schuf (Schinkel 1883, Fontane 1907), stehen an markanten Punkten in der im ganzen unter Denkmalschutz gestellten Stadt.

Marienkirche: Auf eine der 3 Platzerweiterungen der Hauptstraße erbauten Ph. B. Berson[*] und C. L. Engel[*] (1801–04) den Querbau der ev. Pfarrkirche mit glockenartig überkuppeltem *Halbrundrisalit*. Das *Hauptportal* und das *Blendbogenrelief* darüber werden v. ionischen Pilastern und dem Dreiecksgiebel gerahmt. Im symmetrisch angelegten Inneren der Predigerkirche doppelgeschossige Emporen mit toskanischen Säulen. In der kurzen Mittelachse stehen sich Fürstenloge und (übereinandergestaffelt) Altar, Kanzel und Orgelgehäuse gegenüber.

Dominikanerklosterkirche: Die nach Plänen v. K. F. Schinkel[*] 1836–41 restaurierte frühgot. Backsteinkirche besitzt ein dreischiffiges Langhaus und einen langgestreckten erhöhten und eingezogenen Chor mit 7/12-Schluß (um 1300). Eine spätgot. Pietà und der *Altaraufbau* mit eindrucksvollen Figuren (alle um 1410–20) sind aus Sandstein gehauen.

Außerdem sehenswert: Die spitzbogige Laibung am S-Portal der *Lazaruskapelle* (um 1500) ist mit irdenen Modell-Reliefplatten (Christus an der Martersäule und Hl. Franz v. Assisi) verbrämt. – In der *Georgskapelle* (14. Jh.) spätgot. Flügelaltar (Krönung Mariens, um 1500–10). – Das heutige Fontane-Gymnasium, das der expressionistische Dichter Georg Heym 1905–07 besuchte, erbaute 1790 B. M. Brasch[*] mit klassizistischem Mittelrisalit.

– In einem stattlichen ehem. *Bürgerhaus*
v. Brasch[*] ist heute das *Heimatmuseum*
mit Dokumentationen zu Schinkel und
Fontane sowie eine Sammlung mit 6000
»Neuruppiner Bilderbogen« (1810–1935)
eingerichtet. – Im Auftrag von Kronprinz
Friedrich von Preußen gestaltete Georg
Wenzeslaus von Knobelsdorff[*] 1735 den
Amalthea- oder *Tempelgarten.*

87645 Neuschwanstein
Bayern

Höhe: 964 m   S. 1282 ☐ K 15

Schloß: Der Theatermaler C. Jank, der in
München auch die Bühnenbilder zum
»Tannhäuser« entworfen hatte, konzipierte die neuroman. Burg für König Ludwig
II. v. Bayern. Neben seinem Versailles (→
Herrenchiemsee) wollte Ludwig auch seine Wartburg haben. Der Bau wurde 1869–
86 in unvergleichlicher Lage über Alp-
und Schwansee aufgeführt. Neben Ar-
beits-, Schlaf-, Wohn- und Speisezimmern
für den König und seine Begleitung (ausgemalt mit Szenen aus »Tristan« und »Lo-
hengrin« sowie aus anderen Wagner-
Opern) sind der Thron- und der Sängersaal
besonders hervorzuheben. Letzterer wurde

der Sängerhalle aus dem »Tannhäuser«
nachgebaut und v. F. Piloty u. a. mit Bildern zum »Parzival« ausgeschmückt.

41460–72 Neuss
Nordrhein-Westfalen

Einw.: 147 700   Höhe: 40 m   S. 1276 ☐ B 8

Aus dem lat. Novaesium, dem Namen für
ein röm. Legionslager am Rhein, entwickelte sich Neuss. Die Stadt war schon
im MA Rheinhafen und gehörte dem Hansebund an.

**Stiftskirche St. Quirin/Kath. Pfarrkir-
che** (Münsterplatz): In der Reihe der roman. Kirchen am Rhein steht St. Quirin
zeitlich fast am Ende; v. a. am reichgeschmückten *W-Turm* der mächtigen Kirche sind got. Elemente bereits deutlich
sichtbar. Der klassisch schöne *Kleeblattchor* im O hat dagegen seine Vorbilder in
→ Köln (St. Aposteln). Der große *Vierungsturm* im O, der sein barockes Kupferdach nach einem Brand im Jahr 1741 erhielt, hat originelle blumenförmige Fenster. Die *W-Fassade*, an der die
Arkadenbögen in 3 Giebeln treppenförmig
herauf- und herunterlaufen, war urspr. als

Schloß Neuschwanstein   *Neuss, Stiftskirche St. Quirin* >

Neuss, Stiftskirche St. Quirin

Zweiturmfassade geplant; dann gab man jedoch der gewaltigen Einturmlösung den Vorzug (1230–50). Von der *Ausstattung* sind ein Gabelkruzifixus Kölner Art (um 1360, auf dem Altar) und eine »Schöne Madonna« als Werk des sog. Weichen Stils (1420) hervorzuheben.

Museum: Das *Clemens-Sels-Museum* befindet sich im *Obertor,* das zur Stadtbefestigung (13. Jh.) gehörte. Hier werden röm. Bodenfunde, Sammlungen zur Stadtgeschichte, zur Volkskunst des näheren Einzugsgebietes und zur Kunst des 14.–19. Jh. gezeigt.

Theater: Das *Rheinische Landestheater Neuss* (Büttger Str. 2) mit eigenem Schauspielensemble bespielt nicht nur das eigene Theater (394 Plätze), sondern auch zahlreiche Bühnen in der näheren Umgebung.

Außerdem sehenswert: Die *Dreikönigenkirche* (Dreikönigenstraße) mit den berühmten Fenstern v. J. Thorn-Pricker (1909–11).

67433–35 Neustadt a. d. Weinstraße
Rheinland-Pfalz

Einw.: 52 700   Höhe: 142 m   S. 1280 □ E 12

Gegenüber dem älteren, schon im 8. Jh. genannten Dorf Winzingen, das inzwischen ein Stadtteil v. N. geworden ist, gilt die eigentliche Stadt als – wortwörtlich – »neue Stadt«. Ihre Blütezeit erlebte sie (trotz Beteiligung am Bauernkrieg auf seiten der Bauern) im 16. Jh. unter dem Pfalzgrafen Johann Casimir, der damals ein eigenes linksrheinisches Fürstentum erhielt. Ihm ist auch das Collegium Casimirianum zu verdanken (eine Gegengründung zur → Heidelberger Universität). Die Stadt hatte das Glück, 1689 v. den Franzosen nicht zerstört zu werden, so daß das urspr. Straßenbild noch gut erhalten ist.

Ehem. Stiftskirche Liebfrauen (Am Markt): Die Kirche aus rotem Sandstein gehört zu den bedeutendsten Bauwerken der linksrheinischen vorderen Pfalz. Sie stammt aus dem 14. Jh. und wurde urspr. als Begräbniskirche der kurfürstlichen Familie errichtet. Der *S-Turm*, der in seinen unteren Geschossen aus einem älteren Bau übernommen worden ist, schließt unter seiner Barockhaube eine reizvolle *Türmerwohnung* ein, die bis vor wenigen Jahren noch benutzt worden ist. – Das Innere erhält durch reichen *plastischen Schmuck* (an Baldachinen, Konsolen sind Affen, Fratzen, Ranken und Wappen) ein bes. Bild. Im Chorgewölbe und in der W-Vorhalle finden sich Reste *got. Malerei, Grabmäler* v. Mitgliedern der Pfalzgrafenfamilie schmücken den Chor (das Grabmal der Kurfürstin Margarete v. Aragón ist 1377 entstanden und kündigt in seiner Zartheit bereits den sog. Weichen Stil an).

Casimirianum (Ludwigstraße): Das Casimirianum wurde 1579 als Hochschule für jene Reformierten gegr., welche die lutherische Universität v. Heidelberg verlassen mußten. Der dreigeschossige Bau hat seine architektonischen Reize v. a. im Treppenturm und in dem schönen Renaissanceportal (1579).

Hambacher Schloß (4 km s der Stadt): Über dem (eingemeindeten) Ort Oberhambach liegt die *Kästenburg,* eine alte Reichsburg der salischen Kaiser (11. Jh.), die 1688 v. den Franzosen zerstört worden war. Sie wurde berühmt durch das »Hambacher Fest«, eine studentische Kundgebung im Mai 1832, bei der es um die Vereinigung der dt. Länder zu einem einheitlichen Reich und um den Zusammenschluß Europas ging. Die Burg, ein Hochzeitsgeschenk der Pfälzer an den bayr. Kronprinzen Maximilian, wurde v. diesem ab 1846 im venezianisch-got. Palaststil neu aufgebaut.

Rathaus und Wohnbauten: Im ehem. Jesuitenkolleg am Markt (1730) ist heute das Rathaus untergebracht. Rings um den Marktplatz sind viele Wohnbauten mit schönen Höfen erhalten (u. a. Marktplatz 4 und 11, Rathausgasse 4 sowie Hauptstr. 55 und 91).

Museum: Das *Heimat- und Weinmuseum* (Maximilianstr. 25) ist der Geschichte des Weinbaus gewidmet, was an diesem Ort nicht als Zufall gelten kann. Die Stadt ist heute die größte Weinbaugemeinde in Deutschland. Ferner beherbergt das Museum Sammlungen zur Orts- und Heimatgeschichte.

Herrenhof: Kulturzentrum im Stadtteil Mußbach. Im Frühmittelalter zur Grundherrschaft des Klosters Weißenburg (Elsaß) gehörig, danach als Lehen an den Johanniterorden. Das Anwesen entwickelte sich zu einem großen landwirtschaftlichen Gut. – 1811 Übergang in Privatbesitz. – 1983 erwarb die Fördergemeinschaft Herrenhof die leerstehenden Gebäude mit dem Ziel, das Anwesen öffentlich zugänglich zu machen und kulturell zu beleben. Erhalten sind Ringmauer, Torbogen, Wohnhaus, Arbeiterhaus, Getreidekasten (heute Weinbaumuseum) mit Renaissance-Treppenturm, Kelterhaus (Festhalle), Remise, Werkstatt und Stallungen (heute Haus der Vereine).

23730 Neustadt i. Holstein
Schleswig-Holstein

Einw.: 14 900   Höhe: 4 m   S. 1273 ☐ K 2

Ev. Stadtkirche: Die Kirche ist eine dreischiffige got. Backsteinhalle mit etwas älterem, 1238 begonnenem Chor. Der schon vorher geplante *W-Turm* wurde erst 1334 aufgeführt. In seinem Untergeschoß befand sich vermutlich die Gerichtslaube. Nach der Restaurierung einer Ausmalung aus der Zeit um 1350 (1957 freigelegt) gehört der Bau zu den schönsten got. Kirchenräumen in Holstein. Die Architekturglieder werden durch unterschiedliches Dekor, die Rippen durch begleitende »Krabben« (Scheitelbogen mit geometrischen Blumenornamenten) betont. Im oberen Teil des Mittelschiffs sind anstelle der Fensteröffnungen kunstvolle Maßwerkfenster aufgemalt – eine seltene Art der Ausschmückung (ebenso wie die Blendrose über dem Chorbogen). Chor und Langschiff enthalten *Wandgemälde* aus verschiedenen Epochen der Gotik. Der prächtige *Schnitzaltar* (1643) war urspr. für den

→ Schleswiger Dom angefertigt worden, wurde jedoch 1668 in Neustadt aufgestellt (in Schleswig hatte man zu dieser Zeit den Bordesholmer Altar erworben).

Außerdem sehenswert: *Hl.-Geist-Hospital und -Kapelle* (1408) mit Resten got. Ausmalung; *Kremper Tor,* das einzige erhaltene v. 3 Haupttoren (mit *Heimatmuseum*).

Umgebung

Altenkrempe (4 km n): Roman. *Basilika* aus dem 12./13. Jh.
Hasselburg (6 km n): *Gutshof.*

07806 Neustadt/Orla
Thüringen

Einw.: 9600   Höhe: 299 m   S. 1278 □ M 9

Stadtkirche St. Johannes: Es handelt sich um eine dreischiffige spätgot. Hallenkirche, mit deren Bau 1470 begonnen, die 1476 geweiht und 1538 fertiggestellt wurde. Die Ausstattung ist bemerkenswert: der spätgot. Flügelaltar (im Schrein Johannes d. T. mit den Aposteln Simon

Neustadt i. Holstein, Stadtkirche

und Judas Thaddäus) mit Flügeln aus der Cranach-Werkstatt datiert v. 1510–12, ein Altarschrein (Anna selbdritt mit den hll. Katharina und Dorothea) aus dem frühen 16. Jh., der Taufstein v. 1494.

Außerdem sehenswert: Die spätgot. *Hospitalkirche* wurde nach einem Brand 1914 in der urspr. Form wieder aufgebaut. – Das spätgot. *Rathaus* wurde 1495 begonnen und im frühen 16. Jh. fertiggestellt. – Von den Bürgerhäusern ist das sog. *Lutherhaus,* ein dreigeschossiger Renaissancebau v. 1574, sehenswert. – In das *Schloß,* einen Barockbau aus dem späten 17. Jh., gingen Teile des spätgot. Augustinereremiten-Klosters ein. Vor dem Schloß steht die *Postsäule* v. 1728. – Von der Stadtbefestigung, die 1325 erstmals urkundlich genannt wird, sind noch Teile der *Mauer* und einige *Wehrtürme* erhalten.

17235 Neustrelitz
Mecklenburg-Vorpommern

Einw.: 25 500   Höhe: 75 m   S. 1275 □ P 4

Die im Jahre 1733 im Auftrag v. Adolf Friedrich III. v. Mecklenburg-Strelitz mit radial verlaufenden Straßenzügen neu angelegte Rokokostadt liegt am Zierker See im Zentrum der Mecklenburger Seenplatte.

Schloßkirche: Kreuzförmiger neugot. Backsteinbau v. 1855–59 nach Entwurf v. Friedrich Wilhelm Buttel; an der v. 2 schlanken Türmen flankierten Hauptfront 4 Evangelistenfiguren v. Albert Wolff (1859). – Im Inneren zeitgleiche Ausstattung (Ausbau zur Konzerthalle geplant).

Schloßpavillon (Krankenhaus): Der w v. urspr. 2 den Schloßhof flankierenden Nebengebäuden, durch Umbau eines barocken Vorgängerbaues 1828–34 nach Entwurf v. Friedrich Wilhelm Buttel entstanden.

Schloßgarten: 1732 v. Christoph Julius Löwe als barocke Anlage zwischen Schloß und Zierker See entworfen, zwischen 1790 und Anfang 20. Jh. mehrfach verändert und erweitert, u. a. nach 1852 auch Vorschläge v. Peter Joseph Lenné bei der Umgestaltung zum Landschaftspark berücksichtigt. Die barocke Hauptachse zwischen Schloß und See erhalten, an ihrem n Ende *Hebetempel* (1840) in Form eines antiken Monopteros mit Kopie der *Hebefigur* v. Antonio Canova, davor Zinkgußkopie der Victoria v. Leuthen v. Christian Daniel Rauch (1854) und weitere Bildwerke, Vasen und Brunnen. Am nö Parkrand die ehem. *Orangerie,* 1755 als schlichter barocker Zweckbau v. A. Seydel errichtet, 1840–42 auf Empfehlung Karl Friedrich Schinkels durch Friedrich Wilhelm Buttel und Christian Daniel Rauch zum klassizistischen Gartensalon ungestaltet; der eingeschossige Bau v. 19 Achsen mit zweigeschossigem übergiebeltem, von Pilastern gegliedertem Mittelbau; im Inneren 3 prächtige Säle mit Deckengemälden im pompejan. Stil.

Außerdem sehenswert: Von F. W. Buttel[*] stammen auch das klassizistische *Rathaus* mit offenem Portikus und der Turm (1828–31, 45 m hoch) der *Stadtkirche* (1768–78), an dem auch K. F. Schinkel mitwirkte. – Eine Gedenktafel am ehem. *Gymnasium Carolinum* (1803–07) von F. W. Dunkelberg[*] erinnert an den Entdecker Trojas, Heinrich Schliemann, der hier einst die Schulbank drückte.

Umgebung

Hohenzieritz (12 km n): Zum *Barockschloß* (1746–1806), Sommersitz und Sterbeort (1810) der Königin Luise, gehört ein 1790 urspr. als Barockgarten angelegter *Landschaftspark* mit klassizistischer *Rundkirche* (1806; dorischer Säulenportikus) und dem 1815 als Monopteros errichteten *Luisentempel* von Christian Philipp Wolff.

56564–67 Neuwied
Rheinland-Pfalz

Einw.: 63 300	Höhe: 62 m	S. 1276 □ C 10

An jener Stelle, an der die Wied in den Rhein mündet, lag der Ort Langendorf, der im 30jährigen Krieg vollständig verwüstet wurde. Graf Friedrich III. v. Wied legte 1648 zusammen mit seinem Schloß planmäßig eine neue Stadt an und gab ihr seinen Namen. Die Bauplätze wurden unter der Auflage, daß beim Bau der Häuser ein vorgeschriebener Plan eingehalten werde,

Niederaltaich, Benediktinerkloster

kostenlos abgegeben. So entstand ein homogenes Stadtbild mit einheitlichen Häusertypen.

Schloß (Schloßstraße): Der erste Bau, mit dem 1648 begonnen wurde, fiel bald den Franzosen zum Opfer. Ein Neubau wurde 1706 in Angriff genommen und nach längerer Unterbrechung schließlich 1756 vollendet. Von den 3 Gebäuden, die um einen Hof gruppiert sind, ist das mittlere, das *Corps de logis,* reicher gegliedert. Treppenhaus und Festsaal sind mit *Stuckfiguren* an den Decken geschmückt. Die Wände wurden v. A. Gallasini* reich stukkiert. – Zwischen dem Schloß und der Mündung der Wied liegt der *Park,* der auch die ehem. *Fasanerie* (einen zweistöckigen Pavillon) enthält.

Museum: Das *Kreismuseum* (Raiffeisenplatz 1 a) zeigt vor- und frühgeschichtliche fränkische Grabbeigaben, ma Bildwerke und Glasmalereien, Roentgen-Möbel und Kunstgewerbe – *Museum Monrepos* (Niederbieber-Segendorf): Archäologie des Eiszeitalters.

Theater: *Landesbühne Rheinland-Pfalz* (Schloßstr. 1): im Schloßtheater sowie *Freilichtspiele* in der ehem. Abtei Rommersdorf.

Umgebung

Altwied (4 km n): Die malerische Burgruine liegt auf einer Fluß-Halbinsel.
Engers (3 km ö): Ehem. Kurfürstliches Schloß (1758–62).
Heimbach (3 km nö): Ehem. Prämonstratenser-Kloster Rommesdorf (12. Jh.).

25938 Nieblum
Schleswig-Holstein

Einw.: 700   Höhe: 5 m   S. 1272 □ E 1

Ev. Kirche St. Johannis: Diese 1240 erstmals genannte Kirche auf der Insel Föhr ist zugleich Pfarrkirche v. Amrum. Der gedrungene kreuzförmige Backsteinbau paßt sich mit seinem niedrigen Turm der Insellandschaft an. Die Bauformen des *Chors*

sind noch spätroman., die des *Querhauses* bereits frühgot. Das *S-Portal* liegt hinter einem barocken Vorhaus (mit Sonnenuhr). Auch der reichgegliederte *W-Turm* stammt aus der Frühgotik. – Der Innenraum wird v. einer Holzbalkendecke abgeschlossen (in der Mitte gestützt). Neben den Holzemporen ist v. a. der schöne *Schnitzaltar* mit Marienkrönung hervorzuheben. Zur wertvollen Ausstattung gehören auch ein *Granittaufstein* (um 1200), eine *Holzkanzel* mit Reliefszenen und reicher Ornamentik (1618) sowie ein *Holzepitaph* (1613), dem Flensburger H. Ringering zugeschrieben.

Außerdem sehenswert: Der *Kirchhof* mit originellen Seefahrergrabsteinen (u. a. ein Dreimaster in stürmischer See mit üppigem Rocaillerahmen). – Im Ort schöne *Friesenhäuser,* darunter das Haus *Due* (1751).

94557 Niederaltaich
Bayern

Einw.: 1800   Höhe: 305 m   S. 1283 □ P 13

Benediktinerklosterkirche St. Mauritius: Das Kloster, zwischen den Altwassern in der Donauniederung gelegen (daher der Name »altaich«), war im MA eines der bedeutendsten Klöster in Bayern. Der Mauerkern der Kirche stammt aus dem 14. Jh. Er wurde, nachdem das Gebäude bis auf die Grundmauern ausgebrannt war, in den Neubau v. 1718 einbezogen. Baumeister war J. Pawanger. Von ihm ist jedoch nur das *Langhaus* mit den hoch hinaufgerückten Emporen; sein *Chorbau* wurde infolge großer technischer Mängel halb vollendet wieder abgerissen. Die Bauleitung wurde J. M. Fischer* übertragen, der damit seinen ersten Kirchenbauauftrag erhielt (1724–26). Besonders reizvoll sind die Flachkuppeln der *Seitenschiffe,* die zu den Emporen geöffnet sind. Die *Stuckierung* ist in ihren Grundzügen ital. Der *Freskenzyklus* an den Deckenfeldern schildert Klosterszenen und die Apotheose des Kirchenheiligen. Unter den *Altären* befindet sich ein Sebastianaltar mit guten Schnitz-

Niederrotweil, Hochaltar in St. Michael >

Nordhausen, Dom

figuren. – J. M. Fischer hat die *Sakristei* unter den runden Chorabschluß gelegt. Neben der zarten Stuckierung verdienen die Sakristeischränke, eine vorzügliche Schreinerarbeit aus der Zeit um 1727, besondere Beachtung.

79235 Niederrotweil
Baden-Württemberg

Einw.: 130   Höhe: 185 m   S. 1280 □ D 14

Altar in der kath. Kirche St. Michael:
Der spätgot. *Hochaltar* gehört zu den ausdrucksstärksten in Süddeutschland. Dargestellt ist eine Marienkrönung, die v. St. Michael und Johannes d. T. flankiert wird. Auf den Reliefs der Innenflügel sind Michael mit der Seelenwaage, der Sturz der Verdammten, die Taufe Christi und die Enthauptung Johannes' des Täufers dargestellt. Der virtuos geschnitzte Altar ist ein Spätwerk des Meisters H. L., des Schöpfers des Altars im → Münster v. Breisach.

31582 Nienburg
Niedersachsen

Einw.: 31 100   Höhe: 25 m   S. 1273 □ G 5

Rathaus (Lange Str. 24): Der Fachwerkbau wird geprägt v. einem *Laubengang* mit einem übergroßen *Turm.* Zur Langen Straße hin erhebt sich ein siebenstufiger *Treppengiebel,* dessen einzelne Stufen mit Muschelhalbrunden bekrönt sind. In den Formen sehr ähnlich ist die *Utlucht,* ein zweigeschossiger Erkerbau. Beide Teile, jeweils in Sandstein aufgeführt (1582–89), sind schöne Beispiele der sog. Weserrenaissance.

Außerdem sehenswert: Die spätgot. Hallenkirche *St. Martin* mit Renaissancegrabmälern. – Im Haus Quaet-Faslem (Leinstr. 4), einem schönen klassizistischen Gebäude, befindet sich das *Heimatmuseum.*

Umgebung

Marklohe (5 km nw): Besitzt eine schöne roman. Kirche (12. und 13. Jh.). Die Giebelreliefs an den S-Portalen zeigen Kain und Abel. Im Inneren sind Wände und Gewölbe mit spätgot. Malereien geschmückt (1480). Ein Schnitzaltar (1420) und ein figurenreiches Sakramentshaus aus der späten Gotik (1521) gehören zu den bemerkenswerten Teilen der Ausstattung.

26506 Norden
Niedersachsen

Einw.: 24 000   Höhe: 2 m   S. 1272 □ C 3

Im äußersten NW-Winkel der Bundesrepublik liegt die alte Seestadt Norden mit der größten ma Kirche Ostfrieslands.

Ev. Ludgerikirche (Am Markt 37): Die Ludgerikirche hat ein roman. *Langhaus* (Ende 12. Jh.). Der v. der Kirche getrennte *Glockenturm* entstand Ende des 13. Jh. und zeigt bereits got. Stilelemente. Den krönenden Abschluß erhielt der Bau durch den steil aufragenden *Hochchor,* den Graf Ulrich I. v. Ostfriesland 1445–81 errichten ließ. – Von der reichen *Ausstattung* sind die *Grabdenkmäler* und die barocke *Kanzel* hervorzuheben. Am n Chorpfeiler steht ein 9 m hohes, spätgot. *Sakramentshaus* aus Sandstein. Eine *Orgel* des berühmten Orgelbauers Anton Schnitger (1685–88) ist durch ihren reichverzierten barocken Prospekt gekennzeichnet. 8 *Sandsteinfiguren,* die aus der im 16. Jh. abgebrochenen Andreaskirche stammen, sind im Chorumgang aufgestellt. Diese Plastiken (wohl um 1250) haben die strenge archaische Haltung früher got. Portalplastik.

Museum: Im ehem. Rathaus, einem Bau aus dem Jahr 1542, befindet sich das *Heimatmuseum* (Am Markt 36) mit sehenswerten Sammlungen.

Außerdem sehenswert: Das *Rathaus* mit Treppenturm (16. Jh.); ein Patrizierhaus v. 1662, das zur *Mennonitenkirche* umgestaltet wurde (Markt); das *Haus Schöningh* (Osterstraße) mit prunkvoller Giebelplastik (1576); *Deichmühle* (Bahnhofstr. 1).

Nordhausen, Blasienkirche

99734 Nordhausen

Thüringen

| Einw.: 45 800 | Höhe: 180 m | S. 1278 □ K 7 |

Die am oberen Ende der *Goldenen Aue* zwischen *Unterharz* und *Hainleite* gelegene Industriestadt blickt auf eine über 1000jährige Geschichte zurück. Bei einer 911 von Heinrich I. gegründeten Burg stiftete seine Gemahlin Mathilde 961/62 ein mit Zoll-, Markt- und Münzrechten ausgestattetes Damenstift. Im Schutz von Burg und Stift entwickelte sich die *freie Reichsstadt* (1220–1802) zur wohlhabenden *Hansestadt* (seit 1430).

Dom: An der Stelle des Mathildischen Damenstifts entstand nach einem Brand (1180) die erst im 14. Jh. vollendete dreischiffige Hallenkirche, deren v. Bündelpfeilern getragene Flachdecke im 16. Jh. durch Sternrippengewölbe ersetzt wurde. Vom Ende des 12. Jh. stammen die beiden v. rundbogigen Biforenfenstern mit eingestellten Säulchen durchbrochenen schmalen *Türme* seitlich und die v. roman. Säulen mit Würfelkapitellen in 3 Schiffe unterteilte *Krypta* unterhalb des gerade geschlossenen frühgot. *Chors* (1267), dessen *Gestühl* an den Wangen kunstvolle Schnitzereien (Stifter, alt- und neutestamentliche Szenen, alle um 1400) besitzt. Neben dem barocken *Hochaltar* (1726) verdienen auch das *Sakramentshaus* (1455) und mehrere *Epitaphe* (14.–16. Jh.) Beachtung.

Außerdem sehenswert: An einer Ecke des 1608–10 erneuerten *Renaissance-Rathauses* mit Erdgeschoßarkaden und Treppenturm prangt eine bunt gefaßte Rolandsfigur (1717) als Wahrzeichen der Stadt. – In der spätgot. *Blasienkirche* (15. Jh.) mit spätroman. Westbau überrascht eine prachtvoll dekorierte Renaissancekanzel (1592). – Die urspr. roman. *Frauenbergkirche* (12.–14. Jh., stark restauriert) ist eine kreuzförmige Pfeilerbasilika mit Halbrundapsis und spitzhelmbekröntem Dachreiter. – Im *Meyenburg-Museum* (Puschkinstr. 31) werden vor-, früh- und stadtgeschichtliche Exponate, aber auch ma Bronzeepitaphe, Möbel und Kleinkunst (17.–19. Jh.) gezeigt. – In der unterirdischen ehem. V-Waffen-Fabrik (1943–45) beim KZ *Dora-Mittelbau* ist heute eine Gedenkstätte, Ausstellung »Kunst hinter Stacheldraht« mit Werken ehem. Häftlinge.

Umgebung

Bleicherode (14 km sw): Die Deckenfresken der barockisierten *Marienkirche* (15./18. Jh.) stammen aus dem 17./18. Jh. – Neben dem *Rathaus* mit Fachwerkobergeschoß (1541) und der ma *Stadtmauer* mit dem *Zinsturm* (16./18. Jh.) verdient das z. T. noch original ausgestattete *Waldhaus Japan* (18. Jh.; heute Gasthaus) Beachtung.

Großlohra (15 km sw): Außer der *Burgruine* (11. Jh.) mit erhaltenem Torhaus (14./15. Jh.) und Wohntrakt (16./17. Jh.) ist im Ortsteil *Amt-Lohra* eine roman. *Doppelkapelle* (um 1190) v. Interesse, im Ortsteil *Münchenlohra* die ehem. *Zisterzienserinnen-Klosterkirche* (13./19. Jh.) mit w Zweiturmfassade, gestaffelten O-Apsiden und interner Nonnenempore.

59394 Nordkirchen
Nordrhein-Westfalen

Einw.: 8600   Höhe: 60 m   S. 1276 □ C 7

Wasserschloß: Baumeister G. L. Pictorius entwarf 1703 die größte und bedeutendste Wasserschloßanlage Westfalens, die v. Zeitgenossen bewundernd das »westfälische Versailles« genannt wurde. Umgeben v. breiten Wassergräben, liegt das Schloß auf einer fast quadratischen Insel, deren Ecken mit 4 achteckigen Pavillons besetzt sind. Nach dem Tod des Auftraggebers, Fürstbischof F. C. v. Plettenberg, übernahm zunächst der Sohn v. G. L. Pictorius, ab 1724 jedoch der Münsteraner Baumeister J. C. Schlaun* den weiteren Ausbau. Im 19. und 20. Jh. wurden einige weitere Anbauten hinzugefügt. – Im Inneren sind die *Deckenstuckierungen* erhalten. Im *Festsaal* in der Mittelachse sind zwei reiche Kamine, eine Gemäldefolge mit den Taten des Herkules, Szenen aus Ovids Metamorphosen und repräsentative Bildnisse

des Erbauers und eines anderen Fürstbischofs sehenswert. – Im *Park,* den J. C. Schlaun zusammen mit franz. Gartenarchitekten gestaltet hat, steht als Hauptbau die *Oranienburg,* eine Orangerie, die Schlaun zu einem Gartenkasino ausgebaut hat (1725–33). Die Rabatten sind mit Figurenplastiken rhythmisch gegliedert.

86720 Nördlingen
Bayern

Einw.: 19 100   Höhe: 430 m   S. 1282 □ I 13

Die Stadt im Ries ist jahrhundertelang nicht über ihren spätma Mauerkern hinausgewachsen und hat ihn auch bis heute unversehrt erhalten – ein einmaliges Beispiel unter den alten dt. Städten. – Der Mauergürtel wurde im 14. Jh. gebaut, erweitert und im 16. Jh. mit wuchtigen Vorwerken verstärkt.

Ev. Stadtpfarrkirche St. Georg (Marktplatz 10): Mittelpunkt der Stadt in der weiten Rieslandschaft ist die ev. Stadtpfarrkirche St. Georg mit dem 90 m hohen *Daniel.* Dieser spätgot. (15. Jh.) Turm erhielt im 16. Jh. eine Kupferhaube im Stil der Renaissance (1538/39). Der Kirchenneubau zog sich v. 1427 (Entwurf) bis 1444 (Baubeginn) und dann unter 9 verschiedenen Baumeistern bis 1508 hin. (Die sog. Zieglersche Kapelle wurde sogar erst 1519 vollendet.) – 6 *Portale,* der einzige Außenschmuck, führen in das Innere. Die weiträumige dreischiffige Halle hat 6 Joche im Schiff und ebenso viele im Chorraum.

Das bedeutendste Stück der Ausstattung ist der *Hochaltar,* in dessen barocke Umrahmung 5 got. Holzbildwerke v. hohem Rang eingearbeitet worden sind (15. Jh.): der Gekreuzigte zwischen den verzweifelten Gestalten v. Maria und Johannes, umschwebt v. 2 Engeln. Weiter außen stehen St. Georg und die hl. Magdalena. Die Altargemälde v. F. Herlin (1462–65) befinden sich jetzt im → Museum der Stadt. Ein in Sandstein geschlagenes *Sakramentshaus* (1511–25) bietet in der Baldachinarchitektur ein großes theologisches Programm: Propheten, Evangelisten, musizierende Engel und Heilige besetzen die

Nordkirchen, Wasserschloß

Nördlingen, Panorama

Etagen. Das Ganze wird v. Johannes d. Ev. und Johannes d. T. mit Christus als Salvator mundi gekrönt. Sehenswert sind auch die *Treppe*, die zum spätgot. Kanzelkorb (1499) führt, und die Grabdenkmäler.

Ehem. Karmelitenklosterkirche St. Salvator (Salvatorgasse 15): Die Kirche stammt aus der Hauptbauperiode der Stadt (15. Jh.). Sehenswert ist der *Hochaltar* (1497), der aus Fürth nach Nördlingen kam und dem Bamberger Meister H. Nußbaum zugeschrieben wird. Zu beachten sind auch die sehr gut erhaltenen *Wandfresken* (15. Jh.).

Rathaus (Marktplatz): Das Rathaus wurde im 14. Jh. erbaut und ist in seinen wesentlichen Teilen got. Die große *Freitreppe*, die 1618 hinzugefügt wurde, wird zwar v. der Renaissance bestimmt, aber auch sie zeigt in Anlehnung an den alten Bau noch viele Elemente der Gotik. Im Inneren ist die *Bundesstube* mit alten Wandgemälden sehenswert.

Spital zum Hl. Geist (Baldingergasse/Vordere Gerbergasse): Das im frühen 13. Jh. gegr. Spital war auf wirtschaftliche Unabhängigkeit ausgerichtet. Darauf weisen die ausgedehnten Baulichkeiten mit weiten *Höfen*, mit zahlreichen *Wirtschaftsgebäuden* und einer eigenen *Mühle* hin (diese Bauten entstanden im 16. Jh.). Die *Kirche* geht in ihrem Kern auf das 13. Jh. zurück, sie ist jedoch 1848 weitreichend erneuert worden. Wandmalereien, die erst 1939 entdeckt und freigelegt worden sind, stammen aus der 2. Hälfte des 14. Jh. Der dreiteilige Altar (1578) kann als typisches Beispiel für die protestantische Altargestaltung gelten.

Klösterle (Am Klösterle): Die ehem. Barfüßerkirche (um 1420) wurde während der Reformation zum Kornhaus umfunktioniert. Im Zuge der Umgestaltung erhielt der hochgiebelige Bau ein schönes Portal (1586).

Tanzhaus (Marktplatz, gegenüber dem Rathaus): Mitte des 15. Jh. wurde das Tanzhaus als Treffpunkt für die Bürger der Stadt erbaut. Es ist an der Front mit einem Standbild Kaiser Maximilians I., der ein

besonderer Freund der Stadt gewesen ist, geschmückt und beherbergt im Erdgeschoß eine Ladenreihe.

Weitere Profanbauten: Beim *Hallhaus* (Am Weinmarkt) haben Fuggersche Baumeister ihre Erfahrungen mit Lagerhäusern für Wein und Salz eingebracht (1541–43). – Schöne alte *Wohnbauten* sind die Gebäude am Rübenmarkt 6, in der Nonnengasse 5 und in der Kämpelgasse 1.

Museum: Im → Spitalhaus z. Hl. Geist (1518–64) befindet sich das *Stadtmuseum* (Vordere Gerbergasse 1) mit guten und interessanten Sammlungen zur Vor- und Frühgeschichte sowie zur Stadtgeschichte. – *Rieskrater-Museum* (im Gerberviertel): Geschichte der Landschaft des Rieses, das durch einen Meteoriteneinschlag entstand. – *Stadtmauermuseum* (im Löpsinger Torturm): zeigt den Werdegang der Nördlinger Stadtmauer.

48301 Nottuln
Nordrhein-Westfalen

Einw.: 16 200   Höhe: 52 m   S. 1276 □ C 7

Kath. Pfarrkirche St. Martin: Von einer spätroman. Damenstiftskirche ist im Neubau v. 1489–98 wenig erhalten. Den Neubau sollen Schweizer oder Tiroler Maurergesellen ausgeführt haben, was die süddt. Akzente in dieser großen weiten Hallenkirche erklären könnte. Die Untergeschosse des Vorgängerbaus aus dem 13. Jh. wurden jedoch bei der Aufstockung in der Spätgotik beibehalten. – Im Innenraum ist 1956 eine schöne *Gewölbebemalung* freigelegt worden. Die Netz- und Sterngewölbe haben teilweise figürlich geschmückte *Schlußsteine*. Die *Maßwerkfenster* (Fischblasenmuster) und die *Rundpfeiler* mit achteckigem Sockel und schmalen, z. T. figurengeschmückten Kapitellen sind bes. zu erwähnen.

Außerdem sehenswert: An der S-Seite des malerischen, baumbestandenen Stiftsplatzes stehen mehrere Kurienhäuser, die z. T. nach den Plänen v. J. C. Schlaun im 18. Jh. für adelige Stiftsdamen errichtet worden sind.

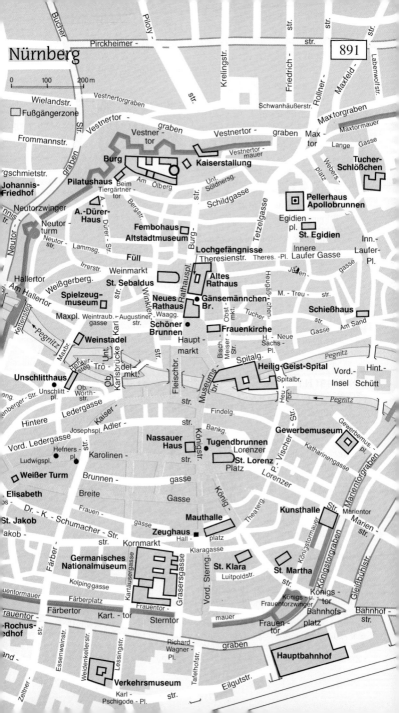

51588 Nümbrecht

Nordrhein-Westfalen

Einw.: 14 700   Höhe: 290 m   S. 1276 ☐ D 9

Schloß Homburg: Im N. v. Nümbrecht, über dem Brölbachtal, liegt auf einer Bergkuppe eine ma Burg, die im 17. und 18. Jh. v. den Grafen Sayn-Wittgenstein zu einem terrassenförmig angelegten Schloß umgebaut wurde. Im *Scheunenbau,* durch den man das Schloß betritt, befindet sich heute eine Gaststätte. Die nächste Terrasse nimmt ein ummauerter Garten ein, dann folgt, mit einem Graben abgesichert, das *Herrenhaus.* Es ist ein Bau mit 2 Flügeln, die sich um einen kräftigen *Treppenturm* legen. Das im Laufe des 19. Jh. verfallene Schloß wurde als *Museum des oberbergischen Landes* wiederhergestellt.

Außerdem sehenswert: Die *ev. Pfarrkirche* mit der Gruft der Grafen v. Sayn. – In *Marienberghausen,* nw v. Schloß Homburg, sind in der kleinen ev. Kirche spätgot. Wandmalereien beachtenswert (im Querhaus und im Chor).

90402–91 Nürnberg

Bayern

Einw.: 497 500   Höhe: 330 m   S. 1282 ☐ L 12

Die Stadt Albrecht Dürers, die Stadt der Meistersinger und des Hans Sachs, des Taschenuhrerfinders Peter Henlein, der ersten dt. Eisenbahn (1835) und des Humanisten Pirckheimer ist keine Stadt der Butzenscheibenromantik (in dieser Beziehung haben die Zerstörungen im 2. Weltkrieg alle Illusionen genommen). Mit fast einer halben Million Einwohner ist Nürnberg eine moderne Großstadt mit hochentwickelter Industrie und einer fortschrittlichen Stadtplanung, die den ma Kern in gelungener Weise mit einbezogen hat. – Der alte Stadtkern teilt sich, wie noch heute deutlich zu erkennen ist, in 2 Bezirke: die Burgseite mit St. Sebaldus und die Lorenzer Seite mit der Kirche v. St. Lorenz. Die versumpften Pegnitzauen haben die beiden Stadtteile erst relativ spät zusammenwachsen lassen. Im MA wurden sie durch Mauergürtel und Bastionen zu einer Einheit verschmolzen. Im Gegensatz zu vielen anderen dt. Städten blieb Nürnbergs ma Stadtbild erhalten, unangefochten v. baulustigen Barock und allen anderen Epochen. Von 1219 (Freiheitsbrief Kaiser Friedrichs II.) bis 1806, als die Stadt an Bayern fiel, war Nürnberg Freie Reichsstadt.

Ev. Stadtpfarrkirche St. Sebaldus (Winklerstr. 26): Die doppelchörige Kirche ist den beiden Heiligen Petrus und Sebaldus geweiht. Der ältere *W-Teil,* der die festen runden Formen der späten Romanik zeigt, ist nach dem Vorbild des Doms in → Bamberg um 1230–40 begonnen worden. Erst später, bei einem weiteren Ausbau, wurden die got. Fenster eingebrochen und die Seitenschiffe gotisiert. Der *O-Chor,* der 1361–79 gebaut wurde, überragt mit seinem mächtigen Dach den W-Teil um 13 m. Die *Türme* im W wurden erst Ende des 15. Jh. zu ihrer jetzigen Höhe aufgestockt. – Auch im *Inneren* werden die verschiedenen Bauabschnitte deutlich: Der schmale W-Teil steht mit seinen schwereren Säulen, Halbsäulen und Rundstäben der lichten Halle im O gegenüber. – Das berühmteste Stück der Ausstattung ist das *Sebaldusgrab:* Um den got. Reliquienschrein aus gestanztem Silberblech (Ende 14. Jh.) hat P. Vischer[*] gemeinsam mit seinen Söhnen ein Bronzegehäuse gestellt. Mit den Leuchterweibchen an allen 4 Ecken, den Apostelgestalten, der berühmten Selbstdarstellung des Meisters P. Vischer (mit Schurz und Kappe) sowie den vielen allegorischen und mythologischen Figuren quillt dieses Kleinod der Renaissance über von erzählerischer und bildnerischer Phantasie. Der Baldachin, v. Bronzeschnecken und -delphinen getragen, ist eine der größten Leistungen des Bronzegusses. – Aus der Werkstatt v. H. Vischer, dem Vater v. Peter, kommt auch das bronzene *Taufbecken.* Es steht im W-Chor der Kirche, der hoch überspannt wird v. einer Orgel- und Sängerempore, dem sog. *Engelschor.* Meisterwerke plastischer Kunst sind auch die verschiedenen *Portale* der Kirche: Jüngstes Gericht (S-Portal), Tod und Begräbnis Mariens (N-Portal, beide um 1300). Neben dem N-Querschiff ist wenig später das Brautportal, mit der be-

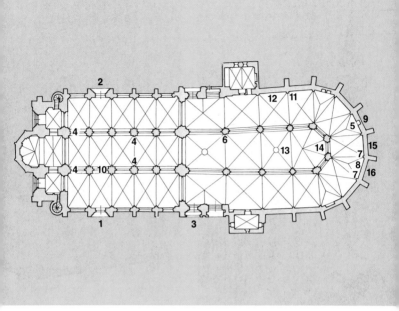

Nürnberg, St. Sebaldus 1 S-Portal (Jüngstes Gericht), Anfang 14. Jh. **2** N-Portal (Begräbnis und Marienkrönung), Anfang 14. Jh. **3** Dreikönigsportal, Mitte 14. Jh. **4** Apostelfiguren, Mitte 14. Jh. **5** Sakramentshaus, 2. Drittel 14. Jh. **6** Muttergottes im Strahlenkranz, 1430–40 **7** Holzfigurengruppe Christus und Maria v. V. Stoß, 1499 **8** Volckamersche Passion v. V. Stoß, 1499 **9** Bamberger Fenster, 1501 **10** Kreuztragung v. A. Krafft, 1506 **11** Andreas v. V. Stoß, 1506 **12** Epitaph Tucher v. H. v. Kulmbach, 1513 **13** Sebaldusgrab v. P. Vischer d. Ä., 1488–1519 **14** Hauptaltar mit Kreuzigungsgruppe v. V. Stoß **15** Maximiliansfenster v. V. Hirschvogel, 1514 **16** Markgrafenfenster v. V. Hirschvogel, 1515

ziehungsvollen Darstellung der klugen und törichten Jungfrauen, errichtet worden. Die schöne Skulptur der *Katharina* (um 1310), die ehemals zum S-Portal gehörte, steht jetzt im Kircheninneren. Hier ist auch (am ersten n Pfeiler des O-Chors) die *Schöne Madonna* im Strahlenkranz zu bewundern (um 1430). – Von V. Stoß*, dem neben T. Riemenschneider* bedeutendsten Bildhauer der dt. Spätgotik, stammen 3 Reliefs der *Volckamerschen Passion* (1499, unter den Glasfenstern im O-

Chor). Er hat auch die darüber aufgestellten Figuren v. *Christus* und *Maria* sowie die berühmte *Kreuzigungsgruppe* geschaffen, die über dem Hauptaltar zu sehen ist. Von dem Nürnberger Bildhauer A. Krafft* stammt das *Schreyersche Grabmal,* ein frühes Monumentalwerk des Meisters (1490–92). – Das sog. *Sebalduschörlein,* das ehemals kanzelartig auf einem eigenen Pfeilersockel vor dem Pfarrhof St. Sebaldus stand, ist mit seinen Steinreliefs ein wichtiges bildhauerisches Werk des 14. Jh. Es wurde ins → Germ. Nationalmuseum überführt und durch eine Kopie ersetzt.

Ev. Stadtpfarrkirche St. Lorenz (Königstraße): Mit ihren Doppeltürmen sehen die beiden Hauptkirchen (Sebaldus im N und Lorenz im S) einander sehr ähnlich. Mit dem Bau der heutigen Kirche wurde Ende des 13. Jh. begonnen. Im 14. Jh. entstand das Schmuckstück dieses Baus, die *W-Fassade* mit Figurenportal, Tympanon, Maßwerkrose und durchbrochenem Giebel. Um 1400 waren auch die 2 sechsgeschossigen *Türme* fertiggestellt.

St. Sebaldus

Sebaldusgrab in St. Sebaldus

Seitenschiff in St. Sebaldus

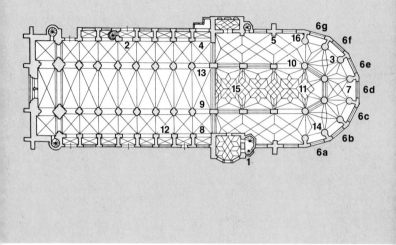

Im Zuge der weiteren Arbeiten wurden zwischen die Strebepfeiler des Langhauses Kapellen gelegt, die den zu eng gewordenen Kirchenraum erweitern sollten. Die Raumnot wurde jedoch erst nach dem Abriß des alten O-Chors mit dem neuen, v. einem Kapellenkranz umgebenen *Hallenchor* beseitigt. Auch hier öffnet sich – wie in St. Sebaldus – aus einem schmalen Mittelschiff mit abgetrennten Seitenschiffen ein weiter Chorraum, der v. einem Sterngewölbe abgeschlossen wird. Dieser Bauabschnitt, wohl der schönste dt. Hallenchor, wurde 1477 vollendet. – Hauptwerke der Ausstattung sind der *Englische Gruß* v. V. Stoß* und am letzten n Chorpfeiler das *Sakramentshäuschen* v. A. Krafft. Der Englische Gruß zeigt Maria mit dem Engel in einem mit Medaillons besetzten Kranz (in den Medaillons sind die 7 Freuden Mariä dargestellt). Das 3,70 m hohe Spätwerk des Meisters war urspr. nur als Oberteil eines eisernen Radleuchters gedacht und ist eine Stiftung der Familie Tucher (1517–19). Das berühmte, 18 m hohe Sakramentshaus aus Kalkstein stellt mit fast 100

Nürnberg, St. Lorenz 1 Sakristei **2** Imhoffaltar mit Marienkrönung, um 1420 **3** Deocarusaltar, 1437 **4** Wolfgangaltar v. Valentin Wolgemut, 1455 **5** Dreikönigsaltar, 1460 **6** Glasgemälde, a) Schlüsselfelderfenster, 1477, b) Volckamerfenster v. Hemmel und Andlau, 1485, c) Konhoferfenster, 1477, d) Kaiserfenster, 1477, e) Knorrfenster, 1476, f) Hallerfenster, 1479/80, g) Rieterfenster, 1478–80 **7** Krellaltar, 1483 **8** Rochusaltar, 1485 **9** Memmingaltar, 1490, Gemälde v. M. Wolgemut **10** Sakramentshaus v. Adam Krafft, 1493–96 **11** Hauptaltar mit Kruzifix v. V. Stoß, 1500 **12** Annenaltar, 1510, Flügelbilder v. Hans v. Kulmbach **13** Nikolausaltar, 1505–10 **14** Martha-Altar, 1517 **15** Engelsgruß v. V. Stoß, 1517/18 **16** Johannesaltar, 1521

Figuren die Leidensgeschichte Christi dar. Dabei wird die steile Pyramide v. den lebensgroßen Gestalten des Meisters Krafft und zweier Altgesellen getragen. – In St. Lorenz ist Stoß noch mit weiteren Werken vertreten: einem *Paulus* am Chorpfeiler (1513) und dem *Kruzifixus* auf dem Hauptaltar (um 1500). Der *Deocarus-Altar,* der *Imhoffsche Altar* und das *Ehenheim-Epitaph* sind bedeutende Werke älterer Nürnberger Malerei aus der 1. Hälfte des 15. Jh. Die prachtvollen *Chorfenster* (15. Jh.) sind

St. Lorenz, Krellaltar

Englischer Gruß in St. Lorenz >

St. Lorenz, Sakramentshäuschen

St. Michael in St. Lorenz

in ihrer alten Verglasung und Farbigkeit bis in unsere Zeit erhalten geblieben.

Frauenkirche/Kath. Stadtpfarrkirche (Hauptmarkt): Die Kirche steht an der Stelle einer alten Synagoge, die im 14. Jh. mit dem Judenviertel zerstört wurde. Kaiser Karl IV. hat das Gotteshaus 1349 gestiftet und dann zu seiner Hofkirche ernannt (1355). Auf dem Balkon, der zur Marktseite gerichtet ist, zeigte der Kaiser bei seinen Besuchen in Nürnberg dem Volk die Reichskleinodien. Der *Michaelschor* (auf dem Balkon) und der *Giebel* wurden erst in der Spätzeit der Gotik v. Adam Krafft in Form v. 5 Nischenreihen und einem Erkertürmchen geschaffen (1506–08). Auch das berühmte *Männleinlaufen* wurde erst 1506 eingebaut. Die Figuren der 7 Kurfürsten, die den thronenden Kaiser Karl IV. jeden Mittag Punkt 12 Uhr dreimal umlaufen, wurden als Erinnerung an die Verleihung der »Goldenen Bulle« durch Karl IV. geschaffen. – Das schlichte Innere der Kirche enthält 2 figurenreiche *Steinepitaphe* v. A. Krafft (Peringsdorffer und R. Rebek, 1500). Ein bedeutendes Werk der Nürnberger Malerschule, die der Zeit v. Wolgemut und Dürer* vorausging, ist der *Tucher-Altar*, ein Triptychon mit Kreuzigung, Verkündigung und Auferstehung, das etwa um 1440–50 datiert wird.

St. Egidien (Egidienplatz): Die Kirche ist im got. Nürnberg der einzige Barockbau und deshalb nur schwer in das Stadtbild einzuordnen. Sie ist nach einem Brand im Jahre 1696 erbaut worden, wobei allerdings Teile des Vorgängerbaus (eine roman. Kirche aus dem 12. Jh.) einbezogen wurden. So sind die roman. *Wolfgangskapelle* (mit einer Grablegungsgruppe aus der Zeit um 1446) und die *Euchariuskapelle* (um 1140) erhalten geblieben. Die Euchariuskapelle wurde bei der Gründung eines Schottenklosters durch Konrad III. als Königskapelle erbaut und 100 Jahre später zur heutigen, zweischiffigen Form ungestaltet. In der abschließenden *Tetzelkapelle* (1345) ist das Landauersche Epitaph v. Adam Krafft (um das Jahr 1501) bes. hervorzuheben.

Elisabethkirche (Ludwigstraße): Die Kirche des Dt. Ordens wurde Ende des 18. Jh. neu geplant. Die Vorlagen des jüngeren Neumann, Sohn des berühmten B. Neumann*, wurden jedoch v. 5 Baumeistern überarbeitet, bevor der Rundbau mit seinen korinthischen Doppelsäulen 1805 endlich fertiggestellt war. Die Kirche ist in

Frauenkirche, Tucher-Altar

Nürnberg das einzige bedeutende Beispiel klassizistischer Architektur.

Burg (Auf der Burg): Hoch über der Stadt erhebt sich, auf Sandsteinfelsen errichtet, die große Burganlage. Es sind die 3 Baugruppen *Kaiserburg, Burggrafenburg* und *Kaiserstallung* zu unterscheiden. Die Kaiserburg ist ab Mitte des 12. Jh. entstanden und hat als Kern eine roman. *Doppelkapelle*, v. Kaiser Barbarossa nach dem Modell der staufischen Doppelkapelle errichtet. Im oberen, hohen Raum, der sich über den kurzen, gedrungenen Säulen des Untergeschosses öffnet, nahm der Kaiser während der Messe Platz. Der untere Raum war für das Gefolge bestimmt. 32 Kaiser und Könige haben in der Burg residiert und Geschichte gemacht. Die Burggrafenburg ging 1427 an die Reichsstadt, die sich nach der Zerstörung im 2. Weltkrieg um die originalgetreue Wiedererrichtung sehr verdient gemacht hat. Neben der bereits genannten Doppelkapelle sind *Ritter-* und *Kaisersaal, Heidenturm* und *Brunnen* die wichtigsten Sehenswürdigkeiten des schön gelegenen weitläufigen Komplexes.

Rathaus (Rathausplatz): Das Rathaus besteht aus einem spätgot. Teil und einem kunsthistorisch bedeutenden Renaissancekomplex. Nach den Kriegszerstörungen wurden sowohl die spätgot. Fassade an der Rathausgasse (um 1515) wie auch der Renaissancebau mit seinen 3 aufgesetzten Turmgeschossen und den 3 Prachtportalen wiederhergestellt.

Albrecht-Dürer-Haus (Albrecht-Dürer-Str. 39): Das mehrstöckige Eckhaus unterhalb der Burg, v. Dürer* 1509 erworben, ist heute Dürer-Museum und zeigt u. a. eine Druckpresse aus der Zeit sowie Dürergraphik und die Kopien einiger seiner Gemälde. Die Einrichtung ist nicht mehr original, jedoch wie der ganze Fachwerkbau charakteristisch für ein Bürgerhaus am Anfang des 16. Jh. Dürer hat darin bis 1528 gelebt.

Mauthalle (Hallplatz 2): Der mächtige, auf einer Grundfläche v. 20 x 80 m errichtete Bau ist v. Nürnberger Stadtbaumeister H. Beheim in den Jahren 1489–1502 als Kornhaus (seit 1572 Zollamt) errichtet worden. Im 2. Weltkrieg wurde der Bau fast vollständig zerstört, in den Jahren 1951–53 jedoch wiedererrichtet. Er dient heute als Geschäftshaus.

Heilig-Geist-Spital (bei der Museumsbrücke): Den n Pegnitzarm überspannt die

Burg zu Nürnberg

Schöner Brunnen mit Frauenkirche

sog. *Sude*, ein Flügel des schon 1331 ge-stifteten Hl.-Geist-Spitals, das H. Beheim d. Ä. v. 1511–27 neu aufgeführt hat. In der 1945 völlig zerstörte Hl.-Geist-Kirche wurden v. 1424–1796 die Reichsklein-odien aufbewahrt. Das Spital wurde nach dem Krieg originalgetreu wiederaufgebaut und ist heute Speiserestaurant.

Stadtmauer: Diese dritte Stadtmauer ist im 14./15. Jh. entstanden und umschließt den ma Stadtkern. Sie ist insgesamt 5 km lang und weist in ihrem Verlauf ca. 80 Türme auf. Die Zerstörungen des 2. Welt-kriegs sind inzwischen beseitigt worden. Die im 16. Jh. an den 4 Drehpunkten er-richteten *dicken Türme* sind ein Wahrzei-chen des Stadtbilds.

Brunnen: Nürnberg, die Stadt der Erzgie-ßer (Vischer, Labenwolf, Wurzelbauer, Jamnitzer, Flötner, Kern u. a.), ist eine Stadt der vielen Brunnen. Der älteste und berühmteste ist der sog. *Schöne Brunnen* (am Hauptmarkt). Er ist bald nach dem Neubau der Frauenkirche und wohl als Teil der kaiserlichen Planung entstanden (1389–96). Aus dem achteckigen Wasser-kasten erhebt sich eine 19 m hohe Sand-steinpyramide, auf deren einzelnen Ge-schossen die 7 Kurfürsten sowie heidni-sche, jüd. und christl. Helden dargestellt sind. Ganz oben sind Moses und die 7 Propheten zu erkennen, am Brunnenrand Kirchenväter und Evangelisten. Die heuti-gen Figuren sind Kopien. Fragmente der Originale sind im Germ. Nationalmuseum zu sehen. – Der *Gänsemännchen-Brunnen* an der Rathausgasse (v. P. Labenwolf, um 1550), der *Apollo-Brunnen* im Hof des wiederaufgebauten *Pellerhauses* (v. P. Fötner, 1532) und der *Puttenbrunnen* im Rathaushof (v. P. Labenwolf, 1557) sind weitere bemerkenswerte Brunnen. – Her-vorzuheben ist aber v. a. der *Tugendbrun-nen* (vor der St.-Lorenz-Kirche), wo Put-ten aus Trompeten und, eine Etage tiefer, die Frauengestalten der Tugenden aus ih-ren Brüsten dünne feine Wasserstrahlen kreuz und quer in das achteckige Wasser-becken spritzen, ein elegantes Werk des Manierismus (1585–89 v. dem Gießer Wurzelbauer).

Johannisfriedhof (Johannisstraße): Auf dem altehrwürdigen Johannisfriedhof sind einige der berühmtesten Söhne der Stadt begraben: Albrecht Dürer, der Bildhauer Veit Stoß, der Humanist Pirckheimer, der Philosoph Ludwig Feuerbach, der Maler Anselm Feuerbach und viele andere. – Auf dem Friedhof steht neben der *Johanniskir-*

Puppenküche um 1800 im Spielzeugmuseum

che (14. Jh.) auch die als Rotunde gebaute *Holzschuher-Kapelle* (1513). – Die *Kreuzwegstationen* v. A. Krafft, die v. Tiergärtnertor bis zum Johannisfriedhof führen, wurden durch Kopien ersetzt.

Museen: Das *Germ. Nationalmuseum* (Kornmarkt) wurde 1852 in romantischer Begeisterung für das »Altdeutsche« gegründet. Es hat eine vor- und frühgeschichtliche Abteilung. Die Gemäldegalerie gibt ein umfassendes Bild dt. Tafelmalerei v. 14.–19. Jh. Hauptstücke der Sammlung sind Werke v. Dürer*, Burgkmair, Altdorfer, Cranach*, H. Baldung, gen. Grien*, K. Witz, H. v. Aachen und Sandrart. Die Plastik zeigt u. a. Werke v. T. Riemenschneider*, V. Stoß*, H. Leinberger*, P. Vischer*, A. Krafft*, die berühmte Nürnberger Madonna, den Schlüsselfelder Christophorus und Werke der Rokokoplastik. Hier befinden sich auch viele Originale aus Nürnberger Kirchen und Gebäuden, die an ihren alten Standorten durch Kopien ersetzt worden sind. Zu einer Kunsthandwerksabteilung kam nach 1945 auch eine Musikinstrumentensammlung. Das Kupferstichkabinett umfaßt rund 200 000 Blätter. Einzigartig ist die volkskundliche Abteilung mit Zeugnissen aus dem gesamten dt. Kulturraum. In den Museumskomplex ist der Raum der got. *Kartäuserkirche* einbezogen worden. – Das *Stadtmuseum Fembohaus* (Burgstr. 15), ein Haus mit Sandsteinfassade und in Voluten und Pyramiden aufsteigendem Giebel (1591–96), ist mit seiner Ausstattung aus dem 16.–19. Jh. das letzte erhalten gebliebene Nürnberger Patrizierhaus. In 36 Schauräumen werden Modelle und Bilder aus dem alten Nürnberg gezeigt. – Die berühmte Würzburger Spielzeugsammlung L. Bayer bildet den Grundstock für das Nürnberger *Spielzeugmuseum* (Karlstr. 13). Gezeigt werden Karussells, Zinnfiguren, Baukästen und Puppenhäuser aus verschiedenen Epochen und Ländern. – Aus dem Bereich der handwerklichen Kunst sind im *Gewerbemuseum* (im Germanischen Nationalmuseum) bedeutende Werke aus Glas, Keramik, Silber, Porzellan und Metall zusammengetragen. Eine besondere Abteilung zeigt ostasiatische Kunst. – Die *Städt. Kunsthalle* (Lorenzer Str. 32) bietet neben der ständigen Ausstellung v. Werken der Malerei, Graphik und Plastik aus dem 19. und 20. Jh. regelmäßig Wechselausstellungen moderner Kunst an. – Das *Verkehrsmuseum* (Lessingstr. 6) zeigt Beiträge zur Eisenbahn- und Postgeschichte, zur Entwicklung der Lokomotiven, des Fernmeldewesens und der Übertragungstechnik. Kernstück sind zahlreiche Lokomotiven und Eisenbahnwagen in Originalgröße (u. a. ist die erste dt. Eisenbahn, die 1835 zwischen Nürnberg und Fürth verkehrte, zu sehen). – Das ma *Lochgefängnis im Alten Rathaus* (Rathausplatz 2) ist in seinem urspr. Zustand mit Zellen, Folterkammer, Schmiede und Wohnung des »Lochwirts« erhalten. – Beachtenswert ist auch das *Albrecht-Dürer-Museum* im → Albrecht-Dürer-Haus.

Theater: Die *Städt. Bühnen* verfügen über ein *Opernhaus* (Richard-Wagner-Platz) mit rund 1100 Sitzplätzen (nach den Zerstörungen im 2. Weltkrieg wiederaufgebaut) sowie über ein *Volkstheater im Schauspielhaus* (Richard-Wagner-Platz, 900 Plätze) nebst *Kammerspielen*.

Außerdem sehenswert: Die got. Kirche *St. Jacob* (Ludwigstraße) mit schönem Altar; die ehem. Meistersingerkirche *St. Martha* (Königstraße); das *Nassauer Haus* (Karolinenstr. 2), ein ma Turmhaus mit hübschem Chörlein (13.–15. Jh.); die *Fleischbrücke* über die Pegnitz (um 1600); schöne *Höfe* (Winklerstr. 31; Weinmarkt 6 und Theresienstr. 7); schließlich das *Tucherschlößchen* (Hirschelgasse 11), ein Renaissancebau aus den Jahren 1533–44 (Führung nach Vereinbarung), und das *Pellerhaus* (Egidienplatz 23).

Umgebung

Fürth (6 km w): *Ev. Stadtpfarrkirche St. Michael* (14. Jh.) mit reichverziertem Portal und got. Sakramentshaus (um 1500) v. A. Krafft*. – *Altstadt* mit Fachwerkhäusern (17./18. Jh.), z. T. mit Schieferverkleidungen.

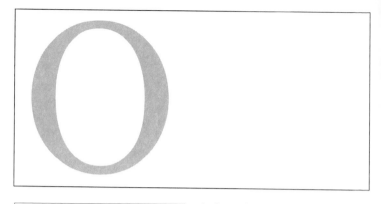

O

Oberalteich
✉ 94327 Bogen-Oberalteich
Bayern

Höhe: 320 m   S. 1283 ☐ O 13

Ehem. Benediktinerklosterkirche St. Peter und Paul: Die heutige Kirche stammt aus dem 17. Jh. (Bauabschluß 1630). Sie weist eine Reihe v. Eigenartigkeiten auf, die dem Abt Vitus Höser zugeschrieben werden. Auf dem rechteckigen Grundriß waren urspr. nicht eine Apsis, sondern gleich 4 Apsiden vorgesehen. Die W-Apsis ist zwischen den beiden Türmen auch v. außen sichtbar und durch 2 spätgot. Nischenfiguren gekennzeichnet.

Im Inneren des dreischiffigen Hallenbaus ist die »hangende Stiege« einst als technisches Wunderwerk gepriesen worden. Sie führt zu den Emporen. Den Innenraum erreicht man durch eine Vorhalle, die mit eigenartigen Stukkaturen (Vögel darstellend) geschmückt ist. Das gesamte Innere der Kirche ist mit Dekorationsmalerei ausgestaltet. Der mächtige Hochaltar (die Fi-

Oberammergau, Passionsspielszene

guren Benedikts und Augustins dominieren) stammt aus dem Jahr 1693 und erreicht fast die ganze Höhe der Kirche. Das wertvolle Rokoko-Tabernakel v. 1758/59 ist vermutlich das Werk des Straubinger Künstlers M. Obermayer. Die 8 Nebenaltäre besitzen kunsthistorisch unterschiedlichen Wert. Im Zeichen des Klassizismus steht die geschnitzte Brüstung der Orgelempore (spätes 18. Jh.).

82487 Oberammergau
Bayern

Einw.: 5300   Höhe: 837 m   S. 1282 □ L 15

Oberammergau ist durch die Passionsspiele, die alle 10 Jahre stattfinden (nächstes Spieljahr 2000), bekannt geworden. Die erste Aufführung fand im Jahr 1634 statt. Die Oberammergauer gelobten die Ausrichtung der Spiele als Dank für das Ende der Pest. Damals wurde auch bereits festgelegt, daß die Passionsspiele alle 10 Jahre zu wiederholen seien. Seit 1680 finden sie jeweils in den durch 10 teilbaren Jahren statt. Das heutige *Passionsspielhaus* (Theaterstraße) wurde 1930 errichtet. In den Passionsspieljahren (Darsteller sind jeweils Oberammergauer Bürger) stehen 102 Aufführungen auf dem Programm. Eine Aufführung dauert 6 Stunden (mit dreistündiger Mittagspause) und zeigt in 16 Akten den Leidensweg Christi. Insgesamt sind 2000 Mitwirkende beteiligt, die entweder in Oberammergau geboren sind oder seit mindestens 20 Jahren hier wohnen. Die Verteilung der Rollen entscheidet sich nach öffentlichen Proben, bei denen jeder Bewerber sein schauspielerisches Talent unter Beweis stellen muß.

Kath. Pfarrkirche (Ettaler Straße): Baumeister J. Schmuzer* (Wessobrunn) hat die heutige Kirche an der Stelle eines got. Vorläuferbaus in den Jahren 1736–42 aufgeführt und dabei seinen Sohn Franz Xaver beteiligt (Stuckdekor). Die prächtigen Fresken, die das Innere der Kirche bestimmen, sind das Werk v. M. Günther*, 1741 und 1761 (Augsburg), Hauptaltar und Nebenaltäre, Arbeiten des späten Rokoko, stammen v. F. X. Schmädl (Weilheim).

Häuser mit Lüftlmalerei: Im Stadtbild finden sich zahlreiche Häuser, die mit der sog. Lüftlmalerei geschmückt sind (Fassaden sind mit Architekturmalerei versehen). F. Zwinck, einer der bekanntesten

Obermarchtal, Prämonstratenserkloster und -kirche St. Peter und Paul

Lüftlmaler, hat die Fassaden der Häuser Geroldhaus und Pilatushaus bemalt (Ende 18. Jh.).

Oberammergauer Heimatmuseum
(Dorfstr. 8): Plastische Volkskunst (14.–18. Jh.; insbesondere die Oberammergauer Schnitzarbeiten), Druckstücke, Wachsarbeiten, Krippenschau.

98559 Oberhof	
Thüringen	
Einw.: 2300 Höhe: 835 m	S. 1278 ☐ K 9

Bekannter Wintersportort mit großer Skisprungschanze.

Hotel »Panorama«: Bekanntes Beispiel sozialistischer Architektur der 60er Jahre; das monumentale Bauwerk wurde in Form zweier sich gegenüberstehender Sprungschanzen errichtet.

Außerdem sehenswert: *Obelisk*. Am Stadtrand an der Kreuzung des Rennsteigs mit der Straße Erfurt–Stuhl zur Erinnerung des 1830–32 erfolgten Straßenbaus in Form einer übergroßen got. Fiale errichtet.

Obermarchtal, St. Peter und Paul

Umgebung

Brandleitetunnel (2 km s) 1881–84 für eine zweispurige Eisenbahnverbindung von N nach S erbaut. Er unterquert das Brandleitemassiv und verbindet die Bahnhöfe Gehlberg und Oberhof auf kürzestem Wege. Mit einer Länge von 3038 m war er einer der längsten Tunnelbauten der damaligen Zeit.

Oberkaufungen	
⊠ **34260 Kaufungen**	
Hessen	
	Höhe: 215 m S. 1277 ☐ H 8

Ehem. Benediktinerinnen-Reichsstift und Kirche Hl. Kreuz: Zurückgehend auf die Klostergründung durch Kaiserin Kunigunde (Gemahlin Heinrichs II.) im Jahre 1017, entstand am Rande des Kaufunger Waldes eine ausgedehnte Anlage. Vielfache Umbauten im Laufe der Jahrhunderte haben das Gesicht des Klosters und der Kirche stark verändert, die Grundzüge der ersten Bauten sind jedoch in Teilen erhalten geblieben. Das heutige Bauwerk ist ein nicht vollendeter Umbau einer roman. Basilika zu einer got. Hallenkirche. Zur Zeit der Spätgotik sind Wände und Pfeiler bemalt worden (15. Jh.). Bemerkenswert ist der *Grabstein* für Äbtissin Anna v. der Borch (gest. 1512). Der fünftürmige *Orgelprospekt* wurde 1799 geschaffen und ist vom Zopfstil gekennzeichnet. – Von der alten Klosteranlage sind nur Reste vorhanden. Ältester erhaltener Teil ist der *Kreuzgang* s der Kirche. Nach der Übergabe der Anlage an die hessische Ritterschaft (1532) entstanden die ritterschaftliche *Renterei* (1606) und das *Herrenhaus* (1714 umgebaut). In beiden Fällen folgen den steinernen Unterbauten sehr ausgewogene Fachwerkaufsätze. Im Herrenhaus befindet sich ein sehenswerter Rittersaal. An den Wänden die Wappen adliger Familien.

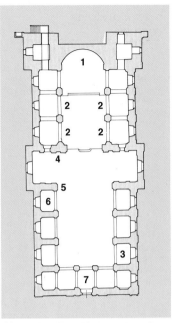

Obermarchtal, Klosterkirche 1 Hochaltar, Gemälde v. J. N. Heiß, 1696 **2** Chorgestühl v. P. Speisenegger, 1690; Bekrönung 18. Jh. **3** Antoniusaltar; Gemälde v. M. Zehender, 1690–96 **4** Sakramentsaltar; Gemälde v. M. Zehender, 1690–96 **5** Kanzel, um 1715 **6** Ursaciusaltar, 1736 **7** Orgelprospekt, Rokoko

Regionalmuseum »Alte Schule« mit Exponaten vorwiegend v. 18. bis zum beginnenden 20. Jh. – *Bergwerkmuseum »Roßgang«* mit dem ältesten Pferdegöpel Westeuropas, der noch 1884 in Betrieb war.

89611 Obermarchtal
Baden-Württemberg

Einw.: 1200	Höhe: 540 m	S. 1281 □ H 14

Ehem. Prämonstratenser-Klosterkirche St. Peter und Paul: Auf einem Hügel oberhalb der Donauschleife bei Obermarchtal entstand das erste Kloster im 8./9. Jh. Nach der Neugründung im 12. Jh. erlebte der Ort jedoch erst Ende des 17. Jh. und im 18. Jh. seine Blüte. In dieser Zeit entstand der heutige Bau, für den (bis zu seinem Tod im Jahre 1690) M. Thumb* aus Vorarlberg verantwortlich zeichnete. Später setzten sein Bruder Christian und sein Vetter F. Beer die Arbeiten fort. – Ihren kunsthistorischen Wert bezieht die Klosterkirche aus der hervorragenden Gestaltung des Inneren. Die Rundbogen der Arkaden wirken auf großartige Weise zusammen mit den überreichen Stukkaturen, die der Wessobrunner J. Schmuzer* geschaffen hat. Auf diese Raum- und Detailwirkung ist auch die Farbgebung abgestimmt: Bis auf das Gold und Braun der Altäre und bis auf das dunkle Chorgestühl ist alles in reinstem Weiß gehalten. Der Raum gehört zu den Kostbarkeiten des süddt. Barock. – Im Zentrum des Hochaltars steht ein Gemälde v. J. Heiß (1696). Es ist der Verherrlichung des Prämonstratenserordens gewidmet. Auch die Nebenaltäre sind mit Gemälden versehen. Das Chorgestühl, v. einem Laienbruder namens P. Speisenegger aus Schaffhausen geschnitzt, paßt sich ideal der gesamten Raumgestaltung an. Der Orgelprospekt zeigt bereits die Formen des Rokoko. – Die *Klosterbauten,* die größtenteils sehr reich ausgestattet sind, werden v. *Kapitelsaal* (schönes Chorgestühl) und v. *Refektorium* (Stuck v. F. Pozzi, Fresken v. Appiani, um 1755) gekrönt.

Obermarsberg
✉ 34431 Marsberg

Nordrhein-Westfalen

Einw.: 21 400	Höhe: 460 m	S. 1277 □ F 8

Stiftskirche St. Petrus und Paulus: Die heutige Kirche entstand auf den Resten eines Baus aus dem 13. Jh., der durch Blitzschlag und Brand zerstört wurde. Der Wiederaufbau war um 1410 vollendet (Dächer aus dem 19. Jh.). Besonderes Interesse beansprucht die Krypta (unter dem Chor), die durch den achtkantigen Mittelpfeiler gekennzeichnet wird. Die Schiffe dieser Hallenkirche werden v. kuppelartigen Kreuzgewölben überspannt. Die Ausstattung ist – selten in dieser Gegend – barock.

Nicolaikapelle: Die kleine Kirche ist als dreischiffige Hallenkirche angelegt, be-

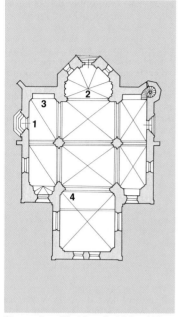

Obermarsberg, Nicolaikapelle 1 S-Portal **2** Doppelmadonna im Rosenkranz, um 1700 **3** Hl. Christophorus, 1744 gestiftet **4** Vesperbild, Anfang 18. Jh.

sitzt jedoch angrenzend an die O-Wand der Seitenschiffe kleine Nebenchöre und im W einen fünfseitigen Anbau. Der Bau wird 1247 zum ersten Mal genannt.

Das Innere der Kirche wird v. hohen Rundpfeilern charakterisiert. Diese werden durch frühgot. Laubwerkkapitelle abgeschlossen (die Kreuzrippengewölbe tragen). Besondere Beachtung verdienen die noch gut erhaltenen alten Fenster und das meisterliche spätroman. S-Portal mit seinem reichen Schmuck. Diese Kirche ist eine der bedeutendsten und reizvollsten Bauwerke der frühen Gotik in Westfalen.

Heimatmuseum (Bahnhofstr. 11) mit Sammlung zur Ortsgeschichte und zur Heimatkunde.

Außerdem sehenswert: Rolandsäule (1737), Pranger (aus dem 16. Jh.).

31683 Obernkirchen
Niedersachsen

Einw.: 10 400   Höhe: 70 m   S. 1277 ☐ G 6

Stiftskirche: Obwohl noch 1396 im Bau, sind doch große Teile der dreischiffigen Halle roman. Auffallend sind die beiden unmittelbar nebeneinander liegenden Pyramidenhelme. Im Inneren beansprucht der *Hochaltar* (1496) das größte Interesse. Auf der steinernen Predella steht ein Schrein mit geschnitzten Passionsfiguren. Auf den Außenseiten der Schreinflügel sind Maria mit dem Jesuskind bzw. die hl. Anna zu sehen. Die reichgeschnitzte *Kanzel* (17. Jh.) wird v. einer Mosesfigur getragen. Erwähnenswert ist auch das *Epitaph* des Bürgermeisters Georg Tribbe (gest. 1665), der zugleich Bildhauer war und sich hier selbst ein Denkmal aus Marmor und Alabaster errichtet hat. Zahlreiche weitere Schnitzfiguren sind über die gesamte Kirche (auf den Emporen) verteilt. – Die angrenzenden *Klosterbauten* sind im 16.–18. Jh. entstanden und stellen eine malerisch-romantische Ergänzung zur Stiftskirche dar. Erhalten geblieben sind auch die einstige *Klostermühle* sowie eine Scheune, wo früher der Zehnte als Abgabe der Bauern gespeichert wurde. – *Stadtbücherei* (Markt): Unter den Fachwerkhäusern nimmt die Stadtbücherei, 16. Jh., eine Sonderstellung ein.

71720 Oberstenfeld
Baden-Württemberg

Einw.: 7800   Höhe: 227 m   S. 1281 ☐ G 12

Ehem. Nonnenstiftskirche St. Johannes Baptist: An die Gründungszeit (Beginn 11. Jh.) erinnert die erhaltene dreischiffige *Hallenkrypta* mit Sichelgurten. Im 13. Jh. entstanden die dreischiffige Basilika und der Chorturm. Der Innenraum zeigt monumentale roman. Formen. Maulbronner Meister haben das Kreuzrippengewölbe eingezogen. Aus der Innenausstattung ist der Flügelaltar hervorzuheben, dessen Altartriptychon (1512) der Schule Dürers* zugeschrieben wird. Die Renovierungsarbeiten wurden 1989 abgeschlossen.

Burg Lichtenberg (2 km sö): Abgesehen v. 2 Bergfrieden ist die Burg (13.–15. Jh.) vollständig erhalten. Der Hof ist v. einem Zwinger umgeben. Beiderseits der Tordurchfahrt befinden sich ein Mannschaftsraum und die *Kapelle* (Wandmalereien um 1230). Im ersten Geschoß schöner Festsaal. – Einige der Wirtschaftsbauten sind im 16. und 17. Jh. ergänzt worden.

Außerdem sehenswert: Peterskirche (nö v. Oberstenfeld): Einfacher Bau aus dem 11. Jh. mit Wandgemälden aus dem 13. Jh.

98744 Oberweißbach

Thüringen

Einw.: 1900   Höhe: 570 m   S. 1278 □ L 9

Friedrich-Fröbel-Haus (Markt 10): Die Sammlung dokumentiert Leben und Werk Friedrich Fröbels, des Begründers des Kindergartens, der 1782 in Oberweißbach geboren wurde.

Außerdem sehenswert: Die einschiffige barocke *Pfarrkirche* wurde 1767–79 erbaut. Der Kanzelaltar im Innenraum stammt aus der Entstehungszeit – Die *Oberweißbacher Bergbahn* ist die steilste Seilzugbahn der Welt mit Normalspur. Von der Station Obstfelderschmiede gelangt sie in nur 18 Minuten zur 323 m höher gelegenen Bergstation Lichtenhain (663 m). Eine weitere Station befindet sich in Cursdorf. Die Bahn wurde 1922 erbaut.

55430 Oberwesel

Rheinland-Pfalz

Einw.: 4300   Höhe: 80 m   S. 1276 □ D 10

Das ma Weinstädtchen hat v. seiner Romantik, die Ferdinand Freiligrath überschwenglich gerühmt hat (er bezeichnete Oberwesel als den »schönsten Zufluchtsort« der Romantik am Rhein), nichts verloren. Vor Freunden und Bürgern hat Hoffmann v. Fallersleben am 17. 8. 1843 hier zum erstenmal sein Deutschlandlied gesungen.

Stiftskirche U. L. Frau (Liebfrauenstraße): Der rotverputzte Sandstein hat dieser Kirche aus dem 1. Drittel des 14. Jh. im Volksmund die Bezeichnung »rote Kirche« eingebracht. Der 72 m hohe W-Turm schließt mit einem Helm und acht Giebeln ab. 4 kleinere Ecktürmchen begleiten den Turm. – Die kostbare *Innenausstattung* steht in ihrem ungewöhnlichen Reichtum im Gegensatz zu den schlichen architektonischen Formen. An erster Stelle ist der *Lettner* zu nennen, der weit über seine Funktion hinaus (Trennung zwischen Geistlichkeit und Laien) zu einem großartigen Kunstwerk gestaltet worden ist. In den Seitenschiffen wird er in vereinfachter Form als Gitter aus Stein und Eisen fortgeführt. In seiner Bedeutung steht der *Nikolausaltar* dem Lettner kaum nach. Er stammt – wie auch die übrigen Altäre – aus der Werkstatt eines unbekannten Meisters (1506). Das Bild des Mittelteils zeigt den Heiligen, der 3 unschuldig verurteilte Ritter befreit und 3 Mädchen, die v. ihrem mittellosen Vater zur Prostitution gezwungen werden sollten, mit je einem Geldbeutel beschenkt. Im Vordergrund ist ein dicht mit Menschen aller Stände besetztes Schiff zu sehen, beschützt v. Heiligen, dem Patron der Schiffer. Die Altäre gehen auf eine Stiftung des Kanonikus Peter Lutern (gest. 1515) zurück. Sein *Grabmal,* das ebenfalls zu den bedeutenden Kunstwerken in der Kirche gehört, hat der berühmte H. Backoffen* geschaffen (16. Jh.). Ein Schüler des Meisters hat das künstlerisch noch höher einzuordnende Grab des Ritterpaares Ottenstein (1520) in Stein geschlagen. – Von den einstigen *Stiftsgebäuden* sind der Kreuzgang (spätgot.) und Reste des Kapitelsaals erhalten.

Kath. Pfarrkirche St. Martin (Auf dem Martinsberg): Die Lage auf einem Berg in N der Stadt und der wuchtige Turm geben der Kirche aus dem 14./15. Jh. wehrhaften Charakter. Die hell leuchtenden Farben des Langhauses (Ausmalung 15. Jh.) und Chors haben ihr – im Unterschied zur Liebfrauenkirche – die Bezeichnung »weiße Kirche« eingebracht. Sie ist ähnlich gegliedert wie die Liebfrauenkirche.

Schönburg (2 km s): Die ma, schon im 12. Jh. genannte Anlage – gewaltig in ihrer

Ausdehnung auf einem 320 m hohen Berg-kegel – wurde 1689 größtenteils zerstört und ist nur als Ruine erhalten. Die einstige Ausdehnung und der Typ der sog. Schild-mauerburg lassen sich jedoch gut erkennen (Torturm und Schildmauer sind erhalten).

Stadtbefestigung: Die Ringmauer mit ih-ren 16 Türmen (v. urspr. 21) ist in bestem Zustand erhalten.

97199 Ochsenfurt

Bayern

Einw.: 11 700   Höhe: 185 m   S. 1282 ☐ I 11

Kath. Pfarrkirche St. Andreas (Pfarr-gasse 9): Die Bauzeit dieser Kirche er-streckt sich bei einem Baubeginn im Jahre 1288 (mit Turm aus dieser Zeit) bis ins späte 15. Jh., als die Kapellen fertiggestellt waren. Die Johann-Nepomuk-Kapelle an der SO-Ecke kam sogar erst im 18. Jh. hinzu. Reiches Maßwerk wird zum be-stimmenden Schmuck. Der Typ der sog. Staffelhalle ist durch ein überhöhtes Mit-telschiff gekennzeichnet. Der Hochaltar v. 1612, den der Bildhauer G. Brenck aus Windsheim geschaffen hat, füllt mit sei-nem dreiteiligen Aufbau den größten Teil des Chores aus. Eine vorzügliche Holzfi-gur, die den hl. Nikolaus darstellt, stammt v. T. Riemenschneider[*] (16. Jh.). Weiter-hin sehenswert: ein achtseitiges Bronze-taufbecken (um 1515), spätgot. Chorge-stühl, Plastik mit der Anbetung der Könige (Anfang 14. Jh.). – In der Nachbarschaft der Pfarrkirche ist die *Michaelskapelle* (Baubeginn 1440) als zweigeschossige Friedhofskapelle entstanden. Sie enthält wertvolle Steinplastik.

Rathaus (Markt): Das spätgot. Rathaus gehört zu den schönsten in Franken. Dem älteren Hauptbau (um 1500) folgte rund 20 Jahre später der O-Flügel. Sehenswert ist das Uhrtürmchen mit einem Spielwerk v. 1560. Das Innere erreicht man über eine Freitreppe mit Maßwerkbalustraden.

Museen: *Stadtmuseum* (Brückenstr. 26): Im sog. »Schlößchen«, das ehemals als

< Oberwesel, Stiftskirche U. L. Frau

Brückenbefestigung diente, ist das Mu-seum mit seiner bemerkenswerten Stein- und Waffensammlung. *Trachtenmuseum* (Spitalgasse) im sog. Greisinghaus; Gau-trachten und Zeugnisse bürgerlicher Wohnkultur.

Außerdem sehenswert: *Brücke* über den Main aus dem 17./18. Jh. – *Spitalkirche* (um 1500). – *Wolfgangskapelle* (Baube-ginn im 15. Jh.), alle 2 Jahre Ziel eines Pfingstumrittes. Ferner das *Palatium,* ehem. Verwaltungssitz des Domkapitels (um 1400), ma *Fachwerkhäuser* und *Stadt-befestigung.*

Umgebung

Frickenhausen (3 km nö): In dem schon im 9. Jh. bekannten Weinort mit intakter *Ringmauer* (15./16. Jh.) sind das *Rathaus* mit einer spätgot., maßwerkverzierten Freitreppe (1595) sowie die *kath. Pfarrkir-che St. Gallus* (16./17. Jh.) sehenswert.

Marktbreit (6 km ö): Neben der *ev. Kir-che St. Nikolaus* (13.–17. Jh.) mit 4 spät-got. *Passionsreliefs* aus der Riemen-schneider-Schule sind Fachwerkbauten v. Interesse.

88416 Ochsenhausen

Baden-Württemberg

Einw.: 7400   Höhe: 609 m   S. 1281 ☐ H 14

Ehem. Benediktinerklosterkirche St. Georg (Schloß-Bezirk Ochsenhausen): Mit dem Fußtritt eines Ochsen soll die eigtl. Geschichte der Stadt begonnen ha-ben. Ebenjener Tritt soll um 1050 einen Klosterschatz zutage gefördert haben, den 100 Jahre zuvor die vor den Ungarn flüch-tenden Nonnen eines Klosters namens Ho-henhausen an besagter Stelle versteckt hät-ten. Hatto v. Wolperswendi sah darin einen Wink des Allmächtigen und gründete das Benediktinerkloster. Mit dem Bau der heu-tigen Kirche wurde 1489 begonnen (Fer-tigstellung 1495). Im 17. und 18. Jh. wurde der Bau einschneidend verändert (u. a. Ba-rockfassade aus dem Jahr 1725). Auch der Innenraum wurde im Stil des Barock um-gestaltet. Die Stuckornamente stammen v.

dem Italiener G. Mola und zeigen den Zeitgeschmack um 1725–30. Die umfangreiche Freskomalerei im Hochschiff ist das Werk J. B. Bergmüllers[*] (1727–30, ergänzt durch Arbeiten seines Schülers J. A. Huber, 1787, in den Seitenschiffen). Aus der Ausstattung sind weiter hervorzuheben: Rokoko-Hochaltar mit älteren Figuren und einem Gemälde v. J. H. Schönfeld aus Biberach, Chorgestühl (1686), Kanzel v. Ä. Verhelst[*] (1740/41), Orgel v. J. Gabler (1729–34). Von der spätgot. Ausstattung sind nur noch einige plastische Werke erhalten. – Im O grenzen die *Klostergebäude* an (1583–1791). Sie erreichen ein ungewöhnliches Ausmaß und umfassen u. a. die Gebäudeteile Prälatur, Konventflügel, Refektorium und den (klassizistischen) Bibliothekssaal, der sich im N-Flügel befindet (umfassende Renovierung 1974–84).

48607 Ochtrup
Nordrhein-Westfalen

Einw.: 17 700   Höhe: 50 m   S. 1276 □ C 6

Ehem. Nonnenstift: Die Burg Langenhorst war Ausgangspunkt einer Klostergründung durch den späteren münsterschen Domdechanten Franko v. Wettringen im Jahre 1178. Rund 50 Jahre später war die Klosterkirche, die den Übergang v. der Romanik zur Gotik erkennen läßt, fertiggestellt. Neben der Kirche sind Teile des ehem. Klosters, der Stiftsgebäude und der Abtei (1722) erhalten. – Die Kirche, heute kath. Pfarrkirche St. Johannes der Täufer, gehört zu den bedeutendsten Hallenkirchen im Münsterland.

86732 Oettingen
Bayern

Einw.: 4900   Höhe: 415 m   S. 1282 □ K 13

Die ehem. Residenzstadt am Rande des Riesbeckens hat ihr urspr. Ortsbild bis heute erhalten. Viele Fachwerkhäuser (15.–17. Jh.) und Barockbauten vermischen ländliche Idylle mit höfischem Glanz.

St. Jakob (Schloßstraße): Auf den Fundamenten einer Kirche aus dem frühen 14. Jh. entstand im 14./15. Jh. die heutige Kirche (Abschluß der Bauarbeiten mit der Fertigstellung des Turmobergeschosses im Jahr 1565). Sehenswert wird die Kirche durch die reiche Innenausstattung, deren Stukkaturen M. Schmuzer[*] geschaffen hat

Ochsenhausen, Benediktinerkloster

(1680/81). Hervorzuheben ist ein Hochaltar (um 1500) mit einer bedeutenden Kreuzigungsgruppe. Die Kanzel (1677) und der Taufstein (1689) sind mit erstklassiger Plastik versehen.

Neues Schloß: Auch im Neuen Schloß hat M. Schmuzer aus Wessobrunn erstklassige Stukkaturen geschaffen, u. a. den Festsaal. Die weitläufige Anlage ist im 17. und 18. Jh. entstanden und umfaßt neben dem Hauptbau zahlreiche Wirtschafts- und Nebengebäude. Sie umstehen den Schloßhof, der 1720 einen *Marienbrunnen* erhalten hat. Nach W hin schließt sich der *Hofgarten* an. Das dortige Orangeriegebäude hat G. Gabrieli* errichtet (1726).

Außerdem sehenswert: *St. Sebastian:* Reste der Kirche v. 1471 (ergänzt durch einen Neubau v. 1847) sind erhalten. Die Kirche war mit ihrem Hl.-Blut-Wunder Wallfahrtsziel. – *Rathaus:* Fachwerkbau (1431, mit *Heimatmuseum* zu Früh-, Stadt- und Handwerksgeschichte). – *Lateinschule:* Giebelbau aus dem Jahr 1724 (neben St. Jakob). – *Stadtbefestigung:* Von der Stadtmauer (12. Jh.) sind große Teile in sehr gutem Zustand erhalten geblieben. 3 der Tore geben ein gutes Beispiel v. der Gesamtkonzeption.

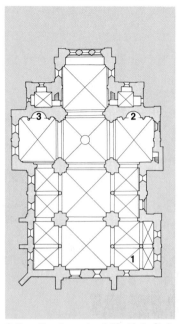

Ochtrup, Burg Langenhorst, Pfarrkirche St. Johannes der Täufer 1 Taufstein, 2. Viertel 13. Jh. **2** S Seitenaltar mit Kruzifix, 1. Hälfte 14. Jh. **3** Vesperbild, 2. Hälfte 15. Jh.

63065–75 Offenbach am Main
Hessen

Einw.: 115 800 Höhe: 100 m S. 1277 ☐ F 10

Goethe schwärmte v. Offenbach wie kaum sonst für eine Stadt – allerdings wohl wegen seiner Liebe zu Lili Schönemann, mit der er sich Ostern 1775 verlobt hatte: Er lobte die »schönen prächtigen Gebäude« und begeisterte sich an den Gärten und Terrassen, die, »bis an den Main reichend, überall freien Ausgang nach der holden Umgebung erlauben«. In Offenbach gelebt haben u. a. Sophie v. La Roche (ab 1786 bis zu ihrem Tod 1807) sowie Bettina v. Arnim, die einen Teil ihrer Jugend in Offenbach verbrachte. Heute ist Offenbach eine bedeutende Industriestadt und Zentrum der dt. Lederwarenindustrie. Zweimal jährlich Internationale Lederwaren-Messe und Modeforum.

Ochsenhausen, Klosterkirche

Offenbach, Isenburgisches Schloß

Ehem. Isenburgisches Schloß (Schloß-str. 66): Das Renaissanceschloß aus dem 16. Jh. ist wegen der nach S gelegenen Schauseite und der Hoffassade mit ausdrucksvollen Laubengängen sehenswert. Der heutige Bau, der möglicherweise als Vierflügelanlage geplant gewesen ist, war 1578 fertiggestellt.

Büsinghof mit Ruine des ehem. Büsing-Palais (Herrnstraße): Der im 18. Jh. erbaute Palast brannte im 2. Weltkrieg vollständig aus. Die Flügelbauten der Erweiterung v. 1900 wie auch der Hauptbau (Kultur- und Kongreßzentrum) wurden jedoch wieder aufgebaut.

Museen: *Dt. Ledermuseum/Dt. Schuhmuseum* (Frankfurter Str. 86): Herstellung und Verarbeitung des Leders sind ebenso ausführlich wie die Kulturgeschichte des Schuhs dargestellt. – *Klingspor-Museum* (Herrnstr. 80): Schwerpunkte sind Buch- und Schriftkunst des 20. Jh.; Einbände und Graphik. Regelmäßig Wechselausstellungen, die größtenteils aus eigenen Beständen zusammengestellt werden.

Außerdem sehenswert: *Schloß Rumpenheim:* Landhaus aus dem Jahr 1680 am Main, dessen Hauptbau 1945 ausgebrannt ist. – *Lilipark* (nahe dem Mainufer): Benannt nach der Verlobten Goethes, die hier zeitweise lebte.

77652–56 Offenburg
Baden-Württemberg

Einw.: 53 900   Höhe: 160 m   S. 1280 □ D 14

Johann Jakob Christoffel v. Grimmelshausen (»Der Abentheurliche Simplicissimus Teutsch«) arbeitete nach 1639 in Offenburg als Festungsschreiber und Regimentssekretär und heiratete hier 1649.

Kath. Stadtpfarrkirche Hl. Kreuz (Pfarrstr. 4): Nach fast 100jähriger Bauzeit wurde die Kirche im Jahre 1791 gew. Älter sind die 1524 entstandene Ölberggruppe auf dem Vorplatz (ehem. Friedhof) und die an den Außenwänden zu erkennenden Grabdenkmäler (u. a. das v. C. v. Urach für Jörg v. Bach, gest. 1538). Der Innenraum ist zum großen Teil ausgemalt (1956). Unter den Altären nimmt der *Hochaltar* (1740) eine Sonderstellung ein. F. Lichtenauer hat ihn (wie die meisten Nebenaltäre) ausgestattet. Sehenswert sind auch *Chorgestühl* (1740), klassizistische *Kanzel* (1790), *Rokokogitter* vor dem Orgelprospekt (18. Jh.) und das Original des *Kruzifixus* v. 1521 im l Seitenaltar, dessen Kopie auf dem Kirchenvorplatz zu sehen ist.

Rathaus (Hauptstr. 90): Für die Fassade des 1741 v. M. Fuchs errichteten Baus wurden Bauteile aus dem 16. und frühen 17. Jh. verwendet.

Landratsamt (Hauptstr. 96): Der Barockbau entstand im Auftrag der Markgräfin Sybilla und nach Entwürfen des Hofbaumeisters M. L. Rohrer. 1717 war der Bau mit seiner reichgeschmückten Fassade fertiggestellt.

Museen: In dem 1775 erbauten *Ritterhausmuseum* (Ritterstr. 10) war in den Jahren 1804–06 das Direktorium der Offenburger Reichsritterschaft untergebracht, bis 1956 diente es als Unterkunft für das Landgericht. Neben Beiträgen zur Stadt-, Landes- und Kulturgeschichte bietet das Museum sehenswerte Sammlungen über die ehem. dt. Kolonien. – *Städt. Galerie* (Ritterstr. 10): Sie widmet sich in erster Linie Werken v. Offenburger Künstlern, insbesondere seit dem 18. Jh.

Außerdem sehenswert: *Franziskanerkloster:* 1702–17 auf älteren Fundamenten gebaut. Die Kirche ist eine schlichte Wandpfeileranlage mit reicher Altarausstattung. – *Palais Rieneck:* In dem Barockbau (mit beachtenswertem Treppenturm) befindet sich heute das Landgericht. – *Judenbad* (Glaserstr. 6): Unterirdische Anlage des späten 13. Jh. für die rituellen Waschungen der Juden in Offenburg. – *Verlagshaus Burda:* E. Eiermann hat den Bau 1954 als Stahlskelettkonstruktion entworfen.

Umgebung

Gengenbach (9 km sö): Die seit 1360 Freie Reichsstadt im Kinzigtal besitzt noch viele *Fachwerkhäuser* (17./18. Jh.), darunter das *Löwenbergpalais* (18. Jh.), in dem heute das *Heimatmuseum* (Hauptstr. 15) untergebracht ist. Sehenswert ist vor allem die ehem. *Benediktinerklosterkirche St. Maria,* eine im Hirsauer Bauschema Anfang des 12. Jh. erbaute dreischiffige Basilika.

Ortenberg (4 km sö): Die *Burg Ortenberg* wurde im 12. Jh. von den Zähringern erbaut und gelangte im 13. Jh. in staufischen Besitz. Aus dieser Zeit stammt der Buckelquader-Sockel des Bergfrieds der im 19. Jh. durchgreifend renovierten Burg.

99885 Ohrdruf
Thüringen

| Einw.: 6200 | Höhe: 375 m | S. 1278 □ K 9 |

Schloß Ehrenstein: Die unregelmäßige Vierflügelanlage aus der Renaissancezeit (ca. 1550–90) liegt am Ufer der Ohra. Sie war zeitweilig die Residenz der Grafen v. Gleichen. Heute befindet sich hier ein *Heimatmuseum*, in dem u. a. an Johann Sebastian Bach erinnert wird, der 1695–1700 in Ohrdruf die Schule besuchte.

Außerdem sehenswert: Die Trinitatiskirche, ein einschiffiger Barockbau v. 1709–14.

74613 Öhringen
Baden-Württemberg

| Einw.: 18 900 | Höhe: 230 m | S. 1281 □ H 12 |

Ehem. Stiftskirche St. Peter und Paul (Marktplatz): Die heutige Stiftskirche entstand als Neubau an der Stelle einer roman. Kirchenanlage im 15. Jh. Skulpturen v. Petrus und Paulus am W-Turm sowie v. Löwen am s Querschiffportal sind beachtenswert (Kopien, die Originale des 13. und 11. Jh. stehen im Inneren der Kirche). Bedeutende Werke der *Ausstattung:* der geschnitzte Hochaltar (um 1500), der die

Muttergottes zwischen Petrus und Paulus und 2 weitere Männergestalten zeigt (vermutlich fränkisch). Die Chorverglasung wurde aus erhaltenen Teilen des 15. Jh. zusammengesetzt. In der sehenswerten Krypta steht die Tumba von 1241 mit den Gebeinen Adelheids, der Mutter v. Kaiser Konrad II. Sie veranlaßte 1037 Bischof Gebhard v. Regensburg zur Umwandlung einer bereits bestehenden Kirche in ein Chorherrenstift. Weitere Grabdenkmäler bedeutender Meister befinden sich u. a. auch im Chor (16.–18. Jh.).

Schloß (Marktplatz 15): Das 1611–16 für Gräfin Magdalena v. Hohenlohe, geb. v. Katzenelnbogen, erbaute Schloß (nach Plänen v. G. Kern) wurde 1681–83, 1770 und 1812/13 durch Anbauten vergrößert. Es besitzt noch Teile der Innenausstattung des 18. und 19. Jh. Südlich der Hofgarten mit ehem. Theaterpavillion (1743). – Im Schloß ist die Stadtverwaltung untergebracht, es ist nicht zu besichtigen.

Lustschloß Friedrichsruhe (4 km n): 1712–17 ist der schöne Barockbau (heute Hotel!) mit reichem Außenschmuck und der zu dieser Zeit üblichen Stuckausstattung entstanden. Zu Beginn des 19. Jh. erhielt das Schloß bei einer durchgreifenden Umgestaltung klassizistische Züge. Die Gartenanlagen entsprechen noch denen des 18. Jh.

Weygang-Museum (Karlsvorstadt 38): Die Karlsvorstadt wurde 1782 – getrennt v. übrigen Stadtbereich durch ein klassizistisches Kolonnadentor – als einheitliche Anlage entworfen. Innerhalb dieser Bauten befindet sich heute das bemerkenswerte Museum, dessen Zinngießerei und Zinnsammlung bes. hervorzuheben sind.

26121–35 Oldenburg
Niedersachsen

Einw.: 145 200 Höhe: 5 m S. 1272 □ E 4	

Nach einer bewegten Geschichte (u. a. fast 100jährige Zugehörigkeit zu Dänemark) entwickelte sich die Stadt erst gegen Ende

< *Öhringen, Hochaltar der Stiftskirche*

Öhringen, Schloß und Stiftskirche

des 18. Jh. unter Herzog Peter Friedrich Ludwig zu einem kulturellen und wirtschaftlichen Zentrum in Norddeutschland. Nach 1945 wandelte sich die Stadt zu einer Großstadt mit einer bedeutenden Industrie.

Ehem. Stiftskirche St. Lamberti (nahe dem Schloß am Marktplatz): Kernstück der heutigen Kirche sind die Umfassungsmauern des Langhauses einer spätgot. Hallenkirche, in die 1797 eine Rotunde eingebaut wurde. Die Empore wird v. 12 Pfeilern, die mächtige Kuppel v. 12 Säulen getragen. In der Vorhalle und in der Kirche befinden sich mehrere beachtenswerte Grabplatten.

Schloß (Schloßplatz): Das Schloß läßt die verschiedenen Bauetappen deutlich erkennen. Kernstück ist ein 1604 begonnener Neubau, durch den die ma Burganlage aufgebrochen wurde. 1778 folgte der sog. Holmersche Flügel, rund ein Vierteljahrhundert später entstanden die Durchfahrt und der Galerieflügel (nach Plänen v.

C. H. Slevogt und H. Strack d. Ä.), und schließlich folgte 1899 der Theaterbau. Nach dem 1. Weltkrieg wurde in den Räumen des Schlosses das *Landesmuseum für Kunst- und Kulturgeschichte* aufgebaut. Es bietet umfangreiche Sammlungen ma Plastik sowie eine Gemäldegalerie (die Sammlung geht auf eine Initiative des Malers J. H. Wilhelm Tischbein zurück, der den Grundstock durch den Kauf zahlreicher Gemälde ital. Künstler legte). Außerdem: historisches Inventar, Kleinkunst des Altertums, Volkskunst, kulturgeschichtliche Sammlungen.

Lappan (Heiligengeistwall): Turm des ehem. Heiliggeistspitals aus dem Jahr 1468 (Haube aus der Zeit des Barock).

Museen: *Landesmuseum für Kunst und Kulturgeschichte* (→ Schloß). – *Oldenburger Stadtmuseum/Städt. Kunstsammlungen* (Raiffeisenstr. 32–33): Kunst- und Kulturgeschichte, Plastik, Malerei, Graphik. *Augusteum* mit Kunst des 20. Jh. – *Staatl. Museum für Naturkunde und Vorgeschichte* (Damm 40–44): u. a. Moorfunde. – *Deutsches Krankenhausmuseum* (Peterstr.): Eröffnung Ende 1991 im 1838 erbauten klassizist. Lazarett der ehem. Oldenburger Garnison.

Staatstheater: Das Staatstheater beschäftigt je ein Ensemble für Oper, Operette und Schauspiel sowie ein Symphonieorchester. Gespielt wird im Großen Haus (Theaterwall 19) mit 861 Plätzen, im Schloßtheater (im Schloß, mit 252 Plätzen) sowie im Spielraum im neuen Foyer (bis maximal 170 Plätze).

55276 Oppenheim
Rheinland-Pfalz

Einw.: 6200   Höhe: 100 m   S. 1280 □ E 11

Buch- und Kunstkenner verbinden mit Oppenheim den Gedanken an die berühmten Inkunabeln und an die Kupferstecherwerkstatt v. Matthäus Merian d. Ä., der hier v. 1617–20 gearbeitet hat. Für die meisten Besucher der romantischen Stadt auf dem hoch gelegenen l Rheinufer ist der Name der Stadt freilich gleichbedeutend mit den berühmtesten Sagen des Weinbaus am Rhein. 1225 wurde der Ort freie Reichsstadt. 1689 wurden große Teile durch Brand vernichtet.

Katharinenkirche: Der rot schimmernde Sandsteinbau ist in seinen heutigen Trakten in mehrhundertjähriger Bauzeit ent-

Oldenburg, Schloß   *Oppenheim, Katharinenkirche* >

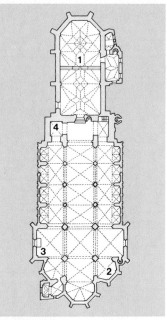

Oppenheim, Katharinenkirche 1 Stiftschor v. Madern Gerthener, 1415–39 2 Grabmal der Anna v. Dalberg (gest. 1410) 3 Grabmal v. Wolf und Agnes v. Dalberg, um 1520 4 Grabmal des Ritters Conrad v. Hantstein (gest. 1553)

standen, wobei sich die ältesten Teile (mit den beiden Türmen) bis in das 13. Jh. zurückverfolgen lassen. Bedeutendster Teil dieser großartigen Kirche ist das Langhaus, das in einer dritten Bauphase (zu Beginn des 14. Jh.) entstanden ist. Das reiche Maßwerk der Fenster sucht in diesem Gebiet seinesgleichen. – Die Kirche mußte in den letzten Jahrhunderten mehrfach rest. werden, ist jedoch in ihrer Bedeutung dadurch nicht oder ganz geringfügig beeinträchtigt worden. Von der Ausstattung ist, abgesehen v. einigen erstklassigen Grabmälern, nichts erhalten geblieben. Sie wurde v. dem großen Stadtbrand 1689 vernichtet. – Neben der Kirche befindet sich eine *Totenkapelle* (Karner) mit einem Beinhaus.

Außerdem sehenswert: *Burgruine Landskron:* Von der Burgruine Lands-

kron, die im 13. Jh. entstanden ist und die einst eine bedeutende Reichsfeste war, sind nur spärliche Reste erhalten. Von hier aus hat man jedoch einen großartigen Blick auf den Rhein.

16515 Oranienburg
Brandenburg

Einw.: 28 600   Höhe: 36 m   S. 1275 □ P 5

Am w Havelufer beim Flußübergang von dem Ländchen Glin zum Barnim wurde um 1200 eine Burg angelegt. Die zugehörige Pfarrsiedlung Bötzow wird 1216 zum erstenmal genannt. Im 16. Jh. trat an die Stelle der Burg ein kurfürstliches Jagdhaus und im 17. Jh. ein Schloß für Luise Henriette, geborene Prinzessin von Nassau-Oranien, die ab 1653 dem Ort seinen Namen gab. Die Dreistrahlanlage der Straßen, die vom Schloß ausgeht, überformte nach einem Brand von 1688 das alte Angerdorf.

Pfarrkirche St. Nikolai: Am Ende der w der 3 Straßen – anstelle eines kreuzförmigen Baus aus dem 17. Jh. – errichtete 1864–66 Friedrich August Stüler eine Basilika im Rundbogenstil mit einem mittleren W-Turm, der v. 2 offenen Bogenhallen flankiert wird. Das Innere brannte 1945 gänzlich aus und wurde 1952 völlig verändert wieder aufgebaut.

Schloß: Beim Neubau 1651–55 durch Johann Gregor Memhardt und Michael Matthias Smids entstand ein Wasserschloß auf einer v. der Havel umflossenen Insel nach holländischem Muster. 1688–91 erfolgte durch Johann Arnold Nering der Umbau zu einer französischen Dreiflügelanlage. Die folgenden Bauarbeiten bis 1704 und 1706–09 unter der Leitung v. Martin Grünberg und Johann Friedrich Eosander* erweiterten den Bau zu einer H-Form des Ganzen. Vom Neringschen Umbau stammt der pilastergegliederte Mittelrisalit zur Stadtseite mit der figurengeschmückten Attika (4 Jahreszeiten). Von den Innenräumen ist seiner guten Erhaltung wegen das *Porzellankabinett* zu nennen mit einer Stuckdecke v. Johann Michael Döbel und einem Deckengemälde

Oranienburg, Schloß

Kurfürstin Luise-Henriette v. Oranien

(Allegorie auf die Einführung des Porzellans), 1697 v. Augustin Terwesten geschaffen. Der ehem. *Schloßpark* wurde w des Schlosses 1651 v. Memhardt angelegt und durch Nering und Eosander später verändert, bis 1878–79 die Umgestaltung zum Landschaftsgarten erfolgte. Nering schuf auch das Gartenportal (um 1690); das schmiedeeiserne Gitter trägt das Spiegelmonogramm Friedrichs III. Die *Orangerie* errichtete Georg Christoph Berger 1754–55. Auf dem Schloßvorplatz stehen das bronzene *Denkmal* für die Kurfürstin Luise-Henriette (1858 v. Wilhelm Wolff).

Außerdem sehenswert: Aus der Bauzeit der Barockstadt sind noch das *Waisenhaus* (Havelstr. 29) und das *Amtshauptmannshaus* erhalten. Letzteres enthält die Sammlungen des *Kreisheimatmuseums* mit Exponaten zur Stadt- und Handwerksgeschichte.

Umgebung

Kremmen (16 km w): Schon Albrecht der Bär ließ das »Haus Kremmen«, eine Burg an den Zugängen der durch das Luch führenden Dämme, erbauen, bei der die kleine Stadt (Recht 1232) als Hauptort des Ländchens Glin entstand. Die 1680 erneuerte *Nikolaikirche*, die v. der frühgot. Vorgängerin den Chor übernommen hat, birgt eine außergewöhnlich vollständige Barockausstattung aus dem späten 17. Jh. und prächtige spätbarocke Grabdenkmäler.

Sachsenhausen (3 km n): In dem von einem 40 m hohen *Mahnmal* (1960) überragte ehem. *KZ-Sachsenhausen* sind heute Gedenkstätten eingerichtet.

94496 Ortenburg
Bayern
Einw.: 6900   Höhe: 344 m   S. 1283 ☐ P 13

Pfarrkirche: Die Kirche aus dem 14. Jh. wird gerühmt wegen ihrer Grabmonumente für die Ortenburger Grafen, die bereits im 11. Jh. genannt werden. Hervorzuheben sind die *Tumba* für Graf Joachim (1576/77) und das Grabmal für Graf Anton (1574/75 errichtet v. Petzlinger).

Mahnmal im KZ Sachsenhausen

Schloß: Als ein typischer Bau der Renaissance ist die umfangreiche Anlage aus dem 16. Jh. erhalten geblieben. Sehenswert ist die Kassettendecke der Zeit um 1600 im ehem. Festsaal, der später in eine Schloßkapelle umgewandelt worden ist. Sie gehört zu den herausragendsten dieser Zeit und darüber hinaus zu den bedeutendsten in Deutschland.

> Umgebung

Sammarei (4 km w): Bäuerliche *Wallfahrtskirche Mariä Himmelfahrt* mit Holzkapelle v. 1521.

04758 Oschatz
Sachsen

Einw.: 18 600   Höhe: 130 m   S. 1279 □ P 8

Der Ort geht auf eine im 12. Jh. entstandene Kaufmannssiedlung zurück. Durch die Lage an der wichtigen Fernhandelsstraße nach Polen und Schlesien begünstigt, entwickelte sich ein wohlhabendes Bürgertum. Auf dem *Marktplatz* bietet sich eine typische mittelalterliche Stadtansicht mit Marktbrunnen (1589), Turm des Rathauses und den beiden Türmen der Ägidienkirche.

Ägidienkirche: C. A. v. Heideloff erneuerte nach einem Brand (1842) die 1443 nach den Hussitenkriegen spätgot. wieder aufgebaute dreischiffige Hallenkirche mit länglichem, v. Nebenkapellen flankiertem Chor über einer sterngewölbten *Achteckkrypta* (nur v. außen zugänglich) in neugot. Manier. Von der *Ausstattung* (15.–17. Jh.) im kreuzrippen- und sterngewölbten Inneren der Pfarrkirche ist v. a. ein 1670 übermaltes *Tafelbild* 1578 mit Darstellungen zur Klosterlegende der Oschatzer Franziskaner v. Interesse.

Rathaus: Das mehrfach umgestaltete dreigeschossige *Renaissancerathaus* (1537) v. B. Kramer wurde nach dem Brand v. 1842 nach Entwürfen v. G. Semper erneuert. Ch. Walther d. Ä. schuf die figürlichen Brüstungsreliefs (1538) am laubenartigen Podest der zum Markt gerichteten Treppenanlage.

Außerdem sehenswert: Die profanierte ehem. Franziskanerklosterkirche (14./15. Jh.) mit netzgewölbtem Inneren gipfelt in einem Achteckturm. – Ein spätgot. Schnitzaltar (1520) aus der ehem. Franziskanerklosterkirche überrascht im flachgedeckten Saal der 1583 begonnenen *Gottesackerkirche*. – Wandmalereien (um 1400) findet man in der ma *Elisabethenkapelle*. – Das *Alte Amtshaus* (1616) v. S. Hoffmann mit reicher volutenbestückter Fassade und der v. G. Richter geschaffene *Brunnen* (1588) gereichen dem Neumarkt zur Zierde. – Erhalten sind Reste der ehem. *Stadtbefestigung* mit 2 Rundtürmen (1377 und 1479).

> Umgebung

Calbitz (8 km nw): Unter Einbeziehung des alten W-Turms (13. Jh.) erbaute der Leipziger Baumeister D. Schatz 1724–27

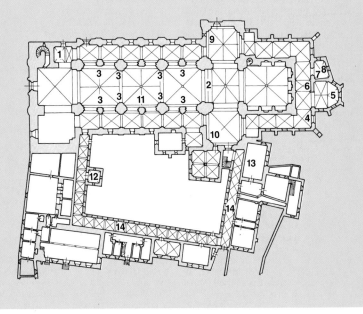

Osnabrück, Dom 1 Taufbecken, 13. Jh. **2** Triumphkreuz, um 1250 **3** Apostelplastiken v. westfälischem Meister, um 1525 **4** Margaretenaltar des Meisters v. Osnabrück, Reste v. ca. 1520 **5** Pietà, Ende 15. Jh. **6** Christus im Garten Gethsemane, 1515 **7** Sakramentshäuschen in der Kreuzkapelle, 15. Jh. **8** Altaraufsatz v. Meister v. Osnabrück mit Darstellung des Stifters Lambert v. Snetlage, 1517 gestiftet **9** Epitaph des Dompropstes B. Voß (gest. 1617) **10** Epitaph des Ferdinand v. Kerssenbrock v. J. C. Schlaun und Chr. Manskirch **11** Barockkanzel v. J. A. Vogel, 1751 **12** Grabplastik des Bischofs Konrad v. Diepholz (gest. 1481) **13** Domschatz **14** Diözesanmuseum

die barocke *Dorfkirche*. Neuzeitliche Ausstattung.
Dahlen (11 km nw): Im neugot. Altarschrein der stern- und netzgewölbten spätgot. *Liebfrauenkirche* finden sich Heiligenfiguren (um 1520), die der sog. Meister des Döbelner Altares schnitzte. – Das ehem. *Barockschloß* (1744–51) mit Mittelrisalit und grottenverzierter Treppenanlage war 1763 preußisches Hauptquartier; 1973 wurde es bei einem Brand schwer beschädigt. Friedrich II. unterzeichnete hier (und nicht in Wermsdorf) den Friedensvertrag v. Hubertusburg.
Mügeln (10 km sw): M. Krodel d. Ä. gestaltete die Flügel (Auferstehung Christi, Ölbergszene; 1582) des Altares in der spätgot. *Hallenkirche St. Johannes* (frühes 16. Jh.). – Die NW-Ecke des hufeisenförmig angelegten *Barockschlosses* (17./18. Jh.) gipfelt in einem massigen Turm, in dem sich der sterngewölbte sog. Bischofssaal befindet.

49074–90 Osnabrück

Niedersachsen

Einw.: 165 100   Höhe: 64 m   S. 1276 □ E 6

Zwischen Teutoburger Wald und Wiehengebirge hat sich die alte Bischofs- und Hansestadt schon früh zu einem wirtschaftlichen und geistigen Zentrum entwickelt. Karl d. Gr. gründete hier um 780 einen Bischofssitz und betrieb v. hier aus die Christianisierung. Im Gebiet der heutigen Stadt Osnabrück soll der Kaiser auch seinen schärfsten Widersacher, Widukind, besiegt und bekehrt haben. Mit der Gründung des Kollegiatstifts St. Johann im Jahre 1011 entwickelte sich die sog. Neustadt, die 1306 mit dem Gebiet um den Dom (Altstadt) vereinigt wurde. – Mittelpunkt eines historischen Ereignisses wurde Osnabrück im Jahre 1648, als auf der Freitreppe vor dem alten Rathaus das Ende des 30jährigen Krieges verkündet wurde. Vertreter der ev.-lutherischen Seite und des Kaisers handelten hier (parallel zu → Münster) den »Westfälischen Frieden« aus. Der Friede brachte für das Fürstbistum eine Kuriosität: Abwechselnd sollten ein kath. Bischof und ein ev. Prinz Landesherr sein. – Seine schnelle wirtschaftliche Entwicklung verdankte Osnabrück v. a. der günstigen geogr. Lage, die den Ort schon früh zu einem Handelsplatz für Waren auf dem Weg v. N nach S, v. a. aber v. Rheinland an die Ostseeküste machte. Einen Höhepunkt in seiner Bedeutung als Wirtschaftszentrum erreichte Osnabrück in den Jahren 1768–83, als der Schriftsteller, Historiker und Staatsmann Justus Möser (1720–1794) Kanzler des letzten ev. Fürstbischofs war. Möser erwarb jedoch nicht nur Verdienste um seine Vaterstadt, sondern setzte sich auch mit der Entwicklung des Theaters und der Literatur auseinander. Mösers Ideal v. freien Bauern- und Bürgerstand, dessen Eigentum gesichert ist und der sich durch Selbstverwaltung am politischen Leben beteiligt, setzte in Osnabrück starke Akzente und prägte die weitere Entwicklung der Stadt und der folgenden Generationen. Eine Gedenktafel an seinem Geburtshaus (Markt) und ein Denkmal auf dem Domplatz erinnern an ihn. Seine Grabplatte ist in den Boden v. St. Marien eingelassen (siehe dort). Im Städt. Museum gibt eine umfangreiche Dokumentation Einblick in sein Leben und Werk. – Zu den bekannten Persönlichkeiten der Stadt gehört auch der Schriftsteller Erich Maria Remarque (1898–1970), der in Osnabrück geboren wurde und mit seinem Buch »Im Westen nichts Neues« einen der erfolgreichsten Romane geschrieben hat.

Dom St. Peter (Domhof): Der Baubeginn reicht bis ins 11. Jh. zurück. Erhalten ist der achtseitige Vierungsturm, der in den ersten Jahren des 12. Jh. errichtet wurde. Wichtigste Bauphase war jedoch das 13. Jh., als der NW-Turm entstand und der Vierungsturm sein heutiges Aussehen erhielt. Das 15. Jh. fügte den Chorumgang hinzu, das 16. Jh. den mächtigen SW-Turm. Diese lange Bauzeit führte zu einer

Osnabrück, Dom

beeindruckenden Vermischung v. roman. und got. Formen. Man betritt die Kirche v. W her durch ein schönes Portal bzw. v. N oder S durch rundbögige Säulenportale und ist sofort beeindruckt v. den mächtigen Gewölben und Säulen. An den massigen Pfeilern des Langhauses sind Sandsteinfiguren, die die Apostel darstellen, befestigt (16. Jh.). Der Chorumgang führt zu 2 Kapellen; in der sö sind Bischofsgräber zu sehen. Die reiche Ausstattung, die im 14. Jh. u. a. 28 Altäre umfaßte, ist im 19. Jh. stark reduziert worden. Höhepunkt ist das große *Triumphkreuz* (um 1250). Seine Enden sind mit den vergoldeten Symbolen der Evangelisten versehen. Weitere bedeutende Kunstwerke sind in den Chorkapellen, im Chorumgang und in den Querschiffen zu sehen (u. a. eine lebensgroße Pietà aus dem 15. Jh.). In den Querschiffarmen stehen *Epitaphe* für Dompropst Voß (gest. 1617) und Ferdinand v. Kerssenbrock (letzteres v. J. C. Schlaun*). In der Nikolauskapelle (am Kreuzgang) steht die lebensgroße *Grabplastik* des Bischofs Konrad v. Diepholz (gest. 1482). Sehenswert ist der *Domschatz,* zu dessen bedeutendsten Stücken ein Kapitelkreuz aus der Zeit um 1050 gehört. Ein hölzerner Kern ist mit Gold umkleidet und mit schönem Filigran geschmückt. Zum Domschatz gehören

zahlreiche weitere bedeutende Werke sakraler Kunst aus dem 10.–19. Jh.

St.-Marien-Kirche (Am Markt): Die im 13. Jh. errichtete Kirche ist 1944 bei einem Fliegerangriff ausgebrannt, jedoch originalgetreu auf- und ausgebaut worden. Die Schauseite (zum Markt) imponiert mit ihren reichverzierten Giebeln. Zum äußeren Schmuck gehören auch die lebensgroßen Sandsteinplastiken (u. a. Gottesmutter und Hl. 3 Könige). Im Inneren ergibt sich durch das Fehlen eines Querschiffs ein ungewohntes, aber dennoch ausgewogenes Bild. Kräftige Bündelpfeiler tragen die got. Gewölbe (sehenswerte Laubkapitelle der Rundpfeiler). Der Chorumgang ist im 15. Jh. hinzugefügt worden. Aus dieser Zeit stammt auch die schön gestaltete Sakristei. Im Mittelpunkt der *Ausstattung* steht das Triumphkreuz (um 1320). Es hängt über dem Antwerpener Passionsaltar (16. Jh.), der im Krieg stark beschädigt wurde. Erhalten blieben die in Gold gefaßten Figuren und die bemalten Flügel. Sie sind in einem neuen Schrein zusammengefaßt worden. Außerdem sehenswert: Taufstein (1560), Epitaphe (u. a. gearbeitet v. J. Brabender, A. Stenelt, G. Gröninger*), Holzepitaph des bischöflichen Kanzlers Derenthal (gest. 1691). Im Chorumgang

Kapitelkreuz aus dem Domschatz

Chorumgang im Dom

erinnert eine Grabplatte an Justus Möser (siehe Einleitung).

Ev. St.-Katharinen-Kirche (Hakenstraße): Kennzeichen dieser im 14. Jh. begonnenen, wegen der Pest jedoch erst rund 100 Jahre später vollendeten Kirche ist der 102 m hohe Turm – der höchste in Osnabrück. Auffallend an der dreischiffigen Hallenkirche ist die ungewöhnliche Breite (im Verhältnis zur Länge), mit der die zentrale Wirkung unterstrichen wird. Kräftige Bündelpfeiler unterstützen diesen Eindruck. Wandarkaden und steinerne Sitzbänke prägen das Bild der Chornische.

Kath. St.-Johannis-Kirche (Johannisstraße): Die Johanniskirche wurde 1011 zugleich mit einem Kollegiatsstift gegr., der heutige Bau entstand jedoch erst in den Jahren 1259–89. Das Innere der Kirche ist betont schlicht gehalten und läßt die wertvolle Ausstattung bes. gut zur Geltung kommen. Hervorzuheben ist der *Schnitzaltar* (1511), der in Osnabrück entstanden ist, dessen Meister sich jedoch unverkennbar an den flandrischen Passionsaltären jener Zeit orientiert haben. Im Chor stehen lebensgroße *Sandsteinplastiken,* die Christus, die Gottesmutter und Apostel zeigen (um 1440). Aus dieser Zeit stammt auch das *Sakramentshäuschen.* Zu erwähnen sind schließlich mehrere erstklassige Epitaphe und hervorragende Goldschmiedearbeiten des 12.–19. Jh. als Bestand des *Kirchenschatzes.*

Gertrudenkirche (Knollstraße): Über der Stadt liegt die im 13. Jh. vollendete Kirche, die wegen ihrer strategisch bedeutsamen Lage vielen Angriffen ausgesetzt war und heute Bestandteil der Niedersächsischen Landeskrankenanstalten ist (auch Abtei, Turm und Kloster). Das einschiffige Langhaus und der große Triumphbogen ergeben eine großartige Raumwirkung. Der Bau gilt als typisch für die Zisterzienser-Kirchenarchitektur des 13. Jh.

Rathaus (am Markt): Das Rathaus, 1487–1512 erbaut, steht an der w Schmalseite des dreieckigen Marktplatzes. Den beherrschenden Eindruck vermitteln die zweiseitige Freitreppe (v. der 1648 der »Westfälische Friede« verkündet wurde) und die großen Plastiken (heute Kaiserfiguren, früher allegorische Figuren). Über dem Portal nimmt ein Bildnis Karls d. Gr. als des Gründers der Stadt einen Ehrenplatz ein. Der dreigeschossige, schlichte Bau trägt zierliche Ecktürmchen und ein steiles Dach. Im Rathaus befindet sich der *Friedenssaal,* in dem 1648 der »Westfälische Friede« als Abschluß des 30jährigen Kriegs ausgehandelt wurde. Von der Ausstattung sind sehenswert: das reichgeschnitzte Ratsgestühl von 1554; selten zu findende, im Stil der Spätgotik gestaltete Archivschränke, ein bemerkenswerter schmiedeeiserner Leuchter (16. Jh.), auch der *Ratsschatz,* zu dem u. a. der sog. Kaiserpokal (14. Jh.) gehört, dessen Inhalt nach einer Überlieferung v. jedem neuen Ratsmitglied in einem Zug geleert werden mußte. Ebenfalls im Ratsschatz aufbewahrt wird die Urkunde, mit der Kaiser Barbarossa im Jahre 1171 der Stadt das Befestigungsrecht verliehen hat.

Kaufmannshäuser am Markt: Die Häuser aus dem 15.–19. Jh. beziehen ihren architektonischen Wert aus den typischen Treppengiebeln. Nach der Zerstörung im 2. Weltkrieg wurden sie originalgetreu wieder aufgebaut.

Fürstbischöfliches Schloß (Neuer Graben): Der röm. Palazzo Madama war Vorbild für den Bau des viergeschossigen Palastes, der sich um einen rechteckigen Binnenhof gruppiert. Bauherr war Ernst August I., der vermutlich den Italiener P. Carato als Baumeister verpflichtete. Der Komplex ist 1945 ebenfalls ausgebrannt, wurde jedoch wieder aufgebaut und dient heute als Pädagogische Akademie.

Alte Stadtbefestigung (Herrenteichswall, Promenade, Vitischanze, Heger Tor): Barenturm (1471) und Buckturm sind die markantesten Punkte der sehr gut erhaltenen Stadtbefestigung. Im Buckturm werden ma Folterwerkzeuge gezeigt, die in Verbindung mit den Hexenprozessen zu einer schaurigen Bedeutung gelangten.

Alte Bürgerhäuser: Im Gegensatz zu den Kaufmannshäusern (siehe zuvor), die eindeutig an hanseatischen Vorbildern orientiert sind, haben die Osnabrücker Bürger-

Osnabrück, Schnitzaltar in der Johanniskirche

Osnabrück, Rathaus

häuser eine starke Eigenwilligkeit. Viele dieser typischen Häuser in der Krahn-, Marien- und Bierstraße (Hotel Walhalla).

Museen: Das *Kulturgeschichtliche Museum* (Heger-Tor-Wall 27) ist in einem für Osnabrück typischen Steinwerk eingerichtet. Diese Bauten haben jeweils sehr hoch gelegene Eingänge und dicke Mauern und erwecken damit einen wehrhaften Eindruck. Sammelgebiete: Vor- und Frühgeschichte, Naturwissenschaften, Volkskunde, Stadtgeschichte, antike Kunst, Kunstgewerbe, Trachten und Kostüme, Waffen und Rüstungen, Münzen und Medaillen. – *Diözesanmuseum* und *Kirchenschätze:* Siehe unter den Beschreibungen der einzelnen Kirchen.

Theater: Die *Städt. Bühnen Osnabrück* bespielen das *Große Haus* (Domhof 10–11, 780 Plätze), die *Stadthalle* (Schloßwall 1–9) und bestreiten die *Rathausspiele* (Rathaus/Marktplatz) mit eigenem Ensemble für Schauspiel, Oper, Operette und Ballett.

Außerdem sehenswert: Klassizistische Bauten sind die *bischöfliche Kanzlei* (1782–85), die *Hirschapotheke* (1797) und die *Städt. Sparkasse* (1790).

Osnabrück, Fürstbischöfliches Schloß

Umgebung

Schledehausen (14 km ö): Luthers Studiengenosse Jasper v. Schele ließ 1528–32 v. J. Unkair um einen roman. *Wohnturm* (12. Jh.) die *Schelenburg*, ein Wasserschloß im Stil der »Weserrenaissance«, erbauen.

Sutthausen (4 km s): Das langgestreckte Herrenhaus stellt eine kleinere Ausführung des Osnabrücker Schlosses dar und wurde v. Oberhofmarschall G. B. v. Moltke 1684–84 errichtet.

Wallenhorst-Rulle (7 km n): Vorgeschichtliches *Steinkammergrab Karlsteine* am Fuß des Wiehengebirges.

39606 Osterburg
Sachsen-Anhalt

Einw.: 9000   Höhe: 25 m   S. 1274 □ M 5

Nikolaikirche: Anstelle einer spätroman. Vorgängerin, v. der der massige W-Turm stammt, wurde in der 2. Hälfte des 15. Jh. eine dreischiffige, spätgot. Hallenkirche mit Dreiapsidenschluß erbaut. Der Münsteraner Meister Volker* gestaltete die qualitätvolle *Fünte* (Taufstein, 1442). Et-

wa gleichzeitig entstand ein großes Kruzifix. Aus der Zeit der Barockisierung (nach Brand 1761) stammen der *Orgelprospekt* (1765) und der Barockaufbau des W-Turmes.

Außerdem sehenswert: Die *Friedhofskapelle St. Martin* besteht aus dem roman. Chor (12. Jh.) der früheren Dorfkirche und einer 1866 angefügten Vorhalle. – Funde vom Burgwall der ma *Osterburg* werden neben landschafts-, vor- und frühgeschichtlichen Exponaten im *Kreisheimatmuseum* (Straße des Friedens 21) gezeigt.

Umgebung

Krevese (4 km nw): Die 1170–1200 erbaute spätroman. *Basilika* erhielt 1598 ihren Fachwerkturm. Im kreuzrippengewölbten Inneren, das durch Arkaden mit Stützenwechsel in 3 Schiffe unterteilt ist, findet sich eine qualitätvolle Barockausstattung (18. Jh.) mit Kanzelaltar, Gestühl, Orgelprospekt und einem Bismarck-Epitaph.

Seehausen (10 km n): Schon v. weitem erkennt man die mächtige Doppelturmfassade der *Petrikirche* (15. Jh.), deren Untergeschoß wie das reiche Sandstein-Stufenportal (um 1240, W-Vorhalle) und der Chorbogen vom roman. Ursprungsbau (12./13. Jh.) stammt. Im dreischiffigen Innenraum (mit niederen Seitenschiffen) verdienen eine kunstvoll geschnitzte Passion Christi (um 1500–10) im Schrein des neugot. Flügelaltars (1868) und die Kanzel (1710) Beachtung. – Spätgot. Formen zeigt das *Beuster Tor,* das zur streckenweise erhaltenen *Stadtmauer* (15. Jh.) gehörte.

94486 Osterhofen
Bayern

Einw.: 11 100   Höhe: 320 m   S. 1283 □ P 13

Päpstl. Basilika St. Margaretha: J. M. Fischer* als Baumeister, C. D. Asam* als Maler und E. Q. Asam* als Bildhauer und Stukkateur, 3 der bedeutendsten Künstler ihrer Zeit, haben mit der ehem. Prämonstratenser-Klosterkirche ein Kunstwerk v. hohem Rang geschaffen. Nachdem der ma

Vorgängerbau baufällig geworden war, wurde 1727 mit dem Neubau begonnen, der endgültig (einschließlich der Innenausstattung) 1740 fertig war. Die Kirche gehört zu den prunkvollsten Kirchenbauten des Barock in Bayern. Stuck, Gewölbefresko und die übrige Ausstattung ergänzen sich zu einer einzigartigen Barock-Sinfonie. Höhepunkt ist der *Hochaltar* v. E. Q. Asam.

37520 Osterode
Niedersachsen

Einw.: 27 200   Höhe: 230 m   S. 1277 □ I 7

Osterode am SW-Rand des Harzes verdankt seine Entwicklung der Lage am wichtigen Handelsweg v. Goslar zum Leinetal. Das heutige Stadtbild stammt zu wesentlichen Teilen aus der Zeit nach dem großen Stadtbrand von 1545. Die erhaltenen Häuser spiegeln den wirtschaftlichen Wohlstand der Stadt vor dem 30jährigen Krieg wider.

Ev. Marktkirche St. Aegidien: (Martin-Luther-Platz): Der mächtige W-Turm ist nicht nur Charakteristikum dieser Kirche, die nach dem Brand 1545 errichtet wurde

Osterhofen, St. Margaretha

(bis 1953 renoviert), sondern auch eines der Wahrzeichen v. Osterode. Sehenswert ist die Kirche wegen der *Grabplatten* für die hier beigesetzten Herzöge aus der Linie Grubenhagen. Die bedeutendste hat E. Wolff d. J. aus Hildesheim geschaffen. Die feingestaltete Figur zeigt Herzog Wolfgang.

Ev. Schloßkirche St. Jakobi (Schloßplatz): Die Kirche aus dem Jahr 1218 wurde in der Mitte des 18. Jh. durchgreifend umgebaut. Sehenswert sind die Altäre, die Kanzel (getragen v. einer Moses darstellenden Figur), der Kruzifixus an der N-Wand.

Harzkornmagazin (Eisensteinstraße): Ein Fassungsvermögen v. ca. 40 000 Zentner Korn besaß der Bau, der 1719–22 errichtet wurde und dazu dienen sollte, die Versorgung der Bergknappen auch in schlechten Zeiten sicherzustellen. – Heute dient es, umgebaut, als Rathaus.

Außerdem sehenswert: Das *Rathaus* (neben der Marktkirche): Errichtet nach dem großen Stadtbrand v. 1545, mit klassizistischem Treppenaufgang. – *Fachwerk- und Wohnhäuser:* Viele schöne Häuser, darunter die *Ratswaage* (1550) und das *Rin-*

Osterwieck, St. Stephani

ne'sche Haus (1610) am Kornmarkt, haben alle Wirren der Jahrhunderte überstanden. – *Städt. Heimatmuseum* (Am Rollberg 32) mit Beiträgen zur Ortsgeschichte.

38835 Osterwieck
Sachsen-Anhalt

Einw.: 4500   Höhe: 118 m   S. 1278 ☐ K 7

Pfarrkirche St. Stephani: Die dreischiffige spätgot. Hallenkirche wurde nach 1511 begonnen und 1562 geweiht. An der S-Seite befindet sich ein Stabwerkportal v. 1552. Das Westwerk mit zwei 54 m hohen Türmen ist roman. und wurde Mitte des 12. Jh. erbaut. Die *Ausstattung* besteht aus einem spätgot. Altar mit doppelten Flügeln (im Schrein ist die Marienkrönung zu sehen), einer Kanzel aus der Zeit um 1570, Chorgestühl v. ca. 1620 sowie einem bronzenen Taufkessel aus dem späten 13. Jh.

Außerdem sehenswert: Zahlreiche *Fachwerkhäuser* aus dem 16. und 17. Jh., aus der Zeit der Spätgotik und Renaissance. – In der einschiffigen got. *Pfarrkirche St. Nikolai* v. 1583 befindet sich ein gemalter spätgot. Flügelaltar aus der 1. Hälfte des 15. Jh. Dargestellt sind Szenen aus der Passion Christi. – Im *Alten Rathaus* v. 1554, ebenfalls einem Fachwerkbau, ist das *Heimatmuseum* untergebracht. – Das *Eulenspiegelhaus* v. 1534 in der Schulzenstr. 8 ziert reicher figürlicher Schmuck.

87724 Ottobeuren
Bayern

Einw.: 7700   Höhe: 660 m   S. 1282 ☐ I 15

Ottobeuren, heute Kneippkurort, hat sich in enger Verbindung zum Kloster entwickelt – einer ebenso ausgedehnten wie bedeutenden Anlage. Als Gründungsjahr des Klosters ist 764 überliefert. Mehrere Bauten des 11., 12., 13. und 16. Jh. wurden jedoch ein Opfer der Flammen, bis endlich die heutige Anlage unter Abt Rupert II. Neß v. Wangen zu Beginn des 18. Jh. in Angriff genommen wurde. Um den Bau

Ottobeuren, Klosterkirche >

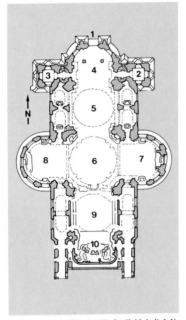

Ottobeuren, Abteikirche Hl. Dreifaltigkeit 1 N-Fassade **2–3** Flankentürme mit Rokoko-Blechhauben **4–5** Laienbetraum mit Seitenkapellen und Laiengestühl, um 1766 **6** Vierung mit Pendentifkuppel und Zeiller-Fresko (Hl. Geist und Pfingstwunder) **7–8** Halbrund geschlossene Querhausarme; im ö Querhausarm Deckengemälde v. J. J. Zeiller (Martyrium der hl. Felicitas und ihrer Söhne) **9** Mönchschor, r mit reliefgeschmücktem Chorgestühl v. J. Christian und M. Hörmann, 1766 **10** S-Chor, Hochaltar mit Gemälde v. J. J. Zeiller

hatten sich die namhaftesten Meister beworben, unter ihnen A. Maini, D. Zimmermann* und S. Kramer. Kramer erhielt schließlich den Auftrag, seine Pläne wurden jedoch durch den später hinzugezogenen J. Effner* (München) überarbeitet und verändert. Aber auch Effner scheiterte. J. M. Fischer* führte den Bau schließlich zum Ende und schuf damit einen der großartigsten Barockbauten.

Benediktinerklosterkirche zur Hl. Dreifaltigkeit: Obwohl Fischer zahlreiche Vorgaben seiner Vorgänger zu berücksichtigen hatte, schuf er mit der Klosterkirche dennoch ein durch und durch einheitliches Werk. Das großartige Langhaus hat hoch aufsteigende Arkaden. Dahinter öffnen sich reich ausgestaltete Kapellen. Alles hat gewaltige Dimensionen: Die beiden Türme reichen 82 m empor, das Innere erreicht eine Länge v. 89 m. Der großartige Stuck, der zum entscheidenden Gestaltungselement geworden ist, ist das Werk v. J. M. Feuchtmayer*. Die farbenprächtigen Fresken hat J. J. Zeiller geschaffen. Von Zeiller stammt auch das Dreifaltigkeitsbild, das den Hochaltar umschließt. Die Figuren v. J. J. Christian* erreichen allerhöchsten Rang. Außerdem: Chorgestühl mit vergoldeten Reliefs, Chororgeln mit Emporenreliefs v. J. J. Christian.

Klostergebäude: Die Planungen für diesen ausgedehnten Komplex begannen 1711, 1725 war der Bau beendet. An der Ausstattung haben die besten Künstler der Zeit mitgewirkt, so u. a. J. B. Zimmermann* und J. M. Feuchtmayer. Kapitelsaal, der Kaisersaal, Bibliotheks- und Theatersaal.

Klostermuseum: In den ehem. Residenzräumen der Reichsabtei Ottobeuren wird vornehmlich kirchliche Kunst seit der Romanik gezeigt.

73277 Owen, Teck
Baden-Württemberg

| Einw.: 3100 | Höhe: 391 m | S. 1281 □ G 13 |

Burg Teck (3 km ö v. Owen, anschließend 30 Min. Fußmarsch): Auf einem Tafelberg, der Schwäbischen Alb vorgelagert, ist die Anlage im 12. Jh. begonnen, später jedoch stark verändert und erweitert worden. Während der Bauernkriege wurde die Burg stark zerstört, im 18. Jh. teilweise zur Festung ausgebaut.

P

Die Stadt an den Paderquellen, die auch einmal zur Hanse gehörte, steht auf uraltem Kulturboden. Schon für das 3. und 4. Jh. sind Siedlungen belegt. Berühmt wurde Paderborn durch Karl d. Gr., der hier eine Kaiserpfalz hatte und wichtige Reichsversammlungen abhielt. 799 traf er in Paderborn mit Papst Leo III. zusammen, der beim Frankenkönig Hilfe gegen seine Gegner in Rom erwirkte und mit ihm über die Krönung zum Kaiser, die dann an Weihnachten 800 in Rom vollzogen wurde, verhandelte. Das steinerne Podest eines Thrones im Hof der Pfalz ist noch erhalten.

Der wichtigste Bauherr, der mit seinen Gebäuden den Charakter der Stadt bestimmte, war Bischof Meinwerk (gest. 1036). Der Nachfolgebau des Karolingischen Doms, das Benediktinerkloster Abdinghof und das Kanonikerstift Busdorf verdanken ihm ihre Existenz. – 1614 wur-

Paderborn, Stadtansicht mit Dom

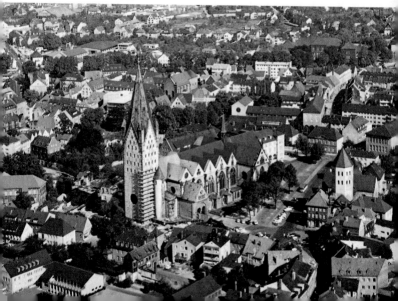

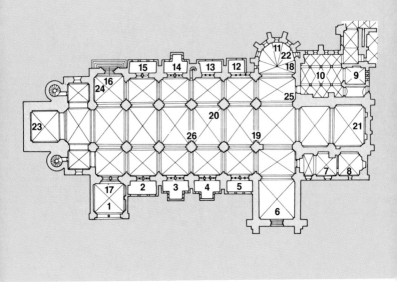

Paderborn, Dom 1 Paradies **2** Hippolytuskapelle **3** Matthiaskapelle **4** Josefskapelle **5** Vituskapelle **6** Pfarrflügel **7** Marienkapelle **8** Sakristei **9** Brigidakapelle **10** Atrium **11** Hasenkamp **12** Engelkapelle **13** Dreifaltigkeitskapelle **14** Elisabethkapelle **15** Meinolphuskapelle **16** Rote Pforte, um 1220–30 **17** Paradiesportal **18** Hl.-Grab-Nische (Reste) **19** Grabplatte des Bischofs Bernhard v. zur Lippe (gest. 1341) **20** Grabplatte des Bischofs Heinrich v. Spiegel (gest. 1380) **21** Hochaltar, um 1420–40 **22** Sarkophag des Bischofs Rotho, um 1450 **23** Flügelaltar v. G. van Loen, um 1500 **24** Epitaph für Dietrich v. Fürstenberg v. H. Gröninger **25** Christophorus v. H. Gröninger, 1619 **26** Kanzel, 1736

de von Fürstbischof Dietrich von Fürstenberg (1585–1618) in Paderborn eine Jesuiten-Universität gegründet.

Dom St. Maria, St. Liborius und St. Kilian (Domplatz): Der karolingische Ursprungsbau, eine dreischiffige Basilika, in der Papst Leo III. 799 einen Stephanusaltar weihte, wurde 836 um ein Westquerhaus mit Ringkrypta erweitert, die zur Aufnahme der Reliquien des hl. Liborius diente.

Unter Bischof Meinwerk ab 1009 völliger Neubau mit »Westwerk« und Ostquerhaus, der 1015 geweiht wurde. Nach Großbrand im Jahr 1058 Wiederaufbau unter Bischof Imad (1051–76). Nach einer weiteren Brandkatastrophe in der 1. Hälfte des 12. Jh. entstand der roman. Vorgänger des heutigen Domes. Der bestehende weitgehend got. Bau mit dem imposanten spätroman. W-Turm und flankierenden Treppentürmen stammt im wesentlichen aus dem 13. Jh. Die dreischiffige Hallenkirche mit 2 Querhäusern und gerade geschlossenem O-Chor hat eine bis unter die Vierung reichende *Krypta,* die zu den größten in Deutschland gehört. – Den Außenbau beleben die zwei- bis vierteiligen *Maßwerkfenster;* die reichdekorierten Giebel stammen jedoch aus dem 19. Jh. Aus der ersten Bauperiode ist die N-Seite mit der *Roten Pforte,* einem spätroman. Stufenportal (um 1230), unverändert erhalten geblieben. Wertvollster Bestandteil des Äußeren ist die *Paradiespforte* in der Vorhalle der S-Wand, ein bedeutendes, in Deutschland

Paderborn, Dom

seltenes Figurenportal (1230–40). Am Mittelpfosten ist die Muttergottes, an den Seiten sind Apostel und Heilige dargestellt. Die Paradiespforte ist in der Anlage spätroman., zeigt jedoch auch got. Elemente. Neben dem großen Fenster des s Querschiffs sind *Figurenzyklen* eingemauert: die klugen und die törichten Jungfrauen sowie Szenen aus dem Leben Jesu (1270–80). – Das Innere des großartigen Langhauses ist trotz unterschiedlicher Bauformen zu einer vollkommenen Einheit zusammengewachsen. Deutlich ist das Fortschreiten des Baues v. W nach O am Wandel des *Kapitelldekors* abzulesen, das von spätroman. stilisierten Ornamenten (z. T. mit Tieren und Masken) bis zu frühgot. naturalistischem Laubwerk reicht. – Von der äußerst reichen Ausstattung kann nur das Bedeutendste genannt werden: Im nw Querschiff steht das 14 m hohe prunkvolle *Grabmal des Fürstbischofs Dietrich v. Fürstenberg* (gest. 1618) aus verschiedenem Steinmaterial mit biblischen Szenen, Heiligen und allegorischen Figuren, dazu

die wichtigsten v. Bischof errichteten Bauten. Das Grabmal ist das Hauptwerk des Manierismus in Westfalen. In der *Westphalenkapelle* am Kreuzgang findet man das berühmte *Epitaph des Domdechanten Wilhelm v. Westphalen* (gest. 1517). Sehenswert ist auch der zweigeschossige spätgot. *Reliquienaltar* im Hochchor (4. Viertel 15. Jh.). Die Eingänge v. Langhaus in die *Seitenkapellen* wurden im 17. Jh. sehr reich gestaltet. Am schönsten ist das *Portal der Marienkapelle*. – Das *Hasenfenster* mit den zum Rundornament gefügten 3 Hasen im spätgot. *Kreuzgang* gilt als Wahrzeichen v. P.

Kaiserpfalz: Auf der N-Seite des Domes sind seit 1964 eine karolingische und eine ottonisch-salische Pfalz ausgegraben worden. Während die Mauern v. Saal der älteren (8. Jh.) als Freianlage erhalten sind, wurde die jüngere, ihre Nachfolgerin (11. Jh.), wieder aufgebaut (1978). Zu ihr gehörte, am S-Ende des Wohntraktes gelegen, die unversehrt erhaltene.

Paderborn, Paradiesportal im Dom

Paderborn, Rathaus

Bartholomäus-Kapelle (Kl. Domplatz): Im N des Doms steht diese seltsame kleine Kapelle, die unter Bischof Meinwerk um 1017 v. als *operaios graecos* bezeichneten (wahrscheinlich istrischen) Bauleuten errichtet wurde. Sie ist die älteste bekannte Hallenkirche auf dt. Boden. Schöne Kapitelle.

Franziskanerkirche St. Josef (Westernstraße): Diese Kirche (1668–71) hat die schönste *Barockfassade* Westfalens. Der in Würzburg tätige A. Petrini* aus Trient hat sie in röm. Barockformen entworfen, mit 4 monumentalen Pilastern gegliedert und mit einer Freitreppe versehen. – Aus dem Besitz des anschließenden *Klosters* stammt ein *Tragaltar* des Roger v. Helmarshausen (um 1100), heute im → Diözesanmuseum.

Ev. Abdinghofkirche (Abdinghof): Die ehem. Kirche St. Peter und Paul wurde unter Bischof Meinwerk (11. Jh.) als Klosterkirche errichtet. Es ist eine archaisch strenge, im Mittelschiff flach gedeckte Basilika mit enggestellten Pfeilern. Besonders schön ist die *Hallenkrypta*.

Alexius-Kapelle (Abdinghof): Ein kleiner achteckiger Zentralbau wurde 1670–73 anstelle der gleichnamigen, v. Bischof Meinwerk gew. und mit Asylrecht ausgestatteten Kapelle erbaut.

Stiftskirche Busdorf (Am Busdorf): Bischof Meinwerk gründete hier, ö v. Dombezirk, 1036 ein Kollegiatstift. Die wehrhaften, runden Treppentürme mit dem als Glockenhaus dienenden Zwischenbau sind im O-Teil der heutigen Anlage erhalten geblieben, ebenso 2 Flügel des roman. Kreuzgangs. Der übrige Bau und der W-Turm stammen aus dem 13. Jh.

Gaukirche/Kath. Pfarrkirche St. Ulrich (Markt): Die schon 1183 als Pfarrkirche erwähnte Basilika präsentiert sich an der Straßenseite mit konkav geschwungener *Fassade*, Pilastergliederung, Giebeldreieck und der Nischenfigur des hl. Ulrich über dem Portal als barocke Anlage. Tritt man aber durch die Vorhalle und das urspr. W-Portal in den Kirchenraum, so steht man in einem strengen roman. Bau aus dem 12. Jh. Schwere rechteckige Pfeiler tragen die breiten Bogen und Kuppeln. Zu dem schlichten Innern paßt der wuchtige achteckige *Vierungsturm*, der aus der Mitte nach W verschoben ist. – Wertvollste Stücke der Ausstattung sind eine *Steinmadonna* (1420), das *Kalvarienrelief* (um 1440) und ein Gabelkruzifix (14. Jh.), dazu (stark erneuerte) Reste roman. *Wandmalerei*.

Ehemalige Jesuitenkirche (Jesuitenmauer): Die dreischiffige Emporenbasilika (1682) wirkt v. a. durch die doppelt vorgelegte *Terrassenanlage* ihrer breitgelagerten *Fassade*. – Im Inneren imponieren hohe toskanische Säulen, gotisierende Gewölbe und prachtvolle Stukkatur.

Rathaus (Rathausplatz): Der bestehende Bau wurde 1613–20 auf Veranlassung des Bischofs Dietrich v. Fürstenberg unter Verwendung ma Mauern des Vorgängerbaues ausgeführt. Der Hauptfassade sind r und l symmetrisch 2 *Ausluchten* (übergiebelte Erker) vorgesetzt. Unter den beiden befindet sich eine offene, v. kurzen dorischen Säulen getragene Halle, die einst als Gerichtslaube gedient hat. Das Rathaus ist einer der spätesten und schönsten Bauten der sog. *Weserrenaissance*.

Museen: *Erzbischöfliches Diözesanmuseum* (Markt 17): Sammlung kirchlicher Kunstwerke aus der Diözese (Plastik, Gemälde, Goldschmiedekunst, Textilien). Die *Imad-Madonna* (um 1060), v. Bischof Imad urspr. dem Dom gestiftet, gehört zu den bedeutendsten frühroman. Madonnenfiguren. Am wertvollsten sind 2 v. Mönch Roger v. Helmarshausen geschaffene *Tragaltäre* (um 1100) aus dem ehem. Domschatz und aus der Franziskanerkirche, deren kunstvolle Metallbearbeitung byzantinischen Einfluß erkennen läßt. Das Diözesanmuseum bleibt wegen Sanierungsarbeiten bis Herbst 1992 geschlossen. – *Museum in der Kaiserpfalz* (Ikenberg): Vor- und Frühgeschichte, karolingische Wandmalerei, Bauplastik (8.–12. Jh.). – *Museum für Stadtgeschichte* (Hathumastr. 7–9) im sog. Adam-und-Eva-Haus, einem Fachwerkgiebelhaus v. Ende des 16. Jh.

Theater (Rathausplatz): Die *Westfälischen Kammerspiele* unterhalten ein eigenes Schauspielensemble. 240 Plätze.

Außerdem sehenswert: *Kurien-Kloster-* und *Adelshöfe*, z.B. am Abdinghof 1, am Rothoborn 1 und am Kamp 38; *Bürgerhäuser* in Stein und in Fachwerk, Heising-

Paderborn, Tragaltar aus dem Dom, jetzt Diözesanmuseum

Parchim, St. Georgen

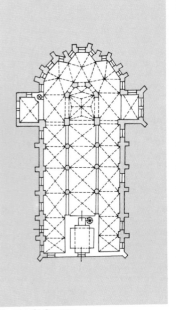

Parchim, St. Georgen

sches Haus (Stadtsparkasse, Marienplatz 2), ein prächtiges Renaissancegiebelhaus mit figurenverziertem Erker (um 1600).

19370 Parchim

Mecklenburg-Vorpommern

Einw.: 22 300   Höhe: 49 m   S. 1274 ☐ M 4

Die 1170 urkundlich erwähnte *Altstadt,* als Kaufmannssiedlung an einer Eldefurt gegründet, wurde 1282 mit der jüngeren *Neustadt* vereint und zusammen mit dieser durch eine streckenweise erhaltene Stadtmauer befestigt und geschützt. Berühmtester Sohn das Ortes ist der 1800 hier geborene spätere Generalfeldmarschall Helmuth von Moltke.

Pfarrkirche St. Georgen: Über den Resten der abgebrannten neuroman. Vorgängerin wurde ab 1289 bis ins 15. Jh. die kreuzrippengewölbte got. Backsteinhalle erbaut. *Ausstattung:* Reste des ehem. *Hochaltars* v. Henning Leptzow* (1421); *Schmerzensmann* (1. Viertel, 15. Jh.); Kanzel v. 1580; Taufbecken v. 1620 mit Messingschale v. 1580.

Pfarrkirche St. Marien: Die um 1250–78 errichtete dreischiffige Backstein-Hallenkirche erhielt zu Beginn des 14. Jh. den massigen *Glockenturm* und um 1420 ihre beiden sterngewölbten N-Kapellen. Zur sehenswerten Ausstattung zählen eine figurengestützte *Fünte* (Taufstein; 1365), der spätgot. *Doppelflügelaltar* (Schrein: Muttergottes in der Glorie, um 1500), die *Kanzel* (1601) und die mit einem barocken *Prospekt* (um 1680) verbrämte *Renaissance-Orgel* (um 1620).

Außerdem sehenswert: Neben vielen *Fachwerkbauten* (16.–18. Jh.) trägt auch das spätgot. *Backsteinrathaus* (14./19. Jh.) mit Treppengiebel zum ma Gepräge der Altstadt bei.

Parchim, Rathaus

17309 Pasewalk
Mecklenburg-Vorpommern

Einw.: 15 200   Höhe: 20 m   S. 1275 □ Q 4

Pfarrkirche St. Marien: Dem Vorgängerbau, einer frühgot. Kirche aus Feldsteinen, folgte im 2. Viertel des 14. Jh. eine aus Backsteinen errichtete dreischiffige Hallenkirche mit im O polygonal geschlossenen Schiffen und einem blendengegliederten querrechteckigen W-Turm, dessen 2 UGe noch v. Vorgängerbau stammen. Das Äußere des Schiffes gliedern kräftige Strebepfeiler, zwischen denen die schlanken Spitzbogenfenster mit Stabwerkteilung liegen, und auf der N-Seite des Langhauses besitzen die Portale reich gegliederte Gewände, die mit Säulen und vegetabilisch bzw. figürlich verzierten Kapitellen versehen sind. Die oktogonale Kapelle an der N-Seite kam im 15. Jh. hinzu. Im Inneren tragen die Achteckpfeiler mit Runddiensten und Laubwerkkapitellen die 1734 erneuerten Kreuzrippengewölbe. Über den Spitzbogenblenden der Innenwände zieht sich bis in die O-Schlüsse der Schiffe ein schmaler Laufgang hin, der durch die Pfeilervorlagen hindurchgeführt ist. 1841–63 rest. der Berliner Architekt Friedrich August Stüler das Innere der Kirche und setzte dem W-Turm ein polygonales OG auf, das mit dem gesamten Turm und dem w Schiffjoch 1984 einstürzte; der Wiederaufbau ist im Gange. – Die Ausstattung stammt v. Friedrich August Stülers Restaurierung um die Mitte des 19. Jh. In der Altarwand eine Kopie der Kreuztragung nach Raffael, die Kanzel aus Kunststein besitzt ein reiches Maßwerk an Korb und Schalldeckel, und die Glasmalerei in den Fenstern geht auf Entwürfe Stülers zurück.

Pfarrkirche St. Nikolai: Die Pfarrkirche der schon 1178 mit einer Marktkirche erwähnten vormaligen Unterstadt hatte ei-

nen Vorgängerbau v. unbekannter Gestalt.
Der um die Mitte des 13. Jh. aus Feldsteinen errichtete heutige Bau war eine Saalkirche mit quadratischem W-Turm, an deren Längswänden noch im 13. Jh. je eine
Kapelle angebaut wurde. Im 16. Jh. ist die
Kirche zur dreischiffigen Halle mit sehr
schmalen Seitenschiffen umgestaltet worden. Ihre quadratischen Pfeiler mit barock
veränderten Kämpfern tragen im Mittelschiff Sterngewölbe, in den Seitenschiffen
Kreuzrippengewölbe, die an den Außenwänden auf Konsolen sitzen und v. Joch zu
Joch durch große Blenden mit Okuli getrennt sind. Gleichzeitig wurden in Backstein der O-Giebel und die Giebelwände
der Seitenkapellen einer reich v. Blenden
gegliederten Gestalt erneuert und die Seitenkapellen mit Sterngewölben versehen,
während der Turm sein OG erhielt, dessen
flaches Zeltdach 1945 einen barocken
Aufsatz ersetzte. – Eine auch Empfehlungen Karl Friedrich Schinkels berücksichtigende Restaurierung der Kirche in den
Jahren 1824–28 führte u. a. zur Veränderung der Fenstermaßwerke, vor allem aber
zur Erneuerung aller wesentlichen Ausstattungsstücke im Stil der Neugotik. Das
Bild mit der *Auferstehung Christi* malte
August Remy[*].

Umgebung

Löcknitz (17 km sö): Einen kubischen
Backsteinsockel besitzt der eindrucksvolle
achteckige *Bergfried* (15. Jh.) der schon im
13. Jh. genannten Burg, v. der noch Fragmente des ma *Berings* und späterer *Befestigungswerke* zu sehen sind.

94032–36 Passau
Bayern

Einw.: 50 700   Höhe: 331 m   S. 1283 □ P 13

Passau ist auf einer gewölbten Landzunge
am Zusammenfluß der 3 Flüsse Inn, Donau
und Ilz entstanden. Ihren Namen erhielt
die alte Keltenstadt durch die Bataverkohorte der Römer, die hier in Garnison lag:
Batava, Bazzava und Passau sind die 3
Stationen der Namensentwicklung. Bonifatius machte die Stadt 739 zum Bischofssitz. Bischof Pilgrim v. Passau (970–91)
steht eng mit der Sammlung und Niederschrift des »Nibelungenlieds« in Verbindung.

Dom St. Stephan (Domplatz): Der O-
Chor und das *Querhaus* in reicher Spätgotik (1407 begonnen, 1530 vollendet) sind
v. einem ersten Bau erhalten geblieben.
Bes. das sog. *Stephanstürmchen* am n
Querarm zeigt die Formensprache dieser
Epoche. Der *W-Teil* der Kirche wurde
nach einem Brand im schweren ital. Barockstil neu gebaut (1668–78). Die originell geschweifte *Helmkuppel* über der
spätgot. Vierung, ein roman. Reminiszenz, ist eine Zutat des 18. Jh. Erst 1896
wurden die beiden W-Türme mit den achteckigen Obergeschossen bekrönt. Vorbild
dafür war der Dom zu Salzburg, die einst
übermächtige Konkurrenz für die Bischofsstadt an Donau und Inn. – Die Innenausstattung des Doms ist im Gegensatz
zum Äußeren wie aus einem Guß. In plastischer Kraft wuchern die *Stuckarbeiten*
der Italiener G. B. Carlone[*] und P.
d'Aglio. Putte mit Tafeln, Propheten und
Karyatiden drängen sich auf Gesimsen und
Gebälk; im Chor tragen anstelle der ehem.
got. Rippen Atlanten die neue Wölbung.
Bei der Barockisierung des Chorraums
wurden die got. *Fenster* unterteilt. Breite,
mit Girlanden, Rosetten, Kränzen und
Früchten reich stuckierte Gurte ergeben
eine Vielzahl v. Flachkuppeln, die C. Tencalla mit *Fresken* geschmückt hat (1679–
84). Die Decken in den Seitenschiffen
malte mit gewagten Illusionseffekten C. A.
Bossi[*] (Bussy) aus. Unter den *Altären* sind
v. a. die mit Gemälden v. J. M. Rottmayr
ausgestatteten hervorzuheben: Seitenaltäre für Paulus und Johannes d. T. (»Bekehrung« und »Enthauptung«) an den
W-Wänden des Querschiffes, dazu der
Agnes- und der Sebastiansaltar. Neben
dem modernen, vielfigurigen Hochaltar
mit dem Martyrium des hl. Stephanus v. J.
Henselmann (1961) ist die hervorragende
Kanzel (1722–26) beachtenswert. An Kanzelbrüstung und Schalldecke sind wertvolle, aus der Wiener Schule kommende Figuren angebracht. 1731 schnitzte der Passauer Bildhauer J. M. Götz das riesige

Passau, Panorama mit Dom >

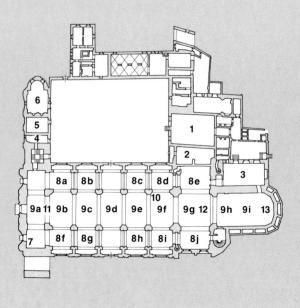

Passau, Dom 1 Andreaskapelle **2** Ortenburger Kapelle **3** Sakristei **4** Werkzeugkammer **5** Trenbachkapelle **6** Lambergkapelle **7** Kruzifix, spätgot. **8** Nebenaltäre v. Carlone, 1687–89, a) Maximilian- und Valentinsaltar, b) Johannesaltar, Gemälde v. Rottmayr, c) Katharinenaltar, d) Dreikönigsaltar, e) Agnesaltar, Gemälde v. Rottmayr, f) Sebastiansaltar, Gemälde v. Rottmayr, g) Christi-Geburts-Altar, h) Martinsaltar, i) Pauli-Bekehrungs-Altar, Gemälde v. Rottmayr, j) Marienaltar **9** Deckengemälde v. Tencalla (außer d), a) hl. Cäcilie, b) Tempelreinigung, c) Alttestamentliches Opfer, d) Aussendung des Hl. Geistes, e) Siegeszug Gottes auf Erden, f) Triumph der Kirche, g) Stephans Sterbegesicht, h) Steinigung des hl. Stephan, i) Eucharistie **10** Kanzel, 1726 **11** Hauptorgel, Gehäuse v. M. Götz, 1731 **12** Mittelaltar v. J. Henselmann, 1953 **13** Hauptaltar, 1953

Gehäuse der Hauptorgel. Sie bildet zusammen mit den beiden Seitenorgeln (1718) von Josef Rottmann, mit der unter dem Kirchendach eingebauten Fernorgel und der Chororgel das gewaltige Werk der größten Kirchenorgel der Welt, die – 1924–28 eingebaut und 1979/80 völlig erneuert und vergrößert – über 17 388 Pfeifen und 231 Register verfügt. In der

Ortenburgkapelle (Kreuzgang-O-Seite) ist mit der figürlichen *Grabplatte des Grafen Heinrich v. Ortenburg* ein außerordentlich schönes Werk aus der Zeit des got. Weichen Stils erhalten (um 1430). – Im N des Doms dreischiffige Halle der *Herrenkapelle* (14. Jh.).

Alte Residenz (Zengergasse): Um 2 aufeinanderfolgende *Höfe* sind Gebäude aus verschiedenen Epochen zusammengefaßt, die im Barock durch gliedernde Portale, Dekor und Innenausstattung ein einheitliches Gepräge erhalten haben. Sehenswert ist nach O zu der sog. *Saalbau,* der wie viele Teile der Residenz der Spätgotik entstammt und im Barock nur neu dekoriert wurde.

Neue Residenz (Residenzplatz): Der Bau der Neuen Residenz ist aus dem Trakt der Alten Residenz herausgewachsen. Seine barocke Schauseite bildet zum reichen spätgot. Chor des Doms einen reizvollen Kontrast. Kernstück des Baus (1712–32)

Passau, Brunnen mit Neuer Residenz

ist das prachtvolle *Stiegenhaus,* dessen Treppenzüge und Geschoßgeländer um einen rechteckigen Hohlraum verlaufen. Mit flackerndem Stuckdekor und laternentragenden Putten, überwölbt v. einem sich weit öffnenden Fresko-Olymp, ist dieses Treppenhaus neben dem im Salzburger Mirabellschloß das schönste im südostdeutschen Raum.

Im *Obergeschoß* der Residenz befindet sich eine Flucht v. Räumen, die mit reichem Stuck, Vertäfelungen, Tapisserien, Kachelöfen, Lüstern, Gemälden und Mobiliar ausgestattet sind.

Hl.-Kreuz-Kirche (i. d. Jesuitengasse): Im O v. Domberg, auf dem niedrigen Teil der Landzunge, die bereits seit dem 2. Jh. v. Chr. besiedelt ist, liegt das *Kloster Niedernburg* mit seiner Kirche. Mit den *Pfeilern* der Kirche ist im Kern noch die alte roman. Anlage (um 1010) erhalten. Aus gleicher Zeit stammt auch die *W-Vorhalle,* über der die ehem. Nonnenempore erhalten blieb. Das *Langhaus* ist in der jetzigen

Form das Resultat einer Reinigung (1860–65) der roman. Kirche v. allem Barockwerk. Jedoch blieben die barocken Einwölbungen bei der Reromanisierung erhalten. – Interessant sind die roman. und got. Grabsteine in der sog. *Parzkapelle.*

Ehem. Jesuitenkirche St. Michael (Schustergasse): Nur einen Häuserblock nach W entfernt v. der Hl.-Kreuz-Kirche befindet sich unmittelbar über dem Innufer die doppeltürmige Barockanlage St. Michael. Nach dem Einspruch des Bischofs, der die städtebauliche Dominante des Doms erhalten wollte, fiel dieser Bau der Jesuiten allerdings zurückhaltender aus, als er urspr. geplant war. Er zeigt jetzt die Formen ital. Barocks. – Die *Stukkaturen* im Inneren erinnern an die Ausstattung des Doms. Von der Ausstattung sind der *Hochaltar* und die prächtige *Kanzel* (beide frühes 18. Jh.) hervorzuheben. – Im *Kollegiengebäude* ist heute die kath.-theologische Fakultät der Universität untergebracht.

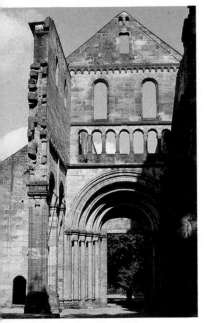

Paulinzella, ehem. Klosterkirche

St. Severin (Innstadt): Jenseits des Inns liegt der Ort, an dem der erste Missionar Passaus, St. Severin (gest. 482), seine Zelle baute. Sie wird, wenn inzwischen auch stark verändert, noch heute gezeigt. Der jetzige Bau, der als Friedhofskapelle dient, hat im Langhaus noch karolingische Mauern (8./9. Jh.). Der Chor wurde 1476 gebaut. – (Die got. Severinsmadonna, um 1450, heute in St. Gertraud.)

Wallfahrtskirche Mariahilf (Mariahilfberg 3): Über der Innstadt erhebt sich mit ihrer eigenartigen Turmbekrönung die Mariahilfkirche, ein Bau des 17. und frühen 18. Jh. Er wurde errichtet, um die Kopie des Innsbrucker Gnadenbildes v. L. Cranach* aufzunehmen, und ist künstlerisch weniger bedeutend.

Salvatorkirche (Ilzstadt): Anstelle einer Synagoge wurde die Kirche 1470 als Sühnekirche (wegen eines von Juden angeblich begangenen Hostienfrevels) unterhalb der Veste Oberhaus aufgeführt. Der Bau sticht hart in den Berghang, so daß zum Terrainausgleich das Untergeschoß des Chors als *Krypta* ausgebildet wurde.

Veste Oberhaus (Oberhaus): Die Zwingburg der Bischöfe, auf dem Felsenrücken zwischen Donau und Ilz gegen die Bürgerschaft errichtet, ist in *Vorwerk* und mehrere *Höfe* geteilt. Barock- und Renaissancedekors geben den einfachen Bauten stilistische Akzente. Die roman. *Georgskapelle* ist barock ausgestattet.

Veste Niederhaus (Wagnerstraße): Unterhalb der Veste Oberhaus steht auf der äußersten Landspitze die Veste Niederhaus, ein hohes Gebäude (wohl 14. Jh.) mit Vorburg. Der Bau ist mit der Veste Oberhaus durch einen Verteidigungsgang verbunden.

Sommerschloß Freudenhain: W der Vorstadt Anger, am Nordufer der Donau, liegt der 1785 erbaute Sommersitz der Fürstbischöfe. Der heitere, frühklassizistische Bau ist von einem englischen Park umgeben und ist heute Sitz eines Gymnasiums.

Universität (im ehem. Nikolakloster): Im Oktober 1978 wurde Bayerns achte und jüngste Universität mit 5 Fakultäten für 4000 Studenten eröffnet.

Theater: Das 1783 v. G. Hagenauer errichtete *Fürstbischöfliche Hoftheater* (Innstr. 4, 400 Plätze) ist 1961 rest. worden. Es ist Sitz der musikalischen Abteilung des *SO-bayer. Städtetheaters.* Hier finden auch Gastspiele statt – so veranstaltet Passau jedes Jahr die bedeutenden *Europ. Festspielwochen* mit internationalen Orchestern und Theaterensembles. – Die *Nibelungenhalle* ist Mittelpunkt zahlreicher kultureller Veranstaltungen.

Museen: Das *Böhmerwald-* und das *Historische Stadtmuseum*, eine Filialgalerie der *Bayr. Staatsgemäldesammlungen* sowie einige weitere *Spezialsammlungen* befinden sich in der Veste Oberhaus. – *Museum Moderner Kunst* (Bräugasse, Altstadt): Stiftung Wörlen, eine mit wechselnden internationalen Ausstellungen. – *Römermuseum Kastell Boiotro* (Lederergasse, Stadtteil

Innstadt). – *Spielzeugmuseum:* Sammlung
Ivan Steiger mit europ. und amerik. Spielzeug. – *Domschatz und Diözesanmuseum*
in der Neuen Residenz: Tafelbilder, Gemälde, Plastiken, Reliefs und liturgische
Geräte aus dem Bistum Passau (Eröffnung
1987). – *Röm. Museum Boiotro* (Lederergasse 43).

Außerdem sehenswert: Das *Rathaus* (am
Donauufer) wurde 1393 errichtet und wiederholt umgebaut. Reizvoll sind die Innenhöfe und der Große Rathaussaal mit Barockausstattung (1662) sowie der neugot.
Turm (1888–93). – Die *Domherrenhöfe*
(Domplatz) aus dem 16., 17. und 18. Jh.
mit interessanten Fassaden. – Als Rest der
ehem. Stadtbefestigung am Innufer der
Scheiblingsturm (erbaut 1481) sowie Reste alter *röm. Befestigungen* auf der Do-
nauseite.

07422 Paulinzella
Thüringen

Einw.: 150   Höhe: 450 m   S. 1278 □ L 9

Ehem. Klosterkirche: Von der 1112–24
erbauten roman. Säulenbasilika des nach
1100 gegr. Benediktinerdoppelklosters
(1542 säkularisiert) steht heute noch die
seit der Zeit der Romantik gesicherte *Kirchenruine.* Die n Langhauswand, die Mit-
telschiffsarkaden über Säulen mit eck-
spornbesetzten attischen Basen und sparsam reliefierten Würfelkapitellen, das
Querhaus mit angebauter n Nebenkapelle,
die v. Rundbogenfenstern durchbrochene
w Langhausmauer mit Giebel und das roman. Portal der *Hauptkirche* lassen als erhaltene Architekturfragmente (restauriert;
über freigelegtem Fußboden) das klare
Hirsauer Bauschema (dreischiffige flachgedeckte Säulenbasilika im gebundenen
System mit 3 ö Rundapsiden, kreuzförmiger Grundriß) erkennen, jene klösterliche
Bautradition, die seit dem späten 11. Jh.
vom Schwarzwald ausging. An der SW-
Ecke der kürzeren *Vorkirche* ist noch das
Sockelgeschoß v. einem der beiden Türme
der ehem. W-Fassade zu sehen. – Im *Lapidarium* sind die durch Repliken ersetzten,
z. T. verzierten Architekturfragmente untergebracht.

Pforzheim, St. Michael

25849 Pellworm
Schleswig-Holstein

Einw.: 1100   Höhe: 0 m   S. 1272 □ F 1

Pellworm ist der restliche Teil des unter-
gegangenen Altnordstrands. Die Mar-
scheninsel liegt im Wattenmeer und wird
v. mächtigen Steindämmen geschützt.
Über → Husum besteht Schiffsverbin-
dung.

Alte Kirche: Kennzeichen dieser einfachen, schlichten Kirche ist der 1611 eingestürzte *Turm,* der seither als Ruine erhalten
blieb. Beachtenswert sind die *Schnitger-
Orgel* (1711), eine *Bronzetaufe* und ein
Altar mit spätgot. Tafelmalereien.

Außerdem sehenswert: Einige der *alten
Häuser* sind in ihrem ursprünglichen Zustand erhalten und spiegeln den harten
Kampf dem Bewohner mit den Naturge-
walten.

Perschen ✉ 92507 Nabburg
Bayern

| Einw.: 100 | Höhe: 390 m | S. 1283 □ N 12 |

Pfarrkirche: Die doppeltürmige Basilika gehört zu den ältesten Kirchen der Oberpfalz (älteste Zeugnisse lassen auf einen Bau aus dem 10. Jh. schließen). Bei einer Restaurierung in den Jahre 1752–53 wurde das Gesamtbild allerdings stark verändert. – In der anschließenden zweigeschossigen *Friedhofskapelle,* die vermutlich noch älter ist als die Pfarrkirche, sind *Fresken* aus dem 12. Jh. sehenswert.

Oberpfälzer Bauernmuseum: Im *Edelmannshof,* einem Gehöft des 12. Jh., wurde ein Museum eingerichtet.

Petersberg ✉ 85253 Erdweg
Bayern

| Einw.: 13 | Höhe: 500 m | S. 1282 □ L 14 |

Ehem. Benediktinerklosterkirche: Die dreischiffige Pfeilerbasilika mit 3 Apsiden (1104–07) ist in ihrem Kern roman. 1907 wurden in der Hauptapsis Reste roman.

Wandmalereien entdeckt und die Fresken rekonstruiert und ergänzt. An der S-Wand verdient eine geschnitzte *Marienfigur* (um 1520) Beachtung.

75172–81 Pforzheim
Baden-Württemberg

| Einw.: 115 500 | Höhe: 275 m | S. 1281 □ F 13 |

Die Stadt, die viele röm. Spuren aufweist, leitet ihren Namen v. lat. portus ab. Sie ist berühmt durch ihre Schmuckwarenindustrie und der Geburtsort des Humanisten J. Reuchlin.

Ev. Schloß- und Stiftskirche St. Michael (Schloßberg 14): Vom *Schloß,* der einstigen Residenz der badischen Markgrafen, ist außer dem *Archivbau* nichts erhalten. – Die Kirche wurde 1945 bis auf die Umfassungsmauern zerstört, ist jedoch 1949–57 vorbildlich wiederaufgebaut worden. Wegen des abschüssigen Geländes hatte man 1225–35 gegen alle ma Baugewohnheiten v. W nach O zu bauen begonnen. So entstand zuerst der spätroman. W-Teil mit *Vorhalle* und *Fensterrose* am S-Giebel. Auch das schön gestufte *W-Portal* mit seinem phantastischen Skulpturenschmuck

Pillnitz, Bergpalais

gehört zu dieser Anlage. Der übrige Bau ist frühgot. Der mächtige *Stiftschor* ist bedeutend höher als das Langhaus und zeichnet sich durch sein schönes Sterngewölbe aus. Hier stehen auch die *Wandgräber* der badischen Markgrafen, deren Grabkapelle St. Michael seit 1535 gewesen ist.

Altenstädter ev. Pfarrkirche St. Martin (Altstädterstraße): Von der roman. Basilika ist ein interessantes *Portal* in der w Turmhalle erhalten geblieben. Im Bogenfeld stellen symbolische Figuren die Bedrohung des Menschen durch das Böse und die Rettung durch die Kirche dar. Im schönen *Chor* (1340) befinden sich spätgot. *Wandmalereien* mit Jüngstem Gericht, Schutzmantelmadonna und Heiligen (1430–50).

Museen: Im *Schmuckmuseum* (Reuchlinhaus, Jahnstr. 42) belegen Exponate aus 5 Jtd. die Geschichte des Schmuckes. – *Heimatmuseum* (Westliche Karl-Friedrich-Str. 243): original Oechsle-Waage, stadtgeschichtl. Sammlung. – *Technisches Museum der Pforzheimer Schmuck- und Uhrenindustrie* (Bleichstr. 81).

Stadttheater (Am Waisenhausplatz): 510 Plätze.

Außerdem sehenswert: Im Arlinger steht als gelungenes Beispiel modernen Kirchenbaus die zeltartige *ev. Matthäuskirche* (1953) v. E. Eiermann[*]; das nahe gelegene Tiefenbronn mit kath. Pfarrkirche *St. Maria Magdalena* (got. Basilika um 1430; wertvolle Altargemälde v. Lucas Moser, aus dem Jahre 1431).

Pillnitz ✉ **01326 Dresden**
Sachsen

S. 1279 ☐ Q 9

Wasserpalais u. Bergpalais: Anstelle des Renaissanceschlosses, das August der Starke 1718 erworben hatte, sollte eine riesige Parkanlage mit Schloß und zahlreichen Nebengebäuden entstehen. M. D. Pöppelmann konnte schließlich nur das *Wasserpalais* (1720–21) und das *Bergpalais* (1723), 2 dreiteilige Pavillons, die parallel zur Elbe einen Gartenteil rahmten, projektieren und errichten. Das Wasserpalais ist über eine große Freitreppe mit dem Fluß verbunden, so daß Gondeln anlegen können. Durch große Hohlkehlen als Hauptgesims und gekehlte Mansarddächer in Verbindung mit gemalten Chinoiserien wurde der Chinamode Rechnung getragen. Beide Pavillongruppen wurden 1788–91 (Ch. T. Weinlig) durch Flügelbauten erweitert. Das urspr. Schloß verblieb noch weiterhin als Zielpunkt der Anlage. Erst nach einem Brand erbaute Ch. F. Schuricht 1816–26 das *Neue Palais*, wodurch der barocke Garten mit den fassenden Pavillons Ehrenhofcharakter erhielt. All diese Bauten des Klassizismus paßten sich der Chinoiserie Pöppelmanns weitgehend an. Das Zentrum des Neuen Palais, der Festsaal, ist mit Malereien v. C. Vogel v. Vogelstein geschmückt. In den NO-Flügel ist die kath. Kapelle einbezogen, die gleichfalls v. Vogelstein ausmalte. Nordöstlich vom Neuen Palais gibt es eine klassizistische Schloßwache (1824). 1765–1918 diente das Pillnitzer Schloß als Sommerresidenz der Kurfürsten bzw. Könige v. Sachsen. Das Wasser- und das Bergpalais beherbergt heute das *Museum für Kunsthandwerk* der Staatlichen Kunstsammlungen Dresden. Es werden Meisterleistungen an Möbeln, Bild- und Flachschnitzarbeiten, Glas-, Keramik-, Metall- und Edelmetallarbeiten gezeigt. – Nach 1780 wurde die barocke Gartenanlage in Richtung des Hanges als Arboretum im Landschaftsgartenstil erweitert. In diesem Parkteil entstand 1784 durch Weinlig der Rundtempel, 1804 wohl durch Schuricht der chinesische Pavillon, und der Ringrennenbau Longuelunes wurde zur Orangerie umgebaut. Oberhalb v. Pillnitz, am Hange des Borsbergs, wurde v. J. D. Schade eine got. Ruine (1785), die dem Zeitgeschmack entsprach, künstlich errichtet.

Weinbergkirche: 1723–27 v. M. D. Pöppelmann erbaut, ersetzte die abgetragene ev. Schloßkapelle nun außerhalb des Schloßbereichs. Der einfache rechteckige Saal hat 2 eingestellte Emporengeschosse auf 3 Seiten. Die Ausstattung (Abendmahlsrelief v. 1648 auf dem Altar und der Taufstein) wurde aus der alten Schloßkapelle übernommen.

Pirmasens, Rathausplatz

Pirmasens, das Zentrum der dt. Schuhindustrie, war im 18. Jh. Residenz des Landgrafen Ludwig IX. von Hessen-Darmstadt. Im 2. Weltkrieg ist die Stadt Pirmasens fast völlig zerstört worden.

Altes Rathaus: Der spätbarocke, in den Jahren 1717–47 errichtete Bau wurde 1945 bis auf die Grundmauern zerstört. Von 1959–63 wurde das »Alte Rathaus« nach historischen Plänen – allerdings um ein Stockwerk erhöht – wieder aufgebaut. Das Gebäude beherbergt heute ein vor- und frühgeschichtliches Museum, das Heimatmuseum, die Maler-Heinrich-Bürkel-Galerie sowie das Schuhmuseum der dt. Schuhmetropole.

Die um 1200 planmäßig mit schachbrettartigem Straßenraster und rechteckigem zentralem *Marktplatz* im Schatten einer Burg am l Elbufer errichtete Stadt gehörte zeitweilig zum Bistum Meißen und zu Böhmen. Der Ortsname geht auf das sorbische »na pernem« (»auf dem harten Stein«) zurück. Durch seine Bedeutung als Hafen und durch die Nähe zu Böhmen erlebte Pirna im 15./16. Jh. eine wirtschaftliche Blüte, die in den Baudenkmälern der Stadt ihren Ausdruck fand. Mit dem Bau der Eisenbahnlinie Dresden–Prag (1848–52) setzte die Industrialisierung und ein neues Wachstum ein. – In Pirna wurde um 1460 der berüchtigte Ablaßprediger Johannes Tetzel geboren.

Marienkirche: Die 1466–79 und 1502–46 spätgot. erneuerte dreischiffige Stadtkirche (13.–19. Jh.) ist wegen ihrer eigenwilligen Konstruktionen v. P. Ulrich eine

Ev. Pfarrkirche: Die einschiffige kreuzförmige Backsteinkirche v. 1266 ist einer der besterhaltenen und schönsten spätroman. Bauten in Ostfriesland. Auffallend ist der mächtige *Vierungsturm* aus dem 14. Jh., der als Stützen bes. massive Vierungspfeiler benötigte. Er dient mit seinen hell verputzten und weithin leuchtenden Blendarkaden jahrhundertelang als Seezeichen für die Einsteuerung in die Emsmündung. Der sehr niedrige *Glockenturm* steht abseits im O. Ungewöhnlich ist auch die geometrische Aufteilung der Giebelfelder des Querschiffs. Das bronzene *Taufbecken* (1469) hat reichen Reliefschmuck und als originelle Tragfiguren menschliche Gestalten mit den Evangelistensymbolen anstelle v. Köpfen. *Kanzel, Orgel* und *Empore* stammen aus dem Barock.

»Auf der Festung Königstein«: >
Blick ins Bielatal

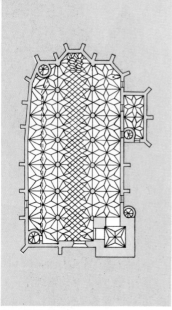

Pirna, Marienkirche

gern zitierte obersächs. Hallenkirche. Der Baumeister verwendete teils gängige spätgot. *Rippensysteme* (z. B. Netzgewölbe im Mittelschiff, Sterngewölbe in den Seitenschiffen), teils originelle Neuschöpfungen (freie Spiralrippen im O-Joch des s Seitenschiffes, Wellenrippen an der Apsiskalotte des Chors) und Manierismen (z. B. Rippenansätze in Form v. Baumästen). 1544–46 nach Einführung der Reformation wurden die Gewölbe überdies mit einem alt- und neutestamentlichen *Zyklus* bemalt. Die Haube des 1466–79 errichteten Turmes wurde im 18. Jh. aufgebracht. Prunkstücke der Ausstattung sind die spätgot. *Kanzel* (1525), der mit Kinderfiguren geschmückte *Taufstein* (1561) und der *Spätrenaissance-Altar* (1611) v. D. und M. Schwenke, die auch einige der bemerkenswerten Epitaphe (16.–18. Jh.) schufen.

Rathaus: Von zahlreichen schmucken *Patrizierhäusern* aus Renaissance- und Barockzeit umgeben, steht in der Mitte des rechteckigen Marktplatzes das prächtige *Rathaus* (1555, unter Verwendung der Bausubstanz von 1485).

Außerdem sehenswert: Neben dem Thüringer Flügelaltar und einer Pietà, beide aus spätgot. Zeit, lohnen auch ma Wandmalereifragmente einen Besuch der zweischiffigen Hallenkirche (14. Jh., nur das Sarghaus erhalten) des ehem. *Dominikanerklosters,* in dem heute das *Kreisheimatmuseum* (im Kapitelsaalgebäude) eingerichtet ist. – Bemerkenswerte *Bürgerhäuser* aus der Zeit der Renaissance, die Höfe z. T. mit Galerien, befinden sich u. a. am Markt Nr. 7 (sog. Canalettohaus; es diente Canaletto als Motiv) und Nr. 12, in der Oberen Burgstr. 1 (Teufelserker), in der Niederen Burgstr. 1 (um 1540–45, mit prächtigem Portal) und in der Barbiergasse 10 (Engelserker). – Zahlreiche *Brunnen* sind auf den *Plätzen* der Altstadt aufgestellt. – Einen Besuch lohnt auch die ö vor der Altstadt liegende Siedlung »Am Plau«, eine ehem. Fischer- und Schiffersiedlung mit kleinen zweistöckigen Häusern.

Umgebung

Bad Gottleuba (15 km s): Der Sanatoriumsort wurde in einheitlichem Jugendstil von der Architektenfirma Schilling und Gräber geplant und gebaut. Die Gesamtanlage ist ein sehr seltenes bauliches Denkmal. Schilling und Gräbner werden mit der Wiener Sezession verglichen. Die *Stadtkirche* mit älterem Chor wurde um 1525 erbaut.

Bad Schandau (18 km sö): H. Walther gestaltete 1574–79 das qualitätsvolle Altarretabel als einen der ersten protestantischen Altäre Sachsens in der *Johanniskirche,* die 1709 nach dem Brand v. 1704 geweiht wurde. Am Markt steht der *Brauhof* mit 1680 datiertem Barockportal und rückwärtigem Treppenturm. – *Fachwerk- und Umgebindehäuser* (18. Jh.; Häuser mit Laubengängen und Außentreppen) sind im Ortsteil *Postelwitz* und in *Schmilka* zu sehen.

Burkhardswalde (8 km sw): Die rechteckige flachgedeckte Dorfkirche besitzt einen schmaleren, dreiseitig geschlossenen Chor. Der zweigeschossige Emporen-

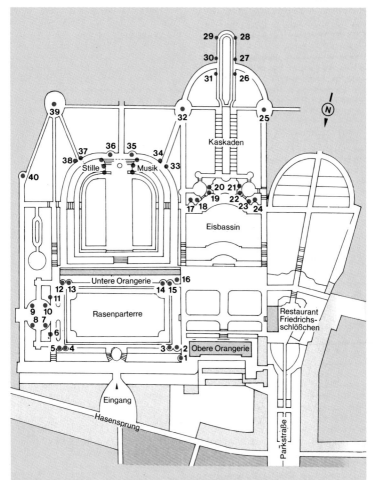

Großsedlitz (Pirna), Barockgarten 1 Andro- meda **2 – 5** Göttin der Früchte (Pomona) und der Blumen (Flora) **6** Venus (Aphrodite) **7** Victoria (Nike) **8** Fischfang **9** Diana (Arte- mis) **10** Hygieia **11** Adonis **12 – 15** Göttin der Früchte (Pomona) und der Blumen (Flo- ra) **16** Melpomene **17** Keyx und Halkyone **18** Meleagros und Atalante **19** Apollo und Daphne **20** Narkissos und Echo **21** Orpheus und Eurydike **22** Pan und Syrinx **23** Amor und Psyche **24** Bacchus und Ariadne **25** Juno (Hera) **26** Amerika **27** Afrika **28** Luft und Erde **29** Feuer und Wasser **30** Asien **31** Europa **32** Rhea (Kybele) **33** Herbst **34** Sommer **35** Juno (Hera) **36** Jupiter (Zeus) **37** Frühling **38** Winter **39** Herkules (Hera- kles) **40** Merkur (Hermes)

einbau und die übrige Ausstattung (Kanzelaltar und Orgelprospekt) entstanden nach der Mitte des 18. Jh.

Großsedlitz (4 km w): Die größte und bedeutendste sächs. barocke Parkanlage, der *Barockgarten Großsedlitz,* wurde seit 1719 angelegt, mehrfach in der Planung verändert und nie vollendet: 1719 kaufte der Gouverneur v. Dresden, August Christoph Graf v. Wackerbarth, das abgebrannte Gut und ließ v. J. Ch. Knöffel eine ausgedehnte Planung fertigen. Davon wurden das Schloß, die obere Orangerie und ein Gewächshaus erbaut. Da fand August der Starke an dem Projekt Interesse, kaufte das Grundstück 1723 im geheimen, um es 1726 vor der Öffentlichkeit zu übernehmen. Ein größeres Schloß sollte hinter der oberen Orangerie entstehen, und diese mußte wieder beseitigt werden. Als Ersatz mußte aus dem Gewächshaus eine untere Orangerie werden. Die v. der oberen Orangerie ausgehende Achse wurde so zur neuen Haupt- und Symmetrieachse (mittels einer Kaskade). Das Parterre vor der neuen unteren Orangerie aber sollte der Festplatz für das Festschießen werden.

Aus dem Bau des neuen Schlosses wurde nichts, und damit blieb auch die obere Orangerie erhalten. Wohl Knöffel, Z. Longuelune und M. D. Pöppelmann haben an dem großen Projekt mitgearbeitet, zahlreiche Skulpturen entstanden durch bedeutende Bildhauer des Hofes. Ein Höhepunkt der Anlage ist die mit musizierenden Putten geschmückte Treppenanlage, die sog. Stille Musik.

Königstein (15 km sö): Auf einem 360 m hohen Tafelberg oberhalb des Ortes und 261 m oberhalb der Elbe liegt die einst mächtigste *Festung* in Deutschland. Sie wurde urspr. um 1200 für die Könige von Böhmen als Burg errichtet und wird 1241 erstmals erwähnt. 1408 kam sie an die Markgrafschaft Meißen. Ab 1589 wurde sie zur Festung ausgebaut. Nach Umbauten im 17. und 18. Jh. war sie die stärkste Befestigungsanlage in Deutschland. Die 9,5 ha große Festungsanlage ist ca. 550 m lang und bis zu 350 m breit. Von ihr hat man einen guten Blick auf das umliegende Elbsandsteingebirge und die Elbtalweitung bis nach Meißen. Der *Haupteingang* der Festung (nach 1590) wird v. 3 Zugbrücken gesichert. Von hier aus führen der *dunkle* und der *helle Aufgang,* die v. Hand aus dem Felsen gehauen wurden, auf das Festungsplateau. Hier stehen die *Georgenburg* v. 1619 und die *Magdalenenburg* v. 1622–23 mit einem Felsenkeller v. 1591, in dem 1725–1819 das Riesenfaß (250 000 l; es war nur einmal gefüllt) stand. Weitere Sehenswürdigkeiten sind das *Torhaus* v. 1589 mit Reliefbild August des Starken mit kursächsisch-polnischem Wappen, das *Kommandantenhaus* v. 1443, das *Brunnenhaus* v. 1715 (Matthäus Daniel Pöppelmann); der Brunnen, der 1563–69 v. Freiberger Bergleuten gebaut wurde, ist 152,2 m tief und 3,5 m breit, seine Sohle liegt 88 m über der Elbe; das *Schatzhaus* v. 1853, die *Kasematten,* das *Alte Zeughaus* im Renaissancestil v. 1594 und die barocke *Friedrichsburg* v. 1731. – Königstein besitzt eine schöne barocke *Pfarrkirche,* die 1720–24 unter Mitwirkung v. George Bähr errichtet wurde

---

08523–29 Plauen
Sachsen

| Einw.: 70 900 | Höhe: 400 m | S. 1278 ☐ N 9 |

Die heute für ihre Plauener Spitzen bekannte Stadt wurde als *vicus plave* 1122 erstmals erwähnt. Unter der Herrschaft der Vögte von Gera und Weida sowie des Deutschordens wurde sie als Zentrum des Vogtlandes planmäßig erneuert und um eine *Steinbrücke* (1230–40) über die Weiße Elster bereichert. Trotz der Zerstörungen durch mehrere Stadtbrände und die Bomben des letzten Weltkriegs bewahrt die Altstadt einiges von ihrem mittelalterlichen Charme.

Johanniskirche: Anstelle einer roman. Pfeilerbasilika (um 1230) des Dt. Ritterordens, v. der die v. Tri- und Biforenfenstern durchbrochenen beiden W-Türme erhalten sind, wurde nach dem großen Stadtbrand v. 1548 die spätgot. Hallenkirche errichtet. Im sterngewölbten dreischiffigen Innenraum mit umlaufender *Empore* verdienen ein hochgot. *Kruzifixus* (14. Jh.) sowie die *Taufe* und der *Flügelaltar* mit Schreinfiguren (Muttergottes zwischen Johannes d. T. und Heiliger, um 1510) aus der Spätgotik Beachtung.

Lutherkirche: Die 1693–1722 über drei-paßförmigem Grundriß erbaute ehem. Gottesackerkirche birgt im Inneren mit barocken *Doppelemporen* einen kunsthistorisch bedeutenden spätgot. *Doppelflügelaltar,* dessen Schreinreliefs (Beweinung Christi; um 1500) aus einer Erfurter Werkstatt stammen.

Altes Rathaus: Der prächtigen Renaissancefassade des Alten Rathauses (1508, restauriert) gereichen spätgot. Vorhangbogenfenster und der pilastergegliederte Wellengiebel mit der Kunstuhr zum Schmuck. 1912 wurde das Gebäude verbunden mit dem neu erbauten Neuen Rathaus.

Vogtlandmuseum (Nobelstr. 9–13): Neben vor- und frühgeschichtlichen Sammlungen werden im *Kreisheimatmuseum,* das in 3 ehem. *Baumwollhändler-Patrizierhäusern* (18. Jh.) eingerichtet ist, kirchliche Plastiken aus dem MA sowie Spitzen, Gardinen, Möbel und Kleinkunst aus Barock und Biedermeier (u. a. ein böhmischer Reliefintarsienschrank) gezeigt.

Außerdem sehenswert: Vom ehem. *Schloß der Vögte* (13.–17. Jh.) sind Teile des Palas-Querbaus, des N-Turms und des Bergfrieds erhalten. – Das barocke *Malzhaus* (1727) bezieht Fragmente der roman. *Burg der Eversteiner* (um 1190–1200) mit ein.

Umgebung

Oelsnitz (9 km sö): Die zweischiffige *Jakobikirche* (13.–19. Jh.) mit unregelmäßigem Grundriß und Chorflankentürmen besitzt ein schönes Altarbild (Kreuzigung Christi; 1770) v. C. Langer[*]. – Ein spätgot. Kruzifixus (1515) und eine Kanzel aus der Zeit um 1600 befinden sich in der ehem. *Spitalkirche* (1612–16; heute Katharinenkirche). – Die im 19. Jh. ausgebaute ma *Burg* (13.–15. Jh.) besitzt einen Bergfried, einen Palas, die ehem. Burgkapelle St. Georg sowie eine durch 3 Türme verstärkte Schildmauer und den ma Zwinger.

Straßberg (3 km s): Die aus einer spätgot. Vorgängerin hervorgegangene *Renaissance-Dorfkirche* (16./17. Jh.) fällt durch ihren viergeschossigen Westbau auf, dessen 2. Obergeschoß 1626 mit Fresken ausgemalt wurde. Im einschiffigen Inneren befinden sich eine qualitätvolle Schreinfigurengruppe (um 1500) am spätgot. Flügelaltar und eine weitere gleichzeitige Skulpturengruppe (Geißelung Christi).

Plauen, Vogtlandmuseum

Plauen, Lutherkirche, Passion Christi

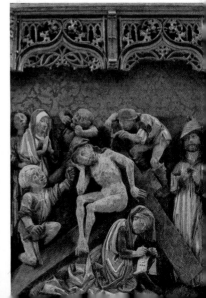

58840 Plettenberg
Nordrhein-Westfalen

Einw.: 29 300   Höhe: 200 m   S. 1276 □ D 8

Ev. Pfarrkirche/Christuskirche (Kirchplatz): Die ehem. Lambertuskirche mit ihrem schweren W-Turm und dem großen westfälischen Haubendach (13. Jh.) war Vorbild für verschiedene südwestfälische Hallenkirchen. Sie selbst ist in ihrem Grundriß eine Nachahmung kölnischer Kirchen. Originell sind die *Treppentürme* zwischen Querschiff und Chor mit den fächerförmig übereck gestellten Geschossen. Im Bogenfeld des roman. *S-Portals* sind eine naive Darstellung der Kreuzigung, die Geburt Christi und die Frauen am Grabe dargestellt. Eine für dt. Kirchen ungewöhnliche *Ausmalung* (u. a. mit Papst- und Kardinalswappen, 15. Jh.) wurde im Chorgewölbe freigelegt. Im schlichten Innenraum sind die Halbsäulenvorlagen an den Pfeilern mit Knollenkapitellen, wie sie für das Sauerland typisch sind, versehen. Einige Eckknollen zeigen Menschen- oder Widderköpfe.

Außerdem sehenswert: In Plettenberg-Ohle die *ev. Pfarrkirche* aus dem 13. Jh. mit Wandmalereien.

73207 Plochingen
Baden-Württemberg

Einw.: 12 800   Höhe: 300 m   S. 1281 □ G 13

Stadtkirche St. Blasius: Im netzgewölbten Chor der spätgot. ev. Stadtkirche (1481–88) sind spätgot. *Chormalereien* (um 1485) mit Evangelistensymbolen sowie eine Kanzelsäule (um 1530) v. Interesse.

Außerdem sehenswert: Marktplatz mit Fachwerkgebäuden und dem *Alten Rathaus,* das v. seinem urspr. Standort umgesetzt und dessen Fachwerk freigelegt wurde. – Bahnhof: ein Jugendstilgebäude v. Th. Fischer. – Dauerausstellung mit Werken HAP Grieshaber in der Kreissparkasse.

Plön, Schloß

24306 Plön
Schleswig-Holstein

Einw.: 12 400   Höhe: 25 m   S. 1273 □ I 2

Schloß (Schloßgebiet 3): Mitten in der seenreichen Holsteinischen Schweiz liegt dieses Schloß am Großen Plöner See. Es wurde 1633–36 v. Herzog Joachim Ernst v. Schleswig-Holstein-Sonderburg-Plön an der Stelle einer Residenz der wendischen Fürsten aus dem 9. Jh. erbaut. Der letzte Plöner Herzog führte hier um die Mitte des 18. Jh. eine aufwendige Hofhaltung nach franz. Vorbild. 100 Jahre später diente das Schloß dem dänischen Königshaus als Sommersitz, wurde in preußischer Zeit Kadettenhaus und im Dritten Reich Nationalpolitische Erziehungsanstalt. Heute ist es Internat. – Der dreiflügelige Bau ist mit seiner gleichmäßigen Giebelreihe im Äußeren nüchtern. Barocke *Dachreiterlaternen* sind der einzige Schmuck. – Das Innere wurde für die Ver-

theke befinden sich jetzt Sammlungen zur lokalen Vor- und Frühgeschichte, Handwerksaltertümer, Zinn, Glas und Ton.

Außerdem sehenswert: Der *ehem. Marstall* (im Schloßgebiet), Backsteinbau aus den Jahren 1745/46.

82398 Polling b. Weilheim
Bayern

Einw.: 2900   Höhe: 567 m   S. 1282 □ L 15

Ehem. Augustiner-Chorherren-Stiftskirche: Die Kirche wird v. jenem mächtigen *Turm* bestimmt, der im 17. Jh. nach Plänen v. H. Krumper* begonnen und 1822 fertiggestellt wurde. Die übrigen Teile der Kirche stammen meist aus der Zeit 1416–20, als Vorgängerbauten durch einen Neubau ersetzt wurden. Der reiche Stuck kam wie der Turm im 17. Jh. hinzu. – Im Mittelpunkt der reichen Ausstattung steht der *Hochaltar* v. B. Steinle aus Weilheim (1623). Im Obergeschoß der zweigeschossigen Anlage befindet sich das berühmte *Tassilokreuz,* dessen Vorderseite mit Pferdehaut bespannt ist. Sie wurde erst vergoldet, dann wurde mit Wasserfarben das Bild des Gekreuzigten darauf gemalt (um

Polling, ehem. Stiftskirche

wendung als Kadettenanstalt zweckmäßig umgebaut, die Fensteröffnungen wurden verändert. In der urspr. Form sind einige *Treppenhäuser* ital. Art erhalten, ebenso ein Zimmer von 1750 (im zweiten Stock) und das herzogliche Schlafgemach (reich ausgestattet mit Schnitzereien im Alkoven und ital. Stukkaturen an Decken und Wänden). Die *ehem. Bibliothek* hat eine vollständige geschnitzte Rokokotäfelung. Unter der *Schloßkapelle* befindet sich die herzogliche Gruft mit prächtigen *Sarkophagen* des 17./18. Jh. – Im Schloßbezirk liegt auch das *Prinzenhaus* (jetzt Mädchenheim/der Schule), dessen siebenachsiger Kernbau mit seiner reichen Innengestaltung (Stukkaturen, Malerei) als das geschlossenste Beispiel der Rokokoarchitektur in Schleswig-Holstein gilt. Besonders schön sind das achteckige *Vestibül,* der ovale *Gartensaal* mit geschwungener Musikempore und die kleinen *Eckkabinette.*

Museum des Kreises Plön (Johannisstr. 1): In den Räumen der ehem. *Alten Apo-*

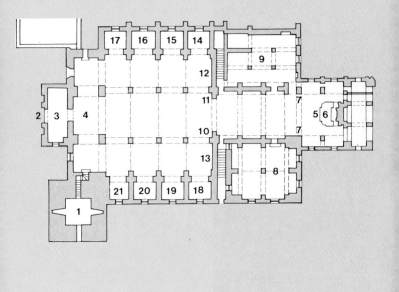

Polling, Ehem. Stiftskirche 1 Turm v. H. Krumpper, ab 1606; Aufsatz 1822 **2** Fassade, Beginn 17. Jh.; urspr. mit plastischer Dekoration geplant, die aber nicht vollendet wurde **3** Vorbau, 1733 **4** Als Vorhalle barock umgestalteter W-Teil der Kirche, durch ein schmiedeeisernes Gitter v. M. Gruber und J. Ostermann, 1763, v. der übrigen Kirche getrennt; hier wurden 1763, als man die Kapellen an die Seitenschiffe anbaute, die alten Grabdenkmäler der Kirche aufgestellt; Epitaph v. 1382 für Propst Schondorfer, das für den Tuchsenhauser v. Peißenberg u. a. (das Grabdenkmal für den berühmten Wissenschaftler Eusebius Amort v. 1775 befindet sich am Pfeiler der Seitenkapelle; die zu Beginn des 17. Jh. eingebaute Empore trägt eine Orgel aus dem 18. Jh. **5** Chor mit Tonnengewölbe, der 1621–28 an den bestehenden Chor angebaut wurde **6** Der imposante Hochaltar stammt v. B. Steinle, 1623, und H. Degler, 1628–30; die überlebensgroßen Holzplastiken der zweiten Stifter Heinrich und Kunigunde im Jahre 1010 schuf J. B. Straub, 1763; auf dem Hochaltar steht das berühmte Tassilo-Kreuz, das Gnadenbild aus dem 12. Jh., bei dem auf Pferdehaut mit Wasserfarben ein Bild des Gekreuzigten gemalt ist **7** Stuckmarmorportale mit Holzreliefs, die die Klostergründung und die Übertragung der Vogtei an Heinrich den Löwen zeigen und v. F. X. Schmädl stammen, 1766 **8** Achgang- oder Reliquienkapelle

aus dem 17. Jh., 1764 v. J. B. Baader ausgemalt und v. T. Zöpf stuckiert, 1984 restauriert; darüber befindet sich der sog. Ursulachor mit Altar v. 1624, der eine Kopie v. P. Candids Altarblatt aus der Münchner Michaelskirche enthält **9** Sakristei mit Schrank, um 1720, und schönem Kelch, 17. Jh. **10** Thronende Madonna v. H. Leinberger, 1526 **11** Kanzel, 1705 **12** Marienaltar mit Verkündigung v. G. Desmarées, 1765, sehr gute Seitenfiguren v. F. X. Schmädl **13** Augustinusaltar mit Altarablatt v. B. Albrecht, Seitenfiguren v. F. X. Schmädl; alle Seitenkapellen wurden 1763 mit neuen Altären und Stukkaturen v. Christian Greinwald und T. Zöpf ausgeschmückt **14** Altar der hl. Einsiedler Antonius und Paulus, Altarblatt Dornenkrönung v. B. Albrecht **15** Altarblatt Ecce-Homo v. Oefele **16** Altar mit Darstellung der Todesangst Christi v. J. G. Winter **17** Altar der beiden hll. Johannes, mit Altargemälde Maria Magdalena v. Oefele **18** Altarblatt mit Kreuztragung, gemalt v. J. B. Baader, 1774 **19** Altarblatt Christus an der Geißelsäule v. Oefele **20** Gemälde mit dem Verrat Judas v. F. M. Kuen auf dem Altar **21** Altarblatt hl. Petrus v. Oefele, 1764

1230). Zu erwähnen sind neben dem prächtigen *Tabernakel* auch die *Kanzel* (1705), die *thronende Muttergottes*, die

Pommersfelden, Schloß Weißenstein

der Landshuter H. Leinberger* geschnitzt hat (1526), weitere *Altäre* (in den Seitenkapellen mit Gemälden bekannter Künstler aus der zweiten Hälfte des 18. Jh.), ein schmiedeeisernes *Gitter* und der *Orgelprospekt* (1768). – Besichtigen sollte man ferner die *Achberg-* oder *Reliquienkapelle* (Stuckdekorationen, Gemälde). – Die ehem. angrenzenden *Klostergebäude* sind nur zum Teil erhalten. Bemerkenswert ist der dreigeschossige Bibliothekssaal (1775–78). Das ehem. Laienrefektorium enthält das ausgezeichnete Deckenfresko »Parnaß« v. M. Günther* v. 1767.

96178 Pommersfelden

Bayern

Einw.: 2400   Höhe: 280 m   S. 1282 □ K 11

Schloß Weißenstein: Wenige Kilometer v. der Ausfahrt → Bamberg der Autobahn Würzburg–Nürnberg entfernt liegt der großartige Repräsentationsbau des Schlosses, das der Erzkanzler des Reichs, Fürstbischof Lothar Franz v. Schönborn, 1711–18 erbauen ließ. 3 Architektennamen sind damit verbunden: J. Dientzenhofer* als Leiter des Baus, M. v. Welsch* aus Mainz und der Wiener Hofbaumeister J. L. v. Hildebrandt*. – Weißenstein ist der erste große Schloßbau des 18. Jh. auf dt. Boden. – Urspr. sollte das alte Wasserschloß im Ort selbst umgebaut werden, aber L. F. v. Schönborn, der, v. »Bauwurm« befallen, nachts »mit dem Zirkel über Plänen brütete«, wollte keine halbe Lösung. Darum stellte er das Schloß sö der Ortschaft ins freie Gelände. Das Schloß befindet sich noch heute im Besitz der Familie Schönborn. – Der *Mittelblock* mit dem Treppenhaus wird v. 2 vorspringenden *Seitentrakten* flankiert. Diesem Rechteck des *Ehrenhofs* steht der rund ausschwingende Bau des *Marstalls* nach Plänen des M. v. Welsch (1714–17) gegenüber. – Herzstück des Baus ist das gewaltige *Treppenhaus*. Der Bauherr hat es unter Mithilfe v. L. v. Hildebrandt vermutlich selbst entworfen.

Pommersfelden, Schloß Weißenstein, Treppenhaus (l) und Deckengemälde im Treppenhaus (o)

In 2 doppelt gebrochenen Läufen steigen die Treppen bis zum ersten Stock, darüber rahmen 2 offene Galerien den riesigen Hohlraum, dessen wenig gewölbte Decke (sie ist am Dachstuhl aufgehängt) v. einem perspektivisch-illusionistischen Gemälde überzogen ist. J. R. Byß hat die 4 Erdteile sowie olympische Götter in den Mittelpunkt gestellt (1718). Das Treppenhaus mit seinen Stufenfolgen und Galerien diente v. a. der Repräsentation. – Im Erdgeschoß liegt hinter dem Treppenhaus der ovale *Grottensaal,* der sich nach dem Garten hin öffnet, ein niedriges, mit Muscheln, Mineralien, Spiegeln und Stuckblättern eingelegtes Gewölbe aus Tuffstein mit Brunnen, Figurengruppen und glitzernden Kerzenleuchtern. – Darüber befindet sich der marmorne *Hauptsaal* des Schlosses. Er ist gekennzeichnet durch die frei stehenden Säulen an den Wänden und durch das schwarze Gebälk, auf dem mächtige Gestalten sitzen. In Wandovalen, die sich nach außen in lichte Fensteröffnungen verwandeln, stehen die Figuren ital. Maler

(Balestra, Reni, Lazzarini, Caravaggio u. Seiter). Darunter, an den Schmalseiten über den Kaminen und n der Längswand gegen das Treppenhaus befinden sich Porträts bedeutender Mitglieder der Familie Schönborn. Das Deckengemälde »Sieg der Tugend über das Laster« schuf J. F. Rottmayr (1717). – Sehenswert ist auch das *Spiegelkabinett* in der NO-Ecke des Gebäudes mit einem vielfältig vergoldeten Konsolengeäst. Exotische Ornamente und Motive mit Darstellungen v. Indianern, Türken und Chinesen umranken die ostasiatischen Porzellane, die der sammelfreudige Fürstbischof in ganzen Schiffsladungen nach Europa geholt hat. – Ein festlich gedeckter Tisch im *Speisesaal* zeigt das höfische Tischzeremoniell des 18. Jh. – Berühmt ist das Schloß neben seiner *Bibliothek* aber auch durch seine *Gemäldegalerie,* die durch Gänge und Zimmer führt und u. a. Werke v. Rubens, Rembrandt, Tizian, Breughel, Cranach* und Dürer* enthält. In der Galerie, deren Anlage noch ganz im Stil des Barock belassen ist, sind die Wände mit Gemälden geradezu tapeziert. – Im *Marstallbau,* dem Schloß gegenüber, ist der ovale Sattelraum in der Mitte mit Kutschen und Schlitten sowie entsprechenden Decken- und Wandmalereien sehenswert.

07381 Pößneck

Thüringen

Einw.: 16 500   Höhe: 223 m   S. 1278 □ M 9

Mauritiuskirche: Einschiffiges got. Bauwerk, 1390 begonnen und erst 1488 fertiggestellt. Die Ausstattung stammt überwiegend aus dem 18. Jh.

Außerdem sehenswert: Am *Markt* mit Brunnen und sog. Marktbornmännchen steht das spätgotische *Rathaus* (15./16. Jh.)

mit überdachtem zweiläufigem und maßwerkverziertem Treppenaufgang (1531), Staffelgiebeln und originellen Dachreitern.

Umgebung

Ranis (3 km sw): Über einen fast 400 m langen Felsrücken erstreckten sich Unter-, Vor- und Hauptburg der im 16./17. Jh. erweiterten ma *Burganlage* (10./14. Jh.). Durch ein mit Volutengiebeln geschmücktes Torgebäude gelangt man in den Burghof und zum (w) Palas (1648) mit dem ma Bergfried. Das *Heimatmuseum* dokumentiert die Burggeschichte und zeigt interessante vorgeschichtliche Höhlenfunde. – In der *Liebfrauenkirche* (15.–19. Jh.) sehenswerte Reliefs aus dem 16. (Abendmahl) und 17. Jh. (Kreuzigung).

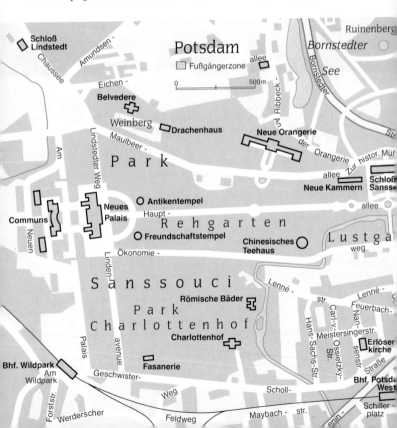

14467–82 Potsdam

Brandenburg

Einw.: 139 000   Höhe: 32 m   S. 1279 □ P 6

Potsdam liegt an der Havel auf dem insel-
artigen Potsdamer Werder. 993 wird die
slawische Burg mit Ringwall und Sied-
lungskern in Nähe des Alten Marktes erstmals urkundlich erwähnt. Daneben entstand im 12. Jh. am Havelübergang zu
Zauche und Teltow eine askanische Burg.
In ihrem Schutze entwickelte sich eine
deutsche Marktsiedlung, die 1345 als Civitas bezeichnet wurde. Durch Kurfürst
Joachim I. erfolgte die Verstärkung der
Burg und die Befestigung der Stadt mit
Graben und Wall im 16. Jh. Seit 1660
kontinuierlicher Ausbau der Stadt als
zweite Residenz der brandenburgischen

Kurfürsten und preußischen Könige. Unter
Kurfürst Friedrich Wilhelm 1664–70 Umgestaltung der Burg, 1672 Erweiterungs-
pläne für die Stadt durch Johann Gregor
Memhardt. Unter König Friedrich I. Ausbau der Residenz unter Beteiligung der
Architekten Johann Arnold Nering, Andreas Schlüter, Jean de Bodt. Friedrich
Wilhelm I., der Soldatenkönig, förderte
den Ausbau Potsdams zur Garnisonsstadt.
In diesem Zeitraum erfolgten auch die Erneuerung der Altstadt (1715–20) und die
Anlage der Neustadt (1720–1742) mit gitterförmigem Straßennetz, Plätzen, Toren
und Zollmauer, Umbau der Hauptkirchen
und öffentlichen Gebäude, Neubau von
Bürgerhäusern. Potsdam wurde unter Philipp Gerlach, Peter de Gayette und Johann
Friedrich Grael zur Barockstadt die Friedrich II., der Große, vollendete. Unter der
künstlerischen Leitung von Georg Wen-

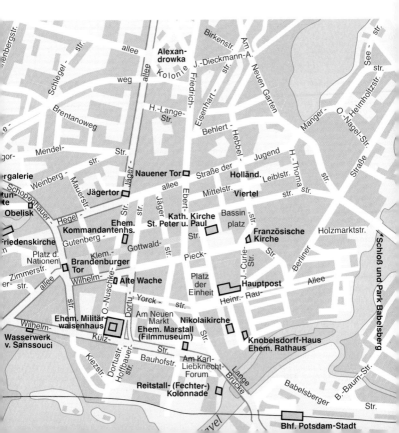

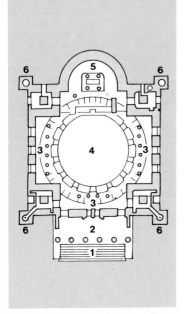

Potsdam, Nikolaikirche 1 Freitreppe **2** Säulenvorhalle mit Frontispiz **3** Kreuzarme mit säulen-
getragenen Emporen **4** Tambourkuppel, 1843–49,
v. L. Persius und F. A. Stüler **5** Altarapsis im N der
Kirche **6** Ecktürmchen

zeslaus von Knobelsdorff erfolgten ab
1744 die Arbeiten am Nordwestrand der
Brandenburger Vorstadt für das Sommerschloß Sanssouci und der Umbau des Potsdamer Stadtschlosses. Einheitliche Neugestaltung rund um den Alten Markt, später
ab 1764 durch Karl von Gontard prospekt-
artige Akzente und Bauten nach Piranesi-
Stichen und anderen Vorbildern europäi-
scher Spätrenaissance- und Barockarchi-
tektur.
Als Residenz Friedrich Wilhelms II. entstand nordöstlich am Heiligen See 1786
das Marmorpalais, und nach 1813 während einer neuen Blütezeit Potsdams unter
den Königen Friedrich Wilhelm III. und
Friedrich Wilhelm IV. waren Karl Friedrich Schinkel, Ludwig Persius, Friedrich
August Stüler und der Gartenarchitekt Peter Joseph Lenné für die Stadt und ihre
Umgebung tätig. Mit dem Bau von Schloß

Babelsberg (1834–49) wurde auch die
Landschaft mit den umliegenden Seen in
eine romantische Parklandschaft von ita-
lianisierendem Charakter verwandelt.

Nikolaikirche: An der NO-Seite des Alten Marktes entstand nach mehreren Vorgängerbauten in langwierigen Planungen
seit 1826 einer der bedeutendsten Sakralbauten Karl Friedrich Schinkels unter Mitwirkung Friedrich Wilhelms IV. Klassizistischer Zentralbau mit dominierender
Kuppel. – Der Innenraum v. beeindrucken-
der Weite auf dem Grundriß eines griech.
Kreuzes, der Chor mit apsidialem Schluß.
Ziborienaltar aus farbigem Marmor
(1849), das Marmorkreuz mit Christuskopf v. Christian Friedrich Tieck. Kanzel,
1836/37 v. August Kiss nach Entwurf
Schinkels, die Reliefs (Bergpredigt, Ölberg, Auferstehung) in Zinkguß. Ambo,
Taufstein und Brüstungsschranken.

Französische Kirche (n vom Bassinplatz): 1751–53 nach Plänen Georg Wenzeslaus v. Knobeldorffs durch Johann
Boumann d. Ä. für die französische Hu-
genottengemeinde errichtet. Zentralbau
auf querelliptischem Grundriß. Die figürliche Bauplastik v. Friedrich Christian
Glume d. J. 1832/33 klassizistische Umgestaltung durch K. F. Schinkel.

**Orthodoxe Kirche des hl. Alexander
Newski** (in der russischen Kolonie Alex-
androwka auf dem Kapellenberg): 1826–
29 nach Plänen eines russischen Architekten erbaut. Kleiner quadratischer Kuppelbau mit O-Apsis und Nebenkuppeln. Die
innere Ausgestaltung unter Mitwirkung v.
Karl Friedrich Schinkel. Ikonostasis
1828–29 aus russischen Werkstätten.

Kath. Kirche St. Peter und Paul: Am
Bassinplatz, in der Achse der ehem. Brandenburger Str. (Klement-Gottwald-Allee)
gelegen, 1867–68 von Wilhelm Salzen-
berg errichtet. Kreuzförmiger Zentralbau
aus gelblichem Backstein mit hohem W-
Turm im romanisierenden Rundbogenstil.
Bedeutender Bau der Spätromantik in
Potsdam. Grundriß eines griech. Kreuzes
mit Apsis und kleeblattartigen Exedren,
darin bewußte Anknüpfung an die Hagia
Sophia in Konstantinopel, während der

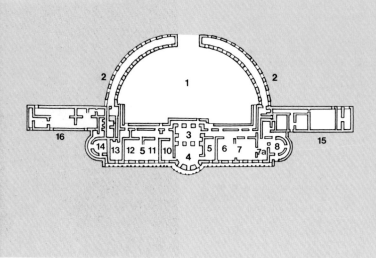

Potsdam, Schloß Sanssouci 1 Ehrenhof 2 Kolonnaden 3 Vorsaal 4 Marmorsaal 5 Empfangszimmer 6 Konzertzimmer 7 Arbeitszimmer 7a Alkoven 8 Bibliothek 9 Kleine Galerie 10 Erstes Gästezimmer 11 Zweites Gästezimmer 12 Drittes Gästezimmer 13 Viertes Gästezimmer (Voltairezimmer) 14 Fünftes Gästezimmer (Rothenburgzimmer) 15 Wirtschaftsflügel 16 Sog. Damenflügel

Turm den Kampanile v. San Zeno in Verona nachahmt. Das prunkvolle Innere, 1990 restauriert, mit bemalter Holzbalkendecke, die Chorausmalung (1870), v. Paul Stankiewitz. Mehrere Ausstattungsstücke vom barocken Vorgängerbau, darunter 3 Altarblätter v. Antoine Pesne; Figur der Maria Magdalena (1763) v. Johann Peter Benckert.

Ehem. Marstall (Schloßstr. 15): Er zählt zu den Resten des Stadtschlosses und wurde 1685 v. Johann Arnold Nering erbaut, 1746 nach Plänen v. Georg Wenzeslaus v. Knobelsdorff* verändert. Die Attikaplastik, Pferdebändiger und Reitergruppen, v. Friedrich Christian Glume d. J.*

Reitstall- bzw. Fechter-Kolonnade: 1745/46 ehemals mit dem Schloß verbunden, 1970 an der Havel unterhalb des Interhotels mit weiteren Baufragmenten des Stadtschlosses aufgestellt.

NW der Brandenburger Vorstadt erstreckt sich das ab 1744 mit Schloß Sanssouci angelegte Ensemble der Schlösser und Gärten, Sommersitz der preußischen Könige und deutschen Kaiser.

Schloß Sanssouci mit Nebengebäuden und Gärten: Am S-Hang des Bornstedter Hügelzuges mit Blick auf P. und die Havellandschaft seit 1744 Anlage eines künstlich terrassierten Weinberges mit 6 geschwungenen Terrassen, mittlerer Freitreppe und Bau des Schlosses Sanssouci, Sommerresidenz Friedrichs II. Gesamtanlage einschließlich der Gärten nach Plänen v. Georg Wenzeslaus v. Knobelsdorff, unter Verwendung v. Skizzen des Königs, Hauptwerk des Architekten und charakteristisches Beispiel des friderizianischen Rokoko. Eingeschossige Dreiflügelanlage

mit flachem Ehrenhof und kurzen Seitenflügeln; in der Längsachse 1841–42 seitliche Flügelbauten durch Ludwig Persius
und Ferdinand v. Arnim angefügt. Der Hof
v. Säulenkolonnade umgrenzt (in Anlehnung an die französische Klassik: Jules
Harduin-Mansart). Die Gartenseite durch
ovalen, kuppelbetonten Mittelbau hervorgehoben, die Gebäudeenden mit pavillon-
artigen Abschlüssen, Fassadengliederung
durch hohe rundbogige Fenstertüren und
gekuppelte Hermenpilaster (Bacchanten)
v. Friedrich Christian Glume d. J. Ausstattung der Innenräume zwischen 1746 und
1748 unter Knobelsdorffs Leitung. Die
Hauptsäle befinden sich im Mittelbau,
nach S der mit farbigem Marmor ausgeleg-
te Kuppelraum des *Marmorsaales* mit korinthischer Säulengliederung und Oberlicht, hier das v. Friedrich II. bevorzugte
Pantheonmotiv aufgegriffen. Die Nischen-
statuen der Venus Urania und des Apollon
(1748 v. François Gaspard Adam), in der
Deckenzone Personifikationen der Künste
und Wissenschaften. Nach N das *Vestibül,*
die Supraporten mit bacchantischen Szenen. Ö schließt sich die *Kleine Galerie* an.
Im Anschluß an den Marmorsaal folgen ö
die *Wohnräume des Königs,* darunter das
Musikzimmer mit den Wandbildern der
Metamorphosen des Ovid v. Antoine Pesne, das *Schlaf- und Arbeitszimmer,* 1786
durch Friedrich Wilhelm v. Erdmannsdorff klassizistisch umgestaltet, die kreisrunde *Bibliothek* mit vorzüglicher Zedern-
holztäfelung und Bronzedekor. Westlich
reihen sich die *Gästezimmer,* u. a. das sog.
Voltairezimmer mit naturalistischem Blu-
mendekor v. 1752/53, an.

W der Weinbergterrasse die *Neuen Kammern,* 1747 nach Plänen Knobelsdorffs als
Orangerie erbaut und 1771–75 durch Karl
v. Gontard und Georg Christian Unger zu
einem Gästehaus mit Wohnappartments
und Festsälen umgebaut. Eingeschossiger,
langgestreckter Gebäudeflügel mit schmalen Risaliten und betontem Mittelbau mit
Attikafiguren. Die n Rückfront 1842–43 v.
Ludwig Persius angefügt. Die Dekoration
der Innenräume im Ausklang des friderizianischen Rokoko, der quadratische Mittelsaal mit antiken Büsten, die Ovidgalerie
mit mythologischen, vergoldeten Stuckreliefs der Bildhauer Johann David und
Lorenz Wilhelm Räntz, im Buffesaal

Schloß Sanssouci, Musikzimmer

Schloß Sanssouci mit Terrassen

Schloß Sanssouci, Gartensaal

Skulpturen v. Jean Pierre Tassaert. Vor der Fassade Statuenreihen und Antikenkopien aus carraischem Marmor v. ital. Bildhauern (um 1749).

Das ö Pendant die *Bildergalerie*, 1755–63 für die königliche Gemäldesammlung v. Johann Gottfried Büring angelegt, ältester erhaltener selbständiger Museumsbau in Deutschland. Eingeschossig mit vorgelegter Terrasse, kuppelbekröntem Mittelteil und langgestreckten Galerieflügeln mit seitlichen Risaliten und rundbogigen Fenstertüren. Vor der Fassade Marmorbildwerke (Allegorien der Künste, des Handwerks und der Technik) v. Johann Peter Benckert und Johann Gottlieb Heymüller. Der langgestreckte, einheitliche, prachtvolle Innenraum mit überkuppelter Mitte und korinthischer Pilastergliederung im Mittelbau. An der N-Wand die Gemäldesammlung, ital., franz. und niederl. Werke des 18. Jh., ein frühes Beispiel für die Hängung nach Schulen. – Vor der Bildergalerie Anlage eines holländischen Gartens (1764–66) mit Laubengängen, grottierter Terrasse.

Gartenarchitekturen und Plastik: Seit 1746 Ausgestaltung des Parks unter Leitung v. Georg Wenzeslaus v. Knobelsdorff:

Obeliskenportal, am ö Parkende der Hauptallee, 1747 v. Knobelsdorff, eine Wiederholung des Portals im Park v. Rheinberg. Der plastische Schmuck v. Friedrich Christian Glume.

Obelisk (1748), außerhalb des Gartens, mit Hieroglyphendekor.

Ruinenstaffage, nach Knobelsdorffs Entwürfen auf dem Ruinenberg in der n Schloßachse v. Sanssouci als Point de vue und Wasserreservoir für die Fontänen angelegt.

Gartenplastik, entstanden im königlichen Bildhaueratelier, unter der Leitung des seit 1747 am Hofe tätigen Franzosen François Gaspard Adam sowie seines Nachfolgers Sigisbert Michel in den Werkstätten v. Georg Franz Ebenhech, Friedrich Christian Glume d. J., Johann Peter Benckert und Johann Georg Heymüller. Bemerkenswert das Hauptparterre unterhalb der Terrassenanlage mit den Gruppen der vier Elemente und antiken Hauptgöttern (v. Lambert Sigisbert Adam, François Gaspard Adam und Sigisbert Michel) sowie die Bildwerke

v. Venus und Merkur am Terrassenaufgang v. Jean Baptiste Pigalle, 1748 (die Originale in den Staatlichen Museen, Berlin). – Östlich der Hauptallee, im Parterre der Bildergalerie, das »Oranierrondell« mit Büsten der Oranierfürsten (um 1650 v. François Dusart), w der Hauptallee das Musenrondell, vor 1752 v. Friedrich Christian Glume geschaffen nach Entwürfen v. Knobelsdorff, die Rondelle mit den Raptusgruppen (um 1750 v. Georg Franz Ebenhech).

Nach 1750 Erweiterung des Parks mit nicht funktionierenden Wasserkünsten, erhalten die *Thetisgrotte* (w der Neuen Kammern), 1749 v. Knobelsdorff, 1840 verändert; im ö Gartenbezirk die *Neptungrotte* (1751–57 v. Knobelsdorff) mit Plastik v. Johann Peter Benckert und Georg Franz Ebenhech. In der S-Achse der Weinbergterrasse 2 Gärtnerhäuser (Verwaltung, Wohnhaus), Vierflügelbauten, 1752 v. Knobelsdorff erbaut und 1903 eingreifend verändert. Die Marmorsphingen am Weg v. Georg Franz Ebenhech.

Rehgarten, w des Lustgartens v. Sanssouci, ehem. Jagdrevier und Waldgebiet, 1746–50 nach Plänen Knobelsdorffs gestaltet und erschlossen.

Chinesisches Teehaus (1754–56), nach einer Idee Friedrichs I. v. Johann Gottfried Büring errichtet; umgeben v. Gartenbezirk im anglo-chinesischen Stil. Kleeblattförmiger Grundriß mit Mittelsaal, dieser in Verbindung zu 3 Kabinetten. Geschweiftes Zeltdach und Laterne, die Stützen in Palmengestalt.

Chinesische Küche (sö vom Teehaus) 1763 v. Büring errichtet.

Neues Palais: Sommerresidenz und Repräsentationsbau, letzte große Schloßanlage des preußischen Barock im Spätstil friderizianischer Architektur. Gelegen am w Ende der Hauptallee. Schloßanlage zurückgehend auf erste Planungen Knobelsdorffs um 1750 am s Havelufer. Weiterführung der Planungen durch Johann Gottfried Büring (1754–56) unter Beteiligung v. Jean Laurent Le Geay. Erst nach dem siegreichen Ende des Siebenjährigen Krieges 1763–69 zur Ausführung an dieser Stelle gekommen, Leitung Büring und seit

Schloß Sanssouci, Chinesisches Teehaus >

1765 Karl v. Gontard. Weiträumige Dreiflügelanlage mit gekuppelten Eckpavillons, seitlichen eingeschossigen Annexen und Ehrenhof. Langgestreckter Putzbau auf niedrigem Stufenpodest, zweigeschossig mit oberem Mezzanin. Die eingeschossigen Seitenflügel in Backstein. Der Gesamtbau mit korinthischer Pilastergliederung. Der mittlere Giebelrisalt leicht vorgezogen, mit Tambourkuppel. Fassade, Attiken und Giebel mit reichem allegorisch-mythologischem Figurenprogramm, die Reliefs und der Figurenschmuck am Mittelrisalit als Sinnbilder v. Krieg und Frieden aufgefaßt. Unter den beteiligten Bildhauern: Johann Peter Benckert, Johann Gottlieb Heymüller, Johann Christoph Wohler, die Bayreuther Johann David und Johann Lorenz Wilhelm Räntz. Im Inneren mehr als 200 Räume, im Mittelbau u. a. eine Grotten-Sala terrena und darüber der *Mamorsaal* mit Decken- und Wandgemälden aus der antiken Mythologie. Beidseitig des Mittelbaues Parade- und Wohnräume, diejenigen Friedrichs II. im s Nebenflügel. Ausstattung v. Johann Christian Hoppenhaupt d. J. Qualitätvoll die Wohnräume des Königs, ferner das Untere Konzertzimmer mit mythologischen Darstellungen v. Christian Wilhelm Ernst Dietrich (Sanssouci vergleichbar); im Obergeschoß Galerie mit Gemälden v. Gentileschi, Guido Reni, Luca Giordano u. a. In allen anderen Räumen reiche Sammlung ital., niederl. und franz. Gemälde vorwiegend des 18. Jh. sowie Berliner Malerei des 17.–19. Jh., darunter Adolph Menzels »Krönung König Wilhelms I. in Königsberg«.

Dem Neuen Palais zugeordnet die *Communs,* 1766–69 v. Karl v. Gontard unter Verwendung eines Entwurfs v. Le Geay (1764, vom röm. Neoklassizismus beeinflußt) errichtet. Gontards Ausführung im Stil eines spätbarocken Klassizismus, inspiriert v. der Pariser Architekturschule des 17. Jh. Über hoher Sockelzone korinthische Säulenportiken und Giebel, geschwungene Freitreppen. Das Innere im 19. Jh. verändert. Die halbrund geführte Kolonnade mit Eckpavillons und triumphartigem Mitteltor. Das ikonographische Programm (Kampfszenen, Siegesopfer, Genien, Viktorien, Triumphsymbole) auf den Sieg im Siebenjährigen Krieg bezogen. Das Ganze v. prospektartiger Wirkung.

Das Hauptparterre am Neuen Palais 1823 v. Peter Joseph Lenné gestaltet. Die Schloßterrasse des Palais (1889–94) in historisierendem Barock, die Kandelaber und Skulpturen u. a. v. Reinhold Begas und Walther Schott.

Freundschaftstempel (s der Hauptallee): 1768–70 v. Karl v. Gontard nach Vorschlägen Friedrichs II. errichtet. Offener Monopteros mit Flachkuppeln, dem Andenken der Schwester des Königs, Wilhelmine v. Bayreuth, gewidmet. Ihr marmornes Sitzbild 1772–73 v. den Bildhauern Räntz.

Antikentempel (n der Hauptallee), urspr. für die Antikensammlung Friedrichs II. bestimmt. Innen schmucklos; genutzt als Mausoleum für Kaiserin Auguste Viktoria, ihr Standbild v. Karl Begas d. J. (1906).

Belvedere (auf dem Klausberg im n Rehgartenbezirk), 1770–72 v. Georg Christian Unger (Ruine).

Drachenhaus (Restaurant): nö gelegen, 1770–72 v. Karl v. Gontard als Pagode errichtet.

Charlottenhof: Das Schloß wurde am S-Rand des Rehgartens anstelle eines älteren Gutsgebäudes (1756–58 v. Johann Gott-

Schloß Charlottenhof

fried Büring), das Gelände ab 1826 für den Kronprinzen Friedrich Wilhelm (IV.) durch Karl Friedrich Schinkel, Ludwig Persius und Peter Joseph Lenné zu einem bedeutenden Ensemble des romantischen Klassizismus bis in die 40er Jahre gestaltet. Charlottenhof entstand 1826–28 durch Umbau des Gutshauses v. Karl Friedrich Schinkel nach Ideen des Kronprinzen im röm. Villenstil. Der Bau ist eingeschossig, auf niedrigem Souterrain, der Mittelbau risalitartig mit Flachgiebel und Satteldach vorgezogen. Rückseitig offener dorischer Giebelportikus zu künstlicher Terrasse; s Pergola. Im Portikus Wandmalerei im pompejanischen Stil (1833 v. Bernhard Rosendahl). Die Anlage ist umgeben v. einem regelmäßig gestalteten Garten.

Im Schloßinneren intime klassizistische Raumausstattungen und schönes Mobiliar. Vestibül mit doppelläufiger Treppe, an die sich der Speisesaal anschließt, dieser ist mit Kupferstichen nach Raffaels Loggien des Vatikans v. Giovanni Volpato dekoriert. Hervorzuheben das Zeltzimmer und ein Raum mit Schweizer und ital. Ansichten v. Johann Heinrich Bleuler (um 1815). Unter den ausgestellten Gemälden Werke v. Caspar David Friedrich, Carl Gustav Carus und Karl Blechen.

Die das Schloß umgebende Parklandschaft wurde von Lenné und Heinrich Ludwig Sello gestaltet; u. a. ein Hain mit Büstenhermen v. Gustav Bläser (1851). Zum Schloß gehören die nö an einem Teich liegenden *Röm. Bäder,* zu dem Ensemble zählt das 1829–31 als Gästewohnung erbaute Hofgärtnerhaus, auf asymmetrischem Grundriß mit Turm, Bogenhalle, Altan und Pergola im ital. Villenstil. Daneben ein *Teepavillon* (1830) in der Art eines röm. Podiumstempels, innen seit 1957 Landschaftstapeten (Ende 18. Jh.) aus Schloß Paretz. Dem Gärtnerhaus gegenüber Wohngebäude mit Altan, Laube und antiker Spolienschmuck. Daran angefügt röm. Bad (1834–36 v. Ludwig Persius): Raumgruppe mit Atrium, offenem Vorhof und Thermenhalle, diese v. Karyatiden gestützt. Ausstattung im pompejanischen Stil, Nachbildungen röm. Kunstwerke, Antikenkopien. Umgeben v. regelmäßiger Gartenanlage, Skulpturen v. Christian Daniel Rauch.

Unter Friedrich Wilhelm IV. ab 1840 weiterer Ausbau des Schlosses Sanssouci und seiner Nebengebäude. Nach des Königs Bauideen sollte Schinkel eine Prachtstraße mit romantisch-italienisierenden Gebäuden errichten, realisiert u. a. in der Nähe des Obeliskportals ein *Weinberg mit Winzerhaus,* 1847 entstanden nach Skizzen

Friedrich Wilhelms IV. und Lennés; 1849 schuf Ludwig Ferdinand Hesse eine italienisierende Anlage mit Terrassen, Pergolen und eine Villa mit Belvedereturm. Am Beginn der »via triumphalis« *Triumphtor* (1850/51 v. Hesse).

Neue Orangerie: Hauptstück der Prachtstraße, 1851–60 nach Entwürfen v. Friedrich Wilhelm IV., Ludwig Persius, August Stüler und Ludwig Ferdinand Hesse entstanden. Symmetrische, langgestreckte Anlage mit betontem zweigeschossigem Mittelbau, dieser verbunden mit Loggien, Triumphbogen, Säulenvorhalle, Belvedereaufbau mit verbindender Säulenkolonnade (Vorbild Villa Medici in Rom), hervortretende Seitenpavillons (den Uffizien in Florenz verpflichtet). Vor dem Gebäude Terrassenanlage.

Die gärtnerischen Nutzgebäude stehen in Verbindung mit festlichen Wohn- und Repräsentationsräumen. An der Gartenfassade allegorische Bildwerke (um 1860 ff.) v. Bildhauern der Rauch-Schule. Marmorstandbild König Friedrich Wilhelms IV. (1873) v. Gustav Bläser. – Innen sog. Raffaelsaal mit Oberlicht für die Kopiensammlung nach Raffaelgemälden, ausgeführt v. Berliner Malern.

Friedenskirche: Die Friedenskirche, eine dreischiffige, querschifflose Säulenbasilika mit O-Apsis, apsidialen Chorannexen, w Narthex und Säulenatrium, entstand 1844–54 im Stil frühchristl. Basiliken und der Oberkirche v. S. Clemente in Rom und ist ein Werk v. Ludwig Persius, Ludwig Ferdinand Hesse und Friedrich August Stüler. Bedeutendstes Ausstattungsstück das gut erhaltene *Apsismosaik,* frühes 13. Jh. (aus S. Cipriano auf Murano bei Venedig), 1834 für Potsdam erworben (Deesis, Petrus und Cyprian, die Erzengel Michael und Raphael). Unter dem Mittelschiff Gruft für Friedrich Wilhelm IV. und seine Gemahlin. An Kirche und Atrium schließen sich südlich klosterähnliche Nebengebäude (Kreuzgang) an, n eine Säulenkolonnade, einst ausgestattet mit Fragmenten frühchristl. Skulptur. Am Kreuzgang Terrakottanachbildung des Heilsbronner Portals (1835) von Tobias Chr. Feilner, im Atrium Moses-Gruppe mit Aaron und Hur (1855/56) von Christian Daniel Rauch,

vollendet von Albert Wolff, sowie die galvanoplastische Nachbildung des Christus v. Bertel Thorvaldsen (1851).

An der N-Seite des Atriums *Mausoleum* für Kaiser Friedrich III. (1888–90) v. Julius Raschdorff, eine freie Nachbildung der Grabeskirche S. Candido in Innichen (Südtirol).

Nordöstlich der Parkanlagen v. Sanssouci am anderen Ende der Stadt, zu Füßen des Pfingstberges am Heiligen See, entwickelte sich seit 1786 unter Friedrich Wilhelm II. ein weiterer Landschaftsgarten mit Sommerresidenz im frühklassizistisch-sentimentalen Stil. Am Ausbau der Gesamtanlage waren u. a. Friedrich Wilhelm v. Erdmannsdorff, Karl v. Gontard, Andreas Krüger und der Gartenarchitekt Johann August Eyserbeck d. J. beteiligt.

Marmorpalais: 1787–91 nach Plänen Gontards erbaut und 1797 zur Dreiflügelanlage erweitert. Kernbau als zweigeschossiger Kubus über quadratischem Grundriß mit bekrönendem Belvedere. Ziegelmauerwerk mit Marmorgliederungen. Der Skulpturenschmuck nach Entwürfen Christian Bernhard Rodes, ausgeführt v. Johann Christoph und Michael Christoph Wohler und Johann Eckstein (Jahreszeiten, Putten).

Innere Raumgruppierung um zentrales Treppenhaus, zum See Sala terrena als Speisesaal, im Obergeschoß Musiksaal, Ausstattung im Stil englischer Raumdekoration, die dekorative Malerei, nach 1790 v. Langhans d. Ä. entworfen und v. Rode, Johann Christoph Frisch, Bartolomeo Verona u. a. ausgeführt. Die Skulpturen und Reliefs v. Jean Pierre Tassaert und Johann Gottfried Schadow.

Die 1797 durch Segmentbogen angefügten eingeschossigen Seitenflügel nach Entwürfen v. Carl Gotthard Langhans d. Ä., ausgeführt v. Georg Friedrich Boumann d. J. Die Kolonnadengänge an den Innenseiten mit Darstellungen aus der Nibelungensage geschmückt (nach 1849 v. Carl Wilhelm Kolbe d. J.). Die Innenräume in historisierendem Dekorationsstil, Wand- und Deckengemälde u. a. v. August Kloeber und Bernhard Rosendahl.

Neuer Garten, 1787–97 als anglisierender

Schloß Cecilienhof >

Wasserwerk

Landschaftsgarten v. Eyserbeck d. J. angelegt und 1817–25 v. Peter Joseph Lenné überformt. Im Parkgelände architektonische Staffagen im antiken, mittelalterlichen, exotischen oder ländlichen Charakter. *Küchengebäude* (1788–90), v. Gontard als Tempelruine im See errichtet. *Holländisches Etablissement* (1789–90), v. Gontard und Andreas L. Krüger als ländlicher Backsteinbau mit Pavillons erbaut. *Orangerie,* abseits der Hauptallee (1791–92) v. Krüger nach Entwürfen v. Langhans, langgestreckter Bau mit Rundbogenfenstern und ägyptisierendem Dekor, im Mittelteil Konzertsaal mit Deckenmalerei von Bartolomeo Verona und exotische Dekoration (Palmstützen). *Pyramide* (Eiskeller) v. 1791/92 (verändert). *Bibliothek* (verfallen), an der S-Spitze des Hl. Sees, neugot., 1792–94 nach Entwurf v. Langhans als zweigeschossiger Pavillonbau mit offenem Arkadengang, überkuppeltem Hauptgeschoß (gotisierende Gewölbe) und Aussichtsterrasse entstanden. Seit 1980 sw des Schlosses der *Chi-*

nesische Parasol plaziert, 1791 v. Krüger erbaut. *Muschelgrotte* am Jungfernsee (1792) v. Krüger mit Deckenmalerei v. Bartolomeo Verona (nicht zugänglich). Im n Gartenteil am Jungfernsee die *Meierei,* unter Friedrich Wilhelm IV. 1844 durch Ludwig Persius zu burgartiger Anlage mit Turm, Altar und Pumpwerk für die Gartenbewässerung umgebaut.

Belvedere auf dem Pfingstberg: Lustschloß mit Blick über die Havellandschaft, geplant v. Friedrich Wilhelm IV. und Ludwig Persius. Die langjährigen Bauarbeiten v. 1844–63 führten zu keinem Abschluß, das Ensemble ist fragmentarisch geblieben und heute in schlechtem Zustand. Südöstlich am Bergabhang der *Pomonatempel* (1800–01), ein Frühwerk v. K. F. Schinkel.

Ehem. Rathaus (Kulturhaus Hans Marchwitza; am Alten Markt): 1753–55 v. Johann Boumann d. Ä. und Carl Ludwig Hildebrandt nach einem nicht ausgeführten Palladio-Entwurf (Palazzo Angarano in Vicenza) errichtet. Dreigeschossiger Bau v. 7 Achsen mit korinthischer Kolossalsäulenordnung und Tambourkuppel, die Kuppelfigur des Atlas, 1754 v. Benjamin Giese und Johann Christoph Wohler geschaffen, wurde 1777 gegossen. Innenausbau modern.

Knobelsdorff-Haus (Brauerstr. 10): 1750 v. Georg Wenzeslaus v. Knobelsdorff, die Attikaplastik und Karyatiden v. Friedrich Christian Glume d. J. und Johann Peter Eckert.

Ehem. Militärwaisenhaus (Otto-Nuscke-Str./Dortustr.): Hauptwerk v. Karl v. Gontard in Formen des spätbarocken Klassizismus, 1771–78 nach Vorgängerbau in Fachwerk errichtet.

Einsteinturm (Institut für solarterrestrische Physik; Telegrafenberg, Luckenwalder Str.): 1920–21 v. Erich Mendelsohn als Observatorium zur Erfassung spektraler Erscheinungen, speziell der Einsteinschen Relativitätstheorie erbaut. Hauptbeispiel expressionistischer Architektur mit großer Wirkung auf die Bauentwicklung des 20. Jh. Ca. 20 m hoch, stromlinienförmig und mehrfach gestaffelt.

Wasserwerk v. Sanssouci (Leninallee 176): Für die Fontänen v. Sanssouci zur Beförderung des Havelwassers am Ufer in der Brandenburger Vorstadt 1840 v. Ludwig Persius und Karl v. Diebitsch erbaut, die Technik v. Peter Beuth, Adolph Brix und August Borsig. Bau in Gestalt einer maurischen Moschee mit Kuppel, der Schornstein als Minarett. Glasierte Ziegelbänder, orientalisierende Formsteine bestimmen das Äußere. Der Maschinenraum farbig dekoriert mit gußeisernen Säulengalerien und Zinkornamenten im »arabischen Geschmack« (Moschee v. Córdoba), die technische Einrichtung gut erhalten und v. großem Interesse.

Trotz Kriegszerstörungen sind noch zahlreiche Beispiele und ganze Straßenzüge mit *Bürgerhäusern* des 18. und 19. Jh. erhalten, z. T. mit Einfügung repräsentativer Gebäude. Erhalten blieben 3 der prospektartigen Torbauten, die den Charakter v. Triumphbogenarchitektur besitzen.

Jägertor (Otto-Nuschke-Str.): Ehem. in die Akzisemauer eingebunden, 1733 entstanden. Pfeilerarchitektur in toskanischer Ordnung.

Nauener Tor: 1733 angelegt, 1754–55 v. Johann Gottfried Büring mit gotisierenden Rundtürmen erweitert. Frühestes Beispiel neugot. Architektur in Deutschland, vermutlich beeinflußt vom Inverary Castle v. Robert Morris.

Brandenburger Tor (Platz der Nationen): 1770 in Gestalt eines röm. Triumphbogens mit 3 Durchgängen v. Karl v. Gontard und Georg Friedrich Unger erbaut. Der bauplastische Schmuck v. Philipp Gottfried Jenner und Constantin Philipp Sartori d. J.

POTSDAM-BABELSBERG

Kern des Ortes das 1375 erwähnte Neuendorf und das 1751–54 angelegte Nowawes als böhmische Weber- und Spinnerkolonie. 1907 beide Orte vereinigt, 1924 zur Stadt erhoben und 1939 zu Potsdam gekommen.

Friedenskirche (Weberplatz im ehem. Nowawes): 1752–54 vermutlich v. J. Boumann d. Ä. als rechteckiger Saalbau mit W-Turm errichtet, Erweiterung 1911/12 im O, 1923 im W; Kanzelaltar, um 1754.

Schloß und Park Babelsberg: Am Hang des Babelsberges oberhalb der Havel gelegen. Sommersitz für den Prinzen und späteren Kaiser Wilhelm I. (Museum für Früh- und Urgeschichte). 1833 von Karl Friedrich Schinkel in romantisch-neugot. Stil englischer Landsitze entworfen, gilt in dieser Größenordnung als erste Anlage dieser Art in Deutschland.

Park: Durch Peter Joseph Lenné wurde der Babelsberg in einen englischen Garten verwandelt, 1843 weiterer Ausbau der Anlage durch Hermann Fürst v. Pückler-Muskau. In das Parkbild einbezogen u. a. kolossale Bronzegruppe, Michael mit dem Drachen (1849) v. August Kiss, weiterhin: Küchenhaus (1844–49) v. Strack, Maschinenhaus am Ufer der Glienicker Lake (1843–45) v. Persius und Rudolf Wilhelm Gottgetreu im Burgenstil, am Havelufer neugot. Kleines Schloß (1841–42), daneben Marstall (1842) v. Persius und Matrosenhaus (1842) v. Strack, die Backsteinfronten dem Stendaler Rathaus nachgebildet; auf dem Berg der Flatowturm (1853–56), Nachbildung des spätgot. Eschenheimer Tores in Frankfurt/Main und Reste der Berliner Gerichtslaube des alten Rathauses (2. Hälfte 13. Jh.), hierher 1871–72 als Pavillon versetzt. – Südwestlich auf der Anhöhe Siegessäule mit Viktoria v. Christian Daniel Rauch; mehrere Torhäuser der Parkeinzäunung v. 1843.

POTSDAM-BORNIM

Seit 1935 zu Potsdam gehörend, ehem. Dorf, 1268 erwähnt und seit 1663 kurfürstlicher Besitz mit ehem. Lustschloß v. 1672–77, dieses 1756 abgerissen. 1844 neue Gutshausanlage am Fahrländer See v. Ludwig Persius, der Garten v. Peter Joseph Lenné gestaltet, total verändert.

Wohnhaus Florastraße 6: 1934 v. Hans Scharoun erbaut, innen Wandbild v. Oskar Schlemmer (1936).

POTSDAM-BORNSTEDT

Seit 1939 zu Potsdam gehörend. Dorf im 12. Jh. gegr. und seit 1664 kurfürstlicher Besitz.

Kirche: Nach Plänen v. Ludwig Persius und Friedrich August Stüler (1842) 1854–57 durch Johann Heinrich Haeberlin errichtet. Bauornamentik aus gebranntem Ton, die Apostel v. Friedrich Wilhelm Koch. 1881–82 wurde durch Reinhold Persius an der O-Seite dreischiffiger Chor angefügt, sö Kampanile mit Säulengang. Im Inneren schöne Eisengußtafel mit dornengekröntem Christus (1820–30) v. Friedrich Tieck.

Friedhof: Grabdenkmäler bedeutender Architekten und Künstler des 19. Jh.

Ehem. Gut mit Wirtschaftsgebäuden: Anlage im ital. Villenstil, nach 1847 v. Johann Heinrich Haeberlin erbaut, der Garten zum Bornstedter See v. Peter Joseph Lenné angelegt.

Schloß Lindstedt: Im Zusammenhang mit der Landschaftsgestaltung durch Peter Joseph Lenné wurde das ehem. Gutshaus n des Neuen Palais nach Entwürfen v. Friedrich Wilhelm IV., Ludwig Persius und seinen Nachfolgern neu gestaltet. 1859–60 in stilistischer Anlehnung an Charlottenhof ausgeführt. Es handelt sich um einen Villenbau in asymmetrischer Anlage mit Rundturm, Säulenbelvedere, offenem Pavillon mit hoher Freitreppe und langem Kolonnadengang vom Turm zur Straße.

Viadukt oder Teufelsbrücke: Parkstaffage zwischen Bornstedt und Lindstedt, 1843 v. Ludwig Persius in Art röm. Wasserleitungen errichtet.

POTSDAM-DREWITZ

Dorfkirche: 1732 erbaut, 1888 erneuert. Quadratische Anlage mit steilem Zeltdach, eines der wenigen erhaltenen Beispiele dieses Typs in der Mark.

POTSDAM-SACROW

Ehem. Gutshof: 1375 erwähnt. Im Zusammenhang mit der Landschaftsgestaltung durch Peter Joseph Lenné und Ludwig Persius ab 1840 neu gestaltet und mit romantisierender Architektur versehen.

Heilandskirche: Zwischen Havel und Jungfernsee auf einer Landzunge gelegen. 1841–44 nach einer Skizze v. Friedrich Wilhelm IV. v. Ludwig Persius erbaut. Kleiner einschiffiger Backsteinbau aus gestreiftem Mauerwerk mit Apsis und Kampanile, v. offenem Säulengang umgeben.

Predigerwohnung: Ehem. Schloß v. 1774, durch Persius im ital. Landhausstil umgebaut.

Umgebung

Caputh (7 km sw): *Dorfkirche,* 1848–52 v. Friedrich August Stüler erbaut, Pfeilerbasilika mit polygonaler Apsis, w Vorhalle und Turm an der N-Seite in romanisierenden Formen, teilweise in Anlehnung an ital. Vorbilder.
Schloß: Wichtiges Beispiel des vorschlüterschen Barock in Brandenburg. Das ehem. Jagdschloß wurde 1662 durch Philipp de Chieze neu aufgeführt, aus dieser Zeit das Corps de logis, der zweigeschossige Putzbau v. 9:2 Achsen, 1673 als Sommersitz der brandenburgischen Kurfürstinnen unter Kurfürst Friedrich Wilhelm für die Gemahlin Dorothea erweitert und unter Friedrich III. für Sophie Charlotte 1689 vollendet. Im Inneren einst prächtig ausgestattet, die mittlere Treppe bescheiden und die Raumordnung nicht symmetrisch. Erhalten ö der Festsaal mit Relieffries und Deckenbild v. Augustin Terwesten d. Ä. (Triumph der Weisheit über die Unwissenheit); die Supraporten mit Reliefszenen der Befreiungskriege (nach 1813). Westlich die Zimmer der Kurfürstin mit Porzellankabinett im Pavillon, ebenfalls mit Ausmalung v. Terwesten. In den Räumen des Kernbaus v. Chieze

Caputh (Potsdam), Dorfkirche, Westfassade >

Stuckdekor, ebenfalls in den Räumen der Zeit Friedrichs III.; dort figürlich-allegorische und vegetabilische Dekorationen. Im nö Eckraum Plafondgemälde (1687) v. Samuel Theodor Gericke. Im Kellergeschoß befindet sich ein Sommerspeisesaal mit Wandverkleidung aus Delfter Fliesen (17. Jh.). – Der Garten zum Templiner See wurde 1820 v. Peter Joseph Lenné neu gestaltet.

Geltow (8 km sw): Auf dem Franzensberg gelegene ehem. *Sommervilla,* 1926–28 v. Henry van de Velde erbaut. Unverputzte Backsteinkuben, streng geometrisch zu einem Ensemble vereint. Flachdächer wie Altane, vorgelagerte Terrasse zum Schwielowsee. Im Inneren Vestibül mit Kamin und Treppe im Bauhausstil erhalten.

24211 Preetz
Schleswig-Holstein

| Einw.: 15 200 | Höhe: 34 m | S. 1273 ☐ I 2 |

Ev. Stiftskirche: Preetz unterstand der Gebietshoheit des Benediktinerinnenklosters, v. dessen alter Anlage neben dem Campus beatae Mariae die Stiftskirche erhalten geblieben ist. Auffallend an ihr ist

Prenzlau, Marienkirche, Ostfassade

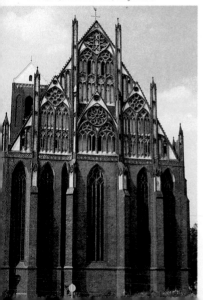

das große *Satteldach,* das sich schützend über die 3 Schiffe der got. Backsteinkirche (1325–40) legt. Auch die ungewöhnlich massiven *Stützpfeiler* bestärken den Eindruck, daß die Kirche fest im Boden wurzelt und für die Ewigkeit gebaut ist. Im Gesamtbild ist sie, obwohl vieles im 19. Jh. nach neugot. Stilvorstellungen verändert wurde, ein gutes Beispiel für den Bautyp dieser Gegend. Eine zierliche *Dachreiterlaterne,* ein vieleckiger *Treppenturm* (an der Chornordseite) und hohe spitzbogige *Maßwerkfenster* lockern die Schwere des Baus auf. – Der Innenraum hat im wesentlichen die urspr. Form einer Nonnenklosterkirche mit *Sanctuarium* (Altarraum), *Stuhl der Vorsängerinnen* und *Chorus* (mit got. Gestühl, 1335–40) bewahrt. Der Altarraum mit dem figurengeschmückten barocken *Hochaltar* (1743) wird v. einem prachtvollen schmiedeeisernen *Gitter* mit Akanthusranken und Wappen abgeschlossen. Am Ende des n Seitenschiffs sollte v. a. der *Schnitzaltar* mit der Hl. Sippe und gut gemalten Flügeln (Anfang 16. Jh.) besichtigt werden, aber auch die *Holzkanzel* (1674) mit Engeln und Salvator auf dem Schalldeckel sowie die Orgel (Renaissancegehäuse und Ergänzungen des Rokoko) verdienen Beachtung. 1843 wurden Ausstattungsstücke v. Dänischenhagen erworben, unter denen sich schöne *Schnitzwerke, Gemälde* und *kirchliche Geräte* befinden.

Ev. Stadtkirche: Die ehem. St.-Lorenz-Kirche aus dem 13. Jh. wurde 1725–28 zur barocken Saalkirche umgebaut. Von der einheitlichen Régence-Ausstattung blieb die prächtige *W-Empore* erhalten.

17291 Prenzlau
Brandenburg

| Einw.: 22 700 | Höhe: 30 m | S. 1275 ☐ Q 4 |

Die am Unteruckersee gelegene Stadt (seit 1234) ist das historische Zentrum der *Uckermark,* jenes Grenzlandes zwischen Brandenburg, Mecklenburg und Pommern. Eine wirtschaftliche Belebung bewirkte der Große Kurfürst Friedrich Wilhelm von Brandenburg mit der Ansiedlung französischer Hugenotten und der Verlegung einer Garnison in die Stadt, die im letzten Weltkrieg fast völlig zerstört wurde.

Marienkirche: Unter Einbeziehung des Granit-Unterbaus der w Doppelturmfassade der um 1240 gegr. frühgot. Vorgängerkirche wurde um 1325–40 eine dreischiffige hochgot. Hallenkirche aus Backstein (heute Ruine) erbaut, die zu den wichtigsten Denkmälern der norddt. Backsteingotik gerechnet wird. Besonderes Augenmerk gilt am Außenbau der O-Partie (restauriert) mit ihrem prächtigen hohen *Dreiecksgiebel*, vor dessen helle Mauerfläche freies Maßwerk aus rot und schwarz glasiertem Backstein gestellt ist. In der *Margarethen-* und *Christophkapelle* Dokumentation zur Baugeschichte. – Im Pflaster des Kirchplatzes findet man eine kreuzförmige Feldstein-Markierung, urspr. der Platz des *Kaak* (Pranger), und einen ma *Richtstein* für das grausig-kurze Scharfgericht.

Ehem. Nikolaikirche: Von der wohl ältesten Kirche der Stadt ist nur der W-Bau erhalten (das Schiff wurde 1769 abgetragen), der nach der Reformation als Glockenturm für die benachbarte turmlose ehem. Dominikaner- und neue Nikolaikirche diente.

Außerdem sehenswert: Der imposante Wehrturm des *Mitteltores* (13. Jh.) erhielt im 15. Jh. ein zinnen- und spitzhelmbekröntes Obergeschoß, die Türme des *Schwedter* und *Blindower Tores* dagegen Obergeschosse mit spätgot. Maßwerkfriesen.

Prenzlau, ehem. Franziskanerkirche

Prenzlau, Blindower Tor

| Umgebung |

Boitzenburg (20 km sw): In der *Feldstein-Pfarrkirche* (13. Jh.) mit barockem W-Turm bemerkenswerte Epitaphe der Adelsfamilie v. Arnim (17./18. Jh.). – Ihr Stammsitz, ein *Renaissanceschloß* des späten 16. Jh., besitzt ein prächtig stuckiertes Jagdzimmer (um 1640; im Oberhaus) und im *englischen Garten* (um 1840) v. Peter Joseph Lenné einen klassizistischen Gedächtnistempel (1804) v. Carl Gotthard Langhans*.

Prüm, ehem. Benediktinerabtei mit Kirche

Fürstenwerder (33 km nw): Die größte teils erhaltene *Feldstein-Stadtmauer* (Anfang 13. Jh.) bewahrt 2 ma Stadttore und mehrere Wiekhäuser.

Heimatmuseum (Friedhofweg 1): Trachtensammlung und Volkskunst, Handwerksstuben, Galerie mit Bildern Chiemgauer Maler.

83209 Prien am Chiemsee
Bayern

Einw.: 9300   Höhe: 539 m   S. 1283 □ N 15

16928 Pritzwalk
Brandenburg

Einw.: 11 800   Höhe: 64 m   S. 1274 □ N 4

Pfarrkirche Mariae Himmelfahrt: In den Jahren 1735–38 entstand die flachtonnige Saalkirche, deren Größe auf den ungewöhnlich umfangreichen Pfarrbezirk abgestimmt wurde. Bei der wertvollen Ausstattung hat J. B. Zimmermann* (Stuck und Fresken, Mitarbeit an einigen Altären) mitgewirkt. Die einheitlichen *Marmoraltäre* stammen v. einem Salzburger Meister (1738–40). Das ausgezeichnete schmiedeeiserne *Gitter,* das den Anstieg zur Kanzel begleitet, hat ein einheimischer Schmied geschaffen. Die *Grabdenkmäler* stammen meist aus dem 16. und 17. Jh.

Stadtkirche St. Nikolai u. St. Marien: Über den Resten der frühgot. Vorgängerkirche wurde im 15. Jh. die heutige spätgot. Stadtkirche erbaut, deren breiter *Turm* im Jahre 1882 ein neugot. Obergeschoß erhielt. Ein Treppengiebel schmückt die *S-Kapelle.*
Im dreischiffigen Inneren (restauriert) mit Rundpfeilern und Chorumgang verdienen das geschnitzte spätgot. *Altarretabel* (1520) und ein flämisches *Gemälde* (»Flucht nach Ägypten«, 17. Jh.) Beachtung. Die übrige Ausstattung stammt aus dem 19. Jh.

Umgebung

Wittstock (22 km ö): In der dreischiffigen gotischen *Marienkirche* (14./15. Jh.) findet sich eine sehenswerte Ausstattung mit hochgot. Muttergottesfigur (um 1400) aus Sandstein und einem spätgot. Hochaltar, der aus einem geschnitzten Flügelaltar (Marienkrönung zwischen den hll. Anna und Dorothea sowie den 12 Aposteln, um 1530) aus der Lübecker Werkstatt v. C. Berg* und einem puttenbesetzten süddt. Flügelaltar (Mondsichelmadonna und Heilige, um 1510) darüber zusammengestellt ist. – Ein schönes Beispiel profaner Backsteingotik ist das polychrom dekorierte *Gröper Tor* (um 1440–50) der mit mehreren Wiekhäusern wohlerhaltenen ma *Stadtmauer* (13.–16. Jh.).

54595 Prüm
Rheinland-Pfalz

Einw.: 5300 Höhe: 442 m S. 1276 □ A 10

Kirche der ehem. Benediktinerabtei: Die Basilika, »deren Türme und Fassade Stadt und Umgebung in ein Gefilde des Barock verwandeln« (Wolfgang Weyrauch über Prüm), ist zum weithin sichtbaren Wahrzeichen der Stadt geworden. Der Bau trat in den Jahren 1721–30 an die Stelle einer älteren Kirche. Die Pläne dafür hatte Hofarchitekt J. G. Judas aus Trier geliefert. Die schweren Schäden aus dem 2. Weltkrieg sind inzwischen ganz beseitigt worden. Die mit rotem Sandstein gegliederte *Fassade* erhebt sich über 3 Portalen. Der große Innenraum besitzt ein ausgeprägtes *Kreuzrippengewölbe*. Von der barocken Innenausstattung sind das *Chorgestühl* und der *Hochaltar* erhalten. Die *Kanzel* (16. Jh.) v. H. R. Hoffmann (vgl. Domkanzel in → Trier) stammt noch aus der alten Kirche.

Klostergebäude: Am Bau der Klostergebäude beteiligte sich neben J. Seitz und dessen Sohn auch B. Neumann*. Ihren Abschluß fanden die Arbeiten allerdings erst 1912, als das Gebäude Schule und Amtsgericht aufnahm.

93339 Prunn, Altmühl
Bayern

Einw.: 300 Höhe: 350 m S. 1283 □ M 13

Burg: Auf einem bizarr getürmten Kalkfelsen über dem Altmühltal liegt die Burg Prunn, benannt nach dem um 1037 erwähnten wohl ältesten Besitzer Wernherus de Prunne (zum Brunnen). Berühmtester Besitzer war der »freudige Hans« Frauenberger (gest. 1428), dessen Grabmal in der Pfarrkirche im Dorf Prunn zu sehen ist. Er ging als der bekannteste Turnierfechter und Haudegen seiner Zeit in die Geschichte ein. Zeitweise gehörte die Burg dem Ingoldstädter Jesuitenkolleg, später dem Johanniterorden. 1822 kam sie in den Besitz der Wittelsbacher. Der junge König Ludwig I. ordnete 1827 eine weitgehende Restaurierung und Konservierung der baufällig gewordenen Burg an. Seitdem gehört das »Juwel des Altmühltals« als Museum dem bayr. Staat. – Ein Rundgang durch die Burg vermittelt noch heute die Vorstellung von den Wohnbedingungen vergangener Zeiten. Der einzige Zugang zur Burg führt an der gefährdetsten Stelle über einen tiefen *Halsgraben* am starken, klobigen, fast fensterlosen *Bergfried* vorbei. Er ist ältester Bestandteil der Anlage. Gegen S schließt sich ein noch größtenteils roman. *Wohntrakt* an (12./13. Jh.). Die Bauten um die *Toranlage* mit hübschen schindelgedeckten Ecktürmen sind 1604 angefügt worden. Sie enthalten im Untergeschoß Küche, Kemenate und Trinkstube. Eines der schönsten Zimmer ist die *got. Stube* im Seitenflügel an der O-Seite.

Außerdem sehenswert: Flußabwärts v. Prunn liegen *altsteinzeitliche Wohnhöhlen.*

82049 Pullach i. Isartal
Bayern

Einw.: 8100 Höhe: 582 m S. 1283 □ M 14

Hl.-Geist-Kirche: Die schlichte Kirche (1468–88) enthält eine kostbare *spätgot. Ausstattung.* Hervorzuheben sind v. a. die Skulpturen und Tafelbilder.

Umgebung

Schloß Schwaneck (2,5 km n): 1842 als Landsitz des Bildhauers L. v. Schwanthaler[*] errichtet. Heute Jugendherberge.

01896 Pulsnitz	
Sachsen	
Einw.: 6000	S. 1279 □ Q 8

Der Ort wurde 1375 durch Karl IV. zur Stadt erhoben. Sie ist seit dem 17. Jh. als »Stadt der Pfefferkuchen« bekannt.

Stadtkirche St. Nikolai: Sie hat spätgot. Umfassungsmauern aus dem frühen 16. Jh. Nach einem Brand wurde sie 1742–45 unter Leitung v. Andreas Hünigen barock wieder ausgebaut. Der Turm erhielt 1781 seine heutige Gestalt. Der Innenraum gehört zu einem in Sachsen im 18. Jh. häufigen Typ mit doppelten umlaufenden Emporen über ovalem Grundriß. Darüber spannt sich eine hölzerne Flachkuppel. Blickpunkt des Raumes ist der große Empire-Altar aus Ton (J. G. Lehmann). Ihm gegenüber der Rokoko-Orgelprospekt. Die zellengewölbte Sakristei an der S-Seite wurde 1934 als Rietschel-Gedächtnis-Kirche eingerichtet. Der Bildhauer Ernst Rietschel wurde 1804 in Pulsnitz geboren. Er schuf auf dem 1815 angelegten *Friedhof* das Grabdenkmal für F. E. Rietschel und Frau.

Rathaus: Es ist ein Renaissancebau (mehrfach verändert) mit Sitznischenportal (bezeichnet 1555). Der Hausflur ist mit einem Zellengewölbe überspannt. Hier befindet sich heute auch das *Heimatmuseum.* Es gibt Einblick in die Geschichte der Stadt und der bedeutendsten Gewerbe: Töpferei, Blaudruck und Pfefferküchlerei. Besonderes Interesse verdient das Rietschel-Gedenkzimmer. Dem Museum angeschlossen ist der *Perfert.* Dies ist ein befestigter Bauernspeicher, ein Fachwerkbau, der in der 1. Hälfte des 15. Jh. in einem Sumpfgelände errichtet wurde.

Altes Schloß: Renaissancebau aus der Zeit um 1600 mit einem noch erhaltenen Sitznischenportal, das Mansard-Walmdach stammt aus dem 18. Jh.

Neues Schloß: Es handelt sich um einen langgestreckten, zweigeschossigen Barockbau v. 1718, ihm vorgelagert eine barocke Gartenanlage.

Gewitter über Quedlinburg

06484 Quedlinburg

Sachsen-Anhalt

Einw.: 27 500   Höhe: 122 m   S. 1278 ☐ L 7

In dem seit der Altsteinzeit besiedelten fruchtbaren *Bodetal* am Fuß des Quedlinburger Höhenrückens konnten sich im Schutz des sächsischen Königsgutes *Quitilingaburg* (922 erwähnt) Siedlungen entwickeln. Sie wurden zur Stadt vereint, nachdem Kaiser Otto III. dem von Otto I. (und dessen Mutter Mathilde der Heiligen)

936 gegründeten und im 10./11. Jh. als Hort des Geisteslebens bedeutenden *Adelsfrauenstift* Zollfreiheit und Münzrecht (994) gewährte. Der *Schloßberg* mit Renaissanceschloß und Stiftsgebäuden ist heute das Wahrzeichen der mauerumgürteten, ma anmutenden *Fachwerkstadt*.

Schloßberg: Anstelle der als Kaiserpfalz Heinrichs I. erbauten ma Quedlinburg entstand im 16./17. Jh. das *Renaissanceschloß* mit 3 ungleich großen Trakten, deren Stirnseiten wellenförmig abgetreppte *Volutengiebel* zieren. Neben dem *Treppen-*

Quedlinburg, Stiftskirche St. Servatius

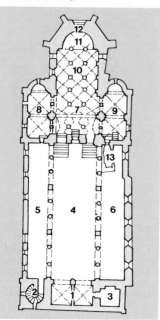

Quedlinburg, Stiftskirche St. Servatius 1 W-Werk mit Nonnenempore **2** N-Turm mit roman. Unterbau, 1862–82 **3** S-Turm, 1862–82 **4** Langhaus mit sächsischem Stützenwechsel und roman. Würfelkapitellen **5** N Seitenschiff mit roman. Portal **6** S Seitenschiff mit Äbtissinnen-Grabmälern in den Grabgewölben **7** Ausgeschiedene Vierung, darunter roman. Krypta mit bedeutenden hochma Freskenresten **8** N Querhausarm mit roman. Halbrundapsis und Schatzgewölbe (Quedlinburger Zither, um 1190) **9** S Querhausarm mit roman. Halbrundapsis und Teppichkammer (Quedlinburger Knüpfteppich, um 1200) **10** Chor, darunter roman. Krypta mit Confessio und Gräbern für König Heinrich I. und Königin Mathilde **11** Roman. nachempfundene Halbrundapsis, 1037–39 **12** Got. Chorhaupt, 1321 **13** Kapelle St. Nicolai in vinculis mit Halbrundapsis

turm verdient außen auch das Portal (1568) Beachtung. Zum ma Burggarten gehören ein Kräuter- und Rosengarten. Barock ausgestattete Prunkräume des Schlosses sind der Thronsaal (1736), der Fürstensaal und das flämische Äbtissinnenzimmer (1756) im Inneren, das heute als Schloßmuseum mit Renaissance- und Barockmobiliar sowie ital. und flämischen Graphiken und Gemälden dient.

Die 1017–1129 über dem lat. Kreuz auf Resten v. Vorgängerkirchen (9.–11. Jh.) errichtete roman. Stiftskirche St. Servatius ist eine flachgedeckte Basilika mit ausgeschiedenen Querhausarmen, netzgewölbtem got. Chor (1321) und halbrunden roman. Nebenapsiden. Die Hallenkrypta (um 1000) unter Vierung und Chor wird v. Säulen und Achteckpfeilern mit roman. Kelchkapitellen in 3 Schiffe unterteilt. Hier überraschen roman. Gewölbefresken (alt- und neutestamentliche Szenen, um 1110) und Äbtissinnen-Epitaphe, in der ö Confessio (9./10. Jh.) die Gräber König Heinrichs I. und seiner Gemahlin Mathilde der Hl. – In den Querhausarmen wird der reiche Kirchenschatz gezeigt, der seit 1993 wieder vollständig ist: kostbare Evangeliare aus dem 9.–13. Jh., vor allem das Samuhel-Evangeliar v. 840, eine mit Halbedelsteinen gezierte Prunkhandschrift, sowie 5 Fragmente des berühmten Quedlinburger Knüpfteppichs (Hochzeit Merkurs mit der Philosophie und die 7 freien Künste, um 1200). – Unterhalb des Schloßbergs liegen das Klopstockhaus (16. Jh.) mit einer Dokumentation zum Leben und Wirken des Quedlinburger Theologen und Dichters F. G. Klopstock (1724–1803) sowie das malerische Fachwerkhaus Finkenherd (17. Jh.).

Wipertikirche (im S der Stadt): Die mehrfach veränderte ehem. Prämonstratenserklosterkirche (10.–17. Jh.) bewahrt eine interessante ottonische Krypta mit sächsischem Stützenwechsel sowie kleinem Halbrundchor mit Apsiskalottenfresko und Umgang. Von der ottonischen Münzenbergkirche stammt das roman. Rundbogenportal (12./13. Jh.) mit eingestellten Gewändesäulen und Tympanonrelief (Anbetung der Muttergottes).

Marktplatz: Die Rolandsfigur (1427) am zweigeschossigen Renaissance-Rathaus mit phantasievollem Frühbarockportal (1615) und zierlichem got. SW-Turm erinnert an den Beitritt v. Qu. (1426) zur Hanse. – In der dreischiffigen spätgot. Marktkirche St. Benedikti (15. Jh.) faszinieren die v. L. Ch. Sturm* entworfene barocke Hochaltar (1700) und ein spätgot. Hochaltar (1700) und ein spätgot. Flügelaltar (Pietà zwischen den hll. Servatius und Benedikt, um 1490). Qualitätvolle Arbeiten sind auch Kanzel (1595), Ratsgestühl (1687) und die Taufe v. 1648. – Von den Patrizierhäusern am Markt verdient v. a. das spätbarocke *Haus Grünhagen* (18. Jh.) eine Erwähnung.

Außerdem sehenswert: Ein origineller doppelstöckiger barocker Dachreiter fällt am n der beiden spitzhelmbekrönten W-Türme der öfter umgebauten *Nikolaikirche* (13.–17. Jh.; Neustadt) auf. – Die barockisierte *Ägidienkirche* (15.–17. Jh.) birgt einen spätgot. Flügelaltar mit qualitätvollen Schreinfiguren (Marienkrönung, um 1420). – Den opulenten Kanzelaltar (1723) der oktogonalen barocken *Blasienkirche* (1715) schuf J. W. Kunze*. – Zum malerischen Ensemble der *Altstadt* trägt neben barocken Patrizierhäusern und vielen *Fachwerkbauten* (15.–18. Jh., v. a. Hohe Straße) mit dem angeblich ältesten dt. Fachwerkwohnhaus (um 1400; heute *Fachwerkbaumuseum*, Wordstr. 3) die über weite Strecken erhaltene turmbewehrte ma *Stadtmauer* aus dem 14. Jh. bei.

Umgebung

Thale (11 km sw): Die *Pfarrkirche* birgt außer einem üppig-barocken Altarretabel (18. Jh.) mehrere sehenswerte Grabmäler des 16.–18. Jh. – Bilder v. H. Hendrich* illustrieren in der *Walpurgishalle* (1901) am sog. Hexentanzplatz die Walpurgissage.

06268 Querfurt
Sachsen-Anhalt

Einw.: 9300 Höhe: 178 m S. 1278 □ M 8

Burg Querfurt: Die weitläufige, mehrfach erweiterte ma Anlage zeichnet sich durch ihr gut erhaltenes Befestigungswerk mit *Burggraben,* doppeltem *Mauerbering* (12. und 14. Jh.) *Torbauten* und 3 *Kanonenbastionen* (1461–79) aus, deren s durch einen unterirdischen Gang mit dem *Burghof* verbunden ist. In der Mitte des letzteren steht die einschiffige roman. *Burgkirche* (frühes 12. Jh.) mit Dreiapsidenschluß und achteckigem Vierungsturm, an die n

eine Grabkapelle für die mit einer vollplastischen Liegefigur des Verstorbenen geschmückte *Tumba* Gebhardts v. Qu. (gest. 1383) angebaut wurde. Im S des w benachbarten barocken *Fürstenhauses* (12. und 17. Jh.; heute Krankenhaus) mit Fassadenturm (1699; Archiv) und Mansardwalmdach befinden sich die ehem. *Brauerei* und der roman. *Marterturm.* Der zinnenbekrönte Bergfried (w), 1070 über den Grundmauern eines karolingischen Wohnturmes errichtet, trägt den Beinamen *Dikker Heinrich.* Im *Korn- und Rüsthaus* (n; 1535) ist heute das *Kreisheimatmuseum* mit ma Holzplastiken, ma Waffen, Gemälden (17./18. Jh.) sowie Dokumentationen zur Burg- und Stadtgeschichte (mit Stadtmodell) eingerichtet. Um den Burghof folgen der *Hausmannsturm* und ehem. *Wirtschaftsgebäude* (Stall, Scheune und Pächterhaus).

Außerdem sehenswert: Neben der mit einer harmonischen Ausstattung 1686 barock erneuerten *Lambertikirche* (15./17. Jh.) und Friedhofskapelle aus dem 17. Jh. auf dem 1572 angelegten Stadtfriedhof verdienen das *Renaissance-Rathaus* mit barockem Turm (1698) und die streckenweise erhaltene ma *Stadtmauer* Beachtung.

Quedlinburg, Finkenherd

R

01445 Radebeul

Sachsen

Einw.: 30 600   Höhe: 112 m   S. 1279 □ Q 8

Das Dorf Radebeul, das sich seit 1870 zu einem Industriestandort entwickelte (Arzneimittel, Druckmaschinen, Werkzeuge u. a.), ist erst 1924 Stadt geworden – 1935 vereinigte es dann 9 ehem. Gemeinden. Die Stadt Radebeul schließt die Lößnitz mit ein, die wegen der klimatisch günstigen Lage bereits seit dem MA dem Weinund Gartenbau diente. R. ist mit dem sö Stadtrand Dresdens zusammengewachsen. Es war Wirkungs- und Sterbeort v. Karl May (Wohnhaus: »Villa Shatterhand«). Der früher landesherrliche Teil heißt Hoflößnitz.

Haus Hoflößnitz *(Heimatmuseum):* Es wurde 1650 v. E. Eckhardt erbaut. Das Obergeschoß des zweigeschossigen Gebäudes mit Walmdach besteht aus Fachwerk, ein achtseitiger Treppenturm ist der N-Seite vorgelagert. Der Saal im Obergeschoß hat qualitätvolle Deckenmalereien

Raesfeld, Wasserschloß

auf Leinwand (brasilianische Phantasievögel) v. A. van den Eeckhout.

Spitzhaus (Gaststätte): Es ist ein etwa gleichzeitig entstandenes Weinberghaus.

Bennoschlößchen: Es entstand schon um 1600. Viele weitere, teilweise verbaute Weinberghäuser sind in diesem Landschaftsteil, der Oberlößnitz, erhalten.

Außerdem sehenswert: *Puppensammlung* der Staatlichen Kunstsammlung Dresden (Barkengasse 6). *Karl-May-Museum:* Im ehem. Wohnhaus des Schriftstellers wird s. 1985 über Leben und Werk des 1912 in Radebeul Verstorbenen informiert. Sein monumentales Grabmal findet sich auf dem Friedhof in Radebeul-O (Kirchplatz).

46348 Raesfeld
Nordrhein-Westfalen

Einw.: 9600   Höhe: 48 m   S. 1276 ☐ B 7

Wasserschloß: Graf Alexander II. v. Velen, der »westfälische Wallenstein« (er war im 30jährigen Krieg kaiserlicher General), hat Raesfeld über seinen architektonischen Wert hinaus zu Ruhm verholfen. Den Kern der Wasserburg hatte er v. seinem Vater übernommen. Der Ausbau begann gegen Ende des 30jährigen Krieges und folgte den Plänen des Kapuziners Michael v. Gent. Das vierflügelige Schloß ist allerdings nur in Teilen erhalten; es handelt sich dabei um Flügel der *Oberburg, Unterburg* und *Kapelle*. Auffallend ist der *Eckturm* mit Haube.

Raitenhaslach
✉ **84489 Burghausen**
Bayern

Einw.: 1400   Höhe: 398 m   S. 1283 ☐ O 14

Ehem. Zisterzienserklosterkirche: Der urspr. roman. Bau ist zwar in Grundzügen erhalten, jedoch nach den durchgreifenden Umbauarbeiten gegen Ende des 17. Jh. praktisch nicht mehr zu erkennen. Die Kirche gehört zu den am reichsten ausgestatteten Barockkirchen in Bayern und steht damit im Gegensatz zu den meisten anderen Zisterzienserbauten, die an die strengen Ordensregeln gebunden waren und als betont schlichte Gebäude entstanden sind. – Die ungewöhnliche Farbigkeit der *Dekkenfresken* überrascht jeden Besucher. Dargestellt sind die Lebensstationen des Ordensstifters Bernhard von Clairvaux. Gelegentlich der barockisierenden Umbauten wurden die roman. Mauern erhöht, und den Chor unterteilte man in 2 Geschosse (Sakristei und darüber Mönchschor). Für die Ausstattung sorgten 2 der berühmtesten Künstler ihrer Zeit: M. Zick aus Kempten schuf die *Stuckarbeiten*, J. Zick[*] aus München ist der Meister der Fresken und des Gemäldes im *Hochaltar*. 4 der *Nebenaltäre* haben wertvolle Tafelbilder des berühmten österreichischen Barockmalers J. M. Rottmayr. Hervorzuheben sind ferner: *Kanzel* (1740), *Orgelprospekt* (1697, im 18. Jh. erweitert), *Hl. Grab* (18. Jh., in der w Vorhalle) sowie schöne *Grabdenkmäler*. – Von den einstigen *Klosterbauten* ist nur wenig erhalten.

97236 Randersacker
Bayern

Einw.: 3600   Höhe: 170 m   S. 1281 ☐ H 11

Pfarrkirche: Die spätroman. Kirche steht innerhalb einer im 17. Jh. entstandenen Friedhofsbefestigung. Wichtigster Teil ist der viergeschossige, typisch roman. Turm. Die Ausstattung stammt aus der Zeit des Barock.

Außerdem sehenswert: *Neumann-Pavillon:* Neben dem alten *Gasthaus Krone* baute sich der berühmte Architekt B. Neumann[*] einen sehenswerten Gartenpavillon. – Sog. *Mönchshof* (17. Jh.) mit Torbau und profanierter Thomaskapelle.

36169 Rasdorf
Hessen

Einw.: 1700   Höhe: 440 m   S. 1277 ☐ H 9

Kath. Pfarrkirche/Ehem. Kirche des Kollegiatstifts St. Johannes d. T.: Als die Kirche des um 838 v. Hrabanus Maurus errichteten Stifts im 13. Jh. einstürzte, entstand der heutige Bau als dreischiffige Basilika mit Querhaus und achteckigem Vierungsturm. Übernommen wurden aus dem Vorgängerbau Kämpfer, Säulen und v. a. die erstklassigen *Kapitelle* (vermutlich aus dem 9. oder 10. Jh.), welche die Arkaden des Neubaus aufnehmen. Sie gehören mit ihrem teilweise figürlichen Schmuck zu den bedeutendsten Beispielen steinerner Bauplastik aus der Zeit vor 1200. Die Ausstattung der Kirche ist im Stil des Barock gestaltet.

Außerdem sehenswert: Ein befestigter *Friedhof* im O des Ortes (Mauer mit Rundtürmen), *Fachwerkhäuser.*

76437 Rastatt
Baden-Württemberg

Einw.: 42 700   Höhe: 120 m   S. 1280 □ E 13

Gemeinsam mit seiner Gemahlin Sibylla Augusta v. Sachsen-Lauenburg, die seine ehrgeizigen Pläne nach dem Tode fortsetzte, schuf Markgraf Ludwig Wilhelm mit Rastatt eine Residenzstadt v. ungewöhnlicher Großzügigkeit. Rossi aus Wien konzipierte den markgräflichen Vorstellungen folgend die Stadt, die im Kern schon nach 10 Jahren abgeschlossen war.

Schloß (Herrenstraße): Die Pracht ital. Paläste und franz. Schloßbauten (Versailles) sollte nach dem Willen des Bauherrn und des Baumeisters nun auch am Oberrhein erstehen. So wurde das Rastatter Schloß zum ersten Barockschloß dieser Größe in Deutschland. 7 Jahre haben die Handwerker an dieser prächtigen, in bestem Zustand erhaltenen Anlage gebaut und damit das Herz der Stadtanlagen geschaffen. Auf das Schloß sind die Rathaus-, Schloß- und Museumsstraße strahlenförmig ausgerichtet. Hauptteil der Schloßanlage ist das *Corps de logis* (Fürstentrakt). Dieser Mittelbau beherrscht die übrigen Teile, die sich um einen *Ehrenhof* gruppieren. Nach dem Tode v. Ludwig Wilhelm im Jahre 1707 folgten unter Sibylla Augusta der *N-Flügel* mit der → Schloßkirche und der *S-Flügel* mit Räumen für ein Theater. – Im Inneren gehören die *Treppenaufgänge* zu den glücklichsten Konzeptionen, die in barocken Schloßbauten verwirklicht worden sind. Sie führen zweiseitig zur ersten Etage und über ein großzügig angelegtes Podest zum *Festsaal.* Das Fresko des Festsaals (auch Ahnensaal genannt) zeigt die Aufnahme des Herkules in den Olymp. Die *Schloßkirche Hl. Kreuz* schließt direkt an den Wohnflügel der Gräfin an. Die Pläne stammen nicht mehr v. Rossi, sondern v. M. L. Rohrer, der die Bauleitung nach dem Tod des »Türkenlouis« übernommen hatte. Die Wandpfeileranlage betritt man durch ein großartiges Portal. Größter Wert wurde auf das Zusammenspiel v. Licht und Farben gelegt, weshalb neben das große Gewölbefresko vielfältige, kleinere Ornamentfelder getreten sind. Prunkvoller Blickfang ist der *Hochaltar* mit dem versilberten Holzkruzifixus. – In einem Terrassengarten, der zur Entstehungszeit direkt mit dem Schloß verbunden war, heute jedoch durch eine Straße abgetrennt ist, liegt die *Einsiedelner Kapelle.* Sie wurde 1717 gew. und weicht in ihrer schlichten Ausstattung v. den Schloßbauten ab. – Neben der Kapelle ergänzt die *Pagodenburg,* nach dem Vorbild in → München-Nymphenburg errichtet, die markgräflichen Bauten (1722). Rohrer hat dabei die Pläne v. J. Effner* etwas abgeändert.

Rasdorf, Pfarrkirche

Rastatt, Schloß

Rastatt, Schloß Favorite

Schloß Favorite (5 km s in Richtung Baden-Baden): Nach dem Tode ihres Gemahls Ludwig Wilhelm ließ Markgräfin Sibylla Augusta dieses abgeschiedene Lustschloß nach ihren eigenen Vorstellungen v. M. L. Rohrer errichten (Fertigstellung des Rohbaus 1711). Sie wollte sich hier trotz Beibehaltung einer fürstlichen Lebenshaltung eine Stätte der Besinnung schaffen. Schwerpunkt des Baus ist die Gartenseite mit einer doppelläufig geschwungenen *Freitreppe* vor der gut gegliederten Fassade. Ein achteckiger *Turm* betont den fürstlichen Charakter des vornehmen Gebäudes. – Das Innere ist reich mit figürlichem Schmuck ausgestattet. Zentrum des Baus ist der *Speisesaal,* der wie alle übrigen Räume dieses Kleinods kostbar ausgestattet ist. Neben den fürstlichen *Wohnräumen* ist die *Prunkküche* sehenswert. – An den Hauptbau schließen sich niedrige *Arkadenbauten* an, die wahrscheinlich als Orangerien dienten. Etwas abseits finden sich 4 *Kavaliershäuser* sowie die *Eremitage.*

Rathaus und Marktplatz: Die Anlage des Marktplatzes war Teil der Gesamtplanung Rossis. Stadtkirche und Rathaus dominieren, obwohl die Kirche erst später (Weihe 1764) entstanden ist. Das Rathaus war 1750 fertig. Die *Stadtkirche* deutet auf den aufkeimenden Klassizismus, v. der Ausstattung ist der Hochaltar hervorzuheben.

Museen: Das *Stadtmuseum* (Herrenstraße) widmet sich der Orts- und Landesgeschichte. – In 42 Ausstellungsräumen innerhalb der barocken Schloßanlage bietet das *Wehrgeschichtliche Museum* bedeutende Dokumentationen für die Zeit v. MA bis zur Gegenwart. Ebenfalls im Schloß dokumentiert das *Freiheitsmuseum* die Freiheitsbewegungen in der dt. Geschichte.

Umgebung

Hohenbaden (14 km sö): In der Nähe v. Baden-Baden liegt auf das Battert das *Alte Schloß Hohenbaden* und (3 km w davon) die Ruine *Ebersteinburg.* Von beiden Anlagen hat man einen lohnenden

Ratzeburg, Triumphkreuz im Dom

Fernblick, da sie jeweils über 400 m hoch liegen.

23909 Ratzeburg
Schleswig-Holstein

Einw.: 12 200   Höhe: 16 m   S. 1273 □ K 3

Die Stadt liegt auf einer Insel im Ratzeburger See und ist durch 3 Dämme mit dem Festland verbunden. Das heutige Stadtbild entstand nach Zerstörung im Jahr 1693 und löste eine unregelmäßige Anlage ab. Vorbild für die bis heute deutlich zu erkennende neue Konzeption war die Stadtplanung v. → Mannheim. – Mit Ratzeburg ist der Name eines der bedeutendsten Bildhauer des 20. Jh. eng verbunden: E. Barlach[*] hat hier v. 1878–84 einen Teil seiner Jugend verbracht und wurde 1938 auf dem Friedhof an der Seedorfer Straße begraben.

Dom (Domhof): Der Baubeginn ist auf 1170 datiert. Schon um die Jahrhundert-

Ratzeburg, Gestühl der Herzöge v. Sachsen im Dom

wende war der großartige roman. Bau weitgehend abgeschlossen. Umfangreiche Wiederherstellungsarbeiten gaben dem Dom in den Jahren 1961–66 auch im Inneren das urspr. Gesicht zurück. Der Grundriß zeigt eine dreischiffige Basilika, deren äußeres Bild v. massigen *Turm des W-Baus* und dem Rot der Backsteine bestimmt wird. – Die *Vorhalle* beweist in eindrucksvoller Weise die weitgespannten Möglichkeiten, die der Backsteinarchitektur gegeben sind. – Das Innere des Doms imponiert durch die Schlichtheit der Anlage. Im Langhaus beachte man ein spätroman. *Triumphkreuz,* das um 1260 entstanden ist. Es zeigt neben dem ans Kreuz geschlagenen Christus Maria und Johannes (im 17. Jh. überarbeitet). Am s Seitenschiff ist (vor der Katharinenkapelle) das got. *Gestühl der Herzöge v. Sachsen* erhalten (erstklassige Holzarbeiten im Knorpelstil). Das roman. *Chorgestühl* ist um 1200 entstanden und damit das älteste in Norddeutschland. Im Chor ist der *Kreuzaltar* aufgestellt (Malereien 1481–87). Die in

Stein geschlagene Passionstafel entspricht dem Weichen Stil (1430, vermutlich eine westfälische Arbeit). Die *Kanzel* ist zur Zeit der Reformation entstanden (1567). Das Bild zwischen Korb und Schalldeckel stellt Georg Usler, den ersten protestantischen Prediger, dar. Der *Hochaltar* (jetzt im S-Querschiff) mit seinen 3 Geschossen ist ein gutes Beispiel des Knorpelbarock (1629). Zahlreiche *Grabplatten* erinnern an die hier beerdigten Bischöfe und Herzöge. – Im N ist der Dom durch den *Kreuzgang* mit den *ehem. Klausurgebäuden* verbunden (aus dem 13./14. Jh., später rest. und umgebaut).

Stadtkirche (Marktplatz): Der Neubau aus dem späten 18. Jh. ist wie der Dom aus Backstein errichtet und folgt dem Schema der rechteckigen Saalkirche. Er ist sparsam dekoriert und zielt in seiner Wirkung darauf ab, alle Aufmerksamkeit der Gemeinde auf die Predigt zu konzentrieren. Altar, Kanzel und Orgel sind an der s Querwand zusammengefaßt.

Museen: Im ehem. Herrensitz der Herzöge v. Mecklenburg (Domhof 12) ist das *Kreismuseum* mit seinen Sammlungen zur Vorgeschichte, zur Landes- und Stadtgeschichte untergebracht. – Im ehem. Wohnhaus der Familie Barlach, einem Biedermeier-Bau aus dem Jahr 1840, wurde das *Ernst-Barlach-Museum* (Barlachplatz 3) eingerichtet. Ausgestellt sind Bronzeplastiken, Handzeichnungen, Holzschnitte und Lithographien.

88212–14 Ravensburg
Baden-Württemberg

Einw.: 46 300　Höhe: 450 m　S. 1281 ☐ H 15

Die der Stadt den Namen gebende Burg wurde als »Ravenspurc« bereits 1088 erwähnt. In ihr wurde Herzog Heinrich der Löwe geboren. Den wirtschaftlichen Aufschwung verdankte die Stadt dem Leinwandhandel, der sich um 1400 in der »Ravensburger Gesellschaft« organisierte. Der Reichtum der Kaufleute schlug sich in den weitgehend erhaltenen Bauten nieder. Erst im 15. Jh., als sich die Fugger und Welser v. → Augsburg aus zu mächtigen Handelsdynastien entwickelten, verlor die »Ravensburger Gesellschaft« und mit ihr die Stadt an Bedeutung. Interesse verdient Ravensburg auch durch die nahen Klöster → Weingarten und Weißenau.

Kath. Pfarrkirche Unsere Liebe Frau/Liebfrauenkirche (Marienplatz): Erweiterungen und Umbauten im 15. und 19. Jh. haben die Basilika mit ihrem hohen NO-Turm zwar verändert, lassen jedoch typische Elemente des Kirchenbaus aus dem 14. Jh. noch deutlich erkennen (der Bau war 1380 vollendet). – Der *Hochaltar* (1958 aus dem Engadin erworben) stammt mit seinen fein gegliederten Figuren aus dem 15. Jh. Das reichgeschmückte *Sakramentshaus*, das *Chorgestühl* und die *Glasgemälde* der Chorfenster sind ebenfalls Werke des 15. Jh. (12 Apostel, Leben Mariä und Christi, Papst Clemens und Kreuzigungsgruppe). Die *Ravensburger Schutzmantelmaria* (Kopie am Ende des ersten s Seitenschiffs) ist um 1480 entstanden (Original in der Westberliner Skulpturensammlung).

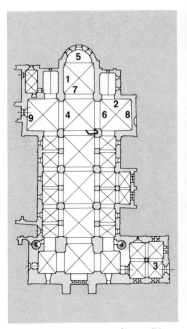

Ratzeburg, Dom 1 Reste des Chorgestühls, um 1200 **2** Triumphkreuzgruppe (Beifiguren Maria und Johannes v. ca. 1260) **3** S-Vorhalle **4** Got. Dreisitz, um 1340 **5** Ehem. Kreuzaltar, spätes 15. Jh., mit Malereien v. H. v. Krog, zwischen 1481 und 1487 **6** Kanzel v. H. Matthes, 1576 **7** Bronzetaufe, 1440, mit Holzdeckel v. H. Matthes, 1577 **8** Hochaltar v. J. G. Tietge, 1629 **9** Epitaph für August v. Sachsen-Lauenburg und Herzogin Catharina v. J. G. Tietge, 1649

Marktplatz: Blaserturm, Waaghaus und Rathaus stehen auf dem Marktplatz dicht beisammen. Sie belegen die große Blüte der »Ravensburger Gesellschaft«. Der *Blaserturm* erinnert an Zeiten, als noch der Stadtwächter die Uhrzeit und Brandunfälle verkündete (1556 fertiggestellt). Neben dem Blaserturm ist das *Waaghaus* erhalten (1498). Umbauten im 19. Jh. haben das urspr. Bild nur unwesentlich verändert. Im Erdgeschoß befand sich eine Lagerhalle. Das *Rathaus*, dem Waaghaus gegenüber, ist an seinem schlichten Staffelgiebel zu erkennen. Der Bau (14./15. Jh.) bezieht seinen äußeren Schmuck aus der Vielzahl schmaler Fenster und einem Erker (1571) an der N-Seite. Im Inneren sind 2 Sitzungssäle erhalten. Beide sind mit got. Holz-

Ravensburg, Marienplatz

decken ausgestattet. Die Wandmalerei ist 1581 datiert. Einen Blick sollte man auch auf die Skulptur werfen, die an einem Fensterpfeiler im kleineren Saal steht und ein Liebespaar zeigt, ein zu jener Zeit (um 1400) nur selten verwirklichtes Motiv. – In der nahen *Marktstraße* findet man die noch heute benutzte Brotlaube (erbaut im Jahre 1625).

Stadtbefestigung: Die Stadtbefestigung, welche die Stadtanlage einst geschlossen umgeben hat, ist v. 13. bis zum 15. Jh. entstanden und zu großen Teilen erhalten. *Frauentor, Schellenbergturm, Obertor, Weißer Turm* (sog. Mehlsack und Wahrzeichen der Stadt), *Spitalturm, Untertor, Gemalter Turm* und *Grüner Turm.*

Veitsburg (sö über der Stadt, 524 m): Den besten Überblick über die Stadt vermittelt ein Besuch der im 11. Jh. gegr. Welfenburg, v. der nach einem Brand im 17. Jh. nur Wirtschaftsgebäude und ein Neubau des 18. Jh. übriggeblieben sind.

Städt. Museum Vogthaus (Charlottenstr. 36): In den 11 Ausstellungsräumen im Fachwerkbau aus dem 15. Jh. findet man aufschlußreiche Dokumente der Stadtentwicklung sowie zahlreiche Kunst- und Gebrauchsgegenstände.

Außerdem sehenswert: *Lederhaus* (v. 1574) und zahlreiche Wohnbauten mit oft reizvoller Bemalung; *Kreuzbrunnen* (17. Jh.) am Frauentorplatz; *Pfarrkirche St. Jodokus* (14. Jh., gut renoviert); *ehem. Karmelitenklosterkirche* (15. Jh.) mit Kapelle der »Ravensburger Gesellschaft«, heute ev. Pfarrkirche.

Umgebung

Weißenau (2 km s): Das 1145 gestiftete ehem. Prämonstratenserkloster im Schussental ist wegen der Barockausstattung seiner *Klosterkirche St. Peter und Paul* sehenswert. Der Wessobrunner F. Schmuzer[*] führte die Stuckarbeiten, der

Konstanzer J. K. Stauder und der Türkheimer J. Hafner die Bemalung (1719–43) aus.

45657–65 Recklinghausen
Nordrhein-Westfalen

Einw.: 126 000   Höhe: 76 m   S. 1276 □ C 7

Die Großstadt zwischen Ruhrgebiet und Münsterland, schon im 14. Jh. Handelszentrum für Schmiedewaren und Tuche sowie Mitglied der Hanse, geht auf einen Reichshof zurück, den Karl d. Gr. hier errichten ließ. Im MA kam die Stadt in den Besitz des Erzbistums Köln. In der kulturellen Landschaft unserer Tage nimmt Recklinghausen einmal im Jahr mit den *Ruhrfestspielen* eine Sonderstellung ein.

Kath. Pfarrkirche St. Petrus (Am Kirchplatz): Reste der roman. Vorgängerkirche, die im 13. Jh. bei einem Stadtbrand größtenteils zerstört wurde, sind noch erhalten. Die got. Kirche wurde im späteren Jh. immer wieder verändert und erweitert, weshalb sie architektonisch kein geschlossenes Bild bietet. Bemerkenswert ist der *Baumeisterkopf* (13. Jh.), ein schön gestalteter Kopf, der sich heute an der Stirnwand

des roman. Querschiffs findet. Die *Altargemälde* stammen aus der Rubenswerkstatt. Erwähnt sei auch das reichgeschmückte *S-Portal* (roman.).

Engelsburg (Augustinessenstr. 10): Das Gebäude wurde 1701 als Adelssitz errichtet (heute Hotel), dessen 3 Flügel einen Ehrenhof umgeben. Beachtenswert ist der schön ausgestattete Gartensaal mit barocker Stuckdecke. Über dem Kamin das Wappen des Herzogs v. Arenberg.

Festspielhaus (Otto-Burmeister-Allee 1): Die Stadt Recklinghausen und der Dt. Gewerkschaftsbund haben die Ruhrfestspiele nach dem 2. Weltkrieg gemeinsam gegr. Früher fanden die Aufführungen im Städt. Saalbau statt. 1965 wurde das heutige Festspielhaus eröffnet. Spielzeit ist in der Regel Anfang Mai bis Ende Juni. Neben Theateraufführungen finden hier Konzerte, Tagungen, Ausstellungen und Diskussionen statt.

Museen: Die *Städt. Kunsthalle* (Große-Perdekamp-Str. 25–27) zeigt internationale Kunst vornehmlich ab 1945, außerdem westfälische Kunst des 20. Jh. – Durch den Erwerb der beiden bedeutendsten Ikonensammlungen aus dt. Privatbesitz legte die

Recklinghausen, Festspielhaus

Stadt Recklinghausen als Museumsträgerin den Grundstock für das *Ikonenmuseum* (Petruskirchplatz 2 a), das im w Europa kaum seinesgleichen hat. Weitere Sammelgebiete sind koptische Skulpturen und Textilien, Gläser, Bronzen, Kulturgeräte und Paramente der orthodoxen Kirche. – Das 1890 gegr. *Vestische Museum* (Hohenzollernstr. 12) wurde nach Kriegszerstörung 1988 wiedereröffnet; es zeigt überwiegend Ausstellungsstücke zur Stadtgeschichte.

93047–59 Regensburg
Bayern

Einw.: 123 000 Höhe: 342 m S. 1283 ☐ N 12

In der »Kaiserchronik«, die im 12. Jh. in Regensburg verfaßt und niedergeschrieben wurde, findet man Regensburg neben Rom schlicht als »Hauptstadt« bezeichnet. Diese Darstellung schießt zwar über die Fakten hinaus, kehrt aber doch die Bedeutung der Stadt hervor. Die Geschichte Regensburgs läßt sich bis in die Steinzeit zurückverfolgen. Seither ist das Gebiet an der Einmündung v. Naab und Regen am n Donauknie ununterbrochen besiedelt gewesen. Im 8. Jh. wird die Siedlung unter einem kelt. Namen, *Radaspona*, erwähnt. (Franz. noch heute Ratisbonne.) Der röm. Kaiser Vespasian (69–79 n. Chr.) ließ hier ein Kohortenkastell errichten, das Marc Aurel verlegte und erweiterte, so daß es 6000 Soldaten Platz bot. Als Legionslager Castra Regina ging es in die Geschichte ein. Die 8 m lange Steintafel (179 n. Chr.) erinnert an die Fertigstellung des 24 ha großen Gevierts und war einst über einem der 4 Lagertore befestigt. Sie gilt als Geburtsurkunde Regensburgs (heute im → Museum der Stadt). – Die *Römermauer,* um 300 nochmals verstärkt, läßt sich am Grundriß der Stadt noch heute verfolgen. Von der *Porta Praetoria* sind Torbogen und Flankenturm erhalten (unter den Schwibbögen), am Ernst-Reuter-Platz wurde die sö Ecke des Kastells freigelegt, mit dem St.-Georgs-Platz ist die NO-Ecke gesichert. – Seine größte Zeit hatte Regensburg im 12. und 13. Jh. Viele der aus dieser Zeit erhaltenen Bauten künden v. Reichtum der Stadt, die durch ihre verkehrsgünstige Lage zum wichtigsten Umschlagplatz des aufkommenden europ. Fernhandels wurde und um die Mitte des 13. Jh. die Reichsfreiheit erlangte. Die roman. Kunst erlebte hier einen ihrer Höhepunkte in Deutschland. Mit Beginn des 14. Jh. verlor Regensburg an Bedeutung. Das

Regensburg, Panorama mit Dom

Regensburg, Alte Kapelle

lang tätig gewesen ist und v. 1260–62 Bischof v. Regensburg war.

Alte Kapelle/Stiftskirche Unsere Liebe Frau zur Alten Kapelle (Alter Kornmarkt): Grundriß, W-Wand und Turmunterbau der dreischiffigen Basilika sind noch Bestandteile der *karolingischen* Kirche des 9. Jh. Der Chor entstand 1441–52. In der Folgezeit kamen die Nebenkapellen hinzu. Trotz der roman. und got. Prägung gelang es dem zierfreudigen *Rokoko,* das Innere zu einer selten geglückten, festlichen Raumkomposition zu steigern.

Dom St. Peter (Domplatz): Er ist Zentrum der sog. Domstadt, die sich als geistliches Viertel nahe der Donau entwickelte. Die Fertigstellung des gewaltigen Baus, mit dem um 1270 begonnen wurde, zog sich über Jahrhunderte hin. Trotzdem ist hier ein selten geschlossenes Baudenkmal der Gotik entstanden. Der Bau ist als dreischiffige Pfeilerbasilika konzipiert und unter Verwendung des *Eselsturmes,* der v. einem roman. Vorgängerbau stammt und an der N-Seite des Querschiffs erhalten ist, bis 1525 in seinen wesentlichen Teilen fertiggestellt gewesen. Dann zwangen u. a. wirtschaftliche Schwierigkeiten zur Einstellung der Bautätigkeit. Nach einigen Aktivitäten im 17. Jh. wurden 1859–69 endlich auch die beiden *Türme* vollendet (105 m); 1870/71 bildeten der Bau des *Querhausgiebels* und des *Dachreiters* den Abschluß. – Im Inneren des Doms finden bis zu 7000 Menschen Platz. Die Ausstattung enthält so viele einzigartige Kunstwerke, daß hier nur die wichtigsten herausgegriffen werden sollen. Die mit figürlichem und ornamentalem Schmuck prunkvoll ausgerüstete *W-Fassade* bildet mit dem überreich geschmückten Hauptportal die Schauseite. Nach dem Eintritt durch ein Nebenportal der S-Seite beginnen wir den Rundgang auf der Innenseite des Hauptportals. Beachtenswert sind hier die beiderseits des Portals stehenden *Reiterstatuen* des hl. Georg und des hl. Martin (um 1340–50). Dem Hauptportal gegenüber, inmitten des Langhauses, steht das *Hochgrab für Kardinal Herzog Philipp Wilhelm.* Auf der Tumba die kniende Bronzefigur des Verstorbenen vor einem hohen Kruzifix. Im n Seitenschiff der *Ru-*

änderte sich jedoch, als die Stadt 1663 den »immerwährenden Reichstag«, das älteste dt. Parlament, aufnahm und bis 1806 Tagungsstätte blieb. Seit 1748 vertraten die zu Fürsten erhobenen Reichspostmeister v. Thurn und Taxis den Kaiser bei diesem Ständeparlament. 1810 kam Regensburg zu Bayern. Heute ist die Stadt an der Donau Hauptstadt der Oberpfalz und Sitz einer Universität. – Zu den berühmtesten Söhnen der Stadt zählt Albrecht Altdorfer[*], Ratsherr und Stadtbaumeister, einer der größten Maler in Altbayern und wichtigster Vertreter der berühmten Donauschule. Johannes Kepler ist 1630 in Regensburg gest. Der Lyriker und Erzähler Georg Britting (1891–1964) wurde in Regensburg geboren. Bereits in karoling. Zeit kann R. mit der Schreibschule des Klosters St. Emmeram ein Zentrum des geistig-literarischen Lebens im südostdeutschen Raum aufweisen. Die seit 1949 verliehene Albertus-Magnus-Medaille erinnert an den großen Gelehrten, der hier 10 Jahre

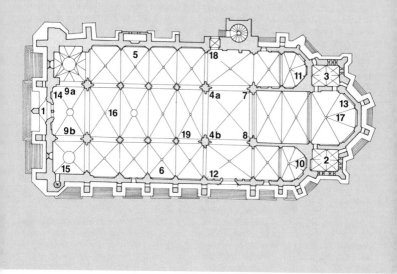

pertus-Altar aus dem 14. Jh. Er zeigt die Figuren des hl. Kaiserpaares Heinrich und Kunigunde. In Höhe des Eselsturmes steht – etwas verdeckt – das *Grabmal* für *C. v. Dalberg* (1824). Es folgen der Ursulaaltar mit einem Relief der Ursula-Marter (um 1440–50), das 15 m hohe *Sakramentshaus* (um 1493) und der 1785 vollendete frühklassizistische Hochaltar aus vergoldetem Kupfer und Silber. Der Christi-Geburts-Altar (um 1410–20) im s Nebenchor ist als Gegenstück zum schon erwähnten Ursulaaltar zu sehen. Er imponiert durch seinen hohen, feingliedrigen Aufbau. An den Vierungspfeilern findet man die *Steinstatuen* v. Petrus und Paulus sowie Maria und dem Verkündigungsengel (um 1280). Die beiden letzten gehören zu den besten Werken der got. Bildhauerkunst in Deutschland und stammen v. Meister des Erminoldgrabes in Prüfening. Dem Verkündigungsengel gegenüber befindet sich im S-Schiff ein *Ziehbrunnen*. Der folgende *Verkündigungsaltar* ist aus der Zeit um 1335–40. Von den zahlreichen Grabmälern sei hier noch die bronzene *Grabtafel für Margare-*

ta Tucher aus der Werkstatt des P. Vischer* im N-Chor erwähnt. Neben zahlreichen originalen *Glasgemälden* des 13. und 14. Jh. ist auch der *Domschatz* eine Besichtigung wert. – Zu den Bauwerken, die den Dom umgeben und mit ihm gemeinsam die sog. Domstadt bilden, gehört im NO der *Kreuzgang* (zu erreichen über das Kapitelhaus) mit Grabdenkmälern aus dem 14. bis 18. Jh. Im O grenzt hier die *Allerheiligenkapelle* an (12. Jh.). Sie ist als Begräbnisstätte für Bischof Hartwich II. entstanden und enthält eine sehenswerte roman. Ausmalung. Neben dem Dom findet man die Kirche *St. Stephan* aus dem 11. Jh. (im Volksmund als »Alter Dom« bezeichnet). Hinter *Kapitelhaus* und *Domgarten* erhebt sich die *St.-Ulrich-Kirche*. Sie diente ehemals als Dompfarrkirche und ist ein Werk des 13. Jh. Im Inneren sind Wandmalereien aus der Zeit um 1570 erhalten.

Ehem. Dominikanerkirche St. Blasius (Beraiterweg): Die *W-Fassade* ist beherrschender Teil dieses Baus, der um 1300 fertiggestellt war und zu den ersten großen Bauten der Gotik in Deutschland gehört. Im Bogenfeld des *W-Portals* ist die Figur des Albertus Magnus zu sehen. Das Innere zeigt sich als querschifflose Basilika mit schönem *Kreuzgewölbe*. *Wandmalereien* im Chor und im s Seitenschiff (14./15. Jh.). Das *Chorgestühl* aus dem 15. Jh. ist erhalten, ansonsten ging jedoch die alte Einrichtung weitgehend verloren. Eine *Schutzmantelmadonna* (um 1500) ist am n Chorpfeiler beachtenswert. Das *Grabdenkmal für Lukas Lamprechtshauser* ist um 1520 abgeschlossen worden (in einem Relief die thronende Muttergottes). Die wertvollen *Grabsteine* aus Rotmarmor erinnern an die in voller Montur dargestellten Ritter Jörg Schenk v. Neideck und Thomas Fuchs zu Schneeberg. – Zu den angrenzenden Klosterbauten, die vielfach verändert worden sind, gehört auch die *Albertuskapelle*.

Dreieinigkeitskirche (Schererstr./Gesandtenstr.): Der Nürnberger Baumeister J. Carl hat diese zweite protestantische Pfarrkirche der Stadt als tonnenüberwölbten Saalbau in den Jahren 1627–31 geschaffen. Im Inneren setzen die Gewölbestruktur (die Kassettengliederung wird durch große Rippenstreben unterbrochen) und die in den Kirchenraum ragenden Holzemporen unverwechselbare Akzente. Im engen Kirchhof erinnern prunkvolle Grabdenkmäler des 17. und 18. Jh. an Gesandte am »Immerwährenden Reichstag«.

Ehem. Benediktinerklosterkirche St. Emmeram (Emmeramsplatz): Kirche und Kloster gründen auf einer älteren Georgskirche, in welcher der westfränkische Wanderbischof Emmeram, nachdem er einem Racheakt zum Opfer gefallen war, im 7. Jh. beigesetzt wurde. Die Anlage hat sich seit der Gründung des Benediktinerklosters im 8. Jh. zu einem ausgedehnten Komplex entwickelt. – Den Klosterbezirk überragt der (nach ital. Vorbild) frei stehende *Glockenturm* (1579). Neben dem Pfarrhaus aus dem 19. Jh. führt ein zweigeschossiges frühgot. *Doppelportal* (um 1250) in die *Vorhalle*, die nach 1166 entstanden ist. An der W-Seite erinnern zahlreiche *Grabsteine* an die karolingische Zeit. Jüngeren Datums, aber besonders prachtvoll ist das Epitaph des Humanisten und »Vaters der bayr. Geschichtsschreibung« Johannes Turmayr (Aventinus genannt, gest. 1534). Im O der Vorhalle erhebt sich die Pfarrkirche *St. Rupert*, ihre Bauzeit ist von Mitte des 11. bis Mitte des 12. Jh. überliefert. Heute trägt die Kirche im wesentlichen einen spätgot. Charakter mit Wand- und Deckenmalereien aus dem 18. Jh.

2 Zugänge führen in die Emmeramskirche; 1 einer ins → *Langhaus*, r einer ins *w Querschiff* mit dem *Dionysius-Chor* (11. Jh.) und der *Wolfgangskrypta* im Unterbau. An den Pfeilern des Doppelportals (11. Jh.) sind der thronende Christus, der hl. Emmeram und Dionysius dargestellt. Die Steinreliefs gehören zu den ältesten dt. Großplastiken (1050). – Ältester Teil der Emmeramskirche, die als Mutterkirche des Bistums Regensburg den Rang einer päpstlichen Basilika erhielt, ist die *Emmeramskrypta*, im 8. Jh. entstanden, jedoch erst 1894 wiederentdeckt. Sie liegt unter der v. Langhaus getrennten *Hauptapsis* und ist durch einen Gang mit der 980 gew. *Ramwoldkrypta* (1775 verändert) verbunden. – Die urspr. roman. Formen des *Langhauses* sind unter der Rokokopracht verschwunden, die F. Q. Asam[*] als Stukkateur und C. D. Asam[*] als Maler der Wand- und Deckenfresken dieser Kirche angedeihen ließ. Von den vielen wertvollen *Grabdenkmälern* sollen der Grabstein für Königin Hemma (gest. 876) und der für die bes. liebevoll dargestellte sel. Aurelia (um 1330) hervorgehoben werden. – Die *Klostergebäude* dienen seit 1812 als → *Schloß der Fürsten v. Thurn und Taxis*.

St. Emmeram >

St. Kassian (Kassiansplatz): Diese älteste Bürgerkirche in Regensburg ist im Kern karolingisch, präsentiert sich jedoch in ihren wesentlichen Teilen als frühroman. Pfeilerbasilika. Sie erhielt in der Mitte des 18. Jh. eine farbenprächtige Rokokodekoration. Im S Seitenaltar findet man die Schnitzfigur der *Schönen Maria*, die der berühmte Landshuter Meister H. Leinberger* um 1520 geschaffen hat. Der n Seitenaltar stand ehemals im Hauptchor und birgt im Schrein die spätgot. Figur des hl. Kassian.

Ehem. Minoritenkirche (Dachauplatz): Das frühgot. *Langhaus* war um 1260 fertig, der überhöhte *Chorbau* ersetzte einen Vorgängerbau in der Zeit um 1350–60; 1810 wurde die Kirche profaniert und erweitert. Sie dient seither in Verbindung mit den Resten des früheren Klosters, in dem der bedeutendste dt. Prediger, Berthold v. Regensburg, lebte und starb (1272), als → Museum der Stadt.

Neupfarrkirche (Neupfarrplatz): Der über der zerstörten Synagoge errichtete Bau aus den Jahren 1519–40 war urspr. als Wallfahrtskirche »Zur schönen Mariä« konzipiert (mit sechseckigem Zentralbau und angrenzendem Kapellenkranz). Es kam jedoch nur eine sehr vereinfachte Form zur Ausführung, nicht zuletzt deshalb, weil die Protestanten den Bau 1542 übernahmen.

Niedermünster (vor der O-Pforte des → Domgartens): Die Stiftskirche des ehem. reichsunmittelbaren adligen Damenstifts Niedermünster wurde nach dem Stadtbrand v. 1152 erneuert und präsentiert sich als dreischiffige Pfeilerbasilika mit w Turmpaar. Im 17./18. Jh. wurde das Innere im Stil des Barock ausgestattet. An dem ma Zustand erinnert der wertvolle *Baldachinaltar* (um 1350) über dem Grab des hl. Erhard (n Seitenschiff). An der N-Wand des Chors findet man die wertvolle *Bronzegruppe* des ehem. Kreuzaltars mit der trauernden Magdalena am Kreuzesstamm. – In den ehem. Stiftsgebäuden befinden sich seit 1821 das bischöfliche Ordinariat und die Residenz des Bischofs. – Im O der Kirche ist die *St.-Erhards-Kapelle* beachtenswert (2. Hälfte 10. Jh.).

Schottenkirche St. Jakob (Jakobstraße): Die dreischiffige Säulenbasilika zeigt die Formen der Hochromanik. Unter teilweiser Übernahme eines Baus v. 1120 entstand 1150–95 die heutige Kirche. Bauherren waren irische Wandermönche. Im 16. Jh. besetzten schottischen Benediktiner das zur Kirche gehörende Kloster neu. Kunsthistorisch höchst bedeutend ist das *Hauptportal* an der N-Seite. Es weist einen für die Romanik ungewöhnlichen Figurenschmuck auf. Die endgültige Deutung dieser Figurenfülle ist bisher nicht gelungen. Westfranz. und lombardische Einflüsse sind deutlich. – Im Inneren setzt sich der Figurenreichtum an den *Kapitellen* der massigen Säulen fort, wo er auch v. pflanzlichen Motiven abgewechselt wird. Im Triumphbogen findet sich eine der ältesten *Kreuzigungsgruppen* in Deutschland (um 1200). An den Pfeilern des Chores verdienen die gotischen *Steinfiguren* Beachtung. In den angrenzenden Räumen des *ehem. Schottenklosters* ist heute das bischöfliche Klerikalseminar untergebracht.

Weitere sehenswerte Kirchen: *Ehem. Deutschordenskirche St. Ägidien* (w v. St. Emmeram); *Kirche St. Oswald* (Weißgerbergraben); *Dominikanerinnenkirche Hl. Kreuz* (Nonnenplatz).

Altstadt: Die Regensburger Altstadt ist am r Donauufer gewachsen und v. einem Grüngürtel umgeben. Die meist sehr schmalen Gassen haben ihr ma Gepräge erhalten und legen Zeugnis ab von einem selbstbewußten, durch den Handel wohlhabend gewordenen Bürgertum.

Brunnen: Ital. Formen und Vorbilder klingen bei den Brunnen der Stadt an. Der *Adlerbrunnen* vor dem *Haus an der Heuport* (16. Jh., Domplatz 17) ist v. alters her Treffpunkt für die Gärtner aus Weichs, die hier ihre frischen Rettiche verkaufen. Weitere Brunnen sind der *Justitiabrunnen* (Haidplatz) aus dem Jahr 1656, der *Brunnen auf dem Fischmarkt* (Anfang 17. Jh.) und der *Ziehbrunnen* in der Gasse Am Wiedfang (in der Nähe des ma Hafens, um 1610).

Geschlechtertürme: Ausdruck ma Repräsentation und Wehrhaftigkeit sind die burgartigen Häuser der reichen Partrizierfamilien mit ihren hoch in den Himmel ragenden Türmen. Der *Baumburgerturm* (am Watmarkt) ist der bedeutendste dieser sog. Geschlechtertürme. Er ist 28 m hoch und in 7 Geschosse unterteilt (13. Jh.). Höher ist der Goldene Turm des *Haymohauses* (auch Wallerhaus, Wahlenstr. 16). Er ist um 1260 entstanden und erreicht eine Höhe von fast 50 m. Den schönen Arkadenhof (Renaissance-Formen, 16. Jh.) erreicht man über das Haus Untere Bachgasse 7. Weitere Geschlechtertürme sind der *Bräunelturm* (Watmarkt 6), das *Goliathhaus* (Watmarkt 5, mit dem Riesenfresko »David im Kampf mit Goliath« v. M. Bocksberger aus dem Jahr 1573) sowie die ehem. Gasthöfe *Goldenes Kreuz* (Haidplatz 7) und *Blauer Hecht* (Keplerstr. 7).

Herzogshof (ö v. Dom): Die Geschichte des Herzogshofs läßt sich anhand v. Dokumenten bis in das Jahr 791 zurückverfolgen. Auf dem Gelände der agilolfingischen und karolingischen Pfalz ist der heutige Bau im 12./13. Jh. entstanden. Bemerkenswert sind die *Fensterarkaden* (um 1220) und der *Herzogssaal* im Obergeschoß (heute Stätte kultureller Veranstaltungen).

Altes Rathaus (Rathausplatz): Die ältesten Bauteile dieser malerischen Baugruppe gehen auf das 11. Jh. zurück. Im W befindet sich der *Reichssaalbau,* der um 1360 errichtet und 1408 nach einem Brand erneuert wurde. Sehenswert ist an der l Portalschräge die Darstellung der *Stadtmaße* aus dem 15. Jh. (»der stat schuch«, »der stat öln«, »der stat klaffter«). – Die Verbindung zum *Neuen Rathaus* schafft ein Zwischentrakt, der zusammen mit dem achtgeschossigen Turm Mitte des 13. Jh. im Stil der Partrizierburgen errichtet wurde. Im Hof steht der große *Venusbrunnen* (1661) mit 4 Steinfiguren (1630), die urspr. für die Portale der → *Dreieinigkeitskirche* bestimmt gewesen sind. Ein einfacherer Wandbrunnen steht im *Neptunhof* (1662). – Kernstück des Alten Rathauses ist der *Reichssaal,* der urspr. als Tanz- und Festsaal des Rates errichtet wurde, dann jedoch als Sitzungssaal des »Immerwährenden Reichstages« (1663 bis 1806) eine bedeutendere Aufgabe erfüllte. Der 15 m breite und 8 m hohe Saal wird v. einer großartigen *Balkendecke* (1408 erneuert) überspannt. Die Bemalung der Wände stammt aus dem Jahr 1564. Die Stufen, die den Saal an 3 Seiten umlaufen, lassen noch die einstige Sitzordnung des Reichstags erkennen. An oberster Stelle, unter einem

Steinerne Brücke und Brückentor

Baldachin (aus dem Jahr 1573), saß auf dem *Lehnsessel* (1664) der Kaiser. Darunter folgten Kurfürsten, Fürsten und schließlich die Vertreter der Reichsstädte. Besonderes Augenmerk verdient der bunte *Wirkteppich* (um 1550, eine Regensburger Arbeit). Zu erwähnen sind aber auch die wertvollen Brüsseler *Gobelins* (um 1600). Die *Fahnen* sind 1633 gestiftet worden. – Um den Reichssaal sind eine Reihe v. Beratungszimmern gruppiert, in denen die 3 Reichsstände tagten. Dazu gehören: das *Kurfürstliche Nebenzimmer*, das *Reichsstädtische Kollegium*, das *Kurfürstenkollegium* und das *Fürstenkollegium*. Im Erdgeschoß erinnern verschiedene Räume an die Gerichtsbarkeit jener Zeit: Die *Fragstatt*, wo Gefangene verhört wurden, das *Lochgefängnis* und das *Armesünderstübchen*, wo einst die zum Tode Verurteilten auf ihre Hinrichtung warten mußten. In Verbindung mit dem *Ratskeller* (Restaurant) ist der *Dollingersaal* neu erstanden (aus einem 1889 abgebrochenen Patrizierhaus übernommen). Hier zeigen Stuckreliefs (13. Jh.) den Kampf, bei dem der Regensburger Bürger Dollinger im Jahre 930 vor den Augen Heinrichs I. auf dem angrenzenden Haidplatz den Hunnen Krako besiegt haben soll. – Im Rathaus befindet sich heute das *Reichstags-Museum.*

Schloß der Fürsten von Thurn und Taxis (s v. St. Emmeram, Zugang über die Schloßstraße): Seit 1812 dienen die ehem. Stiftsgebäude v. St. Emmeram als Schloß der Fürsten v. Thurn und Taxis. Ergänzungen stammen aus dem Jahr 1889; damals wurden auch die übrigen Fassaden überarbeitet. Architektonisches Glanzstück ist der *Kreuzgang*, der zu den bedeutendsten Beispielen got. Architektur in Deutschland gehört (13./14. Jh.). Zum Schloßkomplex gehören ferner die fürstliche *Gruftkapelle* (1841) und die *Reitschule*, ein bedeutender Bau des Klassizismus (heute → *Marstallmuseum*). Hervorzuheben ist schließlich die Fürstlich Thurn- und Taxissche *Hofbibliothek*, die zu den wertvollsten Privatbibliotheken der Welt zählt. Zum Privatarchiv gehört eine Dokumentation, in der sich die Bedeutung der aus Italien stammenden Thurn und Taxis als Generalpostmeister des Dt. Reiches (seit 1595) spiegelt. 1957–69 wurden im Bibliothekssaal

Fresken freigelegt, die C. D. Asam[*] geschaffen hat (1737).

Steinerne Brücke: Hans Sachs lobte die Steinerne Brücke, ein Wahrzeichen der Stadt, mit den Worten: »Der Brücken gleicht keine in Deutschland.« In den Jahren 1135–46 errichtet, galt sie im MA als Wunderwerk der Technik und zeigt Reichtum und Wagemut der Regensburger Bürger. Die Brücke war urspr. 330 m lang. Von den ehemals 16 Bögen sind heute noch 15 sichtbar, sie haben Spannweiten zwischen 10,4 und 16,7 m. Das berühmte Regensburger *Brückenmännchen* (Original heute im → Museum der Stadt) ist auf der W-Brüstung der Brücke zu sehen. – Von den urspr. 3 *Brückentürmen* ist nur der s erhalten. An seiner N-Seite trägt er mehrere Steinskulpturen aus dem 13. Jh.

AM STADTRAND

Benediktinerklosterkirche St. Georg in Prüfening (4 km w der Altstadt): Das Kloster wurde 1109 v. Bischof Otto I. v. Bamberg gegr. – Ältester Teil der heutigen Kirche ist der O-Teil mit seinen 7 Altären (Bauinschrift am sw Vierungspfeiler). Einzelne Teile des Baus wurden stark verändert, der Grundgedanke blieb jedoch erhalten und machte St. Georg zu einer der bedeutendsten Kirchen des 12. Jh. in Deutschland. Starke Einflüsse (Querschiff und O-Türme) gehen v. Mutterkloster → Hirsau aus. – Von größtem Wert sind die erstklassigen, sehr gut erhaltenen *Wandmalereien* aus der Zeit um 1130–60. Sie bedecken große Teile des Hauptchors und der Nebenchöre. Dargestellt sind u. a. der Ordenspatron, Bischöfe, Kaiser, Märtyrer, die Evangelisten und Maria. Von hohem Rang ist auch das *Hochgrab des Abtes Erminold*, das 1283 v. sog. Erminold-Meister, einem der besten Bildhauer seiner Zeit, geschaffen wurde.

Karthaus-Prüll (1 km sw der Altstadt): Die im Kern roman. Kirche des urspr. Benediktinerklosters, in das im 15. Jh. Kartäusermönche einzogen, verdient einen Besuch wegen des *Freskos* an der W-Empore, das als erstklassiges Beispiel spätroman. Ausmalung gelten darf (um 1200)

und die Verkündigungsszene zeigt. Die *Stuckdekorationen* stammen aus der Zeit um 1605. Sehenswert sind außerdem der *Hochaltar*, ein Meisterwerk dt. Renaissance (im Übergang zum Barock), das *Chorgestühl* und mehrere *Ölgemälde* (um 1650). – In den angrenzenden *Klosterbauten* sind beim *Kreuzgang 7 Eremitenhäuschen* erhalten.

Stadttheater (Bismarckplatz 7): Das 1852 nach einem Brand neu erbaute Theater wurde sorgfältig renoviert. Es hat 540 Plätze (außerdem Podiumbühne sowie mobiles Theater) und wird v. einem eigenen Musik- und Schauspielensemble bespielt.

Museen: Das *Museum der Stadt Regensburg* (Dachauplatz 2–4) ist im ehem. → Minoritenkloster (13. Jh.) untergebracht. Es verfügt über rund 100 Ausstellungsräume und gehört zu den bedeutendsten Museen in Süddeutschland. Die Sammlungen informieren insbesondere über Geschichte, Kultur und Kunst in Oberbayern (Altsteinzeit bis 19. Jh.) und enthalten zahlreiche der aus verschiedenen Kirchen und Gebäuden der Stadt übernommen worden sind (dort nur noch Kopien). – Im *Keplergedächtnishaus* (Keplerstr. 5), dem Sterbehaus des bedeutenden Astronomen und Mathematikers (1571–1630), befindet sich heute eine umfassende Sammlung zum Leben und Werk des Wissenschaftlers. – Das *Reichstags-Museum* (Rathausplatz 4) in einem Teil des → Alten Rathauses erinnert mit Dokumenten und Ausstellungen an den »Immerwährenden Reichstag«. – Im *Fürst-Thurn-und-Taxis-Schloßmuseum* (Emmeramsplatz) findet man Einrichtungsgegenstände, fürstlichen Kunstbesitz, Gobelins sowie die berühmte Hofbibliothek und das Zentralarchiv. V. a. ist die Besichtigung des *Fürst-Thurn-und-Taxis-Marstallmuseums* zu empfehlen. Es zeigt Kutschen, Gespanne, Schlitten sowie andere Fahrzeuge aus dem 18.–20. Jh. und ist gleichzeitig Zeugnis für die ersten Etappen der Entwicklung des Postwesens in Deutschland. – *Stiftung Ostdeutsche Galerie* (Dr.-Johann-Maier-Str. 5): Dokumentationen der Kunst und Kultur in den ehem. Ostgebieten. – In der *Staatsgalerie* (Dachauplatz 2–4) werden Werke europ. Ma-

lerei des 16.–18. Jh. gezeigt. – *Schiffahrtsmuseum* (im Museumsdampfer *Rathof):* Geschichte der bayerischen Donauschifffahrt.

78479 Reichenau
Baden-Württemberg

Einw.: 4600   Höhe: 400 m   S. 1281 □ G 15

Die Insel im Bodensee (durch einen Straßendamm mit dem Land verbunden) zeichnet sich durch ungewöhnlich fruchtbaren Boden und einige Stätten alter christl. Kunst aus. Wilhelm Hausenstein schrieb über die Insel (1951): »Herübergesetzt in eine Welt voll von Pfingstrosen und Gemüse und Heu, zwischen zwei Armen eines Sees, der nilgrün hier, dort violett die Ufer näßt und die Insel mit einem Dunst und Aroma des Feuchten sättigt.« – Die Insel gliedert sich in die Bereiche Mittelzell (mit dem Münster St. Maria und St. Markus), Oberzell (mit der ehem. Stiftskirche St. Georg) und Niederzell (mit der ehem. Stiftskirche St. Peter und Paul).

Münster St. Maria und St. Markus: Das Kloster, eine Gründung des Abts und Wanderbischofs St. Pirmin, der v. 724–26 auf der Reichenau lebte, war einst einer der kulturellen Mittelpunkte des Abendlandes. Gegen Ende des 8. und 9. Jh. blühten unter den Äbten Waldo (786–806) und Heito I. (806–23) Kunst und Wissenschaft. Um 1000 erreichte die Buchmalerei in Deutschland hier auf Reichenau spektakulären Glanz. Ein letzter Höhepunkt des Reichenauer Wirkens war unter Hermanus Contractus zu verzeichnen, der im 11. Jh. dem Kloster vorstand und als Hermann der Lahme oder »das Mirakel des Jahrhunderts« in die Geschichte eingegangen ist. – Das Kloster kam im 16. Jh. an den Bischof v. Konstanz und wurde 1757 ganz aufgehoben. In der Glanzzeit lebten im Kloster bis zu 100 Mönche.
Das bestehende Münster hat die ältesten Teile aus der Zeit um 816 übernommen. Die wesentlichen Teile stammen v. Neubau, den Abt Berno (1008–48) veranlaßt hat. Über Spindeltreppen erreicht man das erste Geschoß des Turmes, die sog. Kaiserloge. Darüber befindet sich im 2. Oberge-

schoß die Michaelskapelle. Das Chorgitter ist ein Musterbeispiel früher Eisenschmiededekunst. Die bedeutendsten Teile der Innenausstattung befinden sich heute in der *Schatzkammer*. Sie ist in der spätgot. Sakristei über einem roman. Keller eingerichtet. Hier finden sich u. a. 5 got. Reliquienschreine, die aus der Glanzzeit des Klosters übernommen sind.

Ehem. Stiftskirche St. Georg: Vermutlich bereits um 900 ist die ehem. Stiftskirche entstanden. Schon im 9. Jh. befand sich hier eine Klosterzelle. Wertvollster Besitz dieser gut erhaltenen (wenn auch um 1000 erweiterten und im Barock veränderten) Kirche sind die *Wandmalereien* aus ottonischer Zeit. Keine Kirche des frühen MA besitzt einen vergleichbaren monumentalen Bildschmuck der Raumwände. Er ist eines der bedeutendsten bis heute erhaltenen Werke der Malkunst um das Jahr 1000 und durchzieht das gesamte Schiff. Dargestellt sind u. a. Reichenauer Äbte, 6 Apostel und die Wundertaten Christi. Erwähnenswert sind auch die Mensa des *Hochaltars* (um 1000), der spätroman. *Kruzifixus* (um 1170) über dem Zugang zur Krypta (dem hl. Georg gew.) sowie ein *Vesperbild* (N-Apsis, 15. Jh.) und der *Schmerzensmann* (S-Apsis, Mitte des 15. Jh.).

Ehem. Stiftskirche St. Peter und Paul: Die Kirche mit ihrem basilikalen Langhaus geht auf das 8./9. Jh. zurück, wurde jedoch im 11./12. Jh. neu erbaut. Die Einflüsse der Reformbewegung von → Hirsau sind deutlich in den Würfelkapitellen und Profilen des W-Portals zu erkennen. Stuck und Fresken stammen aus der Zeit des Barock. In der Mittelapsis sind Reste roman. Wandmalerei erhalten.

93189 Reichenbach, Oberpfalz
Bayern

Einw.: 1100   Höhe: 360 m   S. 1283 ☐ N 12

Ehem. Benediktinerklosterkirche St. Mariae Himmelfahrt: Die dreischiffige Basilika ist aus kräftigen Quadern im Stil der Romanik errichtet. Sie entstand zusammen mit dem 1118 gegr. ehem. Benediktinerkloster (Kirche 1135 gew., Bauabschluß jedoch erst um 1200). Neben verschiedenen anderen Änderungen war der Ausbau zur Klosterburg im 15. Jh. am folgenreichsten. Wesentliche Teile der erstklassigen Innenausstattung gingen beim Bildersturm im 16. Jh. nach Einführung der Reformation verloren. Im 18. Jh. wurde das Innere vollständig barockisiert.

Reichenau, St. Maria und St. Markus

Von der ursprünglichen Ausstattung sind nur das Chorgestühl aus dem frühen 15. Jh., eine Sandsteinmadonna, ein Meisterwerk des Weichen Stils, um 1420 (am nw Arkadenpfeiler), und einige Grabdenkmäler erhalten. Im Zuge der barocken Umgestaltung kam u. a. der mächtige Hochaltar mit seinen doppelt gedrehten Säulen hinzu, um 1745–50. – Die *Klosteranlagen* sind nur teilweise erhalten und stark umgestaltet.

08468 Reichenbach/Vogtland
Sachsen

Einw.: 24 300   Höhe: 300 m   S. 1278 ☐ N 9

Peter-und-Pauls-Kirche: Die 1720 nach einem Brand völlig erneuerte Stadtkirche (im 20. Jh. restauriert) birgt im Inneren mit *Barockemporen* und *Deckenstukkaturen* qualitätvolle Ausstattungsstücke, so ein barockes *Kruzifix* (um 1680), einen ebenfalls barocken *Kanzelaltar* und v. a. eine 1723–25 v. Gottfried Silbermann* eingebaute *Orgel.*

Haus Johannispl. Nr. 3: Hier wurde am 9.3.1697 Friederike Caroline Neuber (gest. 1760) geboren. Von 1725–50 leitete sie eine eigene Theatergruppe. Zusammen mit Joh. Christoph Gottsched galt sie als Neuerin des dt. Theater nach frz. Vorbild und als berühmteste Schauspielerin ihrer Zeit (heute Heimatmuseum mit Erinnerungsstücken).

Umgebung

Mylau (5 km w): Die im 12. Jh. mit Schildmauer und 25 m hohem Bergfried erbaute *Burg* (restauriert) wurde im Auftrag Kaiser Karls IV. um die Vorburg (um 1360–70) erweitert.
Der ehem. Palas dient heute als Rathaus und beherbergt auch das *Kreismuseum* mit Exponaten zur Regionalgeschichte und zum Bau der im Stil eines röm. Aquäduktes 1845–51 w der Stadt erbauten *Göltzschtalbrücke,* einer der ersten dt. Eisenbahnbrücken.

24768 Rendsburg
Schleswig-Holstein

Einw.: 31 100   Höhe: 15 m   S. 1273 ☐ M 2

Marienkirche (An der Marienkirche): Die dreischiffige Backsteinhallenkirche

Reichenau, St. Georg

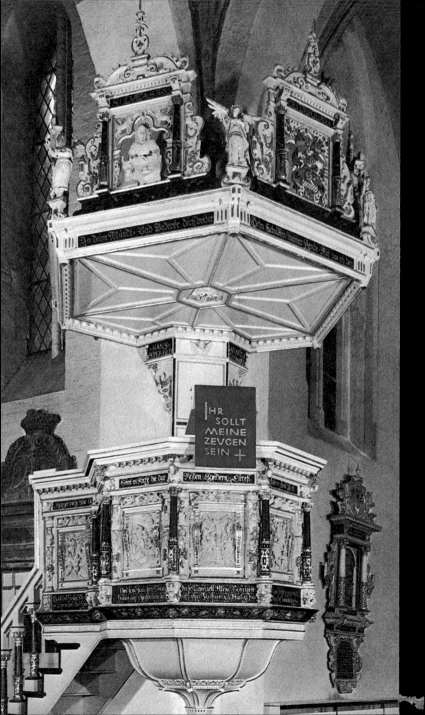

IHR SOLLT
MEINE
ZEUGEN
SEIN ✝

entstand nach dem Stadtbrand des Jahres
1287. Die reiche Ausstattung kommt
durch das Weiß der Wände und Pfeiler
besonders gut zur Wirkung. Bedeutende
Stücke der Ausstattung sind (neben den
zahlreichen Epitaphen; Mitte 16. Jh. bis
Mitte 18. Jh.): Reste einer Gewölbemalerei aus dem 14. Jh., 1951 freigelegt,
Schnitzaltar im Knorpelstil (1649), Kanzel
v. H. Peper (1621) und Epitaph für M.
Rantzau (1649).

Christkirche (Paradeplatz): In Neuwerk,
einem barocken neuen Stadtteil des 17./18.
Jahrhunderts mit einem zentralen Platz
und fächerförmig davon ausgehenden
Straßen, entstand v. 1695–1700 diese
zweischiffige Kirche.

Neuwerk (siehe auch Christkirche): Zentrum dieses neuen Stadtviertels wurde der
Paradeplatz. Hervorzuheben sind einige
militärische Zweckbauten aus dem 18.
Jahrhundert.

Rathaus (am Markt): Der Bau des 16. Jh.,
urspr. als Fachwerk aufgezogen, wurde um
1900 und 1939 verändert und erweitert.
Wiederaufbau des histor. Treppengiebels
in Backsteinarchitektur. Erhalten ist das
holzgetäfelte *Bürgermeisterzimmer* (mit
Malereien um 1720). Heute befindet sich
im Rathaus das *Heimatmuseum* (siehe unten).

Alte Häuser: Verteilt über die Altstadt
und das übrige Stadtgebiet sind einige alte
Bürgerhäuser erhalten. Sehenswert ist die
Gastwirtschaft »Zum Landsknecht« v.
1541 (Schleifmühlenstr. 2) ein Bürgerhaus
mit schöner Fachwerkfassade.

Museen: Das *Heimatmuseum* (im Hohen
Arsenal): Vorgeschichtliche Funde,
Sammlungen zur Kulturgeschichte v.
Rendsburg und Umgebung sowie Nord-
deutsches Druckmuseum.
Das *Eisen-Kunstgußmuseum* (Glück-auf-
Allee) zeigt Kunstgußerzeugnisse, Plaket-
ten, Porträtsammlungen und Dokumente
aus der Geschichte der Carlshütte (Ahl-
mann-Carlshütte KG, Sitz in Rendsburg).

< Rendsburg, Kanzel in der Marienkirche

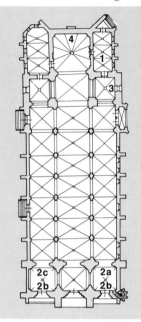

Reutlingen, Marienkirche 1 Wandmalerei in der s
Sakristei (Katharinenlegende), vor 1312 **2** Wandmalerei im Langhaus, 14. Jh., a) Katharina, b) Christophorus, c) Paulus **3** Taufstein, 1499 **4** Hl. Grab,
Anfang 16. Jh.

Theater: Das *Schleswig-Holsteinische
Landestheater und Sinfonieorchester*
(Jungfernstieg 7): Es wird im Verbund mit
den Theatern in → Flensburg und →
Schleswig bespielt.

Außerdem sehenswert: *Eisenbahnhoch-
brücke* (erbaut 1911–13 v. F. Voß) mit
Schwebefähre, *Kanaltunnel* für die Euro-
pastraße (2 bedeutende technische Baudenkmäler aus jüngster Zeit).

72760–70 Reutlingen
Baden-Württemberg

Einw.: 105 800 Höhe: 382 m S. 1281 ☐ G 14

Die Geschichte der Stadt geht bis in das 11.
Jh. zurück, als sich 4 Siedlungen zu einem
Dorf vereinigten. Nach der Verleihung des

Marktrechts durch Friedrich Barbarossa (1182) und der Stadtrechte durch Otto IV. (1209) erfolgte 1216–40 die Anlage der »Neuen Stadt« durch Friedrich II. Schon 1247 behauptete die Stadt ihre Reichsunmittelbarkeit siegreich gegen Heinrich Raspe. Es folgte eine Hochblüte im 13. und 14. Jh., v. der die Marienkirche Zeugnis ablegt. Zahlreiche Auseinandersetzungen mit den verschiedensten Gegnern haben die Stadt in den folgenden Jahrhunderten immer wieder schwer getroffen. Zuletzt richtete der 2. Weltkrieg schwere Schäden an. Heute ist die ehem. Reichsstadt am Fuß der Schwäbischen Alb ein Zentrum der Maschinenindustrie.

Marienkirche (Weibermarkt): Ein Sieg über die Truppen des Heinrich Raspe, der sich als Gegenkönig gegen den Hohenstaufenkönig Friedrich II. erhoben hatte, soll 1247 zum Anlaß für den Baubeginn geworden sein. Aus dieser Zeit ist der rechteckige Chor erhalten, der v. 2 kleineren Türmen flankiert wird. Der Hauptturm wurde dagegen erst 1343 vollendet. Trotz der langen Bauzeit (weitere Teile wurden später hinzugefügt) zeichnet sich die Marienkirche durch eine überraschende Einheitlichkeit aus. Nur in den Details ist der Wandel, den die Gotik im 13. und 14. Jh. in Deutschland erlebte, nachzuvollziehen. Beachtenswert ist das komplizierte Strebesystem, das hier zum erstenmal in Schwaben ausgeführt wurde und mit dem das Langhaus abgestützt ist. Höhepunkt der nur in Teilen erhaltenen Ausstattung ist das *Hl. Grab* (im Chor) aus dem Anfang des 16. Jh. Vermutlich in derselben Werkstatt wurde der achteckige *Taufstein* 1499 geschaffen, der ein ähnlich reich wucherndes Sprengwerk besitzt. An einigen Stellen der Kirche finden sich Reste alter *Wandmalereien*.

Brunnen: Drei schöne Brunnen sind aus dem 16. Jh. erhalten: der *Lindenbrunnen* (1544, Original im Museum), der *Kirchbrunnen* (1561, das Standbild zeigt Kaiser Friedrich II.) und der *Marktbrunnen* (1570, das Standbild zeigt Kaiser Maximilian II.).

Museum: *Heimatmuseum* (Oberamteistr. 22): In dem ehem. Königsbronner Klosterhof, einem Bau aus dem 15. Jh., ist seit 1939 das Heimatmuseum untergebracht. – *Städt. Kunstmuseum Spendhaus Reutlingen* (Spendhausstr. 4): Museum für den Holzschnitt der klassischen Moderne, Hochdruck seit 1945, HAP Grieshaber.

Außerdem sehenswert: Reste der *Stadtbefestigung* (u. a. Tübinger Tor an der Lederstraße, Gartentor an der Mauerstraße) aus dem 13. Jh. – *Spitalkirche* am Markt (1333 erbaut und 1555 erweitert).

33780 Rheda-Wiedenbrück
Nordrhein-Westfalen

Einw.: 38 900	Höhe: 75 m	S. 1276 □ E 7

Marienkirche/Marien-Wallfahrts-Kirche (Marienplatz): Die dreischiffige Hallenkirche war 1470 fertiggestellt und hat ihre Gestalt seither fast unverändert erhalten. Bemerkenswert ist das ungewöhnliche Verhältnis zwischen Breite und Länge: Die Kirche ist mit einer Breite v. 19 m und einer Länge v. nur 13,20 m eine Ausnahme unter den westfälischen Hallenkirchen. Gegenüber liegt das 1667 gegr. Kloster.

Stiftskirche St. Ägidii (Kirchplatz): Die um 1500 entstandene große Hallenkirche erhielt Turm und Chor erst im 19. Jh. Kunsthistorisch v. großem Interesse ist das Sakramentshäuschen aus dem Jahr 1504 – mit seinem großartigen, reichen Aufbau eines der besten dieser Art in Westfalen. Aber auch die Sandsteinkanzel (getragen v. der Figur Moses, um 1617) und der Taufstein aus der Zeit der Spätgotik sowie die Kanzel aus dem frühen 17. Jh. sind zu rühmen.

Außerdem sehenswert: *Schloß Rheda* (17./18. Jh.) mit spätroman. Torturm (um 1235). – *Haus Aussel* (Batenhorst): Burgmannsgut v. 1580. – *Fachwerkhäuser* (v. a. Mönchs- und Lange Straße): z. T. reichgeschnitzte Ackerbürgerhäuser aus dem 16./17. Jh.

Reutlingen, Hl. Grab im Chor >
der Marienkirche

Rheinberg, Hochaltar in St. Peter

Rheinsberg, Schloß

47495 Rheinberg
Nordrhein-Westfalen

Einw.: 28 300   Höhe: 25 m   S. 1276 ☐ B 7

77836 Rheinmünster
Baden-Württemberg

Einw.: 5700   Höhe: 120 m   S. 1280 ☐ E 13

Kath. Pfarrkirche St. Peter: Turm und Langhaus (romanisch) waren um 1200 fertiggestellt. Vom 14.–16. Jh. wurden Chor, Chorumgang und Seitenschiffe gotisch zugebaut und das Langhaus umgestaltet. Hervorzuheben ist der *Hochaltar,* der einen Antwerpener Passionsaltar (16. Jh.) im oberen Teil und einen Doppelschrein, möglicherweise aus Brüssel (um 1440), sehr geschickt vereint. Der untere Doppelschrein zeigt Gottvater, Christus und die 12 Apostel. In der Kirche befinden sich mehrere *Tafelbilder,* Passionsszenen und Figuren eines Altars, der um 1440 v. einem niederrheinisch-westfälischen Meister geschaffen wurde.

Außerdem sehenswert: Das Rathaus (1449), Pulverturm (1297/98)

Ehemalige Benediktinerklosterkirche (Schwarzach): Die um 1220 errichtete roman. Kirche erfuhr im Laufe der Jahrhunderte zahlreiche Eingriffe in die Bausubstanz. Die letzte Renovierung (1967–69) bemühte sich, die ma Anlage möglichst originalgetreu zu rekonstruieren. Der starke *Vierungsturm* und die *Apsiden* im O prägen das Äußere der Kirche. Das *W-Portal* mit dem thronenden Christus im Bogenfeld deutet auf oberital. Einflüsse. Im Inneren ist das *Langhaus* flach gedeckt. Nur der *Chor* zeigt Kreuzrippengewölbe. Aus roman. Zeit ist ein *Taufbrunnen* erhalten. Im s Querschiff steht der ehem. barocke *Hochaltar. Chorgestühl* und *Orgel* sind Leistungen des 18. Jh.

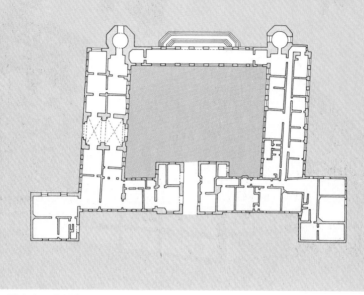

Rheinsberg, Schloß

16831 Rheinsberg
Brandenburg

Einw.: 5400   Höhe: 61 m   S. 1275 ☐ O 4

Nach einem verheerenden Stadtbrand (1740) ließ der Alte Fritz, der als Kronprinz Friedrich hier seit 1736 seinen Wohnsitz hatte, die Stadt durch Georg Wenzeslaus von Knobelsdorff* planmäßig wieder aufbauen.

Pfarrkirche St. Laurentius: Das im »Quarrée IV.« der neuen Gevierteinteilung stehende Gebäude geht im Kern auf einen frühgot. Feldsteinbau zurück, wurde aber 1566–68 vor allem im Inneren neu ausgebaut und eingerichtet und stellt eines der seltenen erhaltenen Beispiele märkischer Renaissancebaukunst dar. Die damaligen Inhaber der Herrschaft, die Familie v. Bredow, wollten mit diesem Bauwerk ihr Andenken bewahren und ließen ihr Wappen an den verschiedensten Stellen anbringen, am Altar (Stipes aus dem 13. Jh.), an der Kanzel, vor allem an dem prunkvollen Doppelepitaph für Achim und Anna v. Bredow (gest. 1594).

Schloß: Die Familie v. Bredow hatte auch die ma Wasserburg nach 1566 zu einem Renaissanceschloß umbauen lassen unter Verwendung des Klingenberg genannten Rundturmes der älteren Anlage. Der Klingenberg gab auch dem Flügel den Namen, mit dem Johann Gottfried Kemmeter 1734 den Neubau begann. Er fügte dann den stadtseitigen Flügel hinzu, und nach 1737 vollendete v. Knobelsdorff durch ein Pendant zum Klingenbergflügel mit der Wiederholung des Rundturmmotivs die Dreiflügelanlage mit einem auf den See gerichteten und durch eine Kolonnade abgeschlossenen Ehrenhof. Am inneren Ausbau, der Ausschmückung mit Plastik und Malerei, waren die Maler Antoine Pesne und der Bildhauer Friedrich Christian Glume beteiligt. Pesne schuf die *Deckenbilder im Spiegelsaal,* im *Ritterzimmer*

Klockenhagen (Ribnitz-Damgarten), Freilichtmuseum

und im *Turmzimmer,* Glume die Reliefs an den Türen des Spiegelsaals. Nach dem Siebenjährigen Krieg ließ Prinz Heinrich einige Veränderungen vornehmen und dabei die stadtseitigen Eckpavillons errichten. Die Inneneinrichtung erfolgte durch Carl Gotthard Langhans (1766 beim *Muschelsaal* noch in Rokokoformen, später zopfigklassizistisch in der *Bibliothek*) zusammen mit Georg Friedrich Boumann d. J. und dem Maler Bartolomeo Verona. Zu erwähnen ist auch ein Kabinett mit chinesischen Lackmalereien, das zu den sog. Amalienzimmern im N-Flügel gehört. – Langhans hat wahrscheinlich auch die bereits v. Knobelsdorff begonnene Dreiflügelanlage des (n) *Kavaliershauses* vollendet (1738–74). – Der schon zur Kronprinzenzeit begonnene *Park* mit der Achse zum Mittelrisalit des Klingenbergflügels schließt sich jenseits der Rhinbrücke nach S an. Dort befinden sich ein Parterre, die Sphingentreppe und das mit Figuren geschmückte Parktor (Flora und Pomona), 1740 v. Glume, ferner w der Alleeachse das Grabmal des Prinzen Heinrich in Form einer Backsteinpyramide und ein Naturtheater, ö davon in der Achse der Querallee der sog. Gartensalon als Rest einer v. Knobelsdorff begonnenen Orangerie (Seitenflügel abgetragen), etwas abseits am See ein Grottengebäude und schließlich am Ende der Allee die Egeriagrotte. Dem Schloß gegenüber auf dem w Seeufer ist eine geschwungene *Terrasse* angelegt, vermutlich um 1740 v. Knobelsdorff geschaffen und ein Vorläufer v. Sanssouci, die 1791 mit dem Obelisken bekrönt wurde.

Umgebung

Die reizvolle Wasser- und Waldlandschaft um R. ist eines der beliebtesten Ausflugs-, Urlaubs- und Erholungsgebiete der Mark Brandenburg, obwohl dort auch das 1. Kernkraftwerk der ehem. DDR steht. **Flecken Zechlin** (13 km nw): Vom ehem. *Kloster* sind nur Mauerreste erhalten. – In der barocken *Dorfkirche* (1775) ist eine

Strehla (Riesa), Renaissanceschloß

kleine spätgot. Kreuzigungsgruppe bemerkenswert.

Zechliner Hütte (7 km n): In der ehem. *Weißen Hütte* wurde 1736–1890 Glas geblasen. Zahlreiche Stücke sind im Märkischen Museum in Berlin ausgestellt.

18311 Ribnitz-Damgarten
Mecklenburg-Vorpommern

Einw.: 16 800   Höhe: 5 m   S. 1274 □ N 2

Ehem. Klarissinnenkloster: Die schlichte einschiffige Backsteinkirche (15./16. Jh.) des 1313 geweihten *Klarissinnenklosters* besitzt kleine barock bekrönte *Giebeltürme* sowie im kreuzrippengewölbten Inneren eine w *Nonnenempore* und eine kostbare spätgot. Ausstattung, zu der neben den beiden als Sitzfiguren gestalteten *Ribnitzer Madonnen* (15. Jh.) und geschnitzten *Altarfiguren* aus dem frühen 15. und 16. Jh. 2 geschnitzte *Holzkruzifixe* (eines am Chorbogen), 6 *Tafelbilder* (Viten

Christi und Mariens, 16. Jh.) sowie das v. P. Brandin* kunstvoll skulptierte *Wandgrab* (1590) für die Äbtissin Ursula zählen.

Außerdem sehenswert: Die dreischiffige *Marienkirche* (13.–19. Jh.; Ortsteil Ribnitz) birgt eine Barockausstattung mit Kanzel und Altarretabel v. 1781. – In der einschiffigen spätgot. *Pfarrkirche* v. Damgarten sind Reste ma Wandmalereien im Chor (13. Jh.). – Von der *Stadtbefestigung* aus dem 15. Jh. ist das blendbogenverzierte spätgot. *Rostocker Tor* mit holzhelmbekröntem Achteckaufbau erhalten.

Umgebung

Klockenhagen (3 km w): Alte Haus- und Landwirtschaftsgeräte in den Mecklenburger Bauernhäusern, strohgedeckten niederdt. Hallenhäusern und Katen sowie in der Bocksmühle und im Backhaus des 1972 gegr. *Freilichtmuseums* dokumentieren das einstige Landleben.

Marienkirche: Die wohl um 1430–40 spätgot. erneuerte Kirche des 1119 gegr. Klosters R. besitzt einen *W-Turm,* dessen oktogonalem Obergeschoß 1745 die laternenbekrönte Barockhaube aufgesetzt wurde. Prunkstück der Ausstattung im einschiffigen Inneren, in dessen Chor 1622 ein Sternrippengewölbe eingezogen wurde, ist die spätgot. *Altarstaffel* mit einer Darstellung der Gregorsmesse (um 1500–10). – Der S-Trakt des ehem. Klosters wurde um 1590 zum *Schloß* (heute Rathaus) umgestaltet.

Außerdem sehenswert: Der imposante Vierungsturm der 1895–97 nach Plänen v. J. Kröger[*] errichteten neuroman. *Trinitatiskirche* ist heute Wahrzeichen der Stadt.

Umgebung

Hof (15 km sw): Qualitätvolle Sandsteinplastiken (Figuren der griech. Mythologie, um 1740–50) finden sich im *Park* des 1750 barock erweiterten *Renaissanceschlosses* (um 1570) mit eingestelltem Treppenturm. – Ein Paradebeispiel des sächsischen Manierismus ist der überreich mit Knorpel- und Muschelwerk, Alabasterreliefs sowie Evangelisten- und Apostelfiguren künstlerisch ausgestaltete Epitaphaltar (1624) in der barocken *Dorfkirche* v. 1697.
Strehla (8 km nw): In der spätgot. *Pfarrkirche* (15./16. Jh.) überraschen seltene Ausstattungsstücke wie die Ritterfigur des Grabes v. H. v. Beschwitz (gest. 1496), die Majolikakanzel (1565) v. M. Tatze[*] und der v. F. Ditterich d. Ä.[*] mit Reliefs und lebensgroßen Stifterfiguren dekorierte Säulenaltar (1605). – Das *Renaissanceschloß* (16. Jh.; heute Kinderheim) mit w Schildmauer, Treppentürmen und 2 Eckürmen mit Renaissancegiebeln (1592), bewahrt vom Vorgänger (10.–15. Jh.) den Rittersaal v. 1335. Die ehem. Schank- und Trinkstube (SW-Turm) besitzt ein spätgot. Zellengewölbe und ist mit Wandmalereien v. 1532 ausgeschmückt.

Ev. Marktkirche St. Nikolai (Marktplatz): Mit dem Bau der Kirche wurde Mitte des 13. Jh. begonnen, jedoch erst im späten 14. Jh. war der Bau mit dem kräftigen W-Turm abgeschlossen. Glanzstück der sehr guten *Ausstattung* ist der Altar, dessen reichgeschmückter Aufsatz Anfang des 17. Jh. aufgestellt wurde. Aus der Ausstattung sind ferner hervorzuheben: Bronzetaufbecken (1582), die Figuren auf der Kanzelbrüstung (1648, dargestellt sind Christus und die 4 Evangelisten), gemalte Darstellungen aus dem Alten und aus dem Neuen Testament an der Brüstung der W-Empore, Sandstein- und Holzepitaphe aus dem 16. und 17. Jh.

Ref. Kirche/Ehem. Jakobsklosterkirche: Die 1257 zuerst genannte Kirche wurde 1621, als Rinteln eine Universität in seinen Mauern hatte, Universitätskirche. Die schlichte, turmlose got. Saalkirche erinnert an das nicht mehr bestehende Kloster und die aufgelöste Universität.

Ehem. Rathaus (Marktplatz): 2 Bauten sind zum jetzigen Bürgerhaus zusammengefaßt und bestimmen mit ihren reichgeschmückten Giebeln und den vorspringenden Erkern diesen Teil des Marktplatzes. Der kleinere Bauteil r stammt aus dem späten 16. Jh., der größere ist im Stil der sog. Weserrenaissance gehalten.

Altstadt: Die Altstadt wird vornehmlich durch die Fachwerkbauten am Marktplatz, an der Bäckerstraße und Brennerstraße charakterisiert. Wallanlage und Tore stammen aus dem 17. Jh., ältere Fachwerkbauten aus dem 16. Jh.

Schaumburgisches Heimatmuseum (Eulenburg): In einem alten Adelssitz, Steinbau aus dem 14. Jh., werden Beiträge zur Vor-, Stadt- und Kulturgeschichte Rintelns und der näheren Umgebung gezeigt.

*Rohr, Niederbayern, Hochaltar >
der Klosterkirche*

09306 Rochlitz

Sachsen

Einw.: 7500   Höhe: 163 m   S. 1279 □ O 8

Kunigundenkirche: Die bis 1476 mit spätgot. Netz- und Sternrippengewölben erneuerte Hallenkirche bewahrt v. der ma Vorgängerin nur die beiden Turmunterge-schosse (um 1200) seitlich des oktogona-len *W-Turmes* (1688). Durch das Portal der *S-Fassade* gelangt man ins dreischiffige Innere mit sehenswerter Ausstattung. Die außergewöhnlichen *Schreinfiguren* (Kai-serpaar Heinrich II. und Kunigunde zwi-schen Anna selbdritt und dem Apostel Thomas, 1513) des sechsflügeligen spät-got. *Wandelaltars* (mit kurvigem Gespren-ge) im Chor schnitzte und faßte der sog. Meister der Freiberger Domapostel*, ein Schüler v. P. Koch*. Das kaiserliche Stif-terpaar ist hier überdies in Form v. *Terra-kottafiguren* (um 1476) verewigt. Im Chor verdienen auch die z. T. erhaltenen *Glas-malereien* (um 1430), Epitaphe und die figurenbesetzte *Kanzel* am rechten Chor-bogenpfeiler Beachtung.

Petrikirche: Die dreischiffige spätgot. ebenfalls fast quadratische Hallenkirche mit Chor v. 1470 und Langhaus v. 1476 geht auf einen Vorgängerbau zurück, der 1168 erstmalig genannt wurde. Die ehem. Burgwardkirche liegt vor der Burg und war bis zur Reformation die Hauptkirche der Stadt. Innen findet man neben interes-santen Netz- und Sternengewölben eine Sakramentsnische mit Christuskopf (2. Hälfte 15. Jh.) und ein großes Kreuzi-gungsgemälde (1653).

Außerdem sehenswert: Die spätgot. *Burg* (15./16. Jh.) bewahrt v. der ma Vor-gängerin (11.–13. Jh.) die »Jupen«, 2 mas-sige W-Türme mit got. Spitzhelmen (1390). Das Innere mit 2 steinernen Wen-deltreppen, Burgküche und -keller sowie der Schloßkapelle (1525) ist heute als *Hei-matmuseum* mit den dazugehörigen Sammlungen ma Plastiken (Lapidarium) und Dokumentationen zur Burg- und Stadtgeschichte zugänglich. – Am *Anger* mit hübscher Brunnensäule stehen das klassizistische *Rathaus* (1828) mit hohem schindelverkleidetem Uhrturm sowie *Pa-trizierhäuser* aus der Zeit um 1800.

Umgebung

Penig (20 km sw): Die oberhalb der Stadt thronende spätgot. *Liebfrauenkirche* (1476–1515) birgt im Inneren mit einer v. C. Seitz* illusionist. bemalten flachen Felderdecke (1688) ein v. Ch. Walther d. J.* im Stil der ital. Renaissance skulptiertes steinernes Altarretabel (1564), ein Gemäl-de (Martin Luther als Junker Jörg, 1537) v. Lucas Cranach d. Ä.* sowie mehrere qua-litätvolle Grabsteine (16./17. Jh.).
Rochsburg (18 km s): In der im 12. Jh. gegr. und im 15./16. Jh. spätgot. erweiter-ten *Burg* sind heute eine Jugendherberge und das *Schloßmuseum* mit geschmackvoll möbliertem Barock-, Rokoko-, Empire- und Biedermeierzimmer eingerichtet. Be-sondere Beachtung verdient die v. Arnold v. Westfalen* um 1475 erbaute Schloßka-pelle mit Netzgewölbe v. C. Kraft* und Altarretabel (1576) v. A. Lorentz*.
Wechselburg (10 km s): Die mehrfach umgestaltete ehem. *Stiftskirche* (12.–19. Jh.) der Augustinerchorherren ist eine dreischiffige Pfeilerbasilika mit sehens-werter Triumphkreuzgruppe aus Eichen-holz über dem figurenreichen spätroman. Lettner (um 1230, restauriert) und dem Stiftergrabmal (1235) des Ehepaars v. Groitzsch. – Beachtung verdient auch das *Schloß* (16./17. Jh.; heute Sanatorium) mit schönen Torbauten (15. Jh.).

93352 Rohr, Niederbayern

Bayern

Einw.: 3000   Höhe: 426 m   S. 1283 □ M 13

Klosterkirche Mariae Himmelfahrt: Der Hochaltar, einzigartig in seiner Ge-staltung, hat der Klosterkirche ihre Son-derstellung verschafft. Dargestellt ist die Himmelfahrt Mariens. Sie wird v. Engeln getragen und bewegt sich auf eine Öffnung zu, wo sie vom Chor der Engel und den Figuren der Trinität erwartet wird. Zu ih-ren Füßen stellen die Apostel in Erstaunen, Anbetung und Verzückung fest, daß der geöffnete marmorne Sarkophag leer ist.

Dieses bedeutende, in der Gestaltung der lebensgroßen Stuckfiguren einmalige Werk hat E. Q. Asam* um 1717 geschaffen. Es wirkt auf den Besucher der Kirche wie die Bühne eines Theaters, wobei das Langhaus zum Zuschauerraum wird. Die überreiche Ausstattung steht im Gegensatz zum schlichten Äußeren der Kirche, die zu den besten Arbeiten v. E. Q. Asam gehört.

98631 Römhild
Thüringen

Einw.: 2100   Höhe: 305 m   S. 1278 ☐ K 10

Ehem. Stiftskirche: Das dreischiffige spätgot. Bauwerk mit 2 Chören entstand zwischen 1450 und 1470. Sehenswert sind die Grabmäler in der Gruftkapelle am s Seitenschiff. Sie stammen aus der Werkstatt v. Peter Vischer d. Ä. in Nürnberg. Bei dem für Otto Henneberg (1488) steht die Figur des Toten vollplastisch ausgebildet vor der Platte.

Steinsburg-Museum (Waldhaus-Siedlung): Hier sind Funde vom Großen und Kleinen Gleichberg zu sehen. Auf dem Kleinen Gleichberg errichteten eingewanderte Kelten gegen Ende des 6. Jh. v. Chr.

eine stadtartige Burganlage mit 5 m dicken Trockenmauern aus Basalt. Diese wurden 1838 bei Steinbrucharbeiten gefunden. Das 70 ha große archäolog. Bodendenkmal ist das größte in Thüringen.

83022–26 Rosenheim
Bayern

Einw.: 56 700   Höhe: 446 m   S. 1283 ☐ N 15

Dort, wo die Römer einst im Zuge der Straße Augsburg–Salzburg den Inn überquerten und wo überdies die Straße kreuzte, die den Brenner mit Regensburg verband, entwickelte sich einige Jh.e später die heutige Stadt Rosenheim. Ausgangspunkt war die 1234 erstmals urkundlich erwähnte Burg Rosenheim, von der praktisch nichts erhalten ist – sie lag am rechten Innufer im heutigen Vorort Schloßberg. Die Stadt wuchs mit Beginn des 14. Jh. um den noch heute erhaltenen Max-Josefs-Platz herum. Die Innschiffahrt ist seit langem eingestellt. Von Berchtesgaden aus führte einst eine Art »Salz-Pipeline« nach R. Bekannt ist das Holztechnikum.

Pfarrkirche St. Nikolaus: Vom urspr. Bau aus dem 15. Jh. ist nur wenig erhalten.

Römhild, Epitaph in der Stiftskirche aus der Werkstatt v. Peter Vischer d. Ä.

Eine neugot. Bearbeitung hat das Bild wesentlich beeinflußt. Dem einstigen Zustand entspricht der Turm, dessen Zwiebelkrönung 1656 hinzugekommen ist.

Heilig-Geist-Kirche (Heilig-Geist-Straße): Ein wohlhabender Bürger stiftete diese Kirche 1449. Das 17. Jh. brachte eine Barockisierung.

Max-Josefs-Platz: Typische Innstadt-Häuser umgeben den Platz, Laubengänge, Vorschußmauern und Erker sind charakteristisch für den Baustil jener Zeit.

Museen: *Heimatmuseum* (im Mittertor, einem Stadttor aus dem 14. Jh. am Ludwigsplatz): Vor- und Frühgeschichte, Stadtgeschichte, Handwerk, Innschiffahrt. – *Städt. Kunstsammlung/Galerie* (Max-Bram-Platz 2): Schwerpunkte bilden »Bilder Münchner und Chiemgauer Künstler des 19. und 20. Jh.«. – *Holztechnisches Museum* (Max-Josefs-Platz 4): Dokumentation über den Werkstoff Holz.

Außerdem sehenswert: Heilig-Blut-Kirche (Zugspitzstraße): Barocke Wallfahrtskirche aus dem 17. Jh. Barocke Rundkirche Hl. Kreuz (1668–1691) in Westerndorf (4 km n).

Rostock, Marienkirche 1 W-Werk mit zeltdachbekröntem Mittelturm (Untergeschosse um 1230), Fürstenloge und barockem Orgelprospekt, 1766–70 **2** Langhaus mit Sterngewölben, 1452 **3** Zentrale Vierung, darüber spitzhelmbekrönter Dachreiter **4** Chor, 1290, mit barockem Hochaltar, 1720/21 **5** Umgang mit Kapellenkranz **6** Seitenkapellen **7** N Querhausarm mit Sterngewölben, 1452, und Rochusaltar, um 1530 **8** S Querhausarm mit Sterngewölben, 1452 **9** Wendeltreppen **10** Seitenschiffe mit Kreuzgratgewölben **11** S-Portal

---

18055–147 Rostock

Mecklenburg-Vorpommern

| Einw.: 244 500 | Höhe: 15 m | S. 1274 □ N 2 |

Bereits im späten 12. Jh. befanden sich am r Warnowufer eine slawische Burg und Siedlung, die um 1200 zugunsten einer am l Hochufer gelegenen dt. Siedlung mit dem (Alten) Markt und der Petrikirche an Bedeutung verlor; diese erhielt 1218 v. Fürst Heinrich Borwin I. das lübische Stadtrecht und wurde zur Keimzelle der Stadt R. Bereits 1232 entwickelte sich w v. ihr die Mittelstadt mit (Neuem) Markt und Marienkirche und ab 1252 weiter w die Neustadt mit Markt (Universitätsplatz) und Jacobikirche. Um diese Zeit begann eine 4., wohl mehrheitlich v. Slawen bewohnte Siedlung um die Nikolaikirche mit der Altstadt zusammenzuwachsen. Von 1262–65 schlossen sich die Teilstädte zusammen und umgaben sich mit einer gemeinsamen Stadtbefestigung, die erst im frühen 19. Jh. aufgegeben wurde. Als Hansestadt erlangte R. Bedeutung durch den Zwischenhandel; schon 1323 hatte die Stadt deshalb das an der Flußmündung in die Ostsee liegende Warnemünde durch Kauf erworben. Mit der Verlagerung des Fernhandels an die Nordsee- und Atlantikküste im späten 15. Jh. verlor R. rasch an Bedeutung, beschleunigt durch Zerstörungen im 30jährigen Krieg, den großen Stadtbrand v. 1677 und Einschränkungen seiner Autonomie seit der 2. Hälfte des 16. Jh. Einen erneuten Aufschwung brachte seit der 2. Hälfte des 18. Jh. der zunehmende Getreideexport;

Werften und erste Industriebetriebe begleiteten das Wachstum der Stadt, die sich seit ca. 1830 über ihre ma Grenzen hinaus ausdehnte, so daß im W und S große Vorstädte entstanden. Im 20. Jh. wuchs sie bes. in w Richtung.

Nach dem 2. Weltkrieg wurden der Ausbau der Werften, der Industrie und des Hafens weiter vorangetrieben, gleichzeitig entstanden neue Wohngebiete in w Richtung, später am W-Ufer der Warnow und des Breitlings. Bereits 1953 hatte der Wiederaufbau der Innenstadt an der Langen Straße begonnen, er wurde nach 1980 verstärkt in der n Altstadt zwischen Langer Str. und Stadthafen fortgesetzt.

Marienkirche: Bedeutendste der Rostocker Kirchen (Ratspfarrkirche), neben St. Nikolai in Stralsund findet man hier die reichste erhaltene Ausstattung im Ostsee-Küstenbereich. Vom Erstbau um 1230 ist nichts überliefert, v. der um 1260 als Nachfolgebau errichteten Hallenkirche aus Backstein ist noch ein Rest im jetzigen Turmunterbau mit seinen frühgot. Spitzbogenportalen erhalten. Um 1290 wurde mit einem abermaligen Neubau im Kathedraltypus mit Chorumgang und Kapellenkranz nach Lübecker Vorbild begonnen. Durch einen Baueinsturz 1398 unterbrochen. Wiederaufnahme nach Planänderung zugunsten eines eingeschobenen Querschiffes, der Bau gegen Mitte des 15. Jh. abgeschlossen. Äußerlich ist der Planwechsel durch den Übergang v. roten zum gelben Backstein erkennbar. Der W-Bau zu Beginn des 14. Jh. zunächst im Mittelteil, dann auch seitlich höher geführt, beendet erst im 15. Jh. nach Abschluß des Langhausbaues; die Turmbekrönung v. 1796. Im Inneren Mittel- und Querschiff sowie der Chor mit Sterngewölben (Höhe 31,5 m), sonst Kreuzrippen-, im Umgang sechsteilige Rippengewölbe. Die Pfeiler v. Anfang des 14. Jh. im Binnenchor mit naturalistischem Laubwerk. Die ältesten Gewölbelösungen in den 3 Turmhallen, dort Kreuzgewölbe auf Eckdiensten mit attischen Basen und Knospenkapitellen. Von der umfangreichen Ausstattung werden hier nur die wichtigsten Werke aufgeführt: *Hauptaltar*

< Kanzel in der Marienkirche

(1720/21 nach Entwurf v. Baudirektor Stoldt aus Berlin), barocker Architekturaufbau mit reichem plastischem Dekor; die *Kanzel* mit Portal und Aufgang (1574) ist angeblich v. Rudolf Stockmann, der Schalldeckel (1723 v. Friedrich Möller und Dittrich Hartig aus Rostock) ist dem älteren Korb angepaßt, das ikonographische Programm ist betont protestantisch, der Dekor der Spätrenaissance verbunden; *Taufe* (1290), die bedeutendste und größte der ma Erztaufen im Ostsee-Küstengebiet, wahrscheinlich v. niedersächs. Künstlern in R. gegossen; prachtvoller *Orgelprospekt* (1766–69) v. mehreren Rostocker Künstlern, im w Langhausjoch bis zum Gewölbe ansteigend und kompositorisch mit der älteren Fürstenloge (1749–51) verbunden. Von einer ähnlichen Wirkung für das Innere auch die meisten der im 18. und frühen 19. Jh. entstandenen Schauwände in den Kapellen der Seitenschiffe, des Chorumgangs und s Querschiffs.

Von der urspr. ma Ausstattung sind nur qualitätvolle Einzelstücke erhalten, z. B. der sog. *Rochus-Altar* (um 1530), ungefaßt und mit Gesprenge sowie großen Schnitzfiguren im Schrein und den Flügeln; Malflügel eines Altars (2. Viertel 15. Jh.); *ehemaliger Hochaltar* der Nikolaikirche (2. Hälfte 15. Jh., zur Zeit im Polygon des Querschiffes) mit figurenreicher Kreuzigung und Hll. im Schrein; astronomische *Uhr* (1472 v. Hans Düringer aus Nürnberg, erneuert und erweitert 1641–43 v. Andreas Brandenburg und Michael Grote, gleichzeitig das Apostelspielwerk v. Laurentius Burchard). Seltene Stücke sind auch 3 *Textilien:* Wollteppich (2. Viertel 16. Jh.) mit figürlichen und ornamentalen Stickereien und Applikationen; Leinentuch (16. Jh.) mit Seidenstickerei und Seidentuch (17./18. Jh.) mit ornamentalem Dekor. Die 14 *Epitaphe* (Mitte 16. bis 1. Viertel 18. Jh.), beginnend mit der einfachen Gedenktafel für Arnold Burenius (1585) und fortgeführt mit architektonisch aufgebauten Werken aus Holz oder Stein und gemalten oder plastischen Darstellungen biblischen und allegorischen Inhalts, repräsentieren praktisch einen Querschnitt dieser Kunstgattung im s Ostsee-Küstenbereich, Schwerpunkte dabei sind Werke

< *Fürstenloge und Orgel in der Marienkirche*

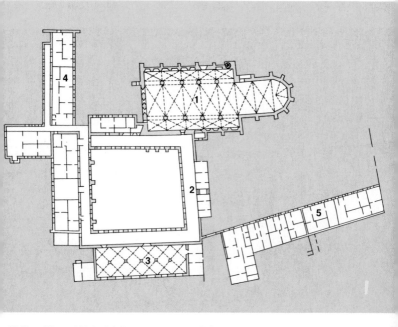

Hl.-Kreuz-Kloster 1 Kirche **2** O-Flügel mit Haupteingang **3** S-Flügel mit Refektorium **4** NW-Flügel mit
Nonnenzellen **5** Sog. Professorenhäuser

des 16./17. Jh., u. a. mit Gemälden v. Emanuel Block (Epitaph Hallervord, 1650). Im
Chor sind 2 *Glocken* museal aufgestellt:
um 1290 und 1409 v. Rickert v. Mönch-
hagen mit Ritzzeichnungen.

Nikolaikirche: Als Pfarrkirche des s der
Altstadt gelegenen Siedlungskerns um die
Mitte des 13. Jh. gegr. Als frühgot. chorlose Halle von 4 Jochen in Backstein errichtet, äußerlich mit Hausteinsockel, Ecklisenen und Wandpfeilervorlagen mit auf-
gelegten Halbsäulen sowie O-Giebel mit
Staffelblenden. Bei einer Erweiterung
nach 1400 der zweijochige Chor v. Mittelschiffbreite, die zunächst als Sakristei erbaute Gerberkapelle an der N-Seite, das
westlichste Langhausjoch und der halb
eingebundene quadratische W-Turm mit
seinen blendengegliederten Geschossen
hinzugefügt. Der 1893 stark rest. Bau 1942
schwer beschädigt, unzerstört nur der Chor

erhalten, Langhaus und Turm waren ausgebrannt. Das Zeltdach des Turmes ist v.
1956, das Langhausdach im Rahmen der
seit 1977 laufenden Wiederherstellung der
Kirche mit Wohnungen ausgebaut, gleichzeitig auch der Durchbau des Turmes. Im
Inneren der Chor mit Kreuzrippengewölben, im Langhaus ursprünglich Wandgliederung mit Rechteckvorlagen und aufge-
legten Halbrunddiensten, die Rundpfeiler
mit Knospenkapitellen wurden weitgehend erneuert, die Gewölbe noch nicht
wiederhergestellt, bis 1987 wurde lediglich die Gerberkapelle für Gemeinde-
zwecke modern ausgebaut. – Die Ausstattung ist größtenteils Kriegsverlust, der
Hochaltar ist zur Zeit in St. Marien aufgestellt. – Vor dem Kirchturm wurde als
Kopie der urspr. der Wasserversorgung
dienende sog. *Altstädter Born*, ein zwölfeckiger Bau mit geschwungener Haube v.
1755, wiederaufgebaut.

Petrikirche: Als Pfarrkirche der Altstadt
1252 erwähnt, durch ihre exponierte Lage
für das Rostocker Stadtbild v. bes. Bedeu-

Kreuzigungsaltar in der Hl.-Kreuz-Kirche

tung. Vom Erstbau ist nichts erhalten, der bestehende Backsteinbau wurde im 2. Viertel des 14. Jh. als vierjochige, querschifflose Basilika mit polygonalem, v. Stiegentürmen flankiertem Mittelschiffschluß begonnen und im frühen 15. Jh. mit dem Bau des mächtigen W-Turmes abgeschlossen. Das Äußere ist durch die schlanken Proportionen geprägt, dieser Eindruck wurde bes. durch die 126 m hohen Spitzhelm aus dem späten 16. Jh. unterstrichen. 1942 wurde der Turmhelm zerstört, Mittel- und s Seitenschiff brannten aus, und die größtenteils barocke Ausstattung wurde vernichtet. Erhalten ist nur das kreuzrippengewölbte n Seitenschiff. Der Wiederaufbau ist äußerlich bis auf den Turmhelm, dessen Rekonstruktion geplant ist, abgeschlossen, innen sind die einzelnen Schiffe durch Vermauerung der Arkadenbögen getrennt, das Mittelschiff hat eine Flachdecke. – Von der Ausstattung sind die *Bronzetaufe* (1512 v. Andreas Ribe), ein Sandsteinrelief (Anfang 16. Jh.) mit Christus vor Pilatus erhalten; aus der Ma-

rienkirche kommt ein Votivschiff (1769). Ö der Kirche vor der Stadtmauer die *Grabplatte* und ein *Denkmal* für den Rostocker Reformator Joachim Slüter (gest. 1532).

Ehem. Zisterzienserinnenkloster Zum Hl. Kreuz/Kulturhistorisches Museum: 1270 am s Rand der Neustadt gegr., seit der Reformation ev. Jungfrauenkloster (bis 1920). Mittelpunkt der Anlage ist die *Klosterkirche* (Universitätskirche), ein im Stil der Bettelordenskirchen errichteter Backsteinbau aus der 1. Hälfte des 14. Jh. mit zweijochigem, polygonal geschl. Chor v. Mittelschiffbreite und einem Langhaus in Gestalt einer fünfjochigen Stufenhalle. Das Äußere schlicht, der Dachreiter und die W-Wand v. der Restaurierung 1898/99 unter Gotthilf Ludwig Möckel. Im Inneren Kreuzrippengewölbe, im Chor auf Konsolen, im Langhaus auf Achteckpfeilern, Reste v. ma *Malerei* im Chorpolygon (Jüngstes Gericht) und an der O-Wand des s Seitenschiffes (Gethsemane, beide Darstellungen Anfang 15. Jh.). – Die reiche

Ausstattung ist v. hoher künstlerischer Qualität, u. a. aus ma Zeit; *Hochaltar* (Mitte 15. Jh.) mit figurenreicher Kreuzigung im Schrein, unter den Tafelbildern sog. Hostienmühle; Altar v. der Nonnenempore (Anfang 16. Jh.) mit Kreuzigung und Passionsreliefs sowie gemalter Legende v. der Auffindung des Kreuzes; hoher geschnitzter *Sakramentsturm* (2. Hälfte 14. Jh.) mit mehreren Plastiken; *Triumphkreuzgruppe* (15. Jh.); *Madonna* (Anfang 14. Jh.); 50 *Grabplatten* (14.–16 Jh.), zum Teil mit aufwendigen figürlichen und architektonischen Ritzzeichnungen. Aus nachma Zeit erwähnenswert: Kanzel (1616) und mehrere Andachtsbilder, u. a. *Kreuzabnahme* v. Emanuel Block (1657). – Sw der Kirche die ehem. *Klausurgebäude,* sämtlich zweigeschossige Backsteinbauten des 14./15. Jh. mit späteren Veränderungen, im EG hofseitig der umlaufende, flachgedeckte *Kreuzgang.* 1974–77 mit Ausnahme des W-Flügels für museale Zwecke umgestaltet; im S-Flügel v. Anfang de 14. Jh. das um 1440 ausgebaute *ehem. Refektorium* mit Kreuzrippengewölben auf Säulen des 13. Jh. wiederhergestellt. Im spätgot. NW-Flügel 2 ehem. *Nonnenzellen* aus der Mitte des 16. Jh. mit Bohlenwänden erhalten, eine ausgemalt. – Sö der Klosterkirche am Klosterhof die sog. *Professorenhäuser* aus der 1. Hälfte des 18. Jh.

Ehem. Fraterhaus der Brüder vom gemeinsamen Leben/Michaeliskirche

(Altbettelmönch-/Schwaansche Str.): Für die ab 1462 in R. ansässige halbgeistliche Kongregation und ihre Druckerei in 2 Etappen errichteter Backsteinbau. Zunächst wurde 1480–88 unter Leitung v. Bernd Wardenberg der polygonal geschl. dreijochige O-Teil als Kirche erbaut und bis 1502 der nur wenig breitere, neunjochige und mehrgeschossig ausgebaute W-Teil mit den Wohnungen und den Werkstätten angefügt.

Ehem. Katharinenkloster/Altersheim beim St.-Katharinenstift:

Am w Rand der Altstadt nach der Ansiedlung der Franziskaner 1243 angelegt, nach der Säkularisierung 1534 Armen- und Waisenhaus, beim Stadtbrand 1677 stark zerstört, seit 1825 Katharinenstift. Von der dreischiffigen Klosterkirche blieb der untere Teil der

Michaeliskirche

W-Wand erhalten, das *Portal* mit seinen Kelchknospenkapitellen wohl der älteste Architekturteil R.; etwa gleichaltrig der nach 1677 und 1825 stark veränderte und mehrgeschossig ausgebaute Chor.

Rathaus (Neuer Markt): In mehreren Etappen gewachsener Komplex aus 3 nebeneinanderliegenden Häusern hinter einer got. Schaufront mit nachträglich errichtetem barocken Vorbau. Den Kern bilden 2 um 1230 zum Rathaus eingerichtete, parallel stehende Giebelhäuser mit gewölbten Kellern, die nach der Mitte des 13. Jh. durch Aufstockung erweitert und mit gemeinsamer Fassade versehen wurden, wovon die frühgot. Portale unter den marktseitigen Arkaden erhalten sind. Gegen 1300 erfolgte eine Erweiterung durch den Bau eines 3. Hauses, anschließend entstand die Schaufront, die bis auf ihren oberen Teil mit dem 7 Fialentürmchen v. dem 1727–29 nach Plänen v. Zacharias Voigt und Joseph Petrini errichteten Barockvorbau verdeckt wird.

Universität: 1419 gegr., ihr Hauptgebäude am Universitätsplatz 1867–70 nach Entwürfen des Schweriner Hofbaumeisters Hermann Willebrand im Stil der mecklenburgischen Renaissancebauten des mittleren 16. Jh. errichtet. Der dreigeschossige Putzbau mit reichem Terrakottadekor und auf die Geschichte der Universität bezogenem Figurenschmuck, bes. an dem v. 3 Lünettengiebeln bekrönten Mittelrisalit. Im Inneren die wichtigsten Räume in urspr. Gestalt erhalten: das als dreischiffige Halle mit Terrakottaschmuck ausgestaltete Vestibül, das Treppenhaus und die über 2 Geschosse reichende Aula mit Empore, Loggien und pilastergegliederten, durch Gemälde und Marmorimitationen bereicherten Wänden.

Von der Universität genutzte angrenzende bzw. benachbarte Gebäude: *Ehem. Neues Museum* (Universitätsplatz 1 a): 1844 nach Entwurf v. Georg Adolph Demmler aus Schwerin als viergeschossiger Putzbau errichtet. – *Ehem. Oberappellationsgericht* (Universitätsplatz 2): 1841/42 ebenfalls v. Demmler erbaut, die Platzfront unten mit Portal-, im OG mit Säulenhalle. – *Physikalisches Institut* (Universitätsplatz 3): 1911 v. Hermann Schlosser erbauter barockisierender Putzbau. – *Ehem. Neue Wache* (Universitätsplatz 4): Zweigeschossiger, fünfachsiger Putzbau, 1822–25 in klassizistischer Gestalt mit dorischer Säulenvorhalle nach Entwurf von Landbaumeister Carl Theodor Severin aus Doberan errichtet. – *Ehem. Palais* mit Barocksaal (Universitätsplatz 5/5a): Dreigeschossiger Putzbau unter Walmdach, 1714 v. Leonhard Christoph Sturm unter Nutzung älterer Bausubstanz errichtet, v. Vorgängerbau u. a. die tonnengewölbten Keller und eine Stuckdecke im EG mit antiker Thematik erhalten, eine Stuckdecke des 18. Jh. ist im 2. OG. Der ö an das Palais angrenzende siebenachsige Saalbau wurde 1750 nach Plänen v. Jean Laurent Legeay errichtet, im OG der Festsaal (Barocksaal) mit hölzernem Spiegelgewölbe, geschnitzten Festons und Fürstenbildnissen an den Wänden. – Kröpeliner Str. 29: kleines verputztes *Traufenhaus* mit Spätrenaissance-Portalrahmung (Anfang 17. Jh.). Auf dem Universitätsplatz das *Blücher-Denkmal* (1819), Entwurf v.

Gottfried Schadow unter Mitwirkung v. Johann Wolfgang v. Goethe, die überlebensgroße Bronzefigur des in der nahen Rungestr. geborenen Feldherrn in antikisierendem Kostüm auf einem Sockel mit Inschrift, Wappen und 2 allegorischen Reliefs.

Ehem. Stadtbefestigung: Die nach der Vereinigung der Teilstädte 1265 verwirklichte und bis zur Entfestigung der Stadt um 1830 mehrfach modernisierte Anlage gehört selbst in ihrem fragmentarisch erhaltenen Zustand nach den Abbrüchen und Zerstörungen des 19./20. Jh. zu den eindrucksvollsten Beispielen dieser Art im dt. Ostsee-Küstengebiet. Von der eigentlichen Mauer sind mehrere Teilstücke erhalten: ö der Altstadt aus der Mitte des 13. Jh., im SW zwischen Schwaanscher Str. und Kröpeliner Tor ein 450 m langer Abschnitt aus dem frühen 14. Jh. mit Resten v. halbrund vorspringenden *Wiekhäusern* und einem 1982–84 rekonstruierten Teilstück des hölzernen *Wehrganges,* im S zwischen Kuh- und Steintor ein 1574–77 erneuertes Mauerstück mit dem *Lagebuschturm.* – Von den einstigen 22 Toren existieren noch 4: im SO das *Kuhtor,* ein Backsteinbau des 3. Viertels des 13. Jh., 1937 und 1964 stark erneuert, mit dreieinhalb Ge-

Rathaus

schossen, spitzbogig geschl. Durchfahrt, Blendengliederung und Walmdach; im W das *Kröpeliner Tor* (Museum), ein sechsgeschossiger Torturm in Backstein mit Erdgeschoß aus dem 13. Jh. und Obergeschossen aus dem 14. Jh., die Staffelgiebel und die sich durchkreuzenden Satteldächer mit dem Dachreiter wohl Anfang 16. Jh., die spitzbogige Durchfahrt beim Ausbau zum Museum geschl.; im S das *Steintor* (Verwaltung), 1574–77 v. Anton Wahrholt im Renaissancestil errichtet; im N am Ende der Großen Mönchenstr. das *Mönchentor,* letztes erhaltenes Strandtor, als zweigeschossiger Putzbau mit Pilastergliederung und rundbogiger Durchfahrt 1805 nach Entwurf v. Gustav Schadelock errichtet.

EINZELBAUTEN

Ehemaliges Ständehaus (Veranstaltungen, Wallstr. 1): Großer neugot. Backsteinbau, 1889–93 nach Entwurf v. Gotthilf Ludwig Möckel errichtet, die s. Fassade als Schaufront mit reichem Dekor, u. a. Standbildern mecklenburgischer Herzöge v. Ludwig Brunow und Oscar Rassau (beide Berlin), an den Schmalseiten reiche Pfeilerwimperggiebel. Im überdachten Innenhof aufwendige Treppenanlage; erhalten sind einzelne Räume mit Interieur.

Ehem. Spitalpfarrhaus des Hl.-Geist-Hospitals (Bibliothek, Kröpeliner Str. 82): Backsteinbau v. Ende des 15. Jh. mit blendengegliedertem Staffelgiebel, bes. reich durch Zierfriese aus Formziegeln und Medaillons mit biblischen Reliefs geschmückt.

Ehem. Hauptzollamt (Wohnungen, Koßfelderstr. 20): Stattlicher dreigeschossiger Putzbau in klassizistischen Formen (um 1830); der Mittelrisalit mit Kolossalpilastern, in den Lünetten über den Außenfenstern des EG Stuckornamentik.

Ehem. Bankgebäude (Verwaltung, Kröpeliner Str. 84): Dreigeschossiger Skelettbau mit Werksteinverkleidung, 1909 nach Entwurf v. Paul Korff aus Laage errichtet. Die Fassade mit großem Zwerchhaus und reichem plastischen Schmuck.

Speicher »Hornscher Hof« (Beim Hornschen Hof 9): Größter historischer Speicherkomplex der Stadt, die nach O offene Dreiflügelanlage aus viergeschossigen *Backsteinbauten* des 16.–19. Jh. bestehend, ältester Teil der S-Flügel. Zahlreiche weitere Speicher sind – über das hafennahe Altstadtgebiet verteilt – erwähnenswert: Auf der Huder 2 (18. Jh.): dreigeschossiger Fachwerk-Backstein-Bau. Schnickmannstr. 13/14 (1795): zweigeschossiger Backsteinbau, das überhöhte Zwerchhaus für zahlreiche Rostocker Speicherbauten typisch. Strandstr. 16 (1790): dreigeschossiger Backsteinbau. Strandstr. 25 (Mitte 19. Jh.): fünfgeschossiger Backsteinbau. Lohgerberstr. 11 (1815): dreigeschossiger Backsteinbau. Wollenweberstr. 59 und 62 (1791 bzw. 1731): dreigeschossige Backsteinbauten. Beginenberg 1 (um 1800): dreigeschossiger Putzbau mit Mansarddach, reizvoll die Kombination v. Wohnhaus und Speicher.

Wohnbauten: Der Bestand an historischen Bürgerhäusern umfaßt Beispiele aus dem 14. bis frühen 20. Jh., läßt sich jedoch infolge v. Verlusten durch Abbrüche, Kriegszerstörungen usw. nicht mehr lückenlos darstellen. Charakteristisch sind mehrfach umgebaute, häufig nur an den

Kuhtor

Fassaden veränderte ältere Gebäude, deren wirkliches Alter schwer zu erkennen ist.

Theater und Konzert: Das *Volkstheater R.* war eines der führenden Theater der ehem. DDR, vor allem durch die Aufführungen seines Schauspielensembles, gepflegt werden auch das Tanz- und Musiktheater sowie die niederdt. Mundart. Spielstätten sind das *Große Haus* (Doberaner Str. 134), das *Kleine Haus* (Eselföterstr. 23), das *Intime Theater* (Buchbinderstr. 19), *Ateliertheater* und *Theatercafé* (Doberaner Str. 134) sowie die *Kunsthalle Am Schwanenteich* (Studio 74), der *Barocksaal am Universitätsplatz* und das *Theater am Kehrwieder*. In Warnemünde befindet sich die *Kleine Komödie* (Rostocker Str. 8). Das Konzertleben R. wird von mehreren Orchestern getragen. Das bedeutendste ist das zugleich als Theaterorchester fungierende *Philharmonische Orchester*. Einen eigenen Stellenwert hat die Kirchenmusik, Hauptaufführungsorte sind die Marien-, Universitäts-(Kloster-) und Hl.-Geist-Kirche (Margaretenstr.). Regelmäßige Orgelkonzerte finden in der Marienkirche und der Klosterkirche Zum Hl. Kreuz (hier auch im Rahmen des alljährlich stattfindenden »R. Orgelsommers«) statt.

Museen: *Kulturhistorisches Museum* (Kloster zum Hl. Kreuz, Klosterhof): Hervorgegangen aus den Sammlungen des »Kunst- und Altertumsvereins« und des »Vereins für Altertümer«. Schwerpunkte: niederländische Malerei 17.–19. Jh., Graphik 19./20. Jh., Stadtansichten v. Rostock mittelalterliche Plastik, Kunsthandwerk (Zinn, Fayencen), Stadtgeschichte. – *Kunsthalle* (Am Schwanenteich): 1969 als erster Museumsneubau der DDR eröffnet, Sammlungsschwerpunkte sind zeitgenössische Kunst der damaligen DDR und der Ostseeküsten-Anliegerländer; angeschlossen im Freigelände eine Plastikausstellung. – *Kröpeliner Tor:* Regionalgeschichtliche Ausstellungen. – *Schiffahrtsmuseum:* 1968 im 1856/57 erbauten Haus des Kunstmuseums eröffnet. Schwerpunkte: Entwicklung v. Handel und Schiffahrt, moderne Seeverkehrswirtschaft. – *Schiffbaumuseum* (Rostock-Schmarl, Warnowufer): Untergebracht auf einem 1957 ge-

bauten, außer Dienst gestellten 10 000-t-Motorfrachtschiff (technisches Denkmal mit zum Teil erhaltener Originalausrüstung), daneben Ausstellung zur Geschichte des Schiffbaues an der Ostseeküste. Dazu mehrere Außenobjekte, u. a. Schwimmkran (1898), Schlepper (1908) u. a. – *Galerie am Boulevard* (Kröpeliner Str. 60): Verkaufsgalerie moderner Kunst.

Umgebung

Warnemünde (15 km nw): Der heute kleinstädtisch wirkende Ort ging aus einem Fischerdorf des 13. Jh. hervor und kam 1323 in den Besitz v. R., das so die Kontrolle der Warnowmündung ausüben konnte. Seit Anfang des 19. Jh. Badebetrieb, seit 1903 Trajektverkehr nach Gedser (Dänemark). – *Pfarrkirche:* Kreuzförmiger neugot. Backsteinbau mit polygonalem O-Schluß und W-Turm, 1866–71 v. Wilhelm Wachenhusen aus Rostock errichtet. – Von der alten Ausstattung sind erwähnenswert: Schnitzaltar (1475, angeblich Danziger Arbeit) mit Hll. im Schrein; monumentale Schnitzfigur des hl. Christophorus (Anfang 16. Jh.); Kanzel (1591); zahlreiche Gestühlswangen (16./17. Jh.), zum Teil mit Inschriften und Hausmarken. – *Ehem. Vogtei* (Verwaltung, Am Strom 59): Zweigeschossiger Putzbau v. ca. 1800 mit älteren Bausteinen. **Kessin** (5 km sö): *Dorfkirche.* Ältester Teil der Kirche ist der quadratische Feldsteinchor mit N-Sakristei aus der Mitte des 13. Jh., sein Giebel und weitere architektonische Details in Backstein. Aus dem 14. Jh. das breitere Schiff in Backstein und die S-Vorhalle, der neugot. W-Turm v. 1886. Im Inneren der Chor mit kuppeligem Domikalgewölbe und Scheitelring, davor spitzbogiger Triumphbogen, das Schiff mit Flachdecke. Im Chor Wand- und Gewölbemalerei aus der 2. Hälfte des 13. Jh., am Triumphbogen Flechtbandmuster, an der Chor-N-Wand figürliche Malerei des 14. Jh. – Von der Ausstattung sind erwähnenswert: Triumphkreuzgruppe (um 1500, auf dem Altar); Sitzmadonna (Ende 13. Jh.): Sitzfigur des hl. Godehard (1. Hälfte 15. Jh.). – Neben der Kirche das *Pfarrge-*

Kessin (Rostock), Dorfkirche >

höft aus der 2. Hälfte des 18. Jh., bes. interessant der *Torkaten,* ein siebenachsiger Fachwerkbau mit v. Zwerchgiebel bekrönter Durchfahrt und rohrgedecktem Walmdach, das letzte Beispiel dieses Haustyps im Rostocker Umland.

Lichtenhagen (12 km nw): *Dorfkirche.* Der Bau in der 1. Hälfte des 14. Jh. mit der Errichtung des Feldsteinchores begonnen; sein Giebel mit reicher Backsteingliederung; Mitte 14. Jh. das dreijochige Hallenlanghaus, danach der im Unterbau in Feldstein, im OG und bei den Schildgiebeln in Backstein errichtete W-Turm angefügt, die ihn begleitenden Seitenschiffverlängerungen v. der Restaurierung 1887–93 unter Gotthilf Ludwig Möckel. Im Inneren Kreuzrippengewölbe, im Langhaus (Stufenhalle) auf Ackteckpfeilern. 1894 reiche Gewölbemalereien aufgedeckt und stark rest. – Zur umfänglichen Ausstattung gehören u. a.: Triumphkruzifix (Anfang 15. Jh., auf dem Altar); Kanzel (1619) mit antik gewandeter Figur als Stütze; Taufe (13. Jh.), die Granitkuppa mit Schuppenmuster, der Sandsteinfuß mit archaisierenden Masken; 6 Schnitzfiguren: hl. Olaf (um 1300), Pietà, Anna selbdritt, kreuztragender Christus, Maria und Johannes (alle aus dem 15. Jh.); reich geschnitzter Sakramentsturm (14. Jh.), v. einem 2. Exemplar

Rot an der Rot, Klosterkirche

nur das Unterteil erhalten. – Am n Dorfrand zwei *Windmühlen:* Ständer-Holländermühle (1836, Atelier und Wohnung) und Galerie-Holländermühle (1876, *Museum*). – An der Dorfstr. zahlreiche Gehöfte und bäuerliche Einzelbauten (2. Hälfte 18. Jh. bis Anfang 20. Jh.), verschiedene Haustypen repräsentierend (als sog. Lehrpfad ausgeschildert!).

Petschow (15 km sö): *Dorfkirche.* Aus zweijochigem Schiff und eingerücktem Chor mit N-Sakristei bestehender Feldsteinbau aus der Mitte des 13. Jh., der im unteren Teil in Feldstein erbaute W-Turm und die S-Vorhalle in Backstein erst nach 1400 angefügt; der Fachwerkaufbau des Turmes 18. Jh. Im Inneren Chor und Schiff achtteilige Dominikalgewölbe mit Scheitelring, in der Sakristei Gratgewölbe. 1896–98 die reiche figürliche und szenische Wand- und Gewölbemalerei im Schiff v. ca. 1340–50 aufgedeckt und stark rest., die Genesisdarstellungen an den Seitenwänden Zutaten des 19. Jh. – Zur Ausstattung gehören u. a.: architektonischer Altaraufbau (1707) mit Gemälden; Kanzel (1610); Orgelprospekt (1783); Triumphkreuzgruppe (2. Hälfte 15. Jh.); in der O-Wand des Chores Sakramentsschranktür (Anfang 14. Jh.) mit Relief des Gekreuzigten, an der n Chorwand Sakramentsschrank (Ende 14. Jh.) mit turmartiger Maßwerkbekrönung.

88430 Rot an der Rot
Baden-Württemberg

Einw.: 4100　Höhe: 600 m　S. 1281 □ H 14

Ehem. Prämonstratenserklosterkirche St. Maria und St. Verena: Schon im 14. Jh. stand an dieser Stelle ein Vorgängerbau, der im 17. Jh. stark verändert und seit 1777 durch einen Neubau ersetzt wurde. Die Pläne kamen aus dem Kloster, das in den Jahren 1682–1702 seine bis heute erhaltenen Bauten errichtet hatte. In Anlehnung an schon bestehende Bauten, insbesondere Obermarchtal, planten die Mönche unter Abt Willibald Held den Neubau in eigener Regie. F. X. Feuchtmayer* über-

Rothenburg ob der Tauber >
Gerlachschmiede und Rödertor

nahm die Stukkaturen, J. Zick[*] malte die
Fresken. – Das Innere zeigt die ganze
Pracht des ausgehenden Barock, läßt aber
doch die Hinwendung zum Klassizismus
bereits ahnen: Die Anordnung des reichen
Schmucks und die Gliederung des Baukörpers sind strenger geworden. Neben den
Stukkaturen und Fresken der schon genannten Künstler ist der *Hochaltar* wichtigster Teil der *Innenausstattung*. Er wird
v. mehreren Nebenaltären umrahmt, die
zum Teil wie die Baldachinarchitektur des
Hochaltars Arbeiten v. F. X. Feuchtmayer
und S. Feuchtmayer sind. Sehenswert sind
außerdem das *Chorgestühl* von 1693, die
Orgeln (1786–89) v. J. N. Holzhay, *Kanzel*
und *Beichtstühle* im »Zopfstil«. – Im N
schließt die Sakristei an die Kirche an. Sie
ist 1690 unabhängig v. den übrigen Bauten
errichtet worden. – Die angrenzenden
Klostergebäude (reiche Innenausstattung)
sind v. Zwiebeltürmen gekennzeichnet.

91541 Rothenburg ob der Tauber
Bayern

Einw.: 11 800   Höhe: 425 m   S. 1282 ☐ I 12

Die ehem. Reichsstadt hat ihr ma Stadtbild
über Jahrhunderte hinweg bis zum heutigen Tage bewahrt. Ausgangspunkt war eine Grafenburg, die in ihren Anfängen bis
in das 10. Jh. zurückreicht. 1274 erhielt die
Stadt die sog. Reichsfreiheit. Eine Blütezeit erlebte Rothenburg im 14. Jh. unter
Bürgermeister Heinrich Toppler. – Der
Nachteil, abseits v. den großen Verkehrs-
wegen zu liegen, ist zum kunsthistorischen
Vorteil der Stadt geworden: Geldmangel
hinderte die Bürger daran, ihre Stadt ständig zu modernisieren, und erhielt auf diese
Weise das alte Stadtbild in einer Vollständigkeit, wie sie sonst nirgendwo in
Deutschland anzutreffen ist.

Protest. Stadtpfarrkirche St. Jakob
(Kirchgasse): Mit dem Bau wurde 1373
begonnen, gew. wurde die Kirche aber erst
1464. Ihren hohen Rang bezieht die dreischiffige Basilika in erster Linie durch ihre
Ausstattung. Im Mittelpunkt steht der *Hl.-
Blut-Altar* (in der Hl.-Blut-Kapelle), der in
seinen entscheidenden Teilen v. T. Riemenschneider[*] geschaffen wurde. Der Al-

Rothenburg ob der Tauber, St. Jakob

tar zeigt die Passion und das Abendmahl.
Der *Hochaltar* ist ein berühmtes Werk der
dt. Spätgotik (1466). Die Plastik schuf der
Nördlinger Meister H. Waidenlich, die gemalten Tafeln stammen v. Nördlinger
Stadtmaler F. Herlin. Er hat mit der Darstellung des Rothenburger Marktes auf einer der Jakobus-Legenden einen der frühesten Beiträge zur Darstellung v. Städteansichten geliefert. Außerdem sehenswert:
Glasscheiben der 3 *Chorfenster* aus dem
späten 14. Jh. und dem mittleren und späten 15. Jh. die *Steinmuttergottes*, um 1360
entstanden (in einer der 4 Seitenkapellen,
der sog. Häuptleinkapelle), das *Sakramentshäuschen* (um 1400) sowie die großen *Statuen* neben dem Gnadenstuhl.

Ehem. Franziskanerkirche (Herrngasse): Obwohl v. Baubeginn im Jahre 1285
bis zur Fertigstellung des Langhauses mindestens 50 Jahre vergangen sind, zeigt sich
die Kirche als einheitlicher frühgot. Bau.
Die 3 Schiffe des Langhauses werden
durch wirkungsvolle Arkaden gekenn-

Hl.-Blut-Altar in St. Jakob

zeichnet. Vom Chor ist das Langhaus durch einen bemerkenswerten spätgot. Lettner getrennt. Aus der Ausstattung sind hervorzuheben: erstklassige *Grabsteine* (aus dem 15. und beginnenden 16. Jh.) sowie *Steinplastiken* der Muttergottes (an der N-Seite, um 1400) und des hl. Liborius (1492, am Lettner) und der Altar, der dem hl. Franziskus gewidmet ist (um 1490, vor dem Lettner).

Rathaus (Marktplatz): Im 13. und im 16. Jh. ist der Doppelbau in 2 Etappen erbaut worden. Der ältere (kleinere) Teil geht in die Zeit der Gotik zurück, der jüngere (größere) ist ein Werk der Renaissance. Im Inneren führt eine Wendeltreppe zur Spitze des Rathausturms. Im älteren Bauteil befindet sich der *Große Saal* (auch Kaisersaal). Sehenswert sind schließlich die *Verliese* mit ihren schönen Gewölben. – Die ehem. *Ratstrinkstube* befindet sich neben dem Rathaus und wird wegen ihrer Kunstuhr bewundert. Dargestellt wird jener Meistertrunk, mit dem einst Bürgermeister

Nusch die Stadt vor der Zerstörung durch Tilly bewahrt haben soll.

Baumeisterhaus (Obere Schmiedgasse): Stadtbaumeister L. Weidmann hat dieses Haus 1596 für den Ratsherrn Michael Wirsching errichtet. Sein Wert liegt in der schön gestalteten Sandsteinfassade. Der Schmuck ist jedoch der strengen Gliederung untergeordnet.

Georgsbrunnen (Markt): Der Brunnen (1608) ist nicht nur schmückendes Element des Marktes, sondern charakteristisch für diese Stelle der alten Stadt.

Topplerschlößchen: Das kleine Schloß wurde 1388 für Bürgermeister Heinrich Toppler erbaut und sollte ihm die Möglichkeit bieten, das Geschehen in den an der Tauber gelegenen Mühlen besser zu überwachen.

Altes Gymnasium (Kirchplatz): Auch dieser Renaissancebau ist das Werk des

Herlin-Altar in St. Jakob, Verkündigung

Szenen aus der Jakobslegende

Stadtbaumeisters L. Weidmann, der das dreigeschossige Gymnasium 1589–91 errichtet hat. Ein Treppenturm ist vor die Front gesetzt und bringt in das horizontal gegliederte Gebäude die Senkrechte ein.

Spital: Auch der dreigeschossige Spitalbau geht auf Stadtbaumeister L. Weidmann zurück (1574–78). Bemerkenswert sind im Inneren eine Wendeltreppe und 2 steinerne Renaissance-Portale. In die rings ummauerte Anlage ist das berühmte *Hegereiterhaus* einbezogen, eine der baulichen Kostbarkeiten Rothenburgs. Es wurde 1591 für den Spital-Bereiter gebaut.

Stadtbefestigung: Inneres Rödertor und Weißer Torturm gehören zur ersten Stadtbefestigung (12. Jh.). Die neue Stadtmauer (15. Jh.) ist am Topplerweg am besten erhalten (Spitaltor).

Bedeutende Straßen: Wer das alte Rothenburg nicht nur an einzelnen Punkten ausmachen möchte, sollte sich die folgenden Straßenzüge, die eine selten anzutreffende ma Geschlossenheit aufweisen, vornehmen: Markt, Herrngasse, Schmiedgasse (mit dem Plönlein), Rödergasse.

Tauberbrücke: Die Brücke wurde 1945 gesprengt, ist jedoch – ausgehend v. einem Betonkern mit entsprechender Vermantelung – neu erstanden und gleicht dem Original. Sie war einst eines der bedeutendsten Monumente ma Brückenbaukunst.

Museen: *Reichsstadtmuseum* (Klosterhof 5): Im 700 Jahre alten Dominkanerinnenkloster werden Sammlungen zur Vor- und Frühgeschichte, antikes Mobiliar und Handwerksgeräte gezeigt. Glanzpunkte sind die 12 Bilder der Rothenburger Passion, die alte Klosterküche (die in den Museumsbereich einbezogen wurde) und der schon erwähnte Meistertrunkpokal (siehe Rathaus). – *Rothenburg-Galerie* (Klosterhof): Aus mehreren privaten Sammlungen ist diese sehenswerte Galerie hervorgegangen. Schwerpunkt ist die Malerei des

19. und 20. Jh. – *Ma Kriminalmuseum* (Burggasse 3): Dokumente zur ma Rechtspflege und Foltergeräte.

Umgebung

Detwang (2 km): *Ev. Pfarrkirche St. Peter und Paul,* 10. Jh., roman., eine der ältesten Kirchen Frankens. Sehenswert der Hl.-Kreuz-Altar T. Riemenschneiders (1510). Flügelreliefs v. Gehilfen, die ausdrucksvolle Kreuzigungsszene im Schrein v. Meister. Seitenaltäre (s um 1500, n 15. Jh.) und Sakramentsnische (15. Jh.).

83543 Rott am Inn
Bayern

Einw.: 3100   Höhe: 481 m   S. 1283 □ N 15

Ehem. Benediktinerabteikirche St. Marinus und Anianus: Urspr. hatte Abt Benedikt Lutz die alten Mauern des Vorgängerbaus aus dem 12. Jh. erhalten wollen, beauftragte dann jedoch J. M. Fischer*, einen der berühmtesten Baumeister der Zeit, mit dem vollständigen Neubau. Übernommen wurden nur die Türme und einige weitere, nicht erwähnenswerte Teile. Die Grundsteinlegung erfolgte 1759, abschließende Arbeiten dauerten bis 1767. Neben Fischer waren mit J. Rauch und F. X. Feuchtmayer* sowie dem Augsburger Maler M. Günther* und dem Münchner Bildhauer I. Günther* die besten Künstler an der Ausschmückung der Kirche beteiligt. – Die Kirche, äußerlich in ein schlichtes Gewand gehüllt, ist eine der reifsten Leistungen des Spätbarock und wegen ihrer großartigen Ausstattung berühmt. Zentrum ist der mächtige Kuppelbau, der durch 4 Diagonal- und 2 Seitenkapellen (mit größeren Altären) ergänzt wird. Das gewaltige Fresko in der Hauptkuppel und die übrigen Fresken sind das Werk des Augsburger M. Günther. Das *Kuppelfresko* zeigt die Verherrlichung der Heiligen des Benediktinerordens. I. Günther hat den

Rothenburg ob der Tauber, Rathaus

Rottenbuch, Deckenfresko in der Chorherrenstiftskirche

Hochaltar und die meisten der zahlreichen *Nebenaltäre* entworfen und auch die überlebensgroßen Figuren geschaffen (dargestellt sind die Trinität sowie Heinrich und Kunigunde, Korbinian und Ulrich). Die Seitenaltäre gehen z. T. auf J. Götsch, einen Mitarbeiter des Meisters, zurück. Das Gemälde des rechten Seitenaltars stammt v. J. Hartmann (der auch das Altarblatt für den Hochaltar geschaffen hat). – In der *Vorhalle* das Stifterehrengrab (1485) für Pfalzgraf Kuno und dessen Sohn.

83700 Rottach-Egern
Bayern

Einw.: 5500   Höhe: 740 m   S. 1283 □ M 15

Rottach-Egern, heute heilklimatischer Kurort, ist mit dem Namen Ludwig Thoma (1867–1921) verbunden. Hier ließ er sich 1908 ein Landhaus bauen, in dem er später die meisten seiner Werke geschrieben hat. An ihn erinnert das Grab auf dem Alten Friedhof, wo auch Ludwig Ganghofer (1855–1920) und der Opernsänger Leo Slezak (1873–1946) begraben liegen. Auf dem Neuen Friedhof wurde Heinrich Spoerl beigesetzt, der seit 1941 am Tegernsee lebte und hier am 25. 8. 1955 gest. ist. Ebenfalls auf dem Neuen Friedhof befindet sich das Grab v. Olaf Gulbransson, dem norwegischen Maler und Zeichner, der zu den bedeutendsten Mitarbeitern der satirischen Zeitschrift »Simplicissimus« gehört hat.

Pfarrkirche St. Laurentius: Die Kirche aus dem 15. Jh. erhielt 1672 eine Stuckausstattung. Aus dieser Zeit stammen auch die Altäre einheimischer Meister. Originell sind die Halbsäulen, v. denen die Wandpfeiler und Dienste umkleidet werden. Diese Halbsäulen beginnen jedoch nicht etwa auf dem Boden, sondern erst in halber Höhe. An der N-Wand verdienen 4 Votivtafeln (als Erinnerung an die sog. Sendlinger Mordweihnacht, 1705, sowie an die Kriege v. 1812, 1866 und 1870/71) bes. Beachtung.

Ludwig-Thoma-Bühne (Fürstenstr. 36): Ständiges Bauerntheater im Kur- und Kongreßsaal Rottach-Egern.

Außerdem sehenswert: Die Auferstehungskirche (1955) in Rottach.

82401 Rottenbuch
Bayern

Einw.: 1600 Höhe: 763–868 m S.1282 □ K 15

Ehem.   Augustiner-Chorherrenstiftskirche Mariae Geburt: Auf roman. Fundamenten (11./12. Jh.) ist die got. Basilika entstanden, deren Inneres nach Umbauten im 15. und 18. Jh. heute ganz vom Rokoko geprägt ist. Meisterhafte Dekorationen v. J. Schmuzer* und F. X. Schmuzer* sowie *Fresken* von M. Günther*, die größtenteils dem Leben u. Werk des Ordenspatrons Augustin gewidmet sind. Hervorzuheben ist die Verbindung v. got. Arkadenleibungen mit dem barocken Stuck. Der *Hochaltar*, v. F. X. Schmädl (um 1750), zeigt in plastischer Darstellung die Mariengeburt. Darunter die Figuren der Eltern Joachim und Anna, über den Durchgängen die v. St. Peter und Paul. Weitere Teile der v. Schmädl geschaffenen Innenausstattung sind die Aufbauten des Chorgestühls (mit den Figuren Davids und Zacharias), die Kanzel mit den Evangelistengestalten sowie vier Seitenaltäre mit reichem Figurenschmuck. Einer der Seitenaltäre zeigt eine Sitzmadonna (1483), die als eine der besten Arbeiten dem Blutenburger Meister zugeschrieben wird. Herrlicher Rokoko-Orgelprospekt.

72108 Rottenburg/Neckar
Baden-Württemberg

Einw.: 37 200   Höhe: 340 m   S. 1281 □ F 14

Dom St. Martin: Die Kathedralkirche (seit 1828) zeichnet sich durch den Turm (1486–91) aus, den der einheimische H. Schwarzacher errichtete. Der reiche Schmuck der achteckigen Turmpyramide ist in Art und Umfang sonst höchst selten zu finden. Die Ausstattung des (nach Brand 1644) neugestalteten Inneren 1977/78 renoviert.

Ehem. Stiftskirche St. Moritz (im Stadtteil Ehingen): Der Bau stammt im Kern aus

< *Rottenburg/Neckar, Wallfahrtskirche St. Maria*

der Zeit um 1300 (1412/13 erweitert); der Turm wurde 1433 vollendet. Angebaut St.-Ulrichs-Kapelle. Barockes Beiwerk (1706–09) wurde 1969–71 zugunsten got. Elemente entfernt. Sehenswert sind *Freskenzyklen* an den Säulen (um 1400), am Obergaden (um 1415) und im Chor (15./16. Jh.) sowie die figürlichen Grabdenkmäler der Grafen v. Hohenberg (14. Jh.). Im n Seitenschiff wurde die *Bildsäule des Marktbrunnens* (um 1483) aufgestellt. Auf dem Marktplatz befindet sich seit 1911 eine Kopie der Säule.

Wallfahrtskirche St. Maria (im Weggental): Der 1682–95 nach Plänen v. M. Thumb* errichtete Neubau birgt neben einer *Pietà* (um 1500) u. a. die qualitätvolle Skulpturengruppe *Maria Ohnmacht* (1440–50). *Stuckdekoration* von P. Brenno an den Pfeilern (1688 fertig) und von J. G. Brix in der Apsiskalotte (um 1700). Altar (1730) mit Vesperbild (15. Jh.).

Museen: *Sülchgau-Museum* (Bahnhofstr. 16): Vor- und Frühgeschichte, röm. Fundstücke, Stadtgeschichte. – *Diözesanmuseum* (im Bischofspalast): Kirchliche Kunst, Malerei und Plastiken. – *Stiftsmuseum St. Moriz* (in der ehem. Ulrichs-Kapelle neben der St.-Moriz-Kirche): Sakrale Kunst aus dem ehem. Chorherrenstift, v. 15.–18. Jh.; barocker Kirchenschatz.

78628 Rottweil
Baden-Württemberg

Einw.: 24 500   Höhe: 550 m   S. 1281 ☐ F 14

Die Lage am Neckar veranlaßte schon die Römer, dem Gebiet um das heutige Rottweil besondere Bedeutung beizumessen (Ausgrabungen aus dieser Zeit). Die Lage der 1140 durch den Zähringerherzog Konrad gegr. Stadt am Hochufer des Neckars führte zu einer dicht gedrängten Bauweise. Nach 1268 wurde Rottweil Reichsstadt. Seit 1463 lehnte sich die Stadt eng an die Schweizer Eidgenossenschaft an, mit der ein »ewiger Bund« geschlossen wurde. Das Stadtbild ist seit dem 17. Jh., als Rott-

weil v. den Franzosen erobert wurde, kaum verändert worden.

Münster Hl. Kreuz (Kirchplatz): Unter teilweiser Verwendung älterer Bauteile ist das heutige Münster ein Werk des 15./16. Jh. Spätrom. Formen gehen in got. über. Die Ausstattung sieht an vorderster Stelle eine Reihe hervorragender spätgot. Kunstwerke, die jedoch größtenteils erst später im Münster aufgestellt worden sind. An erster Stelle ist der *Kruzifixus* zu nennen, der Ende des 15. Jh. entstanden ist und V. Stoß* zugeschrieben wird. Ferner sind zu erwähnen: das *Sakramentshäuschen* (15. Jh.), der spätgot. *Petrusaltar* (im n Seitenschiff), der *Nikolausaltar* (im s Seitenschiff), der *Apostelaltar* (an der Chorwand) und der *Marienaltar* (dem Apostelaltar gegenüber, beide 2. Hälfte des 15. Jh.). Von dem Flügelaltar eines Rottweiler Meisters (um 1440) ist das *Andachtsbild* erhalten, das heute über der Turmpforte des s Seitenschiffs zu sehen ist. Mit Schnitzereien reich geschmückt ist die *Kanzel* aus dem 17. Jh. Der Taufstein war 1563 vollendet.

Kapellenkirche U. L. Frau (Kapellenhof): Im O des Marktplatzes erhebt sich der *Kapellenturm,* dessen reiche Steinplastik zum Besten dieser Zeit in Deutschland gehört. Seine unteren Geschosse stammen aus dem 14. Jh., die 3 oberen Geschosse v. A. Jörg* (1473). Der eigtl. Kirchenbau wurde ebenfalls im 14. Jh. errichtet, später jedoch mehrfach und einschneidend verändert.

Dominikanerkirche (Bruderschaftsgasse): Die Kirche wurde 1753 zu ihrer heutigen Form umgebaut (Vorgängerbau aus frühgot. Zeit). Hervorzuheben sind die Fresken v. J. Wannenmacher (1755) und die Rokoko-Altareinrichtung.

Römer-Niederlassung Arae Flaviae (an der Bundesstraße 14/27): Aus der Zeit nach 74 n. Chr. stammen die Bauten, die bei Ausgrabungen seit 1784 zutage gefördert wurden. Ausgegraben wurden u. a. die zweitgrößte *Römer-Therme* in Baden-Württemberg, ein berühmtes *Orpheus-*

< *Rottenburg/Neckar, Marktbrunnen*

mosaik (etwa 180 n. Chr., → Dominikanermuseum).

Wohnbauten: In den Straßen der Innenstadt sind viele schöne Häuser aus dem 13.–18. Jh. erhalten. Typisch sind die feinen, meist geschnitzten Säulen als Unterteilung der Fensternischen.

Stadtmuseum Rottweil (Hauptstr. 20): In einem ehem. Patrizierhaus verdient die röm. Abteilung des Stadtmuseums vorrangige Beachtung. Hier, im sog. *Dominikanermuseum,* sind Funde aus der bei R. gelegenen Römerstadt Arae Flaviae ausgestellt. Bes. hervorzuheben ist das *Orpheusmosaik.* Eine andere Abteilung erinnert an die Zeit, in der Rottweil Reichsstadt gewesen ist (siehe Einleitung). Die Fastnachtssammlung ist der berühmten *Rottweiler Fasnet* gewidmet.

Außerdem sehenswert: Marktplatz mit Brunnen, Reste der Stadtbefestigung mit dem *Schwarzen Tor* (13. Jh.).

65385 Rüdesheim am Rhein

Hessen

Einw.: 10 000	Höhe: 78 m	S. 1280 □ D 11

Der berühmte Weinort war schon in röm. Zeit besiedelt. Später gewann Rüdesheim durch den »Kaufmannsweg« an Bedeutung, der als Umgebung des »Binger Lochs«, einer für die Schiffahrt gefährlichen Rheinenge, entstanden ist. Heute ist Rüdesheim einer der meistbesuchten Weinorte am Rhein. Zentrum des Tourismus ist die Altstadt mit Drosselgasse und Bürgerhäusern vornehmlich aus dem 17. und 18. Jh.

Pfarrkirche St. Jakob (Marktplatz): Nur die frührom. Kapelle (im Untergeschoß des Turms an der N-Seite) erinnert an einen Vorgängerbau aus dem 12. Jh. Die heutige Kirche stammt aus der Zeit um 1400 (Erweiterungen 1912–14). Der 2. Weltkrieg hat großen Schaden angerichtet und durch einen Brand die wertvolle Innenausstattung fast vollständig vernichtet. Hervorzuheben: ein Marienaltar aus Sandstein (um 1600), mehrere Grabmäler.

Rudolstadt, Schloß Heidecksburg

Stadtbefestigung mit Adlerturm: Der Adlerturm in der SO-Ecke der Altstadt (beim heutigen Gebäude der Nassauischen Sparkasse) diente einst als Eckturm für die alte Stadtbefestigung (15. Jh.). Goethe hat hier mehrmals übernachtet.

Mäuseturm: Mitten im Rhein steht der steinerne Turm, den Philipp v. Bolanden 1208 errichten ließ. Vorausgegangen war ein erster Turm aus Holz, den der röm. Feldherr Drusus in Auftrag gegeben hatte (8 v. Chr.).

Niederwalddenkmal (auch mit einer Kabinenseilbahn erreichbar): Das Nationaldenkmal wurde 1883 eingew. und ist der Erinnerung an die Gründung des Wilhelminischen Kaiserreiches nach den Kriegsjahren 1870/71 gewidmet. Die Germania-Figur v. J. Schilling ist 10,50 m hoch und wiegt 640 Zentner. Das Schwert, das sie trägt, ist mehr als 7 m lang.

Burgruine Ehrenfels: Die imposante Ruine ist als Rest eines mächtigen Burgbaus aus dem 13. Jh. erhalten geblieben. Die Burg wurde 1689 zerstört.

Museen: *Rheingau- und Weinmuseum* (Rheinstr. 2): In der Brömserburg oder Niederburg (lange Zeit im Besitz der Brömser), die bis ins 12. Jh. zurückgeht, nach tiefgreifendem Verfall jedoch erst im 19. Jh. ausgebaut wurde, befindet sich heute das größte Spezialmuseum dieser Art mit Sammlungen zur Landesgeschichte des Rheingaus sowie zur Vor- und Frühgeschichte. – *Museum für mechanische Musikinstrumente* (im Brömserhof, Oberstr. 29): Mechanisches Musikkabinett.

Außerdem sehenswert: Die Türme der ehem. Ober- und Vorderburg, die ehemals ebenfalls im Besitz der Brömser v. Rüdesheim waren.

07407 Rudolstadt
Thüringen

Einw.: 29 800   Höhe: 184 m   S. 1278 ☐ L 9

Der Ort erlebte als Residenz der Fürsten von Schwarzburg-Rudolstadt im 18. und 19. Jh. eine wirtschaftliche (Porzellanmanufaktur, 1762) und kulturelle Blüte.

Schloß Heidecksburg: Die anstelle der 1735 abgebrannten *Oberen Burg* (12.–16. Jh.) hoch über der Stadt nach Plänen von J. Ch. Knöffel* erbaute Dreiflügelanlage des barocken *Fürstenschlosses* (18. Jh.) wird v. einem SW-Turm (1744) überschattet. Reichste Rokoko-Prunkräume sind im W-Trakt der *Festsaal* und das *Rote Kabinett,* beide v. J. P. Pedrozzi* stuckiert und v. L. Deisinger* mit Deckengemälden (Olymp bzw. Selene und Endymion, 1744) geschmückt. Im *Grünen Kabinett* sehenswerte Holzskulpturen v. C. A. Kaendler* und K. Ch. Reinthaler*, der auch mehrere Phantasielandschaften (1751) in der *Marmorgalerie* schuf. Im Stil des Rokoko, Empire und Biedermeier wurden im 19. Jh. die *Wohnräume* des S-Trakts möbliert, der heute die *Kunstsammlungen* mit Kleinkunst, Porzellan aus den Manufakturen Rudolstadt-Volkstedt und Meißen, sakrale Skulpturen (14.–16. Jh.) und Gemälde des

17.–20. Jh. aufnimmt. Im N-Flügel mit *Renaissanceportal* (16. Jh.) haben die Waffensammlung *Schwarzburger Zeughaus* und das *Museum für schwarzburgische Geschichte* ihren Sitz.– Ein barocker Musikpavillon (18.Jh.) und ein klassizistisches Tempelchen (1798) bilden Akzente im *Schloßgarten.*

Schloß Ludwigsburg: Die ab 1734 erbaute Dreiflügelanlage des *Barockschlosses* (heute *Landesrechnungshof*) in der *Altstadt* diente bis zur Fertigstellung v. Schloß Heidecksburg als fürstliche Residenz. Eine prächtige Rokoko-Ausstattung (18. Jh.) besitzt der Festsaal im Inneren.

Volkskundemuseum (Große Wiese 2): Das älteste *Freilichtmuseum* Deutschlands (1914) mit 2 Thüringer Fachwerkbauernhäusern (17. Jh.) und einer eingebauten ehem. Dorfapotheke gewährt mit Haus- und Landwirtschaftsgeräten und einer Dokumentation Einblick in das einstige Leben der Thüringer Bauern.

Außerdem sehenswert: Die im Stil der Spätgotik 1634–36 umgestaltete *Stadtkirche St. Andreas* mit kunstvollem S-Portal (Renaissance) birgt im dreischiffigen Inneren mit zweistöckigen Emporen eine Renaissancekanzel (1636) und ein barockes Altarretabel (um 1780–90). – Neben einigen *Renaissance-Bürgerhäusern* (17. Jh.) mit eleganten Portalen, darunter das Haus (Schillerstr. 25), in dem Schiller erstmals Goethe traf, verdient das 1784 barockisierte *Alte Rathaus* (16. Jh.) mit barockem Dachreiter Beachtung.

Rudolstadt, Stadtkirche

Umgebung

Großkochberg (11 km n): Eine Gedenkstätte im N-Flügel und ein originalgetreu eingerichtetes Goethe-Zimmer erinnern an den häufigen Gast des Freiherrn von Stein, der seit 1733 Besitzer der an der Stelle einer ma Vorgängerin erbauten barocken *Wasserburg* (1730) war. Im *Schloßpark* (18./19. Jh.) klassizistisches Liebhabertheater (1815), Leinwand- und Badehäuschen. – In der z. T. spätgot. veränderten spätrom. *Dorfkirche,* einer Chorturmkirche (um 1200) mit bemalter Holztonne,

findet sich ein spätgot. Flügelaltar mit kostbaren Schreinfiguren (Muttergottes und Erzengel Michael, um 1500).

Orlamünde (13 km nö): Um die oberhalb der Orlamündung in die Saale gelegene ma *Burgruine* (10.–14. Jh.) mit roman. Kemenatenwohnturm rankt sich die Sage der zur Strafe für einen Kindermord rastlos umherirrenden Weißen Frau (Gräfin Kunigunde v. Orlamünde).

99842 Ruhla
Thüringen
Einw.: 5200   Höhe: 402 m   S. 1277 ☐ I 9

Der Ort im »Erbstromtal«, ein Wasserlauf, der die Herzogtümer Sachsen-Weimar und Sachsen-Gotha trennte, ist durch seine Uhrenindustrie bekannt geworden.

Concordiakirche: Der 1660–61 errichtete Frühbarockbau hat die Form eines Win-

kelhakens, bestehend aus »Männerkirche« im W und »Weiberkirche« im S. Am Knickpunkt erhebt sich der Turm. Die Ausstattung stammt aus der Erbauungszeit.

Außerdem sehenswert: Die ebenfalls barocke *Trinitatiskirche* (1682–86) mit einem beachtlichen Orgelprospekt v. 1709 im Innenraum. – Das *Heimatmuseum* in der Oberen Lindenstr. 29, das in einem Fachwerkhaus aus dem 16. Jh., einem der schönsten Bürgerhäuser des Ortes, untergebracht ist. Zu sehen sind u. a. eine Messerschmiede und die Arbeitsstube eines Messerbeschalers.

8222 Ruhpolding

Bayern

Einw.: 6300	Höhe: 655 m	S. 1283 ☐ O 15

Pfarrkirche St. Georg: Die Pfarrkirche gehört zu den schönsten Dorfkirchen in Oberbayern. Über ihre örtliche Bedeutung hinaus gewinnt sie ihren Rang durch die »Ruhpoldinger Madonna«, ein roman. Holzbildwerk, das im r Seitenaltar gezeigt wird (um 1230). Neben dieser Madonna sind mehrere sehenswerte Altäre, das schöne Chorgestühl und eine reichgeschmückte Kanzel hervorzuheben (alles aus der Erbauungszeit, 1738–57).

Museen: *Bartholomäus-Schmucker-Heimatmuseum* (Schloßstr. 2): In dem ehem. Jagdschloß, einem Renaissancebau aus dem Jahr 1587, werden stadt- und kulturgeschichtliche Sammlungen, dazu sakrale Kleinkunstwerke gezeigt. – *Museum für bäuerliche und sakrale Kunst* (Roman-Friesinger-Str. 1): Museum mit bäuerlichem Urvater-Hausrat. Prunkschränke, Truhen, Hinterglasbilder, Geschirr und sonstiges Handwerksgerät sind im Erdgeschoß zu bewundern. Im 1. und 2. Stock befindet sich eine sehenswerte Paramentensammlung.

4401 Rüschhaus über Havixbeck

Nordrhein-Westfalen

	Höhe: 80 m S. 1276 ☐ D 7

Im O v. → Havixbeck liegt das Haus Rüschhaus, ein münsterländischer Bauernhof, der – wie auch die Bauten im nahen Havixbeck – v. J. K. Schlaun* errichtet wurde (1745–48). Hier lebte v. 1826–46 die Dichterin Annette v. Droste-Hülshoff (1797–1848) nach dem Tode des Vaters gemeinsam mit ihrer Mutter und Schwester Jenny. Heute befindet sich in dem roten Backsteinhaus ein *Museum* mit Sammlungen zum Leben und Werk der Droste-Hülshoff.

< Ruhpoldinger Madonna in St. Georg

07318 Saalfeld
Thüringen

Einw.: 32 600   Höhe: 235 m   S. 1278 □ L 9

An der Stelle des karolingischen Reichs-
hofes *Curia Salauelda* (899 erwähnt) auf
dem Petersberg oberhalb der Saale wurde
1081 ein Benediktinerkloster gegründet,
über dessen Resten im 17./18. Jh. das
Schloß der Herzöge v. Sachsen-Saalfeld
erbaut wurde. Im Schutz des mittelalterlichen Klosters entwickelte sich um den

zentralen Marktplatz die Stadt (seit 1208),
deren Blüte (14.–16. Jh.) durch Handel und
Bergbau im Dreißigjährigen Krieg ein jä-
hes Ende fand.

Residenzschloß: Das 1676–1720 über U-
förmigem Grundriß erbaute dreigeschossige *Barockschloß* besitzt ein prächtiges *Barockportal* mit wappengeschmückter Supraporte und gipfelt über dem
Hauptgebäude in einem kleinen Dachreiter (1726). Das Innere der einschiffigen
Schloßkapelle mit eingebauter Empore
wurde v. C. L. Castelli* mit Deckenfresken

Saalfeld, Feengrotten

(»Glorie der Hl. Trinität«, um 1714) und v.
den Brüdern B. und D. Lucchese* mit eleganten spätbarocken Stukkaturen dekoriert. – Ein geschnitzter spätgot. Kreuzigungsaltar befindet sich in der nahen (sw)
Siechenkapelle (12.–18. Jh.).

Johanniskirche: Die 1380–1514 mit 2
Flankentürmen seitlich des einschiffigen
Chors erbaute spätgot. Hallenkirche besitzt über dem *W-Portal* mit Tympanonrelief (Weltgericht, um 1400) und dem Altan
ein riesiges *Maßwerkfenster.* Durch das
ebenfalls mit einem Tympanonrelief (Epiphanie, um 1400) geschmückte *S-Portal*
gelangt man ins dreischiffige Innere mit
Bündelpfeilern und Kreuzrippengewölben. Prunkstücke der spätgot. Ausstattung
sind das (n) *Hl. Grab* (14. Jh.), die *Schreinfiguren* (Beweinung Christi, um 1475) des
Flügelaltars und die mannshohe *Täuferfi-
gur* (um 1500) des Riemenschneider-
Schülers H. Gottwald.*

Rathaus: Der v. 2 Dachreitern bekrönte
Hauptbau des *Renaissancerathauses*
(1526–37) bezieht in die zum Markt gewandte *Schaufassade* mit linkem Eckerker, rechtem Fassadenerker und kurvigen
Renaissancegiebeln einen polygonalen
spätgot. *Treppenturm* mit Maßwerkbalkon
und origineller Bedachung mit ein, der
noch vom Vorgängerbau stammt. – Ebenfalls am Markt steht das *Roman. Haus* (um
1180, restauriert), in dessen erhaltenem
Erdgeschoß die ehem. *Hofapotheke* eingerichtet wurde.

Außerdem sehenswert: Im ehem. *Franziskanerkloster* (13.–18. Jh.; Münzplatz 5),
dessen Festsaal bemalte Deckenstukkaturen (um 1720–30) schmücken, ist heute
das *Thüringer Heimatmuseum* mit Dokumentationen zu Stadtgeschichte, Volkskunde und Bergbau sowie umfangreichen
Sammlungen früher Druckerzeugnisse,
ma Altarfiguren der Saalfelder Schule und
Saalfelder Münzen (11.–19. Jh.) eingerichtet. – Im S des in den Übergangsfor-
men v. der Spätgotik zur Renaissance mit
7 hohen Staffelgiebeln erbauten *Schlößchens Kitzerstein* (15./16. Jh.) steht die
Burgruine *Hoher Schwarm* (um 1300–10)
mit 2 runden hohen Ecktürmen. – Zur
streckenweise erhaltenen ma *Stadtmauer*

(13./14. Jh.) gehören 4 *Stadttore* aus dem
14./15. Jh. – Im S der Stadt kann man im
1846 stillgelegten Alaunschieferbergwerk
die Tropfsteinhöhlen der *Feengrotten*
(1911 entdeckt) besichtigen. Sie beeindrucken durch ihre einzigartige Farbenpracht.

66111–33 Saarbrücken
Saarland

Einw.: 192 000 Höhe: 191 m S. 1280 □ B 12

Die Grenzlage zwischen Frankreich und
Deutschland sowie Eisen- und Kohlevor-
kommen haben die Entwicklung der Stadt
Saarbrücken zum wirtschaftlichen Zentrum des Saarlandes bestimmt. Im Schutz
der 999 erstmals erwähnten Burg Saarbrücken begann die Entwicklung zur Residenz und Verwaltungsstadt. Eine erste
Blütezeit erlebte Saarbrücken zu Beginn
des 17. Jh. unter Graf Ludwig, auf den
wesentliche Teile der Stadtanlage und das
Renaissanceschloß zurückgehen. Eine
Etappe der Erweiterung erfuhr die Stadt
unter Fürst Wilhelm Heinrich (1741–68),
als der Bestand an bemerkenswerten Bauwerken um beachtliche Barock-Beiträge
erweitert wurde. Die historisch zu erklä-

Saalfeld, Rathaus

rende Aufteilung in die 3 Stadtteile Saarbrücken, St. Johann und Malstatt-Burbach
ist aus dem heutigen Stadtplan noch gut
abzulesen.

Neben seinem wirtschaftlichen Rang als
Mittelpunkt einer hochentwickelten Indu-
strielandschaft besitzt Saarbrücken auch
Bedeutung als geistiges Zentrum des Saarlandes. Die Universität, die Pädagogische
Hochschule, die Musikhochschule, das
Saarländische Staats- und das Landestheater sowie der Saarländische Rundfunk
und mehrere wissenschaftliche und künstlerische Gesellschaften geben wichtige
Impulse. Seit 1959 wird hier der Kunstpreis des Saarlands verliehen.

Ev. Schloßkirche (Schloßplatz): Die Kirche aus dem 15. Jh. ist Grabkirche der
Fürsten v. Nassau-Saarbrücken. Schäden,
die auf den Stadtbrand v. 1677 und auf
Bombenangriffe im 2. Weltkrieg zurück-
gingen, sind jeweils kurze Zeit später weitgehend beseitigt worden. Die alte Innenausstattung ging jedoch fast vollständig
verloren (neue Fensterverglasung v. G.
Meistermann*). Sehenswert sind die erhaltenen oder wiederhergestellten Grabdenkmäler. – Heute wird die Schloßkirche auch
v. der Musikhochschule des Saarlandes
genutzt.

Deutschherrenkapelle (Moltkestraße):
Dieser älteste Bau Saarbrückens geht auf
das erste Drittel des 13. Jh. zurück, wurde
jedoch mehrfach in Teilen zerstört und
durchgreifend verändert (Turm an der S-
Seite aus dem Jahr 1868). Das einstige
Deutschherrenhaus, das modern erweitert
wurde, ist heute *Waisenhaus*.

Ev. Ludwigskirche (Ludwigsplatz): Die
Kirche, zwischen 1762–75 erbaut, ent-
stand nach Plänen des Stadtbaumeisters
F. J. Stengel*. Sie gilt als bedeutendster
Kirchenbau des Saarlandes. Vor einigen
Jahren wurde das Innere nach alten Plänen
rest. und im urspr. Zustand, allerdings oh-
ne Ausstattung, wiederhergestellt.

Kath. Pfarrkirche (Stadtteil St. Johann):
F. J. Stengel* hat auch die Pläne für diese
Kirche geliefert, die in den Jahren 1754–58
an die Stelle einer älteren Anlage getreten
ist.

Stiftskirche (Markt St. Arnual): Im
13./14. Jh. ist diese bedeutende frühgot.
Kirche entstanden. Im Inneren ergeben die
Rippen und Gurte des kräftigen Kreuzrip-
pengewölbes ein charakteristisches Bild.
Berühmt ist die Kirche wegen ihrer zahlreichen Grabmäler für Angehörige des

Saarbrücken, Stiftskirche, Grabmal für Graf Johann III.

Hauses Nassau-Saarbrücken. Allen voran sind das Grabmal für den Grafen Johann III. (gest. 1472) und das für Elisabeth v. Lothringen (gest. 1456) zu nennen.

Weitere sehenswerte Kirchen: *Altkath. Friedenskirche* im Stadtteil Saarbrücken (1743–46 erbaut), *Ev. Pfarrkirche* im Stadtteil St. Johann (1725–27 erbaut), *Kath. Pfarrkirche St. Albert* (Rodenhof): Moderne Kirche aus den Jahren 1952–54, die als Zentralkirche richtungweisend wurde.

Schloß (Schloßplatz): Der heutige Bau entstand 1738–48 nach den Plänen des Stadtbaumeisters F.J. Stengel. Vorausgegangen waren eine ma Burg und ein Renaissanceschloß (1617), das nach der Zerstörung des Jahres 1677 neu errichtet, jedoch später zugunsten des heutigen Baus abgerissen wurde. Auch dieses Rokokoschloß, eine der großen Fürstenwohnungen der Zeit, blieb v. Zerstörungen und Veränderungen nicht verschont: 1793 wurde es geplündert und niedergebrannt. Beim Wiederaufbau nach Stengelschen Plänen 1810 unter A. Knipper erhielt es ein drittes Obergeschoß. Nach mehrjährigen Renovierungsarbeiten (1982–89) Wiederherstellung des Saarbrücker Schlosses mit einem modernen Mittelpavillon des Kölner Baumeisters Prof. Gottfried Böhm.

Altes Rathaus (Schloßplatz): Das Rathaus ist ein weiteres Werk F. J. Stengels (1758–60). Die Folgen des Brandes im 2. Weltkrieg wurden beseitigt.

Alte Brücke (Schillerplatz/Schloßplatz): Die Alte Brücke, die heute Schloß und Staatstheater verbindet, wurde in den Jahren 1546–48 v. H. Sparer erbaut, im 18. Jh. jedoch umgestaltet. Die neue Form geht auf Pläne von B. W. Stengel, einen Sohn des Stadtbaumeisters, zurück.

Großer Brunnen (Stadtteil St. Johann, St. Johanner Markt): F. J. Stengel hat diesen Barockbrunnen entworfen, P. Mihm schuf den plastischen Schmuck und S. Bockelmann das Eisengitter (1759/60).

Römerkastell (Mainzer Straße): Das Kastell ist im 3. Jh. n. Chr. entstanden. Die eindrucksvollen Reste, die heute zu sehen sind, wurden bei Ausgrabungen zutage gefördert.

Museen: *Saarland-Museum – Alte Sammlung* (Karlstr. 1): Das Museum befindet sich im Gebäude der ehem. Schillerschule

Saarbrücken, Schloß

und wurde durch einige Anbauten erweitert. Schwerpunkte des Museums sind neben einer Sammlung moderner Malerei Kunst und Kunsthandwerk des 18. Jh. – *Landesmuseum für Vor- und Frühgeschichte* (Am Ludwigsplatz 16). – *Moderne Galerie* (Bismarckstr. 11–19): Kunst der Gegenwart.

Theater: *Staatstheater* (Tbilisser Platz 1): Das 1937/38 erbaute Theater bietet 1121 Besuchern Platz. Musiktheater und Schauspiel sind hier mit eigenen Ensembles vertreten. – *Alte Feuerwache* (Landwehrplatz): Kleines Haus des Staatstheaters; hier werden neben Theateraufführungen Kabarett, Musiktheater und Matinees angeboten.

88682 Salem

Baden-Württemberg

Einw.: 9700   Höhe: 440 m   S. 1281 □ G 15

Ehem. Zisterzienserabteikirche/Kath. Pfarrkirche (Bundesstr. 31): Von dem roman. Gründungsbau hat sich nichts erhalten. An seine Stelle trat die jetzige Kirche, mit deren Bau 1297 begonnen wurde und die 1414 ihre Schlußweihe erhalten hat. Die lange Bauzeit hat die Einheitlichkeit des got. Gesamtbildes nicht beeinträchtigt. Die dreischiffige Gewölbebasilika entspricht in ihren Grundzügen genau den Vorschriften der Zisterzienser, sie wird jedoch durch die reichen Maßwerkfenster im Westen aufgelockert. – Im Inneren ist v. der alten Ausstattung nur wenig erhalten *(Sakramentshaus* aus dem Jahre 1494 im n Querschiff, *Chorgestühl* aus den Jahren 1588–95). Die heutige Ausstattung ist mit dem *Hochaltar*, mit 26 Nebenaltären und wertvoller Einzelplastik das Werk v. J. G. Dirr und J. G. Wieland (1771–1794). Alle Teile bestehen aus grauem und rötlichem Alabaster und zeigen bereits Merkmale der frühklassizistischen Formenstrenge. Die *Deckenbilder* unter den Querschiffemporen stammen v. F. J. Spiegler (1730). Die 4 *Beichtstühle* hat J. A. Feuchtmayer[*] 1753 gestaltet. Die *Orgel* hat K. J. Riepp aus Ottobeuren geliefert (1766). – Im S lehnen sich an die Kirche die *Klostergebäude* an, die F. Beer[*] nach einem Brand

1697 neu errichtet hat. An der Ausgestaltung sind die besten Künstler der Zeit beteiligt gewesen (u. a. F. Schmuzer[*], F. J. Feuchtmayer). Sehenswert ist v. a. der Kaisersaal.

Außerdem sehenswert: Kapelle auf dem Laienfriedhof im benachbarten *Stephansfeld:* Zentralbau nach Plänen v. F. Beer (1707–10).

38226–59 Salzgitter

Niedersachsen

Einw.: 115 000   Höhe: 110 m   S. 1277 □ I 6

Ehem. Benediktinerklosterkirche St. Abdon und Sennen (Ortsteil Ringelheim): Der Grundriß der Kirche, die heute als kath. Pfarrkirche dient, geht vermutlich auf einen Bau aus ottonischer Zeit (um 1000) zurück, der Bau erhielt jedoch erst durch Erweiterungen 1504 (Chor), 1694 (Chor und Mittelschiff), 1695 (Turm) und 1794 (allgemeine Erweiterung) sein heutiges Gesicht. Durch seine exponierte Lage am Hang über der Innerste kommt dem Portal auf der Schauseite besondere Bedeutung zu. Die *Innenausstattung* wurde seit 1974 einheitlich im Zopfstil vorgenommen. Herausragend ist der Hochaltar, um den sich Seitenaltäre, Kanzel und Kommunionbank gruppieren, alle um 1700 entstanden. Wertvollstes Teil der Ausstattung ist ein erstklassiger Kruzifixus, der wohl aus der Werkstatt Bernwards v. Hildesheim stammt (um 1000).

Ehem. ev. Damenstiftskirche St. Maria und Jakob (Ortsteil Steterburg): An der Stelle älterer Bauten, die sich bis ins Jahr 1070 zurückverfolgen lassen, ist die heutige Kirche 1751–53 errichtet worden. Ihre Schaufronten, die s und n Langseite, lassen eher auf ein Schloß als auf eine Kirche schließen.

Schloß (Ortsteil Salder): In dem Bau aus dem Jahre 1609 (1695 ergänzt und verändert) befindet sich heute das besuchenswerte *Städt. Museum.* Im Inneren waren die Wände mit großen Reiterbildnissen bedeckt, die vermutlich v. T. Querfurt gemalt wurden.

29410 Salzwedel
Sachsen-Anhalt

Einw.: 22 700 Höhe: 22 m S. 1274 ☐ L 5

Marienkirche (Altstadt): Die aus einer spätroman. Vorgängerkirche (13. Jh., W-Turm erhalten) hervorgegangene spätgot. fünfschiffige Hallenkirche (1450–68) erhielt 1485 ein 2. w Querhaus. Das ö Querhaus (13. Jh.) zieren reiche *Giebel*. Vor dem 5/8-Schluß mit hoch- und spätgot. *Glasmalereien* (14.–16. Jh.) im einschiffigen Chor (13. Jh.) prangt der 8 m breite spätgot. *Flügelaltar* (um 1510), dessen kunstvoll geschnitzte 22 Figuren und 30 Reliefs das Leben Mariens und Christi illustrieren und der in einem feinen Gesprenge mit Strahlenkranzmadonna und Heiligen gipfelt. Weitere kostbare Ausstattungsstücke sind das spätroman. *Lesepult* (um 1200), die spätgot. *Kreuzigungsgruppe* am Chorbogen, die baldachinüberfangene bronzene *Fünte* (1520) und die *Sandsteinkanzel* (1581).

Katharinenkirche (Neustadt): Die ebenfalls spätgot. veränderte urspr. frühgot. Backsteinkirche (Mitte 13. und 15. Jh). mit spitzhelmbekröntem integriertem *W-Turm*

und w angebauter *Fronleichnamskapelle* (1490) besitzt an den Seitenschiffen spätgot. *Staffelgiebel*. Neben den bemalten *Chorfenstern* (15. Jh.) sind die v. einem Gitter (1567) umgebene bronzene *Fünte* (1421) des Braunschweigers L. Gropengeter* und die spätgot. *Kanzel* (1592) v. Interesse.

Außerdem sehenswert: Die spätgot. *Mönchskirche* (1435–93) des ehem. Franziskanerklosters besitzt einen reichdekorierten W-Giebel und im Inneren einen spätgot. Lettner. – Ihren spätgot. Choraltar mit Gemälden v. Lucas Cranach d. J.* sowie die spätroman. Salzwedeler Madonna aus der 1. Hälfte des 13. Jh. findet man im *Johann-Friedrich-Danneil-Museum* (bei der Marienkirche), das außerdem die Vor- und Frühgeschichte sowie den Fachwerkbau v. S. dokumentiert. – Neben dem mit Staffelgiebeln versehenen *Rathaus* (16. Jh.) verdient v. den vielen *Fachwerkbauten* in der Altstadt bes. das Haus Schmiedestr. 27 mit einer geschnitzten Darstellung (Adam und Eva, 1534) am Portal Beachtung. – Besser als die ma *Burg*, die nur Wall und Backstein-Bergfried bewahrt, ist die *Stadtmauer* (streckenweise) mit dem runden *Altperver Torturm* (15. Jh.), dem blendbogengeschmückten *Neu-*

Salem, Schloß

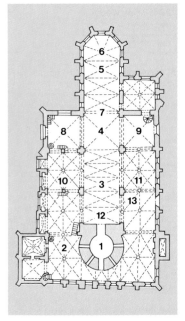

Salzwedel, Marienkirche

pervertor (15. Jh.) und dem ebenfalls spätgot., maßwerkverzierten *Steintor* (16. Jh.) erhalten. – Der Burgruine benachbart ist die 1692–1859 als Salzspeicher zweckentfremdete *Lorenzkirche* (um 1250–60, restauriert) mit spätgot. Kreuzigungsgruppe (16. Jh.) am Chorbogen.

Salzwedel, Marienkirche 1 Achteckiger W-Turm mit rundem Untergeschoß, 12. Jh., und Bleihelm (85 m hoch) **2** W-Querbau, 1485, mit Empore **3** Langhaus, 1450–68 **4** Vierung, 13. Jh. **5** Chor mit spätroman. Lesepult und Chorgestühl, 14./15. Jh. **6** Spätgot. Flügelaltar, um 1510, mit Schnitzreliefs und -plastiken **7** Chorbogen mit Triumphkreuzgruppe, um 1440–60 **8** N Querhausarm, 13. Jh. **9** S Querhausarm, 13. Jh. **10** N Seitenschiff mit Empore **11** S Seitenschiff **12** Orgel, 1748–52, mit barockem Prospekt **13** Bronzetaufbecken, 1520–22, mit Bronzegitter des Nürnbergers Hans v. Köln, 1522

Umgebung

Dambeck (8 km s): Im barockisierten Inneren der 1242 gegr. *Benediktinerinnenklosterkirche* findet man einen spätgot. Flügelaltar (1474) mit Holzreliefs (Marienleben) und seltener Darstellung einer Einhornjagd, in der spätroman. *Dorfkirche* (um 1190) ein weiteres Altarretabel (um 1500) mit kostbar geschnitzten Schreinfiguren (Mondsichelmadonna zwischen Aposteln und Heiligen).

Osterwohle (10 km w): Eine harmonische Spätrenaissance-Ausstattung aus dem Jahre 1621 mit pinienzapfengeschmückter Kassettendecke sowie Gestühl, Chorschranken, Kanzel und Taufe (sämtlich figürlich geschnitzt) besitzt die *Dorfkirche* (13./17. Jh.).

06526 Sangerhausen
Sachsen-Anhalt

Einw.: 32 100   Höhe: 154 m   S. 1278 □ L 8

Jakobikirche: Am *Marktplatz* mit dem spätgot. *Rathaus* (15./16. Jh.) steht die an ihrem in der Renaissance achteckig erhöhten und 1714 barock behelmten W-Turm erkennbare, mehrfach veränderte spätgot. *Hallenkirche St. Jakob* (15.–19. Jh., restauriert). Anders als der netzgewölbte einschiffige Chor mit geschnitztem *Gestühl* (um 1500–10) und geschnitztem spätgot. *Kreuzigungsaltar* (um 1500) ist das dreischiffige Langhaus flach eingedeckt. Außer der ebenfalls spätgot. bronzenen *Fünte* (15. Jh.) mit hängendem *Barockdeckel* (um 1700) verdienen ein spätgot. *Retabel* mit Altargemälde (Kreuzigung, 15. Jh.), die *Kanzel* (16. Jh.) sowie das v. G. M. Nosseni* für das Ehepaar Tryller gestaltete *Renaissance-Epitaph* (um 1620) und die von J. L. v. Hildebrandt* eingebaute *Emporenorgel* (1728, restauriert) Beachtung.

Ulrichskirche: Die roman. Pfeilerbasilika (12. Jh.) des ehem. Benediktinerklosters besitzt einen im Hirsauer Bauschema errichteten dreischiffigen *Chor* und einen barock behelmten got. *Vierungsturm.* Im dreischiffigen Inneren verdienen das urspr. über dem N-Portal angebrachte roman. *Tympanon* (hl. Ulrich mit Stifter), die hochgot. bronzene *Fünte* (Taufe; 1300) und der spätgot. *Kruzifixus* (15. Jh.) Interesse.

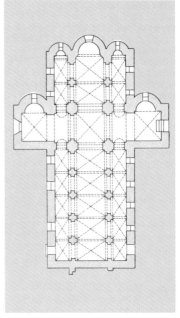

Sangerhausen, Ulrichskirche

Außerdem sehenswert: Weniger schlicht als das spätgot. *Alte Schloß* (um 1446) ist das *Neue Schloß*, das 1616–22 aus einem spätgot. Vorgängerbau in den Formen der Renaissance mit Erkern und Supraporte (kursächsisches Wappen) geschaffen wurde. – Im nahen *Spengler-Museum* befinden sich vor-, früh- und naturgeschichtliche Sammlungen (u. a. Mammutskelett) sowie Dokumentationen der ma Siedlungsgeschichte und der Stadtgeschichte. – Im ö der Stadt im Jahre 1903 angelegten *Rosarium* blühen im Sommer über 6500 Rosenarten.

Osterwohle (Salzwedel), Dorfkirche, Blick nach Osten

37444 St. Andreasberg
Niedersachsen

| Einw.: 2800 | Höhe: 630 m | S. 1278 □ K 7 |

Historisches Silberbergwerk »Grube Samson« und Grube »Catharina Neufang«: Die Bergstadt St. Andreasberg hat in der *Grube Samson* eines der alten Erzbergwerke erhalten. Sie war v. 1521–1910 in Betrieb und wurde 1951 als Museum eingerichtet. Das Museum umfaßt das Silbererzbergwerk über und unter Tage mit Huthaus, Seildrift, Kunstrad- und Kehrradstube mit Wasserrädern von 9 m und 12 m Durchmesser, einzige noch in Betrieb befindliche Fahrkunst der Welt, mit Stollenbefahrung.

Grube Catharina Neufang: Gehört zu den ältesten im Harz. Sie zeigt den Bergbau der früheren Zeit mit einem ausgeerzten Gang, der 240 m in die Tiefe geht. Gezeigt werden auch Maschinen des Harzer Schwerspatbergbaus aus neuerer Zeit im Einsatz.

79837 St. Blasien
Baden-Württemberg

Einw.: 4600 Höhe: 762 m S. 1280 ☐ E 15

Ehem. Abteikirche St. Blasius: Vom alten Benediktinerkloster, das bis ins 9. Jh. zurückreicht, ist nichts mehr erhalten. Der Neubau entstand nach einer Feuersbrunst 1768. Nach der Säkularisation wanderten die Mönche nach Österreich aus, in die

Sangerhausen, Ulrichskirche

Klostergebäude zog eine Gewehrfabrik, später eine Spinnerei ein. Nach erneuter Brandkatastrophe 1874, der auch die Kirche zum Opfer fiel, begann der stilgerechte Wiederaufbau. Seit 1934 bzw. seit 1946 ist das Kloster Jesuitenkolleg.

Baustil und Beschreibung: Die großzügige, einheitlich durchdachte Anlage mit ihren beiden quadratischen Höfen – durch den Kirchenbau getrennt – erinnert an barocke Schloßkomplexe, fußt aber auf strengen mathematischen Zahlenverhältnissen, die v. a. am Rundbau der Kirche abzulesen sind (Innendurchmesser = Innenhöhe = 46 m, dazu im ganzen Bau entsprechende Halbwerte). Der Bau (1768–83), entworfen v. M. d'Ixnard*, ist geprägt v. franz. Rationalität. Es ist der erste frühklassizistische Monumentalbau auf dt. Boden. Der Rundbau der Kirche mit dem Säulenportikus an der Schauseite ahmt das antike Pantheon in Rom nach. An die Rotunde mit Säulenumgang schließt sich ein tiefer Mönchschor an. Von der originalen Ausstattung blieb lediglich der Hochaltar am Zugang zum Mönchschor (v. vorzüglichen Freiburger Bildhauer C. Wenzinger, dem Hauptmeister des badischen Rokoko) erhalten.

56329 St. Goar
Rheinland-Pfalz

Einw.: 3100 Höhe: 65 m S. 1276 ☐ D 10

Die Burg Rheinfels, 1797 v. den Franzosen gesprengt und seither als romantische Ruine erhalten, zog zahlreiche Literaten an, unter ihnen Ferdinand Freiligrath, Hans Christian Andersen, A. H. Hoffmann v. Fallersleben und Emanuel Geibel. Die Ruine wurde zu einer wichtigen Station der romantischen Dichtung.

Stiftskirche/Ev. Pfarrkirche: Die aus dem späten 11. Jh. erhaltene und einheitlich roman. Krypta ist eine der schönsten Kryptenanlagen aus dieser Zeit zwischen Köln und Speyer. Ihr Charakter wird durch die Säulen bestimmt, die in 2 Reihen gegliedert sind und v. denen die schönen Kreuzgewölbe ausgehen. Mit dem Bau der darüberliegenden, mit Ausnahme einiger spätroman. Teile got. Kirche wurde im 13.

St. Blasien, ehem. Abteikirche St. Blasius

Jh. begonnen, erst in der Mitte des 15. Jh. war jedoch der Bau fertiggestellt. Das Langhaus ist v. einem feinen Netzgewölbe überzogen, der Chor präsentiert dagegen ein Kreuzrippengewölbe. In den Gewölbefeldern der Seitenschiffe finden sich (ausgezeichnet rest.) *Wandmalereien* aus dem 2. Drittel des 15. Jh. Bedeutende Kunstwerke sind die steinerne *Kanzel* mit reichem plastischen Schmuck (um 1460–70) und einige Grabmäler im Stil des frühen Barock.

Kath. Pfarrkirche: Ein Besuch lohnt wegen des Flügelaltars, in dessen Mittelteil eine Tafel des sog. Hausbuchmeisters (um 1510) eingebaut ist.

Burgruine Rheinfels: In exponierter Lage, hoch über dem Rhein, ist die Ruine jener Burg erhalten, die Graf Dieter V. v. Katzenelnbogen 1245 errichten ließ. Seit Ende des 14. Jh. wurde die Anlage zur Festung ausgebaut, 1797 wurde sie v. den Franzosen gesprengt.

Im ehem. Kapellenraum der Burg befindet sich heute eine sehenswerte heimatkundliche Sammlung.

| **79271 St. Peter** |
| Baden-Württemberg |
| Einw.: 2300   Höhe: 722 m   S. 1280 □ E 14 |

Ehem. Benediktinerklosterkirche St. Peter: Die Benediktinerabtei St. Peter bei Freiburg wurde urspr. (1073) v. Herzog Berthold I. in Weilheim a. d. Teck gegr. und v. seinem Sohn Berthold II. 1093 an diese exponierte Stelle im damals weitgehend unerschlossenen Schwarzwald verlegt. Sie war immer wieder schweren Kriegseinwirkungen, Bränden und Plünderungen ausgesetzt. So blieb v. den ma Kunstwerken nichts erhalten. Die barocke Kirche mit der Doppelturmfassade und den Nischenfiguren unter dem geschwungenen Giebel ist ein Werk des Vorarlberger Baumeisters P. Thumb*. Die Anlage,

St. Peter, Benediktinerklosterkirche

St. Wendel, Wallfahrtskirche

1724–27 entstanden, erinnert mit ihrer ungewöhnlichen Breite und den schlichten Formen an ähnliche Bauten der Vorarlberger Meister in Oberschwaben – allesamt Wandpfeilerkirchen mit Kapellen und Emporen. Ihrem Schmuck dienen schöne Chorgitter, Rokokodekorationen an der Orgel, Wand- und Gewölbemalereien (mit Szenen aus der Geschichte des Kirchenpatrons) sowie Figuren der Familie der Zähringer, deren Grabkirche St. Peter war. Diese Statuen (an den Pfeilern) sowie die Apostelfiguren auf den Altären stammen v. J. A. Feuchtmayer*, die Figurengruppe auf dem Taufbrunnen im s Querhaus v. M. Faller. Heute ist St. Peter kath. Pfarrkirche. – Das *Abteigebäude,* seit 1842 Priesterseminar der Erzdiözese Freiburg, enthält im Kapitelsaal (der jetzigen Kapelle), im Treppenhaus und im Fürstensaal reiche Stukkaturen und Deckenmalereien, die Szenen aus dem Alten und dem Neuen Testament zeigen. Der schönste Raum ist die Rokoko-Bibliothek mit einem sehenswerten Deckenbild, das B. Gambs 1751 geschaffen hat. Allegorische Figuren v. Mathias Faller.

St. Trudpert ✉ **79244 Münstertal**
Baden-Württemberg

Einw.: 5000   Höhe: 450 m   S. 1280 □ D 15

Pfarrkirche St. Trudpert: Die heutige Kirche, von P. Thumb* ab 1709 errichtet, bezieht in einigen Teilen die roman. Basilika aus dem 12. Jh. und einen spätgot. Nachfolgebau aus dem 15. Jh. in die architektonische Gesamtlösung ein. Die Bedeutung der Kirche beruht auf ihrer Ausstattung: Erstklassige Stuckarbeiten v. M. Prevosti und C. Orsati (um 1716) werden durch Malereien v. F. A. Giorgioli ergänzt. In den kleineren Darstellungen finden sich Szenen aus dem Leben des Kirchenpatrons Trudpert (einem irischen Missionar, der hier im 7. Jh. den Märtyrertod gest. sein soll). Ungewöhnlich ist das Gemälde im Retabel des *Hochaltars:* Das Reliefgemälde – gestaltet in einer selten anzutreffenden Stucktechnik – hat J. J. Christian* gemalt (um 1782). Aus dem Augustinerkloster in → Freiburg wurde die mit reichem plastischen Schmuck ausgestattete *Kanzel*

Saulgau, St. Johannes Baptist

Schäftlarn, St. Dionys und St. Juliana

aus der Mitte des 18. Jh. übernommen. Wichtigster Schatz ist ein *Vortragekreuz,* das um 1175 entstanden sein dürfte (aufbewahrt in der Sakristei). Erwähnt sei noch das *Chorgestühl* (um 1670–80). – Die angrenzenden *Klosterbauten* (18. Jh.) haben ihre kunsthistorischen Höhepunkte in einigen erhaltenen Rokokostukkaturen und in dem Hoftor, das A. Moosbrugger 1740 geschaffen hat.

66606 St. Wendel
Saarland

Einw.: 27 300   Höhe: 286 m   S. 1280 □ C 12

Kath. Pfarr- und Wallfahrtskirche St. Wendelinus (Am Fruchtmarkt): Die Kirche (14./15. Jh.) besitzt einen imponierenden W-Teil, der v. 3 Türmen abgeschlossen wird (der größte trägt eine dreifache Barockbekrönung von 1721). Durch das mit reichem Figurenschmuck ausgestattete Portal (dargestellt sind u. a. der Weltenrichter und die 12 Apostel) erreicht man das Innere – eine schmale, von erstklassigem Netzgewölbe abgedeckte Halle. Aus der *Ausstattung* sind hervorzuheben: die kostbare *Wendelinus-Tumba* (um 1360), der *Reliquienschrein* (hinter dem Hochaltar, entstanden etwa um 1430–40) und die aus Stein geschlagene *Kanzel* (1462, eine Stiftung des Nicolaus v. Cusa). An den Seitenwänden werden 8 Schnitzfiguren aus dem 18. Jh. gezeigt. – *Hl. Grab* mit qualitätvoller Tonfigurengruppe (um 1500).

Museen: *Heimatmuseum* (Altes Rathaus): Orts- und Regionalgeschichte. *Stadtmuseum im Mia-Münster-Haus:* u. a. mit Skulpturen. – *Völkerkundesammlung der Steyler Missionare* (im Missionshaus): Sammlungen zur Geschichte der Mission und zur Völkerkunde.

Umgebung

Ottweiler (9 km s): ev. Pfarrkirche (15./16. Jh.) und ma Stadtbild.
Otzenhausen (27 km nw): Keltische Fliehburg (um 50 v. Chr.) auf dem Dollberg.

88348 Saulgau
Baden-Württemberg

Einw.: 15 800   Höhe: 593 m   S. 1281 □ H 14

Kath. Pfarrkirche St. Johannes Baptist: Ihre feinabgestimmten Proportionen zeichnen die flachgedeckte querschifflose Basilika (um 1400, Turm 13. Jh.) vor den übrigen spätgot. Kirchen dieser Landschaft aus. Die Bedeutung der Kirche wird unterstrichen durch ihre reizvolle Bauplastik und den *Kirchenschatz,* zu dem u. a. ein Prozessionskreuz (frühes 14. Jh.) gehört. Zu erwähnen sind auch die *Muttergottes* (um 1510), *St. Joseph* (um 1760), eine Steinguß-Pietà (um 1520) und der ausdrucksvolle *Taufstein* (Ende 17. Jh.).

Kreuzkapelle/Schwedenkapelle: Die äußerlich unscheinbare, urspr. spätgot. und 1869 erweiterte Kapelle ist durch den *Saulgauer Kruzifixus* berühmt geworden. Die ausdrucksvolle Gestalt des Gekreuzigten (ein Schnitzwerk aus der Mitte des 12. Jh.) ist eines der bedeutendsten Kunstwerke der romanischen Zeit (Teil des Altars von 1734).

Außerdem sehenswert: Das *Rathaus* (Marktplatz), um 1820 erbaut, *Frauenkapelle* mit Stukkaturen aus der Hand des Wessobrunner Meisters K. Zimmermann (1741–43), gut erhaltene *Amts- und Stiftshäuser* (Pfarrgasse, Bogengasse). – *Galerie »Die Fähre«* (Schulstr. 6), die verschiedene Werke der modernen Kunst ausstellt.

82069 Schäftlarn
Bayern

Einw.: 4900   Höhe: 561 m   S. 1282 □ L 15

Ehem. Prämonstratenserkloster (2 km ö v. Ebenhausen): Die 1760 gew. Kirche ist in den Jahren 1954–59 vorzüglich rest. worden. Sie bildet die zentrale Achse der symmetrisch angelegten Klosterbauten. Das Innere zeichnet sich durch erstklassige *Dekorationen* berühmter Künstler aus. J. B. Zimmermann* hat hier im Alter v. über 70 Jahren eine seiner ausgereiftesten

Schaumburg, Schloßhof

Leistungen als Stukkateur und Freskenmaler erreicht (1754–56). Der berühmte J. B. Straub* hat die *Altäre* und die Kanzel geschaffen (1755–64), die wesentliche Komponenten des Raumbildes darstellen und großartige Figuren tragen. Die Gemälde, die in einige der Altäre einbezogen sind, stammen u. a. v. B. A. Albrecht (München). Reicher *Figurenschmuck* findet sich auch an der *Kanzel*. – Das klar und streng gegliederte *Kloster* ist 1702–07 durch G. A. Viscardi errichtet worden.

65558 Schaumburg
Rheinland-Pfalz

Einw.: 20   Höhe: 300 m   S. 1276 □ E 10

Schloß: Die Anlage auf einem hohen Berggipfel ist erstmals 1197 erwähnt. Damals war die Burg im Besitz der Grafen von Leiningen, im 15. Jh. dann im Besitz der Grafen v. Westerburg. Erzherzog Stephan v. Österreich ließ sie 1851–55 im Stil der engl. Neugotik ausbauen. Der dreigeschossige Hauptflügel stammt aus dieser Zeit. Im O-Flügel ist ma Mauerwerk erhalten.

Schleißheim
⊠ 85764 Oberschleißheim
Bayern

Höhe: 477 m   S. 1283 □ M 14

Wer v. Schloß Schleißheim spricht, drückt sich nicht exakt aus: Der große Schloßkomplex im N Münchens besteht aus 3 Teilen: dem *Alten Schloß*, dem *Neuen Schloß* und dem *Schlößchen Lustheim*. – Im Neuen Schloß befindet sich heute eine bedeutende Abteilung der *Bayr. Staatsgalerie* mit niederländischer, ital. und dt. Malerei des Barock.

Neues Schloß: Das v. Kurfürst Max Emanuel in Auftrag gegebene Neue Schloß blieb eigentlich ein Torso. Die ersten

Schleißheim, Neues Schloß

Schwierigkeiten gab es schon kurz nach der Grundsteinlegung (1701): Das gerade vollendete Vestibül stürzte wegen mangelhafter Fundamente wieder ein. E. Zuccalli*, der zuvor Lustheim errichtet hatte (s. unten), war zu sorglos bei der Prüfung der technischen Voraussetzungen gewesen. Man half sich mit Erdaufschüttungen, die freilich noch heute die Proportionen beeinträchtigen, da das Schloß etwas im Boden zu stecken scheint. J. Effner* plante den neuen Treppenaufgang. Als Max Emanuel nach dem Spanischen Erbfolgekrieg ins Exil mußte, war das Neue Schloß im Rohbau fertig, aber die Arbeiten stockten. Fallengelassen wurden auch die Pläne, das Neue Schloß mit dem Alten durch einen zusätzlichen Trakt zu verbinden und damit eine der größten europ. Schloßanlagen zu bauen. Auch Zuccallis Idee, in die Mitte des Hauptgebäudes einen großen Turm zu stellen, wurde zu den Akten gelegt. – Als 1719 die Bauarbeiten wieder aufgenommen wurden, galten die Anstrengungen im wesentlichen der Komplettierung und

Ausgestaltung des Vorhandenen. Hierfür wurden allerdings die besten Künstler herangezogen. J. Günther* hat das ö *Portal* geschaffen, C. D. Asam* malte das großartige *Gewölbefresko* über der weitläufigen *Treppenanlage.* J. B. Zimmermann* wurde für die *Stuckarbeiten* engagiert und lieferte den Trophäenschmuck für den Festsaal. Das Ergebnis der Arbeit dieser und vieler anderer hervorragender Künstler läßt sich v. a. im monumentalen *Mittelbau* des Neuen Schlosses genießen, dessen Ausgestaltung eine der besten Leistungen des dt. Barock ist. 1847/48 wurde unter König Ludwig I. nach alten Plänen die Treppe vollendet, im frühen 19. Jh. überarbeitete L. v. Klenze* die Fassade (2 Giebel wurden entfernt). Schäden des 2. Weltkriegs wurden beseitigt. – Man betritt das Neue Schloß durch eines der *Portale* und befindet sich zunächst in einem ital. anmutenden *Vestibül,* dessen Säulen flache Kuppeln aufnehmen. Im Erdgeschoß sind der frühere *Speisesaal* und *Repräsentationsräume* untergebracht. Über die *Trep-*

penanlage erreicht man den *Festsaal,* den künstlerischen Mittelpunkt des Neuen Schlosses. Die Fresken zeigen mythologische Szenen, die den erfolgreichen Türkenfeldzug des Kurfürsten Max Emanuel und seinen triumphalen Empfang (Viktoriensaal) spiegeln. Auf der Gartenseite schließen sich die großzügige *Galerie* und die kurfürstlichen *Wohnräume* an, die mit sehr wertvollem Inventar ausgestattet sind. Sommerkonzerte.

Altes Schloß: Das Alte Schloß wurde 1597 als Ruhesitz für Herzog Wilhelm V. gebaut. Es ist v. unbedeutenden Ökonomiebauten umgeben und war 1944 vollendet. 1944 Ruine, Wiederaufbau seit 1972. Seit 1986 beherbergt es das Museum »Das Gottesjahr und seine Feste« mit zeitgenöss. Volkskunst zu kirchlichem Brauchtum.

Lustheim: Die Planungen des Kurfürsten Max Emanuel gingen in der ersten Phase davon aus, in der Abgeschiedenheit Schleißheims eine Stätte der Ruhe zu schaffen (der Gedanke der Eremitage hatte zu jener Zeit viele Freunde). Sein erster Auftrag galt deshalb dem Bau eines vergleichsweise kleinen Schlosses, das mitten im Park stehen sollte und das E. Zuccalli[*] v. 1684–87 im O des heutigen Parks errichtete. Vorbild waren Barockschlösser Italiens. – Zentrum ist der große *Saal,* der als Besonderheit ein freskengeschmücktes Spiegelgewölbe aufzuweisen hat, das v. gemalten Atlanten getragen wird. Hervorzuheben ist die einheitliche Gestaltung des Schlosses, in dem eine wertvolle *Porzellansammlung* ausgestellt wird.

Park: Die im 17. und 18. Jh. entstandene Anlage gruppiert sich um den das Neue Schloß und Lustheim verbindenden Kanal, der im W v. Effners *Marmorkaskade* abgeschlossen wird.

07907 Schleiz
Thüringen

Einw.: 7400	Höhe: 440 m	S. 1278 □ M 9

Bergkirche: Das auf einem der Stadt benachbarten Hügel unter Einbeziehung v.

roman. Bauteilen wie dem *W-Portal* erbaute spätgot. Gotteshaus (15. Jh.) mit *N-Turm* und s *Annenkapelle* zu seiten des Chors mit 5/8-Schluß birgt im netzgewölbten Innenraum mit umlaufender *Empore* und integrierten Strebepfeilern eine sehenswerte Ausstattung. Spätgot. Überreste sind die maßwerkverbrämte *Kanzel* (Schalldeckel v. 1670) und die *Tumba* für den 1500 gestorbenen Heinrich den Mittleren. Schöne Stücke der umfänglichen Barockausstattung sind das *Altarretabel* (1634), die *Emporenorgel* (1636 und 1671), das *Reußsche Epitaph* (1639), das *Burgksche Prunkepitaph* (1642), der *Fürstenstuhl* (1658) und der *Langhaus-Kronleuchter* (1687).

Umgebung

Burgk (11 km w): Die im Kern spätgot. *Burg* erhielt im 16.–18. Jh. ihr heutiges Aussehen. Wehrbauten aus dem MA sind der *Hungerturm* und der *Zwinger.* Das Innere der Wohngebäude mit der spätgot. Schloßküche, dem Renaissance-Jagdzimmer und anderen mit Barock- und Rokokostukkaturen verzierten Räumen sowie die Schloßkapelle (1625) mit ihrer Silbermann[*]-Orgel v. 1743 ist heute als *Schloßmuseum* mit Gedenkstätten für Dr. K. Duden und J. F. Böttger (Erfinder des europäischen Hartporzellans) zugänglich.
Kirschkau (8 km nö): Die 1753 v. J. G. Riedel[*] über kreisförmigem Grundriß mit kurzen Kreuzarmen erbaute barocke *Dorfkirche* besitzt eine harmonische Rokoko-Ausstattung mit eleganten Deckenstukkaturen aus der Bauzeit.

24837 Schleswig
Schleswig-Holstein

Einw.: 26 900	Höhe: 14 m	S. 1273 □ H 1

Ihren Glanz bezieht die Stadt aus der Zeit, da sie Herzogresidenz und Bischofssitz gewesen ist. Mittelpunkt der reizvollen Stadt sind bis heute der Marktplatz und das Domviertel geblieben. Abseits davon liegt – v. Wasser umgeben – das Schloß Gottorf, das heute das Schleswig-Holsteinischen Landesmuseen beherbergt.

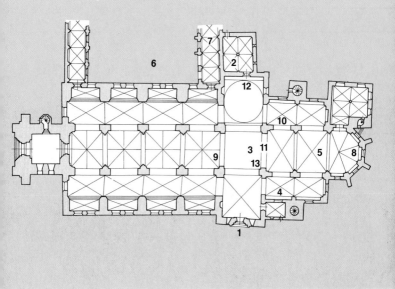

St.-Petri-Dom (Süderdomstraße): Der heutige Bau, eine got. Halle auf kreuzförmigem roman. Grundriß, ist v. 13.–15. Jh. unter Einbeziehung älterer Bauten entstanden. Seine Ausmaße sind respektgebietend. Der Turm der heutigen ev. Kirche wurde Ende des 19. Jh. in unpassenden Proportionen hinzugefügt. Neben dem mächtigen Satteldach bestimmt er das Äußere des Baus. – Das Innere vermittelt nach dem Eintritt durch das *Petriportal* den Eindruck einer roman. Bischofskirche. Chor und Chorseitenschiff tragen *Gewölbemalereien* (1892–93 freigelegt und 1936–38 rest.). Die ältesten Teile dieser Malerei stammen aus dem 12. Jh. Neben den figürlichen Darstellungen verdient der ornamentale Schmuck Beachtung. – Das Hauptwerk im Dom ist der *Bordesholmer Altar* (1514–21) von H. Brüggemann*. Der Schnitzaltar wurde 1666 aus dem Augustinerchorherrenstift in → Bordesholm überführt. Dargestellt sind in 12 kleinen und 2 großen Szenen die Heilsgeschichte. Die

Schleswig, St.-Petri-Dom 1 Peterstür, um 1180 **2** Alte Kanonikersakristei, um 1220–30 **3** Deckenmalereien in der Vierung, um 1240–50 **4** Dreikönigsaltar, letztes Viertel 13. Jh. **5** Chordeckenausmalung, um 1300, Reste der Erstausmalung v. Ende des 13. Jh. **6** Schwahl (Kreuzgang), um 1310–20 **7** Ausmalung des Schwahls, um 1330, teilweise 1891 ergänzt **8** Bordesholmer Altar, lt. Überlieferung v. H. Brüggemann, 1514–21; im Dom seit 1666 **9** Holzkanzel, 1560 **10** Grabmal König Friedrichs I. v. Dänemark v. C. Floris, 1551–55 **11** Chorgitter v. M. D. Vorhave, 1569–70 **12** Epitaph Kielmann v. Kielmannseck, 1673 **13** Lettner, Ende des 15. Jh., Rekonstruktion v. 1939

fast 400 Figuren, teilweise nach Dürer* komponiert, waren v. Anfang an unbemalt. – Aus der Werkstatt Brüggemanns stammt auch die über 4 m hohe *Figur des Christophorus,* die sich direkt rechts neben dem Eingang befindet. – Im Chorseitenschiff stehen kostbare Altäre, u. a. der *Dreikönigsaltar* aus Eichenholz (um 1300) mit Maria und den Hl. 3 Königen. – Im n Nebenchor ist heute der *Kielmannseck-Altar* aufgestellt. Er wurde v. gottorfischen Kanzler Graf Kielmannseck 1664 gestiftet

< Schloß Burgk bei Schleiz

St.-Petri-Dom   *Schachtsche Gruft im St.-Petri-Dom >*

und v. J. Ovens mit einem Altarbild geschmückt. Von dem berühmten Maler, in
dessen Werk sich die Einflüsse van Dycks
und Rembrandts erkennen lassen, stammt
auch die *Blaue Madonna* im Langhaus. In
den Räumen zwischen den Strebepfeilern
wurden im 17. und 18. Jh. *Gruftkapellen*
angelegt. Adel und Hofbeamte haben sich
hier neben den *Grabmälern der Gottorfer
Herzöge* bleibende Denkmäler geschaffen.
Von den prachtvollen *Barockportalen* sei
das zur Gruft der Familie Schacht hervorgehoben. Sehenswert sind ferner der *Lettner* (Nachbildung des Originals aus dem
15. Jh.), das *Chorgitter* (16. Jh.) und das
ungewöhnlich hohe *Chorgestühl* mit je 19
Sitzen auf beiden Seiten (1512). – Besichtigen sollte man den an den Dom anschließenden *Kreuzgang,* der zu den wichtigsten
Werken got. Kunst in Norddeutschland gehört (*Wandmalereien* um 1330, Besichtigung nach Voranmeldung möglich).

Adliges Johanniskloster (im Stadtteil
Holm): Das urspr. Benediktinerinnenkloster am Schleiufer wurde nach der Reformation zu einem adligen Damenstift umgewandelt. Die Anlage geht auf das Jahr
1196 zurück und gehört zu den besterhaltenen Klöstern in Norddeutschland. Die
einschiffige *Kirche* wurde im Laufe der
Jahrhunderte vielfach verändert. Der
Stiftsdamenchor (18. Jh.), ein die Kirche
teilender barocker *Portalbogen,* die *Kanzel* (1717) und das feingliedrige *Sakramentshaus* (15. Jh.) verdienen besondere
Beachtung. Der gewölbte *Kreuzgang* mit
darüberliegenden Klausurgebäuden und
das gut erhaltene *Refektorium* mit frühgot.
Nonnengestühl repräsentieren die Kloster-
beschaulichkeit höchst anschaulich.

Schloß Gottorf (Schloßinsel): Das auf ei-
ner Insel in einer Schleibucht gelegene und
v. verschiedenen Bauperioden geprägte
Gebäude ist die größte Schloßanlage in
Schleswig-Holstein. – Der vierflügelige
Bau umgibt einen Innenhof. Die breite
Schaufront mit ihrem großen *Mittelturm*
ist das Werk des beginnenden 18. Jh. Die

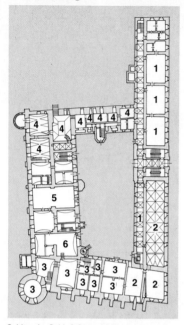

Schleswig, Schloß Gottorf 1 Wechselausstellungen **2** Ausstellungen MA **3** Ausstellungen Renaissance **4** Ausstellungen 18.–19. Jh. **5** Schloßkapelle **6** Schloßküche

wertvollsten Teile der Einrichtung stammen jedoch aus der Zeit Friedrichs III. (1616–59). Er baute auch die Festungswerke aus und zog zahlreiche Künstler und Gelehrte als seine Gäste nach Schleswig. Der Umbau zu einer Residenz im Stil des Barock geht auf Friedrich IV. (1694–1702) zurück. Später war das Schloß Kaserne. 1947 wurden die Landesmuseen und das Landesarchiv hierher verlegt und Teile der kostbaren Ausstattung neu aufgestellt.

Von den zahlreichen Räumen im Inneren sollen hier nur die Kapelle und die Gotische Halle hervorgehoben werden. In der *Kapelle* auf der Altarseite findet man den *Betstuhl der Herzogin*. Er wurde in den Jahren 1608–14 für Herzogin Augusta eingebaut und gilt als bedeutender Beitrag der Renaissance in Norddeutschland. Die *Kanzel* und die hölzerne *Empore* hat um 1500 ein Flensburger Meister geschaffen.

Der *Königssaal* wurde v. Friedrich I. um 1520 errichtet. Eine Reihe von Rundsäulen trägt schöne Kreuzrippengewölbe. Die Goldrankenbemalung auf den Rippen und die Bemalung der Gewölbe wurden im 17. Jh. hinzugefügt.

Bürgerhäuser: Die wichtigsten Wohnhäuser aus der alten Handelsstadt Schleswig sind im Bereich Lange Straße/Gallberg zu finden. Sie stammen größtenteils aus dem 17. und 18. Jh. Häuser von Kleinbürgern und Fischern finden sich im Stadtteil *Holm*. Den Straßenzug *Lollfuß-Stadtweg* säumen klassizistische Bürgerhäuser.

Theater: Das *Schleswig-Holsteinische Landestheater und Sinfonieorchester* (Lollfuß 53) wurde 1892 erbaut und 1950 wiedereröffnet. 620 Plätze. Die Schloßfestspiele beginnen jeweils Ende Juli auf einer Freilichtbühne im Schloß Gottorf.

Museen: Das *Schleswig-Holsteinische Landesmuseum* (im Schloß): Die Sammlungen dokumentieren in erster Linie die Kulturgeschichte des Landes v. MA bis zur Gegenwart. Ein Besuch des Museums ist zu empfehlen, zumal es gleichzeitig auch das → Schloß Gottorf erschließt. – *Archäologisches Landesmuseum* (im Schloß): Prähistorische Funde, Moorfunde aus der Eisenzeit, Nydamschiff (4. Jh.) und röm. Geldfunde. – Das *Städt. Museum* (Friedrichstr. 7–11) befindet sich in einem Haus aus dem Jahr 1634. Es zeigt neben der Stadtgeschichte in Sonderabteilungen Spielzeug, Gemälde, eine historische Druckerei, die Hoësche Bibliothek.

Umgebung

Haddeby (3 km sö): Haddeby, die niederdeutsche Abwandlung des altnordischen *Haithabu,* der Name der alten Wikingerstadt, ist eine der bedeutendsten frühgeschichtlichen Anlagen in Nord- und Mitteleuropa. Haithabu war ein Zentrum für den O-W-Seehandel, ein Umschlagplatz für Waren aus dem fränkisch-dt. Raum nach Ostskandinavien und umgekehrt. Der Ort, der im 9. und 10. Jh. seine wirtschaftliche Blüte erlebte, stand abwechselnd un-

Schleswig, Schloß Gottorf

Haddeby (Schleswig), got. Schnitzaltar in der ev. Kirche

ter dänischer, schwedischer und dt. Oberhoheit. Von der urspr. *Siedlung auf der Heide* (= Haithabu) gibt es heute noch einen *Schutzwall* (10. Jh.) in Form eines Halbringes (5–10 m hoch) und im N niedrige Wallreste einer bisher undatierten Fluchtburg. Um 1050 wurde die Wikingerstadt v. den Norwegern, um 1066 v. den Wenden zerstört. Ihre Funktion übernahm das am N-Ufer der Schlei neu gegr. Schleswig. In unmittelbarer Nähe der historischen Stätte liegt das *Wikinger Museum Haithabu;* u. a. Schiffshalle, Runensteine, Funde, die das wikingerzeitl. Alltagsleben verdeutlichen. Auch vom frühma *Dannewerk,* der dänischen Grenzbefestigung, welche die Schleswiger Landenge sperren sollte, sind Wälle und Feldsteinmauern (9.–12. Jh.) erhalten geblieben. – *Ev. Kirche:* Nicht weit v. dieser frühgeschichtlichen Siedlung hat man um 1200 eine *spätroman.* Feldsteinkirche gebaut, ein langgestrecktes Schiff mit Rechteckchor und rundem *W-Turm,* der einmal als Wehrturm gedient hat. Dreiflügliger got. *Schnitzaltar,* gotländische *Kalksteintaufe* und *Kreuzigungsgruppe* mit überlebensgroßem Christus und auffallend schmalen stilisierten Begleitfiguren (13. Jh.).

36110 Schlitz
Hessen

Einw.: 10 000   Höhe: 248 m   S. 1277 □ H 9

Ev. Pfarrkirche St. Margaretha: Die Kirche hat eine lange und wechselvolle Baugeschichte hinter sich. Die verschiedenen Etappen spiegeln sich in den Anbauten und dem ziemlich unvermittelt aus dem Dach tretenden Turm. – Im Inneren sind die verschiedenen *Grabmäler* der Grafen v. Schlitz, ein *Taufstein* (1467) und die *Orgel* (1718) mit dem Trompete blasenden Engeln beachtenswert.

Burgen: Die kreisförmig angelegte Stadt war v. einem Mauerring umgeben, den mehrere Burgen verstärkten. Die *Hinterburg* ist die älteste. Erhalten sind nur der Bergfried (13. Jh.), das Burghaus (1553) und ein einfaches Wohngebäude. – Die *Vorderburg* ist an ihrem viereckigen Turm zu erkennen, an dem die beiden Flügel

dieser Anlage aus der Zeit um 1565–1600 zusammenstoßen. Das Glockenspiel ist täglich um 15 und 17 Uhr zu hören. – Die *Schachtenburg* unterscheidet sich durch ihre Fachwerkgeschosse v. den übrigen Bauten (um 1550). – Die *Ottoburg* ist gegen Ende des 17. Jh. entstanden. Der langgestreckte Bau wird an beiden Seiten durch Türme abgeschlossen. – Die *Hallenburg* liegt im Tal und diente als Wohnsitz der Grafen. Ihre klassizistischen Züge hat sie nachträglich erhalten.

Heimatmuseum (im Rathaus): Sehenswert sind umfangreiche Trachtensammlungen sowie Beiträge zur Kulturgeschichte des Leinens, das in Schlitz seit Jahrhunderten hergestellt wird.

Umgebung

Fraurombach (5 km ö): Ev. Kirche/Ehem. Wallfahrtskirche Liebfrauen: Die Bedeutung dieser schlichten roman. Kirche aus der 2. Hälfte des 12. Jh. (das Fachwerkobergeschoß wurde später aufgesetzt) liegt in dem Zyklus got. Wandmalereien im Langhaus (14. Jh.): In 3 Bildstreifen sind die Legende des Kaisers Heraclius, die Wiedereroberung des Hl. Kreuzes und die Rückführung nach Jerusalem entsprechend einer Dichtung des hessischen oder thüringischen Dichters Otto (um 1203) dargestellt.

98574 Schmalkalden
Thüringen

Einw.: 16 500   Höhe: 297 m   S. 1277 □ I 9

In der ab 1360 von den Hennebergern und den hessischen Landgrafen gemeinsam regierten Stadt im sanften Tal der Schmalkalde vereinten sich 1531 die protestantischen Fürsten im *Schmalkaldischen Bund* gegen den katholischen Kaiser. Gegen Karl V. richteten sich auf die von Martin Luther ausgearbeiteten und von ihrer Mehrzahl beim Bundestag 1537 unterzeichneten *Schmalkaldischen Artikel.* Der Bund zerfiel aber bereits 1547 im *Schmalkaldischen Krieg* wegen des Interessengegensatzes von Städten und Fürsten.

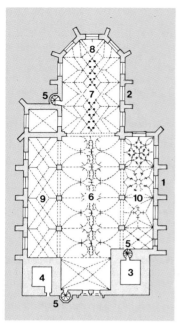

Schmalkalden, Schloß Wilhelmsburg

Schmalkalden, Georgenkirche 1 S-Portal **2** S-Fassade des O-Chors **3** S-Turm, 1570, mit spätroman. Untergeschossen, um 1200 **4** N-Turm **5** Treppentürmchen bzw. Wendeltreppe **6** Mittelschiff, 1509, mit Schlingsterngewölbe **7** O-Chor, 1437–1500, mit spätgot. Netzgewölbe **8** 5/8-Schluß **9** N Seitenschiff mit Parallelrippengewölbe **10** S Seitenschiff mit spätgot. Ziergewölben

Schloß Wilhelmsburg: Das 1585–90 über den Resten einer ma Burg nach Plänen v. Ch. und H. Müller[*] erbaute *Renaissanceschloß* ist eine rechteckige Vierflügelanlage mit Treppentürmen in den Hofecken. Im Inneren ist neben dem *Bankettsaal* mit Kassettendecke, dem 1590 kunstvoll stuckierten *Weißen Saal* und der figürlich stuckierten *Schloßkapelle* mit doppelstöckigen Emporen, an deren Stirnseite erstmalig Altar, Kranz und Orgel übereinander angeordnet sind, auch das im Schloß eingerichtete *Kreisheimatmuseum* mit Dokumentationen zum Schmalkaldischen Bund und zum hiesigen Hütten- und Schmiedewesen v. Bedeutung.

Georgenkirche: Die 1437–1509 erbaute spätgot. Hallenkirche besitzt eine w *Zweiturmfassade* mit Eselsrückenportal und im dreischiffigen Langhaus originelle *Rippengewölbe* (um 1500).

Außerdem sehenswert: Der spätroman. Keller des *Hessenhofs* ist mit dem ältesten dt. profanen Freskenzyklus (Illustrationen zu Hartmann v. der Aues Artus-Ritter Iwein, 2. Viertel 13. Jh.) ausgemalt. – Neben zahlreichen *Fachwerk-Bürgerbauten* (15.–17. Jh.) sind auch der *Pulverturm* (um 1320) und der doppelte *Stadtbering* (14.–16. Jh.) gut erhalten. – Die *Neue Hütte* im Ortsteil Weidebrunn (Museum) war, als sie 1835 in Betrieb genommen wurde, eine der modernsten Hochofenanlagen ihrer Zeit.

Umgebung

Zillbach (15 km w): Der frühere Bankettsaal im Renaissancetrakt (1595) des klas-

Schöntal a. d. Jagst, Zisterzienserklosterkirche

sizistischen *Jagdschlosses* (1790–1800) wurde um 1720 in eine Kirche umgestaltet, die 1741 einen Fachwerkturm erhielt.

23923 Schönberg
Mecklenburg-Vorpommern

Einw.: 4600   Höhe: 8 m   S. 1273 ☐ K 3

Als Dorf 1219 erstmals erwähnt, seit der 2. Hälfte des 13. Jh. Residenz der Bischöfe v. Ratzeburg. Die bei der Burg entstandene Handwerker- und Kaufmannssiedlung hatte schon im 16. Jh. kleinstädtischen Charakter. Stadtrecht seit 1822. V. 1701–1934 war S. Mittelpunkt des zu Mecklenburg-Strelitz gehörenden Fürstentums Ratzeburg, v. 1934–49 Kreisstadt.

Stadtkirche St. Laurentius: Der Backsteinbau wurde unter Verwendung v. Teilen eines Vorgängerbaus in der 2. Hälfte des 14. Jh. als vierjochige Stufenhalle mit eingezogenem polygonal geschlossenem Chor errichtet. Der vorgesetzte W-Turm stammt aus dem 16. Jh., seinen Abschluß erhielt er 1831. 1601 erhielt die Kirche schwere Brandschäden. Ihr flachgedecktes Inneres prägt die Restaurierung v. 1846–48. In jüngster Zeit wurden Wandmalereien v. Anfang des 17. Jh. freigelegt. – Zur Ausstattung gehören ein Bronzetaufbekken v. 1357 und der Altaraufsatz v. 1616.

Außerdem sehenswert: Kreuzförmiger *Sühnestein* n der Kirche (nach 1410). – Neben Fachwerkbauten (um 1800) zahlreiche Giebelhäuser in Backstein, bes. am Markt und in der August-Bebel-Str.

86956 Schongau
Bayern

Einw.: 11 100   Höhe: 710 m   S. 1282 ☐ K 15

Pfarrkirche Mariae Himmelfahrt/ Stadtpfarrkirche (Marienplatz): Der Bau entstand nach dem Einsturz eines Turmes (1667) im 18. Jh. neu. Ihren Glanz bezieht die Kirche durch die Arbeit erstklassiger Künstler im Inneren. D. Zimmermann[*] schuf die großartigen *Stuckarbeiten* im Chor (1748), ein Wessobrunner Meister war der Stukkateur des dreischiffigen Langhauses, die *Fresken* schufen M. Günther[*] und F. A. Wassermann aus Schongau. Der *Hochaltar* entstand um 1760.

Stadtmuseum (Christophstr. 55–57): Heimat- und volkskundliche Sammlung.

Außerdem sehenswert: Das *Ballenhaus* (1515) wurde im 19. Jh. verändert und diente auch als Rathaus; sehenswert der Ratssaal mit geschnitzter Balkendecke. – Ehem. *Steingadener Richterhaus,* ebenfalls mit Balkendecke (1493). – Fast vollständig erhaltene *Stadtmauer* mit Wehrgang (15.–17. Jh.).

74214 Schöntal a. d. Jagst
Baden-Württemberg

Einw.: 5600   Höhe: 210 m   S. 1281 ☐ H 12

Ehem. Zisterzienserklosterkirche und ehem. Kloster: Das Kloster wurde schon

Schorndorf, ev. Stadtkirche

1157 gegr., sein heutiges Gesicht erhielt es jedoch unter dem Abt Knittel v. 1683–1732. Kein Geringerer als J. L. Dientzenhofer* konzipierte die Gesamtanlage v. Kloster und Kirche, deren beherrschendes Element die beiden Türme sind, die eine schön gestaltete *Fassade* einrahmen.

Im Inneren beachte man den *Hochaltar*, den J. M. Fischer* 1773 geschaffen hat. Farbenprächtige *Deckenfresken* überwölben weitere *Rokokoaltäre*. Im Langhaus befinden sich mehrere *Alabasteraltäre*, die zu den Höhepunkten deutscher Bildhauerkunst des 17. Jh. gehören. Unter den *Grabdenkmälern* sei das Doppelgrab (1424–28) für Konrad und Anna v. Weinsberg beiderseits des W-Eingangs hervorgehoben.

Im *Kreuzgang* s der Kirche findet man den *Grabstein des Götz v. Berlichingen* (gest. 1562) mit dem Kennzeichen der eisernen Hand. Der Kreuzgang gehört zur *Neuen Abtei*, die ebenfalls das Werk Dientzenhofers ist. Ihr Glanzpunkt ist das berühmte *Treppenhaus*. Die Konstruktion

kommt trotz der aufwendigen Anlage mit geringstem Raum aus und ist eine besondere architektonische Leistung. Hervorzuheben ist noch der *Ordenssaal.*

38170 Schöppenstedt
Niedersachsen

Einw.: 5900 Höhe: 103 m S. 1278 ☐ K 6	

Ev. Stephanskirche: Die Kirche ist vor allem durch ihren *schiefen Turm* aus dem frühen 12. Jh. berühmt geworden. In der Mitte des Turmuntergeschosses ist noch eine ursprüngliche tragende Säule mit mythologischen Darstellungen (Wotan, Donar, Fenriswolf, Midgardschlange, Weltenesche u. a.) erhalten.

Till-Eulenspiegel-Museum (Nordstraße): Das Museum dokumentiert mit über 2500 Exponaten, was Forscher und Künstler über den nahe Schöppenstedt geborenen Schelm ausgesagt haben.

Umgebung

Küblingen (1 km ö): In der winkelförmig erbauten *Marienkirche* (13./14. Jh.) des Vorortes, einer ehem. Wallfahrtskirche (seit 1291), steht auf dem barocken *Kanzelaltar* (1734) ein bronzenes roman. *Vortragekreuz* (um 1100).

73614 Schorndorf
Baden-Württemberg

Einw.: 37 900 Höhe: 256 m S. 1281 ☐ H 13	

Ev. Stadtkirche (Kirchplatz): 1477 v. A. Jörg begonnen (Turm 1488), wurde der Bau nach seinem Tode (1492) v. H. v. Urach fortgeführt und 1511 vollendet. Besonders hervorzuheben ist das *Netzgewölbe* in der Marien-Kapelle mit Figuren einer *Wurzel Jesse* (um 1500).

Außerdem sehenswert: Die *Palmsche Apotheke* (urspr. 1650/60; 1976–79 Abriß und Neubau unter Vorblendung einer Fassade) mit großartigem Fachwerk am Marktplatz, das *Rathaus* v. 1730 und das

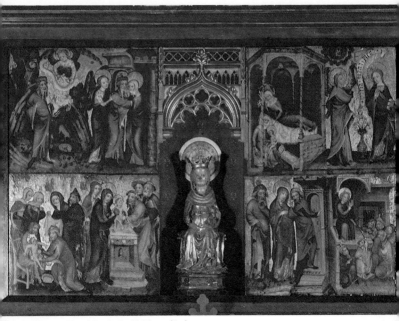

Schotten, Flügelaltar in der Liebfrauenkirche

bescheidene *Schloß* Herzog Ulrichs (1538).

Museen: *Heimatmuseum* (Kirchplatz 9) in der ehem. Lateinschule (1650). – Daimler-Geburtshaus (Höllgasse 7, um 1700) mit Museum.

63679 Schotten
Hessen

Einw.: 11 100   Höhe: 282 m   S. 1277 □ G 9

Der Luftkurort Schotten am Vogelsberg ist durch die älteste Motorradstrecke in Deutschland bekannt *(Schottenring).*

Ev. Stadtkirche Liebfrauen: Die Kirche, eine got. Hallenkirche, wurde zwischen 1300 und 1400 erbaut. Unter dem reichen äußeren Schmuck nimmt das W-Portal mit einer Anbetung der Könige den ersten Rang ein. Das Tympanon über dem *s Por-*tal des W-Baus zeigt die Madonna mit den Stiftern der Kirche. – Mächtige Säulen bestimmen das *Innere.* Wichtigster Teil der Ausstattung ist der großartige *Flügelaltar* (um 1400).

Die Malerei zählt zum Bedeutendsten, was in Hessen aus dieser Zeit erhalten ist. In 8 Szenen ist die Passion Christi dargestellt (geschlossener Zustand), 16 Szenen zeigen das Marienleben (geöffnet). Wertvoll sind auch die spätgot. Schnitzfiguren (Vesperbild, Kreuzigungsgruppe, Kruzifixus), der Taufstein aus dem 14. Jh., die Orgel (1782) und ein Sakristeischrank (1494).

Historisches Rathaus (Marktstr. 1): Der schöne *Fachwerkbau* entstand 1512–30.

Vogelsberger Heimatmuseum (Vogelsbergstr. 95): Umfangreiche Sammlungen zum ma und neuzeitlichen Handwerk sowie zur Volkskunde und zum Kunsthandwerk.

86529 Schrobenhausen
Bayern

Einw.: 15 200   Höhe: 410 m   S. 1282 ☐ L 13

Stadtpfarrkirche St. Jakob: Die Basilika (1425–80, Turm im 17. Jh. erhöht) ist typisch für den Kirchenbau zur Zeit der Spätgotik in Bayern. Im Chor und an den Stützen sind *Wandmalereien* aus der Entstehungszeit erhalten *(Kreuzigungsgruppe* und *Ölberg,* um 1500).

Museen: *Europäisches Spargelmuseum* (Am Hofgraben 1a): Exponate aus den Bereichen Geschichte, Landwirtschaft, Eßkultur und Kunst. – Das *Lenbachmuseum* (Ulrich-Peißer-Gasse 1) bietet einen Überblick über Leben und Werk des Malers. – *Zeiselmair-Haus* (In der Lachen 1): Ältestes Wohn- und Handwerkerhaus der Stadt Schrobenhausen aus dem Jahre 1478 mit Grabungsfunden aus 5 Jahrhunderten.

Außerdem sehenswert: *St. Salvator* (Mitte des 15. Jh.), *Rathaus* mit Lenbachsaal, Teile der *Stadtmauer* aus dem 15. Jh.

Umgebung

Sandizell (7 km w): Rokokopfarrkirche *St. Peter* mit einem Hochaltar v. E. Q. Asam*.

91126 Schwabach
Bayern

Einw.: 36 100   Höhe: 328 m   S. 1282 ☐ L 12

Ev. Pfarrkirche (Königsplatz): Die Kirche (Ende des 15. Jh. geweiht) ist zu Beginn des 16. Jh. um die Sakristei und die Annakapelle erweitert worden, hat im übrigen jedoch ihr urspr. Gesicht unverändert behalten. Sehenswert ist v. a. die reiche *Ausstattung.* Sie ist aus der Entstehungszeit überkommen und in dieser Vollständigkeit nur in wenigen anderen Kirchen zu finden. Der *Hochaltar* gehört zu den besten Werken der Spätgotik (Beginn des 16. Jh.). Die Flügel malte M. Wohlgemut, Lehrer v. A. Dürer*. Das Schnitzwerk lieferte ein Schüler v. V.

Schrobenhausen, St. Jakob, Ölberg

Stoß*: Mit H. Baldung, gen. Grien*, war noch ein anderer bedeutender Meister aus der Zeit um 1500 für die Kirche tätig. Er malte die Tafelbilder, auf denen die hl. Katharina und die hl. Barbara zu sehen sind. Das Sakramentshaus (1505) gleicht dem der Lorenzkirche zu → Nürnberg.

Königsplatz: Der Königsplatz ist in seiner alten Bebauung, die bis in das frühe 16. Jh. zurückreicht und ihre letzten Ausformungen im 18. Jh. erfuhr, fast unverändert erhalten. Neben dem *Rathaus* (1509) verdient die ehem. *Fürstenherberge* besondere Beachtung (1726–28). Der *Schöne Brunnen* wurde 1716/17 aufgestellt. An der NW-Ecke des bemerkenswerten Platzes steht der kleinere klassizistische *Pferdebrunnen.*

Stadtmuseum (Pfarrgasse 8): Unter den Sammlungen verdienen die Abteilungen Schwabacher Buchdruck, eine Nadlerei und eine Goldschlägerwerkstatt besondere Aufmerksamkeit.

Schwäbisch Gmünd, Münster

Schwäbisch Gmünd, Lichthof im Rathaus

73525–29 Schwäbisch Gmünd
Baden-Württemberg

Einw.: 61 400   Höhe: 321 m   S. 1281 ☐ H 13

Die ehem. Reichsstadt an der Rems ist heute bekannt wegen ihrer Schmuckindustrie. Hier wurden der Baumeister Peter Parler* sowie die Maler Hans Baldung, gen. Grien*, Jörg Ratgeb und Emanuel Leutze geboren.

Hl.-Kreuz-Münster (Münsterplatz): Anstelle einer roman. Kirche entstand 1310–1410 (Weihe) die got. Hallenkirche. Sie zählt zu den Hauptwerken der Baumeister-Familie Parler. Das Äußere repräsentiert sich besonders reizvoll, wenn man v. O auf den Chor blickt. Die etwas vorgeschobenen Kapellen lassen hier eine Art Untergeschoß mit maßwerkgeschmückten Fenstern entstehen. Interessantestes Beispiel der reichen Bauplastik am Außenbau ist das Tympanon des S-Portals (Jüngstes Ge-

richt). – Das Innere dieser ersten großen *Hallenkirche* Süddeutschlands wird durch die mächtigen *Rundstützen* (mit feinen Kapitellen) und die großartigen *Netzgewölbe* bestimmt. Der Chor ist v. einem schon v. außen sichtbaren Kapellenkranz umgeben. – Die *Ausstattung* der Kirche erinnert kaum noch an die Entstehungszeit. Eine Ausnahme bildet der *Hl.-Grab-Aufbau* (um 1400) in der mittleren Chorkapelle, der dem Münster zu → Freiburg stark ähnelt. – Reste alter *Wandmalerei* weisen in das erste Drittel des 15. Jh. – Sehenswert sind auch der *Flügelaltar* (1508) an der S-Seite, ein *Sippenaltar* mit der Wurzel Jesse (1520) in der n Sebalduskapelle, das *Chorgestühl* mit Prophetenfiguren (1550) und die *Orgel* (1668).

Johanniskirche (Johannisplatz): Gründungsbau der Kirche war wahrscheinlich eine um 770 gebaute Einsiedler-Kapelle und nicht, wie die Sage berichtet, eine v. Herzogin Agnes v. Schwaben gestiftete Kapelle. Die heutige Kirche entstand im

Schwäbisch Hall, St. Michael

13. Jh. Ihr überreicher spätroman. *Bauschmuck* ist einmalig. Dargestellt sind über die ganze Kirche verteilt Jagdszenen, Figuren aus dem Tier- und Fabelreich, Ornamente und Ereignisse aus der christl. Welt.

Rathaus (Markt): Das in den Jahren 1783–84 errichtete Rathaus war urspr. als Wohnhaus für einen Kaufmann geplant. – *Gräth* (Altes Rathaus): Fachwerkaufbau auf einem staufischen Geschlechterwohnturm.

Museum für Natur und Stadtkultur (Johannisplatz 3): Neben Plastiken der Spätgotik wird auch das Einwirken der Natur auf die Kunst gezeigt.

Außerdem sehenswert: Rings um den Markt sind ma *Fachwerkbauten* und einige *barocke* Bauten erhalten. – Der *Marktbrunnen* mit der Doppelmadonna ist um 1700 aufgestellt worden. – In den zahlreichen kleinen Gassen findet man viele alte

Bürgerhäuser. – Einige *Türme* markieren die ehem. Stadtmauer. – Die ehem. *Franziskanerkirche* (13. Jh.) besitzt eine im 18. Jh. eingebrachte Barockausstattung.

74523 Schwäbisch Hall
Baden-Württemberg

Einw.: 33 000   Höhe: 303 m   S. 1281 ☐ H 12

Das Salz hat die Geschichte der Stadt, die ehemals Reichsstadt war, wesentlich beeinflußt. Schon im 3. Jh. v. Chr. war die Solquelle Anlaß für keltische Siedler, hier seßhaft zu werden. Unter den Staufern wurde Hall erweitert (1156 Bau der Michaelskirche). Als Münzstätte des »Häller« (später Heller) erlangte die Stadt einen großen Bekanntheitsgrad.

Ev. Pfarrkirche St. Michael (Am Markt): Eine breit angelegte Freitreppe führt v. Marktplatz zum mächtigen *W-Turm,* dessen 4 untere Geschosse v. einem vorausgegangenen roman. Basilikabau aus dem 12. Jh. übernommen worden sind (Weihe 1156). Das heutige *Langhaus* war nach einem Vierteljahrhundert Bauzeit 1456 fertiggestellt. Der *Chor* kam 1527 hinzu. Der Turm erhielt seinen achteckigen Abschluß mit der Kuppelbekrönung 1573. Seither wurde an der Kirche nur wenig verändert. Man betritt sie durch eine v. Rundpfeilern getragene *Vorhalle,* in der die ausgezeichnete Steinplastik (um 1300) des St. Michael, des Namenspatrons der Kirche, steht.
Runde Stützen prägen auch das *Innere* des Langhauses, das v. einem sehr schönen *Rippengewölbe* überdeckt ist. Die gedrungen wirkende Halle des Langhauses kontrastiert eigenartig mit dem hellen und leichten *Chor,* der später gebaut wurde. – Der *Hochaltar* (darüber der Kruzifixus v. M. Erhart, 1494) zeigt Passionsszenen in niederländischer Manier (um 1470).
Weitere sehenswerte Teile der Ausstattung: *Chorgestühl* (1534), *Sakramentshäuschen* (15. Jh.), *Michaelsaltar* (1510) in der Sakristei, *Schnitzaltäre* einheimischer Meister in den Seitenkapellen, ein *Hl. Grab* (16. Jh.) in einer Nische an der s Wand und *Grabmäler* in den Kapellen.

Kirche St. Katharina (Katharinenstraße): Die ältesten Teile dieser Kirche stammen aus dem 13. (Turm) und 14. Jh. (Chor). Erweiterungen und Veränderungen fanden im 16. und 18. Jh., zuletzt noch um 1900 statt.
Sehenswert sind die *Glasgemälde* im s Chorfenster, die aus der Zeit um 1360 in hervorragendem Zustand erhalten geblieben sind. Reste einer *Wandmalerei* deuten auf das Jahr 1480. Der *Altar* im Chor ist im letzten Drittel des 15. Jh. entstanden und zeigt Verbindungen zwischen der Schnitzkunst niederländischer und schwäbischer Werkstätten.

Rathaus (Am Markt): Das Gebäude, in den Jahren 1730–35 erbaut, ist an die Stelle der bei einem Stadtbrand vernichteten Jakobskirche getreten und gehört zu den bedeutendsten aus dieser Zeit in Deutschland. In seiner Eleganz erinnert es in vielfacher Hinsicht an die Adelspalais des Barock. Der gewölbt vortretende Mittelteil mit dem gerundeten Giebel wird v. 2 etwas zurückgenommenen Wänden flankiert. Auf dem Dach sitzt ein Turm mit Uhr und schmückender Krone.

Großes Büchsenhaus (sog. Neubau, Im Rosenbühl): Das in den Jahren 1505–27 errichtete Zeughaus ist seit 1926 Festhalle.

Stadtbefestigung: Von dem einstigen Stadtbering sind nur einzelne *Türme* erhalten: der Malefizturm am Säumarkt (13. Jh.), das Sulfertor am Kocher (im 18. Jh. umgebaut), der Josenturm in der Gelbinger Gasse (im 17. Jh. umgebaut) u. a.

Burgruine Limpurg: Von der Burg aus dem 13. Jh. wurden bei Grabungen 1905 nur Reste freigelegt. Die Burg wurde 1575 v. der Reichsstadt Hall abgebrochen.

Freilichtspiele auf der großen Freitreppe vor St. Michael: Von Juni bis August finden auf der v. Marktplatz zur Kirche aufsteigenden Treppe Freilichtaufführungen statt.

Hällisch-Fränkisches Museum in der Keckenburg (Untere Herrengasse 8–10): Stadt- und Regionalgeschichte, sakrale Kunst, bedeutende Sammlung v. Schüt-

zenscheiben. – *Hohenloher Freilandmuseum* im Stadtteil Wackershofen.

Außerdem sehenswert: Im Stadtkern Reste ma *Adelsburgen* und schöne *Fachwerkhäuser* aus dem 16. Jh. – Neben dem großen *Marktbrunnen* (1509) ist noch der alte *Pranger* zu sehen. – Im S liegt die *Comburg* mit herrlichem Blick über die Kocheraue.

Schwalenberg
⌕ **32816 Schieder-Schwalenberg**
Nordrhein-Westfalen

| Einw.: 9000 | Höhe: 330 m | S. 1277 □ G 7 |

Rathaus: Das Rathaus (1579) ist das schönste unter den zahlreichen, meist sehr gut erhaltenen *Fachwerkhäusern* des Ortes. Ein Fries über der vierbogigen Laube (früher Markthalle) zeigt reiche Fassadenschnitzereien.

Burg Schwalenberg: Die Burg liegt über dem malerischen Ort. Sie wurde im Stil der Spätrenaissance ausgebaut und dient heute als Schloßhotel.

16303 Schwedt
Brandenburg

| Einw.: 49 400 | Höhe: 9 m | S. 1275 □ R 4 |

Französische Kirche: Die v. G. W. Berlischky[*] 1777 für die protestantischen Hugenotten der im 17. Jh. durch die Markgrafen v. Brandenburg-S. als Residenz erneuerten Stadt über ovalem Grundriß erbaute *Barockkirche* wird außen durch Lisenen und Putzquaderung strukturiert und im Inneren mit Barockempore und Kanzelaltar durch eine Kuppel mit Laterne überhöht. Sie dient heute als *Gedächtnishalle.*

Außerdem sehenswert: Das *Heimatmuseum* am Markt dokumentiert die Vor- und Frühgeschichte der Gegend am Unterlauf der Oder (u. a. germanische Bronzeschwerter aus der Oderniederung) sowie die Stadtgeschichte v. Schwedt.
Von der ehem. *Synagoge* (1862) ist der überkuppelte Rundbau der *Mikwe* (rituel-

les Tauchbad für jüdische Frauen) erhalten.

Schweinfurt, Marktplatz mit Rathaus

Umgebung

Criewen (8 km sw): In einem nach 1820 v. Peter Joseph Lenné* angelegten *Landschaftspark* befindet sich eine ma Feldsteinkirche.

97421–24 Schweinfurt
Bayern

Einw.: 54 500   Höhe: 226 m   S. 1277 ☐ I 10

Schweinfurt, heute bedeutende Industriestadt mit 54 500 Einwohnern, war bis 1802 freie Reichsstadt. Im 2. Weltkrieg wurde fast die Hälfte der Gebäude zerstört. – Berühmtester Sohn der Stadt ist Friedrich Rückert, der hier 1788 geboren wurde. An den großen Lyriker, Orientalisten und Übersetzer erinnern heute noch das Geburtshaus (Am Markt Nr. 2) und ein Denkmal.

Ev. Pfarrkirche St. Johannis (Martin-Luther-Platz): In der Kirche, die man durch das spätroman. *Portal* v. Markt her betritt, vereinigen sich verschiedene Stilrichtungen. Das *Querschiff* (um 1235) zeigt den Übergang von der Romanik zur Gotik, das *Langhaus* kam in der zweiten Hälfte des 13. Jh. hinzu, der *Chor* ist bereits spätgot.
Ausstattung: *Taufstein* mit Bemalung aus der Entstehungszeit (1367), die reichgeschmückte *Kanzel* aus dem Jahre 1694, *Grabmäler* des 14. Jh. und der frühklassizistische *Hochaltar*.

Rathaus (Marktplatz): Die Schäden, die der 2. Weltkrieg an diesem 1570–72 v. Nicolaus Hoffmann errichteten Bau angerichtet hat, sind behoben worden. Die 2 Flügel des Renaissancebaus stoßen rechtwinklig aufeinander. Die Schauseite ist zum Markt gewandt. Während die regelmäßige Bauweise typisch für die Renaissance ist, wirkt in Giebeln und Fensterumrahmungen noch die Spätgotik nach.

Theater der Stadt Schweinfurt (Roß-brunnstr. 2): Das 1966 erbaute Theater hat 785 Plätze.

Städtisches Museum (Martin-Luther-Platz 12): Im ehem. Gymnasium aus dem Jahr 1582 werden Beiträge zur Stadt- und Kulturgeschichte gezeigt.
Weitere Städtische Sammlungen: *Galerie in der Alten Reichsvogtei* (Obere Str. 11/13), *Kulturgeschichte im Gunnar-Wester-Haus* (Martin- Luther-Platz 5), *Naturkundl. Sammlung* (Brückenstr. 39).

Umgebung

Werneck (13 km sw): Anstelle eines Vorgängerbaus (1600) erbaute B. Neumann v. 1733 bis nach 1746 im Auftrag des Bamberger und Würzburger Fürstbischofs, Graf Friedrich Carl v. Schönborn, ein *Sommerschloß*. Das Schloß, ein symmetrisch angelegter Dreiflügelbau mit betonten Eckpavillons und Mittelpavillon, dient heute als Krankenhaus.

Schweinsberg
✉ 35260 Stadtallendorf
Hessen

| Höhe: 208 m   S. 1277 □ F 9 |

Ev. Pfarrkirche St. Stephan: Die
schlichte Hallenkirche aus dem 16. Jh.
wurde 1956 gut rest. Im Inneren beachte
man die schlanken, achteckigen Pfeiler
und das gelungene Netzgewölbe. Neben
dem Taufstein (1619) sind die Grabplatten
der Schenck zu Schweinsberg erwähnenswert.

Burg: Die Anlage geht bis ins 13. Jh.
zurück. Durch den *Fachwerktorbau* mit
seitlichem Rundturm erreicht man über die
Brücke 3 weitere *Portale*. Rechts folgt der
Fähnrichsbau (16. Jh.). Vom *Burghof* aus
sieht man Reste der alten *Oberburg*. Die
Neue Kemenate (15. Jh.) erkennt man an
den Staffelgiebeln, den 3 Ecktürmen und
dem Treppenturm. Im Erdgeschoß Saal
und Halle mit Netz- bzw. Kreuzgewölbe.

19053–63 Schwerin
Mecklenburg-Vorpommern

| Einw.: 126 000   Höhe: 38 m   S. 1274 □ L 3 |

Schwerins Geschichte reicht nachweisbar
bis ins 8./9. Jh. zurück, als auf der heutigen
Schloßinsel eine der Hauptburgen der slawischen Obotriten stand. Als die Burg
1160 beim Feldzug des Sachsenherzogs
Heinrich des Löwen abbrannte, baute sie
dieser noch im gleichen Jahr als Sitz eines
Statthalters (ab 1167 Grafen) wieder auf,
gründete die dt. Stadt S. und verlegte auch
das mecklenburgische Bistum in die neue
Stadt, die damit das geistliche und seit dem
Einzug der Herzöge v. Mecklenburg 1358
auch das weltliche Zentrum des Landes
wurde. Mit Ausnahme der Jahre 1764–
1837 blieb sie landesherrliche Residenz
bis zur Abdankung des Großherzogs 1918,
danach war sie Landeshauptstadt des Frei-
staates, ab 1952 Bezirksstadt. Ökonomisch
allerdings wurde die älteste Stadt des Landes wegen ihrer ungünstigen geographi-
schen Lage bereits im 13. Jh. von Küsten-
städten wie Rostock und Wismar überflü-

gelt. Stadtbrände im 16. und 17. Jh. zerstörten die aus Fachwerkgebäuden errichtete Stadt fast vollständig. Einen Ein-
schnitt in die Entwicklung der Stadt bedeutete die 1705 erfolgte Gründung der
zunächst selbständigen »Neustadt auf der
Schelfe«, mit deren Anlage der Herzog
merkantile Interessen verfolgte; sie erfüll-
ten sich nicht, und 1832 wurde die Schelfstadt dem älteren S. angegliedert. Erst
1837 begannen mit der Rückverlegung der
seit 1815 großherzoglichen Residenz aus
Ludwigslust nach S. nachhaltige Veränderungen, die sich auch städtebaulich mani-
festierten.
Die Stadt wuchs über ihre bis dahin ge-
wahrten ma Grenzen hinaus, im w Vorland
entstanden Vorstädte, und die Innenstadt
veränderte sich durch den Neubau zahlreicher Repräsentationsgebäude. In dieses
Ambiente fügten sich auch die Neubauten
des späten 19. und frühen 20. Jh. ein, so
daß S. seinen städtebaulichen Charakter
auch in der Folgezeit nicht veränderte. Die
nach dem 2. Weltkrieg einsetzenden Ver-
fallserscheinungen hatten zunächst kleinere, seit ca. 1975 auch komplexe Abbrüche
zur Folge; so wurde 1979–85 das Gebiet
um den Großen Moor weitgehend mit der
gestalterisch wenig variablen Plattenbau-
weise »rekonstruiert«. Ein ähnliches Vorhaben für die städtebaulich ungemein bedeutendere Schelfstadt verminderte die
»Wende« v. 1989/90.

Dom St. Maria und St. Johannes Ev.:
Der heutige Dom hatte 2 Vorgängerbauten
(Weihen 1171 und 1248). Vom spätroman.
2. Dombau, einer Backsteinbasilika, sind
die Abmessungen und die stilistischen
Formen in groben Zügen bekannt, einziger
architektonischer Rest ist die sog. Paradiespforte v. ca. 1230 in s Unterbau des
heutigen Turms. Der bestehende Bau
wurde als monumentale Backsteinbasilika
v. 100 m Länge um 1280 begonnen. Die
O-Teile wurden nach dem v. der Lübecker
Marienkirche ins Ostseeküstengebiet getragenen Schema der nordfranzösisch-
flandrischen Kathedralen mit Chorumgang und Kapellenkranz konzipiert; der
Binnenchor ist vierjochig und endet in einem 5/8-Schluß. Daran schließen sich
nach W das dreischiffige, monumentale
Querhaus und ein nur 4 Joche umfassendes

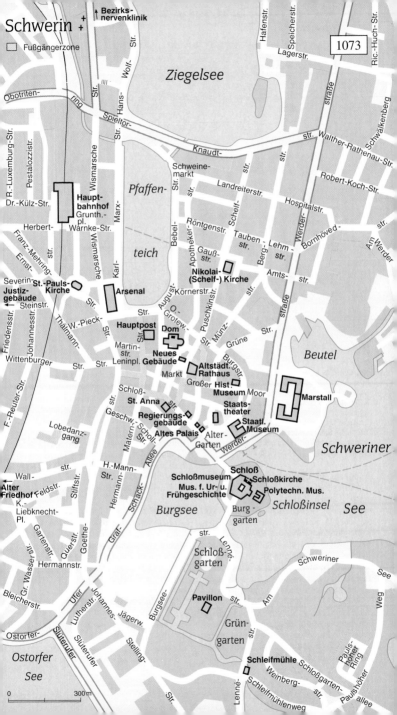

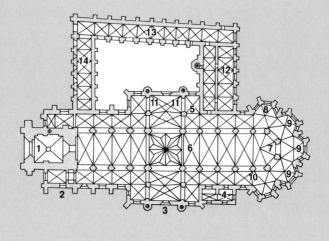

Schwerin, Dom 1 W-Turm 2 Paradiesespforte 3 Marktportal (Haupteingang) 4 Ehem. Sakristei/Bibliothek 5 Mariä-Himmelfahrts-Kapelle mit Fünte 6 Kreuzaltar/Triumphkreuz 7 Choraltar 8 Freigrab Herzog Christoph 9 Großherzogliche Grablege 10 Epitaph Herzogin Helena 11 Bülow-Grabplatten 12 Thomas-Kapelle (Kreuzgang O-Flügel) 13 Passage (Kreuzgang N-Flügel) 14 Landesbibliothek (Kreuzgang W-Flügel)

Langhaus an. Bis 1327 war der Chor, ca. 1420 das Langhaus vollendet. Für den zunächst beibehaltenen spätroman. W-Turm wurde erst 1889–92 nach einem Entwurf v. Georg Daniel aus Schwerin der 117,5 m hohe neugot. Turm als Ersatz errichtet. Das Äußere der Kirche ist trotz der relativ langen Bauzeit einheitlich, Chor und Querhaus besitzen lediglich Strebepfeiler, das Schiff ein entwickeltes Strebensystem. Einen gestalterischen Akzent setzen die mächtig aufsteigenden Querhausmittelschiffe mit den v. Stiegentürmen begleiteten blendengegliederten Giebeln.

Auch die Innenarchitektur ist weitgehend schmucklos und lebt v. den fast ungestört verlaufenden vertikalen Linien der Pfeiler und Dienste. Mit Ausnahme des Querhaus-Mittelschiffs, das Stern- und Netzgewölbe aufweist, werden alle Raumteile v. Kreuzrippengewölben überspannt. Die urspr. *Wand- und Gewölbemalerei* hat sich nur in geringen Resten aus dem späten 13. und mittleren 14. Jh. in der sog. Mariä-Himmelfahrts-Kapelle im nö Querhaus erhalten, weitere Reste wurden bei der Rest. 1867/68 wieder übermalt bzw. beseitigt. – Aus ma Zeit blieben erhalten: der *Kreuzaltar* v. 1495 mit älterer Sandsteintafel im Mittelschrein (um 1400); das bronzene *Taufbecken* v. ca. 1400; die beiden gravierten *Messinggrabplatten* der Bischöfe v. Bülow aus flandrischen Werkstätten des mittleren 14. Jh.; das bronzene *Epitaph* der Herzogin Helena, entstanden 1527 in der Werkstatt v. Peter Vischer d. Ä. in Nürnberg; Fragmente ma *Glasmalerei* des 14./15. Jh. (in der sö Chorumgangskapelle); zahlreiche, zum Teil fragmentarisch erhaltene Kalkstein-Grabplatten des 13.–15. Jh. Aus nachma Zeit stammt das *Frei-*

Schwerin, St.-Pauls-Kirche >

grabmal für Herzog Christoph und Gemahlin in der nw Chorumgangskapelle, 1595 entstanden in der Werkstatt v. Robert Coppens in Antwerpen: 4 holzgeschnitzte Epitaphe für die Herzöge v. Mecklenburg (im Chor) entstanden im 4. Viertel des 16. Jh. 1844 malte Gaston Lenthe aus Schwerin das Kreuzigungsbild für den Choraltar. Zur selben Zeit erfolgte die Umgestaltung der mittleren Chorumgangskapellen zur großherzoglichen Grablege; v. der umfassenden Rest. 1867/68 stammen die übrigen noch erhaltenen neugot. Einbauten, die Orgel des Weißenfelser Orgelbauers Friedrich Ladegast kam 1871 hinzu, die farbige Verglasung der Fenster der Chorkapellen Ende des 19. Jh. – An den Dom grenzt n der erst gegen 1400 vollendete *Kreuzgang* an, die 3 Flügel wurden zweigeschossig überbaut und bes. im 19. Jh. stark verändert, der elfjochige N-Arm ist als Passage zugänglich. Im EG der O-Flügels der mehrfach veränderte *ehem. Kapitelsaal* (heute Thomas-Kapelle), die liturgische Ausstattung 1977 v. Friedrich Press aus Dresden.

Nikolai-(Schelf-)Kirche: Als Pfarrkirche der neugegr. Schelfstadt v. 1708–13 nach einem Entwurf v. Jakob Reutz errichtet, der früheste und bedeutendste barocke Stadtkirchenbau in Mecklenburg. Den Innenausbau übernahm nach dem Tod v. Reutz 1710 der Architekturtheoretiker und Baumeister Leonard Christoph Sturm, er wurde bereits im 18. Jh. verändert und 1868 vollständig ersetzt, erhalten ist nur der Taufstein; die Rest. v. 1966 hat eine farbliche Annäherung an den urspr. Zustand versucht. Unter dem Chor eine (nicht allgemein zugängliche) herzogliche Gruft.

Kath. Propsteikirche St. Anna (Schloßstraße 22): Schlichter langgestreckter Putzbau mit Pilastergliederung, Mansarddach und Laterne, 1791–95 nach einem Entwurf v. Johann Joachim Busch errichtet, der 1. kath. Kirchenbau der Reformation in Mecklenburg. Das Innere ein Saal mit geputztem hölzernem Tonnengewölbe, die Ausgestaltung mehrfach, zuletzt 1985, verändert. – Zur urspr. Ausstattung gehören die Kanzel, die Beichtstühle und der Orgelprospekt, die geschnitzte Figur der Anna selbdritt an der O-Wand aus dem 15. Jh., kleiner Kirchenschatz mit liturgischen Gewänden und Geräten aus dem 16.–19. Jh.

St.-Pauls-Kirche: Der neugot. Backsteinbau, das beste Beispiel des historischen Kirchenbaues in Mecklenburg, entstand 1863–69 als Pfarrkirche für die neuangelegte Paulsstadt. Der v. Theodor Krüger aus Schwerin entworfene Bau ist eine dreischiffige Hallenkirche mit Querschiff, polygonal geschl. Chor und vorgesetztem W-Turm. Das Äußere ist durch 2 an den Ansatz des Chorpolygons gestellte Stiegentürme, den Dachreiter, eine rheinischen Vorbildern folgende Zwerchgalerie am Chorpolygon und reichen Ziegeldekor sehr differenziert gestaltet. Das kreuzrippengewölbte Innere ist v. weiten Verhältnissen und noch vollständig in der urspr. Gestalt erhalten, rest. lediglich die vegetabilische Ausmalung der Gewölbe und Teile der Ausgestaltung des Polygons.

Schloß: Der durch eine tiefgreifende Umgestaltung in der Mitte des 19. Jh. geschaffene Bau ist eine der interessantesten Schöpfungen des Historismus in Deutschland, eine bes. Steigerung wird durch die Einbindung in die hervorragende landschaftliche Situation erreicht. Trotz des Aussehens wie aus einem Guß enthält der Komplex mehrere ältere Gebäude, die beim Umbau auf bes. Wunsch des Auftraggebers erhalten blieben. Sie liegen seeseitig am neuen Hauptturm. N steht das 1553–55 errichtete sog. *Große Neue Haus,* ein dreigeschossiger Putzbau mit dem für die mecklenburgische Schloßbaukunst des mittleren 16. Jh. charakteristischen Terrakottadekor aus der Werkstatt des Lübecker Meisters Statius v. Düren, s des Turmes das zeitlich und gestalterisch ähnliche *Bischofshaus.* Im EG des Großen Neuen Hauses befindet sich mit der Hofdürnitz der ehem. *Festsaal* des Renaissanceschlosses. Wenig jünger ist die im nö Eckbau gelegene, v. 1560–63 unter Leitung v. Johann Baptist Parr nach dem Vorbild der sächs. Schloßkapellen errichtete *Schloßkirche.* Der rechteckige Saalraum mit seinen Netzgewölben und ehem. umlaufenden Emporen wurde 1855 durch einen neu-

Schwerin, Schloß >

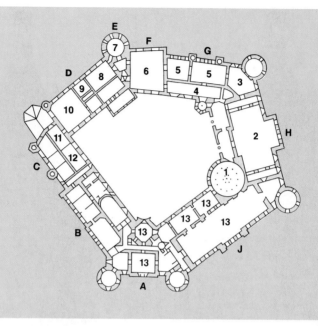

Schwerin, Schloß, Festgeschoß
A Eingangsflügel B Burggartenflügel C Haus über der Schloßkirche D Großes Neues Haus E Hauptturm F Bischofshaus G Haus mit der Schloßküche H Schloßgartenflügel J Burgseeflügel
1 Haupttreppenhaus 2 Konzertsaal (ehem. Goldener Saal) 3 Wilhelmzimmer 4 Schlössergalerie 5 Ahnengalerie 6 Thronsaal 7 Raucherzimmer 8 Billardzimmer 9 Adjudantenzimmer 10 Bibliothek 11 Kleine Audienz 12 Ministerzimmer 13 Landtag

got. Chor nach Plänen von Ernst Friedrich Zwirner aus Köln erweitert. – Erhalten sind v. der urspr. Ausstattung das hofseitige Portal mit Kreuztragungsrelief im Aufsatz v. Hans Walther aus Dresden, die zylindrische Kanzel mit Reliefs v. Simon Schröter aus Torgau und 6 neutestamentliche Reliefs niederländischer Meister; die wichtigsten Teile der Neuausmalung v. 1855 schuf Carl Gottfried Pfannschmidt aus Schwerin. Die Kapelle wurde nach 1643 ebenso wie das Haus über der Schloßküche in niederländisch geprägten Renaissanceformen überbaut.
Die übrigen Gebäude sind 1843–45 abgebrochen und durch Neubauten entsprechend dem v. Georg Adolph Demmler geschaffenen Umbauentwurf ersetzt worden. Demmlers Pläne nahmen sich französische Renaissanceschlösser zum Vorbild, insbes. Chambord an der Loire, verarbeiteten aber auch Ideen älterer Entwürfe v. Gottfried Semper aus Dresden und Friedrich August Stüler aus Berlin. Während Hauptturm, Burggarten-, Burgsee- und Schloßgartenflügel nach Demmlers Vorstellungen errichtet wurden, gehen die reiche Ausgestaltung des Stadtflügels und die Kuppel auf den seit 1851 mit der Bauleitung betrauten Stüler zurück. Er zeichnete auch verantwortlich für die Gestaltung der dem Schloß seeseitig vorgelagerten Orangerieterrassen, der Schloßbrücke mit den 1874–76 v. Christian Genschow geschaffenen *Rossebändigergruppen* und für die Innenräume, die größtenteils v. Berliner Künstlern und Werkstätten im Stil der nachschinkelschen Ära ausgestaltet wurden; vereinzelt wurden in die Raumausstattung ältere Elemente einbezogen, z. B. Ledertapeten des 17./18. Jh. und Gemälde. – Wesentliche Teile der Innenarchitektur

gingen bei einem Brand des Schlosses 1913 (Festsaal, Haupttreppenhaus) und durch zweckentfremdete Nutzung nach dem 2. Weltkrieg verloren, fast nichts ist v. der beweglichen Ausstattung erhalten. Seit 1974 laufen umfangreiche Restaurierungsarbeiten, wichtige Räume sind inzwischen öffentlich zugänglich (→ Museen). Der *Burggarten* beim Schloß wurde unter Einbeziehung älterer Bauteile (Renaissancebastionen) um 1857 v. Hofgärtner Theodor Klett gestaltet. Älter ist der *Schloßgarten* s der Schloßinsel. Unter Nutzung vorhandener Anlagen schuf ihn v. 1748–56 der Architekt Jean Laurent Legeay im Stil der architektonisch konzipierten französischen Gärten mit dem Kreuzkanal als zentraler Achse, die v. 14 *Sandsteinplastiken* aus der Werkstatt des Dresdner Bildhauers Balthasar Permoser v. 1720 (Kopien) flankiert wird. Der s Bereich des Gartens mit den Kaskaden ist unvollendet, der N-Teil wurde im späten 19. Jh. durch die Anlage der Laubengänge und das *Reiterdenkmal* Friedrich Franz II. (1893 v. Ludwig Brunow aus Berlin) verändert. Schon 1818 entstand der kleine Pavillon (Café). – Eine Erweiterung aus der Zeit um 1840 ist der im Landschaftsstil gehaltene *Grünhausgarten* beim Sommerhaus des Großherzogs; an seiner Planung war auch Peter Joseph Lenné beteiligt.

Residenzstädtische Bauten und Anlagen (im Umfeld des Schlosses): *Altes Palais* (Schloßstr. 1): Zweigeschossiger Fachwerkbau v. 1791, erweitert 1799. – *Regierungsgebäude I* (Schloßstr. 2): 1825–34 nach Entwürfen v. Carl Heinrich Wünsch und Georg Adolph Demmler als dreigeschossiger Putzbau mit mittlerem Portikus und übergiebelten Seitenflügeln errichtet, die klassizistischen Formen noch stark von Demmlers Lehrer Karl Friedrich Schinkel geprägt. Das benachbarte *Regierungsgebäude II* (Schloßstr. 4–8) 1890 in angepaßten Formen v. Georg Daniel errichtet. – *Museumsgebäude* (Alter Garten 3): 1842 als großherzogliches Palais begonnen, v. 1877–82 nach Plan v. Hermann Willebrand als Galeriegebäude vollendet; platzseitig durch einen Portikus mit szenischem Relief v. Albert Wolff und Auffahrt mit Freitreppe betont. – *Theater* (Alter Garten 2): 1882–86 in den Formen der italienischen Hochrenaissance v. Georg Daniel erbaut, der Zuschauerraum und einzelne Räume in der urspr. Gestalt erhalten (→ Theater). – *Marstall* (Werderstr. 124): Schloßartiger Komplex mit zentraler Reithalle und ausgedehnter, an den Ecken pavillonartig gestalteter Hofrandbebauung 1838–43 nach Entwurf v. Georg Adolph Demmler errichtet.

Weitere Bauten (im übrigen Stadtgebiet): *Neustädtisches Palais* (Puschkinstr. 19): 1778 als zweigeschossiger Backsteinbau mit Seitenflügeln im Stil der Lugwigsluster Architektur v. Johann Joachim Busch errichtet, durch Hermann Willebrand 1879 im Stil der französischen Renaissance vollständig verändert; aus dieser Zeit Treppenhaus und Festsaal erhalten. Gleichzeitig mit dem Palais v. Busch wohl auch die Häuser Puschkinstr. 12 und 22/24/26 (verändert) errichtet. – *Münze* (Oberkirchenrat, Münzstr. 8): 1759 als zweigeschossiger Bau errichtet, 1828/29 unter Ludwig August Bartning und nochmals 1858/59 verändert. Von der klassizistischen Ausstattung die Toreinfahrt mit Säulenstellung und das Treppenhaus erhalten. – *Justizkanzlei* (Schelfstr. 35): Zweigeschossiger Fachwerkbau von 1814, die tudorgotisierende Fassade 1837 von Georg Adolph Demmler, 1878 abermals zum Amtsgericht umgebaut. – *Arsenal:* 1840–44 nach dem Entwurf v. Georg Adolph Demmler als kastellartiger Putzbau unter Verwendung tudorgotisierender Motive errichtet. Mit diesem Bau begann die v. Demmler initiierte Einbeziehung des bis 1840 vor der Stadt gelegenen Pfaffenteiches als städtebauliches Moment.

Städtische Gesellschaftsbauten: *Altstädtisches Rathaus* (Am Markt 14): Mehrfach durch Brände zerstörter Bau, aus dem MA nur Mauerreste im SO (Durchgang) erhalten, die Fachwerkteile der Rückfront nach Mitte des 17. Jh. Marktseitig 1835 durch tudorgotisierende Fassade v. Georg Adolph Demmler verblendet. 1985 moderne Anbauten an der Rückfront. – *Neustädtisches Rathaus* (Schelfmarkt 2): Vor Mitte 18. Jh. vermutlich als zweigeschossiger Fachwerkbau errichtet, 1776 zur heutigen Form verändert. Im erhaltenen barocken Treppenhaus gemalte Szene mit Perseus und Andromeda. – *Neues Gebäude* (Am Markt 1): Als Markthalle 1783–85 v. Johann Joachim Busch errichtet, der schon zum Klassizismus tendierende spätbarocke Bau bewußt mit dem ma Dom kontrastierend.

Bürgerhäuser und Adelspalais: Bis weit ins 19. Jh. hinein wurden Häuser und Palais überwiegend in Fachwerk errichtet, seltener straßenseitig massiv aufgeführt oder mit Ziegeln und Putz verblendet; vollständige Massivbauten waren die Ausnahme. Relativ geschlossene historische Straßenzeilen findet man vor allem in der Schelfstadt (Puschkinstr., Münzstr., Bergstr.), am Pfaffenteich (Karl-Marx-Str., August-Bebel-Str.) und in der Altstadt (Schmiedestr., Schloßstr.).

Theater und Konzert: S. besitzt mit dem *Mecklenburgischen Staatstheater* eines der führenden Häuser in Norddeutschland. Im Hauptgebäude am Alten Garten bestehen mit dem Großen Haus (ca. 650 Plätze) und der Kammerbühne (ca. 200 Plätze) 2 Spielstätten; gepflegt werden alle Sparten. In der *Kammerbühne* spielt vorwiegend die dem Niederdt. verpflichtete Fritz-Reuter-Bühne. Vorstellungen finden vor allem im Sommer auch in der *Marstallhalle* statt. Für die kleine Form existiert im *Haus des Kulturbundes* (Hermann-Matern-Str. 2) eine Spielstätte (TIK) mit ca. 60 Plätzen. Weiterhin existiert ein *Puppentheater*. Für Konzerte bestehen 2 Orchester. Die zu den ältesten dt. Orchestern gehörende *Mecklenburgische Staatskapelle* (1563 als Hofkapelle gegr.) ist zugleich Theaterorchester. Vorwiegend sinfonische Konzerte gibt auch das *Philharmonische Landesorchester Mecklenburg* (zur Zeit im Schloß). Darüber hinaus bestehen mehrere Kammermusikvereinigungen; sie treten vorwiegend im Thronsaal des Schlosses oder im Teppichsaal des Museums am Alten Garten auf. Während der Sommermonate finden regelmäßig Konzerte an der Ladegast-Orgel des Domes und der Friese-Orgel der St.-Pauls-Kirche statt.

Museen: *Staatliches Museum* (Alter Garten 3): Bedeutendste Kunstsammlung Mecklenburgs. Wichtige Abteilungen: holländische und flämische Malerei des

17. Jh., Malerei des 18. Jh., Kunsthandwerk (u. a. Meißner Porzellan), ma Kunst in Mecklenburg. – *Schloßmuseum* (Lennéstr. 1): Prunkräume im Schloß (Fest- und Hauptetage), Kunsthandwerk; Galerie Malerei in Mecklenburg. – *Historisches Museum* (Großer Moor 38): Ausstellung zur Stadtgeschichte; zugehörig auch die Ausstellung im Neuen Gebäude (Am Markt 1) und das technische Museum Schleifmühle (Lennéstr./Ecke Schleifmühlenweg) mit Schauanlage zur Steinbearbeitung. Vom Historischen Museum betreut wird die *Gedenkstätte der Jüdischen Landesgemeinde Mecklenburgs* (Schlachterstr. 5). – *Museum für Ur- und Frühgeschichte* (Lennéstr. 1, Schloß, 1. Etage): Ausstellung zur Ur- und Frühgeschichte Mecklenburgs. – *Mecklenburgische Landesbibliothek* (Wismarsche Str. 144): Im Bestandszentrum am Dom wichtige Altbestände, darunter Inkunabeln, Mecklenburgica; überregional bekannt ist die Musikaliensammlung. – *Galerie Schwerin* (Wilhelm-Pieck-Str. 14): Ausstellungen zeitgenössischer Künstler. – *Galerie am Dom* (Am Markt 2): Verkaufsgalerie lebender Künstler.

Umgebung

Friedrichsthal (Stadt S., 8 km nw): *Ehem. Jagdschloß* (Feierabendheim). Mittelpunkt der in Fachwerk errichteten Anlage ist das zweigeschossige Hauptgebäude v. 1790, die seitlich anschließenden eingeschossigen, viertelkreisförmigen Kavaliershäuser wurden 1798 hinzugefügt, gleichzeitig wohl auch die jenseits der Straße stehenden ehem. Bedienstetenhäuser.

Groß Brütz (15 km nw): Die *Dorfkirche,* ein Backsteinsaalbau aus dem 14. Jh. mit polygonalem O-Schluß und vorgesetztem quadratischem W-Turm sowie flachgedecktem Innenraum, vermittelt mit ihren Emporen, Gestühlen und der aus verschiedenen Zeiten stammenden liturgischen Ausstattung das typische Bild vieler mecklenburgischer Dorfkirchen. Erwähnenswert sind die Seitenflügel eines Altarschreins aus dem 15. Jh. mit Schnitzfiguren, die Kanzel v. 1699, der Taufbehälter v. Ende des 17. Jh. und das 1644 v. Johann

Schwetzingen, Schloß mit Arion-Fontäne

Hülsmann in Köln geschaffene Bild der Kreuzaufrichtung. – Auf dem Friedhof w der Kirche erhielt sich die Kuppa der Kalksteintaufe v. Anfang des 14. Jh. – Eine botanische Besonderheit sind die zu einem Tor zusammengewachsenen beiden Linden im nahen Pfarrgarten.

Raben Steinfeld (7 km sö): Im Bereich des sog. Oberdorfes über dem Hochufer des Schweriner Sees entstand bereits um 1160 eine dt. Burg, die als »festes Schloß« 1331 erstmals genannt wurde. Mitte des 19. Jh. entstand nach Plänen v. Theodor Klett aus S. der *englische Landschaftspark* (schöne Aussicht auf S.), in den 1886/87 Hermann Willebrand das in Neurenaissanceformen gehaltene großherzogliche *Schloß* stellte (Ingenieurschule für Forstwirtschaft). Schon zuvor waren für das in R. S. bestehende Gestüt ein *Marstall* (um 1850 v. Georg Adolph Demmler) am Lindenplatz und entlang der Leezener Str. 7 *Gestütswärterhäuser* in neugot. Formen in Anlehnung an schottische Vorbilder entstanden (1863–69 v. H. Willebrand).

68723 Schwetzingen
Baden-Württemberg

Einw.: 19 900   Höhe: 102 m   S. 1281 □ F 12

Schloß: Die einstige ma Wasserburg war durch mehrere Erweiterungen und Veränderungen den Wünschen ihrer Besitzer angepaßt worden, bevor zu Beginn des 18. Jh. unter Kurfürst Johann Wilhelm v. der Pfalz der heutige Bau entstanden ist. Der *Mittelbau* mit den beiden Ecktürmen ist ältester Teil der im Grunde bescheiden gebliebenen Anlage. Die im N und S stehenden Bauten (sog. *Zirkelbauten*) kamen in der Mitte des 18. Jh. hinzu und entsprechen dem gewollten Ebenmaß der Gesamtanlage. Das trifft auch für alle anderen ergänzenden Gebäude zu. Im N-Trakt ist die v. F. Weinbrenner gestaltete *Kapelle* (1806) sehenswert. – Bedeutender als die Bauten ist die einzigartige *Parkanlage*, die zu den wichtigsten Europas gehört. Sie entstand in 3 Zeitabschnitten. J. L. Petri konzipierte in den Jahren 1753–58 das große Rondell (Zirkel) im geometrischen franz. Stil, das im W an das Schloß anschließt. N. d. Pigage* schuf 1766–74 die zahlreichen Gartenbauten, unter denen die *Moschee* bes. hervorzuheben ist. 1778–1804 kam schließlich unter der Leitung v. F. L. v. Sckell* eine Gürtelzone im landschaftsorientierten engl. Stil hinzu. – Hinter dem n Zirkelbau liegt das 1746–52 entstandene *Rokokotheater,* das einzige unverändert kurfürstliche Hoftheater in Deutschland. Sein Architekt war ebenfalls N. d. Pigage. 1752 wurde es eröffnet.

Schwetzinger Festspiele: Jeweils im Mai und Juni finden unter dem Protektorat des Süddeutschen Rundfunks im Schloß, Park und Theater Festspiele statt.

Kunstausstellung im Schloß: Das Schloß ist heute als Museum zu besichtigen. Gezeigt werden dort neben dem historischen Inventar Beiträge zur Wohnkultur des 18. und 19. Jh.

Außerdem sehenswert: *Marktplatz* mit gut erhaltenen Wohnbauten aus dem 18. Jh., kath. Pfarrkirche (1739–65) mit einer bemerkenswerten Altarausstattung und figürlicher Plastik.

Seebüll ✉ **25927 Neukirchen**
Schleswig-Holstein

Höhe: 18 m	S. 1272 □ F 1

Seebüll liegt nahe bei Neukirchen. Der Maler Emil Nolde hat Haus Seebüll 1927–37 nach eigenen Entwürfen bauen lassen, es war Wohnhaus mit Atelier und Bildersaal. Nach seinem Tod 1956 wurde es mit seinem reichen künstlerischen Bestand als Museum eingerichtet *(Stiftung Seebüll Ada und Emil Nolde).* Jährlich wechselnde Ausstellungen mit etwa 200 Werken. Haus Seebüll ist von einem prachtvollen Blumengarten umgeben.

39615 Seehausen/Altmark
Sachsen-Anhalt

Einw.: 5000	Höhe: 25 m	S. 1274 □ M 5

Pfarrkirche St. Peter und Paul: Das spätgot. Hallenlanghaus datiert Mitte des 15. Jh. Die Untergeschosse des Westbaus stammen v. einer spätroman. Vorgängerkirche. Besonders sehenswert ist ein um 1220 geschaffenes Stufenportal (innerhalb der Vorhalle).

Seeon im Chiemgau, Benediktinerkloster

Im Innenraum beeindrucken ein Flügelaltar aus dem frühen 16. Jh. und die schöne Kanzel v. 1710.

39365 Seehausen/Börde
Sachsen-Anhalt

| Einw.: 2200 | S. 1278 ☐ L 6 |

Laurentiuskirche: Dreischiffige spätgot. Hallenkirche aus dem 14. und 15. Jh. Altar v. ca. 1620.

Außerdem sehenswert: Die *Pfarrkirche St. Pauli* (einschiffig) wurde bereits im 12. Jh. errichtet. – Das *Rathaus* stammt aus dem frühen 19. Jh.

Umgebung

Meyendorf (2 km sö): Die *Klosterkirche* des ehem. Zisterzienser-Nonnenklosters, das 1267 gegr. worden war, ist ein einschiffiger Barockbau aus der Zeit um 1720. Von den Klostergebäuden ist noch die *Propstei,* ein schlichter Barockbau v. 1720, erhalten, weiterhin sw der Kirche das barocke *Torhaus* v. 1787. Der englische Park wurde 1810 angelegt.

Seehof ✉ **96117 Memmelsdorf**
Bayern

| Einw.: 40 | Höhe: 270 m | S. 1282 ☐ K 11 |

Schloß: Das alte Seehaus der Fürstenbischöfe v. → Bamberg wurde im 16. und 17. Jh. zu einem repräsentativen Barockschloß ausgebaut. 4 Flügel mit kuppelgedeckten Ecktürmen umschließen den Binnenhof. – Im *großen Saal* ist ein Fresko v. J. I. Appiani beachtenswert. Die *Kapelle* im Erdgeschoß beherbergt einen hübschen *Rokokoaltar* v. C. A. Bossi[*]. – Im *Park,* der das Schloß symmetrisch auf allen Seiten umgibt, errichtete J. v. Dientzenhofer[*] die *Orangerie* nach Entwürfen B. Neumanns[*]. Nach dem *Haupttor* an der Bamberger Straße entstand 1782 als letztes Bauwerk die *Schweizerei.*

83370 Seeon im Chiemgau
Bayern

| Einw.: 4100 | Höhe: 540 m | S. 1283 ☐ N 15 |

Ehem. Benediktinerklosterkirche St. Lambert: Auf einer kleinen Halbinsel im Klostersee ist das Kloster im Laufe der

Seeon im Chiemgau, Grabmal des Stifters Pfalzgraf Aribo in St. Lambert

Jahrhunderte gewachsen und mehrfach verändert worden. Ihr Wahrzeichen sind die Zwiebeltürme der Kirche (1561). – Ausgangspunkt war die Klostergründung im 10. Jh., der im 12. Jh. der Bau einer roman. Basilika folgte. Im 15. Jh. erfolgte der Umbau der Kirche im Stil der Gotik. Aus jener Zeit stammt das *Netzgewölbe,* das mit einzigartigen *Ausmalungen* geschmückt ist (ab 1579, freigelegt ab 1911). Die berühmte Seeoner *Muttergottes,* die zu den wichtigsten Werken plastischer Kunst im 15. Jh. gehört, befindet sich heute im Bayr. Nationalmuseum in → München. Den Hochaltar schmückt ihre Kopie. Weitere Ausstattung: *Seitenaltäre* aus dem 18. Jh., das *Grabdenkmal des Stifters* Pfalzgraf Aribo (um 1400 entstanden) sowie weitere *Grabdenkmäler.*

Klostergebäude: Neben dem spätgot. *Kreuzgang* beachte man die seit dem 17. Jh. zweigeschossige *Laimingerkapelle,* den *Kapitelsaal,* das *Refektorium,* den *Speisesaal* und die Nikolauskapelle (alle aus dem 18. Jh.). Letztere trägt Stuckarbeiten v. J. M. Feuchtmayer* und hat zudem eine sehenswerte Rokokoausstattung.

Umgebung

Rabenden (4 km n): Kirche *St. Jakob* mit spätgot. Bildwerken des »Meisters v. Rabenden«.

63500 Seligenstadt

Hessen

Einw.: 18 300　Höhe: 108 m　S. 1277 □ F 10

Berühmt wurde Seligenstadt durch Einhard, Biograph Karls d. Gr., der hier nach 828 ein Benediktinerkloster gründete. Hier schrieb er »Leben und Taten Karls des Großen«.

Einhards-Basilika/Ehem. Benediktinerabteikirche: Die Kirche ist die größte erhaltene Basilika aus der Karolingerzeit. 840, als Einhard starb (und in der Kirche beigesetzt wurde), war der Bau bereits fertiggestellt. Spätere Einwirkungen haben die eigentliche Basilika stark verändert,

die Grundsubstanz des karolingischen Baus ist jedoch auch im heutigen Bau erkennbar geblieben. Am besten sind die urspr. Formen bei einem Blick von Norden auszumachen. – Das Innere der Basilika ist von großer Schlichtheit – typisches Merkmal karolingischer Bauweise. Die Ausstattung ist aus der Zeit des Barock hinzugekommen. Im Mittelpunkt steht der marmorne *Hochaltar* (1715), den M. v. Welsch entworfen hat und der aus der zerstörten Kartäuserkirche in Mainz stammt. Auch die *barocken Wandaltäre* wurden aus Mainz übernommen. – Unter den angrenzenden *Klostergebäuden* steht die *Prälatur* von 1699 an erster Stelle, sie wurde nach schwersten Kriegsschäden in Anlehnung an den Bau der Jahre 1649–67 errichtet. – Kostbarster Besitz der Kirche ist der *Schrein* mit den Reliquien der Heiligen Marcellinus und Petrus. Der Schrein – ein Meisterwerk der Silberschmiedekunst aus dem 17. Jh. – wurde von Abt Franziskus Hofmann in Auftrag gegeben. – An die Kirche schließen *Klosterbauten* im Stil des Barock an (17./18. Jh.).

01968 Senftenberg

Brandenburg

Einw.: 28 800　Höhe: 102 m　S. 1279 □ Q 7

Den Ausgang nahm die Siedlung in der Niederung der Schwarzen Elster von einer schon im 10. Jh. angelegten Grenzburg, 1301 wird sie als Oppidum erwähnt. Seit etwa 1870 liegt Senftenberg inmitten des Braunkohletagebaus, der seine neuzeitliche Entwicklung geprägt hat.

Stadtkirche St. Peter und Paul: An der NO-Ecke des Marktes bildet eine schräg geführte Gasse die Verbindung zum Kirchplatz; in der Blickachse steht der W-Turm der spätgot. dreischiffigen Hallenkirche, die im O fünfseitig schließt. Das Innere deckt einheitlich ein Zellengewölbe, jene um 1470 v. der Albrechtsburg in Meißen ausgehende Wölbform, die hier aber wohl erst nach dem Stadtbrand v. 1509 angewendet wurde. Die Kirche brannte 1945 aus und verlor ihre neugot. Inneneinrichtung. Der Wiederaufbau erfolgte 1951–58.

Schloß: Anstelle der ma Wasserburg wurde seit der Mitte des 16. Jh. eine zweigeschossige Vierflügelanlage errichtet (S-Flügel 1837 abgetragen). Anfang des 17. Jh. sicherte man das Schloß durch einen Wall mit 4 Eckbastionen. Durch den Wall führt eine tunnelartige Zufahrt, deren rundbogiges Tor kräftig bossiert ist. Auf der NO-Bastion steht der Pulverturm v. 1672. Auf dem Schloßhof befindet sich die Keramikplastik »Bettler auf Krücken« v. Ernst Barlach. – *Schloßpark* mit altem Baumbestand und Tiergehege.

Kreis-Heimatmuseum (im Schloß): Sakrale Kunst des 16. Jh. und Geschichte des Niederlausitzer Bergbaus.

53721 Siegburg
Nordrhein-Westfalen

Einw.: 35 700   Höhe: 67 m   S. 1276 □ C 9

Benediktinerabtei St. Michael (Bergstr.): Das Kloster wurd 1064 gegr. An die ältesten Bauten erinnern die Umfassungsmauern der roman. Krypta unter dem jetzigen ö Langhausjoch. Die heutige Kirche wurde nach schwersten Kriegsschäden in Anlehnung an den Bau der Jahre 1649–67

errichtet. – Kostbarster Besitz der Kirche ist der *Anno-Schrein* aus der Werkstatt des N. v. Verdun*, um 1183 entstanden. Der Schrein – ein Meisterwerk der Goldschmiedekunst aus jener Zeit – ist zwar nicht vollständig erhalten, vermittelt aber trotzdem ein gutes Bild des urspr. Zustands. Er ist 1,57 m lang, aus Holz gefertigt (mit Satteldach) und reich mit Goldfiligran, Email und Edelstein besetzt. Die Kirchenpatrone Michael und St. Anno waren an den beiden Stirnseiten dargestellt (jeweils zwischen 2 Engeln), sind jedoch wie die Hauptfiguren an den Längsseiten (je 6 Heilige und heiliggesprochene Kölner Bischöfe) verlorengegangen. – An die Kirche schließen Klosterbauten im Stil des Barock an (17./18. Jh.).

Kath. Pfarrkirche St. Servatius (Mühlenstr.): Die Emporenbasilika, die um 1169 errichtet wurde (und eine ältere Kirche ablöste), ist im Laufe der Jahrhunderte vielfach verändert worden. Die letzte eingreifende Veränderung stellte die Verlängerung der Nebenschiffe gegen Ende des 19. Jh. dar. Geblieben ist eine insgesamt eindrucksvolle Kirche, die allerdings v. einstmals roman. Ausgangsbau nur wenig übernommen hat. – Das Innere lehnt in vielen Details an den Kölner Dom an. Von

Seligenstadt, Prälatur in der ehem. Benediktinerabtei

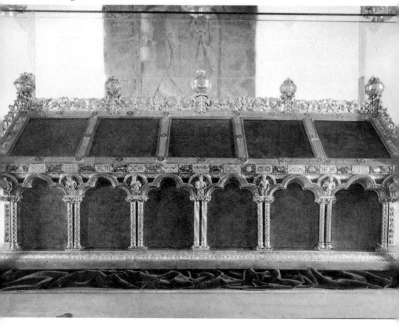

Siegburg, Anno-Schrein in St. Michael

großem Wert ist der *Kirchenschatz,* der v. a. Email-Arbeiten aus dem 12. und 13. Jh. enthält. Zu diesem Kirchenschatz gehört der Anno-Schrein, der jetzt jedoch an die Abteikirche ausgeliehen ist (siehe oben). Allererste Kostbarkeiten sind ferner der *Schrein* der beiden Heiligen Innocentius und Mauritius (beide um 1190), *Tragaltäre* des hl. Mauritius (um 1160) und des hl. Gregorius (um 1180). Erwähnt sei noch ein byzantinischer *Seidenstoff* aus der Zeit zwischen 921 und 931.

Museen: *Museum im Torhaus* (Alfred-Keller-Str. 55): Neben heimatgeschichtlichen Beiträgen zur Töpfereigeschichte besitzt das Museum Spezialabteilungen zu Humperdinck und Kupfertiefdruck. – *Bundessteuermuseum / Finanzgeschichtliche Sammlung* der Bundesfinanzakademie (Michaelsberg).

Außerdem sehenswert: *Haus auf der Arken:* Haus aus dem 15. Jh. mit Fachwerkobergeschoß und Schieferdach. – Reste der *Stadtmauer* aus dem 15. Jh. – *Käx* (Hühnermarkt): Trachytpranger in Form zweier gefesselter Figuren (14. Jh.).

57072–80 Siegen
Nordrhein-Westfalen

Einw.: 110 400   Höhe: 236 m   S. 1276 □ E 9

Ev. Martinikirche (Kölner Tor): Erst 1960 sind bei Ausgrabungen Reste einer der größten ottonischen Kirchen in Westdeutschland zutage gefördert worden, so u. a. ein Mosaikfußboden aus der Zeit um 1000 n. Chr. Dem ottonischen Bau, dessen genaue Beschaffenheit weitere Forschungsarbeit gewidmet ist, folgte ein spätroman. Bau, von dem das W-Portal der heutigen Kirche erhalten ist. 1511–17 wurde die heute bestehende spätgot. Halle errichtet.

Ev. Nikolaikirche (Markt): Die spätroman. Kirche aus dem 13. Jh. ist als sechsseitige Zentralanlage errichtet worden. Diesem Zentralbau wurde in den Jahren 1455–64 der viergeschossige Turm vorgestellt. Der Anlage des Zentralbaus entsprechen die 6 Säulen, v. denen das kräftige Kreuzgewölbe ausgeht. Nach dem 2. Weltkrieg hat der Bildhauer G. Marcks die Bronzetür für das W-Portal geschaffen.

Kath. Marienkirche (Löhrstr.): Frühere Jesuitenkirche Mariä Himmelfahrt, die 1702–24 als erster Kirchenbau nach der Reformation (1530) errichtet wurde. 1944 ausgebrannt, mit massiver Wölbung wiederhergestellt.

Oberes Schloß (Burgstr.): Vor 1224 entstandene und 1259 erstmals genannte Höhenburg. Stammsitz und Residenz der Grafen und Fürsten zu Nassau, zuletzt ab 1623 der kath. Linie Nassau-Siegen. Wesentliche bauliche Veränderungen 1500–04 und im 17. Jh. Seit 1905 als *Siegerland-Museum* genutzt (siehe unten).

Unteres Schloß (Kölner Str.): Von 1486–1534 bestand hier ein Franziskanerkloster, das nach Aufhebung meist Schulzwecken diente, so v. 1594–99 und v. 1605–09 als Sitz der Nassauischen Hohen Schule mit Druckerei. Ab 1616 umgebaut zum »Nassauischen Hof«, wo seit 1623 die ev. Linie Nassau-Siegen residierte. 1695 ausgebrannt, wurde der Nassauische Hof unter Einbeziehung der Fürstengruft (1669) zu der Dreiflügelanlage ausgebaut, die ab Mitte 18. Jh. »Unteres Schloß« genannt wird. Seit 1815 Landesbehördenhaus.

Rathaus (Markt): Begonnen vor 1224, wohl zuerst als Kaufhaus (1276 bzw. 1303) und ab 1455 als Rathaus und Kaufhaus belegt. Der Erneuerung v. 1781–88 folgten Erweiterungen im 20. Jh.

Siegerland-Museum (Oberes Schloß): Regionalmuseum für Kunst und Kulturgeschichte. An den 1577 in Siegen geborenen flämischen Maler Peter Paul Rubens erinnern hier 8 Originalgemälde. Unter den weiteren Sammlungen sind Bildnisse v. Mitgliedern der Häuser Oranien-Nassau und Nassau-Siegen bemerkenswert, ferner die Darstellung der Wirtschaftsgeschichte

(bes. Eisenerzbergbau und Hüttengewerbe seit 500 v. Chr.).

Bühnen der Stadt (Spandauer Str. 51): Das neue *Siegener Theater* wurde 1957 eröffnet (814 Plätze). Es wird jedoch kein eigenes Ensemble beschäftigt. – Das *Kleine Theater Lohkasten* (Löhrtor 3) wurde 1974 eröffnet und hat nur 75 Plätze. Als Gäste treten hier namhafte Künstler auf.

Umgebung

Freudenberg (11 km nw): Anders als in Siegen haben sich in Freudenberg viele *Ackerbürgerhäuser* (17./18. Jh.) in Fachwerkbauweise erhalten, darunter die mit reichem Schnitzwerk verzierten Häuser in der Oranienstr. 33 und 35 (18. Jh.). – Im Inneren der *ev. Pfarrkirche* (16. Jh.) sind Fenster und Chorbogen v. ornamentalen *Renaissancemalereien* (1606) umgeben.

72488 Sigmaringen
Baden-Württemberg

Einw.: 16 000   Höhe: 574 m   S. 1281 □ G 14

Schloß (Karl-Anton-Platz): Die urspr. Burg wird 1077 erstmals genannt. Aus dieser Zeit und auch von der nachfolgenden ma Anlage ist nicht viel erhalten geblieben. Die wesentlichen Teile des heutigen Schlosses stammen aus dem 18. und 19. Jh. Überkommen ist eine wohl romantisch, kunsthistorisch aber wenig beeindruckende Anlage. Die wertvolle Einrichtung umfaßt bedeutende Kunst- und Gemäldesammlungen. Das Schloß ist heute Museum.

Kath. Pfarrkirche St. Johann Ev.: Der Neubau aus den Jahren 1757–63 enthält eine wertvolle Ausstattung, allen voran die Wiege des hl. Fidelis, der 1577 in Sigmaringen geboren wurde und 1622 als Märtyrer gest. ist. J. M. Feuchtmayer* hat die Entwürfe der sehenswerten Altaraufbauten gestaltet.

Ehem. Franziskanerklosterkirche Hedingen: Der Neubau aus der Zeit um 1680 wurde 1715 um eine Marienkapelle erwei-

Sigmaringen, Hohenzollernschloß

tert (1747 nach einem Brand erneuert), die sich durch erstklassige Stuckarbeiten und wertvolle figürliche Plastik (Altar) hervortut. Der Chor, der v. einer Kuppel abgeschlossen wird, enthält die Hohenzollerngruft, eine Zutat aus dem Jahre 1889.

Fürstlich Hohenzollernsches Museum (Schloß): Mit seinen zahlreichen Ankäufen aus bekannten Kunstsammlungen schuf Fürst Carl Anton v. Hohenzollern die Grundlage für die bedeutenden Ausstellungsstücke des Museums. Gemälde, Waffen des 15.-19. Jh., historische Möbel (als Inventar des Schlosses) und Reisewagen im Marstallmuseum.

Umgebung

Bingen (7 km nö): Die *kath. Pfarrkirche Mariä Himmelfahrt* mit netzgewölbtem Chor wurde um 1500 erbaut. 5 *Schnitzfiguren* (1496) v. Syrlin d. J. und 5 *Tafelgemälde* v. B. Zeitblom sowie eine *Bewei-*nungsgruppe* (1517) v. M. Schaffner sind Höhepunkte der Ausstattung.

Laiz (2 km sw): In der *kath. Pfarrkirche St. Peter und Paul* sind neben den *Wandmalereien* der O-Wand (um 1430) und denen der Langhauswände v. Meinrad v. Ow (1768, Marienleben) der *Altar* (1771) v. J. B. Hops auf dem Nonnenchor mit einem *Vesperbild* (um 1440) sowie eine *Anna selbdritt* (um 1500) und eine *sitzende Madonna* (um 1500) sehenswert.

71063–69 Sindelfingen
Baden-Württemberg

Einw.: 59 500   Höhe: 449 m   S. 1281 □ G 13

Ehem. Chorherrenstiftskirche St. Martin (Stiftstraße): Die 1083 gew. Kirche, eine dreischiffige Basilika ohne Querhaus, konnte nach Restaurierungen 1933 und 1973/74 ihren alten Raumeindruck weitgehend wiedergewinnen. Die Arkaden, v. Pfeilern getragen, lassen niedersächsische, die Apsiden lombardische Einflüsse erkennen. Aus der Ausstattung treten das roman. Beschlagwerk der W-Tür und eine spätgot. Reliefplatte (1477) für Graf Eberhard im Bart und für dessen Mutter Mechthild hervor.

Altes Rathaus (Lange Straße): Das Haus stammt von 1478 und ist mit dem Salzhaus (1592) verbunden. Beide Häuser entsprechen dem Fachwerkstil, der auch in anderen Gebäuden der Stadt fortlebt (Kurze Gasse).

Museen: *Stadtmuseum* (Lange Str. 13): Zeigt interessante stadtgeschichtliche Sammlungen. – *Haus der Donauschwaben* (Goldmühlenstraße): Zentrale Sammlung und Bibliothek der Donauschwaben.

Stadthalle (Schillerstr. 23): Ein Beispiel für moderne Architektur.

Umgebung

Herrenberg (17 km sw): Zur Ausstattung der *ev. Pfarrkirche St. Marien* gehörte bis zum Verkauf 1890 der berühmte *Herrenberger Altar* (1518) v. J. Ratgeb (heute in der Staatsgalerie Stuttgart). Neben einem *Taufstein* v. H. Schickhardt d. Ä. mit Pultreliefs v. C. v. Urach ist v. a. die spätgot. *Kanzel,* ein Meisterwerk (1503) des Steinmetzen Meister Hanselmann, Bestandteil der verbliebenen Ausstattung.

53489 Sinzig
Rheinland-Pfalz

Einw.: 15 600   Höhe: 70 m   S. 1276 □ C 9

Sinzig, an der Mündung der Ahr in den Rhein gelegen, war fränkische Königs- und später Kaiserpfalz. König Pippin und Kaiser Heinrich III., Friedrich I. Barbarossa und andere Kaiser haben hier geweilt.

Kath. Pfarrkirche St. Peter (Im Zehnthof): Die heutige Kirche, 1220–50 erbaut, ist ein wichtiges Glied in der Entwicklung der spätroman. Kirchen am Rhein. Sie ist eine dreischiffige Emporenbasilika, über deren Vierung sich ein mächtiger Turm

erhebt. Fassaden und Seitenwände sind stark gegliedert und durch Fenster unterbrochen. Der verhältnismäßig klein wirkende Bau überrascht durch das weitläufige Innere. Arkaden und Emporen tragen zu diesem großzügigen Bild bei. – Auffallend sind das farbige Äußere und die reiche Innenausmalung (jeweils erneuert). Reste alter *Wandmalerei* (1270) sind im ö Nebenchor zu sehen. Abgesehen v. *Flügelaltar* (15. Jh.) spärliche Ausstattung. – Außen am Chor *Zehnthof* (1697/1740), der 855–1802 dem Reichsstift Aachen gehörte.

Heimatmuseum (im neugot. Schloß aus dem 19. Jh.): Das Museum ist v. a. wegen seiner Skulpturen aus dem 15.–19. Jh. und der Gemälde aus dem 17.–19. Jh. sowie frühgeschichtl. Funde eines Besuches wert.

59494 Soest
Nordrhein-Westfalen

Einw.: 43 100   Höhe: 98 m   S. 1276 □ E 7

Soest war nicht nur eine der wichtigsten Städte der Hanse, sondern eine der wichtigsten Europas überhaupt. Berühmt ge-

Sinzig, St. Peter

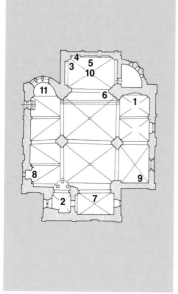

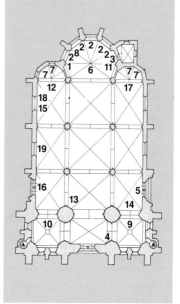

Soest, St. Maria zur Höhe 1 Hölzernes Scheibenkreuz, um 1230 **2** Taufstein, um 1230 **3** Kerzenträger, Ende 14. Jh. **4** Sakramentshäuschen, um 1450 **5** Altaraufsatz, um 1740, Tafelbild des Liesborner Meisters **6** Kanzel, um 1600 **7** Orgelprospekt, 1679 **8** Grabnische mit Fresken aus dem 13. Jh. **9** Tafelbild »Hesekielapokalypse« v. Knipping, 1640 **10** Engelreigen, 1280 **11** Katharinenchor mit Fresken, um 1260

Soest, St. Maria zur Wiese 1 Alabasterrelief der Hl. Dreifaltigkeit, um 1300 **2** Fenster des Hauptchores, Glasmalerei, um 1350 **3** Wandmalerei neben der Sakristeitür (Verkündigung), um 1370 **4** Lesepultdecke, um 1390 **5** Marienstatue am Mittelpfeiler des S-Portals, um 1400 **6** Jacobialtar, um 1420 **7** Fenster der Nebenchöre, Anfang 15. Jh. **8** Sakramentshäuschen, um 1420 **9** Taufstein, 1. Hälfte 15. Jh. **10** Reliquientabernakel, Mitte 15. Jh. **11** Wandmalerei über der Sakristeitür, 1. Viertel 15. Jh. **12** Sippenaltar des Meisters, 1473 **13** Madonna im Ährenkleid, 2. Hälfte 15. Jh. **14** Kreuzigungsgruppe, 2. Hälfte 15. Jh. **15** Marienfenster, Ende 15. Jh. **16** N-Portalfenster mit »Westfälischem Abendmahl«, um 1500, Ergänzungen des 19. Jh. **17** Marienaltar, um 1525, Flügelgemälde v. H. Aldegrever **18** Schnitzaltar, brabantisch, Anfang 16. Jh. **19** Wurzel-Jesse-Fenster, Ende 15. Jh.

worden ist die »Soester Fehde«, in der sich die Stadt – auf dem Höhepunkt ihres Ruhms und ihrer wirtschaftlichen Macht – in den Jahren 1444–49 v. Erzbistum Köln lossagte. Später kam Soest an Brandenburg. Politische Unruhen, Seuchen und Kriege ließen die Stadt in Mittelmaß absinken.

Stiftskirche St. Patroklus/Patroklidom (Rathausstraße): Der Wiederaufbau, der nach den Schäden aus dem 2. Weltkrieg notwendig war, beseitigte auch einige der Veränderungen, die diesen monumentalen Dom im Laufe der Jahrhunderte entstellt hatten. In der Form, in der sich der Bau dem Besucher präsentiert, entspricht er in allen wesentlichen Teilen wieder dem Zustand des 12. Jh. (der Ursprungsbau entstand um 1000, Erweiterungsbauten setzten im 11. und 12. Jh. ein). Wichtigster Teil der Kirche ist der mächtige Turm, der mit Recht als schönster roman. Turm in Deutschland gilt. Die großartige Wirkung, die der Bau ausübt, wird durch den grünlich schimmernden Sandstein aus den Steinbrüchen der näheren Umgebung noch unterstrichen. – Das Innere des Doms ist v.

den starken Pfeilern und der Großzügigkeit des gesamten Baus geprägt. Glanzpunkt ist das in der zweiten Hälfte des 11. Jh. hinzugefügte *W-Werk*. Von der roman. *Wandmalerei*, die während des 2. Weltkriegs fast vollständig vernichtet wurde, sind Reste nur noch in der Altarapsis des n Querhausarmes (»Marienchörchen«) erhalten. Die übrige Wandmalerei wurde beim Wiederaufbau durch P. Hecker ersetzt. Auch die *Fenster* in der Turmhalle sind jüngsten Datums. Reste der urspr. Verglasung finden sich nur noch in den 3 Fenstern des Chores. Die Ausstattung der Kirche hat ihren Höhepunkt in einem 2,12 m hohen *Triumphkreuz*, das als Altarkreuz aufgebaut ist. Weitere bedeutende Teile der einstigen Ausstattung befinden sich heute in der *Schatzkammer* (in der früheren Rüstkammer), so u. a. ein Kissen (12. Jh.) mit Seidenstickerei (dargestellt ist Alexanders Greifenflug).

Petrikirche/Ev. Pfarrkirche (Rathausstraße): Die Petrikirche – dem Dom gegenüber gelegen – wurde im 12. und 13. Jh. als Gewölbebasilika errichtet. Besondere Bedeutung wurde dem W-Werk beigemessen, das in unmittelbaren Zusammenhang mit der w der Kirche liegenden erzbischöflichen Pfalz zu bringen ist. Es wird charakterisiert durch eine fünfschiffige Halle im Untergeschoß, deren Säulen das großartige Kreuzgewölbe tragen. Wertvollster Teil der Innenausstattung sind die vortrefflich erhaltenen Wandbilder aus dem 13.–15. Jh. Zwei der Kreuzigungsbilder werden dem Kreis um Konrad v. Soest zugeschrieben. Aus der 2. Hälfte des 15. Jh. stammt der reichverzierte Pelikankelch.

St. Maria zur Höhe/Hohnekirche (Hohe Gasse): Der heutige Bau, um 1225 fertiggestellt, hat in einigen Teilen den roman. Vorgängerbau einbezogen. Wie die meisten der westfälischen Hallenkirchen, so ist der Grundriß auch hier beinahe ein Quadrat. Von besonderem Wert ist die Ausstattung der Kirche, v. a. die *Wandmalerei*. Chor, Nebenchor und Altarraum sind mit figürlicher Malerei geschmückt, während Wände, Pfeiler und Gewölbe mit Ornamenten verziert wurden. Glanzpunkt der Gewölbemalerei ist der *Engelreigen* über dem Hauptchor. Dem stehen die Malereien

Soest, St. Marie zur Höhe,
Heilig-Grab-Nische

Soest, St. Maria zur Wiese,
»Westfälisches Abendmahl«

des Hl. Grabes (in einer Nische) kaum nach. Der Hauptaltar enthält Gemälde mit der Kreuzigung und der Passion. Die westfälische Malerei der Spätgotik (um 1480) hat hier eines ihrer Meisterwerke.

St. Maria zur Wiese/Wiesenkirche (Wiesenstraße): Die Kirche entstand in relativ kurzer Bauzeit im 14. Jh. Lediglich die Türme kamen erst im 15. Jh. hinzu (fertiggestellt in der Mitte des 19. Jh.). Aus dem reichen Figurenschmuck sollen hier die Figuren über dem S- und über dem N-Portal hervorgehoben werden. Von großartiger Qualität ist auch das Maßwerk der Fenster.
Im Inneren der Wiesenkirche ist der Raum mit großen got. Fenstern durch Geräumigkeit und Helligkeit gekennzeichnet. Bestimmend auf den Gesamteindruck wirken die 4 hohen, trotzdem aber schlanken Pfeiler, die gleichzeitig die Teilung in drei Schiffe und drei Joche unterstreichen. Glanzvoller Höhepunkt der Innenausstattung sind die hochragenden Fenster mit der *Glasmalerei* aus dem 2. Hälfte des 14. Jh. Neben Aposteln und Heiligen ist auch ein volkstümliches Motiv enthalten: das sog. »Westfälische Abendmahl«, das die Abendmahlsszene in ein westfälisches Gasthaus verlegt (um 1520). – Wichtigster Teil der Ausstattung ist der große *Flügelaltar* (um 1520 entstanden), der nach neuesten Forschungen ein Werk v. H. Aldegrever ist.

Weitere sehenswerte Kirchen in Soest: *Nikolaikapelle* (Thomasstraße): Erbaut im 12. Jh., bedeutendes Altarbild von Konrad v. Soest, in der Restaurierung des 19. Jh. erhaltene Wandmalereien. – *Thomaekirche/Ev. Pfarrkirche* (Thomästraße): Hallenkirche aus dem 13. Jh.

Museen: Das *Burghofmuseum* (Burghofstr. 22) ist in einem Haus aus den Jahren 1558/59 untergebracht, das Nebengebäude ist aus roman. Zeit erhalten (etwa 1200). Die Sammlungen beschäftigen sich in erster Linie mit der Soester Stadtgeschichte. – *Osthofentormuseum* mit Exponaten (u. a. 25 000 Armbrustbolzen v. 13.–16. Jh.) zur ma Wehrtechnik. – *Wilhelm-Morgner-Haus* (Thomästr. 3): In diesem Haus sind die Sammlungen des Soester

Wilhelm Morgner, die Städt. Kunstsammlung und eine fast vollständige Sammlung mit Stichen v. H. Aldegrever zusammengefaßt.

49751 Sögel
Niedersachsen

Einw.: 5000   Höhe: 40 m   S. 1272 ☐ D 5

Schloß Clemenswerth: Die Anlage hat J. C. Schlaun* im Auftrag des Fürstbischofs Clemens August v. Köln in den Jahren 1737–49 in der Abgeschiedenheit der Geestlandschaft im n Emsland errichtet. Das zweigeschossige Schlößchen ist in rotem Backstein ausgeführt, der durch hellen Sandstein (als Verzierung) unterbrochen wird. Zur Gesamtkonzeption Schlauns gehören die 8 Alleen, die sternförmig auf das Jagdschloß zuführen. Vom Schloß aus kann man aus jedem Fenster eine dieser Alleen und damit das wechselnde Wild sehen. Umgeben ist der Hauptbau von 8 Pavillons, die überwiegend nach Bischofssitzen benannt sind (Pavillon Münster, Hildesheim, Paderborn, Osnabrück, Köln). Dazu gibt es den Pavillon Clemens August, den Pavillon Mergentheim, den Küchenpavillon und eine Kapelle mit Kapuzinerkloster. Die enge Verbindung zur Jagd zeigt sich sowohl in der gesamten Anlage als auch in vielen Details. So sind der Festsaal des Schlosses und alle anderen Räume mit Jagdszenen stuckiert. Im Treppenhaus zeigen mehrere Gemälde den fürstlichen Jäger. Heute befindet sich im Schloß das *Emsland-Museum* mit Beiträgen zur Geschichte der Jagd, zur Vor-, Früh- und Schloßgeschichte, zu Wohnkultur und Keramik und zur Volkskunde.

42651–79 Solingen
Nordrhein-Westfalen

Einw.: 165 900   Höhe: 224 m   S. 1276 ☐ C 8

Kath. Pfarrkirche (Gräfrath): Die Anfang des 13. Jh. erbaute Kirche wurde 1690 durch einen einschiffigen Saalbau ersetzt. Die Chorausstattung folgt dem Barock. Wertvollste Teile sind der Hochaltar, die

Seitenaltäre und eine Kommunionbank. Im Kirchenschatz befinden sich erstklassige Goldschmiedearbeiten.

Kleinstadtmarkt (Marktplatz in Gräfrath): Der Markt ist mit seinen Bauten aus dem 18. Jh. fast unverändert erhalten geblieben. Direkt am Markt befindet sich die ev. Kirche (1716–18). Vom Markt aus führt eine Treppe zur Stiftskirche und zum Klingenmuseum.

Dt. Klingenmuseum (Klosterhof 4): Waffen, Besteck und Schneidegerät sind in diesem Spezialmuseum aus allen wichtigen Epochen zusammengetragen.

Theater Solingen (Konrad-Adenauer-Str. 71): Das Theater hat 813 Plätze.

Umgebung

Schloß Burg a. d. Wupper (8 km sö): Burg der Grafen v. Berg aus dem 12. Jh.; Schloß der Herzöge v. Jülich-Berg-Kleve-Mark (14.–17. Jh.). Im 19. Jh. wiederaufgebaut; hier hat das *Bergische Museum* seinen Sitz.

Müngsten (5 km ö): Die 1897 eröffnete *Müngstener Brücke* über die Wupper ist mit 107 m Höhe die höchste Eisenbahnbrücke Deutschlands.

99610 Sömmerda
Thüringen

Einw.: 22 700   Höhe: 141 m   S. 1278 □ L 8

Bonifatiuskirche: Der Chor (um 1400) im einschiffigen Innenraum der spätgot. Pfarrkirche (15./16. Jh.) erhielt 1562 seine *Kassettendecke.* Sehenswerte Stücke der Ausstattung sind ein *Auferstehungsgemälde* und ein *Kreuzigungsgemälde* (beide um 1400–10) sowie das zweiflügelige spätgot. *Altarretabel* (um 1490) und die barocke *Orgel* (um 1680).

Außerdem sehenswert: Das spätgot. *Rathaus* (1539) und das *Fachwerk-Pfarrhaus* (1589) krönen auf ihren steilen Satteldächern jeweils 2 Türmchen. – In 3 der 6 *Türme* der erhaltenen ma *Stadtmauer* sind

Sammlungen zur Vor- und Frühgeschichte, zur Holzverarbeitung und zur Flechterei sowie zur Flachsverarbeitung eingerichtet.

Umgebung

Weißensee (5 km nw): Von der spätroman. Landgrafenburg *Runneburg,* die um 1150–60 mit ovalem Bering w der ehem. Marktsiedlung über den Resten früherer Vorgängerburgen (6./7. Jh.) angelegt wurde, sind die Toranlage und Teile des Palas (um 1190) erhalten, neben dem 1738 das barocke *Fürstenhaus* erbaut wurde. – In der *Peter-und-Pauls-Kirche* (12.–17. Jh.) mit einer Kassettendecke im einschiffigen Langhaus befindet sich ein spätgot. Flügelaltar mit qualitätvollen Heiligenfiguren im Schrein.

99706 Sondershausen
Thüringen

Einw.: 23 000   Höhe: 189 m   S. 1278 □ K 8

Schloß: Die ehem. Residenz des kleinen Fürstentums Schwarzburg-S. ist eine Vierflügelanlage um einen *Innenhof* mit Barockbrunnen. Sie besteht aus 2 Renaissancetrakten (1533–76, im N und O) mit dem Turm sowie einem barocken S-Trakt (um 1700) mit dem überreich stuckierten und mit hochbarocken Kolossalfiguren dekorierten *Riesensaal* im 2. Obergeschoß und einem W-Trakt (um 1770) mit dem *Weißen Saal,* der im Stil des Rokoko stuckiert ist. Ein 1650 opulent stuckiertes Gewölbe besitzt die kleine *Hofapotheke* zwischen dem O- und N-Trakt. Neben natur- und heimatkundlichen Exponaten wird im *Schloß- und Heimatmuseum* auch eine Sammlung v. Abgüssen antiker Bildwerke gezeigt.

Im sog. *Karussell* (w des Schlosses; heute Konzertsaal), einem 1708/09 achteckig erbauten ehem. Lustschlößchen mit doppelten Zuschaueremporen, läßt sich der Erdgeschoßboden mechanisch drehen.

Außerdem sehenswert: Neben dem barocken *Prinzenhaus* (1726) und der klassizistischen *Hauptwache* (1835) am O-Hang

Sondershausen, Schloß   *Dom zu Speyer >*

des Schloßbergs verdienen auch das barocke *Gottschalksche Haus* (1774) und einige *Fachwerkhäuser* (18. Jh.) in der Altstadt eine Erwähnung.

92676 Speinshart
Bayern

Einw.: 1100   Höhe: 450 m   S. 1283 ☐ M 11

Klosterkirche: Mit dem Bau dieser Klosterkirche in einem kleinen Ort der Oberpfalz feierte das Barock einen überschäumenden Triumph. Baumeister war W. Dientzenhofer* (ab 1691), der sich für eine Wandpfeileranlage entschied. Stukkateur C. D. Luchese hat mit immer neuen Einfällen einen Reichtum an Formen und Figuren geschaffen, wie er kaum anderswo anzutreffen ist. Sein Bruder B. Luchese hat die Fresken gemalt. Die Wangen des Chorgestühls stehen Stuck und Fresken nicht nach.

67346 Speyer
Rheinland-Pfalz

Einw.: 47 500   Höhe: 104 m   S. 1280 ☐ E 12

Speyer war schon v. den Kelten besiedelt. Von einem Bistum Speyer kann man seit dem 7. Jh. sprechen, vermutlich bestand schon in spätröm. Zeit ein Bischofssitz. Seit 1294 Reichsstadt, war Speyer bis 1570 mehr als fünfzigmal Tagungsort des Reichstages. Der v. den Saliern Konrad II., Heinrich III. und Heinrich IV. erbaute Dom ist Grablege v. 8 Kaisern und Königen.

Kaiserdom (Domplatz): Vorgängerbauten reichen bis ins 7. Jh. zurück, mit dem Bau des heutigen Doms wurde jedoch erst unter Kaiser Konrad II. begonnen (Grundsteinlegung um 1030). Schon gut 30 Jahre später war der gewaltige Bau fertig: Nachdem Heinrich III. die Fertigstellung der

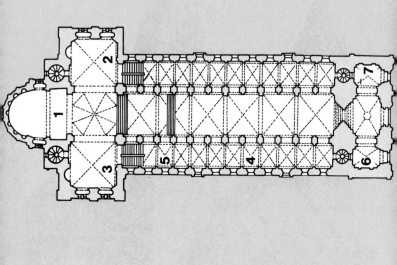

Speyer, Kaiserdom 1 Steinbecken in der Krypta (»Rauschender Kelch«), spätroman. 2 Epitaph für Wipert v. Finsterlohe (gest. 1503) in der Krypta 3 Relief »Beweinung Christi«, stark beschädigt, um 1530, in der Krypta 4 Grabmal des Kanonikus Mohr v. Waldt (gest. 1713) 5 Epitaph für Bischof Gerhard v. Erenberg v. Vinzenz Möhring 6 Denkmal für König Adolf v. Nassau, gestiftet 1824, Entwurf v. L. v. Klenze, Ausführung durch D. Ohnmacht 7 Denkmal für König Rudolf v. Habsburg v. L. v. Schwanthaler, 1843

Krypta feierlich begangen hatte, ließ sein Nachfolger Heinrich IV. den Dom weihen. In der Folgezeit erfuhr der Dom zahlreiche Veränderungen, die z. T. durch seine gefährdete Lage in der Nähe des Rheins bedingt waren, z. T. aber auch dem Zeitgeschmack entsprachen. Die durchgreifendste Veränderung erfolgte unter Kaiser Heinrich IV. Er ließ das bis dahin flachgedeckte Mittelschiff wölben – eine epochemachende Leistung der dt. Architekturgeschichte. Viele Umgestaltungen, die dem urspr. Baubild und der Bedeutung des Doms abträglich waren, wurden bei der 1957 einsetzenden Restaurierung wieder beseitigt. Anläßlich der 900-Jahr-Feier im Jahr 1961 präsentierte sich der Bau wieder in fast dem Bild, das ihm die Kaiser während der Entstehungszeit gegeben hatten. – Die Lage rund 10 m über dem Rhein unterstreicht die Wirkung, die v. dem mächtigen Bauwerk ausgeht. Je 2 Türme im O und W begrenzen den Bau und krönen ihn zugleich. Zwischen den beiden Turmpaaren erheben sich kleinere, achteckige Türme sowohl über der Vierung wie auch über der Vorhalle. Fenster, Arkaden und Portale sind reich geschmückt: Steinmetze, die wahrscheinlich aus der Lombardei geholt wurden, haben hier Meisterbeispiele plastischer Kunst geliefert. Das Innere zeigt eine mächtige Pfeilerbasilika v. gewaltigen Ausmaßen (Länge 134 m). Die Wölbung erhöht den großartigen Raumeindruck. Königschor und Vierung sind so angelegt, daß sie zu architektonischen Höhepunkten des Rauminneren werden. Unter Chor und Chorschiff befindet sich die *Krypta*. Man erreicht sie über Treppen, die v. den ö Enden der Seitenschiffe in diesen Teil des Doms führen.

Domkrypta

Kaiserdom, Mittelschiff gegen Osten

Afrakapelle im Kaiserdom

Sie ist in 3 Räume unterteilt, die jeweils annähernd quadratisch sind. Die gesamte Anlage ist auf großartige Weise miteinander verbunden und hat ihr den Ruhm verschafft, die »schönste Unterkirche der Welt« zu sein. Ihre frühroman. Formen sind über die Jahrhunderte hinweg in eindrucksvoller Klarheit erhalten geblieben. In der Krypta sind 4 Kaiser, 3 Kaiserinnen, 4 Könige und 5 Bischöfe begraben. – Unter den Anbauten ist die *Afrakapelle* bes. hervorzuheben. Der einschiffige, vierjochige Bau entstand um 1100, wurde 1689 ein Opfer der Zerstörung durch die Franzosen, ist jedoch 1850 wiederhergestellt worden. Ihr besonderer Wert liegt in den ausgezeichneten Kapitellen. 2 erstklassige Steinbildwerke (das Relief der Kreuztragung Christi aus dem mittleren 15. Jh. und die »Speyerer Verkündigung«, ein Relief mit der Verkündigung Mariae, um 1470 entstanden) wurden v. ihren einstigen Plätzen an der Außenwand des Domes hierhergebracht. An das s Seitenschiff wurde im 11. Jh. die *Emmeramskapelle* angelehnt, über der die *Katharinenkapelle* im Jahr 1857 neu errichtet wurde.

Speyer, Dreifaltigkeitskirche

Ev. Dreifaltigkeitskirche (Große Himmelsgasse): Bei den Verwüstungen v. 1689 wurden auch die protestantischen Kirchen der Stadt weitgehend zerstört. Bei einem Wettbewerb wurde der Entwurf v. J. P. Graber ausgewählt. 1717 wurde der Bau eingew.: eine der bedeutendsten Barockkirchen im heutigen Rheinland-Pfalz. Der Bau ist ein weiträumiger Predigtsaal mit fünfseitig geschlossenem Chor. Das Innere wird durch die doppelgeschossigen hölzernen Emporen geprägt, deren Seitenteile mit Gemälden versehen sind. Auch das Kappengewölbe, ebenfalls aus Holz gezimmert, ist mit Gemälden geschmückt (Guthbier zugeschrieben, um 1713).

Gedächtniskirche/Retscherkirche (Landauer Straße): Zum Gedenken an die *protestatio* der ev. Fürsten auf dem Speyerer Reichstag v. 1529 wurde 1904 die neugot. Kirche erbaut.

Mikwe (Judengasse): Das jüd. Bad gehört zu den wenigen erhaltenen Anlagen dieser Art in Deutschland. Es ist im 12. Jh. entstanden und war u. a. für die Waschungen der Frauen nach dem israelitischen Ritus bestimmt.

Stadtbefestigung: Wichtigstes und zugleich eines der schönsten Stadttore in Deutschland ist das *Altpörtel* in der Maximilianstraße. Es stammt aus dem 12. Jh. (Veränderungen und Ergänzungen im 13. und 16. Jh.). Zur Stadtbefestigung gehört auch das *Heidentürmchen* (13. Jh.) im Domgarten.

Historisches Museum der Pfalz (Große Pfaffengasse 7): Berühmtester Besitz ist der »Goldene Hut aus Schifferstadt«, der 1835 in der Nähe v. Schifferstadt gefunden wurde und einer der 3 bekannten bronzezeitlichen Goldkegel ist. Er stammt aus der Zeit um 1200 v. Chr. und diente vermutlich als Kultkegel. Neben Sammlungen zur Stadt- und regionalen Kulturgeschichte bietet das Historische Museum der Pfalz in einer Sonderabteilung ein *Weinmuseum*. – Im Haus befindet sich auch das *Dom- und Diözesanmuseum* (Domplatz): Die wichtigsten Ausstellungsstücke sind Funde aus der Grablegung dt. Kaiser im Dom, Handschriften, Kultgegenstände und religiöses Volksbrauchtum bis zum 18. Jh.

21680–84 Stade
Niedersachsen

| Einw.: 43 100 | Höhe: 7 m | S.1273 □ G 3 |

Ev. Pfarrkirche St. Wilhadi (Wilhadikirchhof): Die Backsteinkirche, ein Hallenbau aus dem 14. Jh. (Turm aus dem 13. Jh.), wird v. Strebepfeilern getragen. Von ihnen geht das sehr schöne Kreuzrippengewölbe aus. An die n Langhauswand wurde das »Brauthaus« angebaut, eine Ergänzung aus dem 14. Jh. Sehenswert sind die 6 Kopfkonsolen im Obergeschoß, erstklassige Steinplastiken, die 3 Ehepaare in verschiedenen Lebensphasen darstellen. Wichtigster Teil der Ausstattung ist die Barockorgel des Bremer Orgelbaumeisters E. Bielfeldt (1730–35). Neben der Orgel das Epitaph für Johannes Pahlen (1686).

Ev. Kirche St. Cosmae et Damiani (Cosmaekirchhof 3): Kennzeichen dieser bis in das 11. Jh. zurückgehenden Kirche ist der riesige Barockhelm des achtseitigen Vierungsturmes aus dem Jahr 1682. Wesentlicher als das Äußere dieser Kirche, die im Laufe der Jahrhunderte vielfach verändert wurde, ist die erstklassige Innenausstattung. Bis auf die Vierung, die durch ausgezeichnete Spitzbogen auffällt, sind alle anderen Teile der Kirche mit hölzernen Tonnengewölben und Flachdecken versehen. Die Ausstattung der Entstehungszeit wurde nach dem großen Stadtbrand v. 1659 in die Kirche eingebracht. Als einziger der ma Altäre ist der Gertrudenaltar erhalten (15. Jh., S-Wand des Langhauses). Der Altar ist das Werk des Hamburgers C. Precht (1674). Die Marmortaufe, 1665 gestiftet, zeigt sehr feine Evangelistenfiguren aus Alabaster. Außerdem sind zu erwähnen: die Kanzel (1663), 3 Kronleuchter aus dem 16. und 17. Jh. und die Orgel, deren Bau von B. Huß begonnen und die nach seinem Tode bis 1688 v. seinem Gesellen, dem berühmten Orgelbaumeister A. Schnitger, als Erstlingswerk vollendet

Stade, Bürgermeister-Hintze-Haus

wurde. Die schmiedeeisernen Portalgitter sind erstklassige handwerkliche Kunst des 17. Jh.

Rathaus (Hökerstraße): Das 1667 erbaute Rathaus ist ein massiver Backsteinbau mit Sandsteingliederungen. Im Inneren sehenswertes Treppenhaus und ausgezeichnetes Holzwerk (Türen). Die got. gewölbten Keller erinnern an einen Vorgängerbau aus dem 13. und 15. Jh.

Bürgermeister-Hintze-Haus (Wasser West): Der Bau ist mit seiner großartigen Barockfassade im Stadtbild Stade einer der Kernpunkte. Bürgermeister Heino Hintze ließ die Fassade in den Jahren 1617–46 anbringen. Das Haus selbst ist ein charakteristisches Kaufmannshaus des späten MA.

Museen: *Heimat- und Freilichtmuseum* (Inselstr. 12): Volkskunst und bäuerliches Kulturgut, Altland- und Geestbauernhaus, Bockwindmühle (17. Jh.). – *Schweden-*

*Stadthagen, Fürstliches Mausoleum
in St. Martini*

speicher-Museum (Am Wasser West):
Vor-, Früh- und Stadtgeschichte, Proviant-
speicher (1705). – *Bauernhaus-Museum*
(Hafeneinfahrt): Stadtgeschichte.

Umgebung

Das Alte Land, ein bes. fruchtbares, heute
auf den Obstanbau ausgerichtetes Gebiet,
besitzt eine Vielzahl schöner alter und typischer Bauernhäuser. Orte, die eine Besichtigung lohnen, sind u. a. Bassenfleth,
York, Borstel und Ladekop.

31655 Stadthagen
Niedersachsen

Einw.: 23 000   Höhe: 68 m   S. 1277 □ G 6

Ev. Stadtkirche St. Martini (Am Kirchhof 3): Die ab 1318 erbaute einschiffige
got. Hallenkirche wurde im 14. und 15. Jh.
zu dem heutigen Bau vervollständigt. Das
äußere Bild wird beherrscht v. dem großen
Turm, der sich im Inneren als Turmhalle
darstellt. Ungewöhnlich ist die Wandvertäfelung, die seit 1578 den Innenraum bekleidet. Darauf abgestimmt ist das Gestühl, das in solcher Geschlossenheit nur
selten zu sehen ist. Auch die übrige Ausstattung läßt wertvolle Holzarbeiten dominieren: Der Altar (1585), ein prächtiger
Renaissanceaufbau, bezieht große Teile
eines flandrischen Schnitzaltars aus dem
15. Jh. ein, das große Triumphkreuz (mit
Maria und Johannes) stammt aus dem 16.
Jh., das bronzene Taufbecken v. 1578, die
Kanzel kam ebenfalls im 16. Jh. hinzu.
Auch unter den Grabdenkmälern und Epitaphien sind einige aus Holz gearbeitet, so
das Grab des Grafen Otto IV. mit seinen
beiden Frauen und das Epitaph für Christoph v. Landsberg (1584, im s Seitenschiff) und das Epitaph an der SO-Wand
des Chores (1590).
Kunsthistorisch an der Spitze steht das
Fürstliche Mausoleum, ein einmaliger sie-
benseitiger Kuppelbau, der an der O-Seite
an die Kirche anschließt. Fürst Ernst v.
Schaumburg ließ es – für seine Eltern,
seine Gemahlin und für sich selbst – errichten und schuf damit eines der bedeutendsten Denkmäler des frühen Barock in
Deutschland. Der Bau entstand zwischen
1609 und 1627. Der Architekt war J. M.
Nosseni, die Bildwerke schuf der Bildhauer A. de Vries. Von ihm stammt auch das
mittlere Denkmal, ganz aus Marmor, das
die Auferstehung Christi darstellt.

Schloß (Obernstraße): Die Vierflügelanlage, einer der frühesten dt. Bauten mit Formen oberital. Renaissancearchitektur, entstand im 16. Jh. Der Wert des Schlosses
liegt in Details der Innenausstattung, insbesondere in den drei Kaminen, die im
Obergeschoß stehen (16. Jh.). Sie sind mit
erstklassigen Reliefs geschmückt. – Vor
dem Schloß ist ein *Kavaliershaus* mit einem schönen Erker erhalten (16. Jh.).

Alte Amtspforte: Fachwerkbau (1553)
mit reichem Schnitzwerk an der Obernstraße; heute »Museum Amtspforte«.

Rathaus (Am Markt): Das Rathaus aus
dem 16. Jh. beherrscht den Marktplatz und

Trockenborn-Wolfersdorf (Stadtroda), Jagdschloß Fröhliche Wiederkunft

kann seine deutliche Anlehnung an die Schloßarchitektur (siehe zuvor) nicht leugnen. Es ist ein langgestreckter Bau mit Staffelgiebeln und kugelverzierten Halbkreisaufsätzen.

Johannishofkapelle: Eine kleine unscheinbare Kapelle an der Vornhäger Straße außerhalb des alten Stadtkerns, weit über 600 Jahre alt, spiegelt ein trauriges Kapitel ma Geschichte wider: die Aussonderung der Leprakranken, die nur durch Sehschlitze am Gottesdienst teilnehmen konnten. Die Kapelle ist nachweislich die einzige in Deutschland, die erhalten blieb. Heute Wochenend-Andachtsraum.

Außerdem sehenswert: *Stadtgarten* (s v. Schloß) mit einem kleinen Lusthaus auf Pfeilern aus der 2. Hälfte des 16. Jh. – *Stadtbefestigung* (Viehmarkt): Der Turm am Viehmarkt wurde 1423 errichtet. – *Alte Häuser:* V. a. am Markt (hier das Haus Markt 4) sind alte Häuser, meist aus dem 16. Jh., erhalten. Die sog. Weserrenaissance bestimmt die Architektur.

| **99326 Stadtilm** |
| Thüringen |
| Einw.: 5200   Höhe: 360 m   S. 1278 □ L 9 |

Rathaus: Das v. modernen Anbauten des 20. Jh. wieder befreite zweigeschossige *Renaissance-Rathaus* wurde um 1600–10 unter Einbeziehung v. frühgot. Gebäudeteilen des ehem. *Zisterzienserklosters* (1287 gegr.) errichtet. So findet sich im Inneren, in dem auch das *Heimatmuseum* mit vor-, früh- und stadtgeschichtlichen Sammlungen seinen Sitz hat, das einstige *Refektorium* (heute Ratskeller). Den Bau zieren ein (ö) *Treppenturm* und die *Zwerchhausgiebel* aus der Renaissance.

Außerdem sehenswert: An das Rathaus grenzt w einer der *Wehrtürme* (15./16. Jh.)

der gut erhaltenen ma *Stadtmauer*. – Spätroman. W-Türme, Portiken mit got. Figurenportalen (um 1320) und eine interessante Rokoko-Ausstattung (Chorschranken, Kanzel und Orgel; 1784–87) verraten die bewegte Baugeschichte der dreischiffigen *Stadtpfarrkirche* (13.–18. Jh.).

Umgebung

Ehrenstein (8 km sö): Die *Ruine* der wohl bereits im 13. Jh. am Ort einer ma Vorgängerin auf dem Buchenberg errichteten Burg bewahrt die jüngeren Befestigungsanlagen (14. Jh.) wie Bering, Bergfried und einen Wehrturm.

07646 Stadtroda
Thüringen

Einw.: 6200   Höhe: 191 m   S. 1278 □ M 9

Salvatorkirche: Einen spätgot. Chor bezieht die um 1580–90 erbaute Renaissance-Pfarrkirche mit ein, deren Dach v. einer Laterne mit Barockhaube bekrönt wird. Das oktogonale Innere (rest.) des nach einem Brand 1650 und 1738 erneuerten Zentralbaus besitzt eine dreigeschossige *Rundumempore* aus der Barockzeit. Prunkstück der Ausstattung ist die von einer Tragefigur (Moses, 17. Jh.) gestützte *Barockkanzel* (rest.).

Außerdem sehenswert: Spätgot. Holzskulpturen findet man im barockisierten Inneren der mehrfach veränderten *Heilig-Kreuz-Kirche* (12.–19. Jh.). – In der Ruine der *Kirche* des ehem. Zisterzienserklosters (um 1270–80) mit w Emporenfragmenten befindet sich s des frühgot. Chors ein reliefiertes Tympanon aus der Bauzeit.

Umgebung

Trockenborn-Wolfersdorf (9 km s): Das landschaftlich reizvoll im waldigen Schüsselgrund gelegene *Jagdschloß Fröhliche Wiederkunft* wurde v. N. Gromann* als Renaissance-Wasserschloß erbaut und erhielt erst im 19. Jh. sein heutiges neugot. Gepräge.

36396 Steinau a. d. Straße
Hessen

Einw.: 10 700   Höhe: 173 m   S. 1277 □ G 10

Ev. Stadtpfarrkirche: Die asymmetrische spätgot. Hallenkirche (1481–1511) mit einem s Seitenschiff besitzt einen gestreckten Rechteckchor. Statt eines n Seitenschiffs sind dem Langhaus die Sakristei (1481) mit einer beschlagenen Türe (um 1500) und ein mächtiger spitzhelmbekrönter Turm (1539) mit einem verschieferten Glockenhaus angegliedert. Im Inneren sind neben den auf achteckigen Pfeilern ruhenden *Scheidarkaden* und spätgot. *Maßwerkfenstern* u. a. eine maßwerkverzierte *Steinkanzel* (um 1500) und ein *Hl. Grab* (15. Jh.) sehenswert. Später eingebaut wurden der große *Orgelprospekt* (1682) und die schlichten *Emporen* (1834).

Schloß: Die großzügige Schloßanlage erbaute (abgesehen v. ma Bergfried und geringen Umbauten des 18. Jh.) der Steinauer Baumeister Asmus in den Jahren 1525–58 im Auftrag der Grafen Philipp II. und Philipp III. An den 4 Ecken der ehem. über Zugbrücken im N und S zugänglichen Burganlage ragen bastionsartige *Winkelbauten* vor. In den 4 Hofecken verbinden haubenbekrönte *Treppentürme* die 3 Geschosse der 3 den Hof begrenzenden Gebäude mit Krüppelwalmdächern. Bemerkenswert ist der *Saalbau* (1525–28) im W mit einem dreigeschossigen *Erker* an der n Giebelseite, einer netzgewölbten *Hofstube* im Erdgeschoß und dem *Bankettsaal* (2. Obergeschoß), dessen Türöffnungen nach oben v. Eselsrücken begrenzt werden. Ein weiterer *Erkervorbau* ist an dem angrenzenden Küchenbau (1542–46) zu sehen. Das Schloß beherbergt ein *Brüder-Grimm-Museum*.

Steinbach
✉ **87764 Legau-Maria Steinbach**
Bayern

Höhe: 700 m   S. 1282 □ I 15

Pfarr- und Wallfahrtskirche St. Maria: An die Stelle einer Pfarrkirche aus dem 16.

Steingaden, Klosterkirche

Jh. trat bis 1753 der bestehende Neubau, bis 1764 kam die erstklassige Ausstattung hinzu. Meister des schwäbisch-bayr. Rokoko haben hier ein Schmuckstück sakraler Kirchenbaukunst geschaffen. Die Pläne für den Bau werden bei J. G. Fischer* oder D. Zimmermann* vermutet, Meister der Innenausstattung waren F. X. Feuchtmayer* und J. G. Übelhör*, die Fresken hat F. G. Hermann geschaffen.

Steinfeld ✉ **53925 Kall**
Nordrhein-Westfalen

| Höhe: 520 m | S. 1276 ☐ B 10 |

Ehem. Klosterkirche der Prämonstratenser: Augustinerchorherren übernehmen 1121 das um 1070 gegr. Frauenkloster in Steinfeld und nehmen 1126 die Ordensregeln des v. hl. Norbert v. Xanten gegr. Prämonstratenserordens an. Als erstes dt. Prämonstratenserkloster bleibt Steinfeld Stützpunkt der Christianisierung des dt. O. Der Bau der Kirche setzte im Jahr 1142 ein und erbrachte die bis heute fast unverändert erhaltene Gewölbebasilika. Das Äußere wird v. der schmucklosen W-Fassade bestimmt, die l und r v. Rundtürmen abgeschlossen wird. Den hohen Rang der Kirche macht die großartige Innenausstattung aus. An erster Stelle ist die Wandmalerei zu nennen, die teilweise aus dem 12. und 14. Jh. erhalten ist. Der Rest kam in den Jahren 1509–17 hinzu, als H. v. Aachen das gut erhaltene Rankenwerk und auch einige figürliche Szenen malte. Im Mittelschiff nimmt der Sarkophag des 1241 gest. und 1960 heiliggesprochenen Prämonstratensers Hermann Joseph eine dominierende Stellung ein. Erwähnenswert sind die barocke Orgel (1690–1732), die reichgeschmückte Kanzel und der Altar. – Die *Klostergebäude* an der N-Seite der Kirche wurden überwiegend im 16. Jh. errichtet, im 18. Jh. jedoch entscheidend verändert (Erhöhung um ein Geschoß).

Steingaden, Klosterkirche, Antoniusaltar (l), Detail aus der Decke (r)

48565 Steinfurt
Nordrhein-Westfalen

Einw.: 31 900   Höhe: 50 m   S. 1276 □ C 6

Kath. Pfarrkirche St. Nikomedes (Stadtteil Borghorst, Kirchplatz): Die Kirche eines 968 gegr., heute nicht mehr existierenden Nonnenklosters wurde 1885 abgebrochen und durch einen neugot. Bau ersetzt.
Große Teile des alten wertvollen *Kirchenschatzes* blieben jedoch erhalten: 3 roman.
Altarleuchter mit Tierornamenten, 2 in Silber getriebene spätgot. Reliquienstatuetten
und ein Gemmenkreuz (11. Jh.), das sog.
Heinrichskreuz, die bedeutendste Goldschmiedearbeit aus ottonischer Zeit in
Westfalen. Es ist 41 cm hoch, mit figürlichen Goldreliefs beschlagen, mit Halbedelsteinen, antiken Gemmen und der Halb-
figur Kaiser Heinrichs II. verziert.

Schloß (Stadtteil Burgsteinfurt, Burgstr.
1): Die Wasserburg gehört zu den ältesten

und mächtigsten des Münsterlandes. Sie
liegt mit Schloß und Vorburg auf 2 Inseln
der Aa im SO der Stadt. Die ältesten Teile
der Anlage sind im 12. Jh. entstanden. Die
Ringmauer, die den Burgplatz umgibt, der
quadratische Wohnturm (mit dem Rittersaal) und der Torturm stammen aus dem
13. Jh.
Zu den älteren Bauten gehört auch die
roman. *Schloßkapelle* mit einem schönen,
v. Ecksäulen mit reichen Kapitellen flankierten Portal (12. Jh.). Es handelt sich
hierbei um eine Doppelkapelle mit 2 Geschossen – eine damals für Burgkapellen
häufige Form. Von den Wohnbauten des
16.–18. Jh. ist das Haus der Gräfin Walburg mit dem zweistöckigen Renaissance-
Erker (signiert 1559) und reichen Dekorationen bes. hervorzuheben.
Vom Schloß aus erstreckt sich nach SO der
urspr. nach franz. Muster angelegte Park
Bagno, der in den Jahren 1780–1817 in
einen engl. Garten umgewandelt und erweitert wurde. Von seinen vielen Sehenswürdigkeiten ist das meiste allerdings ver-

schwunden; erhalten blieb der 1774 vollendete *Konzertsaal* mit Muschelgrotte und mit frühklassizistischer Stuckausstattung.

86989 Steingaden
Bayern

Einw.: 2560	Höhe: 763 m	S. 1282 ☐ K 15	

Ehem. Prämonstratenserklosterkirche St. Johann Bapt.: Die Kirche aus der Mitte des 12. Jh. ist zwar im Äußeren weitgehend unverändert aus der Gründungszeit erhalten geblieben, ihr Formenreichtum im Inneren ist jedoch das Werk des 18. Jh. F. X. Schmuzer* hat hier mit den *Stukkaturen* eine seiner besten Leistungen erbracht (um 1740). Die *Fresken* sind das Werk des Augsburgers J. G. Bergmüller* (1741–51). Das Gemälde für den *Hochaltar* (1663) stammt v. J. C. Storer (Konstanz). Die an den Pfeilern befestigten *Stifterfiguren* schuf der Münchner Bildhauer J. B. Straub*. Erwähnt sei schließlich das erstklassige *Chorgestühl,* das aus älterer Zeit erhalten ist (1534). – Im angrenzenden *Kreuzgang* aus der 1. Hälfte des 13. Jh. sind roman. Säulen erhalten. Die *Johanneskapelle,* Typ des roman. Zentralbaus, stammt aus dem 12. Jh.

Steinhausen
✉ 88427 Bad Schussenried
Baden-Württemberg

Einw.: 370	Höhe: 580 m	S. 1281 ☐ H 14	

Wallfahrtskirche/Kath. Pfarrkirche St. Peter und Paul: Die Kirche ist das Werk der Brüder Dominikus (Baumeister und Stukkateur) und Johann Baptist Zimmermann* (Stukkateur und Maler). Sie ist in den Jahren 1728–33 entstanden und einer der künstlerischen Glanzpunkte aus dieser Zeit. Das Innere hat einen Ovalraum zum Zentrum, der v. Licht durchflutet ist. Das Innere bleibt bis zur Höhe der Kapitelle völlig schmuck- und farblos, was die Wirkung der dann folgenden, überreichen Stuckornamente und großartigen Farben noch beträchtlich steigert. Die Pfeilerarkaden sind v. reichstuckierten, goldglänzenden Balustraden umsäumt. Höhepunkt der

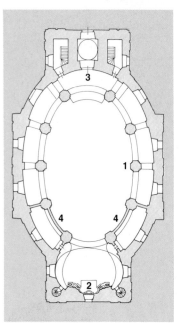

Steinhausen, Wallfahrtskirche 1 Kanzel v. J. G. Prestel, 1746 2 Hochaltar v. J. Frühholz, 1750, Vesperbild um 1410–20 3 Orgel, Gehäuse v. g. Reusch, 1750 4 Nebenaltäre v. J. Frühholz mit Bildern v. Esperlin, 1746

Ausschmückung ist das gewaltige Kuppelfresko. – In vielen Stuckfiguren und Einzeldarstellungen ist die Wessobrunner Schule, durch die die beiden Brüder Zimmermann gegangen sind, unverkennbar. So gehört die Darstellung v. heimischen Blumen und Vögeln, aber auch Schnecken und Eichhörnchen zu dem großartig einheitlichen Bild. In der Wieskirche (→ Wies) haben die Brüder ihre gemeinsame Arbeit fortgesetzt.

Steinhude ✉ 31515 Wunstorf
Niedersachsen

Einw.: 4700	Höhe: 50 m	S. 1277 ☐ G 6	

Der kleine Ort am Steinhuder Meer ist zum Zentrum eines Feriengebietes und Schlammheilbad geworden.

< *Steinhausen, Wallfahrtskirche*   *Steinhude, Schloß Wilhelmstein*

Schloß Wilhelmstein: Graf Wilhelm v. Schaumburg ließ ab 1761 die nach ihm benannte Inselfestung Wilhelmstein errichten (Fertigstellung 1767). Die Miniaturfestung mit ihren 16 Nebenforts steht auf einer künstlich aufgeschütteten Insel und diente anfangs als Muster-Kriegsschule. Berühmtester Schüler war Gerhard v. Scharnhorst. Nach Aufhebung der Militärakademie diente die Festung als Museum und ist beliebtes Ziel für Touristen.

39576 Stendal
Sachsen-Anhalt

| Einw.: 48 400 | Höhe: 33 m | S. 1274 ☐ M 5 |

Zwischen dem *Alten Dorf* (auf dem Gebiet der Jakobikirche) und der Kaufmannssiedlung *Schadewachten* (beim Dom) gründete der Askaniermarkgraf Albrecht der Bär um 1160 eine neue *Marktsiedlung* (bei der Marienkirche). Nach ihrer Zusammenfassung durch eine gemeinsame Stadtmauer (um 1300) entwickelten sie sich zur wirtschaftlich blühenden Hansestadt (1359–1518). Vom einstigen Wohlstand der durch den Dreißigjährigen Krieg verarmten und bis zur Bedeutungslosigkeit herabgesunkenen Stadt zeugen noch heute zahlreiche *Backsteinbauten* in der Altstadt, allen voran der überreich dekorierte *Uenglinger Torturm* aus der Spätgotik. Ihres früher Stendhal geschriebenen Stadtnamens bediente sich der französische Romancier M. H. Beyle als Pseudonym.

Dom: Unter Verwendung v. Bauteilen einer frühgot. Augustinerchorherren-Stiftskirche wurde der spätgot. *Dom St. Nikolaus* 1423–67 als dreischiffige Backstein-Hallenkirche mit Rundpfeilern und Kreuzrippengewölben erbaut. Über dem figurengeschmückten *Portal* (Kirchenpatron und hl. Bartholomäus, um 1390) des N-Armes des dreischiffigen Querhauses prangt ein prächtig dekorierter *Staffelgiebel*. Der W-Bau besitzt einen frühgot. Unterbau und gipfelt in 2 Türmen.

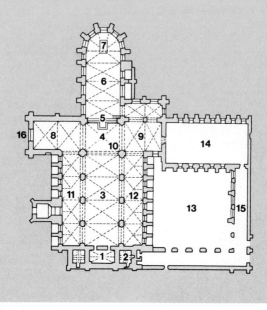

Stendal, Dom 1 W-Werk, 13. Jh., mit Turmunterge-schossen, um 1340 **2** Obere Turmgeschosse, 15. Jh., mit Spitzhelmen, Anfang 16. Jh. **3** Langhaus mit Kreuzrippengewölben und Rundpfeilern **4** Vierung **5** Spätgot. Lettner mit (ö) spätroman. Reliefs, um 1260–80 **6** Gestreckter Chor mit hochgot. Chorgestühl, 1430, Apostelfiguren, um 1240, und spätgot. Glasmalereien **7** 7/10-Chorschluß mit hochgot. Flügelaltar, 1945 aus 3 Fragmenten kombiniert **8** N Querhausarm mit Glasmalereien, 2. Hälfte 15. Jh. **9** S Querhausarm mit Glasmalereien, 2. Hälfte 15. Jh. **10** Barocke Korbkanzel, 18. Jh. **11** N Seitenschiff mit angebauter Kapelle **12** S Seitenschiff mit Glasmalereien, 2. Hälfte 15. Jh. **13** Innenhof **14** Kapitelsaal, 1463, mit Kreuzrippengewölben und Rundpfeilern **15** Rest des ehem. Kreuzgangs mit frühgot. Arkaden **16** N-Portal (Hauptportal) mit Heiligenfiguren, um 1390

Im hohen Innenraum trennt ein *Backstein-lettner* mit ö *Sandsteinreliefs* (Vita Christi, um 1250) das Langhaus vom einschiffigen Chor mit kunstvoll geschnitztem spätgot. *Gestühl* (um 1430–45), hochgot. Kompositaltar und 12 *Sandsteinaposteln* (um 1250; wohl v. einem älteren Lettner). Erstaunlich gut erhalten sind die spätgot.

Glasfenster in Chor und Langhaus (Vita Christi und Heilige, um 1430–60). – Im frühgot. *Kreuzgang* der ehem. Stiftsgebäude befindet sich ö der zweischiffige ehem. *Kapitelsaal* (1463).

Marienkirche: Die spätgot. erneuerte Backstein-Hallenkirche (1435–47) besitzt *Chorumgangskapellen* zwischen den integrierten Strebepfeilern und einen zweitürmigen Westbau (14.–16. Jh.). Der Außenbau ist mit maßwerkverzierten Zinnen auf dem *Chor-Dachgesims* und einer Kreuzigungsszene (um 1430–40) über dem *S-Portal* geschmückt. Abgesehen v. den w *Apostelfiguren* (um 1230) der Chorschranken (um 1490) und der hochgot. *Kreuzigungsgruppe* (14. Jh.) am Chorbogen stammt die reiche Ausstattung mit doppelflügeligem *Choraltar* (Krönung und Tod Mariens, 1472), bronzene *Fünte* (Taufe; 1474), *Strahlenkranzmadonna* (um 1500), *Chorgestühl* (1501) und bemalter *Kanzel* (1571) hauptsächlich aus spätgot. Zeit. Be-

Stendal, Rolandsfigur >

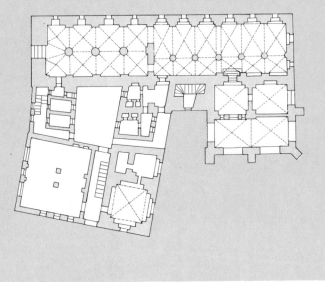

Stendal, Rathaus

achtung verdient auch eine *astronomische Uhr* aus dem späten 16. Jh.

Die *Rolandsfigur* (1525, Kopie) vor dem spätgotischen Arkadenflügel des z. T. in Renaissancemanier erneuerten benachbarten *Rathauses* (14.–19. Jh.) am Markt erinnert an Stendals ehemalige Hansemitgliedschaft.

Altmärkisches Museum: In den spätgot. ehem. *Klostergebäuden der Augustinerinnen* ist heute ein Museum zur Vor-, Früh- und Kunstgeschichte der Altmark mit Kollektionen ma Sakralplastik und neuzeitlicher Kleinkunst (u. a. Fayencen und Porzellan) untergebracht.

Außerdem sehenswert: In der *frühgot. Petrikirche* (13. Jh.) lohnen ein interessanter, mit Schnitzfiguren (um 1350) besetzter Backsteinlettner und der Chorbogenkruzifixus (um 1400) einen Besuch.

Spätgot. Ausstattungsstücke besitzt auch die *Jakobikirche* (14./15. Jh.), darunter Glasmalereien im Chor.

Neben dem prachtvollen (nw) *Uenglinger Tor* (um 1380), dem (s) *Tangermünder Tor* (13./15. Jahrhundert) und dem nahen *Pulverturm* verdient das *Winckelmann-Museum* im Geburtshaus (Winckelmannstr. 37) des Begründers (1717–68) der modernen Altertumsforschung eine Erwähnung.

06547 Stolberg
Sachsen-Anhalt

Einw.: 1700   Höhe: 300 m   S. 1278 ☐ K 7

Martinikirche: Von einer dreijochigen flach gedeckten Pfeilerbasilika aus der 2. Hälfte des 13. Jh. sind die Langhausarkaden und der Obergaden erhalten. Seit 1485 erfolgte die Erweiterung zu einer spätgot. dreischiffigen Basilika. Der über einem Kryptenunterbau neu errichtete Chor mit dreiseitigem Schluß wurde 1490 geweiht. Von der Ausstattung sind bes. hervorzuheben: der Taufstein v. 1599 in Marmor und Alabaster und ein Holzrelief der Bewei-

Stendal, Rathaus und Marienkirche

nung Christi (um 1500, vermutlich aus der Riemenschneider-Schule). Beachtenswerte Grabdenkmäler sind eine Bronzegrabplatte U. Rispachs aus der Nürnberger Werkstatt Peter Vischers d. Ä. und ein Marmorepitaph für G. F. v. Stolberg (gest. 1737).

Sehenswert ist auch die nw auf einer Terrasse reizvoll gelegene *Marienkapelle*, ein einschiffiger spätgot. Bau (2. Hälfte 15. Jh.).

Schloß: Aus einer ma Burg entstand im 15. und 16. Jh. die die Stadt beherrschende Schloßanlage. Ende des 17. und Anfang des 18. Jh. wurde das Schloß barock ausgebaut und im 19. Jh. erneut verändert. Bes. hervorzuheben sind die ö Renaissancegebäude mit schönem wappengeziertem Portal, die Schloßkapelle mit spätgot. Stern- und Netzgewölben und reichverzierte barocke Innenräume. Einen Besuch lohnt der v. K. F. Schinkel im klassizistischen Stil gestaltete Rote Saal im SO-Flügel.

Rathaus: Der dreigeschossige Fachwerkbau v. 1482 wurde 1600 erneuert.

Alte Münze (Heimatmuseum): Das Gebäude der 1535 errichteten Alten Münze zählt zu den schönsten erhaltenen Fachwerkbauten der Stadt und des ganzen Harzgebietes (Thomas-Müntzer-Gasse 19). Über einem gemauerten Untergeschoß ragen 3 Fachwerkgeschosse mit turmartigem Mittelerker und reicher Ornamentierung empor.

Fachwerkbauten: Die vielen erhaltenen Fachwerkhäuser bestimmen noch immer das Erscheinungsbild der Stadt. Bes. hervorzuheben sind Häuser in der Thomas-Müntzer-Gasse (Nr. 5, 6, 39), Am Markt (Nr. 10 und 23) und das *Alte Bürgerhaus* in der Rittergasse 14 (um 1450), das wohl älteste erhaltene Fachwerkhaus der Stadt. Es ist original mit Stücken aus dem 15. und 18. Jh. eingerichtet und zeigt u. a. auch eine Schuhmacherwerkstatt des 18. Jh. (Nebenstelle des Heimatmuseums).

Außerdem sehenswert: Von den ehem. Stadttoren sind erhalten der *Saigerturm,* der zu einem der Tore um den Marktplatz gehörte, und das *Rittertor* (1640). – Die *Liebfrauenkapelle* gehört seit 1519 zu dem Friedhof vor dem Neustädter Tor. – Auf dem Auerberg 5 km ö v. S. befindet sich ein 1896 errichteter *Aussichtsturm* (Josephskreuz). Die Eisenkonstruktion hat die Gestalt eines vierarmigen Kreuzes, in Anlehnung an einen 1832–34 nach Plänen v. K. F. Schinkel erbauten und 1880 zerstörten hölzernen Aussichtsturm.

01833 Stolpen		
Sachsen		
Einw.: 1900	Höhe: 322 m	S. 1279 □ R 8

Veste: Die schon 1222 genannte, aus Feld- und Hausteinen auf hohem Basaltfelsen erbaute *Burganlage* diente den sächsischen Herrschern nach ihrer Befestigung mit *Bastionen* (1675) im 18. Jh. als Staatsgefängnis. Napoleon ließ die nie bezwungene Veste z. T. sprengen. – Durch das *Festungstor* (1675) zwischen den Bastionen *Grillenburg* und *Klengelsburg* gelangt man in den 1. Hof, durch das *Kornhaus* (1518) mit museal eingerichteter Folterkammer, Marstall und Hauptwache in den 2. Hof, durch das Hauptportal am *Zwinger* zwischen dem (n) *Schösserturm* (1476) und dem 1509 erbauten (s) *Johannisturm* (der nach der ehem. Geliebten Augusts des Starken, der v. 1716 bis zu ihrem Tod 1765 hier gefangengehaltenen Gräfin v. Cosel auch *Coselturm* genannt wird) in den *Kanonenhof* (3. Hof). Am (n) *Seigerturm* (1509) vorbei führt der Weg in den *Kapellenhof* (4. Hof), an den früher das *Zeughaus* und die *Burgkapelle* mit dem Coselgrab grenzten, bis zum aussichtsreichen *Plateau* mit dem *Siebenspitzenturm*. Im *Burgmuseum* werden burg- und stadtgeschichtliche Dokumentationen, eine Ausstellung zum Leben der Reichsgräfin v. Cosel und eine ma Waffenkollektion gezeigt.

18435–39 Stralsund

Mecklenburg-Vorpommern

Einw.: 76 600   Höhe: 9 m   S. 1275 ☐ P 2

Die aus einem slawischen Fischerdorf erwachsene Stadt (seit 1234) am *Strelasund* vor der Insel Rügen trat 1293 der Hanse bei und erreichte mit ihr nach dem Krieg gegen Dänemark im Frieden v. Stralsund 1370 einen Höhepunkt der Macht. Von 1648–1815 gehörte Stralsund mit Vorpommern zum Königreich Schweden. Die v. Knieperteich, Frankenteich und Parkanlagen umrahmte Altstadt bildet mit dem prächtigen Rathaus am Alten Markt, ihren got. Backsteinbasiliken und zahlreichen historischen Bürgerbauten ein reizvoll-geschlossenes städtebauliches Ensemble.

Alter Markt: Die 2 durch einen Innenhof getrennten, langen frühgot. Seitentrakte des ma *Rathauses* wurden um 1290 durch einen s Querbau und im 14. Jh. durch den n Querbau mit spitzbogiger Erdgeschoßlaube und prachtvoll dekorierter hoher Schauwand miteinander verbunden. Spätere Zutaten sind die *Renaissancetreppe* (1579) und barocke Galerien im Innenhof sowie der mit spätbarocken Stukkaturen geschmückte *Löwensche Saal* (18. Jh.) im Herrengeschoß. Am w Mittelrisalit prangt

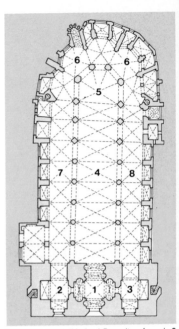

Stralsund, Nikolaikirche 1 Doppelturmfassade **2** N-Turm mit flachem Notdach **3** S-Turm (102 m hoch) mit geschwungenem Barockhelm, 1667 **4** Langhaus mit Kreuzrippengewölbe und Achteckpfeilern, um 1350 **5** Hoher Chor, 1310, mit barockem Hauptaltar, um 1700, v. A. Schlüter **6** Chorumgang mit Kapellenkranz und internem Strebewerk **7** N Seitenschiff mit Kreuzrippengewölben und Nebenkapellen **8** S Seitenschiff mit Kreuzrippengewölben und Nebenkapellen

über dem prachtvoll verzierten *Barockportal* (18. Jh.) das schwedische Wappen.

Die benachbarte *Nikolaikirche* wurde 1270–1350 als dreischiffige got. Backsteinbasilika mit integrierten Strebepfeilern und *Chorumgangkapellen* erbaut. Nach dem Einsturz (1366) des ehem. Mittelturmes wurde der W-Bau als Zweiturmfassade spätgot. erneuert. Anders als der mit einem flachen Pyramidendach gedeckte N-Turm gipfelt der S-Turm in einer barocken *Bekrönung* (1667), die sich aus Glockendach, Laterne und spitzer Zwiebelhaube zusammensetzt. Bedeutende Ausstattungsstücke im geräumigen Inneren sind eine *Anna-selbdritt-Skulptur* (um 1290) aus der Frühgotik, der figürlich skulptierte Rest des *Rußlandfahrerge-stühls* (14. Jh.) aus der Hochgotik, der figurenreiche *Vierflügelaltar* (Kreuzigung, um 1490), weitere *Kreuzigungsaltäre,* die sog. *Junge Madonna,* die *Chor-schranken,* ein großer *Kruzifixus* und das *Krämergestühl* (1574) aus der Spätgotik sowie die *Renaissancekanzel* (1611), das frühbarocke *Ratsgestühl* (1652) und das nach einem Plan v. A. Schlüter* gestaltete *Retabel* (1708) des barocken Hochaltars.

Marienkirche: Die 1382–1420 erneuerte Backsteinbasilika ähnelt im Aufbau der Nikolaikirche, besitzt aber einen achteckig erhöhten *Mittelturm* (1416–73; 104 m hoch) und ein dreischiffiges Querhaus. Die Ausstattung wurde im 19. Jh. – abgesehen v. einem dreißigarmigen *Messingkron-leuchter* (1649) und der durch F. Stellwagen* 1647 und 1659 eingebauten *Orgel* (restauriert) – v. barockem Beiwerk befreit. Beachtung verdienen v. a. 3 geschnitzte spätgot. *Heiligenfiguren* (um 1430). – Die sw der Kirche gelegene *Apollonienkapelle* ist ein 1416 erbauter oktogonaler Zentralbau mit spitzer Haube.

Außerdem sehenswert: Im ehem. *Katha-rinenkloster* (13.–15. Jh.) der Dominikaner hat heute das *Kulturhistorische Museum* mit vor- und frühgeschichtlichen Goldfunden, spätgot. Altarplastiken (15./16. Jh.) sowie heimatkundlichen und numismatischen Sammlungen seinen Sitz. – Das *Johanniskloster* (13., 17. Jh.; heute Archiv u. Meeresmuseum) bewahrt spätgot. Freskenreste. – J. H. Tischbein* schuf das Gemälde des Rokokohochaltars (1788) in der *Jakobikirche* (14./15. Jh.). – Neben zahlreichen *Patrizierhäusern* aus Spätgotik, Renaissance und Barock ist auch der n und w Teil der ma *Stadtmauer* mit Wiekhäusern, dem n *Kniepertor* (um 1310; heute Jugendherberge) und dem w *Kütertor* (1446) erhalten.

Umgebung

Groß Mohrdorf (15 km nw): *Dorfkirche.* Einheitlicher Backsteinbau aus dem 2. Viertel des 13. Jh., der eingezogene Chor polygonal geschl. – Ausstattung: Altaraufbau (um 1700) v. Johannes Wendt aus

Stralsund, Mühlenstraße am Markt

Stralsund, mit reichem Reliefdekor und Akanthusschnitzwerk; Kanzel (1702) ebenfalls v. Wendt, mit Mosesfigur als Stütze und bes. reichem Dekor an Korb und Schalldeckel; Kruzifix (um 1500); Epitaph v. der Osten (gest. 1613) mit Marmorrelief und Figuren der Verstorbenen. **Prohn** (8 km nw): *Dorfkirche.* Der Bau der stattlichen Kirche in der 2. Hälfte des 13. Jh. mit dem eingezogenen quadratischen Chor und der N-Sakristei in spätroman. Formen begonnen, daran Anfang 14. Jh. das got. Schiff angefügt. Am Chorgewölbe Malerei v. Ende des 15. Jh. mit Deesis. – Ausstattung: ehem. Triumphkreuzgruppe (2. Viertel 15. Jh., auf dem Altar); das übrige Inventar überwiegend aus Stralsunder Werkstätten des 18. Jh.: Kanzel (1723/24), Taufengel und Lesepult (beide 1727/28) v. Elias Keßler; vom ehem. Altaraufbau (1756/57) v. Jakob Freese mehrere Figuren erhalten, gleichzeitig auch das ehem. Sakristeigestühl. 2 Epitaphe (3. Viertel 17. Jh.) mit Tafelbildern der Kreuzigung bzw. des Jüngsten Gerichtes.

94315 Straubing
Bayern

Einw.: 42 500   Höhe: 331 m   S. 1283 ☐ O 13

Aus einem in der Donauniederung gelegenen röm. Militärlager entwickelten sich
mehrere bajuwarische Siedlungen, darunter »Strupinga«, das seit 898 urkundlich
belegt ist. Donauaufwärts gründete Herzog Ludwig d. Kelheimer 1218 die Neustadt. 1353–1425 war Straubing der Regierungssitz des Herzogtums Straubing-Hol-
land. Das Modell der ma Stadt, v. dem
Straubinger Drechsler Jakob Sandtner
1568 angefertigt (heute im Bayr. Nationalmuseum in → München), ist im gegenwär-
tigen Stadtbild noch in großen Teilen erkennbar. Stattliche Bauten des MA machen die Macht des altbayr. Bürgertums
deutlich. – An die Augsburger Baderstoch-
ter Agnes Bernauer, die mit Herzog Albrecht vermählt war und 1435 aus Erbfol-
gegründen als vermeintliche Zauberin in
die Donau gestürzt wurde, erinnern die ihr
zur Sühne errichtete → Agnes-Bernauer-
Kapelle und die Agnes-Bernauer-Fest-
spiele, die alle 4 Jahre stattfinden.

Straubing, St. Jakob

Stadtpfarrkirche/Stiftskirche St. Jakob
(Pfarrplatz 7): Die im 15. Jh. erbaute Kirche gehört zu den größten gotischen *Hallenkirchen* in Bayern. Die Pläne stammen
vermutlich v. dem bekannten Landshuter
Kirchenbaumeister Hans von Burghausen[*]. Das strenge Äußere des Ziegelbaus
wird nur durch den spätbarocken Turmhelm (1780) aufgelockert. – Im Inneren
tragen schlanke *Rundpfeiler* ein flaches
Gewölbe, das urspr. 3 m höher war, aber
nach dem Stadtbrand v. 1780 in vereinfachter Form wiederhergestellt wurde.
Seitlich umgibt ein Kranz reich ausgestat-
teter *Kapellen* den gesamten Bau. – Der
neugot. *Hochaltar* besitzt wertvolle Figuren und gemalte Flügel eines 1590 aus
Nürnberg übernommenen Altars. Die Gemälde stammen nach neuesten Erkenntnis-
sen aus der Werkstatt des Meisters Wohlgemut. Die 1753 aufgestellte *Kanzel* ist
überreich mit barockem Schmuckwerk
versehen; den Schalldeckel krönt der Kirchenpatron St. Jakob. Bes. sehenswert sind
die z. T. v. schönen schmiedeeisernen Gittern abgeschlossenen Kapellen. Hervorzuheben ist die *Maria-Hilf-Kapelle,* in der
das Glasfenster von 1418 und Wandmalereien aus dem 15. Jh. erhalten sind. In der
r folgenden *Maria-Tod-Kapelle* steht der
Stuckmarmoraltar v. E. Q. Asam[*] mit einem Gemälde seines Bruders. In der *Bartholomäus-Kapelle* (n der Chormitte) verdient das Grabmal des Ratsherrn Ulrich
Kastenmayer (um 1430) Beachtung, das
zu den besten bildhauerischen Leistungen
der Zeit gehört. – Unter den *Glasgemälden*
des Kirchenschiffs sind Originale des 15.
Jh.

Karmelitenkirche (Albrechtsgasse 20):
Der Baubeginn ist auf das Jahr 1371 datiert, doch wurde die Hallenkirche unter
Mitwirkung Hans von Burghausens erst im
15. Jh. vollendet. Die charakteristischen
Merkmale, welche heute ihren Wert ausmachen, gehen auf die Barockisierung in
den Jahren 1700–10 unter W. Dientzenhofer[*] zurück. Im Zuge dieser Neugestaltung
wurde die Wölbung des Langhauses neu

gestaltet und der Turm im W hinzugefügt. – Im Inneren ist der got. Charakter (schlanke Pfeiler) zugunsten des Barock aufgegeben worden. Im Gegensatz zu anderen Kirchen ist Dientzenhofer in Straubing so weit gegangen, daß er sogar Pfeiler verkleidete oder Fenster erweiterte und mit Rundbogen abschloß. – Die Ausstattung wird angeführt v. einem der mächtigsten *Hochaltäre* Süddeutschlands. Er ist das Werk des Passauer Meisters J. M. Götz (1741/42) und reicht bis in die Wölbung, so daß der O-Teil des Chores als Mönchschor abgetrennt wird. Im Mittelpunkt des überdimensionalen Werkes steht das Gemälde mit der Darstellung der Ausgießung des Hl. Geistes. Die großen, vollplastischen Figuren stellen Propheten und Päpste dar. Neben den *Seitenaltären* – l vorne das zum Gnadenbild »Madonna von den Nesseln« – und der *barocken Kanzel* gehört schließlich die *Tumba für Herzog Albrecht II.* (gest. 1397) zu den Schätzen der Kirche (aus Rotmarmor; im Mönchschor hinter dem Hochaltar).

Ursulinenkirche (Burggasse 9): 2 große Künstler des 18. Jh. sind mit dem Bau dieser Klosterkirche verbunden. E. Q. Asam* war ihr Architekt, Bildhauer und Stukkateur, C. D. Asam* hat den größten Teil der Ausmalung übernommen. Das Zentrum ist der *Hochaltar,* der als bestimmendes Element des Kirchenraumes seine Fortsetzung in den Seitenaltären und im Deckenfresko findet.

Pfarrkirche St. Peter (Petersgasse): Die um 1200 über älteren Vorgängerbauten neu errichtete Kirche ist als querschifflose dreischiffige Basilika typisch für die Romanik in Bayern. Die W-Fassade wird v. 2 *Türmen* begleitet (im 19. Jh. neuroman. aufgestockt), die 3 *Apsiden* im O sind sparsam ornamentiert. Bildhauerische Meisterleistungen sind die Bogenfelder in den Portalen im W und S, die eine reiche Ornamentik und Figurenreliefs aufweisen.

Friedhof St. Peter: In dem die Peterskirche umgebenden äußerst stimmungsvollen Friedhof interessieren neben gut renovierten *schmiedeeisernen Grabkreuzen* 3 Kapellen. Die *Liebfrauenkapelle* (Alter

Straubing, Karmelitenkirche

Straubing, St. Peter,
Bernauer-Grabstein auf dem Friedhof

Karner), ein zweigeschossiger Bau der Spätgotik, die 1486 als neuer Karner entstandene *Totenkapelle* mit einer barocken Totentanzdarstellung an den Wänden des Langhauses sowie die *Agnes-Bernauer-Kapelle*. Sie geht auf eine Sühnestiftung des Herzogs Ernst v. Bayern zurück. Er hatte Agnes Bernauer als unebenbürtige Gattin seines Sohnes 1435 in der Donau ertränken lassen. An der S-Wand steht ihr Grabstein, den ein einheimischer Meister im 15. Jh. geschaffen hat.

Weitere sehenswerte Kirchen: *Ehem. Jesuitenkirche* (im 17. Jh. v. Grund auf erneuert), *St. Veit* (Ende 14. Jh., 1702/03 barockisiert, sehenswerte Ausstattung), *Schutzengelkirche* (1706 errichtet mit reicher Ausstattung).

Schloß (im N der Stadt an der Donaubrücke): Der heutige Bau entstand unter Herzog Albrecht I. ab 1356. Die Schloßkapelle (14./15. Jh.) schließt mit einem kleinen Chor, der als Erker aus dem O-Flügel des Schlosses tritt. Im Schloßhof finden die Freilichtaufführungen über das Leben und Sterben der Agnes Bernauer statt.

Stadtplatz: Der die beiden Platzhälften (Ludwigs- und Theresienplatz) trennende *Stadtturm* wurde in den Jahren 1316–93 errichtet und ist an seiner charakteristischen Turmbekrönung zu erkennen: zentraler Turm mit 4 Eckerkern. Im W des Stadtturms steht die *Dreifaltigkeitssäule*. Sie wurde v. den Bürgern der Stadt gestiftet, nachdem 1704 eine Belagerung durch österreichische Truppen abgebrochen wurde.

Rathaus (Theresienplatz 20): Als das urspr. mit dem Stadtturm verbundene alte Rathaus zu klein wurde, wich man im 14. Jh. mit einem Neubau in die n Häuserzeile aus, die den großen Stadtplatz umgibt. Sehenswert sind der *Laubenhof* (16. Jh.) und ein spätgot. Saal (nur zu bestimmten Veranstaltungen zugänglich).

Alte Wohnbauten: Die sehenswerten Wohnbauten, oft mit hohen ma Treppengiebeln und Längsfassaden des 17. und 18. Jh., finden sich v. a. am Ludwigsplatz und in der Fraunhoferstraße.

Gäuboden- und Stadtmuseum (Fraunhoferstr. 9): In zwei ehem. Adelshäusern mit schöner Barockfront werden Beiträge zur Vor- und Frühgeschichte sowie kulturgeschichtliche Sammlungen (Trachten, Möbel, Waffen, Keramik, Volkskunst) gezeigt. Im Mittelpunkt steht die sog. *Straubinger Römerschatz,* der 1950 w der Stadt gefunden worden ist.

Stuppach
⊠ **97980 Bad Mergentheim**
Baden-Württemberg

Einw.: 700	Höhe: 271 m	S. 1281 ☐ H 12

Pfarrkirche: Die Kirche, ein unauffälliger Bau aus dem Jahre 1607, ist wegen ihres Mariengemäldes berühmt, das Matthias Grünewald* gemalt hat (1516–19) und zu den bedeutendsten Werken altdt. Malerei gehört.

70173–629 Stuttgart
Baden-Württemberg

Einw.: 591 900	Höhe: 245 m	S. 1281 ☐ G 13

Technische Hochschule, Landwirtschaftliche Hochschule, die Hochschule für Musik und darstellende Kunst sowie die Akademie der Künste sind Zeichen der zentralen kulturellen Stellung der Hauptstadt Baden-Württembergs. Die Württembergische Landesbibliothek gehört mit mehr als 1,2 Millionen Bänden zu den größten in Deutschland. Stuttgart ist auch Sitz der Deutschen Schillergesellschaft (→ Marbach). – Keimzelle der Stadt war ein »Stuten-Garten«, ein Gestüt also, das der Stadt den Namen gegeben hat und das Schwabenherzog Liutolf vermutlich um 950 gründete. Mit Urkunden belegt ist die Entwicklung Stuttgarts seit dem 12. Jh. Im 17. Jh. wurde zwar die Residenz der Herzöge v. Württemberg vorübergehend nach → Ludwigsburg verlegt, doch erlebte die Stadt zur Zeit des Barock und im Klassizismus kulturelle und wirtschaftliche Höhepunkte. Noch im 20. Jh., insbesondere in

Stuttgart, Schillerplatz mit Stiftskirche >
und Fruchtkasten

Die Grabmäler der Grafen v. Württemberg im Chor der ev. Stiftskirche Hl. Kreuz gehören zu den bedeutendsten Bildhauerarbeiten des 16. Jh.

Verbindung mit der Bauausstellung des Jahres 1927, sind viele bemerkenswerte Bauten hinzugekommen. – Zu den großen Söhnen der Stadt gehören der Philosoph G. W. F. Hegel und die Dichter G. Schwab und W. Hauff.

Ev. Stiftskirche Hl. Kreuz (Stiftstraße 12, am Schillerplatz): Der heutige Bau (nach den Zerstörungen im 2. Weltkrieg äußerlich gleich wiederaufgebaut) ist in seinen wesentlichen Teilen in den Jahren 1433–60 nach Plänen des bekannten Baumeisters A. Jörg* entstanden. Jörg übernahm den Unterbau des Turmes aus einem Vorgängerbau um 1230 sowie den Chor, der bereits 1327–47 entstanden war. Im Inneren sind die *Grabdenkmäler* der Grafen v. Württemberg im Chor beachtenswert. Sie sind das Werk des Bildhauers S. Schlör (1576–1608) und gehören zu den bedeutenden Bildhauerarbeiten dieser Zeit. Ferner: mehrere *Epitaphien* (betender Ritter Hermann v. Sachsenheim, 1508)

und ein steinerner Altar aus der Zeit um 1500 mit einem *Schmerzensmann* als Mittelstück. Die nach dem Krieg verschollene, aber 1972 wiederaufgefundene *Goldene Kanzel* wurde ohne Vergoldung als Chorkanzel aufgestellt. – Das Innere der Kirche wurde durch Weglassen v. Einbauten zur akustischen Halle umgestaltet (Kirchenkonzerte).

Ev. Hospitalkirche (Büchsen-/Hospitalstraße): A. Jörg hat auch diese Hallenkirche erbaut (1471–93), die im 2. Weltkrieg allerdings stark zerstört wurde. Erhalten geblieben ist die großartige *Kreuzigungsgruppe* (1501, im Chor) des Heilbronner Bildhauers H. Seyffer, der auch als Hans v. Heilbronn in die Kunstgeschichte eingegangen ist. In der Kirche findet man auch einige bemerkenswerte *Grabdenkmäler* aus dem 16./17. Jh.

Ev. Leonhardskirche (Leonhardsplatz): Auch hier wird A. Jörg als Baumeister

genannt, der 1463–74 einen älteren *Chor* mit in den Bau einbezog. Hervorzuheben ist das *Chorgestühl* aus dem 15. Jh. Die *Kopie* jener *Kreuzigungsgruppe*, die jetzt in der → Hospitalkirche steht, ist frei stehend neben der Kirche zu sehen.

Ev. Stadtkirche in Bad Cannstatt: Wieder ist A. Jörg als Baumeister überliefert, und auch hier zeigte er sein Geschick, Reste von Vorgängerbauten in ein geschlossenes Konzept einzubeziehen (u. a. die beiden *Türme* im O sowie das *Sterngewölbe* des *Chors*). Der *Hauptturm* wurde 1613 hinzugefügt.

Ev. Veitskirche in Mühlhausen: Die Kirche ist in den Jahren 1380–90 entstanden und seither im wesentlichen fast unverändert geblieben. Von der reichhaltigen und gediegenen Ausstattung verdient v. a. die *Ausmalung* Beachtung, die in den ältesten Teilen aus der Erbauungszeit stammt (Triumphbogen, Chorgewölbe), im übrigen

aber im 15. Jh. hinzugekommen ist. Prunkstück der Kirche war jener böhmische *Hochaltar* (um 1380), der sich jetzt in der → Staatsgalerie befindet.

Moderne Kirchen in Stuttgart: Kirchen aus dem ersten Viertel dieses Jahrhunderts, aber auch Neubauten, die an die Stelle der im 2. Weltkrieg verlorenen Kirchen getreten sind, haben Stuttgart zu einem *Zentrum moderner Kirchenbaukunst* gemacht. Hier seien als bes. sehenswert erwähnt: *Markuskirche* (Markusplatz), *Erlöserkirche* (Birkenwaldstraße), *St. Georg* (Heilbronner Straße), *Kirche in Sillenbuch* (Kleine Hohenheimer Straße).

Altes Schloß (Planie): Die Zerstörungen des 2. Weltkrieges sind beseitigt worden, so daß sich das Alte Schloß – aus einer Wasserburg des 13. Jh. entstanden – heute wieder annähernd im Zustand des 16. Jh. präsentiert. Die wesentlichen Teile des Schlosses gehen auf A. Tretsch* zurück,

Innenhof des Alten Schlosses mit dreistöckigen Arkaden

Schloßplatz mit Kunstgebäude und Jubiläumssäule

der in den Jahren 1553–78 den Ausbau im Stil der Renaissance vornahm.

Der Reiz der Anlage zeigt sich in erster Linie beim Betreten des *Innenhofes,* der den Blick zu den dreistöckigen Arkadengängen, die den einstigen Turnierplatz an drei Seiten umstehen, freigibt. Die Schloßkapelle ist das Werk v. Tretsch (1560–62, im S-Flügel).

Neues Schloß (Schloßplatz): 1746 begann Herzog Carl Eugen mit den Bauarbeiten für das neue Schloß, da sein Vater die Residenz von Ludwigsburg nach Stuttgart zurückverlegt hatte. Die an Versailles orientierten Pläne sind v. L. Retti[*]. Ab 1751 übernahm L. P. de la Guêpière[*] die Verantwortung. Nach dem 2. Weltkrieg wurde das Schloß innen nach modernen Gesichtspunkten aufgebaut.

Lustschloß Solitude (über Rotebühlstraße, Wildparkstraße): Im W der Stadt auf einem Bergrücken ließ Herzog Carl Eugen das Schloß 1763–67 als Stätte der Besinnung und »Einsamkeit« errichten. Neben dem ausklingenden Rokoko wird hier schon die klassizistische Entwicklung deutlich. Bei der Vervollkommnung der Ausstattung ist dieses Element um 1800 noch verstärkt worden. Teilbereiche des Schlosses wurden renoviert. Abschluß der Arbeiten mit der Eröffnung der Speisemeisterei im Sommer 1991.

Schloß Hohenheim (im Ortsteil Hohenheim): In den Jahren 1785–91 ließ der baufreudige Herzog Carl Eugen von F. H. Fischer das Schloß als Landsitz errichten. Die Formen des Barock treten zugunsten der klaren Formen des Klassizismus zurück.

Schillerplatz: → *Stiftskirche* und *Fruchtkasten* sind die beherrschenden Gebäude des weitgehend im alten Zustand erhaltenen Platzes; das 1839 aufgestellte *Schillerdenkmal* von B. Thorwaldsen ist sein zentraler Punkt. Der Fruchtkasten geht auf das 14. Jh. zurück, wurde jedoch gegen Ende des 16. Jh. neu gestaltet. Architektonisch wertvolle Gebäude am Schillerplatz sind ferner die *Alte Kanzlei* (1541–66) und daneben der *Prinzenbau* (1715 fertiggestellt).

Neues Schloß – Ehrenhofseite

Lustschloß Solitude auf einem Bergrücken im Westen der Stadt

Schloßplatz: Der Schloßplatz präsentiert sich als großer Garten mit kastaniengesäumten Alleen. Er schafft eine Verbindung zwischen → Neuem Schloß, → Altem Schloß, → Schillerplatz und Königstraße. In der Mitte des Platzes steht die *Jubiläumssäule* (1841).

Rathaus (Marktplatz): Im ehem. Zentrum der alten Stadt ist in den Jahren 1954–56 das neue Rathaus nach Plänen der Architekten H. P. Schmohl und P. Stohrer entstanden. – Das nur in Teilbereichen zerstörte Vorkriegsrathaus v. 1905 wurde in den rückwärtigen Teil einbezogen.

Weißenhofsiedlung: Trotz Zerstörung v. 10 Häusern im 2. Weltkrieg ist die Weißenhofsiedlung eines der wichtigsten Dokumente des neuen Bauens aus dem Jahr 1927. Zur Ausstellung des Dt. Werkbundes »Die Wohnung« verwirklichten unter der künstlerischen Leitung v. Mies van der Rohe 16 Architekten aus 5 europ. Ländern unterschiedliche Wohnhäuser, in denen grundsätzlich neue Ideen zum Thema Wohnen dargestellt sind. Häuser v. J. Frank, P. Jeanneret, Le Corbusier, J. J. P. Oud, H. Scharoun, M. Stam, M. van der Rohe blieben erhalten und wurden in den 80er Jahren restauriert.

Liederhalle (Schloß-/Seidenstraße): Unter dem Dach dieses Konzertbaus, der als bekanntes Beispiel moderner Architektur gilt, sind 3 Musiksäle vereint: der *Beethovensaal* (2000 Plätze), der *Mozartsaal* (750 Plätze) und der *Silchersaal* (350 Plätze). Architekten des 1955/56 entstandenen Konzerthauses waren A. Abel, R. Gutbrod und B. Spreng. Ab Sommer 1991 wegen Renovierungsarbeiten geschlossen.
Das neue *Kongreßzentrum* (neben der Liederhalle) wird im Sommer 1991 eingeweiht. Es hat einen interessanten Vieleck-Grundriß und eine 7-eckige Glaskuppel.

Theater: Das *Württembergische Staatstheater* (Oberer Schloßgarten 6) ist reich an Tradition und wird auch heute oft gerühmt (sein Ballett hat Weltrang). Die Aufführungen des Sprech-, Musik- und Tanztheaters finden im Großen und Kleinen Haus sowie einem zusätzlichen Kammertheater statt. Das *Große Haus* wurde

Staatstheater

1912 eröffnet und faßt 1426 Zuschauer. Das *Neue Kammertheater* wurde in den Neubau der → Staatsgalerie integriert und 1984 eingeweiht. Das *Kleine Haus*, nach der Zerstörung im 2. Weltkrieg 1962 wiedereröffnet, bietet 841 Besuchern Platz. – Die *Komödie im Marquardt* (Bolzstr. 4–6) pflegt gehobenes Boulevardtheater. 378 Plätze. – *Altes Schauspielhaus* (Kleine Königstraße): Das Haus v. 1911 mit 500 Plätzen wurde 1983 wiedereröffnet. – Im *Theater der Altstadt* (Charlottenplatz) finden ebenfalls v. September bis Juli Schauspielaufführungen statt. – Nicht unerwähnt bleiben dürfen die zahlreichen *Puppentheater* und *Mundartbühnen*.

Museen: Das *Württembergische Landesmuseum* (Schillerplatz 6, im Alten Schloß) wurde im 19. Jh. gegr., geht jedoch mit seiner *Kunstkammer* ins 16. Jh. zurück. Der *Kronschatz der Könige* ist hier zu sehen. Sammlungsschwerpunkte sind: Vor- und Frühgeschichte, Antikensammlung,

Gruftkirche für die Gemahlin König Wilhelms I. in Rotenberg bei Stuttgart

das Röm. Lapidarium, reiche kunst- und kulturgeschichtliche Sammlungen (u. a. Skulpturen, Waffen, Uhren, Musikinstrumente, Münzen). – Die v. Wilhelm I. v. Württemberg gegr. *Staatsgalerie* (Konrad-Adenauer-Str. 30-32) wurde 1843 eröffnet und 1984 um die *Neue Staatsgalerie* v. J. Stirling erweitert. Gesammelt werden europ. Malerei v. MA bis zur Gegenwart, Plastik des 19. und 20. Jh. sowie Graphik. Eines der bedeutendsten Werke ist der »Herrenberger Altar«, den Jörg Ratgeb 1518/19 für die Herrenberger Stiftskirche gemalt hat und der 1892 nach Stuttgart gekommen ist. In der Staatsgalerie sind aber auch niederländische Meister wie Hals, Rembrandt, Rubens vertreten, daneben fast alle großen franz. Maler des 19. und 20. Jh. Zum Bestand gehört auch eine der größten und bedeutendsten Picasso-Sammlungen der Bundesrepublik. – Die *Galerie der Stadt Stuttgart* (Kunstgebäude am Schloßplatz) zeigt schwäbische Kunst des 19. und 20. Jh., bes. v. A. Hoelzel und O. Dix. – Im *Linden-Museum* (Hegelplatz 1) werden Beiträge zur Völkerkunde aller Kontinente gesammelt. – Das *Daimler-Benz-Museum* (Mercedesstr. 136) gehört zu den wichtigsten Museen im Bereich der Motoren- und Fahrzeugentwicklung. Unter den rund 100 Oldtimern sind auch die berühmten Rennfahrzeuge der Firma. – Die *Dt. Bibelgesellschaft* (Möhringen, Balinger Str. 31) besitzt eine sehenswerte Sammlung alter Bibeln.

Außerdem sehenswert: Der *Fernsehturm* auf dem Bopser wurde 1956 gebaut. Er mißt mit Sendemast 217 m. Die obere Aussichtsplattform ist in 150 m Höhe, die oberste Gaststätte liegt nur wenige Meter darunter. – In *Rotenberg* (über Untertürkheim) errichtete König Wilhelm I. ein *Mausoleum* für seine Gemahlin. Der Rundbau entstand 1820–24 über den Resten der Stammburg der Wirtemberger auf dem gleichnamigen Berg. – *Hegels Geburtshaus* (Eberhardstr. 53).

98527–29 Suhl

Thüringen

Einw.: 53 900   Höhe: 434 m   S. 1278 □ K 9

Die Eisenverarbeitung ist bis heute der vorherrschende Industriezweig der Stadt (Stadtrechte 1527). 1583 kam Suhl unter wettinische Verwaltung, 1660 an das Kurfürstentum Sachsen, 1815 an Preußen. 1570 gab es in Suhl bereits 6 Eisenhämmer, 10 Büchsenschmieden und 22 Kleinschmieden. 1595 wurden 27 000 Gewehre und 1100 Pistolen hergestellt. Suhl galt als Rüstkammer und Zeughaus Deutschlands. Auch heute noch haben Jagdwaffen aus Suhl einen guten Ruf.

Hauptkirche St. Marien: Ö des historischen Marktes steht die einschiffige Barockkirche. Ursprünglich in der Spätgotik (1487–91) errichtet, brannte diese bei den großen Stadtbränden, die die Suhler Altstadt mehrfach verwüsteten, zweimal ab und wurde zuletzt 1753–69 wieder aufgebaut.
Der Chor hat einen dreiseitigen Schluß, an seiner N-Seite ein Turm mit Barock-Haube und Laterne. Im Inneren bestechen ein reicher Rokoko-Kanzelaltar und der dekorative Orgelprospekt von K. Klemm (nach 1753).

Kreuzkirche: An Stelle der 1731–39 erbauten lutherischen Kirche stand zuvor eine Kreuzkapelle. Der einschiffige Barockbau mit dreigeschossigen Emporen und doppelten Fensterreihen, der Turm im O mit Haube und Laterne, besitzt einen reichverzierten Kanzelaltar und Orgelprospekt aus der Entstehungszeit.

Waffenmuseum: Im ehem. *Malzhaus* am Herrenteich, einem langgestreckten ma Bau, der 1633 das walmdachgedeckte *Fachwerkobergeschoß* mit paarweise angeordneten Fenstern erhielt, dokumentiert eine reiche Kollektion v. Büchsen, Gewehren und Pistolen die Geschichte der Handfeuerwaffen vom Hinterlader bis zum modernen Jagdgewehr. Eine historische *Büchsenmacher-Werkstatt* und eine *Gewehrlauf-Schmiede* (19. Jh.) veranschaulichen den handwerklichen Herstellungsprozeß der in Suhl seit 1553 gefertigten Waffen. Prunkstück der Ausstellung ist eine ma *Handbüchse* von 1399.

Suhl-Heinrichs: Dieser erst 1936 eingemeindete Stadtteil bietet reichhaltige Sehenswürdigkeiten. An dem als Ensemble von Fachwerkhäusern angelegten Straßenmarkt des im 12. Jh. gegründeten Waldbauerndorfes fällt besonders das barocke *Rathaus* von 1657 mit seinem feingegliederten Fachwerkaufbau ins Auge. Das massive Erdgeschoß mit seinen Eckquadern stammt schon von 1531. Die spätgotische Chorturmkirche *St. Ulrich* (1452–1503) mit Maßwerkfenstern und Portalen an W- und N-Seite besitzt einen Chor mit Kreuzgewölbe, der mit spätgot. Fresken ausgemalt ist. In der Saalkirche, mit umlaufenden Emporen (17. Jh.), steht ein in filigraner Steinmetzarbeit gestaltetes Sakramentshaus (1521). Beachtenswert auch das Pfarrhaus mit interessanter Fachwerkkonstruktion im Giebel (17. Jh.).

Im Ortsteil Neundorf: Ensemble von Fachwerkhäusern des 17.–19. Jh., bes. das ehem. *Waisenhaus* mit derbem Fachwerk und die Gaststätte »Zum Goldenen Hirsch«. *Dorfkirche* v. 1760–63, schlichter Bau mit Kanzelaltar.

Außerdem sehenswert: Das Zentrum von Suhl in der Umgebung des Marktes beherbergt eine Anzahl von schmucken *Bürgerhäusern* vorwieg. aus dem 18. Jh. Am Steinweg 6 ist ein zweigeschossiges *Rokokohaus* mit dekorativer Fassade zu beachten. Direkt am Markt ist das 1927/28 im Stil der neuen Sachlichkeit erbaute Kaufhaus ein interessantes Dokument aus der Frühzeit der Kaufhauskultur.

Umgebung

Zella-Mehlis (7 km n): Die Orte Zella St. Blasii und Mehlis – beide sehr frühe Gründungen – wurden 1919 vereinigt. Bemerkenswert die *Stadtkirche St. Blasius* als der bedeutendste Zentralbau Südthüringens, 1768–74 auf ovalem Grundriß errichtet. Im Inneren umlaufende Emporen, an der s Längsseite der Kanzelaltar, gegenüber die barocke Orgel.

92237 Sulzbach-Rosenberg
Bayern

Einw.: 19 200   Höhe: 425 m   S. 1283 □ M 11

Pfarrkirche Mariae Himmelfahrt
(Pfarrgasse): Die Kirche entstand im
14./15. Jh. 1526 wurde eine Fürstenempore, die sich über alle 3 Schiffe erstreckt,
eingezogen.
Beachtenswert sind die schönen *Maßwerkfenster* aus der Entstehungszeit. Den
Hochaltar beherrscht das Gemälde Mariae
Himmelfahrt, das H. G. Asam (1711 gest.),

der Vater des berühmten Brüderpaares, geschaffen hat.

Schloß: Der 1582–1618 durch Herzog
Ottheinrich II. v. Pfalz-Sulzbach errichtete
Bau wurde 1768–94 stark verändert. Zum
Komplex gehören ein *Saalgebäude* (1582)
mit Treppenturm und Schmuckportal, der
Fürsten- und Gästetrakt (1618) und das
Kanzleigebäude. 1701 ließ Herzog Chri-
stian August den *Schloßbrunnen* mit dem
Pfälzischen Löwen aufstellen.

Rathaus (Luitpoldplatz 25): Mit got. *Giebelfront,* errichtet im 14. Jh.

39590 Tangermünde
Sachsen-Anhalt

Einw.: 11 400   Höhe: 46 m   S. 1274 □ M 5

Die nach der Mündung der Tanger in die Elbe benannte ehemalige Hansestadt und heutige Industriestadt besitzt eine ma *Altstadt* mit Bauwerken der Backsteingotik und vielen alten Fachwerkhäusern.

Stephanskirche: Unter Einbeziehung roman. Bauglieder der Vorgängerkirche 1380–1485 erbaute spätgot. Backstein-Hallenkirche mit *Hallenumgangschor*. Das v. Bündelpfeilern in 3 Schiffe unterteilte Innere erhielt nach einem Kirchenbrand (1617), den die spätgot. bronzene *Fünte* (Taufe; 1508) des Braunschweigers H. Mente* überdauerte, ihre Emporen, die später mit barocken *Brüstungsgemälden* (alt- und neutestamentliche Szenen, um 1720) bemalt wurden. Hinzu kamen die v. einer Mose-Figur getragene *Renaissance-Kanzel* (1619) v. C. Dehne*, die v. H. Scherer d. J.* eingebaute *Emporenorgel* (1624) und das hohe barocke *Altarretabel* (1705).

Rathaus: Den vom Stettiner Baumeister H. Brunsberg* um 1430 erbauten got. Backsteinprofanbau ziert an der polychromen O-Fassade ein wimperg-, fialen- und maßverzierter *Schaugiebel*. Spätere Zutaten des Rathauses sind der S-Flügel (um 1480) mit Erdgeschoßlaube und die erst 1846 nach Entwürfen F. A. Stülers* ange-

baute Freitreppe. Im Inneren hat das *Heimatmuseum* seinen Sitz.

Stadtbefestigung: Aufwendiger als das *Wassertor* (16. Jh.) und der *Hühnerdorfer Torturm* (15. Jh.) dekoriert sind das korbbogige *Neustädter Tor* (um 1450) und sein zinnenbewehrter Rundturm. Die gut erhaltene *Stadtmauer* hat die meisten Eck- und Flankentürme bewahren können.

Außerdem sehenswert: Den Brand v. 1640, dem die v. Kaiser Karl VI. erneuerte ma *Burg* (14./15. Jh.; restauriert) zum Op-

Tangermünde, Neustädter Tor

fer fiel, überdauerten der Bergfried (1376) und Abschnitte des Berings mit dem Gefängnisturm (Torturm um 1480). – Neben den schmucken *Fachwerkbauten* (17. Jh.) in der Kirchstr. verdienen die spätroman. *Nikolaikirche* (um 1250) mit massigem Backsteinturm (um 1470) und die spätgot. *Elisabethkapelle* (15. Jh.) mit w. Staffelgiebel eine Erwähnung.

Umgebung

Schönhausen (8 km nö): Die *Dorfkirche*, eine dreischiffige spätroman. Backstein-Pfeilerbasilika, wurde 1212 geweiht. Nachdem sie 1642 ausgebrannt war, wurde sie in den Jahren 1665–1712 erneuert. Im Innenraum verdienen ein spätroman. Triumphkreuz und die Epitaphe derer v. Bismarck besondere Beachtung. – Das *Herrenhaus* derer v. Bismarck wurde nach dem Krieg gesprengt, der Anbau mit dem Geburtszimmer v. Otto Eduard Leopold v. Bismarck (1. 4. 1815–30. 7. 1898), dem späteren Reichskanzler, blieb jedoch erhalten.

97941 Tauberbischofsheim
Baden-Württemberg

Einw.: 12 400   Höhe: 181 m   S. 1281 □ H 11

Kath. Stadtkirche St. Martin: An die früheren Kirchen auf dem gleichen Platz erinnern in der heutigen Stadtkirche St. Martin viele wertvolle Skulpturen. Es wird insbesondere auf den *Marienaltar* der Ulmer Schule (1517) hingewiesen. Im Chorraum befindet sich eine St.-Martin-Skulptur, deren Alter man auf die Zeit um 900 schätzt. Der Hochaltar und viele weitere Holzplastiken sind von dem aus Gamburg stammenden Münchner Professor Thomas Buscher gestaltet worden.

St. Liobakirche (Marktplatz): Eine Klosterkirche des v. 1629–1823 hier seßhaft gewesenen Franziskanerordens. Barockbeichtstühle, Kanzel, Hochaltar und Deckenfresken sind sehenswert.

Ehem. kurmainzisches Schloß (Schloßplatz): Der wesentliche Teil der Bauten stammt aus dem 15./16. Jh. Anfänge lassen sich jedoch bis in das Jahr 1250 zurückverfolgen. Im Schloß ist heute das *Tauberfränkische Landschaftsmuseum* untergebracht. Hier sind Kopien der Tauberbischofsheimer Grünewaldbilder zu sehen (jetzt Kunsthalle in Karlsruhe), neben weiteren Museumsgegenständen (Volkskunst, Trachten und reichhaltige vorgeschichtliche Sammlung).

Fachwerkbauten: Erstklassige Fachwerkbauten finden sich v. a. in der Hauptstraße (Fußgängerzone) und am Marktplatz.

49545 Tecklenburg
Nordrhein-Westfalen

Einw.: 9100   Höhe: 235 m   S. 1276 □ D 6

Ev. Stadtkirche (Landrat-Schultz-Straße): Der Saalbau aus dem 16. Jh. beherbergt die *Grabdenkmäler* der Grafen v. Tecklenburg (16. Jh.). – Der Barockturm wurde 1710/11 vorgesetzt.

Burgruine: Das ehem. Schloß (12. Jh.) der Grafen v. Tecklenburg ist nur als Ruine erhalten. – Hier finden alljährlich v. Mai

Schönhausen (Tangermünde), Dorfkirche

bis August die *Tecklenburger Freilichtspiele* statt.

Wasserburg Haus Mark (1 km s): Im
Inneren des äußerlich schmucklosen Bauwerks (18./19. Jh.) ist der *Rittersaal* (1754)
sehenswert. – Schloßkonzerte.

Museen: *Kreismuseum* (Wellenberg) mit
Sammlungen zur Grafschaftsgeschichte
und zur Geschichte der ehem. Industrien
wie Bergbau, Zement- und Kalkherstel-
lung, Hausleinenfabrikation usw. Ferner
sind mehrere Wohnräume (18./19. Jh.) v.
Interesse. – *Puppenmuseum* (im alten Torhaus) mit internationaler Puppen- und umfangreicher Spielzeugsammlung.

83684 Tegernsee
Bayern

Einw.: 4400   Höhe: 731 m   S. 1283 □ M 15

Die große kulturelle Blüte brachte für Tegernsee das Benediktinerkloster, eines der
damals bedeutendsten Kulturzentren in
Europa. Buchmalerei und Schreibkunst erreichten hier einen ihrer Höhepunkte. In
der wechselvollen Geschichte des Klosters
waren das 11., das 15. sowie das 17./18. Jh.
die fruchtbarsten Phasen. – In unserem Jh.
verlebten die Heimatschriftsteller L.
Ganghofer (gest. 1920) und L. Thoma
(gest. 1921) ihr Alter in Tegernsee. 1950
ist hier auch H. Courths-Maler gestorben.

**Ehem.   Benediktinerklosterkirche/
Pfarrkirche St. Quirin:** Zahlreiche, meist
durch Brände zerstörte Bauten sind der
heutigen Kirche, die ihre Gestalt nach einem weitreichenden Umbau in den Jahren
1684–89 erhalten hat, vorangegangen. Der
Vater der berühmten Brüder, H. G. Asam,
steuerte *Stukkaturen* und *Fresken* bei. Die
mächtige *Doppelturmfassade*, die älteste
in Bayern, wurde 1817 durch L. v. Klenze*
umgestaltet. – Im Inneren der dreischiffigen Basilika sind v. den zahlreichen Altären nur einige erhalten geblieben. Der
Hochaltar zeigt im Zentrum ein Kreuzigungsgemälde (Kopie des Gemäldes v. K.
Loth, das im 18. Jh. nach Oberösterreich
gelangte). Am n *Seitenaltar* ist die hl.
Agatha in einer vorzüglichen Plastik dar-

gestellt. Einige später hinzugekommene
Ausstattungsstücke tragen eindeutig klassizistische Züge. Sehenswert sind die *Ne-
benräume,* die sich durch reichen Rokoko-
schmuck auszeichnen (v. a. in der Quiri-
nus- und in der Benediktuskapelle). –
Nachdem der bayr. König Max I. Joseph
1817 das Kloster erworben hatte, wurde es
durch L. v. Klenze zu einem Schloß umgebaut. Der *Rekreationssaal* mit seinem
Stuck v. J. B. Zimmermann* zeigt noch
klösterliche Züge.

Heimatmuseum: Schloß Tegernsee: In
das Museum sind mehrere der musealen
Räume des Schlosses einbezogen.

48291 Telgte
Nordrhein-Westfalen

Einw.: 17 700   Höhe: 49 m   S. 1276 □ D 7

Propsteikirche: Die Kirche entstand nach
einem Stadtbrand ab 1522 als spätgot. Hallenkirche westfälischen Typs. Gelegen am
Ufer der Ems auf dem Gelände einer ehem.
bischöfl. Burganlage. Ein Joch und der
Turm wurden im 19. Jh angebaut. Die Kirche enthält als wertvollste Ausstattungsstücke einen Christuskorpus (um 1200)
und eine Muttergottesfigur aus dem 15. Jh.

Wallfahrtskapelle (Kirchplatz): 1654
entstand im Auftrag des Fürstbischofs
Christoph Bernhard v. Galen die achteckige barocke Kapelle aus Sandstein. Im 18.
und 19. Jh wurden Anbauten erstellt. Die
Innenausstattung wurde 1959 und 1984
erneuert. Das Gnadenbild, eine Pietà, entstand um 1370. Die Pietà wurde 1991 rest.

Heimathaus Münsterland (Herrenstr. 2):
In der alten Pastoratsscheune, die 1934 für
Museumszwecke umgebaut wurde, 1937
durch einen Anbau erweitert, sind Sammlungen zur religiösen Volkskunde untergebracht. Das kostbarste Ausstellungsstück
ist das *Telgter Hungertuch* v. 1623, das in
den Ausmaßen 7,40 x 4,40 m in 33 Feldern
die Leidensgeschichte Christi, Szenen aus
dem Alten Testament und die Symbole der

*Tauberbischofsheim, ehem. kurmainzisches >
Schloß*

Evangelisten zeigt. Das Heimathaus Münsterland wurde 1983 um einen weiteren Anbau vergrößert. Von überregionaler Bedeutung sind die v. November bis Februar stattfindenden *Krippenausstellungen.*

17166 Teterow
Mecklenburg-Vorpommern

Einw.: 11 200 Höhe: 30 m S. 1275 □ O 3	

Pfarrkirche St. Peter und Paul: Die dreischiffige frühgot. Backsteinbasilika (nach 1250) mit über quadratischem Grundriß errichtetem *W-Turm* bewahrt den frühgot. Chor, dessen Kreuzrippengewölbe mit einem *Bilderzyklus* (Vita Christi, Mitte 14. Jh.) bemalt ist, sowie einen frühgot. *Taufstein.* Im Schrein des hochgot. *Flügelaltars* sind Maria und Christus mit 16 Aposteln und Heiligen dargestellt. Kostbare spätgot. Ausstattungsstücke sind eine *Mondsichelmadonna* (um 1490–1500), der Chorbogenkruzifixus (um 1510) und die *Kanzel* (um 1590).

Außerdem sehenswert: Von der ehem. kreisrund um die Kleinstadt angelegten *Stadtmauer* sind der *Rostocker* und der *Malchiner Torturm* erhalten, beide mit spitzbogigen Blendarkaden und spätgot. Schmuckgiebeln.

Umgebung

Schlitz (8 km s): Den Jugendstilbrunnen im englischen Garten des klassizistischen Schlosses *Burg Schlitz* (1806–24, restauriert) zieren die Bronzefiguren zweier tanzender Nymphen (1903) v. W. Schott*.

95349 Thurnau
Bayern

Einw.: 4200 Höhe: 359 m S. 1278 □ L 10	

Ev. Pfarrkirche: Der *Turm,* in dem sich auch der *Chor* befindet, ist aus einem älteren Bau übernommen worden und v. der späten Gotik geprägt. Das *Langhaus* ist in den Jahren 1700–06 entstanden. Im Inneren wird der annähernd quadratische Raum

auf 3 Seiten v. einer Empore umgeben. In der W-Empore befindet sich ein in Schwarz und Gold gehaltener zweigeschossiger *Herrenstand.* Sehenswert ist auch ein im oberen Geschoß aufgestellter *Baldachinstuhl* aus dem frühen 17. Jh. Von der Empore führt eine Brücke zum benachbarten Schloßturm.

Schloß: Der umfassende Komplex hat sich seit dem 12. Jh. aus einer Vielzahl v. Einzelbauten entwickelt und ist heute noch in das *Untere* und *Obere Schloß* gegliedert. Die wesentlichen Teile der Anlage stammen aus dem 16.–19. Jh. und werden heute v. der Universität Bayreuth genutzt.

04860 Torgau
Sachsen

Einw.: 21 800 Höhe: 92 m S. 1279 □ O 7	

Bei einer bereits 973 genannten Burg am Elbufer entwickelte sich die Stadt, in der 1525 der Torgauer Bund geschlossen wurde und unter Federführung von Martin Luther und Philipp Melanchthon die Abfassung der *Torgauer Artikel* (1530) erfolgte. Im das Stadtbild bestimmenden *Schloß Hartenfels* fand 1627 mit »Daphne« v. Heinrich Schütz die 1. deutschsprachige Opernaufführung statt.

Schloß Hartenfels: Anstelle der 1492 abgebrannten ma Burg ließ Kurfürst Friedrich der Weise v. Sachsen das vollkommen erhaltene *Frührenaissanceschloß* erbauen, das im 15./17. Jh. als Residenz zum kulturellen Zentrum wurde. Um den fast dreieckigen Innenhof gruppieren sich 4 Wohntrakte. Den sö *Johann-Friedrich-Bau* erbaute K. Krebs* 1533–36 zusammen mit dem *Großen Wendelstein,* einer externen Wendeltreppe über einem Altan im Stil der Frührenaissance. An den wohl v. Arnold v. Westfalen* begonnenen und v. C. Pflüger* vollendeten spätgot. *Albrechtspalas* (1470–85) mit 2 Ecktürmen, dem sw *Theaterflügel* und dem nw *Kleinen Wendelstein* grenzt der langgestreckte W-Trakt (1616–23) mit frühbarocken Volutengiebeln und wappenbekröntem Rustikaportal (um

Torgau, Schloß Hartenfels >

Torgau, Marienkirche

Torgau, Marienkirche, Innenansicht

1620). Im nö Schloßtrakt findet sich die zweischiffige got. *Martinskapelle* (um 1359). Die v. N. Gromann* erbaute *Renaissance-Schloßkirche* ist die 1. protestantische Kirche und wurde v. Martin Luther 1544 geweiht. Die figürlich reliefierte n Korbkanzel (1544) schuf S. Schröter d. Ä.* In diesem Schloßkirchenflügel, den der sog. *Schöne Erker* (1544) ziert, befindet sich auch das *Kreismuseum*.

Marienkirche: In der mehrfach umgestalteten spätgot. Hallenkirche (14.–16. Jh.) mit zweitürmigem roman. W-Bau befinden sich kunsthistorisch bedeutende Ausstattungsstücke, so der mit einem Kreuzigungsgemälde und figürlichen Plastiken geschmückte barocke *Hochaltar* (1694–98) v. G. Simonetti*, die v. G. Wittenberger* mit Apostelreliefs verzierte *Renaissancekanzel* (1582), die bronzene *Grabplatte* (1504) für Sophie v. Mecklenburg aus der Nürnberger Vischer*-Werkstatt, das *Epitaph* für Luthers Frau Katharina v.

Bora (gest. 1552) im rechten Seitenschiff sowie das *Nothelfergemälde* (um 1507) v. Lucas Cranach d. Ä.* im linken Seitenschiff (1991 nach Dresden).

Außerdem sehenswert: In den Hof des 1561–77 mit rundem Eckerker (sö) erbauten *Renaissancerathauses* ragt die frühgot. ehem. *Nikolaikirche* mit w Zweiturmfassade. – Am Markt, in der Bäcker- und der Leipziger Str. stehen zahlreiche *Patrizierhäuser* aus dem 15.–17. Jh.

Umgebung

Dommitzsch (13 km nw): Hochgot. Holzskulpturen (um 1300–10) birgt die spätgot. *Marienkirche* (15. Jh). mit sterngewölbtem Chor.
Graditz (5 km sö): Im *Barockgarten* des ehem. kurfürstlichen Landgutes (1722) v. Matthäus Daniel Pöppelmann* befindet sich ein oktogonaler Pavillon (Teehaus).

Burg Rheinstein bei Trechtingshausen

Schildau (10 km sw): Die *Marienkirche* (13.–15. Jh.) der Gneisenaustadt besitzt ein spätgot. Altarretabel (um 1490–1500) und einen sehenswerten Taufstein aus dem Jahre 1600.

92555 Trausnitz
Bayern

Einw.: 1000 Höhe: 400 m S. 1283 □ N 11

Burg: Das kleine Dorf (1000 Einwohner) bezieht seine Anziehungskraft aus seiner *malerischen Lage* im Tal der Pfreimd und aus der stolzen *Burg,* die in ihrem heutigen Zustand aus dem 13. Jh. stammt. Die Anlage gruppiert sich um einen kleinen Hof. Eine geschichtliche Rolle spielte die trutzige Burg in den Jahren 1322–24, als hier Friedrich d. Schöne v. Österreich, der Gegenkönig Ludwigs d. Bayern, in Haft gehalten wurde. – Heute befindet sich in der Burg eine Jugendherberge.

55413 Trechtingshausen
Rheinland-Pfalz

Einw.: 1200 Höhe: 75 m S. 1276 □ D 10

Clemenskirche (etwas außerhalb der Stadt, unmittelbar am Rheinufer): Die Kirche trägt alle Kennzeichen einer *roman. Basilika.* Sie ist im 12. Jh. erbaut und fast unverändert erhalten geblieben. Dominierend sind die paarweise angeordneten Pfeiler im Langhaus. Die Vierung wird v. einer Gewölbekuppel abgeschlossen.

Umgebung

Burg Reichenstein (1 km s. v. Trechtingshausen). – *Burg Rheinstein* (2 km s v. Trechtingshausen) aus dem 13. Jh. wurde ab 1825 im Auftrag des Prinzen Friedrich v. Preußen im roman. Stil ausgebaut. Die Sammlungen (Gemälde, Waffen) wurden

Trier, Basilika

1974 verkauft, die Burg 1976 rest. – *Burg Sooneck* (3 km n) aus dem 11. und 14. Jh. (rest.).

99830 Treffurt
Thüringen

Einw.: 3000   Höhe: 186 m   S. 1277 □ I 8

Pfarrkirche St. Bonifatius: Das Gotteshaus ist in seinen O-Teilen ein roman. Bauwerk aus der Zeit um 1260. Das Schiff und der breite Westturm wurden 1341 angefügt, in got. Formen. Die Portale am Querschiff könnten v. einem Meister aus der Maulbronner Bauhütte stammen.

Außerdem sehenswert: Das *Rathaus*, ein Renaissancebau aus der Mitte des 16. Jh. mit Obergeschoß v. 1609. – *Burgruine Normannenstein*. Von der Anlage aus dem späten 12. Jh. sind noch Reste v. 2 viereckigen Wohntürmen, des Palas und des Bergfrieds erhalten.

78098 Triberg
Baden-Württemberg

Einw.: 6000   Höhe: 685 m   S. 1280 □ E 14

Pfarr- und Wallfahrtskirche Maria in der Tannen: Die äußerlich schlichte Kirche, erbaut in den Jahren 1699–1705, birgt das *Gnadenbild* »Maria in der Tannen« v. A. J. Schupp aus Villingen (1645). Ferner verdienen die *Seitenaltäre* und die *Kanzel* (ebenfalls v. Schupp) sowie das *Antependium* (1714) vor dem Hochaltar besondere Aufmerksamkeit. Das historische Stadtbild Villingens (1715) ist auf einem der *Votivbilder* getreu wiedergegeben.

Heimatmuseum (Wallfahrtsstraße 4): Sammlung automatischer Musikinstrumente, Exponate zum Volkstum und zum Handwerk des Schwarzwalds, Dokumentationsraum über die Schwarzwaldbahn u. a.

Trier, Porta Nigra

54290–96 Trier
Rheinland-Pfalz

Einw.: 98 800   Höhe: 124 m   S. 1280 ☐ B 11

Trier ist die älteste Stadt Deutschlands. Eine Inschrift am Roten Haus behauptet, die Stadt sei 1300 Jahre älter als Rom. Tatsächlich wurde Trier 16 v. Christus v. den Römern selbst gegr. 117 n. Chr. wurde es Hauptstadt der Provinz Belgica prima und später Residenz des Kaisers. In Trier residierten die Kaiser Maximianus, Constantius Chlorus und v. a. Konstantin d. Gr. (v. 306–312). Die Stadt blühte kulturell und wirtschaftlich, und trotz mehrfacher Zerstörung durch die Germanen wurde sie, dreimal so groß wie Köln, zu einer Weltstadt des Imperiums. Ihre Kaufleute handelten mit Marseille, Italien, Griechenland und Syrien. Mit der Vertreibung der Römer endete auch die Macht der Stadt an der Mosel. Neuer Aufstieg setzte erst ein, als Trier – zur hl. Stadt erhoben – erster Bischofssitz jenseits der Alpen wurde. – Heute beherbergt die Stadt eine Universität und eine Philosophisch-Theologische Hochschule in ihren Mauern, sie ist bedeutende Industriestadt geworden und noch immer ein Zentrum für den Handel mit Wein. – Zu den bekanntesten Söhnen der Stadt gehört Karl Marx, der hier geboren wurde.

DAS RÖMISCHE TRIER

Basilika/Aula palatina (Konstantinplatz): Die vermutlich v. Kaiser Konstantin um 300 erbaute Basilika dient heute als ev. Pfarrkirche. Das gewaltige Ausmaß des rechteckigen Ziegelbaus ist ein Beweis der beispiellosen Leistungen röm. Architektur aus dieser Zeit: Mit 73 m Länge, 28,50 m Breite und einer Höhe von 33 m würde der Bau der pfeilerlosen Halle auch noch heute keine leichte Aufgabe sein. Neben dem Pantheon in Rom ist die Basilika der größte und großartigste Innen-

Trier, Kaiserthermen

raum, der aus röm. Zeit überkommen ist. In monumentaler Gestalt und Erhabenheit zeigt sich hier die Größe röm. Baukunst. Vielfach wurden Eingriffe in den antiken Bestand unternommen. Daß sich die Basilika heute wieder fast originalgetreu in jenem Zustand präsentiert, in dem sie einst v. ihren Erbauern fertiggestellt worden ist, darf in erster Linie als Verdienst v. Friedrich Wilhelm IV. v. Preußen gelten, der den Befehl gab, die Basilika wieder in »ursprünglicher Größe und Stilreinheit mit Benutzung der sehr bedeutenden Reste« herzustellen. Im Zuge dieses Erlasses verschwanden zahlreiche der Nebenbauten, die im Laufe der Jahrhunderte hinzugefügt worden waren und das großartige Bild des Bauwerks beeinträchtigt hatten. Eine zweite große Phase der Wiederherstellung setzte nach dem 2. Weltkrieg ein, als Kriegsschäden zu beseitigen waren und bei dieser Gelegenheit zusätzliche Restaurierungsarbeiten durchgeführt wurden. – Im Inneren ist der Bau eine mächtige Halle mit einer monumentalen Kassettendecke.

Porta Nigra (Porta-Nigra-Platz): Der schwarz verwitterte Sandstein, mit dem dieses mächtigste Stadttor der Römerzeit auf dem Boden des Röm. Weltreichs – einst Nordtor der röm. Stadtbefestigung – errichtet wurde, hat den Namen gegeben. Das Tor wurde, vermutlich im 4. Jh., als die Erweiterung der Stadt notwendig geworden war, erbaut. Das Tor, 36 m lang, 21,50 m breit und 30 m hoch, ist eines der beherrschenden Elemente im Stadtbild des heutigen Trier. Der doppeltorige Mittelbau wird v. 2 halbrunden Türmen begrenzt. Die großen Sandsteinblöcke des Bauwerks wurden im urspr. Zustand nicht durch Mörtel, sondern durch große Eisenklammern zusammengehalten. Viele dieser Eisenklammern wurden jedoch später herausgebrochen. – Mehrere ergänzende Bauten, die im Laufe der Zeit hinzugefügt wurden, sind – parallel zur Wiederherstellung des alten Zustands der Basilika (siehe zuvor) – wieder beseitigt worden. Dazu gehörte auch jene *Simeonskirche,* die Erzbischof Poppo zu Ehren seines Freundes

Simeon errichten ließ, der sich 1028 in eine Zelle der Porta Nigra einmauern ließ und hier 7 Jahre lang als Einsiedler gelebt hat. Von dieser Kirche ist nur der Chor erhalten. Ein Teil des ehem. *Simeonsstifts* dient heute als Städt. Museum. Der zweigeschossige Kreuzgang ist der älteste seiner Art in Deutschland.

Kaiserthermen (Ostallee): Im O der Stadt erstreckt sich die einst riesige Bäderanlage. Sie machte ein Rechteck mit 250 m Länge und 150 m Breite aus. Mit dem Bau wurde im 3. Jh. begonnen, Konstantin d. Gr. vollendete sie. Unter Kaiser Gratian (375–83) wurde die Anlage teilweise zu einem Forum neben dem Forum des Konstantin um- und ausgebaut, in der Zeit nach den Römern diente sie im Wechsel als Kastell, Kirche und schließlich als Teil der Stadtbefestigung. Heute sind nur Reste der Thermen erhalten, die jedoch ein gutes Bild dieser alten Anlage vermitteln. Die weitverzweigten Kellergänge sind begehbar.

Weitere Römerbauten in Trier: *Amphitheater* (Olewiger Straße): Der Bau dieses Theaters geht auf das 2. Jh. zurück. Heute sind nur geringe Reste erhalten. Im Theater fanden einst Kampfspiele statt. Darüber hinaus war es auch als Befestigung gedacht. – *Barbarathermen* (Südallee): Kalt- und Warmbad und 2 geheizte Schwimmbecken umfaßte die Anlage aus dem 2. Jh. Von diesen Thermen sind nur noch die Grundmauern vorhanden. – *Römerbrücke:* Von der Brücke aus dem 4. Jh. sind nur noch die Pfeiler erhalten. – Eine 3. Thermenanlage (Viehmarktplatz) wird derzeit freigelegt.

KIRCHEN

Dom (Domfreihof): Die Geschichte des Doms ist in allen Einzelheiten erst offenkundig geworden, als Ausgrabungen seit 1944 viele Details über die Vorgängerbauten des heutigen Doms zutage brachten. Danach gewannen Überlieferungen Glaubwürdigkeit, wonach an der Stelle des heutigen Doms zunächst ein Palast der Kaiserin Helena, der Mutter Konstantins d. Gr., gestanden haben soll. Zeugnisse die-

Trier, Dom

ses ersten Baus sind Reste v. Deckenmalereien, die aus 50 000 Stücken teilweise wieder zusammengesetzt worden sind. An der Stelle, an der einst der Palast seiner Mutter gestanden hat, ließ Konstantin sodann seit 326 eine große Doppelkirchanlage errichten, die – vermutlich nach einem Brand – in den Jahren 36–83 durch einen Neubau ersetzt wurde (Teile sind im O-Teil des heutigen Doms erhalten). Der Bau des heutigen Doms, der zahlreichen weiteren Veränderungen, Ergänzungen und Erneuerungen unterlag, begann um 1035 und zog sich über fast 200 Jahre hin. – Im Inneren wird das got. Rippengewölbe zu einer Dominante. Die *Ausstattung* des Doms entspricht in ihrer Vielschichtigkeit der langen Bauzeit und den verschiedenen Veränderungen. Besondere Schwerpunkte sind: Die roman. *Chorschranken* (12. Jh.) haben Teile des Lettners übernommen. Reste des wertvollen figürlichen Chorschrankenschmucks – Christus mit Maria und Johannes dem Täufer sowie den 12 Aposteln – sind jetzt zwischen Kapitel-

Trier, Dom, Kanzel (l), Madonna (r)

und Hochchor aufgestellt. Von den bedeutenden *Grabmälern* seien hier das Grabmal für den Kardinal Ivo (gest. 1144), die Tumba für Erzbischof Balduin v. Luxemburg (gest. 1354), das Grabmal für Erzbischof Richard v. Greiffenklau (1527) und für Johann v. Metzenhausen (1542) genannt. Die *Kanzel* ist eine der ersten großen Arbeiten des Bildhauers H. R. Hoffmann (1570–72), der auch einige weitere Grabaltäre geschaffen hat (so den Allerheiligenaltar des Erzbischofs Lothar v. Metternich, 1614, am letzten S-Pfeiler). Bedeutendster *Reliquienschatz* des Doms ist der *Hl. Rock* in der *Heiltumskammer* (1702–08) beim O-Chor, jenes nahtlose Gewand Christi, um das die Soldaten gewürfelt haben sollen. Es ist aus braunem Gewebe gefertigt und zum Schutz mit einem byzantinischen Seidenstoff (9. Jh.) umgeben worden. Der Hl. Rock galt zunächst als Berührungsreliquie aus der Zeit Konstantins, in der »Gesta Treverorum« wurde sie jedoch zum tatsächlichen Leibrock Christi erklärt. – Der Dom verfügt über einige *Anbauten*, unter denen der *Kreuzgang* eine Vorrangstellung einnimmt. Er zeigt die Formen der frühen Gotik in ausgereifter Entwicklung und besitzt mit der *Steinernen Madonna* (aus dem Umkreis v. N. Gerhaert, 15. Jh.) und einigen ausgezeichneten Grabmälern sehenswerte Schätze. Im sog. *Badischen Bau* (1470), der zwischen Chor und dem n Flügel des Kreuzganges errichtet wurde, befindet sich heute der *Domschatz* mit seinen Reichtümern. Bedeutendstes Stück ist der Andreas-Tragealtar, den Trierer Goldschmiede im 10. Jh. geschaffen haben.

Liebfrauenkirche (neben dem Dom): Mit dem Bau der Liebfrauenkirche nahm man den Gedanken der Doppelkirche, wie sie bereits v. Konstantin d. Gr. an gleicher Stelle verwirklicht worden war, wieder auf (siehe zuvor in der Einleitung zur Beschreibung des Doms). Begonnen wurde mit dem Bau um 1235, trotzdem sind die Formen bereits eindeutig got. Der Bau ist neben der Elisabethkirche in → Marburg der älteste got. Kirchenbau in Deutschland und war zugleich Ausgangspunkt für die sog. Trierer Schule. – Der Grundriß der Liebfrauenkirche weicht allerdings v. allen Bauten, die sonst an die Leistungen der Trierer Architekten anschließen, ab: Es handelt sich um einen Zentralbau mit fast kreisrundem Grundriß, der die Vierung als absoluten Mittelpunkt sieht. Zu den bemerkenswerten Details dieses epochemachenden Baus gehört das W-Portal, das zum ersten Mal als Figurenportal ausgebildet ist (Originalfiguren jetzt im Diözesan-Museum, → Museen). – Im Inneren verdienen unter den *Grabmälern* das für den Domherrn Karl v. Metternich (gest. 1636) und für den Domkantor Johann Segensis (gest. 1564) besondere Aufmerksamkeit. M. Rauchmiller hat das Metternich-Grabmal um 1675 geschaffen, das Grabmal für Segensis ist eines der besten im Stil der Renaissance. Auf den 12 Pfeilern, v. denen die runden Vierungspfeiler umstellt sind, sind die 12 Apostel dargestellt (Bemalung aus der Zeit um 1500 erhalten). Die Fensterverglasung ist neu (1954 und 1974 eingebracht).

Benediktinerabtei und Pfarrkirche St. Matthias: Die 1148 gew. Kirche, die ihrerseits bereits auf Vorgängerbauten seit dem 4. Jh. zurückging, ist in den folgenden Jahrhunderten vielfach verändert worden. Die letzten folgenschweren Umbauten fallen in die Zeit nach dem Brand im Jahr 1783 und in die Restaurierung in den Jahren 1964–67. Ausgangspunkt für den Bau des Klosters und der dazugehörigen Kirche war das Grab des ersten Bischofs v. Trier, St. Eucharius (4. Jh.). Von Bedeutung für die Kirche war die Wiederentdeckung der Reliquien des Apostels Matthias. Das Kloster blühte auf und wurde Ziel zahlreicher Wallfahrten. – Das spätgot. Netzgewölbe ist in den Jahren 1496–1504 v. Meister Bernhard v. Trier eingebracht worden. Es füllt das Mittelschiff ganz aus. Querschiff und Chor wurden 1505–10 eingewölbt. Der Chor war durch hohe Schranken von der übrigen Kirche abgeschlossen (heute eine barocke Balustrade). Unter dem Chor eine *Krypta* aus der Zeit um 980 (später nach O verlängert). In der Krypta stehen die spätröm. Sarkophage des hl. Eucharius und des hl. Valerius. – An die

Grabmal des Johann Philipp v. Walderdorf im Dom zu Trier

Kirche schließen die *Klostergebäude* an (13. Jh., frühgot. Perle im Rheinland). Auf dem Kirchhof die *Quirinuskapelle* und darunter die unterirdischen *Grabkammern* aus frühchristl. Zeit mit einem sehenswerten *Reliefsarkophag* (3. Jh.).

Kirche St. Maximin/Ehem. Benediktinerabtei (In der Reichsabtei): Auf den Fundamenten v. Vorgängerbauten wurde die Abteikirche um 1240 errichtet. 1581–1613 umgebaut, wurde sie 1674 zerstört und 1680–98 in ihrer heutigen Form neu errichtet. Später diente sie vorübergehend als Handwerkerschule, als Kaserne und Garnisonkirche. Das Barock hat die Gestaltung der W-Fassade bestimmt, im Inneren der Kirche lebt hingegen die Gotik fort (derzeit wegen Bauarbeiten nicht zu besichtigen). Bedeutendster Teil der Kirche ist die *Krypta* (10. Jh.), die in den Jahren 1936–38 ausgegraben wurde. Die abgenommenen Wandmalereien aus karolingischer Zeit, einziger bedeutender Rest der karolingischen Monumentalmalerei im Rheinland, sieht man im → Bischöflichen Museum.

Ehem. Stiftskirche/Pfarrkirche St. Paulin (Palmatiusstraße): B. Neumann* hat diese Kirche entworfen (1734–47 errichtet). Der Bau löste eine roman. Kirche ab und gilt als eine der wichtigsten Leistungen des Barock im Rheinland. Dem vergleichsweise strengen Äußeren steht die heitere, farbenfrohe Ausstattung gegenüber. An der Ausstattung waren namhafte Künstler beteiligt. J. Arnold (Stuck), F. Dietz* (Putten), C. T. Scheffler (Deckenmalerei 1743), J. Eberle (Chorgitter 1767). Auch der Hochaltar folgt einem Entwurf v. B. Neumann. Ausgeführt wurde er v. F. Dietz (1755).

Weitere sehenswerte Kirchen in Trier: *Hospitalkirche St. Irminen/Ehem. Adlige Benediktinerinnen-Abteikirche* (über Katharinenufer): Ausgehend v. einem Bau aus dem 12. Jh., entstanden die wesentlichen Teile der heutigen Kirche (nach den Zerstörungen im 2. Weltkrieg neu errichtet) im 17. und 18. Jh. – *Dreifaltigkeitskirche (Jesuitenkirche):* Der im 13. Jh. begonnene Bau wurde im 18. Jh. vollendet. Sehenswert ist das Wappen-Epitaph für Elisabeth v. Görlitz (1451). Gruft v. Friedrich Spee, Bekämpfer des Hexenwahns (1635). – *Kath. Pfarrkirche St. Gangolf* (am Hauptmarkt): Die Kirche ist in den Jahren 1410–60 errichtet worden. Der mächtige Turm kam um 1507 hinzu. Im Inneren ist eine steinerne Altartafel aus der Zeit um 1475 teilweise erhalten. Am ö Ende des Seitenschiffes steht ein Marienaltar, den H. R. Hoffmann 1602 geschaffen hat. – *Kath. Pfarrkirche St. Antonius:* Die Kirche aus dem 15. Jh. erhielt im 18./19. Jh. eine neue Ausstattung, unter der die Kanzel eine besondere Kostbarkeit darstellt. Der Grottenaltar ist im 18. Jh. entstanden.

Ehem. Kurfürstliches Schloß (Konstantinplatz): Das Schloß in seiner heutigen Form wurde im 17./18. Jh. von J. Seitz, einem Schüler B. Neumanns*, erbaut. Im Mittelpunkt des Interesses steht das großartige Treppenhaus, für das F. Dietz die Bildhauerarbeiten geliefert hat. Das Fresko der Zwischendecke wurde um 1976 von Otto Frankfurter ausgeführt. Barocke Gartenanlage mit Freitreppe vor der Südfassade.

Hauptmarkt: Anläßlich des 958 erworbenen Marktrechts wurde das *Marktkreuz* aufgestellt. Der *Marktbrunnen,* der dem Stadtpatron (dem hl. Petrus) gewidmet ist, wurde 1595 aufgestellt. Dargestellt sind die 4 Tugenden Klugheit, Gerechtigkeit, Mäßigung und Stärke. An der S-Seite schließt die Marktkirche St. Gangolf an (siehe Beschreibung zuvor). Im W die nach Kriegszerstörung wieder aufgebaute *Steipe,* ein Gebäude aus dem 15. Jh., in dessen w. Pfeilern gebildeten offenen Lauben einst das Marktgericht getagt hat. Das Haus selbst diente als Festhaus der Trierer Ratsherren. Daneben das *Rote Haus* v. 1684.

Palais Kesselstatt (an der Liebfrauenkirche): Schräg gegenüber der Liebfrauenkirche ist mit dem Palais Kesselstatt der bedeutendste der einstigen Domherrenhöfe erhalten geblieben. 1740–45 ist das Gebäude entstanden.

Wohnbauten: Zu den wenigen, im wesentlichen erhaltenen Wohnbauten des MA gehören das got. *Dreikönigshaus* (Simeonstraße), im 13. Jh., und der *Frankenturm* (Dietrichstraße), im 11. Jh. erbaut.

Museen: *Rheinisches Landesmuseum Trier* (Weimarer Allee 44): Das 1874 gegr. Museum zeigt bedeutende Sammlungen zur Vor- und Frühgeschichte, aus der röm. Zeit sowie zu den Bereichen ma und neuzeitlicher Kunstgeschichte. In Deutschland gibt es keine vergleichbare Dokumentation röm. Kunst. – *Städt. Museum* (Simeonstift): In dem einem. Kreuzgang aus dem 11. Jh., der als Ergänzungsbau zur Porta Nigra entstanden ist, werden heute die Sammlungen des Städt. Museums gezeigt, darunter Malerei und Plastik v. MA bis zur Neuzeit, niederländische und rheinische Malerei (überwiegend 19. Jh.) sowie Topographie und Kunstgeschichte Triers. – *Bischöfliches Museum und Diözesanmuseum* (Banthusstr. 6): Sakrale Kunst aus der Diözese Trier, frühchristl. Kunst, Bauplastik des Doms und der Liebfrauenkir-

Tübingen, St. Georg

che, Wandmalereien. – *Domschatzkammer* (Domfreihof): siehe Beschreibung des Doms. – *Karl-Marx-Haus* (Brückenstr. 10): Die gezeigten Sammlungen enthalten Dokumente zur Lebensgeschichte und zum Werk des Begründers des wissenschaftlichen Sozialismus.

Theater der Stadt (Am Augustinerhof): An die Stelle des alten Stadttheaters (an der Fahrstraße) ist das 1964 eröffnete Theater getreten. Das Theater (622 Plätze) hat eigene Ensembles (Musiktheater und Schauspiel).

72070–76 Tübingen
Baden-Württemberg

Einw.: 82 500   Höhe: 341 m   S. 1281 ☐ G 13

Tübingen, seit 1477 Universitätsstadt, ist eines der wirtschaftlichen und kulturellen Zentren in Baden-Württemberg. 1078 wurde der Name der Stadt zum ersten Mal urkundlich erwähnt, ihre Entwicklung setzte jedoch erst ein, als die beiden Stadtteile, die sich am Neckar und an der Ammer gebildet hatten, zu einer Stadt vereint wurden. Zum Ruhm der Stadt hat das ev.-theologische Stift (gegr. 1536) beigetragen, das so berühmte Männer wie Kepler, Hegel, Schelling, Mörike und Hauff hervorbrachte. Erinnerungen an weitere Persönlichkeiten aus dem dt. Geistesschaffen werden bei einem Besuch des Alten Friedhofs wach. Hier sind u. a. Hölderlin und Uhland begraben. An Hölderlin, der ebenfalls im Stift seine Ausbildung erhalten hat, erinnert u. a. der nach ihm benannte Turm (siehe dort), wo der nervenkranke Dichter im Hause des Schreinermeisters Zimmer gepflegt wurde und wo er 1843 gest. ist. An Hölderlin erinnert auch das Denkmal im alten Botanischen Garten. Durch den Cotta-Verlag wurde Tübingen auch zu einem Zentrum für die bekanntesten Dichter der Zeit. Johann Friedrich Freiherr (seit 1822) Cotta v. Cottendorf (1764–1832) hatte den 1659 gegr. Verlag

Tübingen, Äußeres Schloßtor

1787 übernommen und wurde u. a. zum Verleger v. Goethe und Schiller. Gespräche mit Cotta brachten u. a. Goethe und Schiller, aber auch eine Reihe anderer bekannter Schriftsteller wiederholt nach Tübingen (der Cotta-Verlag ist heute in Stuttgart ansässig). – Neben der Stadtbibliothek sei auf die Universitätsbibliothek mit rund zwei Millionen Bänden bzw. Handschriften verwiesen.

Ev. Stiftskirche St. Georg (Münzgasse 32): Die Stiftskirche ist in 2 dicht aufeinander folgenden Abschnitten entstanden. Stilformen deuten darauf hin, daß P. v. Koblenz[*] 1470 den Chor mit seinem großartigen spätgot. Gewölbe und dem reichen Maßwerk errichtete. 8 Jahre später folgte das Langhaus. Beide Teile dieser bedeutenden Kirche sind durch einen spätgot. Lettner getrennt. Berühmt sind die figürlichen Reliefs des späten 15. Jh. in den Fensteröffnungen der N-Seite. An erster Stelle steht die Fensterskulptur mit dem Martyrium des hl. Georg (der gerädert wurde). Im

Chor, der zur Grablege der württembergischen Herzöge bestimmt wurde, sind die Grabtumben dicht nebeneinander aufgereiht. Hier wurde auch nachträglich Graf Eberhard im Bart (gest. 1496), der Gründer der Tübinger Universität, beigesetzt. Insgesamt birgt der Chor 13 Tumben, die gleichermaßen eine Ahnengalerie des württembergischen Fürstenhauses wie auch ein Überblick oberschwäbischer Bildhauerkunst sind. Die vorzüglichste Tumba ist die der Gräfin Mechthild (in der Mitte der vorletzten Reihe), die H. Multscher aus Ulm geschaffen hat (1450). Erwähnt seien auch noch der gemalte Flügelaltar (1520) an der s Wand sowie die Fenster im Chorschluß (um 1480).

Schloß (Burgsteige): Der berühmteste Teil des Schlosses, das über der Stadt errichtet wurde, ist das Äußere Tor, das zu einer Vorburg gehört. A. Keller hat es 1606 nach einem Entwurf v. H. Schickhardt[*] ausgeführt. Auf den äußeren Säulen stehen 2 Wachtposten, in der Mitte ist das

Tübingen, Hölderlinturm

Wappen Herzog Friedrichs (gest. 1608) in Stein geschlagen. Das Schloß geht auf einen 1078 erstmals genannten Vorgängerbau zurück, ist jedoch durch einen Neubau ab 1507 (abgeschlossen um 1540) erneuert worden. 1647 wurde ein Turm v. den Franzosen gesprengt und später fünfeckig erneuert.

Rathaus (Marktplatz): Der Bau aus dem Jahr 1435 wurde 1698 und 1872 durchgreifend erneuert, hat jedoch seine Innenaufteilung mit dem Ratssaal im ersten Stock bewahrt. Die astronomische Uhr ist das Werk J. Stöfflers (1511). – Auf dem Marktplatz steht der *Marktbrunnen* v. 1617. Auch für diesen Brunnen lieferte H. Schickhardt* die Entwürfe. Die Sandsteinfiguren wurden durch Nachbildungen aus Bronze ersetzt.

Hölderlinturm (Bursagasse 6): Hier verbrachte Hölderlin seine langen Jahre der Umnachtung (1806–43). Er wurde v. der Familie des Schreinermeisters Zimmer aufgenommen und bis zu seinem Tode gepflegt.

Bursa (Bursagasse): Das 1479 errichtete Haus war urspr. Wohnstatt der Studenten und wurde 1805 im klassizistischen Stil umgebaut, diente sodann als Klinikum und beherbergt heute das Philosophische Seminar. Von 1514–18 hat hier der Humanist und Reformator Philipp Melanchthon Vorlesungen gehalten.

Untere Stadt: In der Unteren Stadt, die in ihrer ausdrucksvollen Seite dem Neckar zugewandt ist, sind zahlreiche alte Fachwerkhäuser erhalten.

Museen: *Stadtmuseum im Kornhaus* (Kornhausstr. 10): Es zeigt vor allem die Geschichte v. T. im 19. und 20. Jh. – *Hölderlin-Gedenkstätte* (Bursagasse 6): Im sog. Hölderlinturm (siehe dazu Einleitung und Beschreibung des Turms) Sammlungen zum Leben und Werk Friedrich Hölderlins. – Die verschiedenen Institute der Universität Tübingen unterhalten eigene Sammlungen (u. a. Sammlungen des Ägyptologischen Instituts, des Archäologischen Instituts, des Instituts für Geologie und Paläontologie des Völkerkundlichen Instituts und des Mineralogisch-Petrographischen Instituts). *Kunsthalle Tübingen* (Philosophenweg 76): Wechselausstellungen moderner Kunst.

Theater: *Landestheater Tübingen* (Eberhardstr. 6): Das Theater besitzt ein eigenes Schauspiel-Ensemble, das auch zahlreiche Bühnen im näheren Einzugsgebiet bespielt. 400 Plätze. – *Tübinger Zimmertheater* (Bursagasse 16): Das 1958 eröffnete Theater hat 90 Plätze, darüber hinaus einen Theaterkeller mit variablem Zuschauerraum. Das Ensemble widmet sich v. a. dem progressiven Theater.

Umgebung

Bebenhausen (5 km n): Die Klosteranlage Bebenhausen liegt in einer anmutigen Talsenke bei Tübingen. Sie ist noch fast vollständig erhalten. Nach den Zisterziensern zog mit der Reformation ein ev. Seminar ein (1560–1807), zu dessen Schülern Ende des 18. Jh. noch der Philosoph F. W. Schelling zählte. Später wurde das Kloster königliches Jagdschloß. Heute ist hier eine *Filialgalerie* des Württembergischen Landesmuseums untergebracht.

Ehem. Klosterkirche St. Maria: Zisterzienser erbauten 1188–1228 die Kirche im kargen Ordensstil, eine urspr. flach gedeckte Basilika. Um 1340 brach man in den Chor ein riesiges Sandsteinfenster mit reichem Maßwerk ein. 1407 kam der schwere Vierungsturm hinzu. Das Langhaus wurde im Zuge der Reformation v. 9 Jochen um 2 Drittel auf den heutigen Stumpf amputiert. Die Einwölbungen gehen auf das 15. und 16. Jh. zurück.

Klostergebäude: Mittelpunkt der Anlage ist der Klosterhof mit dem spätgot. Kreuzgang (1471–96) und einer reizvollen Brunnenkapelle. Daran schließt sich in reifster Gotik das Sommerrefektorium an (um 1335). Im O-Flügel haben der Kapitelsaal, das Parlatorium (hier durften die zum Schweigen verpflichteten Mönche die notwendigsten Gespräche führen) und v. a. die sog. Brüderhalle Platz. Laienrefektorium und Winterrefektorium im W-Flügel sind Neu- bzw. Umbauten des 16. Jh. Am herrschaftlichen Klostertor sehenswerte Kreuzigungsgruppe des frühen 15. Jh.

88662 Überlingen
Baden-Württemberg

Einw.: 20 400 Höhe: 403 m S. 1281 □ G 15

Kath. Stadtpfarrkirche St. Niko-laus/Münster (Münsterplatz): Der Bau des Münsters ist in mehreren Etappen erfolgt. Ausgangspunkt war eine einfache Saalkirche, die durch einen Neubau im 12. Jh. ersetzt wurde. Zwischen 1512 und 1563 wurde das heutige Münster erbaut.

Die Bedeutung des Münsters beruht auf seiner großartigen Ausstattung. Von höchstem Rang ist der *Hochaltar,* den J. Zürn* v. 1613–16 errichtet hat. Gotik und Renaissance haben das figurenreiche Werk zu beinahe gleichen Teilen beeinflußt. Das gilt auch für das ebenfalls v. Zürn geschaffene *Sakramentshaus* (1611), das in der Gliederung v. der sonst gewohnten Form abweicht. Die spätgot. Steinkanzel ist ebenso an den Mittelschiffpfeilern befestigt wie die Figuren Christi und der 12 Apostel (1552). In der ersten S-Kapelle verdient der *Rosenkranzaltar* (1631) Beachtung, der v. den Brüdern J. Zürns, Martin und David, geschaffen wurde. – Der Ölberg s vor der Kirche wurde v. L. Reder 1493 geschaffen.

Franziskanerkirche (Franziskanerstraße): Die Kirche aus dem 15. Jh. erhielt im 18. Jh. ihr Stuckgewand und Fresken im Hochschiff. Den Hochaltar hat J. A. Feuchtmayer* 1760 geschaffen.

Rathaus (Am Marktplatz): Das im 15. Jh. erbaute Rathaus ist wegen seines *Ratssaales* berühmt, den der einheimische Meister J. Ruß in den Jahren 1490–94 ausgestaltet hat. Dargestellt sind als Statuetten die einzelnen Stände des Reiches, die weltliche Macht mit Kaiser und König und die göttliche Macht mit Christus, Maria und Johannes. An das Rathaus schließt im W der sog. *Kanzleibau* an.

Städt. Museum (Krummenbergstr. 30): Das Patrizierhaus Reichlin-Meldegg, im 15. Jh. errichtet, ist heute Heimat des Städt.

Überlingen, Münster

Überlingen, Detail aus dem Ratssaal

Museums. Sehenswert sind – neben den Sammlungen des Museums – die Hauskapelle (1486 gew., v. J. A. Feuchtmayer in der Mitte des 18. Jh. mit reichem Figurenschmuck neu gestaltet) und der Festsaal, dessen erstklassiger Stuck v. Wessobrunner Künstlern stammt.

29525 Uelzen
Niedersachsen

Einw.: 35 600   Höhe: 35 m   S. 1273 ☐ K 5

Ev. St. Marienkirche (an der St. Marienkirche 1): Die Kirche, die in ihren ersten Anfängen bis in das Jahr 1281 (erste urkundl. Erwähnung) zurückgeht, wurde nach den Zerstörungen des 2. Weltkrieges bis 1954 in etwas veränderter Form wiederaufgebaut. Charakteristikum ist der Findlingssockel, über dem sich die dreischiffige Hallenkirche aus Backsteinen erhebt. Die Halle besitzt ausgezeichnete Kreuzrippengewölbe, die auf dicke Rund-

pfeiler gestützt sind. Im Gegensatz dazu steht der lichtdurchflutete Chor, der um 1380 hinzugekommen ist. Kostbarster Besitz der Kirche und zugl. Wahrzeichen der Stadt ist jenes »Goldene Schiff«, ein frühgot. Tafelaufsatz aus vergoldetem Kupferblech, der in einer Nische der Turmhalle aufbewahrt wird. Er stammt vermutl. aus dem 13. Jh. Seine Höhe mißt 62,5 cm. Aus der nur zu kleinen Teilen erhaltenen Ausstattung seien hier außerdem erwähnt: Rokoko-Orgel (1756), Messingkronleuchter (15. Jh.), St.-Annen-Schrein (16. Jh.) sowie mehrere Grabsteine. Marmorepitaph für Propst Stillen (gest. 1702).

Hl.-Geist-Kapelle (Lüneburger Straße): Die Kapelle wurde 1321 erstmals genannt. Hier verdient der Marienaltar aus dem 16. Jh. Beachtung. Einige Glasmalereien aus dem 15. Jh. wurden aus der St.-Viti-Kapelle der Marienkirche übernommen.

Museen: *Heimatmuseum* (5 km s v. Uelzen): Das Museum im Schloß Holdenstedt (im 13. Jh. erstmals erwähnt) untergebracht, zeigt vorgeschichtliche und kulturgeschichtliche Sammlungen. – *Mühlenmuseum Suhlendorf* (15 km sö v. Uelzen): 60 nachgebildete Wind- und Wassermühlen aus verschiedenen Ländern und Epochen sind hier in einem Freilichtmuseum aufgestellt.

88690 Uhldingen-Mühlhofen
Baden-Württemberg

Einw.: 6500   Höhe: 403 m   S. 1281 ☐ G 15

Pfahlbaumuseum Unteruhldingen (Seepromenade 6): Am Ufer des Bodensees rekonstruierte man 1921–22 anhand von archäolog. Ausgrabungsergebnissen zwei Dörfer der Stein- und Bronzezeit. – Im nahen *Seefelden* lohnt die spätgot. kath. *Kirche St. Martin* mit roman. Turm einen Abstecher.

Ortsteil **Oberuhldingen:** Zisterzienserpriorat *Birnau:* 1746 Verlegung der Kirche v. Nußdorf an ihren reizvollen Standort oberhalb des Sees. Nach nur dreijähriger Bauzeit wurde die neue Wallfahrtskirche gew. Diese beste Schöpfung v. P. Thumb[*]

Uhldingen-Mühlhofen, Pfahlbauten

gehört mit der höchst qualitätvollen Dekoration und Ausstattung zu den glänzendsten Beispielen des südwestdeutschen Barock. – Die seeseitige *W-Fassade* ist ruhig und symmetrisch gegliedert; Portal- und Fensterumrahmungen sowie eine Rundnische mit der *Maria Immaculata* skulpierte J. A. Feuchtmayer. Das achteckige Glockengeschoß des Turms ist mit einem zierlichen Helm bekrönt. Die Teile des flach überwölbten, einschiffigen *Innenraums* sind durch einen bis zur Apsis umlaufenden Emporengang verklammert und v. üppigem Baudekor geziert. – Stukkaturen, Plastiken, Altäre und Kanzel schuf J. A. Feuchtmayer unter Mitwirkung v. J. G. und F. A. Dürr. – *Hochaltar* mit komplexer Höhen- und Raumstaffelung. *Got. Gnadenbild* (15. Jh.) aus der Vorgängerkirche. Die Altarfiguren gehören zu Feuchtmayers besten Plastiken – ebenso ein Putto am Bernhardsaltar, der sog. *Honigschlecker*, dessen Tätigkeit auf die honigsüße Rede des rhetorisch begabten hl. Bernhard anspielt. Von Feuchtmayers 14 geschnitzten *Kreuzwegstationen* sind noch 8 erhalten. – J. G. Dürr und seine Werkstatt schufen die vergoldeten *Büsten* (1757) auf dem Emporengang. Putten halten die Attribute der Apostelbüsten. G. B. Götz schuf die farbenprächtigen *Deckengemälde* (1750), die in kongenialer Weise zu diesem Gesamtkunstwerk v. seltener Homogenität beitragen. Das Bildprogramm beginnt in der Apsis mit einer Typologie der Fürbitte (Esther vor Ahasver, Maria vor dem Weltenrichter) und wird im Vorchor (apokalyptisches Weib, umgeben v. religiösen Tugenden und Erdteilen) fortgesetzt.

89073–81 Ulm
Baden-Württemberg

Einw.: 112 200 Höhe: 479 m S. 1281 ☐ H 14

Das Umland der einstigen Reichsstadt Ulm war bereits in der jüngeren Steinzeit besiedelt. Die günstige Verkehrslage an der Donau hat Handel und Wirtschaft all-

Ulm, Panorama mit Münster

zeit begünstigt. Ulm ist seit dem MA ein bedeutendes Handelszentrum geblieben. 1164 erhielt Ulm das Stadtrecht, 1274 wurde die Reichsunmittelbarkeit verbrieft. Das Wachstum der Stadt im MA läßt sich an den beiden Umfassungen verfolgen: Ein erster Ring umgibt den alten Stadtkern, ein zweiter wurde im 14. Jh. gezogen und umgab eine so große Fläche, daß die Entwicklung der Stadt erst im 19. Jh. darüber hinausging.

Münster (Münsterplatz): Unzweifelhaft gehört das Ulmer Münster zu den bedeutendsten sakralen Bauten in Europa. Mit seinen gewaltigen Abmessungen (123,55 m lang, im Langhaus 48,75 m breit, im Hauptschiff 41,6 m hoch und mit einer überdeckten Fläche von 5100 qm sowie mit seinem 161 m hohen Turm) ist das Münster nicht nur einer der größten Kirchen, sondern mit seiner unvergleichlichen Architektur und seinem großartigen Bauschmuck auch einer der besten kirchlichen Bauten. – Der Baubeginn lag im Jahr 1377, wie eine Inschrift beweist. Mehrere Baumeisterfamilien (u. a. die Parler* und Ensinger*) haben an dem Werk gearbeitet. Endgültig fertig war das Münster erst 1890. – Äußeres: Der Turm, höchster Kirchturm der Welt, beansprucht bei einer Betrachtung des äußeren Baus die größte Aufmerksamkeit für sich. Ihm stehen auf der O-Seite 2 kleinere Türme gegenüber. Das schönste v. den 5 Portalen, die alle überreich mit figürlichem Schmuck versehen sind, ist das Hauptportal im W. Unter den Figuren, mit denen die Arkaden abschließen, sind Maria und die Apostel (um 1420), geschaffen v. Meister Hartmann) die bedeutendsten, vorzügliche Werke des Weichen Stils. Am Mittelpfosten des Portals ist der berühmte *Schmerzensmann* zu sehen, den H. Multscher im Jahre 1429 geschaffen hat. Weitere Figuren, die in der Vorhalle aufgestellt sind, stammen v. Syrlin d. J.* und stellen Evangelisten, Kirchenväter und Märtyrer dar. – Inneres: Das Innere zeigt ein Hochschiff mit steilen Arkaden, die den Blick zum

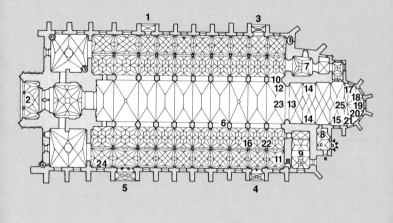

Chor lenken. Die Ausstattung des Münsters ist trotz der Schäden, die v. den Bilderstürmern des 16. Jh. angerichtet wurden, noch immer v. großer Einheitlichkeit und ebensolchem Reichtum. Nur noch in geringen Teilen ist allerdings die einstmals reiche Wandmalerei erhalten (an den Mittelschiffpfeilern und das *Fresko des Jüngsten Gerichts,* 1471, eines der bedeutendsten Zeugnisse spätgot. Monumentalmalerei). Mit den Chorfenstern, die in ihrer Größe und Farbenpracht dominierende Wirkung erlangen, sind hervorragende Leistungen der Glasmalerei des 15. Jh. erhalten. Das *Sakramentshaus* (l v. Chorbogen) gehört zu den besten, die v. dt. Künstlern hervorgebracht worden sind (1464–71). Die Statuen im unteren Teil hat N. Hagenauer geschaffen, die Figuren des ersten Geschosses werden H. Multscher zugeschrieben (Moses, David und eine nicht auszumachende Figur). Die *Kanzel,* 1499 v. B. Engelberg* geschaffen, erhielt 1510 einen Holzbaldachin v. J. Syrlin d. J.* Schließlich sei das großartige *Chorgestühl*

Ulm, Münster 1 W N-Portal, 1356 **2** Vorhalle mit Hauptportal **3** Ö N-Portal **4** Ö S-Portal, Brauttor **5** W S-Portal, um 1380–1400 **6** Stiftungsrelief zur Grundsteinlegung, Ende 14. Jh. **7** Neithartkapelle **8** Besserkapelle, a) S-Fenster, 1420, b) Chörlein, 1430, c) Kruzifix **9** Konrad-Sam-Kapelle mit Glasmalerei v. 1957 **10** Figur Hans Ehingers **11** Kargaltar, 1433 **12** Sakramentshaus, 1467–71 **13** Dreisitz v. J. Syrlin d. Ä., 1468 **14** Chorgestühl v. J. Syrlin d. Ä., 1469–74, a) Frauenseite b) Männerseite **15** Medaillonfenster, frühes 15. Jh. **16** Taufstein, um 1470 **17** Johannesfenster **18** Kramerfenster v. P. v. Andlau, 1480 **19** Ratsfenster v. P. v. Andlau, 1480 **20** Anna-Marien-Fenster **21** Freuden-Marien-Fenster **22** Weihwasserbecken v. J. Syrlin d. J., 1507 **23** Altar mit Abendmahlsbild v. H. Schäufelin d. Ä., 1515, darüber Triumphkreuz und Wandbild des Jüngsten Gerichts, 1470/71 **24** Parlerstein **25** Choraltar, sog. Hutzaltar, v. M. Schaffner, 1521

hervorgehoben, das als das beste in Deutschland gilt. J. Syrlin d. Ä.* hat es (1469–71) geschaffen und damit eine der bedeutendsten Leistungen dt. Schnitzkunst vollbracht. Von den ehemals 60 Altären sind die meisten v. den Bilderstürmern der Nachreformationszeit vernichtet worden. Von den erhaltenen sei der heutige Hochaltar erwähnt, jener *Sippenaltar,* den M. Schaffner 1521 urspr. für die Turmhalle geschaffen hat.

Weitere Kirchen in Ulm: *Dreifaltigkeitskirche* (Neue Straße): Die 1944 durch Bomben zerstörte Kirche aus den Jahren 1617–21 ist heute Begegnungsstätte der christl. Kirchen Ulms.
Ev. Garnisonskirche (Pauluskirche; Frauenstraße): Die Kirche, die T. Fischer 1908–10 erbaut hat, zählt zu den bahnbrechenden Leistungen der Architektur dieser Zeit.

Rathaus (Rathausplatz): Ausgehend v. Bauten aus der Zeit um 1360, erfolgte der Umbau der Anlage zur heutigen Gestalt ab 1420. Die großartigen Skulpturen (sie stellen Kurfürsten und Kaiser als Träger der Reichsidee dar) hat H. Multscher ab 1427 geschaffen. Die astronomische Uhr wurde 1520 angebracht, aber schon 1580 v. I. Habrecht erneuert. Die Bemalung an der O- und N-Seite stammt vermutlich v. M. Schaffner.
Neuer Bau (Neue Straße): H. Fischer hat diesen Bau 1585–93 urspr. als Kornmagazin errichtet, trotzdem erhielt er ein

Ulm, Münster

schloßartiges Aussehen. Diese Wirkung wird v. a. durch den Binnenhof unterstrichen. Das Portal zu diesem Arkadenhof ist das Werk v. C. Bauhofer, den Treppenturm hat P. Schmidt 1591 geschaffen. Die Figur der hl. Hildegard, der Gemahlin Karls d. Gr., mit der der Brunnen im Hof geschmückt ist, ist nur noch Kopie. Das Original v. C. Bauhofer, 1591 geschaffen, befindet sich heute im Museum.

Museen: *Ulmer Museum* (Marktplatz 9): Im Mittelpunkt der Sammlungen, die in dem 1882 gegründeten und heute auf fast 50 Ausstellungsräume ausgedehnten Museum zu sehen sind, steht die oberschwäb. Kunst der Spätgotik. Daneben moderne Kunst ab 1890 bis zur Gegenwart. – *Dt. Brotmuseum* (im Salzstadel; Salzstadelgasse 10): Das Museum versteht sich zwar auch als eine Sammelstelle für die Kulturgeschichte des Brotes, es will aber v. a. bei breiten Bevölkerungskreisen über das Problem des Hungers in der Welt aufklären.

Theater: *Ulmer Theater* (Olgastr. 73): Erstmals bespielt 1641 (ältestes städt. Theater Deutschlands). – *Theater in der Westentasche* (Herrenkellergasse 6): Schauspiel.

Außerdem sehenswert: *Schwörhaus* (Schwörhausgasse): Das Haus erinnert an die Tradition, daß der regierende Bürgermeister und die Zünfte alljährlich am »Schwörmontag« auf die Stadtverfassung schwören müssen. Dieser Gedanke lebt in dem alljährlich im Juli gefeierten »Schwörmontag« fort. Das 1613 errichtete Haus wurde 1785 im Stil des Barock verändert. – *Metzgerturm* (Unter der Metzig): Dieser »Schiefe Turm von Ulm« hat eine Neigung von 2,05 m nach NW. Er stammt aus dem 14. Jahrhundert – *Fischer- und Gerberviertel:* An den Ufern der Blau, die diesen Stadtteil mit mehreren Armen durchzieht, haben früher Fischer und Gerber gewohnt. Bis heute sind viele malerische Motive erhalten geblieben oder wiederaufgebaut worden. – Die *Brunnen:* Die Brunnen, zumeist aus dem 16. Jahrhundert, finden sich u. a. am Weinhof, am Marktplatz, an der Neuen Straße, am Judenhof, am Georgsplätzle und am Münsterplatz. Der Marktbrunnen (»Fischkasten«) stammt v. J. Syrlin d. Ä.* und war 1482 fertiggestellt. Die Originale der 3 Ritterfiguren befinden sich heute im Museum.

Umgebung

Erbach (7 km sw): Neben der *kath. Pfarrkirche St. Martin* (1767–69 neu gestaltet) mit *Stuckdekoration* v. I. und A. Finsterwalder und *Fresken* v. Bergmüller-Schüler M. Kuen (1768) sowie einer geschnitzten *Muttergottes* (um 1490) aus der Ulmer Schule ist das *Schloß* (16. Jh.), eine reizvolle Renaissance-Anlage, mit dem darin eingerichteten *Schloßmuseum* v. Interesse.

53572 Unkel
Rheinland-Pfalz

Einw.: 4400   Höhe: 58 m   S. 1276 □ C 9

Kath. Pfarrkirche: Die in ihrem Ursprung roman. Basilika (um 1200) wurde um 1502 zur got. Hallenkirche umgebaut. Äußerliche Erkennungszeichen sind die in dieser Anordnung eigentümlich und reizvoll anmutenden 3 Satteldächer, mit denen die 3 Schiffe überdeckt sind. Neben der reichen und üppigen Barockausstattung – mit Hochaltarbild (1705) v. M. Preti – sind u. a. das rom. *Taufbecken* (um 1200), der Pantaleon-Reliquienschrein mit Bemalung (15. Jh.) sowie ein Kruzifixus und ein Heiliges Grab (beide aus dem 16. Jh.) sehenswert.

Freiligrath-Haus: Ferdinand Freiligrath lebte 1839/40 in Unkel.

83209 Urschalling (über Prien)
Bayern

Einw.: 70   Höhe: 540 m   S. 1283 □ N 15

Hl.-Jakobs-Kirche (2 km s v. Prien): Auf einer Anhöhe über dem Chiemsee ist vermutlich im 12. Jh. die heutige Kirche entstanden. Bei Restaurierungsarbeiten während der Jahre 1941–42 wurden dort ma Wandmalereien freigelegt, die zu den besten in Bayern und wertvollsten des MA gehören. Die Malereien sind in der Minderheit dem frühen 13. Jh., die übrigen dem 14. Jh. zuzuschreiben.

Ulm, Rathaus

V

26316 Varel
Niedersachsen

Einw.: 24 100   Höhe: 5 m   S. 1272 □ E 4

Ev. Kirche (Schloßplatz 3): Findlinge, Granitquader und Backstein wurden als Materialien für die im 14. Jh. vollendete Kirche benutzt. Die ältesten Bauteile gehen in das 12. Jh. zurück.
Bedeutender als das Äußere ist die Innenausstattung, die Graf Anton II. v. Oldenburg-Delmenhorst bei dem Bildhauer L.

Munstermann in Auftrag gab und die im 1. Viertel des 17. Jh. aufgestellt wurde. Im Mittelpunkt steht der meisterhafte Altar (1614), der als ein Hauptwerk des Manierismus zu gelten hat. Die zahlreichen Figuren sind aus farblich kontrastierendem Alabaster gefertigt und in einen überreich ausgeschmückten Gesamtrahmen gestellt. Auch die Kanzel (1613), die Taufe (1618) und ein Lesepult sind Werke Munstermanns.

Heimatmuseum (Neumarkt 3): Beiträge zur Orts- und Landesgeschichte.

Varel, Alabaster-Altar in der ev. Kirche

Veitshöchheim, Schloß mit Park

97209 Veitshöchheim
Bayern

Einw.: 9000 Höhe: 178 m S. 1281 □ H 11

Schloß: H. Zimmer hat das Schloß in den Jahren 1680–82 wahrscheinlich nach Plänen v. Petrini[*] erbaut, nach Plänen v. B. Neumann[*] wurde es um 1750 erweitert. Zu dieser Zeit entstanden auch bedeutende Teile des heutigen Parks, der im Auftrag v. Fürstbischof Adam Friedrich v. Seinsheim nach Plänen v. P. Mayer aus Böhmen nach freimaurerischen Motiven angelegt wurde, sowie ein Teil des reichen Figurenschmucks, der v. J. W. van der Auwera[*] erstellt wurde. Die wesentlichen bildhauerischen Beiträge für diese in ihrer Art einmalige Anlage stammen jedoch v. F. Dietz[*], der v. Fürstbischof Adam Friedrich v. Seinsheim und dessen Bauamtmann J. P. Geigel beauftragt worden war. Mängel aus Jahren der fehlenden Pflege sind ebenso wie die Schäden, die der 2. Weltkrieg angerichtet hat, weitgehend beseitigt. Heute zeigt sich die großartige Parkanlage wieder in jenem Glanz, der ihr zu einer Sonderstellung unter den dt. Schloßanlagen verholfen hat. Neben dem Schloß wurde der See zum zweiten Schwerpunkt der Anlage. Die zahlreichen Plastiken, dazu Grotten, Pavillons, Fontänen, Wege und Plätze sind zu einem einzigartigen Mosaik zusammengesetzt.

42549–55 Velbert
Nordrhein-Westfalen

Einw.: 89 300 Höhe: 250 m S. 1276 □ C 8

Dt. Schloß- und Beschlägemuseum (Oststr. 20): Nur in Velbert, dem Zentrum der dt. Schloß- und Beschlägeindustrie, konnte dieses einzige Spezialmuseum entstehen. Die Sammlungen, die v. ältesten Schlüsseln bis zu modernen Beschlägen reichen, sind eine fast lückenlose Kulturgeschichte v. Schloß und Riegel.

27283 Verden an der Aller
Niedersachsen

Einw.: 24 800 Höhe: 20 m S. 1273 □ G 5

Dom St. Marien (Domplatz): 2 Holzkirchen des 8. und 10. Jh. folgte 1185 eine massive Basilika. In mehr als zweihundertjähriger Bauzeit erhielt der Dom 1490 sein endgültiges Gesicht. Trotzdem prä-

Verden an der Aller, got. Levitenstuhl im Dom

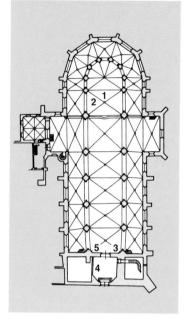

Vierzehnheiligen, Wallfahrtskirche

Verden an der Aller, Dom 1 Roman. Taufstein **2** Got. Levitenstuhl, 1. Hälfte 14. Jh. **3** Sarkophag des 1623 gest. Bischofs Sigismund, 1594 **4** Bronzegrabplatte des Bischofs Barthold (gest. 1502) **5** 2 Bischofsgrabmale, 16. Jh.

sentiert sich der Dom, der durch das Kupferdach eine unverwechselbare Eigenart erhalten hat, als weitgehend einheitliches Bauwerk. Seinen Rang als eines der bedeutendsten Bauwerke dieser Zeit in Niedersachsen gewinnt er aus den großartigen Proportionen des Innenraums. Rundpfeiler und Kreuzrippengewölbe stehen in harmonischer Verbindung und leiten den Blick des eintretenden Besuchers zum Chor, der sein Licht aus einem großen Maßwerkfenster bezieht. Im Chor steht auch der got. Levitenstuhl (1. Hälfte des 14. Jh.), der zu den wertvollsten Stücken der sonst nicht sehr reichhaltigen *Ausstattung* gehört. Erwähnt seien noch ein roman. Taufstein und der Sarkophag für Bischof Philipp Sigismund (gest. 1623) sowie die Grabplatten und Grabmale weiterer Bischöfe.

Ev. St.-Andreas-Kirche (Grüne Str. 19): Die Kirche wurde in den Jahren 1212–20 errichtet. Bischof Yso, der um die Entwicklung der Stadt große Verdienste hat (und an dieser Stelle begraben ist), ließ die Kirche als einschiffigen Bau aus Backstein errichten. Wichtigster Teil der Ausstattung ist die Grabplatte für Yso. Sie ist 1231 aus Messing gearbeitet worden und damit das erste Denkmal aus diesem Material. Das Gestühl stammt aus dem Anfang des 18. Jh., der Altar wurde im 19. Jh. aus barockem Schnitzwerk zusammengesetzt.

Ev. Johanniskirche (Ritterstr. 30): Die ältesten Teile stammen aus dem 12. Jh., die heute erhaltene Kirche entstand jedoch in ihren wesentlichen Teilen im 15. Jh. Das Triumphkreuz und ein bemerkenswertes Sakramentshäuschen sind Arbeiten aus dem 15. Jh. Der Altaraufsatz ist mit 1623 datiert.

Wohnhäuser: Unter den erhaltenen Wohnhäusern sind einige hervorzuheben:

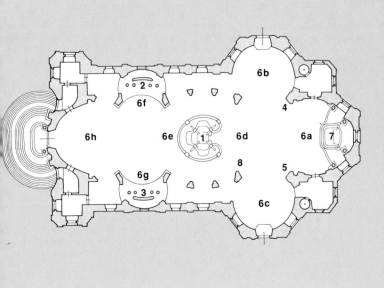

Vierzehnheiligen, Wallfahrtskirche 1 Gnadenaltar **2** St.-Blasius-Altar **3** St.-Georgs-Altar **4** St.-
Franziskus-Altar **5** St.-Antonius-Altar **6** Deckengemälde, a) Anbetung der Hirten, b) Verkündigung,
c) Josephs Traum, d) Nothelfer mit Dreifaltigkeit, e)
Kaiser Heinrich und Kaiserin Kunigunde, f) Abra-
hams Opfer, g) Jakobsleiter, h) Anbetung der Hl. 3
Könige **7** Hochaltar **8** Kanzel

ein Ackerbürgerhaus v. 1577 (Strukturstr.
7), das Fachwerkhaus in der Oberen Str. 24
(um 1600) und jener Backsteinbau aus
dem Jahre 1708 (Große Fischerstr. 10), in
dem sich heute das *Heimatmuseum* befindet.

Dt. Pferdemuseum (Andreasstr. 7): Umfangreiche Sammlungen v. Pferdewagen,
Hufeisen, Münzen, Medaillen und Gala-
geschirren.

Umgebung

Sachsenhain (2 km ö): Ansammlung von
4500 Findlingsblöcken.

Vierzehnheiligen
96231 Staffelstein
Bayern

| Höhe: 387 m | S. 1278 □ L 10 |

Wallfahrtskirche: Gegenüber dem ehem.
Benediktinerkloster → Banz, auf der anderen Seite des Mains, ist die Wallfahrtskirche Vierzehnheiligen in den Jahren 1743–
72 (also nach Banz) entstanden. Der großartige Komplex des gegenüberliegenden
Benediktinerklosters hat bei allen Plänen
unzweifelhaft großen Einfluß ausgeübt. –
Der heutige, prunkvolle Bau löste eine
kleine Kapelle ab, die bis dahin das Ziel
zahlloser Wallfahrten gewesen war. Die
Wallfahrt geht zurück auf die Vision eines
Schäfers, dem in den Jahren 1445–46
mehrmals das Jesuskind und die 14 Nothelfer erschienen waren. Dieser Vision
entspricht der frei stehende Gnadenaltar,
den J. M. Küchel* geschaffen hat. – Architekt der Kirche war B. Neumann*, der für

das gegenüber liegende Benediktinerkloster Banz lediglich einige Pläne geliefert hatte und hier seine schönste Kirche in Franken geschaffen hat. Adäquat der Leistung des großen Neumann waren die Arbeiten der Künstler, die an der Innenausstattung mitgewirkt haben. Neben dem schon genannten Küchel sind in erster Linie die Brüder Johann Michael und Franz Xaver Feuchtmayer* aufzuführen, die gemeinsam mit J. G. Übelhör* auch die Stukkaturen des Gnadenaltars geschaffen haben. Die Deckenfresken, eine der besten Leistungen dieser Zeit, stammen v. J. I. Appiani. – Das großartige Zusammenwirken aller Teile macht die Kirche Vierzehnheiligen zu einem der bedeutendsten sakralen Gesamtkunstwerke dieser Stilepoche. – Das Verständnis der Neumannschen Pläne wird erleichtert, wenn man ein Detail aus der Bauzeit kennt: Neumann hatte urspr. vor, den Gnadenaltar (siehe zuvor) in die Vierung zu stellen, wurde daran jedoch durch Entscheidungen, die der Bauleiter Krohne ohne sein Wissen getroffen hatte, gehindert. Daraufhin entschloß sich Neumann, den Altar ins Schiff zu stellen und ihn v. einem großen Oval zu umgeben. Dieses große Oval grenzt an 2 (kleinere) Längsovale und 2 (wesentlich kleinere) Querovale. Die Kreuzarme haben Kreisform und schließen sich ebenfalls an das Hauptoval an. So wird erreicht, daß die einzelnen Zonen der Kirche ineinander verschmelzen. – An der NO-Seite schließt das *Propsteigebäude* an (1745/46 nach Entwürfen Küchels* entstanden). Die Basilika wurde 1983–90 umfassend rest.

78048–56 Villingen-Schwenningen
Baden-Württemberg

| Einw.: 80 100 | Höhe: 700 m | S. 1280 □ E 14 |

Villingen, erstmals 817 genannt, war seit dem 12. Jh. freie Reichsstadt und wurde 1972 mit Schwenningen zu einer gemeinsamen Stadt vereint.

Liebfrauenmünster (Münstergasse): Der Vorgängerbau, Opfer des Brandes v. 1271, wurde in mehreren Etappen durch das heutige Münster ersetzt. Bezieht man die beiden Türme ein, so war der heutige Bau erst im 16. Jh. vollendet. Das Äußere besticht durch die spätgot. Maßwerkfenster und das darunter liegende roman. Portal (ein weiteres, ebenfalls erstklassiges, auf der S-Seite). Von der ersten Ausstattung sind

Vierzehnheiligen, Innenansicht (l) und Detail (r) der Wallfahrtskirche

einige wertvolle Teile erhalten. Dazu gehören die steinerne Kanzel (um 1500–10) mit schönem figürlichen Schmuck und der Nägelin-Kruzifixus (14. Jh.) auf dem Kreuzaltar. Das Chorgestühl und weitere Teile der Ausstattung sind im 18. Jh. hinzugekommen, so auch der Ölberg unter der W-Empore v. Anton Joseph Schupp.

Museen: Museum, *Altes Rathaus* (Rathausgasse): Im alten spätgot. Rathaus mit Renaissance-Ausbau zeigt das Museum Beiträge zur Ur- und Frühgeschichte sowie Kunsthandwerk, Plastik und Malerei.
Franziskaner-Museum (am Riettor): Neben volkskundlichen Sammlungen und Funden aus der Keltenzeit gibt eine gesonderte Abteilung Einblick in die heutige Methodik der Archäologie (Zeitbestimmung v. archäologischen Funden).
Uhrenmuseum (Kronenstr. 16): Entwicklung der Uhrenfertigung in den letzten 400 Jahren, ergänzend dazu rund 1500 Uhren.
Außerdem sehenswert: *Ehem. Franziskanerkloster,* gegr. 1268, mit Kirche, Kreuzgang und Kapelle. – *Ehem. Benediktinerkloster* (Stadtteil Schwenningen) mit Kirche und Konventgebäuden aus dem 18. Jh. – *Neckarquelle* mit Quellstein v. 1581.

49429 Visbek
Niedersachsen

Einw.: 8400   Höhe: 50 m   S. 1272 □ E 5

Steingräber: Die jungsteinzeitlichen Gräber stellen Massengräber für Sippen oder auch ganze Dorfgemeinschaften dar. Mehrere der großen Steine sind zu Gräbern zusammengefaßt. Ein kleineres Grab wird als *Opfertisch,* eine 104 m lange Gruppe als *Visbeker Bräutigam,* die 80 m lange als *Visbeker Braut* bezeichnet.

92648 Vohenstrauß
Bayern

Einw.: 7300   Höhe: 570 m   S. 1283 □ N 11

Schloß Friedrichsburg: Mit dem Bau des Schlosses begann Pfalzgraf Friedrich v. Vohenstrauß im Jahre 1586. 1593 war das Schloß endgültig fertiggestellt. Besonderes Merkmal sind die 6 Türme, v. denen 4 an den Ecken und 2 an den Längsseiten stehen (der mittlere Turm an der S-Seite wurde 1903 hinzugefügt). Die Türme rahmen an der Fassadenseite einen schönen Staffelgiebel ein.

Visbek, Steingräber

Im Schloß waren bis 1972 städt. oder andere kommunale Behörden untergebracht.

Städt. Heimatmuseum (Marktplatz 9): Stadt- und Volkskunde.

| **97332 Volkach** |
| Bayern |
| Einw.: 9000 Höhe: 200 m S. 1282 □ I 11 |

Kath. Pfarrkirche St. Bartholomäus: Die Kirche ist in den Jahren 1413–1597 entstanden, 1754 wurde der Bau durchgreifend verändert. Die Innenausstattung folgt der letzten Veränderung und bietet reinstes Rokoko – gestaltet v. bekannten Künstlern. Die Stukkaturen stammen v. N. Huber (1754), die Fresken hat J. M. Wolcker gemalt (1753). Der Hochaltar hat v. seiner urspr. Fassung aus dem Jahr 1739 nur noch Teile erhalten. 1792 wurde er v. P. Wagner, der auch einige der Holzfiguren geschaffen hat, umgestaltet. Auf Wagner geht auch die Kanzel zurück.

Wallfahrtskapelle Maria am Weingarten (an der Kreisstraße nach Fahr): Die Kirche war in aller Munde, als vor einigen Jahren die »Volkacher Madonna«, eine Rosenkranz-Muttergottes v. T. Riemenschneider*, geraubt und im Zuge einer Aktion, die v. einer großen Illustrierten lanciert war, zurückgeholt wurde. Die Madonna gehört zu den letzten und deshalb reifsten Werken des großen Künstlers und ist im 1. Viertel des 16. Jh. entstanden.

Rathaus und Marktplatz: Das Rathaus, seit 1544 erbaut, ist ein Renaissancebau. Die zweiläufige Freitreppe ist sein besonderes Merkmal. Der Madonnenbrunnen und die umstehenden Bürgerhäuser geben dem Marktplatz seine harmonische Gesamtwirkung.

Vohenstrauß, Schloß Friedrichsburg

W

39356 Walbeck
Sachsen-Anhalt

Einw.: 800   S. 1278 ☐ L 6

71332–36 Waiblingen
Baden-Württemberg

Einw.: 49 400   Höhe: 220 m   S. 1281 ☐ G 13

Dorfkirche: In dem neuroman. Bauwerk aus der 2. Hälfte des 19. Jh. befindet sich die Grabplatte Lothars II. (gest. 964). Es ist eines der wenigen Stuckbildwerke der ottonischen Epoche. Lothar II. gründete in Walbeck um 942 ein Benediktinerkloster. Von der Pfeilerbasilika aus dem 10. Jh. sind nur noch Reste vorhanden.

Ev. Michaeliskirche (Alter Postplatz 21): Die Kirche ist 1445–90 entstanden. Der Turm steht auf quadratischem Grundriß und überragt die ansonsten niedrige Hallenanlage. Die Schiffe tragen Netz- und Sternrippengewölbe, der Chor hat Kreuzrippenwölbungen. Sehenswert sind die Kanzel (1484) und das Michaelsrelief.

Waldsassen, Zisterzienserinnenkloster St. Johannes

Nonnenkirchlein (Alter Postplatz 19): Die Kirche hat H. v. Ulm 1496 errichtet. Das Untergeschoß ist als Beinhaus, das Obergeschoß als Kirchenraum eingerichtet. Sehenswert sind Rippennetzgewölbe und das reiche Fischblasen-Maßwerk.

Museum der Stadt Waiblingen (Heimat- und stadtgeschichtliche Sammlungen, Weingärtner Vorstadt 20): Es befindet sich im ältesten Gebäude der Stadt nahe der Rems.

88289 Waldburg
Baden-Württemberg

Einw.: 2400   Höhe: 772 m   S. 1281 □ H 15

Burg: Die heutigen Anlagen traten ab 1525 an die Stelle älterer, im Bauernkrieg zerstörter Bauten (ältere Mauerreste im Palas). Sehenswert sind mehrere Renaissancedecken und -vertäfelungen, die im Rittersaal v. 1568 ihre Krönung finden. Das Mobiliar aus dem 16. und 17. Jh. ist größtenteils erhalten.
Die Burg ist heute Museum. Wegen Sanierungsarbeiten ist sie bis etwa Mai 1994 nicht zugänglich.

Außerdem sehenswert: Kath. Pfarrkirche aus dem 16. Jh. mit Turmunterbau aus dem 14. Jh. und einer Barockausstattung aus der Zeit um 1748. Einige Teile der Ausstattung gehen in die Entstehungszeit der Kirche zurück (Salvatorfigur, Vesperbild, Altartafel). – Fachwerkhäuser aus dem 17./18. Jh.

95652 Waldsassen
Bayern

Einw.: 7900   Höhe: 477 m   S. 1278 □ N 10

Zisterzienserinnenkloster St. Johannes Ev.: Das 1131 gegr. Kloster erhielt seine heutige Gestalt in den Jahren 1682–1704. Architekt war A. Leuthner aus Prag, als Baumeister stand ihm G. Dientzenhofer*, als Maurer dessen Bruder Christoph zur Seite. Die Stukkaturen stammen v. dem oberital. Meister G. B. Carlone*. Die Fresken zeigen ebenfalls beste Prager Schule:

J. Steinfels hat sie gemalt. Carlones Kunst erreicht ihren Höhepunkt im Aufbau des *Hochaltars,* der ganz aus rotem und schwarzem Marmor gearbeitet ist (1696). Die Gemälde v. C. Mono zeigen im unteren Teil die Kreuzigung Christi, im oberen Teil Gottvater. Erwähnenswert sind die weiteren Altäre im Querschiff und in den Kapellen. Das *Chorgestühl,* v. M. Hirsch bis 1696 erarbeitet, zeigt Gemälde mit Putten, Apostelfiguren und weiteren formenreichen Barockschmuck v. C. Mono. – Unter den *Klosterbauten* nimmt die *Bibliothek* eine Sonderstellung ein. Sie ist 1725 fertiggestellt worden und besitzt hervorragende lebensgroße Schnitzfiguren. Das ungewöhnliche Werk erhält durch beste Stukkaturen, die P. Appiani geschaffen hat, einen großartigen Rahmen.

Umgebung

Kappel (4 km nw): An der Stelle einer früheren Wallfahrtskapelle (1527 erwähnt) wurde v. 1685–89 nach Plänen v. G. v. Dientzenhofer* die *Wallfahrtskirche Hl. Dreifaltigkeit* über einem dreipaßförmigen Grundriß erbaut. Die Zeltdächer der Drei-Konchen-Anlage werden v. 3 Dachreitern bekrönt, die ihrerseits mit den 3 Rundtürmen in den Dreipaßzwickeln korrespondieren.

79761 Waldshut-Tiengen
Stadtteil Waldshut
Baden-Württemberg

Einw.: 22 000   Höhe: 340 m   S. 1280 □ E 15

Pfarrkirche (im NO der Altstadt): Der got. Chor wurde in den Neubau v. 1804 einbezogen. Die Grundeinstellung des Inneren ist klassizistisch. Entsprechend wurde als Material für die Ausstattung fast ausschließlich Marmor gewählt. Die Altäre sind das Werk J. F. Vollmars.

Rathaus (Kaiserstraße): Das Barock gab den Ausschlag für die Formen dieses Baus, der um 1770 fertiggestellt gewesen ist.

Waldsassen, Stiftsbibliothek im >
Zisterzienserinnenkloster

Walkenried, Klosterruine

Heimatmuseum (Kaiserstr. 62): In einem Bau aus dem 16. Jh. befindet sich das Heimatmuseum mit guten vorgeschichtlichen und heimatkundlichen Sammlungen.

37445 Walkenried
Niedersachsen

Einw.: 2500   Höhe: 275 m   S. 1278 □ K 7

Ehem. Zisterzienserkloster St. Maria und St. Martin: Die Zisterzienser, die das Kloster 1129 gegr. haben, beteiligten sich an den wirtschaftlich einträglichen Unternehmungen dieses Gebiets (Bergbau, Verhüttung, Viehzucht) und machten das Kloster damit zu einem der reichsten in Deutschland. Die Kirche, deren Schlußweihe um 1290 stattfand, wurde während der Bauernkriege (1525) stark zerstört und ist heute nur als Ruine erhalten. Mit einer Länge v. 83 m gehörte sie zu den größten Kirchen in Niedersachsen. – Die *Konventsgebäude* aus dem 13. und 14. Jh. sind zum überwiegenden Teil erhalten geblieben. Hervorzuheben sind der got., durch seine Schönheit berühmte Kreuzgang mit dem dazugehörigen Brunnenhaus (um 1350). Im ehem. Kapitelsaal befindet sich heute eine ev. Kirche. Die Kanzel stammt aus dem Jahr 1662.

Außerdem sehenswert: Ehem. Jagdschloß: 1725–27 für Herzog August Wilhelm v. Braunschweig-Wolfenbüttel gebaut.

99880 Waltershausen
Thüringen

Einw.: 12 600   Höhe: 338 m   S. 1278 □ K 9

Gotteshilfkirche: Der barocke Zentralbau wurde 1719–23 v. dem gothaischen Hofbaumeister Zorn v. Plobsheim errichtet. Beeindruckend ist das Deckenfresko v. J. H. Richter (1723), in der Scheinkuppel ist die Dreieinigkeit dargestellt. Die Orgel

Wangen im Allgäu, Ravensburger Tor

(1720–30) v. T. G. Trost über dem Kanzelaltar ist die größte in Thüringen.

Außerdem sehenswert: Im *Schloß Tenneberg,* einer Renaissanceanlage aus dem 16. Jh., ist heute das *Heimatmuseum* untergebracht. – Das *Nikolaustor* (16. und 18. Jh.) und der *Töpferturm* (teilweise aus dem 15. Jh.).
Im Ortsteil *Schnepfenthal* liegt die *ehem. Erziehungsanstalt* v. C. G. Salzmann, ein Barockbau v. 1784–93. Sie beherbergt die Salzmann-Oberschule und die Guts-Muths-Gedenkstätte, die an den Pädagogen J. C. F. Guts-Muths erinnert.

88239 Wangen im Allgäu
Baden-Württemberg

Einw.: 25 100   Höhe: 556 m   S. 1281 □ H 15

Kath. Pfarrkirche St. Martin (Marktplatz): Die Kirche erhielt im 14./15. Jh. ihr heutiges Aussehen: eine dreischiffige Basilika, die durch Rundstützen charakterisiert ist. Aus der Ausstattung ist die Renaissance-Grabplatte für den 1511 gest. Vogt v. Summerau hervorzuheben.

Rathaus mit Pfaffenturm (Marktplatz): Der heute barocke Eindruck des Rathauses geht auf die Veränderungen der Jahre 1719–21 zurück. Das Haus selbst ist bereits im 13.–16. Jh. entstanden. Schmuckstücke sind die Fassade und der wirkungsvolle Volutengiebel.

Hinderofenhaus (Marktplatz): Die Bedeutung dieses Renaissancebaus, der 1542 für die Patrizierfamilie Hinderofen erbaut wurde, liegt in einem interessanten Innenhof.

Stadtbering: Die Stadtbefestigung aus dem 14. Jh. hat ihren Höhepunkt in dem gut erhaltenen *Ravensburger Tor.* Es wurde im 17. Jh. stark verändert und hat im 19./20. Jh. eine neue Bemalung erhalten. Erhalten sind auch der *Pfaffenturm* am Rathaus (siehe dort) sowie das *Lindauer Tor* (auch St.-Martins-Tor) und der kleinere *Pulverturm.* Der Stadtbering selbst ist in 3 Teilstücken ebenfalls erhalten.

Museen: Dt. *Eichendorff-Museum* (Lange Gasse 1): Die Sammlungen des 1954 gegr. Museums gelten dem Leben und Werk des Lyrikers und Erzählers Joseph Freiherr v. Eichendorff. Gezeigt werden u. a. Handschriften, Erstausgaben, Briefe und Bilder. – *Gustav-Freytag-Archiv* (Lange Gasse 2): Ein weiteres literarisches Archiv ist Gustav Freytag (1816–95), Literaturwissenschaftler und Schriftsteller, gewidmet. – *Heimat- und Käsereimuseum* (Eselmühle): Sammlungen zur Heimatkunde und Allgäuer Volkskunst.

34414 Warburg
Nordrhein-Westfalen

Einw.: 22 800   Höhe: 300 m   S. 1277 □ G 8

Altstädter Kirche/Marienkirche (Josef-Kohlschein-Straße): Der Bau stammt aus dem 13. Jh. Erweiterungsbauten brachte das 15. Jh., Umgang und Helm des Turms

Warburg, Johanniskirche

Warendorf, Hochaltar in der Pfarrkirche

stammen aus der Zeit um 1900. Kunsthistorisch gesehen ist das silberne Altarkreuz aus dem Jahr 1580 (v. A. Eisenhoit) Hauptanziehungspunkt für Besucher der Kirche.

Johanniskirche/Neustädter Kirche (Kirchplatz, Hauptstr. 49): Auch hier ist der Turm (wie bei der Altstädter Kirche) erst um 1900 in die heutige Form gebracht worden (Bedachung und umlaufende Galerie). Der Bau der Kirche zog sich v. 13. bis zur Mitte des 15. Jh. hin. Das Innere wird v. kreuzförmig aufgestellten Pfeilern und hervorragenden Kreuzgewölben bestimmt. Wichtigste Ausstattungsstücke sind die Standbilder auf Konsolen an den Wanddiensten (15. Jh.).

Museum im »Stern« (Sternstr. 35): Interessante Bodenfunde aus dem näheren Umkreis, Sammlungen zur Stadtgeschichte, kunstgeschichtl. Exponate.

Außerdem sehenswert: *Rathaus* v. 1582 (zwischen den Städten), *Burgturm* (An der Burg), *Sackturm* (Stadtmauer), *Johannisturm* (Burggraben).

Umgebung

Daseburg (3 km nö): Von der ehem. *Burg Desenberg* (12.–14. Jh.) der Grafen v. Northeim, später Heinrich des Löwen, ist auf einem hohen Basaltkegel die *Burgruine* mit einem wuchtigen *Bergfried* und *Mauerresten* erhalten.

17192 Waren
Mecklenburg-Vorpommern

Einw.: 23 500   Höhe: 65 m   S. 1275 □ O 3

Marienkirche: Die im späten 13. Jh. mit dem Bau des Chores begonnene und nach 1300 dreischiffig vollendete Pfarrkirche der Neustadt brannte im Dreißigjährigen Krieg und 1671 aus. Unter Einbeziehung des alten Chors und des Turmunterbaus wurde sie 1792 einschiffig erneuert. Die *Ausstattung* des pilastergegliederten Inne-

Wasserburg am Inn, St. Jakob >

ren besorgte J. J. Busch[*] 1789–92 einheitlich im Stil der Zopfzeit.

Außerdem sehenswert: Eine got. Kreuzigungsgruppe (14. Jh.) ziert den Chorbogen
der mehrfach veränderten *Georgenkirche*
(14.–19. Jh.). – Vor-, früh- und heimat-
geschichtliche Exponate werden im *Mü-
ritz-Museum* (Friedensstr. 5) gezeigt. –
Neues Rathaus: Stattlicher Putzbau aus der
Mitte des 19. Jh.

Umgebung

Varchentin (18 km nö): Der *englische
Garten* zwischen dem Varchentiner See
und dem im englischen Tudorstil erbauten
neugot. *Schloß* (1847; nach Plänen v.
Mouson) mit zinnenbewehrtem Turm
wurde v. Peter Joseph Lenné[*] entworfen.

48231 Warendorf
Nordrhein-Westfalen

Einw.: 35 500 Höhe: 56 m S. 1276 □ D 7

Die Kreisstadt Warendorf erhielt um 1200
die Stadtrechte und war eine bedeutende
Handelsstadt (Leinen). Mitglied der Hanse
v. 1370–1623. Bürgerhäuser, Fachwerkhäuser, Straßen, Plätze und Kirchen prägen das alte und erhaltene Stadtbild. Heute
ist die Stadt Sitz des Nordrhein-Westfäli-
schen Landgestüts mit der dt. Reitschule,
des Dt. Olympiade-Komitees für Reiterei,
der Sportschule der Bundeswehr und des
Bundesleistungszentrums für Modernen
Fünfkampf.

Pfarrkirche St. Laurentius: Erbaut nach
großem Stadtbrand 1404 als Musterbeispiel einer got. westfälischen Hallenkirche. Stilgerechte Innenausstattung. Hochaltar bedeutendes Werk dt. Malerei, geschaffen um 1450 v. Meister v. Warendorf,
einem Schüler und Künstler im Range des
Konrad v. Soest.

Kirche und Kloster der Franziskaner:
Einschiffige Saalkirche mit barocker Ausstattung.

Heimathaus der Stadt Warendorf (im

Rathaus am Markt): Rathausbau ab 1404.
Historischer Ratssaal. Schwerpunkte:
Wohnkultur vergangener Jh., Warendorfer
Leinewebertradition, Archiv- und Gilde-
geschichte, religiöses Brauchtum, wech-
selnde Ausstellungen zeitgenössischer
Kunst.

83512 Wasserburg am Inn
Bayern

Einw.: 10 300 Höhe: 427 m S. 1283 □ N 14

Wasserburg ist mit den Namen einiger gro-
ßer Dichter und Schriftsteller verbunden.
Hier fanden sich Teile der Manuskripte zu
Wolfram v. Eschenbachs »Parzival« und
»Willehalm«.

Stadtpfarrkirche St. Jakob (Kirchplatz
5): Der berühmte Landshuter Baumeister
H. v. Burghausen (gen. »Stethaimer«[*]) ist
vermutlich seit 1410 der Baumeister der
Kirche gewesen. Auf ihn gehen die schlanke dreischiffige Halle mit ihren Seitenkapellen zwischen den Strebepfeilern und
das ausgezeichnete Sterngewölbe zurück.
S. Krumenauer vollendete den Bau 1445
(Chor). Im Jahr 1478 kam der Turm hinzu.
– Wertvollstes Teil der vorwiegend barocken Ausstattung ist die v. den Brüdern
Zürn geschnitzte manieristische Kanzel
(1638–39).

Frauenkirche (Marienplatz): Die Kirche
aus dem 14. Jh. erhielt ihre Rokoko-Ausstattung erst in der 2. Hälfte des 18. Jh. Von
der alten Ausstattung sind seine Muttergottes (15. Jh.), Figuren des hl. Blasius und
der hl. Apollonia (Ende des 15. Jh.) sowie
ein Taufstein v. 1520 erhalten.

Burg: Herzog Wilhelm IV. ließ die Burg
1531 errichten. Wichtigstes Element sind
die Stufengiebel. Im Inneren der Burg sind
die 3 netzgewölbten Gänge zu erwähnen,
die nicht mehr durch geschwungene, sondern durch gradlinige Treppen miteinander verbunden sind (für die damalige Zeit
ungewöhnlich). Im Obergeschoß befindet
sich ein schön geschmückter Saal. Der Getreidekasten, der im W an den Hauptbau

Wasserburg am Inn, Burg >

Wasserburg am Inn, Frauenkirche

anschließt, stammt aus dem Jahr 1526. Zwischen Schloß und Getreidekasten liegt die Schloßkapelle (1465). Die Stukkaturen kamen 1710 hinzu.

Rathaus (Marienplatz 2): J. Tünzel, der auch die Schloßkapelle erbaut hat (siehe zuvor), errichtete das Rathaus mit seinem hohen Giebel in den Jahren 1457–59. Es wurde später allerdings mehrfach umgebaut und verändert. – Die urspr. Idee, Ratsstube, Tanzhaus und Speicher unter einem Dach zu vereinen, läßt sich jedoch noch heute erkennen.

Museum Wasserburg (Herrengasse 13 und 17): Sammlungen zur Stadt- und Gewerbegeschichte, volkskundliche Sammlungen. – *Erstes Imaginäres Museum* (Bruckgasse 2): Repliken aller Epochen abendländischer Malerei.

Außerdem sehenswert: Unter den zahlreichen Häusern, die alle Jahrhunderte fast unverändert überstanden haben, ist das Irl-beckhaus in der Schmidzeile 93 das älteste (1497). Daneben gibt es noch zahlreiche weitere Häuser mit den für dieses Gebiet typischen Eigenarten: Die Fassaden sind meist flach, im Erdgeschoß gibt es häufig Laubengänge, die Dächer bleiben hinter den hochgeführten Mauern unsichtbar.

Umgebung

Griesstätt-Altenhohenau (10 km s): In der *Klosterkirche St. Peter und Paul* des ersten bayr. Dominikanerinnenklosters ist v. a. die *Rokoko-Ausstattung* (1761–74) sehenswert. I. Günther* schuf die Altäre, M. Günther* das Chorfresko und J. M. Hartwanger das Langhausfresko. Neben dem sog. *Kolumban-Jesulein* (15. Jh.), angeblich ein Werk des Meisters v. Seeon, sind mehrere *Gnadenbilder* (14./15. Jh.) und eine Wappen-Marmorgrabplatte des Ritters Konrad v. Laiming auf Amerang (1446) von besonderem Interesse für den Besucher.

22880 Wedel/Holstein
Schleswig-Holstein

Einw.: 31 000   Höhe: 5 m   S. 1273 □ H 3

Der Handel mit Ochsen hat der Stadt am N-Ufer der Elbe einst zu Reichtum und Bedeutung verholfen. Selbstbewußtsein und das eigene Marktrecht spiegeln sich in einer sandsteinernen *Rolandsfigur,* die in dieser Art einmalig in Deutschland ist. Sie entstammt dem späten 16. Jh. Reichsapfel, Schwert und Krone kennzeichnen die buntbemalte Figur als Kaiser.

07570 Weida
Thüringen

Einw.: 9600   Höhe: 233 m   S. 1278 □ N 9

Schloß Osterburg: Das Schloß geht auf eine in der 2. Hälfte des 12. Jh. gegr. Burg zurück. Es handelt sich um eine unregelmäßige Anlage um einen elliptischen und nach N zu offenen Hof. Sehenswert sind der Bergfried, dessen roman. Untergeschoß aus der 2. Hälfte des 12. Jh. stammt, Aufsatz, Zinnen und Helm jedoch aus der Zeit der Gotik (15. Jh.) datieren, das dreigeschossige Schloß aus dem 16. und 17. Jh., die ehem. Kapelle mit den Resten eines roman. Vorgängerbaus und die Schloßwache v. 1717–18. Auf Schloß Osterburg befinden sich heute eine Jugendherberge und das *Kreis-Heimatmuseum.* Hier wird die Geschichte der Stadt Weida und der Osterburg dokumentiert. Beachtung verdienen auch die Musterbücher der Weber und das alte Handwerkszeug der Gerber.

Außerdem sehenswert: Das *Rathaus* ist ein dreigeschossiger Renaissancebau v. 1587–89 mit hohem Treppenturm mit geschweifter Haube und Laterne vor der Marktfront. – Die *Stadtkirche,* ein im Kern got. Bau, bestehend aus einschiffigem Chor mit dreiseitigem Schluß, Hauptschiff und s Seitenschiff, geht auf eine Franziskaner-Klosterkirche zurück. Die spätroman. Wandgemälde im Chor stammen aus der *Widenkirche,* die im Dreißigjährigen Krieg zerstört wurde und als Ruine erhalten ist. – Eine andere roman. Kirche ist ebenfalls nur als Ruine erhalten, die *Peterskirche* aus der 2. Hälfte des 12. Jh. – Die *Klosterkirche* des ehem. Augustiner-Nonnenklosters, ein roman. Bau aus dem 13. Jh., wurde 1527 als städtisches Kornhaus benutzt und im 19. Jh. zu einem Wohnhaus umgebaut. – Der *ehem. Friedhof* wurde 1564 angelegt. Sehenswert sind das Renaissanceportal v. 1580, die Pestkanzel v. 1608 und die Erbbegräbnisse aus dem 16. und 17. Jh. – Südlich der Stadt liegt die Weidatalsperre.

Umgebung

Wünschendorf (5 km nö): Die *Veitskirche* im Ortsteil *Veitsberg* ist eines der ältesten Bauwerke Ostthüringens. Es handelt sich um eine frühroman. Wehrkirche aus dem 11. Jh., die wiederholt umgebaut wurde. Beachtung verdienen die Reste spätroman. Glasmalereien im S-Fenster des Chors, die got. Fresken (u. a. Weltgericht und Anbetung der Könige) im Chorgewölbe und am Triumphbogen, die got. Passionsreliefs an den Strebepfeilern des Chors, der spätgot. Flügelaltar v. ca. 1480, die Kanzel aus dem 17. Jh., der Taufstein aus dem frühen 16. Jh. und das überlebensgroße Kruzifix, das ca. 1515 v. Hans Witten* geschaffen wurde. – Die *Klosterkirche* eines Prämonstratenserklosters im Ortsteil *Mildenfurth,* das 1193 gegr. worden war, wurde 1556 erst zum Wohnhaus, 1617 dann zum Jagdschloß umgebaut. Die spätroman. kreuzförmige Pfeilerbasilika ist trotzdem weitgehend erhalten.

Weiden über Lövenich
✉ 50859 Köln
Nordrhein-Westfalen

Einw.: 5700   Höhe: 100 m   S. 1276 □ B 9

Röm. Grabkammer (Aachener Str. 1328): Die röm. Grabkammer bei Weiden, 1843 entdeckt, geht auf das 1./2. Jh. zurück und ist die besterhaltene n der Alpen. Der Raum mißt 4,44 x 3,55 m im Grundriß und hat eine Höhe v. 4,06 m. In den großen Wandnischen stehen Klinen (Ruhebetten). Sie sind mit bedeutenden Marmorbüsten des 2. Jh. geschmückt.

Wünschendorf (Weida), Klosterkirche im Ortsteil Mildenfurth

Weiden über Lövenich, römische Grabkammer

Weikersheim, Rittersaal im Schloß

Weilburg, Schloßhof mit Nordflügel

97990 Weikersheim
Baden-Württemberg

Einw.: 7100   Höhe: 230 m   S. 1281 □ H 12

Schloß: Schloß und Schloßpark gehören zusammen zu den wichtigsten Schloßanlagen in Baden-Württemberg. Das Schloß hat zwar einige ma Teile bewahrt, in der Hauptsache bestimmt jedoch die Renaissance das Bild. Im Stil des Barock wurden nur der Marstall und die Toranlage hinzugefügt. Der Hauptbau, der sich in 2 rechtwinklig zueinander gefügten Flügeln darstellt, entstand in den Jahren von 1586–1603. Der Wert des Schlosses liegt jedoch weniger in seinem äußeren Erscheinungsbild als vielmehr in den glanzvoll ausgestalteten Innenräumen. Im Mittelpunkt steht der *Rittersaal,* der ein Spiegelbild der Jagdleidenschaft seines Erbauers, des Grafen Wolfgang v. Hohenlohe, ist. In einer einzigartigen Kassettendecke v. E. Gunzenhäuser geschaffen, stammen die Gemälde v. B. Katzenberger. Sie sind in dieser Form an keiner zweiten Stelle zu sehen. Es sind Jagdszenen dargestellt (in Anlehnung an niederländische Stiche). Die Tierköpfe, die an den Wänden befestigt sind, sind Stuckarbeiten v. guter Qualität. Eine Porträtgalerie zeigt Mitglieder des hohenlohischen Hauses.
Der Schloßpark, ab 1709 angelegt, ist voller figürlichem Schmuck und gehört zu den schönsten Barockgärten in Deutschland. Im Schloßpark befindet sich eine Orangerie (1719).

35781 Weilburg
Hessen

Einw.: 13 300   Höhe: 180 m   S. 1276 □ E 10

Schloß: Auf einem Felskegel über der Stadt und oberhalb einer Lahnschleife erhob sich bereits 906 eine Burg. Im 12. Jh. wurden hier die Nassauer Grafen ansässig, die im 16.–18. Jh. eine Residenzanlage schufen. Der heutige Bestand ist ein buntes Gemisch verschiedener Stilepochen, wobei der Kern auf die Bauten der Renaissance zurückgeht. Beim Betreten des Innenhofes beansprucht der N-Flügel die größte Aufmerksamkeit. Hier sind zwischen ionischen Säulenpaaren Arkaden ausgebildet, über denen sich einst ein offener Gang befunden hat. Heute ist eine zweigeschossige Galerie zu sehen. 1695–1703 begann der Ausbau der Barockresidenz, die ihren Schwerpunkt in der Einrichtung der Repräsentationsräume hatte. Die Zimmer sind fast alle in ihrer damaligen Einrichtung erhalten geblieben. Nach S schließt sich zum Garten hin die Orangerie an (zweigeschossiger Mittelpavillon und 2 Flügel). Die Stukkaturen stammen v. C. M. Pozzi (1704), die Deckengemälde v. M. Roos. – Vom Baumeister der barocken Anlagen, J. L. Rothweil, stammt auch der quadratische Baublock, der die *ev. Schloßkirche* und das *Rathaus* nach dem Vorbild in → Mannheim unter einem Dach vereint (1707–13). Der große Saalraum der Kirche gilt als bedeutendste protestantische Kirchenanlage des Barock in Hessen. Der zurückhaltende, meisterhafte Stuck ist eine Leistung A. Gallasinis[*] (1710–12). Den Kanzelaltar hat A. Ruprecht geschaffen.

Marktplatz: Der Marktplatz ist eine Modellanlage des Barock-Architekten J. L. Rothweil (Neptunbrunnen v. Wilckens aus dem Jahre 1709). Die einheitliche Bebauung – in genauer Abstufung zum Schloß in der Wirkung darauf ausgerichtet – setzte sich auch in einigen anderen Straßen fort (Lang-, Neu-, Schwanen-, Bogen-, Pfarr- und Marktgasse sowie Mauerstraße). Ergänzt wird diese »Stadtanlage vom Reißbrett« durch die Wachthäuser an der Lahnbrücke, die den Stadteingang anzeigten.

Heiliggrabkapelle (auf dem Alten Friedhof im S v. Weilburg): Der achtseitige Zentralbau ist ein wichtiges Denkmal der Heiliggrabverehrung im ausgehenden MA. Vorbild war jeweils die Grabeskirche in Jerusalem. Mit der Heiliggrabkapelle steht der Kalvarienberg mit Kreuzigungsgruppe in Verbindung (16. Jh.).

Städt. und Bergbaumuseum (Schloßplatz 1): Das Museum mit stadt- und kulturgeschichtlichen Sammlungen wurde um ein Bergbaumuseum mit Schaustollenanlage erweitert.

Weil der Stadt, Marktplatz mit Rathaus, Kepler-Denkmal und Stadtpfarrkirche

Außerdem sehenswert: *Schloß Windhof:* Jagdschloß (1713–26) v. J. L. Rothweil. *Schiffstunnel:* Im Auftrag Herzog Adolphs v. Nassau 1841–47 als erster und einziger dt. Schiffstunnel gebaut. – *Kubacher Kristallhöhle* (3 km v. Zentrum): Naturdenkmal mit Schauhöhle.

71263 Weil der Stadt
Baden-Württemberg

Einw.: 17 700   Höhe: 405 m   S. 1281 □ F 13

Kath. Pfarrkirche St. Peter und Paul (Stuttgarter Straße): Der W-Turm beherrscht nicht nur die Kirche, sondern ist auch das Wahrzeichen der ehemaligen Reichsstadt, in der der Astronom Johannes Kepler (1571–1630) sowie der Reformator Johannes Brenz (1499–1570) geboren wurden.
Die Kirche erhielt ihr heutiges Gesicht durch den Umbau, den A. Jörg* bis 1492 abgeschlossen hatte und der die beiden älteren O-Türme (12. u. 13. Jh.) einbezog. Nachträglich kamen der Chor mit Sterngewölbe (1519), das Renaissance-Sakramentshäuschen (1611) und eine teilweise Barockausstattung hinzu.

Marktplatz: Das Rathaus (1582) gefällt mit seiner Laubenhalle, die fast unverändert erhalten geblieben ist. Am Marktplatz steht auch das Geburtshaus Keplers. An den Wissenschaftler, der als Erneuerer der Astronomie in die Geschichte eingegangen ist, erinnert das in seinem Geburtshaus untergebrachte *Kepler-Museum* (Keplergasse 2). Auf dem Marktplatz außerdem ein Kepler-Denkmal. – Die beiden *Marktbrunnen* tragen die Figur Kaiser Karls V. (1537) und einen Schild mit dem Reichsadler.

Stadtmuseum (Marktplatz 12): Neben Exponaten zur Vor-, Früh- und Stadtgeschichte ist v. a. die mit altem Werkzeug ausgestattete Speidel'sche Goldschmiede-Werkstatt v. Interesse.

73235 Weilheim an der Teck

Baden-Württemberg

Einw.: 9100 Höhe: 385 m S. 1281 □ H 13

Ev. Pfarrkirche St. Peter (Marktplatz): 1522 war der Bau, den 33 Jahre zuvor der erfolgreiche Baumeister P. v. Koblenz* begonnen hatte, abgeschlossen. Seither ist der Bau im wesentlichen unverändert erhalten geblieben, lediglich die Ausstattung setzte in den folgenden Jahrhunderten neue Akzente. Das großartige Gewölbe ruht auf stämmigen Achteck-Pfeilern, die dem Raum eine beherrschende Note geben. Berühmteste Szenen der reichen *Wandmalereien* (um 1500) sind das Weltgericht über dem Triumphbogen, die Höllendarstellung am ö Abschluß des n Seitenschiffs und der Zug der Seligen am s Seitenschiff. Als Künstler hat T. Schick signiert. Zur ersten Ausstattung gehört die Kanzel (um 1520), die zu den bedeutendsten Steinmetzarbeiten der Zeit zu zählen ist. 1499 wurde das schlichte, geschnitzte Chorgestühl aufgestellt; die Emporen, die heute den Gesamteindruck entscheidend bestimmen, wurden 1599 eingesetzt.

Umgebung

Holzmaden (3 km nw): *Museum Hauff:* Sehenswertes urgeschichtliches Museum mit Versteinerungen (ca. 150 Mio. Jahre alt) aus den nahen Schieferbrüchen, darunter Skelette v. Flugsauriern.
Teck (10 km sw): Die *Burgruine Teck* ist 775 m hoch oberhalb v. Owen gelegen und birgt heute ein Wanderheim. Die Zähringerburg (im Jahre 1152 erstmals genannt) wurde im Bauernkrieg 1525 zerstört.

99423–27 Weimar

Thüringen

Einw.: 59 100 Höhe: 217 m S. 1278 □ L 9

1372 gelangte die Stadt (seit 1254) in den Besitz der Wettiner, die sie zu ihrer Residenz erhoben. Nach dem Schmalkaldischen Krieg blieb sie auch unter den Ernestinern Residenzstadt und bis 1918 Hauptstadt des Herzogtums Sachsen-Weimar. Während seiner Zeit als Hoforganist (1708–17) wurden Johann Sebastian Bach in den Jahren 1710 und 1714 seine Söhne Friedemann und Carl Philipp Emanuel geboren. Die Geschichte der Stadt ist von einem wechselhaften Schicksal gekennzeichnet.

Unter der Herrschaft von Herzog Carl August und dem Patronat der Herzoginwitwe Anna Amalia erlebte Weimar in der 2. Hälfte des 18. Jh. einen Höhepunkt von höfischer Kulturpflege, der als Epoche des *klassischen Weimar* in die Geschichte eingegangen ist. 1772 kam Christoph Martin Wieland als Prinzenerzieher nach Weimar und blieb dort bis an sein Lebensende. Aus Goethes Besuch 1775 entstand eine lebenslange Bindung an den Hof. 1776 wurde Herder zum Hofprediger berufen, und 1779 ließ sich Schiller endgültig in der Hauptstadt nieder. Diese Korona der deutschen Klassik zog die bedeutendsten Köpfe der Zeit an, deren Aufenthalten Weimar seine einzigartige geistige Ausstrahlungskraft verdankte.

Auch nach Goethes Tod 1832 konnten die Thronfolger Carl Augusts die Tradition der Kulturförderung fortsetzen. F. Liszt wurde 1842 nach Weimar berufen. 1860 fand die Gründung der Kunsthochschule statt, an der u. a. Böcklin, Lenbach und Liebermann lehrten. Aus der Verbindung mit der 1902 von Harry van de Velde gegründeten Kunstgewerbeschule ging 1919 das berühmte Bauhaus hervor, das u. a. so bedeutende Maler wie L. Feininger, P. Klee u. W. Kandinsky als Lehrer verpflichten konnte (1925 unter W. Gropius Übersiedlung nach Dessau).

1919 wurde im *Deutschen Nationaltheater,* dem ehem. Hoftheater, durch die Deutsche Nationalversammlung mit der Verfassung von Weimar die *Weimarer Republik* (1919–33) aus der Taufe gehoben.

Schloß: Die anstelle der ma Wasserburg unter Leitung v. N. Gromann, N. F. Thouret, C. W. Coudray u. a. erbaute und mehrfach erweiterte Vierflügelanlage (15.–20. Jh.) besitzt eine klassizistische, der Ilm zugewandte *Säulenhalle.* Das *Treppenhaus,* die *Falkengalerie* und der *Große*

Weilheim an der Teck, St. Peter >

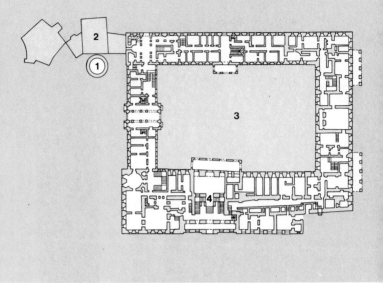

Weimar, Schloß 1 Fragmente des Rundturmes der Vorgängerburg, 11. Jh., mit Barockhelm, 1728, v. G. H. Krohne mit Laterne **2** Torbau, Bastille 1460–70, mit Hauptportal, 1545, v. N. Gromann **3** Innenhof **4** Treppenhaus

Festsaal im Inneren wurden von H. Gentz 1801–93 klassizistisch gestaltet und v. F. Tieck dekoriert. Nach Plänen v. Thouret entstand das *Luisenzimmer,* nach solchen v. Karl Friedrich Schinkel die *Goethe-Galerie* im W-Flügel. Heute sind in den Schloßräumen die *Staatlichen Kunstsammlungen* untergebracht, die neben dem graphischen Kabinett (15 000 Zeichnungen und 50 000 Drucke) und einer Münzsammlung v. a. eine umfangreiche Gemäldegalerie umfaßt: Gezeigt werden u. a. spätgot. Thüringer Flügelaltäre, Bilder v. Hans Baldung, genannt Grien, Barthel Bruyn d. Ä. und Lucas Cranach d. Ä., niederländische und ital. Werke des 17./18. Jh. v. Adriaen Brouwer, Adriaen van Ostade, Peter Paul Rubens, Tintoretto und Paolo Veronese, Gemälde aus der Goethezeit v. Johann Heinrich Füßli, Anton Graff, Philipp Hakkert, Angelika Kauffmann und Johann Heinrich Wilhelm Tischbein, Bilder der Romantik v. Caspar David Friedrich und Philipp Otto Runge sowie zahlreiche Werke des 19./20. Jh. aus der Weimarer Malerschule und der Moderne. – Vor der SW-Ecke des Schlosses stehen der 1732 barock bekrönte *Schloßturm* und die 1545 v. N. Gromann erneuerte sog. *Bastille.*
Im S erstreckt sich der v. Goethe zusammen mit Gärtnern angelegte *Landschaftsgarten an der Ilm* mit *Goethes Gartenhaus* (17. Jh.; originalgetreu eingerichtet), in dem er 1776–82 wohnte. Im *Borkenhäuschen* vis-à-vis verlustierte sich Großherzog Carl August, für den Goethe weiter s das klassizistische *Röm. Haus* (1791–97) entwarf, das mit Wand- und Deckengemälden geschmückt ist. Am Westufer der Ilm steht das *Shakespeare-Denkmal* (1904) v. O. Lessing. In den als Gedenkstätte hergerichteten Räumen im sw *Liszt-Haus* (ehem. Haus des Hofgärtners) lebte der Komponist Franz Liszt während der Jahre 1869–86.

Herderkirche: Im lichten Inneren der 1735–45 barock umgestalteten spätgot. *Stadtkirche St. Peter und Paul,* deren mit einem Dachreiter bekröntes großes Satteldach über alle 3 Schiffe der Halle reicht, findet sich unter der Orgelempore die *Tumba Herders* (gest. 1803), der in der Kirche als ev. Superintendent und Prediger auftrat. Im einschiffigen Chor steht der berühmte 1555 v. Lucas Cranach d. J. vollendete *Kreuzigungsaltar,* dessen Mitteltafel den Gekreuzigten mit den rechten Begleitfiguren Luthers und Cranachs d. Ä. zeigt. Das reliefgeschmückte *Renaissance-Epitaph* für Lucas Cranach d. Ä. (gest. 1553) an der n Chorwand skulptierte N. Gromann. – L. Schaller schuf das *Herder-Standbild* (1850) vor dem s Seitenschiff. – Zum Hausgarten des nahen *Krim-Krakow-Hauses* (nö, Jakobstraße 10) mit Barockfassade und klassizistischen Wohnräumen (u. a. Herder-Gedenkzimmer) gehört auch ein erhaltener Teepavillon.

Goethehaus: Das innenarchitektonisch nach Goethes Vorstellungen umgestaltete zweigeschossige Barockgebäude (1709, restauriert) mit mansarddachgedecktem Mittelrisalit am Frauenplan bewohnte Goethe 1782–1832. Die historisch getreu eingerichteten Räume wie das *Arbeitszimmer* und die *Bibliothek* (5400 Bände) sind Teil des *Goethe-Nationalmuseums,* das Leben und Wirken Goethes dokumentiert. – Eine ähnliche Gedenkstätte ist das nahe *Schillerhaus* (nw, Schillerstr. 12) mit der Mansardwohnung, die der Dichter seit seiner Erhebung in den Adelsstand (1802) bis zu seinem Tode (1805) bewohnte.

Goethe- und Schiller-Archiv: In dem n des Schlosses 1896 errichteten Bau ist das größte Archiv der neueren deutschen Literatur mit ca. 60 geschlossenen Dichternachlässen und Einzelhandschriften von ungefähr 450 Autoren untergebracht. Zu den in etwa 600 000 Handschriften zählen außer denen des Namensgeber u. a. die Hinterlassenschaften von Herder, Wieland, Mörike, Hebbel und Nietzsche.

Bauten am Platz der Demokratie: Im S des Platzes wurde 1770–74 das ehem. *Fürstenhaus* als ein dreigeschossiger Barockbau errichtet. Der Säulenvorbau der heuti-

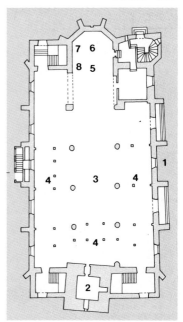

Weimar, Herderkirche 1 S-Fassade mit 2 Portalen **2** W-Turm mit Spitzhelm **3** Bethalle **4** Barockemporen **5** Eingezogener Polygonchor, um 1500 **6** Cranachaltar v. Lucas Cranach d. Ä., 1555: Kreuzigung Christi v. alt- und neutestamentlichen Szenen, Luther und Cranach, l Kurfürst Johann Friedrich und Gemahlin, r Johann Friedrichs Söhne **7** Grabstein für Lucas Cranach d. Ä. mit klassizistischer Rahmung, um 1556 **8** Marmorepitaph für Herzog Johann Wilhelm v. S. Gromann, 1576

gen Hochschule für Musik »Franz Liszt« stammt aus dem Jahre 1889. Das *Reiterstandbild* des Großherzogs Carl August davor ist von A. Donndorf (1875). Im O steht das *Grüne oder Französische Schloß,* es wurde 1563–69 vermutlich von Gromann als Wohnhaus mit welschem Garten erbaut und beherbergt heute die *Zentralbibliothek der Nationalen Forschungs- und Gedenkstätten.* 1761–66 entstand beim Umbau des von einer Arkatur umzogenen Rechteckbaus zur fürstlichen Bibliothek der schöne ovale Rokokosaal mit umlaufender Galerie, ausgestattet mit Porträtbüsten von Trippel, Dannecker, Schadow u. a. Von 1821–25 erfolgte die Einbeziehung des alten Wehrturms durch einen

Goethe-Schiller-Denkmal

Schillerhaus

Zwischenbau. Die Bibliothek besitzt den stattlichen Gesamtbestand von ca. 800 000 Bänden, davon 11 000 allein zum Faust-Thema. Die barocke Farbgebung des Gebäudes wurde 1975 rekonstruiert. Gegenüber im W das *Rote Schloß*, der langgestreckte Renaissancebau von 1574–76, der im 19. Jh. durch d. Abbruch der Erker-Ausbauten stark verändert wurde, besitzt ein reiches Renaissanceportal. In unmittelbarer Nachbarschaft liegt das barocke *Gelbe Schloß* von 1702 mit v. ionischen Säulen gerahmten Fenstern und gebrochenem Giebel.

Wittumspalais (Am Palais 3): Im ehem. Witwensitz der Herzogin Anna Amalie (ab 1775) sind mehrere im Stil der Goethezeit eingerichtete Räume erhalten geblieben. Der zweigeschossige Barockbau von 1767 enthält im Grünen Salon ein Deckengemälde v. F. A. Oeser. In den anderen Räumlichkeiten erinnern kostbare Gemälde von Anton Graff und der Malerfamilie Tischbein und auch Porträtplastiken an die erlauchten Persönlichkeiten der einstigen Tafelrunde der Herzogin. Im O-Trakt des Palastes wurde 1963 ein *Wieland-Museum* mit Exponaten zu Leben und Werk des bedeutenden Klassikers eingerichtet.

Jakobskirche: Im N der Stadt liegt die einschiffige Barockkirche, die 1712/13 nach Entwürfen J. Mützels und J. A. Richters erbaut wurde. Ihr W-Turm trägt eine Zwiebelhaube. Auf dem *Friedhof,* im *Kassengewölbe,* befindet sich die erste Grabstätte Schillers, gemahnen Gräber an Personen wie Lucas Cranach d. Ä., Christiane von Goethe und Carl August Musäus.

Weimarer Bauhaus: Die heutige Hochschule für Architektur und Bauwesen entstand 1904/05 und 1911 in zwei Bauabschnitten nach dem Entwurf von Henry van de Velde als richtungweisendes Gebäude einer neuen Architektur. Der dreigliedrige Längsbau mit kurzen Querflügeln hat im Mittelteil ein Hauptportal, das auf die berühmte elliptisch geführte

Russische Kapelle mit Goethe-Schiller-Gruft

Haupttreppe im Inneren leitet. Die Straßenfront ist unter Verzicht jedweder historisierender Elemente nur durch ihre wuchtigen Pfeiler und großen Fensterflächen gegliedert und folgt allein dem Prinzip der Zweckmäßigkeit. Im Inneren des Hauptgebäudes und des im Stil entsprechenden *Van-de-Velde-Baus* gegenüber befinden sich Wandgemälde v. H. Bayer und Reliefs von O. Schlemmer und J. Schmidt. – Sehenswert ist außerdem das 1923 im Zusammenhang mit der Planung einer Bauhaussiedlung nach einem Entwurf v. G. Muche errichtete *Musterhaus am Horn*. In diesem als Serienhaus projektierten Bau wurde versucht, alle Werkkunstdisziplinen des Bauhauses durch Konstruktion und Ausstattung zu einer neuen Lösung zu vereinen. – Ebenfalls bemerkenswert ist das *Haus Belvedere-Allee 58* (1907/08) nach Plänen von H. van de Velde.

Außerdem sehenswert: Im N der Altstadt befindet sich das nach dem Weimarer Schriftsteller (1747–1822) benannte *Bertuchhaus.* Das klassizistische Gebäude (1780) beherbergt das *Stadtmuseum* mit Exponaten zur Stadtgeschichte und der bäuerlichen und Industriekultur. – Vor dem traditionsreichen *Deutschen Nationaltheater* (19./20. Jh.) im SW des Stadtkerns steht das bekannte *Goethe-Schiller-Denkmal* (1857) von E. Rietschel. Gegenüber liegt das ehem. *Kulissenhaus,* heute eine *Kunsthalle* für Wechselausstellungen. – Auf dem s Friedhof vor dem Frauentor wurde 1832 Goethe neben Schiller in der 1825–27 nach dem Entwurf von C. W. Coudray erbauten klassizistischen *Goethe-und-Schiller-Gruft* beigesetzt. Dahinter seit 1862 die *Griechisch-Russische Kapelle,* Grabstätte der Großherzogin Maria Paulowna. Auf dem Friedhof Gräber von J. P. Eckermann, der Ch. v. Stein sowie das *Denkmal der Märzgefallenen* von W. Gropius. – In der Nachbarschaft hat mit seinen umfänglichen Sammlungen das *Museum für Ur- und Frühgeschichte Thüringens* im *Poseckschen Haus* Aufnahme gefunden. – Am Markt 11 steht das *Lucas-Cranach-*

Deutsches Nationaltheater

Marktbrunnen >

Haus. Das stattliche dreigeschossige Renaissancedoppelhaus mit zwei Zwerchhäusern und zwei reich ornamentierten Portalen (z. T. 19. Jh.) wurde 1549 von N. Gromann erbaut. An der O-Seite des Marktes ist das *Stadthaus,* ein Renaissancebau von 1547 (rekonstruiert), bemerkenswert. An seiner W-Seite steht das neugot. *Rathaus* v. 1837–41. – Nicht unerwähnt bleiben können Gedenkstätten an so bedeutende Persönlichkeiten wie Charlotte v. Stein, ihr Haus, ein nach Plänen Goethes umgebautes Stallgebäude, ist an der Ackerwand erhalten geblieben. – *Landesmuseum:* N des Jakobsviertels entstand Mitte des 19. Jh. eine großzügige Anlage mit dem Bau des *Landesmuseums,* das der tschechische Architekt Josef Zitek 1853–78 in Neurenaissanceformen ausführte. Es gehört mit zu den ersten Museumsbauten in Deutschland. Nach einer Teilmontage 1948–50 Ruine. Rekonstruktion geplant. – Im NO der Stadt liegt der ehem. Sommersitz der Herzogin Anna Amalia, *Schloß Tiefurt* (16.–19. Jh.), in dessen *Land-*schaftsgarten (1776–85) sich ein Musentempelchen, der Teepavillon (1805) und Denkmäler (u. a. für Mozart, Wieland und Herder) befinden.

Umgebung

Belvedere (4 km sö): Vor dem *Rokokoschloß Belvedere* (1724–32) und seinen beiden symmetrischen Kavaliershäusern erstreckt sich der u. a. durch Goethe, J. K. Sckell* und Fürst v. Pückler-Muskau* aus einem Barockgarten in einen englischen Garten umgestaltete *Schloßpark* (1756–1853) mit Orangerie, Heckentheater (1823), Grotten und einer nachgebauten romantischen Ruine (1818).

Buchenwald (4 km nw): An die 56 000 verhungerten, vergasten und verbrannten Lagerinsassen gemahnen im ehem. *KZ Buchenwald* (1937–45) die in der Effektenkammer und im Krematorium eingerichteten Gedenkstätten und die monumentale Bronzegruppe (1958) v. F. Cre-

Weingarten, Benediktinerklosterkirche
St. Martin v. Tours und St. Oswald

mer* vor dem hohen Glockenturm (Glocke aus → Apolda) auf dem Großen Ettersberg.

Ettersburg (7 km nw): Das barocke *Jagdschloß* (1706–22; heute ohne Nutzung) mit Mittelrisalit und Freitreppe vor der zum *Landschaftsgarten* (1776–1852) gewandten S-Fassade erhielt 1863–65 eine neugot. Schloßkapelle, die neben dem Epitaph (um 1300–10) für Ludwig v. Blankenhain und Gemahlin u. a. einen spätgot. Flügelaltar (Marienkrönung, um 1490) birgt.

76356 Weingarten
Baden-Württemberg

Einw.: 23 300   Höhe: 484 m   S. 1281 □ H 15

Benediktinerklosterkirche St. Martin v. Tours und St. Oswald (4 km nö v. Ravensburg): Auf einer Anhöhe über dem Schussental, dem Bodensee nö vorgelagert, ist in den Jahren 1715–24 der weit ausladende Klosterkomplex mit der kuppelbedeckten Kirche im Mittelpunkt entstanden. Letztere ist die größte barocke Klosterkirche auf dt. Boden. Berühmt wurde Weingarten jedoch nicht nur seiner Bauten wegen, sondern v. a. durch seine erstklassige Bibliothek. – Die ungewöhnliche Massenwirkung, die bereits bei einer Betrachtung des Äußeren deutlich wird, bestimmt auch das Innere. Das Zentrum bildet die gewaltige Kuppel über der Vierung, im Verhältnis dazu stehen die mächtigen Pfeiler. Die besten Architekten und Künstler der Zeit haben an der Errichtung der Kirche mitgearbeitet. An den Plänen waren P. Thumb*, E. Zuccalli*, der Schweizer K. Moosbrugger, F. Beer*, A. Schreck und C. Thumb sowie in der letzten Phase D. G. Frisoni* (aus Ludwigsburg) beteiligt. Von Frisoni stammen u. a. die Pläne für die Kuppel, die in diesen Ausmaßen zu jener Zeit als technische Glanzleistung angesehen wurde. Der Stuck ist das Werk des großen Wessobrunner Meisters F. Schmuzer* (1718), die Fresken hat C. D. Asam* geschaffen. Innerhalb der übrigen Ausstattung nimmt der Hochaltar, der Teil der Frisoni-Entwürfe ist, den Mittelpunkt ein. Der schöne figürliche Schmuck stammt v. D. Carlone (1719–23), die Gemälde steuerten G. Benso und C. Carlone bei. Für einen der Seitenaltäre schuf F. J. Spiegler ein Altarbild (1738). Erwähnenswert ist schließlich das Chorgestühl, das kein Geringerer als J. A. Feuchtmayer* skulpiert hat (um 1720), sowie das farbenprächtig schillernde Chorgitter (um 1730). Orgelwerk (1737–50) v. J. Gabler.

Alamannen-Museum (Karlstr. 28) mit Funden aus alamannischen Reihengräbern der Merowingerzeit.

69469 Weinheim a. d. Bergstraße
Baden-Württemberg

Einw.: 42 700   Höhe: 135 m   S. 1281 □ F 11

Kath. Stadtpfarrkirche St. Laurentius (Marktplatz): Die neuroman. Kirche (1911–13) hat neben dem um 1850 v. H. Hubsch errichteten Turm auch alle bedeutenden Teile der alten Ausstattung aufgenommen. So sind 3 Altäre und die schöne

Kanzel (alle um 1730) erhalten. Die Wandmalereien (14./15. Jh.) wurden in die ö Teile der Seitenschiffe eingesetzt. Übertragen wurden auch die zahlreichen Grabdenkmäler (14.–19. Jh.) bedeutender Weinheimer Familien.

Schloß (Obertorstr. 9): In 3 Phasen ist der heutige Schloßkomplex gewachsen. Am Anfang stand das *Pfalzgrafenschloß* (16. Jh., anschließend mehrfach verändert). 1725 folgte das spätere *Lehrbachsche Herrschaftshaus.* Das *Berckheimsche Schloß,* das an seinem neugot. Turm zu erkennen ist, kam in den Jahren 1860–70 hinzu.

Burg Windeck (1 km ö, 222 m hoch gelegen): Die Burg ist im 12. Jh. v. Kloster Lorsch zum Schutz seiner Besitzungen angelegt worden. Nach den schweren Schäden im 30jährigen und im »Holländischen Krieg« (1675) sind nur noch der Bering, der Bergfried und Reste des Palas erhalten.

Heimatmuseum (Amtsgasse 2): Das Museum ist in dem ehem. Deutschordenshaus mit Portal v. 1710 untergebracht.

Außerdem sehenswert: Unter den alten Wohnhäusern der Altstadt sei hier der *Büdinger Hof* aus dem Jahr 1582 mit seinem interessanten Treppenturm hervorgehoben (Judengasse 15–17). – Vom ehem. *Stadtbering* sind der rote, blaue und der Hexenturm sowie das Obertor erhalten. – Die *Wachenburg* (2 km ö, 402 m hoch gelegen) ist in den Jahren 1907–13 erbaut worden.

Umgebung

Lindenfels (20 km nö): Abgesehen von zahlreichen *Fachwerkbauten* (18./19. Jh.) und der barocken *kath. Pfarrkirche St. Peter und Paul* (1745 gew.) mit einer guten Ausstattung (18. Jh.) ist v. a. die *Burgruine Lindenfels,* eine Stauferburg (Ende 12. Jh.) mit polygonaler Mauerbefestigung in Gipfellage, die im 14.–16. Jh. mehrfach umgebaut wurde (rest. 19./20. Jh.), sehenswert. Neben den *Vorburgen* (15. Jh.) im S, W und N sind auch Reste roman. *Mauerteile* zu sehen.

91781 Weißenburg
Bayern

Einw.: 18 000   Höhe: 422 m   S. 1282 ☐ K 12

Ev. Pfarrkirche St. Andreas (Martin-Luther-Platz): Baubeginn war schon im 13. Jh., aber erst 1520 war der Bau in seiner heutigen Gestalt fertig. Wertvollster Teil ist die *Michaelskapelle,* die sich s an den Chor anschließt und heute als Taufkapelle dient. Man betritt die Michaelskapelle durch ein reichgeschmücktes Portal (»Brautportal«), das im Gegensatz zu der sonst eher als karg zu bezeichnenden Kirche steht. Im Inneren verdient der Chor besondere Aufmerksamkeit. Aus der Ausstattung sind die 3 Altäre (Hochaltar um 1500, Sebaldusaltar v. 1496 und der Marienaltar um 1500) hervorzuheben.

Rathaus (Marktplatz): In den Jahren 1470–76 ist das Rathaus entstanden. 1567 kam der Turm hinzu.

Stadtbefestigung: Die Stadtbefestigung ist weitgehend erhalten (38 bewohnte Türme!) und besitzt im *Ellinger Tor* aus dem 14. Jh. (Ellinger Straße) und im *Spitaltor* (ebenfalls aus dem 14. Jh., Friedrich-Ebert-Straße) 2 der schönsten erhaltenen Stadttore Bayerns.

Castrum Biriciana: Das Römerkastell wurde 1812 entdeckt. In Resten erhalten sind die Fundamente des Hauptgebäudes, Tore, Türme und Brunnen. Unweit des Kastells wurden die Reste einer der größten röm. Thermenanlagen Süddeutschlands ergraben und rest.

Römermuseum (Martin-Luther-Platz 3): Vor- und Frühgeschichte, orts- und kulturgeschichtliche Sammlungen, darunter der 1979 gefundene röm. Schatzfund (156 Teile, u. a. Silbervotive und Bronzestatuetten), der vermutlich aus einem Tempel des Kastells stammt.

Außerdem sehenswert: *Spitalkirche* (am Spitaltor): Kirche aus den Jahren 1450–60 mit neuer Ausstattung aus der Zeit um 1729. Am w Tor sind 2 Steinfiguren erhalten.

Weißenfels, ehem. Heinrich-Schütz-Haus

Umgebung

Wülzburg (3 km ö, 637 m hoch gelegen): Die fünfeckige Hohenzollern-Festung wurde zwischen 1588 und 1620 v. K. Schwabe und Blasius Berwart d. Ä. und d. J. erbaut und birgt Deutschlands tiefsten (133 m) v. Hand gegrabenen Felsbrunnen.

06667 Weißenfels
Sachsen-Anhalt

Einw.: 36 000   Höhe: 100 m   S. 1278 □ M 8

Schloß Neu-Augustusburg: Das *Corps de Logis* der v. den Baumeistern J. M. Richter d. Ä.* und J. M. Richter d. J.* einheitlich im Stil des Frühbarock errichteten Dreiflügelanlage gipfelt in einem aufgesetzten Turm mit laternenbekröntem Barockhelm. Bei einem Besuch des *Schuhmuseums* (im Schloß), das mit zahlreichen Exponaten die Geschichte des Schuhwerks v. der ägyptischen Papyrussandale bis zum modernen Schuh dokumentiert und an Weißenfelser Dichter und Denker wie Novalis (Freiherr G. Ph. L. v. Hardenberg, gest. 1801) und A. Müllner (gest. 1774) erinnert, gelangt man auch in die bes. sehenswerte *Schloßkapelle* (im N-Trakt), deren einschiffiger Saal ein kassettiertes Tonnengewölbe, Doppelpilaster und doppelstöckige Emporen besitzt. Die überreichen *Stukkaturen* mit vielen Putten schuf G. Caroveri* nach 1677. Die ebenfalls puttenverzierte Kanzel an der linken Langhauswand stammt wie der opulent mit Säulen und Skulpturen geschmückte *Hochaltar* (um 1750–60) über der Fürstengruft v. J. H. Böhme d. Ä.*

Außerdem sehenswert: Einen reizvollen Stilkontrast bilden am Markt das barocke *Rathaus* (17./18. Jh.) und die spätgot. *Marienkirche* (14./15. Jh.) mit barock ausgestattetem Inneren (1674–81). – In einem *Renaissancewohnhaus* (1530, Nikolaistraße 13) werden Exponate zum Leben

Weißenfels, Markt mit Rathaus

und Wirken des Komponisten Heinrich Schütz (1585–1672) gezeigt, der die 1. deutschsprachige Oper, »Daphne«, schrieb. – Im ehem. *Geleithaus* (1522, Große Burgstr. 22) kann man das Obduktionszimmer sehen, in dem Gustav Adolf v. Schweden nach seinem Tod in der Schlacht bei Lützen 1632 obduziert wurde.

Umgebung

Dehlitz (7 km nö): In der roman. *Dorfkirche* (12. Jh., restauriert) lohnen die freigelegten roman. Freskenreste und der spätgot. Flügelaltar mit Schreinfiguren (Passion Christi, 1520) v. S. Hermdorf* einen Besuch.

Goseck (8 km w): In der alten Burg der Pfalzgrafen v. Sachsen wurde 1041 ein Benediktinerkloster gegr. Von diesem ist die 1056 geweihte *Kirche* nur in ihren O-Teilen erhalten. Der über dem Saalehang gelegene hochroman. Bau, dessen große

Fenster beeindrucken, ist dem Verfall ausgesetzt.

Röcken (11 km nö): Im Pfarrhaus, einem stattlichen Gebäude aus dem 17. Jh., wurde im Jahre 1844 der Philosoph Friedrich Nietzsche geboren. Er starb 1900 in Weimar, wurde aber hier auf dem Kirchhof begraben. – Die *Kirche* wird in das frühe 12. Jh. datiert.

Weltenburg ✉ 93309 Kelheim
Bayern

Einw.: 400   Höhe: 350 m   S. 1283 ☐ M 13

Klosterkirche St. Georg und St. Martin: Kein Geringerer als C. D. Asam* ist der Schöpfer dieses großartigen Baus (1716–18), der zu den besten Barockkirchen in Deutschland gehört. Im Zentrum steht ein ovaler Kirchenraum, dem eine ebenfalls ovale Vorhalle vorausgeht. Dieser entspricht der gleichfalls ovale Chorraum. An den Hauptraum – umstellt v. korinthischen

Weltenburg, Kloster mit Klosterkirche

Wemding, Wallfahrtskirche Maria Brünnlein

Säulen – schließen sich Altarnischen mit ihrerseits reicher Ausstattung an. Der Hauptraum ist v. einer mächtigen Halbkugel (mit Relief) überwölbt, über der sich ein Tambour erhebt. Der Tambour schließt seinerseits mit einer Flachdecke, hat jedoch seitliche Fenster, durch die Licht einfällt. – Das große Scheinkuppelfresko (1721) erreicht durch einen davorgelegten Kronreif eine ungeheure plastische Wirkung. Dieser Kronreif wird v. Putten und v. Erbauer der Kirche, Cosmas Damian Asam, getragen, der sich hier selbst ein bescheidenes Denkmal gesetzt hat. Im Scheinkuppelfresko ist sein Bruder Egid Quirin Asam* in einer der Engelsgestalten zu erkennen. Er hat den größten Teil des figürlichen Schmucks dieser Kirche geschaffen. Glanzstück der überreichen Ausstattung ist der Hochaltar (1722–24). Er zeigt den Kampf des vollplastisch dargestellten St. Georg, der hoch zu Pferde durch die Ehrenpforte des Retabels kommt und zum Kampf gegen den Drachen antreten wird. Die Seitenaltäre und weitere Gemälde, ebenfalls v. der Familie Asam erbracht, sind jedes für sich meisterhaft. Die angrenzenden *Klostergebäude* gehen auf einen Entwurf v. F. P. Blank zurück und sind in den Jahren 1714–16 entstanden.

Außerdem sehenswert: *Frauenbergkapelle* (r v. der Kirche auf dem Frauenberg): Die Kapelle steht auf Fundamenten, die v. einem Vorgängerbau aus der Zeit um 700 stammen sollen. Ausstattung aus der 1. Hälfte des 18. Jh.

Weltenburg, St. Georg und St. Martin

Wallfahrtskirche Maria Brünnlein (Oettinger Straße): Der Wert der Kirche im NW der Stadt, auf einer kleinen Anhöhe gelegen, zeigt sich erst bei einem Blick in das Innere. Vater und Sohn, J. B. Zimmermann* und M. Zimmermann, waren als Stukkateure und Freskenmaler tätig und haben hier eine meisterhafte Leistung im Stil des Rokoko vollbracht. Den Hochaltar hat P. Rämpl geschaffen (1761).

Heimatmuseum (Haus des Gartens): Vor- und Frühgeschichte, stadt- und kulturgeschichtliche Sammlungen.

86650 Wemding
Bayern
Einw.: 5500 Höhe: 450 m S. 1282 □ K 13

Pfarrkirche St. Emmeram (Marktplatz): Mit der Errichtung des n Turms bekam die Kirche 1619 endgültig das Aussehen. Wertvollstes Stück der Ausstattung ist der Hochaltar (1630–33). Er macht den Übergang v. der ma Schreintradition zur barocken Triumphbogenarchitektur bereits deutlich. D. Zimmermann* hat 1713 die Seitenaltäre geschaffen. M. Zink ist Schöpfer der Gemälde.

59457 Werl
Nordrhein-Westfalen
Einw.: 28 800 Höhe: 90 m S. 1276 □ D 7

Propsteikirche St. Walburga (Kirchplatz 1): Von einem Vorgängerbau ist der spätroman. *Turm* erhalten, der in die got. *Hallenkirche* einbezogen wurde. Das Erdgeschoß des Turms dient als Vorhalle. – Besondere Beachtung verdienen die *Altäre*. Im s Seitenschiff steht ein Baldachinaltar aus dem 15. Jh. (mit Altarbild im Weichen Stil). Der Seitenaltar stellt das Marienleben dar (um 1560). Erwähnt seien auch die *Kalvarienberggruppe* (um 1520) und eine *Pietà* (17. Jh.) im n Seitenschiff.

Heimatmuseum (Am Rykenberg 1): Vor- und Frühgeschichte, orts- und kulturgeschichtliche Sammlungen.

Außerdem sehenswert: Die *Kapuzinerkirche* (alte Wallfahrtskirche) aus dem 18. Jh. sowie die *Franziskaner-Wallfahrtskirche* (1903–05) mit dem Gnadenbild (Madonna mit Kind) aus dem 13. Jh. – Sammlungen aus den Missionsgebieten der Franziskaner zeigt das *Missionsmuseum* (Meisterstr. 15).

38855 Wernigerode
Sachsen-Anhalt

| Einw.: 35 200 | Höhe: 247 m | S. 1278 □ K 7 |

Werl, Altstadt mit Propsteikirche

Schloß: Das hoch über der malerischen *Altstadt* mit ihren Fachwerkhäusern auf dem *Agnesberg* thronende *Schloß* geht auf Vorgängerbauten aus dem MA und dem Barock zurück. Es erhielt seine heutige Gestalt erst 1861–83 und beherbergt heute in etlichen seiner 250 z. T. historischen Räume das *Feudalmuseum* mit reichen Sammlungen ma Sakralplastik (Schloßkapelle) und Textilkunst, so das bestickte leinene *Magdalenentuch* (um 1280) und der wollene *Löwenteppich* um 1480–90), ma Waffen, Richtschwerter und Foltergeräte, Möbel und Kleinkunst des 17./18. Jh. sowie Dokumentationen zur Burg- und Stadtgeschichte, insbesondere der Bauernkriege und Hexenprozesse. Von der ma Wehrburg (12.–16. Jh.) stammen noch der spätgot. *Wendelstein* (1495) im Innenhof und der *Schusterturm* (1507). Eine spätere Bereicherung der ehem. Barockanlage (17. Jh.) ist die 1712–15 erbaute *Orangerie* im *Schloßpark*.

Johanniskirche: Die dreischiffige got. Hallenkirche bewahrt vom roman. Vorgängerbau den *W-Turm*. Von der Ausstat-

tung im Inneren sind die spätgot. *Taufe* (1569) und die *Kanzel* (um 1600), v. a. aber im Chor (1497) das vierflügelige *Altarretabel* mit spätgotischen Schreinfiguren (Engelsmadonna und Vita Mariens, um 1425) v. Bedeutung.

Außerdem sehenswert: Ein ähnliches Altarretabel (Engelsmadonna mit Vita Mariens, um 1420) und eine beachtliche Barockausstattung besitzt die *Theobaldikapelle* (um 1430–40; im Ortsteil Nöschenrode). – Die urspr. frühgot. barokkisierte *Sylvesterkirche* (13.–19. Jh.) birgt einen spätgot. Flügelaltar (Vita Mariens, um 1490) und mehrere Epitaphe (14.–17. Jh.). – Unter den zahlreichen *Fachwerkhäusern* (16./17. Jh.) der Altstadt befinden sich auch das *Rathaus* (ehem. Spielhaus, 15./16. Jh.) mit zweiläufiger Außentreppe, 2 Erkertürmchen und barockem Dachreiter (1699) sowie das benachbarte *Waghaus* (15. Jh.) mit z. T. figürlichen Balken-

Wernigerode, Schloß >

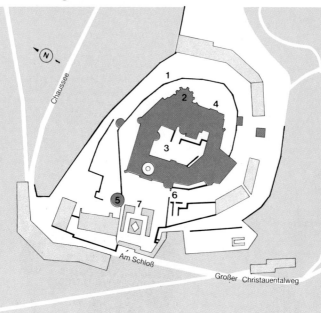

Wernigerode, Schloß 1 Mauern **2** Schloßkirche **3** Hof **4** Portal **5** Turm **6** Tor **7** Terrasse

Wertheim, Teilansicht mit Schloß

schnitzereien. – Eine Dokumentation zur Geschichte der Fachwerkbauweise und der Nordharzer Trachten sowie weitere heimatkundliche Sammlungen werden im *Harzmuseum* (Klint 10) gezeigt.

Umgebung

Derenburg (9 km nö): Sowohl das spätgot. *Obere Rathaus* (um 1560) als auch das spätbarocke *Untere Rathaus* (1789) wurden in Fachwerk errichtet. – In der barocken *Pfarrkirche* (1726, restauriert) mit spätroman. W-Turm verdient der üppig dekorierte Orgelprospekt (1589) Beachtung.

97877 Wertheim

Baden-Württemberg

Einw.: 22 100 Höhe: 145 m S. 1281 □ H 11

Ev. Stiftskirche (Am Markt): Die spätgot. Kirche bietet mit der *Portalvorhalle* (16. Jh.) zwischen Langhaus und Turm nebst dem kleinen Chor der *Hl.-Geist-Kapelle* (um 1420) im 2. Turmgeschoß einen reizvollen Anblick.

In der Mitte des Chors steht das *Grabmal des Grafen Ludwig II. v. Löwenstein-Wertheim* und dessen Gattin (17. Jh.). Wegen des Baldachins bekam das Grabmal im Volksmund die Bezeichnung »Bettlade«. An den beiden Langhauspfeilern fand man im Jahre 1957 Reste v. spätgot. Wandmalereien.

Burgruine (Altes Schloß): Nahe der Mündungsstelle der Tauber in den Main bauten die Grafen v. Wertheim im 12. Jh. die *Oberburg*, deren *Palas* erhalten ist. Um 1270 kam die *Kapelle* hinzu. Nach weiteren Befestigungsmaßnahmen im 14. und 15. Jh. wurde im 16. Jh. die *Unterburg* errichtet und die Umwandlung zu einer repräsentativen Schloßanlage eingeleitet. 1634 wurde die Burg durch kaiserliche Truppen zerstört.

Glasmuseum (Mühlenstraße): Entwicklung der Glasherstellung und -verarbeitung v. den Anfängen bis zur Gegenwart, historische Glassammlung.

Außerdem sehenswert: Die *ehem. Kilianskapelle* (n der Pfarrkirche), ein spätgot. Bau, diente im Untergeschoß als Beinhaus; das Obergeschoß hat reiches Maßwerk und fialenbekrönte Strebepfeiler. – Das frühere Rathaus (heute *Historisches Museum)* vereint 3 ehem. Bürgerhäuser zu einem einheitlichen Komplex mit doppelläufiger Wendeltreppe. – Spätgot. *Wehrtürme* erinnern an den alten Stadtbering. – Im eingemeindeten *Eichel* am l Mainufer steht eine kleine Kirche aus dem 13. Jh.

46483–87 Wesel

Nordrhein-Westfalen

Einw.: 60 300 Höhe: 27 m S. 1276 □ B 7

Stadtkirche St. Willibrord (Willibrordiplatz): Die Gründung erfolgte schon im 8. Jh. Nach Neu- und Umbauten im 10., 12./13. und 15. Jh. wurde der »Dom zu Wesel« jedoch erst im 19. Jh. vollendet. Der 2. Weltkrieg zerstörte große Teile des nun weitgehend neugot. Baus. Erweiterungen des 19. Jh. wurden beim Wiederaufbau nicht erneuert. In der heutigen Fassung entspricht der Dom wieder der fünfschiffigen Pfeilerbasilika mit Querschiff und Chorumgang aus der Hauptbauzeit v. 1434–1537. Neben dem *Doppelportal* des Turms und den erstklassigen *Maßwerkfenstern* sind das reiche *Netz- und Sterngewölbe* hervorzuheben.

Befestigungsanlagen: Von den einst mächtigen Befestigungsanlagen sind nur noch verschiedene Teile aus mehreren Jh. erhalten. Dazu gehören das barocke *Zitadellentor* (an der Zitadelle) v. 1718 und das *Berliner Tor* (Berliner-Tor-Platz) v. 1722. – In der Zitadelle *Schill-Museum* (Geschichte des Schill'schen Freicorps).

Stadtmuseum (Ritterstr. 14): Neben Exponaten des Gold- und Silberschmiedegewerbes (16./17. Jh.) sind v. a. solche der rheinischen Kunst (19./20. Jh.) v. Bedeutung.

Theater: Im *Städt. Bühnenhaus* (Martinistraße, 771 Plätze) und im *Studio im Centrum* (Ritterstr. 11–12) finden Theater- und Konzertgastspiele statt.

Außerdem sehenswert: 2 moderne Kirchenbauten, und zwar die *Friedenskirche zu den hl. Engeln* (Wesel-Fustenberg), 1957 v. H. Schilling auf einem alten Fort erbaut, und *Mariä Himmelfahrt* (Pastor-Janssen-Straße) mit der das Motiv der Fensterrose variierenden W-Wand (1951 v. R. Schwarz geschaffen).

25764 Wesselburen

Schleswig-Holstein

Einw.: 3200   Höhe: 5 m   S. 1272 ☐ F 2

Wesselburen ist durch seinen berühmtesten Sohn bekannt geworden: durch den Dramatiker Friedrich Hebbel (1813–63), der hier geboren wurde. An Hebbel erinnern heute ein ihm zu Ehren geschaffenes *Museum* (Österstr. 6, in der Kirchspiel-Vogtei) und ein Denkmal vor dem Haus Hebbels in der Süderstr. 49.

Kirche: Die Kirche ist in den Jahren 1737/38 entstanden. Baumeister war J. G. Schott (Heide). Dabei wurden die Außenmauern eines Vorgängerbaus übernommen, so daß bei erster Betrachtung noch immer der Eindruck einer roman. Kirche entsteht. Die barocke Ausstattung wurde 1738 eingebracht.

82405 Wessobrunn

Bayern

Einw.: 1900   Höhe: 701 m   S. 1282 ☐ L 15

Wessobrunn ist nicht nur der Fundort des »Wessobrunner Gebetes«, des ältesten Textes in dt. Sprache (etwa 1000 Jahre alt), sondern auch Heimatort einiger der besten Stukkateure, die Deutschland hervorgebracht hat. Die Wessobrunner Schule wurde beherrschend für die Stuck-Kunst des 17. und 18. Jh. Im Mittelpunkt standen die Familien Schmuzer*, Zimmermann* und Feuchtmayer*, die Hunderte v. Kirchen vorwiegend in Bayern und Baden-Württemberg ausgestattet haben. Einige der bedeutendsten sakralen Kunstwerke aus dieser Zeit, wie z. B. die Wieskirche, sind Arbeiten der genannten Künstlerfamilien.

Ehem. Benediktinerabtei: Sehenswert sind die sog. Fürstentrakt mit seinem kräftigen Stuck und die Tassilosaal, dessen lebensnahe Jagdmotive in zartem Malachit gefaßt sind. Im N der dreiflügeligen Klosteranlage befindet sich die v. F. X. Schmuzer 1757–59 gebaute und v. ihm mit Muschelwerk-Stukkaturen ausgestattete *kath. Pfarrkirche St. Johannes.* Deckenfresken (1758) v. J. Baader. An der N-Wand spätroman. Holzkruzifixus (um 1250) aus der bis auf den Turm im Hof zerstörten roman. Kirche.

Außerdem sehenswert: *Kreuzbergkapelle* (1771/72) mit Deckenfresko v. M. Günther; *Brunnen des Wezzo* nö der Kirche und sö die ca. 700 Jahre alte *Tassilolinde.*

Umgebung

St. Leonhard im Forst (3 km s): 1724–35 erbaute Wallfahrtskirche mit Deckenfresko (1761) v. M. Günther.

35576–86 Wetzlar

Hessen

Einw.: 52 400   Höhe: 168 m   S. 1277 ☐ F 9

Dom (Buttermarkt): Die ältesten Bauteile reichen bis in das Jahr 897 zurück. Kurze Zeit später begannen jedoch bereits Veränderungen, Erweiterungen und Ergänzungen, die die Geschichte dieses monumentalen Baus über die Jahrhunderte hinweg bestimmt haben. Trotz dieser langen Bautätigkeit bietet der Dom heute ein geschlossenes Bild, die dreischiffige, rippengewölbte Hallenkirche nach dem Vorbild vergleichbarer Bauten in → Marburg, → Köln, → Herford und → Paderborn. Beherrschend ist der mächtige, dreigeschossige Turm im SW. Er war endgültig erst im späten 16. Jh. fertiggestellt. Vor dem Eintritt beachte man bei einem Rundgang um den Dom die ausgezeichneten Portale, von denen hier das W-Portal, ein Doppelportal mit Mittelsäule und reichem Figurenschmuck, bes. hervorgehoben werden soll. Das Innere läßt kaum erkennen, daß die verschiedensten Baumeister über Jahrhunderte hinweg immer wieder eigene Gedan-

Wessobrunn, Klostergang in der ehem. Benediktinerabtei

Wetzlar, Alte Lahnbrücke mit Dom und Altstadt

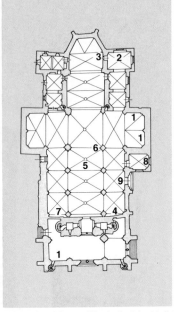

Wetzlar, Dom 1 Reste v. Wandmalerei des 14. Jh. an der W-Wand des Mittelschiffes und im Querhaus **2** Vesperbild, um 1370–80, Fassung 18. Jh. **3** Muttergottes, um 1460 **4** Kreuztragender Christus, 1. Hälfte 16. Jh. **5** Kronleuchter, Anfang 16. Jh., sog. Zunftleuchter **6** Kanzel, Anfang 18. Jh. **7** Roman. Taufbecken **8** Johanniskapelle mit: Originalen des S-Portals, um 1260–70, Statuetten des got. W-Baus Maria und Verkündigungsengel, 13. Jh., Kreuzigungsgruppe, Ende 15. Jh., Domschatz **9** S-Portal nach franz. Vorbild mit Marienstatue

ken in das Gesamtwerk eingebracht haben. Beherrschende Rollen übernehmen die mächtigen Pfeiler mit ihrem schönen Schmuck. Ungewöhnlich ist die Bemalung, die zuerst bei der Restaurierung in den Jahren 1904–15 wiederhergestellt worden ist und dann auch bei der Beseitigung der Kriegsschäden wieder berücksichtigt wurde. Man beachte v. a. an der W-Wand die große Christophorus-Darstellung sowie die Alexius-Legende in den Nischen des Querhauses. – Zahlreiche wertvolle Teile der Ausstattung sind im 2. Weltkrieg verlorengegangen. Eines der wertvollsten unter den erhaltenen Stücken ist die Pietà, die aus der Zeit um 1380

stammt und in der Johanneskapelle zu sehen ist. Der Dom ist Doppelkirche für Katholiken und Protestanten.

Weitere sehenswerte Kirchen: *Michaelskapelle* (s des Doms), *Ehemalige Franziskaner-Klosterkirche* (Schillerplatz), *Ev. Hospitalkirche* (Lahnstraße): Die in den Jahren 1755–64 v. J. L. Splittdorf errichtete Kirche besitzt einen sehenswerten Aufbau aus Altar, Orgel und Kanzel.

Burgruine Hermannstein: Die 1373–79 für Landgraf Hermann I. v. Hessen erbaute *Oberburg* ist das typische Beispiel einer got. Wohnturmanlage nach franz. Vorbild. Der sehr ungewöhnlich anmutende Bau, an der höchsten Stelle einer Felsenklippe errichtet, diente als Grenzfeste gegen die benachbarten Grafschaften. Die Angriffsseite im NO erscheint völlig uneinnehmbar, denn der Mauer ist nochmals ein massiver Halbturm vorgelegt. – Im Inneren befinden sich 2 hohe Geschosse mit je einem Repräsentationsraum unter Kreuzgratgewölbe. Vom ehem. Dachgeschoß sind 2 lange, grotesk aufragende Schornsteine übriggeblieben. – Die nicht mehr befestigte *Unterburg* enthält kleinere, intimere Wohnräume und eine große Küche. Gut erhalten sind ein kleiner Kapellenraum und der Treppenturm. Die Burgruine ist in Privatbesitz und nicht zu besichtigen.

Lottehaus und Städt. Museum (Lottestr. 8–10): In einem Flügel des ehem. Deutschordenshofes wohnte Charlotte Buff. Heute ist das Haus als Museum eingerichtet.

Jerusalemhaus (am Schillerplatz): Das Fachwerkhaus, um 1700 errichtet, war Wohnhaus des Legationssekretärs Jerusalem, der in Goethes »Werther« erwähnt ist. Es gehört zu den zahlreichen alten Häusern, die in Wetzlar erhalten sind. Besonders sehenswert auch die Häuser Fischmarkt 13, Eisenmarkt 8 und Domplatz 11.

Museen: Neben dem schon erwähnten Lottehaus mit dem städtischen Museum und neben dem Jerusalemhaus ist das *Palais Papius* (Kornblumengasse 1) zu nennen. Hier werden in der Sammlung

Wetzlar, Dom >

Dr. Irmgard v. Lemmers-Danforth Möbel vornehmlich aus dem 16.–18. Jh. gezeigt. Die Kinderärztin hatte 1963 ihre seit den 30er Jahren zusammengetragene Sammlung öffentlich zugänglich gemacht.

Freilicht-Festspiele: In der Freilichtbühne Rosengarten (1800 Plätze) Schauspiel-, Oper-, Musical-, Ballett- und Konzertaufführungen alljährlich im Juli und August.

Umgebung

Kalsmunt (1,5 km s): Die *Burgruine* der im 12. Jh. v. Friedrich I. erbauten Reichsburg Kalsmunt umfaßt nach dem Verfall seit dem 16. Jh. heute nur noch Reste, darunter den *Bergfried* (2. Hälfte 12. Jh.) und das spätgot. *Portal* der Kernburg.

83629 Weyarn
Bayern

| Einw.: 2900 | Höhe: 690 m | S. 1283 ☐ M 15 |

Kath. Pfarrkirche St. Peter und Paul/Ehem. Augustinerchorherrenstiftskirche: An der Stelle eines 1133 erbauten roman. und eines got. Vorgängerbaues errichtete L. Sciasca aus Rovereto 1687–93 die geräumige spätbarocke Wandpfeilerkirche. Die relativ schlichten, als Laub- und Bandwerk aufgeführten *Stukkaturen* und die *Gewölbefresken* mit Szenen aus dem Leben des hl. Augustinus und den Martyrien der Apostel Petrus und Paulus im Chor schuf J. B. Zimmermann*. Wertvollster Teil der Rokokoausstattung sind die v. N. Nepaur gekonnt gefaßten Holzskulpturen I. Günthers*, eine *Verkündigungsgruppe* und eine *Pietà* (beide 1764), Putten sowie der geschnitzte *Valeriusschrein* und das reiche gold- und silbergefaßte *Tabernakel* (1763) am *Hochaltar*, der mit seinen Statuen (St. Augustinus und Ambrosius) und dem *Altargemälde* (St. Petrus) v. J. B. Untersteiner aus dem Weihejahr der Kirche (1693) stammt. In der *Sakristei* mit Stukkaturen v. 1694 ist neben wertvollen Kelchen eine prächtige *Monstranz* zu sehen.

Außerdem sehenswert: *Jakobuskapelle:* In der ehem. Burgkapelle (12. Jh.) ist neben den *Holzfiguren* I. Günthers (St. Leonhard und Sebastian, schmerzhafte Muttergottes und Jakob) auch das *Altargemälde* v. J. A. Höttinger v. Interesse. – *Mariahilfkapelle:* In der kleinen, v. einem Zwiebel-

Wiblingen, Bibliothek im Kloster

Wiblingen, Klosterkirche >

dachreiter bekrönten Kapelle (1786) befindet sich die qualitätvolle spätgot. *Schnitzfigur* einer Muttergottes.

Wiblingen ✉ **89079 Ulm**
Baden-Württemberg

Einw.: 18 000   Höhe: 480 m   S. 1281 □ H 14

Ehem. Benediktinerklosterkirche St. Martin: Wiblingen, das heute zu Ulm gehört, erhielt 1093 das v. den Grafen v. Kirchberg gestiftete Kloster. Der heutige Bau wurde ab 1714 errichtet und 1783 gew. Nach Entwürfen v. J. M. Fischer* wurde die Kirche durch J. G. Specht erbaut. – Die Kirche – ein kuppelüberdeckter Zentralraum – trägt bereits deutlich die Zeichen des einsetzenden Klassizismus. Das Innere ist v. großer Pracht, trotzdem aber v. Zurückhaltung und Vornehmheit geprägt. In den großen Kuppelgemälden v. J. Zick* dominiert allerdings noch das ausklingende Barock. Wichtigste Teile der Innenausstattung sind der Hochaltar, ebenfalls ein Werk Zicks, das Chorgestühl v. J. Joseph Christian* und J. F. Christian sowie ausgezeichnete Statuen (Kanzel, Brüstung). Den Kruzifixus (Anfang 16. Jh.) hat die Klosterkirche aus dem Münster in

→ Ulm erhalten. – Das angrenzende Kloster ist v. a. durch seinen *Bibliothekssaal* berühmt geworden. Die Galerie wird v. Säulen getragen, an denen lebensgroße Statuen die geistigen Wissenschaften und Tugenden personifizieren.

29342 Wienhausen
Niedersachsen

Einw.: 3600   Höhe: 43 m   S. 1273 □ I 5

Ehem. Zisterziensernonnenkloster: Alljährlich am Freitag nach Pfingsten werden die »Wienhäuser Bildteppiche« gezeigt, die weit über das nähere Einzugsgebiet hinaus berühmt sind. Die Teppiche stammen aus der Zeit zwischen 1300 und 1500 und wurden v. den Nonnen geschaffen. Neben diesen Teppichen machen zahlreiche weitere Kunstwerke v. erstem Rang das Kloster zu einer der bedeutendsten Kunststätten in Deutschland. Zu den großartigen künstlerischen Leistungen, die hier bewahrt werden, gehören auch Wand- und Glasmalereien, Skulpturen sowie verschiedene Sammlungen (Hausrat, eine unvergleichbare Truhensammlung, Schränke). – Das Äußere der Klosteranlage ist v. den Backsteinfassaden bestimmt. Hervor-

Wienhausen, Panorama mit ehem. Kloster   *Wienhausen, Nonnenchor im ehem. Kloster >*

zuheben sind die Staffelgiebel des W-Flügels und des Nonnenchors. Die Nonnenkirche ist um 1300 entstanden. Aus dieser Zeit sind im Nonnenchor und in der Allerheiligenkapelle erstklassige Wandmalereien erhalten. Sie gehören zum Besten, was die Malerei der Gotik hervorgebracht hat.

Herausgegriffen sei schließlich auch der berühmte Schrein, der das Hl. Grab darstellt. Darin liegt der tote Christus (Holzfigur aus der Zeit um 1280). Von gleichem Rang ist der Marienaltar (1519).

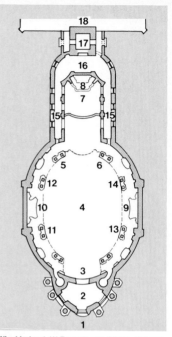

Wies ✉ **86989 Steingaden**
Bayern

| Einw.: 80 | Höhe: 870 m | S. 1282 ☐ K 15 |

Die Wies/Wallfahrtskirche zum gegeißelten Heiland: Ausgangspunkt für den Bau der heutigen Wallfahrtskirche war eine Figur, die den Heiland an der Geißelsäule zeigte (um 1730). Sie wurde 1738 von der Wiesbäuerin auf einem alten Dachboden entdeckt und daheim in den Herrgottswinkel gestellt; am 14. Juni sah man im Antlitz Christi Tränen: Das Wunder wurde Anlaß zu einer Wallfahrt, die sich schnell ausbreitete, daß alsbald der Bau einer eigenen Kirche entstand. 1745 wurde – nachdem das übergeordnete Kloster in → Steingaden die Zustimmung gegeben hatte – der Grundstein für einen Bau gelegt, der nach seiner Fertigstellung zu den bedeutendsten des Barock gehören sollte. D. Zimmermann[*], der zuvor bereits die Entwürfe für Steingaden geliefert und damit der Zeit wie sich ein Denkmal errichtet hatte, wurde auch mit dem Bau der Wieskirche beauftragt. 1754 wurde die Kirche gew. 1757 war auch die Orgel eingebaut und damit das Gesamtkunstwerk der Wieskirche vollendet. Für D. Zimmermann[*] war die Wieskirche der Höhepunkt seines Lebenswerkes. Das dokumentiert sich nicht nur in der Kirche selbst, sondern auch mit der Stiftung eines Votivbildes durch ihn. In einem Haus in unmittelbarer Nachbarschaft der Wieskirche ist Zimmermann 1766 gest.

Baustil und Baubeschreibung: Die Wieskirche ist bis in das letzte Detail ganz dem Rokoko unterstellt. Kaum ein zweites Mal

Wieskirche 1 W-Fassade mit Säulen, Triumphpforte und 2 Seitenportalen **2** Niedrige Vorhalle **3** Kostbar ausgestattete Musikempore mit Orgel v. 1756, die 1928 umgebaut und 1958/59 restauriert wurde **4** Über ovalem Grundriß errichtetes Langhaus **5** Kanzel mit 3 Reliefs **6** Abtempore als Gegenstück zur Kanzel, für den Abt v. Steingaden konzipiert **7** Langgestreckter Chor mit Chorfresko **8** Zweigeschossiger Hochaltar mit Gnadenfigur des gegeißelten Heilands **9** s Seitenaltar für die »Bruderschaft zum Gegeißelten Heiland«, erbaut v. J. G. Bergmüller, 1756, gefaßt v. J. Th. Ramis, Altarblatt v. Mages, 1756 **10** n Seitenaltar für die »Bruderschaft für die Armen Seelen«, erbaut v. J. G. Bergmüller, gefaßt v. J. Th. Ramis, Altarblatt mit Maria Magdalena v. J. G. Bergmüller, 1756 **11** Hl. Augustinus **12** Hl. Gregorius **13** Hl. Hieronymus **14** Hl. Ambrosius **15** Chorumgang mit Votivgaben **16** Sakristei **17** Turm **18** Ehem. Priesterhaus

ist in solcher Stilreinheit ein Bau errichtet worden. Zentrum ist der große Mittelraum, dem eine Halle in Halbkreisform vorgelagert ist. Zur anderen Seite hin schließt sich der langgezogene Chor an (siehe Grundrißskizze). Vor dem Chor steht der O-Turm, dem – als Sommersitz des Abtes

Wieskirche, Hochaltar >

Wieskirche

konzipiert – ein hufeisenförmiger Bau vorgelagert ist.

Inneres und Ausstattung: Die besten Künstler der Zeit haben unter der Gesamtleitung v. D. Zimmermann* an der Ausgestaltung der Kirche gearbeitet. Die Grundkonzeption ist darauf ausgerichtet, daß sich Form und Farben zum Altarzentrum hin verdichten. Ein hohes Maß an Lebensfreude hat sich in der Wieskirche niedergeschlagen. Den entscheidenden Anteil an der Ausstattung hat J. B. Zimmermann*, Bruder des Dominikus. Seine besten Leistungen sind die einzigartigen Fresken. Das große Kuppelfresko zeigt auf der einen Seite den leeren Thron des Weltenrichters, dem auf der anderen Seite die verschlossene Paradiestür gegenübersteht. Dazwischen zeigt ein Regenbogen das Erscheinen Christi. Die Fresken sind in ihrer Wirkung abgestellt auf den Hochaltar. In dessen Mittelpunkt steht das Gemälde, auf dem B. A. Albrecht die Menschwerdung Christi dargestellt hat. Die 4 Figuren, die das Gemälde umrahmen, sind die Evange-

listen. Sie sind das Werk v. E. Verhelst*. Von kaum geringerem Rang sind die Nebenaltäre im Laienhaus. An den mittleren Pfeilerpaaren sind die Figuren der 4 Kirchenväter befestigt (der Füssener Bildhauer A. Sturm hat sie geschaffen). Sehenswerte Kanzel.

65183–207 Wiesbaden
Hessen

Einw.: 264 000 Höhe: 117 m S. 1276 ☐ E 10

Wiesbaden, Landeshauptstadt v. Hessen und bedeutende Kur- und Kongreßstadt mit 26 heißen Quellen zwischen Taunus und Rheingau, ist schon zur Zeit der Römer ein Verkehrsknotenpunkt gewesen. Klassizismus und Historismus haben das Gesicht der Stadt geprägt.

Griechische Kapelle (Neroberg): Die 5 vergoldeten Zwiebeltürme haben die Kapelle, die als Grabeskirche für die 1845 nach einjähriger Ehe verstorbene und aus Rußland stammende Herzogin Elisabeth v. Nassau erbaut wurde, zu einem unverwechselbaren Bauwerk gemacht. Die Kapelle wurde ganz im byzantinisch-russischen Stil erbaut.

Pfarrkirche Schierstein: Die Kirche wurde im Stil des Barock errichtet. Die Ausstattung entspricht dem Rokoko.

Stadtschloß (Schloßplatz): Der Bau, 1837–42 v. den Herzögen Wilhelm und Adolf v. Nassau errichtet, wurde 1866 königliches Schloß. Kaiser Wilhelm I. und Wilhelm II. haben hier während ihrer Besuche in Wiesbaden residiert. Heute ist das Schloß Sitz des Hessischen Landtags.

Schloß Biebrich (Rheingaustraße): Die späteren Fürsten und Herzöge v. Nassau haben das Schloß im Stil des Barock zwischen 1698 und 1744 erbaut. Es diente ihnen als Residenz. Der urspr. barocke Garten wurde 1811 in einen engl. Park durch L. v. Sckell* ungestaltet.
Im Sinne der damaligen romantisch-historisierenden Baugesinnung, für die es in Wiesbaden zahlreiche weitere Beispiele gibt, ist die 1807 geschaffene Moosburg angelegt.

Altes Rathaus (Marktstraße): Das Alte Rathaus, 1610 fertiggestellt, ist das älteste Gebäude der Stadt. Das Neue Rathaus, das in den Jahren 1884–87 erbaut wurde, trägt die Zeichen der Neurenaissance.

Kurhaus (Parkstraße): F. v. Thiersch hat die Pläne für diesen Bau geliefert, der in den Jahren 1904–07 errichtet worden ist. Vorgelagert ist ein Portikus mit 6 ionischen Säulen. Die Widmung lautet »Aquis Mattiacis«.

Museen: *Städt. Museum* (Friedrich-Ebert-Allee 2): Unter einem Dach sind eine beachtenswerte Gemäldegalerie sowie eine naturwissenschaftliche Sammlung und die »Sammlung nassauischer Altertümer« untergebracht. Ferner: zahlreiche Objekte aus dem Besitz Merians.

Theater: *Hessisches Staatstheater* (Christian-Zais-Straße): Das Theater liegt im

Wiesbaden, Schloß Biebrich

Kurzentrum und beschäftigt eigene Ensembles für Oper, Operette, Musical, Schauspiel und Ballett. – *Kleine Komödie.*

27793 Wildeshausen
Niedersachsen

Einw.: 14 700   Höhe: 20 m   S. 1272 □ E 5

St.-Alexander-Kirche (Herrlichkeit 6): Die in den Jahren 1224–30 erbaute Kirche gleicht in ihrem Grundriß dem Dom zu → Osnabrück. Auffallend ist das Mauerwerk des Flügels, der sich v. Chor nach S erstreckt: Es wurde aus Findlingen in meisterhafter Weise zusammengefügt. Das Innere wird v. dem kugelförmigen Gewölbe und ausgewogenen Rundbogenarkaden bestimmt. Aus der Ausstattung sollen hervorgehoben werden: der spätgot. Levitenstuhl und der schön gegliederte Sakramentsschrank, beides erstklassige Arbeiten aus Sandstein. In der Sakristei, über deren Eingang ein frühgot. Kruzifixus

Wilhelmshaven, Rathaus

hängt, sind erstklassige Wandmalereien aus dem frühen 14. und 15. Jh. freigelegt worden.

Umgebung

Pestruper Gräberfeld (4 km s): Die zahlreichen *Großsteingräber* und prähistorischen *Grabanlagen* werden als bedeutendste Anlage dieser Art in N-Europa bezeichnet.

26382–89 Wilhelmshaven
Niedersachsen

| Einw.: 91 100 | Höhe: 0 m | S. 1272 ☐ E 3 |

Die Geschichte der Stadt beginnt erst 1856 mit dem Bau eines Kriegshafens. 1869–75 wurde die *Christuskirche* (Friedrich-Wilhelm-Platz) als Marine-Gedächtnis-Kirche errichtet. Das *Rathaus* (Kirchplatz) v. F. Höger, einem der bekanntesten Archi-

tekten in der 1. Hälfte unseres Jh., entstand 1929 für die Stadt Rüstringen, welche später mit Wilhelmshaven verschmolz. – Im *Küsten- und Schiffahrtsmuseum* (Rathausplatz 2) werden interessante Sammlungen zur Besiedlung der Küsten in Niedersachsen und zur Geschichte der Schiffahrt gezeigt. Von Interesse sind auch zwei *Museumsschiffe* (Kaiser-Wilhelm-Brücke). – In der Umgebung von Wilhelmshaven ist das *Wasserschloß Gödens* (18 km sw) besonders sehenswert.

Wilhelmsthal ✉ **34379 Calden**
Hessen

| Einw.: 70 | Höhe: 340 m | S. 1277 ☐ G 8 |

Schloß (2 km s v. Calden): Durch die 9 km lange Rasenallee ist Schloß Wilhelmsthal mit dem Schloß Wilhelmshöhe in → Kassel verbunden. Die Regenten Hessens ließen dieses Meisterwerk des Rokoko in den Jahren 1743–70 nach einem Plan v. F. de

Cuvilliés als Sommersitz erbauen. Beide Seitenflügel sind nur locker mit dem *Hauptbau* verbunden, dessen Glanzstück die *Gartenfront* bildet. – Unter den Innenräumen nehmen der *Musen-* und der *Speisesaal* sowie das *Papageienkabinett* wegen der vollendeten Stuck- und Raumgestaltung das größte Interesse für sich in Anspruch. J. H. Tischbein d. Ä. hat die meisten Gemälde zur *Schönheitsgalerie* beigetragen. Wertvolle *Wandverkleidungen,* erlesene *Möbel* und *Meißner Porzellan.* – Der ehemals franz. *Park* 1794–99 im engl. Stil umgestaltet.

94336 Windberg	
Bayern	
Einw.: 1000	S. 1283 □ O 13

Prämonstratenser-Klosterkirche St. Maria: An den Hängen des Bayr. Waldes entstand eine roman. Basilika unter → Hirsauer Einfluß. Bes. reich ist das *Hauptportal* (um 1220) mit der Gottesmutter im Tympanon ausgestaltet. Das Innere wurde im 16. Jh. eingewölbt und 1755 stuckiert. Im *Hochaltar* eine schöne Marienfigur (um 1650), hervorragende *Altäre* auch an den Pfeilerpaaren des Langhauses. Um 1230 roman. *Taufstein.*

23966–70 Wismar		
Mecklenburg-Vorpommern		
Einw.: 54 500	Höhe: 4–40 m	S. 1274 □ L 3

Die 1226–29 planmäßig um einen großen Marktplatz angelegte Stadt an der *Wismarer Bucht* gedieh zu einer der führenden Hansestädte und fiel im *Westfälischen Frieden* (1648) an Schweden. Durch einen Pfandvertrag (1803) kam es vorübergehend und anschließend (1903) ganz an Mecklenburg. Heute ist Wismar der zweitgrößte ostdeutsche Überseehafen.

Pfarrkirche St. Nikolai: An der Stelle einer frühgot. Vorgängerkirche (um 1270) wurde 1380–1487 die spätgot. Backsteinbasilika mit Strebewerk, Chorumgangskapellen und 2 querhausähnlichen *Seitenschiffkapellen* (die s mit reichem Giebel-

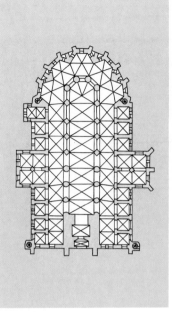

Wismar, Pfarrkirche St. Nikolai

dekor) errichtet. Der hohe kreuzrippengewölbte Innenraum wird v. Spitzbogenarkaden über Achteckpfeilern in 3 Schiffe unterteilt und durch langbahnige *Maßwerkfenster* erhellt. Am Untergeschoß des W-Turms spätgot. *Fresken* (15. Jh.). Interessanter als das barocke *Choraltarretabel* (1772) mit der v. B. Block* 1653 kopierten Kreuzabnahme v. Peter Paul Rubens* und die restliche *Barockausstattung* (Orgelprospekt, 1703; Kanzel 1708; Taufgehäuse, 1719) sind der spätgot. *Schifferaltar* (Muttergottes zwischen dem Apostel Jakobus d. Ä. und dem hl. Nikolaus, um 1500–10) und viele nach dem letzten Weltkrieg aus zerstörten Kirchen hierhergelangte got. Ausstattungsstücke: Der Mittelschrein (Strahlenkranzmadonna zwischen dem Erzengel Michael und dem hl. Mauritius, um 1430) des *Krämeraltars,* das schmiedeeiserne *Teufelsgitter* (um 1580–90) und die reliefierte hochgot. *Fünte* (Taufe mit der Vita Christi, um 1335) stammen aus der ehem. Marienkirche. Die monumentale spätgot. *Kreuzigungsgruppe*

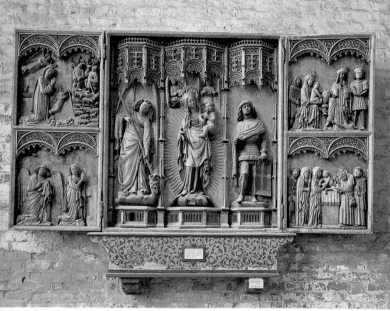

Wismar, Krämeraltar in St. Nikolai

Wittenberg, Markt >

über der Chorschranke stammt aus der ehem. Dominikanerkirche.

Im Stil der Renaissance erbaute Ph. Brandin* 1569–71 das *Schabbelthaus*s der Nikolaikirche; das darin eingerichtete *Heimatmuseum* informiert v. a. über die Wismarer Stadtgeschichte.

Fürstenhof: Zwischen dem erhaltenen Turm (13.–16. Jh.; 80 m hoch) der ehem. *Marienkirche* und der gewaltigen Ruine der *Georgenkirche* (15. Jh.) steht der prächtige *Renaissance-Fürstenhof* (1554) mit lateralem Treppenturm, elegant gerahmten Portalen und Fensteröffnungen sowie *Kalkstein- und Terrakottafriesen* (Trojanischer Krieg, Verlorener Sohn und antikisierende Porträtreliefs) von Sebastian van Düren*.

Außerdem sehenswert: Am *Markt* finden sich der *Alte Schwede*, ein spätgot. Backsteingebäude mit Schmuckgiebel (um 1380), die *Renaissance-Wasserkunst* v. Ph. Brandin*, der sie 1580–1602 mit Her-

menpilastern an den 12 Ecken erbaute, sowie das klassizistische *Rathaus* aus dem Jahre 1819.

Umgebung

Mecklenburg (6 km s): Die spätgot. *Backsteinkirche* im Dorf Mecklenburg lohnt wegen ihrer spätgot. *Wandmalereien* (Kruzifixus mit Heiligen, um 1500–10) an der n Langhauswand im sonst barock ausgestatteten einschiffigen Inneren einen Besuch.

06886 Wittenberg, Lutherstadt
Sachsen-Anhalt

Einw.: 48 700   Höhe: 73 m   S. 1279 □ O 7

Die 1180 zum erstenmal genannte Stadt (seit 1293) an der Elbe wurde als Residenzstadt von Kurfürst Friedrich dem Weisen und durch das Wirken des Malers

Wittenberg, Epitaph Friedrichs des Weisen in der Schloßkirche

Lucas Cranach d. Ä.* und der Reformatoren Martin Luther und Philipp Melanchthon in der Renaissancezeit zu einem geistig-kulturellen wie politischen Zentrum Europas.

Schloß: Von dem unter Friedrich dem Weisen erbauten und v. K. Pflüger* und K. Roder* 1490–1525 errichteten kurfürstlichen Residenzschloß blieben nach den Zerstörungen im Siebenjährigen Krieg (1760) und den Umbauten in napoleonischer Zeit nur der W-Trakt mit seinen zwei spätgot. *Wendelsteinen,* wappengeschmückten *Altanen* und den 2 massigen *Ecktürmen* sowie die n *Schloßkirche* (15.–19. Jh.) erhalten. Einem Kirchenbrand (1760) zum Opfer fiel die n sog. *Thesentür,* an die Martin Luther am 31. 10. 1517 seine 95 Thesen gegen die päpstliche Ablaßwirtschaft angeschlagen haben soll. Im neugot. erneuerten und dabei netzgewölbten Inneren verdienen die mannshohen *Steinplastiken* (1520) Friedrichs des Weisen und Jo-

hanns des Beständigen ebenso Beachtung wie ihre *Bronzegrabmäler:* Peter Vischer d. J.* skulptierte das für Kurfürst Friedrich 1527 nach Skizzen von Lucas Cranach d. Ä.*, Hans Vischer* 1534 jenes für Johann den Beständigen. Von ihm stammt auch das *Bronzeepitaph* (um 1522) für H. Göden. Außer den *Gräbern* von Luther und Melanchthon finden sich im Gotteshaus auch Statuen der Reformatoren und ein moderner Abguß des 1551 in → Jena aufgestellten Bronzeepitaphs für Luther. – Im Schloß ist heute das *Museum für Natur- und Völkerkunde* mit vor- und frühgeschichtlichen Funden aus der Umgebung sowie Exponaten aus Afrika und Ozeanien eingerichtet.

Marienkirche: Die mehrfach erneuerte ehem. Predigtkirche (13.–20. Jh.) Luthers, die vom frühgot. Ursprungsbau den asymmetrischen zweischiffigen *Chor* (13. Jh.) und die Untergeschosse der beiden barock bekrönten *W-Türme* bewahrt, erhielt im 15. Jh. ein dreischiffiges spätgot. Langhaus mit prächtigen *Seitenschiffportalen* und s *Portikus.* Im 1928–31 purifizierend renovierten Kircheninneren lohnen der v. Lucas Cranach d. Ä.* und d. J.* gemalte *Reformationsaltar* (Abendmahl zwischen Taufe mit Philipp Melanchthon und Beichte mit J. Bugenhagen, in der Predella Predigt mit Luther; 1547) und die v. Löwenfiguren getragene bronzene *Fünte* (Taufstein mit Apostelreliefs, 1457) des Nürnbergers Hermann Vischer d. Ä.* sowie mehrere Epitaphe einen Besuch, darunter das v. L. Cranach d. J.* mit einer »Anbetung der Hirten« geschmückte *Grabmal* (1564) für C. Niemegk, das v. G. Schröter* gestaltete *Wandgrab* (1571) für M. v. der Schulenburg und das v. S. Walther* mit einem Alabasterrelief geschmückte *Epitaph* (1606) für Lucas Cranach d. J.*
Am w benachbarten *Marktplatz* mit dem *Marktbrunnen* (1617, restauriert) und den v. Baldachinen überfangenen *Standbildern* Luthers (1821) und Melanchthons (1860) v. Gottfried Schadow* bzw. Friedrich Drake* stehen mehrere volutengiebelgeschmückte *Bürgerhäuser* aus der Renaissance und das *Renaissancerathaus* (16. Jh.) mit figurenbesetztem Altanportikus (1573) v. G. Schröter*.

Lutherhaus: Das als Museum z. T. neugot. umgestaltete *Wohnhaus Martin Luthers* (seit 1524) findet sich im Hof der *Universitätsgebäude* (16.–18. Jh.) des 1502 gegr. *Augusteums.* Im Herrengeschoß sind die *Lutherstube* und der *Hörsaal* mit Universitätskatheder und Luthers Kanzel aus der Marienkirche zu sehen.

In der (w) *Lutherhalle* hat das *Reformationsgeschichtliche Museum* mit Schriften, Bibeln, Grafiken und Porträts v. Luther seinen Sitz.

Weiter westlich befindet sich das *Melanchthonhaus,* in dem eine Dokumentation zum Leben und Wirken v. Luthers Mitstreiter sowie Melanchthons Scholaren-, Studier- und Sterbezimmer gezeigt werden.

54516 Wittlich
Rheinland-Pfalz

Einw.: 15 700   Höhe: 155 m   S. 1280 □ B 11

Die zu Beginn des 18. Jh. in gotisierendem Barock erbaute *kath. Pfarrkirche* (Marktplatz) schmücken moderne *Glasfenster* v. LeChevalier, A. Stettner, H. Dieckmann und G. Meistermann. Von letzterem ein Fenster mit den Apokalyptischen Reitern

Wittenberg, Taufbecken in der Marienkirche

im 1922 erweiterten *Rathaus* (1647) am sehenswerten *Marktplatz* mit barocker *Posthalterei* (1753).

37213–18 Witzenhausen
Hessen

Einw.: 16 700   Höhe: 140 m   S. 1277 □ H 8

Den urspr. Umriß der ma Stadt an der Werra deuten noch heute Reste der *Stadtmauer* sowie zwei *Türme* aus dem 15. Jh. und ein älterer an. Entlang dem gitterförmig angelegten Straßennetz sind viele alte *Fachwerkhäuser* erhalten, die der Stadt ein romantisches Gepräge geben. Neben den Kirchen verdient das dreigeschossige *Renaissance-Rathaus* (1951 rest.) Beachtung.

Ev. Liebfrauenkirche: Die wechselvolle Baugeschichte beginnt um 1225 und endet mit der Restaurierung 1931. Schon v. außen steht das breite *Langhaus* im Gegensatz zum hochsteigenden *Chor.* – Im Inneren fallen die eigenartigen *Pfeiler* auf, die eine Übergangsform zwischen roman. Kantensäulen und got. Bündelpfeilern darstellen. Verwiesen sei v. a. auf die ausgezeichneten *Wandmalereien* aus dem 16. Jh. (in der Kapelle unter der S-Empore). Im Chor steht ein ungewöhnliches *Grabmal der Familie v. Bodenhausen.*

Außerdem sehenswert: Vom got. ehem. *Wilhelmitenkloster St. Nikolaus und Hl. Kreuz* sind nur geringe Teile erhalten (Refektorium, Kapitelsaal, Kirchenportal). – Zum *Hospital St. Michael* gehört eine Kapelle aus dem Jahr 1392 mit zierlich geschmücktem Turm. – *Steinernes Haus* (Am Markt), um 1584 erbauter bedeutender Renaissancebau. – *Sommermannsches Haus* (Ermschwerderstr. 13), gut erhaltener got. Holzbau.

Umgebung

Berlepsch (8 km n): *Schloß Berlepsch* geht auf eine Burg (1368–69) zurück, die im 16. und 19. Jh. stark verändert und vergrößert wurde, und besitzt heute einen schönen Park (um 1800).

Wolfegg, Rittersaal des Schlosses

Wolfenbüttel, Residenzschloß

Ludwigstein (5 km sö): *Burg Ludwigstein* (1415), eine der wenigen sehr gut erhaltenen dt. Burganlagen, besitzt schöne *Fachwerkbauten* um den Innenhof und dient heute als Jugendherberge.

Ziegenberg (7 km nw): Unterhalb der *Burgruine* (1356–88) mit hohem runden *Bergfried,* die 1944/45 als Führerhauptquartier diente, ist das Denkmal des v. J. W. v. Goethe entworfenen *Dreifach gefesselten Glückes* v. Interesse.

88364 Wolfegg
Baden-Württemberg

Einw.: 3100   Höhe: 690 m   S. 1281 □ H 15

Pfarrkirche St. Katharina: An die Stelle der Stifts- und Schloßkirche trat in den Jahren 1733–42 der bis heute erhaltene Neubau v. J. G. Fischer*. – Das Innere der äußerlich schlichten Kirche ist reich mit Stuck und Fresken geschmückt und besticht durch die eindrucksvolle Raumauf-

teilung. Die *Stuckdekoration* (ab 1735) v. J. Schütz und die *Wandmalereien* sind gute Beispiele früher Rokokokunst. Hervorzuheben sind auch die *Kanzel* (1760) v. J. W. Hegenauer, das *Chorgestühl* (1755) v. M. Bertele und *Epitaphien.*

Alte Pfarr: Ehem. Pfarrkirche; um das Jahr 1000 entstanden, Nachfolgerin einer an dieser Stelle vorhandenen Kirche, die dem Ungarneinfall zum Opfer fiel. Die wesentlichen Stilelemente sind ablesbar (Romanik, Gotik, Barock und »Stallzeit«). Durch die Schlichtheit besticht besonders der Innenraum, der durch Ausstellungen und kleinere Konzerte zu neuem Leben erwacht ist.

Schloß (Besichtigung nur in Verbindung mit einem Konzertbesuch): Berühmt geworden ist das Schloß (1580 vollendet) durch seinen großartigen *Rittersaal.* Entlang den Wänden stellen 22 *Holzfiguren* die Truchsessen dar. Die rocaillegerahmten *Wandbilder* zeigen Szenen aus der

Herkulessage sowie Allegorien der Erdteile und Elemente. – Unter den bedeutenden Kunstgegenständen des Schlosses nehmen die *Waldseemüller'sche Weltkarte* und ein ma Hausbuch einen besonderen Rang ein.

Außerdem sehenswert: *Bauernhaus-Museum* (Fischergasse 29): Hausformen (17./18. Jh.) aus Oberschwaben und dem Allgäu.

38300–04 Wolfenbüttel

Niedersachsen

Einw.: 52 500   Höhe: 120 m   S. 1278 ☐ K 6

Wolfenbüttel, die ehem. Residenzstadt, präsentiert sich heute noch als die erste planmäßig konzipierte Renaissancestadt in Deutschland mit dem Schloßbezirk, den fürstlichen Verwaltungsbauten, den Hofbeamtenhäusern und den Wohnbezirken der Bürger. Rund 500 Fachwerkhäuser aus der Renaissance und des Barocks verleihen der Stadt einen selten anzutreffenden historischen Reiz. Namen wie G. E. Lessing, G. W. v. Leibniz, W. Busch und W. Raabe sind mit der Stadt verbunden und stehen stellvertretend für viele Großen ihrer Zeit, die entscheidend die Geschichte prägten.

Hauptkirche Beatae Mariae Virginis: Bei diesem 1608 begonnenen ersten bedeutenden Kirchenbau des Protestantismus verband der Baumeister Paul Franke Stilelemente der Gotik, der Renaissance und des Barocks. Im Inneren sehenswerte Ausstattung, u. a. Hochaltar, Taufe v. 1571 und Fürstengruft mit künstlerisch hochwertigen Sarkophagen. Der Hofkapellmeister M. Praetorius wurde 1621 unter der Orgel beigesetzt.

Ev. Trinitatiskirche: 1719 durch H. Korb auf den Resten des Kaisertores errichtet. Die barocke Fassade gibt dem Holzmarkt einen festlichen Abschluß. Bei dieser Kirche, die zu den originellsten Bauten der Residenz gehört, überwiegen die Elemente der barocken höfischen Profanbaukunst.

Ev. Johanniskirche: Ein schlichter Fachwerkbau mit campanileartigem Glockenturm. 1663 als Kirche der Handwerkervorstadt »Auguststadt« gew. Sehenswerte Renaissance-Ausstattung (Orgel, Altar, Kanzel, Altarwand). Grabplatten v. H. Korb und J. Rosenmüller.

Das **Schloß Wolfenbüttel** ist der größte erhaltene Schloßbau Niedersachsens. Von 1432–1753 war es die Residenz der Welfenherzöge. An diese Zeit erinnert das Museum im Schloß. Der Renaissanceturm wurde 1614 v. Paul Franke errichtet, 1715 blendete Hermann Korb die barocke Fachwerkfassade vor, mit dem repräsentativen Steinportal und den das Fürstenhaus verherrlichenden Plastiken. Im Schloß haben u. a. die Dichterherzöge Heinrich Julius und Anton Ulrich gelebt. Hier wurde auch die Herzogin Anna Amalia geboren, die spätere Begründerin des Weimarer Musenhofes.

Die **Herzog-August-Bibliothek,** im Jahre 1572 v. Herzog Julius gegr., wurde unter Herzog August (nach dem 30jährigen Krieg) zur größten Büchersammlung und als »achtes Weltwunder« gefeiert. Das im Stil eines florentinischen Palazzo 1883–87 errichtete Bibliotheksgebäude ist mit seinen musealen Räumen ein »Schatzhaus voller Bücher«. Die Herzog-August-Bibliothek ist heute Forschungsbibliothek und geistiger Mittelpunkt internationaler Buchgeschichte.

Das **Lessinghaus,** ein dreiflügeliges, im Stil eines spätbarocken franz. Parkschlößchens um 1735 erbautes Gebäude. Hier schrieb Lessing »Nathan der Weise«. Heute erinnert das Museum an Lessing und seine Zeit.

Das **Zeughaus** diente als Waffenarsenal und Kaserne. Heute gehört es zum Bibliothekszentrum. In der großen Halle u. a. wechselnde Ausstellungen zur Buchgeschichte.

Lessingtheater: Gastspiele bekannter Bühnen v. September bis April.

Außerdem sehenswert: U. a. Fachwerkensemble am Stadtmarkt (mit Rathaus und Ratswaage); Klein-Venedig (Reste ehem. Grachten).

34466 Wolfhagen
Hessen

Einw.: 12 600   Höhe: 280 m   S. 1277 ☐ G 8

Historisches Stadtbild: Von der *Burg* der
Thüringer Landgrafen (Ludwig IV. u. Elisabeth um 1223/25 als Stadtgründer) nur
Reste, sonst Bauten späterer Epochen. Das
Rathaus zeigt mit 222 beschnitzten Bal-
kenköpfen ebenso niederdt. (ostwestfäl.)
Einfluß wie die meisten als Hallenhäuser
errichteten Bürgerbauten, auch wenn gelegentlich Gefügefiguren (»Hessenmann«)
die Nähe der mitteldt. (hessisch-fränk.)
Bauprovinz verraten.

Ev. Stadtkirche St. Anna: Hallenkirche
der Dt. Sondergotik mit westfäl. Domikalgewölbe und Schlußsteinen mit Weltge-
richtszyklus. Der Westturm erhielt 1561
eine Renaissancehaube.

Hospitalkapelle: Bau aus der 1. Hälfte des
14. Jh. mit bemerkenswerten figürlichen
Schlußsteinen.

Schloß Elmarshausen: (nö v. W.): Von gemauerten Gräben umgebenes Wasserschloß
im Stil der »Weserrenaissance«, 16. Jh.

Stadtwüstung Landsberg (n v. W.): Wü-
stung mit doppelter Wallanlage, im Stadt-
gründungs-Stadium zerstört und nicht wieder besiedelt (Waldecker Grafen).

Regionalmuseum: Das Museum im Rent-
hof (17. Jh.) und i. d. Zehntscheune (18. Jh.)
zeigt Sammlungen zur Vor-, Früh- u. Stadtgeschichte sowie zum Handwerk u. zur
Volkskunde. Schwerpunktabt. zur Geschichte des Hauses und der Fachwerkarchitektur
in der Region. Sehenswerter Geolog. Zeit-
weg. Galerie zur Bilderwelt des 19. u. 20. Jh.

91639 Wolframs-Eschenbach
Bayern

Einw.: 2300   Höhe: 443 m   S. 1282 ☐ K 12

Der Dichter, nach dem sich das ma Städtchen nennt und der als Verfasser des »Parzival« berühmt geworden ist, liegt alten

Wolfsburg, Schloß

Zeugnissen gemäß in der → Pfarrkirche
begraben. – Die alte *Stadtbefestigung* ist
zum großen Teil erhalten geblieben, und
auch die alten Gassen und die schmucken
Giebelhäuser überliefern ein Bild vergangener Jahrhunderte. – Die *kath. Pfarrkirche* wurde im 13. Jh. im Auftrag des Dt.
Ordens errichtet und in der 1. Hälfte des
18. Jh. weitgehend erneuert. Dabei erfuhr
die Hallenkirche eine weitgehende Barockisierung. Sehenswert sind der Altar
der Marienkapelle (1751) sowie ein Ro-
senkranzrelief (um 1510). – Im *ehem.
Deutschordensschloß* aus dem 17. Jh. ist
seit 1859 das Rathaus untergebracht. Die
steinerne Fassade kontrastiert zu den Fachwerkbauten der Umgebung.

82515 Wolfratshausen
Bayern

Einw.: 15 700   Höhe: 577 m   S. 1282 ☐ L 15

Geschichte: Der Ort wurde erstmals 1003

erwähnt. Die Grafen v. Wolfratshausen, eine Seitenlinie Dießen-Andechser Grafen, errichteten um 1100 eine stattliche Burg, die ein Frühjahrsgewitter 1734 bis auf die Grundmauern zerstörte. Beachtliche Bürgerhäuser entstanden entlang der Marktstraße. Schon 1280 wurden Wolfratshausen die ersten Marktrechte verliehen, und 1961 erfolgte die Stadterhebung. – Die Geschichte v. Wolfratshausen ist im *Heimatmuseum* dargestellt. – Alljährlich um Christi Himmelfahrt findet die Wolfratshauser Volksfestwoche statt. – In der Pupplinger Au (Einmündung der Loisach in die Isar) befindet sich Europas größtes zusammenhängendes *Natur- und Landschaftsschutzgebiet.* – Eine Attraktion sind die *Floßfahrten* auf der Isar bis München.

Pfarrkirche St. Andreas: 1484 als spätgot. Hallenkirche erbaut, 1619 teilweise durch Brand zerstört. Erst der Wiederaufbau 1631 brachte den 64 m hohen Zwiebelturm. Der Innenraum beinhaltet wertvolle Stuckarbeiten und einen glanzvollen Hochaltar.

Friedhofskirche (in Nantwein): 1286 wurde der fromme Rompilger Nantovinus aufgrund falscher Anschuldigungen zum Tode verurteilt und auf dem Scheiterhaufen verbrannt. Er wurde lange als Volksheiliger verehrt, und bei der letzten Renovierung der Kirche (Neubau 1624) wurden im Altarraum Gebeine gefunden, die nachweislich aus der Zeit Nantovinus' stammen. Heute stellt sie ein Kleinod frühbarocker Kunst dar.

38440–48 Wolfsburg

Niedersachsen

Einw.: 129 000   Höhe: 60 m   S. 1277 ☐ K 6

Die junge Stadt, bekannt als Sitz des Volkswagenwerks, entstand nach dessen Gründung (1937) in der Umgebung des alten Schlosses. Die Pläne für die Anlage neuer Stadtbezirke lieferte P. Koller. Danach wurden 1938–41 die Waldsiedlung Steimker Berg und die Gebäude der heutigen Stadtmitte erbaut. Eine Neuplanung aus dem Jahr 1955 regelte den weiteren Ausbau zur heutigen Dimension. – Das

Kulturzentrum, das der berühmte finnische Architekt A. Aalto entworfen hat und das in den Jahren 1959–62 erbaut wurde, dient u. a. als Volkshochschule und Stadtbücherei. – Das *Theater der Stadt* entstand nach den Plänen von H. Scharoun[*] (1971–73). Das *Planetarium* ist eines der modernsten in der Bundesrepublik. – Im *Volkswagenwerk* finden werktags um 13.30 Uhr Führungen statt.

Schloß (Alt-Wolfsburg): Das Schloß erinnert an die Vergangenheit der modernen Stadt. Von der urspr. Wasserburg aus dem 13./14. Jh. ist nur der *Bergfried* erhalten. Die übrigen Teile kamen zur Zeit der Renaissance im 16. Jh. hinzu. Der n der 4 Flügel, die den *Innenhof* umgeben, wurde in der Mitte des 19. Jh. mit viel Feingefühl hinzugefügt. Heute beherbergt das Schloß das *Städt. Museum,* das *Museum für Stadtgeschichte* und die *Städt. Galerie* mit dt. Kunst des 20. Jh. sowie im renovierten S-Flügel eine umfangreiche *Druckgraphiksammlung.*

Schloß Fallersleben: Als Witwensitz für die Herzogin Klara, Tochter des Herzogs Magnus II. von Sachsen-Lauenburg, 1551 auf den Fundamenten einer Schloßanlage aus dem 14. Jh. errichtet. Renoviert soll es im August 1991 mit dem *Hoffmann-von-Fallersleben-Museum* wiedereröffnet werden.

Sakrale Bauten: Wolfsburg ist ein Musterbeispiel für die Vielfalt des *modernen Kirchenbaus,* der hier doch Architekten v. hohem Rang vertreten ist. – Von den Kirchen des alten Wolfsburg ist die ev. *St.-Annen-Kirche* (13. Jh.) erhalten. In der Nähe des Schlosses birgt die ev. *St.-Marien-Kirche* Epitaphien und Grabsteine aus dem 17. Jh., in der *St.-Nicolai-Kirche* (W.-Nordsteimke) ist ein geschnitzter got. *Flügelaltar* sehenswert.

17438 Wolgast

Mecklenburg-Vorpommern

Einw.: 16 600   Höhe: 10 m   S. 1275 ☐ Q 2

Pfarrkirche St. Petri: Im kreuzrippen- und sterngewölbten Inneren der um den

älteren Turm herumgebauten spätgot. dreischiffigen Hallenkirche (13.–20. Jh.) verdienen der roman. *Gerovit-Stein* (12. Jh.),
spätgot. *Wandmalereien* im Chorumgang
und geschnitzte *Heiligenfiguren* aus dem
15. Jh., das *Messingepitaph* für Herzog
Philipp I. (gest. 1560) v. W. Hillger* sowie
das *Gemälde* (»Totentanz«, 1700) v. C. S.
Köppe* Beachtung. Es stammt v. der abgebrochenen Empore der w der Stadt im
Alten Friedhof gelegenen *Gertrudenkapelle* (um 1400), einem sterngewölbten
zwölfeckigen Zentralbau mit Mittelpfeiler
und dreibahnigen Spitzbogenfenstern.

Außerdem sehenswert: Von mehreren
Patrizierhäusern (16./17. Jh.) lohnt bes.
dasjenige aus dem 17. Jh. einen Besuch, in
dem heute das *Heimatmuseum* mit vor-
und stadtgeschichtlichen Sammlungen sowie einer Dokumentation zum Leben und
Werk des hier (in der nahen Kronwickstr.
43) geborenen romantischen Malers und
Farbtheoretikers Philipp Otto Runge*
(1777–1810) seinen Sitz hat.

37339 Worbis
Thüringen

| Einw.: 4600 | Höhe: 333 m | S. 1277 □ I 8 |

Antoniuskirche: Die v. A. Petrini* entworfene frühbarocke ehem. *Franziskaner-
klosterkirche* (1670–77) mit Tonnengewölbe über kräftigen Gurtbogen erhielt im
Rahmen ihrer spätbarocken Umgestaltung
(1765) durch C. Schmitt* auch eine qualitätvolle *Rokoko-Ausstattung.* Nach einer
einfühlsamen Restaurierung (1980) präsentieren sich der mit Heiligen- und Engelsfiguren sowie J. S. Beck* zugeschrie-
benen Gemälden (»Glorie des hl. Antonius
v. Padua«, 1765) geschmückte *Choraltar*
und die ebenfalls mit gefärbtem Stuckmarmor und Marmorimitation gestalteten *Ne-
ben-* und *Seitenaltäre,* aber auch die figürlich verzierte *Kanzel* und die *Beichtstühle*
wieder in altem Glanz.

Außerdem sehenswert: Die spätbarocke
Nikolauskirche (1765) birgt ein spätgot.
Altarretabel (Leiden Christi, um 1500). –
Von den zahlreichen *Fachwerkbauten*
(16.–18. Jh.) lohnt das stattliche *Kur-

mainzische Rentamt* (um 1500) mit dem
heimatkundlichen *Kreismuseum* einen Besuch.

Umgebung

Deuna (15 km sö): Die nach der Zerstörung im Bauernkrieg 1540 wieder aufgebaute *Wasserburg* (12.–16. Jh.) wurde
durch den Bau des zusätzlichen *Neuen
Schlosses* (um 1600) zum sog. Hinterhof-
Schloß. Es bewahrt v. der ma Bewehrung
die Burgmauern mit Schießscharten und
massigen Wehrtürmen.

06786 Wörlitz
Sachsen-Anhalt

| Einw.: 1900 | Höhe: 63 m | S. 1278 □ N 7 |

Auf dem Areal des im Auftrag des Fürsten
Leopold von Anhalt-Dessau (dem Alten
Dessauer) im 17./18. Jh. entwässerten
Sumpfgebietes s der Elbe ließ Fürst Leo-
pold Friedrich Franz von Anhalt-Dessau
(Vater Franz) im 18./19. Jh. einen weitläu-
figen *Landschaftspark* mit Sommersitz an-
legen.

Schloßpark: In Anlehnung an das englische Vorbild Schloß Claremont errichtete
Friedrich Wilhelm v. Erdmannsdorff* mit
dem *Schloß Wörlitz* das 1. dt. klassizistische Bauwerk. Dem querrechteckigen Gebäude ist ein korinthischer *Säulenportikus*
mit Freitreppe und dreieckigem Tympanon vorangestellt. Auf dem flachen Dach
des Schlosses thront seit 1776 ein *Belvedere* mit Kuppel. In den durchweg klassizistisch dekorierten Räumen, darunter
auch der mit Carracci*-Kopien geschmückte *Festsaal,* begegnet man einer
Kunstsammlung mit den berühmten *Wörlitzer Antiken* (hier Skulpturen) und
zahlreichen *Gemälden* (16./17. Jh.) von
B. Avercamp*, Canaletto*, Jacob Philipp
Hackert*, Antoine Pesne*, Peter Paul
Rubens*, Jacob Isaackszoon van Ruys-
dael* u. a. – Ab 1765 wurde hier v. J. F.
Eyserbeck*, G. Schoch* u. a. der 1. *englische Garten* auf dem Kontinent angelegt.
Er erstreckt sich v. a. n des Schlosses auf
dem gegenüber liegenden Ufer des *Wörlit-

Wörlitzer Schloß

Wörlitz, gotisches Haus

zer Sees (Elb-Altwasser) und als *Neumarkts Garten* auf der w Insel des Sees. Eine Gondelfahrt und ein Spaziergang im Park erschließen seine reizvollen Kanäle, Brücken, Grotten, Statuen und die vielen Gartenbauten v. Erdmannsdorff*, so das *Nymphäum* (1768), das *Pantheon* (ö; 1797) mit antiken Skulpturen, der runde *Venustempel* (n; 1797), der *Floratempel* (nw; 1798) mit toskanischem Säulenportikus und die auf einer künstlichen Vulkaninsel erbaute ö *Villa Hamilton* (1794). Im *Got. Haus,* das G. Ch. Hesekiel* 1773–1813 erbaute, sind kostbare Sammlungen v. Glasmalereien des 15.–17. Jh. und Gemälde v. Lucas Cranach d. Ä.* zu sehen.

Außerdem sehenswert: In der neugot. *Pfarrkirche* (1810) mit hohem W-Turm und zweistöckigen Emporen befinden sich 2 Gemälde (Abendmahl, Taufe; beide 1810) v. Heinrich Olivier* bzw. Friedrich Olivier*. – Das klassizistische *Rathaus* (1795) entstand nach Plänen Friedrich Wilhelm v. Erdmannsdorffs*.

Umgebung

Coswig (6 km n): In der barockisierten *Nikolaikirche* (13. und 17. Jh.) mit roman.

Worms, Dom St. Peter

W-Turm (um 1250) und frühgot. Portal findet sich eine sehenswerte Ausstattung mit einem spätbarocken reichgeschnitzten Orgelprospekt (1713).

67547–51 Worms
Rheinland-Pfalz

Einw.: 77 400 Höhe: 100 m S. 1280 □ E 11

Worms, eine Mittelstadt mit bedeutender Industrie und eines der dt. Weinhandelszentren, kann auf eine ruhmvolle Geschichte zurückblicken. Unter röm. Herrschaft war Worms Garnisons- und Hauptstadt der Civitas Vangionum. Hier bekämpften sich Burgunder und Hunnen sowie Franken und Alemannen, hier nimmt das Nibelungenlied seinen Anfang, und hier fanden fast 100 Reichstage statt (u. a. der Reichstag des Jahres 1521, zu dem Luther nach Worms gerufen wurde). Von den großartigen Bauten des MA sind nur wenige (allerdings bedeutende) erhalten geblieben. Die Zerstörungen im 30jährigen Krieg, in den Revolutionsjahren des 18. Jh. und im 2. Weltkrieg haben der Stadt am l Rheinufer erheblich zugesetzt.

Dom St. Peter (Domplatz 1): Der Dom gehört neben den vergleichbaren Bauten in → Speyer und → Mainz zu den bedeutendsten Zeugnissen hoch- und spätroman. Baukunst in Deutschland. Er wurde nach Vorgängerbauten – u. a. unter Bischof Burchard im Jahr 1018 – in seiner heutigen Gestalt ab ca. 1130 errichtet, 1181 wurden die ersten Teile bereits gew., 1230 war der monumentale Bau fertig. Später erfolgten hochgot. Umbauten und wurden Kapellen und das S-Portal ergänzt, grundsätzlich hat sich jedoch am Baugefüge seit dem 13. Jh. kaum noch etwas verändert. Allen Gefahren, die in den Kriegen (insbesondere im Pfälzischen Erbfolgekrieg) drohten, hat der mächtige Bau getrotzt. Umfangreiche Sicherungsarbeiten haben seinen Bestand nach dem 2. Weltkrieg gewährleistet. – *Baustil und Baubeschreibung:* Die hoch- und spätroman. Ausgestaltung des Doms ist v. erstaunlicher Einheitlichkeit. Er erreicht im Inneren die gewaltige Länge v.

Worms, Dom St. Peter >

Worms, Dom St. Peter, Chorgestühl

Worms, Dom St. Peter, Hochaltar >

110 m, ist 27 m breit und (im Mittelschiff) 26 m hoch. In den Kuppeln hat er sogar eine Höhe v. 40 m. Grundlage des Baus ist eine Pfeilerbasilika mit Doppelchor. Über dem W-Chor und über der Vierung im O erheben sich die charakteristischen Türme, die v. jeweils 2 feineren und höheren Seitentürmen eingerahmt werden. Außerordentlich reich ist der plastische Bauschmuck, insbesondere an der O-Fassade. Am Untergeschoß des N-Turms ruht der Rundbogenfries auf Konsolen in Gestalt v. Tier- und Männerköpfen. Zu erkennen sind u. a. Löwen und Bären. Dieser reiche vollplastische Schmuck, der in dieser Eigenart und Qualität einzigartig ist, setzt sich an den großartigen Portalen fort. Am S-Portal befand sich einst (als Tympanon) das Relief »Daniel in der Löwengrube«, das heute im Inneren des Doms aufgestellt ist. Das got. S-Portal zeigt in Auslese einzigartige Plastiken aus dem Bereich der biblischen Heilsbotschaft.

Inneres und Ausstattung: Beim Blick gegen W beanspruchen das zwölfteilige gro-

ße Radfenster und die 3 kleineren Radfenster des n Turms alle Aufmerksamkeit. Das Mittelschiff zeigt l und r Pfeilerarkaden, die jeweils zu einem Joch verbunden sind. Vor jedem 2. Pfeiler liegt eine Halbsäule, die später Gurtbogen und Gewölberippen aufnimmt. Die Ausstattung des Doms aus der Entstehungszeit ist nicht mehr erhalten. Der überwiegende Teil entstammt dem 18. Jh., darunter der hervorragende Hochaltar, den B. Neumann* entworfen hat (1738–42). Die Plastik schuf J. W. v. d. Auwera*. Das Chorgestühl ist die Arbeit eines unbekannt gebliebenen Meisters. Es wurde um 1760 aufgestellt. Von der älteren Ausstattung sind nur einige Plastiken (u. a. Kruzifixus aus dem 12. Jh.) und Reliefs erhalten (u. a. das um 1430 entstandene der hl. Jungfrauen Embede, Warbede und Willebede in der Nikolauskapelle). Die Grabdenkmäler erreichen nicht den Rang der anderen großen Kaiserdome in Deutschland.

Ehem. Stiftskirche St. Martin/Kath. Pfarrkirche (Ludwigsplatz): Im heutigen

Bau, der ab 1170 im Anschluß an das Langhaus des Domes als rippengewölbte Pfeilerbasilika entstanden ist, sind Reste des 991 begonnenen Vorgängerbaus erhalten. Parallelen zum Dom sind unverkennbar, allerdings kann die Martinskirche nicht mit dem Reichtum an Türmen konkurrieren (nur der n Turm stammt aus der Entstehungszeit, das Dach des anderen wurde 1960/61 hinzugefügt). Der Wert dieser Kirche liegt im reichen Schmuck der Portale im W und S. Alle Portale des ansonsten strengen und fast schmucklosen Baus stammen aus dem 13. Jh.

Andreaskirche (Weckerlingplatz): Auch hier zeigt sich die deutliche Verwandtschaft zu dem die Stadt beherrschenden Dom. Das heutige Gesicht erhielt die Kirche bei durchgreifenden Erneuerungsarbeiten im 12. Jh. Die Kirche dient heute als Städt. Museum (→ Museen). Aus dem baulichen Bestand der Nebengebäude ist der roman. Kreuzgang, dessen w Flügel erhalten geblieben ist, bes. zu erwähnen. Stämmige Säulen tragen 7 Arkaden.

Pauluskirche (Paulusplatz): Worms verdankt die neben dem Dom bedeutsame Kirche seinem baufreudigen Bischof Burchard, der die Pauluskirche zu Beginn des 11. Jh. errichten ließ (nach einer Urkunde an der Stelle einer v. ihm zuvor erworbenen Salierburg des Herzogs Otto). Der heutige Bau entspricht allerdings nicht mehr dem urspr. Bild, sondern erhielt seine Gestalt im 13. Jh. Das Langhaus wurde zu Beginn des 18. Jh. völlig umgebaut. Reste des 1. Baus sind im Kreuzgang (im S der Kirche) erhalten. Im s Oratorium und in der Sakristei sind Wandmalereien aus dem 13. Jh., die v. den Beschädigungen des 2. Weltkriegs nicht berührt bzw. wiederhergestellt worden sind, hervorzuheben.

Liebfrauenkirche (Liebfrauenring): Nach langer Bauzeit war die heutige Kirche 1465 vollendet. Das Äußere der dreischiffigen Basilika wird v. den beiden hohen Türmen bestimmt, die v. steinernen, steilen Helmen bekrönt werden. Bei einer Betrachtung des Äußeren sind die Figurenschmuck des W-Portals und das Maßwerkfenster im Giebel des Mittelschiffs bes. hervorzuheben. Reicher Figuren-

schmuck zeichnet auch das S-Portal aus. Das Innere hat seine Bestände aus der Gründungszeit nicht bewahren können. Das Gnadenbild, einst Ziel v. Wallfahrten, ist aus dem 14. Jh.

Weitere sehenswerte Kirchen: *Magnuskirche* (Weckerlingplatz): Kirche aus dem 8./9. Jh. Beschädigungen des 2. Weltkriegs sind beseitigt. – *Dreifaltigkeitskirche* (Marktplatz): Einschiffige barocke Hallenkirche, als lutherische Stadtkirche 1709–25 erbaut. Nach Zerstörung 1945 innen verändert wiederaufgebaut, Plan v. O. Bartning. – *Bergkirche in Worms-Hochheim:* Auf einer Anhöhe gelegene Kirche mit künstlerisch wertvollem roman. W-Turm (12. Jh.) und Krypta (11. Jh.). – *Pfarrkirche in Worms-Herrnsheim:* Die Kirche ist wegen der sehr guten Innenausstattung und der sehenswerten Grabdenkmäler (u. a. aus dem 15. Jh.) in einem kapellenartigen Anbau hervorzuheben.

Synagoge (Synagogenplatz): Sie war wohl die bedeutendste in W-Europa. 1938 fiel sie einem Pogrom zum Opfer, wurde jedoch inzwischen originalgetreu wiedererrichtet. Zu besichtigen ist jetzt auch wieder die Mikwe, das unterirdische Frauenbad. Ein Judenfriedhof, der »Heilige Sand«, im MA angelegt, befindet sich sw vor der Stadtmauer. – *Judaica-Museum Raschi-Haus* (neben Synagoge).

Schloß Herrnsheim (Herrnsheimer Hauptstr. 1): Dieses Empireschloß der Herzöge v. Dalberg besitzt sehenswerte Repräsentationsräume im Erdgeschoß. Im engl. Park befindet sich auf der NW-Ecke des Hauptbaus ein Rundturm der Burg aus dem 15. Jh., dem ein klassizistischer Bau vorausgegangen ist. Das Schloß befindet sich heute im Besitz der Stadt Worms.

Lutherdenkmal (Lutherring): Lutherdenkmal, 1868 v. Bildhauer Rietschel entworfen, erinnert an Luthers Auftritt vor dem Reichstag in Worms.

Hagenstandbild (am Rheinufer n der Straßenbrücke): Bronzearbeit v. J. Hirt, 1906.

Museen: *Museum der Stadt Worms* (Weckerlingplatz 7): Das Museum befindet sich

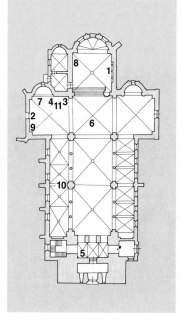

Wunstorf, Stiftskirche 1 Viersitz, roman. **2** Standbilder der Patrone, a) Cosmas, b) Damian **3** Grabplatte des Grafen Johann v. Wunstorf und Roden, 1334 **4** Grabplatte des Grafen v. Wunstorf und seiner Gemahlin Walpurgis, 1358 **5** Grabplatte der Äbtissin Alheydin de Monte (gest. 1349) **6** Kruzifix über dem Altar, 14. Jh. **7** Schrein in der Taufkapelle, 3. Viertel 15. Jh. **8** Sakramentshaus, um 1500 **9** Grabplatte des Cordt v. Mandelsloh (gest. 1537) **10** Memorientafel des Johann v. Holle und der Katharina v. Heimburg, 1569 **11** Epitaph der Sophie v. Münchhausen (gest. 1751) v. J. F. Ziesenis

in der → ehem. Stiftskirche St. Andreas. Neben Sammlungen zur Vor- und Frühgeschichte, Stadt- und Landesgeschichte sind spezielle Sammlungen dem Aufenthalt Luthers in Worms während des Reichstags im Jahre 1521 gewidmet. – *Stiftung Kunsthaus Heylshof* (Stephansgasse 9): Gemälde europ. Meister des 15.–19. Jh., Glasgemälde und Glasgefäße, Keramik, Handzeichnungen.

Theater: *Städt. Spiel- und Festspielhaus*

(Bahnhofstr. 4): Dieser Neubau wurde 1966 eröffnet. Das Spiel- und Festspielhaus bietet bis zu 844 Besuchern Platz.

27726 Worpswede
Niedersachsen

Einw.: 9000   Höhe: 10 m   S. 1272 ☐ F 4

Am Fuße des Weyerberges entwickelte sich das Moordorf zur weltbekannten Künstlerkolonie. Rilke und viele andere haben die Landschaft gerühmt. Die Malerkolonie beherbergte u. a. F. Overbeck, H. Vogeler, H. am Ende, O. Modersohn und Paula Modersohn-Becker. – Vom Jugendstil geprägt sind der *Barkenhoff* (Künstlersitz Heinrich Vogelers) und der v. ihm entworfene Bahnhof, das *Café Worpswede* (1925) v. B. Hoetger, dem Schöpfer der Böttcherstraße in → Bremen, und das *Hoetgersche Wohnhaus* (1922).

Museen: *Ludwig-Roselius-Museum* (Lindenallee 5) mit umfangreichen Sammlungen zur europ. Vor- und Frühgeschichte.
Große Kunstschau (Lindenallee 3) mit einer Dauerausstellung v. Gemälden des Worpsweder Künstlerkreises.
Barkenhoff mit Sonderausstellungen und ständiger Ausstellung zum Leben und Werk H. Vogelers.
Haus im Schluh mit einer Sammlung niedersächs. Volkskunst und Nachlaßausstellung H. Vogeler.

95632 Wunsiedel
Bayern

Einw.: 10 300   Höhe: 537 m   S. 1278 ☐ M 10

Im ehemals zum Egerland gehörenden Fichtelgebirgsort wurde 1763 Jean Paul geboren (Geburtshaus: Jean-Paul-Platz Nr. 5). Das *Fichtelgebirgsmuseum* (Spitalhof 1–2) ist eines der bedeutendsten Heimatmuseen Bayerns mit einer schönen Mineralien- und Steinsammlung.
Berühmt ist Wunsiedel v. a. wegen der alljährlich veranstalteten *Luisenburg-Festspiele* auf der ältesten Naturbühne Deutschlands mit 1769 Zuschauerplätzen.

Würzburg, Alte Mainbrücke mit Festung Marienberg

31515 Wunstorf
Niedersachsen

| Einw.: 38 700 | Höhe: 45 m | S. 1277 □ G 6 |

Stiftskirche: Eine roman. Basilika aus dem 12. Jh. mit mächtigem Westwerk und niedersächsischem Stützenwechsel; sie wurde im Laufe der Jahre vielfach verändert.

Außerdem sehenswert: *Sigwardskirche* im Ortsteil Idensen mit roman. Fresken. Zu Wunstorf gehört auch → Steinhude.

42103–399 Wuppertal
Nordrhein-Westfalen

| Einw.: 385 500 | Höhe: 200 m | S. 1276 □ C 8 |

Wuppertal ist Zentrum der Textil- und Autozulieferer-Industrie im Bergischen Land. Die Geschichte der Stadt beginnt erst 1929, als Barmen und Elberfeld zusammengeschlossen wurden. – Berühmt geworden ist Wuppertal v. a. durch seine *Schwebebahn,* die seit 1901 in 12 m Höhe 18 Stationen zwischen Vohwinkel und Oberbarmen miteinander verbindet. – Die *Laurentiuskirche* (Friedrich-Ebert-Str. 22) wurde in den Jahren 1828–32 erbaut. Sie gehört zu den besten in Deutschland noch erhaltenen sakralen Bauten des Klassizismus. – Bei der *ehem. Kreuzbrüder-Klosterkirche* (im Stadtteil Beyenburg, 15. Jh.) interessiert v. a. die Innenausstattung, an deren Spitze der barocke Hochaltar und ein spätgot. Chorgestühl stehen. Der frühere Kreuzgang ist n Seitenschiff.

Theater: Die *Wuppertaler Bühnen* umfassen das Musiktheater im Opernhaus (Friedrich-Engels-Allee), das Sprechtheater im Schauspielhaus (Bundesallee) und das weltberühmte Tanztheater der Pina Bausch. Ein eigenes Schauspielensemble unterhalten die *Kammerspiele* (Gathe 83).

Museen: *Von-der-Heydt-Museum* (Turmhof 8): Hier werden Werke des franz.

Würzburg, Dom St. Kilian

Impressionismus gezeigt, außerdem die Hauptwerke des Kubismus. Die dt. Malerei des 19. und 20. Jh. ist in einem guten Überblick vertreten. – Das historische *Uhrenmuseum* (Poststr. 11) bietet 1000 Zeitmeßgeräte der verschiedensten Epochen und Ausführungen – Weitere Museen: *Fuhlrott-Museum* (Auer Schulstr. 20); *Historisches Zentrum* (Engels-Haus und Museum für Frühindustrialisierung, Friedrich-Engels-Allee), nahe dem nicht mehr vorhandenen Geburtshaus dieses berühmten Sohnes der Stadt, *Missionsmuseum* (Missionsstr. 7); *Kindermuseum* (Beyeröhde 1).

97070–84 Würzburg
Bayern

Einw.: 128 500 Höhe: 182 m S. 1281 ☐ H 11

Die Geschichte der Stadt reicht bis in keltische Zeit zurück. Im 7. Jh. entstand am Ufer des Mains ein fränkischer Herzogshof, schon im folgenden Jh. erhob Bonifatius den Ort zum Bistum, dessen Bischöfe bald landesfürstliche Gewalt ausübten, nachdem sie im 12. Jh. Kaiser Friedrich Barbarossa zu Herzögen v. Franken erhoben hatte. Mit dieser Sonderstellung leitete Barbarossa eine Entwicklung ein, die in den folgenden Jahrhunderten die Stadt zu einem kulturellen Zentrum Europas machte. Eine letzte große Blütezeit erlebte Würzburg im 17. und 18. Jh., wovon die Früchte der Bauleidenschaft seiner Fürstbischöfe zeugen. – Heute ist Würzburg Hauptstadt des Regierungsbezirks Unterfranken und Sitz der *Julius-Maximilians-Universität*. – Die Reihe der berühmten Persönlichkeiten, die mit der Stadt in enger Verbindung stehen, beginnt mit Walther v. der Vogelweide, der um 1230 in Würzburg begraben wurde. M. Grünewald wurde in Würzburg geboren, und T. Riemenschneider[*] starb in der Stadt seines langjährigen Wirkens. Auch M. Dauthendey (1867) und L. Frank (1882) sind in Würzburg geboren. An der Universität wirkten R. Virchow,

Würzburg, Dom St. Kilian 1 W-Fassade **2** Ehem. Chorgitter v. M. Gattinger, darüber Hauptorgel, 20. Jh., mit Uhr, 16. Jh. **3** Got. Pietà **4** Grabplatte v. J. P. Echter v. Mespelbrunn (gest. 1665), dem Letzten seines Stammes; Gedenkstein Bischof G. v. Spitzenberg (gest. 1190) **5** Grabplatte v. Bischof Mangold v. Neuenburg (gest. 1303); Gedenktafel v. Bischof M. Ehrenfried (gest. 1948); Dreikönigsgruppe **6** Grabplatte v. Grumbach (gest. 1333); Johannes d. T. v. Riemenschneider, 1506 **7** Denkmal A. v. Hohenlohes (gest. 1372); Gedenktafel v. J. Kardinal Döpfner (gest. 1976) **8** Grabplatte v. Fürstbischof F. L. v. Erthal (gest. 1795); Scherenberg-Grabdenkmal v. Riemenschneider **9** Denkmal v. Bischof G. A. Stahl (gest. 1870); Grabdenkmal v. L. v. Bibra v. Riemenschneider **10** Denkmal v. Bischof J. V. Reißmann (gest. 1875); Denkmal v. J. Echter (gest. 1617) **11** Epitaph v. G. v. Aschhausen (gest. 1612); Gedenktafel v. Erzbischof F. J. Stein (gest. 1909) **12** Steinfigur Abt Leonhard, 14. Jh. **13** Von stuckierter Kuppel überwölbter Altarraum mit moderner Mensa **14** Grabmal v. Dompropst F. L. Faust v. Stromberg (gest. 1673) **15** Liborius-Wagner-Kapelle mit modernen Kreuzwegbildern und Einrichtung **16** Grabmal v. Bischof G. v. Schwarzburg (gest. 1400) **17** Propstaltar, Stuckmarmoraufbau mit Vergoldung v. P. Magno, 1704 **18** Schönbornkapelle mit Stuck v. A. Bossi, Fresken (Jüngstes Gericht, Auferstehung) v. R. Byss und Grabmälern der Fürstbischöfe aus dem Hause Schönborn, 17./18. Jh. **19** Denkmal v. Bischof K. v. Bibra (gest. 1544) v. P. Dell d. Ä. **20** Votivaltar der Gottesmutter mit Marienstatue, 15. Jh. **21** Denkmal v. Dekan J. K. Kottwitz v. Aulenbach (gest. 1610) v. Z. Juncker **22** Zugänge zur im Kern roman. Krypta mit Grab des Domgründers Bruno, Grab des Bischof Stangl (gest. 1979), Grabplatten und Statuenfragmenten, Marientod, Mitte 15. Jh. **23** Chorraum **24** O-Türme **25** Denkmal v. N. v. Thüngen (gest. 1598) v. H. Juncker **26** Apostelaltar, 20. Jh., mit Riemenschneider-Figuren **27** Denkmal v. Fürstbischof K. v. Thüngen (gest. 1540) v. L. Hering **28** Gedenkstein v. Dompropst M. v. Hutten (gest. 1562) **29** Dechantsaltar, Stuckmarmor v. P. Magno, ähnlich dem Propstaltar **30** Sepultur des Domkapitels mit v. Auferstehungssymbolen geschmückter Tür **31** Ölporträt (Kopie) v. Domdekan G. H. v. Stadion (gest. 1716) **32** Bronzetor zum Kreuzgang **(33)** mit zahlreichen Grabsteinen und -denkmälern des 14.–18. Jh. und barockem Ziehbrunnen **34** Grabdenkmal v. Graf B. v. Solems (gest. 1553) v. P. Dell d. J. **35** Kreuzigungsbild, spätes 14. Jh. **36** Grabdenkmäler der Bischöfe A. T. Groß v. Trockau (gest. 1840) und F. v. Schlör (gest. 1924) **37** Kanzel, 1610, v. M. Kern mit Evangelistenstatuen und Passionsreliefs **38** Grabdenkmäler v. F. v. Wirsberg (gest. 1573) und Fürstbischof G. K. v. Fechtenbach (gest. 1808) **39** Grabdenkmäler v. M. Zobel (gest. 1558) v. P. Dell d. J. und Bischof C. F. v. Hutten (gest. 1729) **40** Grabdenkmäler v. G. Schenk v. Limpurg (gest. 1453) und J. v. Grumbach (gest. 1466) **41** Grabdenkmäler v. Bischof J. v. Brun (gest. 1440) und Bischof J. v. Egloffstein (gest. 1411) **42** Got. Grabdenkmal v. Bischof O. v. Wolfskeel (gest. 1345), Denkmal Dekan J. V. v. Würzburg (gest. 1765) im Stil des Rokoko **43** Denkmal v. Domdekan G. v. Wernau (gest. 1649) und Stein v. Gottfried III. v. Hohenlohe (gest. 1322) **44** Reichgestaltetes Alabastergrabmal für S. Echter v. Mespelbrunn (gest. 1575), einem weltlichen Bruder des Fürstbischofs **45** Taufkapelle mit Taufbecken Meister Eckards, 1279 **46** Denkmäler v. Domdekan M. v. d. Kere (gest. 1507) und Dompropst K. F. v. Thüngen (gest. 1629) **47** Bronzeportal mit Drachenkampf **48** Got. Malereifragmente, spätes 14. Jh. **49** Kreuzgangportal mit Jüngstem Gericht im Tympanon, 15. Jh.

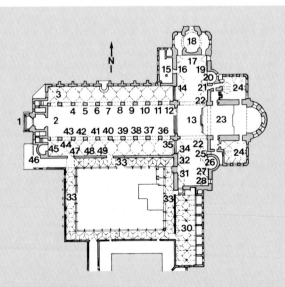

W. Röntgen, E. Fischer sowie viele andere Wissenschaftler v. Rang; R. Wagner war kurze Zeit Chordirektor am Stadttheater.

Kath. Pfarrkirche St. Burkard (Burkarder Straße): Die Kirche ist aus dem Kloster hervorgegangen, das Bischof Burkard 748 gestiftet hat. Ihr W-Teil ist *roman.* und stammt überwiegend aus dem 11. Jh., der *spätgot.* O-Bau (mit Querhaus und Hochchor) ist Ende des 15. Jh. hinzugefügt worden. Sehenswert ist v. a. der *Flügelaltar* (1593) an der S-Wand des Querschiffs. Daneben steht eine *Madonna,* die T. Riemenschneider* um 1500 geschaffen hat. Erwähnt sei auch der *Opferstock.*

Ev. Deutschhauskirche (Zeller Straße): Der Turm ist noch spätroman., der übrige Baukörper trägt die Züge der Frühgotik. Die Kirche wurde Ende des 13. Jh. als Komtureikirche des Deutschherrnordens errichtet. Der *Chor* ist der erste got. in Würzburg. Verwiesen sei auf die aufgezeichneten frühgot. *Steinmetzarbeiten* an den Konsolen und Kapitellen der Gewölbeauflagen.

Dom St. Kilian (Domplatz): Die viertürmige Pfeilerbasilika ist auf einem kreuzförmigen Grundriß an der Stelle errichtet

Grabmal v. T. Riemenschneider im Dom

worden, an der zuvor eine Kirche aus dem 9. Jh. ihren Platz hatte. Trotz des Baubeginns um 1050 wurde der Hauptbau erst gut 100 Jahre später geweiht. Wichtige Umbauten leistete das 13. Jh. (u. a. Bau der ö Türme). Zu Beginn des 18. Jh. kam die bedeutende *Schönbornkapelle* hinzu, die v. den berühmten Architekten M. v. Welsch* und B. Neumann* als Mausoleum für die Fürstbischöfe des Hauses Schönborn entworfen worden ist. – Der roman. Charakter, den sich der Dom im Äußeren bis heute bewahrt hat, wird bes. an einer O-Seite deutlich. Das Innere erfuhr im 18. Jh. durch den üppigen *Stuckmantel* des Mailänder Meisters P. Magno eine Verwandlung ins Barocke. Nach der Restaurierungsarbeiten der 60er Jahre präsentieren sich *Chor* und *Querschiff* wieder im barocken Schmuck des 18. Jh., während im *Mittelschiff* die strengere Raumarchitektur der Romanik waltet. – An erster Stelle der im 2. Weltkrieg stark dezimierten Ausstattung sind die zahlreichen *Grabdenkmäler* zu nennen, die jetzt zwischen den Pfeilern des Hauptschiffes aufgerichtet sind und mit deren Bedeutung es nur der → Mainzer Dom aufnehmen kann. Ihre Aufstellung in zeitlicher Folge vermittelt einen guten Überblick über 700 Jahre dt. Stilgeschichte. Am 7. und 8. n Pfeiler die Epitaphien, welche T. Riemenschneider* für Rudolf v. Scherenberg (gest. 1495) und Lorenz v. Bibra (gest. 1519) aus Salzburger Rotmarmor geschaffen hat. Weitere Werke Riemenschneiders sind die *Figuren Christi und zweier Apostel* (1502–06) sö im Querschiff sowie der *Apostel Johannes* (n Seitenschiff) und ein *Diakon* (mit Evangelienbuch) r vor der Chortreppe. Zur alten Ausstattung gehört auch die *Kanzel* des berühmten Bildhauers M. Kern (1609/10). Vor dem w Teil des Langhauses steht jetzt ein *schmiedeeisernes Gitter* (1750–52), das urspr. den ö Teil des Chors abgegrenzt hat. Ein frühma *Steckkreuz* mit bärtigem Kopf und die *Tumba des Bischofs Bruno* (13. Jh.) verdienen in der bei der Renovierung neu erstandenen *Krypta* Beachtung. Zur modernen Ausstattung gehören neben den verschiedenen *Bronzeportalen* der *Altar* im Chor, den A. Schilling unter Einbeziehung des Schreins der drei Frankenheiligen gestaltet hat. – Mit dem Dom verbunden sind neben der *Schönbornkapelle* ein

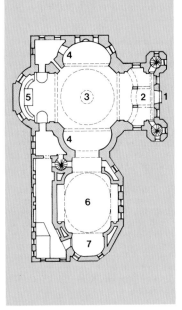

Würzburg, Käppele

vierflügeliger *Kreuzgang* (mit bedeutenden Grabdenkmälern), die *Sepultur* mit weiteren Grabmälern sowie die symmetrisch angeordneten *Sakristeien* v. B. Neumann*.

Franziskanerkirche (Franziskanergasse): Der frühgot. Bau, um 1300 vollendet, im letzten Krieg stark in Mitleidenschaft gezogen, wurde wiederhergestellt. Eigenwillig ist die Gestaltung des Dachstuhls über dem Mittelschiff: Die feinen Stahlrohre sind bewußt sichtbar geblieben, so daß darüber das Holzwerk der Dächer zu sehen ist. Aus der alten Ausstattung ist neben *figürlichen Grabplatten* eine *Pietà* v. T. Riemenschneider* erhalten.

Käppele/Wallfahrtskirche St. Maria (Auf dem Nikolausberg): Dieser überkuppelte Zentralbau ist das Werk B. Neumanns* (1747–50 errichtet). Man erreicht die Kirche über eine Treppe, die den Leidensweg Christi darstellt. Ihre Lage hoch über der Stadt gibt dieser fein gestalteten Kirche einen besonderen Reiz. Bedeuten-

Würzburg, Käppele 1 Eingang, flankiert v. der Doppelturmfassade **2** Orgelprospekt mit reich im Stil des Rokoko ornamentierter Orgel **3** Hauptraum mit Marienkrönung in der Kuppel, gerahmt v. Medaillons und Bildern in Stuckfassung (Szenen aus der Wallfahrtsgeschichte und Allegorien) **4** Seitenaltäre, l Stigmatisation des hl. Franziskus v. Assisi, r St. Nikolaus v. Mira **5** Hochaltar v. G. Winterstein; ein v. 4 Säulen getragener, mächtiger, reich mit Engelsköpfen bestückter Rundbogen rahmt Mariä Heimsuchung; davor reiches, mit zahlreichen Figuren bestücktes Tabernakel in arkadenförmigem Aufbau **6** Gnadenkapelle mit Kreuzabnahme (Chor) und Maria als apokalyptisches Weib, gerahmt v. klassizistischem Stuck; schlichter Baldachinaltar mit Pietà und Engeln; Seitenaltäre mit Ovalbildern der hll. Rochus und Wendelin; Statuen des gegeißelten und dornengekrönten Heilands **7** Gnadenbild, spätgot. Muttergottes mit Stifterpaar in reichem Rahmen

de Künstler des Rokoko haben an der Ausgestaltung mitgewirkt: Von J. M. Feichtmayr* stammt der Stuck, M. Günther*, ein Asam-Schüler, hat die Fresken gemalt.

Marienkapelle (Marktplatz): Fast 100 Jahre wurde an dieser Kirche am Ort der zerstörten Synagoge gearbeitet (Baubeginn 1377). Als letzter Teil wurde der Turm 1479 vollendet (1857 nach dem Vorbild der Frauenkirche in → Esslingen verändert). Höhepunkt künstlerischen Schaffens der Spätgotik ist der *figürliche Schmuck* des Äußeren. Adam und Eva v. T. Riemenschneider* (1491–93) schmücken die Seiten der *Brautpforte*. Die 14 Riemenschneiderfiguren an den *Strebepfeilern* sind in den Jahren 1500–06 entstanden, wurden jedoch wie die Figuren der Brautpforte durch Nachbildungen ersetzt.

Marienkirche (Burghof): Die Burgkirche auf dem → Marienberg ist nicht nur die älteste Kirche in Würzburg, sondern mit Bauteilen aus dem Jahr 706 neben dem Dom in → Trier auch die älteste Kirche in Deutschland. Veränderungen (so der rechteckige Chor aus dem Jahr 1603, das reichgeschmückte Portal und die Barockausstattung im Inneren) haben zwar das Gesamtbild verwischt, aber die Grundkonzeption des Kirchenrunds nicht umstürzen können.

Neumünster (St.-Kilians-Platz): Wo im Jahr 689 der Frankenapostel Kilian und seine Missionsbrüder ermordet worden sind, entstand im 8. Jh. die erste Würzburger Bischofskirche. Jene Kirche, welcher der heutige Bau in den wesentlichen Teilen entspricht, entstand im 13. Jh. Ab 1710 wurde die Kirche im Stil des Barock umgestaltet. Damals entstand der mächtige, für das Stadtbild charakteristische *Kuppelbau* v. J. Greising. Die *Fassade* wird häufig J. Dientzenhofer* zugeschrieben, wurde aber vermutlich zusammen mit Greising ausgeführt. Der *Statuenschmuck* der Fassade stammt v. J. W. v. d. Auwera* (1719). Während das Äußere der Kirche nach schweren Bombenschäden wieder originalgetreu hergestellt werden konnte, mußte man bei der Renovierung im Inneren einige schmerzliche Abstriche akzeptieren.

Universitätskirche (Neubaustraße): A. Petrini* darf als der eigentliche Baumeister der Kirche gelten, da er den unter Bischof Julius Echter begonnenen Bau ab 1696 übernommen und v. Grund auf erneuert

Würzburg, Marienkapelle

hat. Das Äußere beherrscht die farbkräftige *Buntsteinfassade* mit dem v. Petrini* vollendeten *Turm*. Die spätgot. Anklänge der Renaissancearchitektur sind typisch für die Ende des 16. Jh. entstandenen Julius-Echter-Bauten.

Weitere Kirchen (in alphabetischer Reihenfolge): Die *Augustinerkirche* (Schönbornstraße), ein v. B. Neumann* 1741–44 barockisierter frühgot. Bau. Die schlichte Kirche des Klosters *Himmelspforten* besitzt eine sehenswerte frühgot. Skulptur. – *St. Jakob/Schottenkirche* (Schottenanger), eine ehem. Klosterkirche aus dem 12. Jh., wurde beim Wiederaufbau nach dem 2. Weltkrieg in den Neubau der *Don-Bosco-Kirche* einbezogen. – In der *Karmelitenkirche* (Sanderstraße) v. A. Petrini* findet man interessante Grablegen in den Katakomben. – *St. Peter* (Petersplatz) wurde im 18. Jh. umgebaut, doch sind die W-Türme der roman. Basilika (um 1100) erhalten. – Die Benediktinerbasilika *St. Stephan* aus dem 12. Jh. (Hallenkrypta erhalten) wurde

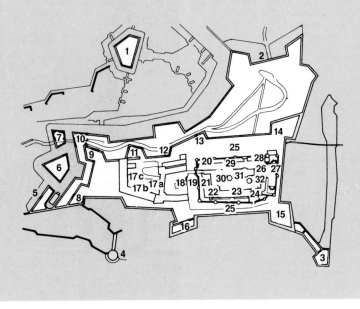

Würzburg, Festung Marienberg 1 Teufels-schanze **2** Neutor **3** Werk Höllenschlund **4** Maschi-kuliturm **5** Werk Frankenland **6** Reichsravelin **7** Werk Teutschland **8** Bastei Mars **9** Bastei Bellona **10** Inneres Höchberger Tor **11** Bastei Werda **12** Schönborntor **13** Bastei Caesar **14** Bastei St. Joh. Nepomuk **15** Bastei St. J. Baptist **16** Bastei St. Nikolaus **17** Museum, a) Echterbastei, b) Neues Zeughaus, c) Kommandantenbau **18** Pferde-schwämme **19** Scherenbergtor **20** Kiliansturm **21** Altes Zeughaus **22** Ehem. Hofstubenbau **23** Biblio-theksbau mit Gaststätte **24** Randersacker Turm **25** ma Bering **26** Fürstenbau mit Bibratreppe **27** Fürstengarten **28** Marienturm **29** Kammerbau **30** Bergfried **31** Marienkirche **32** Brunnen

1790 erneuert und umgebaut. – Kennzei-chen der Kirche des *Stifts Haug* (Hauger Pfarrgasse), die A. Petrini* 1670–91 er-richtet hat, sind die Kuppel und die hohen Türme im W. Über dem Hochaltar eine Kreuzigung v. Tintoretto* (1585).

Alte Mainbrücke (Am Mainkai): Der ma-lerische Steinbau ist in seiner heutigen Form in den Jahren 1473–1543 entstanden, ein künstlerisches Meisterwerk der Zeit. Die *Statuen* sind Beigaben des Barock.

Alter Kranen (W-Ende der Juliusprome-nade): Der Sohn v. B. Neumann hat diesen Kran, eines der Wahrzeichen der Stadt, 1773 erbaut. Die Treträder, mit denen man den Kran einst ausfahren konnte, sind noch erhalten. Die lat. Inschrift bedeutet: »Ich empfange, übergebe und versende, was man will.«

Bürgerspital zum Hl. Geist (Theaterstra-ße/Semmelstraße): Die Spitalkirche aus dem Jahr 1371 ist Mittelpunkt der umfang-reichen Anlage, die einst v. einer Bürger-familie gestiftet wurde. Eine Attraktion ist das *Glockenspiel* (um 11, 13, 15, 17 und 19 Uhr in Betrieb).

Marienberg (Burgweg): Die ältesten Tei-le der *Festung* auf dem schon v. Kelten und Germanen besiedelten Bergrücken über dem Main stammen, sieht man v. der ein-bezogenen → Marienkirche ab, aus den ersten Jahren des 13. Jh. Das typische Bild dieses Wahrzeichens der Stadt bestimmen auch die Rebgärten, die der ehemals krie-gerischen Anlage einen freundlichen An-

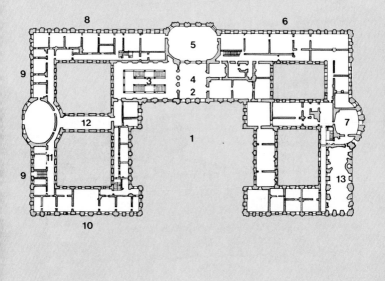

Würzburg, Residenz 1 Ehrenhof mit Frankonia-Brunnen 2 Vestibül (Erdgeschoß) 3 Treppenhaus 4 Weißer Saal (Obergeschoß) 5 Kaisersaal 6 S Kaiserzimmer 7 Toskanasaal 8 N Kaiserzimmer 9 Staatsgalerie 10 Ingelheimzimmer 11 Dokumentation zum Wiederaufbau 12 Fürstensaal 13 Hofkirche

strich verleihen. – Von 1253–1720 haben hier auf dem Marienberg die Bischöfe residiert. Zu ihnen zählte Rudolf v. Scherenberg, der die Befestigung weiter ausbaute (Ende des 15. Jh.), v. a. ist jedoch Julius Echter v. Mespelbrunn zu nennen. Nach 2 Bränden in den Jahren 1572 und 1600 gab er der Anlage die Prägung eines repräsentativen Renaissancesitzes. Unter Bischof Johann Ph. v. Schönborn machten Bastionen und mächtige Mauern die Burg zur Festung (ab 1650). Den Schlußpunkt unter den Ausbau setzten im 18. Jh. *Teufelschanze* und *Maschikuliturm* v. B. Neumann.

Heute befindet sich auf der Festung das → Mainfränkische Museum.

Haus zum Falken: Das ehem. Gästehaus erhielt 1751 seine bekannte, unverwechselbare *Stuckfassade.*

Juliusspital: Die wiederholt umgebaute Gründung Bischof Julius Echters wurde 1945 fast völlig zerstört. Wiederhergestellt wurde u. a. der *Fürstenpavillon* im Zentrum mit einer *Apotheke* aus dem 18. Jh. – Im Park der *Vier-Flüsse-Brunnen* v. J. W. v. d. Auwera* und ein architektonisch reizvoller *Pavillon* (wohl v. Greising).

Rathaus (in der Rückermainstraße): Das Haus stammt in seinen Grundzügen aus der Zeit um 1200. Es war urspr. Wohnhaus eines bischöflichen Burggrafen, wurde jedoch im 15. und 16. Jh. aufgestockt. Die bunte *Fassadenmalerei* geht auf das 16. Jh. zurück. Frühgot. Stilelemente prägen den *Wenzelsaal* im 1. Obergeschoß. Den W-Teil des Rathauskomplexes bildet der *Rote Turm* (1660), ein hervorragendes Spätrenaissancewerk in Rotsandstein.

Residenz (Residenzplatz): Die Residenz ist das Hauptwerk B. Neumanns*, des gro-

Hofgarten mit Residenz

Kaisersaal in der Residenz >

Hofkirche in der Residenz

ßen Barockbaumeisters, der in Würzburg tätig war und hier auch gest. ist (1687–1753). Ab 1719 fungierte er als fürstbischöflicher Baudirektor. Doch wirkten später auch M. v. Welsch*, der Wiener J. L. v. Hildebrandt* und franz. Baumeister an der Vollendung der Stadtresidenz mit, welche die Festung → Marienberg endgültig ablöste. – Der Bau umschließt auf 3 Seiten den großen *Ehrenhof* und bildet seitlich je 2 Binnenhöfe. Im Inneren zählt man 5 Säle, mehr als 300 Zimmer und eine Kirche. In den Kellergewölben ließen sich die Fürstbischöfe Lagerplatz für 1,4 Millionen Liter Wein schaffen. – Das Hauptinteresse verdient der *Mittelbau* mit dem v. J. W. v. d. Auwera* gestalteten *fürstbischöflichen Wappen* im Giebelfeld und den Portikusbalkonen an der rückwärtigen *Gartenfront*. – Das berühmte *Treppenhaus*, das zu den besten Leistungen Neumanns gehört, ist im alten Glanz neu erstanden. Es wird v. einem Muldengewölbe überdeckt, für das G. B. Tiepolo* das Freskengemälde geschaffen hat und dessen Ausmaße in der Kunstgeschichte einmalig sind. Das Monumentalwerk stellt die Huldigung der Erdteile (damals waren nur 4 bekannt) vor Fürstbischof Greifenklau dar. – Unter den zahlreichen Prachträumen sei hier neben dem *Gartensaal* (Stukkaturen v. C. A. Bossi*, Fresken v. J. Zick*) der *Kaisersaal,* in dem alljährlich die Konzerte des *Mozartfests* stattfinden, bes. hervorgehoben. Der Stuck einschließlich des figürlichen Schmucks stammt ebenfalls v. Bossi, die Fresken lieferte wieder Tiepolo. Man versäume aber auch nicht eine Besichtigung des *Weißen Saals* und besuche die *Hofkirche.* – Im S-Flügel der Residenz befindet sich das → *Martin-v.-Wagner-Museum.* – Der anschließende *Hofgarten* geht auf das Jahr 1732 zurück und hat seine Glanzpunkte in den großartigen *schmiedeeisernen Toren,* für die Neumann die Entwürfe geliefert hat.

Universität (Neubaustraße): Julius Echter, der 1582 die Universität gründete, gab den weitläufigen Renaissancebau der alten Universität in Auftrag. Der vierflügelige Bau hat seine Reize bes. zur *Hofseite* hin, während die Straßenfassaden eher eintönig wirken.

Würzburg, Treppenhaus in der Residenz

Theater: Das *Stadttheater,* ein Bau aus dem Jahre 1966 (Theaterstr. 21), unterhält Ensembles für Schauspiel, Oper und Operette. – Das *Torturmtheater* (im nahen Sommerhausen) bietet Schauspielinszenierungen im winzigen Theaterbau des 15. Jh. 50 Plätze.

Museen: Das *Mainfränkische Museum* (in der Festung → Marienberg) bietet den geschlossensten Einblick in das Werk T. *Riemenschneiders*,* da hier mit großer Ausdauer die Originale seiner bedeutenden Werke zusammengetragen wurden (an den urspr. Standorten meist durch Kopien ersetzt). Daneben sind aus den überreichen Beständen v. a. die *Gartenplastiken* v. P. Wagner und F. Tietz aus dem Hofgarten in → Veitshöchheim zu nennen. Ferner: Barockgalerie, Grabmalplastik und Kunstgewerbe. – Die *stadtgeschichtliche Abteilung* des Mainfränkischen Museums befindet sich jetzt im neueröffneten *Fürstenbau-Museum* (ebenfalls auf der Festung Marienberg). Es gibt zudem einen Einblick in die Wohnwelt der Würzburger Fürstbischöfe (bis 1718). – Im *Martin-v.-Wagner-Museum* (im S-Flügel der → Residenz) bildet den Schwerpunkt der Sammlungen die *antike Kleinkunst,* insbesondere griech. Vasen sowie griech. und röm. Skulpturen. Ferner: europ. und dt. Kunst aus dem 14.–19. Jh. – Die *Städt. Galerie* (Hofstr. 3) zeigt Malerei, Skulpturen und Graphik von fränkischen Künstlern des 19. und 20. Jh.

Umgebung

Maidbronn (11 km n): Im Hochaltar der *kath. Kirche St. Afra* des im Bauernkrieg v. 1525 zerstörten ehem. Zisterzienserinnenklosters befindet sich das ergreifende Steinrelief *Beweinung Christi* (1525 vollendet), eines der letzten und reifsten Werke v. T. Riemenschneider*.

Rimpar (10 km n): In der *Pfarrkirche St. Peter und Paul* (1849–50) sind in der Turmhalle 7 *Grumbachsche Grabdenkmäler,* darunter das des 1487 gest. Eberhard v. Grumbach, welches als frühestes Werk T. Riemenschneiders* gilt, zu sehen. – Die *Hofportal-Skulpturen v. Schloß Grumbach* stammen vielleicht v. M. Kern (um 1610).

04808 Wurzen
Sachsen

Einw.: 18 000	Höhe: 110 m	S. 1279 ☐ O 8

Die Stadt an einem Übergang über die Mulde wird 961 erstmals erwähnt. Sie war zeitweilig bischöfliche Residenz. Der erste Dom wurde 1114 geweiht. Die erste planmäßige Siedlung 1284 angelegt.

Dom St. Marien: Die urspr. roman. Pfeilerbasilika wurde in got. Zeit mehrmals umgestaltet: Im späten 13. Jh. erweiterte man sich nach O, Mitte des 14. Jh. wurde die Kirche gewölbt und das Seitenschiff erhöht, 1503 der W-Chor angebaut (spätgot.), 1506 das ö Chorpolygon. Der Emporengang über dem n Seitenschiff entstand im Jahre 1555, der S-Turm-Aufbau mit Haube und Laterne 1673. Die *Ausstattung* der Kirche ist bemerkenswert. Die Kanzel,

Wurzen, Engel im Dom St. Marien

eine Kreuzigungsgruppe und mehrere Bildwerke schuf Georg Wrba* 1928–32. An Pfeilern sind 3 spätgot. Steinplastiken angebracht, die Kaiser Otto I., Johannes d. Ev. und den hl. Donatus darstellen. Im O-Chor befindet sich das Denkmal für Johann IV. v. Saalhausen (gest. 1518). Am W-Chor des Doms liegt die *Kustodie,* ein Gebäude, dessen Ursprung bis in das 16. Jh. zurückreicht, am Domplatz 6 das ehem. *Priesterseminar,* ein dreistöckiges Gebäude mit Treppenturm, das ebenfalls im 16. Jh. erbaut wurde. – Das nördlich des W-Chors gelegene ehem. *Stiftsgebäude* wurde im späten 15. Jh. als Kornhaus erbaut.

Gottesackerkirche zum Hl. Geist: Die um 1500 errichtete Kirche auf dem befestigten Kirchhof ist verfallen. – Ein *Denkmal* v. ca. 1687 erinnert an die Toten der Pest im Jahr 1607.

Wenzeslaikirche: Die spätgot. dreischiffige Hallenkirche aus dem frühen 16. Jh.

wurde nach einem Brand 1637 und erneut 1873–74 umgebaut.

Schloß: Das Gebäude (spätgot.) wurde 1491–97 errichtet und nach einem Brand 1519 verändert. Es hat 2 Rundtürme, einen Wendeltreppenturm sowie reiche Giebel an den Schmalseiten.

Heimatmuseum (Domgasse 2): Bürgerhaus aus dem 16. und 17. Jh. mit Arkadengang zum Hof. Hier sind Funde aus Vor- und Frühgeschichte sowie bäuerliche Volkskunst zu sehen.

Joachim-Ringelnatz-Gedenkstätte (Crostigall 14): In diesem Haus wurde am 7. 8. 1883 der Schriftsteller Joachim Ringelnatz (eigtl. Hans Bötticher; gest. 1934) als Sohn des Schriftstellers und Musterzeichners Georg Bötticher geboren. Ringelnatz arbeitete beim Kabarett des Münchner Simpl und bei der Berliner Kleinkunstbühne Schall und Rauch. Ein Zimmer des Museums ist dem 1719 in Wurzen geborenen Fabeldichter Magnus Gottfried Lichtwer gewidmet.

Außerdem sehenswert: *Ringelnatz-Brunnen* auf dem Marktplatz (1983). – *Alte Bürgerhäuser* am Markt, in der Dom- und in der Färbergasse. – *Posttor* am Crostigall.

Eilenburg (Wurzen), Bergkirche St. Marien

Umgebung

Eilenburg (16 km nw): Von der *Burg,* die auf das 10. Jh. zurückgeht, sind seit dem 17. Jh. nur noch Ruinen erhalten, Teile der Ringmauer und der sog. Sorbenturm aus dem 12. Jh., der als Aussichtsturm dient. – Das *Amtshaus* wurde um 1700 errichtet. – Bei der *Bergkirche St. Marien* handelt es sich um eine spätgot. Backstein-Hallenkirche mit Netz- und Sterngewölben, die 1516–22 erbaut wurde. Die Ausstattung besteht u. a. aus einem Altar aus der 1. Hälfte des 17. Jh. sowie einigen Grabdenkmälern aus dem 16. Jh. – Die *Pfarrkirche St. Andreas und St. Nikolai* wurde auch wie die übrige Ortschaft in den letzten Kriegstagen 1945 teilweise zerstört. Das spätgot. Bauwerk, mit dessen Bau 1444 begonnen wurde, ist teilweise restauriert.

Machern (8 km w): Die *Dorfkirche* hat ein im Kern roman. Schiff, das 1615 vergrößert wurde. Der Chor mit Ziegelrippengewölbe in Sternform stammt aus dem 15. Jh. – Im *Renaissanceschloß* ist der Rat der Gemeinde untergebracht. Es ging aus einer Wasserburg des 16. Jh. hervor. Der *Schloßpark* wurde ab 1760 als Landschaftspark angelegt, ab 1792 unter Leitung v. E. W. Glasewald*. Ihm sind die Bauten im Park zu verdanken, die »Ritterburg«, die jetzt als Parkbühne genutzt wird, der »Tempel der Hygieia«, ein klassizistischer Pavillon, und das Mausoleum der Familie Lindenau, eine Pyramide.

Nischwitz (4 km nw): Die *Dorfkirche* v. 1667 wurde 1752 umgebaut. Aus dieser Zeit stammt auch der Altar. – Im *Pfarrhaus* findet sich ein Gemälde, das die Grablegung Christi zeigt und vermutlich v. Lucas Cranach d. J.* stammt. – Das *Barockschloß* wurde 1745–50 v. Johann Christoph Knöffel* errichtet. Auftraggeber war der sächsische Minister Graf Brühl.

Xanten erweist sich als eine beispielhafte Stätte abendländischer Geschichte. Um 15 v. Chr. wurde hier ein Heerlager errichtet, das als Operationsbasis für Kriege gegen das rechtsrheinische Germanien dienen sollte. Von hier aus zog Varus zum Teutoburger Wald. Unweit eines alten Legionslagers entstand 100 n. Chr. die Zivilstadt Colonia Ulpia Traiana mit ca. 10 000 Einwohnern. Zur archäologischen Fundgrube wurde Xanten, weil die Colonia als einzige große Stadt n der Alpen nicht überbaut wurde. Ihre Grundmauern blieben unter Wiesen und Äckern erhalten und werden heute systematisch ergraben und z. T. rest.

Dom/Ehem. Stiftskirche St. Viktor: 1263 legte Friedrich v. Hochstaden den Grundstein zum Dom St. Viktor. Im Jahre 1933 entdeckte man unter dem Chor das Doppelgrab aus dem 4. Jh., in dem die Gebeine zweier gewaltsam getöteter Männer lagen. Von dieser christl. Gedächtnisstätte hatte der Ort seinen Namen (»Zu den Heiligen«, »Ad Sanctos« = Xanten) erhalten. Der Dom gehört zu den bedeutendsten

Xanten, Dom mit St. Viktor (r)

Kirchenbauten am Niederrhein. Der äußere Eindruck wird durch die monumentale W-Fassade bestimmt. Hier, wie auch in vielen anderen Teilen, gehen die Formen der Romanik und Gotik eine charakteristische Mischung ein.

Die reiche Ausstattung, die zu den besten gehört, die aus der Erbauungszeit erhalten sind, ist fast ganz erhalten geblieben (bzw. nach dem 2. Weltkrieg rest. worden). Unter den mehr als 20 Altären ist der große Marienaltar v. H. Douvermann* (Bilder v. R. Loesen, 16. Jh.) an erster Stelle zu nennen. An den Pfeilern des Mittelschiffs sind 28 steinerne Statuen aufgestellt (jetzt z. T. im Dommuseum), Apostel, Kirchenväter u. a. Das Chorgestühl ist aus dem Jahr 1240 erhalten. Im Chor steht auch ein selten anzutreffender Dreisitz (um 1300). – Im N schließen *Stiftsgebäude* an den Dom an.

Sehenswert sind v. a. der *Kreuzgang* (1543–46) und der *Kapitelsaal* (jetzt Dommuseum). – Der Domschatz (heute großenteils im unten beschriebenen Regionalmuseum) enthält sehr wertvolle Elfenbein- und Goldschmiedearbeiten aus der Zeit des 5.–15. Jh.

Außerdem sehenswert: Von der alten Stadtbefestigung ist mit dem *Klever Tor* noch ein Doppeltor erhalten. Erhalten sind aber auch Mauerteile, die mit einer Turmwindmühle aus dem 18. Jh. in Verbindung stehen. Ma Stadtkern. *Regionalmuseum Xanten* (Kurfürstenstr. 7–9), stadthist. Museum mit Wechselausstellungen, Konzertveranstaltungen; in der Stiftsimmunität. – *Ausgrabungen* der röm. Bürgerstadt Colonia Ulpia Traiana; *Archäologischer Park Xanten* (Am Amphitheater).

Zeitz, Schloß Moritzburg

Dorfkirche: Sie ist ein Renaissancebau v. 1581. An den W-Turm (Haube und Laterne stammen aus dem 18. Jh.) schließen im O ein quadratisches Schiff und ein eingezogener quadratischer Chor an. Im Inneren befinden sich eine Kanzel und ein Taufstein v. 1580 (Christoph Walther II.).

Palais: Es ging aus einem um 1560 errichteten Wasserschloß hervor und wurde nach Plänen v. Joh. Chr. Knöffel im Auftrag des Grafen v. Wackerbarth erbaut. Das Gebäude, in dem heute eine Schule untergebracht ist, ist dreigeschossig und hat einen eingezogenen Mittelteil. Die Gliederung ist, wie häufig üblich, aufgemalt. Knöffel entwarf auch die barocke Gartenanlage mit einem 160 m langen Teich und mehreren Plastiken des 18. Jh. Der sog. *Große Stall* ist ein langgestreckter zweigeschossiger Renaissancebau, der um 1590 v. Paul Buchner errichtet wurde. Er hat Volutengiebel und an der Gartenseite einen Treppenturm.

Schloß Moritzburg: In der 1657–78 u. a v. J. M. Richter d. Ä.* erbauten frühbarocken Dreiflügelanlage mit einem säulengeschmückten und rustizierten *Hauptportal,* über dem in der Supraporte das Wappen der Herzöge v. Sachsen-Z. prangt, sind der *Herzogssaal* mit kassettierter Balkendecke und mehrere *Prunkräume* mit opulenten Barockstukkaturen (um 1685) erhalten. In ihnen spielte sich ehedem das Hofleben der musikbegeisterten Zeitzer Herzöge ab. Heute ist im Schloß das *Kreismuseum* mit einer Dokumentation zur Schloß- und Stadtgeschichte sowie reichen Sammlungen v. Möbeln, Skulpturen, Gemälden und 3500 Graphiken aus dem 15.–20. Jh. eingerichtet. In der dreischiffigen urspr. roman. *Schloßkirche* (15.–17. Jh.) fallen an den Bündelpfeilern 13 nahezu mannshohe *Heiligenfiguren* (um 1510) auf. Im W besitzt dieser ehem. Dom eine *Fürstenloge* und unter dem Chor mit 5/8-Schluß eine kreuzgratgewölbte dreischiffige roman. *Krypta* (11./12. Jh.), in der die prächtig reliefierten *Zinnsarkophage* (17./18. Jh.) der Zeitzer Herzöge stehen. Aus dem 12. Jh. ist auch der *Taufstein* erhalten. Weitere interessante Ausstattungsstücke sind ein *Kreuzigungsrelief* (16. Jh.) aus Alabaster, die Kernstücke der Barockausstattung (17. Jh.), so der *Choraltar,* die *Kanzel* und der *Orgelprospekt* sowie mehrere *Barockepitaphe* (17./18. Jh.). Vor dem s Seitenschiff erstreckt sich der frühgot. *Kreuzgang* aus dem 13. Jh.

Außerdem sehenswert: Im Inneren der dreischiffigen *Michaelskirche* (12.–15. Jh., restauriert) mit wimpergbekröntem Figurenportal befinden sich frühgot. Wand-

malereien im platt geschlossenen Chor und ein spätgot. Altarretabel (um 1500). – Das mehrfach erweiterte spätgot. *Alte Rathaus* (16.–20. Jh.) besitzt neben 5 maßwerkverzierten Zwerchgiebeln einen weiteren fialenbesetzten prächtigen Schmuckgiebel.

Umgebung

Droyßig (8 km w): Die recht regelmäßig angelegte ma *Niederungsburg* wurde mehrfach, zuletzt in der Mitte des 19. Jh., umgebaut. Von besonderem Interesse ist die 1622 begonnene, unvollendet gebliebene *Schloßkapelle,* deren Spätrenaissance-Architektur im mittelalt. Raum nicht ihresgleichen findet. – Aus einer 1215 gestifteten geistlichen Niederlassung entstand das dicht an der Straße gelegene, in älterer Zeit befestigte *Gutsgebäude,* zuletzt ein Lehrerseminar. – Sehenswert ist die benachbarte *Dorfkirche,* nach der Mitte des 13. Jh. erneuert. Vom Vorgängerbau ist ein Portal erhalten. Im Inneren sind eine Reihe v. Grabdenkmälern der Ortsherrschaft (15.–18. Jh.) zu sehen.
Haynsburg (5 km sw): Die zeitweise den Naumburger Bischöfen gehörende kleine *Talrandburg* erscheint heute als spätmittelalterliche Baugruppe, die einen vermutlich noch roman., runden Bergfried umschließt; interessante Details des 16. Jh.

Ehem. Prämonstratenserkloster Oberzell: Die 1128 gegr. Klosteranlage wurde zu Beginn des 19. Jh. säkularisiert und diente v. 1817–1901 als Fabrik. Ab 1901 wurde die Anlage v. einer kath. Schwesternkongregation übernommen und weitgehend in den alten Zustand zurückversetzt. Die Pläne für die dreigeschossigen Klostergebäude gehen auf B. Neumann* zurück, vollendet wurde das Kloster allerdings erst durch seinen Sohn (bis 1770). – In *Unterzell* befindet sich seit 1613 ein dreiflügeliger Klosterbau mit einer 4 Jahre

< Zeitz, Michaelskirche

zuvor errichteten Klosterkirche. Dieser Bau entstand an der Stelle eines Klosters, das im Bauernkrieg zerstört worden ist.

Trinitatiskirche: Der 1683–96 nach Plänen v. C. van Ryckwaert* in Anlehnung an die Amsterdamer Oosterkerk erbaute kubische Zentralbau (restauriert) mit Pyramidendach besitzt kurze Kreuzarme, die mit ihren pilastergegliederten und nischenbesetzten Putzfassaden, figürlich reliefierten dreieckigen *Tympana* (Giebelfeldern) und eleganten pilastergerahmten *Portalen* als Frontispiz-Vorbauten bezeichnet werden dürfen. Nach der Beseitigung der Kriegsschäden (Z. wurde zu 85 Prozent zerstört) präsentiert sich das Innere ohne die urspr. Empore und mit einer *Barockausstattung,* die, abgesehen v. dem v. G. Simonetti* mit figürlicher Plastik gestalteten *Altarretabel* (1690, restauriert), aus anderen Kirchen hierhergelangte, so die *Nebenaltäre,* die Kanzel (um 1610) und die w *Emporenorgel* aus dem 18. Jh.

Zerbst, Rolandsfigur auf dem Marktplatz

Außerdem sehenswert: Ein weiterer v. Ryckwaert* und Simonetti* gestalteter Bau ist der erhaltene Flügel des ehem. *Barockschlosses* (um 1680–1700), auf dessen Schloßfreiheit 2 barocke *Kavaliershäuser* (1707) stehen und hinter dem sich ein *Englischer Garten* mit Marstall, Teepavillon und Reitbahn (alle 1. Hälfte 18. Jh.) erstreckt. – Bedeutendstes Ausstattungsstück der *Bartholomäi-Hofkirche* (13.–17. Jh.) ist ein v. Lucas Cranach d. J.* geschaffenes Gemälde (1568). – Im ehem. *Franziskanerkloster* mit 2 spätgot. Kreuzgängen ist das *Heimatmuseum* eingerichtet. Zu seinen Kunstschätzen mit einer reichen Kollektion Zerbster Fayencen zählt auch eine v. Lucas Cranach d. Ä.* illuminierte dreibändige Bibel (1541). – An die Blüte v. Z. im MA erinnern eine *Rolandsfigur* (1445) und die vergoldete Säulenfigur der *Butterjungfer* (1647) auf dem Marktplatz sowie die gut erhaltene *Stadtmauer* (14./15. Jh.) mit gedecktem Fachwerkwehrgang und dem sog. *Kiekinpott* (1380), einem der ma Wehrtürme.

07937 Zeulenroda
Thüringen

Einw.: 13 600	Höhe: 415 m	S. 1278 □ M 9

Dreieinigkeitskirche: Das einschiffige klassizistische Bauwerk wurde 1819–20 errichtet. Das bemerkenswerte Altarbild zeigt die Grablegung Christi.

Rathaus: Das überdimensioniert wirkende Rathaus wurde nach Plänen des Baumeisters der Dreieinigkeitskirche Christian Heinrich Schopper 1825–28 aufgeführt. Die beiden oberen Stockwerke des dreistöckigen Gebäudes werden durch Kolossalordnungen v. Säulen und Halbsäulen gegliedert, die angedeuteten Eckrisalite haben turmartige Aufbauten, der Mittelturm wird v. einer vergoldeten Statue der Themis, der Göttin der Ordnung und Gerechtigkeit, gekrönt.

Außerdem sehenswert: Das *Kunstgewerbe- und Heimatmuseum* befindet sich in der Aumaischen Str. 30. Sammlungen zur Stadtgeschichte sowie Keramik- und Kunstschmiedearbeiten.

Umgebung

Hohenleuben (12 km nö): Die *Pfarrkirche* ist ein einschiffiger klassizistischer Bau, der 1796 begonnen wurde. – Die *Burg Reichenfels* wird 1356 erstmals urkundlich erwähnt. Sie verfiel im 18. und 19. Jh. zur Ruine. Im Wirtschaftshof der Ruine ist ein *Heimatmuseum* eingerichtet. Zu sehen ist u. a. eine ma Waffensammlung. Außerdem wird die ehemals betriebene Zigarrenherstellung in Hohenleuben dokumentiert.

04860 Zinna
Brandenburg

Einw.: 1500	S. 1279 □ P 6

Kloster Zinna: Das Zisterzienserkloster wurde 1171 durch Erzbischof Wichmann v. Magdeburg gegr. und mit Mönchen aus Altenburg bei Köln besiedelt. Mit dem Bau der Klosterkirche konnte aber erst um 1220 begonnen werden als einer frühgot. kreuzförmigen Pfeilerbasilika mit flacher Decke, deren mittleres Chorjoch v. je 2 Kapellen an den Querschiffarmen begleitet wird. Als Zisterzienserkirche vertritt sie einen frühen und in der Entstehungszeit eigtl. schon überholten Typ. Die Bauweise mit Granitquadern ist in ihrer Einfachheit und Exaktheit hier bes. beeindruckend. Chor und Kapellen sind polygonal geschlossen und waren urspr. gewölbt, die Langhausgewölbe stammen aus dem 15. Jh., die Kalksteinkonsolen mit Laubranken dürften jedoch schon aus dem 1. Bauzeit stammen. Die Glasmalereien in den Seitenfenstern der Hauptapsis aus dem frühen 16. Jh. stellen die hll. Benedikt und Bernhard dar. Die Ausstattung besteht u. a. aus Resten des Chorgestühls aus der 2. Hälfte des 14. Jh. Das Schriftfeld aus Fliesen im Chorfußboden (Englischer Gruß nach Lukas 1,28) stammt aus dem 13. oder 14. Jh., die Sakramentsnische mit Engelfiguren entstand Anfang des 15. Jh. Ein barockes Wandgrab datiert aus der 1. Hälfte des 18. Jh., die schmiedeeiserne Gittertür der N-Kapelle v. ca. 1700.
Von den *Klostergebäuden* sind noch das ehem. Siechen- und Gästehaus aus dem 14. Jh. und das ehem. Abtshaus aus dem 15.

Kloster Zinna

Jh. erhalten. In der Kapelle des Abtshauses befinden sich qualitätvolle Wandgemälde aus der Mitte des 15. Jh. Dargestellt sind die Schutzmantelmadonna und Heilige. Im gleichen Gebäude befindet sich das *Heimatmuseum,* in dem die Geschichte des Klosters (1171–1555) und die Geschichte der 1764 unter Friedrich II. angelegten Weberkolonie, aus der die Stadt Kloster Zinna hervorging, dargestellt werden.

02763 Zittau
Sachsen

Einw.: 33 100   Höhe: 243 m   S. 1279 ☐ S 9

Die nahe des Dreiländerecks im Zittauer Gebirge gelegene Stadt (1275 erwähnt) erhielt 1513 eine doppelte Mauerumgürtung mit einem Zwinger, der heute in den ringförmigen *Parkanlagen* um die *Altstadt* erkennbar ist. Durch den Prager Frieden (1635) gelangte Zittau an Sachsen.

Zittau, Peter-und-Paul-Kirche >

Zons, Kurkölnische Zollbefestigung

Peter-und-Paul-Kirche: Die barockisierte ehem. Franziskanerklosterkirche bewahrt vom frühgot. Ursprungsbau den *Chor* (um 1270–80), an den im S der hohe *Glockenturm* mit laternenbekröntem Barockhelm (1758) angebaut wurde. Das kreuzrippengewölbte zweischiffige *Langhaus* (15. Jh.) erfuhr im 17. Jh. durch barocke Seitenkapellen, darunter die sehenswerte *Noacksche Betstube* (1696), unter der Leitung v. Martin Pötzsch aus Bautzen eine Erweiterung. Von der Ausstattung verdienen bes. der *Hochaltar* und die ebenfalls reichdekorierte *Kanzel* (beide 1668) Beachtung.

Außerdem sehenswert: Die 1834–37 v. K. A. Schramm* nach Plänen v. K. F. Schinkel* klassizistisch erneuerte *Johanniskirche* (15.–19. Jh.) besitzt im dreischiffigen Inneren mit Kassettendecke eine bemalte Halbrundapsis, in die die Kopie einer Christusfigur (um 1835) v. B. Thorvaldsen* eingestellt ist. – Schramm* gestaltete auch das originelle *Rathaus* (1845) am Markt mit dem *Marsbrunnen* (1585) und die *Baugewerkenschule* (1848). – Neben dem spätgot. *Marstall* (1511) und der als quadratischer Zentralbau mit Mittelsäule und Sterngewölben erbauten *Kreuzkirche* (um 1410) mit Freskenresten und Kreuzigungsgruppe (um 1470–80) aus der Spätgotik verdienen auch zahlreiche barocke *Bürgerbauten* eine Erwähnung.

Umgebung

Großschönau (11 km w): J. E. Schenau* malte das große Auferstehungsgemälde (1786) am Altar in der barocken *Dorfkirche* (1705). – Im *Kupferhaus* (1807) dokumentiert das *Heimat- und Damastmuseum* die Geschichte der Weberei.
Hainewalde (18 km nw): Noch üppiger als die v. J. M. Hoppenhaupt* harmonisch ausgestattete barocke *Dorfkirche* (1705) präsentiert sich die mit Nischen- und Giebelplastiken besetzte *Kanitz-Kyausche*

Gruftkapelle (errichtet 1715) auf dem Friedhof.

Oybin (8 km sw): Neben den benachbarten malerischen *Ruinen* v. Burg (um 1316) und Coelestinerkloster (um 1365–85) lohnt die *Dorfkirche* (1709–32) mit Emporen- und Deckengemälden (1723 bzw. 1737) v. J. Ch. Schmied* einen Besuch.

Zons ⊠ **41541 Dormagen**
Nordrhein-Westfalen

Einw.: 9700   Höhe: 37 m   S. 1276 ☐ B 8

Kurkölnische Zollbefestigung: Die Zollfestung, im 14. Jh. in der Nachfolge v. Neuss unmittelbar am Rhein errichtet, ist praktisch unversehrt erhalten geblieben. An der Rheinseite liegt das Schloß *Friedeström*. Es ist v. zahlreichen Wirtschaftsgebäuden umgeben, die eine weitgehende wirtschaftliche Unabhängigkeit bewirken sollten.

Im ehem. Herrenhaus befindet sich jetzt das sehenswerte *Kreismuseum* mit interessanten Dokumenten über die Geschichte dieser in ihrer Art einmaligen Zollfestung, die eine Vorstellung v. einer ma Festung vermittelt.

09405 Zschopau
Sachsen

Einw.: 12 500   Höhe: 364 m   S. 1279 ☐ P 9

Burg Wildeck: Unter Einbeziehung v. Architekturteilen einer schon im 12. Jh. zur Überwachung des Handelsweges v. Leipzig nach Prag oberhalb des gleichnamigen Flusses gegr. ma Vorgängerburg, v. der auch der Bergfried *Dicker Heinrich* (13. Jh.) stammt, wurde 1545 ein neues Schloß als wettinischer Amtssitz und *Jagdschloß* erbaut. Die im 19. Jh. z. T. veränderte unregelmäßige Anlage dient heute als Kulturzentrum.

Außerdem sehenswert: Eine ansehnliche Barockausstattung (um 1750–60). J. G. Ohndorff* besitzt die spätgot. *Stadtkirche St. Martin* (um 1494). Der spätklassizistische Kanzelaltar ist eine Zutat v. 1859.

66482 Zweibrücken
Rheinland-Pfalz

Einw.: 34 600   Höhe: 226 m   S. 1280 ☐ C 12

Alexanderkirche (Hauptstraße/Alexanderplatz): Die in den Jahren 1492–1507 errichtete spätgot. Hallenkirche wurde nach den Zerstörungen im 2. Weltkrieg bis 1956 originalgetreu wiedererrichtet (jetzt allerdings mit farbig gefaßter Flachdecke). Die Kirche ist wegen mehrerer Grabdenkmäler der Wittelsbacher bedeutsam.

Schloß: Auch das Schloß wurde im 2. Weltkrieg erheblich beschädigt. Der Wiederaufbau folgte den Plänen der Jahre 1720–25, so daß das äußere Bild wieder dem urspr. Bau entspricht.

Stadtmuseum (im 1762 v. Herzog Christian IV. erbauten Gebäude der heutigen Stadtverwaltung) mit Sammlungen zur Vor-, Früh- und Stadtgeschichte sowie zum Kunsthandwerk und zur Wohnkultur.

Mannlichmuseum: Bilder aus dem berühmten Vogelwerk, aber auch Dokumente zum Leben des Hofmalers und späteren Zentralgalerie-Direktors in München.

Außerdem sehenswert: Säulenportal der Karlskirche, die 1708–11 im Auftrag des Schwedenkönigs Karl XII. errichtet wurde. Nach der Zerstörung im 2. Weltkrieg wurde sie nach Originalplänen als Gemeindezentrum wiederaufgebaut.

08056–66 Zwickau
Sachsen

Einw.: 112 600   Höhe: 261 m   S. 1278 ☐ N 9

Die aus einer erstmals 1118 genannten Kaufmannssiedlung *Zzwickaw* entstandene Stadt an der Mulde erlebte durch *Zwickisch Tuch* und Erträge aus dem erzgebirgischen Silberbergbau im 15. und 16. Jh. eine wirtschaftliche und kulturelle Blüte. Berühmtester Sohn Zwickaus ist der Komponist und Musiker Robert Schumann (1810–56). Zu noch »größerer« Berühmtheit brachte es der *Trabant* (von Neuro-

Zwickau, Wächter vom Hl. Grab in der Marienkirche

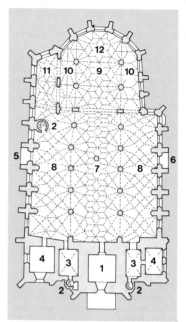

Zwickau, Marienkirche 1 W-Turm, 1383, mit Barockaufsatz, 1677 **2** Wendeltreppen **3** Seitenhallen, 1383, des W-Turms **4** Anbauten, 1483 **5** Kielbogiges N-Portal mit reichem spätgot. Astwerk **6** S-Portal **7** Langhaus mit Netzgewölbe, 1537 **8** Seitenschiffe mit Sternnetzgewölben, 1537 **9** Hallenchor, 1470, mit Sternnetzgewölbe, 1565, und geschnitztem Chorgestühl, spätes 15. Jh. **10** Chor-Seitenschiffe mit eigenwilligen Rippengewölben und Emporen, 1537 **11** Sakristei mit Sterngewölbe, 1537 **12** Figurenbesetzter Flügelaltar v. M. Wolgemut, 1479

mantikern auch als *Trabbi* bezeichnet), eine eklektizistische Konstruktion (um 1955) der ortsansässigen Automobilindustrie.

Marienkirche: Die anstelle einer frühgot. Vorgängerin (13. Jh.) 1453–1565 in mehreren Bauetappen u. a. v. N. Eichhorn* (W-Bau, 1476–83), P. Harlaß* und C. Teicher* (Langhaus, 1506–37) errichtete dreischiffige spätgot. Hallenkirche (seit 1935 Dom) mit Netzgewölben über Achteckpfeilern und schmalerem dreischiffigem Chor mit 5/16-Schluß erhielt als Abschluß ihres W-Turms 1671–77 durch J. Marquardt* einen originellen oktogonalen *Barockhelm*, der sich aus 3 gestaffelten Glockenhauben mit 2 Laternen und achteckiger Pyramidenspitze zusammensetzt. Die reiche *Bauzier* am Außenbau besticht v. a. an der N-Seite: Das *Portal* ist hier mit got. Astwerk, die *Strebepfeiler* sind mit Kielbogen und die Mauerflächen zwischen den *Maßwerkfenstern* mit Blend-

maßwerk verziert. Im Einklang mit dem Innenraum steht die spätgot. Ausstattung, deren Prunkstück das 1479 v. Michael Wohlgemuth* datierte sechsflügelige *Hochaltarretabel* mit erstrangigen gefaßten Schnitzfiguren (Mondsichelmadonna zwischen weiblichen Heiligen) und Flügelgemälden (Vita Mariens und Passion Christi) dieses Nürnberger Meisters und seiner Werkstatt ist. Weitere beachtliche Ausstattungsstücke sind eine *Pietà* (1502) von P. Breuer*, eine *Heilig-Grab-Trage* (1507; 5 m hoch) v. M. Heuffner* und der mit einem jüngeren *Zinnfries* (1678) v. D. Bötticher* geschmückte *Taufstein* (1538) v. P. Speck*, der auch die mit *Terrakotta-*

medaillons (um 1550–60) v. J. Elsässer[*] besetzte *Frührenaissancekanzel* schuf. Ferner verdienen ein spätgot. *Altarkruzifix* aus Bergkristall und mehrere *Epitaphe* (16./17. Jh.) eine Erwähnung.

Katharinenkirche: Die spätgot. erneuerte dreischiffige Hallenkirche (13.–15. Jh.) besitzt im sonst netz- und sternrippengewölbten Inneren auch ein eigenwillig gewelltes *Kreuzrippengewölbe* im rechten Seitenschiff. Die Altarblätter am spätgot. *Vierflügelaltar* stammen aus der Werkstatt v. Lucas Cranach d. Ä.[*]; P. Breuer[*] schnitzte die *Christusfigur mit der Heilsfahne* (um 1497), P. Speck[*] die elegante *Kanzel* (1538). Ein Kuriosum ist das praktische *Lederantependium* (1661).

Außerdem sehenswert: Baudekor aus der Spätgotik und der Frührenaissance vereint das *Gewandhaus* (1525; seit 1823 Theater) mit Ziergiebel, barockem Dachreiter (1745) und einem Wellenrippengewölbe in der Eingangshalle. – Das benachbarte, 1862 neugot. erneuerte *Rathaus* bewahrt vom spätgot. Ursprungsbau die *Jakobskapelle* (1477; heute Ratssaal). – Zu den zahlreichen historischen *Patrizierhäusern* (15.–19. Jh.) zählt auch *Robert Schumanns Geburtshaus* (Hauptmarkt 5) mit einer Dokumentation zum Leben und Wirken des Komponisten im Inneren. – Im O der Altstadt ist ein Stück der ma *Stadtmauer* mit dem *Pulverturm* erhalten. – Außerhalb der Altstadt befindet sich das nw *Stadtmuseum* (Lessingstr. 1) mit stadt-, natur- und kunsthistorischen Sammlungen; letztere umfassen Sakralplastik (14.–17. Jh.), Zwickauer Porzellan sowie Graphiken und Gemälde (16.–20. Jh., u. a. v. Anton Graff[*] und Max Liebermann[*]). – Hinter dem *Barockschloß Planitz* (um 1730–40) erstreckt sich der Park mit reizvollem Teepavillon (1769). In der nahe gelegenen *Planitzer Dorfkirche* (1587) mit bemalten Deckenfeldern (17. Jh.) lohnen die Rundkanzel (1592) und das gleichzeitige Altarretabel mit Abendmahlrelief v. S. Lorentz[*] einen Besuch.

Umgebung

Blankenhain (22 km nw): Eine Dokumentation im *Barockschloß* (17. u. 18. Jh.)

Zwiefalten, ehem. Abteikirche

Zwiefalten, Deckengemälde in der ehem. Abteikirche

und ein Rundgang durch das *Freilicht-museum* mit Landwirtschaftsgebäuden, Bockwindmühle, Dorfschule (1740), Bäckerei und einem Brau- und Brennerei-haus vermitteln ein Bild des ehem. Gutsle-bens im Pleißengebiet.
Crimmitschau (16 km n): Die 1729 ba-rockisierte, im Kern roman. *Dorfkirche* (12.–18. Jh.) birgt einen qualitätvollen spätgot. Kruzifixus (um 1500).
Schönfels (9 km sw): Die um 2 Innenhöfe angelegte spätgot. *Burg Altschönfels* (um 1500; Jugendherberge) bewahrt den ma Bergfried mit Wehrgang und hölzerner Galerie und eine netzgewölbte Burgkapel-le (um 1490) mit einem v. M. Krodel d. J.* bemalten Renaissance-Altar (um 1600). – Das schlichte *Schloß Neuschönfels* (um 1540–50) besitzt 2 schießschartenbestück-te Eckbastionen. – Qualitätvoll geschnitzte Schreinskulpturen (reitender hl. Martin, um 1490) sieht man am spätgot. Altarreta-bel in der *Dorfkirche* (1628).

88529 Zwiefalten
Baden-Württemberg

Einw.: 2400   Höhe: 538 m   S. 1281 □ G 14

Ehem. Abteikirche/Münster: 1739–65 wurde – ab 1741 unter der Leitung v. J. M.

Fischer* aus München – die heutige Kirche mit den angrenzenden Klostergebäuden errichtet. Beherrschendes Element im In-neren sind die Doppelsäulen, die eine »Straße« auf dem Weg zum Chor und Hochaltar bilden. Hinter den Säulen befin-den sich die ebenfalls reich ausgestatteten Kapellen sowie vergoldete Balustraden und schmuckreiche Emporen. In die Säu-lenordnung einbezogen ist auch der monu-mentale Hochaltar. Die übergroßen Fi-guren des Altars (wie auch der überwie-gende Teil der übrigen Plastik) stammen v. J. J. Christian. Die Fresken sind eine der besten Leistungen F. J. Spieglers (1751). Als Stukkateur hat sich ein anderer be-rühmter Künstler der Zeit hervorgetan, der Wessobrunner J. M. Feuchtmayer*. Kaum eine andere Kirche erreichte eine so ge-schlossene Barockgestaltung wie das Münster.

69439 Zwingenberg, Baden
Baden-Württemberg

Einw.: 800   Höhe: 140 m   S. 1281 □ G 12

Burg Zwingenberg: Ältester Teil der auf einem Bergvorsprung gelegenen Anlage ist der Bergfried aus dem 13. Jh. Die übri-gen Bauten 15. Jh.

Register der Fachausdrücke

Abakus (griech.-lat. »Tischplatte«): Deckplatte über dem → Kapitell einer → Säule.

Achse: Gedachte Linie, die vertikal oder horizontal (Quer-, Längsachse) ein Gebäude einteilt; z. B. Fensterachse.

Ädikula: Wandnische, die zur Aufstellung einer Büste oder Statue dient; meist mit → Giebel, → Pfeilern oder → Säulen verziert.

Agnus Dei (lat. »Lamm Gottes«): Symbol Christi mit der Kreuzesfahne.

Akanthus: Schmuckelement, das sich vor allem am → korinthischen → Kapitell findet und aus der stilisierten Darstellung eines scharf gezackten, distelähnlichen Blattes entwickelt wurde.

Altar: Opfertisch bei Griechen und Römern. Tisch des Herrn im christlichen Glauben. In katholischen Kirchen neben dem Hauptaltar oft mehrere Nebenaltäre für verschiedene Heilige, in protestantischen Kirchen meist nur ein Altar.

Altaraufsatz: Schreinartiger Aufbau über dem Altartisch.

Altarauszug: Oberer, abgehobener Teil des → Altaraufsatzes.

Altargerät: Gefäße und Requisiten für die gottesdienstlichen Handlungen am → Altar.

Altarretabel: → Altaraufsatz.

Ambo: Pult an den Chorschranken in altchristlichen und mittelalterlichen Kirchen; Vorläufer der → Kanzel.

Andachtsbilder: Kleinere Kunstwerke mit Einzeldarstellungen, die an Nebenaltären gezeigt werden und der religiösen Erbauung dienen.

Anna selbdritt: Darstellung von Anna, Maria und dem Jesusknaben.

Antependium: Frontverkleidung des Altartisches.

Apsis: Abschluß des → Chors, meist halbkreisförmig. In der Regel Standort des → Altars.

Aquädukt: Wasserleitung, oft als über eine Bogenbrücke geführter Kanal, bei den Römern häufig zu Monumentalbauten entwickelt.

Aquamanile: Gießgefäß oder Schüssel für rituelle Waschungen bei der katholischen Liturgie.

Arabeske: Stilisiertes Blattwerk, das als Schmuckmotiv verwendet wird.

Architrav: Steinerner Hauptbalken über den → Säulen.

Archivolte: Bogenlauf über romanischen und gotischen Portalen.

Arkade: Bogen, der von → Säulen oder → Pfeilern getragen wird. Mehrere Arkaden werden zu Bogengängen zusammengefaßt. Wenn die Arkaden keine Öffnung haben (und nur als dekorative Gründen verwendet werden), spricht man auch von Blendarkaden.

Arkatur: Von → Pfeilern oder auch → Säulen getragene Bogenstellung.

Atrium: Bei den Römern ein zentraler Raum mit einer Öffnung im Dach, durch die das Regenwasser einfallen konnte. In der christlichen Architektur ein Vorhof, der meist von → Säulen umgeben ist, auch Paradies genannt.

Attika: (meist reich verzierte) Wand, die über das → Gesims einer Säulenreihe gemauert wird und das Dach verdecken soll.

Aufgehendes Mauerwerk: Der sichtbare (oberirdische) Teil des Mauerwerks.

Aula: Halle, Versammlungssaal.

Auslucht (niederdeutsch Utlucht): Gebäudeerker auf massivem Sockel (→ Erker).

Backstein: Ziegel, der im Brand gehärtet worden ist (im Gegensatz zum natürlichen Gestein).

Backsteingotik: Bauten aus → Backstein in den Formen der → Gotik. Vorwiegend in Nord-, Ost- und Süddeutschland zu finden.

Baldachin: Schutzdach über → Altären, Grabmalen, Statuen und Portalen.

Balkendecke: Holzdecke aus unverputzten Balken über einem → Schiff; durch die Balken ist die Decke meist in Dekorationsfelder unterteilt.

Baluster: Kleine bauchige oder profilierte Säule.

Balustrade: Aus → Balustern gebildetes Geländer.

Bandelwerk: Ein im späten 17. Jh. in Frankreich entstandenes Ornament aus verschlungenen Bändern.

Baptisterium: Taufkirche oder Taufkapelle, in der Regel Zentralbau.

Barbakane: Einer mittelalterlichen Stadtbefestigung vorgelagerter Torbau, meist gerundet und mit Schießscharten versehen.

Barock: Stilbezeichnung für die Kunst- und Kulturepoche ab etwa 1600 bis etwa 1750. Bestimmend sind kraftvoll bewegte, ineinandergreifende Formen.

Basilika: Griechische Königshalle; im Kirchenbau Bezeichnung für eine mehrschiffige Kirche (→ Schiff), deren Satteldach über dem Hauptschiff höher ist als die Pultdächer über den Seitenschiffen. Siehe auch → Säulenbasilika und → Pfeilerbasilika.

Basis: Fuß einer → Säule oder eines → Pfeilers, meist breit auslaufend und dekorativ gestaltet.

Basrelief (auch Flachrelief): Aus der Fläche nur wenig vortretende, Rundungen lediglich andeutende Skulptur.

Bauhütte: Die Werkstatt der Handwerker, die an einem Kirchenbau beteiligt waren.

Beinhaus: Gebäude zur Aufnahme von Gebeinen aus ausgeräumten Gräbern, meist verbunden mit einer Kapelle.

Bergfried: Hauptturm einer Burg, letzte Zufluchtsstätte bei Belagerungen.

Bering: Mantelmauer einer Burg.

Beschlagwerk: Schnitzwerk der → Renaissance, das bandeisernen Zierbeschlägen nachgebildet wurde.

Bettelordenskirchen: Die auf das Wesentliche beschränkten, großenteils ohne Querhaus, immer ohne Türme erbauten Kirchen der Dominikaner und Franziskaner (v. a. 13. und 14. Jh.).

Biedermeier: Kunst- und Kulturepoche v. a. im deutschsprachigen Raum) v. ca. 1815–ca. 1850.

Blattkapitell: Gotisches → Kapitell, das dem die Grundform von feinen Blattornamenten überzogen ist.

Blendarkade: → Arkade.

Blende: In die Wand eingetieftes Feld oder der Wand vorgelegtes

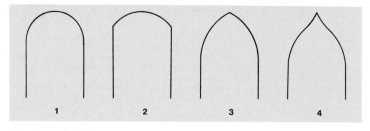

1 Rundbogen 2 Flachbogen 3 Spitzbogen 4 Kielbogen

architektonisches Motiv mit der Wirkung einer Scheinarchitektur.

Blendmaßwerk: → Maßwerk.

Blockbau: Holzbauweise, bei der die tragenden Wände aus waagerecht aufeinandergeschichteten Balken konstruiert sind; auch gewetteter oder gestrickter Bau genannt (Gegenteil: → Ständerbau).

Bogenformen: Der Bogen dient zur Überbrückung größerer Spannweiten im Steinbau.

Bogenfries: Ein → Fries in der Form von Rundbogen (häufig bei romanischen Bauwerken).

Borgo: Eigenständig befestigte Gebäude (meist Vorstadt) in italienischen Städten.

Boskett, Bosquett: Besonders in französischen Parks und Gärten angepflanzte Baum- und Sträuchergruppen (»Lustwäldchen«).

Bossenquader: Quaderstein, der an der Sichtfläche gerundet vorsteht (→ Quader).

Bruchsteinmauerwerk: Aus unbearbeiteten, rohen Steinen unregelmäßig aufgeschichtete Mauer.

Bündelpfeiler: Gotische Form des → Pfeilers. Um Kernpfeiler gruppieren sich kleinere und größere Dreiviertelpfeiler.

Campanile: Freistehender Glockenturm einer Kirche, in Italien stark verbreitet.

Campo Santo (ital. »Heiliges Feld«): Ein häufig von Arkaden umzogener Friedhof.

Carré Savoyard: Burganlage über regelmäßigem viereckigem Grundriß, an den Ecken vorspringende Rundtürme, einer davon als Wohnturm ausgebildet.

Cella: Hauptraum des antiken Tempels mit dem Götterbild.

Chor: Der meist erhöhte und in der Regel östlich gelegene Abschluß des Kirchenraumes. Der Chor hat meist nicht die gleiche Breite wie das → Schiff. Er dient zur Aufnahme des → Altars. Im Mittelalter war der Chor oft durch Schranken zum übrigen Kirchenraum abgegrenzt.

Chorgestühl: Sitzreihen für die Geistlichkeit bzw. in Klosterkirchen für die Mönche und Nonnen, zu beiden Seiten des → Chors aufgestellt.

Chorgitter: Etwa seit dem 17. Jh. anstelle des Lettners verwendetes Gitter.

Chorumgang: Ein Gang, der durch die Fortführung der Seitenschiffe entsteht und um den → Chor herumführt.

Confessio: Vorform der mittelalterlichen Krypta. Unter dem Hochaltar angelegtes Märtyreroder Kirchenheiligengrab; Verehrungs- und Bekenntnisstätte.

Cosmatentechnik: Mosaikarbeiten, meist ornamental aus Marmor angefertigt.

Dachformen: *Pultdach:* Eine einzige, schräg ansteigende Dachfläche. *Satteldach:* Zwei schräge, gegeneinander aufsteigende Dachflächen, an den Enden durch einen Giebel begrenzt. *Tätschdach:* Flach geneigtes Satteldach. *Walmdach:* Satteldach, bei dem auch die Giebelseiten mit einer Dachfläche (Walm) versehen sind. *Krüppelwalmdach:* Walmdach, bei dem nur der obere Giebelteil abgewalmt ist. *Zeltdach:* Vier steil aufsteigende Dachflächen über viereckigem Grundriß, z. B. als Turmabschluß. Vgl. → Klebdach.

Dachreiter: Türmchen über dem Dachstuhl.

Deesis: Darstellung des thronenden Christus, flankiert von Maria und Johannes dem Täufer.

Dienste: Dünne Säulen oder Rundstäbe, die einer Wand oder einem → Pfeiler vorgelagert sind, meist zur Unterstützung des Gewölbes.

Diptychon: Zusammenklappbare zweiteilige (Altar-)Tafel.

Directoire-Stil: Französischer Kunststil während der Herrschaft des Direktoriums (1795–99), Anlehnung an die Antike.

Donjon: Befestigter Haupt- und Wohnturm mittelalterlicher französischer Burgen.

Doppelkapelle: Zweigeschossige Kapelle.

Dorische Säulenordnung: → Ordnung, bei der die → Säulen ohne → Basis direkt auf dem Boden gesetzt sind und flache, wulstförmige → Kapitelle tragen.

Draperie (franz. drap »Tuch«): Dekoration mit Stoffen, Behänge aus Stoffen und deren malerische Darstellung.

Dreipaß: Einem Kreis eingeschriebenes kleeblattförmiges Maßwerkmotiv in der Gotik.

Ecce Homo (lat. »Seht, welch ein Mensch!«): Darstellung Christi mit der Dornenkrone.

Echauguette: Erkerartig vorkragendes Wachttürmchen.

Eckrisalit: Vorspringende Eckpartie eines Gebäudes.

Empore: Zwischengeschoß; in der Kirche meist Galerie für Sänger und Orgel.

Empire-Stil: Klassizistischer Kunststil in Frankreich zu Beginn des 19. Jh., mit griechisch-römischen und ägyptischen Vorbildern.

Enclos Paroissial: Kirchplatz

(eingefriedet), in Frankreich oft mit Kalvarienberg.

Enfilade (franz. »Aufreihung«): Anordnung v. Räumen, deren Verbindungstüren in einer Achse liegen.

Englischer Garten: Im Gegensatz zur (franz.) geometrischen Barockanlage hat der engl. Garten Landschaftscharakter und ist aufgelockert.

Englischer Gruß: Verkündigung des Engels an Maria.

Epiphanie: Erscheinungsfest eines Gottes bzw. Christi (vgl. Dreikönigsfest am 6. Januar).

Epitaph: Gedenktafel oder -stein an Wand oder → Pfeiler, oft über dem Grab des Verstorbenen.

Erker: In sich geschlossener vorspringender Anbau an die Außenwand eines Gebäudes. Oft ein Dekorationselement.

Eremitage: Pavillon in Park- und Gartenanlagen, einsam gelegenes Schloß.

Eselsrücken: → Bogenformen.

Eselstreppe: Stufenloser Turmaufgang, vermutlich benutzt, um Esel das Baumaterial hinauftragen zu lassen. Daher sog. Eselstürme an mittelalterlichen Domen.

Evangelistensymbole: Erstmals Hieronymus (347–419) deutete die 4 Lebewesen in der Offenbarung des Johannes (Offb. 4,6–8) als Sinnbild der Evangelisten. Der Mensch ist das Symbol für Matthäus, der Löwe für Markus, der Stier für Lukas, der Adler für Johannes.

Exedra: Apsis, überwölbt mit einem Kuppelausschnitt.

Ex Voto: Ein aufgrund eines Gelübdes gestiftetes Bild; Votivbild, -tafel.

Fachwerk: Balken, die als tragende Teile benutzt werden, sind mit Lehm oder Ziegeln aufgefüllt.

Fassade: Haupt- oder Schauseite eines Bauwerks.

Fassung: Bemalung.

Fayence: Töpferwaren mit Glasurüberzug, benannt nach der italienischen Stadt Faënza.

Feiertagschristus: Darstellung Christi als Schmerzensmann, umgeben von bäuerlichen oder handwerklichen Geräten. Mahnbild mit der Bedeutung, daß Christus durch Sonntags- und Feiertagsarbeit stets neu verwundet werde.

Fiale: Ziertürmchen in der → Gotik; oft als Bekrönung eines → Strebepfeilers.

Figurenkapitell: → Kapitell einer → Säule, das zu einer Figur ausgearbeitet worden ist.

Filigranwerk: Ursprünglich Goldschmiedearbeit, bei der Gold- und Silberdraht ornamentartig auf eine Metallunterlage gelötet werden. Auch auf vielfach durchbrochene Schnitzwerke und Stukkaturen übertragen.

Filialkirche: Gemeindekirche, deren Pfarreirechte ganz oder teilweise bei einer Mutterkirche liegen.

Fischblase: Flammenförmige Ornamentform im gotischen → Maßwerk.

Flamboyant-Stil: Bezeichnung für die Stilform der englischen und französischen Spätgotik mit flammenden Ornamenten (→ Fischblase) im → Maßwerk.

Flechtband/Flechtwerk: Ornament mit dem Motiv ineinander verschlungener Streifen, im Frühmittelalter häufig verwendet.

Flügelaltar: Der → Altaraufsatz hat ausklappbare, meist reich geschnitzte oder bemalte Flügel.

Fresko: Auf den noch feuchten Kalkputz werden Wasserfarben ohne Bindemittel aufgetragen. Beim Trocknen des Mörtels verbinden sich die Farben besonders haltbar mit dem Putz.

Fries: Schmuckstreifen zum Abschluß oder als Untergliederung einer Wand. Der Fries kann flächig oder plastisch sein, er kann aus Figuren oder → Ornamenten bestehen.

Frontale: Zusätzliche, vor die Vorderseite des Altars zu setzende Tafel.

Frontispiz/Fronton: Giebeldreieck über einer Fassadenfront, einem Portal oder einem Altaraufsatz.

Füllmauer: Eine nur außen aufgemauerte, innen mit Mörtel und Steinen aufgefüllte Mauer.

Gaden: In der Architektur Bezeichnung für Obergeschoß.

Galerie: Ein langgestreckter Raum; oft werden → Emporen und → Arkadengänge auch Galerie genannt.

Gaube: Als Giebelhäuschen ausgebildetes Dachfenster.

Gebälk: Balkensystem eines Holzbauwerks. Im Steinbau der → Renaissance und des → Barock werden → Architrav, → Fries und → Gesims zusammen als Gebälk bezeichnet.

Gebundenes System: Quadratisches Schema eines Grundrisses (vorwiegend in romanischen Kirchen). Ausgehend von der quadratischen 6-Vierung sind jeweils gleich große Gewölbequadrate in allen Richtungen angefügt. In den Seitenschiffen entsprechen jeweils zwei kleinere Gewölbequadrate den größeren Quadraten des Mittelschiffes.

Gesims: Ein vorspringender Wandabschluß.

Gesprenge: Abschließende Bekrönung des → Altaraufsatzes.

Gewölbe: Bogen- oder auch haubenförmiger Abschluß eines Raumes.

Gewölbeformen: *Tonnengewölbe:* Gewölbe mit dem Querschnitt eines Halbkreis-, Segment-, Korboder Spitzbogens. *Stichkappengewölbe:* Tonnengewölbe, das durch einen seitlich einschneidenden Kappenkranz, meist mit Fensteröffnungen, begrenzt ist. *Kreuzgewölbe/Kreuzgratgewölbe:* Rechtwinklige Durchdringung von zwei gleich hohen Tonnengewölben, die Durchdringungslinien heißen Grate. *Kreuzrippengewölbe:* Kreuzgratgewölbe mit tragenden Rippen entlang der Grate. *Sterngewölbe:* Sternartig verzweigtes Rippengewölbe.

Giebel: Stirnseite; bei Gebäuden mit Sattel- oder Pultdach dreieckig und meist senkrecht. Auch über Fenstern oder Türen. – Staffel-, Treppengiebel.

Giebelständig: Eine Giebelseite zeigt gegen die Straßenseite (Gegenteil: traufständig).

Glockenjoch: Aufgemauertes Giebelchen mit jochartiger Öffnung, in der eine Glocke aufgehängt ist.

Gobelin: Bildteppich.

Gotik: Epoche der europäischen Kunst und Kultur, die von der Mitte des 12. Jh. bis ins 16. Jh. reicht.

Graffiti: Eingekratzte Inschriften oder Zeichnungen, meist an Wänden antiker Gebäude.

Grisaille: Malerei in verschiedenen Grauabstimmungen.

Gurtbogen: Eine konstruktive

oder dekorative Unterstützung des Gewölbeabschnitts, die sich rippenartig als Bogen quer zur Längsachse spannt.

Hängewerk: Konstruktion in Holz oder Stahl zur Bewältigung großer Spannweiten, vor allem im Brückenbau angewendet: ein waagerechter Hängebalken wird von einer oder mehreren Hängesäulen gehalten, die mit den Brückenenden verstrebt sind.

Halbsäulen: Nur mit ihrem halben Durchmesser, im Querschnitt halbkreisförmig aus der Wand vortretende → Säulen.

Hallenchor: Ein → Chor, der aus mehreren, jedoch gleich hohen → Schiffen besteht.

Hallenkirche: Im Gegensatz zur → Basilika sind Hauptraum und → Seitenschiffe gleich hoch; ohne → Querhaus.

Halsgraben: Künstlich geschaffener Graben, der Burgen vom Landrücken trennt. Oft auch Zugang über Zugbrücken.

Haustein: Ein an seiner Oberfläche bearbeiteter Naturstein.

Heidenhäuser: Mit »Heidenhaus«, »Heidenwölbi« oder auch »Heidenstock« bezeichnet der Volksmund jene Architekturformen, die wegen ihres Alters ungewöhnlich erscheinen und deshalb mit Abergläubischen verbunden werden.

Helm: Abschluß eines Turmes.

Hochaltar: Zentraler Hauptaltar einer Kirche.

Hocheingang: In einem oberen Geschoß gelegener Eingang zu einem Turm oder → Palas.

Ikonostasis: In der Ostkirche Bilderwand zwischen Allerheiligstem und Gemeinderaum.

Immaculata: Die Unbefleckte, Ehrenname Marias.

Inkarnation: Fleischwerdung.

Inkrustation: Farbige, ornamentale Einlegearbeiten in Stein zur Verzierung von Wand- und Fassadenflächen.

Intarsia: Einlegearbeit in Holz, Stuck, Stein etc.

Ionische Säulenordnung: → Ordnung, bei der die → Säulen auf einer mehrgliedrigen → Basis stehen und das → Kapitell durch zwei Schneckenbögen charakterisiert ist.

Joch: Grundeinheit des durch → Pfeiler, → Säulen oder → Gurtbogen gegliederten Raumes.

Jugendstil: Nach der Münchner Zeitschrift »Jugend« benannte Stilrichtung, die sich gegen die Übernahme alter Formen wendet und neue, der Natur entnommene Ausdrucksformen schafft. Schwerpunkt von 1895 bis 1905.

Kabinettscheibe: Kleines Glasgemälde als Schmuck von Fensterscheiben.

Kämpfer: Steinplatte zwischen → Säule bzw. → Kapitell und Bogen oder Gewölbe.

Kalotte: Gewölbte Kuppel in Form eines Kugelabschnitts.

Kalvarienberg, *Calvaire:* Plastische Darstellung der Kreuzigungsgruppe und des Kreuzigungsberges, oft Wallfahrtsort.

Kamee: Stein oder Edelstein mit erhaben geschnittener Darstellung.

Kampanile, *Campanile:* (Meist freistehender) Glockenturm.

Kanon: Regelmäßiges, wiederkehrendes Maß.

Kannelüren: Senkrechte Rillen am Schaft von → Säulen oder → Pfeilern.

Kanzel: Erhöhter Platz in der Kirche, von dem aus die Predigt gehalten wird. Oft von einem → Baldachin oder einem → Schalldeckel überdeckt.

Kapelle (lat. cappa »Mantel«): Name urspr. abgeleitet v. einem kleinen Raum der Königspfalz v. Paris, wo sich der Mantel des heiligen Martin befand. Kleines gottesdienstliches Gebäude ohne Pfarrecht; selbständiger Teil einer Hauptkirche (Grab-, Taufkapelle); Burg- oder Schloßkapelle.

Kapellenkranz: Mehrere um den Chor gezogene Kapellen.

Kapitell: Abschließender, kopfartiger Teil einer → Säule. Die Form der Kapitelle ist ausschlaggebend für Stil oder → Ordnung.

Kapitelsaal: Versammlungsraum der Klostergemeinde.

Kappe: Ausgeschiedenes Teilstück eines Gewölbes (→ Gewölbeformen).

Karner (auch Beinhaus): Kapellenartiges Haus auf Friedhof, in dem die Gebeine aufbewahrt werden, die bei Neubelegung von Gräbern ausgegraben werden; oft

zweigeschossig und mit Totenkapelle; vor allem in den Alpenländern.

Karnies (griech. koronis »gekrümmt«): Leiste mit leicht S-förmig gekrümmtem Profil.

Kartause (ital. certosa): Kloster der Kartäuser mit einzelnen Wohnzellen und Gärten, Kreuzgang, Kirchen und Kapitelsaal.

Kartusche: Zierrahmen, mit dem Wappen, Initiale oder Inschriften eingefaßt sind.

Karyatide: → Gebälk tragende Figur.

Kassettendecke: Diese in rechteckige Felder unterteilte Decke ist durch → Ornamente, Bemalung oder anderen Schmuck ausgeprägt.

Kassettengewölbe: Ein von einer rechteckigen Kassette angeschnittenes → Kloster- oder Haubengewölbe in regelmäßiger Folge.

Kastell: In römischer Zeit befestigter Garnisonsplatz.

Kathedrale: Bischofskirche, Dom.

Kehrgiebelhaus: Ein Giebelhaus mit → traufständig anschließendem Nebengebäude.

Kenotaph: Grabdenkmal, an anderer Stelle errichtet als das tatsächliche Grab.

Kielbogen: → Bogenformen.

Klangarkade (auch: Schallarkade): Bogenförmige Schallöffnungen im Glockengeschoß eines Kirchturms.

Klassizismus: Von klassisch-antiken Vorbildern ausgehende Stilrichtung, die zwischen etwa 1770 bis etwa 1830 ihren Höhepunkt erreichte.

Klebdach: An der Außenwand über Fenstern und Portalen angefügtes Vordächlein.

Klostergewölbe (Haubengewölbe): Ein kuppelähnliches, waagerecht gerade abschließendes Gewölbe aus Tonnenabschnitten.

Knorpelstil: Die vorbarocke Form des → Ornaments, aus dem → Beschlagwerk entwickelt, mit ohrmuschelartigen Formen.

Knospenkapitell: Abwandlung des → korinthischen Kapitells in frühgotischer Zeit.

Konche: Halbrunder, sich in einen Nebenraum öffnender Raum, besonders Halbkuppel der Apsis.

Konsole: Wandvorsprung, Balkenstütze.

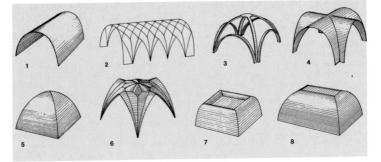

*1 Tonnengewölbe 2 Stichkappengewölbe 3 Kreuzrippengewölbe 4 Kreuzgratgewölbe
5 Klostergewölbe 6 Sterngewölbe 7 Kassettengewölbe 8 Spiegelgewölbe*

*1 dorisches Kapitell 2 romanisches Würfelkapitell 3 korinthisches Kapitell 4 ionisches Kapitell
5 gotisches Knospenkapitell 6 gotisches Blattkapitell*

Kopfreliquiar: → Reliquiar in Kopf- oder Büstenform.

Korbbogen: Flachgedrückter Rundbogen.

Korinthische Säulenordnung: Reiche Zierformen kennzeichnen bei dieser → Ordnung die → Kapitelle. Die → Basis ähnelt der → ionischen Ordnung.

Kragstein: Aus der Mauer herausragender Stein, der als Stütze, als Auflage oder auch nur als Träger für eine Büste dient.

Kranzgesims: Abschlußgesims der Fassade unter dem Dachansatz.

Kreuz (lat. crux): Zwei sich meist rechtwinklig schneidende Balken als alte Symbolform. Griech. Kreuz mit gleich langen Armen, lat. Kreuz mit verschobenen Querbalken. → Andreaskreuz, Malteserkreuz mit zweispitzigen Armen, Papstkreuz mit 3 Querbalken; außerdem lothringisches Kreuz mit 2 Querbalken, Antonius- und Gabelkreuz.

Kreuzgang: Meist gewölbtes, nach innen durch → Arkaden geöffnetes Geviert, das als Umgang im Hof eines Klosters dient und an einer Seite an die Kirche anschließt.

Kreuzgewölbe: → Gewölbe, bei dem sich zwei → Tonnengewölbe rechtwinklig kreuzen. Man unterscheidet das einfache Kreuzgratgewölbe von dem Kreuzrippengewölbe, bei dem die Schnittkanten durch Rippen verstärkt sind.

Kruzifixus: Kreuz mit einer Darstellung des Gekreuzigten.

Krypta: Unterkirche, Grabraum, meist unter dem → Chor gelegen. Oft sind Kirchen über einer alten Krypta errichtet worden.

Kuppelformen, wichtigste: *Pendentif- oder Hängekuppel:* Über quadratischem oder vieleckigem Grundriß gewölbte halbrunde Kuppel mit ausgeschiedenen Seitenflächen. Die von der Kuppelwölbung in den Kuppelansatz überleitenden sphärischen Dreiecke heißen *Pendentifs* oder *Hängezwickel*. *Tambourkuppel:* Pendentifkuppel mit zylindrischem oder polygonalem Zwischenstück (*Tambour, Trommel*), das zwischen Pendentifs und Halbkugel geschoben ist. Der obere Abschluß einer Kuppel wird meist durch eine → Laterne gebildet.

Langhaus: Hauptteil der Kirche, für die Gemeinde bestimmt (ohne → Chor und → Apsis).

Laterne: Runder oder polygonaler, mit Fenstern versehener kleiner Aufbau über der Scheitelöffnung einer Kuppel oder als Turmbekrönung.

Laubengang: Bogengang, der dem Erdgeschoß eines Baus vorgelagert ist.

Leibung: Fläche des Mauereinschnitts bei Fenstern und Türen.

Lettner: Wand oder Brüstung zwischen → Chor und → Mittelschiff, die den klerikalen Bereich vom Laienraum trennt.

Leutkirche: Dem Laiengottesdienst vorbehaltener Raum in Stiftskirchen.

Lichtgaden: Fensterzone der Hochwand im Mittelschiff einer → Basilika, auch *Obergaden* genannt.

Lisene: Schwach aus der Wand hervortretender senkrechter Mauerstreifen ohne Basis und ohne Kapitell.

Loggia: Nach außen geöffnete Säulenhalle eines Bauwerks, häufig im Obergeschoß.

Loretokapelle: Architektonische Nachahmung des Muttergottes-Hauses, das der Legende nach durch Engel von Nazareth nach Loreto bei Ancona (Mittelitalien) versetzt wurde.

Louis-Quatorze: Französischer Kunststil, dem deutschen → Barock vergleichbar; benannt nach Ludwig XIV. (1638–1715).

Louis-Quinze: Epoche des Spätbarock in Frankreich, benannt nach Ludwig XV. (1710-74). Entspricht in etwa dem → Rokoko in Deutschland und Österreich.

Louis-Seize: Beginn des → Klassizismus in Frankreich, benannt nach Ludwig XVI. (1754-93); gemäßigte Form des → Rokoko.

Lüftlmalerei: Malerei an Hauswänden, vornehmlich im süddeutschen Raum.

Lünette: Halbkreisförmiges Feld über Türen und Fenstern, oft mit Malerei oder Plastik.

Luginsland: Ein hochragender, häufig alleinstehender oder vorgesetzter Wart- und Aussichtsturm; in Städten auch als Feuerwacht benutzt.

Lukarne: Kleines Dachfenster.

Majestas Domini: Frontal thronender Christus mit hochgehaltener Rechter und Lebensbuch, oft mit den 24 Ältesten oder den 4 Evangelistensymbolen dargestellt.

Mandorla: Heiligenschein in zugespitzter Mandelform, der eine ganze Heiligengestalt (Maria oder Christus) umgibt.

Manierismus: Kunststil zwischen → Renaissance und → Barock (ungefähr von 1530–1630). Der Manierismus vernachlässigt natürliche und »klassische« Formen zugunsten gewollter Künstlichkeit der Manier.

Mansarde: Ein abgeknicktes Dach, wobei der untere Teil steiler als der obere ist. Der gewonnene Raum wird ebenfalls Mansarde genannt und läßt sich gut für Wohnzwecke benutzen. (Benannt nach dem Franzosen F. Mansart.)

Maschikuli: Kleine Öffnungen zwischen einem vorkragenden Zinnenkranz, bei mittelalterlichen Wehrbauten zum Ausguß von Pech und Schwefel bestimmt.

Maßwerk: Gotische geometrische Zierformen, vor allem für die Ausgestaltung von Fensterbögen oft verwendet. Liegen die Zierbogen direkt auf der Wand, spricht man von Blendmaßwerk.

Mausoleum: Ein prächtiges Grabmal, meist in der Form eines Hauses oder Tempels.

Medaillon: Meist runde oder ovale Rahmung eines Ornaments oder Freskos (aus Stuck, Stein u. ä.).

Menhir: Roh behauener, senkrecht aufgestellter Stein aus vorgeschichtlicher Zeit.

Mensa: Die Deckplatte des Altars.

Mezzanin: Halb- oder Zwischengeschoß.

Miniatur: Kleinformatiges Bild; handgemalte Bilder in alten Handschriften.

Mittelschiff: Mittleres → Schiff der → Basilika oder der mehrschiffigen → Hallenkirche.

Mönchschor: Jener Teil des → Chores, der den Mönchen vorbehalten ist, oft abgeschlossen.

Monstranz: Schmuckgerät, in dem (meist hinter Glas) die geweihte Hostie gezeigt wird.

Mosaik: Wand-, Boden- oder Gewölbeschmuck, zusammengefügt aus kleinen bunten Steinchen,

Glasscherben oder anderen Materialien.

Münster: Große Klosterkirche bzw. große Stiftskirche, vor allem in Rheinnähe gebräuchlich.

Municipium: In der römischen Republik und in den Staatsverband einbezogenen italienischen Städte, in der röm. Kaiserzeit die mit röm. Recht ausgestattete selbständige Stadtgemeinde; munizipal bedeutet soviel wie städtisch.

Muschelwerk: Zierornamente, die dem Muschelmotiv nachempfunden sind; vor allem in der späten → Renaissance und im → Rokoko.

Narthex: Vorhalle von Basiliken und Kirchen.

Netzgewölbe: → Gewölbe, bei dem sich die Rippen mehrfach kreuzen. Vor allem zur Zeit der → Gotik anzutreffen.

Neubarock: Reaktion auf den kühlen → Klassizismus. Die Wiederverwendung der Formen des → Barock entwickelte sich im letzten Drittel des 19. Jh. als ein historisierender Prunkstil mit übertriebenem plastischem Schmuck und auffälligen Farben.

Neugotik (Neogotik): Historisierender Kunststil, mit dem man im 19. Jh. die Bauformen und Schmuckornamente der → Gotik neu beleben wollte.

Nonnenchor: → Empore, auf der Nonnen dem Gottesdienst beiwohnten.

Obelisk: Freistehender → Pfeiler mit quadratischem Grundriß und pyramidenartiger Spitze.

Oculus: Runde Fensteröffnung.

Odeon: Meist rundes Gebäude, in dem musikalische und andere musische Aufführungen stattfinden.

Oktogon: Gebäude mit achteckigem Grundriß.

Olifant: Das Wunderhorn Rolands, ein Signal- und Kriegshorn aus Elfenbein, reich geschnitzt und in Edelmetall gefaßt.

Ophistodom: Den griechischen Tempel Raum hinter der → Cella.

Orangerie: Teil barocker Schloß- und Parkanlagen, ursprünglich für die Überwinterung der während des Sommers im Freien aufgestellten Orangenbäume und anderer südlicher Gewächse gedacht. Oft erhielten die Orangerien jedoch

Festräume für große Hofgesellschaften.

Oratorium: Kleine Kapelle, die in der Regel nicht für die Öffentlichkeit zugänglich ist, oft dem → Chorraum angegliedert.

Ordensburg: Burgen des Deutschen Ritterordens, vornehmlich in Preußen und Livland. Die vierflügeligen Anlagen sind um einen Innenhof gruppiert und durch sehr starke Befestigungsanlagen geschützt. Kloster, Garnison und Verwaltung sind in den Ordensburgen gemeinsam untergebracht gewesen.

Ordnung: Architektursystem der Antike, das bestimmte Reihenfolgen vorschreibt, vor allem bei → Säulen (→ dorische, → ionische etc.).

Orgelprospekt: Schauseite einer Orgel.

Ornament: Regelmäßig sich wiederholende Zierformen. Wiederkehrende Ornamente sind oft unter anderen Begriffen zusammengefaßt (z. B. → Fries).

Ossarium: → Beinhaus.

Ottonische Kunst: Kunst aus der Zeit der Könige Otto I., Otto II. und Otto III. (936–1002). Anreger und Finanziers dieser Kunst waren die Könige sowie Würdenträger der Kirche.

Pagode: Süd- und ostasiatischer Reliquienschrein und Tempel.

Pala: Altaraufsatz.

Palas: Wohnbau einer Burg.

Palladiomotiv: Ein von Sebastiano Serlio entwickeltes, nach Andrea Palladio (1508–80) benanntes Architekturmotiv seit der Spätrenaissance, auch *Serliana* genannt: dreiachsige Wandöffnung, mittlere Achse breiter und von Rundbogen überhöht, schmälere Seitenöffnungen mit horizontalem Abschluß auf Höhe des Bogenansatzes.

Pallium: Ein mantelähnlicher Umhang der Römer, im Mittelalter Krönungsmantel für Könige und Kaiser, später auch bei Erzbischöfen.

Paneel: Brusthohe Holzvertäfelung.

Panorama: In der Kunst ein Rundgemälde, vor allem zur Darstellung von Schlachten und Städteansichten.

Pantheon: Den Göttern geweihter

Tempel. Nach dem Vorbild des Pantheons in Rom (Rundbau).

Paradies: → Atrium.

Parament: Sakrale Bekleidungsstücke, z. B. des Priesters oder des Altars.

Patio: Innenhof des Hauses, vor allem in Spanien.

Patrozinium: Schutzherrschaft des Heiligen, in dessen Namen die Kirche geweiht ist (Kirchenpatron); auch Namensfest des Kirchenpatrons.

Pavillon: Meist mehreckiger oder runder Bau in Parkanlagen. Bei Barockschlössern verbinden sehr häufig Eckpavillons den Hauptbau mit den davon abzweigenden → Galerien.

Pechnasen: Kleine, an der Unterseite geöffnete Erker bei mittelalterlichen Burgen, durch die man heißes Pech auf die Angreifer schütten konnte.

Pendentifkuppel: → Kuppelformen.

Pergola: Offener Laubengang in Holzkonstruktion; an den Balken ranken sich Pflanzen empor.

Peripteros: Griech. Tempel mit einem Säulengang rundum.

Peristyl: Einen Hof umgebende Säulenhalle, bei profanen wie sakralen Bauten verbreitet.

Pesel: Wohnraum und Zentrum norddeutscher Bauernhäuser.

Pestsäule: Mittelalterliche Schmucksäulen, die an Zeiten erinnern, in denen die Pest im Ort gewütet hat.

Pfalz: Wohnstatt für Könige und Kaiser, die im Mittelalter nicht an einem Ort residierten, sondern ihren Sitz regelmäßig wechselten.

Pfeiler: Stützglied wie die → Säule, doch von recht- oder mehreckigem Grundriß.

Pfeilerbasilika: Die Bogen des → Schiffes der → Basilika liegen auf → Pfeilern.

Piano Nobile: Das wichtigste (edelste) Geschoß eines Profanbaues, meistens das 1. Obergeschoß z. B. mit Prunk- und Repräsentationsräumen.

Pietà: Darstellung der trauernden Maria mit dem Leichnam des Sohnes auf dem Schoß.

Pieve (ital. »Pfarrkirche«): Mit bes. Rechten ausgestattete, häufig etwas außerhalb der Ortschaften gelegene, meist dreischiffige Pfarrkirche.

Pilaster: → Pfeiler, der aus einer Wand hervortritt (Halbpfeiler), mit → Basis und → Kapitell.

Pinakothek (griech.): Bildersammlung.

Piscina: 1. Schwimmbassin in den römischen Bädern. 2. Taufbecken in einem Baptisterium. 3. Kleine Mauernische mit Wasserablauf im Chor für die liturgische Handwaschung.

Polychrom: Vielfarbig ausgeführt; Farben deutlich gegeneinander abgesetzt. Ggs. monochrom.

Portal: In der Form und im Schmuck hervorgehobener repräsentativer Eingang v. Kirchen, Palästen oder vornehmen Profanbauten.

Polygon: Vieleck.

Polyptychon: Ein aus mehreren Tafeln (Flügeln) zusammengesetztes (Altar-)Bild.

Portikus: Von → Pfeilern gestützte Vorhalle.

Porträt (franz. portrait): Darstellung v. a. des Antlitzes eines Menschen in Malerei oder Plastik.

Postament: Sockel eines Standbildes.

Präraffaeliten: Von London ausgehende Kunstrichtung (um 1850), die eine Verbindung religiöser und seelischer Motive forderte und sich an der italienischen Malerei der frühen → Renaissance orientierte. Vorstufe des → Jugendstils.

Predella: Unterbau des → Altars.

Presbyterium: Ursprünglich »Raum der Priester«, heute allgemeine Bezeichnung für den → Chor bzw. die → Apsis einer Kirche.

Prior: Bei Benediktinern und verwandten Orden Stellvertreter des Abts in einer Abtei oder Hausoberer in einem Priorat; bei Dominikanern und Kartäusern der Klostervorsteher.

Prismeller Baumeister: Baumeisterfamilie aus einer Walserkolonie jenseits des Monte Rosa (Val Sesia, früher Prismell). Berühmtester Vertreter: Ulrich Ruffiner (1. Hälfte 16. Jh.).

Profan: Das Gegenteil von → sakral, also Kunst, die nicht mit dem religiösen Bereich in Verbindung steht. Zu den Profanbauten zählt man z. B. Rathäuser, Burgen, Schlösser, Bürgerhäuser etc.

Pronaos: Vorhalle des antiken

Tempels (auch christliche Kirchengebäude).

Propstei: Dom- oder Stiftskapitel.

Propyläen: Die Eingangshalle monumentaler Bauten. Vorbild späterer Bauten waren die Propyläen auf der Akropolis in Athen (entstanden 437 bis 432 v. Chr.).

Prospekt: → Orgelprospekt.

Prothyros: Einfriedung vor der Tür des römischen Hauses.

Protorenaissance (Vorrenaissance): Florentinische Baukunst im 11. und 12. Jh.

Pseudobasilika (falsche Basilika): Basilikale Kirche, mit erhöhtem, aber fensterlosem Mittelschiff.

Pulpitum: Freistehende Kanzel.

Pultdach: → Dachformen.

Purifizierung (lat. »Reinigung«): Entfernung v. An- oder Umbauten; Wiederherstellung des urspr. Äußeren und Inneren.

Putten: Nackte engelhafte Kinderfiguren in der → Renaissance, im → Barock und im → Rokoko.

Pylon: Eingangstor bei griech. Tempeln und Palästen.

Quader: Behauener Block aus massivem Stein.

Quadriga: Ein vierspänniger Wagen.

Querhaus oder **Querschiff:** Raum in der Kirche, quer zum → Langhaus (→ Basilika).

Querschnitt: Ein gedachter Schnitt quer durch ein Gebäude zur Darstellung der Architektur.

Radfenster: Speichenartig gegliederte Fensterrose.

Refektorium: Speiseraum in Klöstern.

Refugium: Im Mittelalter in Kriegszeiten benützte Wehranlage zum Schutz der Bevölkerung, auch *Fluchtburg* genannt.

Régence: Französische Ausformung des → Rokoko.

Relief: Bildhauerarbeit, bei der die Figuren halbplastisch aus der Fläche herausgeschnitten (Holz) oder gemeißelt (Stein) sind. Je nach der Stärke der Erhebung spricht man von Flach-, Halb- oder Hochrelief.

Reliquiar: Behälter, in dem die Reliquien eines Heiligen aufbewahrt werden.

Remter: Speisesaal einer → Ordensburg (→ Refektorium).

Renaissance: Stilbezeichnung für die bildende Kunst ab etwa 1500 bis etwa 1600. Die Renaissance fällt zusammen mit dem Ende des mittelalterlichen Weltbilds und dem Beginn einer neuen, an der Antike orientierten Lebenshaltung (ital. rinascimento »Wiedergeburt«).

Riegelbau, Fachwerkbau: Skelettbauweise, deren Gerüst aus waag- und senkrechten Pfosten (meist Holz) sowie diagonalen Streben besteht. Die Zwischenräume sind mit anderem Material gefüllt (Lehm, Backstein). Verfeinerte → Ständerbauweise.

Rippe: Tragendes Konstruktionselement eines Gewölbes mit Band-, Rundstab- und Birnstabprofil; in der Spätzeit des Gewölbebaus wurden die Rippen der selbsttragenden Schale als dekorative Oberflächengliederung vorgeblendet (→ Gewölbeformen).

Risalit: Aus der Fluchtlinie vortretender Teil eines Gebäudes, der dessen volle Höhe erreicht.

Rocaille: Reich gestaltete, muschelähnliche → Kartusche, die namengebend für das → Rokoko wurde.

Rokoko: Stilbezeichnung für die Zeit des ausklingenden → Barock (etwa 1720–70), mit eleganten, leichten, oft verspielten, vor allem ovalen Formen.

Rollwerk: Bandartiges Ornament, dessen sich aufrollende Enden plastisch ausgeformt sind. Motiv vieler Holzarbeiten vor allem im 16. Jh. in Flandern und Holland (→ Beschlagwerk).

Romanik: Die zusammenfassende Bezeichnung für die Kunst vom Jahr 1000 bis ins 13. Jh. In ihren Bauwerken ist die Romanik bestimmt von Rundbogen, ruhigen Ornamenten und einer insgesamt schweren Haltung.

Romantik: Kunstrichtung zu Beginn des 19. Jh., die sich vor allem in der Literatur (Märchen), Malerei und Musik ausbreitete. Sie nimmt Formen und Motive des Mittelalters wieder auf und bedeutet eine Abkehr von den rationalen Normen des → Klassizismus.

Rose: Ein stark gegliedertes Rundfenster über dem Portal mit reichem → Maßwerk, vor allem bei gotischen Kirchen.

Rosette: Rosenartige Dekorationsform, z. B. in Kassetten oder an Friesen.

Rotunde: Rundbau.

Rundbogen: → Bogenformen.

Rúnde/Rúndi: Halbrunde Holzverschalung unter einem Hausgiebel.

Rundling: Dörfer, die sich regelmäßig um den (runden) Marktplatz herum entwickelt haben.

Rustika: Mauern aus → Quadern, deren Schauseite absichtlich unbehauen geblieben ist.

Saalkirche: Stützenfreier Kircheninnenraum, also ohne → Seitenschiff.

Sacra Conversazione: Madonna inmitten mehrerer Heiliger, seit dem 15. Jh. v. a. in der ital. Malerei gebräuchlich.

Säkularisation: Umwandlung geistlicher Besitztümer in weltliche, vor allem in der Zeit Napoleons (1803).

Säule: Stützglied mit kreisförmigem Grundriß, Gliederung in Basis, Schaft und Kapitell. Säulenordnungen sind durch strenge Maß- und Proportionsregeln gekennzeichnet und kommen in den klassischen bzw. den von der Klassik beeinflußten Stilepochen vor (→ Pfeiler).

Säulenbasilika: → Basilika, die von → Säulen gestützt wird (im Gegensatz zur → Pfeilerbasilika).

Sakral: Kirchlich, geistlich (im Gegensatz zu → profan).

Sakramentshäuschen: Gehäuse zur Aufbewahrung geweihter Hostien. In der späten → Gotik entstanden zahlreiche Sakramentshäuschen, die zu bedeutenden Kunstwerken ausgestaltet sind.

Sanktuarium: Allerheiligstes der Kirche, Altarplatz.

Sarkophag: Meist reich verzierter steinerner Sarg.

Satteldach: Von zwei schräg gegeneinander gestellten Flächen gebildetes Dach. Die 2 Giebel befinden sich an den Schmalseiten.

Scagliola: Ein aus Gips, Leim, Wasser und Farben zusammengestelltes, später poliertes Material zur Imitation v. Marmor.

Schalenturm: Wehrturm in einer Ringmauer, an der Rückseite geöffnet.

Schalldeckel: → Kanzel.

Schildbogen: Ein das Joch gegen die Wandseiten hin begrenzender

Gewölbebogen (→ Gewölbeformen).

Schildmauer: Hohe und starke, meist freistehende Mauer zum Schutz einer Burg vor fremdem Beschuß.

Schiff: Der Raumteil einer Kirche; daraus einschiffige oder mehrschiffige Kirchen; letztere durch → Säulen oder → Pfeiler aufgeteilt.

Schlußstein: Stein im Scheitel eines Bogens oder Rippengewölbes, häufig plastisch verziert oder bemalt.

Schnitzaltar: Altar mit geschnitzten Holzfiguren im Altarschrein.

Schwibbogen: Quer über einen Raum gezogener, 2 Wände verbindender freier Bogen als Mauerstütze oder Element der Raumgliederung.

Seitenschiff: Seitlich gelegenes → Schiff, durch → Säulen oder → Pfeiler vom Hauptraum der Kirche getrennt.

Sepultur: Für Begräbnisstätten reservierter Kirchenraum.

Serliana: → Palladiomotiv.

Sgraffito: Kratzputz.

Sinopie: Meist rötliche oder braune Vorzeichnungen von Fresken auf der Wand.

Sockel: Vorspringender unterer Teil einer Wand, eines → Pfeilers oder einer → Säule.

Spiegelgewölbe: Ein langgestrecktes → Klostergewölbe, das im Scheitel mit einer waagrechten Fläche schließt.

Spitzbogen: → Bogenformen.

Spolie (lat. spolia »Beute«): Wiederverwendetes Glied (Kapitelle, Säule, Stein u. ä.) eines älteren Bauwerks.

Sprengwerk: → Gesprenge.

Stabkirche: Holzkirche (in Deutschland fast ausschließlich im Harz) aus senkrecht stehenden Planken und Pfosten.

Stabwerk: Senkrechte Stäbe zur Gliederung gotischer Fenster und Fassaden (→ Maßwerk).

Staffelgiebel: Giebel mit treppenartiger Stufung, auch Treppenoder Stufengiebel.

Staffelhalle/Stufenhalle: Hallenkirche oder Pseudobasilika, deren Mittelschiff höher ist als die Seitenschiffe, jedoch ohne direkte Belichtung des Mittelschiffs (→ Basilika).

Stichkappengewölbe: Ein von

dreieckigen Kugelflächen eingeschnittenes → Tonnengewölbe.

Strebepfeiler: Die in der Gotik ungewöhnlich großen Fensteröffnungen forderten eine Abstützung der Außenmauern durch → Pfeiler und Halbbögen. Dieses Strebewerk fing den Gewölbedruck auf.

Strebewerk: System von Strebepfeilern und -bögen an Außenwänden zur Abstützung von Mauern und Gewölben; im got. Kirchenbau häufig verwendet.

Strickbau: → Blockbau.

Stucco Lustro: Mit Marmorstaub und Freskoputz vermengtes, heiß behandeltes und glattpoliertes Material, wirkt wie Marmor. Dieser »Stuckmarmor« wird v. a. zur Verkleidung von → Pfeilern, → Säulen oder Wandflächen verwendet.

Stuck: Ein leicht formbarer Werkstoff aus Gips, Kalk, Sand und Wasser, der v. a. im 17./18. Jh. zur plastischen Ausschmückung von Innenräumen gedient hat.

Stukkatur: Ornamentale und figürliche Stuckdekoration v. a. im Barock.

Supraporte: Dekoratives Feld (Malerei, Schnitzerei, Stuck) über der Türe; v. a. im Barock gebräuchlich.

Synagoge: Jüdisches Gotteshaus.

Tabernakel: Altargehäuse für die Hostie.

Tabor: Befestigtes Lager, Befestigung, besonders in der Steiermark gegen Türkeneinfälle; auch Taborkirche.

Täfer: Hölzerne, meist profilierte Wand- oder Deckenverkleidung.

Tambour: Unterbau einer Kuppel, in der Regel zylindrisch oder polygonal.

Terrakotta: Gebrannte, unglasierte Tonerde.

Thermen: Römische Warmbadeanstalten.

Thermenfenster: Senkrecht dreigeteiltes Halbkreisfenster, aus der römischen Thermenarchitektur übernommen.

Tonnengewölbe: → Gewölbe, das einer Tonne gleicht, die in Längsrichtung durchgeschnitten wird.

Toskanische Säulenordnung (röm. Bezeichnung): Abwandlung der dorischen Säulenordnung durch Zufügen einer Basis und

Wegnehmen der Kanneluren des Schafts; glatter Säulenschaft, Kapitell ohne Schmuck und Verzierung.

Transenne: In die Fensteröffnungen eingefügte Holz- oder Steinplatten (Vorläufer der Fensterverglasung).

Traufe, Dachtraufe: Untere horizontale Begrenzung eines Daches.

Treppengiebel: → Staffelgiebel.

Treppenhaus: Monumentale Treppenanlage (häufig zweiteiliger Treppenaufgang) in der Höhe des Gebäudes; v. a. im Barock, jedoch bereits auch während der Renaissance.

Triforium: Laufgang in der Wand unter den Fenstern von Mittelschiff, Querschiff und Chor, besonders in gotischen Kirchen.

Trinität (lat. trinitas »Dreiheit«): Dreieinigkeit, die Dreiheit v. Gottvater, Sohn und Hl. Geist in der Einheit des göttlichen Wesens u. a. als Dreieck mit dem Auge Gottes dargestellt.

Triptychon: Dreiteiliges Altarbild.

Triumphbogen: Geschmückter Torbogen.

Trompe l'œil: Spezielle Art der Darstellung, bei der Gegenstände so täuschend ähnlich gemalt sind, daß sie dem Auge als Wirklichkeit erscheinen.

Tudorstil: Baustil, der Elemente der → Gotik und der → Renaissance verbindet; benannt nach der englischen Familie Tudor (um 1530 bis etwa 1600).

Tumba: Aufbau über einer Grabstelle.

Tympanon: Das Bogenfeld über dem mittelalterlichen Portal.

Vedute: Gemälde oder Zeichnung mit der genauen Darstellung einer Stadt oder Landschaft.

Verblendung: Verkleidung von Bauteilen, die nicht sichtbar sein sollen.

Verkröpfung: Vorziehen eines Gesimses über einen vorstehenden Bauteil (Wandpfeiler, Pilaster usw.).

Vesperbild: → Pietà.

Vierpaß: Ornament des gotischen Maßwerks; 4 einem Kreis eingeschriebene, kleeblattförmig angelegte Kreissegmente.

Vierung: Die Stelle, an der sich → Lang- und → Querhaus kreuzen.

Vierzehn Nothelfer: Die als Helfer in jeder Not angerufenen Heiligen sind Achatius, Ägidius, Barbara, Blasius, Christophorus, Cyriacus, Dionysius, Erasmus, Eustachius, Georg, Katharina, Margaretha, Pantaleon und Vitus.

Viztum: Stellvertreter des Landesherrn, meist in bischöflichen Herrschaften.

Vollplastik: Allseits plastisch gearbeitetes Bildwerk (dagegen → Relief).

Volute: Spiralenförmiges → Ornament.

Vorarlberger Schema: Umstrittener Begriff für den Typus der barocken Wandpfeilerhalle mit Emporen, wie er im 17. und 18. Jh. von den Vorarlberger Baumeistern entwickelt und nördlich der Alpen verbreitet wurde.

Vorburg: In größeren Burganlagen der äußere Wehrbezirk.

Vorhalle: Ein der Westfassade integrierter Vorraum bei Kirchenbauten.

Vortragekreuz: Ein hauptsächlich bei Prozessionen benutztes Kreuz.

Vorzeichen: → Portikus.

Votivaltar (lat. vorum »Gelübde«): Infolge eines Gelübdes gestifteter Altar; ebenso Votivkirche oder -kapelle.

Walmdach: → Dachformen.

Wange: Seitlicher Abschluß des → Chorgestühls.

Wandvorlage: Gliederung oder Verstärkung (Stabilisierung) einer Wand durch Dienste, Halbsäulen, Lisenen, Pilaster oder Pfeiler.

Wehrgang: Zur Verteidigung hergerichteter Laufgang in den oberen Partien einer Ringmauer.

Weicher Stil: Spezifische Erscheinung in der deutschen Malerei und Plastik der Spätgotik mit fließenden Gewandfalten und zartem Gesichtsausdruck.

Welsche Haube: Geschwungenes Haubendach für Türme, Vorläufer der → Zwiebelhaube.

Westwerk: Monumentaler Westabschluß bei Kirchen aus karolingischer, ottonischer und romanischer Zeit. Als Kirche für den Herrscher vorgesehen und deshalb

oft auch mit einem eigenen Altar ausgestattet.

Wimperg: Giebelartige Bekrönung über gotischen Portalen und Fenstern, meist aus → Maßwerk konstruiert.

Winkelhakenkirche: Kirche mit zwei längsrechteckigen Schiffen, die im stumpfen, beinahe rechten Winkel aufeinanderstoßen.

Würfelkapitell: Aus der Durchdringung von Würfel- und Kugelform entwickeltes → Kapitell der romanischen Stilepoche.

Zackenstil (auch Knitterstil): In der Spätgotik, sogar bereits in der Spätromanik auftretender Stil, Falten an (Schnitz-)Figuren sehr scharf (zackig, knitterig) zu gestalten.

Zeltdach: → Dachformen.

Zentralbau: Baukörper mit gleich oder nahezu gleich langen Hauptachsen, im Grundriß dem Kreis, Quadrat, regelmäßigen Vieleck oder griechischen Kreuz angenähert.

Ziborium (auch Ciborium): Großer, von Säulen getragener steinerner → Baldachin über dem → Altar.

Zinnenkranz: Oberer Abschluß einer Wehrmauer, bestehend aus schützenden, schildartigen Aufbauten, unterbrochen durch schartenartige Zwischenräume im Mauerrand.

Zopfstil: Stilrichtung aus der Zeit zwischen → Rokoko und → Klassizismus (etwa 1760–80); geprägt von strenger Ausdrucksweise.

Zwerchhaus: Dachhäuschen mit einem Giebel, der quer zum Hauptdach steht.

Zwerggalerie: Gang in der Außenmauer unter dem Dachgesims; nach außen geöffnet und meist reich verziert.

Zwickel: Teilgewölbe, das meist zu einer Kuppel überleitet (→ Kuppelformen).

Zwiebelhaube: Dach in der Gestalt einer Zwiebel.

Zwinger: Das Gelände zwischen den inneren und äußeren Mauern der mittelalterlichen Stadtbefestigungen. Hier wurden oft Tiere gehalten. Im → Barock errichtete man an dieser Stelle dann oft Vergnügungsstätten.

Künstlerregister

Ortsregister

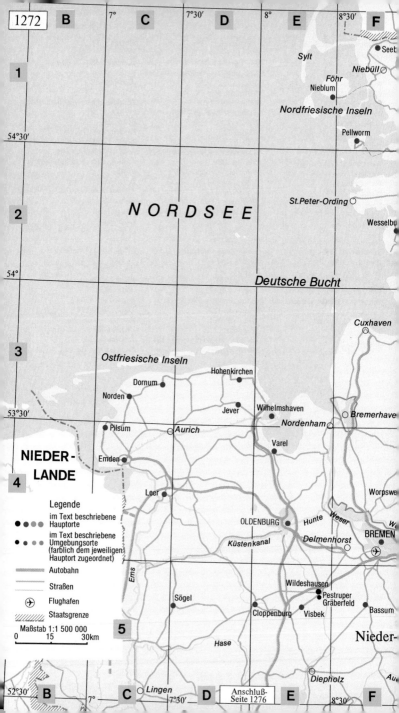

| 1272 | **B** | 7° | **C** | 7°30′ | **D** | 8° | **E** | 8°30′ | **F** |

1

Sylt

● Seeb

Niebüll ○

Föhr
Nieblum ●

Nordfriesische Inseln

Pellworm ●

54°30′

2

N O R D S E E

St.Peter-Ording ○

Wesselbu ●

54°

Deutsche Bucht

Cuxhaven ○

3

Ostfriesische Inseln

Hohenkirchen ●

Dornum ●

Norden ●

Jever ●

Wilhelmshaven ●

Bremerhave ○

53°30′

● Pilsum

○ *Aurich*

Nordenham ○

Varel ●

Emden ●

**NIEDER-
LANDE**

● *Bremerhave* ○

4

Leer ●

Worpswe

OLDENBURG ●

Hunte *Weser*

We

BREMEN
✈

Küstenkanal

Delmenhorst ○

Legende

● ● ● ● im Text beschriebene
Hauptorte

● ● ● ● im Text beschriebene
Umgebungsorte
(farblich dem jeweiligen
Hauptort zugeordnet)

▬▬▬ Autobahn

──── Straßen

⊕ Flughafen

////// Staatsgrenze

Maßstab 1:1 500 000

0 ─── 15 ─── 30km

Ems

Wildeshausen ●

Sögel ●

● Pestruper
Gräberfeld

Bassum ●

5

Cloppenburg ●

Visbek ●

Nieder-

Hase

Diepholz ○

Au

52°30′

B 7° **C** ○ *Lingen* 7°30′ **D** | Anschluß-
Seite 1276 | **E** 8°30′ **F**

Anschluß-
Seite 1276

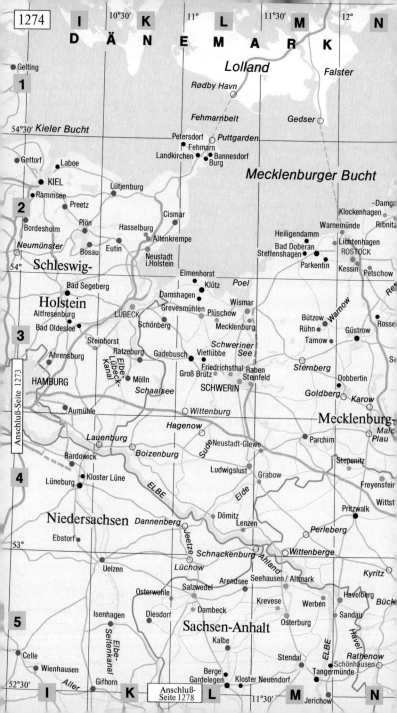

O 13° **P** 13°30′ **Q** 14°Ost **R** **S**

1

OSTSEE

Rügen

Kloster
auf Hiddensee
Glowe-
Spyker
Neuendorf
○ Saßnitz
54°30′

Waase Gingst ● Ralswiek
Groß Mohrdorf Bergen
Barth ● Prohn Lancken-Granitz
● Kenz Stralsund Putbus
Garz Pommersche Bucht

2

Greifswalder
Bodden

Grimmen Ludwigsburg
Greifswald
Sülze Eldena
Wolgast
54°

Nossendorf Peene Świnoujście
(Swinemünde)
oien Demmin Quilow Usedom ○
Jarmen Relzow
Kummerower Stolpe Anklam
See Stettiner Haff
erow
Malchin
Basedow ○ Reuterstadt Ueckermünde
Stavenhagen Friedland

3

Varchentin NEUBRANDENBURG
Waren Cölpin Strasburg
Vorpommern Uecker Randow 53°30′
Hohenzieritz Woldegk ○ Pasewalk Löcknitz Szczecin
(Stettin)
Müritz
Röbel Neustrelitz Fürstenwerder
Boltzenburg Prenzlau

4

Lychen ODER
Flecken Zechliner
Zechlin Hütte Gramzow
Fürstenberg
Rheinsberg Havel Templin Schwedt
Gransee Angermünde Criewen POLEN
53°
Zehdenick

Neuruppin Chorin
Brandenburg Oder- Finow
Löwenberg Have-Kanal Niederfinow
Sachsenhausen Eberswalde- ODER
Kremmen Bad Freienwalde
Oranienburg Wriezen **5**
Basdorf Bernau
Nauen Strausberg Warthe
Buckow Neuhardenberg Kostrzyn
BERLIN (Küstrin)
52°30′
O 12° **P** 13°30′ **Q** **R** **S**

Anschluß-
Seite 1279

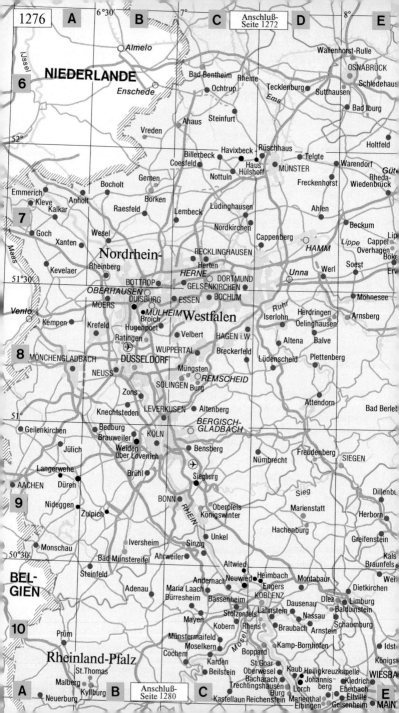

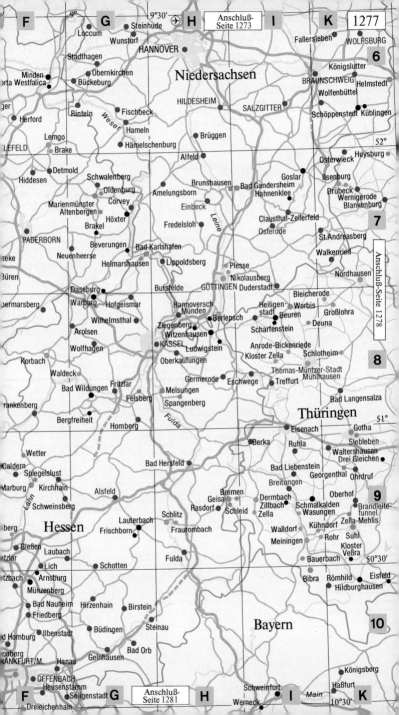

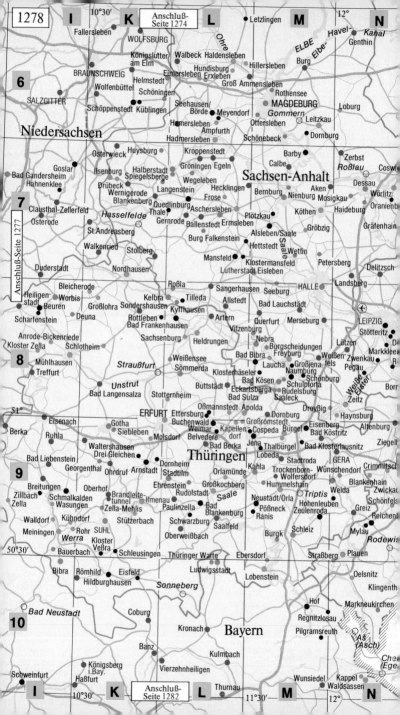

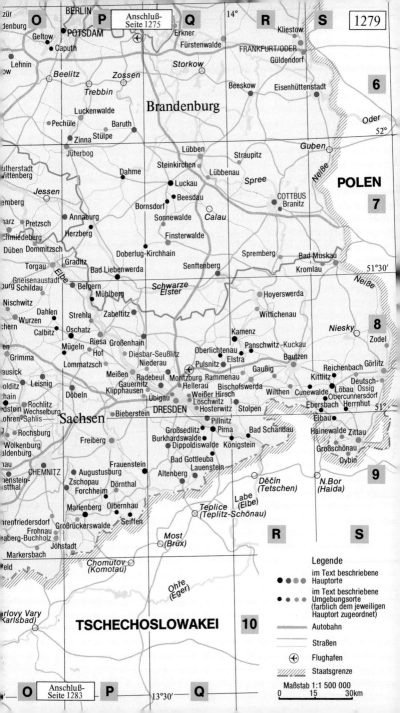

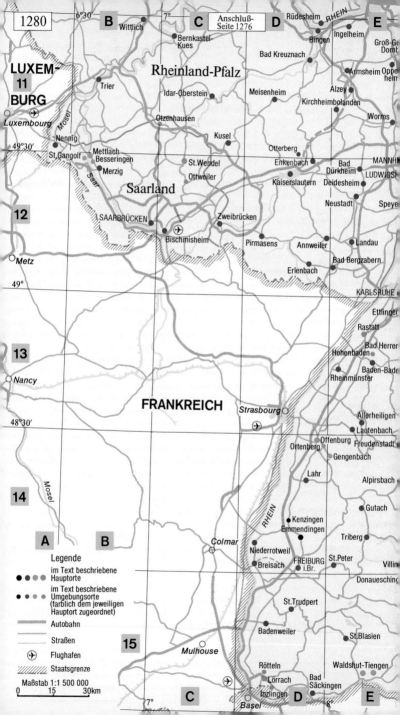

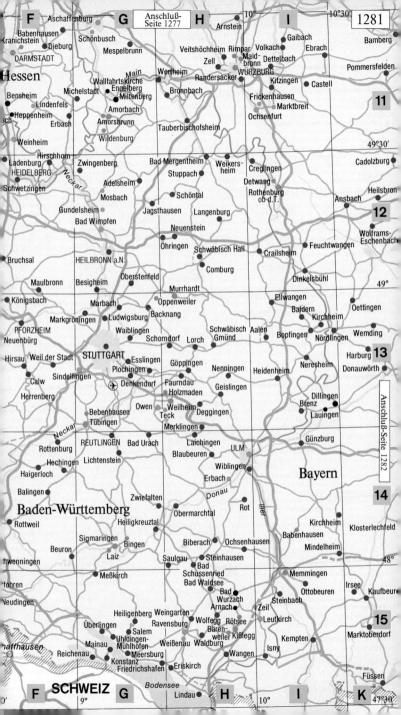

Anschluß-Seite 1282

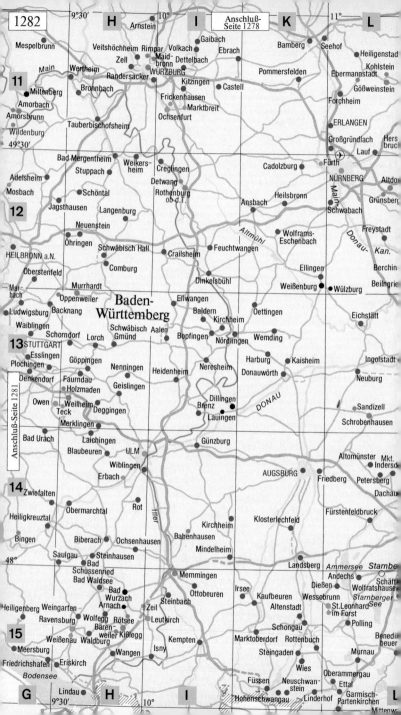